State Property Law

국유재산법

이론과 실무

강호칠

박영사

머 리 말

저자는 2007년 한국자산관리공사 사내변호사로 재직하면서 국유재산 법무를 본격적으로 접할 기회를 가지게 되었고, 그 후 지금까지 중단 없이 하나의 분야를 연구할 소중한 기회를 제공받았다. 그것은 저자에게 큰 행운이었고, 이 책의 출간은 그러한 행운의 산물이다.

국유재산 법무를 수행하면서 참고할만한 자료가 충분치 않음을 알고 본인이 직접 기본서를 써보겠다는 생각을 하였으나 곧 쉽지 않음을 깨닫게 되었다. 국유재산법은 제정된 지 70년이 넘는 법률로서, 국민의 이해관계에 많은 영향을 미치고, 정부의 행정목적 수행에 중요한 수단이 된다. 그만큼 많은 개정과정을 거쳐 독자적인 공법적 규율체계를 갖추게 된 것인바, 그 방대한 조문들을 일일이 뜯어보며 법률적 해석을 하는 일이 쉽지 않았다. 또한 현재의 조문이 제정된 배경과 그간의 개정이유 등을 알지 못하면 정확한 법률해석이 어려우며, 나아가 일제강점기의 토지조사사업, 해방 후 미군정의 적산몰수와 대한민국정부로의 이양, 무주부동산의 발생과 처리, 농지개혁 등 역사적 사실에 대한 깊은 이해 없이는 제대로 된 법률해석을 기대하기 어렵다. 이 책의 탈고와 출간이 늦어진 가장 중요한 이유는 저자의 부족함이겠으나, 이러한 어려움도 한몫하였다고 말할 수 있다.

저자는 연구자, 법률가, 행정가 모두에게 어느 정도 도움이 되는 법률 서적을 만들겠다는 목표로 이 책을 준비하였다. 총 9편의 큰 주제로 분류하여 약 15년간 겪은 주요 법적 쟁점을 모두 반영하여, 각 쟁점마다 관련 법령, 판례 및 법학이론으로 풀이하였다. 국유재산법뿐만 아니라 유관 법률과의 유기적인 해석에 충실하려 하였으며, 행정 단행 법률의 잦은 개폐에도 불구하고 안정적인 법률해석이 가능하도록 해당 조항에 흐르는 기본 법리에 충실하려고 노력하였다. 국유재산 관련 정책수립과 집행에 도움이 되도록 각 제도의 연혁, 도입배경, 주요 내용 및 각종 통계와 현황 등 비법률적인 서술에도 적지 않은 노력을 기울였는데, 이러한 행정적 고려는 법적인 이해를 높이는 데에도 도움이 될 것이라고 생각한다.

일찍이 김남진 선생님께서는 "행정법 Ⅱ를 구성하는 각 행정영역에 관해서는 그 분야만을 다룬 전문서가 국내외적으로 많이 출간되어 있고 매우 바람직한 일"이라고 하시면서, 또한 "행정법각론의 부문별 연구가 행정법총론과의 연계성을 가지며, 보다 높은 수준에 도달해야 하는 것이 우리나라에서의 앞으로의 과제인 것" 이라고 말씀하셨다(1989. 3. 행정법 Ⅱ 서문). 저자가 이렇게 행정법각론의 부문별 기본서를 내면서도 행정법총론과의 연계성과 높은 수준에 대하여는 결코 자신이 없다. 그럼에도 불구하고 이 책의 부족함에 너무 실망하지 않고 자축하고자 한다. 그 이유는 저자가 계속 연구를 해서 보완해 갈 것이고, 무엇보다도 유능하신 다른 분들이 이 책을 발판으로 국유재산법을 더욱 발전시켜 주실 것이기 때문이다.

모쪼록 이 책이 연구자, 실무자에게 많이 읽혀서 국유재산법의 길잡이가 되고, 세상에 조금이라도 도움이 되기를 간절히 바란다.

이 책이 출간되기까지는 많은 분들의 도움이 있었다. 먼저 저자에게 연구자로서의 길을 열어 주시고, 이 책의 출간을 독려하시는 등 학문적 격려와 질타를 아끼지 않으시는 저자의 은사 고려대학교 하명호 교수님께 머리 숙여 감사드린다. 그 다음으로 이 책을 준비하는데 오랜 시간이 걸렸으므로 당연히 가족에게 그 시간만큼 함께 하지 못한 미안함이 있을 수밖에 없다. 생업이 되지 못하는 공부의 길을 지지하고 도와준 아내 이세지와 더 바랄 바가 없이 잘 자라준 두 아들 지완, 동완에게 미안함과 감사의 말을 표한다.

이 책의 출간이 가능하게 된 것은 한국자산관리공사가 제공하는 수준 높은 정책, 실무사례와 그 해결을 위해 함께 머리를 맞댄 동료직원들이 있었기 때문이다. 이 분들께 역시 감사함과 아울러 건승을 기원한다. 끝으로 이 책의 출간을 기꺼이 허락해 주신 박영사 조성호 이사님, 장규식 팀장님, 저자의 까다로운 요구를 일일이 다 반영하여 이 책의 완성도를 높여 주신 장유나 과장님 등 박영사 관계자 분들께도 깊이 감사드린다.

2023. 1.
저 자 씀

추천의 말씀

고려대학교 법학전문대학원 교수 하명호

국유재산법은 '국유재산의 적정한 보호와 효율적인 관리 · 처분'을 목적으로 제정된 법률로서, 1950. 4. 8. 법률 제122호로 제정된 이래 개정을 거듭하여, 현재에는 109개 조문으로 구성된 국유재산에 대한 기본법이자 일반법으로서의 지위를 가지고 있다. 그리고, 국유재산법의 규율대상이 되는 국유재산의 총액은 2021회계연도 말을 기준으로 무려 1,337조 원에 이른다. 그러나, 국유재산법을 총체적으로 다룬 문헌으로는 법제처가 발주하여 연구보고서의 형태로 2006년에 발간된「주석 국유재산법」(이원우 대표집필) 정도가 눈에 띌 뿐이다. 그렇지만, 위 책은 제목에서도 알 수 있다시피 국유재산법의 개별 조문의 해석에 중점을 둔 주석서라는 한계 때문에 국유재산법을 이론적 체계를 갖추어 작성된 문헌은 아니라고 할 수 있다. 그 밖에 국유재산법에 관한 선행연구는 단편적인 연구성과를 담은 논문들과 실무적인 자료들이 전부이다.

이렇게 국유재산의 위치와 규율의 중요성에 비하여 선행연구의 성과가 그리 만족스럽지 못한 것은 여러 가지 원인이 있겠지만, 먼저 짚어야 할 점은 전체 공법체계에서 차지하는 국유재산법의 위치에 대한 이론적 혼란과 몰이해를 들 수 있다. 공물은 '목적'의 관점에서 공적 목적에 제공된 물건으로 정의되고 그 관리에 규율의 핵심이 있는 반면, 국유재산은 '소유'의 관점에서 국가 소유의 물건으로 정의되고 그 재산적 변동에 규율의 중점이 있다. 따라서, 공물과 국유재산은 밀접한 연관성에도 불구하고 엄연히 다른 개념이고 다른 규율체계를 가지고 있다. 그러나, 이 추천사를 쓰고 있는 나마저도 국유재산을 공급행정법 영역에서 공물을 설명하는 데에서 곁가지로 서술하고 있을 뿐이다.

특히 국유재산법은 국가 소유재산이라는 경제적 가치가 있는 실물을 다루는 법률이기 때문에, 그에 관한 이론적 규명이 이루어지기 위해서는 상당한 정도의 실무적 경험이 전제가 되는데, 그 경험을 쌓을 수 있는 인적 자원이 그리 풍부하지 않다는 점이다. 기획재정부의 관료들 중 일부와 한국자산관리공사의 해당 법률담당자 등이 여기에 해당하지만 그중에서 법학적 연구를 수행할 수 있는 전문가는 거의 찾아보기 어렵다.

그런데, 이 귀중한 책의 저자는 2007년에 한국자산관리공사의 사내변호사로 입사한 이래 국유재산에 관한 실무를 다룬 풍부한 경험이 있는데다가 고려대학교 대학원에서 행정법전공으로 석사와 박사학위를 취득한 이론적 기반을 가지고 있다. 이 책의 본문에 나와 있는 국유재산관리청이 변상금부과처분을 행할 수 있음에도 불구하고 민사소송으로 부당이득반환청구소송을 제기하는 배경에 관한 설명은 풍부한 실무적 경험을 가지지 않고서는 할 수 없는 일이다. 또한, 공물과 국유재산의 개념적 구별을 통한 독자적인 국유재산법 이론체계의 구축은 그의 학문적 소양 없이는 불가능한 일이다.

저자가 머리말에서 언급한 것처럼, 저자와 나는 같은 학문적 공동체의 구성원이다. 그가 2010년 3월에 나를 찾아왔을 때 국유재산법을 학문적으로 규명하고 이론적 체계를 세우고 싶다고 밝힌 소망을 아직도 기억한다. 그 후 저자는 2012. 2.에 「국유재산의 취득에 관한 연구 : 법률의 규정에 의한 원시취득을 중심으로」라는 제목으로 석사학위를 취득하였고, 2021. 2.에 「국유재산의 공법적 규율에 관한 연구 : 규율체계와 취득 및 소멸을 중심으로」라는 제목으로 박사학위를 취득하였다. 이 책은 위와 같은 학문적 성취에다 실무적 경험을 보탠 저자 강호칠 박사의 국유재산법 연구의 완결체이다.

이 책은 국유재산법을 이론적으로 규명하고자 하는 연구서로서의 가치뿐만 아니라 국유재산사무를 처리하는 실무의 지침이 되는 실무서로서도 의미가 있으므로, 자신 있게 이 책의 일독을 권한다. 그리고, 이 책의 문체나 편집은 저자의 성격만큼이나 군더더기 없이 깔끔하여, 가독성도 매우 좋다는 점도 부기한다.

차례

제1편 국유재산의 의의와 기본체계

제1장 국유재산의 의의 ···· 3

제1절 국유재산의 개념 ···· 3

Ⅰ. 광의의 국유재산 ···· 3

1. 개념 ···· 3
2. 물건과 재산권 ···· 3

Ⅱ. 협의의 국유재산 ···· 4

1. 개념과 취지 ···· 4
2. 입법례 ···· 5
3. 실무상의 구현 ···· 5

제2절 국유재산의 범위와 현황 ···· 6

Ⅰ. 국유재산의 범위 ···· 6

1. 부동산과 그 종물 ···· 6

(1) 토지 / 7
(2) 토지의 정착물 / 7

2. 특수동산 ···· 8

(1) 선박, 부표, 부잔교, 부선거 및 항공기와 그 종물 / 8
(2) 정부기업이나 정부시설에서 사용하는 궤도차량 / 8
(3) 증권 / 9

3. 용익물권, 광업권 등 ···· 9
4. 지식재산 ···· 10

Ⅱ. 국유재산의 현황 ···· 10
1. 일반현황 ···· 10
2. 중앙관서별 현황 ···· 11
3. 국유지 현황 ···· 12

제3절 국유재산의 가격 ···· 12
Ⅰ. 대장가격 ···· 12
Ⅱ. 공시가격 ···· 13
Ⅲ. 감정평가액 ···· 15
Ⅳ. 예정가격 ···· 15
Ⅴ. 재산가격 ···· 16

제2장 국유재산의 규율체계 ···· 17

제1절 개요 ···· 17
Ⅰ. 국유재산에 대한 공법적 규율의 근거 ···· 17
1. 공공재적 기능 ···· 18
2. 비축자원 기능 ···· 18
3. 공공정책지원 기능 ···· 20
4. 재정수입 기능 ···· 20
Ⅱ. 국유재산에 대한 공법적 규율의 체계 ···· 21

제2절 기본법 체계 ···· 22
Ⅰ. 국유재산법 ···· 22
1. 국유재산법의 의의 ···· 22
(1) 국유재산에 대한 기본적인 공법적 규율 / 22
(2) 강행규정 / 24
(3) 공법 / 26

2. 국유재산법의 연혁 ········· 26

(1) 국유재산법이 제정되기 이전 / 26
(2) 국유재산법의 제정 / 28
(3) 1965. 12. 30. 일부개정 국유재산법 / 29
(4) 1966. 3. 8. 일부개정 국유재산법 / 30
(5) 1976. 12. 31. 전부개정 국유재산법 / 30
(6) 1981. 12. 31. 일부개정 국유재산법 / 31
(7) 1994. 1. 5. 일부개정 국유재산법 / 31
(8) 1999. 12. 31. 일부개정 국유재산법 / 33
(9) 2004. 12. 31. 일부개정 국유재산법 / 33
(10) 2009. 1. 30. 전부개정 국유재산법 / 34
(11) 2011. 3. 30. 개정 국유재산법 / 35
(12) 2012. 12. 18. 개정 국유재산법 / 37
(13) 2016. 3. 2. 일부개정 국유재산법 / 37
(14) 2017. 12. 26. 일부개정 국유재산법 / 38
(15) 2018. 3. 13. 일부개정 국유재산법 / 38
(16) 2020. 3. 31. 일부개정 국유재산법 / 38

Ⅱ. 개별기본법 ········· 39
1. 부동산 ········· 39
2. 동산 ········· 40
3. 채권 ········· 40

Ⅲ. 국유재산계약 ········· 40
1. 국유재산법과 국가계약법의 관계 ········· 40
2. 국가계약법 위반의 효과 ········· 41

(1) 입찰절차 또는 낙찰자결정 기준 / 41
(2) 계약방식의 법정 / 42

3. 국유재산법의 특별규정 ········· 44

(1) 유효한 입찰의 개수 / 44
(2) 입찰무효 사유 / 45
(3) 제한·지명경쟁 및 수의계약의 사유 / 45

Ⅳ. 국유재산소송 ········· 46

제3절 특별법 체계 ········· 46
Ⅰ. 공물에 제공된 국유재산 ········· 46
Ⅱ. 공익사업 구역 내의 국유재산 ········· 47
Ⅲ. 국유재산의 특례와 제한 ········· 47

제3장 국유재산의 관리체계 ········· 50

제1절 총괄청 ········· 50

Ⅰ. 총괄청중심주의 ······ 50
1. 내용 ······ 50
2. 예외 ······ 51
(1) 재외공관용 부동산 등 / 51
(2) 국유림 / 51
(3) 국유문화재 / 51

Ⅱ. 총괄사무 ······ 52
1. 직접 수행하는 총괄사무 ······ 52
(1) 소관 법령의 제·개정 및 유권해석 / 52
(2) 국유재산종합계획에 관한 사무 / 53
(3) 국유재산정책심의위원회의 운영 / 53
(4) 국유재산의 사용승인 / 54
(5) 국유재산에 대한 일반적인 감독 / 55
(6) 용도폐지의 요구 등 / 56
2. 조달청장에게 위임하는 총괄사무 ······ 57
(1) 일반적인 감독권 행사의 지원 / 57
(2) 소관청의 지정 / 57
(3) 권리보전조치 / 57
(4) 공용재산의 취득에 관련된 사무 / 58
(5) 공공시설 무상귀속의 사전협의 / 59
3. 한국자산관리공사에 위탁하는 총괄사무 ······ 60
(1) 일반적 감독권 행사의 지원 / 60
(2) 국유재산관리기금의 운영 / 60
(3) 총괄청소관의 일반재산에 대한 무상귀속 등 협의 사무 / 61

Ⅲ. 관리·처분 사무 ······ 62
1. 행정재산 ······ 62
(1) 행정재산의 취득사무 / 62
(2) 행정재산의 관리 사무 / 63
(3) 행정재산의 처분 사무 / 63
2. 일반재산 ······ 63
(1) 증권 / 63
(2) 부동산 등 증권 이외의 재산 / 64
3. 총괄청직할 부동산 관리기관의 변천과 지방자치단체의 점유권원 ······ 66
(1) 총괄청직할 부동산 관리기관의 변천 / 66
(2) 지방자치단체의 국유지 점유권원의 문제 / 69

제2절 중앙관서의 장 ······ 71
Ⅰ. 이원적 관리체계 ······ 71
Ⅱ. 관리·처분 사무 ······ 73
1. 행정재산의 관리·처분 사무 ······ 73

(1) 위임 / 73 (2) 위탁 / 74

2. 일반재산의 관리·처분 사무 ········ 75

Ⅲ. 관리전환 ········ 76

1. 관리전환의 의의 ········ 76

2. 유상 관리전환의 원칙 ········ 76

제3절 국유재산 사무의 위임, 위탁 등 ········ 77

Ⅰ. 행정사무의 위임, 위탁 등 일반 ········ 77

1. 행정사무의 위임 ········ 77

2. 행정사무의 위탁 ········ 77

(1) 행정기관 위탁 / 78 (2) 민간위탁 / 78

3. 행정사무의 대행 ········ 78

Ⅱ. 국유재산 사무의 위임, 위탁 등 ········ 79

1. 국유재산 사무의 위임 ········ 79

2. 국유재산 사무의 위탁 ········ 79

(1) 행정기관위탁 / 79 (2) 특수법인 위탁 / 80
(3) 관리위탁 / 81

3. 국유재산 사무의 대행 ········ 82

4. 국유재산법상 사무의 주체 ········ 82

5. 위임·위탁자 등의 지휘·감독 등 ········ 83

(1) 일반적인 지휘·감독권한 / 83 (2) 위임 또는 위탁의 철회 / 83
(3) 사무 처리의 취소·정지 / 84

Ⅲ. 국유재산 수임·수탁기관 등의 지위와 보수 ········ 85

1. 수임·수탁기관 등의 일반적인 지위 ········ 85

(1) 수임공무원 지위 / 85 (2) 지방자치단체의 지위 / 85
(3) 민간수탁자(특수법인)의 지위 / 85

2. 수임·수탁기관 등의 국가소송법상의 지위 ········ 86

3. 수임·수탁기관 등의 보수 ········ 88

(1) 보수의 내용 / 89 (2) 예산총계주의에 대한 예외 / 90

제4장 국유재산의 보호체계 ······ 93

제1절 무단점유의 해소 ······ 93
Ⅰ. 무단점유의 금지 ······ 93
Ⅱ. 변상금 ······ 93
Ⅲ. 행정대집행 ······ 94
1. 행정대집행의 의의 ······ 94
(1) 개념 / 94
(2) 국유재산법상 강제철거의 연혁 / 94
(3) 행정대집행과 직접강제 / 95
2. 국유재산법 제74조의 법적 성질 ······ 96
(1) 학설 / 97
(2) 판례 / 98
(3) 검토 / 98
3. 국유재산법 제74조의 적용 대상 ······ 99
(1) 정당한 사유 없는 점유 또는 시설물의 설치 / 99
(2) 철거, 그 밖에 필요한 조치 / 99
4. 국유재산법 제74조의 한계 ······ 100
(1) 비례의 원칙 / 100
(2) 신뢰보호의 원칙 / 100
5. 민사소송과의 관계 ······ 101
(1) 철거소송과 양립가능성 / 101
(2) 제3자의 철거소송 / 103
Ⅳ. 형벌 ······ 104

제2절 영구시설물의 축조 금지 ······ 104
Ⅰ. 개요 ······ 104
1. 영구시설물의 축조 금지 ······ 104
2. 영구시설물의 개념 ······ 105
Ⅱ. 국유재산법의 예외 ······ 106
1. 영구시설물이 국가의 소유로 되는 경우 ······ 106
(1) 국가에 기부하기 위한 영구시설물의 축조 / 106
(2) 국가에 귀속되는 공공시설의 축조 / 107
(3) 국유지개발목적회사가 건축개발을 하는 경우 / 107

2. 지역주민의 편익을 위한 영구시설물의 축조 ········ 107
(1) 주민생활형 사회기반시설의 축조 / 107
(2) 학교시설의 증개축 / 108
3. 매매대금 분할납부 매수자의 영구시설물 축조 ········ 108
(1) 지방자치단체 또는 공공단체 / 108
(2) 국유지 위의 건물소유자 / 109
(3) 산업단지 내 입주기업체 / 109
(4) 국유지개발목적회사 / 109
4. 피대부자의 영구시설물 축조 ········ 109
(1) 내용 / 109
(2) 위탁개발과 비교 / 110
5. 원상회복 ········ 110
(1) 원상회복을 위한 사전조치 / 110
(2) 원상회복의 실행 / 111
Ⅲ. 다른 법률의 예외 ········ 113
1. 공항, 항만 관련 ········ 113
2. 산업단지 내의 국유재산 ········ 114
3. 사회기반시설에 대한 민간투자법 ········ 114
4. 에너지, 하수도 관련 ········ 114

제3절 사권설정의 금지 ········ 115
Ⅰ. 개요 ········ 115
1. 사권설정 등의 금지 ········ 115
2. 사권의 개념 ········ 115
Ⅱ. 국유재산법에 따른 예외 ········ 116
Ⅲ. 다른 법률에 따른 예외 ········ 117
Ⅳ. 관련 문제 ········ 118
1. 공유지분권자의 저당권설정 ········ 118
2. 국유재산의 입체적 활용 ········ 118

제4절 전대 금지 ········ 119
Ⅰ. 개요 ········ 119
1. 전대의 금지 ········ 119
2. 전대의 개념 ········ 119

Ⅱ. 전대의 유형 ······ 120
1. 임차권의 양도 ······ 120
2. 협의의 전대(轉貸) ······ 120
3. 농업의 위탁경영 ······ 121
Ⅲ. 전대의 효과 ······ 123
1. 전대인에 대한 조치 ······ 123
(1) 사용허가의 취소 · 철회 / 123
(2) 변상금의 부과 / 123
(3) 부당이득의 환수 / 123
(4) 형사제재 / 124
2. 전차인에 대한 조치 ······ 124
(1) 양성화조치 / 124
(2) 변상금부과 / 124
Ⅳ. 전대의 예외적 허용 ······ 125
1. 국유재산법의 예외 ······ 125
2. 다른 법률의 예외 ······ 125

제5절 시효취득의 배제 ······ 126
Ⅰ. 소유권시효취득의 배제 대상 ······ 126
Ⅱ. 소유권시효취득의 중단 ······ 126

제6절 권리보전조치 ······ 127
Ⅰ. 은닉재산 등의 신고와 보상 ······ 128
1. 신고와 수리 ······ 128
2. 신고보상의 대상 ······ 129
(1) 은닉된 국유재산 / 129
(2) 무주부동산 / 131
3. 보상금의 지급 ······ 131
(1) 보상금지급청구권의 발생 / 131
(2) 보상금의 결정 / 131
Ⅱ. 은닉된 국유재산을 자진반환한 자에 대한 특례매각 ······ 133
1. 특례매각의 내용 ······ 133
2. 제도의 문제점 ······ 134

제7절 관리 소홀에 대한 제재 …… 135

제8절 직무 담당자로부터의 보호 …… 136
Ⅰ. 직원의 거래행위 제한 …… 136
Ⅱ. 변상책임 …… 136
1. 적용대상자 …… 136
2. 중대한 과실 …… 137
3. 민사상 책임과의 관계 …… 138
Ⅲ. 벌칙 적용에서의 공무원 의제 …… 138

제5장 국유재산의 발생체계 …… 139

제1절 국유재산의 취득원인 …… 139
Ⅰ. 서론 …… 139
Ⅱ. 법률의 규정에 의한 취득 …… 140
1. 공공시설의 무상귀속 …… 140
2. 귀속재산과 무주부동산의 국유화 …… 141
3. 그 밖에 법률의 규정에 의한 국가소유권의 발생 …… 141
Ⅲ. 법률행위에 의한 발생 …… 142
1. 공용재산의 취득 …… 142
2. 비축부동산의 매입 …… 142
3. 기부채납 …… 143
(1) 기부채납의 개념 / 143
(2) 기부채납의 제한 / 144
(3) 조건부 기부채납 / 144
(4) 기부채납과 조세 / 145
(5) 기부채납과 등기 / 146
4. 상속세 물납 …… 146
5. 교환 …… 146

제2절 귀속재산의 국유화 …… 147

Ⅰ. 귀속재산의 의의 ······ 147
Ⅱ. 귀속재산의 판단기준(국가귀속의 요건) ······ 149
1. 귀속재산의 기준시점 ······ 149
2. 기준시점 현재 '일본인'의 소유 또는 관리 ······ 150
(1) 일본국의 재산 / 151 (2) 일본법인 등의 재산 / 152
3. 귀속재산과 구별되는 개념 ······ 153
(1) 역내 일본법인의 재산 / 153 (2) 무주부동산 / 153
Ⅲ. 국가귀속의 효과 ······ 154
1. 미군정 · 대한민국정부의 원시취득 ······ 154
2. 점유이전 · 처분의 금지 및 점유태양의 변경 ······ 154
Ⅳ. 귀속재산의 처리 ······ 155
1. 개요 ······ 155
2. 보통의 귀속재산의 처리 ······ 156
(1) 국 · 공유의 지정 / 156 (2) 매각 / 157
(3) 잔여 귀속재산의 국유화 / 158
3. 귀속농지의 처리 ······ 158
4. 귀속기업체의 처리 ······ 160
(1) 귀속기업체 및 청산법인의 정의 / 160 (2) 청산절차의 특례 / 160
(3) 청산재산의 처리 및 국가가 소유권을 취득하는 시점 / 161
Ⅴ. 소결 ······ 162

제3절 부동산 유실물의 국유화 ······ 163
Ⅰ. 무주부동산과 부동산 유실물 ······ 163
1. 무주부동산 ······ 163
2. 부동산 유실물 ······ 164
(1) 부동산 유실물의 개념 / 164 (2) 부동산 유실물의 유형 / 165
(3) 민법 제252조 제2항의 법적 성격과 기능 / 166
Ⅱ. 부동산 유실물의 발생원인 ······ 168
1. 의사주의의 잔재 ······ 168
2. 등기주의의 배제 ······ 168

3. 부동산공부의 소실 ········ 170
4. 창씨개명 ········ 170
Ⅲ. 부동산 유실물에 대한 소유자 확정 방법 ········ 171
1. 부동산소유권 이전등기 등에 관한 특별조치법의 제정 ········ 171
2. 국유재산법 제12조의 신설 ········ 172
Ⅳ. 국유재산법 제12조에 따른 국유화의 대상 ········ 173
1. 국유재산법 제12조의 의미와 문제점 ········ 173
2. 상속인불명의 부동산 유실물에 대한 각국의 입법례 ········ 174
(1) 국가귀속의 입법례 / 174
(2) 국가방임의 입법례 / 175
(3) 우리나라(불완전한 국가귀속의 입법례) / 176
3. 국유재산법 제12조에 대한 해석 ········ 177
(1) 견해의 대립 / 177
(2) 판례의 태도 / 177
(3) 판례에 대한 비판적 검토 / 178
4. 소결 ········ 180
Ⅴ. 국유재산법 제12조에 따른 국유화의 효과 ········ 181
1. 국가의 해제조건부 소유권 취득 ········ 181
2. 해제조건의 성취에 따른 법률관계 ········ 182
(1) 원소유자와의 관계 / 182
(2) 매수자와의 관계 / 183

제4절 행정재산의 취득 ········ 184
Ⅰ. 공공시설의 무상귀속 ········ 184
1. 개요 ········ 184
2. 무상귀속의 위헌성 ········ 185
(1) 합헌으로 보는 견해 / 185
(2) 위헌으로 보는 견해 / 186
(3) 소결 / 186
3. 무상귀속의 대상 ········ 187
(1) 기반시설과 도시계획시설 / 188
(2) 공공시설 / 188
(3) 정비기반시설 / 189
4. 무상귀속의 주체 ········ 190

5. 무상귀속의 시기 …… 190

(1) 관련 규정의 내용 / 190
(2) 관리권귀속설 / 190
(3) 소유권귀속설 / 191
(4) 판례 / 191
(5) 검토 / 191

Ⅱ. 공용재산의 기부채납 …… 192

제2편 행정재산, 일반재산 및 공물에 관한 일반론

제1장 행정재산 …… 195

제1절 행정재산의 의의 …… 195
Ⅰ. 행정재산의 개념 …… 195
Ⅱ. 행정재산의 법적 성질 …… 196
1. 공법관계 …… 196
2. 국가계약법의 준용 …… 198
Ⅲ. 행정재산의 종류 …… 198
1. 공용재산 …… 199
2. 공공용재산 …… 199
3. 기업용 재산 …… 200
4. 보존용재산 …… 201

제2절 행정재산에 대한 공법적 규율 …… 201
Ⅰ. 사적자치를 제한하는 공법적 규율 …… 202
1. 융통성의 제한 …… 202
2. 영구시설물의 제한 …… 202
3. 사용허가에 대한 통제 …… 203

(1) 사용자 결정방법에 대한 통제 / 203
(2) 사용료의 법정 / 203
(3) 공익적 이유에 의한 사용관계의 일방적인 종료 / 204

4. 고시이자의 적용 …… 204

Ⅱ. 재산의 보호·관리를 강화하기 위한 공법적 규율 …… 205
1. 무단점유자에 대한 행정대집행 등 …… 205
2. 체납채권의 징수 …… 206

제3절 행정재산의 성립 …… 206
Ⅰ. 개요 …… 206
Ⅱ. 행정재산의 종류별 성립 …… 207
1. 공용재산의 성립 …… 207
2. 보존용재산의 성립 …… 208
3. 공공용재산의 성립 …… 209
Ⅲ. 행정재산의 성립을 판단하는 기준 …… 209
Ⅳ. 행정재산 성립의 효과 …… 211
Ⅴ. 국유재산에 대한 공용지정 …… 211
1. 공용지정의 의의와 성질 …… 211
2. 행정행위에 의한 공용지정 …… 212
(1) 하천 / 212
(2) 수변구역 / 213
(3) 도로 / 213
(4) 공원 / 214
3. 법규에 의한 공용지정 …… 215
(1) 항만 / 216
(2) 공유수면 / 216
4. 국유재산에 대한 공용지정의 효과 …… 217
(1) 공물의 성립과 새로운 공법적 규율의 적용 / 217
(2) 공용지정과 권원(權原)의 취득 / 217
(3) 공공시설의 설치와 권원의 취득 / 218

제4절 행정재산의 소멸 …… 219
Ⅰ. 용도폐지의 의의 …… 220
1. 개념 …… 220
2. 법적 성질 …… 220
(1) 용도폐지에 대한 항고소송(처분성과 소의 이익) / 220
(2) 용도폐지신청 거부에 대한 항고소송(용도폐지 신청권의 유무) / 221

Ⅱ. 용도폐지의 필요성 ······ 222
1. 공공용재산 ······ 222
2. 공용재산 ······ 223
3. 보존용재산 ······ 224
Ⅲ. 용도폐지의 주체 ······ 224
Ⅳ. 용도폐지의 요건 ······ 225
1. 형식적 요건 ······ 225
2. 실질적 요건 ······ 226
(1) 공공용재산 / 226 (2) 공용재산 / 227
(3) 보존용재산 / 228
Ⅴ. 용도폐지의 효과 ······ 228
1. 행정재산의 소멸 ······ 228
2. 법률관계의 변경 ······ 228
(1) 사법관계로의 전환 / 228 (2) 공법적 규율의 완화 / 228
3. 관리기관의 변경 ······ 229
(1) 일반회계 소속인 경우 / 229 (2) 특별회계 · 기금 소속인 경우 / 230
(3) 국유림 / 230 (4) 국외 국유재산 / 231
Ⅵ. 용도폐지의 한계 ······ 231
Ⅶ. 국유재산에 대한 공용폐지 ······ 231
1. 용도폐지와 공용폐지 ······ 232
2. 국유재산에 대한 공용폐지의 효과 ······ 233

제2장 일반재산 ······ 234

제1절 일반재산의 의의 ······ 234
Ⅰ. 일반재산의 개념 ······ 234
Ⅱ. 법적 성질 ······ 234
1. 사법관계설 ······ 235
2. 공법관계설 ······ 235

3. 판례 ············ 236
4. 검토 ············ 236

제2절 일반재산에 대한 공법적 규율 ············ 237
Ⅰ. 행정재산과 공통되는 공법적 규율 ············ 238
Ⅱ. 행정재산보다 완화된 공법적 규율 ············ 238
1. 융통성의 원칙적 허용 ············ 238
2. 영구시설물 축조 금지의 완화 ············ 239
3. 시효취득의 허용 ············ 239
4. 형벌규정의 폐지 ············ 240
Ⅲ. 일반재산에 특유한 공법적 규율 ············ 240
1. 국유재산종합계획에 따른 관리·처분 ············ 240
2. 거래행위의 효력 부정 ············ 240
3. 계약방식의 법정 ············ 241
Ⅳ. 일반재산에 대한 공법적 규율의 한계 ············ 242
1. 사적자치의 본질 ············ 242
2. 사적자치의 제한원리 ············ 242

제3장 국유재산과 공물 ············ 244

제1절 구별의 필요성 ············ 244

제2절 국유재산과 공물에 관한 입법례 ············ 244
Ⅰ. 일원적 법률체계 ············ 244
Ⅱ. 이원적 법률체계 ············ 245
Ⅲ. 우리나라 ············ 246

제3절 공물의 구성 ············ 246
Ⅰ. 물건 ············ 247
1. 민법상 물건과의 관계 ············ 247

(1) 적극설 / 247 (2) 소극설 / 247
(3) 소결 / 248

2. 소유권과의 관계 ······ 248

Ⅱ. 물건의 집합체(공공시설) ······ 249

1. 공물개념의 확대 ······ 249

2. 공물과 공공시설 ······ 249

3. 영조물과 공공시설 ······ 250

제4절 공물의 종류 ······ 251

Ⅰ. 종래 공물분류의 문제점 ······ 251

Ⅱ. 공용물의 공물관련성 ······ 252

1. 직접 공적 목적에 제공 여부 ······ 252

2. 공물로서의 공법적 규율 유무 ······ 253

(1) 국내 실정법 현황 / 253 (2) 외국의 입법례 / 253

Ⅲ. 보존공물의 공물관련성 ······ 254

Ⅳ. 국유재산과 공물 ······ 255

제5절 공물에 대한 공법적 규율의 내용 ······ 256

Ⅰ. 의의 ······ 256

Ⅱ. 공물과 소유권에 관한 법제 ······ 257

1. 공소유권제 ······ 257

2. 사소유권제(이원제) ······ 258

3. 우리나라의 공물법제 ······ 259

Ⅲ. 공물의 융통성 ······ 259

1. 공물의 비융통성을 추단하는 규정에 대한 비판적 검토 ······ 260

(1) 국유재산법의 융통성 제한 규정 / 260 (2) 도로법과 하천법상의 사권행사 금지 규정 / 262
(3) 문화재보호법상의 신고의무 / 262

2. 강제집행 ······ 262

3. 시효취득 ······ 263

4. 공용수용 ······ 263

5. 부동산등기 ··· 265
Ⅳ. 공물의 관리 ··· 265
1. 공물관리의 의의 ··· 265
2. 공물관리청 ··· 266
3. 공물의 사용관계 ··· 267
(1) 의의 / 267 (2) 사용료 / 267
4. 공물의 관리비용과 수익 ··· 268
5. 공물의 설치·관리상의 하자 ··· 269
6. 각종의 행위제한 ··· 269

제6절 국유재산과 공물의 차이 ··· 270
Ⅰ. 개념상의 차이 ··· 270
Ⅱ. 규율체계상의 차이 ··· 270
Ⅲ. 국유재산으로부터 공물의 독립 ··· 271
Ⅳ. 공물로부터 국유재산의 분리 ··· 271

제3편 국가 이외 자의 국유재산 사용

제1장 개요 ··· 275

제2장 사용허가의 범위 ··· 276

Ⅰ. 사용허가의 보충성 ··· 276
Ⅱ. 사용허가의 법적 성질 ··· 276

제3장 사용허가의 방법 ··· 277

제1절 수의 사용허가 ··· 277

Ⅰ. 주거·경작용에 대한 정책적 필요 ········· 278
1. 주거용 / 279
2. 경작용 / 279
Ⅱ. 공익목적상의 필요 ········· 279
1. 외교·국방상의 필요 ········· 279
2. 재해 복구나 구호의 필요 ········· 279
3. 주민생활형 사회기반시설로 사용하려는 경우 ········· 280
4. 사용료 면제 대상자에게 사용허가하는 경우 ········· 281
Ⅲ. 사용허가의 내용상 필요한 경우 ········· 282
1. 구분소유 공유자에게 국가 지분 면적을 사용허가하는 경우 ········· 282
2. 단기 사용허가를 하는 경우 ········· 282
Ⅳ. 사용허가를 위한 경쟁 입찰에서 2회 이상 유찰된 경우 ········· 282
Ⅴ. 일반 규정에 의한 수의 사용허가 ········· 283
Ⅵ. 다른 법률의 규정에 의한 수의 사용허가 ········· 284

제2절 제한·지명경쟁 입찰 ········· 284
Ⅰ. 인접 토지 소유자를 지명하는 경우 ········· 285
Ⅱ. 수의 사용허가 사유의 경합 ········· 285
Ⅲ. 그 밖에 필요한 경우 ········· 285

제3절 일반경쟁 입찰 ········· 286
Ⅰ. 일반경쟁 입찰의 원칙 ········· 286
Ⅱ. 경쟁 입찰의 절차 ········· 286
1. 경쟁 입찰 공통 ········· 286
(1) 경쟁 입찰의 성립 / 286
(2) 입찰공고 / 287
(3) 입찰보증금 / 288
(4) 입찰참가자격의 제한 / 289
2. 지명경쟁 입찰 ········· 290
Ⅲ. 상가권리금 보호의 문제 ········· 291

제4장 사용허가의 의제 ······ 293

제1절 인허가의제 개요 ······ 293
Ⅰ. 인허가의제의 개념 ······ 293
Ⅱ. 인허가의제의 제도적 취지 ······ 293
Ⅲ. 인허가의제의 적용범위 ······ 294

제2절 사용허가 의제의 근거 ······ 295
Ⅰ. 법률에 의한 의제 ······ 295
1. 국토계획법 ······ 296
2. 산업입지 및 개발에 관한 법률 ······ 296
3. 산업집적활성화 및 공장설립에 관한 법률 ······ 296
4. 택지개발촉진법 ······ 296
5. 도시 및 주거환경정비법 ······ 297
6. 주택법 ······ 297
7. 사회기반시설에 대한 민간투자법 ······ 297
Ⅱ. 포괄적 의제와 이중의제 ······ 297
Ⅲ. 의제조항의 신설과 경과조치 ······ 299

제3절 사용허가 의제의 심사 ······ 300
Ⅰ. 심사의 대상과 방법 ······ 300
Ⅱ. 재산관리청과의 협의 ······ 301
1. 강행규정 ······ 301
2. 주된 인허가의 지연방지 ······ 302
(1) 사후 개별 협의 / 302 (2) 협의간주 / 303
3. 협의 누락 ······ 303
(1) 주된 인·허가의 효력 / 303 (2) 관련 인허가의 효력 / 304
4. 협의 불성립 ······ 305

제4절 사용허가 의제의 효과 ········ 306
Ⅰ. 절차의 간소화 ········ 306
Ⅱ. 사용허가기간 ········ 306
Ⅲ. 사용료 ········ 307
1. 사용료의 부과 · 징수 ········ 307
2. 사용료의 산정 ········ 308

제5장 사용료 ········ 309

제1절 국유재산법의 사용료체계 ········ 309
Ⅰ. 사용료체계 일반 ········ 309
1. 내용과 연혁 ········ 309
2. 현행 체계의 장단점과 개선방향 ········ 310
(1) 현행 체계의 장점 / 310
(2) 상방 경직성 / 310
(3) 기준요율의 포괄성 / 311
3. 다른 나라의 사례 ········ 312
Ⅱ. 사용료 규정의 적용범위 ········ 313
1. 부당이득 ········ 313
2. 법정지상권 ········ 314
3. 다른 법률에 정함이 있는 경우 ········ 315
Ⅲ. 유관 법률의 점 · 사용료체계 ········ 315
1. 공유재산법 ········ 316
2. 국유림법 ········ 316
3. 초지법 ········ 318
4. 공유수면법 ········ 318
5. 도로법 ········ 320
6. 하천법 · 소하천정비법 ········ 321
7. 항만법 · 어촌어항법 ········ 322
8. 공원녹지법 ········ 324

제2절 사용료의 부과와 징수 ······ 324
Ⅰ. 사용료의 부과 ······ 324
1. 의의 및 법적 성질 ······ 324
2. 사용료 부과의 주체 ······ 325
3. 사용료 부과의 방법 ······ 326
(1) 매년부과의 원칙 / 326 (2) 통합부과의 예외 / 327
Ⅱ. 사용료의 징수 ······ 327
1. 의의 및 법적 성질 ······ 327
2. 사용료징수의 방법 ······ 328
(1) 선납의 원칙 / 328 (2) 분할납부의 예외 / 328
(3) 납부유예의 예외 / 329
3. 체납사용료의 징수 ······ 329

제3절 사용료의 산출 ······ 330
Ⅰ. 재산가액의 산출 ······ 330
1. 공시가격에 연동 ······ 331
2. 공시가격의 기준일 ······ 332
(1) 사용료산출을 위한 재산가액 결정 당시 / 332 (2) 경쟁 입찰의 경우 / 333
(3) 재산가액을 증대시킨 자에게 사용허가하는 경우 / 333
3. 토지의 재산가액 ······ 336
(1) 개별공시지가 / 337 (2) 개별공시지가에 대한 다툼 / 337
4. 건물의 재산가액 ······ 338
(1) 주택 / 339 (2) 주택 아닌 건물 / 340
5. 토지 및 건물 이외의 재산가액 ······ 340
Ⅱ. 법정요율 ······ 341
1. 개요 ······ 342
2. 경작·목축 및 어업용 1% ······ 342
(1) 경작용 / 342 (2) 목축용 및 어업용 / 344

3. 주거용 2% ··· 345

(1) 주거용의 판단기준 / 345
(2) 사용자가 주거용과 비주거용으로 혼용하는 경우 / 345
(3) 주거의 주체 / 346

4. 공익목적 사업 2.5% ··· 347

(1) 행정목적의 수행 / 347
(2) 사회복지사업 및 종교사업 / 348
(3) 사회적 기업, 협동조합, 자활기업 및 마을기업 / 348

5. 영리사업 3 ~ 5% ··· 348

(1) 소상공인 / 349
(2) 공무원의 후생 / 350
(3) 상업용·산업용, 기타 영리사업 일반 / 350

6. 사용목적의 유용 ··· 351

Ⅲ. 특별한 산정방식의 적용 ··· 351

1. 경작용 ··· 352

2. 국유재산의 입체적 활용 ··· 352

(1) 토지의 공중 또는 지하부분 / 352
(2) 건물옥상 / 354

3. 경쟁 입찰에 의한 사용허가 ··· 355

4. 보존용재산의 사용허가 ··· 355

Ⅳ. 부가가치세의 가산 ··· 355

제4절 사용료의 시기별 산출 ··· 356

Ⅰ. 신규 사용허가 ··· 356

1. 첫해 사용료 ··· 356

(1) 수의 사용허가 / 356
(2) 경쟁 입찰에 의한 사용허가 / 356

2. 계속사용료 ··· 357

(1) 수의 사용허가 / 357
(2) 경쟁 입찰에 의한 사용허가 / 358

3. 사용료의 조정 ··· 359

(1) 경작, 목축, 어업 및 주거용 / 360
(2) 상가건물 / 360
(3) 그 밖의 재산 / 362
(4) 적용 법률이 변경되는 재산 / 362
(5) 변상금과 부당이득금의 산정 / 362
(6) 변상금부과 후의 사용허가 / 362

Ⅱ. 갱신 사용허가 ··· 363

1. 갱신 첫해 사용료의 산정 ··· 363

(1) 기준사용료 / 363 (2) 갱신직전연도의 연간사용료를 반영한 연간사용료 / 363

2. 갱신 첫해 사용료의 조정 ··· 364
3. 차년도 사용료의 산정 ··· 364

제5절 사용료의 감면 ··· 364
Ⅰ. 개요 ··· 364
1. 의의 및 근거 규정 ··· 364
2. 사용허가의 방법 ··· 365
Ⅱ. 사용료의 면제 ··· 365
1. 행정재산의 기부채납 ··· 365
2. 지방자치단체 또는 공공단체에 대한 사용료 면제 ··· 367

(1) 직접 사용 / 367 (2) 비영리 공익사업 / 368
(3) 공공단체 / 368

3. 천재지변이나 재난으로 사용하지 못한 기간에 대한 사용료 면제 ··· 371
Ⅲ. 사용료의 감경 ··· 372
1. 활용성이 낮은 토지 ··· 373

(1) 형상불량의 토지 / 373 (2) 소규모 · 저가의 토지 / 373

2. 보수가 필요한 건물 ··· 373
Ⅳ. 다른 법률에 의한 사용료의 감면 ··· 374

제6절 사용료 산정오류의 수정 ··· 357
Ⅰ. 사용료의 경정처분 ··· 375
Ⅱ. 사용료의 감액경정처분 ··· 375
1. 행정재산 사용료 ··· 375
2. 일반재산 대부료 ··· 375
Ⅲ. 사용료의 증액경정처분 376
1. 행정재산 사용료 ··· 376
2. 일반재산 대부료 ··· 378
3. 개별공시지가의 증액경정 ··· 379

제6장 사용허가기간 ······ 381

Ⅰ. 최초 사용허가기간 ······ 381

Ⅱ. 갱신 사용허가기간 ······ 382

1. 갱신불허 사유 ······ 382

(1) 사용허가의 범위에 포함되지 않는 경우 / 382
(2) 사용허가의 취소·철회 사유에 해당하는 경우 / 382
(3) 사용허가의 조건을 위반한 경우 / 383
(4) 사용허가 외의 방법으로 재산을 관리·처분할 필요가 있는 경우 / 384
(5) 기타 갱신의 재량적 불허 / 384

2. 갱신횟수 ······ 384

(1) 주거·경작용 / 385
(2) 단기사용허가 / 385
(3) 유찰로 인한 수의 사용허가 / 385
(4) 일반규정에 의한 수의 사용허가 / 386

3. 갱신절차 ······ 386

Ⅲ. 사용허가기간의 특례 ······ 386

Ⅳ. 사용허가기간의 만료 ······ 386

제7장 사용허가의 취소와 철회 ······ 387

제1절 사용허가 취소·철회의 의의 ······ 387

Ⅰ. 취소·철회의 개념 ······ 387

Ⅱ. 구체적인 판단기준 ······ 388

Ⅲ. 법적 의미 ······ 389

제2절 사용허가 취소·철회의 사유 ······ 389

Ⅰ. 사용허가 과정에서의 부정행위 ······ 390

Ⅱ. 사용 중에 나타난 위법·위반행위 ······ 390

1. 다른 사람에게 사용·수익하게 한 경우 ······ 390

(1) 임차권의 양도 / 390
(2) 전대(轉貸) / 391
(3) 농업의 위탁경영 / 392

2. 전용(轉用) ······ 394

3. 재산의 상태변경 · 시설물설치 ········ 395
4. 재산의 보존을 게을리 한 경우 ········ 396
5. 사용료의 체납 등 ········ 396
6. 국유재산 관계 법령 위반 ········ 397
Ⅲ. 사용자의 철회 신청 ········ 398
Ⅳ. 행정목적상 필요에 의한 철회 ········ 399
Ⅴ. 다른 법률에 따른 취소 · 철회 ········ 399

제3절 사용허가 취소·철회의 절차 ········ 400
Ⅰ. 처분기준의 설정 · 공표 ········ 400
Ⅱ. 처분의 사전통지 ········ 401
Ⅲ. 의견청취 ········ 402
Ⅳ. 문서주의, 이유제시 및 고지제도 ········ 404
Ⅴ. 행정절차 위반의 효과 ········ 405

제4절 사용허가 취소 · 철회의 효과 ········ 406
Ⅰ. 국유재산 점유권원의 상실 ········ 406
Ⅱ. 사용자의 원상회복 의무 ········ 406
1. 필요비 · 유익비상환청구권 ········ 407
2. 부속물 · 지상물매수청구권 ········ 408
Ⅲ. 국가의 사용료반환 · 손실보상 의무 ········ 410
1. 사용자의 귀책사유로 취소 · 철회되는 경우 ········ 410
2. 사용자의 필요로 철회되는 경우 ········ 411
3. 국가 등의 필요로 철회되는 경우 ········ 411
(1) 국유재산법의 규정 / 411
(2) 손실보상의 법적 성질 / 411
(3) 손실보상의 범위 / 412

제8장 대부 ········· 414

제1절 적용법률 ········· 414
Ⅰ. 일반 민사법의 적용 ········· 414
Ⅱ. 국유재산법의 규정 ········· 414

제2절 대부의 방법과 영구시설물의 축조 ········· 415

제3절 대부기간 ········· 415
Ⅰ. 최초 대부기간 ········· 415
Ⅱ. 갱신 대부기간 ········· 416

제4절 대부계약의 해제·해지 ········· 417

제5절 대부료 ········· 417
Ⅰ. 대부보증금 ········· 418
Ⅱ. 대부료의 감면 ········· 418

제9장 비교개념 ········· 420

Ⅰ. 토지사용승낙 ········· 420
Ⅱ. 주위토지통행권 ········· 420
Ⅲ. 사권의 설정 ········· 421

제4편 변상금

제1장 변상금의 의의 ········· 425

제1절 변상금의 개념 ········ 425

제2절 변상금의 법적 성질 ········ 425
Ⅰ. 행정벌 ········ 425
Ⅱ. 부당이득과의 관계 ········ 426
1. 경합형태 ········ 427
2. 성립요건 ········ 427
3. 금액산정 ········ 428
4. 존속기간 ········ 428
Ⅲ. 일반재산에 대한 변상금 규정의 위헌성 여부 ········ 430

제2장 변상금의 성립 ········ 431

제1절 변상금 성립의 의의 ········ 431

제2절 변상금의 성립 요건 ········ 431
Ⅰ. 국유재산 ········ 432
1. 부동산 ········ 432
2. 귀속재산과 무주부동산 ········ 432
3. 국유재산에 대한 착오 ········ 433
(1) 당초 국유재산이 아니었던 경우 / 433
(2) 국유재산에 대한 취득시효가 완성된 경우 / 433
Ⅱ. 점유권원 ········ 434
1. 국유재산법 제2조 제9호 ········ 434
(1) 점유권원의 발생사유 / 434
(2) 점유권원의 사후소멸 / 435
2. 점유권원이 문제되는 주요 사안 ········ 436
(1) 소유권이전등기를 경료하지 않은 국유재산 매수인 / 436
(2) 특정건축물 정리에 관한 특별조치법에 따라 준공검사를 받은 경우 / 436
(3) 권한 없는 자에 의한 점유권원 부여 / 438
(4) 국세물납 주택 · 상가건물의 종전임차인 / 438
(5) 국가가 지분을 가진 공유물 / 439
(6) 공익사업구내의 국유재산 / 439
(7) 기한의 정함이 없는 국유재산 무상사용승인 / 441
(8) 관습법에 의한 점유권원의 인정 / 443

Ⅲ. 사용·수익하거나 점유 ………… 444
1. 개념의 정립 ………… 445
(1) 점용 / 445
(2) 사용·수익 / 445
(3) 점유 / 446
2. 사용·수익 또는 점유가 문제되는 주요 사안 ………… 447
(1) 국유지 위의 건물 소유자 / 447
(2) 국유재산을 무단으로 임대한 경우 / 448

제3장 변상금의 부과 ………… 450

제1절 의의와 법적 성질 ………… 450
Ⅰ. 변상금부과의 의의 ………… 450
Ⅱ. 변상금부과의 법적 성질 ………… 450

제2절 변상금의 산정 ………… 451
Ⅰ. 산정방식 ………… 451
1. 기준사용료에 연동 ………… 451
2. 특별사용료와의 관계 ………… 451
Ⅱ. 산정오류의 수정 ………… 451
1. 변상금의 경정처분 ………… 451
2. 변상금의 감액경정처분 ………… 452
3. 변상금의 증액경정처분 ………… 452

제3절 변상금 부과의 주체와 대상자 ………… 453
Ⅰ. 변상금부과의 주체 ………… 453
Ⅱ. 변상금부과의 대상자 ………… 455
1. 법인의 무단점유 ………… 455
2. 공동의 무단점유자 ………… 456
3. 무단점유자의 승계인 ………… 456
(1) 특정승계인 / 456
(2) 포괄승계인 / 456

4. 사법상 계약에 의한 변상금의 부담 ········ 457

제4절 변상금 부과의 절차 및 형식 ········ 458

Ⅰ. 처분기준의 설정·공표 ········ 459

Ⅱ. 처분의 사전통지 ········ 460

Ⅲ. 의견청취 ········ 461

Ⅳ. 문서주의, 이유제시 및 고지제도 ········ 463

Ⅴ. 행정절차 위반의 효과 ········ 464

Ⅵ. 변상금부과의 효력 ········ 465

1. 변상금채권의 소멸시효 중단 등 ········ 465

2. 국유부동산 소유권취득기간의 중단 ········ 465

3. 국가의 부동산소유권 시효취득 요건으로서의 점유 ········ 466

4. 효력발생의 시기 및 기준일자 ········ 466

제5절 변상금부과권의 소멸과 면제 ········ 466

Ⅰ. 변상금부과권의 소멸 ········ 466

1. 소멸시효의 적용 ········ 466

2. 소멸시효의 중단 ········ 467

(1) 응소행위에 의한 시효중단 / 467
(2) 특수한 법정 제척기간의 규정 / 468
(3) 일반적인 소멸시효의 중단 / 469
(4) 소결(입법적 해결) / 470

Ⅱ. 변상금부과의 면제 ········ 470

제6절 변상금부과에 대한 불복 ········ 471

Ⅰ. 내부적 구제절차 ········ 471

Ⅱ. 외부적 구제절차 ········ 472

1. 행정심판 ········ 472

(1) 의의 / 472
(2) 행정심판의 전치 / 472
(3) 심판기관 / 473
(4) 청구기간 / 473
(5) 행정심판에 대한 불복 / 473

2. 행정소송 ········ 473

(1) 법원관할 / 474 (2) 항고소송 / 474
(3) 당사자소송 / 477

3. 변상금부과처분에 중대 · 명백한 하자가 인정되는 경우 ······ 477

제4장 변상금의 징수 ······ 479

제1절 의의와 법적 성질 ······ 479

제2절 변상금의 징수방법 ······ 479
Ⅰ. 변상금의 징수유예 ······ 479
Ⅱ. 변상금의 분할납부 ······ 480

제3절 체납변상금의 징수 ······ 481
Ⅰ. 연체료의 부과 · 징수 ······ 481
Ⅱ. 강제징수 ······ 481

제4절 변상금징수권의 소멸 ······ 482
Ⅰ. 재판상청구의 등장배경 ······ 482
Ⅱ. 민사소송에 의한 해결 시도 ······ 483
1. 부당이득반환청구소송 ······ 483
2. 관련문제(사용료청구소송과 철거소송) ······ 483
Ⅲ. 행정소송에 의한 해결의 모색 ······ 484

제5편 국유재산의 처분

제1장 국유재산의 처분 일반 ······ 489

제1절 국유재산의 소멸 ······ 489

제2절 개념의 정리 ························ 489
Ⅰ. 국유재산의 양도, 양여 및 처분 ························ 489
Ⅱ. 구별개념으로서의 사유화 ························ 490

제3절 국유재산의 처분제한 ························ 491
Ⅰ. 개요 ························ 491
1. 입법정책의 변천 ························ 491
2. 처분제한 규정 ························ 491
3. 처분제한에 대한 불복 ························ 492
Ⅱ. 국유재산 처분의 일반적인 제한 ························ 492
1. 현재 또는 장래의 행정목적에 필요한 경우 ························ 493
2. 공익사업에 필요한 재산 ························ 494
(1) 처분의 제한 / 494 (2) 위반행위의 효력 / 494
3. 국유재산의 가치 증대·유지를 위해 필요한 경우 ························ 496
(1) 개발이 필요한 경우 / 496 (2) 잔여 국유재산의 효용이 감소되는 경우 / 496
4. 사실상·소송상 분쟁이 진행 중이거나 예상되는 경우 ························ 497
5. 상수원의 보호를 위해서 필요한 경우 ························ 497
6. 무주부동산으로 국고귀속한 후 10년이 지나지 않은 경우 ························ 498
(1) 공익사업상 필요 / 499 (2) 신규 등록된 무주부동산 / 499
(3) 행정용도의 무주부동산 / 499
7. 취득과 처분의 균형 ························ 499
8. 대부의 우선적 고려 ························ 500
Ⅲ. 절차적 통제를 통한 처분제한 ························ 500
1. 총괄청의 승인·협의 등 ························ 500
2. 국토교통부장관과의 협의 ························ 501
Ⅳ. 계약방법의 통제를 통한 처분제한 ························ 501
1. 일반경쟁 입찰 ························ 502
(1) 처분방법에 관한 법률의 규정 / 502 (2) 처분방법의 판단순서 / 502

2. 제한 · 지명경쟁 입찰 ······ 503

(1) 인접 토지 소유자 / 503
(2) 실경작자 / 503
(3) 용도를 지정하여 매각하는 경우 / 503
(4) 영 제40조 제3항에 따른 수의매각 신청의 경합 / 504

3. 수의계약 ······ 504

(1) 법정 수의계약 사유 / 504
(2) 용도를 지정한 매각 / 504

제4절 국유재산의 처분가격 ······ 506

Ⅰ. 처분재산의 가격결정 ······ 506

1. 가격결정의 기준 ······ 506

2. 가격결정의 방법 ······ 506

(1) 감정평가업자의 평가액 / 506
(2) 개별공시지가 / 507

Ⅱ. 경쟁 입찰로 매각하는 경우 ······ 508

1. 최초예정가격 ······ 508

2. 예정가격의 체감 ······ 508

(1) 일반경쟁 입찰 / 508
(2) 지명 · 제한경쟁 입찰 / 509

Ⅲ. 국유재산의 가치를 증대시킨 자에게 처분하는 경우 ······ 509

1. 사안의 배경 ······ 509

2. 사안에 적용되는 일반적인 법리 ······ 509

(1) 임료반환 / 509
(2) 개간비청구 / 510
(3) 개간비의 개념 및 평가 / 510

3. 국유재산법의 규정 ······ 511

(1) 개요 / 511
(2) 국유재산의 개간조건부 매각 등의 예약을 한 경우 / 511
(3) 매각대금의 20년 분납 / 512
(4) 사용허가 및 대부관계에서 개간비의 불인정 / 513

4. 개별 법률에서 국유지 개간비공제의 근거를 두는 경우 ······ 514

(1) 수복지역 내 소유자미복구토지의 복구등록과 보존등기 등에 관한 특별조치법 / 514
(2) 산업단지 입주기업체 등에 대한 개량비 인정 / 515

Ⅳ. 은닉된 국유재산을 자진반환한 자에 대한 특례매각 ······ 516

Ⅴ. 공익사업시행자에 대한 협의매각 및 강제수용 ······ 517

1. 협의매각 ······ 517

2. 강제수용 ···· 518
3. 도시정비법상의 정비사업 ···· 518
Ⅵ. 양여 ···· 519
Ⅶ. 국세물납 증권 ···· 519

제2장 국유재산의 매각 ···· 520

제1절 매매 일반 ···· 520

제2절 매각계약의 방법 ···· 520
Ⅰ. 공익목적 ···· 521
1. 외교·국방상의 필요 ···· 521
2. 재해복구·구호 ···· 521
3. 지방자치단체 ···· 521
4. 공공기관 ···· 521
5. 이주·정착을 위한 필요 ···· 522
6. 국유지개발목적회사 ···· 522
7. 종교용 점유자 ···· 522
8. 양여·무상대부받을 수 있는 자 ···· 522
(1) 양여받을 수 있는 자 / 522 (2) 무상대부받을 수 있는 자 / 523
Ⅱ. 보호가치 있는 이해관계자의 보호 ···· 523
1. 국유재산의 가치를 증대시킨 자 ···· 523
2. 은닉재산을 자진반환한 자 ···· 523
3. 귀속법인재산의 매수자 ···· 524
4. 교통시설부지의 원소유자 ···· 525
5. 국가와 재산을 공유하는 자 ···· 525
6. 국유지에 인접한 토지소유자 ···· 525
(1) 단독이용가치 유무의 판단기준 / 525 (2) 맞닿은 정도 / 526
(3) 소유권의 명의신탁 / 526

7. 국가소유 건물 또는 공작물의 부지 소유자 ······ 526
Ⅲ. 지상건물의 양성화 등 ······ 526
1. 통상의 국유지 위의 건물 ······ 527
(1) 내용과 제도의 취지 / 527
(2) 매각의 제한 / 527
(3) 행정대집행조항과의 관계 / 529
2. 정비구역내의 건물소유자에 대한 특례 ······ 530
(1) 특례의 내용 / 530
(2) 특례의 적용범위 / 531
Ⅳ. 실경작자의 우대 ······ 532
1. 내용과 제도의 취지 ······ 532
2. 문제점 ······ 532
3. 요건 ······ 532
(1) 농지법상 농지 / 532
(2) 지역 · 면적 / 533
(3) 5년 이상 계속 경작 / 533
Ⅴ. 법정사업의 지원 ······ 533
1. 공익사업 ······ 533
(1) 사업시행기간 이내 / 534
(2) 사업시행기간의 도과 / 534
2. 비공익사업 ······ 534
(1) 관광시설조성사업 / 534
(2) 공장설립사업 / 535
(3) 주택사업 / 536
(4) 사도개설사업
(5) 농 · 어촌지원사업 / 536
(6) 학교용지 / 537
(7) 근로자 · 대학생 생활지원 / 537
Ⅵ. 국가재정상의 이익 ······ 538
1. 2회 이상 유찰 ······ 538
2. 뚜렷하게 국가에 유리한 가격 ······ 538
Ⅶ. 일반규정 ······ 539
1. 규정의 취지 ······ 539
2. 제한의 필요성 ······ 539
Ⅷ. 다른 법률에 따른 수의계약 ······ 539
Ⅸ. 증권의 경우 ······ 539
Ⅹ. 지식재산의 경우 ······ 541

제3절 매도인의 의무 ········ 541
Ⅰ. 개요 ········ 541
Ⅱ. 매매목적물의 인도의무 ········ 542
1. 동시이행의 관계 ········ 542
2. 분납기간 동안의 대부료 ········ 542
Ⅲ. 매매목적물의 소유권이전의무 ········ 543
1. 동시이행의 배제 ········ 543
2. 예외 ········ 544
Ⅳ. 매도인의 담보책임 ········ 544
1. 매각목적물이 국가 소유가 아닌 경우 ········ 545
(1) 발생원인 / 545　(2) 법률관계 / 545
2. 매각목적물의 면적 부족 ········ 546
(1) 수량부족에 대한 매도인의 담보책임 / 546　(2) 착오에 의한 취소 / 550
3. 경계·현황의 착오 ········ 551
4. 매립폐기물 등의 처리 ········ 552
(1) 민법 제580조의 규정 / 552　(2) 담보책임의 면제 / 553

제4절 매수자의 의무 ········ 554
Ⅰ. 입찰보증금과 계약보증금의 납부 ········ 554
1. 입찰보증금의 납부 ········ 554
2. 계약보증금의 납부 ········ 556
Ⅱ. 매각대금의 선납의무 ········ 557
Ⅲ. 매각대금의 납부기간 ········ 557
1. 일시납부의 원칙 ········ 557
2. 분할납부의 예외 ········ 558
(1) 국유재산법 / 558　(2) 다른 법률의 규정 / 562
Ⅳ. 매각대금의 연체에 대한 조치 ········ 562
1. 강제이행의 방법 ········ 562
2. 연체료의 부과 ········ 562

3. 매매계약의 해제 ········· 563
(1) 해제사유 / 563
(2) 해제의 효과 / 564
(3) 연체료부과와의 관계 / 566

제3장 교환 ········· 567

제1절 개요 ········· 567

제2절 교환사유 ········· 567
Ⅰ. 국가가 행정재산으로 필요한 경우 ········· 568
Ⅱ. 재산의 효용성, 가치 등의 증대를 위해 필요한 경우 ········· 568
Ⅲ. 상호 점유재산의 상대방이 불가피한 사유로 요청한 경우 ········· 568

제3절 교환의 제한 ········· 568
Ⅰ. 일반적인 제한 ········· 568
Ⅱ. 종류와 가격의 제한 ········· 570

제4절 교환절차 ········· 570
Ⅰ. 주요 사항의 적정성 확인 ········· 571
Ⅱ. 총괄청의 승인·협의·통지 ········· 571
Ⅲ. 감사원 보고 ········· 571

제4장 국유재산의 무상귀속과 양여 ········· 573

제1절 서론 ········· 573
Ⅰ. 내용 ········· 573
Ⅱ. 개념 ········· 574
1. 실정법상 용어사용의 현황 ········· 574

2. 양여와 귀속의 법적 의미 ········· 574
3. 개념의 정리 ········· 574

제2절 무상귀속과 양여의 유형 ········· 575
Ⅰ. 원인에 따른 분류 ········· 575
Ⅱ. 근거법률에 따른 분류 ········· 575
Ⅲ. 소유권이전방식에 따른 분류 ········· 575

제3절 개발사업의 시행에 따른 무상귀속과 양여 ········· 576
Ⅰ. 제도의 현황과 취지 ········· 576
Ⅱ. 무상귀속 등의 요건 ········· 576
Ⅲ. 무상귀속 등의 절차 ········· 577
Ⅳ. 종래의 공공시설 ········· 578
1. 개념 ········· 578
2. 기준시점 ········· 578
3. 공공시설의 유형 ········· 578
(1) 법정 공공시설 / 578 (2) 비법정 공공시설 / 579

제4절 국유재산법에 따른 양여 ········· 580
Ⅰ. 양여의 대상 ········· 580
1. 지방자치단체에 대한 일반재산의 양여 ········· 580
2. 공공용재산의 비용부담자에 대한 양여 ········· 580
3. 대규모 국책사업으로 대체시설을 제공한 자에 대한 양여 ········· 580
4. 보존·활용 및 대부·처분에 부적합한 재산의 양여 ········· 581
Ⅱ. 양여의 절차 ········· 581

제5장 신탁과 현물출자 ········· 582

제1절 신탁 ········· 582

제2절 현물출자 ········ 582
Ⅰ. 현물출자의 대상 ········ 582
Ⅱ. 현물출자의 절차 ········ 582
Ⅲ. 상법의 적용 제외 ········ 583

제6장 철거 · 소유권의 자진반환 ········ 584

제1절 철거 ········ 584

제2절 소유권의 자진반환 ········ 584

제6편 지분형태 국유재산의 관리와 처분

제1장 국유지분 부동산의 관리와 처분 ········ 587

제1절 통상의 공유관계 ········ 587
Ⅰ. 공유의 개념과 성립 ········ 587
Ⅱ. 공유 지분 ········ 587
1. 지분의 개념 ········ 587
2. 지분의 비율 ········ 588
3. 지분의 주장 ········ 588
4. 지분의 처분 ········ 589
(1) 처분의 자유 / 589
(2) 처분의 방법과 효과 / 589
(3) 처분의 제한 / 589

Ⅲ. 공유물의 관리와 보존 ········ 590
1. 관리의 개념과 방법 ········ 590
2. 관리비용 기타 의무의 부담 ········ 591
3. 공유물의 보존 ········ 591

Ⅳ. 공유물의 처분과 변경 ········· 592
Ⅴ. 공유물의 사용 · 수익 ········· 592
1. 공유자의 사용 · 수익 ········· 592
2. 제3자의 사용 · 수익 ········· 594
Ⅵ. 공유물의 분할 ········· 595
1. 분할의 자유 ········· 595
2. 분할의 방법 ········· 595
3. 분할의 효과 ········· 596

제2절 구분소유적 공유관계 ········· 596
Ⅰ. 개념, 발생원인 및 성질 ········· 596
Ⅱ. 대내관계 ········· 597
Ⅲ. 대외관계 ········· 597

제3절 국가지분 부동산의 관리와 처분
Ⅰ. 국가지분 부동산의 법적 특색 ········· 598
Ⅱ. 대내관계 ········· 598
1. 공유자의 사용 · 수익 ········· 598
2. 공유자의 무단점유 ········· 599
3. 공유자에 대한 국가지분의 처분 ········· 600
Ⅲ. 대외관계 ········· 600
1. 제3자의 사용 · 수익 ········· 601
2. 제3자의 무단점유 ········· 601
Ⅳ. 공유물분할소송 ········· 602
1. 원고 · 피고 ········· 602
2. 공유토지분할에 관한 특례법 ········· 602

제2장 국유지분 증권의 관리와 처분 ···· 604

제1절 국유지분 증권의 개념과 발생 ···· 604
Ⅰ. 개념 ···· 604
Ⅱ. 발생 ···· 604

제2절 국유지분 증권의 관리 · 처분의 방식 ···· 605

제3절 정부배당 ···· 606

제4절 국유지분 회사의 청산특례 ···· 607

제7편 국유재산의 개발

제1장 국유재산의 개발 일반 ···· 611

제1절 국유재산 개발의 의의 ···· 611

제2절 국유재산 개발의 유형 ···· 612
Ⅰ. 개발의 주체에 따른 분류 ···· 612
Ⅱ. 개발의 대상에 따른 분류 ···· 612
1. 건축개발 ···· 613
2. 국유지개발 ···· 613
Ⅲ. 수익성의 유무에 따른 분류 ···· 613
Ⅳ. 개발재산의 처리에 따른 분류 ···· 614

제2장 기금개발 ···· 615

제3장 신탁개발 ········ 616

제4장 위탁개발 ········ 617

제1절 위탁개발 일반 ········ 617

Ⅰ. 의의와 절차 ········ 617

Ⅱ. 개발의 대상 ········ 617

Ⅲ. 개발재산 등의 국고귀속 ········ 618

Ⅳ. 개발재산의 관리 · 처분 ········ 618

1. 재산관리기관 ········ 618
2. 대부, 처분의 특례 ········ 618

제2절 국유지개발 ········ 619

Ⅰ. 의의 ········ 619

Ⅱ. 사업시행자 ········ 620

1. 독자개발설 ········ 620
2. 위탁개발설 ········ 620
3. 검토 ········ 620

제5장 민간참여개발 ········ 622

제1절 민간참여개발 일반 ········ 622

Ⅰ. 민간참여개발의 의의 ········ 622

Ⅱ. 위탁개발을 보충하는 기능 ········ 622

Ⅲ. 개발 대상 재산 ········ 622

제2절 국유지개발목적회사 ········ 623

Ⅰ. 의의 ········ 623

Ⅱ. 투자회사 ········ 623

Ⅲ. 국유재산법상의 특별규정 ······ 624
1. 건축개발을 위한 수의계약 등 ······ 624
2. 국가지분의 수의매각 ······ 625

제3절 민간참여개발의 절차 ······ 625
Ⅰ. 민간참여개발기본계획의 수립 ······ 625
Ⅱ. 민간사업자의 공개모집 ······ 625
Ⅲ. 개발사업 협약의 체결 ······ 626
Ⅳ. 개발사업의 평가 ······ 626

제4절 개발완료 후의 법률관계 ······ 627
Ⅰ. 개발재산의 소유관계 등 ······ 627
Ⅱ. 수익의 배분 ······ 627
Ⅲ. 정부출자지분의 회수 ······ 627

제5절 입법론 ······ 628
Ⅰ. 개발의 대상 ······ 628
Ⅱ. 국유지개발목적회사 ······ 628
1. 현물출자 ······ 628
2. 민간사업자의 범위 ······ 628
Ⅲ. 총괄청사무의 위탁 ······ 629
Ⅳ. 개발이익의 국고귀속 ······ 629

제8편 채권의 관리

제1장 채권의 유형과 규율체계 ······ 633

제1절 계약에 의한 채권 ······ 633

Ⅰ. 사법상계약에 의한 채권 ······ 633
Ⅱ. 공법상계약에 의한 채권 ······ 633
Ⅲ. 계약채권에 대한 공법적 규율 ······ 634

제2절 부과행위에 의한 채권 ······ 634

제3절 법률의 규정에 의한 채권 ······ 635

제2장 국유재산법이 규정하는 이자 ······ 636

제1절 고시이자의 시행 ······ 636

제2절 고시이자의 법적 성질 ······ 637

제3절 고시이자의 적용범위 ······ 639
Ⅰ. 국유재산법에 따라 발생하는 분납이자 ······ 639
Ⅱ. 대부보증금 산출을 위한 이자율 ······ 639
Ⅲ. 과오납금반환이자 ······ 639

제4절 이자율고시의 내용 ······ 640
Ⅰ. 기존고시 ······ 640
Ⅱ. 현행고시 ······ 641

제3장 연체료 ······ 643

제1절 연체료 개요 ······ 643
Ⅰ. 연체료의 의의 ······ 643
Ⅱ. 제도의 연혁 ······ 644

Ⅲ. 연체료의 법적 성질 ···································· 644
1. 행정벌 ···································· 644
2. 연체료채권의 독립성 ···································· 645
3. 연체료채권의 종속성 ···································· 645
Ⅳ. 연체료 규정의 적용대상 ···································· 645

제2절 연체료의 부과 ···································· 646
Ⅰ. 연체료의 산정 ···································· 647
1. 국유재산법의 규정 ···································· 647
(1) 연체료 요율 / 647
(2) 연체료부과기간 / 647
(3) 연체료의 한시적 감경 / 647
2. 유관 법률과의 비교 ···································· 648
Ⅱ. 연체료의 부과절차 ···································· 648
Ⅲ. 부과권의 소멸과 면제 ···································· 648
1. 연체료부과권의 소멸 ···································· 648
2. 연체료 부과의 면제 ···································· 649

제3절 연체료의 징수 ···································· 650
Ⅰ. 연체료의 징수 일반 ···································· 650
Ⅱ. 변제충당의 순서 ···································· 650
Ⅲ. 연체료징수권의 소멸 ···································· 651

제4장 강제징수 ···································· 652

제1절 강제징수 일반 ···································· 652
Ⅰ. 의의 및 법적 성질 ···································· 652
Ⅱ. 강제징수의 대상과 주체 ···································· 653
1. 강제징수의 대상 ···································· 653
2. 강제징수의 주체 ···································· 653

제2절 강제징수 절차 ······ 654
Ⅰ. 독촉 ······ 654
Ⅱ. 재산의 압류 ······ 655
1. 압류의 의의 ······ 655
2. 압류대상재산 ······ 655
3. 압류의 효력 ······ 656
4. 교부청구와 참가압류 ······ 656
Ⅲ. 압류재산의 매각과 청산 ······ 657

제5장 채권의 소멸, 면책 및 결손처분 ······ 658

제1절 채권의 일반적인 소멸원인 ······ 658
Ⅰ. 변제 ······ 658
Ⅱ. 대물변제 ······ 658
Ⅲ. 상계 ······ 659
1. 국가채권을 자동채권으로 국가가 하는 상계 ······ 659
(1) 일반적인 가능성 / 659
(2) 국가가 하는 상계의 한계 / 661
2. 국가채권을 수동채권으로 상대방이 하는 상계 ······ 665
Ⅳ. 변제공탁 ······ 666
1. 공탁의 의의 ······ 666
2. 변제공탁의 원인 ······ 667
3. 변제공탁의 효과 ······ 667
Ⅴ. 경개 ······ 667
Ⅵ. 면제 ······ 667
Ⅶ. 혼동 ······ 668
Ⅷ. 소멸시효 ······ 668

제2절 소멸시효 ········ 669
Ⅰ. 적용법률 ········ 669
Ⅱ. 소멸시효기간 ········ 669
Ⅲ. 소멸시효의 중단 ········ 670
1. 소멸시효의 중단사유 ········ 670
(1) 국유재산법 제73조의3 제2항 / 670 (2) 민법 제168조 / 670
2. 소멸시효 중단의 효과 ········ 674
Ⅳ. 소멸시효의 정지 ········ 674
Ⅴ. 시효완성의 효과 ········ 674

제3절 채권의 면책 ········ 675

제4절 결손처분 ········ 675

제6장 채무의 포괄승계 ········ 677

제9편 국유재산소송

제1장 국유재산소송의 유형 ········ 681

제1절 개요 ········ 681

제2절 민사소송 ········ 681
Ⅰ. 소유권소송 ········ 681
1. 개요 ········ 681
2. 국가가 원고인 경우 ········ 681
3. 국가가 피고인 경우 ········ 682

Ⅱ. 금전청구소송 ········· 683
1. 국가가 원고인 경우 ········· 683
2. 국가가 피고인 경우 ········· 683
Ⅲ. 인도소송 ········· 683

제3절 행정소송 ········· 684
Ⅰ. 행정소송의 의의와 종류 ········· 684
Ⅱ. 행정소송의 관할 ········· 685
1. 행정법원의 설치 ········· 685
2. 보통재판적 ········· 685
3. 특별재판적 ········· 685
Ⅲ. 행정심판 ········· 686
1. 처분행정청 소속의 행정심판위원회 ········· 686
2. 국민권익위원회 소속의 중앙행정심판위원회 ········· 686
3. 시·도지사 소속의 행정심판위원회 ········· 687
4. 직근 상급행정기관 소속의 행정심판위원회 ········· 687

제2장 국유재산소송의 당사자 ········· 688

제1절 개요 ········· 688

제2절 당사자적격 ········· 688

제3절 이행청구권과 이행의무 ········· 689
Ⅰ. 소유권소송 ········· 689
Ⅱ. 금전청구소송 ········· 690
1. 부정설 ········· 690
2. 긍정설 ········· 691
3. 판례 ········· 691

4. 검토 ······ 691

(1) 민간위탁의 법적 성질 / 691
(2) 관련 수익의 귀속 / 692
(3) 행정적 · 경제적 효율 / 692

Ⅲ. 인도소송 ······ 693

제3장 국유재산소송의 수행 ······ 694

제1절 국가소송법의 적용 ······ 694

제2절 적용대상 소송 ······ 694

Ⅰ. 국가소송 ······ 694

Ⅱ. 행정소송 ······ 695

Ⅲ. 소송 이외의 사건 ······ 696

제3절 법무부장관의 권한 ······ 696

Ⅰ. 국가소송의 대표 ······ 696

Ⅱ. 국가소송 및 행정소송의 지휘 · 감독 ······ 696

1. 소송수행자의 지정 등 ······ 696

(1) 국가소송 / 696
(2) 행정소송 / 696

2. 의견의 제출 ······ 697

3. 소송총괄관의 지휘 ······ 697

Ⅲ. 법무부장관의 권한의 위임 ······ 697

제4절 소송수행자 ······ 698

제5절 송달 ······ 698

제4장 조상 땅 찾기 소송 ··· 699

제1절 개요 ··· 699

제2절 진정한 소유자임을 증명하는 부동산공부 ··· 699
Ⅰ. 토지조사부 ··· 700
Ⅱ. 보안림편입고시 ··· 701
Ⅲ. 국유전귀속(前歸屬)임야대장 ··· 701
Ⅳ. 구 토지대장 ··· 701
Ⅴ. 지세명기장(地稅名寄帳) ··· 703
Ⅵ. 농지분배 관련 서류 ··· 703

제3절 국가가가 소유권을 취득하였다는 항변 ··· 703
Ⅰ. 점유시효취득의 항변 ··· 704
1. 소유의 의사 ··· 704
(1) 자주점유의 의의 및 판단기준 / 704
(2) 자주점유의 추정이 번복되는 사례들 / 705
(3) 자주점유의 추정이 유지되는 사례들 / 705
2. 점유 ··· 705
(1) 도로 / 705
(2) 변상금의 부과 · 징수 / 705
Ⅱ. 등기부시효취득의 항변 ··· 706
Ⅲ. 원고의 소유가 아니므로 무주부동산이라는 항변 ··· 707
1. 농지분배 ··· 707
2. 매각 ··· 707
3. 등기유예기간의 도과 ··· 708

참고문헌 ··· 709
사항색인 ··· 714
판례색인 ··· 721
참고색인 ··· 734

| 제 1 편 |

국유재산의 의의와 기본체계

제 1 장 국유재산의 의의
제 2 장 국유재산의 규율체계
제 3 장 국유재산의 관리체계
제 4 장 국유재산의 보호체계
제 5 장 국유재산의 발생체계

제1장 국유재산의 의의

제 1 절 국유재산의 개념

Ⅰ. 광의의 국유재산

1. 개념

통상 국유재산이라 함은 국가 소유의 재산을 말한다.[1] 재산은 민법상의 개념으로서 넓은 의미에서 어떤 주체를 중심으로 또는 일정한 목적 하에 결합된 경제적 가치가 있는 물건 및 권리·의무의 총체를 말하며, 좁은 의미에서는 개개의 물건 또는 재산권의 뜻으로 쓰여 진다.[2] 이렇게 민법상의 재산개념으로 넓게 설명되는 모든 국가 소유의 재산을 광의의 국유재산이라고 하고, 이 중에서 국유재산법의 적용대상으로 법정되어 별도의 공법적 규율을 받는 것들만 협의의 국유재산이라고 한다.[3]

유사개념으로 공유(公有)재산을 들 수 있다. 공유재산은 지방자치단체 소유의 재산이며, 「공유재산 및 물품관리법」(이하 '공유재산법'으로 약칭한다)이 적용된다. 지방자치단체는 제헌헌법 때부터 독립된 법인으로서 자신의 재산을 소유·관리하였고[제헌헌법 제117조 제1항, 구 지방자치법(1949. 7. 4. 제정) 제3조 참조], 재산을 소유·관리하는 목적이 국가와 동일하다. 따라서 국유재산법과 공유재산법[4]은 그 소유 주체가 다르다는 점을 제외하고는 그 목적, 용어의 정의, 대상재산의 범위, 재산의 구분과 종류, 사용허가·대부,[5] 처분 및 무단점유자에 대한 조치 등 전반적인 규정이 대동소이하다고 할 수 있다.

2. 물건과 재산권

물건 및 권리·의무의 총체가 법률상 의미를 가지는 경우는 상속재산(민법 제1005조) 및

---

1) 하명호, 행정법, 제3판, 박영사, 2021, 862면.

2) 김병재, 민법주해Ⅱ, 총칙(2), 박영사, 2012, 22-23면.

3) 이원우, 주석 국유재산법, 법제처, 2006, 15면; 이수혁, 한국의 국유재산법제도, 토지공법연구 제12집, 한국토지공법학회, 2001, 239면; 김도승, 국유무체재산관리 및 진흥을 위한 공법적 과제, 법학연구 제41권, 한국법학회, 2011, 21면, 기획재정부, 국유재산 업무편람, 2017. 2, 12면 등.

4) 국유재산은 1950. 4. 8.부터 국유재산법이 제정되어 독자적인 규율이 시작된 반면, 공유재산은 오랫동안 민법의 적용을 받다가 1963. 11. 11. 지방재정법의 제정으로 공법적 규율이 시작되었다. 공유재산법이 제정되어 독자적인 규율이 시작된 것은 2005. 8. 4.부터이다.

5) 국가 이외의 자가 국유재산을 사용·수익하게 할 때 행정재산은 사용허가의 방식을, 일반재산은 대부계약의 방식을 취한다. 사용허가에 관한 규정이 대부분 대부에도 준용되므로 이 책에서는 사용허가와 대부를 합해서 사용허가 또는 사용허가 등이라고만 하기도 한다.

부재자의 재산(민법 제22조 이하) 등인데,[6] 국가가 여기에 해당할 여지는 없다. 따라서 광의의 국유재산은 "국가를 소유자로 하는 물건 또는 국가를 귀속주체로 하는 재산권" 정도로 이해할 수 있다.

물건은 소유권 등 물권의 객체가 되거나, 채권 등 다른 재산권의 목적이 되는 것으로서, 민법은 '유체 물 및 전기 기타 관리할 수 있는 자연력'으로 정의한다(제98조). '전기 기타 관리할 수 있는 자연력'이 명시됨으로서 관리 가능한 무체물이 물건에 포함되었는바, 현대의 사회 · 경제적 실정에 맞추기 위한 입법으로서 구민법이나 독일민법이 유체물만 물건에 포함시키는 것과 비교된다.[7] '관리할 수 있는'이라는 것은 결국 배타적 지배가 가능하다는 것을 의미하며 이것은 유체물에 관해서도 요구된다.[8] 따라서 물건이란 "법률상의 배타적 지배가 가능한 유체물과 자연력인 무체물"로 정의할 수 있으며, 이는 국유재산인 물건에도 그대로 적용된다. 그 밖에 부동산과 동산 등 물건에 관한 민법의 제 규정과 이에 관한 학설 · 판례도 국유재산인 물건에 그대로 적용이 된다.

재산권은 그 내용인 이익이 경제적 가치를 가지며, 일반적으로 거래의 목적이 될 수 있는 것이다. 재산권에 속하는 권리에는 소유권 · 전세권 · 저당권과 같은 물권(광업권, 어업권과 같은 준 물권 포함), 매도인의 대금청구권 · 매수인의 소유권이전등기청구권과 같은 채권, 특허권 · 저작권 등과 같은 지식재산권 및 사단법인 · 주식회사 등 단체의 구성원이라는 지위에 기하여 가지는 사원권 등이 있다.[9]

Ⅱ. 협의의 국유재산

1. 개념과 취지

광의의 국유재산 중에서 국유재산법이 국유재산으로 정의하는 동법 제5조 제1항 각호의 재산을 협의의 국유재산이라고 한다(제2조 제1호). 물건 중에는 부동산과 몇몇 특수동산이, 재산권 중에는 용익물권, 준물권 및 지식재산권이 여기에 해당한다. 국유재산법이 국유재산 개념을 별도로 규정하는 취지는 국유재산의 개념을 민법과 달리 하려는 것이 아니라, 국유재산법이 규정하는 공법적 규율의 대상을 한정하려는 것이다.[10] 국유재산법이 재산을 행정재산과 일반재산으

6) 김병재, 앞의 책, 23면.

7) 구민법 제85조; Bürgerliches Gesetzbuch(이하, BGB) § 90 Begriff der Sache. 이 논문에서 인용하는 독일민법전의 내용은 양창수, 독일민법전, 2018년판, 박영사, 2018.을 참조하였다.

8) 김병재, 앞의 책, 28면.

9) 지원림, 민법강의, 제17판, 홍문사, 2020, 36면.

10) 국유재산법의 이러한 태도는 우리나라의 국유재산법이 일본의 국유재산법의 영향을 받아 제정된 이래 시종일관 유지되고 있다. 일본국유재산법(https://www.klri.re.kr/jsp/popup/janlaw.jsp) 제2조 참조. 이 논문에서 인용하는 일본국유재산법 등 일본국유재산 관련 법규의 내용은 「최우용, 일본 국유재산 제

로 나누고 융통성, 관리·보호체계, 사용허가, 처분 등에 있어 차별화된 공법적 규율을 하는데, 광의의 국유재산 모두에 이러한 규율을 할 필요는 없다.

광의의 국유재산은 민법상의 개념으로서 행정법 영역에서 논의할 실익이 크지 않고, 협의의 국유재산 개념을 도출하는 과정에서 도구개념으로서 의미가 있다. 일반적으로 국유재산이라 함은 협의의 개념을 말하므로,[11] 이하에서 특별한 수식 없이 국유재산이라 함은 협의의 개념을 말하는 것이다.

2. 입법례

협의의 국유재산의 공법적 규율을 위한 기본법을 두느냐에 따라 기본법제정형과 방임형의 입법례로 나눌 수 있는데, 프랑스, 일본 및 우리나라가 전자에 속하고, 독일 기타 대부분의 나라가 후자에 속한다. 방임형은 민법이나 국가재정법 등 일반적인 재산법에서 국유재산에 대한 최소한의 공법적 규율을 하는데 그치기 때문에,[12] 국유재산을 광·협의로 나눌 필요가 없다. 이에 비하여 기본법제정형의 입법례는 공법적 규율을 위한 별도의 법률을 제정하고, 상대적으로 다양하고 강한 규제를 하므로, 국유재산을 광·협의로 나눌 필요가 있다. 이러한 기본법상의 공법적 규율은 국유재산에 대한 것으로서 공물법상의 공법적 규율과는 그 목적, 대상 등에서 차이가 있다.

협의의 국유재산도 재산의 일종이므로 민법 등 일반적인 재산법의 적용을 받는 것이 당연하지만, 사권설정 금지, 영구시설물축조 금지, 시효취득 배제, 변상금 부과 및 행정대집행 등 국유재산법의 공법적 규율이 있으면 그것이 우선적용된다. 한편, 공물관리청이 공물로 제공된 국유재산에 변상금을 부과하고 점용허가를 하는 것과 같은 공물법 등의 공법적 규율은 기본법인 국유재산법에 우선적용된다.[13] 결국 국유재산에 대한 규정들은 '민법, 국가재정법 등의 일반적인 재산법 - 국유재산법 등의 기본적인 공법적 규율 - 공물법 등의 특별한 공법적 규율'의 순서로 우선적용된다고 할 것이다.

3. 실무상의 구현

국가결산보고서는 국유재산을 협의의 개념으로 파악하는 전형적인 예이다. 예컨대, 2021회계연도 국가결산 보고서를 보면 2021회계연도 말의 국유재산 현재액은 총 1,337조원으로 국가자산총액 2,840조원에 훨씬 못 미치는데, 협의의 국유재산으로만 국유재산총액을 산출했기 때문이다. 국가자산총액 중에서 현금, 현금성자산 및 동산(물품)을 빼고 계산하면 대략 국유재산총액에 근접하게 된다.[14] 국가는 현금 및 현금성자산에 상응하는 막대

도 법령 해석, 한국비교공법학회, 2018. 4」를 참고하였다.

11) 이원우, 앞의 책, 15면.

12) 독일 연방예산법(BHO) 제63조 참조. 재산취득사유, 처분사유, 처분가격 정도의 제한만 한다.

13) 류지태, 현행 국유재산관리의 법적 문제, 고려법학 제36집, 고려대학교 법학연구원, 2001, 70면.

한 부채[15] 또는 세출을 예정하고 있고, 물품의 경우 끊임없이 감가상각이 이루어져 궁극적으로 0으로 수렵하게 되는 비품의 성질을 가지기 때문에, 현금, 현금성자산 및 물품은 국유재산에서 빼고 산정 · 관리하는 것이다. 한편, 국가결산보고서의 부속서류인 국유재산관리운용총보고서에서는 국유재산을 협의의 개념으로 파악하여 작성한다는 것을 명시하고, 모든 국유재산을 토지, 건물, 공작물, 기계기구, 입목 · 죽, 선박 · 항공기, 유가증권, 무체재산으로 분류(8종)하여 작성하고 있다.[16] 이러한 8종의 분류는 협의의 국유재산, 즉 국유재산법 제5조 제1항 각 호에 기초하는 것이다.

제 2 절 국유재산의 범위와 현황

Ⅰ. 국유재산의 범위

국유재산법 제5조 제1항은 협의의 국유재산으로 ① 부동산과 그 종물(제1호), ② 선박, 부표(浮標), 부잔교(浮棧橋), 부선거(浮船渠, Floating dock) 및 항공기와 그들의 종물(제2호), ③ 정부기업이나 정부시설에서 사용하는 궤도차량(제3호, 영 제3조), ④ 지상권, 지역권, 전세권, 광업권, 그 밖에 이에 준하는 권리(제4호), ⑤ 증권(제5호), ⑥ 지식재산(제6호)을 열거하고 있다. 이들은 물건과 재산권의 일부로서 부동산, 특수동산, 용익물권 · 준물권 및 지식재산권으로 분류할 수 있는데, 구체적인 내용은 다음과 같다.

1. 부동산과 그 종물

국유재산법은 국유재산의 대부분이 부동산임을 전제로 규율하고 있다. 부동산의 개념은 민법에 따라야 하는데, 민법 제99조 제1항은 토지와 그 정착물을 부동산으로 정의한다. 종물은 주물의 처분에 따르므로(민법 제100조 제2항), 부동산의 종물에까지 국유재산법이 미치는 것은 당연하다. 국유의 부동산은 전부 국유재산법의 적용대상이다. 간혹 도로, 하천, 항만 등 공물이 도로법, 하천법, 항만법 등 공물법의 적용을 받으므로 공물을 구성하는 국유재산에 국유재산법이 적용되지 않는 것으로 오인되기도 하지만, 재산법과 공물법은 서로 별개로 작동한다. 행정재산이 국유재산과 공물의 성격을 동시에 가질 경우 국유재산법과 공물

14) 「2021 회계연도 국가결산 보고서」 Ⅳ. 재무제표 참조.
15) 위 재무제표를 보면 국채 · 주택청약저축 등의 부채가 944조원, 연금충당부채(공무원연금, 군인연금)가 1,138.2조원으로 총 2,082.2조원에 이른다.
16) 2021 회계연도 국유재산관리운용총보고서, 5면.

법이 동시에 적용되는 것이고, 다만 양 법률의 공법적 규율이 서로 중복될 때, 공물법의 규정이 특별규정으로서 우선할 뿐인 것이다.

(1) 토지

토지는 연속된 지표면이지만 「공간정보의 구축 및 관리 등에 관한 법률」(이하 공간정보관리법)에 따라 지번이 부여됨으로서 필지별로 독립성이 인정된다. 토지의 소유권은 정당한 이익이 있는 범위 내에서 그 지면의 상하에 미치기 때문에(민법 제212조) 토석(土石)에도 토지소유권이 미치지만, 광물(광업법 제3조 제1호에 열거된 것)은 매장하고 있는 토지가 국·공유 또는 사유인지를 불문하고 광업권, 조광권 등 특허의 대상으로 한다. 헌법은 제120조 제1항에서 "광물 기타 중요한 지하자원·수산자원·수력과 경제상 이용할 수 있는 자연력은 법률이 정하는 바에 의하여 일정한 기간 그 채취·개발 또는 이용을 특허할 수 있다."고 하고, 광업법 제2조 내지 제5조는 일정한 광물을 광업권·조광권의 객체로 하고 있다.

따라서 일정한 광물은 토지소유권에 귀속되지 않고 독자적으로 국유화되어 오로지 정부의 특허사항이기 때문에 국유재산의 관리·처분권이 미치지 않는다. 국유지에 매장되어 있는 광물을 채굴하려면 산업통산자원부장관으로부터 광업권이나 조광권의 특허를 받아야 하는 것이지 그 국유지의 관리기관으로부터 사용허가·대부를 받아 채굴할 수는 없다. 기타 국유재산에 매장된 물건[17]의 발굴에 관하여는 「국유재산에 매장된 물건의 발굴에 관한 규정」이 적용되고, 이러한 매장된 물건이 문화재일 경우에는 매장하고 있는 토지 등이 누구의 소유인지를 불문하고 「매장문화재 보호 및 조사에 관한 법률」이 적용된다.

(2) 토지의 정착물

토지의 정착물이란 토지에 고정되어 쉽게 이동할 수 없는 물건으로 그 상태대로 사용하는 것이 그 물건의 거래상의 속성으로 인정되는 것을 말한다.[18] 토지의 정착물은 토지소유권으로부터 독립하여 별개로 존재하는 것과 토지소유권에 흡수되는 것으로 나누어진다. 전자의 예는 건물, 입목(명인방법을 갖춘 수목이나 그 집단 또는 미분리의 과실을 포함한다), 농작물[19] 등이고, 후자의 예는 교량, 담장, 명인방법을 갖추지 못한 수목 등이다. 컨테이너박스, 천막구조물, 가건물, 가식의 수목 등은 정착물이 아니다.

타인이 물건을 통하여 국유재산을 무단점유하고 있다면 그 물건이 정착물인지, 토지로부터 독립된 것인지에 따라 대응방법이 다르다. 비독립 정착물이라면 무단점유자의 퇴거만으로 무단

---

17) 이때 매장된 물건이란 소유관계가 분명한 토석이나 광물 등이 아니라 소유자가 불분명한 일종의 유실물을 의미한다(민법 제254조 참조).

18) 지원림, 앞의 책, 156면.

19) 타인의 토지에 불법경작 했더라도 경작물이 성숙하여 독립한 물건으로서 존재를 갖추었으면 그 소유권은 경작자에게 속한다는 것이 확고한 판례이다. 대법원 1979. 8. 28. 선고 79다784 판결 등.

점유가 해소되고 그 물건은 재산관리기관이 임의처리할 수 있지만, 독립정착물이라면 그 소유자의 퇴거만으로는 무단점유상태가 해소될 수 없고 재산관리기관이 행정대집행 등의 절차를 거쳐 정착물을 제거하여야 한다. 정착물이 아니라면 국유재산과는 별개의 동산이므로 관리기관이 임의처리할 수는 없지만 행정대집행이나 소송을 거치지 않고 취거시킬 여지가 있다.

2. 특수동산

국유재산법은 동산은 원칙적으로 적용대상에서 제외하고, 몇몇 특수한 동산만 포함시키는데, 제5조 제1항에서 열거하는 특수동산 중에서 현실적으로 유의미한 것은 선박, 항공기 및 유가증권이다. 유가증권은 금액상 전체 국유재산에서 상당한 비중을 차지한다.[20]

(1) 선박, 부표, 부잔교, 부선거 및 항공기와 그 종물

선박이란 수상 또는 수중에서 항행용으로 사용하거나 사용될 수 있는 배 종류를 말하며 기선, 범선, 부선으로 구분된다(선박법 제1조의 2). 모든 선박은 등록하여야 하고 특히 20톤 이상의 기선과 범선 및 100톤 이상의 부선은 등기까지 해야 하지만(선박법 제8조, 선박등기법 제2조), 이러한 등기 · 등록이 국유재산이 되기 위한 요건은 아니다. 선박 중 군수품은 군수품관리법의 적용을 받는다. 부표란 부체(浮體)로 된 항로표지를 말하며, 부잔교는 부두에서 폰툰(pontoon, 물에 뜨도록 만든 상자형의 부체)을 물에 띄우고 그 위에 철근콘크리트 · 강판 · 목재 등을 바닥에 깔아 여객의 승하선, 화물의 적양에 편하도록 만든 구조물을 말한다. 부선거란 선체(船體)를 물 위에 띄우고 수선할 수 있게 한 궤모양의 함선(floating dock)을 말한다.

항공기란 비행기, 헬리콥터, 비행선, 활공기, 일정 수준 이상의 동력비행장치, 항공우주선을 말하며 모든 항공기는 원칙적으로 등록해야 하지만(항공안전법 제2조 제1호, 제7조 제1항, 동법 시행령 제2조) 등록은 국유재산의 요건이 아니라는 점, 항공기 중 군수품은 군수품관리법의 적용을 받는다는 점 등은 선박과 동일하다.

(2) 정부기업이나 정부시설에서 사용하는 궤도차량

정부기업이라 함은 정부가 기업형태로 운영하는 우편사업, 우체국예금사업, 양곡관리사업 및 조달사업을 말하며, 각각의 특별회계가 설치되어 있다(정부기업예산법 제2조, 제3조). 궤도차량이라 함은 기관차, 전차, 객차, 화차, 기동차 등을 말한다(영 제3조). 궤도차량 이외의 국가소유 차량은 물품관리법 또는 군수품관리법의 적용을 받는다.

---

20) 2021 회계연도 말 유가증권총액은 292.8조원으로 일반재산 총액(337조원)의 86.8%, 국유재산총액(1,337조원)의 21.9%를 차지한다(2021 회계연도 국유재산관리운용총보고서, 6-8면, 이 책에서 제시하는 각종 국유재산 현황 · 통계는 "2021 회계연도 국유재산관리운용총보고서"에 근거한 것으로, 2021년 말을 기준으로 하고 있다. 이하 같다).

(3) 증권

국유재산법에서 증권이라 함은 「자본시장과 금융투자업에 관한 법률」(이하 자본시장법이라고 한다) 제4조의 증권을 말한다(법 제5조 제1항 제5호). 추가지급의무를 부담하지 않는 금융투자상품을 말하는데, 구체적으로는 채무증권, 지분증권, 수익증권, 투자계약증권, 파생결합증권 및 증권예탁증권이다(자본시장법 제4조 제1항, 제2항).

채무증권이란 국채증권, 지방채증권, 특수채증권, 사채권, 기업어음증권, 그 밖에 이와 유사한 것으로서 지급청구권이 표시된 것을 말한다. 특수채증권이란 법률에 의하여 직접 설립된 법인(주로 정부출자기업체)이 발행한 채권을 말하며, 사채권이란 사채를 나타내는 유가증권을 말하므로 예금채권, 부당이득반환채권 등 증권화 되지 않은 것은 증권이 아니다(국가채권관리법의 적용대상이다). 기업어음증권은 기업이 사업자금조달을 위해 발행한 약속어음으로서 은행, 한국산업은행, 중소기업은행이 "기업어음증권"이라는 문자가 인쇄된 어음용지를 사용해 내어준 것을 말한다(같은 조 제3항).

지분증권이란 주권, 신주인수권이 표시된 것, 법률에 의하여 직접 설립된 법인(정부출자기업)이 발행한 출자증권, 상법에 따른 합자회사 · 유한책임회사 · 유한회사 · 합자조합 · 익명조합의 출자지분, 그 밖에 이와 유사한 것으로서 출자지분 또는 출자지분을 취득할 권리가 표시된 것을 말한다(같은 조 제4항). 사기업에서 발행한 지분증권은 주로 상속세에 대한 주식물납을 통하여 국유재산이 된다. 국민연금기금 등 연기금에서 매입한 주식 등은 소관 공단의 소유로서 국유재산이 아니다.

수익증권이란 신탁업자, 투자신탁을 설정한 집합투자업자가 발행한 수익증권 그 밖에 이와 유사한 것으로서 신탁의 수익권이 표시된 것을 말한다(같은 조 제5항). 투자계약증권이란 투자자가 타인과의 공동사업에 투자하고 주로 그 타인이 수행한 공동사업결과에 따른 손익을 귀속받는 계약상의 권리가 표시된 것을 말한다(같은 조 제6항).

파생결합증권이란 기초자산의 가격 · 이자율 · 지표 · 단위 또는 이를 기초로 하는 지수 등의 변동과 연계하여 미리 정해진 방법에 따라 지급금액이나 회수금액이 결정되는 권리가 표시된 것을 말한다(같은 조 제7항). 증권예탁증권이란 위의 증권을 예탁 받은 자가 그 증권이 발행된 국가 외의 국가에서 발행한 것으로서 그 예탁 받은 증권에 권련된 권리가 표시된 것을 말한다(같은 조 제8항).

3. 용익물권, 광업권 등

법 제5조 제1항 제1호 내지 제3호 및 제5호의 물건에 대한 소유권 이외에 국유재산법은 두 가지 재산권을 국유재산법의 적용대상으로 규정하는바, 제5조 제1항 제4호 및 제5호의 재산권이 그것이다. 제4호는 "지상권, 지역권, 전세권, 광업권, 그 밖에 이에 준하는 권리"라고 하는데, 그 밖에 이에 준하는 권리는 용익물권과 광업권에 준하는 권리, 즉 조광권, 어업권 등 준물권으로 이해할 수 있을 것이다.

결국 국유재산법이 제4호와 제5호에서 인정하는 재산권은 용익물권 · 준물권 및 지식재산권인데, 국유재산의 존재이유가 행정목적이므로 사용가치를 내용으로 하는 재산권만 국유재산법의 적용대상으로 하고, 교환가치를 내용으로 하는 담보물권 등은 제외하려는 것으로서 협의의 국유재산 개념취지에 부합한다.

4. 지식재산

법 제5조 제1항 제5호는 특허권, 실용신안권, 디자인권, 상표권, 저작권 및 품종보호권 등을 국유재산법의 적용대상으로 열거하고 있다. 다른 국유재산과 같이 사용허가 · 대부, 매각 등의 대상이 되지만, 민간에서 활용하는 예는 많지 않다. 현재 대부분의 국유지식재산은 국유재산법에 우선하는 특허법, 저작권법 및 식물신품종보호법 등에 따라 소관 중앙관서의 장이 관리하고 있다.

Ⅱ. 국유재산의 현황

1. 일반현황

2021회계연도 말 협의의 국유재산총액은 1,337조원인데, 이 중에서 행정재산이 1,000조원, 일반재산이 337조원을 차지한다. 회계별로는 일반회계에 742.5조원, 특별회계에 418.2조원, 그리고 기금에 176.3조원의 재산이 속해 있다. 재산의 종류별로는 토지가 630.1조원(47%)으로 가장 많고, 그 다음으로 공작물이 328.9조원(24.6%), 유가증권이 292.8조원(21.9%)을 차지한다. 그 밖에 건물 70.9조원(5.3%), 선박 · 항공기 3.6조원, 입목 7.5조원 그리고 무체재산이 1.8조원을 차지한다. 유가증권 292.8조원은 모두 일반재산으로 분류되는바,[21] 일반재산의 대부분은 유가증권으로 구성됨을 알 수 있다.[22] 한편, 공작물은 고속도로, 교량 등 토지의 정착물로서 독립된 부동산으로 취급되지 않기 때문에 공작물로 기록된 328.9조원은 재산법상으로 별 의미가 없다.[23]

이와 같은 국유재산관리운용총보고서의 국유재산 현황 및 통계는 협의의 국유재산을 대상으로 국유재산대장에 계상된 취득원가(이를 대장가격 또는 장부가액이라고도 하며, 자세한 내용은 제3절 참고)를 가격으로 표시하기 때문에 대부분의 재산이 실제가격보다 훨씬 낮게 표시된다. 정부에서 작성하는 각종 국유재산의 현황과 통계는 원칙적으로 국유재산대장의 취득원가를 사용하

21) 2021 회계연도 국유재산관리운용총보고서, 일반재산(총괄), 20면 참조.
22) 이상 2021 회계연도 국유재산관리운용총보고서, 6-9면.
23) 매 회계연도 국가결산 보고서에서는 특이사항으로 고속국도의 재산 가치를 공표하고 있다. 2020년도의 경우 경부고속도로 12.3조원, 서해안고속도로 6.9조원, 남해고속도로 6.3조원, 통영 · 대전 중부고속도로 5.5조원 등이다. 다만 위의 고속도로가액은 그 부지(토지)를 제외한 것이고, 고속도로라는 공공시설을 설치하는데 얼마의 돈이 들었다는 회계상의 기록에 불과하다.

기 때문이다.

전체 국유재산을 대상으로 시세가격을 표시한다면 국유재산 연구와 정책수립 · 집행 등에 있어서 현실적인 도움이 될 수 있겠는데, 통계청 · 한국은행이 매년 발표하는 국민대차대조표는 광의의 국유재산을 시장가격으로 표시하고 있다.[24] 2021년 국민대차대조표는 2021년 말의 일반정부 순자산 시세를 약 5,052.5조원으로 기록하고 있는데, 전체 국민자산의 25.5% 수준이다. 여기서도 고속도로, 교량 등 공작물(건설자산)가격을 토지가격과 별도로 기록하는데 시세로 약 1,454조원을 기록함으로써, 국유재산관리운용총보고서의 장부가격 328.9조원을 크게 상회한다. 토지의 경우 약 2,437조원으로 기록하여 630.1조원을 기록한 국유재산관리운용총보고서의 4배가까이 된다.

2. 중앙관서별 현황

각 중앙관서의 장은 국유재산을 소관하면서 이를 사용하거나 관리 · 처분하는데, 2021 회계연도 말 현재 국유재산 총액 1,337조원에서 국토교통부가 729.3조원(54.5%) 상당의 재산을 소관하고, 그 다음으로 기획재정부 165.4조원(12.3%), 국방부 128.7조원(9.6%), 농림축산식품부 55.8조원(4.1%) 그리고 산림청이 29.9조원(2.2%) 상당의 국유재산을 소관한다.[25]

국유재산 중에서 토지가 가장 큰 비중을 차지할 뿐만 아니라(47%), 국가행정 · 재정의 측면에서 가장 중요하므로, 중앙관서별 소관 토지 현황을 그 면적과 금액 두 가지 측면에서 살펴볼 필요가 있다. 대한민국의 국토면적은 약 10만㎢이고, 이 중에서 국유지가 약 2.5만㎢(25,355㎢)를 차지하는데, 산림청 소관이 약 1.5만㎢로 약 60%를 차지한다. 국토의 대부분이 산으로 이루어진 결과이다. 그 다음으로 국토교통부가 약 5,000㎢(20%), 농림축산식품부가 약 2,120㎢(8.4%), 국방부가 약 1,339㎢(5.3%)를 차지하는데 도로, 하천, 항만 등 교통시설, 농업기반시설 및 군사시설 · 군사보호구역 등이 많기 때문이다.

국유지총액 630.1조원(장부가액) 중에서 국토교통부 소관이 약 301조원으로 약 47.7%를 차지한다. 그 다음으로 농림수산식품부가 53.4조원(8.4%), 국방부가 39.7조원(6.3%), 기획재정부가 33조원(5.2%)[26] 교육부가 22.4조원(3.6%), 산림청이 21.8조원(3.5%), 그리고 해양수산부가 21.6조원(3.4%)을 차지한다.[27] 산림청이 면적비중으로 약 60%의 국유지를 차지하면서 금액비중이

24) 「통계청 · 한국은행, 2021년 국민대차대조표, 2022. 7」의 자료이용 시 유의사항 3.에서 "국민대차대조표에 기록되는 비금융자산 가액은 대차대조표 기록시점의 현재 (시장)가격으로 평가한 것으로 취득원가(역사적 원가)에 근거하여 기록하는 기업회계의 자산가액과는 차이가 있습니다"라고 하고 있고, 5.에서 "토지자산의 시가평가 작업에는 한국감정원, 한국부동산연구원 등 관련기관 연구자들이 공동으로 참여하였습니다."라고 하고 있다.

25) 2021 회계연도 국유재산관리운용총보고서, 25-27면.

26) 기획재정부장관은 일반회계 소속의 모든 국유재산을 소관하지만, 각종 통계에서는 기획재정부장관이 직접 관리 · 처분하는 일반회계 소속 일반재산만 그 소관으로 취급한다.

27) 2021 회계연도 국유재산관리운용총보고서, 37-39면.

낮은 것은 소관재산의 재산가치가 낮기 때문이고, 기획재정부가 면적비중으로 약 1.9%의 국유지만 직접 소관하지만 금액비중이 높은 것은 이들이 모두 일반재산으로서 재산적 가치가 높기 때문이다.

3. 국유지 현황

2021 회계연도 말 현재 전체 국유지 25,355㎢에서 행정재산은 24,543㎢(96.7%), 일반재산은 812㎢(3.3%)이다. 국유지 총액 630.1조원에서 행정재산은 590.8조원(93.8%), 일반재산은 39.2조원(6.2%)을 차지하는데, 전체 행정재산(1,000조원)과 일반재산(337조원)에서 차지하는 비중은 각 59%와 11.6%이다. 국유지현황을 지목별로 보면, 국유지 총면적에서 임야 65.7%, 하천 10.4%, 도로 7.5%, 구거 6.1% 및 기타 5.2%를 차지한다. 이것을 금액기준으로 보면 도로 20.2%, 하천 20.5%, 대(垈) 16.6%, 잡종지 11.5%, 임야 7.3%, 구거 7.3% 및 기타 12.0% 등이 차지한다.

제3절 국유재산의 가격

통상의 재산은 회계장부에 기록되는 가격과 시장에서 거래되는 가격이 있는데, 부동산은 여기에 더하여 국가나 지방자치단체가 적정한 가격형성과 조세·부담금 등의 형평을 도모하기 위해 공시하는 가격이 있다. 국유재산도 여기서 크게 벗어나지 않는 범위에서 여러 가격으로 표시·규율된다.

Ⅰ. 대장가격

국유재산의 대장에 기록된 국유재산의 가격으로서(법 제12조 제2항), 장부가액이라고도 한다. 국유재산의 대장가격은 원칙적으로 취득원가로 계상하며, 취득원가가 없거나 구하기 곤란한 때에는 공정가액으로 계상한다(국가회계기준에 관한 규칙 제32조 제1항, 제2항). 취득원가(acquisition cost)란 재산의 매입가액 또는 제조원가와 이에 관련된 부대비용을 합한 금액이고,[28] 공정가액이란 합리적인 판단력과 거래의사가 있는 독립된 당사자 간에 거래될 수 있는 가격으로서(같은 규칙 제2조 제3호) 시장가격과 유사한 개념이다.

국유재산의 대장가격은 역사적 원가개념으로서 현재의 공시가격이나 시장가격보다 낮을 수 밖에 없기 때문에 사용허가, 매매 등 금전적 이해관계에는 적용되지 않고, 각종 통계·보고, 금

28) 고성삼, 회계·세무 용어사전, 법문출판사, 2006.

전적 이해관계가 없는 의사결정의 기준 등으로만 쓰이며,[29] 일정주기를 정하여 공정가격(시장가격)으로 재평가되기도 한다.[30]

국가회계기준에 관한 규칙 제2조(정의) 이 규칙에서 사용하는 용어의 뜻은 다음과 같다.

3. "공정가액"이란 합리적인 판단력과 거래의사가 있는 독립된 당사자 간에 거래될 수 있는 교환가격을 말한다.

제32조(자산의 평가기준) ① 재정상태표에 표시하는 자산의 가액은 해당 자산의 취득원가를 기초로 하여 계상한다. 다만, 무주부동산의 취득, 국가 외의 상대방과의 교환 또는 기부채납 등의 방법으로 자산을 취득한 경우에는 취득 당시의 공정가액을 취득원가로 한다.

② 국가회계실체 사이에 발생하는 관리전환은 무상거래일 경우에는 자산의 장부가액을 취득원가로 하고, 유상거래일 경우에는 자산의 공정가액을 취득원가로 한다.

제38조의2(일반유형자산 및 사회기반시설의 재평가 기준) ① 제32조에도 불구하고 일반유형자산과 사회기반시설을 취득한 후 재평가할 때에는 공정가액으로 계상하여야 한다. 다만, 해당 자산의 공정가액에 대한 합리적인 증거가 없는 경우 등에는 재평가일 기준으로 재생산 또는 재취득하는 경우에 필요한 가격에서 경과연수에 따른 감가상각누계액 및 감액손실누계액을 뺀 가액으로 재평가하여 계상할 수 있다.

② 제1항에 따른 재평가의 최초 평가연도, 평가방법 및 요건 등 세부회계처리에 관하여는 기획재정부장관이 정한다.

Ⅱ. 공시가격

국토교통부장관은 토지이용상황이나 주변 환경, 그 밖의 자연적 · 사회적 조건이 일반적으로 유사하다고 인정되는 일단의 토지 중에서 선정한 표준지에 대하여 매년 1월 1일 현재의 적정가격(표준지공시지가)을 조사 · 평가하여 공시하여야 한다. 한편 시장 · 군수 또는 구청장은 국세 · 지방세 등 각종 세금의 부과, 그 밖의 다른 법령에서 정하는 목적을 위한 지가산정에 사용되도록 매년 1월 1일 현재 개별토지의 가격(개별공시지가)을 결정 · 공시하고, 이를 관계 행정기관 등에 제공하여야 한다.[31] 국토교통부장관 등은 지가의 공시와는 별도로 주택에 대하여도 표준주택가격 및 개별주택가격 등을 공시하여야 한다.[32]

국유재산법은 국유재산의 사용료 · 대부료[33]를 개별공시지가 등 공시가격에 연동시키고

29) 영 제42조 제1항 제1호 · 제2호, 제8항, 제10항; 영 제12조 제2항.
30) 국가회계기준에 관한 규칙 제38조의2, 일반유형자산과 사회기반시설 회계처리지침(기획재정부) 47. 이하.
31) 부동산공시법 제3조 제1항, 제10조 제1항.
32) 부동산공시법 제16조 이하.
33) 국가 이외의 자가 국유재산을 사용 · 수익하는 대가로 지급하는 금전을, 행정재산에서는 사용료라고 하고 일반재산에서는 대부료라고 한다. 이하에서는 사용료 · 대부료를 합하여 사용료 또는 사용료 등이라

있다. 즉 공시가격에 일정요율을 곱한 금액으로 사용료를 산정함을 원칙으로 한다.[34] 사용료는 그 실질이 임대료이기 때문에 시장가격으로 산정하는 것이 옳겠지만 정확한 시장가격을 알 수 없고 매년 징수하는 사용료를 그때마다 감정평가하기도 곤란하기 때문에 공시가격을 활용한다. 이로서 사용료는 임대료라고 하기 보다는 일종의 공과금에 유사한 성격을 가지게 된다. 사용료 미납에 대하여 연체료를 부과하고 강제징수 하는 것도 이러한 측면에서 이해가 된다.

[참고 ①] 표준지공시지가와 개별공시지가

• 표준지공시지가: 표준지공시지가는 전국 3,268만 필지의 토지 중 대표성 있는 50만 필지를 선정하여 산정하는데, 감정평가업자가 직접 현황조사를 통해 조사·분석한다(부동산공시법 시행령 제3조). 표준지공시지가는 표준지의 단위면적당 적정가격을 나타내는데, 적정가격이란 통상적인 시장에서 정상적인 거래가 이루어지는 경우 성립될 가능성이 가장 높다고 인정되는 가격을 말하므로(동법 제2조 제5호), 표준지공시지가는 일반적인 시가와 달리 개별적이고 특수한 사정이나 투기적 요소는 배제된 정상적인 거래가 이루어지는 경우 통상적인 시장에서 성립될 가능성이 가장 크다고 인정되는 가격(적정가격)으로 결정된다고 할 수 있다.[35]
표준지공시지가는 토지시장의 지가정보를 제공하고 일반적인 토지거래의 지표가 되며, 국가·지방자치단체 등의 행정기관이 그 업무와 관련하여 지가를 산정하거나 감정평가업자가 개별적으로 토지를 감정평가 하는 경우에 그 기준이 되며(동법 제9조), 토지보상금의 산정자료가 된다.
국·공유의 토지는 표준지로 선정하지 아니한다[표준지의 선정 및 관리지침(국토교통부훈령 제926호) 제12조 제1항 본문]. 다만, 일반재산인 경우, 여러 필지의 국·공유지가 일단의 넓은 지역을 이루고 있어, 그 지역의 지가수준을 대표할 표준지가 필요한 경우에는 표준지로 선정할 수 있다(같은 지침 제12조 제1항 단서).

• 개별공시지가: 개별공시지가는 표준지공시지가를 기준으로 시·군·구의 담당공무원이 산정하며, 각종 과세나 부담금 및 국유재산 사용료 등의 부과기준이 된다. 공시지가의 산정절차는 크게 표준지의 선정과 평가, 토지가격비준표의 작성, 개별공시지가의 산정 등 3단계로 구분할 수 있다.[36]
토지가격비준표는 표준지와 가격산정 대상 개별 토지의 가격형성요인에 대한 표준적인 비교표로서 개별공시지가 산정을 위한 가격배율이 된다.[37]

고만 하기도 한다.

34) 법 제32조 제1항, 영 제29조 제1항·제2항; 법 제47조 제1항, 제51조.

35) 안영진, 공시지가제도의 법적 개선방안, 토지공법연구 제62집, 한국토지공법학회, 2013. 8, 146면.

36) 서수복/이왕무/곽성남, 공간효과를 이용한 공시지가 산정방법의 개선에 관한 연구, 한국지적학회지 제31권 제3호, 한국지적학회, 2015. 12, 157면.

37) 서수복/이왕무/곽성남, 앞의 글, 154면.

Ⅲ. 감정평가액

국유재산의 처분가격은 원칙적으로 감정평가액으로 산정된다(영 제42조 제1항). 시장가격 내지 공정가격을 국유재산의 처분가격으로 하는 것이 옳겠지만, 상대방과의 합의로 시장가격을 결정할 수는 없는 것이고, 공정가격은 그 추론이 쉽지 않다. 결국 감정평가업자로 하여금 시장가격 내지 공정가격을 평가·결정하게 하는 것이다. 예외적으로 감정평가액 이외의 가격으로 처분가격이 정해지기도 한다. 일단의 토지 면적이 100㎡ 이하(특별시·광역시 소재 제외)이거나, 일단의 토지 대장가격이 1,000만 원 이하인 국유지를 경쟁 입찰로 처분할 때는 개별공시지가를 처분가격으로 하고(영 제42조 제10항), 법 제55조 제1항 제1호(지방자치단체에 대한 양여) 및 제4호(보존·활용 등 부적합 재산의 양여)에 따라 양여하는 국유재산은 그 대장가격을 처분가격으로 한다(같은 조 제8항).

[참고 ②] 일단의 토지

국유재산법에서 그냥 국유지라고 하면 1필지를 말하지만, 일단의 토지라고 할 때도 있다. 일단의 토지란, 경계선이 서로 맞닿은 일련의 일반재산 국유지를 말하는데, 도로·하천 등 공물과 국가와 국가 이외의 자가 共有한 토지는 제외한다.[38] 즉 일반재산 국유지가 서로 맞닿아 일련의 토지를 형성하더라도 공물과 共有土地는 맞닿지 않은 것으로 본다.
국유재산법이 일단의 토지를 규정하는 이유는 국유지가 여러 필지로 연결되어 있는 경우, 어느 1필지만으로는 가치가 낮더라도, 그 전체를 하나로 보게 되면 큰 가치가 있을 수 있기 때문이다. 국유재산법은 일단의 토지로서 일정 면적을 초과하는 국유지를 매각할 때는 미리 총괄청의 승인을 얻도록 하거나, 총괄청 또는 국토교통부장관과 협의하도록 한다.[39]

Ⅳ. 예정가격

공시가격이나 감정평가액으로 산정된 국유재산의 사용료 또는 처분가격은 수의로 상대방을 정하지 않는 이상 최종낙찰가가 결정될 때까지는 예정가격에 불과하다. 한편 예정가격은 입찰 전에는 법정가격 그대로의 최초예정가격을 의미하고, 입찰절차에서 유찰되면 체감된 예정가격을 의미하게 된다. 국유재산법은 최초예정가격과 체감된 예정가격 중 어느 것을 의미하는지 명시적으로 구분한다.[40]

38) 영 제42조 제10항 제1호, 2019년도 국유재산 처분기준 제5조 제1항.
39) 2022년도 국유재산 처분기준 제5조 제1항 제1호; 제6조 제4호; 제10조 제1항 제2호; 제2항 제2호.
40) 영 제27조 제5항, 제42조 제3항.

Ⅴ. 재산가격

앞에서 설명한 가격들로 표시되는 당해 국유재산에 대한 가격을 재산가격 또는 재산가액이라고 한다. 즉 재산가격은 국유재산에 대한 절대적인 가격이 아니라, 당해 재산에 대해 특정용도 때문에 정해지는 상대적인 가격이다. 예컨대 국유재산의 사용료를 산정할 때의 재산가격은 공시가격이고(영 제29조 제2항), 관리전환할 때의 재산가격은 감정평가액 또는 대장가격이며(영 제12조), 매매 등 처분할 때의 재산가격은 감정평가액, 공시가격 또는 대장가격이다(영 제42조).

제2장 국유재산의 규율체계

제 1 절 개요

Ⅰ. 국유재산에 대한 공법적 규율의 근거

국유재산법은 국유재산의 공공성을 실현하기 위해서 평등의 원칙, 재산권보장의 원칙 등 헌법상의 원칙과 민사법의 일반원칙에 위배되지 않는 범위 내에서 국유재산에 대한 공법적 규율을 하고 있다. 국유재산의 공공성은 국유재산의 다양한 공적 기능을 통하여 구체적으로 발현되며, 이러한 국유재산의 공공성 내지 국유재산의 공적 기능은 국유재산에 대한 공법적 규율의 핵심근거가 된다.

헌법재판소는 국·공유의 일반재산에 대하여 변상금부과, 행정대집행, 연체료부과 및 강제징수 등의 다양한 공법적 규율을 규정한 국유재산법 및 공유재산법 조항에 대한 위헌소원에서, 국·공유재산의 공적 기능에 주목하여 이들 공법적 규율을 합헌으로 판단하였는데, 그 판시내용에는 국유재산에 대한 공법적 규율의 일반적인 근거가 잘 나타나 있다. 헌법재판소는 공적 목적에 이용되는 물건에 대해서는 헌법상 공공복리 등 공적 목적의 수행을 위하여 필요한 한도 내에서 특별한 공법적 규율이 가능하다고 하면서, 국·공유의 일반재산도 공적 목적과 공적 기능을 수행하기 위하여 필요한 한도에서 공법적 규율이 가능하다고 하였다. 또한 일반재산은 행정재산과 달리 공적 목적에 직접 제공된 것은 아니지만 그 경제적 가치를 통하여 국가 등의 재정에 기여한다는 점에서 공법적 규율로써 보호할 필요가 있고, 현재 공적 목적에 사용되지 않는다고 하더라도 행정 목적상 필요한 때에는 언제든지 행정재산 등으로 전환될 수 있으므로, 그 유지·보호 및 운용의 적정이라는 공익상의 목적과 기능을 수행하기 위하여 필요한 경우에는 공법적 규율이 가능하다고 하였다.[41] 이 헌법재판소의 판시는 일반재산에 대한 공법적 규율의 근거에 관한 것이지만, 행정재산을 포함한 국유재산 전반에 대한 공법적 규율의 근거로 일반화할 수 있다.

통상 국유재산의 공적 기능 중에서 중요하게 여겨지는 것은 대체로 다음과 같은바,[42] 공공재적 기능을 제외하고는 공물의 기능과는 무관하다. 국유재산과 공물은 각자의 기능이 다르고,

---

41) 헌법재판소 2010. 3. 25. 선고 2008헌바148 결정.

42) 국유재산의 공적 기능으로서 수익기능, 행정임무수행의 도구기능 및 공공급부 제공기능을 들기도 하는데(이원우, 앞의 책, 1면), 수익기능은 재정수입기능과, 행정임무수행의 도구기능은 비축자원 기능 및 공공정책지원 기능과, 그리고 공공급부 제공기능은 공공재적 기능과 일맥상통한다.

그 기능에 근거한 공법적 규율의 의미도 다를 수밖에 없다.

1. 공공재적 기능

많은 국유지가 도로, 하천, 항만 및 공원 등 공공시설 내지 사회기반시설의 부지로 기능하며,[43] 국유림조성 및 댐건설 등을 통해 홍수, 한발 등 자연재해를 방지하기도 한다.

국유재산의 기능으로서 환경재적 기능을 꼽기도 하는데,[44] 공공재적 기능에 환경재적 기능도 포함된다고 할 수 있다. 국유재산의 환경재적 기능은 국가가 국유지 매입을 늘리거나 상수원보호구역 등 관련 지역 내의 국유지 매각을 제한하는 것으로 발현되는바, 다수의 환경법이 국가가 특정지역 내의 토지를 매입하여 국유지로 삼도록 요구하고 있다(물환경보전법 제19조의3, 한강수계법 제7조 등). 최근에는 도시공원일몰제와 관련하여 국유지가 도심녹지공간으로 활용되어 쾌적한 생활환경을 제공한다는 점이 주목받고 있다.[45]

2. 비축자원 기능

공공시설의 설치, 택지조성, 주택건설 등 수많은 공익사업[46]을 위해서는 토지확보가 가장 시급하다. 공익사업에 필요한 토지가 사유지라면 이를 취득하기 위하여 막대한 예산과 시간이 소요될 뿐 아니라, 취득과정에서의 분쟁, 개발이익의 사유화 등도 문제가 아닐 수 없다. 현재 「국토의 계획 및 이용에 관한 법률」(이하 '국토계획법'으로 약칭한다), 「산업입지 및 개발에 관한 법률」(이하 '산업입지법'으로 약칭한다), 도시개발법, 「도시 및 주거환경정비법」(이하 '도시정비법'으로 약칭한다), 택지개발촉진법 및 주택법 등 100여 개의 공익사업법률이 사업구역 내의 국유지를 사업목적 외의 목적으로 처분하지 못하게 하는 등 국유재산의 비축자원 기능에 입각한 규정을 하고 있다(국토계획법 제97조 등). 한편, 국유재산법은 국유재산의 취득과 처분이 균형을 이루도록 하며, 재산수입의 일부를 비축부동산 취득에 쓰도록 하고 있다(제3조 제2호, 제10조 제1항, 제26조의5 제1호). 실무상 비축부동산 취득은 청사 등 공용재산 수요 대비 및 기존 재산의 가치를 증대의 방향으로 이루어진다.[47]

---

43) 국가 소유의 도로, 하천, 항만 등 공작물은 약 328.9조원으로 전체 국유재산의 약 24.6%를 차지한다. 기획재정부, 2021 회계연도 국유재산관리운용총보고서, 8면.

44) 박수혁, 한국의 국유재산법제도, 제26회 학술대회, 한국토지공법학회, 2001. 4, 95면; 신봉기, 국유지의 법리, 동아법학 제30권, 동아대학교 법학연구소, 2002, 70면.

45) 도시공원결정고시일로부터 10년이 되는 날까지 공원조성계획의 고시가 없으면 그 10년이 되는 날의 다음 날에 공원지정의 효력이 상실되지만(도시공원일몰제), 지정된 토지가 국·공유지인 경우에는 일몰기간이 30년으로 연장되고 이후 10년 더 연장될 수 있다[「도시공원 및 녹지 등에 관한 법률」(이하 '공원녹지법'으로 약칭한다) 제17조 제1항 내지 제3항].

46) 이 책에서 공익사업이라 함은 「공익사업을 위한 토지 등의 취득 및 보상에 관한 법률」 제2조 제2호의 사업을 말한다.

47) 비축부동산업무처리기준(기획재정부지침) 제4조 제1항 참조.

사업시행자가 새로 설치한 공공시설을 국가가 무상으로 취득하고, 이에 대한 보상으로 종래 공공시설에 제공되었던 국유재산을 사업시행자에게 무상귀속 · 양여하는 경우가 많은바, 이것도 간접적으로는 국유재산의 비축자원 기능을 수행하는 것이라고 할 수 있다. 정부는 1976년경부터는 경제성장에 따른 조세수입으로 국가재정수요를 충족할 수 있다고 판단하고, 국유재산의 부분별한 처분을 지양하고 유지 · 보존 위주의 국유재산 관리정책을 펴게 된다.[48] 이 시기에 국유재산관리계획, 무주부동산의 국고귀속 및 무단점유자에 대한 변상금부과 등 국유재산의 유지 · 보존에 필요한 제도들이 다수 도입되었는데, 이는 국유재산의 비축기능을 뒷받침하는 것이다. 이와 같은 국유재산의 비축자원으로서의 기능은 결과적으로 국유재산의 공공재적 기능에 대한 예비적 · 보조적 수단이 된다.

[참고 ③] 공익사업

공익사업이란 넓게 공익을 목적으로 시행되는 사업이라고 정의할 수 있겠으나, 실정법상으로는 토지보상법에 따라 토지 등을 취득하거나 사용할 수 있는 사업으로서, 동법 제4조에 열거되어 있는 사업을 말한다(동법 제2조 제2호). 공익사업시행자는 사업구역 내의 토지를 강제로 수용하거나 사용할 수 있고, 사업의 시행에 국가, 지방자치단체, 국민 다수의 이해가 얽혀 있기 때문에 엄격하게 관계 법률에 따라 계획 · 시행된다.

이러한 공익사업의 계획과 시행은 사업구역 내의 국유재산에도 많은 영향을 미치게 된다. 사업구역 내 국유재산이 제3자에게 유출되는 것을 제한해 공익사업에 순조롭게 제공되게 할 필요가 있고, 공익사업을 통해 국가가 새로 취득하는 공공시설에 대한 반대급부 차원에서 더 이상 필요 없게 된 행정재산(종래 공공시설)을 용도폐지해서 사업시행자에게 무상으로 이전시킬 필요도 있다. 뿐만 아니라 특수한 공익사업의 경우는 국가가 새로 공공시설을 취득하는지를 불문하고 사업구역 내의 국유재산을 사업시행자에게 무상으로 이전시킴으로서 공익사업을 촉진한다. 이러한 의미에서 국유재산의 공공재적 기능과 비축기능은 공익사업구역 내의 국유재산에 전형적으로 작동된다고 하겠다.

공익사업을 계획하고 시행하는 현행 관계 법률(이하 공익사업법이라고도 한다)은 무수히 많지만 대표적인 예가 도시계획시설사업을 위한 「국토의 계획 및 이용에 관한 법률」, 도시개발사업을 위한 「도시개발법」, 정비사업을 위한 「도시 및 주거환경정비법」, 주택건설사업을 위한 「주택법」, 택지개발사업을 위한 「택지개발촉진법」 등이다. 특히 「국토의 계획 및 이용에 관한 법률」은 공익사업에 관한 일반법적 지위를 가지므로, 많은 공익사업법에서 인용이 된다.

토지보상법은 제4조에서 공익사업을 열거하고 있는데, 제1호부터 제7호까지 공익사업의 유형을 열거한 다음, 제8호에서 그밖에 별표에 규정된 법률에 따라 토지 등을 수용하거나 사용할 수 있는 사업이라고 하고 있다. 종래 제8호는 그밖에 '다른 법률'에 따라 라고만 하였으나, 공익사업법의 무분별한 출현을 통제하기 위하여 2015. 12. 29. 개정 토지보상법 때부터 현행과 같이 토지

48) 기획재정부, 국유재산 업무편람, 2017. 2, 36면.

보상법 별표에 규정될 것을 요구하고 있다.

과거 국토계획법(2002. 2. 4. 제정, 법률 제6655호)은 공익사업의 대상이 되는 기반시설의 한 종류로 막연히 '체육시설'을 규정하였고(제2조 제6호 라목), 헌법재판소는 이 부분이 포괄위임금지원칙에 위배된다고 하였다(헌법불합치결정)(헌법재판소 2011. 6. 30. 선고 2008헌바166, 2011헌바35 결정). 이후 국토계획법 제2조 제6호 라목 중 '체육시설' 부분은 '공공필요성이 인정되는 체육시설'로 개정되었고, 문제가 된 골프장조성사업은 더 이상 공익사업이 아니게 되었다.

3. 공공정책지원 기능

정부가 어떤 공공정책을 입안 · 집행하려면 그에 필요한 재원마련이 중요하다. 해당정책의 집행에 필요한 생산수단(토지 · 건물)을 국유재산으로 제공할 수 있다면 별도의 재원마련 없이 정책을 집행할 수 있다. 이에 국유재산법, 기타 법률에는 국유재산의 공공정책지원 기능과 관련된 규정들이 산재해 있다.

우선 지방자치단체나 공공단체가 국유재산을 공용 · 공공용 등으로 사용하는 경우 그 사용료를 면제해 줄 수 있고(법 제34조 제1항 제2호 및 제3호), 각종 사업이나 단체 등을 지원하기 위한 국유재산의 특례(장기 사용허가, 사용료의 감면 및 재산의 양여)를 인정하고 있다(국유재산특례제한법 제2조 및 별표 참조). 천재지변이나 재난 등으로 경제상황이 악화될 경우 국유재산의 사용료를 감경하기도 한다(법 제34조, 영 제29조 제1항 제6호 등). 그 밖에 국유재산법과 다른 법률은 다양한 수의매각 사유를 열거하는바, 이러한 수의매각 규정도 특정 상황 · 사업 · 계층의 해당자가 원활하게 생산수단을 확보할 수 있게 하려는 취지로서 공공정책지원의 일종이라 할 수 있다. 국유재산특례제한법 별표에 열거된 200여 개의 법률은 여러 분야에서 국유재산의 특례와 우선 사용허가, 우선 매각 등을 규정하고 있다.

4. 재정수입 기능

국유재산은 재정수입을 늘리는 기능을 한다. 국유재산의 관리 · 처분 과정에서 발생하는 대부료, 매각대금 및 변상금수입 등은 중요한 세외수입으로서 국가재정을 늘려주는 역할을 한다. 2021회계연도 국유재산 관련 수입은 약 57.7조원에 이르는데, 매각 등 처분수입이 약 57.3조원이고, 사용료 · 대부료 및 변상금 등 관리수입이 약 4,000억원에 이른다.[49)]

해방 후부터 1976년경까지는 국가재정수요와 경제개발 재원조달을 위하여 국유재산을 적극 매각할 필요가 있었다. 뿐만 아니라 귀속재산처리 및 농지분배까지 겹쳐 이 시기의 국유재산

---

49) 처분수입 57.3조원 중에서 유가증권 매각대금이 54.8조원으로 95% 이상을 차지한다. 이상 2023년도 국유재산종합계획, 45면.

정책은 단순처분을 통한 재정수입 극대화에 있었다. 이러한 단순처분을 통한 재정수입은 소극적 재정수입 기능에 불과하다. 최근에는 국유재산의 매각을 지양하고 대부 등 활용을 지향하며, 나아가 국유재산을 개발하여 임대료 · 매각수입을 극대화 하려는 경향이 있는바, 적극적 재정수입 기능이라 할 것이다. 1994년경부터 국유재산의 확대 · 활용이라는 적극적인 관리정책을 펴게 되어 국유재산특별회계, 국유재산관리기금, 국유재산개발 및 일반재산의 총괄청 직할관리 등이 도입되었다.[50]

Ⅱ. 국유재산에 대한 공법적 규율의 체계

국유재산법은 국유재산의 공공성을 실현하기 위해서 또는 국유재산의 공적 기능을 촉진하기 위해서 다양한 공법적 규율을 하는데, 국유재산법은 이러한 공법적 규율을 하는 기본법이다(법 제1조, 제4조).

국유재산법의 공법적 규율은 사용허가 · 매각 여부, 사용자 · 매수자의 결정, 사용료 · 매매대금의 산정 등과 같이 사적자치에 맡겨진 영역을 일정한 방향으로 규율하는 것이 많고, 그 밖에 융통성의 제한, 강제징수 및 행정대집행 등과 같이 민사법의 내용을 배제하는 내용을 담기도 한다. 국유재산법 제5조 제1항에 열거되지 않은 광의의 국유재산에 대하여는 물품관리법, 군수품관리법, 국가채권관리법 및 국고금관리법 등 개별적인 기본법을 두는 경우가 많으며, 협의의 국유재산 중에서도 개별 기본법을 두는 경우가 있다(예컨대, 국유림). 국유재산과 관련한 계약과 소송에 대하여는 국가계약법과 국가소송법의 적용을 받는다. 한편 모든 국유재산은 국가재정의 일부로서 국가재정법의 적용을 받게 된다.

이러한 기본적인 공법적 규율에 우선하는 특별규정 체계도 있다. 각종의 공물법, 공익사업법 및 국유재산의 특례법 등에 있는 국유재산 관련 공법적 규율이 그것인데, 국유재산법과 개별 기본법의 입법목적을 넘어서는 더 큰 공익을 위해 국유재산법 등의 적용을 배제하거나 제한하는 것이다. 특별규정 체계에서의 공법적 규율은 재산관리기관의 권한을 제한하거나 기본법의 공법적 규율을 배제 · 완화하는 내용이 주류를 이룬다.

---

50) 기획재정부, 국유재산 업무편람, 2017. 2, 37면.

제2절 기본법 체계

Ⅰ. 국유재산법

1. 국유재산법의 의의

(1) 국유재산에 대한 기본적인 공법적 규율

통상 국유재산법이라 함은 1950. 4. 8. 법률 제122호로 제정되어 1956. 11. 28. 법률 제405호로 폐지 제정된 법률을 말하는데, 이를 협의의 국유재산법 또는 형식적 의미의 국유재산법이라고 부를 수 있다. 국유재산법은 국유재산에 대한 공법적 규율을 가하는 기본법률로서 부동산, 특수동산 등 협의의 국유재산에 한하여 적용된다(제5조 제1항). 그 밖의 국유재산에는 물품관리법, 군수품관리법, 국고금관리법 및 국가채권관리법 등 개별적인 기본법이 적용된다. 결국 국유재산에 공법적 규율을 가하는 기본법은 국유재산법(협의의 국유재산)과 개별기본법(광의의 국유재산)으로 나누어진다. 국유재산법과 개별기본법 나아가 후술하는 국유재산에 대한 특별 규율체계를 총칭하여 광의의 국유재산법 내지 실질적 의미의 국유재산법이라고 부를 수 있다.

국유재산법 등 기본법체계는 일반적인 사법(私法)체계 및 재정법체계 등과의 관계에서는 특별법적 지위에 있으며, 특별 규율체계에 대하여는 일반법적인 지위에 있다.

1) 특별법적 지위

국유재산법 등 기본법체계는 '국유재산에 대한 공법적 규율'을 한다는 점에서 통상의 재산에 대한 사법적 규율을 하는 민법, 민사특별법 등 사법체계와의 관계에서, 또는 국가계약법, 국가재정법 등 일반적인 재정법체계와의 관계에서 특별법적인 지위에 있다. 예컨대, 주택임대차보호법, 상가건물임대차보호법 등의 민사특별법은 주택·상가라는 일반적인 영역을 적용대상으로 한다는 점에서 국유의 주택·상가에 관한 국유재산법의 규정은 특별규정으로서 이들에 우선하게 된다.[51]

국유재산법 등과 일반법체계와의 관계가 이러하지만, 현실에서는 그 우열을 가리기가 쉽지 않다. 구체적인 사안별로 판단해 봐야 한다. 또한 일반법과 특별법의 관계는 규정 대 규정으로 비교하는 것이지 법률 대 법률로 비교하는 것이 아니다. 예컨대 국유재산법이 채권의 소멸시효기간에 관한 규정을 별도로 두고 있다고 해서(제73조의3 제1항), 민법이나 국가재정법의 그것에

---

51) 서울고등법원 2014. 1. 17. 선고 2013나2005167 판결. 주택임대차보호법이나 상가건물임대차보호법의 가장 주요한 내용은 대항력인정, 소액보증금최우선변제, 임차기간보장 및 권리금회수보장 등인데, 국가는 사인에 비하여 강한 공신력이 보장된다는 점, 국유재산에는 최소 10년의 사용허가기간이 보장된다는 점 등을 감안하면 권리금회수보장규정 이외에는 큰 차이가 없다.

무조건 우선한다고 할 수는 없다. 더 짧은 소멸시효기간을 규정한 것이 특별규정으로 판단될 가능성이 높은 것이다. 따라서 국유재산 관련 채권은 민법 제162조 제1항(10년)에 대하여 특별규정인 국유재산법 제73조의 3 제1항에 따라서 5년의 소멸시효기간이 적용되는 것이 원칙이지만, 이보다 더 짧은 소멸시효기간을 규정하는 민법 제163조(3년) 및 164조(1년)가 다시 국유재산법 제73조의 3 제1항에 대한 특별규정으로 우선 적용된다고 해석될 수 있는 것이다.[52)]

국유재산법 등의 이러한 특별법적 지위에는 한계가 있다. 국유재산법 등 기본법체계가 국유재산에 공법적 규율을 하는 '기본법'이라는 측면에서 어느 정도의 공법적 규율을 할 수 있을지 생각해 봐야 한다. 현재 국유재산법에는 국가채권, 국가계약, 국가소송, 도시관리계획 및 개발 등 많은 분야에 걸쳐서 특별규정을 두고 있다. "이 법은 국유재산에 관한 기본적인 사항을 정함으로써 국유재산의 적정한 보호와 효율적인 관리 · 처분을 목적으로 한다."라고 규정하는 국유재산법 제1조를 감안할 때, 국유재산법에 둘 수 있는 특별규정에는 어느 정도의 한계가 있을 것으로 보인다.

2) 일반법적 지위

국유재산법 등은 (협의의) 국유재산 일반에 대하여 기본적인 공법적 규율을 가하는 법률이다. 만약 '특정분야의 국유재산'에 대하여 특별한 공법적 규율을 하는 법률이 있다면 그 법률은 국유재산법 등에 대한 특별법으로서 우선 적용된다. 국유재산법은 제1조에서 국유재산에 관한 기본적인 사항을 정한다고 하고, 제4조 본문에서 국유재산에 관하여 다른 법률에 특별한 규정이 없을 때 이 법에서 정하는 바에 따른다고 함으로써 국유재산법의 기본법적 성격을 명시하고 있다.

국유재산에 대한 특별한 공법적 규율은 도로법, 하천법 등 공물법체계, 국토계획법, 도시개발법 등 공익사업법 체계 등에서 자주 볼 수 있다. 국유지가 도로, 하천, 항만구역에 편입되거나 국유지에 공공시설이 설치되면 해당 공물법이 국유재산법에 우선해서 적용된다. 예컨대 어떤 국유지가 지방하천에 편입된다면 재산관리청과 하천관리청[53)]이 다르게 되며, 재산관리청은 하천관리청에 사용허가, 변상금부과 등의 권한을 양보해야 한다. 공익사업법에서 규정하는 국유재산의 무상귀속 등도 특별한 공법적 규율로서 재산관리청을 구속한다.

---

52) 예컨대, 국유재산 사용료 · 대부료채권은 민법 제163조 제1호의 '사용료 기타 1년 이내의 기간으로 정한 금전의 지급을 목적으로 한 채권'에 해당하기 때문에 그 소멸시효기간을 3년으로 봐야 한다고 해석될 수 있는 것이다. 이에 대하여 대구지방법원 서부지원 2010가소23485 판결에서는 국유재산 대부료채권의 소멸시효기간을 민법에 따라 3년이라고 판시하였으나, 그 상급심인 대구지방법원 2010나20974 판결에서는 국유재산법에 따라 5년이라고 판시하였다.

53) 국가하천은 국토교통부장관이, 지방하천은 관할 시 · 도시지사가 관리청이 된다(하천법 제8조, 2020. 12. 22. 하천법 일부개정으로 2022. 1. 1.부터 국가하천은 환경부장관이 관리청이 된다). 도로의 경우는, 고속국도 및 일반국도는 국토교통부장관이(고속국도는 한국도로공사가 대행), 나머지는 해당 지방자치단체장이 관리청이 된다(도로법 제23조, 제112조).

(2) 강행규정

국유재산법의 규정은 총괄청(기획재정부장관을 말한다. 법 제2조 제10호)과 소관청, 그리고 이들로부터 관리·처분권한을 위임 또는 위탁받은 자가 국유재산을 관리·처분함에 있어 따라야 할 강행규정으로서 '~ 해야 한다' 또는 '~할 수 있다'라고 기술한다. 전자는 그 위반행위의 효력이 어떠한지에 따라 효력규정과 단속규정으로 나눌 수 있고, 후자는 재산관리기관에게 어떠한 행위나 조치를 할 수 있는 권한을 부여해 준다는 의미에서 수권규정이라고 할 수 있다.

1) 효력규정

국유재산법은 재산관리기관이 따라야 할 준칙을 정한 것에 불과하므로, 법위반이 있더라도 담당자에게 행정상의 책임을 물을 뿐 법률행위 등의 효력에는 영향이 없다는 것이 전통적 견해였다.[54] 그러나 국유재산법에는 대외적 효력을 가지는 규정이 많으며, 동 법률 위반행위를 무효로 보는 판례도 많다. 국유재산법 자체의 강행규정성 등을 논하기보다는, 국유재산법의 개별 규정을 위반한 행위의 효력을 살펴볼 필요가 있다.

국유재산법은 국유재산 사무에 종사하는 직원이 허가 없이 국유재산의 소유권을 취득하지 못하게 하고, 이를 위반한 매매 등을 무효로 하는데(제20조), 국유재산법이 명시하는 유일한 효력규정이다. 그 밖에는 사안별로 법률행위, 행정행위의 무효·취소이론에 따라 살펴봐야 한다. 대법원은 국유재산법 제8조에 위반하여 권한 없는 자가 한 국유재산의 관리·처분을 무효로 보는 경향이 있다. 총괄청이 중앙관서의 장 소관의 재산을 처분한 것을 무효라고 하였고,[55] 한국자산관리공사가 자신에게 잘못 위탁된 재산에 부과한 변상금 및 대부계약을 무효라고 하였다.[56] 그 밖에 대법원은 행정재산의 처분금지 조항(법 제27조)을 위반한 매각을 무효로 본다.[57] 다만, 대법원은 도시계획시설로 지정된 국유지를 그 시설사업시행자가 아닌 자에게 매각했더라도, 국토계획법에 의한 법령상의 제한이 있음을 매수자에게 알렸고, 매각 당시 도시계획시설사업과 배치되는 건축을 전제로 하거나 법령상의 제한을 철폐할 것을 보증한 바 없다면 이러한 매각은 국토계획법 제97조에도 불구하고 유효하다고 한다(대법원 2007. 8. 23. 선고 2006다15755 판결).

---

54) 국유재산관리 업무편람, 법원행정처, 2016, 7면 등.
55) 대법원 2002. 7. 12. 선고 2001다16913 판결, 대법원 1967. 12. 19. 선고 67다1694 판결.
56) 대법원 2014. 11. 27. 선고 2014두10769 판결, 대법원 2018. 2. 8. 선고 2017다266146.
57) 대법원 1996. 5. 28. 선고 95다52383 판결, 대법원 1995. 11. 14. 선고 94다50922 판결.

[판례]
구 국유재산법(2007. 8. 3. 법률 제8635호로 개정되기 전의 것, 이하 같다) 제21조의2가 행정재산에 관하여 총괄청이 아닌 그 행정재산이 속하는 소관 중앙관서의 장에 관리위탁 권한을 부여한 점, 같은 법 제32조 및 구 국유재산법 시행령 제33조 제2항 단서는 잡종재산 및 보존재산에 한하여 일정한 경우에는 총괄청이 그 관리·처분권을 한국자산관리공사 또는 한국토지공사에 위탁할 수 있도록 한 것이고, 구 국유잡종재산의 위탁에 관한 규칙 역시 총괄청이 한국자산관리공사 또는 한국토지공사에 위탁한 '잡종재산'의 관리·처분에 관하여 적용되는 점 등을 종합하면, 총괄청은 행정재산에 대하여는 구 국유재산법 제32조 제3항, 같은 법 시행령 제33조 제2항 단서, 잡종재산 위탁규칙 제2조, 제3조에 의하여 그 관리·처분권을 한국자산관리공사 또는 한국토지공사에 위탁할 수 없다(대법원 2014. 11. 27. 선고 2014두10769 판결).

필자 주: 2011. 3. 개정 법률 전까지 행정재산은 중앙관서의 장이, 일반재산은 총괄청이 관리했다(용도별이원적 관리체계). 대상판례 사안은 총괄청이 일반재산을 일괄하여 한국자산관리공사에 위탁하면서 위탁재산 목록에 행정재산까지 잘못 포함시켰던 것이고, 한국자산관리공사는 잘못 위탁된 행정재산에 변상금부과처분을 했던 것이므로, 무효라는 것이다.

2) 단속규정

국유재산법 또는 판례가 특별히 그 위반행위를 무효로 하지 않는다면 '~ 해야 한다'라고 규정되어 있더라도 단속규정일 가능성이 높다. 즉 이를 위반하더라도 담당자가 징계 등 행정상의 책임을 질 뿐 그 행위의 효력에는 영향이 없는 것이다. 대법원은 국유재산의 처분가격을 규정한 국유재산법 제44조(영 제42조)와 다르게 매각하더라도 유효하다고 하였고(대법원 2002. 7. 12. 선고 2001다7940 판결), 사용허가기간을 규정한 국유재산법 제35조에 위반하여 국유골프장의 종신회원을 인정한 사용허가를 유효하다고 하였다(대법원 2009. 10. 15. 선고 2009두9383 판결).

3) 수권규정

민법은 사적자치의 원칙에 입각하기 때문에 당사자 사이에 약정이 없을 때 보충적으로 적용되는 임의규정 위주로 구성되고, 당사자 사이의 약정을 허용하지 않는 강행규정은 예외적으로 규정된다. 그러나 사적자치의 원칙이 아닌 법치행정의 원리 등이 지배되는 행정법의 영역에서는 민법상 임의규정의 개념으로는 '~할 수 있다'라는 규정의 의미를 설명하기 어렵다. 국유재산법상의 '~ 할 수 있다'라는 규정은 법치행정의 원리에 따라 행정기관(재산관리기관)이 각종의 행위나 조치를 할 수 있는 근거를 제시한 것으로 봐야한다. 행정기관은 어떤 행위나 조치를 할 때 '~할 수 있다'라는 규정이 있는지를 살피고, 그 규정에서 정한 요건이라 절차를 따라야 하므로 이러한 규정은 수권규정이자 강행규정이라고 해야 한다. 재산관리기관이 기부채납(제13조 제1항), 직권 용도폐지(제22조 제3항), 행정재산의 교환 및 양여(제27조 제1항 단서), 사용허가(제30조 제1

항), 사용허가의 취소 · 철회(제36조), 수의매각(제43조 제1항) 등을 할 수 있는 권한이 이러한 '~할 수 있다'라는 규정에 의해 부여되며, 구체적인 요건이나 절차도 이러한 수권규정에서 정하는 바에 따라야 한다.

이러한 '~할 수 있다'는 식의 수권규정은 대부분 어떠한 행위나 조치를 할 수 있는 권한을 부여할 뿐 그러한 행위 등을 하지 않더라도 문제가 되지 않는다(재량행위). 다만 수권규정이 제시하는 요건이나 절차에 위반한 행위의 효력이 문제되는데, 법률행위나 행정행위의 무효 · 취소 이론에 의해 해석될 수밖에 없다. 대법원은 용도폐지의 실질적인 요건에 위반한 총괄청의 직권 용도폐지행위를 무효로 보고 있다.[58]

(3) 공법

국유재산법은 일반재산을 포함하여 모든 국유재산에 대한 공법적 규율을 하며, 그 직접적인 수범자가 행정청 또는 그 소속 공무원이 되므로 그 전체적인 법적 성격을 공법이라고 하여야 한다. 국유재산법의 성질과 국유재산법상의 개별 법률관계의 성질은 별개로서,[59] 행정재산의 법률관계는 공법관계로, 일반재산의 법률관계는 사법관계로 보는 것이 대체적인 견해이지만, 구체적인 사안별로 판단해야 한다. 일반재산을 무단으로 점유하는 자에게 재산관리기관이 국유재산법에 따라 변상금을 부과 · 징수하면 공법관계가 되지만, 민사상 부당이득반환청구를 하게 된다면 사법관계가 된다. 변상금의 부과가 당연 무효이거나 취소되어 이미 납부한 변상금의 반환을 청구하는 경우 다수설은 공법관계로 보지만 판례는 사법관계로 본다.[60] 국유재산법상의 법률관계가 무엇인지를 논하는 실익은 재산관리기관의 관리 · 처분행위를 다툴 때 쟁송의 유형이 행정쟁송인지 민사소송인지, 불가쟁력이나 공정력 등 행정행위의 법리가 적용되는지, 민법 기타 사법이 전면적으로 적용되는지 보충적으로 적용되는지 등이라 할 것이다.

2. 국유재산법의 연혁

(1) 국유재산법이 제정되기 이전

국가는 사경제의 주체로서 재산을 소유하며, 나아가 귀속재산, 무주부동산 및 신규 공공시설 등 사유재산으로 적합하지 아니한 소정의 재산을 공소유권의 주체로서 소유하기도 한다. 국유재산은 사유재산의 일부로서(다만 국유재산법 등에 의한 공법적 규율은 별개의 문제이다) 자본주의 체제와 근대적인 토지소유권 시스템이 정립되어야 나올 수 있는 개념이다. 아직 자본주의재산체

58) 국립공원에 제공된 행정재산(국유림)의 경우 그 부분에 대한 공원지정의 해제 등이 없는 한 그 현황이 변경되었다고 해서 용도폐지의 요건을 갖추었다고 할 수 없다고 하였다. 대법원 2018. 2. 8. 선고 2017다266146 판결, 동일사안에 대한 하급심 판결로는 서울행정법원 2018. 5. 17. 선고 2017구합78797 판결.

59) 일반적으로 우리나라에서는 행정법을 '행정에 관한 국내공법'으로 정의하고 행정상 법률관계를 공법관계와 사법관계로 나누고 있다고 한다. 이광윤 신행정법론, 법문사, 2007, 106면.

60) 국세환급금에 관한 대법원 1997. 10. 10. 선고 97다26432 판결 등.

계가 구축되지 아니하고, 그 과정에 있는 상황에서는 귀속재산, 인민재산 등의 표현을 쓰기도 한다.[61)]

어떤 사회의 근대적 토지소유권 시스템은 큰 변혁을 통해 단계적으로 이루어지고, 마침내 사유재산으로서 토지소유권 시스템이 구축되면 국유재산이 반사적으로 드러나게 된다. 따라서 국유재산에는 근대적 토지소유권 시스템이 구축되는 과정의 역사와 이념이 묻어나게 되며, 이들이 반영된 일단의 역사적 법률이 있게 되고, 그 법률은 현재의 국유재산에도 영향을 미친다.

우리나라에서 근대적 토지소유권 시스템은 일제강점기에 시작되고 정립된다. 근대적 의미의 토지소유권은 과학적 방법에 의한 지적체계 확립, 부동산공부에 의한 공시 및 물권변동시스템 구축을 기반으로 한 토지의 사소유권 인정 및 거래의 자유보장으로 확립된다. 아쉽게도 이러한 시작은 토지조사령(조선총독부제령 제2호, 1912. 8. 13) 및 조선부동산등기령(조선총독부제령 제9호, 1912. 3. 18)의 시행으로 이루어졌다. 이렇게 생산수단의 사유화가 확립됨으로써 최초로 국유재산이 확립됐다. 이후 해방을 맞이하면서 한반도에는 생산수단소유체계에 혁명적 변혁이 일어나게 되는데, 일본의 막대한 토지, 기업체 등 생산수단이 미군정에 몰수되었다가 다시 대한민국정부에 이양된 것이다. 이렇게 이양된 재산(귀속재산)은 국가 또는 지방자치단체에서 필요한 것들만 남기고 민간에 불하하였고, 소정의 시기까지 불하되지 않은 것은 국유화하였다. 이러한 과정을 거쳐 오늘날의 국·공유재산 및 사유재산 체계가 확립된 것이다. 이와 관계된 일단의 역사적 법률은 다음과 같다.

- 미군정법령 제2호(1945. 9. 25): 일본의 항복 후 한반도 내에 있는 그들의 재산을 1945. 8. 9.자로 동결조치 하였다(재산이전금지).
- 미군정법령 제33호(1945. 12. 6): 미군정법령 제2호로 동결조치된 일본의 재산을 미군정에 몰수하였다.
- 「대한민국 정부와 미합중국 정부 간의 재정 및 재산에 관한 최초협정」(1948. 9. 11): 미군정이 일본으로부터 동결·몰수한 재산을 대한민국정부에 이양하였다.
- 귀속재산처리법(법률 제74호, 1949. 12. 19): 미군정으로부터 이양 받은 귀속재산을 민간에 매각하였고, 1964. 12. 31.까지 매각되지 않은 잔여귀속재산은 「귀속재산의 처리에 관한 특별조치법」(법률 제1346호, 1963. 5. 29) 부칙 제5조에 따라 국고에 귀속시켰다.
- 농지개혁법(법률 제31호, 1949. 6. 21): 귀속재산인 농지를 포함한 모든 농지에 대하여 일단의 개혁을 단행하여 유상몰수 및 유상분배하였다.

---

61) 독일의 경우, 통일과정에서 동독지역의 기업체, 부동산 등 생산수단을 국민재산(Volkseigentums)으로 명명하여 사유화하였다.

이와 같은 과정을 거쳐 국·공유재산 및 사유재산 체계가 확립되었으나, 부동산등기가 부동산 소유의 실체를 제대로 반영하지 못하였다. 구민법의 의사주의 체제 하에서의 거래관행과 수많은 법률의 규정에 의한 부동산소유권취득으로 등기 없는 부동산거래가 지속되었다. 나아가 6. 25 전쟁으로 수많은 부동산공부가 소실되는 등의 사유로 소유자를 알 수 없는 부동산이 급증하였다. 이에 1961. 5. 5. 「분배농지소유권이전등기에 관한 특별조치법」을 시작으로, 2020. 2. 4. 「부동산소유권 이전등기 등에 관한 특별조치법」까지 여러 차례의 한시법으로 진정한 소유자가 쉬운 행정절차로 등기할 수 있게 하였다.

- 「분배농지소유권이전등기에 관한 특별조치법」(법률 제613호, 1961. 5. 5)
- 「일반농지의소유권이전등기 등에 관한 특별조치법」(법률 제1657호, 1964. 9. 17)
- 「임야소유권이전등기 등에 관한 특별조치법」(법률 제2111호, 1969. 5. 21)
- 「부동산소유권이전등기 등에 관한 특별조치법」(법률 제3094호, 1977. 12. 31/ 법률 제4502호, 1992. 11. 30/ 법률 제7500호, 2005. 5. 26/ 법률 제16913호, 2020. 2. 4)
- 「수복지역 내 소유자미복구토지의 복구등록과 보존등기 등에 관한 특별조치법」(법률 제3627호, 1982. 12. 31)

한편 정부는 「부동산소유권이전등기 등에 관한 특별조치법」과는 별도의 소유자불명의 부동산 해소방안을 모색하게 되었는바, 민법 제252조 제2항(무주물의 귀속)의 집행조항으로서의 국유재산법 제12조(소유자 없는 부동산의 처리)의 신설이 그것이다. 일련의 특별조치법이 진정한 소유자 앞으로 소유권등기를 하도록 하는 것이라면, 국유재산법 제12조는 소유자불명의 부동산을 일단 국가소유로 등기하여 관리하게 하고, 진정한 소유자가 나타나면 언제든지 그 소유로 환원하기 위한 제도이다. 이렇게 토지조사령에서 국유재산법 제12조 제정에 이르기까지의 일련의 과정을 거쳐서 우리나라의 토지소유권 체계가 정립되었고, 반사적으로 국유재산도 정립이 되게 되었다.

(2) 국유재산법의 제정

1) 최초 제정

국유재산법은 1950. 4. 8. 최초로 제정되었는데, 그 전에 일본재산의 미군정 몰수, 미군정 몰수 재산의 대한민국정부 이양 및 귀속재산의 처리 등 일련의 과정과 그에 필요한 역사적 법령의 선행이 있었다. 최초 제정 법률은 국유재산법의 규율대상을 협의의 국유재산으로 한정하고(제1조), 재무부장관이 국유재산을 총괄하게 하며(제3조), 공익목적의 대부계약 해지 등을 규정하였는데(제22조), 이러한 규정들은 현재까지 국유재산에 대한 주요한 공법적 규율로서 이어져 오고 있다. 최초 제정 법률이 현행 법률과 다른 점은 ① 국유재산을 행정재산과 보통재산으로 구분하였고, 행정재산의 종류로서 공공용재산, 공용재산, 영림재산 및 기업용 재산을 규정한 바(제2조), 영림재산은 오늘날 보존용재산의 일부라고 할 수 있다. ② 행정재산은 각 중앙관서의 장이, 보통재산은 재무부장관이 소관토록 하였고(제4조, 제5조), ③ 대부기간이 현재보다 훨씬 장기여서, 토지는 30년[식수(植樹)목적은 80년], 건물은 10년을 기본으로 하였다(제19조). ④ 그밖에 국가 외의 자의 국유재산 사용 · 수익에 대하여는 보통재산의 대부에 관한 규정을 둔 다음, 이를 행정재산의 사용허가에 준용하는 방식을 취하였는데(제24조), 1976. 12. 개정 전까지 지속이 된다.

2) 폐지 제정

1956. 11. 28.에는 종전의 국유재산법을 폐지하고 새로운 법을 제정하는 방식으로 공법적 규율을 강화하였는데, 현재까지 이어지고 있는 중요한 내용은 다음과 같다. ① 국유재산법이 국유재산에 관한 기본법임을 분명히 하였고(제2조), 법 적용 대상인 협의의 국유재산의 범위를 명확히 하였다(제3조). ② 보존재산을 보통재산의 일종으로 분류하되, 행정재산과 동일하게 규율하였다(제4조 제3항, 제21조). ③ 관리전환에 관한 규정을 두었으며(제14조), ④ 국유재산의 무단점유를 금지하고(제5조), 이를 위반한 자에 대한 형벌규정(제36조) 및 철거규정(제37조)을 두었다.

3) 국유재산법의 개정

국유재산법은 1956. 11. 폐지제정 이래로 2020. 3. 31. 개정에 이르기까지 총 22회의 개정이 있었는데(타법개정에 따른 형식적인 개정은 제외한다), 1976. 12. 및 2009. 1.의 개정이 전부개정이고, 나머지는 일부개정이다. 국유재산법의 주요한 내용은 대통령령에 위임되는 경우가 많다. 따라서 법률의 개정 못지않게 시행령의 개정도 중요하지만 본장에서는 주요한 법률의 개정사항만 살펴보기로 하고, 시행령의 개정사항은 해당 분야에서 설명하기로 한다.

(3) 1965. 12. 30. 일부개정 국유재산법

대부료의 법정, 대부료 · 매매대금의 강제징수 및 매매대금 · 교환자금의 분할납부 등 채권과 관련한 중요한 개정이 있었다.

1) 대부제도 개선

대부요율과 대부료의 산출방법을 대통령령으로 정하게 함으로써 대부료법정주의를 처음으로 도입하였다(제22조 제4항). 다만 당시 시행령(1966. 2. 28. 개정 시행령 참조)은 '재산가액 × 요율'이라는 오늘날의 산출체계를 전면적으로 취하지는 않고, 임대사례비교법에 의한 산출방식의 보조수단으로만 삼았다(동 시행령 제17조 참조). 한편 종래 대부기간은 30년(토지)을 원칙으로 하되, 80년(조림) 및 10년(건물)의 예외를 두는 등 오늘날에 비해 상당한 장기간을 예정하고 있었으나, 65년 개정에서는 5년(토지)을 원칙으로 하되, 10년(조림) 및 1년(건물)의 예외를 두는 등 오늘날에 유사한 대부기간으로 개정되었다(제23조).

2) 강제징수 제도 도입

미납 대부료 및 매매대금에 대한 강제징수 제도를 도입하였다(제28조). 도중에 매매대금은 강제징수의 대상에서 제외되고, 변상금은 강제징수의 대상으로 추가되어 현재에 이르고 있다.

3) 매매대금 등 분할납부제도 도입

매매대금과 교환자금에 대한 분할납부제도를 도입하였다. 당시 분납이자는 연 5%였고, 분납기간은 5년 및 20년으로 나누어져 있었다(제31조). 이후 사용료 및 변상금 등에 대한 분할납부제도가 추가되어 현재에 이르고 있다.

(4) 1966. 3. 8. 일부개정 국유재산법

일반재산의 관리와 처분 등 종래 총괄청의 소관에 속하던 관리 · 처분사무를 국세청장이 처리하도록 하였다(제6조, 제10조, 제20조 등). 국세청장은 1964년 말까지 지속된 귀속재산 처분사무를 수행한 이력이 있다. 국세청장에게 부여된 일반재산의 관리 · 처분사무는 1976. 12. 개정 법률에서 다시 총괄청의 사무로 환원된다.

(5) 1976. 12. 31. 전부개정 국유재산법

1976. 12. 국유재산법의 전부개정으로 국유재산에 대한 공법적 규율이 대폭 강화되고, 총괄청의 권한이 커지게 된다.

1) 재산관리·처분사무의 총괄청 환원

1966. 3. 개정 법률에서부터 국세청장이 담당하던 일반재산의 관리 · 처분사무를 다시 총괄청의 소관으로 하되, 관할 지방자치단체장에게 기관위임할 수 있도록 하였다(제32조).

2) 국유재산관리계획제도 도입

국유재산에 대한 연도별 관리처분계획제도를 도입하였는데(제12조), 오늘날 국유재산종합계획으로 이어져 오고 있다(현행 제9조 참조).

3) 무주부동산 국고귀속 집행조항의 신설

무주의 부동산을 국고로 귀속하는 현행 제12조를 신설함으로써 민법 제252조 제2항을 구체적으로 집행할 수 있게 되었다(제8조).

4) 무단점유 해소방안 강화

국유재산의 무단점유 해소책으로서 변상금제도를 신설하였으며(제51조), 행정재산의 무단점유에 대하여 행정대집행법을 준용하여 철거 기타 필요한 조치를 할 수 있는 근거를 마련하였다(제52조). 한편 일반재산의 무단점유에 대한 형벌규정 및 매매대금 연체에 대한 강제징수 규정은 과잉입법이라는 비판에 따라 폐지하였다(제58조).

5) 준용규정의 전환

종래 일반재산의 대부에 대하여 규정하고 이를 행정재산의 사용허가에 준용하던 방식을 변경하여 행정재산의 사용허가를 먼저 규정하고 이를 그대로 일반재산의 대부에 준용함으로써 행정재산의 법률관계를 공법관계로 보게 되는 결정적 근거가 되었다(제38조).

6) 보존재산의 분류

종래 보통재산의 일종으로 분류하던 보존재산을 행정재산도 일반재산도 아닌 제3의 재산으로서 분류하였다(제4조 제3항).

7) 청산절차의 특례도입

국가지분이 50% 이상을 차지하는 회사에 대한 청산절차의 특례를 신설함으로써 청산법인 등에 대한 신속한 해산·청산이 가능하게 되었다(제55조, 현행 제80조 참조).

(6) 1981. 12. 31. 일부개정 국유재산법

1) 국유재산관리계획의 발전

종래 중앙관서의 장이 수립하던 국유재산관리계획을 총괄청이 수립하게 하고, 나아가 국무회의의 심의와 대통령의 승인을 받게 함으로써 오늘날 국유재산종합계획의 모습을 갖추게 되었다(제12조).

2) 강제징수 대상 확대

강제징수의 대상을 사용료에서 변상금에까지 확대하였다(제51조 제2항).

3) 행정대집행 대상 확대

종래 행정재산에만 인정되던 행정대집행을 일반재산에까지 확대하였다(제52조).

4) 선의매수자에 대한 매각특례제도 도입

은닉된 국유재산을 선의로 취득한 후 자진하여 국가에 반환한 자에게 당해 재산을 수의로 매각하면서 그 매매대금을 분할 납부하게 하거나 감액해 줄 수 있도록 하는 것을 내용으로 하는 국유재산 매각특례제도를 도입하였고, 현재까지 이어져 오고 있다(제53조의 2).

(7) 1994. 1. 5. 일부개정 국유재산법

1) 시효취득금지 대상의 축소

종래 모든 국유재산의 시효취득을 금지하다가 헌법재판소의 위헌결정에 따라(헌법재판소 1991. 5. 13. 선고 89헌가97 결정) 행정재산만 시효취득 금지의 대상으로 하였다(제5조 제2항).

2) 무주부동산 국고귀속 집행조항의 구체화

무주부동산 국고귀속을 위한 공고기간을 정하고, 국가명의 소유자등록 및 일정기간 매각금지 규정을 둠으로써 오늘날에 근접한 무주부동산 국고귀속 집행조항이 되었다(제8조).

3) 총괄청직할체제의 도입

총괄청의 총괄사무 및 일반재산 관리 · 처분사무를 한국자산관리공사 등 특수법인에게 위탁할 수 있게 하였다(제19조, 제32조 제3항). 행정권한의 위임이 있게 되면 위임기관의 권한이 상실되지만 특수법인에게 위탁하는 경우에는 총괄청의 권한이 여전히 유지되기 때문에 이를 총괄청직할체제라고 할 수 있다. 이후 지방자치단체장에게 기관위임되어 있던 총괄청 소관의 일반재산 관리 · 처분사무를 한국자산관리공사에 위탁하기 시작해서 2013. 6. 시행령 개정에서는 지방자치단체에 대한 귀속금규정을 삭제함으로써 더 이상 지방자치단체장에 대한 기관위임을 불가하게 해, 총괄청직할체제를 완성하였다. 그 밖에 행정재산 조사사무 등이 한국자산관리공사에 위탁되는 등 총괄사무 영역에서도 총괄청직할체제가 확대되고 있는 추세이다(현행 영 제16조 제2항 참조).

4) 관리위탁 제도 신설

공원, 유적지 및 청사 등에 대한 시설관리 등 사실적 관리를 민간업체에 위탁하기 위한 관리위탁 제도를 도입하였다(제21조의 2). 국유재산의 민간업체 위탁은 기존의 하급행정기관 위임, 특수법인 위탁 등과 달리 국민의 권리 · 의무와 직접 관계되지 아니하는 청소, 보안 등 사실행위를 전제하는 것으로서, 그 실질은 대부 · 사용허가이면서 국유재산의 위탁의 형식을 취하는 경우가 많은바, 국유재산법의 전대금지 규정 등을 회피하는 수단으로 악용될 수 있다.

5) 사용허가 제도 개선

사용허가 받은 재산을 다른 사람으로 하여금 사용 · 수익하게 하지 못하게 하는 규정을 신설하고(제24조 제4항), 대금분할납부의 대상을 사용료에 까지 확대하였다(제25조 제2항).

6) 국유재산의 신탁제도 도입

유휴국유지의 활용을 촉진할 목적으로 일반재산인 토지 및 그 정착물을 신탁회사에 신탁하여 개발 등을 할 수 있게 하였다(제45조의 2 이하)

7) 변상금규정 개정

사용허가기간이 만료된 후 다시 사용허가를 받지 않고 국유재산을 계속 점용하는 후발적인 무단점유를 변상금 대상으로 추가하였고(제51조 제1항), 변상금도 분할납부의 대상으로 추가하였다(같은 조 제3항). 한편 변상금을 강제징수의 대상에서 제외하고 연체료를 징수하게 했는데, 이는 국유재산법상 최초로 도입된 연체료 제도이다. 당시에는 변상금에 한하여 연 15%의 연체료가 자동 가산되게 하였는데(같은 조 제2항, 동 시행령 제56조 제3항), 이후 사용료 및 매매대금 등으로 확대되었고, 자동가산방식이 아닌 부과고지방식으로 변경되었다.

8) 과오납금 반환가산금 법정

국가가 과납 또는 오납된 사용료, 매매대금 또는 변상금 등을 반환할 때 붙이는 이자를 민상법과 달리 법정하였다(제51조의 2). 국유재산법의 법정이자는 대부료, 매매대금 등에 대한 분납이자에도 적용되는데, 2011. 7. 31.까지는 대통령령으로 정한 고정이자율을 쓰다가, 2011. 8. 1.부터는 기획재정부장관이 고시하는 이자율을 쓰게 된다.

(8) 1999. 12. 31. 일부개정 국유재산법

1) 사용허가 제도 개선

사용자가 기부자 또는 그 상속인 등 포괄승계자인 경우 중앙관서의 장의 승인을 받아 제3자 사용이 가능하도록 하였다(제24조 제4항). 사용허가기간의 만료 등으로 사용권원이 종료된 경우 원상회복의무를 부과하였다(같은 조 제6항). 공시가격의 급격한 상승에 따른 사용료급증을 방지하기 위한 사용료조정제도가 신설되었다(제25조의 2).

2) 변상금징수 제도 개선

94. 1. 개정 법률에서 폐지되었던 변상금의 강제징수를 부활하여 연체료 및 강제징수 모두 가능하게 하고, 강제징수의 실행을 세무당국(세무서장 또는 지방자치단체장)에게 위임하게 하는 등 강제징수 제도를 정비하였다(제51조 제2항, 제3항).

3) 형벌규정의 강화

행정재산의 무단점유에 대하여 종래 6월 이하의 징역 또는 30만 원 이하의 벌금에 처하던 것을 2년 이하의 징역 도는 700만 원 이하의 벌금으로 강화하였다.

(9) 2004. 12. 31. 일부개정 국유재산법

1) 기부채납 제도 개선

종래에는 조건부 기부채납이 전면 불허되었으나, 무상사용허가 및 무상양여 조건부의 기부는 허용하기로 하였고(제9조 제2항), 오늘날까지 이어져 오고 있다.

2) 행정재산의 예외적 처분 허용

종래에는 행정재산을 처분하는 것이 전면 불허되었으나, 행정재산으로 사용하기 위한 교환 및 지방자치단체에 대한 양여를 예외적으로 허용하기로 하였고(제20조 제1항), 오늘날까지 이어져 오고 있다.

3) 사용허가 제도 개선

사용료의 분할납부에 대하여 그 이행을 담보하기 위한 보증금 또는 이행보증조치 제도를 신설하였다(제25조 제2항). 천재 · 지변이나 이에 준하는 재해를 원인으로 하는 사용료면제를 신설하였다(제26조 제2항). 국유재산법에 따라 경쟁 입찰에 붙이는 경우 총괄청이 지정 · 공시하는 정보처리장치를 이용하여 입찰공고 · 개찰 · 낙찰선언을 하도록 신설하였다(제33조 제2항).

(10) 2009. 1. 30. 전부개정 국유재산법

1) 국유재산의 분류체계 정비

잡종재산이라는 용어를 일반재산으로 순화하고(제6조 제3항), 종래 행정재산도 일반재산도 아닌 보존용재산을 행정재산의 일종으로 통합하였다(같은 조 제2항 제4호).

2) 회계별 이원적 관리체계의 법률상 명문화

종래 시행령에서 실시되던 회계별 이원적 관리체제를 법률차원에서 제도화하였다(제8조).[62]

3) 국유재산의 취득재원 확보의무

국유재산관리특별회계법이 폐지됨에 따라(2007. 1. 1. 시행) 매각대금 등 국유재산의 수입으로 비축 토지 등 국유재산의 취득을 위한 재원을 확보하도록 하는 규정을 신설하였다.

4) 영구시설물 축조를 수반하는 대부 허용

국유재산의 활용가치를 높이기 위해 필요한 경우 예외적으로 영구시설물의 축조를 수반하는 일반재산의 대부를 인정하였다(제18조 제1항 제3호).

5) 유휴 행정재산의 관리강화

각 중앙관서의 장이 소관 유휴행정재산의 현황을 매년 총괄청에 보고하도록 하고, 나아가 총괄청의 직권용도폐지 제도를 신설하였다(제21조, 제22조).

6) 사용허가 제도 개선

행정재산의 사용허가에 국가계약법의 준용을 명문화하였고(제31조 제3항), 수의의 방법으로 사용허가 할 수 없는 경우에도 1회에 한하여 갱신이 가능하도록 하였다(제35조 제2항).

7) 국유재산 위탁개발 추가

국유재산의 개발방식에 위탁개발을 추가하여 신탁개발 및 위탁개발의 체계가 되게 하였다(제59조). 이후 위탁개발은 국유재산개발 방식의 주류가 된다.

---

62) 회계별 이원적 관리체제는 1956년 폐지제정 법률의 시행령에서 보충적으로 시작하다가 차츰 범위를 넓혀서 1994. 1. 개정 법률의 시행령에서는 전면적으로 실시하고 있었다.

8) 국가회계제도 도입에 따른 재산평가 및 보고제도 개선

국유재산의 가격평가 등 회계처리는 국가회계법에 따른 국가회계기준에서 정하는 바에 따르게 하고(제68조),[63] 총괄청이 국유재산관리운용총보고서를 작성하여 감사원의 검사를 받은 후 국회에 제출하도록 하였다(제69조).

9) 변상금에 대한 사용료조정의 배제

변상금을 산정하는 경우에는 사용료의 조정을 배제하여 변상금과 사용료 사이에 차별을 두었다(제72조 제3항).

(11) 2011. 3. 30. 개정 국유재산법

2011. 3. 법률개정은 총괄청을 중심으로 하는 통합형의 국유재산 관리체계를 구축하는데 가장 큰 특징이 있으며, 그밖에 정부가 국유재산을 적극적으로 활용하고 시장친화적인 매각 · 임대를 하도록 하는 데에도 중점을 두었다.

1) 국유재산 관리체계의 정비

① 종래 국유재산의 관리기관을 관리청 및 관리청 등이라고 하다가 중앙관서의 장 및 중앙관서의 장등으로 변경하였다(제2조 제11호). ② 총괄청이 소관하는 재산의 범위를 일반회계 소속의 모든 재산으로 확대하였다(제8조 제1항). 종래 중앙관서의 장의 소관이던 일반회계 소속 행정재산은 총괄청이 중앙관서의 장에게 위임하여 관리하게 되었으며(같은 조 제5항), 중앙관서의 장이 일반회계 소속의 재산을 행정재산으로 사용하려면 총괄청의 승인을 얻어야 한다(같은 조 제4항). ③ 종래와 같이 특별회계와 기금 소속 재산은 중앙관서의 장이 계속 소관하되, 국유재산관리기금의 설립취지(청사 등 공용재산의 취득)에 맞게 특별회계 · 기금의 재원으로 공용재산 용도의 토지나 건물을 매입할 때는 미리 총괄청과 협의하도록 하였다(제10조 제2항). ④ 총괄사무의 수임기관을 중앙관서의 장에서 조달청장으로 변경하였다(제25조). ⑤ 각 중앙관서의 장은 소속 고위공무원으로서 기획업무를 총괄하는 직위에 있는 자를 국유재산책임관으로 임명해, 국유재산 관리 · 처분계획의 작성, 국유재산종합계획 집행계획의 수립, 국유재산관리운용보고서의 작성 등의 업무를 수행하게 하였다(제27조의 2).

2) 국유재산종합계획체제의 도입

종래 국유재산관리계획체제를 오늘날의 국유재산종합계획체제로 전환하였다(제9조).

3) 영구시설물축조 사유 확대

소정의 경우 국유재산의 매수자가 대금분납기간 동안 영구시설물을 축조할 수 있도록 하여

---

63) 국유재산의 가격평가 등 회계처리에 복식부기와 발생주의가 도입되고, 종래 가격평가에서 배제되었던 도로 · 하천 · 항만 등 공공용재산까지 평가하여 국유재산관리운용총보고서에 담게 되었다.

영구시설물축조 사유를 확대하였다(제18조 제1항 제2호의 2).

4) 국유재산관리기금의 설치

종래 국유재산 관련 세입·세출을 일반회계로 운영함에 따라 국유재산의 수급조정 기능이 미흡했던 점을 개선하기 위하여 총괄청 소관의 일반재산 수입금을 재원으로 청사 등 공용재산의 취득사업을 주요 목적으로 하는 국유재산관리기금을 설치하였다(제26조의 2 이하). 1994. 12. 국유재산특별회계가 설치·운영되다가 2007. 1. 1. 폐지되고 다시 일반회계로 회귀되었다가, 2011. 3. 국유재산관리기금이 설치되어 현재까지 운영되고 있는 것이다.

5) 사용허가 제도 개선

① 일괄 입찰공고 제도를 신설하였다(제31조 제2항). 이 제도는 최초 입찰 당시의 공시가격으로 모든 회차의 사용료를 일괄 산출 공고해 놓고, 입찰도중에 공시가격이 변하더라도 재산정하지 않는다는 점에서 의미가 있다. ② 건물을 신축하여 국가에 기부하려는 자가 신축기간에 그 부지(국유지)를 사용하는 경우를 사용료 면제사유로 추가하였다(제34조 제1항 제1호의 2). ③ 일반재산에 한하여 그 사용료(대부료)의 전부 또는 일부를 보증금으로 환산하여 받을 수 있도록 하는 대부보증금제도를 도입하였다(제47조 제2항).

6) 매각기준을 네거티브 시스템으로 변경

종래의 소극적 매각제도(포지티브 시스템)에 의하면 보존·활용할 필요가 없는 재산의 매각부진으로 관리 부담이 늘어나는 문제가 있었다. 이에 보존·활용 곤란한 재산의 매각을 유도하기 위해 매각기준을 네거티브 시스템으로 변경하였다(제48조 제1항).

7) 국유재산 개발방식의 다양화

국유재산의 개발방식에 기금개발 및 민간참여개발을 추가함으로써(제57조, 제59조의 2 이하), 현재의 4가지 개발방식 체제를 갖추게 되었다. 기금개발은 국유재산관리기금의 설립취지에 따라 청사 등 공용재산 취득사업에 주로 이용된다.

8) 도시관리계획 시의 소관청 협의 등

지방자치단체의 장 등이 국유재산에 도시관리계획을 결정·변경하거나 그 밖에 법률상의 제한을 가하는 경우 미리 재산소관청과 협의하도록 하였으며, 또한 필요 시 재산소관청이 지방자치단체장 등에게 도시관리계획의 변경을 요청할 수 있게도 하였다(제73조의 2).

9) 벌칙 적용에서의 공무원 의제

민간참여개발자문단 및 민간참여개발사업평가단의 위원은 공무원이 아니라 하더라도 형법 제129조 내지 제132조의 뇌물죄 성립이 가능하도록 하였다(제79조의 2).

(12) 2012. 12. 18. 개정 국유재산법

1) 주거용 행정재산의 범위 획정

공무원 및 정부기업 직원의 주거용 재산(기숙사, 관사 등)을 직무 수행을 위하여 필요한 경우에만 행정재산에 포함되도록 그 범위를 명확히 하였다(제6조 제2항 제1호, 제3호). 그 외의 주거용 국유재산은 일반재산으로서 공무원 등이 이를 이용할 경우 비용을 지불해야 하는 등 이로써 행정재산의 적정한 관리를 도모하게 되었다.

2) 교환 가능 재산의 확대

교환이 가능한 재산의 범위를 동산에까지 확대하였다(제54조 제1항).

3) 지식재산에 관한 규정 보완

종래에는 국유재산의 범위(제5조)에 지식재산의 대표적인 몇 가지 예(특허권, 저작권, 상표권 등)만 열거하였으나, 지식재산의 범위를 구체적으로 열거했을 뿐만 아니라, 지식재산의 자유로운 이용을 촉진하기 위해 그 관리 · 처분의 특례를 별도의 장으로 두었다(제4장의 2).

(13) 2016. 3. 2. 일부개정 국유재산법

1) 지적공부 부합의무

국유재산의 현황이 지적공부와 일치하지 않는 경우, 중앙관서의 장등에게 등록전환, 분필 · 합필 및 지목변경 등의 조치를 하게 하고, 이에 따른 수수료는 면제하기로 하였다(제14조 제3항).

2) 민간참여개발 제도 개선

① 민간참여개발의 경우 영구시설물 축조 사유로 추가하고(제18조 제1항 제4호), ② 민간참여개발로 발생한 일반재산의 대부기간을 최장 30년으로 하되 20년의 범위 내에서 1회 갱신이 가능하도록 하였다(제46조 제4항). ③ 국유재산심의위원회의 심의를 거치면 민간참여개발이 가능하도록 하였다(제59조의 2).

3) 사용료 통합징수 신설

연간사용료가 일정금액 이하인 경우 전체 사용허가기간의 사용료를 일시에 통합하여 징수할 수 있도록 하되, 사용허가기간 중 재산가액(공시지가 등)의 증가 또는 감소가 있더라도 추가로 징수하거나 반환하지 않도록 하였다(제32조 제1항, 제4항).

4) 독자적인 소멸시효 규정 신설

종래 국유재산 관련 채권의 소멸시효에 관하여 국유재산법에 정함이 없어 국가재정법과 민법에 의하였으나, 국유재산법에 독자적인 소멸시효 규정을 신설하였다. 조세채권에 준하는 정도의 소멸시효의 중단과 정지를 규정한 바, 강제징수 절차의 일부로서 독촉을 소멸시효 중단사유로 하고, 압류기간 동안 영구적으로 소멸시효가 중단되게 하였다(제73조의 3).

5) 행정대집행의 주체 명시

종래 국유재산법이 행정대집행의 주체에 대하여 침묵함으로써 국유재산 수탁기관이 이에 해당하는지 논란이 있었으나, 행정대집행의 주체를 중앙관서의 장등으로 명시함으로써 논란의 여지가 없게 되었다(제74조).

(14) 2017. 12. 26. 일부개정 국유재산법

1) 대부기간의 연장

조림을 목적으로 하는 토지 및 그 정착물의 대부기간을 20년으로, 피대부자의 비용으로 보수하는 건물의 대부기간을 10년으로 연장하였다(제46조 제1항 제1호, 제2호).

2) 무상귀속 및 양여에 대한 총괄청의 사전의견 강화

① 종래 기부대양여는 총괄청과의 협의대상에서 제외되었으나, 일정 금액을 넘는 경우 협의대상으로 규정하였다(제55조 제3항). ② 중앙관서의 장등이 국유재산의 무상귀속 관련 의견을 제출할 때는 미리 총괄청의 의견을 구하도록 하였다(제73조의 2 제2항).

(15) 2018. 3. 13. 일부개정 국유재산법

1) 결함이 있는 재산에 대한 사용료의 감경

활용도가 낮거나 보수가 필요한 재산에 대한 사용료를 감경할 수 있도록 하였다(제34조 제3항).

2) 비상장 물납증권의 처분제한

증권의 물납이 탈세수단으로 악용되는 것을 막기 위해 물납자 또는 물납자와 일정한 관계가 있는 자 등에게는 수납가액보다 낮은 가격으로 처분할 수 없도록 하였다(제44조의 2). 종래 시행령에 있던 규정을 법률사항으로 격상한 것이다.

3) 국유지개발 제도의 도입

종래의 국유재산개발은 국유재산에 '건축과 이에 유사한 대수선 등을'하는 것(건축개발)을 의미하였으나, 더 나아가 국토계획법, 택지개발촉지법 등 법률에 따라 '토지를 조성'하는 것까지 국유재산의 개발에 포함되게 되었다(제57조 제2항 제2호).

(16) 2020. 3. 31. 일부개정 국유재산법

1) 우선사용예약 제도 신설

중앙관서의 유휴행정재산 용도폐지를 촉진하기 위하여 중앙관서의 장이 장래의 행정수요를 대비하기 위해 용도폐지 재산을 우선적으로 사용승인 해 줄 것을 신청하면 총괄청은 향후 사용승인 시 이를 고려하도록 하였다(제8조 제5항, 제40조의 2).

2) 회계이원적 관리체계의 완화

① 특별회계나 기금 소속의 일반재산의 효율적인 활용을 위하여 필요한 경우 국유재산정책심의위원회의 심의를 거쳐 총괄청 등에 무상으로 관리전환할 수 있도록 하였는데(제17조 제2호 다목), 이는 사실상 용도폐지된 특별회계 · 기금 소속의 재산을 총괄청에 인계하여 관리 · 처분하게 하는 역할을 한다. ② 특별회계나 기금 소속의 일반재산을 총괄청이 위탁받아 이를 한국자산관리공사에 재위탁할 수 있게 한 바(제42조 제2항), 한국자산관리공사가 중앙관서의 장으로부터 국유재산의 관리 · 처분사무를 직접 위탁받을 수 없는 점을 보완하기 위한 조항이다. 이러한 회계이원적 관리체계의 완화는 총괄청을 중심으로 관리체계가 통합되어 가는 과정을 보여주는 것이다.

3) 주민생활형 사회기반시설의 지원

지방자치단체나 지방공기업이 국유재산에 주민생활형 사회기반시설을 축조하는 경우 영구시설물 축조 금지의 예외로 하고(제18조 제1항 제3호), 이를 다른 사람에게 사용 · 수익하게 하는 것도 허용한다(제30조 제2항 제2호).

4) 학교시설의 증 · 개축 허용

민선 자치단체장의 선출 이전에 이미 설치된 학교시설을 증 · 개축하는 경우 영구시설물 축조 금지의 예외로 하였다(제18조 제1항 제5호). 관선 자치단체장 시설에 정당한 권원에 기해 이미 설치된 학교시설에 한하여 증 · 개축을 허용해 주기 위한 조치이다.

5) 형벌의 강화

종래 1천만원 이하의 벌금을 2천만원 이하의 벌금으로 상향조정하였다.

Ⅱ. 개별기본법

국유재산은 다른 재산과 마찬가지로 민법 등 일반적인 재산법의 적용을 받지만, 그에 관한 공법적 규율을 하는 법률이 따로 있다면 민법 등에 우선하여 적용된다. 협의의 국유재산에는 국유재산법이, 그 밖의 광의의 국유재산에는 물품관리법, 국가채권관리법 등이 공법적 규율을 하는 기본법으로 제정되어 있다.

1. 부동산

부동산은 국유재산법의 적용 대상이지만(법 제5조 제1항 제1호), 국유림은 보존용재산으로서 보통의 부동산과는 다른 공법적 규율이 필요해서 「국유림의 경영 및 관리에 관한 법률」이라는 개별기본법을 제정해서 적용하고 있다.

2. 동산

선박, 항공기 및 유가증권 등 몇몇 특수한 동산은 국유재산법의 적용을 받고(법 제5조 제1항 제2호, 제3호 및 제5호), 그 밖의 국가소유 동산은 물품 또는 군수품이라고 하여 물품관리법 또는 군수품관리법을 적용한다. 그밖에 국고로 들어온 현금은 국고금관리법의 적용을 받는다. 공유재산의 경우 부동산과 동산을 포괄하는 「공유재산 및 물품관리법」이 적용되며, 지방자치단체에 들어온 현금에는 지방재정법이 적용된다.

3. 채권

채권은 국유재산법 제5조 제1항에 열거되지 아니한 광의의 국유재산이다. 통상의 국가채권에는 국가채권관리법이 적용되고, 국세채권의 관리와 징수에는 국세기본법과 국세징수법이 적용된다. 기타 벌금, 과태료 등의 국가채권에는 형사소송법이 적용된다. 미납된 국가채권은 법률의 규정이 있는 경우에 한하여 국세징수법에서 정하는 체납처분절차에 따라 강제 징수된다. 주의할 것은 4대 보험료 채권(국민건강보험료, 국민연금, 고용보험료 및 산재보험료)은 해당 사업을 위탁받은 공법인의 채권으로서 국가채권이 아니다. 이들 채권은 국민건강보험법, 국민연금법 및 「고용보험 및 산업재해보상보험의 보험료징수 등에 관한 법률」에 따라 국민건강보험공단이 관리하며, 그 강제징수에는 국세징수법을 준용한다.

통상의 지방자치단체 채권에는 지방재정법이 적용되고, 지방세채권의 관리와 징수에는 지방세기본법과 지방세징수법이 적용된다. 지방세 이외의 지방자치단체 채권으로서 법률에 따라 부과·징수되는 과징금, 부담금 등은 「지방행정제재·부과금의 징수 등에 관한 법률」이 적용된다. 미납된 지방세·지방세외수입금은 지방세징수법 등이 정하는 체납처분절차에 의하여 강제 징수된다.

Ⅲ. 국유재산계약

1. 국유재산법과 국가계약법의 관계

국가를 당사자로 하는 계약 일반에 대한 공법적 규율로서 「국가를 당사자로 하는 계약에 관한 법률」(이하 국가계약법이라 한다)이 있다.[64] 국유재산의 대부, 매매 및 교환 등을 하는 과정에서 국가를 당사자로 하는 계약이 체결될 때[65] 국가계약법이 적용되지만, 만약 국유재산법이

---

64) 1995. 1. 5. 법률 제4868호로 제정; 지방자치단체의 경우, 2005. 8. 4. 법률 제7672호로 「지방자치단체를 당사자로 하는 계약에 관한 법률」(이하, 지방계약법)이 제정되었다.

65) 사용허가는 계약이 아닌 허가의 방식이지만, 임대계약의 실질을 띠고 있어, 국가계약법이 준용된다(법 제31조 제3항).

그와 달리 규정한다면 그 규정이 국가계약법에 우선한다. 국가계약법은 국가계약에 대한 일반적인 공법적 규율이고 국유재산법의 계약규정은 국유재산과 관련된 국가계약에 한정되는 특별규정이기 때문이다.

2. 국가계약법 위반의 효과

국가계약법은 국가계약 일반에 적용되는 공법적 규율로서 담당공무원은 이에 따라야 한다(강행규정). 국유재산법과 마찬가지로 그 위반행위의 효력과 관련하여 효력규정과 단속규정으로 나눌 수 있고, '~할 수 있다'는 규정은 수권규정으로 해석할 수 있다.

(1) 입찰절차 또는 낙찰자결정 기준

대법원은 국가계약법상의 입찰절차나 낙찰자결정 기준을 국가의 내부규정에 불과하다고 보면서, 계약담당공무원이 입찰절차에서 국가계약법을 위반했다는 사유만으로 당연히 낙찰자 결정이나 그에 기한 계약이 무효가 되는 것은 아니고, 이를 무효로 하지 않으면 국가계약법의 취지를 몰각하는 결과가 되는 특별한 사정이 있는 경우에 한하여 무효가 된다고 한다. 국가계약법상의 입찰절차나 낙찰자결정 기준도 담당공무원이 따라야 할 강행규정이지만 그 위반행위가 무효로 되지는 않는 단속규정인 것이다.

[**판례**] 국가계약법은 국가가 계약을 체결하는 경우 원칙적으로 경쟁입찰에 의하여야 하고(제7조), 국고의 부담이 되는 경쟁입찰에 있어서 입찰공고 또는 입찰설명서에 명기된 평가기준에 따라 국가에 가장 유리하게 입찰한 자를 낙찰자로 정하도록(제10조 제2항 제2호) 규정하고 있고, 같은법 시행령에서 당해 입찰자의 이행실적, 기술능력, 재무상태, 과거 계약이행 성실도, 자재 및 인력조달가격의 적정성, 계약질서의 준수정도, 과거공사의 품질정도 및 입찰가격 등을 종합적으로 고려하여 재정경제부장관이 정하는 심사기준에 따라 세부심사기준을 정하여 결정하도록 규정하고 있으나, 이러한 규정은 국가가 사인과의 사이의 계약관계를 공정하고 합리적·효율적으로 처리할 수 있도록 관계 공무원이 지켜야 할 계약사무처리에 관한 필요한 사항을 규정한 것으로, 국가의 내부규정에 불과하다 할 것이다.

따라서 단순히 계약담당공무원이 입찰절차에서 위 법령이나 그 세부심사기준에 어긋나게 적격심사를 하였다는 사유만으로 당연히 낙찰자 결정이나 그에 기한 계약이 무효가 되는 것은 아니고, 이를 위배한 하자가 입찰절차의 공공성과 공정성이 현저히 침해될 정도로 중대할 뿐 아니라 상대방도 이러한 사정을 알았거나 알 수 있었을 경우 또는 누가 보더라도 낙찰자의 결정 및 계약체결이 선량한 풍속 기타 사회질서에 반하는 행위에 의하여 이루어진 것임이 분명한 경우 등 이를 무효로 하지 않으면 그 절차에 관하여 규정한 국가계약법의 취지를 몰각하는 결과가 되는 특별한 사정이 있는 경우에 한하여 무효가 된다고 해석함이 타당하다(대법원 2001. 12. 11. 선고 2001다33604).

(2) 계약방식의 법정

국가를 당사자로 하는 계약에 관한 법률 제11조(계약서의 작성 및 계약의 성립) ① 각 중앙관서의 장 또는 계약담당공무원은 계약을 체결할 때에는 다음 각 호의 사항을 명백하게 기재한 계약서를 작성하여야 한다. 다만, 대통령령으로 정하는 경우에는 계약서의 작성을 생략할 수 있다.

1. 계약의 목적
2. 계약금액
3. 이행기간
4. 계약보증금
5. 위험부담
6. 지체상금(遲滯償金)
7. 그 밖에 필요한 사항

② 제1항에 따라 계약서를 작성하는 경우에는 그 담당 공무원과 계약상대자가 계약서에 기명하고 날인하거나 서명함으로써 계약이 확정된다.

국가를 당사자로 하는 계약에 관한 법률 시행령 제49조(계약서작성의 생략) 법 제11조제1항 단서의 규정에 의하여 계약서의 작성을 생략할 수 있는 경우는 다음 각 호와 같다.

1. 계약금액이 3천만원이하인 계약을 체결하는 경우
2. 경매에 부치는 경우
3. 물품매각의 경우에 있어서 매수인이 즉시 대금을 납부하고 그 물품을 인수하는 경우
4. 각 국가기관 및 지방자치단체 상호간에 계약을 체결하는 경우
5. 전기 · 가스 · 수도의 공급계약등 성질상 계약서의 작성이 필요하지 아니한 경우

대법원은 국가계약법상의 입찰절차나 낙찰자결정 기준을 국가내부규정에 불과하다고 보는 반면, 담당공무원과 계약상대자가 국가계약서에 기명날인하거나 서명할 것을 요구한 국가계약법 제11조를 위반하면 그 계약은 무효일 뿐만 아니라 국가가 추인할 수도 없다고 한다. 국가계약법 제11조의 입법취지는 국가계약의 내용을 명확히 하고, 국가계약체결에 있어 적법한 절차에 따를 것을 담보하기 위한 것이다.[66] 이러한 통상의 이해에 더하여, 계약서의 작성을 담당공무원의 기명날인 또는 서명이 포함된 문서로 하게 하여 행정행위에서 요구되는 방식(행정절차법 제24조)[67]을 갖추게 하려는 것으로 생각된다. 이를 통하여 ① 국가계약의 성립시기가 분명해지고,

---

66) 대법원 2015. 1. 15. 선고 2013다215133 판결 등.

67) 행정절차법 제24조(처분의 방식) ① 행정청이 처분을 할 때에는 다른 법령 등에 특별한 규정이 있는 경우를 제외하고는 문서로 하여야 하며, 전자문서로 하는 경우에는 당사자 등의 동의가 있어야 한다. 다만, 신속히 처리할 필요가 있거나 사안이 경미한 경우에는 말 또는 그 밖의 방법으로 할 수 있다. 이 경우 당사자가 요청하면 지체 없이 처분에 관한 문서를 주어야 한다.
② 처분을 하는 문서에는 그 처분 행정청과 담당자의 소속 · 성명 및 연락처(전화번호, 팩스번호, 전자우편주소 등을 말한다)를 적어야 한다.

② 계약상대방이 일방적으로 계약금을 납부해서 계약을 성립시켜 버리는 폐해를 방지할 수 있으며, ③ 계약의 목적, 계약금액, 이행기간, 계약보증금, 위험부담, 지체상금(遲滯償金) 및 그 밖에 필요한 사항을 명백하게 문서로 기재하게 되어 법률관계의 명확성 및 국가계약의 공신력을 제고하게 된다. 국가계약법 제11조가 국가계약에 서면주의 등 행정행위에서 요구되는 방식을 요구하는 것과 국유재산법 제31조가 사용허가에 국가계약법을 준용하는 것은 이러한 점에서 맥락을 같이 한다고 볼 수도 있다.

국가계약법 제11조는 사법상의 계약 성립에 관한 민법 제527조 이하와 상충된다. 특히 계약서가 없더라도 계약금이 수수되면 계약이 성립되는 것으로 보는 전통적인 계약이론과 다르지만 국가계약에 대한 공법적 규율, 즉 특별규정으로서 일반적인 민사법에 우선하게 되는 것이다. 국가계약법 제11조의 적용대상이 아닌 계약금액 3,000만원 이하의 국가계약(지방계약은 5,000만원 이하)에는 전통적인 청약·승낙이론이 그대로 적용된다.

[**판례** ①] 구 국가를 당사자로 하는 계약에 관한 법률(2012. 12. 18. 법률 제11547호로 개정되기 전의 것, 이하 '국가계약법'이라 한다) 제11조 제1항은 "각 중앙관서의 장 또는 계약담당공무원은 계약을 체결하고자 할 때에는 계약의 목적·계약금액·이행기간·계약보증금·위험부담·지체상금 기타 필요한 사항을 명백히 기재한 계약서를 작성하여야 한다. 다만 대통령령이 정하는 경우에는 이의 작성을 생략할 수 있다."고 규정하고, 같은 조 제2항은 "제1항의 규정에 의하여 계약서를 작성하는 경우에는 그 담당공무원과 계약상대자가 계약서에 기명·날인 또는 서명함으로써 계약이 확정된다."고 규정하고 있다. 국가계약법의 이러한 규정 내용과 국가가 일방당사자가 되어 체결하는 계약의 내용을 명확히 하고 국가가 사인과 계약을 체결할 때 적법한 절차에 따를 것을 담보하려는 규정의 취지 등에 비추어 보면, 국가가 사인과 계약을 체결할 때에는 국가계약법령에 따른 계약서를 따로 작성하는 등 그 요건과 절차를 이행하여야 할 것이고, 설령 국가와 사인 사이에 계약이 체결되었더라도 이러한 법령상 요건과 절차를 거치지 아니한 계약은 그 효력이 없다고 할 것이다(대법원 2015. 1. 15. 선고 2013다215133 판결).

[**판례**②] 구 지방재정법(2005. 8. 4. 법률 제7663호로 전부 개정되기 전의 것) 제63조는 지방자치단체를 당사자로 하는 계약에 관하여 이 법 및 다른 법령에서 정한 것을 제외하고는 '국가를 당사자로 하는 계약에 관한 법률'의 규정을 준용한다고 규정하고 있고, 이에 따른 준용조문인 국가를 당사자로 하는 계약에 관한 법률 제11조 제1항, 제2항에 의하면 지방자치단체가 계약을 체결하고자 할 때에는 계약의 목적, 계약금액, 이행기간, 계약보증금, 위험부담, 지체상금 기타 필요한 사항을 명백히 기재한 계약서를 작성하여야 하고, 그 담당공무원과 계약상대자가 계약서에 기명·날인 또는 서명함으로써 계약이 확정된다고 규정하고 있는바, 위 각 규정의 취지에 의하면 지방자치단체가 사경제의 주체로서 사인과 사법상의 계약을 체결함에 있어서는 위 법령에 따른 계약서를 따로 작성하는 등 그 요건과 절차를 이행하여야 하고, 설사 지방자치단체와 사인 사이에 사법상의 계약 또는 예약이 체결되었다 하더라도 위 법령상의 요건과 절차를 거치

지 않은 계약 또는 예약은 그 효력이 없다(대법원 2009. 12. 24. 선고 2009다51288 판결).

필자 주: ② 지방계약법은 2005. 8. 4.제정되었다. 그 전에는 지방재정법이 지방계약에 국가계약법을 준용하였다.

[**관련 판례①**] 국가계약법 제11조는, 국가가 일방당사자가 되어 체결하는 계약의 내용을 명확히 하고 국가가 사인과 사법상 계약을 체결함에 있어 적법한 절차에 따를 것을 담보하기 위한 조항이므로 이것이 헌법상 평등의 원칙에 위반하여 국가 등을 차별하는 내용의 규정이라고 할 수 없고, 국가에게 이익이 되는 계약에 위 법조항이 적용되는 경우라 하여 달리 볼 이유가 없(다)(대법원 2005. 5. 27. 선고 2004다30811, 30828 판결).

[**관련 판례②**] (전략)...위 요건과 절차의 흠결은 피고의 추인에 의하여 치유될 수 있는 하자도 아니다. ...(중략)... 지방자치단체가 사경제의 주체로서 사인과 사법상의 계약을 체결함에 있어 따라야 할 요건과 절차를 규정한 관련 법령은 그 계약의 내용을 명확히 하고, 지방자치단체가 사인과 사법상 계약을 체결함에 있어 적법한 절차에 따를 것을 담보하기 위한 것으로서 강행규정이라 할 것이고, 강행규정에 위반된 계약의 성립을 부정하거나 무효를 주장하는 것이 신의칙에 위배되는 권리의 행사라는 이유로 이를 배척한다면 위와 같은 입법취지를 몰각시키는 것이 될 것이어서 특별한 사정이 없는 한 그러한 주장이 신의칙에 위반된다고 볼 수는 없다(대법원 2004. 1. 27. 선고 2003다14812 판결).

필자 주: ② 지방자치단체가 공유재산 교환계약을 체결함에 있어 담당공무원과 계약상대자가 기명날인하거나 서명한 계약서 작성을 하지 않고, 나중에 국가계약법 위반을 이유로 계약의 무효를 주장하다라도 신의칙위반이 아니라는 판결.

3. 국유재산법의 특별규정

국유재산법의 계약규정은 국가계약법의 일반적인 국가계약 규정에 대하여 특별규정으로서 우선 적용된다. 국유재산법의 계약규정은 다음과 같다.

(1) 유효한 입찰의 개수

국유재산법은 국가계약법과 달리 1개의 유효한 입찰만으로도 낙찰자를 결정한다.[68] 국가계약법은 주로 국가가 수요자의 지위에, 입찰자가 공급자의 지위에 있기 때문에 공급자간 담합의 여지가 있어 2인 이상의 유효한 입찰을 요구하는 반면(국가계약법 시행령 제11조), 국유재산법은 국가가 공급자의 지위에 있기 때문에 1개의 유효한 입찰 허용하더라도 담합 등의 우려가 없다. 당초 국가계약법과 같이 2개 이상의 유효한 입찰을 요구하다가,[69] 2006. 8. 14. 시행령 개정으

68) 사용허가 및 대부에 관하여는 영 제27조 제1항, 제51조 제1항, 처분에 관하여는 제40조 제1항.
69) 구 국유재산법 시행령(2006. 6. 12. 대통령령 제19513호) 제24조 제2항 제6호 참조.

로 현재에 이르게 되었다.

(2) 입찰무효 사유

국가계약법은 입찰무효의 사유를 구체적으로 규정하고 있지만,[70] 국유재산법은 재산관리기관이 입찰공고 사항의 일부로서 입찰무효에 관한 사항을 따로 정하여 공고하게 한다(법 제31조 제2항, 영 제27조 제4항, 규칙 제15조; 법 제43조 제2항). 통상 입찰보증금을 납부하지 아니한 입찰, 동일사항에 동일인이 2통 이상의 유효한 입찰서를 제출한 입찰[71] 등을 무효로 공고한다. 국유재산법에 따라 개별 공고된 입찰무효 사유로서 국가계약법령에 열거되지 않은 것은 특별규정으로서 의미가 있다.

국유재산법 시행령 제27조(사용허가의 방법) ① 법 제31조제1항에 따른 경쟁입찰은 1개 이상의 유효한 입찰이 있는 경우 최고가격으로 응찰한 자를 낙찰자로 한다.
④ 입찰공고에는 해당 행정재산의 사용료 예정가격 등 경쟁입찰에 부치려는 사항을 구체적으로 밝혀야 하고, 사용허가 신청자에게 공고한 내용을 통지하여야 한다.

국유재산법 시행규칙 제15조 (입찰공고) 영 제27조제4항에 따라 경쟁입찰공고를 할 경우에는 대상재산의 용도 또는 목적에 따라 다음 각 호의 사항을 구체적으로 밝혀야 한다.
1. 사용허가의 대상 재산 및 허가기간에 관한 사항
2. 입찰 · 개찰의 장소 및 일시에 관한 사항
3. 입찰참가자의 자격에 관한 사항
4. 입찰보증금과 국고귀속에 관한 사항
5. 입찰무효에 관한 사항
6. 사용료의 예정가격 및 결정방법에 관한 사항
7. 사용허가기간 만료 시 갱신 여부에 관한 사항
8. 사용허가 갱신 시 사용허가기간 및 사용료 결정방법에 관한 사항
9. 그 밖에 입찰에 필요한 사항

(3) 제한 · 지명경쟁 및 수의계약의 사유

국가계약법은 제7조 제1항에서 일반경쟁 입찰의 원칙을 선언하고, 동법 시행령 제21조에서는 제한경쟁 입찰의 예외 사유를, 제23조에서는 지명경쟁 입찰의 예외 사유를, 그리고 제26조에서 수의계약의 예외 사유를 각 규정하고 있다. 그러나 국가계약법의 제한 · 지명경쟁 및 수의계약 사유들은 국가가 각종 공사(工事)계약의 수요자가 되는 것을 전제로 하는 것이어서, 국가가

---

70) 국가계약법 시행령 제39조 제4항, 동법 시행규칙 제44조, 공사입찰유의서(기획재정부계약예규) 제15조 등.
71) 동일인이 2통 이상의 입찰서를 제출했더라도 그중 하나에만 입찰보증금을 납부하였다면 2통 이상의 유효한 입찰서를 제출한 것으로 볼 수 없다고 해야 한다.

국유재산의 매매, 임대 등 공급자가 되는 사안에 그대로 적용하기는 곤란하다. 국유재산법은 국가계약법과 마찬가지로 일반경쟁 입찰의 원칙을 선언하고, 시행령에서 제한경쟁, 지명경쟁 및 수의방식의 예외 사유를 규정하되, 국가계약법과 다른 국유재산 거래에 특유한 사유들을 들고 있다.[72]

Ⅳ. 국유재산소송

국가를 당사자 또는 참가인으로 하는 소송(국가소송)이나 행정소송(행정청을 참가인으로 하는 경우를 포함한다)이 발생하면 「국가를 당사자로 하는 소송에 관한 법률」(이하 국가소송법이라 한다)이 적용된다. 국유재산법은 국유재산 관련 소송에 대하여 특별한 규정을 두고 있지 않으므로 국유재산의 관리 · 처분 과정에서 발생하는 소송에는 국가소송법이 전면적으로 적용된다.

국가소송법은 국가소송이나 행정소송에 대하여 소송의 결과에 영향을 주지 않는 범위 내에서 국가 또는 행정청에 대한 특별한 공법적 규율을 하는데, ① 법무부장관이 국가소송을 대표하고 행정소송을 지휘하는 것, ② 법률상 소송대리인으로서 소송수행자 제도를 두는 것 등이다. 국가소송법에 대한 자세한 내용은 '제9편 국유재산소송'을 참고하기 바란다.

제3절 특별법 체계

Ⅰ. 공물에 제공된 국유재산

공물은 민법상의 물건이나 재산보다 넓은 개념으로서 그 사용으로 공공복리를 실현하거나 공행정주체의 수요충족에 기여하고, 이에 따라 특별한 공법적 규율에 놓이게 되는 물건 및 물건의 집합체를 말한다. 공물은 그 소유자가 누구인지를 불문하고 공적 목적 수행에 제공되고 이로 인해 특별한 법적 지위를 갖는다는 점에 그 특색이 있다.[73]

우리나라는 국유재산과 공물에 대한 공법적 규율의 체계가 서로 다르다(이원적 규율체계). 국유재산에 대한 공법적 규율의 목적은 국유재산의 여러 공적 기능을 전제로 국유재산이 행정목적 수행에 원활하고 안정적으로 제공되도록 하거나, 국가 외의 자가 공정하게 사용하거나 취득하도록 하는 데 있다. 국유재산법은 이러한 목적 달성을 위하여 국유재산의 융통성을 제한하

72) 사용허가 및 대부에 관하여는 법 제31조 제1항, 제47조 제1항, 영 제27조, 제51조, 처분에 관하여는 법 제43조 제1항, 영 제40조 제2항, 제3항.
73) 공물에 관한 자세한 설명은 이 책 제2편 제3장 참조.

고, 사권설정과 영구시설물의 축조를 제한하며, 기타 사용관계 설정이나 처분을 함에 있어서 상대방결정 방법을 통제하는 등 사적자치를 제한하는 형태의 공법적 규율을 한다.

국유재산법의 공법적 규율은 재산법적 한계를 가지고 있다. 국유재산 중에서 공공용재산이나 보존용재산 등 재산법적 한계를 넘어서는 공법적 규율이 필요한 재산에 대하여는 공물법이나 기타 관련 법률의 규율에 맡긴다. 공물에 대한 공법적 규율의 주요 내용은 ① 공물관리의 주재자로서 공물관리청이 법정되고, ② 공물관리청에게 공용지정에서부터 공용폐지에 이르기까지 폭넓은 관리권이 주어지며, ③ 공물에 대한 폭넓은 행위제한이 가해진다는 것이다.

공물에 대한 공법적 규율의 목적은 재산법질서를 초월해서 공물을 그 제공된 목적에 맞게 관리하는 데 있다. 국·공유재산, 사유재산을 불문하고 어떤 재산이 공물에 제공되면(국유재산의 경우 공공용재산의 대부분이 여기에 해당한다) 해당 공물법이 국유재산법, 민법 등 재산법에 우선하여 적용된다. 공물법의 공적인 목적이 재산법의 공적인 목적을 초월하기 때문이다.

Ⅱ. 공익사업 구역 내의 국유재산

국토면적의 약 30%에 달하는 국·공유지는 각종 개발사업의 구역에 편입되는 경우가 많다. 대부분의 개발사업법은 국유재산의 공공재적 기능과 비축자원 기능에 입각해서 ① 사업구역 내의 국유지를 사업목적 외의 목적으로 처분하지 못하고 하고, ② 사업시행의 인가로 국유재산의 사용허가 및 용도폐지가 의제되도록 하며, ③ 새로 설치한 공공시설을 국·공유로 귀속시키고, 종래 공공시설을 사업시행자에게 귀속시키거나 양여할 수 있게 한다. 그밖에 도시정비구역 내의 국유지를 조합원에게 개발이익을 배제한 금액으로 매각할 수 있게 하는 등의 특별한 규정을 두고 있다.

Ⅲ. 국유재산의 특례와 제한

각종 사업이나 단체의 지원 등을 위하여 국유재산법에 정함이 없는 ① 국유재산의 우선적인 사용허가 및 매각, ② 영구시설물의 축조, ③ 장기 사용허가, ④ 사용료의 감면, ⑤ 재산의 양여 등을 내용으로 하는 개별 법률이 남발될 경우 국유재산법을 무력하게 하고 국가재정에 악영향을 미칠 수 있어 적절히 통제할 필요가 있었다.

이에 2011. 3. 30. 국유재산특례제한법이 제정되었는데, 동법은 위 ③ 내지 ⑤를 국유재산특례로 규정하고(동법 제2조), 동법 별표에 열거된 법률에 따르지 않고는 특례를 정할 수 없게 하였다(동법 제4조). 결국 국유재산특례를 신설하려면 관련 법률의 제·개정뿐만 아니라 국유재산특례제한법 별표를 개정해야만 한다. 현재 국유재산특례제한법 별표에는 총 216개의 법률이 국유재산특례 및 우선 사용허가 및 매각 등을 규정하고 있다. 그 밖에 국유재산특례제한법은 특례를 제한하기 위하여 특례존속기한의 설정(제5조의 2), 총괄청의 특례심사 및 점검 · 평가(제6조, 제7조), 국유재산특례 종합계획의 수립(제8조), 국유재산특례지출예산서의 작성(제10조) 및 총괄청의 재산양여 협의(동법 제11조) 등을 규정하고 있다. 공물법이나 공익사업법에 따른 국유재산특례는 국유재산특례제한법의 적용대상에서 제외된다(국유재산특례제한법 제3조).

국유재산특례제한법이 국내 법률에만 미치는지 조약에까지 미치는지 문제될 수 있다. 국유재산특례를 내용으로 하는 조약이 체결되었을 경우 국내법으로서 효력을 가지려면 국유재산특례제한법 별표의 개정(당해 조약이 별표에 삽입)이 있어야 하는지의 문제이다. 조약도 국내법의 일종이므로 국유재산특례법의 개정이 있어야 한다는 견해가 있을 수 있다. 한편 외국과의 국유재산특례 조약을 국내법(국유재산특례제한법)을 이유로 이행하지 않는 것은 「조약에 관한 비엔나 협약」[74](VCLT, 우리나라는 1980. 1. 27. 가입) 등 국제법규 위반의 가능성이 있다는 점, 국유재산특례제한법은 국내 수익단체 간의 형평성 문제 등을 주요한 입법취지로 하므로 제정 당시 그동안의 특례를 규정하는 법률을 별표에 넣을 때 SOFA 등 조약은 의도적으로 배제하였다는 점[75] 등을 감안하면 국유재산특례제한법이 조약에는 미치지 않는다고 할 수 있다.

아래의 내용은 국유재산특례제한법의 제정 전에 국유재산의 무분별한 무상사용, 무상양여 등에 대한 우려를 나타낸 신문기사이다.

무상사용 국유지, 서울시 면적의 절반 동아일보(2010.2.26)

공공기관, 국립대병원, 지방자치단체 등이 무상으로 사용하고 있거나 이 기관들로 소유권이 이전된 국유지가 서울 면적의 절반 가까이 되는 것으로 나타났다.

기획재정부가 25일 '2008년 국유재산관리계획 집행실적'을 분석한 결과에 따르면 국유재산의 무상임대나 소유권 이전을 특례로 규정하고 있는 법률은 131개이며 이를 근거로 사용되고 있는 국유지의 전체 면적은 274km² 로 서울 면적(605km²)의 절반에 약간 못 미친다.

국가 이외의 기관에서 무상으로 사용하고 있거나 이 기관들로 소유권이 이전된 국유재산은 △토지 1만4046건 △건물 1795건 △기타 1748건이며 면적 기준으로는 최근 5년간 연평균 3.7%씩 증가했다.

재정부에 따르면 이 국유재산을 유상으로 전환하면 2008년 대장금액 기준으로 약 4000억 원에 이른다. 2008년 대장금액은 2005년 공시지가로 작성돼 있어 2005~2008년 공시지가 상승률을 반

74) 조약의 내용이 국내법을 정면으로 위반하는 정도가 아니라면 다소간 국내법과 상반되더라도 이행되어야 한다(동 협약 27조, 46조).

75) 국회 기획재정위원회의 국유재산특례법안 심사보고서 3면(2. 가. 제안이유) 참고.

영하면 6000억 원에 육박할 것으로 재정부는 추산하고 있다.

일부 지자체와 공공기관들은 무상임대 받은 국유재산을 국유재산법상 활용할 수 없도록 한 공원이나 주차장 같은 시설로 장기간 사용하고 있는 것으로 나타났다. 또 무상사용 대상이 아닌 국유재산을 무단으로 사용하고 있는 경우도 있었다.

이에 따라 정부는 올해 상반기에 실태조사를 벌여 국유재산의 무분별한 무상사용을 막기 위한 구체적인 방안을 마련할 방침이다. 재정부 관계자는 "무상사용 중인 국유재산의 방만한 운영 사례를 파악해 유상으로 전환하고 앞으로 무상사용 등에 대한 특례조항을 신설하는 것을 최대한 억제할 계획"이라고 말했다.

제3장 국유재산의 관리체계

법률용어로서 뿐만 아니라 국어사전적 의미에서도 관리와 처분은 구분이 된다.[76] 국유재산법도 국유재산의 관리란 국유재산의 취득 · 운용과 유지 · 보존을 위한 모든 행위를 말한다고 하고(제2조 제3호), 국유재산의 처분이란 매각, 교환, 양여, 신탁 및 현물출자 등의 방법으로 국유재산의 소유권을 국가 외의 자에게 넘기는 것을 말한다고 하여(제2조 제4호), 양자를 구별하지만, 간혹 관리기관의 권한 또는 사무라는 측면에서는 관리에 처분개념까지 포함하기도 한다(제2조 제5호). 이 책에서도 국유재산의 관리와 처분을 구분하되, 관리기관이라고 할 때는 처분개념까지 포함하며, 넓은 의미의 관리개념을 쓰기도 한다.

본장에서는 이와 같은 국유재산의 관리개념을 전제로 관리의 주체, 즉 관리기관의 체계를 다루도록 한다.

제1절 총괄청

Ⅰ. 총괄청중심주의

1. 내용

기획재정부장관은 총괄청의 지위를 부여받아(법 제2조 제10호) 모든 국유재산을 총괄하고, 일반회계 소속의 재산을 관리 · 처분한다. 1994년경부터 국유재산의 확대 · 활용이라는 적극적인 관리정책을 펴게 되면서 총괄청의 권한을 강화하는 일련의 조치들을 도입한 결과 현재 국유재산 관리체계의 중요한 특징 중 하나로 총괄청중심주의를 들 수 있다. 국유재산법은 일반회계 일반재산에 총괄청직할체제를 도입하였고(1994. 1), 일반회계의 모든 재산을 총괄청의 소관으로 하였으며(2011. 3), 모든 국유재산에 대한 총괄청의 직권용도폐지를 인정하는 등(2009. 1) 총괄청중심주의를 구축해 온 이래로, 최근에는 원활한 용도폐지를 위한 우선사용예약제의 도입, 특별회계 · 기금 소속 일반재산에 대한 무상 관리전환 및 총괄청재위탁 제도의 도입 등으로(2020. 3) 총괄청중심주의를 강화하고 있다. 그 밖에 국유재산특례제한법의 제정(2011. 3) 및 국유재산관리기금의 신설(2011. 3) 등도 총괄청중심주의의 하나라고 할 수 있다.

---

76) 법률용어사전, 청림출판사, 2008, 61면; 법령용어사례집, 한국법제연구원, 2016, 251면; 표준국어대사전(https://stdict.korean.go.kr/main/main.do), 국립국어원.

2. 예외

총괄청중심주의의 예외로서 중앙관서의 장이 일반회계 소속의 국유재산을 소관하는 경우가 있다. 재외공관용 부동산 등에 대한 외교부장관의 관리 · 처분 사무, 국유문화재에 대한 문화재청장의 관리 · 총괄사무 및 국유림에 대한 산림청장의 경영 · 관리 사무 등이 그것이다. 다만 국유재산법 제2장에 규정된 총괄청의 권한은 다른 모든 법률에 우선하므로(법 제4조), 아래의 경우에도 총괄청의 일반적인 감독권 행사(법 제21조), 용도폐지 관련 권한의 행사(법 제22조 및 제23조) 등에는 복종하게 된다.

(1) 재외공관용 부동산 등

외교부장관은 「재외공관용 재산의 취득 · 관리 등에 관한 특례법」(이하 재외공관재산법)에 따라 재외공관용 부동산[77]과 국외 일반재산을 소관한다(제5조의 2, 제6조). 외교부장관은 국유재산관리기금의 재원으로 재외공관용 부동산을 취득할 수 있는데, 이렇게 취득한 부동산은 총괄청이 사용승인한 것으로 보며, 외교부장관이 운용하고 유지 · 보존한다(재외공관재산법 제5조, 제5조의2). 외교부장관은 국외에 있는 모든 일반재산을 관리[78] · 처분하기 때문에 재외공관용 부동산(행정재산)을 용도폐지한 후 직접 처분할 수 있다. 다만 국외 일반재산의 관리 · 처분에 따른 수입금은 국유재산관리기금의 재원이 된다(동법 제2조 및 제6조). 외교부장관의 국유재산 관리 · 처분 사무는 재외공관의 장에게 위임되어 있다(동법 제7조. 동법 시행령 제8조).

(2) 국유림

산림청장은 국유림법에 따라 국유림을 소관한다. 다만 행정재산에 해당하는 국유림은 해당 행정재산을 소관 하는 중앙관서의 장이 경영 · 관리한다. 중앙관서의 장이 행정재산에 해당하는 국유림의 용도를 폐지한 때에는 관리전환, 교환 또는 양여의 목적이 아닌 한 지체 없이 산림청장에게 인계하여야 한다(국유림법 제4조).

(3) 국유문화재

문화재청장은 문화재보호법에 따라 국유문화재[79] 일체를 소관하고 총괄한다(문화재보호법 제62조 제1항 본문). 국유문화재가 다른 중앙관서의 장이 관리하고 있는 행정재산이거나 다른 중앙관서의 장이 관리하여야 할 특별한 필요가 있는 때에는 문화재청장이 관계 기관의 장 및 기획재

77) 「외교관계에 대한 비엔나협약」에 따른 공관지역 내의 일체의 부동산과 「영사관계에 관한 비엔나협약」에 따른 영사관사로 인정되는 일체의 부동산을 말한다(재외공관재산법 제2조 제1항).

78) 취득은 제외한다(재외공관재산법 제6조 괄호). 즉 외교부장관은 재외공관용 부동산을 취득할 수는 있지만, 일반재산을 취득하지는 못한다.

79) 문화재보호법은 제2조 제1항에서 문화재를 유형문화재, 무형문화재, 기념물 및 민속문화재로 정의하고 있다. 이중에서 국유문화재가 될 수 있는 것은 유형문화재와 기념물이다.

정부장관과 협의하여 그 소관청을 정한다(동법 제62조 제1항 단서). 문화재청장은 다른 회계로부터 국유문화재를 무상으로 관리전환 받아 관리할 수도 있다(동법 제63조). 문화재청장은 자신이 소관하는 국유문화재의 관리를 지방자치단체장에게 위임하거나 비영리법인 · 비영리단체에 위탁할 수 있는데, 관리 사무로 발생한 수익은 수임 · 수탁자의 수입으로 한다(동법 제62조 제3항).

Ⅱ. 총괄사무

총괄청은 소관 법령의 제 · 개정 및 유권해석, 국유재산종합계획의 수립, 국유재산정책심의위원회의 운영 및 각 소관청에 대한 지휘 · 감독 등 전체 국유재산을 총괄하는 일련의 사무를 수행하며,[80] 총괄사무 중에서 제2장에 규정된 것은 다른 법률에 우선하여 적용된다. 제2장의 총괄사무는 ① 재산관리상황 및 유휴행정재산현황에 대한 감사 등(제21조), ② 용도폐지 요구 및 직권 용도폐지 등(제22조), ③ 용도폐지된 재산의 처리(제23조), ④ 소관청의 지정(제24조), ⑤ 총괄사무의 위임 및 위탁(제25조), ⑥ 국유재산정책심의위원회의 운영(제26조) 등이다. 총괄청은 이러한 총괄사무를 직접 수행하기도 하고, 조달청장이나 한국자산관리공사에 위임 또는 위탁하기도 하는데(영 제16조 제1항, 제2항), 조달청장 등이 위임 또는 위탁받은 사무를 수행하기 위하여 시 · 도지사와 중앙관서의 장등에게 협조를 요청하면 이에 따라야 한다(같은 조 제3항).

국유재산법 제4조(다른 법률과의 관계) 국유재산의 관리와 처분에 관하여는 다른 법률에 특별한 규정이 있는 경우를 제외하고는 이 법에서 정하는 바에 따른다. 다만, 다른 법률의 규정이 제2장에 저촉되는 경우에는 이 법에서 정하는 바에 따른다.

1. 직접 수행하는 총괄사무

(1) 소관 법령의 제 · 개정 및 유권해석

기획재정부장관은 총괄청의 지위에서 국유재산법 등 소관 법령을 제 · 개정하고 유권해석하는 권한을 가진다. 현재 국유재산법, 국유재산특례제한법, 국가채권관리법 및 물품관리법 등을 소관 법률로 한다.

80) 총괄사무는 국유재산의 총괄을 위해 필요한 모든 사무를 말하므로, 특별히 정해진 것이 아니다. 향후 해석상 또는 국유재산법의 개정으로 새로운 총괄사무가 나타날 수 있다.

(2) 국유재산종합계획에 관한 사무

총괄청은 다음 연도의 국유재산 관리·처분계획의 작성을 위한 지침을 매년 4월 30일까지 중앙관서의 장에게 통보하여야 한다. 중앙관서의 장은 지침에 따라 국유재산의 관리·처분에 관한 다음 연도의 계획을 작성하여 매년 6월 30일까지 총괄청에 제출하여야 한다. 이렇게 제출된 계획을 총괄청이 종합 조정하여 수립한 국유재산종합계획을 국무회의의 심의를 거쳐 대통령의 승인을 받아 확정한다. 확정된 국유재산종합계획은 회계연도 개시 120일 전까지 국회에 제출하여야 한다. 국유재산종합계획의 국무회의심의는 헌법사항으로서 현행 헌법 제89조에서 규정하고 있다.[81)]

국유재산종합계획에는 ① 국유재산을 효율적으로 관리·처분하기 위한 중장기적인 국유재산 정책방향, ② 국유재산 관리·처분의 총괄계획(국유재산의 취득, 처분, 행정재산 사용승인, 일반재산 개발 및 국유재산의 사용허가·대부 등 관리에 관한 계획), ③ 국유재산처분기준, ④ 국유재산특례종합계획, ⑤ 기타 국유재산의 관리·처분에 관한 중요한 사항이 포함되어야 한다. 국유재산처분기준은 법령의 형식을 갖추어 본문과 부칙으로 구성되는데, 현재 국유재산의 일반적인 매각제한 사유, 총괄청의 매각승인 대상, 매각의 방법 등을 규정하고 있다. 국유재산처분기준은 기획재정부에서 마련하는 단순한 훈령이나 지침이 아니라 헌법 제89조 제4호에 따라 국무회의의 심의를 거쳐 법령의 형식으로 확정되는 법규범라고 할 수 있다.

총괄청이 국유재산종합계획을 수립하는 경우에는 독립기관의 장(국회의장, 대법원장, 헌법재판소장 및 중앙선거관리위원장)[82)]의 의견을 최대한 존중해야 하며, 불가피하게 조정이 필요한 때에는 해당 독립기관의 장과 미리 협의하여야 한다. 총괄청은 협의에도 불구하고 독립기관의 계획을 조정하려는 때에는 국무회의에서 해당 독립기관의 장의 의견을 들어야 하며, 총괄청이 그 계획을 조정한 때에는 그 규모 및 이유, 조정에 대한 독립기관의 장의 의견을 국유재산종합계획과 함께 국회에 제출하여야 한다.[83)]

(3) 국유재산정책심의위원회의 운영

국유재산의 관리·처분에 관한 주요 사항을 심의하기 위하여 총괄청에 국유재산정책심의위원회를 둔다. 위원회는 위원장을 포함한 20명 이내의 위원으로 구성한다. 위원회의 위원장은 기

81) 대한민국헌법 제89조 다음 사항은 국무회의의 심의를 거쳐야 한다.
4. 예산안·결산·국유재산처분의 기본계획·국가의 부담이 될 계약 기타 재정에 관한 중요사항

82) 국가재정법 제6조(독립기관 및 중앙관서) ① 이 법에서 "독립기관"이라 함은 국회·대법원·헌법재판소 및 중앙선거관리위원회를 말한다.
② 이 법에서 "중앙관서"라 함은 「헌법」 또는 「정부조직법」 그 밖의 법률에 따라 설치된 중앙행정기관을 말한다.
③ 국회의 사무총장, 법원행정처장, 헌법재판소의 사무처장 및 중앙선거관리위원회의 사무총장은 이 법의 적용에 있어 중앙관서의 장으로 본다.

83) 이상 법 제9조, 영 제5조, 2023년도 국유재산처분기준 참조.

획재정부장관이 되고, 위원은 관계 중앙행정기관 소속의 공무원과 국유재산 분야에 학식과 경험이 풍부한 사람 중에서 기획재정부장관이 임명 또는 위촉하는데, 민간위원이 전체 위원의 과반수가 되어야 한다. 현재 공무원위원은 기획재정부장관, 기획재정부장관이 지명하는 기획재정부차관 1명, 교육부차관, 국방부차관, 행정안전부차관, 농림축산식품부차관, 국토교통부장관이 지명하는 국토교통부차관 1명, 조달청장 및 산림청장이다. 민간위원으로 위촉될 수 있는 사람은 교수, 변호사, 공인회계사, 감정평가사 등으로서 10년 이상 경력이 있어야 하며, 민간위원의 임기는 1년이다.

위원회의 심의사항은 ① 국유재산의 중요 정책방향에 관한 사항, ② 국유재산과 관련한 법령 및 제도의 개폐에 관한 중요 사항, ③ 행정재산의 사용승인 철회에 관한 사항, ④ 국유재산종합계획의 수립 및 변경에 관한 중요 사항, ⑤ 소관 중앙관서의 장의 지정 및 직권 용도폐지에 관한 사항, ⑥ 특별회계 · 기금재산의 무상 관리전환에 관한 사항, ⑦ 국유재산관리기금의 관리 · 운용에 관한 사항, ⑧ 국유재산의 개발에 관한 사항, ⑨ 현물출자에 관한 중요 사항, ⑩ 국유재산특례의 신설 · 변경 및 점검 · 평가 등에 관한 사항, ⑪ 그 밖에 국유재산의 관리 · 처분 업무와 관련하여 총괄청이 중요하다고 인정한 사항이다.

위원회는 위원회의 심의를 위하여 필요하다고 인정하는 경우에는 관계기관의 장 및 관계자 또는 해당 분야의 전문가를 출석시켜 의견을 들을 수 있다. 위원회를 효율적으로 운영하기 위하여 위원회에 분야별 분과위원회를 둘 수 있다. 분과위원회의 심의는 위원회의 심의로 본다. 현재 부동산분과위원회, 증권분과위원회 및 기부대양여분과위원회가 있다. 각 분과위원회의 위원장은 기획재정부장관이 지명하는 기획재정부차관이 된다(이상 법 제26조, 영 제17조 및 제18조).

(4) 국유재산의 사용승인

국유재산법 제8조(국유재산 사무의 총괄과 관리) ③ 중앙관서의 장은 「국가재정법」 제4조에 따라 설치된 특별회계 및 같은 법 제5조에 따라 설치된 기금에 속하는 국유재산과 제40조제2항 각 호에 따른 재산을 관리 · 처분한다.
④ 중앙관서의 장은 제3항외의 국유재산을 행정재산으로 사용하려는 경우에는 대통령령으로 정하는 바에 따라 총괄청의 승인을 받아야 한다.
⑤ 총괄청은 제4항에 따른 사용승인을 할 때 제40조의2에 따른 우선사용예약을 고려하여야 한다.
제40조(용도폐지) ② 중앙관서의 장은 제1항에 따라 용도폐지를 한 때에는 그 재산을 지체 없이 총괄청에 인계하여야 한다. 다만, 다음 각 호의 어느 하나에 해당하는 재산은 그러하지 아니하다.
1. 관리전환, 교환 또는 양여의 목적으로 용도를 폐지한 재산
2. 제5조제1항제2호의 재산
3. 공항 · 항만 또는 산업단지에 있는 재산으로서 그 시설운영에 필요한 재산

4. 총괄청이 그 중앙관서의 장에게 관리 · 처분하도록 하거나 다른 중앙관서의 장에게 인계하도록 지정한 재산

중앙관서의 장이 일반회계 소속의 국유재산(법 제40조 제2항 각호 재산은 제외)을 같은 회계 행정재산으로 사용하려면 총괄청의 사용승인을 받아야 한다. 만약 특별회계나 기금 소속의 행정재산으로 사용하려면 관리전환의 절차를 거쳐야 한다. 일반회계 내에서 각 중앙관서의 사용권을 발생시키는 것이 사용승인이라면, 서로 다른 회계 · 기금 간에 관리권을 이동시켜 소관청을 변경하는 것은 관리전환이다. 총괄청이 사용승인을 할 때에는 우선사용예약을 고려하여야 한다(법 제8조 제5항). 국가가 행정재산을 신규 취득한 경우에는 해당 중앙관서의 장이 사용승인을 받은 것으로 본다(영 제4조의 3 제2항).

총괄청은 국유재산정책심의위원회의 심의를 거쳐 사용승인을 철회할 수도 있다. 사용승인 철회사유는 ① 다른 국가기관의 행정목적을 달성하기 위하여 우선적으로 필요한 경우, ② 관리상황 등의 보고나 감사의 결과 위법 · 부당한 재산관리가 인정되는 경우, ③ 기타 감사원의 감사결과 위법 · 부당한 재산관리가 인정되는 등 사용승인의 철회가 불가피하다고 인정되는 경우이다. 총괄청은 사용승인을 철회하려면 미리 그 내용을 중앙관서의 장에게 알려 의견을 제출할 기회를 주어야 한다. 중앙관서의 장은 사용승인이 철회된 경우 해당 행정재산을 지체 없이 총괄청에 인계하여야 하며, 인계된 재산은 용도가 폐지된 것으로 본다(법 제8조의 2). 행정재산 사용승인의 철회와 용도폐지는 그 취지와 사유가 서로 다르다. 전자는 중앙관서의 장의 귀책사유를 이유로 그 사용권한을 뺏는 것이고, 후자는 행정재산으로서의 실질이 소멸됐음을 이유로 재산의 구분을 달리하는 것이다.

사용승인한 재산은 신규 행정재산이 되고, 당해 중앙관서의 장에게 관리권이 발생한다(법 제8조 제6항, 영 제4조의 3 제1항 제4호). 중앙관서의 장이 신규 행정재산도 발생시키지 않고 관리권도 발생시키지 않으면서 일시적으로 국유재산을 사용할 필요가 있을 경우도 있을 것인데, 이때는 소관 중앙관서의 장의 승인을 받아 가능하다(규칙 제8조). 다만 회계가 다를 경우 유상으로 사용하여야 한다(법 제17조 본문).

(5) 국유재산에 대한 일반적인 감독

총괄청은 중앙관서의 장등에게 재산의 관리상황을 보고하게 하거나 자료를 제출하게 할 수 있으며, 중앙관서의 장은 유휴 행정재산[84]의 현황을 매년 1월 31일까지 총괄청에 보고해야 한다(법 제21조 제1항 및 제2항). 총괄청은 중앙관서의 장등의 재산관리 상황과 유휴 행정재산 현황

84) 부동산에 한하며, 행정재산으로 사용되지 아니하거나 사용할 필요가 없게 된 재산을 말한다(영 제14조 제1항).

을 감사하거나 그 밖에 필요한 조치를 할 수 있다(같은 조 제3항). 법 제21조는 국유재산 전반에 대하여, 또한 각 소관청의 수임 · 수탁기관에 까지 총괄청의 일반적이고 포괄적인 감독권한을 인정했다는 점에 의미가 있다. 총괄청은 이러한 감독권한을 통하여 국유재산의 관리현황을 파악한 다음 아래의 용도폐지 요구 등에 관한 권한을 행사한다.

(6) 용도폐지의 요구 등

총괄청은 중앙관서의 장에게 행정재산의 용도를 폐지하거나 변경할 것을 요구할 수 있으며 그 재산을 관리전환하게 하거나 총괄청에 인계하게 할 수 있다. 이러한 조치를 하려면 미리 그 내용을 중앙관서의 장에 통보하여 의견을 제출할 기회를 주어야 한다. 중앙관서의 장이 정당한 사유 없이 용도폐지 등의 이행을 하지 아니하면 총괄청이 직권으로 할 수 있다. 직권으로 용도폐지된 재산은 행정재산의 사용 승인이 철회된 것으로 본다(이상 법 제22조).

총괄청은 용도폐지로 일반재산이 된 국유재산에 대하여 필요하다고 인정하는 경우에는 그 처리방법을 지정하거나 이를 인계받아 직접 처리할 수 있다(법 제23조). 처리방법을 지정한다는 것은 총괄청의 소관 밖에 있는 재산에 의미가 있다. 예컨대 특별회계나 기금의 재산이 용도폐지된 경우 그 소관청에게 형질변경이나 지목변경 등을 통해 가치를 높인 다음 매각하라, 일반경쟁입찰에 붙여서 매각하라, 무단점유를 해소한 후에 매각하라 등의 주문을 할 필요가 있을 수 있을 것이다.

[참고 ④] 관리전환, 사용승인 및 인계

관리전환은 서로 다른 회계 · 기금 간에 국유재산의 관리권을 넘겨 소관청의 변경을 가져오는 것이고(법 제2조 제5호), 사용승인과 인계는 일반회계 내에서 행정재산이 필요한 중앙관서에 관리권을 부여하거나, 중앙관서의 장이 용도폐지로 관리권이 없어진 재산을 총괄청에 넘기는 것이다.

인계를 모든 용도폐지된 국유재산을 총괄청에 넘기는 것으로 해석할 수는 없을까. 이 문제는 기금 · 특별회계 재산을 용도폐지했을 때 관리전환 없이 총괄청으로 넘길 수 없는지와 연관된다.[85] 법 제22조 및 제23조가 총괄청에 모든 국유재산에 대한 용도폐지 권한을 주면서 관련 재산을 인계하게 하거나 인계 받을 수 있다고 함으로써 발생한 해석론이다. 법 제22조 및 제23조가 제2장(총괄청)에 소재하여 다른 법률에 우선하는 효력이 있지만(법 제4조) 제2장은 다른 법률에 우선하는 것이지, 같은 국유재산법 내의 제8조 제1항 및 제3항에 우선하지는 못한다. 국유재산법의 조화로운 해석을 위해서는 제22조 및 제23조의 인계도 관리권이 발생한 곳에 재산을 넘기는 것으로 해석해야만 한다. 결국 국유재산의 이원적 관리체계를 규정하는 법 제8조 제1항 및 제3항이 있기 때문에 인계는 관리권 있는 곳에 재산을 넘기는 것으로 해석해야 하고, 관리권 없는 곳에 재산을 넘기려면 관리전환을 해서 관리권과 함께 재산을 넘겨야 하는 것이다. 법 제40조는 마냥 중앙관서의 장은 용도폐지한 재산을 지체 없이 총괄청에 인계하여야 한다고 하지만, 법 제8조 제1항 및 제3항과 조화로운 해석을 하자면 일반회계 재산에 한한다고 해야 한다.

그 밖에 사용승인의 대상 재산에서 기금·특별회계 소속 재산을 제외한다는 점(법 제8조 제4항), 국유재산관리기금에서 취득한 재산은 일반회계 소속으로 한다는 점(법 제26조의5 제2항) 등을 볼 때, 현행 국유재산법은 일반회계와 기금·특별회계를 분리하는 이원적 관리체계를 취한다고 볼 수 있다. 대법원은 이원적 관리체계를 위반한 국유재산의 처분을 무효로 본다(대법원 2002. 7. 12. 선고 2001다16913 판결).

2. 조달청장에게 위임하는 총괄사무

(1) 일반적인 감독권 행사의 지원

총괄청의 국유재산에 대한 일반적인 감독권 행사(법 제21조)를 지원하기 위하여 국유재산 현황의 조사, 국유재산 관리실태의 확인·점검 등의 사무가 조달청장에게 위임되어 있다(영 제16조 제1항 제1호 및 제2호). 조달청장은 이러한 사무를 수행하기 위하여 매년 2월 말일까지 그 계획을 수립해 총괄청에 보고하고, 해당 소관청에 통지하여야 하며(같은 조 제4항), 재산현황조사 결과, 재산관리실태의 확인·점검 결과 등을 총괄청에 보고하여야 한다(같은 조 제5항).

(2) 소관청의 지정

국유재산의 소관청이 없거나 분명하지 아니한 경우 그 소관청을 지정하는 사무이다(법 제24조, 영 제16조 제1항 제3호).

(3) 권리보전조치

법률상 국유재산이지만, 아직 국가 앞으로 등록·등기되지 않은 은닉재산 등을 조사하여 국고로 환수 및 귀속시키는 사무이다(영 제16조 제1항 제5호). 이를 권리보전조치라고 하는데, 그 대상은 은닉재산과 부주부동산이다. 은닉재산이란 등기부등본 또는 지적공부에 국가 외의 자의 명의로 등기 또는 등록되어 있는 국유재산을 말하고, 무주부동산이란 부동산공부에 등기 또는 등록된 사실이 없거나 그 밖에 소유자를 확인할 수 없는 부동산으로서 민법 제252조 제2항에 따라 국유재산으로 인정되는 것을 말하는데(영 제75조 제1항 및 제2항 참조), 영 제16조제1항 제5호는 양자를 포함하여 은닉재산 등이라고 한다.

85) 관리전환은 유상이 원칙이다. 법 제16조 및 제17조.

(4) 공용재산의 취득에 관련된 사무

국유재산법 제10조(국유재산의 취득) ① 국가는 국유재산의 매각대금과 비축 필요성 등을 고려하여 국유재산의 취득을 위한 재원을 확보하도록 노력하여야 한다.
② 중앙관서의 장이 「국가재정법」 제4조에 따라 설치된 특별회계와 같은 법 제5조에 따라 설치된 기금의 재원으로 공용재산 용도의 토지나 건물을 매입하려는 경우에는 총괄청과 협의하여야 한다.

국유재산법 시행령 제16조(총괄사무의 위임 및 위탁) ① 총괄청은 법 제25조에 따라 다음 각 호의 사무를 조달청장에게 위임한다.

6. 장래의 행정수요에 대비하기 위한 비축용 토지의 취득에 관한 사무
8. 청사, 관사 등의 신축에 필요한 토지·건물의 조사에 관한 사무

제4조의3(행정재산 관리·처분의 사무 위임) ① 총괄청은 법 제8조제5항에 따라 다음 각 호의 사무를 중앙관서의 장에게 위임한다.

2. 행정재산(공용재산 중 법 제5조제1항 제1호에 따른 재산은 제외한다)의 매입 등에 따른 취득에 관한 사무

1) 비축부동산의 취득

국유재산의 관리·처분 사무는 현존하는 국유재산에 관한 것이고, 장래 행정수요에 대비하기 위하여 부동산을 취득해 비축하는 것은 총괄사무이다. 국가는 국유재산의 매각대금과 비축필요성 등을 고려하여 국유재산의 취득을 위한 재원을 확보하도록 노력하여야 한다(법 제10조 제1항). 최근 5년간 비축부동산의 매입은 매각수입 대비 10% 안쪽이다.[86] 총괄청은 비축부동산 매입을 위한 재원확보 및 「비축부동산업무처리기준」[87] 마련에만 직접 관여하고, 비축부동산 취득의 집행은 조달청장에게 위임되어 있다(영 제16조 제1항 제6호). 한국자산관리공사는 조달청장이 매입한 비축부동산을 사용승인이 있을 때까지 관리한다. 비축부동산이 필요한 중앙관서의 장은 비축부동산 사용예약을 한 다음 법 제8조 제4항에 따른 사용승인을 받아야 한다.

비축부동산은 청사 등 공용재산으로 쓰려고 취득하여 일반회계에서 관리하는 재산이다. 따라서 중앙관서의 장이 일반회계의 재원으로 공용재산 부동산을 취득하는 것은 금지되고(영 제4조의 3 제1항 제2호), 특별회계 또는 기금의 재원으로 공용재산 부동산을 매입할 때는 총괄청과 협의해야 한다(법 제10조 제2항).

---

86) 2014년 6월말 기준 비축 토지는 60필지, 618,000㎡, 4,828억원(취득원가-대장가격) 수준이다.

87) 2010. 4. 12. 제정되어 최근 2020. 3. 24. 제5차 개정이 이루어졌다. 제5차 개정의 주요 내용은 비축대상을 토지에서 부동산으로 확대하였고(제2조 제1호), 비축목적을 장래의 행정수요에 대비하여 공용재산으로 사용할 수 있는 부동산뿐만 아니라 국유재산의 가치제고를 위하여 해당 국유재산과 연접한 부동산으로 확대하였다(제4조 제1항).

2) 공용재산의 신축에 필요한 부동산의 조사

국유재산관리기금의 가장 중요한 용도는 공용재산의 취득에 필요한 비용의 지출이며(법 제26조의5 제1항 제1호),[88] 청사, 관사 등 공용재산의 신축에 필요한 토지 및 건물의 조사에 관한 사무를 조달청장에게 위임하고 있다(영 제16조 제1항 제8호). 조달청장의 이러한 사무는 비축부동산, 통상의 국유재산 및 공·사유재산 모두를 대상으로 한다.

(5) 공공시설 무상귀속의 사전협의

국유재산법 제73조의2(도시관리계획의 협의 등) ② 중앙관서의 장등(다른 법령에 따라 국유재산의 관리·처분에 관한 사무를 위임 또는 위탁받은 자를 포함한다)은 「국토의 계획 및 이용에 관한 법률」 제65조제3항 또는 그 밖의 법률에 따라 국유재산인 공공시설의 귀속에 관한 사항이 포함된 개발행위에 관한 인·허가 등을 하려는 자에게 의견을 제출하려는 경우에는 대통령령으로 정하는 바에 따라 총괄청과 미리 협의하여야 한다.

국유재산법 시행령 제16조(총괄사무의 위임 및 위탁) ① 총괄청은 법 제25조에 따라 다음 각 호의 사무를 조달청장에게 위임한다.

7. 중앙관서의 장등 소관 행정재산의 법 제73조의2제2항에 따른 무상귀속 사전협의에 관한 사무

국토계획법 등에 따라 사업시행자가 새로 설치한 공공시설은 국가 또는 지방자치단체에 무상 귀속되고, 종래의 공공시설인 국·공유재산은 사업시행자에게 무상으로 귀속되거나 양여될 수 있다. 이러한 내용이 포함된 사업을 인허가할 때는 미리 해당 재산관리기관[89]의 의견을 들어야 하고, 동 관리기관은 의견제출 전에 미리 총괄청과 협의하여야 하는바, 이러한 협의사무가 조달청장에게 위임되어 있는 것이다(법 제73조의 2 제2항, 영 제16조 제1항 제7호).

의견을 제출하는 재산관리기관이 대부분 지방자치단체장이고(행정재산 관리사무의 기관위임), 사업인허가권자도 같은 자방자치단체장인 경우가 많아서 국가재정을 감안한 실질적인 의견제시가 어려울 수 있어서 2017. 12. 개정 법률에서 의견 제출에 앞서 미리 총괄청과 협의 하도록 한 것이다. 총괄청소관의 일반재산은 지방자치단체장 기관위임을 폐지하였기 때문에 이러한 문제가 없어 사전협의 없이 한국자산관리공사가 사업인허가권자에게 바로 의견 제출을 하도록 위탁한다(법 제73조의 2 제1항, 영 제16조 제2항 제2호).

88) 법 제26조의 5 제1항 제1호는 국유재산의 취득이라고만 하지만, 국유재산관리기금 운용지침(기획재정부지침)은 기금의 지출로 인한 취득대상이 공용재산임을 분명히 하고 있다(제10조).

89) 법 제73조의 2 제2항의 주어가 중앙관서의 장이므로 이때의 재산관리기관에는 국유재산의 수임·수탁기관을 포함한다고 해야 한다.

3. 한국자산관리공사에 위탁하는 총괄사무

(1) 일반적 감독권 행사의 지원

총괄청의 국유재산에 대한 일반적인 감독권 행사(법 제21조)를 지원하기 위하여 조달청장에게 국유재산의 현황 조사, 국유재산의 관리실태의 확인 · 점검 등의 사무가 조달청장에게 위임되어 있고(영 제16조 제1항 제1호 및 제2호), 한국자산관리공사에는 국유재산의 현황 조사 사무 중 항공조사, 즉 드론조사 사무가 위탁되어 있다(같은 조 제2항 제1호).

(2) 국유재산관리기금의 운영

1) 국유재산관리기금의 설치와 운영

국유재산의 원활한 수급과 개발 등을 통한 국유재산의 효용을 높이기 위하여 2011. 3. 30. 국유재산관리기금이 설치되었다(법 제26조의 2). 기금은 총괄청이 관리 · 운용하되 ① 기금의 관리 · 운용에 관한 회계 사무, ② 기금의 결산보고서 작성에 관한 사무, ③ 기금의 재원으로 국유재산을 개발하는 사업에 관한 사무, ④ 기금의 여유자금 운용에 관한 사무, ⑤ 그 밖에 총괄청이 기금의 관리 · 운용에 관하여 필요하다고 인정하는 사무를 한국자산관리공사에 위탁한다(영 제18조의 2).

총괄청은 소속 공무원 중에서 기금의 수입과 지출에 관한 업무를 수행할 기금수입징수관, 기금재무관, 기금지출관 및 기금출납공무원을 임명하여야 한다. 기금의 관리 · 운영을 위탁받은 한국자산관리공사는 기금의 출납업무 수행을 위하여 공사의 임원중에서 기금수입 담당임원과 기금지출원인행위 담당임원을, 공사의 직원 중에서 기금지출원과 기금출납원을 각각 임명하여야 한다. 이 경우 기금수입 담당임원은 기금수입징수관의 직무를, 기금지출원인행위 담당임원은 기금재무관의 직무를, 기금지출원은 기금지출관의 직무를, 기금출납원은 기금출납공무원의 직무를 수행한다(법 제26조의 7). 한국자산관리공사는 기금의 회계를 공사의 다른 회계와 구분하여 처리하여야 한다(영 제18조의 3).

2) 기금의 조성

기금의 조성은 정부출연금 · 출연재산, 다른 회계 · 기금으로부터의 전입금, 차입금, 총괄청 소관의 일반재산(증권은 제외한다)에서 발생하는 수입금(개발에 따른 관리 · 처분 수입금을 포함한다) 및 기금의 관리 · 운용에 따른 수입금으로 한다(법 제26조의 3). 차입금은 국유재산정책심의위원회의 심의를 거쳐 기금의 부담으로 다른 회계 · 기금, 금융기관 등으로부터 들여오는 것이다. 일시차입에는 위원회의 심의가 필요 없으며 해당 회계연도 내에 상환하여야 한다(법 제26조의 4).

3) 기금의 용도

기금의 용도는 ① 국유재산의 취득에 필요한 비용의 지출,[90] ② 총괄청 소관 일반재산의 관리 · 처분에 필요한 비용의 지출, ③ 차입금의 원리금 상환, ④ 국유재산관리기금의 관리 · 운용에 필요한 위탁료 등의 지출, ⑤ 총괄청 소관 일반재산 중 부동산의 관리 · 처분에 관한 사무의 위임 · 위탁에 필요한 위탁료 등의 지출, ⑥ 국유재산의 개발에 필요한 비용의 지출[91] 및 ⑦ 다른 회계 · 기금으로의 전출금 등이다(법 제26조의 5 제1항). 기금에서 취득한 재산은 일반회계의 소속으로 한다(같은 조 제2항).

(3) 총괄청소관의 일반재산에 대한 무상귀속 등 협의 사무

1) 총괄청소관의 일반재산에 대한 도시관리계획의 협의

지방자치단체의 장 등은 국유재산에 대하여 도시관리계획을 결정 · 변경하거나 다른 법률에 따라 이용 · 보전에 관한 제한을 하는 경우 총괄청 등과 협의하여야 하는데(법 제73조의 2), 총괄청소관의 일반재산에 대한 협의사무는 한국자산관리공사에 위탁되어 있다(영 제16조 제2항 제2호). 한편 도시관리계획의 입안권자에게 도시관리계획의 변경을 요청하는 것은 수임 · 수탁자가 자체적으로 할 수 있다(법 제73조의 2 제3항).

2) 총괄청소관의 일반재산에 대한 무상귀속의 협의

국토계획법 등에 따라 사업시행자가 새로 설치한 공공시설은 국가 또는 지방자치단체에 무상 귀속되고, 종래의 공공시설인 국 · 공유재산은 사업시행자에게 무상으로 귀속되거나 양여될 수 있다. 이러한 내용이 포함된 사업을 인허가할 때는 미리 해당 재산관리기관[92]의 의견을 들어야 하고, 동 관리기관은 의견제출 전에 미리 총괄청과 협의하여야 하는데, 총괄청소관의 일반재산의 경우에는 사전협의 사무가 재산관리기관인 한국자산관리공사에 위탁되어 있다. 따라서 한국자산관리공사는 총괄청과의 사전협의 없이 바로 의견 제출을 하면 된다(법 제73조의 2 제1항, 영 제16조 제2항 제3호).

---

90) 구체적으로는 공용재산 취득사업 또는 비축부동산 매입사업에 필요한 비용의 지출이다(국유재산관리기금 운용지침 제2조 제3호).

91) 구체적으로는 기금개발사업 또는 민간참여 개발에 대한 출자사업에 필요한 비용의 지출이다(국유재산관리기금 운용지침 제2조 제3호).

92) 법 제73조의 2 제2항의 주어가 중앙관서의 장이므로 이때의 재산관리기관에는 국유재산의 수임 · 수탁기관을 포함한다고 해야 한다.

Ⅲ. 관리 · 처분 사무

1. 행정재산

국유재산법 제8조(국유재산 사무의 총괄과 관리) ① 총괄청은 국유재산에 관한 사무를 총괄하고 그 국유재산(제3항에 따라 중앙관서의 장이 관리 · 처분하는 국유재산은 제외한다)을 관리 · 처분한다.
③ 중앙관서의 장은 「국가재정법」 제4조에 따라 설치된 특별회계 및 같은 법 제5조에 따라 설치된 기금에 속하는 국유재산과 제40조제2항 각 호에 따른 재산을 관리 · 처분한다.
⑤ 이 법에 따른 총괄청의 행정재산의 관리 · 처분에 관한 사무는 그 일부를 대통령령으로 정하는 바에 따라 중앙관서의 장에게 위임할 수 있다.

국유재산법 시행령 제4조의3(행정재산 관리 · 처분의 사무 위임) ① 총괄청은 법 제8조제5항에 따라 다음 각 호의 사무를 중앙관서의 장에게 위임한다.

1. 법 제13조의 기부채납에 따른 재산의 취득에 관한 사무
2. 행정재산(공용재산 중 법 제5조제1항제1호에 따른 재산은 제외한다)의 매입 등에 따른 취득에 관한 사무
3. 「국방 · 군사시설 사업에 관한 법률」 제2조제1호에 따른 국방 · 군사시설의 취득에 관한 사무
4. 행정재산의 관리(취득에 관한 사무는 제외한다)에 관한 사무
5. 용도가 폐지된 행정재산(법 제5조제1항제1호에 따른 재산은 제외한다)의 처분에 관한 사무
6. 그 밖에 총괄청이 행정재산의 효율적인 관리 · 처분을 위하여 필요하다고 인정하여 지정하는 사무

② 중앙관서의 장이 제1항제1호부터 제3호까지의 규정에 따라 취득하는 행정재산의 사용에 대해서는 법 제8조제4항에 따른 승인을 받은 것으로 본다.

일반회계 소속의 모든 국유재산은 총괄청의 소관이다. 1956년 국유재산법의 폐지제정 때부터 일반회계의 재산을 행정재산과 일반재산으로 나누어 총괄청과 중앙관서장이 분리 소관하게 하였으나, 2011. 3. 개정 법률에서부터 전부 총괄청의 소관으로 일원화하였다. 중앙관서의 장은 총괄청의 사용승인을 받아 일반회계 행정재산을 사용하며, 그 관리 · 처분 사무의 일부를 위임받는다(법 제8조, 영 제4조의 3). 중앙관서의 장에게 위임되는 행정재산의 관리 · 처분 사무는 다음과 같다.

(1) 행정재산의 취득사무

국유재산법은 일반회계 행정재산 관리사무의 일부를 중앙관서의 장에게 위임한다(제8조 제6항). 국유재산의 관리에는 취득이 포함되지만(법 제2조 제3호), 국유재산관리기금으로 공용재산취득비용과 비축부동산취득비용을 지출한다는 점(법 제26조의 5 제1항 제1호, 국유재산관리기금 운용지침 제2조 제3호 및 제4호)을 고려하여 일반회계로 공용재산을 취득할 수 없도록 하였다(영 제4조의

3 제1항 2호, 제4호). 다만 기부채납에 의한 공용재산의 취득과 국방 · 군사시설인 공용재산의 취득은 가능하다(같은 항 제1호, 제3호). 그밖에 국토계획법 제65조등에 의하여 신규 공공시설의 소유권이 국가에 귀속되는 경우가 많은데, 이는 법률의 규정에 의한 원시취득으로서(민법 제187조) 국유재산의 취득사무라 할 수 없다.

(2) 행정재산의 관리 사무

취득사무를 제외한 일반회계 행정재산의 관리 사무는 중앙관서의 장에게 위임되어 있다(영 제4조의 3 제1항 제4호). 중앙관서의 장은 위임받은 행정재산의 관리 사무의 일부를 소속 공무원이나 지방자치단체장에게 재위임할 수 있다(정부조직법 제6조 제1항).

(3) 행정재산의 처분 사무

중앙관서의 장이 일반회계 행정재산을 용도폐지 하면 총괄청으로 인계해야 하지만(법 제40조 제2항 본문), 부동산 이외의 재산은 그 처분에 관한 사무에 한하여 중앙관서의 장에게 위임되어 있다(영 제4조의 3 제1항 제5호). 한편 법 제40조 제2항 각호의 재산은 용도폐지 되더라도 중앙관서의 장이 완전한 소관청으로서 처분에 관한 사무에 한하지 않고 모든 관리 사무를 수행한다.

2. 일반재산

총괄청소관의 행정재산은 중앙관서의 장에게 위임하여 간접 관리하지만, 일반재산은 총괄청이 직접 관리하거나 특수법인 등에게 위탁하여 관리하는 등 직할 관리하는 바, 위탁의 경우 증권의 처분을 제외하고, 대부분을 한국자산관리공사에 위탁한다.

(1) 증권

1) 직접 관리의 원칙

총괄청은 증권(영 제38조 제3항에 열거된 증권은 제외한다)을 직접 관리 · 처분하되, 처분에 한하여 중앙관서의 장, 해당 증권 발행 법인 및 은행 등에 위임 또는 위탁할 수 있다(영 제38조 제1항).[93] 정부출자기업 등에 대한 주주권행사 등 관리 사무는 정부가 직접 할 필요가 있기 때문이다. 총괄청의 소관이 아닌 증권(특별회계 · 기금 소속의 증권)에는 영 제38조가 적용되지 않는다. 이들은 중앙관서의 장이 그 관리 · 처분에 관한 사무를 총괄청에 위탁하고, 총괄청이 한국자산관리공사에 재위탁 할 수 있다(법 제42조 제2항, 영 제38조 제4항).

2) 위탁 관리의 예외

① 국세물납으로 취득한 증권, ② 국유지개발목적 회사(국가가 국유재산개발을 위해 민간사업

---

93) 영 제38조 제1항. 다만 해당 증권을 발행한 법인이 법 제42조 제1항의 법정수탁자에 포함되는지 의문이다.

자와 공동으로 설립하는 투자회사) 및 자산관리회사(국유지개발목적 회사로부터 자산의 관리·운용 및 처분을 위탁받은 회사)에 출자하여 취득한 증권 및 ③ 대여의 방법으로 운용하기로 총괄청의 지정이 있는 증권은 주주권 행사를 포함한 일체의 관리·처분 사무를 한국자산관리공사에 위탁한다(영 제38조 제3항 제1호, 제4호, 제5호). 현재 국세물납을 허용하는 법률은 「상속세 및 증여세법」의 상속세 물납이 유일하다. 동법은 부동산 또는 유가증권의 상속세 물납을 허용하는데, 부동산보다 환금성이 떨어지는 비상장증권의 물납이 많다.

(2) 부동산 등 증권 이외의 재산

1) 용도폐지 재산

중앙관서의 장이 총괄청소관의 행정재산을 위임 관리하다가 동 재산이 용도폐지되면 지체없이 총괄청에 인계하여야 하지만 법 제40조 제2항 각호의 재산은 인계하지 않고 계속 관리·처분한다. 용도폐지로 인계된 재산은 한국자산관리공사에 그 관리·처분이 위탁되는데(영 제38조 제3항 제2호), 이러한 재산은 대부분 부동산이다. 법 제5조 제3호의 동산(궤도차량)은 인계 대상이지만 그 처분에 관한 사무에 한하여 인계 대상이 아니다(영 제4조의 3 제1항 제5호).

2) 국가에 현물증여되는 청산법인의 재산

청산법인이란 법률이나 기부채납 등에 따라 50% 이상의 지분증권이 국가에 귀속되는 기업체로서 기획재정부장관이 지정하는 회사를 말한다(법 제80조, 영 제79조). 기부채납 등에 따라 50% 이상의 지분증권이 국가에 귀속되는 예는 거의 없고 대부분은 귀속재산처리법에 따라 일본인 등이 소유한 지분증권이 국가에 귀속된 결과 50% 이상의 지분증권이 국가에 귀속된 회사이다. 현재 기획재정부장관이 지정한 청산법인 회사는 109개인데,[94] 전부 일제강점기에 일본인 등이 한반도에 설립한 회사이다. 청산법인의 청산에 관하여는 청산절차의 특례가 적용되어 잔여재산의 분배 등을 정할 수 있는데(영 제80조), 종전 연합청산위원회는 청산법인 해산에 따른 잔여재산을 국가에 현물 증여하는 결정을 해왔으며, 향후 발견되는 청산법인의 재산도 마찬가지로 국가에 현물증여하기로 결정했다. 청산법인의 청산이 종결됨에 따라 국가에 현물증여되는 재산이란 이러한 의미에서 이해하면 된다.

3) 기타 총괄청의 지정을 받은 재산

그 밖에 일반재산의 효율적 관리·처분을 위하여 총괄청이 지정하는 재산을 한국자산관리공사에 위탁할 수 있다(영 제38조 제3항 제7호). 정부출자기업에 대한 증권 등 영 제38조 제3항에 열거되지 아니한 증권을 총괄청의 지정으로 한국자산관리공사에 그 관리·처분을 위탁할 수 있을까. 영 제38조 제3항 제7호는 일반재산이라고만 하므로 일응 가능하다고 할 수도 있지만, 국

---

94) 국유재산법 제80조에 따른 청산절차의 특례에 관한 규칙 제2조 각 호 참조.

유재산법이 국유증권을 영 제38조 제1항의 것과 제3항의 것으로 구별하여 전자는 정부가 직접 관리하게 하는 취지를 고려한다면 영 제38조 제3항에 열거되지 않은 증권을 제7호에 따라 위탁하는 것은 곤란하다고 생각한다. 영 제38조 제1항 각 호에 한국자산관리공사를 추가하는 개정이 필요하다.

4) 위탁개발 재산

일반재산의 관리 · 처분 사무를 위탁받은 자가 그 재산을 개발할 수 있다(법 제59조 제1항). 이에 한국자산관리공사와 한국토지주택공사가 위탁개발을 한다는 전제에서 회계 구분 없이 모든 국유재산의 관리 · 처분 사무를 위탁받을 수 있도록 2016. 5. 영 제38조 제5항을 신설하였다.

국유재산법 시행령 제38조(관리 · 처분기관) ⑤ 총괄청 또는 중앙관서의 장은 법 제42조제1항 또는 제3항에 따라 다음 각 호의 사무를 한국자산관리공사 또는 「한국토지주택공사법」에 따른 한국토지주택공사에 위탁한다.

1. 법 제59조에 따라 개발하려는 일반재산의 관리 · 처분에 관한 사무
2. 제1호에 따른 일반재산으로서 이미 처분된 총괄청 또는 중앙관서의 장 소관 일반재산의 처분과 관련된 소송업무

[참고 ⑤] 국유재산 전담기관으로서 한국자산관리공사

국가가 국민에게 공공서비스를 제공할 때 특별법으로 그 사업을 집행할 공공기관을 설립 · 지정하는 것이 보통이지만, 정부조직으로 실행하기도 하는바, 전자의 공공기관을 특수법인이라 고하고, 후자의 공공기관을 정부기업이라고 한다.

국유재산법은 국유재산의 관리 · 처분 사무를 집행할 공공기관을 별도로 설립하거나 특정하지 아니하고 일반적인 위임 · 위탁의 형태를 취하고 있지만, 국유재산법상 행위주체가 되는 수탁기관을 사실상 한국자산관리공사로 한정하고, 동 공사에게 총괄청소관의 일반재산 관리 · 처분 사무뿐만 아니라 특별회계 · 기금 소관의 일반재산 관리 · 처분 사무, 전체 행정재산 전수조사, 국유재산관리기금의 운영 등 일련의 총괄사무까지 위탁함으로써 사실상 동 공사를 국유재산 전담기관으로 삼고 있다. 한국자산관리공사의 국유재산 위탁사무를 규율하기 위하여 「국유재산의 위탁에 관한 규칙」(기획재정부령)이 제정 · 운영되고 있다. 그 밖에 한국자산관리공사는 관계 법률에 따라 공유재산과 국가채권의 관리 사무도 위탁받는다.[95)]

종래에는 지방자치단체장이 대표적인 국유재산 관리 · 처분의 집행기관이었으나, 2013. 6. 총괄청 소관의 일반재산 관리 · 처분 사무가 한국자산관리공사로 일원화되면서 동 공사가 전담기관으로서 첫발을 내딛게 되었다.

95) 공유재산법 시행령 제48조의2 제1항 제1호, 국가채권관리법 제14조의2 제1항.

3. 총괄청직할 부동산 관리기관의 변천과 지방자치단체의 점유권원

사용가치, 융통성 및 일반적인 접근가능성 등에 비추어 볼 때 행정재산보다는 일반재산, 증권보다는 부동산에 일반 국민의 이해가 집중된다. 또한 일반재산인 부동산이라 하더라도 특별회계나 기금 소속의 것은 적극적인 대국민 제공이 이루어지지 않기 때문에 결국 총괄청소관의 일반재산 부동산(이하 총괄청직할 부동산이라고 한다)에 대국민 이해관계가 클 수밖에 없다. 총괄청직할 부동산은 그 관리기관이 지방자치단체장에서 한국자산관리공사로 변천된 이후 해당 지방자치단체의 점유권원이 문제되며, 그 밖에 과거 지방자치단체가 국유재산으로 주요 공익사업을 수행한 사례에서도 같은 문제가 제기된다.[96)]

(1) 총괄청직할 부동산 관리기관의 변천

총괄청직할 부동산은 당초 지방자치단체장에게 기관위임 하다가 한국자산관리공사에 위탁을 병행하는 과정을 거쳐서, 2013. 6. 한국자산관리공사 위탁으로 일원화 되었다. 정부에 국유재산 관리정책은 크게 4단계로 발전하였는데 ① 1950년대부터 1976년경까지의 국유재산의 정립과 처분의 시대, ② 1977년경부터 1994년경까지의 소극적 관리의 시대, ③ 1994년 이후의 적극적 관리의 시대, ④ 2011년 이후의 통합관리의 시대가 그것이다.[97)]

국유재산 관리정책의 변화는 총괄청직할 부동산 관리기관의 변천을 수반하게 되었다. 정립과 처분의 시대에는 수임 · 수탁기관이 없었고, 소극적 관리의 시대에는 지방자치단체장에 대한 기관위임이 약 35년간 지속되었는데, 이 시대에 지방자치단체의 국유지 점용이 자연스럽게 증대되었다. 이후 적극적 관리의 시대에 등장한 총괄청직할체제(한국자산관리공사 위탁)에서는 지방자치단체의 국유지 점용이 적법한지에 대한 문제 제기가 시작되었다.

1) 수임 · 수탁기관의 부재

귀속재산처리법(1949. 12)과 국유재산법(1950. 4)의 제정으로 국유재산의 정립이 시작되어서 1976. 12. 국유재산법 전부개정으로 국유재산의 소극적 관리가 시작될 때까지는 국유재산의 실질적인 관리가 이루어지지 않았다. 귀속재산의 처분이 일단락되어 재산의 분화와 국유재산의 정립이 이루어지려면 최소한 1964. 12. 31. 이후가 되어야 했고,[98)] 그나마도 미완의 상태에 머물

96) 이에 관한 좀 더 자세한 내용은 강호칠, 국가의 지방자치단체에 대한 변상금부과, 토지공법연구 제84집, 한국토지공법학회, 2018. 11, 참조.

97) 2022년도 국유재산종합계획, 87면 참조.

98) 건국 당시 귀속재산은 전체 국부의 약 80 ~ 85%를 차지하고 있었는바, 이러한 막대한 규모의 귀속재산이 사유재산과 국 · 공유재산, 행정재산과 일반재산 등으로 분화되어야만 비로소 국유재산의 정립이 이루어 질 수 있다. 정부는 귀속재산 중에서 국 · 공유재산으로 할 것은 제외하고 1964. 12. 31. 까지 민간에 매각하였으며, 잔여 귀속재산은 국고로 귀속하였다. 결국 귀속재산은 1965. 1. 1.에 이르러 사유재산(민간에 매각된 것), 행정재산(매각 대상에서 제외된 것) 및 일반재산(잔여 귀속재산) 등으로 분화되었고, 이러한 재산분화의 반사적 결과로서 국유재산이 정립된 것이다. 귀속재산의 처리에 관한 자

러야 했다. 전쟁으로 부동산공부가 대량 멸실되었고, 등기 없는 부동산거래가 일상화됨으로써 등기가 소유관계의 실체를 나타내 주지 못하였다. 멸실된 부동산공부를 복구하기 위한 지적법의 전부개정이 1975. 12. 31. 이루어졌고 등기와 소유관계를 일치시키기 위한 일반적인 특별조치법이 1977. 12. 31. 처음 제정되었으며, 소유자불명의 부동산을 국고로 귀속시켜 소유자불명의 상태를 해소시키는 국유재산법 제12조가 1976. 12. 31. 신설되었다. 결국 1977년경이 되어야 국유재산이 제대로 정립되었고, 이때부터 현실적인 관리대상으로서의 국유재산(특히 일반재산)을 상정할 수 있었다. 1977년 이전에는 오늘날과 같은 일반재산의 대부, 개발, 매각 등의 사무가 활성화 되지 않았고, 재무부장관(1966. 3. 8.부터 1977.4 . 30.까지는 국세청장)이 수임·수탁기관 없이 형식적인 관리만 했을 뿐이다.

귀속재산처리에 관한 특별조치법(1963. 5. 29. **제정·시행, 법률 제**1346**호**) **부칙 제**5**조**(**국유화조치**)
① 1964년 12월 말일까지 매매계약이 체결되지 아니한 귀속재산은 무상으로 국유로 한다. 1964년 12월 말일까지 매매계약이 체결된 귀속재산으로서 1965년 1월 1일 이후 그 매매계약이 해제된 귀속재산도 또한 같다.
② 1964년 12월 말일까지 귀속재산처리법에 의하여 임대차계약이 체결된 재산은 1965년 1월 1일에 국유재산법에 의한 대부계약으로 전환된다.

2) 지방자치단체장에 대한 기관위임

1976. 12. 전부개정 국유재산법 등으로 국유재산의 실질적인 관리의 시대가 시작되었지만 1994. 1. 개정 법률 전까지는 아직 소극적 관리의 시대라고 할 수 있다. 1976년 전부개정 국유재산법은 국세청장이 담당하던 일반회계 일반재산의 관리·처분 사무를 총괄청의 소관으로 하고, 이를 위임·위탁받아 실행할 기관을 둠으로써 오늘날과 같은 실질적인 관리체계를 구축하였지만 수임·수탁 체계를 지방자치단체장에 대한 기관위임으로 한정함으로서 적극적인 관리체계를 구축하지는 못하였다. 지방자치단체장에 대한 기관위임 체제는 지방자치단체의 수임재산 점용을 야기하게 되고, 이후 지방자치단체의 점유권원 문제를 발생시키게 된다.

3) 과도기적 이원적 관리체제

1994년경 국유재산 관리정책이 적극적으로 변하는데, 그 주요내용으로 국유재산관리특별회계의 신설(1993. 12. 31. 국유재산관리특별회계법 제정), 국유재산 신탁제도 및 총괄청직할체제의 도입 등을 들 수 있다. 1976년 전부개정 법률로 시작된 기관위임체제는 소재지 지방자치단체에 총괄청 직할의 유휴 국유지 관리를 맡기는 것으로서,[99] 재산의 관리가 매각 위주로만 이루어질 뿐 무단

세한 내용은 제1편 제5장 참조.

99) 총괄청직할 부동산의 일반재산 기관위임은 시·도지사에게 이루어졌지만, 실제는 지방자치법에 따라

점유의 해소, 재산의 활용도 재고 등 적극적인 관리에는 한계가 있었고, 총괄청의 정책집행이 일사분란하게 실행되기도 어려웠다. 그래서 정부는 총괄청직할체제를 도입하게 되었는데, 1994년 개정법률로 지방자치단체장과 더불어 특별법으로 설립된 법인(특수법인)에게도 총괄청직할 부동산을 위탁할 수 있는 근거를 마련하고, 1996년 개정 시행령으로 위탁기관을 한국자산관리공사로 특정하였다. 이로써 1977. 4.부터 지속된 총괄청직할 국유지에 대한 지방자치단체장의 독점적 관리체제는 끝나고, 지방자치단체장과 한국자산관리공사의 이원적 관리체제의 시대가 열렸다.

국유재산법 시행령(1996. 6. 15. **일부개정 · 시행**, **대통령령 제**15026**호**) **제**33**조**(**관리 · 처분기관**)
② 총괄청은 총괄청이 관리 처분하는 잡종재산 및 보존재산 중 총괄청이 따로 지정하는 재산을 제외한 재산의 관리 · 처분에 관한 사무를 법 제32조제3항의 규정에 의하여 재산의 소재지를 관할하는 특별시장 · 광역시장 또는 도지사(이하"시 · 도지사"라 한다)에게 위임한다. 다만, 다음 각호의 1에 해당하는 재산의 경우에는 한국산업은행법 제53조의3의 규정에 의하여 설립된 성업공사(이하"성업공사"라 한다)에 관리 · 처분을 위탁한다.
1. 국세물납으로 인하여 취득된 국유재산 중 총괄청이 따로 지정하는 재산
2. 제60조의 규정에 의한 청산법인의 청산종결로 인하여 국가로 현물증여 되는 재산
3. 기타 재산의 특성상 시 · 도지사가 직접 관리 · 처분하기 곤란하다고 인정하여 총괄청이 따로 지정하는 재산

4) 총괄청 직할체제의 완성

총괄청 직할체제는 점진적으로 진행되다가[100] 2011년경부터는 대규모로 급격히 이루어져 2013. 6. 19. 국유재산법 시행령 개정으로 완성을 보게 된다. 2011 ~ 2012 사이에 5차례에 걸쳐 약 33만 필지의 총괄청소관의 일반재산 국유지를 지방자치단체장으로부터 한국자산관리공사로 집중 이관하여 한국자산관리공사가 54.5만 필지(89.3%), 지방자치단체장이 6.5만 필지(10.7%)를 관리하게 되었고, 2013년 상반기에 잔여 6.5만 필지도 마저 이관하여 전체 총괄청소관의 일반재산 국유지 약 61만 필지에 대한 관리기관 일원화가 완성된 것이다.[101]

기초자치단체장에게 재위임됐다.

100) 2011년 이전 지방자치단체장, 한국자산관리공사 및 구 한국토지공사의 필지별 관리현황 추이를 보면 다음과 같다. 구 한국토지공사는 2000. 7. 27. 국유재산법 시행령 개정으로 총괄청소관의 일반재산 부동산의 관리 · 처분을 위탁받았으나, 이후 폐지되고 현재는 한국토지주택공사가 위탁개발을 할 재산에 한하여 관리 · 처분 사무를 위탁받는다.
- 2005년: 592,814필지(96%), 20,770필지(03%), 1,819필지(01%)
- 2006년: 535,950필지(86%), 80,496필지(13%), 3,842필지(01%)
- 2007년: 532,771필지(74%), 95,177필지(15%), 4,204필지(01%)
- 2008년: 410,809필지(65%), 161,171필지(25%), 61,162필지(10%)

이상 기획재정부, 국유재산관리현황보고(2008. 11. 20), 6면 참조.

101) 기획재정부 국고국, 개정 국유재산법 및 시행령 설명자료, 2013. 4, 11-12면 참조.

(2) 지방자치단체의 국유지 점유권원의 문제

1) 점유권원의 발생

기관위임체제에서는 수임기관인 지방자치단체장이 자신이 속한 지방자치단체로 하여금 위임재산을 행정목적에 사용하게 하는 경우가 많았고, 한국자산관리공사에 재산을 이관한 후에도 잔존 시설물이 남아 국가와 지방자치단체 간 변상금분쟁이 발생하는 경우가 많았다. 지방자치단체가 재산의 소유자인 국가로부터 점유권원을 직접 부여받지 못했더라도, 해당 재산에 대한 점유권원을 인정할 수 있을까. 대법원은 총괄청 등으로부터 국유재산의 관리 사무를 위임받은 지방자치단체의 장은 수탁기관과 달리 그 사무 처리에 관한 포괄적인 재량을 부여받은 것으로 해석이 되므로 그가 속한 지방자치단체에 경로당, 공영주차장 및 청사 등을 설치하게 할 수 있는 것이고, 결국 해당 지방자치단체는 점유권원이 인정되어 변상금을 부과할 수 없다고 한다.[102] 국가와 지방자치단체는 별개의 법인격을 가진다는 점, 지방자치단체 이외의 자와의 형평 및 국유재산법상 지방자치단체에 대한 국유재산 무상사용이 엄격하게 이루어진다는 점(법 제34조 제1항 제2호, 영 제32조 제6항) 등을 감안하면 판례의 법리는 다소 형식논리의 측면이 있다고도 할 수 있을 것이지만 국유재산의 수혜자인 일반국민의 시각에서 볼 때 국가와 지방자치단체 간에 차이를 느끼지 못한다는 점, 지방자치단체가 국유재산을 활용해 공공시설 등을 설치한 것은 국가를 대신한 것으로 볼 수 있다는 점 등을 감한하면 판례의 결론을 이해할 수도 있다.

2) 점유권원의 소멸

지방지치단체가 관리하던 재산을 이관받은 한국자산관리공사는 영구히 해당 지방자치단체의 점유권원을 인정해야 하는가. 지방자치단체가 수임기관에게서 부여받은 점유권원의 존속기간이 문제된다. 대법원은 어떤 건물이 국유지에 무단으로 지어졌더라도 구 「특정건축물 정리에 관한 특별조치법」에 따라 양성화되어 건축물관리대장에 등재되면 그 점유면적에 대하여 점유권원(사용승낙)이 있는 것으로 본다고 하면서, 다만 이러한 점유권원은 무기한 인정되는 것이 아니기 때문에, 이후 국가가 건물소유자에게 변상금을 부과하면 이로써 사용승낙이 철회된 것으로 보아야 한다고 하였다.[103]

이 같은 법리를 지방자치단체의 국유재산 점용 사례에도 적용할 수 있을 것인지에 대하

---

102) 대법원 2017. 3. 30. 선고 2014다214274 판결, 대법원 2009. 10. 15. 선고 2009두9895 판결, 대법원 2009. 12. 24. 선고 2009두16381 판결 등 참고. 일본의 경우 기존의 기관위임사무를 전면 폐지하고, 자치사무와 법정수탁사무로 전환하였기 때문에 우리나라에서 일어나는 지방자치단체의 국유지 사용·수익과 이에 따른 변상금부과의 문제가 발생할 환경이 조성되지 않는다. 현재 일본 국유재산법은 국유재산에 관한 사무의 일부를 지방자치단체(都道府縣 또는 市町村)가 하도록 할 수 있는데(동법 제9조 제3항), 이에 따라 지방자치단체가 행하는 국유재산 관리 사무는 일본지방자치법 제2조 제9항 제1호에서 규정하는 제1호 법정수탁사무로 본다(동법 제9조 제4항).

103) 대법원 2007. 11. 29. 선고 2005두8375 판결.

여 하급심의 논란이 있었으나 최근 대법원은 국가가 지방자치단체장에게 기관위임 한 국유지를 환수받은 후 지방자치단체에 변상금을 부과했다 하더라도 이를 당연히 기존의 점유권원을 소멸시키는 것으로 볼 수 없다고 판시하여 불법건축물 양성화에 따른 국유지 무상 사용승인 사례와 무관하다고 하였다. 대법원은 단순한 변상금부과만으로는 과거 지방자치단체장이 자신이 속한 지방자치단체에 한 국유재산 무상 사용승인을 철회한 것으로 볼 수 없고, 이에 더하여 국가측에서 해당 국유재산의 인도나 그 위에 지어진 건물의 철거를 요구하는 등 해당 국유재산을 더 이상 점유, 사용할 수 없다는 뜻을 알리거나 대부계약의 체결을 요구하여야 한다고 한다.104)

생각건대, 불법건축물 양성화에 따른 국유지 무상 사용승인은 토지소유자인 국가의 의사와는 무관하게 그 사용승인을 의제하는 것으로서 국가에 의한 사용승인과는 다르다. 지방자치단체의 국유재산 점유권원의 종기(終期)는 기간의 정함이 없는 국유재산 무상 사용승인이 언제 종료되는가에 관한 문제로서 민법 제613조 제2항에서 규정하는 사용·수익에 족한 기간이 경과할 것을 전제로, 대법원 2007. 11. 29. 선고 2005두8375 판결이 말하는 내용의 무상사용승인 철회의 의사표시가 있어야 할 것으로 보인다. 대법원은 사립학교법인이 기간의 정함이 없는 국유재산 점유권원을 확보한 사례에서 대학교 건물 부지인 국유지를 사용·수익하기에 충분한 기간이 지나야 한다고 하였다(대법원 2018. 6. 28. 선고 2014두14181 판결).

과거 관선 지방자치단체장 시절에 중앙정부의 지시·승인을 받아 국유재산에 공립학교 등 지방자치단체 소유의 공공시설을 설치한 경우도 같은 차원에서 논의될 것으로 보이는바, 최근 학교시설 증·개축을 위한 영구시설물 축조를 허용한 국유재산법 개정(제18조 제1항 제5호 신설)은 지방자치단체의 점유권원 문제를 정책적·입법적으로 해결하기 위한 취지로 보인다.

[**판례**] [1] 민법 제613조 제2항은 사용대차계약의 해지사유로서 사용수익에 충분한 기간이 경과한 때를 들고 있다. 여기에 해당하는지는 사용대차계약 당시의 사정, 차주의 사용기간 및 이용 상황, 대주가 반환을 필요로 하는 사정 등을 종합적으로 고려하여 공평의 입장에서 대주에게 해지권을 인정하는 것이 타당한지에 따라 판단하여야 한다.

[2] 갑 학교법인이 구황실과 사용대차계약을 체결하여 구황실재산 토지를 무상으로 학교부지로 사용하여 왔는데, 위 토지의 관리·처분에 관한 사무를 위탁받은 한국자산관리공사가 1992년에 위 토지의 관리청이었던 용산구청장이 변상금을 부과·고지함으로써 무상사용의 의사표시를 철회하였다는 이유로 갑 법인에 구 국유재산법(2012. 12. 18. 법률 제11548호로 개정되기 전의 것) 제72조 등에 따라 변상금을 부과한 사안에서, 사용대차계약에 이르게 된 경위, 구 구왕궁재산처분법(1954. 9. 23. 법률 제339호 구황실재산법 부칙 제14조로 폐지), 구 구황실재산법(1963. 2. 9.

104) 이상 대법원 2017. 3. 30. 선고 2014다214274 판결.

법률 제1265호 문화재보호법 부칙 제2조 제1항으로 폐지), 문화재보호법의 제정 및 개정 경위, 그동안 위 토지를 관리한 구황실재산 사무총국장과 문화재관리국장이 사용기간을 따로 정하지 않은 채 수차례 위 토지의 사용을 허락해 온 점, 갑 법인이 설립한 대학교를 정상적으로 운영하여 왔고 현재 위 토지 위에는 교수회관, 대학본부, 학생회관, 대학원관 등의 건물이 있는 점에 비추어, 용산구청장이 종전 변상금 부과처분을 할 당시 사용대차계약 체결 후 상당한 시간이 지났다는 사정만으로 갑 법인이 위 토지를 사용·수익하기에 충분한 기간이 경과한 것으로 볼 수 없다고 본 원심판단이 정당하고, 사용대차계약에 해지사유가 인정되지 않는 이상 이와 다른 전제에선 한국자산관리공사의 변상금 부과처분이 위법하다고 한 사례(대법원 2018. 6. 28. 선고 2014두14181 판결).

제2절 중앙관서의 장

Ⅰ. 이원적 관리체계

중앙관서의 장은 특별회계와 기금의 재산과 일반회계의 몇몇 용도폐지재산을 소관하며, 일반회계 행정재산을 총괄청의 위임을 받아 관리한다(법 제8조 제3항). 중앙관서의 장은 그 관서의 고위공무원으로서 기획업무를 총괄하는 직위에 있는 자를 국유재산책임관으로 임명하여야 하는데, 국유재산책임관은 국유재산 관리·처분계획의 작성, 국유재산종합계획 집행계획의 수립, 국유재산관리운용보고서의 작성 등의 업무를 수행한다(법 제27조의 2).

국유재산의 회계별 이원화는 1956년 폐지제정 법률의 시행령에서 보충적으로 실시되다가 2009. 1. 전부개정 법률에서 전면적으로 채택되었다.[105] 회계별 이원화의 도입과정을 좀 더 자세히 보면, 1956년 폐지제정 법률에서 대통령령으로 교통사업특별회계 등 3곳의 특별회계 재산만 중앙관서의 장이 관리하도록 하다가,[106] 1976년 전부개정 법률의 시행령에서 9개 특별회계 및 모든 기금으로 범위를 넓혔고,[107] 1994년 개정법률의 시행령은 모든 특별회계와 기금을 예외로 하여 사실상 회계별 이원화를 완성하였다.[108] 이후 2009. 1. 전부개정 법률은 기존의 시행

105) 1956년 폐지제정 법률 때부터 대통령령에서 예외적으로 회계이원적 관리체계를 뒀는데, 1976년 전부개정 법률의 시행령에서는 예외의 범위를 넓혔고, 1994년 개정법률의 대통령령은 모든 특별회계와 기금을 예외로 해서 사실상 회계별 이원화가 완성되었다.

106) 1956년 폐지제정 법률 제10조, 제20조; 동법 시행령 제11조 제1호.

107) 1976년 전부개정 법률 제32조 제1항; 동법 시행령 제33조 제1항.

108) 1994년 개정법률 제32조 제1항 제1호, 동법 시행령 제33조 제1항.

령에서 완성한 회계별 소관청이원주의를 법률사항으로 승격시켰다.[109] 대법원은 이원주의 관리체계를 위반하여 총괄청이 특별회계 재산을 처분한 것을 무효라고 판시하였다(대법원 2002. 7. 12. 선고 2001다16913판결).

2020. 3. 31. 일부개정 국유재산법은 특별회계나 기금 소속의 일반재산을 총괄청 등에 무상 관리전환하거나(제17조 제2호 다목), 총괄청에 그 관리 · 처분 사무를 위탁할 수 있게 하였다(제42조 제2항). 이는 이원적 관리체계의 예외 또는 완화로서 총괄청을 중심으로 관리체계가 통합되어 가는 모습을 보여주는 것이다.

[참고 ⑥] 중앙관서의 장

중앙관서의 장이란 정부조직법에 따라 설치된 중앙행정기관의 장을 말하는데, 국회사무총장 · 법원행정처장 · 헌법재판소사무처장 및 중앙선거관리위원회사무총장도 중앙관서의 장으로 본다(국가재정법 제6조). 국유재산법은 중앙관서의 장을 국유재산의 소관청 내지 제1차 재산관리기관으로 규정하고 있다. 중앙관서의 장은 자신에게 부여된 국가사무의 일부를 소속공무원에게 위임하거나 다른 중앙관서의 장 또는 민간에 위탁하며, 때로는 소속공무원 또는 민간이 중앙관서의 장을 대행하여 국가사무를 수행하기도 한다. 중앙행정기관은 정부조직법에 따라 설치된 부 · 처 · 청과 동법 제2조 제2항 각 호의 행정기관으로 한다(정부조직법 제2조 제2항).[110]

정부조직법 제2조(중앙행정기관의 설치와 조직 등) ① 중앙행정기관의 설치와 직무범위는 법률로 정한다.

② 중앙행정기관은 이 법에 따라 설치된 부 · 처 · 청과 다음 각 호의 행정기관으로 하되, 중앙행정기관은 이 법 및 다음 각 호의 법률에 따르지 아니하고는 설치할 수 없다.

1. 「방송통신위원회의 설치 및 운영에 관한 법률」 제3조에 따른 방송통신위원회
2. 「독점규제 및 공정거래에 관한 법률」 제35조에 따른 공정거래위원회
3. 「부패방지 및 국민권익위원회의 설치와 운영에 관한 법률」 제11조에 따른 국민권익위원회
4. 「금융위원회의 설치 등에 관한 법률」 제3조에 따른 금융위원회
5. 「개인정보 보호법」 제7조에 따른 개인정보 보호위원회
6. 「원자력안전위원회의 설치 및 운영에 관한 법률」 제3조에 따른 원자력안전위원회
7. 「신행정수도 후속대책을 위한 연기 · 공주지역 행정중심복합도시 건설을 위한 특별법」 제38조에 따른 행정중심복합도시건설청
8. 「새만금사업 추진 및 지원에 관한 특별법」 제34조에 따른 새만금개발청

---

109) 2009. 1. 전부개정 법률 제8조 제3항 제1호.

110) 정부조직법 제2조(중앙행정기관의 설치와 조직 등) ① 중앙행정기관의 설치와 직무범위는 법률로 정한다.
② 중앙행정기관은 이 법에 따라 설치된 부 · 처 · 청과 다음 각 호의 행정기관으로 하되, 중앙행정기관은 이 법 및 다음 각 호의 법률에 따르지 아니하고는 설치할 수 없다.
1. 「방송통신위원회의 설치 및 운영에 관한 법률」 제3조에 따른 방송통신위원회
2. 「독점규제 및 공정거래에 관한 법률」 제54조에 따른 공정거래위원회

[**판례**] 위 법령의 규정들을 종합하여 보면, 국가 소유의 잡종재산은 원칙적으로 총괄청인 재무부가 관리 · 처분권을 가지나, 구 국유재산법시행령 제33조 제1항 제2호 소정의 특별회계에 속하는 재산은 그 소관청이 관리 · 처분권을 가지고, 총괄청인 재무부는 관리 · 처분권을 가지지 못한다 할 것이어서, 그 특별회계에 속한 잡종재산을 재무부가 처분한 경우에는 관리 · 처분권이 없는 기관이 처분한 것으로서 무효라고 볼 수밖에 없을 것이며, 구 국유임야관리특별회계법의 규정에 의하면, 산림청 소관 국유재산은 그것이 임야인지 여부를 불문하고 모두 위 특별회계에 속하고, 따라서 재무부가 관리 · 처분권을 가지지 못한다 할 것이다. ... 중략 ... 보은군수는 산림청이 아니라 재무부로부터 처분 위임을 받아서 이 사건 각 토지들에 관하여 000와 매매계약을 체결한 사실을 알 수 있는바, 그렇다면 이 사건 각 토지들은 도지사가 관리하던 산림청 소관의 국유 잡종재산으로서, 모두 위 국유임야관리특별회계법에 의한 특별회계에 속하는 재산이 된다 할 것이고, 따라서 결국 이 사건 각 토지들에 대하여 재무부는 관리 · 처분권을 가지지 못한다 할 것이므로, 표현대리 등의 법리에 의하여 피고의 책임이 인정될 가능성이 있음은 별론으로 하고, 관리 · 처분권이 없는 재무부의 위임에 의하여 보은군수가 체결한 이 사건 매매계약은 무효라고 보지 아니할 수 없다(대법원 2002. 7. 12. 선고 2001다16913 판결).

필자 주: 대상 판결 선고 당시는 1994년 개정 법률 이후로서 대통령에서 회계이원적 관리체계를 전면적으로 실시하고 있었다. 대상 판례의 구 국유임야관리특별회계 소속 재산도 소관 중앙관서의 장인 산림청장 소관이었다.

Ⅱ. 관리 · 처분 사무

1. 행정재산의 관리 · 처분 사무

(1) 위임

중앙관서의 장은 소속공무원(다른 중앙관서의 장의 소속 공무원을 포함한다, 이하 같다) 또는 지방자치단체의 장(그 소속 공무원을 포함한다, 이하 같다)에게 그 소관 행정재산의 관리사무를 위임할 수 있으며(법 제28조), 총괄청으로부터 위임받은 일반회계 행정재산의 관리사무를 재위임할 수도 있다(정부조직법 제6조 제1항 후단). 위와 같이 위임할 때는 모두 감사원에 통지하여야 하며, 다른 중앙관서의 장의 소속 공무원, 지방자치단체의 장 또는 그 소속 공무원에게 위임할 때는 해당 중앙관서의 장 또는 해당 지방자치단체를 감독하는 중앙관서의 장의 의견을 들어야 한다

3. 「부패방지 및 국민권익위원회의 설치와 운영에 관한 법률」 제11조에 따른 국민권익위원회
4. 「금융위원회의 설치 등에 관한 법률」 제3조에 따른 금융위원회
5. 「개인정보 보호법」 제7조에 따른 개인정보 보호위원회
6. 「원자력안전위원회의 설치 및 운영에 관한 법률」 제3조에 따른 원자력안전위원회
7. 「신행정수도 후속대책을 위한 연기 · 공주지역 행정중심복합도시 건설을 위한 특별법」 제38조에 따른 행정중심복합도시건설청
8. 「새만금사업 추진 및 지원에 관한 특별법」 제34조에 따른 새만금개발청

(영 제20조).

국유재산법 제28조 및 제42조 제4항은 국유재산 사무의 일반적인 위임규정이고, 사안별 구체적인 위임규정은 「행정권한의 위임 및 위탁에 관한 규정」(이하 행정위임위탁규정)에서 찾아볼 수 있는데, 과학기술통신부장관은 우정사업본부 소관 국유재산의 관리·처분 사무를 우정사업본부장에게 위임한다(동 규정 제21조의2 제1항 제17호). 교육부장관은 소관 국유재산의 관리·처분 사무를 교육감에게 위임한다(동 규정 제22조 제1항 제11호). 국방부장관은 한미상호방위조약 제4조에 의한 시설·구역 및 소파협정에 따라 미군에 제공된 재산에 대한 관리·처분 사무를 전력자원관리실장에게 위임하고, 군사시설 안에 매장된 물건의 발굴승인 권한을 각 군 참모총장 및 국방부장관 직할 군부대의 장에게 각 위임한다(동 규정 제24조 제1항, 제4항). 농림축산식품부장관은 농업생산기반시설용 재산의 관리·처분 사무와 농업기반시설용 재산에 대한 무상귀속협의 사무를 시·도지사에게 위임하고, 농업기반시설 이외 공공시설의 무상귀속협의 사무를 농림축산검역본부장 등에게 위임한다(동 규정 제32조 제1항 제2호, 제3호, 제8항 제1호).

국토교통부장관은 도로, 구거, 하천, 유지(溜池) 및 제방 목적의 소관 국유재산[111]에 대한 거의 대부분의 관리·처분 사무를 시·도지사에게 위임하고, 한국공항공사·인천국제공항공사에 대한 소관 국유재산 무상대부, 전대 등의 승인 사무를 지방항공청장에게 위임한다(행정위임위탁규정 제41조 제2항, 제5항). 해양수산부장관은 도로, 도랑, 유지(溜池), 제방 목적의 소관 국유재산[112]에 대한 거의 대부분의 관리·처분 사무를 시·도지사에게 위임하고, 공공시설 무상귀속협의 사무를 국립수산물품질관리원장 등에게 위임한다(동 규정 제41조의2 제1항, 제9항).

(2) 위탁

환경부장관은 광역상수도·공업용수도 및 환경부장관이 관리하는 댐 관련 국유재산의 관리 사무를 한국수자원공사에 위탁하고(행정위임위탁규정 제52조의 2 제2항) 국토교통부장관은 소관 국유재산 중 고속국도(민간투자법에 따른 것은 제외한다)에 대한 관리·처분 사무(용도폐지 제외)를 한국도로공사에 위탁한다(동 규정 제54조 제5항).

국유재산의 관리사무에는 국민의 권리·의무와 직접 관계되는 사무가 포함되기 때문에 이를 민간에 위탁하는 것은 적절하지 않고, 다만 시설관리 등 재산에 대한 사실적 관리는 정부조직법 제6조 제3항, 행정위임위탁규정 제11조 등에서 말하는 '국민의 권리·의무와 직접 관계되지 아니하는 사무'로서 민간위탁이 가능하다. 이에 국유재산법은 행정재산의 민간위탁에 대한

111) 도로법, 하천법 등 공물법이 적용되는 재산은 제외된다. 이러한 재산은 국토교통부와 그 소속기관의 직제에 따라 지방국토관리청에서 수행한다.

112) 도로법, 하천법 등 공물법이 적용되는 재산은 제외된다. 이러한 재산은 해양수산부와 그 소속기관의 직제에 따라 지방해양수산청 등에서 수행한다.

근거 규정을 두고(제29조) 이를 일반재산에도 준용하는바(제42조 제4항), 국유재산법에서는 이를 '관리위탁' 이라고 한다. 이러한 관리위탁에는 변상금 · 연체료 부과, 강제징수 및 행정대집행 등 국민의 권리 · 의무와 직접 관계되는 사무와 재산의 처분 등 중요한 법률행위를 수행할 권한은 부여되지 않는다. 관리위탁은 그 실질이 사용허가 · 대부로서 전대금지, 법정사용료 등 국유재산법의 규정을 회피하는 수단으로 악용될 위험이 있다.[113]

국유재산법 제29조(관리위탁) ① 중앙관서의 장은 행정재산을 효율적으로 관리하기 위하여 필요하면 국가기관 외의 자에게 그 재산의 관리를 위탁(이하 "관리위탁"이라 한다)할 수 있다.
② 제1항에 따라 관리위탁을 받은 자는 미리 해당 중앙관서의 장의 승인을 받아 위탁받은 재산의 일부를 사용 · 수익하거나 다른 사람에게 사용 · 수익하게 할 수 있다.
③ 관리위탁을 받을 수 있는 자의 자격, 관리위탁 기간, 관리위탁을 받은 재산의 사용료, 관리현황에 대한 보고, 그 밖에 관리위탁에 필요한 사항은 대통령령으로 정한다.

2. 일반재산의 관리 · 처분 사무

국유재산법 제42조(관리 · 처분 사무의 위임 · 위탁) ① 총괄청은 대통령령으로 정하는 바에 따라 소관 일반재산의 관리 · 처분에 관한 사무의 일부를 총괄청 소속 공무원, 중앙관서의 장 또는 그 소속 공무원, 지방자치단체의 장 또는 그 소속 공무원에게 위임하거나 정부출자기업체, 금융기관, 투자매매업자 · 투자중개업자 또는 특별법에 따라 설립된 법인으로서 대통령령으로 정하는 자에게 위탁할 수 있다.
② 총괄청은 제8조제3항의 일반재산의 관리 · 처분에 관한 사무의 일부를 위탁받을 수 있으며, 필요한 경우 위탁하는 중앙관서의 장과 협의를 거쳐 특별법에 따라 설립된 법인으로서 대통령령으로 정하는 자에게 위탁받은 사무를 재위탁할 수 있다.
③ 중앙관서의 장이 소관 특별회계나 기금에 속하는 일반재산을 제59조에 따라 개발하려는 경우에는 제1항을 준용하여 위탁할 수 있다.
④ 중앙관서의 장과 제1항에 따라 위임받은 기관이 일반재산을 관리 · 처분하는 경우에는 제28조 및 제29조를 준용한다.

중앙관서의 장은 소관 일반재산의 관리 · 처분 사무를 행정재산의 경우와 같이 위임 · 위탁하여 수행할 수 있는데, 총괄청소관의 일반재산의 관리 · 처분 사무를 위임받은 자도 마찬가지이다(법 제42조 제4항). 중앙관서의 장은 소관 일반재산의 관리 · 처분 사무를 총괄청에 위탁할 수 있고, 총괄청은 이를 한국자산관리공사에 재위탁할 수 있다(법 제42조 제2항). 중앙관서의 장은 행정재산의 관리 · 처분 사무에는 익숙하지만, 일반재산에는 그러하지 못하므로 둔 규정이다. 중

113) 관리위탁에 관한 자세한 내용은 제3절 참조.

앙관서의 장이 특별회계 또는 기금에 속하는 일반재산을 위탁개발하고자 할 때는 한국자산관리공사나 한국토지주택공사에 위탁개발은 물론 대상 일반재산의 관리 · 처분 사무를 직접 위탁할 수 있다(법 제42조 제1항 및 제3항, 영 제38조 제4항).

Ⅲ. 관리전환

1. 관리전환의 의의

서로 다른 회계 간에 재산의 소관을 변경하는 것이 관리전환이다(법 제2조 제5호). 관리전환은 회계 간에 이루어져서 국유재산의 소관을 변경하지만, 사용승인은 일반회계 내에서 이루어져서 행정재산의 관리권을 발생 또는 변경시킨다. 소관청이 재산의 관리권을 지방자치단체장, 한국자산관리공사 등에게 위임 또는 위탁하더라도 소관청에는 변함이 없다.

관리전환은 소관청 간의 협의로 이루어지는데, 협의가 이루어지지 않는 경우에는 총괄청이 해당 재산의 관리상황 및 활용계획, 국가의 정책목적 달성을 위한 우선순위를 고려하여 결정한다(법 제16조).

2. 유상 관리전환의 원칙

국유재산의 관리전환은 유상으로 하여야 하지만, ① 직접 도로, 하천, 항만, 공항, 공유수면, 그 밖의 공공용으로 사용하기 위하여 필요한 경우, ② 유상 관리전환을 위한 감정평가비용이 해당 재산의 가액에 비하여 과다할 것으로 예상되는 경우, ③ 예산확보가 곤란하여 상호교환의 형식으로 관리전환을 하는 경우, ④ 특별회계나 기금에 속하는 일반재산의 효율적인 활용을 위하여 필요한 경우로서 국유재산정책심의위원회의 심의를 거친 경우에는 무상으로 할 수 있는데, ② 내지 ④의 경우에는 소관청 간에 합의가 있어야 한다(법 제17조). ④의 경우 이원적 관리체계의 중요한 예외로서 총괄청 중심주의를 강화하는 결과를 가져온다. 다른 법률에 의한 무상관리전환도 있다. 문화재청장은 문화재보호법 제63조에 따라 다른 회계에 속하는 국유문화재를 무상으로 관리전환받아 관리할 수 있다. 유상 관리전환에 필요한 재산가액 결정방법은 처분가격의 결정방법과 동일하다. 다만 증권 외의 재산은 하나의 감정평가업자가 평가한 가액으로만 결정한다(영 제12조 제1항).

관리전환 없이 서로 다른 회계 간에 재산을 일시 사용하게 하는 경우에도 위 ① 내지 ④의 경우 외에는 유상으로 하여야 하며, 사용료의 결정방법은 사용허가 등에서 하는 것과 동일하다(법 제17조 본문, 영 제12조 제3항).

제3절 국유재산 사무의 위임, 위탁 등

Ⅰ. 행정사무의 위임, 위탁 등 일반

1. 행정사무의 위임

행정기관은 법령에 따라 소관사무의 일부를 소속공무원이나 지방자치단체의 장에게 위임할 수 있으며, 위임받은 기관은 법령에 따라 소속공무원에게 재위임할 수 있다.[114] 소속공무원은 보조기관과 하급행정청[115]으로 구성되며, 하급행정청의 소속 공무원을 포함한다. 보조기관은 위임받은 사항에 대하여는 행정청으로서 사무를 수행한다(정부조직법 제6조 제2항). 중앙행정기관이 지방자치단체의 장에게 하는 사무위임을 기관위임이라고 하는데, 이때의 지방자치단체장은 중앙행정기관에 대한 소속공무원(하급행정청)의 지위에 있다. 따라서 기관위임 사무에 대해서는 지방자치단체의 조례제정권이 없고(대법원 2017. 12. 5. 선고 2016추5162 판결), 지방자치단체의 장의 보조기관이 위임사무를 처리하다가 타인에게 손해를 줬다면 국가가 배상책임을 진다.[116]

위임기관은 권한을 상실하고, 그 권한과 책임은 수임기관의 것으로 되기 때문에 수임기관의 명의로 권한행사를 한다(행정위임위탁규정 제8조). 위임 사무에 관한 쟁송상의 피고도 수임기관이 된다. 위임기관은 지휘·감독상의 책임을 진다(동 규정 제6조, 제8조 제1항).

2. 행정사무의 위탁

위임은 행정기관이 자신의 소속공무원(지방자치단체의 장을 포함한다)에게 행정사무를 이전하는 것임에 비하여, 위탁은 행정기관이 다른 행정기관이나 사인(민간)에게 사무를 이전하는 것을 말한다.[117]

---

114) 정부조직법 제6조 제1항, 행정위임위탁규정 제2조 제1호. 지방자치단체의 장은 위임기관의 승인을 받아 규칙으로 정하는 바에 따라 시장·군수·구청장 또는 읍·면·동장 등 소속기관장에게 재위임할 수 있다(행정위임위탁규정 제4조).

115) 중앙관서의 장인 경우와 그렇지 못한 경우가 있다. 전자는 기획재정부장관 소속의 국세청장을 들 수 있고, 후자는 국세청장 소속의 세무서장을 들 수 있다. 지방자치단체의 장이 중앙관서의 장의 위임을 받아 국가사무를 처리하는 경우(기관위임) 중앙관서의 장의 하급행정청이 된다. 국유재산법상 중앙관서의 장은 총괄청의 하급행정청이다.

116) 대법원 2000. 5. 12. 선고 99다70600 판결.

117) 하명호, 앞의 책, 708면.

(1) 행정기관[118] 위탁

행정기관은 동급(중앙행정기관의 입장에서 볼 때 지방자치단체는 동급의 행정기관이다) 또는 상급의 행정기관에게 소관 사무를 이전할 수 있으며, 수탁기관은 법령에 따라 자신의 소속 공무원에게 위임할 수 있다(정부조직법 제6조 제1항, 행정위임위탁규정 제2조 제2호). 위탁기관은 권한을 상실하고, 그 권한과 책임은 수탁기관의 것으로 되기 때문에 수탁기관은 그 명의로 권한을 행사한다(행정위임위탁규정 제8조). 위탁사항에 관한 쟁송상의 피고도 수탁기관이 된다. 위탁기관은 지휘·감독상의 책임을 진다(동 규정 제6조, 제8조 제1항). 행정기관 위탁은 수탁자가 소속공무원이 아니라 동급·상급 행정기관이라는 점을 제외하고는 위임과 동일하다.

(2) 민간위탁

정부조직법 제6조 제3항, 행정위임위탁규정 제11조 제1항은 행정기관은 '국민의 권리·의무와 직접 관계되지 아니하는 사무'를 '법령으로 정하는 바에 따라' 민간에 위탁할 수 있다고 한다. 따라서 행정기관은 국민의 권리·의무와 직접 관계되지 않는 사무에 한하여 개별 근거 법령이 있을 때 민간에 위탁할 수 있다.[119] 민간위탁 사무는 재위탁할 수 없고, 위탁기관이 권한을 잃지 않는다.[120]

통상 민간위탁은 개별 법령에 따라 ① 특별법에 따라 설립된 법인(특수법인) 또는 ② 특수법인이 아닌 사인(私人)에게 이루어지는데, 개별 법령에서 민간수탁자에게 강제징수 등 국민의 권리·의무와 직접 관계되는 사무를 처리할 권한이나 재위탁의 권한을 부여하기도 한다. 행정사무를 위탁받는 특수법인으로는 국민건강보험공단, 국민연금공단, 한국토지주택공사, 한국수자원공사 및 한국자산관리공사 등을 들 수 있고, 특수법인 아닌 사인이 국가사무를 위탁받는 경우로는「민영교도소 등의 설치·운영에 관한 법률」, 공증인법 등을 들 수 있다.

3. 행정사무의 대행

행정사무의 위탁과 비슷한 유형으로서 대행이 있다. 대행자는 행정권한을 독립적으로 행사하지만, 피대행자의 권한이 대행자에게 이전되지는 않는다.[121] 현행법상 특수법인에 의한 국가사무 대행의 예로는 한국도로공사가 고속국도에 대한 국토교통부장관의 권한을 대행하는 것(도

---

118) 명칭과 법인격 유무를 불문하고 행정사무를 수행하는 사람 또는 조직을 널리 행정기관이라고 하지만, 행정사무의 위탁에서 말하는 행정기관은 민간에 반대되는 개념, 즉 공무원으로 조직된 행정기관을 의미하기로 한다.

119) 정부조직법 제6조 제3항, 행정위임위탁규정 제11조를 국민의 권리·의무와 직접 관련되지 않는 사무의 민간위탁의 일반적인 근거로 보는 견해도 있다(박균성, 공무수탁자의 법적 지위와 손해배상책임, 행정판례연구 제15권 제1호, 한국행정판례연구회, 박영사, 2010. 6, 157면).

120) 정부조직법은 행정기관 위탁(제6조 제1항 전단)과 민간 위탁(제6조 제3항)을 규정하면서, 전자에만 재위임 규정을 두고 있다(제6조 제1항 후단).

121) 박균성, 앞의 논문, 160면.

로법 제112조), 국가철도공단이 철도에 대한 국토교통부장관의 권한을 대행하는 것(철도산업발전기본법 제19조) 등을 들 수 있다. 실정법상 위탁이나 대행이라는 용어를 쓰더라도 강학상의 실질이 위탁인 경우도 있고, 대행인 경우도 있다.[122]

Ⅱ. 국유재산 사무의 위임, 위탁 등

국유재산 사무는 행정사무의 일종으로서 앞서 설명한 행정사무의 위임, 위탁 등에 관한 일반적인 설명이 그대로 적용된다. 한편 국유재산법은 개별 법률로서 위임, 위탁 등에 관한 구체적인 내용을 규정하는데, 행정기관위탁, 특수법인위탁(한국자산관리공사), 관리위탁 등 여러 가지 특수한 위탁을 규정하고 있으며, 이중에서 특수법인위탁이 발달되어 있는 것이 특징이다.

1. 국유재산 사무의 위임

총괄청은 총괄사무의 일부를 조달청장에게, 소관 행정재산 관리 · 처분 사무의 일부를 중앙관서의 장에게 위임한다.[123] 조달청장은 정부조직법상으로, 중앙관서의 장은 국유재산법상으로 총괄청의 하급행정청이다. 중앙관서의 장은 소관 국유재산 관리 · 처분 사무의 일부를 소속 공무원이나 지방자치단체의 장에게 위임할 수 있으며,[124] 행정위임위탁규정은 위임의 구체적인 내용을 규정하고 있다.

2. 국유재산 사무의 위탁

국유재산법에는 다양한 형태의 국유재산 사무의 위탁이 규정되어 있는데, 그중에서 특수법인(한국자산관리공사) 위탁이 발전해 있고, 관리위탁의 경우 본래의 행정사무 위탁이 아니므로 그 규정의 취지 및 법적 성질 등이 정확히 규명되어야 한다.

(1) 행정기관위탁

국유재산법 제42조(관리 · 처분 사무의 위임 · 위탁) ② 총괄청은 제8조제3항의 일반재산의 관리 · 처분에 관한 사무의 일부를 위탁받을 수 있으며, 필요한 경우 위탁하는 중앙관서의 장과 협의를 거쳐 특별법에 따라 설립된 법인으로서 대통령령으로 정하는 자에게 위탁받은 사무를 재위탁할 수 있다.
국유재산법 시행령 제38조(관리 · 처분기관) ④ 총괄청은 법 제42조제2항에 따라 위탁받은 법 제8조제3항의 일반재산의 관리 · 처분에 관한 사무를 한국자산관리공사에 위탁한다.

122) 박균성, 앞의 논문, 158면.
123) 법 제8조 제6항, 제25조, 영 제4조의 3, 영 제16조 제1항.
124) 법 제28조, 제42조 제4항.

중앙관서의 장은 소관 일반재산의 관리 · 처분 사무를 총괄청에 위탁할 수 있으며, 총괄청은 위탁받은 사무를 한국자산관리공사에 재위탁할 수 있다(법 제42조 제2항, 영 제38조 제4항). 회계이원적 관리체계를 완화하는 제도로서 2020. 3. 31. 국유재산법 개정으로 신설되었다. 국유재산법이 규정하는 유일한 행정기관위탁이다.

(2) 특수법인 위탁

국유재산법 제25조(총괄사무의 위임 및 위탁) 총괄청은 대통령령으로 정하는 바에 따라 이 법에서 규정하는 총괄에 관한 사무의 일부를 조달청장 또는 지방자치단체의 장에게 위임하거나 정부출자기업체 또는 특별법에 따라 설립된 법인으로서 대통령령으로 정하는 자에게 위탁할 수 있다.
제42조(관리 · 처분 사무의 위임 · 위탁) ① 총괄청은 대통령령으로 정하는 바에 따라 소관 일반재산의 관리 · 처분에 관한 사무의 일부를 (중략) 또는 특별법에 따라 설립된 법인으로서 대통령령으로 정하는 자에게 위탁할 수 있다.
② 총괄청은 제8조제3항의 일반재산의 관리 · 처분에 관한 사무의 일부를 위탁받을 수 있으며, 필요한 경우 위탁하는 중앙관서의 장과 협의를 거쳐 특별법에 따라 설립된 법인으로서 대통령령으로 정하는 자에게 위탁받은 사무를 재위탁할 수 있다.
③ 중앙관서의 장이 소관 특별회계나 기금에 속하는 일반재산을 제59조에 따라 개발하려는 경우에는 제1항을 준용하여 위탁할 수 있다.
제2조(정의) 이 법에서 사용하는 용어의 뜻은 다음과 같다.
11. "중앙관서의 장등"이란 「국가재정법」 제6조에 따른 중앙관서의 장(이하 "중앙관서의 장"이라 한다)과 제42조제1항에 따라 일반재산의 관리 · 처분에 관한 사무를 위임 · 위탁받은 자를 말한다.

국유재산법이 규정하는 민간위탁은 증권의 처분(영 제38조 제1항)을 제외하고는 모두 한국자산관리공사에 집중되어 있다. 구체적으로는 총괄청소관의 일반재산 관리 · 처분 사무(법 제42조 제1항, 영 제38조 제3항)뿐만 아니라 총괄청이 위탁받은 특별회계 · 기금 소관의 일반재산 관리 · 처분 사무(법 제42조 제2항, 영 제38조 제4항), 전체 행정재산 전수조사, 국유재산관리기금의 운영 등 일련의 총괄사무(법 제25조, 영 제16조 제2항)까지 위탁 대상으로 하고 있다. 한국자산관리공사는 지방자치단체가 아닌 법인으로서 그에게 위탁하는 것은 민간위탁이다(행정위임위탁규정 제2조 제3호).

국유재산 사무의 위임, 대행 및 행정기관위탁은 모두 국가 내부에서 일어나거나(위임, 행정기관위탁), 소관청과 동일시되는 자에 의해 행하여지므로(대행), 수임기관, 수탁기관 및 대행기관은 총괄청과 소관청의 행정권한을 동일하게 행사할 수 있다. 그러나 민간수탁자는 국가 외부의 자로서 행정작용 특히 행정행위를 할 수 없는 것이 원칙이므로(정부조직법 제6조 제3항, 행정위임위탁규정 제11조 제1항), 별도의 수권 법률이 필요하다. 국유재산법은 법 제42조 제1항에 따라 총괄청소관의 일반재산의 관리 · 처분 사무를 위탁받은 한국자산관리공사 등[125]에게만 국유재산법상의 사무주체의 지위를 부여한다(법 제2조 제11호). 후술하는 관리수탁자는 그 실질이 사용자·피대부자로서 국유재산법상 사무의 주체가 되지 못한다.

국유재산법은 국유재산의 관리·처분 사무를 집행할 공공기관을 별도로 설립하거나 특정하지 아니하고 일반적인 위임·위탁의 형태를 취하고 있지만, 국유재산법상 행위주체가 되는 수탁기관을 사실상 한국자산관리공사로 한정하고, 동 공사에게 다양한 관리·처분 사무 및 총괄사무를 위탁함으로써 사실상 동 공사를 국유재산 전담기관으로 삼고 있다.

(3) 관리위탁

국유재산법 제29조(관리위탁) ① 중앙관서의 장은 행정재산을 효율적으로 관리하기 위하여 필요하면 국가기관 외의 자에게 그 재산의 관리를 위탁(이하 "관리위탁"이라 한다)할 수 있다.
② 제1항에 따라 관리위탁을 받은 자는 미리 해당 중앙관서의 장의 승인을 받아 위탁받은 재산의 일부를 사용·수익하거나 다른 사람에게 사용·수익하게 할 수 있다.
③ 관리위탁을 받을 수 있는 자의 자격, 관리위탁 기간, 관리위탁을 받은 재산의 사용료, 관리현황에 대한 보고, 그 밖에 관리위탁에 필요한 사항은 대통령령으로 정한다.
제42조(관리·처분 사무의 위임·위탁) ④ 중앙관서의 장과 제1항에 따라 위임받은 기관이 일반재산을 관리·처분하는 경우에는 제28조 및 제29조를 준용한다.

1) 의의와 성질

국유재산법은 중앙관서의 장이 국유재산을 효율적으로 관리하기 위하여 필요하면 국가기관 외의 자에게 그 재산의 관리를 위탁할 수 있다고 하면서, 이를 관리위탁으로 명명하고 있다(법 제29조, 제42조 제4항).[126] 행정사무의 위탁을 말하는 보통의 위탁은 '사무의 위탁'이라고 하는데(법 제2조 제11호, 제25조, 제42조 등), 법 제29조는 '관리위탁'이라고 함으로써 보통의 위탁과는 다름을 나타낸다.

관리위탁의 수탁자는 국유재산을 위탁받아 관리하는 자이면서 동시에 사용허가 내지 대부받아 재산을 사용·수익하는 자의 지위를 동시에 가지고 있다. 관리위탁은 유원지, 유적지(이상 행정재산), 상업용 빌딩 및 쇼핑몰(이상 일반재산) 등과 같이 전문적이고 효율적인 관리가 필요한

---

125) 한국자산관리공사와 함께 개발사무 및 대상 재산의 관리·처분 사무를 위탁받을 수 있는(영 제38조 제5항) 한국토지주택공사, 증권의 처분을 위탁받는 은행 등(영 제38조 제1항)도 있으나, 한국토지주택공사는 수탁재산이 매우 한정되고, 은행 등은 행정작용을 수행할 가능성이 낮다. 한편 한국자산관리공사가 법 제42조 제2항에 따라 중앙관서의 장 소관 일반재산의 관리·처분사무를 재위탁받는 경우에는 법 제2조 제11호의 중앙관서의 장 등에 해당하지 않는다.

126) 법 제29조는 행정재산이라고만 하므로 소관 행정재산뿐만 아니라, 위임받은 행정재산도 해당된다. 법 제42조 제4항에 따라 일반재산의 관리에도 법 제29조가 준용된다. 총괄청소관의 일반재산의 관리 사무를 위임받은 자는 관리위탁할 수 있으나, 위탁받은 자는 불가하다. 법 제42조 제4항이 위임받은 자라고만 명시하기 때문이다.

영역을 민간업체에 맡겨 처리하기 위해 2009. 1. 전부개정 법률에서 신설하였다.

2) 내용

국유재산법은 수탁자의 수탁재산 사용 · 수익을 허용하면서(법 제29조 제2항), 사용료(영 제24조), 관리위탁 기간 · 기간갱신(영 제22조) 등을 규정하고 있는바, 이는 관리위탁의 실질이 사용허가 · 대부임을 나타내는 것이다.[127]

한편 관리위탁은 위탁의 형식을 취하므로 사용허가 · 대부에 규정된 공법적 규율에서 자유로울 수 있다. 국유재산법은 수탁자의 전대를 허용하고(법 제29조 제2항), 수탁자의 사용료를 법정사용료와 달리 결정할 수 있게 하며(영 제24조 제1항), 국가가 수탁자로부터 받을 총수입이 수탁자에게 지급할 총지출을 초과하는 경우 그 차액을 국고에 납입하게 하는 예산총계주의의 예외를 적용하는 등으로 관리위탁 제도를 도입한 취지에 부합하는 운영이 가능하게 하고 있다.

3) 관리수탁자의 권한

국유재산의 관리 · 처분 사무에는 사용허가, 변상금 · 연체료부과, 강제징수 및 행정대집행 등 행정행위 및 재산의 대부, 매각 등 법률행위 등이 수반된다. 국유재산법은 법 제42조 제1항에 따른 한국자산관리공사 등에게만 이러한 행위를 할 수 있는 지위를 부여할 뿐(법 제2조 제11호), 다른 민간수탁자에게는 이러한 지위를 부여하지 않는다. 특히 관리수탁자는 그 실질이 사용허가 · 대부받은 자로서, 국유재산법에 규정된 일체의 행정작용에 관한 권한이 없고, 사실적 관리행위만 할 수 있다.

3. 국유재산 사무의 대행

국유재산법은 국유재산의 관리 · 처분 사무의 대행을 규정하지 않고 있고, 주로 교통시설특별회계 소속 행정재산(철도시설, 고속국도 등)의 관리에 있어서 국가철도공단, 한국도로공사 등이 소관청의 관리권한을 대행하게 하는 규정을 찾아 볼 수 있다(철도산업발전기본법 제19조, 도로법 제112조).

4. 국유재산법상 사무의 주체

국유재산법상 행정사무의 주체로 총괄청과 소관청을 들 수 있다. 소관청이라 함은 법률에 의하여 직접 행정사무를 처리할 권한과 의무를 부여받은 행정기관을 말하는데, 국유재산법 제8조에 따라 국유재산을 소관하고 그 관리 · 처분 사무를 수행하는 중앙관서의 장이 소관청이다. 한편 총괄청도 재산을 소관하고 그 관리 · 처분 사무를 수행한다는 점에서는 소관청의 하나로 볼 수 있다(법 제8조). 소관청은 법령에 따라 직접 국유재산의 관리 · 처분 사무의 주체가 되므로

---

127) 공유재산법의 경우 수탁자를 사용허가 받은 자로 간주한다(제27조 제4항).

제1차 관리기관이라고 할 수 있고, 이러한 소관청으로부터 관리 · 처분 사무를 위임 · 위탁받는 소속 공무원, 지방자치단체의 장 및 한국자산관리공사 등은 제2차 관리기관이라고 할 수 있다. 소관청 및 제2차 관리기관을 통칭하여 재산관리기관이라고 할 수 있으며, 이들이 사용허가, 변상금부과, 행정대집행 등 행정행위를 한다는 측면에서는 재산관리청이라 부를 수 있다.

소속공무원, 지방자치단체장 등 수임기관은 국유재산법상의 사무주체성에 관해 문제될 것이 없다. 수임기관은 위임기관과 동일한 권한을 가지기 때문이다. 민간위탁이 문제인데, 국유재산법은 '제42조 제1항에 따라 일반재산의 관리 · 처분에 관한 사무를 위탁받은 자'만을 국유재산법상 사무의 주체로 인정하고 있는바,[128] 사실상 특수법인, 즉 한국자산관리공사에 한정이 된다. 따라서 국유재산법 제29조, 정부조직법 제6조 제3항 등에 따른 관리수탁자, 보통의 민간수탁자 등은 국유재산법상 사무의 주체가 될 수 없다.[129]

특수법인의 경우, ① 법 제42조 제1항에 따라 일반재산의 관리 · 처분 사무를 위탁받은 특수법인이 용도폐지 전 행정재산이었던 기간에 대하여 사용료를 부과할 수 있는지, ② 법 제42조 제1항에 해당하지 않으나 다른 법률에 따라 국유재산에 관한 사무를 위탁받은 특수법인이 국유재산법에 따라 변상금부과를 할 수 있는지가 문제된다. 대법원은 위 ①에 대하여 총괄청이 보통의 소관청과 달리 전체 국유재산을 아우르는 여러 권한을 가졌다는 점, 한국자산관리공사가 그로부터 일반재산의 관리 · 처분 사무를 위탁받았다는 점 등을 고려하여 한국자산관리공사에게 사용료부과 권한을 인정하였다.[130] 위 ②에 대하여는 어떤 특수법인에게 국유재산의 관리 · 처분 사무를 위탁하는 다른 법률의 규정이 있으면 그에 필요한 변상금부과 등의 개별 사무는 별도의 규정이 없더라도 특수법인에게 이전된다고 하였다.[131]

5. 위임 · 위탁자 등의 지휘 · 감독 등

(1) 일반적인 지휘 · 감독권한

위임 및 위탁기관은 수임 및 수탁사무 처리에 대하여 일반적인 지휘 · 감독권한이 있지만(행정위임위탁규정 제6조), 사무 처리에 관하여 사전승인을 받거나 협의를 할 것을 요구할 수는 없다(같은 규정 제7조). 대신 사무 처리의 적정성을 확보하기 위하여 필요한 경우에는 수임 및 수탁사무 처리 상황을 수시로 감사할 수 있다(같은 규정 제9조).

(2) 위임 또는 위탁의 철회

위임이나 위탁의 취소 · 철회는 위임이나 위탁을 규정한 개별 근거법률에서 규정하는 바에

128) 법 제2조 제11호, 제30조 제1항, 제36조 제1항, 제72조 제1항, 제73조 제1항, 제74조 등.
129) 법 제30조 제1항, 제36조 제1항, 제72조 제1항, 제73조 제1항, 제74조 등.
130) 대법원 2014. 11. 13. 선고 2011두30212 판결.
131) 대법원 2014. 7. 10. 선고 2012두23358 판결.

따라 행해져야 한다. 위임이나 위탁의 일반적인 근거가 되는 정부조직법, 행정위임위탁규정 등에는 그 철회에 관하여 규정하지 않는다.

국유재산법은 일반재산에 한하여 총괄청이나 중앙관서의 장이 위임이나 위탁을 받은 자에게 해당 사무를 부적절하게 집행하고 있다고 인정되는 사유가 있거나, 일반재산의 집중적인 관리 등을 위하여 필요한 경우 그 위임이나 위탁을 철회할 수 있다고 규정하고 있다(법 제42조 제5항). 행정재산의 경우 위임 · 위탁의 철회를 규정하지 않는바, 행정재산은 사용승인의 철회(법 제8조의 2, 제26조 제1항 제2호의 2)나 용도폐지(법 제22조, 제40조)가 중요하기 때문이다. 중앙관서의 장에게 위임받은 행정재산의 관리 · 처분 사무를 부적절하게 집행하는 등의 사유가 있다하더라도 용도폐지를 할 실질적인 사유가 없다면 사실상 위임이나 사용승인을 철회할 수 없을 수 있다. 예컨대 총괄청이 중앙관서의 장에게 청사 등 공공시설로의 사용승인을 해 행정재산이 된 이후, 이제는 유휴행정재산이 되었음에도 용도폐지하지 않고 있음이 발견되었다면 위임 및 사용승인을 철회하고 용도폐지절차를 거쳐 그 재산을 인계받으면 될 것이다. 그러나 공공시설의 실체를 여전히 가지고 실제로 사용되고 있다면 용도폐지를 할 수 없고, 행정재산인 상태로 총괄청이 인계받아야 하는데 적절한 관리가 곤란해 결국 위임이나 사용승인의 철회까지도 곤란하게 될 수 있다.[132]

관리위탁과 같이 계약의 형식으로 위탁이 되는 경우(국유재산법 시행규칙 제13조)에는 관리위탁계약에서 그 철회를 약정할 수 있다. 행정재산의 관리위탁은 중앙관서의 장이 국가 외의 사인(私人)에게 행정재산에 대한 사실상의 관리를 맡기는 것이고, 재산의 관리에 위법 또는 부당함이 있을 경우 위탁을 철회하고 다른 자에게 위탁하면 되므로 앞서 설명한 문제가 없다.

(3) 사무 처리의 취소 · 정지

위임 및 위탁기관은 수임 및 수탁사무 처리에 대하여 지휘 · 감독할 뿐만 아니라 그 처리가 위법하거나 부당하다고 인정할 때에는 이를 취소하거나 정지시킬 수 있다(행정위임위탁규정 제6조). 위임 또는 위탁의 철회와 달리 사무 처리의 위법 또는 부당이라는 귀책사유를 반드시 필요로 한다. 상급기관에 의한 취소 · 정지라는 측면에서는 행정심판과 비슷해 보이지만 처분 등을 받은 자의 청구가 아닌 재산관리청 스스로 행한다는 점이 크게 다르며, 그 밖에 행정심판과 달리 취소 · 정지의 대상, 기간 등의 제한이 없다.

---

132) 국유재산법은 일반회계 소속 행정재산의 관리를 중앙관서의 장에게 위임한다고 하지만(법 제8조 제6항, 영 제4조의 3 제1항 제4호), 그 위임이 철회되었다면(행정위임위탁규정 제6조) 총괄청이 직접 관리할 수밖에 없다(법 제8조 제1항). 총괄청이 행정재산의 관리위임을 철회하여 인계받은 재산은 한국자산관리공사에 위탁할 수 없다(영 제38조 제3항).

Ⅲ. 국유재산 수임·수탁기관 등의 지위와 보수

총괄청과 소관청(제1차 관리기관)은 국유재산에 관한 사무를 소속 공무원, 특수법인 등(제2차 관리기관)에게 위임, 위탁 또는 대행시키는데, 이러한 수임, 수탁 또는 대행기관으로서 중요한 것은 국가와 별개의 법인격을 가지는 특수법인 및 지방자치단체[133] 등이다.

1. 수임·수탁기관 등의 일반적인 지위

(1) 수임공무원 지위

총괄청과 소관청은 수임기관을 지휘·감독하고, 그 사무 처리가 위법하거나 부당하다고 인정될 때 이를 취소하거나 정지시킬 수 있지만, 위임사무의 처리에 관하여 사전승인을 받거나 협의할 것을 요구하지 못한다. 위임사무 처리의 적정성을 확보하기 위하여 필요한 경우 그 상황을 수시로 감사할 수 있다. 위임사무의 처리는 수임기관의 명의로 해야 하며, 그 책임도 수임기관에게 있다. 위임기관은 위임사무에 관한 권한을 상실하고 수임기관의 권한으로 된다. 위임기관은 감독책임을 진다(이상 행정위임위탁규정 제6조 내지 제9조).

(2) 지방자치단체의 지위

수임기관이 지방자치단체의 장인 경우 그가 속한 지방자치단체와 국가 사이에 특별한 법률관계가 형성될 수 있다. 예컨대, 지방자치단체의 장은 위임기관의 승인 없이 자신이 속한 지방자치단체가 수임 국유재산을 사용·수익하게 할 수 있다(행정위임위탁규정 제7조). 한편 국가는 위임된 국가사무의 처리를 위해 인적·물적 지원을 한 지방자치단체에 비용을 지불하여야 하는데, 국유재산 사무의 경우 재산의 관리·처분 과정에서 발생한 대부료, 변상금 및 매매대금 등 수익의 일정비율을 귀속금으로 지급한다.[134]

(3) 민간수탁자(특수법인[135])의 지위

1) 위탁계약

소관청 등 위탁기관은 민간수탁자와 위탁계약을 체결하여야 한다. 계약 내용에는 민간위탁의 목적, 위탁수수료·비용, 위탁기간, 수탁기관의 의무, 계약위반 시의 책임과 그 밖에 필요한 사항을 포함하여야 한다(행정위임위탁규정 제13조). 기획재정부는 한국자산관리공사에 국유재산

---

133) 법상 수임기관은 지방자치단체장이지만, 실제 위임사무를 수행하고 위임에 따른 법률관계의 귀속주체는 지방자치단체이므로, 이하에서 제2차 관리기관을 논할 때는 지방자치단체장 대신 지방자치단체를 지칭하기도 한다.

134) 법 제42조 제6항, 구 국유재산법 시행령(대통령령 제24441호) 제38조 제2항 참조.

135) 민간위탁 중 관리위탁(법 제29조)은 그 실질이 사용허가나 대부이고, 국유재산법상 특수법인 이외 다른 민간위탁은 없으므로 이하에서는 민간수탁자를 특수법인으로 전제하고 기술한다.

사무를 위탁함에 필요한 사항을 규정하기 위해 「국유재산의 위탁에 관한 규칙」(기획재정부령)을 만들어 운용하고 있다. 위탁기관은 위탁한 사무에 대한 권한을 상실하지 않으며, 수탁기관은 위탁재산을 사용·수익하려면 위임기관으로부터 미리 승낙을 받아야 한다(같은 규칙 제7조 제2항).

2) 업무수행

수탁자는 위탁의 근거 규정을 표시하고, 자신의 명의로 관리·처분한다(행정위임위탁규정 제2조 제3호, 영 제38조 제5항 등). 예컨대 국유재산의 매매계약을 체결할 때는 매도자를 수탁자로 표시하고, 다만 위탁의 근거 법령을 표시해 주어야 한다.[136] 실무상 국유재산 사무의 위탁을 민법상 대리와 혼동하여 위탁기관을 사무의 주체로, 수탁기관을 대리인으로 표시하는 경우가 종종 있다.

3) 지휘·감독

위탁기관은 수탁기관을 지휘·감독하며, 필요하다고 인정될 때에는 위탁사무에 관하여 필요한 지시를 하거나 보고·조치를 명할 수 있다. 수탁기관의 사무 처리가 위법하거나 부당하다고 인정될 때에는 이를 취소하거나 정지시킬 수 있는데, 취소하거나 정지시킬 때에는 그 취소 또는 정지의 사유를 문서로 수탁기관에 통보하고 사전에 의견 진술의 기회를 주어야 한다. 위탁기관은 위탁사무의 처리 결과에 대하여 매년 1회 이상 감사를 하여야 한다. 감사 결과 위탁사무의 처리가 위법·부당하다고 인정될 때에는 수탁기관에 적절한 시정조치를 할 수 있고, 관계 임원과 직원에 대해서는 문책을 요구할 수 있다(행정위임위탁규정 제14조 내지 제16조).

일반재산의 관리·처분 사무를 위임·위탁받은 자가 부적절하게 집행하거나, 일반재산의 집중적 관리 등을 위하여 필요한 경우에는 그 위임이나 위탁을 철회할 수 있다(법 제42조 제5항). 일반재산의 경우 행정재산에 비하여 경제성·효율성이 더 요구되므로 사무 처리에 위법·부당함이 없더라도 집중적 관리 등을 위해 위임·위탁을 철회할 수 있도록 한 것이다.

2. 수임·수탁기관 등의 국가소송법상의 지위

영 제38조 제3항은 총괄청이 한국자산관리공사에 위탁하는 일반재산의 관리·처분 사무에 관리·처분과 관련된 소송업무와 이미 처분된 총괄청 소관 일반재산의 처분과 관련된 소송업무가 포함된다고 한다. 그러나 국유재산법 시행령에서 민사소송업무를 위탁하는 규정을 두는 것은 곤란하고, 민사소송법상 당사자적격 또는 국가소송법상 소송수행자의 문제로 해결하는 것이 타당하다.

일반적으로 민사소송의 승패에 법률상 이해관계 있는 자가 원·피고 등 당사자가 된다. 재산권상의 청구소송에서는 소송물인 권리관계에 관리·처분권을 갖는 자, 즉 당해 권리의 주체가

---

136) 국유재산법 시행규칙 별지의 국유재산 매매계약서에도 매도자의 표시가 '중앙관서의 장 등'으로 표시되어 있다.

당사자가 된다.[137] 그런데 권리의 주체 이외의 제3자가 권리관계에 대한 관리 · 처분권을 갖고 당사자적격을 가지는 경우가 있는데, 제3자의 소송담당이라고 한다. 소송담당자는 다른 사람의 권리관계에 관하여 소송을 수행하므로 소송대리인과 비슷하지만, 자기의 이름으로(즉 자신이 원고 · 피고가 되어) 소송수행을 하므로 다른 사람의 이름으로 소송을 수행하는 소송대리인이 아니다.[138] 소송담당자는 권리관계의 관리 · 처분과 관련된 채권추심, 재산관리 및 유언집행 등에 한하여 당사자적격이 있는 것이지, 권리의 귀속과 관련된 소유권이전(또는 말소)등기청구소송, 공유물분할청구소송 등에는 당사자적격이 없다.

국유재산에 대한 민사소송에서는 그 소유자인 국가가 권리주체로서 당사자가 되는 것이 당연하다. 한국자산관리공사는 국유재산법 제42조 제1항, 동법 시행령 제38조 제3항에 따라서 자신이 관리 · 처분 사무의 권한을 위탁받은 국유재산에 대해 그 관리 · 처분과 관련한 범위에서 민사소송법상 당사자적격을 가진다. 영 제38조 제3항이 굳이 '관리 · 처분과 관련된 소송업무를 포함한다.'라고 표현하는 것은 부적절하거나 불필요하다. 이미 처분된 재산의 경우, 그 권리 주체인 대한민국에게만 당사자적격이 있고, 현재 관리 · 처분 권한이 없는 한국자산관리공사에게는 당사자적격이 없다. 다만 한국자산관리공사가 과거에 수탁기관으로서 해당 재산을 처분한 사실이 있다면 국가소송법 제2조의 2, 제3조 제2항에 따라 한국자산관리공사의 직원을 소송수행자로 지정하여 수행하게 할 수는 있다.[139] 이미 처분된 재산의 처분과 관련된 소송업무를 한국자산관리공사에 위탁한다는 규정을 둔 취지는, 종래 지방자치단체의 장에게 위임하여 관리하던 총괄청소관의 일반재산을 2013. 6.부터 전부 한국자산관리공사에 위탁하게 되면서 지방자치단체가 이미 처분한 국유재산과 관련된 민사소송을 수행하지 않아도 되게 배려하려는 취지이다. 그러나 이미 처분된 국유재산과 관련된 소송은 대부분 권리의 귀속에 관한 것이라 대한민국이 소송당사자가 되어야 하고,[140] 누가 소송수행자가 되어 국가를 대리할 것인지는 국가소송법 제3조 제2항에 따라 그 소관사무로서 정해져야 하는 것이지 소송위탁의 차원에서 해결될 문제는 아니다.

---

137) 이시윤, 신민사소송법, 제8판, 박영사, 2014. 8, 145면.

138) 이시윤, 앞의 책, 147면.

139) 당사자적격 있는 수탁기관은 민사소송의 원고 · 피고가 되지만, 수탁기관이 당사자적격 없이 그 직원이 소송수행자가 될 뿐인 경우에는 그 수탁기관은 소송상 아무런 지위가 없고, 그 직원이 대한민국(소송당사자)의 소송대리인이 될 뿐이다.

140) 이미 처분된 재산에 관한 소송은, 주로 국가가 국유재산으로 알고 국가명의로 등기 · 등록한 다음에 제3자에게 매각하였는데 진정한 소유자가 나타나 국가 및 매수자를 피고로 소유권등기말소를 구하는 소송이 대부분이다.

국가를 당사자로 하는 소송에 관한 법률 제2조의2(행정청의 범위) 이 법의 적용을 받는 행정청에는 법령에 따라 행정권한의 위임 또는 위탁을 받은 행정기관, 공공단체, 그 기관 또는 사인(私人)이 포함된다.

제3조(국가소송 수행자의 지정 및 소송대리인의 선임) ① 법무부장관은 법무부의 직원, 각급 검찰청의 검사(이하 "검사"라 한다) 또는 「공익법무관에 관한 법률」에서 정한 공익법무관(이하 "공익법무관"이라 한다)을 지정하여 국가소송을 수행하게 할 수 있다.

② 법무부장관은 행정청의 소관사무나 감독사무에 관한 국가소송에서 필요하다고 인정하면 해당 행정청의 장의 의견을 들은 후 행정청의 직원을 지정하여 그 소송을 수행하게 할 수 있다.

③ 제2항의 지정을 받은 사람은 해당 소송에 관하여 법무부장관의 지휘를 받아야 한다.

④ 법무부장관은 변호사를 소송대리인으로 선임(選任)하여 국가소송을 수행하게 할 수 있다.

국유재산의 수탁기관은 자신이 위탁받은 국유재산의 관리 · 처분과 관련하여서만 당사자적격을 가진다. 권리의 주체임을 전제로 하는 소송에서는 당사자적격을 가지지 못한다. 예컨대, 국유재산에 대한 소유권이전등기청구소송, 소유권말소등기청구소송 등 권리귀속에 관한 소송은 그 권리주체인 대한민국을 피고로서만 가능하고, 국유재산을 무단 점유하는 자에 대한 인도소송은 국유재산의 관리차원에서 이루어지므로 한국자산관리공사 등 수탁기관이 원고가 되어 소송을 제기하는 것이 가능하다.

판례는 국유재산의 수탁기관이 국유재산의 관리 · 처분 과정에서 발생한 대부료, 변상금 등 금전반환청구소송의 이행의무자가 될 수 있다는 입장이다.[141] 한편 국유재산의 수탁기관은 그의 명의와 그의 책임아래 국유재산의 관리 · 처분 사무를 수행하므로 대부료채무부존재확인소송의 피고는 대한민국이 아니라 수탁기관이라는 하급심판례가 있다.[142]

3. 수임·수탁기관 등의 보수

국가행정조직의 일부를 구성하는 수임기관에는 위임에 따른 보수를 생각할 여지가 없지만, 국가와 법인격이 다른 민간수탁기관과 지방자치단체에는 보수가 주어져야 한다. 국유재산법은 민간수탁기관(관리수탁자 포함)과 지방자치단체에 대한 보수를 규정하면서, 동시에 이들에 대한 보수를 예산총계주의에 대한 예외로 한다.

141) 대법원 2019. 2. 14. 선고 2016다241881 판결.

142) 창원지방법원 진주지원 2018. 10. 25. 선고 2017가단34772 판결. 이 판결은 항소심인 창원지방법원 2019. 7. 5. 선고 2018나61878 판결에서 그대로 확정되었다.

(1) 보수의 내용

1) 한국자산관리공사

한국자산관리공사는 국유재산 위탁사무의 수행에 대한 보수를 위탁수수료로 받는다. 위탁수수료는 위탁료, 총액인건비, 경상경비 및 재산경비로 구성된다. 위탁수수료는 실비개념으로서 발생수입의 일정비율 또는 일정항목을 지급받는 귀속금과 차이가 있다.

> **국유재산의 위탁에 관한 규칙 제12조(위탁계정의 수입과 지출)** ② 위탁계정의 지출은 다음 각 호와 같다.
> 1. 제13조에 따른 위탁료
> 2. 위탁사무와 관련된 한국자산관리공사의 일반인건비, 급여성 복리후생비를 포함한 총액인건비
> 3. 위탁사무와 관련하여 반복적으로 지출되는 비급여성 복리후생비, 여비, 교육훈련비, 비품비, 업무추진비, 통신비 등 경상경비
> 4. 위탁사무와 관련하여 지출하는 수선유지비, 각종 세금과 공과금, 등기비용, 소송비용, 보험료, 감정평가비 등 재산경비
>
> **제13조(위탁료)** 총괄청은 해당 연도의 위탁료를 제10조에 따른 평가 결과를 반영하여 제12조제2항제2호에 따른 총액인건비 지출금액의 10퍼센트 범위에서 정한다.

물납주식의 발행회사가 유상증자를 하는 경우, 국가의 신주인수대금이 위 국유재산의 위탁에 관한 규칙 제12조 제2항 제4호의 재산경비에 포함될 것인가. 포함된다면 한국자산관리공사가 위탁계정에서 신주인수대금을 납부하면 되고, 만약 그렇지 않다면 신주인수대금을 미리 예산으로 확보해야 한다. 유상증자 참여를 국유재산의 관리행위로 볼 수 있다면 신주인수대금에 예산총계주의를 적용할 여지가 있을 것인데, 국유재산의 관리란 국유재산의 취득·운용과 유지·보존을 위한 모든 행위를 말한다(법 제2조 제3호). 주주에게 신주인수권을 부여하는 취지가 타인이 신주를 인수함으로써 기존 주주가 보유하던 주식가치와 회사에 대한 지배력이 희석되는 것을 방어하려는 것이므로,[143] 유상증자 참여를 국유재산의 관리행위라고 볼 수 있을 것이다.

2) 금융기관 등

증권의 처분을 위탁받은 자에게는 증권의 매각 과정에서 발생한 필요경비를 귀속시킬 수 있는데, 총괄청과 협의하여 필요경비의 10% 범위에서 추가로 더 귀속시킬 수 있다(영 제39조 제3항).

3) 지방자치단체

총괄청소관의 일반재산 관리·처분 사무를 지원하는 지방자치단체[144]에게는 그 수익금의

143) 이철송, 회사법강의, 제28판, 박영사, 2020, 906-907면.
144) 그 대표기관인 지방자치단체의 장이 수임기관이다.

일정 비율을 귀속시켰으나, 한국자산관리공사로 관리일원화가 되면서 2013. 4. 5. 폐지되었다(영 제39조 제2항, 제4항, 제5항). 한편 동 귀속금 규정은 지방자치단체의 장이 행정재산을 위임 관리함에 따른 귀속금의 근거도 되었던바(법 제32조 제3항, 제42조 제6항), 이로서 국유재산법상 지방자치단체에 귀속금을 지급한 근거는 모두 사라지게 되었고, 이 규정이 다시 부활하지 않는 한은 국가의 지방자치단체에 대한 국유재산 관리·처분 관련 보수는 일반교부금으로 해결해야 한다. 지방자치단체에 적용되는 보수시스템을 알아보고, 다른 수임·수탁기관의 보수와 비교하는 등의 차원에서, 구 국유재산법 시행령(2013. 4. 5. 대통령령 제24495호로 개정되기 직전의 것, 이하 구 영이라고 한다)에 규정된 지방자치단체 귀속금의 내용을 살펴보면 다음과 같다.

지방자치단체에 귀속시킬 수 있는 귀속금의 범위는 ① 대부료의 50%, ② 매각대금의 20 ~ 30% 범위에서 총괄청이 전년도 국유재산 관리·처분 실적을 고려하여 지방자치단체별로 정하는 비율, ③ 변상금의 40%이었다(구 영 제39조 제2항). 지방자치단체장은 귀속금을 국유재산의 적정한 관리를 위하여 필요한 경비에 우선적으로 사용하여야 하였고, 국유재산의 관리에 관한 사무를 위임받거나 그 사무의 일부를 분장하고 있는 공무원에게 귀속금의 범위에서 관재활동비를 지급할 수 있었다(구 영 제39조 제4항, 제5항).

(2) 예산총계주의에 대한 예외

한 회계연도의 모든 수입과 지출은 세입과 세출로서 예산에 계상하여야 하고(국가재정법 제17조), 중앙관서의 장은 법률에 특별한 규정이 있는 경우를 제외하고는 소관 수입을 국고에 납입함이 없이 이를 직접 사용하지 못한다(국고금관리법 제7조). 이러한 예산총계주의에 따르면 국유재산의 관리·처분 과정에서 발생하는 수입금과 수임·수탁기관에 대한 보수는 세입과 세출로서 예산에 반영하여야 한다. 그러나 예산총계주의를 엄격히 지키게 되면, 제2차 관리기관이 국유재산 수입금을 전부 국고에 납부하였다가 총괄청과 중앙관서의 장이 다시 보수 상당의 금원을 지출하는 번거로운 절차를 반복하게 된다는 점, 국유재산법상 보수가 지급되는 제2차 관리기관은 한국자산관리공사, 지방자치단체 등으로서 국정감사, 감사원감사 등의 통제가 이루어진다는 점 등을 감안하여, 국유재산법은 일정범위에서 예산총계주의의 예외를 인정하고 있다.

1) 대상 재산과 수입금

부동산(종물 포함)과 증권의 사용료·대부료, 매각대금, 개발수입 및 변상금에 한하여 예산총계주의의 예외로 할 수 있다(법 제32조 제3항, 제42조 제6항, 영 제39조 제1항). 도시개발법 등의 청산금은 환지처분에 따른 면적감소를 원인으로 교부하는 것이지 국유재산의 매각대금은 아니라는 이유로 예산총계주의의 예외로 할 수 없다는 것이 총괄청의 입장이다.[145]

---

145) 재관 1282-1000, 1980. 4. 26.

2) 민간수탁자

총괄청소관의 일반재산(총괄청이 위탁받은 일반재산을 포함한다)과 중앙관서의 장이 개발하려는 일반재산을 한국자산관리공사 등에 위탁할 때는 법 42조 제6항, 영 제38조 제7항, 「국유재산의 위탁에 관한 규칙」 제12조 내지 제14조(한국자산관리공사, 한국토지주택공사의 경우), 영 제39조 제3항(은행 등 증권의 처분을 위탁받은 자의 경우)에 따라 예산총계주의의 예외를 적용해 보수를 지급한다. 중앙관서의 장이 법 제29조, 제42조 제4항에 따라 국유재산을 관리위탁 할 때에는 영 제24조 제2항에 따라서 예산총계주의의 예외를 적용한다.

3) 지방자치단체

지장자치단체의 장이 총괄청소관의 일반재산을 위임받는 경우는 법 42조 제6항에 따라, 그 밖의 국유재산을 위임받는 경우는 법 제32조 제3항, 제42조 제4항에 따라 예산총계주의의 예외를 적용해 보수를 받게 되지만, 현재는 영 제39조 제2항, 제4항, 제5항의 삭제로 귀속금의 지급 근거가 없어지게 되었다.

[참고 ⑦] 공공기관, 공공단체 및 행정기관 등의 개념 정리

국유재산법을 포함한 많은 실정법에서 행정의 주체·대상, 법령의 적용 대상 등으로 공공기관, 공공단체 등을 언급하지만 그들 개념에 대한 통일적이고 명확한 정의는 없이, 개별 법률에서 필요한 공공기관 등의 범위를 규정하는데 그치고 있다. 실정법의 내용을 중심으로 공공기관, 공공단체 등을 정의하자면 다음과 같다.

• (**공공기관**) 국가기관, 지방자치단체, 정부 또는 지방자치단체 출연·출자법인, 정부기업, 공기업, 특수법인 등 그 명칭과 법인격 유무를 불문하고 널리 공공의 기능을 수행하는 기관을 말다. 넓고 추상적인 개념이어서 개별 법률은 입법목적에 맞게 적용대상을 광·협으로 조절하여 규정한다. 예컨대 「공공기관의 정보공개에 관한 법률」(이하 정보공개법)은 공공기관의 범위를 비교적 넓게 규정하고 있으며(제2조 제3호), 개인정보보호법은 이와 비슷하지만 약간 좁게 규정하고 있다(제2조 제6호). 한편 「공공기관의 운영에 관한 법률」(이하 공공기관운영법)은 정부출연·지원·지분법인 등으로 한정하고 있다(제4조). 국유재산법은 전대, 수의매각의 허용 등과 관련하여 공공기관을 규정하는데, 모두 공공기관운영법상의 것으로 한정하고 있다(영 제26조 제3항 제2호, 제40조 제3항 제5호 등).
통상 정부기관과 국가기관은 비슷한 개념이지만, 경우에 따라서는 정부기관에 지방자치단체, 교육감 등 교육행정기관을 포함시키기도 한다(「정부기관 및 공공법인 등의 광고시행에 관한 법률」(이하 정부광고법) 제2조 제1호).

• (**공공단체**) 공공기관 중에서 단체, 법인 등 권리능력이 있는 것을 말한다. 비교적 넓은 개념으로서 공공기관운영법상의 공공기관은 대부분 공공단체이다. 법인인 공공단체를 공공법인이라고 하기도 한다(정부광고법 제2조 제2호). 공공기관과 마찬가지로 개별 법률은 입법목적에 맞게

적용대상을 조절하여 규정한다. 국유재산법은 사용료 · 대부료의 면제, 국유재산의 양여와 관련하여 공공단체를 규정하는데, 모두 법령에 따라 정부가 자본금 · 기본재산의 전액을 출자 · 출연하는 법인으로 한정하고 있다(법 제34조 제1항 제3호, 제55조 제1항 제2호). 정부출자법인은 대부분 기업체이기 때문에 정부출자기업체라고도 하며, 정부출연법인은 주로 비영리연구기관이어서 정부출연기관이라고도 한다.

「공익법인의 설립 · 운영에 관한 법률」은 민법상의 법인으로서 사회일반의 이익에 이바지하기 위하여 학자금 · 장학금 또는 연구비의 보조나 지급, 학술, 자선에 관한 사업을 목적으로 하는 법인을 공익법인이라고 하여, 법인의 설립 · 운영 등에 관한 민법의 규정을 보완하고 있다(제1조, 제2조).

국가가 국민에게 공공서비스를 제공할 때 특별법으로 그 사업을 집행할 공공기관을 설립 · 지정하는 것이 보통이지만, 정부조직으로 실행하기도 하는바, 전자의 공공기관을 특수법인이라고 하고, 후자의 공공기관을 정부기업이라고 한다.

• (**중앙행정기관과 중앙관서**) 명칭과 법인격 유무를 불문하고 행정사무를 수행하는 것을 행정기관이라고 하는데, 너무 넓고 추상적이어서 그 자체로 특별한 법적 의미는 없다. 법적 의미가 있는 것은 중앙행정기관과 중앙관서이다. 중앙행정기관은 국가의 행정사무를 담당하기 위하여 설치된 행정기관으로서 그 관할권의 범위가 전국에 미치는데, 정부조직법에 따라 설치된 부 · 처 · 청과 동법 제2조 제2항 각 호의 행정기관을 중앙행정기관으로 한다(정부조직법 제2조 제2항).[146] 특정 중앙행정기관에 소속되어, 당해 관할 구역 내에서 시행되는 소속 중앙행정기관의 권한에 속하는 행정사무를 관장하는 국가의 지방행정기관을 특별지방행정기관이라고 한다(같은 법 제3조). 중앙행정기관 소속의 일반적인 지방행정기관은 지방자치단체장이다.

국가재정법은 중앙행정기관의 장에 국회사무총장, 법원행정처장, 헌법재판소사무처장 및 중앙선거관리위원회사무총장을 더하여 중앙관서의 장이라고 하는데(제6조), 주로 국유재산법을 포함한 각종 국가재정 관련 법률에서 중앙행정기관의 장 대신으로 쓰인다. 국유재산법은 중앙관서의 장을 국유재산소관청 내지 제1차 재산관리기관으로 규정하고 있다.

---

146) 정부조직법 제2조(중앙행정기관의 설치와 조직 등) ① 중앙행정기관의 설치와 직무범위는 법률로 정한다.

② 중앙행정기관은 이 법에 따라 설치된 부 · 처 · 청과 다음 각 호의 행정기관으로 하되, 중앙행정기관은 이 법 및 다음 각 호의 법률에 따르지 아니하고는 설치할 수 없다.

1. 「방송통신위원회의 설치 및 운영에 관한 법률」 제3조에 따른 방송통신위원회
2. 「독점규제 및 공정거래에 관한 법률」 제54조에 따른 공정거래위원회
3. 「부패방지 및 국민권익위원회의 설치와 운영에 관한 법률」 제11조에 따른 국민권익위원회
4. 「금융위원회의 설치 등에 관한 법률」 제3조에 따른 금융위원회
5. 「개인정보 보호법」 제7조에 따른 개인정보 보호위원회
6. 「원자력안전위원회의 설치 및 운영에 관한 법률」 제3조에 따른 원자력안전위원회
7. 「신행정수도 후속대책을 위한 연기 · 공주지역 행정중심복합도시 건설을 위한 특별법」 제38조에 따른 행정중심복합도시건설청
8. 「새만금사업 추진 및 지원에 관한 특별법」 제34조에 따른 새만금개발청

제4장 국유재산의 보호체계

제1절 무단점유의 해소

Ⅰ. 무단점유의 금지

국유재산법 제7조(국유재산의 보호) ① 누구든지 이 법 또는 다른 법률에서 정하는 절차와 방법에 따르지 아니하고는 국유재산을 사용하거나 수익하지 못한다.
제2조(정의) 이 법에서 사용하는 용어의 뜻은 다음과 같다.
9. "변상금"이란 사용허가나 대부계약 없이 국유재산을 사용·수익하거나 점유한 자(사용허가나 대부계약 기간이 끝난 후 다시 사용허가나 대부계약 없이 국유재산을 계속 사용·수익하거나 점유한 자를 포함한다. 이하 "무단점유자"라 한다)에게 부과하는 금액을 말한다.
제74조(불법시설물의 철거) 정당한 사유 없이 국유재산을 점유하거나 이에 시설물을 설치한 경우에는 중앙관서의 장등은 「행정대집행법」을 준용하여 철거하거나 그 밖에 필요한 조치를 할 수 있다.
제82조(벌칙) 제7조제1항을 위반하여 행정재산을 사용하거나 수익한 자는 2년 이하의 징역 또는 2천만원 이하의 벌금에 처한다.

국유재산법은 누구든지 이 법 또는 다른 법률에서 정하는 절차와 방법에 따르지 아니하고는 국유재산을 사용하거나 수익하지 못한다고 하면서(제7조 제1항), 이를 위반한 경우 변상금을 부과하거나(제2조 제9호, 제72조), 행정대집행으로 철거하며(제74조), 나아가 행정재산에 대하여는 형벌의 제제를 가한다(제82조). 국유재산법은 무단점유를 금지하고 이를 위반한 행위에 대하여 변상금 등의 제재를 규정할 뿐, 그 밖에 국유재산의 파괴 등에 대하여는 규정하지 않고 있는바, 이들에 대하여는 불법행위책임(민법 제750조), 공용물파괴죄(형법 제141조제2항), 공익건조물파괴죄(형법 제367조) 등 일반 민·형사법 등의 규정에 의해야 할 것이다.

Ⅱ. 변상금

국유재산법은 무단점유자에 대하여 사용료의 120%에 상당하는 변상금을 부과·징수하도록 한다(제72조, 제2조 제9호). 변상금은 부당이득반환금의 성질을 가지는 법정제재금으로서 관리청의 부과행위에 의해서 발생하며, 미납 시 연체료를 부과할 수 있고(법 제73조 제1항), 국세징수법의 체납처분 규정을 준용해서 강제징수할 수 있다(같은 조 제2항). 변상금 제도는 1976. 12. 31.

전부개정 법률에서 도입된 이래로 국유재산법상 무단점유의 해소를 위한 대표적인 제재 수단으로 자리를 잡았다. 변상금 제도는 그 내용이 방대하고 많은 법적 쟁점을 포함하므로 제4편에서 별도 설명하기로 한다.

Ⅲ. 행정대집행

1. 행정대집행의 의의

(1) 개념

행정대집행이란, "법률(법률의 위임에 의한 명령, 지방자치단체의 조례 포함)에 의하여 직접 명령되었거나 법률에 의거한 행정청의 명령에 의한 행위로서 타인이 대신 행할 수 있는 행위를 의무자가 이행하지 아니하는 경우, 다른 수단으로써 그 이행을 확보하기 곤란하고 또한 그 불이행을 방치함이 심히 공익을 해할 것으로 인정될 때 당해 행정청이 스스로 의무자가 하여야 할 행위를 하거나 제3자로 하여금 이를 하게 한 다음 그 비용을 의무자로부터 징수하는 것"이다(행정대집행법 제2조). 행정대집행의 상당수는 도로·하천 등 공물이나 국·공유재산을 불법 점용하거나, 건축법을 위반하여 건축물을 축조한 것의 결과물을 제거하는 것이다. 원상회복, 철거 등 행정상의 의무를 명하는 것과 그러한 의무의 내용을 강제하는 것은 성질 및 내용에 있어서 별개이므로 각각 별도의 법적근거가 있어야 한다.[147] 현재 행정대집행에 관한 일반법으로 행정대집행법이 있으며, 개별법으로는 도로법, 하천법, 국유재산법, 공유재산법, 건축법 및 토지보상법 등이 있다.

(2) 국유재산법상 강제철거의 연혁

국유재산상의 불법시설물 철거에 관하여는 1956년 폐지제정 국유재산법에서 최초로 규정하였지만 당시는 관리청의 철거요구에 대한 철거의무만 규정할 뿐, 행정대집행에 관하여는 침묵하였다.[148] 대법원은 이 규정에 대하여 사경제주체로서의 국가가 소유하는 재산에 대한 사법상의 권리관계를 규정한 것일 뿐 공법상의 행위의무를 규정한 것이 아니므로 행정대집행의 근거가 될 수 없다고 하였다.[149] 이후 1976. 12. 31. 전부개정 법률에서 정당한 사유 없이 행정재산 또는 보존재산을 점유하거나 이에 시설물을 설치한 때에는 행정대집행법을 준용하여 철거 기타 필요한 조치를 할 수 있다고 규정함으로써[150] 행정대집행법을 준용할 수 있는 근거를 마련하되, 그 대상을 행정재산과 보존재산으로 한정하였고, 1981. 12. 31. 개정 법률에 이르러 행정대집행

147) 김남진/김연태, 행정법Ⅰ, 제23판, 법문사, 2019, 534면.
148) 1970. 1. 1. 개정 국유재산법 제36조, 제37조 참조.
149) 대법원 1992. 9. 8. 선고 91누13090 판결.
150) 1976. 12. 31. 전부개정 법률 제52조 참조. 이 당시에는 국유재산을 행정재산, 보존재산 및 잡종재산(오늘날 일반재산)으로 구분하였다.

의 대상을 모든 국유재산으로 확대해 오늘에 이르고 있다.

한편 종래에는 한국자산관리공사 등 민간수탁기관이 법 제74조에 따라 행정대집행을 할 수 있는지 의문이 있었으나, 2016. 3. 2. 개정 법률에서부터는 행정대집행의 주체를 '중앙관서의 장 등'이라고 명시하여 종래의 논란을 없애게 되었다.

[판례] 구 국유재산법(1976. 12. 31. 법률 제2950호로 전문 개정되기 전의 것) 제37조는 제5조의 규정에 위반한 자가 당해 재산상에 시설을 가진 경우에 정부의 철거요구가 있을 때에는 지체 없이 이를 철거하여야 한다고 규정하면서도 행정대집행법을 준용할 수 있는 규정을 두지 않았으므로, 위 제37조를 사경제주체로서 국가가 소유하는 재산에 관한 사법상의 권리관계를 규정한 것일 뿐 공법상의 행위의무를 규정한 것이 아니라고 보는 이상 행정대집행법에 의하여 대집행을 할 수 있는 근거가 없었으며 그 후 개정된 구 국유재산법(1981.12.31. 법률 제3482호로 개정되기 전의 것) 제52조는 정당한 사유 없이 행정재산 또는 보존재산을 점유하거나 이에 시설물을 설치한 때에는 행정대집행법을 준용하여 철거 기타 필요한 조치를 할 수 있다고 규정함으로써 행정대집행법을 준용할 수 있는 근거를 마련하면서도 그 대상을 행정재산과 보존재산으로 제한하였으므로, 행정재산 또는 보존재산이 아닌 국유재산에 대하여는 행정대집행을 할 여지가 없었으나 현행 국유재산법은 위와 같은 제한 없이 모든 국유재산에 대하여 행정대집행법을 준용할 수 있도록 규정하였으므로, 행정청은 당해 재산이 행정재산 등 공용재산인 여부나 그 철거의무가 공법상의 의무인 여부에 관계없이 대집행을 할 수 있으며, 이는 같은 법 제25조 및 제38조가사법상 권리관계인 국유재산의 사용료 또는 대부료 체납에 관하여도 국세징수법 중 체납처분에 관한 규정을 준용하여 징수할 수 있도록 규정한 것과도 그 궤를 같이하는 것이다(대법원 1992. 9. 8. 선고 91누13090 판결).

(3) 행정대집행과 직접강제

행정대집행은 대체적 작위의무를 전제로 그 내용을 대체집행하는 것인 반면, 직접강제는 대체적 작위의무뿐만 아니라 비대체적 작위의무, 부작위의무 및 수인의무 등 일체의 의무불이행에 대해 의무자의 신체나 재산에 실력을 가해 의무내용을 실현하는 것이라는 점에서 양자는 차이가 있다.[151] 대체적 작위의무의 영역에서는 행정대집행과 직접강제가 모두 가능하기 때문에 법이 정한 강제수단이 어느 것에 해당하는지 구분하기 곤란한 경우가 있다. 독일의 경우 행정대집행, 직접강제, 이행강제금 등을 포괄하는 일반법인 행정집행법을 제정하여 행정대집행이나 이행강제금의 부과로 강제집행이 곤란할 때 직접강제를 하도록 하므로 이러한 혼란이 거의 없다.[152] 대집행과 직접강제는 집행비용을 누가 부담하는지, 절차에 관한 일반법이 정비되어 있는

151) 김남진/김연태, 앞의 책, 552면.

152) 예외적으로 독일과 비슷하게 집행단계에서 행정청이 대집행과 직접강제 중 어느 하나를 선택하도록 한 개별법이 있기도 한데, 식품위생법에 위반한 식품 등에 대하여 관계 공무원이 직접 폐기할

지 등에서 많은 차이가 있음에도 불구하고 현실에서는 양자의 구분이 곤란할 때가 많다. 현재 직접강제는 개별법에 따라 단편적으로 실행됨에 따라 절차미비, 탈법적 실행 등의 문제가 있을 수 있으므로,[153] 행정집행법의 제정 등 제도적 정비가 있기 전에는 가급적 대집행으로 해석하여 직접강제의 범위를 줄일 필요가 있다.

2. 국유재산법 제74조의 법적 성질

행정상 의무를 명하는 법률과 그 의무를 강제하는 법률은 서로 별개이므로, 행정대집행의 경우 대체적 작위의무를 발생시키는 법률과 행정대집행을 실행하는 법률이 모두 존재하여야 한다. 행정상 작위의무가 있더라도 행정대집행법의 준용을 규정하는 조항이 없다면 대집행 할 수 없다.[154] 즉 행정대집행법의 존재 자체가 대집행을 가능케 하는 일반적인 근거가 되지 못하고, 개별 법률에서 행정대집행법의 준용을 명시해야 비로소 행정대집행 절차에 관한 일반법이 되는 것이다. 반대로 개별 법률에서 대체적 작위의무를 발생시키지 않고 행정대집행법의 준용만 규정한다면 이로써 대집행이 가능할까.

국유재산법은, 국유재산의 무단점유를 금지하는 부작위의무를 규정하면서(제7조), 이를 위반한 결과물의 제거를 위해 행정대집행법을 준용해 철거할 수 있다고 하는바(제74조), 이것이 행정대집행 규정인지, 직접강제 규정인지, 아니면 행정대집행의 요건(대체적 작위의무, 즉 철거의무를 발생시키는 전환규정)이 결여되어 대집행이 불가한 규정인지 의문을 생기게 한다. 학설과 판례는 금지규정(부작위의무 규정)에서 위반의 결과를 시정할 것을 명하는 권한이 당연히 나오는 것이 아니라고 한다.[155] 유관 법률은 대부분 전환규정을 두고 있으며(도로법 제83조, 하천법 제69조, 건축법 제79조 등), 공유재산법은 무단시설물의 강제철거를 직접강제로 규정하다가 2010. 2. 개정 법률에서 부터 전환규정을 갖춘 완전한 형태의 행정대집행을 규정하고 있다.

국유재산법 제7조(국유재산의 보호) ① 누구든지 이 법 또는 다른 법률에서 정하는 절차와 방법에 따르지 아니하고는 국유재산을 사용하거나 수익하지 못한다.
제74조(불법시설물의 철거) 정당한 사유 없이 국유재산을 점유하거나 이에 시설물을 설치한 경우에

수도 있고, 아니면 위반자에게 폐기명령을 한 후 이를 이행하지 않을 때 행정대집행법에 따라 대집행을 하고 그 비용을 위반자에게 물리는 식품위생법 제72조가 그것이다.

153) 직접강제에 관한 절차규정이 전혀 없거나(방어해면법 제7조, 군사기지 및 군사시설보호법 제12조제2항), 계고절차가 생략되어 있는 등(공중위생관리법 제11조, 식품위생법 제79조) 아직 불충분한 상태에 있다.

154) 대법원 1992. 9. 8. 선고 91누13090 판결.

155) 김동희, 행정법Ⅰ, 제25판, 박영사, 2019, 477-478면; 김남진/김연태, 앞의 책, 538면; 대법원 1996. 6. 28. 선고 96누4374 판결 등.

는 중앙관서의 장등은 「행정대집행법」을 준용하여 철거하거나 그 밖에 필요한 조치를 할 수 있다.

[**판례**] 행정대집행법 제2조는 대집행의 대상이 되는 의무를 "법률(법률의 위임에 의한 명령, 지방자치단체의 조례를 포함한다. 이하 같다)에 의하여 직접 명령되었거나 또는 법률에 의거한 행정청의 명령에 의한 행위로서 타인이 대신하여 행할 수 있는 행위"라고 규정하고 있으므로, 대집행계고처분을 하기 위하여는 법령에 의하여 직접 명령되거나 법령에 근거한 행정청의 명령에 의한 의무자의 대체적 작위의무 위반행위가 있어야 한다. 따라서 단순한 부작위의무의 위반, 즉 관계 법령에 정하고 있는 절대적 금지나 허가를 유보한 상대적 금지를 위반한 경우에는 당해 법령에서 그 위반자에 대하여 위반에 의하여 생긴 유형적 결과의 시정을 명하는 행정처분의 권한을 인정하는 규정(예컨대, 건축법 제69조, 도로법 제74조, 하천법 제67조, 도시공원법 제20조, 옥외광고물등관리법 제10조 등)을 두고 있지 아니한 이상, 법치주의의 원리에 비추어 볼 때 위와 같은 부작위의무로부터 그 의무를 위반함으로써 생긴 결과를 시정하기 위한 작위의무를 당연히 끌어낼 수는 없으며, 또 위 금지규정(특히 허가를 유보한 상대적 금지규정)으로부터 작위의무, 즉 위반결과의 시정을 명하는 권한이 당연히 추론되는 것도 아니다(대법원 1996. 6. 28. 선고 96누4374 판결).

(1) 학설

부작위의무에 위반한 행정객체에게 그 결과제거를 명함이 없이 바로 결과물의 강제제거를 규정하고 있다면 그것은 대집행이 아니라 직접강제라는 견해(직접강제설),[156] 법이 행정대집행 규정을 두고 있다면 소관 행정청에게 작위명령 발동권한이 있는 것으로 봐야 한다는 견해(작위명령가능설),[157][158] 법이 행정대집행 규정을 두고 있다면 당연히 행정대집행의 방법에 의하여 그 시설물을 철거할 수 있는 것이고, 이 경우 위반자는 행정대집행의 대상이 되는 철거의무를 진다는 견해(작위명령불요설),[159] 부작위의무를 위반하여 설치한 불법시설물에 대한 철거명령 규정이 없다면 비록 행정대집행 규정이 있다고 하다라도 행정대집행을 할 수 없다는 견해(집행불가설)[160]가 있다.

---

156) 박윤흔, 최신 행정법강의(상), 개정29판, 박영사, 2004, 605면 각주 2); 김세규, 행정대집행에 관한 소고, 공법학연구 제11권 제3호, 한국비교공법학회, 2010, 200면.

157) 김성원, 대집행의 요건, 원광법학 제25권 제2호, 원광대학교 법학연구소, 2009, 159면; 이일세, 행정대집행의 요건에 관한 고찰, 토지공법연구 제37집 제1호, 토지공법학회, 2007, 279면.

158) 한견우, 우리나라 대집행제도의 이론과 실무, 법조 제51권 제12호, 법조협회, 2002, 85면.

159) 문상배, 행정청이 행정대집행을 할 수 있는 경우 행정청의 채권자가 행정청을 대위하여 민사소송의 방법으로 시설물의 철거를 구할 수 있는지 여부, 대법원판례해설 79호(2009 상반기), 법원도서관, 2009, 139면.

160) 김명연, 토지 · 건물의 명도 및 부작위의무에 대한 행정대집행, 고시계 제51권 제7호, 고시계사, 2006, 79-80면. 이 견해에 의하면 국유재산법 제74조는 입법상의 오류로 사문화된 규정이 된다고 할 것이다.

(2) 판례

대법원은 국유재산상의 불법시설물에 대하여 국유재산법 제74조에 따라 강제철거를 할 수 있다고 한다. 국유재산법 제74조를 직접강제로 보는지, 행정대집행으로 보는지 명확하지 않지만, "… 대집행을 할 수 있으며…"라고 하므로 행정대집행설을 취한다고 볼 수 있다. 결국 국유재산법 제74조만으로 국유재산상의 불법시설물에 대하여 행정대집행이 가능하다는 입장인바, 이러한 태도는 위의 여러 학설 중에서 작위명령불요설을 취했다고 볼 수 있다.[161)]

[**판례**①] 현행 국유재산법은 위와 같은 제한 없이 모든 국유재산에 대하여 행정대집행법을 준용할 수 있도록 규정하였으므로, 행정청은 당해 재산이 행정재산인지 여부나 그 철거의무가 공법상의 의무인 여부에 관계없이 대집행을 할 수 있으며, 이는 같은 법 제25조 및 제38조가 사법상 권리관계인 국유재산의 사용료 또는 대부료 체납에 관하여도 국세징수법 중 체납처분에 관한 규정을 준용하여 징수할 수 있도록 규정한 것과도 그 궤를 같이하는 것이다(대법원 1992. 9. 8. 선고 91누13090 판결).

[**판례**②] 이 사건 토지는 잡종재산인 국유재산으로서, 국유재산법 제52조는 "정당한 사유 없이 국유재산을 점유하거나 이에 시설물을 설치한 때에는 행정대집행법을 준용하여 철거 기타 필요한 조치를 할 수 있다."고 규정하고 있으므로, 관리권자인 보령시장으로서는 행정대집행의 방법으로 이 사건 시설물을 철거할 수 있고, 이러한 행정대집행의 절차가 인정되는 경우에는 따로 민사소송의 방법으로 피고들에 대하여 이 사건 시설물의 철거를 구하는 것은 허용되지 않는다(대법원 2009. 6. 11. 선고 2009다1122 판결).

(3) 검토

국유재산법 제74조는 행정대집행의 요건(대체적 작위의무의 위반)을 규정하는 제2조를 포함한 행정대집행법 전부를 준용하기 때문에 국유재산법 제74조를 직접강제로 해석하기는 곤란하다. 그렇다고 대체적 작위의무가 발생되는 과정을 생략한 채로 행정대집행을 인정하는 것도 행정대집행의 대원칙을 흔드는 것으로 곤란하다. 궁극적으로 국유재산법 제74조가 철거를 명하는 규정을 두는 것이 타당하지만, 민간수탁자인 한국자산관리공사에게는 입법기술상 어려움이 있을 것으로 보인다. 공유재산법의 경우 과거 철거명령 규정이 없이 행정대집행법의 절차규정만을 준용함으로써 그 법적성격이 직접강제임을 분명히 하였다. 이후 2010년 개정 법률에서는 철거명령 규정을 추가함과 아울러 제2조를 포함한 행정대집행법에 따라 철거할 수 있다고 함으로써 완전한 형태의 행정대집행을 규정하게 되었다.

---

161) 국유일반재산에 시설물을 설치하였다 하더라도 국유재산법 제74조에 의하여 그 철거를 할 수 없다고 한 '대판 1984.3.27, 82누116'을 들면서, 대법원이 상이한 판단을 내렸다고 하는 견해가 있으나(김성원, 앞의 논문, 147면) 동 판례는 일반재산에는 행정대집행법을 준용할 수 없을 때(1981. 12. 31. 법률 제3482호로 개정되기 전의 국유재산법 시절)의 사례에 내려진 판결이므로 타당하지 않다.

공유재산 및 물품 관리법(2008. 12. 26.,**법률 제**9174**호**) **제**83**조**(**불법시설물의 철거**) 정당한 사유 없이 공유재산을 점유하거나 이에 시설물을 설치한 때에는 「행정대집행법」 제3조부터 제6조까지의 규정을 준용하여 철거하거나 그 밖에 필요한 조치를 할 수 있다.

공유재산 및 물품 관리법(**현행**) **제**83**조**(**원상복구명령 등**) ① 지방자치단체의 장은 정당한 사유 없이 공유재산을 점유하거나 공유재산에 시설물을 설치한 경우에는 원상복구 또는 시설물의 철거 등을 명하거나 이에 필요한 조치를 할 수 있다.
② 제1항에 따른 명령을 받은 자가 그 명령을 이행하지 아니할 때에는 「행정대집행법」에 따라 원상복구 또는 시설물의 철거 등을 하고 그 비용을 징수할 수 있다.

3. 국유재산법 제74조의 적용 대상

(1) 정당한 사유 없는 점유 또는 시설물의 설치

국유재산법 제74조는 정당한 사유 없이 국유재산을 점유하거나 이에 시설물을 설치한 경우를 철거 등 행정대집행의 대상으로 하고 있다. 이때 '정당한 사유 없는 점유 등'의 해석과 관련하여 시설물 설치 등을 할 당시부터 점유권원이 없어야 하는지(협의설), 시설물 설치 등을 한 이후에 점유권원이 소멸한 경우를 포함하는지(광의설)가 문제될 수 있다. 생각건대 법 제74조의 문리해석상 협의설이 타당하다는 점, 변상금의 성립요건을 규정하는 법 제2조 제9호가 별도로 괄호를 신설(1994. 1. 5)하여 권원의 사후소멸을 추가하였다는 점, 대법원이 법 제2조 제9호 괄호가 신설되기 전에는 권원이 사후 소멸한 경우에는 변상금이 성립되지 않는다고 판시한 점[162] 등을 고려할 때 협의설이 타당하다. 대법원은 공유재산 사례에서 점유권원(대부계약)이 사후 소멸한 경우에도 행정대집행의 방법으로 그 지상물을 철거시킬 수 있다고 하였다(광의설).[163]

(2) 철거, 그 밖에 필요한 조치

국유재산법 제74조는 시설물의 철거뿐만 아니라 점유를 제거하기 위해 필요한 조치도 가능함을 규정하고 있다. 그러나 점유의 이전은 대체적 작위의무가 아니므로 행정대집행의 대상이 될 수 없으며, 판례는 토지의 인도 또는 그 지상물의 명도의무를 피보전권리로 하는 민사상의 명도단행가처분을 허용함으로써 이 문제를 해결하고 있다고 한다.[164]

162) 대법원 1987. 9. 8. 선고 87다카809, 810, 811 판결, 대법원 1993. 9. 10. 선고 93누13865 판결 등.
163) 대법원 2001. 10. 12. 선고 2001두4078 판결.
164) 하명호, 앞의 책, 867면. 대법원 2005. 8. 19. 선고 2004다2809 판결.

4. 국유재산법 제74조의 한계

강제철거를 위한 행정대집행은 침익적 행정행위의 전형으로서 행정의 법원칙(행정기본법 제2장)에 의한 제한과 한계가 있을 수밖에 없다. 특히 국유재산법은 국유지상의 불법건물에 대하여 그 소유자에게 수의매각의 기회를 주는 바이므로, 이와 관련된 비례의 원칙 및 신뢰보호의 원칙이 중요하게 거론 될 수 있다.

(1) 비례의 원칙

비례의 원칙이란 행정주체가 구체적인 행정목적을 실현할 때 그 목적 실현과 수단 사이에 합리적인 비례관계가 유지되어야 한다는 원칙으로서 과잉금지의 원칙이라고도 한다.[165)] 최근 제정된 행정기본법 제10조에 명시되어 있으며, 행정대집행법 제2조도 '다른 수단으로는 의무이행의 확보가 곤란할 것'을 요구하여 이 원칙을 요구하는 것으로 이해할 수 있다.[166)] 비례의 원칙은 적합성, 필요성 및 상당성의 원칙에 따라 단계적 심사과정을 거치게 되는데, 행정현실에서 대부분의 수단은 목적달성에 적합한 수단으로 인정된다. 필요성의 원칙은 행정청이 가장 피해가 적은 수단을 선택하도록 강요하는 원칙으로 해석해서는 안 되고, 행정수단의 선택판단은 가급적 존중되어야 한다.[167)]

건물소유자에 대한 국유지 수의매각 규정(영 제40조 제3항 제14호 가목)은 건물양성화에 입법취지가 있는 것이지, 국유지 무단점유 해소를 위한 수단으로 도입된 제도는 아니므로 최소 침해수단으로 고려될 수 없다. 결국 국유지상의 불법건물 강제철거 여부를 논할 때는 상당성의 원칙(협의의 비례의 원칙)에 따라야 하는바, 국가가 대집행으로 달성하려는 행정목적이 무엇인지, 건물이 얼마나 오랫동안 존재했는지 및 건물의 용도가 무엇인지 등을 종합적으로 검토하여 공·사익의 비례적 균형여부를 판단하여야 한다. 영 제40조 제3항 제14호 가목에 해당하는 사안에 대한 철거 대집행이라면 비례의 원칙을 위반한 것으로 위법하다고 볼 소지가 있다. 이 규정은 국유재산으로서 이용가치가 없는 국유지임을 전제로 하기 때문이다.

(2) 신뢰보호의 원칙

국유지위의 불법건물에 대하여 국가가 상당기간 동안 강제철거 조치를 취하지 않고 사용허가·대부를 하였고(영 제27조 제3항 제1호, 제51조), 그 국유지를 수의매각 할 수 있는 규정도 있는 바이므로(영 제40조 제3항 제14호 가목), 신뢰보호의 원칙(행정기본법 제12조)이 적용되어 강제철

165) 하명호, 앞의 책, 25면; 이동식/전훈/김성배, 행정법총론, 제8판, 준커뮤니케이션즈, 2019, 68면. 이에 비하여 입법 활동의 한계로서 헌법상의 원리로 보는 견해도 있다(류지태/박종수, 행정법 신론, 제16판, 박영사, 2016, 165면).

166) 이동식/전훈/김성배, 앞의 책, 561면.

167) 이동식/전훈/김성배, 앞의 책, 70-71면.

거가 어렵게 된다. 그러나 신뢰보호의 원칙은 법률적합성의 원칙이라는 공익과 신뢰보호라는 사익을 비교형량하는 과정을 거쳐야 하므로 결국 비례의 원칙과 마찬가지로 공·사익의 비례적 균형여부를 판단하여야 한다.[168] 결론적으로 건물소유자에 대한 수의매각 규정에 해당하게 되면(특히 국유재산으로서의 이용가치가 없음이 인정되면) 비례의 원칙 또는 신뢰보호의 원칙에 의하여 강제철거가 어려운 경우가 많을 것이라고 생각된다.

5. 민사소송과의 관계

(1) 철거소송과 양립가능성

사법(私法)의 영역에 특별한 공법적 규율이 도입되었음에도 불구하고 그 공법적 규율이 제도적으로 미비한 등의 이유로 사법(私法)상의 수단을 선호하는 사례가 발생할 수 있다. 행정상 강제집행이 제도적으로 완비되지 못한 일본과 우리나라에서는 그 대안으로 민사상 강제집행을 활용하려는 시도가 종종 발생하기도 한다. 특히 새로 도입된 공법적 규율이 민사소송을 대체하는 특별할 행정적 수단인 경우 절차의 복잡성, 집행기관의 전문성 부족 등으로 다시 민사소송으로 회귀하는 경향이 있을 수 있다. 국유재산법이 마련한 철거대집행을 하지 않고 민사소송법에 따른 철거소송을 시도하는 것이 전형적인 예이다.[169]

원칙적으로 공법상의 수단과 사법상의 수단은 서로 별개이어서 각자는 그 요건이 갖추어졌는지에 따라 별개로 행하여질 수 있지만, 동일한 사법관계 내의 절차들 사이에는 직접적인 수단, 우회적인 수단이라는 관계가 형성되어 후자에 대하여 소의이익이 부정될 수 있다. 대법원이 민사소송에서 간이하고 경제적인 특별구제절차가 존재한다는 이유로 소의이익을 부인한 사례들은 모두 동일한 사법관계 내의 것들이다.[170] 대법원은 변상금부과와 부당이득반환청구소송이 서로 별개의 제도로서 양립가능하다고 하지만,[171] 체납처분 절차에 따라 강제징수 할 수 있는 대부료 채권을 민사소송으로 구할 수는 없다고 하고,[172] 행정대집행으로 강제철거 할 수 있음에도 민사소송의 방법으로 이를 구하는 것은 허용되지 않는다고 한다.[173] 강제징수나 철거대집행

168) 하명호, 앞의 책, 34-35면; 이동식/전훈/김성배, 앞의 책, 60면; 류지태/박종수, 앞의 책, 160-161면 등.

169) 국유재산법의 변상금부과, 강제징수 및 행정대집행 등의 공법적 규율과 민사소송의 관계에 관한 자세한 내용은 강호칠, 국유재산 변상금 영역에서 발생하는 부당이득반환청구의 문제, 대한변협신문 530호, 2015. 2. 9. 참고.

170) 예컨대, 소송비용액확정 절차에 의할 것인데도 신체감정비용 등 소송비용의 상환이나 가압류비용청구의 소를 제기하거나, 비송사건절차법에 의거할 것인데도 통상의 소로 한 임시이사선임취소의 소, 등기관의 직권사항인데 부기등기·예고등기말소의 소를 제기하는 경우 및 집행법상의 절차에 의할 것인데도 가처분등기말소의 소를 제기하는 경우 등. 이시윤, 신민사소송법, 박영사, 2003. 1, 188-189면.

171) 대법원 2014. 7. 16. 선고 2011다76402 전원합의체 판결. 다만 변상금을 민사소송으로 구할 수는 없다(대법원 2000. 11. 24. 선고 2000다28568 판결).

172) 대법원 2014. 9. 4. 선고 2014다203588 판결.

173) 대법원 2000. 5. 12. 선고 99다18909 판결. 국·공유지 위의 불법시설물 사례에 대하여는 대법원 2009. 6. 11. 선고 2009다1122 판결, 대법원 2014. 8. 20. 선고 2014다206693 판결, 대법원 2017. 4.

은 민사소송과 서로 별개의 제도가 아니라 본질적으로 동일하다고 보는 것이다.

[판례①] 구 토지수용법 제18조의2 제2항에 의하면 사업인정의 고시가 있은 후에는 고시된 토지에 공작물의 신축·개축·증축 또는 대수선을 하거나 물건을 부가 또는 증치하고자 하는 자는 미리 도지사의 허가를 받도록 되어 있고, 한편 구 도로법 제74조 제1항 제1호에 의하면 관리청은 같은 법 또는 이에 의한 명령 또는 처분에 위반한 자에 대하여는 공작물의 개축, 물건의 이전 기타 필요한 처분이나 조치를 명할 수 있다고 되어 있으므로 원고 주장대로 이 사건 토지에 관한 도로구역 결정이 고시된 후 피고들이 구 토지수용법 제18조의2 제2항에 위반하여 공작물을 축조하고 물건을 부가하였다면 원고는 관리청으로서 피고들에 대하여 이러한 위반행위에 의하여 생긴 유형적 결과의 시정을 명하는 행정처분을 하여 이에 따르지 않는 경우에는 행정대집행의 방법으로 그 의무내용을 실현할 수 있는 것이고, 이러한 행정대집행의 절차가 인정되는 경우에는 따로 민사소송의 방법으로 비닐하우스의 철거, 비닐하우스 내의 시설물과 화훼작물의 수거 등을 구할 수는 없다고 할 것이다(대법원 2000. 5. 12. 선고 99다18909 판결).

[판례②] 공유재산 및 물품 관리법 제83조 제1항은, '지방자치단체장은 정당한 사유 없이 공유재산을 점유하거나 공유재산에 시설물을 설치한 경우에는 원상복구 또는 시설물의 철거 등을 명하거나 이에 필요한 조치를 할 수 있다.'고 규정하고, 제2항은, '제1항에 따른 명령을 받은 자가 그 명령을 이행하지 아니할 때에는 「행정대집행법」에 따라 원상복구 또는 시설물의 철거 등을 하고 그 비용을 징수할 수 있다.'고 규정하고 있다. 위 규정에 따라 지방자치단체장은 행정대집행의 방법으로 공유재산에 설치한 시설물을 철거할 수 있고, 이러한 행정대집행의 절차가 인정되는 경우에는 민사소송의 방법으로 시설물의 철거를 구하는 것은 허용되지 아니한다(대법원 2017. 4. 13. 선고 2013다207941 판결).

[판례③] 국유재산법 제42조 제1항, 제73조 제2항 제2호에 따르면, 국유 일반재산의 관리·처분에 관한 사무를 위탁받은 자는 국유 일반재산의 대부료 등이 납부기한까지 납부되지 아니한 경우에는 국세징수법 제23조와 같은 법의 체납처분에 관한 규정을 준용하여 대부료 등을 징수할 수 있다. 이와 같이 국유 일반재산의 대부료 등의 징수에 관하여는 국세징수법 규정을 준용한 간이하고 경제적인 특별구제절차가 마련되어 있으므로, 특별한 사정이 없는 한 민사소송의 방법으로 대부료 등의 지급을 구하는 것은 허용되지 아니한다(대법원 2014. 9. 4. 선고 2014다203588 판결).

[비교판례] 국유재산의 무단점유자에 대한 변상금 부과는 공권력을 가진 우월적 지위에서 행하는 행정처분이고, 그 부과처분에 의한 변상금 징수권은 공법상의 권리인 반면, 민사상 부당이득반환청구권은 국유재산의 소유자로서 가지는 사법상의 채권이다. 또한 변상금은 부당이득 산정의 기초가 되는 대부료나 사용료의 120%에 상당하는 금액으로서 부당이득금과 액수가 다르고, 이와 같이 할증된 금액의 변상금을 부과·징수하는 목적은 국유재산의 사용·수익으로 인한 이익의 환수를 넘어 국유재산의 효율적인 보존·관리라는 공익을 실현하는 데 있다. 그리고 대부 또는

---

13. 선고 2013다207941 판결 등 참조.

사용·수익허가 없이 국유재산을 점유하거나 사용·수익하였지만 변상금 부과처분은 할 수 없는 때에도 민사상 부당이득반환청구권은 성립하는 경우가 있으므로, 변상금 부과·징수의 요건과 민사상 부당이득반환청구권의 성립 요건이 일치하는 것도 아니다. 이처럼 구 국유재산법(2009. 1. 30. 법률 제9401호로 전부 개정되기 전의 것, 이하 같다) 제51조 제1항, 제4항, 제5항에 의한 변상금 부과·징수권은 민사상 부당이득반환청구권과 법적 성질을 달리하므로, 국가는 무단점유자를 상대로 변상금 부과·징수권의 행사와 별도로 국유재산의 소유자로서 민사상 부당이득반환청구의 소를 제기할 수 있다(대법원 2014. 7. 16. 선고 2011다76402 전원합의체 판결).

(2) 제3자의 철거소송

앞서 본 바와 같이 국유재산 관리기관은 국유재산법에 특별히 마련된 공법적 규율로 불법시설불 등의 강제철거가 가능하기 때문에 통상의 철거수단인 민사소송이 불허된다. 그렇다면 사용허가, 대부계약 등으로 국유재산을 사용할 권원을 가진 제3자는 불법시설물 등으로 그 사용권이 침해될 때 민사소송으로 방해배제를 할 수 있을까. 1차적으로는 재산관리청이 행정대집행으로 강제철거하여야 할 것이지만, 재산관리청이 행정대집행을 실시하지 않는 경우, 사용권원을 가진 자가 국가를 대위하여 민사소송으로 그 시설물의 철거를 구할 수 있다는 것이 판례이다.[174] 국유재산법상 행정대집행의 권한은 국유재산 관리청에게 부여된 권한일 뿐 사용자 등 제3자는 행사할 수 없으므로 재산의 소유자인 국가를 대위해 민사소송을 할 수 있다고 해야 한다.

[**판례①**] 이 사건 토지는 잡종재산인 국유재산으로서, 국유재산법 제52조는 "정당한 사유 없이 국유재산을 점유하거나 이에 시설물을 설치한 때에는 행정대집행법을 준용하여 철거 기타 필요한 조치를 할 수 있다."고 규정하고 있으므로, 관리권자인 보령시장으로서는 행정대집행의 방법으로 이 사건 시설물을 철거할 수 있고, 이러한 행정대집행의 절차가 인정되는 경우에는 따로 민사소송의 방법으로 피고들에 대하여 이 사건 시설물의 철거를 구하는 것은 허용되지 않는다고 할 것이다(대법원 2000. 5. 12. 선고 99다18909 판결 참조). 다만, 관리권자인 보령시장이 행정대집행을 실시하지 아니하는 경우 국가에 대하여 이 사건 토지 사용청구권을 가지는 원고로서는 위 청구권을 보전하기 위하여 국가를 대위하여 피고들을 상대로 민사소송의 방법으로 이 사건 시설물의 철거를 구하는 이외에는 이를 실현할 수 있는 다른 절차와 방법이 없어 그 보전의 필요성이 인정되므로, 원고는 국가를 대위하여 피고들을 상대로 민사소송의 방법으로 이 사건 시설물의 철거를 구할 수 있다고 보아야 할 것이(다)(대법원 2009. 6. 11. 선고 2009다1122 판결).

---

174) 대법원 2009. 6. 11. 선고 2009다1122 판결, 수원지방법원 평택지원 2016. 12. 13. 선고 2015가단8587 판결 등. 지방자치단체의 장이나 한국자산관리공사 등 재산관리청을 대위하는 것이 아니라 재산의 소유자인 국가를 대위하는 것이다. 재산관리청은 행정법상 사무주체일 뿐이고, 채권자대위소송의 피대위권리를 가지지 못한다. 제3자가 국가에 대하여 가지는 토지사용청구권이 피대위권리이다.

Ⅳ. 형벌

국유재산법의 무단점유 금지 규정(제7조 제1항)을 위반하여 행정재산을 사용·수익한 자는 2년 이하의 징역 또는 2천만원 이하의 벌금에 처한다(제82조). 1956년 폐지제정 국유재산법 때부터 도입된 제도로서 당시에는 일반재산까지 적용대상으로 하였으나 과잉입법이라는 비판이 제기됨에 따라 1976년 전부개정 국유재산법에서부터는 일반재산을 적용대상에서 제외하였다. 국유재산법에 존재하는 유일한 형벌규정이다. 각종 공물법과 문화재보호법, 국유림법 등에도 무단점유에 대한 형벌을 규정하고 있으며, 국유재산법에 비하여 법정형이 높은 경향이다.

죄형법정주의, 형벌의 보충성 등에 비추어 범죄구성요건은 변상금성립요건보다 더 엄격하게 해석되어야 하므로, 변상금이 성립된다고 해서 반드시 법 제82조에 해당하다고 해석해서는 안 된다. 예컨대, 적법하게 국유재산의 점유를 시작하였다가 점유권원을 상실하고 무단점유가 된 경우 변상금이 성립하지만(법 제2조 제9호 괄호), 법 제82조에는 해당하기 곤란하다고 해석된다.

제2절 영구시설물의 축조 금지

Ⅰ. 개요

1. 영구시설물의 축조 금지

국유재산은 현재 또는 장래의 행정목적에 사용되어야 하므로 물리적, 공간적 장애가 있어서는 안 된다. 한편 토지 등에 영구시설물을 축조하면 부합에 따른 부당이득반환의 문제(영구시설물이 독립된 물건이 아닌 경우), 지상권 등 사권설정의 문제(영구시설물이 독립된 물건인 경우) 등 법률적 장애가 발생하게 된다. 이에 국유재산법은 국가 외의 자는 국유재산에 건물, 교량 등 구조물과 그 밖의 영구시설물을 축조하지 못한다고 규정하고, 공익상 필요한 경우 몇 가지 예외를 둔다(제18조 제1항).

국가 외의 자가 국유재산에 영구시설물을 설치하려면 건축법 등에 따라 국가로부터 토지사용승낙서를 발급받아야 하는데, 재산관리기관은 국유재산법 또는 다른 법률이 인정하는 예외를 제외하고는 토지사용승낙서를 발급할 수 없다. 토지사용승낙서의 발급은 국가 외의 자의 영구시설물 축조뿐만 아니라, 토지형질의 변경 및 건물 부지로의 편입 등을 허락하는 사실상의 처분행위이다. 예외 규정에 해당하지 않음에도 무단으로 영구시설물을 설치하면 건축법 등에 따른 제재를 받거나 국유재산법에 따라 변상금부과, 행정대집행 등의 조치가 내려질 수 있다.

2. 영구시설물의 개념

영구시설물이란 토지 또는 그 정착물에 부착된 인공시설물로서, 토지 등으로부터 물리적으로 분리하기가 곤란하여 분리하면 재사용이 어렵거나 비용이 많이 드는 것을 말한다.[175] 보통 건물로 생각하기 쉬우나 교량, 담장, 옹벽, 배수로 · 배수관 등도 해당된다. 수목은 인공시설이 아니므로 영구시설물이 될 수 없다.

콘크리트포장은 토지로부터 제거하는데 과다한 비용과 노력이 소요되지 않기 때문에 영구시설물이 아니라는 대법원 판례가 있고(대법원 1992. 10. 27. 선고 91누8821 판결), 한국전력의 철탑, 전주 등 전력수송시설물은 그 철거, 분해 및 운반이 용이하지 않으므로 영구시설물에 해당한다는 법제처의 유권해석이 있다.[176] 가설건축물은 영구시설물이 아니므로 사용기간 만료 시 자진 철거하는 조건으로 허용되고 있다. 건축법은 도시계획시설 · 도시계획시설예정지에서는 지방자치단체장의 허가를 받아서, 그 외에는 지방자치단체장에게 신고한 후 대통령령이 정하는 기준의 범위 내에서 가설건축물을 지을 수 있게 하고 있다. 현재 가설건축물의 존치기간은 원칙적으로 3년이다.[177]

[**판례**] 국유지의 사용목적을 잡종지로 하여 대부받은 이상 콩크리트포장을 하여 차량진입로 등으로 사용한다 하더라도 그 대부목적을 변경하는 것이라 볼 수 없고, 위 국유지의 원상이 비록 농경지 또는 유휴지였다 할지라도 위와 같은 정도의 변경을 가지고 원상변경으로 볼 수 없을 뿐 아니라 그 정도의 변경은 대부계약상 잡종지의 사용목적에 당연히 예정되어 있는 것이며, 나아가 콩크리트포장은 이를 제거하는데 과다한 비용과 노력이 소요되는 것이 아닌 만큼 이를 두고 영구시설물을 설치하는 행위라고도 볼 수 없(다)(대법원 1992. 10. 27. 선고 91누8821 판결).

[**법제처 유권해석**] 이 건 시설물이 「지방재정법 시행령 제89조」 및 「국유재산법 제24조제3항」에서 적시하고 있는 영구시설물에 해당되는지 여부는 해당 시설물의 구조상 해체 · 철거 또는 운반 등이 용이한지 여부뿐만 아니라 자연그대로 방치하면 통상 영구적으로 존치할 것이 예정되는 시설물 중에서 공유재산 또는 국유재산의 관리기관에서 해당 영구시설물을 설치한 자의 협조가 없이는 직접 철거하기가 곤란하고, 또한 그 철거에 비용이 수반되는지 여부 등에 따라 결정된다고 할 것인바, 철탑 및 전주 등 전력수송시설물은 자연그대로 방치하면 영구적으로 존치하는 시설물에 해당하고, 공유재산 또는 국유재산의 관리기관에서 직접 철거하는 것이 기술상의 문제 등으로 어려우며, 그 철거에 상당한 비용이 수반되는 시설물에 해당하므로, 「지방재정법 시행령 제89조」 및 「국유재산법 제24조제3항」의 규정에 의한 영구시설물로 보아야 할 것입니다(법제처 2005. 11. 4. 05-0051).

175) 관련 법률, 판례 및 강학상의 명확한 정의는 없고, 국유재산법은 건물과 교량을 예시하고 있을 뿐이다(제18조 제1항).

176) 법제처 05-0051, 2005. 11. 4.

177) 건축법 제20조, 동 시행령 제15조.

Ⅱ. 국유재산법의 예외

국유재산법은 영구시설물의 축조를 원칙적으로 금지하되, 다음과 같이 영구시설물이 국가의 소유로 되는 등 공익상 필요한 경우 예외를 허용한다.

> **국유재산법 제18조(영구시설물의 축조 금지)** ① 국가 외의 자는 국유재산에 건물, 교량 등 구조물과 그 밖의 영구시설물을 축조하지 못한다. 다만, 다음 각 호의 어느 하나에 해당하는 경우에는 그러하지 아니하다.
>
> 1. 기부를 조건으로 축조하는 경우
> 2. 다른 법률에 따라 국가에 소유권이 귀속되는 공공시설을 축조하는 경우
>
> 2의2. 제50조제2항에 따라 매각대금을 나누어 내고 있는 일반재산으로서 대통령령으로 정하는 경우
>
> 3. 지방자치단체나 「지방공기업법」에 따른 지방공기업(이하 "지방공기업"이라 한다)이 「사회기반시설에 대한 민간투자법」 제2조제1호의 사회기반시설 중 주민생활을 위한 문화시설, 생활체육시설 등 기획재정부령으로 정하는 사회기반시설을 해당 국유재산 소관 중앙관서의 장과 협의를 거쳐 총괄청의 승인을 받아 축조하는 경우
> 4. 제59조의2에 따라 개발하는 경우
> 5. 법률 제4347호 지방교육자치에관한법률 시행 전에 설립한 초등학교·중학교·고등학교 및 특수학교에 총괄청 및 관련 중앙관서의 장과 협의를 거쳐 교육부장관의 승인을 받아 「학교시설사업 촉진법」 제2조제1호에 따른 학교시설을 증축 또는 개축하는 경우
> 6. 그 밖에 국유재산의 사용 및 이용에 지장이 없고 국유재산의 활용가치를 높일 수 있는 경우로서 대부계약의 사용목적을 달성하기 위하여 중앙관서의 장등이 필요하다고 인정하는 경우
>
> ② 제1항 단서에 따라 영구시설물의 축조를 허용하는 경우에는 대통령령으로 정하는 기준 및 절차에 따라 그 영구시설물의 철거 등 원상회복에 필요한 비용의 상당액에 대하여 이행을 보증하는 조치를 하게 하여야 한다.

1. 영구시설물이 국가의 소유로 되는 경우

(1) 국가에 기부하기 위한 영구시설물의 축조

기부채납 목적으로 국유재산에 영구시설물을 축조하는 것이 가능한데(법 제18조 제1항 제1호), 기존의 청사 등 국·공유 행정시설에 영구시설물을 신축·증축해 기부하고, 기부조건으로 기부한 시설의 일부를 무상 사용허가 받아 영리사업을 하는 경우가 많다(법 제13조 제2항 제1호). 통상의 무상 사용허가 조건부 기부채납은 기부자가 행정시설의 부지까지 마련하여 완전히 새로운 행정시설을 국가에 기부하는 것인데, 법 제18조 제1항 제1호를 활용하여 기존의 청사 등에 영리시설을 만들어 영리사업을 하게 함으로써 민간이 국가에 행정시설을 제공하는 것이 아니라 국가가 민간에 영리시설을 제공하는 결과를 초래한다는 비판을 받는 사례가 발생하기도 한

다.[178] 행정재산에 기부채납의 목적으로 영구시설물을 축조할 때는 신축기간에 대한 사용료를 면제할 수 있다(법 제34조 제1항 제1호의2).[179]

민간이 만든 영구시설물을 국유로 할 때는 청사 등 공용재산은 국유재산법에 따라 기부채납의 방식으로, 도로 등 공공용재산은 국토계획법, 민간투자법 등에 따라 무상귀속의 방식으로 한다. 영구시설물의 국유화에 대한 대가는 종래 공공시설을 사업시행자에게 양여하는 방식 또는 국유화된 영구시설물을 사업시행자에게 무상사용허가하는 방식으로 이루어지는데, 민간투자법은 후자만 허용한다.

(2) 국가에 귀속되는 공공시설의 축조

공공시설은 누가 만들었는지를 불문하고 완공과 동시에 국·공유로 귀속되고, 그 대가로 사업시행자에게 종전의 공공시설을 양여하거나, 귀속 된 공공시설을 일정기간 관리·운영하게 하여 그 투하자본을 회수하게 한다.[180] 이와 같이 공공시설인 영구시설물은 국유로 귀속되기 때문에 국유재산에 축조하는 것을 허용한다(법 제18조 제1항 제2호). 행정재산의 기부채납과 마찬가지로 통상의 경우는 사업시행자 소유의 부지에 공공시설을 만들어 국·공유로 귀속 시키는 것이 보통이기 때문에 법 제18조 제1항 제2호는 그 적용례가 많지 않다. 공공시설의 국·공유 귀속을 정한 대표적인 법률로는 민간투자법, 국토계획법, 도시정비법 등을 들 수 있다.

(3) 국유지개발목적회사가 건축개발을 하는 경우

국유재산의 개발은 국유재산관리기금 또는 수탁기관(한국자산관리공사 또는 한국토지주택공사)의 자본으로 하는 것이 원칙이지만, 민간의 자본을 참여시켜 할 수도 있다. 이때 민간자본을 참여시키기 위해서 총괄청과 민간사업자가 공동으로 설립하는 회사가 국유지개발목적회사이다(법 제59조의 2 제2항). 동 회사는 건축개발 부지(국유지)를 매입하여 개발할 수도 있지만(영 제40조 제3항 제8호), 매입하지 않고 국유재산인 상태에서도 할 수 있는바, 후자의 개발을 위한 근거조항으로서 법 제18조제1항 제4호가 2016. 3. 개정 법률에서 신설되었다.

2. 지역주민의 편익을 위한 영구시설물의 축조

(1) 주민생활형 사회기반시설의 축조

지방자치단체나 지방공기업이 국유재산에 주민생활형 사회기반시설인 영구시설물을 축조하는 것이 허용된다(법 제18조 제1항 제3호). 주민생활형 사회기반시설이란 민간투자법 제2조 제1호

---

178) 연합뉴스 "오산버드파크, 불법 기부채납에 해당"… 행안부 점검 결과, 2020. 11. 18; 쿠키뉴스, 오산버드파크가 위법이라면 경주버드파크는 괜찮은가, 2020. 5. 24. 등 참조.

179) 일반재산에 행정재산인 영구시설물을 축조해 기부하더라도 신축기간에 대한 대부료 면제 규정이 없다. 법 제47조 제1항이 제34조 제1항 제1호의 2를 준용하지 않기 때문이다.

180) 국토계획법 제65조, 민간투자법 제4조 등 참조.

의 사회기반시설 중에서 국유재산법 시행규칙 제8조의 2에서 열거하는 시설을 말한다. 그 밖에 국유재산법은 주민생활형 사회기반시설의 축조를 촉진하기 위하여 전대 등을 허용하기도 한다(법 제30조 제2항 제2호). 2020. 3. 31. 개정 법률에서 도입된 제도이다.

(2) 학교시설의 증개축

1991. 6. 20. 이전에 설립한 초·중·고 및 특수학교의 부지인 국유지에 그 학교시설을 증축 또는 개축하는 것이 허용된다(법 제18조 제1항 제5호). 제5호는 공·사립학교를 불문하고 규정하고 있지만 실제는 관선 자치단체장 시설에 중앙정부로부터 임명받은 지방자치단체장이 국유지에 설치한 공립학교의 점유권원 문제가 해결되지 않은 상황에서 공립학교시설의 증개축이나마 허용해 주기 위해 2020. 3. 31. 개정 법률에서 도입한 제도이다.

3. 매매대금 분할납부 매수자의 영구시설물 축조

국유재산의 매매대금은 분할납부가 가능하지만 매매대금을 완납하고 소유권이전등기를 하기 전까지는 여전히 국유재산이기 때문에 영구시설물의 축조가 금지되는 것이 원칙이다. 그러나 다른 특별한 약정이 없는 한 매수자는 매매목적물을 사용·수익할 수 있고, 분납이자가 대부료의 역할을 하게 된다. 이렇게 국유재산 매매대금의 분할납부는 그 실질이 대부와 유사하며, 대부기간에 못지않게 장기간 지속될 뿐만 아니라(3년 내지 20년), 매매목적물의 소유권이 궁극에는 매수자에게 이전될 것이 예상되기 때문에 영구시설물 축조를 무작정 금지할 수는 없다. 이에 국유재산법은 2011. 3. 개정 법률에서 제18조 제1항 제2호의 2를 신설하여 아래의 매수자에 한하여 국유재산 매매대금 분할납부기간 중에도 영구시설물을 축조할 수 있게 하였다.

(1) 지방자치단체 또는 공공단체

지방자치단체 또는 소정의 공공단체[181)]에 국유재산을 매각할 때는 5년 이내의 기간으로 그 매매대금의 분할 납부를 허용할 수 있고, 전체 매매대금 중의 일정비율(지방자치단체가 주민생활을 위한 사회기반시설을 설치하는 목적이라면 20%, 나머지는 50%) 이상을 냈다면 아직 분할납부 중이라도 매각목적물인 국유재산에 영구시설물을 축조하게 할 수 있다(영 제13조의 2 제1호 및 제1호의 2). 지방자치단체 등의 공신력과 매매목적물에 설치하려는 영구시설물의 공공성 등을 고려한 것이다.

181) 법령에 따라 정부가 자본금 또는 기본재산의 전액을 출자 또는 출연하는 법인을 말한다. 영 제55조 제2항 제2호, 제33조.

(2) 국유지 위의 건물소유자

2012. 12. 31. 이전의 건물 또는 「특정건축물 정리에 관한 특별조치법」[182]에 따라 준공인가 받은 건물로 점용되는 국유지를 해당 건물 소유자에게 매각하는 경우에는 5년 이내의 기간에 걸쳐 매매대금을 나누어 내게 할 수 있다. 이 경우 해당 건물이 천재지변이나 그 밖의 재해로 파손된 경우에는 분납기간 중이라도 파손된 건물을 증축, 개축 및 재축 등을 하는 형태로 영구시설물을 축조하게 할 수 있는데, 다른 분납매수자와는 달리 매각대금을 얼마나 납부했는지는 묻지 않는다(영 제13조의2 제2호). 재해라 함은 통상 「재난 및 안전관리기본법」 제3조 제1호에 따른 재난으로 인한 피해를 의미한다(재해구호법 제2조 제1호 등).

(3) 산업단지 내 입주기업체

산업단지 내의 국유지를 공장 설립을 위해 필요한 입주기업체에 매각할 때는 5년 이내의 기간에 걸쳐 매매대금을 나누어 내게 할 수 있으며, 그 매매대금의 20% 이상을 냈다면 분납기간 중이라도 매매목적물에 영구시설물을 축조하게 할 수 있다(영 제13조의2 제4호). 산업단지란 「산업입지 및 개발에 관한 법률」에 따라 지정·개발된 국가산업단지, 일반산업단지, 도시첨단산업단지 및 농공단지를 말하며(영 제55조 제2항 제9호), 공장의 설립에는 공장시설의 증·개축 및 재축을 포함한다. 2018. 6. 개정 시행령에서 신설된 조항이다.

(4) 국유지개발목적회사

국유지개발목적회사에 개발대상 국유재산을 매각할 때는 10년 이내의 기간에 걸쳐 매매대금을 나누어 내게 할 수 있다. 이 경우 국유지개발목적회사가 매매대금의 20% 이상을 냈다면 분납기간 중이라도 영구시설물의 축조(건축개발의 착수)를 하게 할 수 있다(영 제13조의2 제3호).

4. 피대부자의 영구시설물 축조

(1) 내용

국유재산의 사용에 지장이 없고 활용가치를 높일 수 있는 경우로서 대부계약의 사용목적을 달성하기 위하여 필요한 경우 영구시설물의 축조를 허용할 수 있다(법 제18조 제1항 제6호). 국가 외의 자가 일반재산을 대부받아 그 위에 영구시설물을 축조해 소유하면서(같은 항 제1호와 달리 국가에 기부하지 않는다) 그 사용·수익으로 투하자본을 회수한 다음 자진 철거하면 피대부자는 토지매입의 부담 없이 수익을 올리고, 국가는 대부하기 곤란한 재산에서 대부료 수익을 창출하게 된다는 취지에서 2009. 1. 전부개정 법률에서 신설되었다. 예컨대, 도심지의 소규모 나대지의 경우 그 상태로는 유료주차장 정도의 대부만 가능한데, 높은 대부료 때문에 운영이 곤란하

182) 법률 제3533호로 제정된 것, 법률 제6253호로 제정된 것, 법률 제7698호로 제정된 것, 법률 제11930호로 제정된 것을 말한다.

다. 이 경우 피대부자로 하여금 상가건물을 지을 수 있도록 한다면 국가와 피대부자 모두 이익이 될 수 있다. 피대부자는 영구시설물의 사용·수익으로 투하자본을 회수해야 하므로 영구시설물의 축조를 수반하는 대부는 10년의 대부기간(갱신기간 1회 포함 총 20년)을 보장한다(법 제46조 제1항 단서).

이러한 입법취지에도 불구하고, 법 제18조 제1항 제6호는 국유재산의 비축기능과 친하지 않다는 점, 피대부자의 공신력·계속성에 대한 불확실성 등으로 재산관리기관이 적용을 꺼리게 된다. 뿐만 아니라, 민간의 입장에서도 국유재산에 영구시설물을 축조하는 기간에 대한 대부료 감면이 불가하다는 점,[183] 투하자본 회수기간이 불충분하다는 점 등으로 기부채납 방식이나, 무상귀속 방식에 비해 별다른 매력을 느끼지 못하게 된다.

(2) 위탁개발과 비교

행정재산은 민간자본을 유치해서라도 설치해야 하고, 일단 설치되면 그 상태로 오랫동안 지속되므로 투하자본의 회수가 안정적이지만, 일반재산의 경우 영구시설물 축조를 수반하는 대부방식으로는 민간자본의 유치를 통한 영구시설물 축조가 곤란함은 앞서 본 바와 같다. 최근에는 국유재산의 비축기능을 훼손하지 않으면서 공신력 있는 수탁기관의 자본으로 영구시설물을 축조해 재산 가치를 증대시키는 방안으로 일반재산의 위탁개발이 적극 활용된다. 공신력 있는 한국자산관리공사 등이 수탁 일반재산에 건축·대수선·리 모델링 및 토지개발을 해 국유재산으로 귀속시킨 다음, 개발된 재산을 장기간 위탁관리 하면서 투하자본을 회수하는 것이다. 개발된 재산의 일정부분을 청사, 주민복지시설 및 청년임대주택 등 공공의 이익에 제공함으로써 국유재산의 비축기능도 훼손시키지 않는다(자세한 내용은 위탁개발 부분 참조). 결국 민간자본을 통한 공용재산의 축조는 법 제18조 제1항 제1호의 기부채납 방식으로, 일반재산에 국유의 영구시설물을 축조할 때는 법 제59조의 위탁개발의 방식으로, 그리고 일반재산에 사유의 영구시설물을 축조할 때는 법 제18 조제1항 제6호의 대부의 방식을 적용하는 것이 일반적이다.

5. 원상회복

(1) 원상회복을 위한 사전조치

국가 외의 자가 예외적으로 국유재산에 영구시설물을 축조하는 것은 향후 원상회복을 전제하는 것인바, 영구시설물 축조 전에 이를 담보할 사전조치를 하여야 한다. 사전조치에는 원상회복 등에 관한 계획서가 당연히 포함되며, 경우에 따라서는 이행보증금의 예치가 추가되기도 한다.

---

183) 행정재산에 영구시설물을 축조해 기부하는 경우에는 사용료 면제 규정이 있지만(법 제34조 제1항 제1호의 2), 일반재산이 경우 근거 규정이 없다. 법 제47조 제1항이 제34조 제1항 제1호의 2를 준용하지 않기 때문이다.

1) 영구시설물의 축조 및 원상회복에 관한 계획서의 제출

법 제18조 제1항 단서에 따라 영구시설물을 축조하려는 자는 그 영구시설물의 축조 및 원상회복에 관한 계획서를 재산관리기관에게 제출해야 한다(법 제18조 제2항, 영 제13조 제1항). 나아가 ① 주민생활형 사회기반시설을 축조하려는 자는 원상회복 등 계획서를 해당 국유재산 소관 중앙관서의 장과 협의를 거친 후 총괄청에 제출하여 승인을 받아야 하며, ② 학교시설을 증개축하려는 자는 총괄청 및 관련 중앙관서의 장과 협의를 거친 후 교육부장관에게 원상회복 등 계획서를 제출하여 승인을 받아야 한다(영 제13조 제2항). 국가기부채납, 국가귀속을 전제로 영구시설물을 짓다가 중단된 경우, 매매대금 분납기간에 영구시설물을 짓다가 매매계약이 해제된 경우, 민간참여 개발이 중단된 경우 등 원상회복이 필요한 상황이 있을 수 있어 영구시설물을 어떻게 축조할 것이며 또 어떻게 원상회복할 것인지 미리 그 계획을 보게 하려는 것이다.

2) 이행보증금의 예치

① 주민생활형 사회기반시설을 축조하는 경우, ② 학교시설을 증개축하는 경우, ③ 피대부자가 영구시설물을 축조하는 경우에는 원상회복 등 계획서의 제출만으로는 부족하고 원상회복에 필요한 비용의 상당액(이행보증금)[184]을 영구시설물 착공 전까지 예치하게 하여야 한다(영 제13조 제3항).

(2) 원상회복의 실행

1) 영구시설물이 국유재산에 부합(附合)되는 경우

영구시설물이란 토지 등에 부착된 인공시설물로서, 담장이나 교량 등과 같이 국유재산의 일부로 부합되는 경우와 건물과 같이 국유재산과는 별개의 독립한 부동산이 되는 경우가 있다. 전자의 경우 영구시설물의 소유권은 국가에 귀속되므로 재산관리기관은 집행권원 없이 바로 철거 등 원상회복을 할 수 있지만 원상회복비용의 확보를 위하여 이행보증금을 미리 예치하게 한다. 재산관리기관은 국유지 사용기간의 종료 등으로 원상회복해야 함에도 이를 이행하지 않으면 예치된 이행보증금으로 국유재산의 원상회복을 실행할 수 있다(영 제13조 제5항). 실행 후 남은 금액이 있으면 반환하여야 하는데, 이행보증금을 현금으로 납부하여 이자가 발생한 경우에는 그 이자를 함께 반환해야 한다(같은 조 제6항). 재산관리기관은 원상회복의 사유가 발생한 시점에 영구시설물 또는 그 일부 시설물이 국유재산의 활용가치를 높일 수 있다고 판단되면 원상회복

---

184) 국유재산법 시행령 제13조(원상회복의 이행보증조치) ④ 이행보증금은 현금이나 다음의 어느 하나에 해당하는 보증서 등으로 한다.

1. 「국가재정법 시행령」 제46조제4항에 따른 금융기관 또는 「은행법」에 따른 외국은행이 발행한 지급보증서
2. 「보험업법」에 따라 허가를 받은 보험회사가 발행한 보증보험증권

을 하지 않고 무상으로 취득할 수도 있는데(같은 조 제7항 전단), 이 경우를 위하여 재산관리기관은 미리 무상취득 할 수 있음을 약정할 필요가 있다. 무상취득의 경우에도 이행보증금은 그 전부 또는 일부를 반환해야 한다(같은 항 전단).

2) 영구시설물이 대부재산에 부합되지 않는 경우

영구시설물이 건물과 같이 국유재산과는 별개의 부동산인 경우에는 그 소유권이 피대부자 등 설치한 자에게 속하므로 사용관계 종료 후에 국가가 철거할 수 있는 집행권원을 미리 확보해야 한다. 미리 철거할 수 있는 집행권원은 제소전화해조서 등이 될 것인데, 향후 건물이 완공되면 즉시 그 건물에 대한 제소전화해조서 등을 작성할 것을 미리 약정한 다음에, 건물완공 후 사용관계종료 시 언제든지 국가가 철거해도 좋다는 취지의 제소전화해조서 등을 작성하면 될 것이다.

3) 민법 제652조에 대한 특별규정

민법 제652조는 임차인의 부속물매수청구권(민법 제646조) 및 지상물매수청구권(민법 제643조, 제283조)을 부정하는 등의 약정으로 임차인에게 불리한 것은 그 효력이 없다고 하는바, 국유재산법의 원상회복 조항(법 제18조 제2항, 영 제13조, 나아가 법 제38조)으로 동 조항을 배제할 수 있는지 문제된다. 대법원은 지방자치단체와 개인이 수목의 식재 및 지상물매수청구권 포기를 내용으로 하는 공유재산 대부계약을 체결한 사례에서, 공유재산법에 지상물매수청구권에 대한 특별한 규정이 없기 때문에 민법이 적용되지만, 공유재산 대부계약서의 지상물매수청구권 포기문구는 민법 제652조에서 말하는 '임차인에게 불리한 것'에 해당하지 않아 효력이 있다고 한다.

[판례] 국·공유 잡종재산에 관한 관리·처분의 권한을 위임받은 기관이 국·공유 잡종재산을 대부하는 행위는 국가나 지방자치단체가 사경제 주체로서 상대방과 대등한 위치에서 행하는 사법상의 계약이고, 따라서 국·공유 잡종재산의 대부 등 권리관계에 대하여는 사법의 규정이 적용됨이 원칙이지만, 계약당사자의 일방이 국가나 지방자치단체이고 그 목적물이 국·공유재산이라는 공적 특성 때문에 국유재산법, 공유재산 및 물품관리법, 산림법 등 특별법의 규제를 받게 된다. 그런데 이 건 대부계약의 기간만료로 인한 종료와 관련하여서는 공유재산 및 물품관리법 등의 특별법에 이에 관한 아무런 규정이 없으므로, 이 건 대부계약의 기간만료로 인한 종료와 관련한 법적 효과에 관하여는 일반법인 민법의 규정이 적용되게 된다.
임차인의 매수청구권에 관한 민법 제643조의 규정은 강행규정이므로 이 규정에 위반하는 약정으로서 임차인이나 전차인에게 불리한 것은 그 효력이 없는바, 임차인 등에게 불리한 약정인지의 여부는 우선 당해 계약의 조건 자체에 의하여 가려져야 하지만 계약체결의 경위와 제반 사정 등을 종합적으로 고려하여 실질적으로 임차인 등에게 불리하다고 볼 수 없는 특별한 사정을 인정할 수 있을 때에는 위 강행규정에 저촉되지 않는 것으로 보아야 한다.
그런데 이 사건 대부계약은 사법상 계약이기는 하지만 공유재산 및 물품관리법 등의 적용을 받

> 는 특수성이 있는 점, 따라서 대부계약의 경우 대부료는 엄격히 법이 정한 바대로 징수하게 할 뿐 아니라 대부료가 저렴한 경우가 일반적인 점, 또한 공유재산은 언제든지 행정목적이 변경됨에 따라 다른 용도로 사용될 수 있기 때문에 대부계약에서는 공용, 공공용 또는 공익사업에 필요할 때 언제든지 대부계약을 해지할 수 있다는 조항을 두는 것이 통상적이고 이 건 대부계약의 해제 및 원상회복의무와 민법 제203조 또는 제626조의 적용 배제에 관한 약정도 그러한 취지에서 포함된 것으로 보이는 점, 지상물매수청구권을 인정하는 이유 중 하나는 임대인이 매수목적물을 계속 사용하는 것이 사회·경제적으로 이익이 된다는 점인데, 수목의 경우 지상건물과 달리 이식으로 인한 가치 저하가 적고, 원고는 이를 이식해 당초의 자신의 사업대로 활용할 수 있으나 피고는 위 수목을 활용하기 어려운 점에다가, 피고의 주장에 의하면 21년이 넘는 대부기간을 통하여 원고가 피고에게 지급한 대부료는 500만 원이 채 되지 않는다는 것인데, 원고의 지상물매수청구권을 인정할 경우 원고가 피고로부터 지급받을 수 있는 매매가액은 1억 원이 넘는 점을 종합해 보면, 이 건 대부계약의 지상물매수청구권 포기 약정이 전체적으로 보아 반드시 일방적으로 원고에게 불리한 것이었다고 단정할 수는 없을 것이다(대법원 2011. 5. 26. 선고 2011다1231 판결).

이 판례는 첫째 국유재산법 제18조 제2항, 제38조가 민법 제652조를 배제하는 특별규정임을 간접적으로 인정한다는 점, 둘째 국유재산법 제18조 제2항, 제38조와 같은 특별규정이 없더라도 국·공유재산 사례는 민법 제652조가 말하는 '임차인에게 불리한 것' 에 해당하지 않아 지상물매수청구권 등의 배제가 가능하다고 한 점, 셋째 국·공유재산 사례에 대하여 지상물매수청구권 등을 배제하는 기준을 제시한 점에서 특별한 의미가 있다. 결국 국유재산의 경우 법 제18조 제2항, 제38조에서 부속물매수청구권 내지 지상물매수청구권을 배제하는 규정을 명시적으로 두고 있으므로 특별히 문제될 것이 없어 보인다.

Ⅲ. 다른 법률의 예외

이상 국유재산법에 따른 영구시설물의 축조 이외에 다른 법률에 의한 예외도 많은바, 주요한 예외 사유는 다음과 같다.

1. 공항, 항만 관련

정부는 인천국제공항공사가 공항건설 등을 위해 필요하다고 인정하는 경우 국유재산을 무상으로 대부하거나 사용허가 할 수 있으며, 동 공사는 대부·사용허가 받은 국유재산에 건물이나 그 밖의 영구시설물을 축조할 수 있다(인천국제공항공사법 제11조).

국토교통부장관은 공항개발 사업, 공항의 관리·운영 등을 위하여 필요하다고 인정하는 경우 한국공항공사에 국유재산을 무상으로 대부·사용허가 할 수 있으며, 동 공사는 해당 국유재산에 영구시설물이 준공된 후 자신에게 출자되는 것을 전제로 영구시설물을 축조할 수 있다(한국공항공사법 제10조).

국가는 항만배후단지개발 사업의 원활한 시행을 위하여 특히 필요하다고 인정하는 경우에는 사업시행자에게 항만배후단지에 있는 국유재산을 20년의 범위에서 대부 · 사용허가 할 수 있으며, 사업시행자는 대부 · 사용허가 받은 국유재산에 영구시설물을 설치할 수 있다. 이 경우 국가는 해당 시설물의 종류 등을 고려하여 사용기간이 끝나는 때에 이를 국가에 기부하거나 원상회복하여 반환하는 조건을 붙여야 한다(항만법 제57조).

2. 산업단지 내의 국유재산

산업단지개발 실시계획승인권자는 공장 등 영구시설물의 축조가 불가피하다고 인정할 경우, 산업단지 안의 국유재산에 대하여 사업시행자 등으로 하여금 영구시설물을 축조하게 할 수 있다(「산업입지 및 개발에 관한 법률」 제23조 제4항).

산업통상자원부장관은 산업단지에 있는 자신 소관의 국유재산을 입주기업체 등에게 임대할 수 있으며, 이와 같이 국유재산을 임대받은 입주기업체 등은 그 위에 공장 등 영구시설물을 설치할 수 있다(「산업집적활성화 및 공장설립에 관한 법률」 제34조). 재산관리기관이 산업단지 내의 국유재산을 입주기업체에게 매각할 때는 5년 이내의 기간 동안 매매대금을 분납하게 할 수 있으며(영 제55조 제2항 제9호), 분납기간 동안 공장 등 영구시설물을 축조할 수 있다(영 제13조의3 제4호).

3. 사회기반시설에 대한 민간투자법

민간투자법상 민간투자사업의 시행을 위해 필요한 국유재산에 대하여는 시설물의 기부를 전제하지 않고도 건물이나 그 밖의 영구시설물을 축조하기 위한 사용허가 · 대부가 가능하다(동법 제19조 제5항). 완공된 시설물이 국가에 귀속되지 않는 경우를 가정한 것이다.

4. 에너지, 하수도 관련

도시가스사업자는 국가, 지방자치단체, 그 밖의 공공기관이 관리하는 공공용 토지의 지상 또는 지하에 가스공급시설을 설치할 필요가 있는 경우 해당 공공용 토지의 효용을 방해하지 아니하는 범위에서 관리자의 허가를 받아 사용할 수 있다. 해당 공공용 토지의 관리자는 정당한 사유 없이 그 사용을 거부할 수 없다(도시가스사업법 제11조의3). 도시가스사업법 제11조의3은 공공용 토지라고 하는데, 공공용의 개념이 국유재산법 제6조 제2항 제2호의 것이라면 국 · 공유지의 경우 공공용재산(도로, 하천, 구거 및 공유수면 등)인 토지로 한정된다. 법률상의 공공용을 말하는지 사실상의 공공용을 말하는지 논란의 소지가 있다.

국 · 공유재산을 수의로 신 · 재생에너지 사업자에게 사용허가, 처분할 수 있으며, 사용허가 하는 경우 자진철거 및 철거비용의 공탁을 조건으로 영구시설물을 축조하게 할 수 있다. 다만 공유재산에 영구시설물을 축조하려면 지방의회의 동의를 받아야 한다(신재생에너지법 제26조 제1항, 제2항).

공공하수도의 배수구역 안에 있는 토지소유자 등은 자신의 하수를 공공하수도에 유입시켜야 하며, 이에 필요한 배수설비를 설치해야 하는데(하수도법 제27조 제1항), 이때 타인의 토지를 사용하지 않고는 하수를 공공하수도에 유입시키기 곤란한 등의 사정이 있을 경우에는 타인의 토지에 배수설비를 설치할 수 있다. 이와 같이 타인의 토지를 사용하고자 하는 자는 당해 토지의 소유자나 이해관계인과 미리 협의하여야 하며, 그 사용으로 인하여 발생하는 손실에 대하여는 상당한 보상을 하여야 한다(동법 제29조). 공공하수도라 함은 지방자치단체가 설치 또는 관리하는 하수도를 말하므로 개인하수도는 제외한다(동법 제2조 제4호).

제3절 사권설정의 금지

Ⅰ. 개요

1. 사권설정 등의 금지

국유재산에는 사권(私權)을 설정하지 못하고, 사권이 설정되어 있는 재산은 그 사권이 소멸된 후가 아니면 국유재산으로 취득하지 못하는 것이 원칙이다(법 제11조). 사권의 설정은 국유재산의 공공재적 기능과 비축기능 등 핵심기능을 저해하므로 엄격하게 제한된다.

2. 사권의 개념

국유재산법은 사권(私權)을 별도로 정의하지 않고 있다. 사권이라는 말은 주로 국 · 공유재산법과 공물법 등 공소유권을 규정하는 법률에서 별도의 정의 없이 사권설정의 금지, 사권행사의 금지 등으로 사용하는데, 넓은 의미에서 국유재산 등 공소유물에 대한 사법상의 권리 일체라고 할 수 있겠으며,[185] 개별 사권의 구체적인 범위는 해당 법률의 해석으로 정해질 것이다. 국유재산법은 국유재산에 대한 대부계약과 같은 채권적 사용 · 수익을 넓게 허용하고, 제11조가 사권의 '설정'을 제한한다고 하므로 국유재산법으로 금지되는 사권은 설정행위가 필요한 물권으로 해석할 수 있겠다. 국가의 공신력을 고려할 때 담보물권이나 전세권의 설정은 사실상 논의에서

185) 국유재산법 제11조 제2항, 공유재산법 제8조 · 제18조, 도로법 제4조 등의 사권을 제한하는 제 규정들; 대법원 1993. 8. 24. 선고 92다19804 판결; 대법원 2006. 9. 28. 선고 2004두13639 판결 등.

제외되고, 주로 지상권(특히 구분지상권)의 설정이 문제될 것으로 보인다. 유치권은 법정 담보 물권으로서 국가의 설정행위와 무관하게 발생할 것으로 보인다.

[**판례①**] 도로를 구성하는 부지에 관하여는 도로법 제5조에 의하여 사권의 행사가 제한된다고 하더라도 이는 도로법상의 도로에 관하여 도로로서의 관리, 이용에 저촉되는 사권을 행사할 수 없다는 취지이지 부당이득반환청구권 행사를 배제하는 것은 아니다(대법원 1993. 8. 24. 선고 92다19804 판결).

[**판례②**] 도로의 공용개시행위로 인하여 공물로 성립한 사인 소유의 도로부지 등에 대하여 도로법 제5조에 따라 사권의 행사가 제한됨으로써 그 소유자가 손실을 받았다고 하더라도 이와 같은 사권의 제한은 건설교통부장관 또는 기타의 행정청이 행한 것이 아니라 도로법이 도로의 공물로서의 특성을 유지하기 위하여 필요한 범위 내에서 제한을 가하는 것이므로, 이러한 경우 도로부지 등의 소유자는 국가나 지방자치단체를 상대로 하여 부당이득반환청구나 손해배상청구를 할 수 있음은 별론으로 하고 도로법 제79조에 의한 손실보상청구를 할 수는 없다(대법원 2006. 9. 28. 선고 2004두13639 판결).

필자 주: 부당이득반환청구권은 도로법이 그 행사를 금지하는 사권에 포함되지 않는다는 취지

Ⅱ. 국유재산법에 따른 예외

국유재산법은 행정재산에 대한 사권의 설정을 전면 금지하되, 일반재산에 대하여는 소정의 예외를 인정하는데, ① 다른 법률 또는 ② 판결에 의한 경우, ③ 재산의 사용 및 이용에 지장이 없고 재산의 활용가치를 높일 수 있는 경우가 그것이다(법 제11조 제2항, 영 제6조). 일반재산에 비하여 행정재산은 불융통성이 특히 강하기 때문에 전면적으로 금지하는 것이다. 위 ③의 경우 사권설정으로 국유재산의 기능이 전반적으로 저해되기 때문에 거의 활용되지 않는다. 훈령, 지침 등으로 ③의 적용 가능한 사안이 구체화되어야 할 것이다. 결국 실제 유의미한 예외는 위 ①의 다른 법률에 따른 예외이다.

한편 사권이 설정된 재산의 취득도 금지되며, 그에 대한 예외로서 판결에 따른 취득이 규정되어 있다(법 제11조 제1항).[186]

186) 사권이 설정되어 있는 사유재산을 국가가 소송으로 그 소유권을 취득하는 경우를 예로 들 수 있을 것이다. 그 밖에 판결로 일반재산에 사권이 설정되는 예로는 상린관계 분쟁소송의 결과로 국유지에 지상권·지역권 등이 설정되는 경우를 들 수 있다.

Ⅲ. 다른 법률에 따른 예외

다른 법률에 따른 사권의 설정은 주로 구분지상권 사례이다. 한국전력공사가 전기사업법에 따라 타인 토지의 지상·지하 공간에 송전선을 지나게 하는 경우, 철도건설사업자가 철도건설법에 따라 타인 토지의 지하에 철도를 건설하는 경우 등을 들 수 있다. 국유재산법은 다른 법률에 의한 사권설정의 예외를 일반재산에 한하지만, 다른 법률이 허용한다면 행정재산에도 사권설정이 가능할 수밖에 없다(법 제4조).

국유재산법은 사권이 설정된 재산의 취득을 금지하면서, 그에 대한 예외로 판결에 따른 취득만 규정하고 있지만(법 제11조 제1항), 다른 법률에 따른 예외가 허용될 수밖에 없다(법 제4조). 현행 「상속세 및 증여세법」은 상속재산인 부동산과 유가증권을 상속세 대신 물납할 수 있도록 하는데, 부동산의 경우 임차권, 전세권 등 재산권이 설정되어 있을 수 있다. 이 경우 「상속세 및 증여세법 시행령」은 물납불허 또는 물납대상재산변경의 사유로 할 뿐 그러한 부동산의 물납을 금지하지는 않는다(제71조 제1항 제1호). 결국 임차권 등 사권이 설정된 부동산이 국유재산으로 취득될 가능성이 있는 것이고, 그 부동산이 주택이나 상가건물이라면 주택임대차보호법 등의 대항력 규정 등과 관련하여 국유재산법상 해석의 어려움이 발생할 수 있다.

전기사업법 제89조(다른 자의 토지의 지상 등의 사용) ① 전기사업자는 그 사업을 수행하기 위하여 필요한 경우에는 현재의 사용방법을 방해하지 아니하는 범위에서 다른 자의 토지의 지상 또는 지하 공간에 전선로를 설치할 수 있다. 이 경우 전기사업자는 전선로의 설치방법 및 존속기간 등에 대하여 미리 그 토지의 소유자 또는 점유자와 협의하여야 한다.
② 제1항의 경우에는 제88조제2항부터 제5항까지의 규정을 준용한다.
제89조의2(구분지상권의 설정등기 등) ① 전기사업자는 다른 자의 토지의 지상 또는 지하 공간의 사용에 관하여 구분지상권의 설정 또는 이전을 전제로 그 토지의 소유자 및 「공익사업을 위한 토지 등의 취득 및 보상에 관한 법률」 제2조제5호에 따른 관계인과 협의하여 그 협의가 성립된 경우에는 구분지상권을 설정 또는 이전한다.
② 전기사업자는 「공익사업을 위한 토지 등의 취득 및 보상에 관한 법률」에 따라 토지의 지상 또는 지하 공간의 사용에 관한 구분지상권의 설정 또는 이전을 내용으로 하는 수용·사용의 재결을 받은 경우에는 「부동산등기법」 제99조를 준용하여 단독으로 해당 구분지상권의 설정 또는 이전 등기를 신청할 수 있다.
③ 토지의 지상 또는 지하 공간의 사용에 관한 구분지상권의 등기절차에 관하여 필요한 사항은 대법원규칙으로 정한다.
④ 제1항 및 제2항에 따른 구분지상권의 존속기간은 「민법」 제280조 및 제281조에도 불구하고 송전선로[발전소 상호간, 변전소 상호간 및 발전소와 변전소 간을 연결하는 전선로(통신용으로 전용하는 것은 제외한다)와 이에 속하는 전기설비를 말한다. 이하 같다]가 존속하는 때까지로 한다.

철도건설법 제12조의2(토지의 지하부분 사용에 대한 보상)① 사업시행자는 철도를 건설하기 위하여 다른 자의 토지의 지하부분을 사용하려는 경우에는 그 토지의 이용 가치, 지하의 깊이 및 토지 이용을 방해하는 정도 등을 고려하여 보상한다.
② 제1항에 따른 지하부분 사용에 대한 보상대상, 보상기준 및 보상방법 등에 관하여 필요한 사항은 대통령령으로 정한다.
제12조의3(구분지상권의 설정등기 등)① 사업시행자는 「공익사업을 위한 토지 등의 취득 및 보상에 관한 법률」에 따라 토지 등의 소유자 또는 그 권리자 사이에 토지의 지하부분 사용에 관한 협의가 성립된 경우에는 구분지상권을 설정하거나 이전하여야 한다.
② 사업시행자는 「공익사업을 위한 토지 등의 취득 및 보상에 관한 법률」에 따라 토지의 지하부분에 대하여 구분지상권을 설정하거나 이전하는 내용으로 수용 또는 사용의 재결을 받은 경우에는 「부동산등기법」 제99조를 준용하여 단독으로 구분지상권의 설정등기 또는 이전등기를 신청할 수 있다.
③ 토지의 지하부분 사용에 관한 구분지상권의 등기절차에 관하여 필요한 사항은 대법원규칙으로 정한다.
④ 제1항 및 제2항에 따른 구분지상권의 존속기간은 「민법」 제280조 또는 제281조에도 불구하고 철도시설이 존속하는 날까지로 한다.

Ⅳ. 관련 문제

1. 공유지분권자의 저당권설정

국가와 사인이 재산을 공유하는 경우 그 사인 지분에 저당권을 설정할 수 있는지가 문제된다. 어느 지분에 저당권을 설정하면 그 저당권은 공유물 전체에 미치고, 공유물이 분할된 뒤에도 저당권 변경등기를 하지 않는 한 종전 지분 비율로 분할된 물건 전부에 존속하기 때문에 결론적으로 국유재산에 저당권을 설정하는 결과가 된다.[187] 생각건대, 국유재산법 제11조는 국유재산의 관리기관에 대한 규정이므로, 사인이 자신의 지분에 저당권을 설정하는 것은 비록 이로 인하여 국가지분에 사권을 설정하는 영향을 미치더라도 막을 수 없다고 생각한다. 국가가 저당권이 설정된 부동산의 지분을 취득하는 것은 법 제11조 제1항 위반이 된다.

2. 국유재산의 입체적 활용

국유지의 공중 또는 지하 부분을 사용허가 할 때는 통상의 사용료에 그 공간을 사용함으로써 토지의 이용이 저해되는 정도를 곱하는 방법으로 사용료를 산출한다는 규정이 2018. 6. 26. 개정 시행령에서 신설되었다(영 제29조 제4항). 그러나 이 규정이 국유지의 공중 또는 지하 부분에 대한 구분지상권 등 사권의 설정의 근거가 되지는 못한다. 이 규정은 사용허가, 사권설정 등의 근거 규정이 별도로 있다는 전제에서 그 사용료를 산출하는 방식을 정하고 있을 뿐이다.

187) 대법원 1989. 8. 8. 선고 88다카24868 판결; 대법원 등기예규 제449호.

제4절 전대 금지

국유재산법 제30조(사용허가) ② 제1항에 따라 사용허가를 받은 자는 그 재산을 다른 사람에게 사용·수익하게 하여서는 아니 된다. 다만, 기부를 받은 재산에 대하여 사용허가를 받은 자가 그 재산의 기부자이거나 그 상속인, 그 밖의 포괄승계인인 경우에는 중앙관서의 장의 승인을 받아 다른 사람에게 사용·수익하게 할 수 있다.
제36조(사용허가의 취소와 철회) ① 중앙관서의 장은 행정재산의 사용허가를 받은 자가 다음 각 호의 어느 하나에 해당하면 그 허가를 취소하거나 철회할 수 있다.
2. 사용허가 받은 재산을 제30조제2항을 위반하여 다른 사람에게 사용·수익하게 한 경우
제47조(대부료, 계약의 해제 등) ① 일반재산의 대부의 제한, 대부료, 대부료의 감면 및 대부계약의 해제나 해지 등에 관하여는 제30조제2항, 제31조제1항·제2항, 제32조, 제33조, 제34조제1항 제2호·제3호, 같은 조 제2항·제3항, 제36조 및 제38조를 준용한다.
제59조(위탁 개발) ⑤ 제1항에 따라 개발한 재산의 대부·분양·관리의 방법은 제43조·제44조·제46조 및 제47조에도 불구하고 수탁자가 총괄청이나 중앙관서의 장과 협의하여 정할 수 있다.

Ⅰ. 개요

1. 전대의 금지

임차인은 임대인의 동의를 받는다는 전제에서 임차권의 양도나 전대가 일반적으로 허용이 되지만(민법 제629조 제1항), 국유재산의 사용자는 사용권의 양도나 전대가 엄격히 금지되고, 매우 제한적인 사안에 한하여 재산관리기관의 승인을 얻어 전대가 가능할 뿐이다(법 제30조 제2항). 국유재산법이 전대를 강하게 금지하는 취지는 다음과 같다.

첫째, 국유재산의 점유자를 국가와 직접적이고 1차적인 법률관계를 맺은 허가사용자·피대부자로 제한하여 국유재산의 공적 기능이 침해되지 않도록 하려는 것이다. 둘째, 국유재산의 사용료는 그 사용목적과 사용자에 따라 달리 정해지는바, 전대를 허용하게 되면 이러한 사용료법정주의가 훼손된다.[188] 셋째, 국유재산의 사용자는 경쟁 입찰로 정해지는 것이 원칙이며, 수의의 방법으로 사용할 수 있는 자도 엄격하게 법정되어 있다. 따라서 전대를 허용하게 되면 이러한 사용자법정주의가 훼손된다.

2. 전대의 개념

전대(轉貸)란, 임차인이 임차목적물을 다시 제3자에게 임대하는 것으로서, 전대하는 임차인

188) 전대인이 전차인으로부터 자신이 국가에 내는 법정 사용료보다 훨씬 큰 금액을 받는 사례가 많다.

을 전대인, 전대 받는 제3자를 전차인이라고 한다(민법 제629조 이하 참조). 따라서 국유재산의 전대란, 국유재산을 사용허가 또는 대부받은 자가 그 재산을 제3자에게 임대하는 것으로 정의할 수 있겠지만, 국유재산법은 그보다 더 넓게 사용허가 등을 받은 재산을 다른 사람에게 사용·수익하게 하여서는 아니 된다고 한다(제30조 제2항). 결국 국유재산법상 금지되는 행위는 사용허가 등을 받은 국유재산을 제3자에게 임대하거나 사용대하는 것뿐만 아니라 제3자와 공동으로 사용하는 것도 포함되지만, 동거가족, 점원 등 이행보조자나 점유보조자는 허용된다고 할 것이다.

사용허가 등을 받은 국유재산을 다른 사람에게 사용·수익하게 하는 행위의 대표적인 유형이 전대이므로, 이하에서는 법 제30조 제2항에 위반하는 일체의 행위를 전대라고 하고, 민법 제629조에 해당하는 좁은 의미의 전대를 협의의 전대라고 한다.

Ⅱ. 전대의 유형

전대의 많은 유형은 임차권의 양도 또는 협의의 전대의 형태로 나타난다. 농업의 위탁경영은 다른 사람에게 사용·수익하게 하는 것은 아니지만, 자주 발생하는 전대 유사행위이로서 사용허가의 취소·철회 사유가 되므로 함께 설명하도록 한다. 임차권의 양도, 협의의 전대 및 농업의 위탁경영의 정도에 이르지 않았다 하더라도 다른 사람으로 하여금 국유재산을 사용·수익하게 했다면 법 제30조 제2항 위반이 된다.

1. 임차권의 양도

임차권의 양도는 황무지 상태의 국유지에 이주·개간한 자들에게서 자주 발생하는 유형이다. 이들은 개간한 국유지에 대한 독점적인 경작권과 향후 싼값에 매수할 권리가 있다고 믿고, 그러한 의미의 임차권을 양도하는 경우가 많다. 그러나 국유재산법상 임차권(사용허가 등을 받은 지위)의 양도는 허용되지 않으며, 일반재산에 한하여 개척·매립·간척 또는 조림사업을 시행하기 위하여 그 사업의 완성을 조건으로 미리 매매예약을 한 다음에 예약 당시에 미리 정해 놓은 개간비용을 매매대금에서 공제하는 경우가 있을 뿐이다(법 제45조, 영 제42조 제5항 내지 제7항).

2. 협의의 전대(轉貸)

전대(轉貸)는 사용허가 받은 재산의 전부 또는 일부를 다른 사람에게 임대(사용대차를 포함한다)하는 형태이다. 법정사용료와 시장임대료 사이의 차액이 클수록 전대의 가능성도 높다. 경작용의 경우 사용료가 법정 최저요율(1%)로 산정되므로 전대가능성이 상존하는데, ① 특용작물 등 부가가치가 높은 작물재배지역, ② 기계경작을 통한 대규모 경작이 가능한 지역 등에서 전대가 많이 이루어진다. 전대는 다른 사람에게 임대 목적물의 점유를 넘겨서 독자적인 점유를 설정해 주는 것이다. 농지의 전대는 전차인이 농업경영 판단을 하고 경작으로 인한 이익과 손실의 귀속 주체가 되는 것이다. 전차인이 사용허가 등을 받은 자에게 땅값(차임)을 지급했다면 전대(임대)에 대한 결정적 증거가 된다. 차임은 돈 이외에 수확물로도 가능하다. 차임이 없더라도 전차인으로 하여금 독자적인 경작을 허락했다면 전대에 해당한다. 보통 실제경작자가 사용허가 등을 받은 자에게 차임을 줬다면 전대로 볼 것이고, 사용허가 등을 받은 자가 실제경작자에게 노임을 줬다면 농업의 위탁경영이 될 것이다. 윤작을 위해서 사용허가 등을 받은 자들 간에 서로 교환하여 경작하였다면 상호임대로서 전대에 해당한다(차임은 서로 상계된 것이다). 주말농장의 경우 이용자가 독자적으로 경작을 하느냐, 시설이용자에 불과하냐에 따라 전대 여부가 결정된다.

건물의 소유자가 그 건물의 부지인 국유지를 사용허가 받고 있는 중에 그 건물을 제3자에게 임대하였다면 사용허가 받은 국유재산을 다른 사람에게 사용 · 수익하게 한 것인지 문제된다. 우리 법제상 토지와 건물은 별개의 부동산으로서 어떤 토지와 그 지상의 건물 소유자가 서로 다를 경우, 건물소유자는 토지소유자의 의사와 무관하게 자유로이 건물을 임대할 수 있다. 따라서 토지소유자가 건물소유자에게 그 건물의 부지를 임대한 것이라면 토지임차인이 해당 건물을 제3자에게 임대하더라도 민법 제629조의 전대가 되거나, 국유재산법 제30조 제2항의 다른 사람에게 사용 · 수익하게 한 것이 되지 않는다고 해야 한다. 대법원도 통상적으로 건물을 임차하면 당연히 그 부지 부분의 이용을 수반하는 것이므로, 토지소유자는 다른 특별한 사정이 없는 한 건물임차인의 부지사용을 용인해야 한다고 하면서, 국유지 위의 건물소유자가 그 부지(국유지)를 사용허가 받을 때 해당 건물을 본인의 주거용으로만 사용하겠다고 특약을 하였다면, 그 후 건물을 다른 사람에게 식당 등 상업용으로 전대를 한 경우 국유재산법 제30조 제2항을 위반하여 사용허가 받은 국유재산을 다른 사람에게 사용 · 수익하게 한 것에 해당한다고 하였다(대법원 2020. 10. 29. 선고 2019두43719 판결).

3. 농업의 위탁경영

농업의 위탁경영이란 농지소유자가 타인에게 일정한 보수를 지급하기로 하고 농작업의 전부 또는 일부를 위탁하여 행하는 농업경영을 말한다.

농지법 제2조(정의) 이 법에서 사용하는 용어의 뜻은 다음과 같다.

4. "농업경영"이란 농업인이나 농업법인이 자기의 계산과 책임으로 농업을 영위하는 것을 말한다.
6. "위탁경영"이란 농지 소유자가 타인에게 일정한 보수를 지급하기로 약정하고 농작업의 전부 또는 일부를 위탁하여 행하는 농업경영을 말한다.

국유재산법이 금지하는 것은 사용허가 등을 받은 국유재산을 다른 사람이 사용 · 수익하게 하는 것이지만, 위탁경영도 헌법과 농지법에 따라 금지되므로(헌법 제121조 제2항, 농지법 제9조), 관계 법령 위반으로서 사용허가 취소 · 철회의 사유가 된다(대부계약서 제8조 제9호). 농지법은 농지소유자의 위탁경영을 금지하므로(제9조) 국유농지의 사용자는 위탁경영에서 자유롭다고 할 여지도 있다. 그러나 농작업의 전부 또는 대부분을 위탁경영하는 자는 실경작자로 볼 수 없어 국유농지를 사용허가 받을 수 없고(영 제27조 제3항 제2호), 농작업의 전부 또는 대부분을 위탁경영하는 것은 그 실질이 전대에 가깝기 때문에 취소 · 철회 사유가 된다고 할 것이다. 위탁자가 수탁자에게 보수를 지급하는 것이 이론상의 모습이지만, 실제로는 수탁자가 수확을 끝내고 수확물의 일정량을 위탁자에게 지급하는 사례가 많다. 징집, 질병, 국외여행, 취학 및 공직취임 등 특별한 사정이 없다면, 노동력 부족으로 행하는 통상적인 농업경영 관행 범위 내에서만 위탁경영이 허용된다.

농지법 제9조(농지의 위탁경영) 농지 소유자는 다음 각 호의 어느 하나에 해당하는 경우 외에는 소유 농지를 위탁경영할 수 없다.

1. 「병역법」에 따라 징집 또는 소집된 경우
2. 3개월 이상 국외 여행 중인 경우
3. 농업법인이 청산 중인 경우
4. 질병, 취학, 선거에 따른 공직 취임, 그 밖에 대통령령으로 정하는 사유로 자경할 수 없는 경우
5. 제17조에 따른 농지이용증진사업 시행계획에 따라 위탁경영하는 경우
6. 농업인이 자기 노동력이 부족하여 농작업의 일부를 위탁하는 경우

농지법 시행령 제8조(농지의 위탁경영) ① 법 제9조제4호에서 "그 밖에 대통령령으로 정하는 사유"란 다음 각 호의 어느 하나에 해당하는 사유를 말한다.

1. 부상으로 3월 이상의 치료가 필요한 경우
2. 교도소 · 구치소 또는 보호감호시설에 수용 중인 경우

② 법 제9조제6호에 따른 자기노동력이 부족한 경우는 다음 각 호의 어느 하나에 해당하는 경우로서 통상적인 농업경영관행에 따라 농업경영을 함에 있어서 자기 또는 세대원의 노동력으로는 해당 농지의 농업경영에 관련된 농작업의 전부를 행할 수 없는 경우로 한다.

1. 다음 각 목의 어느 하나에 해당하는 재배작물의 종류별 주요 농작업의 3분의 1 이상을 자기 는 세대원의 노동력에 의하는 경우
   가. 벼 : 이식 또는 파종, 재배관리 및 수확
   나. 과수 : 가지치기 또는 열매솎기, 재배관리 및 수확
   다. 가목 및 나목 외의 농작물 또는 다년생식물 : 파종 또는 육묘, 이식, 재배관리 및 수확
2. 자기의 농업경영에 관련된 제1호 각 목의 어느 하나에 해당하는 농작업에 1년 중 30일 이상 직접 종사하는 경우

[참고 ⑧] **국유농지에 대한 농지임대차 규정의 적용 제외**

농지법은 농지의 소유, 임대 및 보전 등에 대한 폭 넓은 규제를 하면서, 국가 또는 지방자치단체에

대하여는 농지의 소유 및 임대에 관한 규제의 적용을 배제하고 있다. 구체적인 내용은 다음과 같다.

- 국가 또는 지방자치단체(이하 국가 등)는 농업경영에의 이용 여부와 무관하게 농지를 소유하고 임대할 수 있다(농지법 제6조 제2항 제1호, 제23조 제1항 제1호).
- 농지임대차계약의 대항력 및 임대농지 양수인의 임대인 지위 승계 규정은 국가 등에 적용하지 않는다(제27조).
- 농지임대차기간 및 묵시적 갱신에 관한 규정은 국가 등에 적용하지 않는다(제27조).
- 농지임대차계약의 조정(농지임대차조정위원회) 규정은 국가 등에 적용하지 않는다(제27조).

Ⅲ. 전대의 효과

1. 전대인에 대한 조치

(1) 사용허가의 취소 · 철회

국유재산의 사용허가 등을 받은 자가 법 제30조 제2항을 위반하여 그 재산을 다른 사람으로 하여금 사용 · 수익하게 하면 재산관리기관은 사용허가 등을 취소 · 철회할 수 있다.[189] 위반의 정도 · 횟수, 위반으로 인한 부당이득의 유무 · 규모 등을 종합하여 취소 · 철회 여부를 결정하여야 할 것이다.

(2) 변상금의 부과

농지의 전대와 위탁경영은 사용허가 취소 · 철회 이후의 법률관계에 차이가 있다. 전대의 경우 농작물의 소유자는 전차인이므로 전차인에게 사용허가 등 별도의 점유권원을 인정해 줄 것인지 판단해야 한다. 농지 위탁경영의 경우 사용허가 등을 받은 자가 농작물의 소유자이므로 그 자에게 농작물의 취거를 명하고, 응하지 않으면 변상금을 부과해야 한다.

(3) 부당이득의 환수

전대로 얻은 수익에 대하여 국가가 손해배상청구나 부당이득반환청구를 할 수 있을까. 전대로 국가의 손실이 발생해야 하는데,[190] 국가가 사용허가로 얻을 수 있는 수익은 법정되어 있어서 손실이 발생했다고 보기 곤란한 경우가 많을 것이다. 특히 국유농지는 다른 용도로 사용허가가 곤란하므로 그 지역의 농지임대료가 법정사용료보다 훨씬 높다고 하더라도 국가가 법정사용료 이상을 부과 · 징수할 여지는 거의 없다. 입법으로 전대수익을 부당이득으로 회수하는 방

---

189) 법 제36조 제1항 제2호, 제47조 제1항; 국유재산 사용허가서 제11조 제3호, 국유재산 대부계약서 제8조 제2호.

190) 대법원 2008. 1. 18. 선고 2005다34711 판결; 대법원 1995. 5. 12. 선고 94다25551 판결 등.

안을 모색해 볼 여지도 있을 것이나, 전대수입 입증 등의 어려움이 있다. 국유림법의 경우 산림청장이 국유림대부 등을 취소한 때 위반행위로 얻은 부당이득의 반환을 명하고, 반환하지 않을 경우 국세징수법의 체납처분 규정을 준용하여 강제징수 할 수 있게 하고 있는 있으나(제26조 제2항 및 제3항), 실효성에는 의문이 있다.

(4) 형사제재

국유재산법 제30조 제2항을 위반해 사용허가 등을 받은 재산을 다른 사람에게 사용 · 수익하게 한 행위, 나아가 이를 통해 부당이득을 취한 경우 형사제재가 가능한지 문제된다. 생각건대 전대행위 자체는 전대인과 전차인 사이에서 유효하고, 국유재산법은 이를 사용허가 등의 취소 · 철회 사유로 규정할 뿐, 형사제재의 대상으로 하지 않으므로 국유재산의 전대 자체를 형사제재의 대상으로 삼기는 곤란해 보인다. 다만 국유재산의 사용허가 등을 받은 자가 제3자에게 전대하면서, 해당 재산이 국유재산이 아니라고 하거나 전대임대료가 법정사용료 보다 높지 않다고 고지하는 등 적극적인 기망행위를 하였다면 전차인에 대하여 사기죄 등이 성립할 여지는 있다.

2. 전차인에 대한 조치

(1) 양성화조치

국유재산의 전차인은 비록 국유재산의 전대임을 알고 임차, 소작 등을 했다하더라도 전대행위의 피해자적 지위가 인정되는 경우가 많을 것이다. 스스로 국유재산의 사용허가 등을 받을 가능성이 없어 제3자를 내세워 사용허가 등을 받게 한 다음 이를 전차 받는 등 전대행위를 주도적 · 적극적으로 하지 않는 한은[191] 전대인에 대한 사용허가 등 취소 · 철회 후 전차인에게 사용허가를 해주는 등 양성화 조치를 할 필요가 있을 수도 있다.

(2) 변상금부과

임차권의 양도나 전대의 경우 국유재산을 점유하는 자는 전차인이지만, 국가가 전대인에 대한 사용허가 등을 취소 · 철회하지 않는 한은 전차인의 점유는 적법하다. 전대인의 점유권원을 승계 받고 있기 때문이다. 앞서 본 바와 같이 전차인이 주도적 · 적극적으로 전대에 관여한 경우 재산관리기관은 사용허가 등을 취소 · 철회한 다음 전차인의 점유에 대하여 변상금을 부과할 수 있다.

---

191) 여기에 해당하는 경우에는 재산관리기관에 대한 공무집행방해죄, 업무방해죄 등이 성립될 수도 있다.

Ⅳ. 전대의 예외적 허용

1. 국유재산법의 예외

국유재산법 제30**조**(**사용허가**) ② 제1항에 따라 사용허가를 받은 자는 그 재산을 다른 사람에게 사용·수익하게 하여서는 아니 된다. 다만, 다음 각 호의 어느 하나에 해당하는 경우에는 중앙관서의 장의 승인을 받아 다른 사람에게 사용·수익하게 할 수 있다.

1. 기부를 받은 재산에 대하여 사용허가를 받은 자가 그 재산의 기부자이거나 그 상속인, 그 밖의 포괄승계인인 경우
2. 지방자치단체나 지방공기업이 행정재산에 대하여 제18조제1항제3호에 따른 사회기반시설로 사용·수익하기 위한 사용허가를 받은 후 이를 지방공기업 등 대통령령으로 정하는 기관으로 하여금 사용·수익하게 하는 경우

③ 중앙관서의 장은 제2항 단서에 따른 사용·수익이 그 용도나 목적에 장애가 되거나 원상회복이 어렵다고 인정되면 승인하여서는 아니 된다.

제59**조**(**위탁 개발**) ⑤ 제1항에 따라 개발한 재산의 대부·분양·관리의 방법은 제43조·제44조·제46조 및 제47조에도 불구하고 수탁자가 총괄청이나 중앙관서의 장과 협의하여 정할 수 있다.

국유재산법은 ① 기부자에게 기부채납 재산을 사용허가 하는 경우, ② 주민생활형 사회기반시설로 사용·수익하려는 지방자치단체 등에게 사용허가 하는 경우 ③ 위탁개발로 발생한 국유재산을 대부하는 경우 전대를 승인할 수 있도록 하고 있다(제30조 제2항 단서, 제59조 제5항). 이들 사안은 기부자, 지방자치단체 및 위탁개발자 등이 상업용 빌딩 등을 신축해 어느 특정인에게 일괄 임대하고 이후 그 자의 전대행위로 투하자본을 회수하도록 하는 구조이다.

2. 다른 법률의 예외

국유재산법 이외 다른 법률이 국유재산의 전대를 허용하는 경우도 있다. 한국공항공사법은 한국공항공사가 대부·사용허가 받은 국유재산을 전대할 수 있도록 하는바(제11조), 공항의 각종 식당, 면세점 등을 공항공사가 직영할 수 없는 상황을 고려한 것이다.

제5절 시효취득의 배제

국유재산법 제7조(국유재산의 보호) ② 행정재산은 「민법」 제245조에도 불구하고 시효취득(時效取得)의 대상이 되지 아니한다.

민법 제245조(점유로 인한 부동산소유권의 취득기간) ① 20년간 소유의 의사로 평온, 공연하게 부동산을 점유하는 자는 등기함으로써 그 소유권을 취득한다.
② 부동산의 소유자로 등기한 자가 10년간 소유의 의사로 평온, 공연하게 선의이며 과실없이 그 부동산을 점유한 때에는 소유권을 취득한다.
제247조(소유권취득의 소급효, 중단사유) ② 소멸시효의 중단에 관한 규정은 전2조의 소유권취득기간에 준용한다.

Ⅰ. 소유권시효취득의 배제 대상

국유재산법은 행정재산을 부동산소유권 시효취득(민법 제245조)에서 배제하고 있다(제7조 제2항). 따라서 일반재산이나 동산인 국유재산은 시효취득의 대상이 된다. 당초에는 일반재산을 포함하는 모든 협의의 국유재산의 시효취득을 배제하다가 헌법재판소의 위헌결정에 따라 1994. 1. 5. 국유재산법이 개정되어 행정재산만 시효취득을 배제하게 되었다. 헌법재판소는 일반재산의 시효취득을 금지하는 국유재산법 규정이 사적자치의 본질을 위반하여 헌법상 평등의 원칙과 사유재산권 보장의 이념 및 과잉금지의 원칙에 반하여 위헌이라고 하였다.[192)]

일반재산의 시효취득은 무주부동산, 귀속재산 등으로 잘못 국유화한 사유재산의 진정한 소유자가 국가 명의의 소유권등기의 추정력을 번복할 자료가 없을 때 소유권을 회복하는 효과적인 수단이 되기도 한다. 일반재산에 대한 취득시효가 완성되었더라도 소유권이전등기 전에 그 재산이 행정재산으로 전환되었다면 더 이상 취득시효를 원인으로 하는 소유권이전등기를 청구할 수 없게 된다.[193)]

Ⅱ. 소유권시효취득의 중단

민법 제247조 제2항은 채권소멸시효의 중단에 관한 규정을 그대로 소유권취득기간에 준용하고 있다. 따라서 민법 제168조 이하의 채권소멸시효 중단사유들은 그대로 일반재산의 소유권

192) 헌법재판소 1991. 5. 13. 선고 89헌가97 결정.
193) 대법원 1997. 11. 14. 선고 96다10782 판결 등.

취득기간에도 준용될 것이지만, 국유재산법이 특별히 마련해 두고 있는 채권소멸시효 중단사유(제73조의 3 제2항), 특히 변상금부과행위는 국유재산의 취득시효를 중단시키는 법정사유가 될 수 없고,[194] 법률해석의 문제가 될 수밖에 없다. 종래 모든 국유재산을 소유권시효취득의 대상에서 배제할 때는 민법 제247조 제2항과 같은 규정이 필요 없었지만, 일반재산이 소유권시효취득의 대상이 되고, 나아가 국유재산법이 독자적인 채권소멸시효중단 사유들을 규정하고 있는 바이므로, 국유재산법 제73조의 3 제2항의 채권소멸시효 중단사유들을 국유재산 소유권취득기간에 준용하도록 하는 규정을 두는 것이 타당하다고 생각한다.

제6절 권리보전조치

국유재산법 제14조(등기 · 등록 등) ① 총괄청이나 중앙관서의 장은 국유재산을 취득한 경우 대통령령으로 정하는 바에 따라 지체 없이 등기 · 등록, 명의개서(名義改書), 그 밖의 권리보전에 필요한 조치를 하여야 한다.
② 등기 · 등록이나 명의개서가 필요한 국유재산인 경우 그 권리자의 명의는 국(國)으로 하되 소관 중앙관서의 명칭을 함께 적어야 한다. 다만, 대통령령으로 정하는 법인에 증권을 예탁(預託)하는 경우에는 권리자의 명의를 그 법인으로 할 수 있다.
제25조(총괄사무의 위임 및 위탁) 총괄청은 대통령령으로 정하는 바에 따라 이 법에서 규정하는 총괄에 관한 사무의 일부를 조달청장 또는 지방자치단체의 장에게 위임하거나 정부출자기업체 또는 특별법에 따라 설립된 법인으로서 대통령령으로 정하는 자에게 위탁할 수 있다.

국유재산법 시행령 제16조(총괄사무의 위임 및 위탁) ① 총괄청은 법 제25조에 따라 다음 각 호의 사무를 조달청장에게 위임한다.
5. 은닉된 국유재산 및 소유자 없는 부동산(이하 "은닉재산등"이라 한다)의 사실조사와 국가환수 및 귀속에 관한 사무

매매 등 법률행위로, 또는 무상귀속 등 법률의 규정으로 국가가 재산을 취득한 경우 국가는 이를 자신의 앞으로 등록, 등기 등 공시방법을 갖추어야 하는바, 이를 권리보전조치라고 한다. 권리보전조치는 총괄청이나 중앙관서의 장 등 그 소관청이 하는 것이 원칙이지만(법 제14조 제1항), 은닉된 국유재산, 무주부동산 및 귀속재산(이하 은닉재산 등)은 조달청장이 조사하여 국고로 환수 · 귀속시켜야 한다(영 제16조 제1항 제5호). 은닉재산 등은 외형상 국가 외의 자 명의로 등기 · 등록되어 있고, 은닉재산 등임을 확인하는데 전문적인 지식과 사실조사가 필요하므로 이

194) 민법 제247조 제2항의 '소멸시효의 중단에 관한 규정'에 국유재산법 제73조의 3 제2항은 포함되지 않기 때문이다.

를 총괄사무로 규정하여 조달청장에게 위임하고 있는 것이다. 권리보전조치 그 자체는 특별할 것이 없고, 법 제14조, 제12조 등에 따라 처리하면 된다. 주로 문제되는 것은 은닉재산 등의 신고와 보상, 은닉재산 등을 자진반환한 자에 대한 특례 등이다.

Ⅰ. 은닉재산 등의 신고와 보상

은닉재산 등은 그 양이 방대하고 전국 각지에 흩어져 있을 뿐만 아니라, 외관상 국유재산으로 인식할 징표가 없어서 국유재산으로의 원활한 권리보전을 촉진할 시스템이 필요하다. 이에 국유재산법은 은닉재산 등의 환수를 촉진할 두 가지 방안을 두는데, 첫째는 은닉된 국유재산과 무주부동산을 발견하여 신고한 자에게 보상을 하는 것이고, 둘째는 은닉된 국유재산을 선의로 취득한 자가 자진 반환하면 그 자에게 반환재산을 매각함에 있어 특혜를 주는 것이다.

1. 신고와 수리

국유재산법 시행규칙은 은닉된 국유재산 등을 신고하려는 자는 신고서[195]를 조달청장에게 제출(조달청장이 지정 · 고시하는 정보처리장치[196]를 이용하여 제출하는 것을 포함한다)하여야 한다고 규정하지만(제52조), 대법원은 국유재산법 시행규칙은 내부적인 사무집행기준에 불과하므로 동 규칙 소정의 신고서를 반드시 작성 · 제출할 필요는 없다고 한다(대법원 2004. 7. 22. 선고 2004다18323).

[**판례**] 은닉국유재산을 신고한 자의 국가에 대한 보상금청구권은 그 신고에 의하여 신고재산이 국유재산으로 확정되는 것을 정지조건으로 하여 발생하는 것으로, 국유재산법시행령 제57조 제4항의 위임에 의한 같은 법 시행규칙 제55조의 신고방법에 관한 규정은 국유재산관리관서의 내부적 사무집행기준에 불과하므로 위 시행규칙 제55조 및 동 별지 제13호 소정의 은닉국유재산에 관한 신고서를 반드시 작성, 제출하여야 하는 것은 아니고, 마찬가지 이유로 위 신고서에 기재하도록 되어 있는 정도로 상세하게 신고재산의 내역을 특정하여야만 적법한 신고가 된다고 볼 수도 없다 할 것이며, 다만 은닉국유재산 신고보상제도의 취지, 신고에 따른 소관청의 조사절차 및 보상액수 기타 국유재산법 관련 규정에 비추어, 소관청의 조사를 발동시킬 정도의 합리적 사유에 근거한 신고행위가 단서가 되어 은닉국유재산의 환수가 이루어진 경우로서 그 신고와 환수 사이에 상당인과관계가 존재하고, 그것이 신고자가 신고대상으로 지목한 은닉국유재산의 범위에 포함되어 있는 것으로 볼 수 있는 경우에는 국가에 환수된 재산에 대한 보상금청구권이 성립하는 것으로 해석함이 상당하다.

은닉국유재산으로 의심되는 토지의 목록을 제출하면서 구두로 그에 대한 전반적인 조사를 요청한 것이 단서가 되어 해당 토지에 대한 국가 환수가 이루어졌다면 위 구두에 의한 신고행위는 국유재산법 제53조에서 규정하는 적법한 신고로 볼 수 있다(대법원 2004. 7. 22. 선고 2004다18323 판결).

---

195) 국유재산법 시행규칙 별지 제18호 서식의 은닉된 국유재산 또는 소유자 없는 부동산 신고서.

2. 신고보상의 대상

국유재산법 제77조(은닉재산 등의 신고) ① 은닉된 국유재산이나 소유자 없는 부동산을 발견하여 정부에 신고한 자에게는 대통령령으로 정하는 바에 따라 보상금을 지급할 수 있다.
② 지방자치단체가 은닉된 국유재산이나 소유자 없는 부동산을 발견하여 신고한 경우에는 대통령령으로 정하는 바에 따라 그 재산가격의 2분의 1의 범위에서 그 지방자치단체에 국유재산을 양여하거나 보상금을 지급할 수 있다.

국유재산법 시행령 제75조(은닉재산 등의 신고) ① 법 제77조에 따른 보상금의 지급 또는 양여의 대상이 되는 은닉된 국유재산은 등기부 등본 또는 지적공부에 국가 외의 자의 명의로 등기 또는 등록되어 있고, 국가가 그 사실을 인지하지 못하고 있는 국유재산으로 한다.
② 법 제77조에 따른 보상금의 지급 또는 양여의 대상이 되는 소유자 없는 부동산은 등기부 등본 또는 지적공부에 등기 또는 등록된 사실이 없는 재산이거나 그 밖에 소유자를 확인할 수 없는 재산으로서 국가가 그 사실을 인지하지 못하고 있는 재산으로 한다. 다만, 공공용재산은 제외한다.

(1) 은닉된 국유재산

1) 국유재산

은닉된 국유재산이란, 법률상 국유재산이지만 국가 외의 자 명의로 등기·등록되는 등의 방법으로 은닉된 재산을 말한다. 국가가 매수자로서 매매대금을 완납하였으나 아직 소유권이전등기를 하지 않은 부동산, 청산법인의 잔여재산으로서 아직 국가 명의로 소유권이전등기 하지 않은 부동산, 친일반민족행위자 재산조사위원회의 친일재산 결정을 거치지 않은 친일반민족행위자의 재산 등은 아직 국유재산이 아니므로 비록 신고로 인해 비로소 국가가 인지했다고 하더라도 보상의 대상이 아니다. 은닉된 국유재산은 법률의 규정에 의해 등기 없이 국유재산으로 원시취득된 것들이 많을 것이다(민법 제187조).

2) 국가 외의 자 명의로 등기·등록된 재산

국유재산법 시행령은 신고보상의 대상이 되는 은닉된 국유재산의 요건으로 ① 등기부등본 또는 지적공부에 국가 외의 자의 명의로 등기·등록되어 있을 것과 ② 국가가 그 사실을 인지하지 못할 것을 모두 요구한다(제75조 제1항). 등기부에는 토지등기부와 건물등기부가 있다. 지적공부란, 지적소관청이 지적측량 등을 통하여 조사한 토지의 표시와 그 소유자 등을 기록한 대장 및 도면을 말하는데 토지대장, 임야대장, 공유지연명부, 대지권등록부, 지적도, 임야도 및 경

196) 조달사업에 관한 법률 시행령 제4조의3 제5항의 규정에 의한 정보처리장치의 지정에 관한 고시(조달청고시 제2015-6호, 2015.3.2. 제정) 「조달사업에 관한 법률 시행령」 제4조의3 제5항의 규정에 의한 "조달청장이 지정하는 정보처리장치": 공공조달통계시스템(온통조달, http://ppstat.g2b.go.kr).

계점좌표등록부 등이 그 예이다(공간정보관리법 제2조 제19호 참조).

귀속재산이 신고보상의 대상이 된다고 할 수 있는지 의문이다. 생각건대 귀속재산은 그 개념요소가 일본인 등의 명의로 되어 있는 것이고, 그러한 상태에서 국유재산이므로, 일본인 등의 명의로 되어 있다고 해서 은닉되었다고 보기 곤란하다. 일본인 등의 명의에서 다른 사람의 명의로 등기·등록이 이전되어야 은닉되었다고 볼 수 있다. 그러한 사례로는 1945. 8. 9. 이전에 일본인 등으로부터 취득한 것처럼 꾸며 한국인 명의로 이전등기를 한 경우, 1945. 8. 9. 현재 소유자인 일본인이 사실은 창시개명한 한국인이었던 것으로 가장하여 성명복구 명의변경을 한 경우, 매매계약서를 위·변조하는 등의 방법으로 특별조치법에 따른 이전등기를 한 경우, 그리고 농지개혁법에 따른 분배를 가장하여 이전등기를 한 경우 등이 있다. 귀속재산이 은닉된 국유재산에 해당한다는 하급심 판례는 있지만(수원지방법원 2010. 7. 1. 선고 2010나351 판결), 대법원 판례는 없다. 대법원은 국가 이외의 자가 매매계약서를 위조하는 등의 방법으로 특별조치법에 따라 귀속재산을 자기 앞으로 소유권등기를 한 것이라면 은닉된 국유재산에 해당한다고 할 뿐이다(대법원 2004. 7. 22. 선고 2004다18323 판결). 무엇보다 국유재산법은 은닉된 국유재산, 소유자 없는 부동산 및 귀속재산을 '은닉재산 등'이라고 하여 그 권리보전조치 사무를 총괄사무로 하여 조달청장에게 위임하면서(법 제25조, 영 제16조 제1항), 이 중에서 은닉된 국유재산 및 소유자 없는 부동산만 신고보상의 대상으로 명시함으로써 은닉된 국유재산과 귀속재산은 서로 다름을 분명히 하고 있다(법 제77조.)

3) 국가의 불인지

은닉된 국유재산으로서 신고보상의 대상이 되려면 국가가 은닉사실을 인지하지 못하고 있어야 한다. 국가의 인지라는 주관적인 요소를 판단하기가 쉽지 않기 때문에 국유재산법은 시행규칙 제51조에서 그 소극적 판단기준을 4가지를 제시하고 있는바, 여기에 해당하지 않는다면 재산관리기관은 국가가 인지하지 못하는 것으로 간주하고 보상한다.

국유재산법 시행규칙 제51조(국가가 인지하지 못하고 있는 재산) 영 제75조제1항 및 제2항 본문에 따른 국가가 인지하지 못하고 있는 재산이란 다음 각 호 외의 재산을 말한다.

1. 국유재산대장 또는 공유재산대장에 국유재산 또는 공유재산으로 적혀 있는 재산
2. 국가와 소유권을 다투는 소송이 계류 중이거나 그 밖의 분쟁이 있는 재산
3. 국가가 환수절차를 밟기 시작한 재산
4. 섬

(2) 무주부동산

소유자 없는 부동산도 신고보상의 대상이 되는 바(법 제77조), 등기부등본 또는 지적공부에 등기 · 등록된 사실이 없는 등 소유자를 확인할 수 없는 재산으로서 국가가 그 사실을 인지하고 있지 못하고 있어야 한다(영 제75조 제2항 본문). 국가 외의 자 명의로 무주부동산을 불법으로 등기 · 등록했다면 이것은 은닉된 국유재산으로서 역시 신고보상의 대상이 된다. 도로, 하천, 공원 및 항만 등 공공용재산인 무주부동산은 신고보상의 대상에서 제외된다(영 제75조 제2항 단서).

3. 보상금의 지급

(1) 보상금지급청구권의 발생

신고한 재산의 국가귀속이 확정되었을 때 보상금을 지급한다(영 제76조 제1항). 대법원은 보상금청구권은 신고재산에 대한 '국유재산의 확정'을 정지조건으로 발생한다고 하면서, 국유재산의 확정이란 신고를 받은 관서장이 국유재산임을 확인 · 확정하는 것만으로는 부족하고 신고재산이 객관적으로 국유재산으로 확정되는 것을 말한다고 한다(대법원 1973. 3. 13. 선고 72다2503 전원합의체 판결). 그렇다면 객관적으로 국유재산으로 확정된다는 것은 어떤 의미일까. 신고재산이 국유재산대장에 등재되는 것, 국가 소유명의로 등기되는 것 등을 들 수 있다. 신고재산에 국가명의의 등기가 마쳐짐으로써 국가귀속이 확정되었고, 그 등기경료일 당시의 재산가격을 기준으로 보상금을 산출하여야 한다는 하급심 판례가 있다.[197] 은닉재산 등을 신고한 자가 둘 이상인 때에는 먼저 신고한 자에게 보상금을 지급하되, 신고한 면적이 서로 다른 경우에는 나중에 신고한 자에게도 잔여분에 한정하여 보상금을 지급할 수 있다(영 제76조 제4항).

(2) 보상금의 결정

신고재산이 국유재산으로 확정되면 해당 재산가격에 일정비율을 곱하는 방식으로 보상금을 산정하는데(법 제77조 제2항, 영 제76조 제1항), 신고자가 지방자치단체인지에 따라 금액이 달라진다. 보상금 산정을 위한 재산가격의 결정방식은 사용료 산정을 위한 그것과 동일하다(영 제76조 제5항). 재산가격 결정의 기준시점은 '보상금지급청구권이 발생한 때', 즉 신고재산이 객관적으로 국유재산으로 확정되는 때라고 할 수 있으며, 판례도 같은 입장이었다(대법원 2012. 7. 26. 선고 2010다60479 판결).

1) 지방자치단체 이외의 자

국유재산법 시행령은 재산가격의 10% 범위에서 보상금을 지급하되, 3,000만원을 넘을 수 없다고 하면서(제76조 제1항 및 제2항) 재산의 종류별 보상율과 최고금액을 기획재정부령에서 정하게

---

197) 안양지원 2009가단1618 판결.

한다. 이때 3,000만원 한도는 필지별 한도이며, 인별 총보상금의 한도가 아니다. 대법원은 보상금 지급한도를 100만원으로 정한 구 국유재산법 시행령(1966. 2. 28. 대통령령 제2425호) 부칙 제5조 제3항 단서에 대하여, 신고자가 받아야 할 보상총액을 100만원으로 제한하는 것이 아니라고 하였다(대법원 1971. 2. 9. 선고 70다2610 판결). 신고재산의 종류별 보상율과 최고금액의 구체적인 내용은 국유재산법 시행규칙 제56조에 구체적으로 규정되어 있는데, 국가기관 내부의 사무집행 기준에 불과하므로 조달청장 등이 이와 다소 다르게 계산·지급하였다 하여 위법이라고는 할 수 없다.

[**판례**] 국유재산법 시행규칙은 사무집행기준에 불과하므로 법원이 적법한 감정가격으로서 보상금액을 정하였다면 위 규칙에 의하지 아니하였다 하여 위법이라 할 수 없고 구 국유재산법시행령(66.2.28. 대통령령 제2425호) 개정 부칙 제5조 제3항 단서의 규정이 일률적으로 신고자가 받아야 할 보상총액이 100만원을 초과할 수 없다는 취지는 아니다(대법원 1971. 2. 9. 선고 70다2610 판결).

2) 지방자치단체

국유재산법은 은닉된 국유재산이나 소유자 없는 부동산을 신고한 지방자치단체에게 재산가격의 1/2 범위에서 국유재산을 양여하거나 보상금을 지급할 수 있다고 하고, 구체적인 양여·보상기준은 시행령에서 정하게 하고 있다(법 제77조 제2항). 시행령에서는 양여의 기준만 정할 뿐 보상금에 대하여는 정함이 없는바(영 제76 제3항), 양여의 금액이 보상액으로 준용될 수 있을 것이다.

3) 보상금 지급의 배제

국유재산법 시행규칙은 ① 은닉된 국유재산이나 소유자 없는 부동산의 원인을 제공한 자가 신고한 경우, ② 신고한 재산을 과거에 취득하였던 자로서 이를 보유하던 중에 은닉재산임을 인지한 자가 신고한 경우, ③ 국민이 아닌 자가 신고한 경우 보상금을 지급하지 않는다고 한다(제50조). 국유재산법 시행규칙 제50조는 국가기관 내부의 사무집행기준에 불과하므로 재판규범으로서의 효력은 없다.

은닉된 국유재산을 선의로 취득한 후 국가에 자진반환한 자에게는 법 제78조에 따른 특례매각의 기회가 있는데, 이 경우에는 신고보상과 달리 국가가 은닉된 국유재산을 인지했는지를 불문한다. 따라서 국가가 환수조치를 시작한 이후에도 자진반환 및 특례매각이 가능하다. 신고자가 국민이 아닌 경우 보상금을 지급하지 않는 자세한 이유는 알 수 없으나, 은닉된 국유재산의 상당수가 귀속재산인 점을 고려한 것이 아닌가 생각된다. 귀속재산은 미군정이 일본인 등에게서 몰수해 대한민국정부에 이양한 것인데, 몰수당한 자에게 다시 신고보상을 하는 것은 모순이 된다.

Ⅱ. 은닉된 국유재산을 자진반환한 자에 대한 특례매각

신고보상 이외 은닉재산 등의 환수를 촉진하지 위한 또 하나의 방법은 은닉된 국유재산을 선의로 취득하여 보유하고 있는 자가 자진반환하게 하는 것이다. 신고 또는 직접 인지로 조달청이 은닉된 국유재산의 환수에 착수했을 때, 선의의 취득자로서 환수당할 처지에 놓인 자가 자진반환하면 그 자에게 당해 재산을 특례 매각할 수 있게 하는 것이다. 이 제도는 환수를 촉진하기 보다는 은닉된 국유재산을 선의로 취득한 후 환수당하는 자를 보호하기 위한 측면이 강하다.

1. 특례매각의 내용

국유재산법 제78조(은닉재산의 자진반환자 등에 관한 특례) 은닉된 국유재산을 선의(善意)로 취득한 후 그 재산을 다음 각 호의 어느 하나에 해당하는 원인으로 국가에 반환한 자에게 같은 재산을 매각하는 경우에는 제50조에도 불구하고 대통령령으로 정하는 바에 따라 반환의 원인별로 차등을 두어 그 매각대금을 이자 없이 12년 이하에 걸쳐 나누어 내게 하거나 매각 가격에서 8할 이하의 금액을 뺀 잔액을 그 매각대금으로 하여 전액을 한꺼번에 내게 할 수 있다.

1. 자진 반환
2. 재판상의 화해
3. 그 밖에 대통령령으로 정하는 원인

국유재산법 시행령 제77조(은닉재산의 자진반환자 등에 관한 특례) ① 법 제78조에 따른 매각의 대상이 되는 은닉된 국유재산은 등기부 등본 또는 지적공부에 국가 외의 자의 명의로 등기 또는 등록된 국유재산으로 한다.
② 법 제78조에 따라 은닉된 국유재산을 국가에 반환한 자에게 매각하는 경우 그 반환의 원인에 따라 매각대금을 나누어 낼 때의 분할납부기간과 일시납부하는 때의 매각대금은 별표 3과 같다.
③ 제2항에 따른 자진반환의 경우에 그 반환일은 반환하려는 은닉재산의 소유권 이전을 위한 등기신청서의 접수일로 한다.

은닉된 국유재산을 선의로 취득한 후 그 재산을 반환한 자에게는 그 재산을 수의로 매각할 수 있을 뿐만 아니라(영 제40조 제3항 제9호), 반환 원인별로 차등을 두어 매각대금을 이자 없이 12년 이하에 걸쳐 나누어 내게 하거나 매매가격에서 80% 이하의 금액을 뺀 잔액을 그 매매대금으로 하여 일시에 내게 할 수 있다. 선의의 피해자를 구제하고 매각 등으로 제3자에게 위험이 전가되지 않도록 자진반환을 촉진하는 취지이다. 국유재산법 시행령 제77조 제2항 별표3은 자진반환의 시기를 소송의 전후와 단계를 기준으로 6개 유형으로 나누어서, 분할 납부기간(12년 이하 ~ 2년 이하) 및 매매대금(통상의 매매대금의 20% ~ 70%)을 달리 정하고 있다.

신고보상에서와 달리 등기부등본 · 지적공부에 국가 외의 자의 명의로 등기 · 등록되는 등 은닉된 국유재산이면 족하고 국가가 그 사실을 인지하는지 여부는 묻지 않는다. 보통은 국가가 은닉된 국유재산임을 인지하고 환수조치를 취한 이후에 자진반환이 이루어진다.[198] 은닉된 국유재산을 선의로 취득했음이 인정되려면 은닉자로부터의 취득이 매매 등 특정승계이어야 한다. 상속자나 합병회사(신설회사, 존속회사)는 피상속인이나 소멸회사와 동일한 지위에 있기 때문에 선의가 인정될 수 없다. 선의로 취득한 것이 인정되는 특정승계의 전형적인 예는, 국유재산법 제20조[199]에 위반하여 국유재산을 취득한 국유재산사무종사자로부터 그러한 사실을 모르고 그 국유재산을 전득한 자, 귀속재산을 귀속재산처리법에 따라 취득했다고 주장하는 자로부터 선의로 전득한 후 특별조치법에 따라 소유권이전등기를 한 자 등을 들 수 있다.

선의로 취득했는지 여부는 구체적인 사안마다 종합적으로 판단해야 하며, 민법 제197조에 따라 선의가 추정되는 것은 아니다. 국유재산법 제78조의 선의는 특례 매각이 적용되기 위한 특별한 요건으로서 그 적용을 구하는 자가 적극적으로 입증하여야 하며, 국가가 선의취득자임을 인정하는 기준을 정할 때는 객관적이고 엄격한 기준을 정해야 한다. 과거 1970년대 국유지매각 담당공무원이 친인척과 지인의 이름을 도용 · 차용하여 대량의 국유지를 취득해 제3자에게 전전매각하여 사회문제가 된 사례에서, 정부가 선의취득자의 인정범위를 '선의의 제3취득자임이 객관적으로 명백한 자'(1997)로 정했다가 이후 '불법취득한 공무원의 친인척이 아닌 자'(1999) 및 '불법취득한 공무원과 민법 제777조의 친족관계에 있지 아니한 자'(2000)로 크게 확대했으나, 적절하지 않다는 지적에 다시 당초대로 복귀한 바 있다.

은닉된 국유재산을 선의로 취득한 후 자진반환 하였다고 해서 반드시 특례매각을 하여야 하는 것은 아니다. 특례매각을 할지 여부는 재산관리기관의 재량사항이다. 특례매각을 하지 않더라도 선의취득 및 자진반환한 자에게 수의매각을 할 수 있으며(영 제40조 제3항 제9호), 그자에게는 변상금을 징수하지 않는다(법 제72조 제1항 제1호).

2. 제도의 문제점

은닉된 국유재산을 선의로 취득한 후 자진 반환한 자에 대한 특례매각 제도는 1986. 12. 31. 개정 국유재산법에서 도입된 제도로서, 그 적용 대상이나 요건에 관한 해석상의 논

---

198) 국가가 은닉된 국유재산임을 알고 이를 환수하는 과정에서 자진반환한 것이라면, 특례매각이 적용될 수 없다는 취지의 대법원 판례가 있으나(대법원 1991. 2. 22. 선고 90다16061 판결), 특례매각은 국가의 환수과정에서 자진반환한 자를 주요 대상으로 할 수밖에 없는 점에서(국유재산법 시행령 제77조 제2항 별표3 참조) 이해하기 어렵다.

199) 국유재산법 제20조(직원의 행위 제한) ① 국유재산에 관한 사무에 종사하는 직원은 그 처리하는 국유재산을 취득하거나 자기의 소유재산과 교환하지 못한다. 다만, 해당 총괄청이나 중앙관서의 장의 허가를 받은 경우에는 그러하지 아니하다.
② 제1항을 위반한 행위는 무효로 한다.

란이 많으며, 매도인의 담보책임(민법 제569조 이하) 등 민사적 해결방안과의 법체계적 부조화 등의 문제가 있다.

국유재산을 은닉한 자(상속인 등 포괄승계인 포함)가 그 재산을 보유한 채로 국가에 환수 당하느냐, 이를 선의의 제3자에게 매각하여 그 제3자가 환수 당하느냐에 따라 국가재정상의 부담이 달라진다. 전자에서는 특례매각이 안되지만 후자에서는 가능하기 때문이다. 위·변조의 방법 등으로 특별조치법에 따라 소유권이전등기를 한 자의 상속인이 국가의 권리보전조치에 대항하다가 패소가능성이 높아지면 자진반환 및 특례매각을 주장하는 등의 혼란이 발생하는바, 법 제78조의 취득이 특정승계에 한정됨을 명백히 규정하고, 어떤 경우에 선의를 인정할 것인지도 규정화 할 필요가 있다.

제7절 관리 소홀에 대한 제재

국유재산법 제39조(관리 소홀에 대한 제재) 행정재산의 사용허가를 받은 자가 그 행정재산의 관리를 소홀히 하여 재산상의 손해를 발생하게 한 경우에는 사용료 외에 대통령령으로 정하는 바에 따라 그 사용료를 넘지 아니하는 범위에서 가산금을 징수할 수 있다.

국유재산법 시행령 제36조(가산금) ① 법 제39조에 따른 가산금은 사용허가 할 때에 정하여야 한다.
② 제1항의 가산금은 해당 중앙관서의 장 또는 법 제28조에 따라 위임을 받은 자가 징수한다.
③ 제1항의 가산금을 징수할 때에는 그 금액, 납부기한, 납부 장소와 가산금의 산출 근거를 명시하여 문서로 고지하여야 한다.
④ 제3항의 납부기한은 고지한 날부터 60일 이내로 한다.

국유재산법은 행정재산의 사용허가를 받은 자가 그 재산의 관리소홀로 재산상의 손해를 발생케 한 경우, 그 사용료를 최고한도로 하는 가산금을 징수할 수 있도록 한다. 관리 소홀에 따른 가산금은 행정재산에만 징수할 수 있으며,[200] 그 징수 여부는 재산관리기관의 재량사항이다. 가산금을 징수할지 여부는 사용허가 할 때 미리 정하여야 한다(이상 법 제39조, 영 제36조).

---

200) 법 제47조가 제39조를 준용하지 않는다.

제8절 직무 담당자로부터의 보호

국유재산은 직무 담당자의 고의·과실로 손해가 발생하거나, 그 관리·처분 사무의 처리과정에서 불공정, 부정행위 등이 발생할 수 있으므로 국유재산법은 이를 방지하기 위한 몇 가지 규정을 두고 있다.

Ⅰ. 직원의 거래행위 제한

국유재산법 제20조(직원의 행위 제한) ① 국유재산에 관한 사무에 종사하는 직원은 그 처리하는 국유재산을 취득하거나 자기의 소유재산과 교환하지 못한다. 다만, 해당 총괄청이나 중앙관서의 장의 허가를 받은 경우에는 그러하지 아니하다.
② 제1항을 위반한 행위는 무효로 한다.

국유재산법은 총괄청 또는 중앙관서의 장의 허가 없이는 국유재산 사무에 종사하는 직원이 그 처리하는 국유재산을 취득하거나 자기 소유재산과 교환하지 못하며, 이를 위반한 매매, 교환 등을 무효로 한다고 한다(제20조). 국유재산 사무에 종사하는 직원이란 담당 공무원뿐만 아니라 한국자산관리공사 등 수탁기관의 직원도 포함한다. 국유재산법에 있는 유일한 효력규정이며, 이 규정에 따라 매매 등 거래행위가 무효로 되어 결과적으로 은닉된 국유재산을 선의로 취득한 피해자가 발생할 수 있는바, 이 경우 법 제78조의 특례 규정에 따라 구제를 받을 여지가 있다.

Ⅱ. 변상책임

국유재산법 제79조(변상책임) ① 제28조에 따라 국유재산의 관리에 관한 사무를 위임받은 자가 고의나 중대한 과실로 그 임무를 위반한 행위를 함으로써 그 재산에 대하여 손해를 끼친 경우에는 변상의 책임이 있다.
② 제1항의 변상책임에 관하여는 「회계관계직원 등의 책임에 관한 법률」 제4조제3항·제4항 및 제6조부터 제8조까지의 규정을 준용한다.

1. 적용대상자

국유재산법은 국유재산 사무를 위임받은 자의 고의·중과실 손해에 대하여 변상책임을 규정하고 있다(제79조). 국유재산 사무를 위임받은 자란 앞서 설명한 바와 같이 총괄청과 중앙관서의 장으로부터 국유재산 사무를 위임받은 조달청장, 중앙관서의 장, 지방자치단체의 장 및 그들의 소속 공무원 등이다.

그 밖에 국유재산 사무를 위탁받거나 대행하는 기관의 직원 등은 「회계관계직원 등의 책임에 관한 법률」(이하 회계직원책임법)에 따라 변상책임을 진다(동법 제2조).

[판례] 회계관계직원등의책임에관한법률 제4조 제1항은 "회계관계직원은 고의 또는 중대한 과실로 법령 기타 관계 규정 및 예산에 정하여진 바에 위반하여 국가 또는 단체 등의 재산에 대하여 손해를 끼친 때에는 변상의 책임이 있다."고 규정하여 변상책임의 주체를 회계관계직원에 한정하고 있고, 같은 법 제2조는 회계관계직원의 정의에 대하여 규정하고 있는데 거기에 지방자치단체의 장을 명시적으로 열거하지는 않고 있으나, 같은 법 제2조 제1호 (카)목은 같은 호 (가)목 내지 (차)목에 열거된 직원 이외에도 '기타 국가의 회계사무를 처리하는 자'를 회계관계직원으로 규정하고 있고 같은 조 제2호 (나)목은 지방자치단체에 관하여도 같은 조 제1호 각 목에 규정된 자가 집행하는 회계사무에 준하는 사무를 처리하는 자를 역시 회계관계직원으로 규정하고 있으므로, 같은 조 제1호 (가)목 내지 (차)목 또는 제2호 (가)목에 열거된 직명에 따라 회계관계직원으로 구체적으로 지정되어 있지 않다고 하더라도 업무의 실질에 있어서 회계관계업무를 처리하는 경우에는 회계관계직원에 해당한다(대법원 2001. 2. 23. 선고 99두5498 판결).

2. 중대한 과실

변상책임에는 고의 또는 중대한 과실이 있어야 하는데(국유재산법 제79조 제1항, 회계직원책임법 제4조 제1항), 중대한 과실에 해당되는지 여부는 회계직원책임법 제1조, 제3조 등에 비추어 볼 때, 회계관계직원이 그 업무를 수행함에 있어 따라야 할 법령 기타 관계 규정 및 예산에 정하여진 바에 따르지 않음으로써 성실의무에 위배한 정도가 그 업무내용에 비추어 중대한 것으로 평가될 수 있는지에 따라 결정되어야 하고, 단순히 그 업무내용이 고도의 기능적, 관리적 성격을 가지느냐 아니면 기계적, 사실적 성격을 가지느냐에 의해 결정될 것은 아니라는 것이 판례이다(대법원 2001. 2. 23. 선고 99두5498 판결; 대법원 2003. 6. 27. 선고 2001두9660 판결 등).

[판례] 우체국장이 우체국의 분임현금출납공무원으로서 우편저금등 현금출납보관하는데 사용되는 주무자인(국장직인)은 반드시 본인이 직접 보관하여 날인하라는 체신부장관으로 부터의 지시를 받았다 하더라도 보조자들에게 그 주무자인을 보관시켜 날인케 하자 동인들이 이를 기화로 서로 공모하여 타인으로부터 예입의뢰를 받은 저금 및 이미 예입된 저금등을 횡령한 경우 위 직무상 과실이 회계관계직원등의 책임에 관한 법률 제4조 제1항에서 말하는 "중대한 과실"로 보기에는 어렵다(대법원 1977. 6. 7. 선고 77다308 판결).

3. 민사상 책임과의 관계

국유재산법, 회계직원책임법 등에 따른 변상책임은 감사원의 변상책임 판정에 따라 묻게 된다(감사원법 제31조). 공무원의 순전한 직무상의 행위로 말미암아 국가 또는 공공단체가 재산상의 손해를 입은 경우, 그 공무원은 민법상의 불법행위에 기한 손해배상 책임을 지지 않고, 감사원의 변상판정에 따른 변상책임을 질 뿐인데 이 변상책임 자체를 민사소송으로 구할 수는 없다(대법원 1980. 2. 26. 선고 79다2241 판결). 다만 공무원이 아닌 회계관계직원의 경우에는 회계직원책임법에 따른 변상책임과는 별개로 소속단체에 대한 민법상의 불법행위책임이 배제되지 않는다는 것이 판례이다(대법원 2006. 11. 16. 선고 2002다74152 전원합의체 판결).

[**판례**] 구 회계관계직원 등의 책임에 관한 법률(2001. 4. 7. 법률 제6461호로 전문 개정되기 전의 것, 이하 '회계직원책임법'이라고 한다) 제2조 소정의 공무원이 아닌 회계관계직원이 고의 또는 중대한 과실로 법령 기타 관계 규정 및 예산에 정하여진 바에 위반하여 소속 단체의 재산에 대하여 손해를 입혀 회계직원책임법 제4조 제1항에 따라 변상책임을 지는 경우에도, 그 직원의 소속단체에 대한 민법상의 불법행위책임이 배제되는 것은 아니다. 종전에 이와 견해를 달리하여 공무원이 아닌 회계관계직원이 순전한 그 직무상의 행위로 소속 단체에 손해를 입혔을 때에는 회계직원책임법에 의하여 특별히 규정된 경우는 별도로 하고 민법상 불법행위에 기한 손해배상 책임은 지지 않는다고 판시한 대법원 2002. 9. 24. 선고 2001다56386 판결은 이 판결의 견해에 배치되는 범위 내에서 이를 변경하기로 한다(대법원 2006. 11. 16. 선고 2002다74152 전원합의체 판결).

Ⅲ. 벌칙 적용에서의 공무원 의제

국유재산법 제79**조의**2(**벌칙 적용에서의 공무원 의제**) 위원회, 제59조의3제3항에 따른 민간참여개발자문단 및 같은 조 제7항에 따른 민간참여개발사업평가단의 위원 중 공무원이 아닌 위원은 「형법」 제129조부터 제132조까지의 규정을 적용할 때에는 공무원으로 본다.

국유재산정책심의위원회, 민간참여개발자문단 및 민간참여개발사업평가단의 각 위원 중 공무원이 아닌 위원은 각종 수뢰죄 및 제삼자뇌물제공죄의 적용에 있어서 공무원으로 본다(법 제79조의2). 각종 수뢰죄와 제삼자뇌물제공죄는 공무원의 신분이 구성요건요소인바(진정신분범), 이 규정에 의하여 공무원이 아닌 위원도 공무원과 마찬가지로 수뢰죄 등의 적용을 받게 된다.

제5장 국유재산의 발생체계

제1절 국유재산의 취득원인

Ⅰ. 서론

국유재산도 보통의 재산과 마찬가지로 발생, 변경 및 소멸될 수 있는데, 이러한 권리변동의 태양은 절대적인 것과 상대적인 것으로 나누어지며,[201] 권리변동의 원인은 법률의 규정에 의한 것과 법률행위에 의한 것으로 나누어진다.

국유재산법은 제2조 제1호에서 "국유재산이란 국가의 부담, 기부채납이나 법령 또는 조약에 따라 국가 소유로 된 제5조 제1항 각 호의 재산을 말한다."라고 하여 국가의 국유재산 취득원인을 밝히고 있다. 여기서 '국가의 부담, 기부채납'은 법률행위에 의한 국유재산의 취득을 말하고, '법령 또는 조약'은 법률의 규정에 의한, 또는 국가가 국유재산을 취득하게 되는 포괄적인 근거를 말한다. 국유재산법 제2조 제1호는 국유재산의 취득원인과 함께, 국유재산법의 규율대상은 같은 법 제5조 제1항에 열거된 재산이라는 점을 함께 규정하고 있다.[202] 사인(私人)의 경우 재산취득의 원인이 상속을 제외하고는 매매와 같은 법률행위가 대부분이지만, 국가는 법률의 규정에 의한 취득이 다수를 차지하는데, 공공시설, 귀속재산 및 무주부동산의 국고귀속이 대표적인 취득원인이다. 후술하는 바와 같이 법률행위에 의한 취득사유도 몇 가지 있으나, 공공시설 등 법률의 규정에 의한 취득사유와 비교할 때 비중이 매우 낮다.

귀속재산은 광복 이후 우리나라 부동산의 원형으로서 대한민국 건국 이후 국·공유재산과 사유재산으로 분화되었으며, 잔여 귀속재산은 국고귀속의 대상으로서 지금도 그것을 둘러싼 법적 분쟁이 활발하다. 그러나 귀속재산에 대한 법학적 차원의 연구는 경제사학적, 사회학적 연구에 비하여 미약한 실정이다. 현재 시행 중인 귀속재산처리법의 규정들은 1964년 말 귀속재산 불하 종료와 함께 그 역할을 다한 것으로서 존재의의가 없어졌고, 1965년부터는 잔여 귀속재산의 국고귀속의 문제만 남았는데, 그에 맞는 법률의 개정이 이루어지고 있지 않다.

민법과 국유재산법이 국고에 귀속시킬 것으로 규정하는 무주부동산의 경우, 현실적 중요성에 비하여 규정이 미비하고, 학문적 연구도 소홀한 실정이다. 무주부동산의 실질이 유실물이라는 점, 부동산시효취득과 일맥상통한다는 점 등 그 실체를 이해하고, 학문적 연구와 국가귀속주의를 뒷받침할 만한 입법적 조치가 필요하다고 할 것이다.

---

201) 김종기, 주석민법, 총칙Ⅱ, 제5판, 한국사법행정학회, 2019, 348-350면.

202) 이원우, 앞의 책, 14면.

공공시설의 국가귀속도 사유재산의 국유화를 의미하고, 그에 상응하여 종래 공공시설의 사업시행자 귀속을 수반하는 등 재무행정법적 측면에서 중요한 사안임에도 불구하고 아직도 본격적인 연구가 이루어지지 않고 있으며, 관련 규정도 미비한 점이 많다. 이하에서는 국유재산의 취득 원인을 법률의 규정에 의한 것과 법률행위에 의한 것으로 나누어서 개관한 다음에, 가장 비중이 큰 귀속재산, 무주부동산 및 공공시설의 국가귀속에 대해서는 항을 나누어 좀 더 구체적으로 검토하고자 한다.

Ⅱ. 법률의 규정에 의한 취득

국가소유의 부동산은 법률의 규정에 의하여 대량으로, 획일적으로 원시취득 되는 것이 대다수이다. 매매 등 법률행위의 경우 매매계약서 등으로 취득원인이 밝혀지지만, 법률의 규정에 의한 취득은 해당 법률조항의 해석에 따라야 하므로 국가가 어떤 부동산을 국유재산으로 취득된 것인지에 대한 의문과 분쟁이 있을 수밖에 없고, 국유재산으로 오인되어 취득된 결과 사인이 재산권의 침해를 받는 경우도 있다. 특히 귀속재산과 무주부동산의 경우 그 개념(국유화의 요건)에 해당하는지 판단하기 매우 어렵고, 관련 법령의 규정도 미흡한 실정이다.

1. 공공시설의 무상귀속

법정 개발사업으로 새로이 설치되는 도로, 교량 등 공공시설은 국·공유재산으로 무상귀속되는바, 이는 공공용재산의 중요한 발생 원인이다. 공공시설의 국·공유화를 규정하는 법률은 국토계획법 제65조, 도시개발 법 제66조가 가장 전형적인데, 사업시행자가 개발 사업에 필요한 공공시설을 설치하면, 그 시설을 관리할 국가 또는 지방자치단체에 무상으로 귀속된다.[203] 공공시설의 국·공유화에 따른 손실보상시스템은 '종래 공공시설의 무상귀속·양여' 및 '새로 설치한 공공시설의 무상사용허가'라는 두 가지 방식이 있다. 무상귀속·양여는 국가소유권의 중요한 소멸사유이다. 청사, 역 및 군부대 등과 같은 공용재산은 기부채납이라는 계약의 형태로 취득되는 경우가 많고, 이 경우 사업시행자에 대한 손실보상시스템은 '종래 공용재산의 양여' 및 '새로 설치한 공용재산의 무상사용허가'라는 방식을 취한다.[204]

1948년 건국 당시 국가가 행정재산을 취득하는 주요 원인이 귀속재산이었다면, 1948년 이

---

203) 국토계획법이 공익사업의 계획과 시행에 관한 기본법이다 보니 택지개발촉진법(제25조), 주택법(제29조), 「기업도시개발 특별법」(이하 '기업도시법'으로 약칭한다) 제24조 및 공원녹지법(제34조) 등이 국토계획법 제65조를 그대로 준용하고 있다. 그밖에 도시개발법(제66조), 도시정비법(제65조), 산업입지법(제26조), 소도읍법(제17조) 및 항만법(제15조) 등은 별도로 공공시설의 국·공유화를 규정하고 있다.

204) 공용재산은 국가취득 및 사업시행자에 대한 보상이 모두 계약시스템으로 이루어지기 때문에 무상귀속(법률의 규정에 의한 소유권취득)은 일어나지 않는다.

후부터 현재까지 행정재산을 취득하는 주요 원인은 공공시설의 무상귀속 및 공용재산의 기부채납이라고 할 수 있다.

2. 귀속재산과 무주부동산의 국유화

귀속재산과 무주부동산의 국유화는 법률의 규정에 의한 국유재산의 취득사유로서 과거에는 압도적인 비중을 차지했었다. 귀속재산이나 무주부동산에 해당하면 그 가액이 얼마든 국가가 아무런 대가 없이 그 소유권을 취득하게 되는데, 전자는 1948. 9. 11.자로, 후자는 무주부동산이 된 때로 소급하여 국유재산이 된다. 이러한 귀속재산과 무주부동산은 사유재산으로 은닉되기도 하고, 반대로 국유화과정에서 사유재산이 국유재산으로 잘못 귀속되기도 한다.

귀속재산의 국유화에 관한 근거 법률은 해방 후 미군정에 귀속되었다가 1948. 9. 11. 「대한민국 정부와 미합중국 정부 간의 재정 및 재산에 관한 최초협정」에 따라 대한민국 정부에 이양된 귀속재산 중에서 국·공유행정재산 및 국·공영기업체로 필요한 것을 지정해 남긴 다음 나머지를 민간에 매각하게 한 귀속재산처리법(1949. 12. 19. 법률 제74호), 1964. 12. 31.까지 민간에 매각되지 아니한 잔여귀속재산을 국유화하기로 한 「귀속재산의 처리에 관한 특별조치법」(1963. 5. 29. 법률 제1346호) 부칙 제5조가 있다.[205] 한편 무주부동산의 국유화에 관한 근거법률은 민법 제252조 제2항, 국유재산법 제12조가 된다.[206]

3. 그 밖에 법률의 규정에 의한 국가소유권의 발생

공공시설, 귀속재산 및 무주부동산의 국유화 이외에 법률의 규정에 의한 국유재산의 취득으로는 ① 친일재산귀속 법에 의한 친일재산[207]의 국가귀속, ② 민법 제245조에 의한 부동산 시효취득, ③ 민법 제80조 제3항, 정당법 제48조에 의한 해산법인 잔여재산의 국고귀속, ④ 민법 제1058조에 의한 상속인 없는 재산의 국고귀속 및 ⑤ 국유재산법 시행령 제64조 제1항 등에 의한 개발재산의 국고귀속, ⑥ 형법 제48조에 의한 범죄 관련 물건의 몰수 등을 들 수 있다.

---

205) 귀속재산의 개념, 귀속재산의 가치 및 구성, 국가귀속의 효과 및 귀속재산의 처리 등 귀속재산에 관한 자세한 내용은 강호칠, 국유재산의 취득에 관한 연구, 고려대학교 석사학위논문, 2012. 2, 58-92면 참조.

206) 무주부동산의 개념, 무주부동산의 발생원인과 해소방안, 국고귀속의 대상 및 국고귀속의 효과 등 무주부동산에 관한 자세한 내용은 강호칠, "소유자불명인 부동산의 국유화조치에 관한 고찰 - 무주부동산과 부동산 유실물의 준별", 토지공법연구 제80집, 2017. 11. 참조.

207) "친일반민족행위자의 재산(이하 "친일재산"이라 한다)"이라 함은 친일반민족행위자가 국권침탈이 시작된 러·일전쟁 개전시부터 1945년 8월 15일까지 일본제국주의에 협력한 대가로 취득하거나 이를 상속받은 재산 또는 친일재산임을 알면서 유증·증여를 받은 재산을 말한다. 이 경우 러·일전쟁 개전시부터 1945년 8월 15일까지 친일반민족행위자가 취득한 재산은 친일행위의 대가로 취득한 재산으로 추정한다(친일재산귀속법 제2조 제2호).

Ⅲ. 법률행위에 의한 발생

국유재산법 제2조 제1호의 '국가의 부담'이란 국가가 유상의 법률행위를 통해서 국유재산을 취득하는 것을 말하고, '기부채납'이란 국가가 무상의 법률행위를 통해서 국유재산을 취득하는 것을 말한다. 전자에 해당하는 것으로는 공용재산취득, 비축부동산매입을 들 수 있는데 모두 국유재산관리기금을 재원으로 한다.

1. 공용재산의 취득

각 중앙관서의 장이 소관업무 수행에 청사 등 공용재산이 필요한 경우에는 공용재산취득사업계획안을 총괄청에 제출하여 국유재산관리기금의 재원으로 토지 등을 행정재산(공용재산)으로 취득하게 된다(국유재산관리기금 운용지침 제2조 제4호). 중앙관서의 장이 일반회계의 재원으로 공용재산을 취득하는 것은 금지되고(영 제4조의 3 제1항 제2호), 특별회계 또는 기금의 재원으로 공용재산(부동산)을 매입할 때는 총괄청과 협의해야 한다(법 제10조 제2항). 이와 같이 취득한 공용재산에 청사 등을 건축하는 등의 개발사업은 국유재산관리기금의 재원으로 한국자산관리공사가 수행한다(국유재산관리기금 운용지침 제2조 제3호).

2. 비축부동산의 매입

앞서 설명한 공용재산취득사업은 각 중앙관서의 장이 공용재산에 대한 구체적인 필요에 의하여 토지 등을 행정재산으로 취득하는 것이고, 이러한 구체적인 필요와 무관하게 장래 행정목적으로 활용하기 위해 토지 등을 일반재산으로 취득하기도 하는데, 이를 비축부동산매입사업이라고 한다. 비축부동산에 청사 등을 건축하는 등의 개발사업은 국유재산관리기금의 재원으로 한국자산관리공사가 수행한다(국유재산관리기금 운용지침 제2조 제3호).

국유재산의 공적 기능 등을 고려할 때 국유재산의 매입에는 장래 행정목적으로의 활용이라는 목적상의 한계가 있을 수밖에 없다. 국유재산법은 재산의 취득과 처분 간에 균형을 맞추게 하고(제3조 제2호), 재산의 취득을 위한 재원을 확보하게 함으로서(제10조 제1항) 비축부동산 매입에 관한 일반적인 근거만 제시하고, 구체적인 매입대상, 절차 등은 기획재정부지침(비축부동산 업무처리 기준)으로 규정하고 있는데, 동 지침은 ① 청·관사 등 공용재산으로 사용할 부동산과 ② 기존 재산의 가치제고를 위하여 해당 재산과 연접한 부동산을 매입하는 것을 원칙으로 하고 있다(동 지침 제4조 제1항). 장래 행정수요 중에서 도로, 하천 등과 같은 공공용의 경우 관련 공익사업법과 토지보상법 등에 따라 부지확보가 용이하지만,[208] 청사, 관사 등 공용의 경우 그러하

208) 구체적인 공익사업을 시행하면서 사업시행자가 공공용 토지를 협의매수·수용할 수도 있지만, 한국토지주택공사가 공공개발용 토지비축사업으로 미리 공공용 토지를 협의매수·수용해서 공급할 수도 있다(「공공토지의 비축에 관한 법률」 참조).

지 못하기 때문에 비축부동산의 매입으로 미리 대비할 필요가 있는 것이다.

일반회계의 경우 종래 각 중앙관서의 장이 각자 공용부동산을 매입하였으나, 2011. 3. 국유재산관리기금이 신설된 후부터는 총괄청이 통합하여 매입하게 되었고,[209] 이러한 비축용 부동산의 취득사무는 조달청장에게 위임되어 있다(영 제16조 제1항 제6호). 특별회계나 기금의 경우 여전히 소관 중앙관서의 장이 그 재원으로 공용재산을 매입할 수 있으나 국유재산관리기금을 통한 공용재산취득과 중복되지 않도록, 그리고 유휴국유재산을 우선 활용하도록 미리 총괄청과 협의하게 한다(법 제10조 제2항).

국가의 비축부동산 매입에는 일정한 제한이 있을 수밖에 없다. 최근 비축부동산 취득의 재원이 되는 국유재산관리기금은 약 1조 2,000억원 정도로서[210] 부동산시장에 큰 영향을 줄 정도는 아니지만, 생산수단의 사유화가 기본인 우리 헌법체제와 국유재산의 공적 기능 등을 고려할 때, 어느 정도의 한계가 있을 수밖에 없다. 종전의 국유재산 관리 · 처분기준[211]은 국가의 토지매입 우선순위를 규정하면서, ① 국가행정목적의 수행에 필요하거나 필요할 것으로 예상되는 토지, ② 새로운 개발예정지역의 토지, ③ 국유재산의 집단화를 위하여 필요한 토지, ④ 기존 국유재산의 가치를 증대시키기 위해 필요한 토지, ⑤ 농지 등의 가격을 조절하기 위하여 필요한 토지를 우선적으로 매입하여야 한다고 하여 상당히 적극적이고 공격적인 매입을 할 수 있도록 하고 있었다.[212] 이후 현행 비축부동산 업무처리 기준에서는 공용재산의 취득과 기존재산의 가치증대 위주로 매입하게 함으로써 비축부동산의 취득을 제한하고 있다(제4조 제1항).

3. 기부채납

(1) 기부채납의 개념

기부채납(寄附採納)이란 기부자가 그 소유의 재산을 국가나 지방자치단체에게 기부하는 의사표시를 하고, 국가나 지방자치단체가 이를 채납하는 의사표시를 함으로써 성립하는 계약을 말한다.[213] 국유재산법은 국가 외의 자가 제5조 제1항 각 호에 해당하는 재산의 소유권을 무상으

---

209) 국유재산법 제26조의2(국유재산관리기금의 설치) 국유재산의 원활한 수급과 개발 등을 통한 국유재산의 효용을 높이기 위하여 국유재산관리기금을 설치한다.
제26조의5(국유재산관리기금의 용도) ① 국유재산관리기금은 다음 각 호의 어느 하나에 해당하는 용도에 사용한다.
1. 국유재산의 취득에 필요한 비용의 지출
② 국유재산관리기금에서 취득한 재산은 일반회계 소속으로 한다.
제26조의6(국유재산관리기금의 관리 · 운용) ① 국유재산관리기금은 총괄청이 관리 · 운용한다.

210) "내년 국유재산 관리기금 1조2,000억 원", 디지털타임스, 2019. 5. 28. 참조.

211) 국유재산종합계획의 일부로서 국무회의심의를 거쳐(헌법 제89조 제4호), 대통령의 승인을 받아 확정되는(국유재산법 제9조 제3항) 법규범의 일종이다.

212) 2011년도 국유재산관리 · 처분기준 제5조 제2항 참조.

213) 김남진, "행정계약 · 공법상계약 · 행정법상계약", 고시계 제52권 제7호, 고시계사, 2007. 7, 24면; 류지태, 앞의 논문, 77면; 대법원 1996. 11. 8. 선고 96다20581 판결 등. 기부채납과 이에 따른 사용허가

로 국가에 이전하여 국가가 이를 취득하는 것이라고 정의한다(제2조 제2호).

(2) 기부채납의 제한

국유재산법은 불필요하거나 관리가 곤란한 등의 재산이 무분별하게 기부채납되는 것을 방지하기 위하여 제11조 및 제13조에서 기부채납을 제한하고 있는바, 국가는 ① 관리곤란하거나 불필요한 재산, ② 기부에 조건이 붙은 재산 및 ③ 사권이 설정되어 있는 재산의 기부는 받을 수 없다. 한편 이론상 부동산의 소유자는 그 소유권을 포기하고, 소유권말소등기신청을 할 수 있지만, 이로 인해 국가가 기부채납이 제한되는 부동산을 강제로 취득하거나(민법 제252조 제2항), 전소유자에게 해당 부동산의 소유권이 회복되는 불합리한 결과가 발생할 수 있다.

이에 대법원은 「부동산의 소유권을 포기한 경우 등기절차에 관한 지침」(1995. 4. 20. 등기예규 제816호)을 마련하여 소유권을 포기한 자는 국가와 공동으로 소유권이전등기를 신청해야 한다고 규정하고 있다. 이로써 국가는 국유재산법 제11조 및 제13조를 회피하여 국가에 부동산을 기부하려는 취지의 소유권포기에 대해서는 이전등기절차에 협력하지 않음으로써 사실상 기부채납을 거부할 수 있게 되었고, 소유권말소등기를 하지 않기 때문에 전소유자에게 소유권이 회복될 염려도 없게 되었다.

(3) 조건부 기부채납

국유재산법은 행정재산의 기부채납에 한하여 조건부의 예외를 허용하는바(13조 제2항 단서), 민간이 국가에 공용재산을 기부하고, 국가는 그 대가로 유휴 행정재산(주로 신규 공용재산의 기부채납으로 필요 없게 된 종전의 공용재산)을 기부자에게 양여하거나, 기부채납 재산(신규 공용재산)의 일부를 기부자에게 무상 사용허가[214] 하는 것을 조건으로 하는 형태의 기부채납이 주로 이루어진다. 무상양여 방식에 의한 공용재산 취득사업에 적용하기 위하여 「국유재산 기부 대 양여 사업관리 지침」(기획재정부훈령 제389호)이 제정 · 운영되고 있으며, 무상 사용허가 방식의 경우 국유재산에 기부 목적의 영구시설물을 축조할 수 있게 하는 법 제18조 제1항 제1호와 결합하여 기존의 청사 등에 영리시설을 만들어 '기부채납 및 무상 사용허가'하는 사례가 많이 발생한다. 「사회기반시설에 대한 민간투자법」은 '무상귀속 및 무상사용허가' 방식을 규정하는데, 그 대상이 주로 도로, 항만 등 공공용재산이며, 동법 제2조 제14호의 관계법률에 따른 사업의 형태로 이루어진다는 점에서 국유재산법의 행정재산 기부채납 규정과 차이가 있다.

는 일체로 이루어지는 것으로서 사용허가도 계약이라고 볼 여지가 있다. 그러나 행정재산의 공익성을 보장하기 위해서는 기부채납과 별도로 그 성질을 논하여야 할 것이므로, 이 경우도 보통의 사용허가와 같은 차원에서 행정행위로 보아야 한다(하명호, 앞의 책, 871면; 대법원 2001. 6. 15. 선고 99두509 판결 등).

214) 철도역(驛)을 지어 국가에 기부한 다음 그 일부를 무상으로 사용허가 받아 백화점을 영위하는 사례가 많은데, 국유재산으로 기부채납된 철도역은 이후 한국철도공사에 현물출자되었다.

(4) 기부채납과 조세

1) 취 · 등록세 등

국가, 지방자치단체 등에게는 취득세, 등록세, 농어촌특별세, 인지세, 지방교육세, 국민주택채권매입, 등기수수료 등을 부과하지 않으며, 사업시행자 등이 국가, 지방자치단체 등에 무상귀속 또는 기부하려고 취득하는 부동산 및 사회기반시설에 대해서는 취득세 등을 부과하지 않는다. 다만 무상귀속 · 기부채납의 반대급부로 사업시행자 등이 국가, 지방자치단체 등이 소유하는 부동산이나 사회기반시설을 양여 받거나 기부채납 대상물에 무상 사용허가를 받는 경우에는 취득세 등을 부과한다.[215] 과세표준가액은 기부채납의 근거가 되는 법률에 따라 기부채납 된 가액(부가가치세 제외)으로 한다는 부가가치세법 시행령 제61조제2항 제3호가 준용될 수 있을 것이다. 결국 행정재산을 기부채납한 자에게 국유재산법과 민간투자법에 따라서 그 재산의 사용료를 면제한다면 기부자는 기부채납하기 위해 취득한 부동산에 대하여 취득세 등을 납부해야 한다. 무상귀속의 경우에도 마찬가지이다.

2) 부가가치세

사업시행자 등이 국가, 지방자치단체 등에게 무상으로 공급하는 재화 · 용역에는 부가가치세가 면제되지만, 무상사용허가 조건이라면 무상공급이라 할 수 없어 면제되지 않는다.[216] 이 경우 과세표준가액은 기부채납의 근거가 되는 법률에 따라 기부채납 된 가액(부가가치세 제외)으로 한다.[217] 국가, 지방자치단체 등의 부동산임대업(유상사용허가 등)에는 부가가치세가 붙는다.[218] 비록 국유재산의 무상 사용허가라고 하더라도, 그 재산을 기부채납하거나 무상귀속 시킨 것에 대한 대가라면 유상사용허가로 봐서 부가가치세를 내야 한다.[219] 결국 사업시행자 등이 국가 등에 무상 사용허가 조건부로 행정재산을 기부하거나 무상귀속 시켰다면 국가 등은 공급재산에 대한 부가가치세를 납부해야 하고, 사업시행자 등은 공급재산 사용료에 대한 부가가치세를 납부해야 한다.

---

215) 지방세법 제9조, 제26조 등; 농어촌특별세법 제4조; 인지세법 제6조, 제7조; 주택도시기금법 시행령 제8조제2항 별표 「제1종 국민주택채권 매입대상자 및 매입기준」; 등기사항증명서 등 수수료규칙(대법원규칙 제2823호) 제7조; 등기신청수수료 징수에 관한 예규(등기예규 제1662호) 5. 등 참조.

216) 부가가치세법 제26조제1항 제20호; 국심 88전 538, 1988. 7. 8; 국심 88서 1263, 1989. 1. 14.

217) 부가가치세법 시행령 제61조(외상거래 등 그 밖의 공급가액의 계산) ② 법 제29조제3항 제6호에서 "대통령령으로 정하는 가액"이란 다음 각 호의 구분에 따른 가액을 말한다.

3. 기부채납의 경우: 해당 기부채납의 근거가 되는 법률에 따라 기부채납 된 가액. 다만, 기부채납된 가액에 부가가치세가 포함된 경우 그 부가가치세는 제외한다.

218) 부가가치세법 제26조 제1항 제19호, 동법 시행령 제46조 제3호. 종래 국가 등의 부동산임대업은 부가가치세 면제대상이었으나, 2006년(2월) 부가가치세법 시행령 개정으로 면제대상에서 제외되었다.

219) 부가세 기본통칙 6-14-8(일정기간 무상사용 · 수익조건부의 기부채납에 대한 과세), 질의회신 부가가치세과-183(2011. 2. 25.) 등 참조.

(5) 기부채납과 등기

건축완료 당시의 건축주가 건축물대장에 최초 소유자로 등록되고, 그 앞으로 소유권보존등기가 가능하다.[220] 건축완료에 즈음하여 국가로 건축주 명의변경을 하면 국가 앞으로 최초 소유자등록 및 소유권보존등기가 되겠지만 완공건물 사용승인신청, 보존등기비용 부담 등의 문제가 있게 된다. 건물을 지어 소유권보존등기를 하지 않은 채로 소유권이전을 내용으로 하는 계약을 체결한 자는 소정의 기간 내에 본인 앞으로 소유권보존등기를 하지 않으면 과태료의 제재를 받게 된다(부동산등기특별조치법 제2조 제5항, 제11조). 국가 등에 기부하려고 신축한 건물은 그 취득세가 비과세되지만, 무상 사용허가 조건 등으로 사용료가 면제되는 경우에는 과세된다.[221] 과세표준가액은 기부채납의 근거가 되는 법률에 따라 기부채납된 가액(부가가치세 제외)으로 한다는 부가가치세법 시행령 제61조 제2항 제3호가 준용될 수 있을 것이다.

4. 상속세 물납

현행 조세법상 일정금액 이상의 상속재산에 대해서는 상당한 액수의 세금이 부과되기 때문에 상속인으로서는 상속재산 이외 달리 상속세를 낼 재원이 없을 수 있다. 특히 가업상속의 경우 상속으로 물려받은 주식 이외에 달리 재산이 없고, 상속받은 주식은 비상장주식으로서 환금이 곤란한 경우가 많다. 이에 상속세 및 증여세법은 상속재산 중 부동산과 유가증권의 가액이 해당 상속재산 가액의 50%를 초과하고 상속세 납부세액이 2,000만원을 초과하는 경우 그 부동산과 유가증권을 상속세 대신 납부할 수 있게 하고 있다(상속세 및 증여세법 제73조).

국세물납은 그 법적 성질이 대물변제이고, 대물변제는 요물계약이기 때문에[222] 조세물납에 따른 유가증권 또는 부동산의 국유화를 법률행위에 의한 국유재산의 취득으로 분류한 것이다. 상속세물납에 따라 발생한 국유재산(유가증권 · 부동산)은 그 관리 · 처분을 한국자산관리공사에 위탁하고 있다(국유재산법 시행령 제38조 제3항 제1호).

5. 교환

교환은 국유재산의 취득사유이면서 동시에 소멸사유가 된다. 국유재산법은 매각에 의한 유상처분을 원칙으로 하고, 교환은 일정한 사유가 있는 때 예외적으로만 허용한다. 교환은 매각에 비하여 정확한 평가가 보장되지 않아 국유재산 처분의 공정성이 훼손될 수 있다는 점, 교환을 통해 국가가 불필요한 재산을 취득할 수도 있다는 점 등이 교환을 적극적으로 허용하지 않는 이유가 된다. 법정교환 사유로서 가장 대표적인 경우는 ① 국가가 직접 행정재산으로 사용하기

---

220) 부동산등기법 제65조, 대법원 1986. 9. 27. 자 86마696 결정, 미등기 부동산의 양수인 명의로 직접 소유권보존등기를 할 수 있는지 여부(제정 1983. 11. 2. 등기선례 제1-240호).

221) 지방세법 제9조 제2항.

222) 대법원 2009. 9. 10. 선고 2007두14695 판결; 대법원 1987. 10. 26. 선고 86다카1755 판결.

위하여 필요한 경우인데, 국가가 특정 공·사유재산을 행정재산으로 필요로 하는 반면, 해당 재산의 소유자는 돈이 아닌 같은 종류의 재산을 필요로 하는 경우가 전형적이다. 이는 국유재산의 교환사유로 가장 중요하고 일반적인 경우이며, 동시에 행정재산의 예외적인 처분사유가 된다.[223] 그 밖의 교환사유는 ② 일반재산의 가치제고를 위하여 필요한 경우 및 ③ 국가와 서로의 재산을 상호 점유하는 사인에게 불가피한 사정이 있는 경우 등이다(국유재산법 제54조 제1항, 동법 시행령 제57조 제4항).

국유재산법은 교환의 공정성, 등가성 등을 보장하기 위하여 교환하는 재산의 종류와 가격 등에 대하여 한정하고(같은 법 제54조 제2항, 제3항), 중앙관서의 장 등이 국유재산을 교환하려면 미리 그 내용을 감사원에 보고하게 하며, 총괄청에도 통지하게 한다(같은 법 제54조 제4항, 2021년도 국유재산처분기준 제10조 제3항).

제2절 귀속재산의 국유화

Ⅰ. 귀속재산의 의의

귀속재산이란 "1945. 8. 9. 현재 일본인[224]이 소유 또는 관리하던 재산으로서 해방 후에 미군정에 귀속되었다가 1948. 9. 11.「대한민국 정부와 미합중국 정부 간의 재정 및 재산에 관한 최초협정」(이하 '최초협정' 이라고도 한다) 제5에 따라 대한민국 정부에 이양된 일체의 재산"을 말한다[귀속재산처리법(1949. 12. 19. 법률 제74호로 제정된 것을 말한다. 이하 동일하다) 제2조].

귀속재산은 건국 당시 대한민국 전체 재산가치의 80 ~ 85%를 차지할 정도의 큰 규모이었으며,[225] 이후 귀속재산처리법에 따른 처분의 과정을 거쳐서 오늘날의 국·공유재산과 사유재산으로 분화되었다. 귀속재산은 먼저 국·공유재산, 국·공영기업체로 필요한 것을 지정해 남기고, 나머지는 민간에 매각하였는데, 1964. 12. 31.까지 매각되지 않은 것은 모두 국가 소유가 되는 것으로 법정하였다.[226] 귀속재산에 해당하는지는 그 판단이 용이하지 않아 지금도 특정 재산이 잔여 귀속재산으로서 국가귀속의 대상인지가 문제되는 사안이 발생하고, 국유재산으로 등기하기

---

223) 국유재산법 제54조 제1항 제1호, 제27조 제1항 제1호. 정부가 미군에 제공할 사드기지 부지를 마련하기 위하여 경기도 남양주시 퇴계원 소재 군부대 부지를 롯데상사(주) 소유의 경북 성주 소재 골프장 부지와 교환한 것이 그 예이다.

224) 정확하게는 일본국(조선총독부·일본군대 소관 재산은 제외), 일본법인(한반도 내에서 설립된 것은 제외), 일본인개인이라 할 수 있다. 이하 일본인이라고만 약한다.

225) 이대근, 귀속재산연구, 이숲, 2015, 350면.

226) 귀속재산처리법 제3조, 제5조-제7조; 귀속재산의 처리에 관한 특별조치법(1963. 5. 29. 법률 제1346호) 부칙 제5조 참조.

전으로 소급해서 국유재산법을 적용해 변상금부과 등을 할 수 있는지 등의 법적 논란이 이어지고 있다.

연합군 최고사령부(GHQ/SCAP)가 1948. 9. 30. 발간한『Japanes External Assets as of August 1945』는 귀속재산의 금전적 가치를 파악할 수 있는 유용한 자료이다. 이 자료를 미국 문서관리청이 소장하는 RG 469『Records of The U.S. Foreign Assistance Agencies, 1948-61』 중 Entry 422 〈Korea Subject Files, 1953-61〉의 귀속재산 현황과 연결시키면, 귀속재산의 가치에 대한 대강을 파악할 수 있다.[227] 1945. 8. 현재 한반도 전체의 일본자산 총액은 약 53억 달러(약 787억 엔)였다.[228] 38선 이북지역이 약 30억 달러(약 446억 엔), 이남지역이 약 23억 달러(약 341억 엔)였다. 소유자별로 보면 회사자산이 약 35억 달러, 정부자산이 약 10억 달러, 개인자산이 약 8억 달러였다. 재산의 종류별로 보면 부동산이 67%, 동산이 25%, 기타 무형자산이 8%였다.[229]

귀속기업체는 일본인이 51% 이상의 지분을 보유한 역내 기업체(한반도 내에서 설립된 것을 말한다)라고 정의되는데,[230] 귀속재산 가운데 가장 큰 비중을 차지하고 오늘날의 공기업의 형성과 발전에 많은 영향을 미쳤다.[231] 귀속기업체는 1945년 당시 전체 기업체의 약 85%, 전체 귀속재산의 약 52% 정도로 평가되었다.[232] 대한민국 정부가 미군정으로부터 이양받은 귀속재산의 총액은 약 3,053억원인데, 이 중에서 귀속기업체가 약 1,588억원(약 52%), 부동산이 약 488억원(약 16%)[233]을 차지하였으며, 그 밖에 귀속농지가 약 200억원(약 7%)을 차지하였고,[234] 나머지 약 777억원(약 25%)은 산림, 귀속주식 · 지분이 차지하였다.[235]

---

227) 신용옥, 미군정 · 이승만정권기 국가자본으로서 귀속재산의 역할, 한국민족운동사연구 54집, 한국민족운동사학회, 2008, 306면.

228) 일본자산의 가치는 1달러 당 15엔이었던 1945. 8.의 공식 환율을 적용하여 평가되었다(신용옥 앞의 논문, 318면).

229) 1945. 8. 현재 일본의 해외자산 총액은 21,880,666,276달러로 조사되었는데, 조선의 약 53억 달러(23.98%)는 만주 약 86억 달러(39.44%) 다음 가는 비중이었다[한국학중앙연구원, 해방직후 한국 소재 일본인 자산 관련 자료, 선인, 2005, 57면(신용옥, 앞의 논문, 318면 각주 45에서 재인용)].

230) 김기원, 미군정기 귀속재산에 관한 연구: 기업체의 처리를 중심으로, 서울대학교 박사학위논문, 1989, 13면.

231) 우리나라는 다소 많은 공기업이 설립 · 운영되고 있는데, 제헌헌법의 성격, 정부주도의 압축 성장 등 여러 가지가 원인이 있지만, 기간산업에 종사하는 많은 기업이 해방 전에는 일본인 소유였다가 해방 후에 일본인 대주주의 지분이 대한민국정부에 귀속되면서 자연스럽게 공기업으로 전환되었다는 점도 중요한 이유가 된다(유훈, 공기업론, 제오정판, 법문사, 2000, 25면).

232) "Report on Disposition of Former Japanes(Vested) Properties, August, 1945-August, 1956(1956. 12. 4)", RG 469, Entry 422, Box 55. p1(신용옥, 앞의 논문, 328면에서 재인용).

233) Ibid, p5. 여기서는 주택의 가치를 약 16%로 평가하고 있는데, 부동산의 가치는 이를 약간 상회할 것이라고 한다. 신용옥, 앞의 논문, 329면.

234) 1948. 3. 31. 현재 신한공사의 자산가치로 산정한 것이다. 김기원, 미군정기의 경제구조, 푸른산, 1990, 28면.

235) 신용옥, 앞의 논문, 329면. 귀속기업체의 가치에 그 주식 또는 지분의 가치, 그 소유 부동산의 가치를

Ⅱ. 귀속재산의 판단기준(국가귀속의 요건)

1. 귀속재산의 기준시점

귀속재산처리법은 귀속재산을 "1948. 9. 11.자 최초협정 제5조에 따라 대한민국정부에 이양된 일체의 재산"이라고만 정의하였는데(제2조), 이것만으로는 귀속재산의 개념을 정확히 알기 어렵다. 귀속재산은 미군정이 한반도 내의 일본재산을 동결·몰수하여 관리·처분하다가 대한민국정부에 이양한 것인바, 동결·몰수의 기준시점이 언제인지 등을 알려면 귀속재산처리법과 최초협정뿐만 아니라,[236] 관련 재조선미국육군사령부군정청 법령(이하 '미군정법령'이라 한다)까지 살펴보아야 한다.

미군정법령 제33호[237]는 「조선 내에 있는 일본인 재산권 취득에 관한 건」으로서 1945. 12. 6. 공포되었다. 제2조에서 "1945. 8. 9. 이후 일본정부, 그 기관,[238] 그 국민·회사·단체·조합 등이 직접 또는 간접으로, 전부 또는 일부를 소유하거나 관리하는 금, 은, 백금, 통화, 증권, 예금, 채권, 유가증권, 또는 본 군정청의 관할 내에 소재하는 기타 전 종류의 재산 및 그 수입에 대한 소유권은 1945. 9. 25.[239]자로 조선군정청이 취득하고 소유한다. 누구를 불문하고 군정청의 허가 없이 그 재산에 침입 또는 점유하거나 그 재산을 이전하거나 또는 그 재산의 가치, 효용을 훼손함은 불법이다."라고 하였다.[240]

넣기도 하고 빼기도 하는데, 위에서 설명한 귀속기업체의 가치에는 모두 빠졌다.

236) 최초협정 제5조의 English text는 다음과 같다. 최초협정의 국문판과 영문판 사이에 불일치가 있으면 후자에 의하도록 규정되어 있다.
Article 5 The Government of the Republic of Korea recognizes and ratifies such disposition of former Japanese public and private property vested under Ordinance Number 33 of the United States Army Military Government in Korea as has already been effected by the United States Army Military Government in Korea. Except for the reservations in respect to the acquisition and use of property by the Government of the United States of America contained in Articles 1 and 9 of this agreement, the remaining vested but unsold property, the net unexpended proceeds from rentals and sales of vested property, together with all accounts receivable and sales contracts, shall be transferred to the Government of the Republic of Korea in the following way: 이하 생략.

237) 이하 미군정법령 제33호의 내용은, 법원행정처, 주요 구 법령집(하), 1988, 47면을 참조하였다.

238) 일본의 당시 법제에서도 오늘날과 마찬가지로 국가, 지방자치단체, 회사 등의 법인 또는 자인연이 아니면 재산을 소유하지 못하였다. 군정법령 제33호의 일본정부는 국가로, 그 정부기관은 중앙관서의 장 즉 조선총독부, 육군 성 및 재무성 등으로서 국유재산을 소관·관리하였을 것이다. 이하 '조선총독부 소관 재산, 일본군대의 재산'이라는 표현도 이들 기관이 소관·관리하는 재산 정도로 이해할 수 있다.

239) 군정법령 제2호에 의한 일본 정부 등 소유 재산의 동결일자(동 법령 공포일자)이다.

240) 당시 한자원문은 다음과 같다. 一九四五年八月九日 以後 日本政府, 其의 機關 또는 其 國民, 會社, 團體, 組合, 其 政府의 其他 機關 或은 其 政府가 組織 또는 取締한 團體가 直接間接으로 或은 全部 又는 一部를 所有로 管理하는 金, 銀, 白金, 通貨, 證券, 銀行鑑定, 債權, 有價證券 또는 本郡政廳의 管轄內에 存在하는 其他 全種類의 財産 及 其 收入에 對한 所有權은 一九四五年九月二十五日附로 朝鮮軍政廳이 取得하고 朝鮮軍政廳이 其 財産 全部를 所有함. 누구를 不問하고 軍政廳 許可없이 其 財産

미군정법령 제2호[241]는 패전국정부 등의 재산권 행사 등을 금지하는 건으로서 1945. 9. 25. 공포되었다. 일본재산을 미군정에 귀속하기 전에 미리 재산의 이동을 금지한 것이다. 제1조에서 "1945. 8. 8. 이후 일본, 독일, 이탈리아, 불가리아, 헝가리, 태국의 정부, 그 기관, 그 국민·회사·단체·조합 등이 직접 또는 간접으로, 전부 또는 일부를 소유하거나 관리하는 금, 은, 백금, 통화, 증권, 예금, 채권, 유가증권, 기타 재산에 대한 매매, 취득, 이전, 인출, 처분, 수입, 수출, 기타 취급과 관리, 권력, 특권의 행사는 이 법령에 규정한 외에는 앞으로 금지한다."고 하였다.[242]

이상의 내용을 종합하면, 귀속재산은 "1945. 8. 9. 현재 일본인 명의의 재산으로서 미군정법령 제2호에 따라 동결되고, 미군정법령 33호에 따라 1945. 9. 25.자로 미군정에 귀속되었다가 다시 최초협정 제5조에 따라 1948. 9. 11.[243]자로 대한민국 정부에 이양이 된 것"으로 정의된다. "1945. 8. 9." 은 군정법령 제33호에 따라 일본재산이 미군정에 귀속됨에 있어서 대상재산을 결정하는 일자로서 귀속재산의 기준시점이 된다. 일본재산이 미군정법령 제33호에 따라 미군정에 귀속된 때에도 귀속재산이라 할 수 있겠지만 통상 귀속재산이라 함은 최초협정에 따라 미군정으로부터 대한민국 정부에 이양된 것만 말한다.

2. 기준시점 현재 '일본인'의 소유 또는 관리

미군정법령 제2호와 제33호에서는 동결되거나 군정에 귀속되는 재산의 소유·관리의 주체로 일본정부, 일본정부의 기관, 일본국민·회사·단체·조합 등을 열거하였다. 그런데, 아래에서 보는 것처럼 최초협정 이후 귀속재산의 범위에 대한 조정이 이루어져 궁극적으로는 1945. 8. 9. 현재 '일본국(조선총독부와 일본군대 소관의 재산은 제외), 일본법인 등(한반도 내에서 설립된 것은 제외), 일본인 개인'(이하에서는 '일본인'으로 통칭하기도 한다)이 소유하던 재산으로 사실상 축소되었다.

에 侵入 또 占有하고 其 財產의 移轉 또는 其 財產의 價値, 效用을 毁損함을 不法으로 함

241) 이하 미군정법령 제2호의 내용은, 법원행정처, 「주요 구 법령집(하)」, 1988, 29면을 참조하였다.

242) 당시 한자원문은 다음과 같다. 一九四五年八月八日 以後 日本, 獨逸, 伊太利, 불가리아, 羅馬尼亞, 헝가리, 泰國 等 帝國의 政府나 또는 其代理機關이나 其國民, 會社, 團體, 組合, 其他機關과 또는 該政府 等이 組織 又는 調整하는 機關에 直接間接 또는 全部 或 一部를 所有하거나 管理하는 金, 銀, 白金, 通貨, 證券, 預金, 債券, 有價證券, 其他財產을 賣買, 取得, 移動, 支拂, 引出, 處分, 輸入, 輸出 其他 取扱과 權利, 權力, 特權의 行使는 此 法令에 規定한 以外에 玆에 此를 禁止함

243) 최초협정에 표시된 서명일자이고, 발효일자는 1948. 9. 20.로 표시되어 있다. 양 일자가 달라 미군정귀속재산이 대한민국 정부로 이양되는 날짜가 언제인지 의문이 생길 수 있으나, 대법원은 이에 대하여 명시적으로 판단한 바는 없으나 1948. 9. 11.(최초협정 서명일자)을 양여일자로 보고 있는 듯하며(예컨대, 대법원 2000. 6. 9. 선고 99다36778 판결의 요지 [3] 참조), 권리귀속을 원인으로 국 등기된 부동산의 등기부 등기원인 란에는 "1948. 9. 11. 권리귀속"으로 표시되어 있음을 확인할 수 있다. 따라서 이하에서는 대한민국이 귀속재산의 소유권을 취득한 일자(양여일자)를 1948. 9. 11.로 본다.

(1) 일본국의 재산

아래에서 보는 바와 같이 조선총독부와 일본군대 소관의 재산이 귀속재산에서 제외됨에 따라 되어 일본국의 재산은 귀속재산으로서 큰 의미가 없게 되었다.

1) 조선총독부 소관의 재산

대법원은 한반도 내의 일본국 재산을 조선총독부 소관의 것과 그렇지 아니한 것으로 구분하여, 전자는 건국과 동시에 대한민국의 행정재산이 되었고, 후자는 귀속재산으로서 대한민국 정부에 이양되었다고 본다.[244] 대법원이 이렇게 일본정부기관을 조선총독부와 그 외의 기관으로 구분하는 이유는 조선총독부를 조선정부로, 나머지를 일본정부 정도로 본 것이 아닐까 생각된다. 그렇게 되면 조선총독부 재산은 오늘날의 행정재산이므로 신생 대한민국에서도 계속 행정재산이어야 하는 것이 된다. 결국 대법원의 해석에 의하면 조선총독부는 군정법령 제33호 제2조에서 말하는 일본정부의 기관에 해당하지 않게 된다.

이와 관련하여 대법원은 토지조사사업 당시의 지목이 도로로 조사되었으나 지번이 부여되지 않았고, 토지조사부나 토지대장에도 등록되지 않았던 토지는 당시의 현황에 따라 도로로 이용되던 국유의 공공용 재산이었던 것으로 보아야 하고, 이는 곧 조선총독부 소관의 재산으로서 건국과 동시에 대한민국의 행정재산이 되었다고 하였다.[245] 이와 같이 판시한 이유는 토지조사령(1912. 8. 13. 제령 제2호)과 조선총독부 임시토지조사국 조사규정(1913. 6. 총훈 제33호)에 의하면, 토지는 그 종류에 따라 지목을 정하고 지번을 부여하지만, 지목이 도로, 하천, 구거, 제방, 성첩, 철도·수도선로이면 그것이 민유지에 속하지 않는 한 지번을 부여하지 않았고, 소유권의 조사를 하지 않았으며,[246] 토지대장에 등록하지 않았기 때문이라고 한다.[247]

이 판결은 외견상 지목이 도로인 토지는 원칙적으로 행정재산이라는 말로 비춰져서, 도로가 행정재산이 되기 위해서는 지목이 도로라는 사실만으로는 부족하고, 더 나아가 공용지정 등이 필요하다고 한 기존의 판결들[248]과 어긋나 보인다. 하지만, 이 판결의 '지목이 도로인 토지'를 '일제강점기 토지조사사업에 따른 지목이 도로인 토지'라는 의미라고 보면, 다른 판결들과 모순되지 않는다. 그 이유는 일제강점기에 토지조사사업을 할 때의 도로라는 것은 구한말의 도로를 말하는데, 당시에는 지금과 같은 공용지정이 있을 수 없기 때문이다.

---

244) 대법원 1994. 2. 8. 선고 93다54040 판결; 대법원 1989. 8. 8. 선고 88다카25496 판결; 대법원 1983. 3. 22. 선고 81다1319 판결 등. '대한민국'의 '소유'로 되었다는 말과 '대한민국 정부'에 '귀속'되었다는 말은 다르다. 즉, 대한민국 정부에 귀속된 재산은 정부가 민간매각 등 처리의 주체가 되는 것으로 국유재산과는 준별된다.

245) 대법원 2010. 11. 25. 선고 2010다58957 판결.

246) 즉 이러한 토지는 토지조사부에 등재하지 않았다. 사유지만 토지조사부에 등재한 것이다.

247) 토지대장규칙(1914. 5. 2. 총령 제45호).

248) 대법원 1996. 1. 26. 선고 95다24654 판결, 대법원 2000. 4. 25. 선고 2000다348 판결 등.

어떤 국유재산이 행정재산인지 일반재산인지는 국가소유권의 소멸에 강한 영향을 미치는데, 우선 그러한 사례로서 시효취득을 들 수 있다. 행정재산은 시효취득의 대상이 되지 않는데,[249] 도로 부지와 같은 공공용재산은 일단 행정재산이 된 뒤로는 비록 형체적 요소가 소멸(유휴행정재산)되더라도 용도폐지가 없는 한 일반재산으로 전환되지 않는다.[250] 위의 판결(대법원 2010. 11. 25. 선고 2010다58957 판결)은 구한말의 도로를 공공용재산으로 판단해서 시효취득의 대상이 되는 국유재산의 범위를 줄이게 되었다. 또 하나의 사례로는 무상귀속을 들 수 있겠는데, 사업시행자에게 무상귀속 되는 국유재산은 종래의 공공용재산인 것이고,[251] 위의 판례가 이번에는 무상귀속의 대상이 되는 국유재산의 범위를 넓히게 되었다.[252]

2) 일본군대 소관의 재산

일본군대의 재산은 군정법령 제4호(일본육해군재산에 관한 건 1945. 9. 28)에 의하여 귀속재산으로 되지 않고 미국의 소유가 되었다. 일본군대의 재산은 국제법상 미국의 재산이 될 수 있었다. 육전(陸戰)에 관한 국제법규인 헤이그 조약 제53조는 “점령군은 국가 소유인 현금, 기금, 유가증권, 저장병기, 수송수단, 재고품과 군량 기타 일반적으로 군사작전에 이용될 수 있는 모든 동산을 압수할 수 있다”라고 규정하고 있다. 따라서 일본군대의 재산은 일종의 전리품으로 미국이 획득하게 된 것이다.[253]

(2) 일본법인 등의 재산

군정법령 제2호와 제33호에 따라 일본법인[254]은 그 설립 장소가 어디든 한반도 내의 소유재산 모두가 귀속재산이 되었다. 그런데 한반도 내에서 설립된 일본법인의 경우에는 많은 한국인 지분권자의 강한 반발이 제기 되었다. 예컨대, 서울 명동을 본점 소재지로 하여 1945. 8. 9. 이전에 설립된 회사에 대하여 조선인이 전체 주식의 80%를, 일본인이 나머지 20%를 가지고 있는 경우, 이 회사재산이 귀속재산이라고 한다면 조선인 주주가 재산권을 침해당하게 된다.

이에 미국정부는 1946. 8. 14. SWNCC(State-War-Navy Coordinating Committee, 국무부-육군부-해군부 삼부조정위원회)의 미군정에 대한 지침으로 “조선에서 설립된 법인의 경우에는 군정법령 제33호가 그 법인의 일본인 권리 부분에만 적용되도록 조치가 취해져야 한다”라고 지시하였

---

249) 국유재산법 제7조 제2항. 행정재산은 민법 제245조에도 불구하고 시효취득의 대상이 되지 아니한다.

250) 대법원 2009. 12. 10. 선고 2006다87538 판결, 대법원 1997. 8. 22. 선고 96다10737 판결 등.

251) 대법원 2004. 5. 28. 선고 2002다59863 판결 등.

252) 대법원 2016. 4. 12. 선고 2015다228744 판결에서 대법원 2010. 11. 25. 선고 2010다58957 판결에 따라 대한제국 공공용재산을 종래 공공시설로 보고 사업시행자에 대한 무상귀속을 인용한 이래로, 일관된 입장을 유지하고 있다(대법원 2017. 2. 15. 선고 2016다259301 판결, 대법원 2017. 2. 23. 선고 2016두56967 판결 등).

253) 김기원, 앞의 논문, 11면.

254) 미군정법령 제2호, 제33호는 일본회사 · 단체 · 조합이라고 하지만, 이하에서는 일본법인으로 약한다.

다.[255] 미군정에서도 미리 그 전에 1946. 4. 8. 정책급전례(政策及前例) 제1호에서 이 경우 일본인의 지분만 귀속시킬 방침을 제시하였다.[256] 이렇게 군정법령 제33호의 문제점을 개선한 결과 한반도 내에서 설립된 일본법인은 일본인이 소유한 지분만 귀속재산이 될 뿐 그 법인 소유 재산은 한반도 내의 것이라도 귀속재산이 아니게 되었다.[257] 귀속재산처리법은 이러한 결과를 반영하여 역내 일본법인의 경우 일본인의 지분이 귀속된 것으로 간주한다고 규정하였다(제2조).

3. 귀속재산과 구별되는 개념

(1) 역내 일본법인의 재산

앞에서 본 것처럼 귀속재산의 소유자에는 일본법인도 포함되지만, 역내 일본법인의 경우는 그 소유재산이 아니라 일본인 지분이 귀속재산이 된다. 다만 대한민국은 귀속지분으로 법인 재산을 지배함은 물론이고, 그 지분비율이 과반이면 당해 법인을 해산하고 잔여재산을 취득할 수 있기 때문에 역내 일본법인의 재산에 대해서도 소유자와 비슷한 지위를 가진다고 볼 수 있다. 특히 귀속재산의 처리 당시에는 주식이나 지분의 가치를 가늠하기 어려워서 역내 일본법인의 재산을 귀속재산에 포함시켜 분석하기도 했다.[258] 그러나 역내 일본법인의 재산은 그 자체로 귀속재산이 아니어서, 대한민국 정부는 귀속지분으로만 이를 지배할 수 있다는 점, 대한민국은 역내 일본법인의 지분권자로서 그 법인의 역내 재산은 물론 역외 재산에까지 지배력을 행사한다는 점 등에서 귀속재산과 근본적인 차이가 있다.[259]

(2) 무주부동산

6.25 전쟁으로 많은 부동산공부가 소실되고, 일제강점기 말에 많은 한국인이 창씨개명을 했을 뿐만 아니라 매수대금을 완납하면 등기 없이 소유권이전이 되는 등의 연유로[260] 귀속재산인지(1945. 8. 9. 현재 일본인 소유인지), 잔여귀속재산인지(민간에 매각되지 않고 남은 것인지) 등을 명확하게 확인하기 어렵다. 그래서 귀속재산과 무주부동산은 서로 혼동되어 국가 앞으로 등기되어[261] 실무상으로는 양자가 비슷한 것으로 인식되고 있다.

---

255) SWNCC, Interim Directive for Military Government in Korea, 1946. 8. 14, p158.

256) 그 내용은 다음과 같다(김기원, 앞의 논문, 12-13면). "미구에 발행하게 될 지령에 구체화될 정책안에 의하면 군정법령 제33호에 의하여 군정에 귀속하게 되었다는 것은 법인의 자산이 아니라 일본인이 소유하던 주권임 …… 만약 소수의 주권을 일본인이 소유하였으면 군정은 소수주주의 지위에 처함".

257) 이하에서는 1945. 8. 9. 이전에 한반도 내에서 설립된 일본법인을 '역내 일본법인'으로 한반도 외에서 설립된 일본법인을 '역외 일본법인'이라 하고, 일본인 · 일본법인 등의 한반도 내 재산을 '역내 재산', 한반도 외 재산을 '역외 재산'이라 한다.

258) 신용옥, 앞의 논문, 318면.

259) 귀속재산은 누가 소유자이든 역내의 개념이다.

260) 대법원 1984. 12. 11. 선고 84다카557 전원합의체 판결.

261) 사실은 귀속재산이 맞지만 1945. 8. 9. 현재 소유 명의자가 일본인인지 한국인인지가 불분명해 무주부동산으로 국 등기한 경우, 1945. 8. 9. 현재 소유명의자가 창씨개명한 한국인이어서 무주부동산으

그러나 무주부동산은 그 소유자가 없거나 불분명한 것이지만 현재 발견되는 귀속재산은 그 소유자가 국가로 명확히 법정되어 있다는 점, 국가소유로 되는 시점이 귀속재산은 1948. 9. 11. 자이지만, 무주부동산은 무주의 상태로 된 날(예컨대 상속인 없이 소유자가 사망한 날)이라는 점, 무주부동산을 원인으로 국가에 귀속된 재산은 10년간 매각이 제한되지만(국유재산법 제12조 제4항), 귀속재산을 원인으로 국가에 귀속되면 이러한 제한이 없다는 점, 국가귀속 등기의 형태가 무주부동산은 소유권보존등기이지만 귀속재산은 소유권이전등기라는 점 등에서 양자는 구별된다.

Ⅲ. 국가귀속의 효과

1. 미군정 · 대한민국정부의 원시취득

1945. 8. 9. 현재 일본인 소유의 한반도내 재산은 군정법령 제33조 및 제2조에 따라 1945. 9. 25. 자로 미군정에 귀속되었고, 다시 최초협정 제5조에 따라 1948. 9. 11. 자로 대한민국 정부로 이양되었다. 일본인에게서 미군정으로의 귀속은 순수한 원시취득이며, 미군정에서 대한민국 정부로의 이양은 그간의 미군정이 행한 귀속재산처리 및 농지개혁 등의 법률행위 등을 용인하는 제한된 원시취득이다.

그런데 귀속재산을 획일적으로 미군정 · 대한민국정부에 취득시킨다면, 1945. 8. 9. 이전에 소유권을 취득하기로 예정되었던 자에게는 가혹한 결과가 되기 때문에, 그러한 자는 법정 귀속해제절차를 밟아 구제받게 된다. 즉, 1945. 8. 9. 이전에 일본인의 재산을 매수한 자는 「귀속재산에 대한 소청처리의 간이수속」(1948. 4. 17. 군정장관지령)에 따른 관재처의 귀속해제결정과 함께 「간이소청절차에 의한 귀속해제결정의 확인에 관한 법률」(1950. 4. 8. 법률 제120호로 제정된 것)에 따라 법무부장관의 확인을 받아 그 재산에 관한 소유권을 인정받을 수 있다.

2. 점유이전 · 처분의 금지 및 점유태양의 변경

군정법령 제33호 제3조는 미군정에 귀속된 재산을 소유, 관리 또는 지배하는 자 등에 대하여 군정장관의 지령에 따라 그 재산을 보지(保持)하고, 동 지령이 효력을 발하는 동안 그 재산을 이동, 이전 기타 방법으로 처분하는 것을 금지하였으므로, 이를 위반한 매매 등은 모두 효력이 없다.[262] 또한 귀속재산을 점유하는 자는 미군정에 대하여(대한민국에 이양된 뒤에는 대한민국 정부에 대하여) 보관의무를 부담하므로 위 법령의 공포 시행과 동시에 타주점유로 변경되고 취득시효의 진행이 중단된다.[263] 다만 1964. 12. 31.까지 매매계약이 체결되지 아니한 잔여 귀속재산은

로 봐야 하지만, 그 자가 일본인이라 오인하고 권리귀속을 원인으로 국 명의로 등기한 경우 등을 생각해 볼 수 있다.

262) 대법원 1962. 6. 21. 선고 62다217 판결.

그 다음날부터 점유자의 보관의무가 없어지고 국가소유로 되므로,[264] 이때부터 자주점유가 가능하다. 다만 1965. 1. 1.부터 당연히 자주점유로 되는 것은 아니고 점유개시 당시의 권원의 성질 등 모든 사정을 감안하여 외형적 · 객관적으로 결정하여야 한다. 한편, 시효취득을 주장하는 자가 귀속재산임을 알면서 이를 매수하여 점유를 개시한 경우 자주점유의 추정이 번복된다.[265]

Ⅳ. 귀속재산의 처리

1. 개요

일본의 막대한 재산이 1948. 9. 11.자로 대한민국 정부로 귀속됐지만, 그 처리는 이를 일본에게서 몰수하여 대한민국 정부로 넘긴 미국의 의도에 달리게 되었다. 미군정은 귀속재산 중에서 일제강점기 국유재산이라 할 수 있는 일본국의 재산만 그대로 두고,[266] 원래 사유재산이라 할 수 있는 법인과 개인의 각 재산은 사적 소유로 이전시키고자 했다. 2차 대전 이후 각국에서 적산(敵産)의 처리는 각국의 사정에 따라서 다르게 이루어졌다. 장개석 치하의 관료자본이 지배하던 중국에서는 적산의 처리가 그 관료자본의 확대에 기여하였고, 사회주의 세력이 장악한 북한에서는 적산이 사회주의 건설의 물질적 기반이 되었다. 반면에 미군이 점령한 남한에서는 적산(특히 귀속기업체)이 일단은 국가자본으로 전환되었다가 점차 민간에 불하되어 사적 독점자본 형성의 계기가 되었다.[267]

귀속재산의 처리를 위하여 1949. 12. 19. 법률 제74호로 귀속재산처리법이 제정되었다. 그러나 귀속농지는 따로 농지개혁법에 따라 분배절차가 진행되었으며, 이밖에 귀속기업체는 대한민국 정부가 지분의 과반수를 확보한 까닭에 '법인해산 및 청산'이라는 처리방법을 구사할 수 있게 되었으며, 국유재산법은 그 처리절차에 대하여 특례를 마련해 주고 있었다.

귀속재산의 처리는 귀속재산처리법이 제정된 직후부터 시작되다가 1964. 12. 31.까지 매매계약이 체결되지 아니한 잔여 귀속재산은 국가소유로 하는 것으로 법정함으로써[268] 종결되었다. 다만 현재에도 정부가 미처 발견하지 못했던 귀속재산이 발견되고 있고, 그 소유권을 주장하는

---

263) 의정부지방법원, 「부동산소송」, 실무자료 제2집, 2001, 91면; 대법원 1980. 10. 27. 선고 79다1857 판결.

264) 「귀속재산처리에 관한 특별조치법」 부칙〈법률 제1346호, 1963. 5. 29〉 제5조. 주의할 것은 1965. 1. 1.은 귀속재산이 국유재산으로 최종 처리 · 확정되는 날짜이지, 대한민국이 소유권을 취득하는 날짜가 아니다. 권리귀속을 원인으로 대한민국이 소유권을 취득하는 날짜는 1948. 9. 11.(최초협정의 서명일자)이다.

265) 대법원 2000. 6. 9. 선고 99다36778 판결.

266) 특히 총독부 소관의 적산은 대한민국 건국과 동시에 대한민국의 국유재산이 된 것이고, 이를 귀속재산에 포함시킬 수 없다고 한 대법원 1994. 2. 8. 선고 93다54040 판결; 대법원 1989. 8. 8. 선고 88다카25496 판결 등 참조.

267) 김기원, 앞의 논문, 2면.

268) 「귀속재산처리에 관한 특별조치법」 부칙〈법률 제1346호, 1963. 5. 29〉 제5조.

자가 귀속재산 처리절차에 따라서 소유권을 취득한 것인지, 아니면 점유시효취득을 한 것인지 등에 대한 분쟁이 여전히 발생되고 있다. 귀속재산의 처리 사무를 처음에는 국무총리 소속 관재청이 담당하다가 1956년 귀속재산처리법 개정으로 재무부 관재국이 담당하였다.

2. 보통의 귀속재산의 처리

(1) 국 · 공유의 지정

귀속재산처리법은 귀속재산 중에서 ① 제헌헌법 제85조에 열거된 천연자원에 관한 권리 및 ② 영림재산으로 필요한 임야, ③ 역사적 가치 있는 토지 · 건물 · 기념품 · 미술품 · 문적, 기타 공공성을 유하거나 영구히 보존함을 요하는 부동산과 동산은 국 · 공유로 한다고 하였고, 아울러 ④ 정부, 공공단체에서 공용, 공공용 또는 공인된 교화, 후생기관에서 공익사업에 공하기 위하여 필요한 부동산과 동산에 대하여도 같다고 하였다(제5조).

국 · 공유재산의 지정이라 하지만 아래의 지정 대상 재산을 살펴보면, 국 · 공유재산의 지정은 그 실질이 행정재산의 지정이라는 것을 알 수 있다. 조선총독부 소관의 재산은 그 실질이 행정재산이므로 귀속재산에서 제외해 대한민국의 행정재산으로서 영속성을 인정하였는데, 귀속재산 중에서도 민간에 매각하지 말고 행정재산으로 지정해야 할 것들이 있었던 것이다. 다만 아래의 국 · 공유지정 재산들 중에는 행정재산의 범위를 벗어나는 것들이 다수 포함되어 있는바, 이는 귀속재산 및 광의의 국유재산의 각 범위가 행정재산의 범위보다 넓기 때문이다.[269] 결국 국 · 공유지정의 실질이 행정재산의 지정이라는 것은 행정재산의 범위 안에 들어가는 부동산에 한해서 그렇다는 뜻이 된다.

1) 천연자원에 관한 권리

제헌헌법 제85조는 광물 기타 중요한 지하자원, 수산자원, 수력과 경제상 이용할 수 있는 자연력을 국유로 하면서, 이들이 특허의 대상임을 분명히 하였다.[270] 이에 귀속재산처리법은 제헌헌법 제85조에 열거된 천연자원에 관한 권리를 국유로 지정한 것이다(제5조).

2) 영림재산으로 필요한 임야, 문화재 등

귀속재산처리법 제5조는 영림재산으로 필요한 임야를 국 · 공유로 지정한 바, 영림재산이란 지금의 보전국유림(국유림법 제16조)으로서, 보존용재산에 해당한다. 그 밖에 역사적 가치 있는 토지, 건물, 기념물, 미술품, 문적 기타 공공성을 가지거나 영구히 보존함을 요하는 부동산과 동산을 국 · 공유로 지정한 바, 이들은 오늘날 문화재보호법 제2조의 문화재에 해당하는 것들로서,

269) 귀속재산과 광의의 국유재산은 민법상 일체의 재산 개념에 기반하고 있고, 행정재산은 부동산에 제한되는 개념이다.

270) 현행 헌법은 이들에 대한 권리가 국유임을 전제로 그 채취 · 개발, 이용이 특허의 대상이라고 규정하고 있다(제120조 제1항).

역시 보존용재산에 해당한다.

3) 공용 · 공공용재산 등

귀속재산처리법 제5조는 정부, 공공단체에서 공용, 공공용에 공하기 위하여 필요한 부동산과 동산을 국 · 공유로 지정한 바, 이들은 오늘날 공용 · 공공용재산에 해당한다. 그 밖에 공인된 교화, 후생기관에서 공익사업에 공하기 위하여 필요한 부동산과 동산을 국 · 공유로 지정한 바, 이들 역시 공용, 공공용에 공하기 위하여 필요한 부동산과 동산에 포함된다.

(2) 매각

귀속재산 중에서 위와 같이 국 · 공유로 지정할 것을 제외한 나머지는 민간에 매각하여 사유화하였다. 귀속재산의 매각절차는 귀속재산처리법 제3장에서 정하는 바에 따랐는데, 오늘날 국유재산의 매각과 대동소이하다.

다만 행정관청이 귀속재산처리법에 따라 귀속재산을 매각하는 행위는 행정처분으로서 매수인이 그 매수대금을 완납하면 그 소유권은 등기를 필요로 하지 아니하고 매수인에게 이전된다.[271] 만일 행정관청이 귀속재산이 아닌 타인 소유의 재산을 매각했다면 그 매각처분은 당연무효로 되는 것이지 민법 제569조 소정의 타인의 권리의 매매에 해당하게 되는 것이 아니다.[272] 그리고 귀속재산 매각처분은 민법 부칙 제10조 제1항에서 말하는 '법률행위'에 해당하지 않으므로, 민법 시행일로부터 6년 이내에 소유권이전등기를 마치지 아니하여도 소유권취득의 효력을 잃지 않는다.[273] 다만 귀속재산 매각이 행정처분이라 하더라도 그 실질은 매매이므로, 귀속재산의 매각에 의하여 동일 소유자에 속한 토지와 건물의 소유자가 다르게 된 경우에는 관습에 의한 법정지상권이 성립한다.[274] 매수자가 매각대금을 제때 납부하지 않으면 소정의 과태료를 징수할 수 있었고,[275] 더 나아가 1959. 12. 18. 법률 제521호로 개정된 귀속재산처리법 제21조의2는 국세징수법의 체납처분의 예에 따라 강제징수를 할 수도 있게 하였다. 국유재산의 매매대금은 연체되더라도 체납처분으로 강제징수 할 수 없다. 귀속재산과 국유재산의 각 매각대금에 대한 이행강제 방법이 다른 것은 기본적으로 양 매각행위의 법적 성질이 다르기 때문이다.

---

271) 대법원 1984. 12. 11. 선고 84다카557 판결.
272) 대법원 1998. 4. 24. 선고 96다48350 판결.
273) 대법원 1979. 12. 11. 선고 79다1192 판결.
274) 대법원 1986. 9. 9. 선고 85다카2275 판결.
275) 이상 귀속재산처리법 제18조 내지 제21조.

(3) 잔여 귀속재산의 국유화

국·공유의 지정 및 민간불하의 과정을 거친 다음 국가는 「귀속재산처리에 관한 특별조치법」 부칙〈법률 제1346호, 1963. 5. 29.〉 제5조에 따라 1964. 12. 31.까지 매각되지 않은 귀속재산의 소유권을 원시취득한다. 원시취득이므로 소유권취득에 등기가 필요 없으며 최초협정의 서명일자인 1948. 9. 11.로 취득일자가 소급한다.

이렇게 잔여 귀속재산은 등기 없이도 국유재산이 되지만 부동산등기제도의 공신력 및 원활한 국유재산의 관리 등을 위해서는 국가 명의로 등기하는 것이 마땅하다. 잔여 귀속재산의 국등기는 1965. 1. 1. 이후 단계적으로 행하여져왔는데, 개별 재산이 잔여 귀속재산인지 불명확한 경우가 많았고, 정부가 아직 발견하지 못한 것도 있다. 어떤 재산에 대하여 잔여 귀속재산인지 불명확한 상태에서 국가명의로 등기를 했으나 사실은 타인의 부동산이라면, 이른바 '조상 땅 찾기' 소송의 대상이 된다. 정부가 그 존재를 모르는 귀속재산도 국가가 1948. 9. 11.부터 소유권을 가지고 있다는 점에는 문제가 없다. 아직 발견 못한 귀속재산은 시간이 갈수록 점점 더 찾기 어려워 질 것인데, 특히 부동산공부에 국가 외의 자 명의로 등기·등록되어 버리면, 국가귀속이 사실상 불가능하다. 이에 국유재산법은 은닉재산의 신고에 대한 보상규정, 나아가 자진반환에 대한 특례매각규정을 두고 있다(제77조, 제78조). 현재 잔여귀속재산의 국유화사무는 기획재정부장관으로부터 조달청장에게로 위임되어 있다(국유재산법 시행령 제16조 제1항 제5호).

3. 귀속농지의 처리

정부가 미군정으로부터 이양받은 귀속농지의 가치는 약 200억원으로 전체 귀속재산의 약 7%를 차지하였는데,[276] 당시 모든 농지는 토지개혁의 대상이었기 때문에 귀속농지는 다른 귀속재산과 달리 처리해야 했다. 귀속재산처리법은 "농경지는 따로 농지개혁법에 의하여 처리한다."라고 하여 이 점을 분명히 하였다(제2조 제1문 단서). 국가소유 농지는 재무부장관이 공용 또는 비공용으로 조사·결정하여 농림부장관에게 인계한 다음에 유상분배를 하도록 하였는데(농지개혁법[277] 시행령 제10조), 귀속농지도 다른 귀속재산과 마찬가지로 정부가 행정재산으로 필요한 것은 국유로 지정하여 분배의 대상에서 제외시킬 수 있었고, 조선총독부 소관의 재산은 미군정에서 바로 대한민국의 행정재산으로 전환된 것이므로 역시 분배의 대상에서 제외시킬 수 있었다.[278]

---

276) 위 금액은 1948. 3. 31. 현재 신한공사의 자산가치로 산정한 것이다(김기원, 앞의 책, 28면). 귀속농지는 크게 동양척식(주) 소유와 약 102,000의 일본인(법인 포함) 소유로 구분되는데, 양자 모두 1946. 2. 21. 군정법령 제52호에 의해 창립된 신한공사에서 관할하게 되었다. 동척은 1945. 10. 17. 미군정에 접수되었고 같은 해 11. 신한공사로 개명되어 시실상의 활동을 개시하였으며, 이 신한공사가 1945. 12. 19.의 관재령 제3호에 의해 다른 일본인 농지도 모두 관장하게 되었다. 이상의 내용은 김기원, 앞의 논문, 15면 참조.

277) 1949. 6. 21. 법률 제31호로 제정된 것을 말하며, 이하 농지개혁법이라 함은 이 법을 말한다).

278) 일제강점기 조선총독부가 소유·관리하던 재산은 군정법령 제33호 및 대한민국정부와 미국정부 간의

정부가 농지개혁법에 따라 매수한 농지는 분배되지 않을 것을 해제조건으로 하는 매수이므로, 나중에 그 농지가 분배되지 않기로 확정되면 원소유자에게 환원된다. 정부가 매수한 농지로서 1968. 3. 13. 당시 분배되지 않은 것은 국가소유로 등기할 대상이지만(농지개혁사업정리에 관한 특별조치법[279] 제2조 제1항), 그렇게 국가소유로 등기한 농지도 미분배농지에 대한 분배신청기간(1969. 3. 12)이 지남과 동시에 원소유자에게 환원된다.[280] 아울러 1994년 농지법은 농지개혁법, 특별조치법 등이 폐지되면서 동법 시행일(1996. 1. 1)로부터 3년 이내에 농지대가를 상환완료하도록 하였다. 따라서 정부매수농지로서 일단 분배되었다 하더라도 1998. 12. 31. 안에 농지대가 상환이 완료되지 않았다면, 더 이상 상환할 방법이 없고 분배되지 않기로 확정된 것이므로, 동 농지는 그 소유권이 원소유자에게 환원된다.[281] 주의할 것은 국가소유로 등기되어 있으나 법률상 원소유자에게 환원된 농지를 국가가 시효취득 할 수는 없다는 것이다. 국가가 농지개혁법에 따라 원소유자로부터 농지를 매수한 목적은 자경농민 등에게 분배하려는 것이고 분배하지 않기로 확정되면 원소유자에게 환원될 것이 처음부터 예정되어 있는 것이기 때문에, 국가의 매수농지에 대한 점유는 진정한 소유자의 지배를 배제하려는 의사를 가지고 하는 자주점유라고 볼 수 없다.[282]

분배하지 아니하기로 확정되어 원소유자에게 환원된 농지를 이미 국가가 제3자에게 매각했다면 어떻게 되는가. 매수자가 등기부시효취득을 했다면 국가는 소유권을 상실한 원소유자에게 국가배상책임을 지게 되는데, 다만 원소유자도 장기간 권리행사를 하지 않아 제3자가 시효취득한 결과를 초래한 과실이 있으므로 과실상계가 적용된다.[283] 매수자가 등기부시효취득을 못했다면 매수자가 소유권을 상실하게 되고, 국가는 채무불이행에 기한 손해배상책임을 진다. 이 경우 매수자의 과실은 있을 수 없고, 손해배상청구의 내용은 원소유자가 국가 및 매수자를 상대로 제기한 소유권소송의 판결확정시를 기준으로 하는 매각재산의 시가 상당액의 반환이다.[284]

재정 및 재산에 관한 최초협정 제1조에 의하여 미 군정청으로부터 대한민국에 이양된 국유 행정재산에 속하므로, 이 중 농지는 농지개혁법 시행당시 실제경작에 사용되고 있었다고 하여도 농지개혁법 시행령 제10조에 의하여 공용 또는 공공용으로 필요로 하지 않는 토지로 조사·결정되어 재무부장관으로부터 농림부장관에게 인계되지 않는 한 분배대상농지가 될 수 없다(대법원 1989. 8. 8. 선고 88다카25496 판결).

279) 1968. 3. 13. 법률 제1993호로 제정, 1994. 12. 22. 법률 제4817호 농지법 부칙 제2조로 폐지, 이하 '특별조치법'이라 한다.

280) 대법원 2005. 4. 14. 선고 2004다1141 판결.

281) 대법원 2005. 4. 14. 선고 2004다1141 판결, 대법원 2002. 5. 28. 선고 2000다45778 판결 등.

282) 대법원 2001. 12. 27. 선고 2001다48187 판결.

283) 대법원 2016. 11. 10. 선고 2014다229009 판결. 이 판례에서는 원고(원소유자)의 과실을 50%로 보았다.

284) 대법원 1993. 4. 9. 선고 92다25946 판결.

4. 귀속기업체의 처리

앞서 본 바와 같이 1945. 8. 9. 현재의 역내 일본법인은 그 법인에 대한 일본인 지분이 귀속된 것으로 간주된다(귀속재산처리법 제2조 제2문). 그리고 귀속재산의 처리로서 이러한 귀속지분을 매각하는 것이 원칙이겠으나, 그 법인을 해산하여 청산재산을 국유화 및 매각하는 방법도 가능했다(같은 법 제8조 제4호). 특히 귀속지분이 과반이라면(국가 지분이 과반이라면), 상법 등에 규정된 청산절차를 정식으로 거칠 것이 아니라 그 특례를 마련하여 조속하게 법률관계를 종결할 필요가 있었다. 이에 1976. 12. 전부개정 국유재산법은 국가지분이 50%가 넘는 회사에 대한 청산절차의 특례(현행 제80조)를 인정하여 오늘에 이르고 있다.

(1) 귀속기업체 및 청산법인의 정의

귀속재산처리법은 귀속기업체를 "귀속재산 중 일본국, 일본인 및 일본 단체가 영리사업을 위해 사용하는 부동산, 동산 기타 일체의 재산을 종합적 단일체로 평가한 것"이라고 정의한다(제8조 제1호). 따라서 귀속기업체는 반드시 회사 등 법인일 필요는 없지만, 그중에는 회사 형태가 상당수 일 것이므로, 이하에서는 귀속기업체를 "역내 일본회사"와 같은 개념으로 보고 서술한다.[285)]

청산법인은 주로 귀속기업체를 해산 · 청산하여 그 재산을 국유화하는 과정에서 나타난 개념이다. 국유재산법은 국가가 지분증권의 과반수를 보유하는 회사 중에서 총괄청이 지정하는 회사의 청산에 관하여는 주주총회 · 사원총회의 권한과 소집방법, 결의방법 등에 관하여 특례를 규정한다(법 제80조, 영 제79조). 청산법인은 귀속기업체에 한하지 않지만 현재 총괄청이 지정한 109개의 회사는 대부분 귀속기업체이다.[286)] 결국 청산에 관한 특례의 적용 대상으로 총괄청이 지정한 회사를 청산법인으로, 청산법인 소유의 재산을 청산재산이라 할 수 있다. 원래 민법상 청산법인은 해산한 법인으로서 청산의 목적범위 내에서만 권리능력이 있는 것을 말하지만(제81조), 귀속재산처리법이나 국유재산법에서는 그러한 의미가 아니다.

(2) 청산절차의 특례

청산법인에 청산절차의 특례를 적용하려면 기획재정부장관의 지정을 받아야 한다. 기획재정부장관은 「국유재산법 제80조에 따른 청산절차의 특례에 관한 규칙」(기획재정부령)으로 지정하고 있는데, 처음 32개 회사가 지정된 이래로 현재는 109개 회사가 지정되어 있다.

청산절차의 특례(현행)는 ① 청산인 및 감사의 임명, ② 「상법」 제533조에 따른 재산목록

---

285) 미군정도 조선에 등기된 법인 중 그 주식 기타 소유권의 전부 내지 과반수가 군정에 귀속된 법인은 귀속회사라 칭하고, 이와는 달리 귀속에 기인하여 군정이 그 주식 기타 소유권의 50% 미만을 소유하지만 이를 관리 · 감독하는 법인은 접수회사라고 칭했다고 한다(김기원, 앞의 논문, 13면).

286) 국유재산법 제80조에 따른 청산절차의 특례에 관한 규칙(기획재정부령) 제2조.

및 대차대조표의 승인, ③ 영업의 양도·양수, 자본의 감소와 정관의 변경, ④ 청산경비·결산 및 청산종결의 승인, ⑤ 잔여재산의 분배 및 분배방법의 결정, ⑥ 주주총회 또는 사원총회의 소집, ⑦ 서류 보존인의 임명 및 보존방법의 결정 등이다(현행 국유재산법 시행령 제80조 제1항). 기획재정부에 연합청산위원회를 두고 위 사항을 심의·결정하다가, 2009. 1. 6. 대통령령 제21249호로 개정된 국유재산법 시행령부터는 연합청산위원회를 폐지하고, 기획재정부장관이 관계기관, 법인의 청산업무에 관한 학식과 경험이 풍부한 자 등의 의견을 들어 위 사항을 결정하게 되었다(국유재산법 시행령 제80조 제2항).

(3) 청산재산의 처리 및 국가가 소유권을 취득하는 시점

연합청산위원회는 청산법인의 잔여재산을 국가에 현물로 증여하는 결정을 해왔으며, 앞으로 발견되는 잔여재산도 마찬가지로 결정했다. 주의할 것은 연합청산위원회의 결정만으로 국가가 청산재산의 소유자가 되는 것은 아니다. 현물증여를 원인으로 하는 소유권이전등기가 있어야 그때부터 소유권을 취득한다. 또한 청산재산의 소재지가 대한민국 내일 필요가 없다는 점이 귀속재산과 큰 차이점이다. 귀속재산은 등기 없이 1948. 9. 11.자로 국가가 소유권을 원시취득하며, 해당 재산이 대한민국 내에 있어야 한다. 역내 일본법인과 역외 일본법인으로서 구체적인 예를 들어보면, 전자의 재산은 청산재산으로서 그 소재지가 역내인지 역외인지를 불문하고 현물증여를 원인으로 국가 앞으로 소유권이전등기를 함으로써 국유재산이 된다. 반면에 후자의 재산은 역내의 것만 귀속재산으로서 등기 없이 1948. 9. 11.자로 소급해서 국유재산이 된다.

국가의 소유권취득 시기는 변상금부과의 시점과 관련하여 중요하다. 청산재산을 무단으로 점유한 자가 있다면, 국가명의로 소유권이전등기 한때를 시점으로 변상금을 부과하여야 한다.[287] 예컨대, 청산종결일(잔여재산을 국가에게 현물증여하기로 결정한 날)이 1985. 12. 18. 이고, 청산재산 발견일이 1995. 6. 17.이며 국가 앞으로 등기한 날이 같은 해 11. 14.이라면 1995. 11. 14.이후부터 변상금을 부과해야 하는 것이다. 귀속재산의 경우에는 무단점유한 날까지 소급하는 것이 원칙이지만, 국유재산법 제73조의 3 제1항[288]의 제한으로 5년까지만 소급하여 변상금을 부과할 수 있다.

287) 기획재정부 유권해석, 국재45501-902, 1993. 9. 27.

288) 국유재산법 제73조의3(소멸시효) ① 이 법에 따라 금전의 급부를 목적으로 하는 국가의 권리는 5년간 행사하지 아니하면 시효의 완성으로 소멸한다.

V. 소결

이상에서는 귀속재산이 무엇인지, 귀속재산이 국가소유로 귀속된다는 의미, 그간 국가가 귀속재산을 어떻게 사유화했는지 등에 대하여 살펴보았다. 그런데 귀속재산은 역사적·관념상의 것에 가까워서 여전히 명확한 판단이 어려운 반면 현실에서는 귀속재산인지 여부가 문제되는 재산이 계속 발견되고, 정부의 국가귀속처리 결과에 오류가 있음을 이유로 하는 쟁송이 빈발하고 있다.

앞서 살펴본 바와 같이 국가귀속의 요건이 무엇인지는 과거 미군정법령과 귀속재산처리법 및 귀속재산처리에 관한 특별조치법 등을 해석해야만 알 수 있다. 따라서 이를 일목요연하게 파악하기 위해서는 귀속재산처리법이나 국유재산법에서 이에 관한 규정을 두는 것이 바람직하다. 또한 귀속재산을 국유재산으로 등기한 다음 1948. 9. 11.자로 소급하여 변상금부과 조치를 하는 것도 문제이다. 현행 국유재산법 법해석상으로는 어떤 사람이 버려져 있는 토지로 알고 작은 규모의 경작을 하고 있거나 잠시 물건을 쌓아 둔 경우까지 5년간 소급하여 변상금을 부과할 수밖에 없기 때문이다. 이에 대해서는 귀속재산은 국유재산으로 등기 한때부터 변상금을 부과토록 국유재산법을 개정하는 방안을 생각해 볼 수 있을 것이다.

나아가 귀속재산처리법을 입법적으로 개선할 필요가 있다. 이 법률은 귀속재산을 불하(사유화)할 당시의 규정들을 그대로 담고 있을 뿐,[289] 1964. 12. 31. 이후에는 존재의의가 거의 없다. 현실에 맞지 않는 제2장(국유와 공유), 제3장(매각), 제4장(관리)을 모두 삭제하고, 귀속재산의 개념, 국가귀속절차 및 변상금부과기간 등 현실적으로 필요한 조항을 신설할 필요가 있다. 다른 방안으로 귀속재산처리법을 폐지하고, 국유재산법에 필요한 규정을 두는 것도 고려해 볼만하다.

---

289) 연도표시를 단기로 하는 점, 조문 제목이 없고 항의 구분이 없는 점, 제헌 헌법조문을 그대로 쓰고 있는 점 등이 그 예이다.

제3절 부동산 유실물의 국유화

Ⅰ. 무주부동산과 부동산 유실물

1. 무주부동산

무주부동산이란 소유자가 없는 부동산을 말한다. 어떤 부동산이 처음에는 소유자가 있었으나 특별한 사유로 소유자가 없게 된 경우로서, 부동산 소유자가 상속인 없이 사망한 경우, 부동산 소유자가 소유권을 포기한 경우 그리고 법인이 해산된 경우를 들 수 있다. 각국의 입법례는 국가귀속주의[290]에 입각해서 무주부동산을 국가에 귀속시키고 있다. 우리나라는 상속인의 부존재의 경우에 대해서는 민법 제5편 제6절(상속인의 부존재)에서, 법인의 해산의 경우에 대해서는 민법 제1편 제3장(법인) 제4절(해산) 및 정당법 제48조(해산된 경우 등의 잔여재산처분) 등에서 잔여재산의 국가귀속을 규정함으로써, 국가귀속주의를 실현하고 있다. 부동산 소유권의 포기의 경우에 대해서는 대법원 등기예규에서 소유권을 포기한 자와 국가가 공동으로 소유권의 포기를 원인으로 하는 국가명의의 소유권이전등기를 하도록 규정함으로써 국가귀속주의를 실현시키고 있다.[291] 이러한 개별규정들은 무주부동산의 처리 자체를 직접적인 목적으로 하지 않고 상속, 법인해산 및 소유권포기의 결과 발생되는 무주부동산을 국가에 귀속시키도록 할 뿐이다. 반면에 민법 제252조 제2항은 "무주의 부동산은 국유로 한다"라고 규정하고 있는데(다만 어떤 것이 무주부동산인지, 무주부동산은 언제 · 어떻게 발생하는지는 언급하지 않는다), 이를 무주부동산에 관한 직접적인 조항으로 보는 것이 일반적인 경향이다.[292]

---

290) 원래 로마법 이래로 동산, 부동산을 불문하고 무주물의 선점을 허용했는데, 근대에 이르러서는 무주부동산에 대한 선점을 부정하고 국고에 귀속키는 것이 보통이라고 한다(권오곤, 민법주해Ⅴ, 물권(2), 박영사, 2009, 478면). 무주부동산 국고귀속의 근거는 국가제도의 기초를 이루는 부동산을 선점으로 취득할 수 있다고 하면 완력으로 선점을 다투게 되어 사회질서를 해하기 때문이라고 설명하는 것이 일반적이다(권오곤, 앞의 책, 481면).

291) 부동산 소유권의 포기에 관하여 우리 민법은 침묵하고 있으나, 이를 부정할 이유가 없다는 것이 일반적인 견해이다. 다만, 부동산 소유권의 포기에 등기가 필요한지에 대해서는 견해의 대립이 있다(강태성, 물권의 포기에 관한 종합적 · 비판적 검토, 동아법학 제66호, 동아대학교법학연구소, 2015, 504-507면). 대법원은 부동산 소유권의 포기에는 등기가 필요하다는 전제에서, 다만 포기등기를 단독으로 하게 되면 국가는 원치 않는 부동산의 취득을 강제 당하기 때문에(민법 제252조 제2항), 소유권을 포기한 자와 국가가 공동으로 소유권 포기를 원인으로 하는 소유권이전등기를 하게 한다(대법원, 부동산의 소유권을 포기한 경우 등기절차에 관한 지침, 1995. 4. 20. 등기예규 제816호). 참고로 독일은 소유권을 포기한 자가 단독으로 포기등기를 하게 하고, 이후 국가(해당 부동산이 소재하는 주)에 선점권을 주는 방식을 취하고 있다(독일민법 제928조).

292) 권오곤, 앞의 책, 481-482면에서는 무주부동산의 귀속이라는 제목 하에 민법 제252조 제2항을 설명하면서 소유권의 포기를 무주부동산의 주요한 예로 설명하고, 아울러 일본판례를 인용하여 소유자불명의 산림(소유자불명은 후술하는 부동산 유실물의 중요한 징표이다), 상속인 없는 부동산 등을 무주부

학계와 실무는 위에서 열거한 무주부동산과 후술할 부동산 유실물(소유자불명의 부동산)을 한데 묶어서 무주부동산이라고 한다. 그러나 지금까지 무주부동산에 대한 정확한 개념파악이 없었고, 부동산 유실물은 그 용어조차 생소한 바, 무주부동산과 부동산 유실물에 대한 이론상·실무상 많은 혼란과 오해가 있게 되었다. 아래에서는 위에서 언급한 3가지(상속인부재, 법인해산 및 소유권의 포기)를 무주부동산 내지 소유자 없는 부동산으로 부르고, 민법 제252조 제2항의 실질적인 규율대상이 되는 소유자불명의 부동산을 유실(遺失)부동산이라고 하여 양자를 준별하는 입장에서, 부동산 유실물에 대하여 살펴보기로 한다.

2. 부동산 유실물

(1) 부동산 유실물의 개념

유실물이란 물건소유의 공시방법인 등기·등록 또는 점유에서 이탈하여 그 소유자를 알 수 없는 물건을 말한다. 우리 민법과 유실물법은 유실물의 개념을 정의하지 않고 있는데, 강학상으로는 점유자의 의사에 의하지 않고 그 점유를 이탈한 물건으로서, 도품 또는 무주물이 아닌 것으로 정의하는 것이 보통이다.[293] 그런데, 이러한 정의는 동산에 한정될 뿐만 아니라, 점유자의 의사에 의한 점유이탈이냐에 따라 무주물과 유실물을 구별하고 있다. 그러나 유실물 그 자체만으로는 소유자가 그 의사에 의하여 점유를 이탈시킨 것인지(즉 소유권을 포기한 것인지) 여부를 알 수 없다.[294] 따라서, 일본 유실물법(2006. 6. 15. 법률 제73호)은 점유자의 의사에 의한 것인지를 불문하고 '점유를 이탈한 물건'으로 유실물을 정의하고 있는 것이다(동법 제1조). 결국 동산 유실물은 '점유를 이탈하여 그 소유자를 알 수 없는 물건'이라고 정의하는 것이 바람직하고, 같은 취지에서 부동산 유실물은 '등기·등록에서 이탈하여 그 소유자를 알 수 없는 부동산'이라고 정의할 수 있겠다. 이렇게 유실물의 개념을 확정함으로써 무주물과 유실물을 구별하는 각각의 핵심징표가 드러나게 되는데, 바로 소유자불명(유실물)과 소유자부재(무주물)이다.

우리 민법은 동산을 무주물과 유실물로 나누어 규정하지만(제252조 제1항, 제253조), 부동산에 대해서는 유실물을 별도로 규정하지 않고 무주물만 규정하고 있다(제252조 제2항). 이러한 연유 때문인지 학계에서도 부동산 유실물을 별도로 정의하지 않고 무주부동산에 포함시켜 이해하고 있다. 그러나 상속인부재, 법인해산 및 소유권포기의 경우에만 법정의 절차를 거쳐서 무주부동산으로 인정받을 뿐, 그 밖에 무주부동산으로 여겨지는 것들은 사실 유실물인 부동산이다. 그런데, 부동산 유실물은 무주부동산과 개념이 다를 뿐만 아니라, 그 처리방법도 다르므

동산으로 예시한다.

293) 권오곤, 앞의 책, 483면; 김진우, 주석민법, 물권 1, 제5판, 한국사법행정학회, 2019, 253면.

294) 쉽게 말해서 지하철 유실물센터에 있는 물건들은 그 소유자가 일부러 버린 것인지, 실수로 잃어버린 것인지는 알 수 없고, 다만 소유자의 점유에서 이탈해서 소유자가 누구인지 모른다(소유자불명)는 것이다.

로 준별하여야 한다.

우리법제는 유실물에 대하여 일정한 행정절차를 거친 다음 선점자(동산의 경우) 또는 국가(부동산의 경우)에 소유권을 귀속시키되, 원소유자가 나타나면 처음부터 그 자의 소유물이었던 것으로 본다. 동산 유실물의 경우 공고 후 6개월 내에 소유자가 권리를 주장하지 않으면 선점자가 취득하는데(민법 제253조), 이는 무주동산을 선점한 자가 취득하는 것(민법 제252조 제1항)과 유사하다. 부동산 유실물의 경우 6개월 이상 공고한 후 그 안에 소유자가 권리를 주장하지 않으면 국가가 취득하는데(국유재산법 제12조), 이는 무주부동산을 국가에 귀속시키는 것(민법 제252조 제2항)과 유사하다.

(2) 부동산 유실물의 유형

부동산 유실물은 부동산공시방법(등기 · 등록)[295]에서 이탈하여 그 소유자를 알 수 없는 부동산을 말한다(소유자불명). 등기 · 등록되지 않은 것은 물론이고, 등기 · 등록되어 있더라도 소유자를 알 수 없는 정도라면 공시방법에서 이탈한 것이다. 등기 · 등록은 처음부터 안 됐을 수도 있고,[296] 등기 · 등록되었다가 부동산등기부 · 토지대장의 소실 등으로 없어졌을 수도 있다. 부동산등기부 · 토지대장의 소유자란에 '미상', '불명'으로 적혀 있거나, 빈란으로 되어 있다면 소유자를 알 수 없는 것이다. 부동산공시방법(등기 · 등록)에서 이탈됐더라도 지적복구 · 소유자복구가 가능하거나 현존하는 소유자를 파악할 수 있다면 부동산 유실물이 아니다. 부동산의 소유권은 법률의 규정에 의하여 발생하고 존속하는 것이지 등기 · 등록에 영향을 받는 것은 아니기 때문이다(물권법정주의). 부동산등기나 토지대장은 법률의 규정으로 발생 · 존속하는 부동산소유권을 대외적으로 공시하고 법률행위에 의한 소유권이전을 완성시킬 뿐이다.[297]

---

295) 우리나라의 부동산공시제도는 부동산등기제도와 부동산등록제도(토지대장)로 이원화되어 있다고 보는 것이 보통이다(양은상/김태호, 현행 이원적 부동산 공시제도의 발전 방안에 관한 연구, 사법정책연구원 연구총서 2014-04, 대법원 사법정책연구원, 2014; 노종천, 부동산 공시제도 일원화 방안, 원광법학 제24권 제1호, 원광대학교법학연구소, 2008. 등 참조). 부동산등기부가 없더라도 토지대장이 있으면 그 최초 소유자로 등록된 자의 신청에 의한 소유권보존등기가 쉽게 이루어질 수 있으며(부동산등기법 제65조 제1호), 그 자로부터 소유권을 이전받은 자는 채권자대위소송을 통하여 보존등기 및 이전등기를 행할 수 있다. 한편 토지대장에 등록되어 있으나 등기되지 않은 토지는 부동산소유권이전등기 등에 관한 특별조치법에 따라 간이한 방법으로 등기할 수 있었다. 이러한 맥락에서 부동산 유실물(무주부동산)을 '등기부 또는 지적공부에 등기 또는 등록된 사실이 없는 재산'으로 정의하기도 한다(장희순, 국가귀속 무주부동산 소송문제의 책임과 통제, 주거환경 제8권 제2호, 한국주거환경학회, 2010, 133면).

296) 예컨대, 한필의 토지를 분필하여 독립시키면서 등기를 누락한 경우, 건물을 새로 지은 다음 보존등기를 하지 않은 경우, 공유수면을 매립한 후에 그 취득자 앞으로 소유권보존등기를 하지 않은 경우 등이다.

297) 부동산에 관한 여러 공문서의 개념과 기능은 다음과 같다.

① 부동산공부: 부동산등기부, 지적공부, 건축물대장 및 토지조사부 등 국가 · 지방자치단체에 의하여 작성 · 관리되는 일체의 부동산공문서로서 이에 표시된 부동산의 현황과 권리관계에 일정한 공신력이 인정된다.

② 지적공부: 지적소관청(지방자치단체장)이 지적측량 등을 통하여 조사된 토지의 표시와 그 토지소

반대로 부동산등기부, 토지대장, 기타 법률의 규정으로 소유자가 있음을 알 수 있지만, 오랜 기간 지적복구, 등기·등록사항의 변경 등이 없이 방치되어 달리 현존하는 소유자를 알 수 없다면 소유자불명이다. 부동산 소유자는 권리행사를 하기 마련이고, 그 흔적이 등기부나 토지대장에 반영될 것인데, 오랜 기간 이러한 흔적이 없다면 당초의 소유자는 이미 사망하였고 그 상속인이 존재하지 않을 가능성이 높기 때문이다. 이러한 현상에 대하여 독일 민법은 소유자의 동의를 필요로 하는 등기가 30년 전부터 행하여지지 않는다고 표현하고(BGB § 927 Aufgebotsverfahren), 프랑스 공공재산법(Code général de la propriété des personnes publiques, 2020. 6. 19. 개정)[298]은 상속개시 이후 30년 넘게 상속권을 주장하는 자가 나타나지 않는다고 표현한다(L1123-1조 1°).

결국 부동산 유실물은 부동산공시방법, 기타 법률의 규정으로 그 소유자를 알 수 없는 보통의 부동산 유실물과 공시방법 등으로 과거의 소유자를 알 수는 있으나 오랫동안 방치되어 현재의 소유자를 알지 못하는 상속인 불명의 부동산 유실물로 유형화할 수 있는데, 전자까지만 민법 제252조 제2항 및 국유재산법 제12조에서 말하는 무주의 부동산 또는 소유자 없는 부동산에 해당한다고 보는 것이 일반적이다.[299]

(3) 민법 제252조 제2항의 법적 성격과 기능

무주부동산은 그 발생사안(상속인의 부존재, 법인의 해산 그리고 소유권의 포기)을 규율하는 개별 법률에 따라서 국가에 귀속되고 있다. 그럼에도 불구하고 우리 민법은 무주부동산을 국고로

유자 등을 기록한 대장 및 도면(정보처리시스템을 통하여 기록·저장된 것 포함)을 말하는데, 토지대장, 임야대장, 공유지연명부, 대지권등록부, 지적도, 임야도 및 경계점좌표등록부 등이 그 예이다(「공간정보의 구축 및 관리 등에 관한 법률」 제2조 제19호 참조).

③ 부동산등기부: 등기제도는 부동산물권의 거래 안전을 도모하기 위하여 부동산에 관한 일정한 권리관계를 부동산등기법에 따라 등기소에 비치된 등기부에 공시하는 것이다. 등기에 관한 사무는 법원이 관장한다[양은상/김태호, 앞의 논문, 21면].

부동산등기는 부동산물권거래의 성립요건이 된다(민법 제186조). 부동산등기부와 토지대장에는 부동산 공시기능이 있다. 권리추정력은 부동산등기, 토지대장뿐만 아니라 토지조사부 등 그 밖의 중요한 부동산공부에도 인정된다. 어떤 등기가 존재하면 그 등기의 유·무효와 상관없이 등기된 대로의 권리관계가 존재하리라는 추정을 일으키는 효력을 등기의 (권리)추정력이라고 한다(지원림, 앞의 책, 505면; 독일민법 제891조).

298) 'Code général de la propriété des personnes publiques'을 이 책에서는 프랑스 공공재산법으로 번역하며, la propriété des personne publique에는 국가, 지방자치단체 및 그 소속기관과 영조물법인, 기타 공법인의 재산이 포함되어 우리 국유재산법의 국유재산보다 훨씬 범위가 넓다. Edit de Moulins에 연원하는 프랑스 공물이론은 2006. 7. 1.부터 효력을 가진 프랑스 공공재산법이 완성되면서 더욱 발전하였다(권세훈, 하천법상 공물개념에 관한 비교법적 소고, 미국헌법연구 제22권 제1호, 미국헌법학회, 2011, 10면).

이 책에서 인용하는 프랑스 공공재산법의 내용은 '전훈/전학선/권세훈, 프랑스 국유재산 관련 법률 번역·분석, 유럽헌법학회, 2017. 11'을 참조하였다. 기타 프랑스 공공재산법의 원문 검색은 https://www.service-public.fr/professionnels-entreprises/vosdroits/F10003 참조.

299) 이원우, 앞의 책, 51면; 대법원 2005. 5. 26. 선고 2002다43417 판결 등.

귀속시키는 일반조항인 제252조 제2항을 별도로 두고 있는데, 이 조항의 법적 성격은 무엇이며 구체적으로 어떤 기능을 하는지 살펴볼 필요가 있다. 이 조항은 개별 법률이 무주부동산을 국고에 귀속시키도록 입법의 방향을 제시하며, 개별 법률이 없더라도 무주부동산의 국고귀속에 관한 일반조항으로서의 기능을 수행한다. 우리나라는 소유권이 포기된 부동산의 국고귀속에 대한 법률조항을 두지 않고 대법원 등기예규에서 규율하고 있는데, 이는 일반조항인 민법 제252조 제2항이 있기 때문이다.[300] 그러나 일반조항으로서의 민법 제252조 제2항은 없더라도 별다른 문제가 생기지 않는다. 만인의 만인에 의한 투쟁 상태를 막기 위해 무주부동산을 국고에 귀속시킨다는 것은 세계 각국의 보편적인 시각으로서 거의 불문법적 사실로 받아들여지기 때문이다.

민법 제252조 제2항은 위와 같은 기능보다는 오히려 유실물 부동산의 국고귀속에 대한 근거로서 중요하다. 우리 민법이 무주물은 동산과 부동산으로 나누어서 규율하는 반면(제252조), 유실물은 부동산을 규정하지 않고 있다(제253조). 따라서 무주부동산의 국가귀속에 관한 민법 제252조 제2항을 부동산 유실물의 경우에 적용할 수밖에 없다. 그러나 무주부동산과 유실부동산 양자를 혼용하여 '무주의 부동산은 국유로 한다' 통용하게 되면 개념상 혼란이 올 뿐만 아니라 원소유자가 나타났을 때 처리방식에서도 적지 않은 혼란이 온다. 양자 모두를 민법 제252조 제2항으로 규율하려면 프랑스 공공재산법에서와 같이 국고귀속의 구체적인 대상, 국고귀속의 효과(특히 원소유자가 나타났을 때 국가와의 관계) 등을 구체적으로 규정해야 한다. 그러나 현재 민법 제252조 제2항과 국유재산법 제12조가 아무런 내용 없이 "무주부동산은 국유로 한다"라고만 규정하고 있기 때문에 부동산 유실물의 국고귀속 후에 진정한 소유자가 나타났을 경우, 법원은 무주부동산을 원인으로 국가소유로 등기했으나 이제 무주부동산이 아니라고 밝혀졌으니 그 국가소유의 등기는 원인무효라는 법리로 사안을 해결할 수밖에 없다.

우리 민법 제252조 제2항은 프랑스민법 제539조·제713조 및 일본민법 제239조 제2항에서 영향을 받아 같은 입법례에 속한다. 이러한 입법례에서는 부동산 유실물의 국고귀속을 위한 구체적인 집행조항을 국유재산법에 두는 것이 보통이다. 프랑스 공공재산법 L1123-1조 이하와 우리 국유재산법 제12조가 그 예이다. 일본은 국유재산법에 집행조항을 두지 않음으로써 사실상 국가귀속주의를 포기하고 있다. 이와 대비되는 입법례로서 상속인부재, 법인해산 및 소유권포기에만 무주부동산 국고귀속 규정을 둘 뿐, 부동산 유실물은 원소유자나 제3자가 스스로 정리하도록 방임하는 독일민법을 들 수 있다. 우리 국유재산법 제12조는 국가귀속의 대상을 정하는 기준과 국가와 원소유자와의 관계에 대하여 침묵하는 등 국가귀속주의의 집행조항으로서 문제가 많다. 따라서 프랑스 공공재산법 정도의 구체성을 확보할 필요가 있고, 더 나아가 민법 제253조

300) 독일은 이러한 일반조항이 없기 때문에 부동산 소유권 포기에 대하여 별도 규정을 두고 있다. 즉 부동산의 소유권을 포기하려는 자는 포기 등기를 하고, 국가(관할 주)는 포기 등기된 부동산을 선점할 권한을 가진다고 한다((BGB § 928 Aufgabe des Eigentums, Aneignung des Fiskus).

에 제2항을 신설하여 부동산 유실물을 별도 규정함으로써 무주부동산과 준별할 필요가 있다고 생각한다.

Ⅱ. 부동산 유실물의 발생원인

1. 의사주의의 잔재

1960. 1. 1. 현행민법의 시행으로 구민법의 의사주의가 폐지되고 형식주의가 도입됐지만,[301] 한번 형성된 의사주의의 거래관행은 쉽게 바뀌지 않아서 형식(등기)과 실체(누가 소유자이냐)의 불일치는 한동안 유지되었다.[302] "A가 소유자로 등기된 땅을 B가 사서 소유권이전등기 없이 사용·수익해 오다가 사망했고, B의 전전상속인들은 매수 관련 사실이나 입증자료 등을 모른 채 수십 년 동안 사용해 오고 있다. A와 그 전전상속인도 이미 팔린 땅이라서 일체의 권리행사를 하지 않은 채로 수십 년이 지났다" 라는 가정을 해보면 의사주의의 잔재가 소유자불명의 부동산을 많이 초래했음을 추측할 수 있다.

2. 등기주의의 배제

상속, 귀속재산의 처리 및 농지분배에 대한 등기주의의 배제는 등기가 부동산 소유자를 제대로 공시하지 않는 현상을 촉진시켰다. 1949년경 정부 주도로 시작된 귀속재산·농지에 대한 대규모 소유권이전 사업에 등기주의를 관철시킨다는 것은 현실적으로 불가능했는데, 이러한 사정은 상속의 경우에서도 마찬가지였다. 현행민법 제정 전후만 해도 누군가 사망해도 한동안 상속등기를 하지 않는 것이 우리의 일반적인 법의식이었는데 다가, 6.25전쟁으로 예기치 않은 대량의 이산가족, 사망자가 생겨나 피상속인이 언제 사망했는지, 상속재산이 무엇인지를 알 수 없는 경우가 속출했기 때문이다.

1958. 2. 22. 현행민법이 제정될 때 스위스민법 제656조 제2항을 본받아 법률의 규정에 따

301) 부동산등기에 있어서 의사주의 및 형식주의란, 물권행위(예컨대, 부동산소유권을 이전하려는 합의)가 있는 경우에 당사자의 의사표시만으로 물권변동(부동산소유권이전)이 일어나는 것으로 할 것인가(의사주의) 또는 그 밖에 어떤 형식(부동산의 경우 등기)을 갖추어야만 비로소 물권변동이 일어나는 것으로 할 것인가(형식주의)에 대한 입법주의를 말한다(자세한 내용은 김용한, 물권변동에 관한 민법의 입장, 건국대학교 행정대학원 연구논총 제5권, 건국대학교 행정대학원, 1977, 23면 이하 참조). 우리나라의 부동산등기제도는 1914. 5. 1. 조선부동산등기령의 시행으로 전국 29개 지역에 시행되었고, 이후 시행지역이 점차 확대되어 1918. 7. 1.부터는 전국적으로 조선부동산등기령이 적용되게 되었다(김판기/서진형, 부동산등기관련특별법의 한계와 문제점에 관한 고찰, 집합건물법학 제1권, 한국집합건물법학회, 2008, 156면).

302) 당초 제정 민법은 시행일로부터 3년간만 등기의무를 유해하였으나, 국민의 법의식변화가 쉽게 이루어지지 않아서 결국 1964. 12. 31. 개정민법은 유예기간을 6년으로 늘렸으니(동법 부칙 제10조 제1항), 성립요건주의 제도정착에 큰 어려움이 있었음을 알 수 있다.

른 부동산 물권변동에는 등기가 필요 없다는 제187조가 도입되었다. 민법 제187조는 등기주의를 전면적으로 배제하는 획기적인 제도로서 그 입법취지는 다양하게 설명되겠으나 여기서 중요하게 다루는 상속, 귀속재산매매 및 농지분배 등이 고려되었음은 틀림없다.[303] 민법 제187조는 상속에 의한 부동산 물권변동이 법률의 규정에 의한 물권변동 중에 하나임을 명시하고 있다. 그런데 귀속재산매각과 농지분배는 민법 제187조가 제정되기 전에 시행되었기 때문에 해석이 필요한 바, 대법원은 민법 제187조의 적용대상임을 인정해서 등기 없이도 귀속재산 매수인 · 농지수분배자 앞으로 소유권이 이전되는 것이라고 판시했다.

더 구체적으로 살펴보면 다음과 같다. 귀속재산의 매각은 1949. 12. 19. 귀속재산처리법의 시행으로 시작되어 1964. 12. 31.까지 매매계약체결이 안 된 것은 국유로 함으로써 종결되었다.[304] 대법원은 행정관청이 귀속재산을 매각하는 행위는 행정처분으로서 매수인이 그 매수대금을 완납하면 그 소유권은 등기를 필요로 하지 아니하고 자동으로 매수인에게 이전된다고 했다.[305] 나아가 귀속재산의 매각처분은 민법(1958. 2. 22. 제정, 법률 제471호) 부칙 제10조 제1항에서 말하는 '법률행위'에 해당하지 않기 때문에, 그 시행일로부터 6년 이내에 소유권이전등기를 마치지 아니하여도 소유권취득의 효력을 잃지 않는다고 했다.[306] 한편, 농지개혁은 구 농지개혁법(1949. 6. 21. 법률 제31호로 제정 · 시행되어, 1994. 12. 22. 법률 제4817호 농지법 부칙 제2조 제1호로 폐지)의 시행으로 시작되어 1968년경 끝났다.[307] 농지를 분배받은 자는 구 농지개혁법에 따라서 농지대가의 상환을 완료함으로써 등기 없이 소유권을 취득하지만, 구 농지법(1994. 12. 22. 법률 제4817호로 제정되어 1996. 1. 1.부터 시행된 것) 부칙 제3조가 정하는 유예기간인 1998. 12. 31.까지 농지대가의 상환을 완료하지 않았다면 더 이상 해당 농지의 소유권을 취득할 수 없다는 것이 대법원 판례의 입장이다.[308]

등기를 통해 소유자를 알 수 없다면, 심지어는 소유자 자신도 자신의 소유임을 알지 못한다면(예컨대, 귀속재산매수자 또는 농지수분배자의 상속인) 소유자불명이 되는 것이다. 이렇게 상속, 귀속재산처리 그리고 농지분배에서 어쩔 수 없이 등기주의를 배제시킨 것이 결론적으로 부동산

303) 민법 제187조의 입법취지에 대해서는 여러 가지 견해가 있는데, 민법이 물권변동에 관하여 형식주의를 채용한 결과 생길 수 있는 법률관계의 공백상태를 막으려는데 그 이유가 있다는 견해가 유력하다(곽윤직, 물권법, 박영사, 제7판, 2002, 99면). 이 견해는 우리 법제상 시간의 경과, 사망 또는 국가의 행위 등으로 일정한 시기에 권리의 변동이 일어난다고 하여야 하는 경우가 적지 않다고 설명하는바, 이 논문에서 중요하게 다루는 상속, 귀속재산 매매, 농지분배가 여기에 해당한다.

304) 귀속재산처리에 관한 특별조치법(1963. 5. 29. 법률 제1346호) 부칙 제5조.

305) 대법원 1984. 12. 11. 선고 84다카557 판결.

306) 대법원 1979. 12. 11. 선고 79다1192 판결.

307) 농지개혁사업이 공식적으로 언제까지 행하여졌는지는 알 수 없으나 농지개혁사무를 조속히 종결하기 위하여 제정된 구 농지개혁사업정리에 관한 특별조치법의 시행일자가 1968. 3. 13.임을 감안할 때 1968년경에는 종료되었을 것으로 보인다.

308) 대법원 2007. 10. 11. 선고 2007다43856 판결.

유실물을 양산하는 중요한 원인이 됐다.

3. 부동산공부의 소실

등기부와 지적공부가 없어지면 소유자불명의 상황은 한층 더 악화될 수 있다. 민법 제187조에 해당하는 사례로서 등기부가 진정한 소유자를 반영하지 못하는 경우에 등기부와 지적공부마저도 없어지게 되면 진정한 소유자 앞으로 등기하기가 더 요원해 질 수 있다.[309] 6.25전쟁으로 전국의 등기관서 141개소 중 약 70%에 해당하는 94개소가 소실·파괴될 때 각종 등기부도 97,400여 권이나 멸실되었다.[310] 특히 경기도와 강원도의 11개 시·군에 걸친 수복지역은 2008년 현재까지 전체 토지의 약 31%에 이르는 227,000필지 709만평이 등기부와 지적공부가 복구되지 못하고 있다.[311] 그런데, 지적공부가 없어진 부동산을 다시 공신력 있는 지적공부로 복구하기 까지는 많은 시간과 노력이 필요했다.[312] 그리고 진정한 소유자가 등기부상의 소유권을 갖추게 하기 위한 정부의 노력(각종 특별조치법에 의한 소유자복원)에는 만만치 않은 부작용도 따랐다.

4. 창씨개명

1964. 12. 31.까지 민간에 매각되지 않고 남는 귀속재산은 국가에 귀속시킨다. 그런데 국가귀속 대상의 중요한 판단기준이 되는 '1945. 8. 9. 현재 일본인 명의의 재산(즉 귀속재산)'이라는 요건에 대한 판단이 실제로는 매우 어렵다. 1940. 2. 11.부터 조선인의 창씨개명이 시작됐기 때문에 그 후에 일본인 이름으로 소유권 등재된 부동산의 명의만으로는 일본인 소유의 귀속재산인지, 창씨개명한 조선인의 소유인지 알 수 없기 때문이다. 당시 조선인이 창씨개명을 함에 있어 나름의 창씨패턴이 있어서 진짜 일본인인지, 창씨개명한 조선인인지 어느 정도 가늠할 수는 있지만, 양자를 완벽하게 구분할 수는 없다. 이에 따라 1940. 2. 11. 이후 부동산 소유자로 기재된 일본이름 중에서 일본인인지 창씨개명한 조선인인지 분명하지 않는 경우에는 무주부동

---

309) 사망한 아버지 앞으로 등기된 부동산을 내 앞으로 상속등기하기는 쉽다. 직계혈족관계, 아버지 사망사실만 입증하면 되기 때문이다. 그러나 아버지 사망 후 상속등기하지 않고 있는 동안에 부동산등기부가 소실돼 버렸다면 아버지가 당해 부동산의 소유자임을 입증하기가 어렵게 된다.

310) 김판기/서진형 앞의 논문, 156-157면.

311) 김판기/서진형 앞의 논문, 157면.

312) 6.25 사변으로 수많은 지적공부가 멸실되자 소관청이 과세의 편의를 위해 아무런 법적 근거 없이 임의로 지적공부를 복구한 예가 많았다. 그러나 1975. 12. 31. 법률 제2801호로 전면 개정된 지적법과 1976. 5. 7. 대통령령 제8110호로 전면 개정된 지적법 시행령은 지적공부를 복구하고자 할 때에는 멸실 당시의 지적공부와 가장 부합된다고 인정되는 관계 자료에 의거하여 토지표시에 관한 사항을 복구 등록하여야 하고, 소유자에 관한 사항은 부동산등기부나 법원의 확정판결에 의하지 아니하고서는 복구등록 할 수 없도록 하였다. 이러한 연유로 대법원은 1975년 지적법 전부개정 이후에 만들어진 부동산대장상의 소유자 기재에만 권리추정력을 인정한다.

산(소유자불명)으로 봐서 국유재산법 제12조에 따라 국가귀속을 시킨 사례가 많이 있다.[313)]

결론적으로 창씨개명한 조선인의 부동산을 국유재산으로 귀속시키는 원인은 두 가지다. 첫째는 일본인 소유의 귀속재산으로 알고 국가 앞으로 등기한 경우인데, 등기원인은 '1948. 9. 11. 권리귀속', 등기형태는 '소유권이전등기'이다. 둘째는 일본인인지 창씨개명한 조선인인지 명확하지 않지만 적어도 무주부동산일 것으로 보고 국가 앞으로 등기한 경우인데, 등기원인은 '무주부동산', 등기형태는 '소유권보존등기'이다. 이렇게 국가 앞으로 등기된 부동산은 나중에 진정한 소유자(창씨개명한 조선인의 상속인) 또는 점유시효취득자가 나타나 소유권을 회복·취득하곤 한다.

Ⅲ. 부동산 유실물에 대한 소유자 확정 방법

1. 부동산소유권 이전등기 등에 관한 특별조치법의 제정

민법 제187조에 의한 등기주의의 배제, 전쟁으로 인한 부동산공부의 대량소실, 여기다가 창씨개명으로 인한 소유명의자의 혼란까지 가중되면서 등기의 공신력이 크게 위협받게 되었다. 이에 따라 부동산등기법 보다 훨씬 간편한 방법으로 진정한 소유자들이 최대한 빨리 자신의 부동산을 등기하게 할 특단의 조치가 필요했는데, 1961년부터 한시법으로 시행된 각종의 '부동산소유권이전등기 등에 관한 특별조치법'들이 그것이다. 1961년부터 시행된 특별조치법은 위조·변조, 허위에 의한 등기로 진정한 소유자가 소유권을 상실할 위험이 있음에도 불구하고 부동산등기를 실체관계에 일치시키기 위한 고육지책으로서 법률의 유효기간 내에 적용 대상을 한정하여 시행할 수밖에 없었다. 부동산 일반을 대상으로 하는 특별조치법은 1977년, 1992년, 2005년, 그리고 2020년 네 번 제정되었다.[314)]

---

313) 구체적인 판례 사안으로는 대법원 2008. 10. 23. 선고 2008다45057 판결 등.

314) 각 특별조치법의 주요내용은 다음과 같다.

① 1977년 특별조치법(1978. 3. 1. 시행): 대장에 등록되어 있는 부동산, 대도시 이외 지역의 부동산(읍면지역의 모든 부동산이 해당한다. 시 지역은 농지와 임야에 한정하며, 인구 50만 이상의 시 지역은 전면 배제된다), 1974. 12. 31. 이전에 법률행위로 사실상 양도된 부동산을 대상으로 하고, 1984. 12. 31.까지 효력을 가진다.

② 1992년 특별조치법(1993. 1. 1. 시행): 1977년 특별조치법과 같으며, 다만 대장에 등록되어 있는 부동산(소유자 미복구 부동산 포함)을 대상으로 하며, 1985. 12. 31. 이전에 법률행위로 사실상 양도된 부동산, 상속받은 부동산과 소유권보존등기가 되어 있지 아니한 부동산을 포함한다. 1994. 12. 31.까지 효력을 가진다.

③ 2005년 특별조치법(2006. 1. 1. 시행): 1992년 특별조치법과 같으며, 다만 65,000원/㎡ 이하의 모든 토지를 대상으로 한다. 1995. 1. 1. 이후 광역시가 된 인구 50만 이상의 시 지역은 농지와 임야를 대상으로 하며, 1995. 6. 30. 이전에 법률행위로 사실상 양도된 부동산, 상속받은 부동산과 소유권보존등기가 되어 있지 아니한 부동산을 포함한다. 2007. 12. 31.까지 효력을 가진다.

④ 2020년 특별조치법(2020. 8. 5. 시행): 2005년 특별조치법과 같으며, 다만 65,000원/㎡ 이하의 모

이러한 특별조치법들의 핵심은 등기권리자가 등기원인을 법원에 주장 · 입증하여 받은 판결문을 가지고 단독으로, 또는 등기의무자가 공동으로 등기신청을 하는 부동산등기법상의 등기절차에 갈음하여, 등기권리자가 법정보증인의 보증서와 지방자치단체장의 확인서를 가지고 단독으로 등기신청을 할 수 있게 하는 것이다. 다만 특별조치법은 적법한 부동산대장의 명의인으로부터 그 권리를 이어받았으나 등기하지 못한 취득자를 대상으로 소정의 행정절차에 따라 소유권등기를 해 주려는 취지이므로, 부동산대장이 없는 것은 동 법률의 적용대상이 아니다. 나아가 부동산대장이 있더라도 1975. 12. 31. 법률 제2801호로 개정된 지적법이 시행되기 이전에 소관청이 아무런 법적근거 없이 행정의 편의를 위하여 임의로 복구한 구 부동산대장은 소유자에 관한 권리추정력을 인정할 수 없으므로, 이러한 부동산대장에 기초하여 특별조치법에 따라 행하여진 부동산소유권등기는 특별조치법을 위반하여 이루어진 것으로서 그 추정력을 인정할 수 없다.[315]

특별조치법에 따른 간편한 등기는 많은 부작용을 초래하기도 했지만,[316] 단기간에 등기가 실체관계를 반영하도록 하는 데에는 효과적이었다.[317] 한편, 법원은 특별조치법에 따라 이루어진 소유권등기에 대해서는 위조 · 변조, 허위로 이루어진 것임을 입증하지 못하는 한 그 추정력을 번복하지 못한다고 함으로써 부동산 유실물의 해소를 위한 입법부와 행정부의 노력에 힘을 보태어 주었다.[318]

2. 국유재산법 제12조의 신설

앞에서 본 특별조치법의 시행에도 불구하고 부동산대장이 없거나 대도시에 있는 부동산은 여전히 소유자불명의 상황을 해소할 마땅한 방법이 없었으며, 특별조치법의 적용대상도 특별조

든 토지 부분 삭제하였다. 광역시 및 인구 50만 이상의 시 지역은 1988. 1. 1. 이후 직할시 · 광역시 또는 그 시에 편입된 지역의 농지 및 임야를 대상으로 한다. 2022. 8. 4.까지 효력을 가진다.

315) 대법원 2002. 7. 12. 선고 2001다59132 판결 등.

316) 1980년부터 2001년까지 특별조치법 관련 형사고소 누적건수는 6,767건이고, 형사처벌 누적건수는 5,710건이다(배병일, 등기에 관한 특별조치법의 입법상 및 판례상 문제점, 민사법학 제31권, 한국민사법학회, 2006, 319면).

317) 여러 특별조치법이 제정 · 시행됐으나, 1977년, 1992년, 그리고 2005년 특별조치법이 대표적이다. 이 중에서 1977년 특별조치법에 의한 등기건수는 약 7,342,000건, 1992년 특별조치법에 의한 등기건수는 약 3,262,000건에 달한다[배병일, 앞의 논문, 331-338면 참조]. 한편 2020. 2. 4. 특별조치법이 다시 제정되어, 2020. 8. 5.부터 시행되고 있다.

318) 누군가 특별조치법에 따라 소유권등기를 하면 그 후 진정한 소유자는 특별조치법에 따른 등기가 위조 · 변조, 허위로 이루어졌음을 입증해야만 그 추정력을 깰 수 있는바(토지조사부 만으로는 특별조치법에 따른 소유권이전등기의 추정력을 깨지 못한다. 대법원 86다카2928 판결 등), 결국 특별조치법에 따른 등기의 효력을 부정하는 것은 사실상 불가능에 가깝다. 예컨대, A가 소유자로 사정된 토지조사부가 있더라도, 이후에 B가 특별조치법에 따라 소유자로 등기됐다면 A의 상속인들은 B의 등기가 위조 · 변조, 허위로 이루어진 것임을 입증하지 못하는 한 B의 등기추정력을 번복할 수 없다. 반면, 국가가 국유재산법 제12조에 따라 소유권보존등기 했다면, A의 상속인은 토지조사부만으로도 국가의 소유권보존등기의 추정력을 번복할 수 있다.

치법의 효력이 다하면 다시 방치될 수밖에 없었다. 이에 특별조치법과는 전혀 별개의 새로운 방안이 요구되었는바, 1976년 국유재산법 제12조의 신설이 그것이다. 특별조치법이 대도시 이외 지역의 부동산으로서 부동산대장이 있는 것을 전제로 그 소유권이전등기(예외적으로 소유자미복구 부동산에 대한 소유권보존등기 포함)에 대한 특별조치를 하는 것이라면, 국유재산법 제12조에서는 부동산대장의 유무 및 대도시 소재 여부와 무관하게 소정의 부동산 유실물을 찾아서 국가 앞으로 보존등기를 할 수 있도록 규정하고 있다.

정부는 두 제도를 거의 동시에 마련해 놓고 있다가(1977년 특별조치법은 1977. 12. 31. 제정되었고, 국유재산법 제12조는 1976. 12. 31. 신설되었다), 1977년 특별조치법이 1984. 12. 31.자로 효력을 다하자 1985년부터 국유재산법 제12조에 따라 부동산 유실물을 국가 이름으로 소유권보존등기하기 시작하였다(제1차 권리보전조치).[319] 특별조치법을 먼저 실시해서 일단 등기관계와 실체관계를 최대한 일치시킨 다음, 남아 있는 소유자불명의 부동산을 국가이름으로 보존등기함으로써 소유자불명의 상태를 해소함과 아울러 진정한 소유자를 보호할 필요가 있었다. 특별조치법에 의한 소유권이전등기와 달리 국유재산법 제12조에 따른 국가소유권보존등기는 진정한 소유자가 토지조사부를 제시하면 그 추정력이 깨어지기 때문이다.[320]

Ⅳ. 국유재산법 제12조에 따른 국유화의 대상

1. 국유재산법 제12조의 의미와 문제점

민법 제252조 제2항은 부동산 유실물에 대한 국고귀속의 근거가 되며, 동 조항은 법률의 규정에 의한 소유권 취득에 해당하므로(민법 제187조), 국가는 국유재산법 제12조의 행정절차와 무관하게 부동산 유실물의 소유권을 취득한다.[321] 그러나 법률에 따른 관념상의 국유재산을 등기·등록함으로써 현실적인 국유재산으로 관리하기 위해서는 집행규정이 필요하다. 집행규정의 유무에 따라 실질적인 국가귀속의 입법례(프랑스)와 명목상의 국가귀속의 입법례(일본)로 나뉘게

---

319) 1977년 특별조치법 이후에 1992년 특별조치법이 제정되어 1994년까지 시행되었으나, 1984년 이후 대도시의 급증으로 특별조치법의 적용대상은 현격히 줄어들었다(양재모, 소유권이전등기 등에 관한 특별조치법의 제정필요성의 여부, 부동산법학 제10권, 한국부동산법학회, 2004, 52면).

320) 대법원 1971. 3. 23. 선고 70다444, 445 판결; 대법원 1980. 8. 26. 선고 79다434 판결; 대법원 1995. 4. 28. 선고 94다23524 판결; 대법원 2005. 5. 26. 선고 2002다43417 판결; 대법원 2008. 12. 24. 선고 2007다79718 판결 등.

321) 부동산 유실물은 민법 제252조 제2항, 제187조에 따라 이미 국유재산이지만, 국유재산으로 등기·등록을 하여 현실적인 관리가 필요한 것이다. 대법원 98다41759 판결도 같은 취지로 판시하고 있다. 다만 국고귀속의 근거를 민법 제252조 제2항에 두게 되면 무주부동산(상속인부재, 법인해산 및 소유권포기)과 달리 국가가 해제조건부로 소유권을 취득할 뿐인 부동산 유실물에는 다소 어색한 효과가 발생하는바, 별도의 근거가 필요하다고 생각한다.

되는데, 우리나라는 1976년 국유재산법 제12조를 신설함으로써 전자의 외형을 갖추게 되었지만 부족함이 많다. 국고귀속의 대상과 효과에 대한 구체적인 규정을 누락함으로써, 상속인불명의 부동산 유실물이 국고귀속의 대상인지, 원소유자가 나타났을 때 어떻게 정산해야 하는지 등에 대한 아무런 해결책을 제시하지 못하고 있다(불완전한 국가귀속의 입법례).

국유재산법 제12조에 따른 국고귀속의 대상은 '소유자불명'의 부동산이고, 소유자불명인지는 부동산등기부, 토지대장, 건축물대장을 비롯한 일체의 부동산공부, 그리고 소유권에 관한 일체의 물권법 규정 등 다양한 자료를 활용하여 판단할 수 있다(전술한 부동산 유실물의 유형 참조). 그런데 이렇게 다양한 판단자료들을 어떻게 조사하고, 소유자불명인 상태로 얼마나 오랫동안 지속이 되면 국고귀속의 대상으로 삼을 수 있을 것인지 등에 관해서는 국민의 재산권(부동산 소유권)에 영향을 미치는 것으로서 법률유보사항이라 할 수 있는데, 국유재산법 제12조 제1항에서는 "소유자 없는 부동산을 국유재산으로 취득한다"라고만 규정하고 있을 뿐, 국고귀속의 구체적인 기준을 제시하지 않고 있다.

문제는 지적복구 내지 소유자복구가 되지 않아 현재의 소유자를 알 수 없지만, 토지 조사부를 통해서 당해 토지를 사정받은 자가 따로 있음을 알 수 있는 토지의 경우이다.[322] 이러한 토지는 앞서 설명한 상속인불명의 부동산 유실물으로서, 국가가 귀속재산으로 알고 취득했는데,[323] 사실은 창씨개명을 한 한국인임이 밝혀지는 경우도 결과적으로 마찬가지 사례라 할 것이다.[324] '상속인불명의 부동산 유실물'을 어떻게 취급할 것인지는 무주부동산과 준별되는 부동산 유실물을 인정할 것인지, 부동산 유실물의 국고귀속 대상을 어디까지로 할 것인지 등에 관한 각국의 입법정책과 연관이 있다.

2. 상속인불명의 부동산 유실물에 대한 각국의 입법례

(1) 국가귀속의 입법례

프랑스 공공재산법 제1123-1조는 국고귀속의 대상이 되는 부동산 유실물을 다음과 같이 두

322) 토지조사부는 구 토지조사령(1912. 8. 13. 제령 제2호)에 의하여 만들어 졌는데, 여기에 토지소유자로 등재되어 있는 자는 해당 토지의 소유자로 사정받아 확정된 것으로 추정(해당 토지의 최초의 소유자, 즉 원시취득자로 추정)되고(대법원 1986. 6. 10. 선고 84다카1773 전원합의체판결), 해당 토지에 대한 국가 명의의 소유권보존등기(국유재산법 제12조)의 권리추정력을 깨뜨린다(대법원 2003. 6. 24. 선고 2001다4705 판결 등).

323) 귀속재산은 국유재산법 제12조의 요건과 절차를 거침이 없이 바로 국고귀속이 가능하지만[민법 제187조, 구 귀속재산의 처리에 관한 특별조치법(1963. 5. 29. 법률 제1346호) 부칙 제5조], 대상 재산의 소유명의자가 진짜 일본인인지 창씨개명한 조선인인지 불분명한 경우 무주부동산(부동산 유실물)을 원인으로 등기하는 경우도 있다.

324) 상속인불명의 부동산 유실물은 소유자가 있다면 취했을 조치들이 없이 오랫동안 방치된 사례이다. 진정한 소유자가 지적복구, 등기부편찬, 소유자표시변경(일본식 이름에서 한국인 이름으로) 및 상속등기 등의 조치를 하였다면 부동산 유실물로 취급되지 않았을 것이다.

가지로 구분하여 규정한다. 첫째, 상속개시 이후 30년 이상 상속권을 주장하는 자가 나타나지 않는 경우(같은 조 1°), 소유자가 없다고 보고 국가에 귀속하는바(같은 법 제1123-2조, 프랑스민법전 제713조), 이것은 상속인불명의 부동산 유실물에 해당한다. 둘째, 소유자를 모르는 상태에서 3년 이상 부동산세가 체납된 경우(같은 조 2°, 3°), 소정의 공고절차를 거친 후 지방자치단체(코뮌) 또는 국가에 귀속하는바(같은 법 제1123-3조, 제1123-4조), 이것은 보통의 부동산 유실물에 해당한다.[325) 이렇게 프랑스 공공재산법은 상속인불명의 부동산 유실물(제1123-1조 1°)을 상속인부재의 무주부동산(제1122-1조)과 준별하여 명시하고 있을 뿐만 아니라, 원소유자와 국가와의 사이에 이루어져야 할 원상회복의 내용까지 구체적으로 명시함으로써(제2222-20조) 국가귀속의 효과가 해제조건부 소유권취득임을 분명히 하고 있다. 국가귀속의 입법례의 전형이라고 할 것이다.

(2) 국가방임의 입법례

부동산 유실물 중에서 무엇을 국고로 귀속시킬 것인지는 국가귀속주의를 취하는 경우 자연스럽게 논의될 사항이지만, 국가가 방임하는 입법주의를 취한다고 하더라도 부동산 유실물의 개념을 부정하는 것은 아니다. 국가방임의 입법례를 취하는 독일과 스위스에서도 제3자가 부동산 유실물을 취득하는 요건과 절차는 국가귀속주의를 취하는 경우에서 국가귀속의 대상과 절차에 상응한다.

1) 독일

독일에서는 민법전 제927조에 따라서 부동산 유실물을 일정기간 자주점유한 자가 공시최고절차를 밟아 종전의 소유자를 제척하고 등기부에 등기함으로써 소유권을 취득할 수 있다. 우리 민법의 점유시효취득과 유사해 보이며, 국내문헌에서 공시최고시효취득이라고 부르기도 하지만, 실질은 부동산 유실물의 취득이다.[326) 실제 독일에서 이러한 공시최고절차가 진정한 시효취득으로 이해되지 아니한다. 공시최고절차에서는 점유자가 소유권을 법률상 당연히 취득하는 것이 아니라, 법원의 제권판결을 통한 소유자의 제척에 의하여 무주물(부동산 유실물)이 된 부동산을 선점하는 구성을 취하고 있기 때문이다.[327)

독일에서 개인이 부동산 유실물을 취득하는 요건과 절차는 다음과 같다. 우선 부동산등기부에 소유자가 등기되지 않는 경우에는 30년 이상 자주점유 한 자가 공시최고 및 제권판결을 거쳐 소유권등기를 함으로써 새로운 소유자가 된다. 부동산등기부상 소유자가 있는 경우에는 그가 사망 또는 실종되었고,[328) 또한 등기부에 소유자의 동의를 필요로 하는 등기가 30년 전부터

---

325) 이 부분은 부동산 소유자가 고의로 소유명의를 회피함으로써 조체체납을 하는 경우에 대한 조치일 수도 있는바, 그런 의미에서라면 세정(稅政)의 영역에 가깝다.

326) 독일민법 제927조는 그 제목에서 점유시효취득을 의미하는 Ersitzung을 쓰지 않고 공시최고절차를 의미하는 Aufgebotsverfahren을 쓴다.

327) 김진우, 앞의 책, 838면.

행하여지지 않아야 할 것이 요건으로 추가된다(독일민법전 제927조).

2) 스위스

스위스는 등기부가 없는 부동산 유실물을 국고에 귀속시킨다(스위스민법 제658조 제2항, 제664조 제1항). 등기부가 있는 부동산 유실물에는 국가방임의 입법례를 취하는데, 30년 이상 자주점유한 자가 법관이 주재하는 이의신청절차를 거쳐서 법관의 처분으로 소유권등기를 한다.[329] 등기부상 소유자가 있다면 그가 사망 또는 실종되었을 것이 추가된다(동법 제662조 제2항, 제3항). 스위스민법 제662조가 제목에서 취득시효(Ersitzung)라고 표현하고 있지만, 등기의 공신력을 인정하는 스위스민법은 점유시효취득과 친하지 않다는 점,[330] Ersitzung앞에 Ausserortentliche를 붙여 특별취득시효('Ausserortentliche' Ersitzung)이라고 표현할 뿐만 아니라 독일민법전 제927조와 마찬가지로 사법절차를 거쳐서 소유권을 취득하게 한다는 점에서, 그 실질이 부동산 유실물의 취득에 가깝다.

(3) 우리나라(불완전한 국가귀속의 입법례)

우리나라는 독일, 스위스와 같이 부동산등기를 부동산소유권 취득의 성립요건으로 하기 때문에(민법 제186조), 부동산 유실물에 관하여 국가방임의 입법례를 취하는 것이 더 자연스러울 것 같지만 실제는 국가귀속의 입법례를 취하고 있다. 1960. 1. 1. 현행민법이 구민법의 대항요건주의를 버리고 성립요건주의를 취했으면서도 부동산 유실물과 관련해서는 기존의 국가귀속주의(제252조 제2항)를 계속 유지하고 있다. 그 이유는 성립요건주의를 도입했지만 부동산등기가 완비되지는 않았다는 점, 대항요건주의의 잔재를 오랫동안 털어버리기 어려울 것이라는 전망 등이 작용했기 때문일 것이다.

이렇게 우리 민법 제252조 제2항이 부동산 유실물에 관하여 국가귀속주의를 취하면서도 그 집행조항인 국유재산법 제12조는 구체성과 완결성면에서 프랑스 공공재산법에 미치지 못하여 국가귀속주의를 제대로 구현시키지 못하였다. 부동산 유실물에 대한 국고귀속의 대상과 효과 등을 제대로 정하지 않고 침묵함으로써, 상속인불명의 부동산 유실물에 대하여 사실상 방임주의에 가깝게 판례가 형성되게 되었다.

---

328) 생사불명이라면 실종선고절차를 밟을 것이다. 독일·스위스처럼 30년 이상 자주점유한 자가 제권판결로 부동산 유실물을 취득할 수 있다면, 이들은 실종선고를 청구를 할 이해관계자가 될 것이다.

329) 다만 이때의 등기는 소유권취득을 위한 성립요건이 아니다(스위스민법 제656조 제2항 참조).

330) 스위스민법은 공신의 원칙을 택하고 있고, 따라서 등기부의 등기사항을 신뢰하고 이에 의하여 소유권, 기타 물권을 취득한 자는 그 취득을 보호받는다(제973조). 이상훈, 스위스법상의 물권변동, 법학논집 제14권 제1호(1-24), 이화여자대학교 법학연구소, 2009, 12면.

3. 국유재산법 제12조에 대한 해석

앞서 살펴 본 바와 같이, 무주부동산의 국가귀속주의를 선언한 민법 제252조 제2항에 대한 집행조항인 국유재산법 제12조는 그 내용이 불완전하여 소유자 불명의 부동산, 특히 상속인 불명의 부동산을 규율 대상으로 하는지에 대하여 견해의 대립이 있다.

(1) 견해의 대립

1) 상속인 불명의 부동산 유실물 긍정설

국유재산법 제12조가 소유자 없는 부동산이라고만 하고, 그 대상을 구체화하지는 않았지만 민법 제252조 제2항 · 국유재산법 제12조의 실질적인 규율대상이 소유자 불명의 부동산임을 인정하고 해석론으로 상속인불명의 부동산 유실물까지 국유화할 수 있는 길을 열려는 견해이다. 이 견해는 상속인 불명의 부동산을 국고에 귀속시키는 것 자체에 중점을 두지 않고, 공소유권적인 시각에서 국가가 재산관리인 차원의 관리를 하는 것에 중점을 둔다. 진정한 소유자가 영원히 나타나지 않을 수 있으므로 국가가 이를 공소유물로 취득하여 활용하거나 처분하는 것이 국민경제에 유리하고(다만 진정한 소유자가 나타날 경우 적법한 보상을 하는 것을 전제로 한다), 특히 상속인 불명의 재산을 장기간 점유한 제3자가 이를 시효취득하기 위해서는 국가명의의 등기가 필요하다는 점 등이 현실적인 근거이기도 하다.

2) 상속인불명의 부동산 유실물 부정설

민법 제252조 제2항 및 국유재산법 제12조의 문언에 충실하여 상속인 부재, 법인 해산 및 소유권 포기 등을 원인으로 한 고전적 의미의 무주부동산만 인정하는 견해이다. 이 견해에 의하면, 소유자불명의 경우 ① 공부가 없어서 등기 또는 등록을 확인할 수 없는 재산, ② 공부상 소유자란에 "미상", "불명"으로 적혀 있거나 빈란으로 되어 있는 등 소유자를 확인할 수 없는 재산 정도만 국유화의 대상으로 본다.[331] 이 견해는 국고귀속의 대상을 정하는 것은 법률유보 사항으로서 국유재산법 제12조에 명시적인 규정 없이 상속인 불명의 부동산으로까지 국고귀속의 대상을 넓힐 수는 없다고 본다.

(2) 판례의 태도

대법원은 일제강점기에 토지조사부가 작성되어 누군가에게 사정되었음을 알 수 있을 뿐 그 밖에 아무런 부동산공부가 없이 소유자불명의 상태에 있는 토지에 대하여 국가가 무주부동산을 원인으로 소유권보존등기 한 사례,[332] 1945. 8. 31. 일본인명의(사실은 창씨개명한 조선인)로 소유권이전등기를 마쳤을 뿐 그 후 아무런 등기부변동 없이 소유자불명의 상태에 있는 토지를 국가

331) 이원우, 앞의 책, 51면.
332) 대법원 2005. 5. 26. 선고 2002다43417 판결.

가 귀속재산으로 오인하여 소유권이전등기 한 사례[333]에서, 소유자가 있는 부동산을 국유재산으로 등기한 것이기 때문에 그 등기는 원인무효일 뿐만 아니라 그 점유에 과실이 있어 등기부시효취득도 할 수 없다고 하여, 상속인불명의 부동산 유실물을 부정한다. 판결의 주요 논거는 첫째, 부동산소유자의 사망과 동시에 소유권이 상속인에게로 넘어가기 때문에(민법 제187조), 상속인 부존재 이외에는 무주부동산이 되지 않는다는 것이고, 둘째, 상속인불명의 상황에서는 민법의 상속인 부존재에 관한 규정(제5편 제1장 제6절)에 따를 것이지 국유재산법의 행정절차에 따라 국고귀속할 것은 아니라는 것이다.

위와 같이, 대법원은 무주부동산(소유자부재)과 준별되는 부동산 유실물(소유자불명)이라는 개념과 이에 대한 국고귀속을 인정하지 않는다. 따라서 부동산등기부, 토지대장 등 전형적인 부동산공부뿐만 아니라, 일제강점기 때 만들어진 토지조사부 등 일체의 부동산공부를 조사하여 아무리 오래 전이라도 누군가의 소유로도 존재했던 사실이 있다면 국고귀속의 대상으로 삼을 수 없다는 취지다. 이러한 판례에 영향을 받아서 현재 정부는 부동산공부에 등기, 등록된 사실이 없거나, 그러한 사실을 확인할 수 없는 등 소유자를 확인할 수 없는 재산만을 국고귀속의 대상으로 규정함으로써,[334] 지적공부뿐만 아니라 부동산공부 전체를 국고귀속의 판단자료로 삼을 수 있도록 하고 있다. 전체 부동산공부에는 토지조사부까지 포함되므로 아무리 오랫동안 소유자불명으로 방치된 부동산이라 하더라도 토지조사부에 누군가의 소유로 사정된 사실이 있다면 국고귀속을 하지 못하고 방임할 수밖에 없는바, 이 한도 내에서는 사실상 국가귀속주의를 포기하는 결과에 가깝다.

(3) 판례에 대한 비판적 검토

판례는 무주부동산과 구분되는 부동산 유실물의 개념을 인정하지 않는 결과, 무주부동산의 처리절차(상속인의 부존재 절차, 민법 제1053조 ~ 제1059조)와 구분되는 부동산 유실물의 처리절차(국유재산법 제12조)를 인정하지 않는다. 국유재산법 제12조가 부동산 유실물의 처리 조항임에도 불구하고 '소유자 없는 부동산'이라고 표현하고 있고, 이 표현을 기계적으로 해석한 결과, 비록 오래 전이기는 하지만 누군가의 소유였음이 원고(현재의 소유자, 주로 원래 소유자의 상속인)에 의하여 밝혀진 것이므로 귀속등기는 무효라는 것이다.

국유재산법 제12조는 일정한 기준을 충족하는 부동산 유실물은 행정절차를 거쳐 국고로 귀속시켜 놓고 진정한 소유자가 나타나면 돌려주자는 취지인데(부동산 유실물에 대한 해제조건부 국고귀속), 판례는 국유재산법 제12조를 고전적 의미의 무주부동산에만 적용한다. 부동산 유실물을 판별할 때는 어떤 부동산이 공시방법에서 이탈하여 소유자불명의 상태에 빠졌느냐(외관주의, 형식주의)가 관건이지, 정말로 소유자가 없느냐(실질주의)는 중요하지 않다. 관련 판례에서 원인무효의

---

333) 대법원 2008. 10. 23. 선고 2008다45057 판결.

334) 기획재정부, 국유재산 업무편람, 2017. 2, 434면.

등기라고 한 사례들은 국유재산법 제12조에 따라서 적법하게 등기된 것이지 무효가 아니고, 추후에 나타난 진정한 소유자의 보호는 국유재산법 제12조에서 국고귀속의 효과(해제조건의 성취에 따른 법률관계)로서 따로 정할 문제일 뿐이다. 국유재산법 제12조의 제정취지는 특별조치법의 시행으로도 해소되지 않는 부동산 유실물을 우리 민법 제252조 제2항이 취하고 있는 국가귀속주의에 맞게 정리하겠다는 것으로 해석하여야 한다. 그런데 대법원은 부동산 유실물에 무주부동산의 요건과 절차를 요구함으로써, 국유재산법 제12조의 제정취지를 간과하고 있다고 생각된다.

대법원의 이러한 태도는 국유재산법 제12조가 국가귀속의 대상과 효과(소유자가 나타났을 경우의 법률관계)를 규정하지 않는 상황에서 바람직한 문제해결을 위한 하나의 방안으로 이해될 수도 있을 것이다. 즉, '부동산 유실물'에 대하여 '무주부동산'의 요건(소유자가 없을 것)과 절차(민법 제1053조 이하의 상속인부재절차)를 갖추지 않으면 국가귀속 등기가 무효인 것으로 구성하여, 그 효과에 따라 원소유자와 국가 간에 원상회복이 이루어지게 하려는 것으로 선해할 수도 있을 것이다. 그러나 국유재산법 제12조를 판례처럼 해석하면, 원소유자 또는 점유시효취득자가 그 소유로 등기하는 데에 어려움을 초래한다. 등기명의자가 없는 부동산을 자신의 소유로 주장·입증하여 등기하는 데는 현행법상 어려움이 있기 때문이다. 일단 국유재산법 제12조에 따라 국가 앞으로 소유권보존등기한 다음 원소유자 등이 국가를 상대로 소유권소송을 통하여, 그 판결문으로 등기정리를 하면 간단·명료하다. 대법원 2005. 5. 26. 선고 2002다43417 판결은 부동산 유실물을 국가가 등기한 것이 무효라고 하면서도, 부동산 유실물을 점유시효취득한 제3자가 무효등기 명의자인 국가를 피고로 소유권소송을 할 수 있다고 하는바, 이는 부동산 유실물이 공시방법에서 이탈하여(등기부 및 대장상의 소유자가 없어서) 점유시효취득소송 등 소송상대방을 특정할 수 없고, 그리하여 부동산 유실물을 국가명의로 등기할 필요가 있다는 점을 인정하는 것이다.

부동산 유실물의 국고귀속은 상속인부존재 부동산(무주부동산)의 국고귀속(민법 제1058조)과는 별개의 제도로서 독자적인 존재의의가 있기 때문에 양자를 혼동해서는 안 된다. 상속인의 부존재 제도(민법 제1053조 내지 제1059조)는 구체적이고 현실적인 특정인의 사망에 즈음해서 또는 그로부터 많은 시간이 지나지 않아서(망자를 둘러싼 법적 이해관계가 진행[335]되고 있는 상황에서) 사법절차를 통해 망자를 둘러싼 재산법상의 법률관계를 포괄적으로 그리고 확정적으로 종결하려는 제도이고,[336] 잔여재산의 국고귀속은 그 부수적 효과에 불과하다. 이에 비하여 부동산 유실물의 국가귀속은 특정부동산에 대한 소유자불명의 상태가 오랫동안 지속되어 그 부동산의 소유자는 물론 이해관계자도 나타나지 않는 상황에서(즉 상속인의 부존재절차를 밟을 수 없는 상황

335) 특별연고자, 채권자 등 이해관계자가 상속인의 부존재절차를 청구할 수 있고, 이해관계자가 청구할 수 없는 특별한 상황에서는 검사가 청구할 수 있다. 이렇게 이해관계자가 절차의 진행을 청구하게 하는 것은 상속인의 부존재 제도가 구체적이고 현실적인 특정인의 사망에 즈음해서 또는 그때로부터 많은 시간이 지나지 않아서의 상황임을 의미하는 것이다.

336) 지원림, 앞의 책, 2173면.

에서) 행정절차를 통해 당해 부동산의 소유권을 해제조건부로 국가에 귀속시켜 소유자불명의 상태를 해소하려는 제도이다.

4. 소결

부정설 및 판례와 같이 부동산 유실물을 사실상 방임주의로 해석·운영할 때 크게 세 가지 문제가 있다. 첫째, 부동산 유실물을 무한정 방치함으로써 사회경제적 손실을 초래할 수 있다는 점이다. 둘째, 국가귀속주의를 명시하는 민법 제252조 제2항의 문언에 반한다는 점이다. 셋째, 부동산 유실물을 소유의 의사로 오랫동안 점유한 자[337] 앞으로 소유권이전등기를 하기가 곤란하다는 점이다. 이 중에서 가장 현실적으로 문제되는 것은 마지막 세 번째이다. 프랑스는 부동산 유실물을 조기에 국고에 귀속시키기 때문에 점유시효취득을 주장하는 자는 대부분 국가를 상대로 소유권소송을 제기하게 된다. 독일과 스위스는 부동산 유실물을 국가 앞으로 등기하지 않지만, 30년 이상 자주점유 한 사람이 공시최고, 제권판결을 통하여 자기 앞으로 소유권등기를 하면 된다.

우리나라의 경우, 국가귀속주의에 걸맞게 부동산 유실물을 일단 국가 앞으로 등기해 놓은 다음, 점유시효취득자가 등기명의상 소유자인 국가를 상대로 소송을 제기하는 방법이 가장 무난하겠지만, 판례는 상속인불명의 부동산 유실물을 국가 앞으로 등기하는 것을 원인무효로 본다. 상속인불명의 부동산 유실물을 국가 앞으로 등기하지 않은 채 점유시효취득자가 자기 앞으로 소유권등기 하는 방법으로, ① 공시최고 및 제권판결, ② 국가를 피고로 하는 소유권소송 및 ③ 공시송달에 의한 소유권소송 등을 생각해 볼 수 있겠으나, 우리나라의 현행 제도상으로는 곤란하다.[338] 독일·스위스처럼 일정기간 자주점유한 자가 소유권을 취득하도록 하는 내용의 공시최고·제권판결을 신설(민법 개정)하는 것을 생각해 볼 수도 있겠으나, 이것은 국가방임의 입법례에서나 바람직하다.

그렇다면, 부동산공부상 소유명의자 있는 부동산 유실물에도 민법 제252조 제2항이 적용되는 것으로 보고, 법률상 소유자인 국가를 피고로 점유시효취득소송을 제기해 그에 관한 실체 판단을 받게 하는 것이 바람직하다. 그러기 위해서는 무주부동산과 구별되는 부동산 유실물의 개념을 인정하고, 이를 광의의 무주부동산으로 포섭해서 국가소유로 인정하는 판례의 변경이 필요하다. 판례의 변경을 기대할 수 없다면 국유재산법 제12조를 개정하여 부동산공부상 소유자가

---

337) 부동산 유실물에 점유시효취득을 주장하는 자들 중에는 사실 원래 소유자이거나 소유권을 이전받을 권리가 있는 경우가 많은데, 이들이 소유권을 회복하거나 이전받는 방법은 다음과 같다. 첫째, 원소유자 또는 그 상속인이라면 토지조사부 등 권리추정력 있는 부동산공부에 근거하여 소유권보존등기를 한다. 둘째, 원소유자로부터 소유권을 이전받을 권리가 있으나 부동산등기법에 따라 등기하기 곤란하다면 「부동산소유권 이전등기 등에 관한 특별조치법」에 따라 간편하게 소유권이전등기를 한다. 셋째, 위 두 가지 방법 모두 곤란하다면 점유시효취득을 주장·입증한다.

338) 자세한 내용은 강호칠, "소유자불명인 부동산의 국유화조치에 관한 고찰 - 무주부동산과 부동산 유실물의 준별", 토지공법연구 제80집, 2017. 11, 76-78면 참조.

있더라도 일정기간 방치된 부동산은 국가귀속의 대상으로 명시하는 것이 필요하다.[339] 국가귀속의 대상이 될 수 있는 기간에 관하여, 한 세대에 해당하는 30년 이상 방치된 부동산이라면 일단 국고귀속의 대상으로 하고, 국고귀속 등기의 유무를 불문하고 국가의 소유로 취급해서 점유시효취득자가 국가를 상대로 소유권소송을 제기해 실체적 판단을 받게 하는 것을 생각해 볼 수 있다. 이에 관하여 상속인불명의 부동산 유실물에 대한 국고귀속(프랑스), 또는 사인취득(독일, 스위스)을 위하여 30년 이상을 요구하는 입법례는 좋은 선례가 될 것이다.

Ⅴ. 국유재산법 제12조에 따른 국유화의 효과

이하에서는 부동산 유실물, 특히 상속인불명의 부동산 유실물을 국고귀속의 대상이 된다고 보고, 국가의 부동산 유실물 소유권취득의 법적 성질이 무엇인지, 이에 따른 원소유자 및 매수자와의 법률관계가 어떠한지를 검토하도록 한다.

1. 국가의 해제조건부 소유권 취득

국가귀속주의는 행정절차로써 부동산 유실물을 국고에 귀속시킨 다음 진정한 소유자가 나타나면, 처음부터 사유재산이었던 것으로 취급한다. 따라서 국유재산법 제12조에 따라 국고귀속된 부동산을 '해제조건부 국유재산'이라고 불러도 좋을 것이다. 조달청장[340]은 국고귀속의 대상인 부동산 유실물에 대하여 "공고 후 6개월이 지날 때까지 권리주장의 신고가 없으면 국유재산으로 한다"라는 뜻의 공고를 한 다음, 지적소관청에 소유자등록을 신청하게 되면 이후 국가를 소유자로 하는 등기부가 만들어진다. 이렇게 국고귀속된 국유재산은 원칙적으로 그 등기[341]일로부터 10년간 처분이 금지된다(국유재산법 제12조, 동 시행령 제7조).

국가가 해제소건부로 부동산 유실물의 소유권을 취득할 때 소유권취득의 시점(국유재산으로 되는 시점)은 국가 앞으로 소유권등기를 한 때가 아니라 그 이전으로 소급이 된다고 해석된다. 부동산 유실물은 민법 제252조 제2항에 따라서 국고귀속되는데, 동 조항은 법률의 규정에 의한 부동산 소유권취득의 형식을 취하기 때문에 국유재산법 제12조에 따른 등기 없이도 국유재산이라고 해야 한다.[342] 그러나 부동산 유실물을 점유하는 사람은 진정한 소유자이거나 어떠한 사유

339) 수복지역내소유자미복구토지의복구등록과보존등기등에관한특별조치법은 소정의 소유자미복구토지를 무주의 토지로 보아 국유재산법 제12조에 따라 국유재산으로 취득하게 하는바(제20조), 이는 실정법에서 무주부동산을 원인으로 국고귀속의 대상으로 명시한 유일한 예라 할 수 있다.

340) 부동산 유실물의 국가귀속사무는 기획재정부장관의 위임을 받은 조달청장이 한다(국유재산법 시행령 제16조 제1항 제5호).

341) 무주부동산(사실은 부동산 유실물이다)을 등기원인으로 하는 국가소유등기는 소유권보존등기이다.

342) 국유재산법 제12조에서 국유재산으로 취득하는 절차를 규정하지만, 이는 단순히 지적공부상의 등록절차에 불과하고 이로써 권리의 실체관계에 영향을 주는 것은 아니다(대법원 98다41759 판결).

로 자신의 재산으로 믿는 경우가 많을 뿐만 아니라, 법률상 국유재산으로 의제되는 부동산을 다른 보통의 국유재산과 동일시할 수 없다고 생각한다. 따라서 국유화한 부동산 유실물에 대해서는 변상금부과 시점을 조정할 필요가 있고[343], 궁극적으로는 부동산 유실물의 근거규정을 무주부동산(민법 제252조 제2항)에서 분리하여 민법 제253조 제2항으로 따로 정할 필요가 있다.

2. 해제조건의 성취에 따른 법률관계

(1) 원소유자와의 관계

행정절차로써 부동산 유실물을 국고에 귀속시키되 그 소유권 취득에 확정적 · 창설적 효력을 주지 않기 때문에, 원소유자가 나타나면 처음부터 국유재산이 아닌 것으로 법률관계가 형성된다.[344] 다만 국고귀속으로 국가를 소유자로 하는 등기가 이루어지며, 국가의 점유 · 사용이 개시되기도 하므로, 국가가 부동산 유실물을 등기부시효취득하거나 점유시효취득할 수도 있다. 이 경우 국가는 국유재산법 제12조에 따라 부동산 유실물을 국고에 귀속시키는바, 자주점유 여부가 문제된다. 판례는 국가의 자주점유도 민법 제197조 제1항에 따라 추정된다고 보고 점유시효취득을 인정한다.[345] 다만 이러한 국가의 자주점유에는 그 개시에 과실이 있다고 보고 등기부시효취득은 부정한다.[346] 프랑스의 경우는 등기부시효취득제도는 없고 점유시효취득제도만 있는데, 시효기간은 30년이 원칙이다(프랑스민법전 제2265조 이하). 프랑스는 국가가 부동산 유실물을 취득하고 30년이 넘으면 확정적으로 그 소유권을 취득한다고 보는데,[347] 이는 점유시효취득과 일치한다. 판례는 국가의 등기부시효취득을 부정하고 점유시효취득만 인정함으로써 결과적으로 같은 법제(국가귀속주의)인 프랑스와 일치된 입장을 보이게 된다.

국가가 부동산 유실물을 공용 · 공공용으로 사용하는 도중에(예; 공공청사를 짓거나 도로 · 공원 등을 설치한 경우) 원소유자가 나타난 경우, 원물반환은 공익상 곤란하고 원소유자가 요구하는 대로 과다한 보상금을 지급할 수도 없다. 권리남용이론, 수용적 침해이론[348] 등을 원용하여 원물

343) 일본의 경우 국유재산을 자기소유의 재산 그 밖의 자기가 정당하게 사용할 수 있는 재산이라고 오신하여 사용한 경우 기왕사용료, 매매대금의 각 산정방식에 대하여 특별한 규정을 두고 있다(誤信使用財産取扱要領, 2012. 5. 22. 재리 제2445호 참조).

344) 이원우, 앞의 책, 52면.

345) 대법원 2008. 4. 10. 선고 2008다7314 판결.

346) 대법원 2008. 10. 23. 선고 2008다45057 판결.

347) Notaires de France(https://www.notaires.fr/fr/donation-et-succession), Ownerless real estate and vacant successions, Can the owners of a property claim it? "... any asset that is presumed to be ownerless will only be definitively accquired by the local authority after a period of 30 years(which corresponds to the limitation period for real estate transactions)..." 참조.

348) 수용적 침해이론은 국가의 공권력행사로 의도되지 않은 재산권침해가 발생된 경우에 헌법 제23조를 근거로 손실보상이 가능하다는 이론으로서, 국가가 국유재산법에 따라 부동산 유실물을 국고귀속한 후 행정목적을 위해 사용 · 수익한 결과 원소유자가 그 소유권을 회복하지 못하는 결과를 초래한 반면 국유재산법에는 손실보상규정이 없는바, 수용적 침해이론이 적용될 수 있다 할 것이다.

반환을 거부하고 금전보상 하는 것이 가능해 보이지만 국유재산법 제12조에서 보상규정을 두는 것이 바람직하다. 또한 국유재산법 제12조가 법률의 규정에 의한 부동산소유권 취득을 규정하고 있으므로, 해제조건의 성취에 따른 법률관계까지도 명시하는 것이 바람직하다.

우리 국유재산법 개정에 참고가 될 만한 프랑스 공공재산법을 소개하면 다음과 같다. 소유자불명이며 3년 이상 부동산세가 납부되지 않은 부동산을 국고에 귀속시킨 다음에(제1123-1조) 원소유자가 나타나면 반환하지만, 이미 매각되었거나 공익을 위해 사용하는 등 원상회복이 곤란하다면 원소유자는 그 반환을 청구할 수 없고, 매각 당시 또는 공익사용개시 당시의 시가에 상응하는 보상금만 받을 수 있다. 한편 원소유자는 국고귀속 전에 부동산세가 납부되지 않은 3년 이상의 유예기간의 시점에서부터 조세, 공과금 등 자신이 지불했어야 하지만 이를 모면한 총비용과 함께 그 부동산을 보존하기 위하여 국가가 지불한 총비용을 먼저 지불하여야 한다(제2222-20조).

(2) 매수자와의 관계

국고로 귀속된 부동산 유실물도 보통의 국유재산과 마찬가지로 국가가 사용하거나 제3자에게 사용하게 할 수 있다. 그러나 매각에는 제한이 있다. 해제조건의 성취(원소유자의 등장)로 매수자가 불측의 손해를 입을 수 있고, 복잡한 법률문제가 발생할 수 있기 때문이다. 국유재산법 제12조 제4항은 국고귀속 등기일로부터 10년간 처분하지 못하게 한다. 등기부시효취득기간이 10년임을 고려한 규정이지만(제245조 제2항), 기술한 바와 같이 부동산 유실물에 대한 국가의 등기부시효취득을 부정하는 것이 판례이므로 특별한 의미가 없게 되었다. 국가로부터 부동산 유실물(국유재산)을 매수한 사람은 등기부시효취득이 가능하며, 이로써 소유권을 회복하지 못하게 된 원소유자는 국가에 불법행위에 기한 손해배상청구를 할 수 있는바, 대법원은 매수인의 등기부시효취득 판결확정시를 기준으로 그 당시의 시가로 배상하여야 한다고 한다.[349] 해제조건의 성취로 매수자가 소유권을 상실하면 국가는 매도인의 담보책임으로서 손해배상책임이 있는데(민법 제570조), 대법원은 원소유자가 국가와 매수자에게 제기한 소유권소송의 판결확정시를 기준으로 그 당시의 시가로 배상하여야 한다고 한다.[350]

---

349) 서울중앙지방법원 2014. 5. 15. 선고 2014가합503252 판결(대법원 2016. 11. 10. 선고 2014다229009 판결로 확정) 등.

350) 대법원 1993. 4. 9. 선고 92다25946 판결 등.

제4절 행정재산의 취득

주로 과거에 대규모로 이루어졌던 귀속재산이나 무주부동산은 일반재산으로 국유화되는바, 이는 법률의 규정에 따른 국유부동산의 발생 사유에 해당한다. 한편, 국가는 행정재산을 무상으로 취득하는 경우가 많은데, 공공시설의 무상귀속과 공용재산의 기부채납이 그것이다. 무상귀속은 법률의 규정에 따른 취득사유이고, 기부채납은 법률행위에 의한 취득사유이다. 양자 모두 사업시행자·기부자에 대한 보상시스템의 일환으로서 종래 공공시설의 무상귀속이나 무상양여, 신규 공공시설의 무상 사용허가 등을 수반한다.[351]

Ⅰ. 공공시설의 무상귀속

1. 개요

도시계획시설사업, 택지개발사업, 도시개발사업, 도시정비사업 및 산업단지개발사업 등 법률에 따라 시행되는 개발사업은 사업시행자로 하여금 사업구역 안에 교통시설, 공간시설 등의 공공시설을 새로이 구축하게 한다. 한편, 구축된 공공시설은 이를 관리할 공물관리청이 소속한 국가 또는 지방자치단체에 무상으로 귀속되는데, 이는 행정재산(공공용재산)의 주요 발생사유가 된다. 공공시설은 강한 공공성으로 인하여 공물관리청의 관리만으로는 만족하지 못하고, 공물관리청이 속한 국가 또는 지방자치단체에 그 소유권이 귀속되어야 한다는 데에 그 개념상의 의의가 있다고 할 수도 있다.[352] 이렇듯 공공시설의 무상귀속 제도를 매개로 국·공유재산과 공물이 교차하는 현상이 발생한다고도 할 수 있다.

신규 공공시설의 국가·지방자치단체 무상귀속 제도는 두 가지 측면에서 기존의 공물이론에 의문을 제기할 수도 있다. 첫째는 우리 공물법제가 과연 사소유권설에 입각해 있다고 할 수 있는가라는 점이다. 현실적으로 대부분의 공물은 공공시설의 형태를 띠게 되는데 공공시설의 무상귀속 제도가 도입된 1971년경부터 신규 공공시설은 모두 국·공유가 되는바, 그럼에도 불구하고 우리 공물법제를 사소유권체제라고 할 수 있는가 하는 의문이다. 그러나 공물은 아직 도시계획시설사업의 시행이 없이 공용지정의 상태로만 존재하는 것도 얼마든지 있고, 또한 사소유권설은 이원설로도 이해되는 바이므로, 공공시설의 무상귀속 제도에도 불구하고 우리법제가 사소

351) 사회기반시설의 설치를 정부자본으로, 즉 재정사업으로 시행한다면 무상귀속과 그에 대한 보상의 문제가 없다. 사회기반시설의 설치를 민간자본으로 할 때, 그에 대한 보상의 문제가 발생한다.

352) 이현수, "도시정비법상 정비기반시설의 법적 쟁점", 행정법연구 제30호, 행정법이론실무학회, 2011. 8, 349-350면.

유권설에 입각하고 있다고 해도 무방하다고 생각한다.

둘째는 공물법이 행정법 체계에 있어 과연 급부행정법으로 설명되어져야 하는가의 문제이다. 이러한 문제는 전통적으로 공물은 국가가 조성하여 제공해 왔기 때문에 급부행정의 영역에 있다고 이해되어 왔지만, 오늘날 민간사업시행자에 의한 공공시설의 설치가 광범위하게 행하여지고 있음으로 인하여 발생한다. 그러나 그 경우에도 공물(공공시설)조성 과정에서 국가나 지방자치단체의 인·허가 등 행정통제가 이루어지고 무상귀속에 대한 보상(무상양여)이 이루어지는 점을 고려하면, 공공시설의 조성과 제공을 전적으로 민간사업시행자가 한다고 볼 수도 없을 것이다. 따라서 공물법은 급부행정(법)으로 설명되어도 무방하다고 생각한다.

2. 무상귀속의 위헌성

새로이 설치되는 공공시설 등이 법률의 규정에 의하여 국가·지방자치단체에 무상귀속되는 것이 국민의 재산권에 대한 과도한 침해가 아닌가라는 의문이 들 수 있다.

구 주택건설촉진법 제33조 제8항(현행 주택법 제29조 제1항)이 구 도시계획법 제83조 제2항(현행 국토계획법 제65조 제2항)을 준용하는 것에 대한 위헌법률심판에서 헌법재판소는 동 조항이 헌법에 위반되지 않는다고 판시한 바 있다.[353] 그러나 동 위헌법률심판에서 위헌의견이 다수였던 점을 고려하면(재판관 5인), 무상귀속의 위헌성 시비를 가벼이 볼 수 없다고 할 것이며, 향후 무상귀속에 관한 입법과 해석에 있어 이 문제를 고려해야 한다고 생각한다.

(1) 합헌으로 보는 견해

공공시설 등의 무상귀속 규정을 합헌으로 보는 견해는 이 규정은 특정 재산권을 박탈하거나 제한하는 데 그 본질이 있지 않고, 신규 공공시설의 이용·소유관계를 정한 것에 불과하다고 본다. 그 논거는 다음과 같다.

첫째, 공공시설의 무상귀속은 사업시행자가 수익자부담의 원칙에 따라 공공시설의 무상귀속을 조건으로 사업승인을 받은 것으로서, 실질적으로는 사업시행자가 그 소유권을 국가나 지방자치단체에 귀속시킨 것이다. 공공시설의 소유권을 국가·지방자치단체에 귀속시키지 않고 관리권한만 부여하면 소유권이 전전이전되어 공공시설의 효율적인 유지·관리가 어렵게 될 뿐만 아니라, 공공시설의 하자로 이용자가 손해를 입을 경우 국가 등을 상대로 배상책임을 묻기도 어렵게 된다.

둘째, 사업시행자는 스스로의 기업적 판단에 따라 공공시설을 구축해 국가 등에 귀속시키는 결정을 한 것이며, 사업승인과정에서 적법절차의 보장 또한 충분히 이루어진다.

셋째, 나아가 공공시설과 그 부지는 소유권의 국가귀속과 무관하게 이미 공용지정, 도시계

353) 헌법재판소 2003. 8. 21. 선고 2000헌가11, 2001헌가29(병합) 결정.

획시설지정 등으로 공법적 규율을 받는 것이고, 무상귀속 제도에 의하여 공공시설의 확보와 효율적인 유지·관리가 가능해짐으로써 오히려 개발이익 창출에 도움이 될 수 있어 사업시행자에게 손실로 연결된다고 할 수도 없다.[354)]

(2) 위헌으로 보는 견해

공공시설 등의 무상귀속을 위헌으로 보는 견해는 비례의 원칙에 위반된다는 견해와 보상 없는 입법수용이라는 견해로 나뉜다. 먼저 공공시설 등의 무상귀속이 비례의 원칙에 위반된다는 견해는 무상귀속 규정이 기본권의 제한에 관한 사항임에도 그 적용범위가 지나치게 포괄적이고, 기부채납 부관에 대한 사법심사를 사실상 봉쇄한다고 한다. 즉, 공공시설의 효율적 확보는 우리나라에만 국한된 문제가 아닌데, 외국의 경우 기부채납 부관, 지역권설정 및 개발부담금제도 등을 활용하여 공공시설을 확보하고 있으며, 이에 대해 어느 경우나 사법심사를 허용하고 있음과 비교해 볼 때, 공공시설 등의 무상귀속은 비례의 원칙에 반한다고 한다. 나아가 심판대상은 1970년대에 입법된 것이고, 당시와 지금은 비교할 수 없을 만큼 여러 여건들이 변했는데도, 지금도 법률에 의한 일률적인 무상귀속 규정을 두는 것은 지나친 행정 편의적 입법이라는 것이다.[355)]

한편, 공공시설 등의 무상귀속이 보상 없는 입법수용이라는 견해는 공공시설 등의 무상귀속은 전형적인 입법수용으로서 헌법 제23조 제1항이나 제2항의 문제가 아니라 제3항의 수용에 해당하고, 그 귀속을 무상이라고 법률이 규정한 것은 수용에 대한 보상을 배제한 것이므로 이는 보상 없는 수용을 금지하는 헌법 제23조 제3항을 정면으로 위반한 것이라고 한다.[356)]

(3) 소결

생각건대, 국가 등에 무상귀속되는 공공시설 등은 도시계획시설 또는 공물에 해당하는 등 공공성이 강하기 때문에 보통의 사유재산 무상수용과 같은 선상에서 볼 수 없다고 생각한다. 공공시설 무상귀속 제도가 행정편의에 기여하고 도시계획시설·공물의 소유권과 관리권을 일원화하여 법률관계를 간명하게 하는 장점이 있는바, 위헌설의 우려를 극복할 수 있다면 무상귀속 제도를 유지·발전하는 것이 타당하다고 생각한다.

위헌설의 가장 큰 우려는 국민의 재산권침해라고 할 수 있다. 비례의 원칙에 위반된다는

---

354) 재판관 윤영철, 재판관 한대현, 재판관 김영일, 재판관 송인준의 합헌의견이다. 심판대상은 헌법 제23조의 재산권의 내용규정으로서 비례의 원칙에 위배되지 아니한다고 하였다.

355) 재판관 하경철, 재판관 김효종, 재판관 김경일의 위헌의견이다. 심판대상은 헌법 제23조의 재산권의 내용규정으로서 비례의 원칙에 위반된다고 하였다.

356) 재판관 권 성, 재판관 주선회의 단순위헌의견이다. 심판대상은 재산권의 내용규정이 아니라 이른바 입법수용규정으로서 수용에 대한 보상을 배제하는 것이므로 보상 없는 수용을 금지하는 헌법 제23조 제3항에 위반된다고 하였다.

견해는 재산권침해에 대한 사법심사의 기회가 박탈된다는 것이고, 보상 없는 입법수용이라는 견해는 재산권침해에 대한 보상이 없다는 것이다. 그러나 무엇보다도 사업시행자는 개발이익과 무상귀속을 비교형량하여 사업수행 여부를 선택·결정할 수 있고, 사업에 부수하는 공공시설의 구축은 수익자부담의 원칙에 따라 무상귀속되는 것이 자연스럽다. 공공시설의 부담이 크다면 사업인가권자가 재량범위 내에서 용적률 인상 등으로 개발이익을 늘려 줄 수도 있다. 무엇보다도 종래 공공시설을 사업시행자에게 무상귀속·양여하거나 새로 설치된 공공시설을 무상사용허가하는 보상시스템이 있다. 특히 대법원은 종래 공공시설에 일제강점기 토지조사사업 당시에 공공시설로 기록된 것까지 포함시키는 등 적극적인 해석을 함으로써 비례의 원칙에 위반된다는 우려를 불식하고 있다.

3. 무상귀속의 대상

법률에 따라 국가 또는 지방자치단체에 귀속되는 것은 공공시설과 정비기반시설이다. 국토계획법은 공공시설을 정의하는 대신 구체적으로 열거하는 방식을 취하고 있는데(제2조 제13호), 동 법률의 무상귀속 규정(제65조, 제99조)을 준용하는 다른 법률에도 적용된다. 독자적으로 무상귀속 규정을 두더라도 달리 공공시설을 규정하지 않는다면 국토계획법의 예시가 그대로 적용된다.[357] 도시정비법은 무상귀속의 대상으로서 별도로 정비기반시설을 규정하고 있다. 이하에서는 공공시설과 정비기반시설의 개념을 파악하되, 국토계획법에서 공공시설과 함께 열거하는 기반시설 및 도시계획시설이 무엇인지도 알아보도록 한다. 한편 국가 또는 지방자치단체에 귀속되는 신규 공공시설 등과 달리 사업시행자에게 귀속되는 종래의 공공시설 등은 해석상 논란이 많다.[358]

주의할 것은 공공시설은 민법상의 물건이 아니며, 공공시설에 대하여 공시방법을 갖추어 거래의 대상이 되도록 하는 법률도 없다. 따라서 공공시설의 소유권이 국가 등에게 귀속된다는 표현은 적절하지 않고, 공공시설의 무상귀속이라는 말은 그 부지 또는 지상 건물 등 독립된 물건의 무상귀속으로 선해하여야 할 것이다. 무상귀속의 대상을 물건으로 명확히 하지 않고 공공시설이라고 함으로써 무상귀속의 시기 등에 혼란을 가져오게 된다. 참고로 일본의 경우 무상귀속의 대상으로 '종전의 공공시설의 용도로 제공하고 있던 토지', '새로운 공공시설의 용도로 제공하는 토지'라고 명확하게 규정하고 있다.[359]

---

357) 공공시설의 무상귀속을 규정하는 대표적인 조항은 국토계획법 제65조, 제99조이다. 국토계획법의 이 규정은 택지개발촉진법(제25조), 주택법(제29조), 기업도시법(제24조) 및 공원녹지법(제34조) 등에 그대로 준용된다. 도시개발법(제66조), 도시정비법(제97조), 산업입지법(제26조) 및 「지방소도읍 육성 지원법」(이하 '소도읍법'으로 약칭한다)(제17조) 등은 별도의 무상귀속규정을 둔다.

358) 자세한 내용은 제5편 제4장 참조.

359) 일본 도시계획법(都市計画法, 2020. 6. 10. 법률 제41호, 이하 같다) 제40조. 일본민법은 건물을 토지와 독립한 물건으로 보지 않는다.

(1) 기반시설과 도시계획시설

국토계획법은 교통시설, 공간시설, 유통·공급시설, 공공·문화체육시설, 방재시설, 보건위생시설 및 환경기초시설 등 총 7개 유형의 기반시설을 상정하고(제2조 제6호), 각 유형의 구체적인 종류는 시행령 제2조에서 열거하고 있다.[360] 기반시설은 누가, 언제, 어떻게 설치했는지를 묻지 않지만, 국토교통부장관이나 지방자치단체장이 설치하려면 미리 도시관리계획으로 결정해야 하므로(제43조 제1항),[361] 기반시설은 도시계획시설과 유사하다고 할 수 있다(제2조 제7호).

(2) 공공시설

학설은 공공시설을 별도로 정의하지 않는다. 다만 공물이 개개의 물건에 한정되지 않고, 여러 물건에 포괄하여 하나의 공물이 성립될 수도 있다는 취지에서 특수한 형태의 공물로서 공공시설의 개념을 인정하는 듯하다. 학설이 공물개념의 확장을 위해 인정하는 물적 종합시설, 물건의 집합체, 집합물·시설 및 물적 시설 등의 개념은 공공시설의 개념과 같다고 볼 수 있다.[362]

대법원 또한 공공시설에 대한 일반적인 정의는 내리지 않고, 다만 사업시행자에게 무상귀속되는 종래의 공공시설이 공공용재산이라고만 판시하고 있을 뿐이다.[363] 공공용재산이란 공공용물을 구성하는 국·공유재산이므로, 결국 판례가 말하는 공공시설이란 도로, 공원 및 항만 등을 구성하는 부지·건물 등으로서 국·공유인 것이 된다.

이와 같이 공공시설에 대한 학설과 판례의 명확한 개념정의가 없다. 한편 실정법상으로도 공공시설에 대한 일반적인 개념정의는 없으며, 단지 지방자치법이 "지방자치단체는 주민의 복지

---

360) 국토계획법 시행령 제2조(기반시설) ① 법 제2조 제6호 각목 외의 부분에서 "대통령령으로 정하는 시설"이란 다음 각 호의 시설(당해 시설 그 자체의 기능발휘와 이용을 위하여 필요한 부대시설 및 편익시설을 포함한다)을 말한다.
1. 교통시설: 도로·철도·항만·공항·주차장·자동차정류장·궤도·자동차 및 건설기계검사시설
2. 공간시설: 광장·공원·녹지·유원지·공공공지
3. 유통·공급시설: 유통업무설비, 수도·전기·가스·열공급설비, 방송·통신시설, 공동구·시장, 유류저장 및 송유설비
4. 공공·문화체육시설: 학교·공공청사·문화시설·공공필요성이 인정되는 체육시설·연구시설·사회복지시설·공공직업훈련시설·청소년수련시설
5. 방재시설: 하천·유수지·저수지·방화설비·방풍설비·방수설비·사방설비·방조설비
6. 보건위생시설: 장사시설·도축장·종합의료시설
7. 환경기초시설: 하수도·폐기물처리 및 재활용시설·빗물저장 및 이용시설·수질오염방지시설·폐차장

361) 예외적으로 주차장, 차량검사 및 면허시설, 공공공지, 열공급설비, 방송·통신시설, 시장·공공청사·문화시설·공공필요성이 인정되는 체육시설·연구시설·사회복지시설·공공직업 훈련시설·청소년수련시설·저수지·방화설비·방풍설비·방수설비·사방설비·방조설비·장사시설·종합의료시설·빗물저장 및 이용시설·폐차장, 공원안의 기반시설 등은 도시계획시설사업의 절차 없이 설치해도 된다(국토계획법 제43조 제1항, 동법 시행령 제35조 제1항).

362) 공공시설의 의의에 관한 자세한 내용은 강호칠, 공공시설의 의의와 법적 기능에 관한 고찰, 공법학연구 제23권 제2호, 한국비교공법학회, 2022, 107면 이하 참고.

363) 대법원 2019. 2. 14. 선고 2018다262059 판결; 대법원 2004. 5. 28. 선고 2002다59863 판결 등.

를 증진하기 위하여 공공시설을 설치할 수 있다"라고만 규정하고 있을 뿐이다(제144조 제1항). 국토계획법은 각종 공익사업으로 사업시행자가 새로이 설치하는 공공시설은 그 관리청이 소속한 국가 또는 지방자치단체에 무상으로 귀속되게 하고, 그 반대급부로 종래의 공공시설을 사업시행자에게 무상귀속 시키는 등의 보상시스템을 마련하면서, 공공시설이 무엇인지 정의하는 대신, 구체적인 예를 열거하고 있다(제2조 제13호). 구체적으로 보면, 국토계획법은 공공시설을 공공용시설이라고 하면서, ① 도로 · 공원 · 철도 · 수도 · 항만 · 공항 · 운하 · 광장 · 녹지 · 공공공지 · 공동구 · 하천 · 유수지 · 방화설비 · 방풍설비 · 방수설비 · 사방설비 · 방조설비 · 하수도 · 구거, ② 행정청이 설치하는 주차장 · 운동장 · 저수지 · 화장장 · 공동묘지 · 봉안시설, ③ 그리고 스마트도시 관리 · 운영시설을 열거하고 있다. 공공시설에는 지상시설물뿐만 아니라 그 부지까지 포함된다. 구거를 제외한 공공시설은 도시계획시설사업으로 설치하여야 하므로,[364] 결국 공공시설은 도시계획시설과 비슷한 개념이 된다. 도시계획과 도시계획시설사업에 관한 권한은 원칙적으로 시장(특별 · 광역시장, 특별자치 시 · 도지사 포함) · 군수에게 있다.[365]

(3) 정비기반시설

도시정비법은 도로 · 상하수도 · 공원 · 공용주차장 · 공동구,[366] 그 밖에 주민생활에 필요한 열 · 가스 등의 공급시설로서 대통령령으로 정하는 시설을 정비기반시설이라고 하는데(제2조 제4호), 대통령령은 녹지, 하천, 공공공지, 광장, 소방용수시설, 비상대피시설, 가스공급시설, 지역난방시설 및 주거환경개선사업구역에 설치하는 공동이용시설(시장 · 군수 등이 관리하는 것)을 열거하고 있다(제3조). 도시정비법은 2003년부터 공공시설 대신 정비기반시설이라는 용어를 사용하고 있지만, 이는 국토계획법상의 공공시설과 뿌리를 같이 하는 것이다.[367] 정비사업계획은 도시관리계획으로 정해지고(국토계획법 제2조 제4호 라목), 정비사업계획에는 정비기반시설의 설치계획이 포함되어야 하므로(도시정비법 제3조 제1항 제5호, 제30조 제2호), 정비기반시설은 도시계획시설

---

364) 예외적으로 주차장, 차량검사 및 면허시설, 공공공지, 열공급설비, 방송 · 통신시설, 시장 · 공공청사 · 문화시설 · 공공필요성이 인정되는 체육시설 · 연구시설 · 사회복지시설 · 공공직업 훈련시설 · 청소년수련시설 · 저수지 · 방화설비 · 방풍설비 · 방수설비 · 사방설비 · 방조설비 · 장사시설 · 종합의료시설 · 빗물저장 및 이용시설 · 폐차장, 공원안의 기반시설 등은 도시계획시설사업의 절차 없이 설치할 수 있다(국토계획법 제43조 제1항, 동법 시행령 제35조 제1항).

365) 국토계획법 제24조, 제86조. 독일의 경우, 주정부가 공간계획의 권한을 주로 행사하며, 기초지방자치단체(Gemeinde)에 의해 강력한 법집행이 이루어진다. 지방자치단체도 계획고권을 가지지만 연방공간정서법(Raumordnungsgesetz: ROG)과 각 주의 주계획법에 명시된 역류의 원칙(Gegenstromprinzip)을 준수할 의무를 가진다. 역류의 원칙이란, 연방 · 주 · 게마인데가 가진 각 계획고권이 서로 중복되거나 갈등할 수 있어 이를 전체적으로 조정하기 위해 RGO 제1조 제3항에서 명시하는 원칙이다(임현, 독일의 도시계획법제, 토지공법연구 제50집, 한국토지공법학회, 2010, 25 · 28 · 33면).

366) 공동구란 전기 · 가스 · 수도 등의 공급설비, 통신시설, 하수도시설 등 지하매설물을 공동 수용함으로써 미관의 개선, 도로구조의 보전 및 교통의 원활한 소통을 이루려고 지하에 설치하는 시설물을 말한다(도시정비법 제2조 제4호, 국토계획법 제2조 제9호).

367) 김종보, 개발사업에서 국공유지의 법적 지위, 행정법연구 제57호, 행정법이론실무학회, 2019, 12-13면.

이라고 할 수 있다.[368)]

4. 무상귀속의 주체

사업시행자가 새로이 설치한 공공시설·정비기반시설은 시설관리청이 소속한 국가 또는 지방자치단체에 그 소유권이 귀속된다. 시설관리청은 중앙관서의 장 또는 지방자치단체장인데 전자이면 국가에, 후자이면 그가 속한 지방자치단체에 무상귀속 된다. 국토계획법은 "... 그 시설을 관리할 관리청에 무상으로 귀속된다"라고 하지만(제65조 제1항, 제2항), 정확히는 "그 시설을 관리할 관리청이 속한 국가 또는 지방자치단체"라고 해야 한다. 도시정비법은 "... 그 시설을 관리할 국가 또는 지방자치단체에 무상으로 귀속된다"라고 하는바(제97조 제1항, 제2항), 동법의 규정방식이 국토계획법보다 더 정확하다. 한편, 시설관리청은 대부분 지방자치단체장이기 때문에 새로 설치한 공공시설의 무상귀속 주체는 대부분 지방자치단체이다.

종래의 공공시설은 사업시행자에게 무상귀속되는데, 사업시행자가 행정청이 아니면 무상귀속 시키지 않을 수도 있다(국토계획법 제65조 제2항).

5. 무상귀속의 시기

(1) 관련 규정의 내용

국토계획법은 새로 설치한 공공시설은 국가 또는 지방자치단체에게, 종래의 공공시설은 사업시행자에게 각각 무상귀속된다고 하면서(제65조 제1항, 제2항),[369)] 귀속시기에 관해서는 사업시행자가 관리청에 공공시설의 종류와 토지의 세목을 통지한 때(사업시행자가 행정청인 경우) 또는 당해 사업의 준공검사일(사업시행자가 비행정청인 경우)에 공공시설이 귀속된 것으로 본다고 규정하고 있다(같은 조 제5항, 제6항). 한편, 도시정비 법은 귀속시기에 관하여 사업시행자가 행정청인지 아닌지를 불문하고 당해 사업의 준공인가통지일에 정비기반시설이 귀속된 것으로 본다고 한다(제97조 제5항). 이러한 규정은 법률의 규정에 의한 부동산소유권 취득(민법 제187조)의 시기 및 공공시설 관리권의 발생 시기와 관련하여 해석상 혼란을 야기할 수 있다. 이로 인하여 국토계획법 제65조 제5항·제6항(도시정비 법 제97조 제5항 포함)의 의미에 관해서는 관리청에 시설관리권이 귀속되는 시기를 정한 것으로 보는 견해와 국가 등에 공공시설 소유권이 귀속되는 시기를 정한 것으로 보는 견해의 대립이 있다.

(2) 관리권귀속설

국토계획법 제65조 제5항·제6항은 관리청에 시설관리권이 귀속되는 시기를 정한 일반적인

368) 대법원 2011. 7. 14. 선고 2009다97628 판결; 대법원 2008. 11. 27. 선고 2007두24289 판결.
369) 사업시행자가 비행정청이면 무상귀속 시키지 않을 수도 있다(국토계획법 제65조 제2항).

규정으로 이해하여야 하고, 소유권귀속의 기준시점은 '새로 설치한' 공공시설이라는 개념상 공공시설을 새로 설치한 때, 즉 그 사업완료(준공검사)시가 되어야 한다고 한다. 이 견해는 공공시설의 소유권을 최대한 빨리 국가 등에 귀속시키고, 준공검사라는 객관적 기준으로 무상귀속의 시기를 정함으로써 법률관계를 간명하게 한다는 장점이 있다.

(3) 소유권귀속설

국토계획법 제65조 제1항 · 제2항은 공공시설 소유권의 귀속주체 등에 관하여, 제5항 · 제6항은 공공시설 소유권의 귀속시기에 관하여 규정하는 것으로 해석하는 것이 문언에 충실한 자연스러운 해석이라는 견해이다. 공물은 그 성립과 동시에 관리청의 관리에 들어가므로, 관리권귀속설은 공물에 관한 일반이론과 맞지 않다고 한다. 공물은 공공시설사업 완료 전에 성립하고 그 관리청의 관리에 들어가는 것이 보통이므로, 이 견해에 의하면 새로운 공공시설의 관리권이 먼저 귀속되고, 그 다음에 소유권이 귀속된다.

(4) 판례

대법원은 새로 설치한 공공시설은 국가 · 지방자치단체에게, 종래의 공공시설은 사업시행자에게 무상귀속된다고 하면서, 이러한 공공시설이 사업완료통지일에 국가 등에게 귀속된 것으로 본다고 한 구 도시계획법[370] 제83조 제2항 · 제5항에 대하여 관리권귀속설과 같은 취지에서 사업완료일(준공검사일)에 새로운 공공시설의 소유권이 국가 등에 귀속된다고 판시하였다.[371]

이 판례로써 구 도시계획법 제83조 제5항은 개정되어 사업완료일(준공검사일)에 공공시설이 국가 등에 귀속된 것으로 보게 되었고(2000. 1. 28. 법률 제6243호로 전부개정 된 구 도시계획법 제52조 제6항 참조), 현행 국토계획법 제65조 제6항에까지 그 취지가 이어지고 있다. 국토계획법은 사업시행자가 행정청인 경우 토지세목 등 통지일을, 행정청이 아닌 경우 준공검사일을 각각 귀속기준일로 하고(제65조 제5항 · 제6항), 한편, 도시정비법은 사업시행자가 행정청인지를 불문하고 준공인가통지일자를 귀속기준일로 하고 있다(제97조 제5항). 위 전원합의체 판결 이후에 해당 사안인 국토계획법 제65조 제6항만 준공검사일로 개정하였고, 나머지 조항들은 그대로 현재에 이르고 있는 것이다.

(5) 검토

국토계획법, 도시정비법 등에 따라 이루어지는 공공시설의 무상귀속은 민법 제187조의 '법률의 규정에 의한 부동산소유권의 취득'의 하나이다.[372] 법률의 규정에 의한 부동산소유권의 취

---

370) 1991. 12. 14. 법률 제4427호로 개정되기 전의 것.

371) 대법원 1999. 4. 15. 선고 96다24897 전원합의체 판결. 한편 소수의견은 소유권귀속설과 같은 취지에서 사업완료통지일설을 주장하였다.

372) 이현수, 앞의 논문, 351면.

득은 해당 법률의 규정 또는 그 해석으로 취득일을 알 수 있다. 상속은 피상속인 사망일(민법 제997조), 공용징수는 수용개시일(토지보상법 제45조), 판결은 판결확정일(민사소송법 제498조) 그리고 경매는 매각대금을 완납한 때(민사집행법 제135조, 국세징수법 제77조 제1항) 부동산소유권이 취득된 것으로 보는 것이 그 예이다.

공공시설의 무상귀속도 마찬가지인데, 새로 설치되는 공공시설의 경우 '새로 설치되는'이라는 규정에 맞추어 국가·지방자치단체의 소유권취득시점을 '사업완료(준공검사)시'로 잡아도 무방할 것이다. 그러나 사업시행자에게 귀속되는 종래의 공공시설의 경우 이러한 해석을 할 수 없다. 공공시설의 귀속 시기는 금전적 이해관계에 미치는 영향이 크고, 국·공유재산의 취득 및 소멸시기와 연관되므로, 사업시행자가 행정청이든 비행정청이든, 근거 법률이 국토계획법이든 도시정비법이든 불문하고 모든 무상귀속에 적용되는 통일된 기준시점이 필요하다고 생각한다.

위 전원합의체 판결의 취지에 따라 사업완료(준공검사)일로 통일하든지, 아니면 그 외의 일자로서 적절한 통지일자 등으로 통일하는 방안을 생각해 볼 수 있겠으나, 준공검사일이든 각종 통지일이든 대외적으로 명확하지 않아 소유권귀속일이 불명해지는바, 어떤 객관적이고 공신력 있는 일자가 필요하다. 일본의 경우 사업시행자가 사업을 완료하면 그 사실을 사업시행인가권자(도도부현지사)에게 신고하여야 하고, 신고를 받은 인가권자는 검사필증을 사업시행자에게 교부함과 아울러 사업완료사실을 공고하여야 하는데, 이 공고일이 무상귀속의 기준시점이 된다.[373] 이를 우리나라에도 참고 될 만하다.

결국 공공시설의 성립과 그 관리권의 관리청귀속은 공물법의 규정이나 공물일반이론에 의할 것이고, 공공시설 소유권의 귀속은 국토계획법 등 근거법률의 명문규정이나 해석에 의하게 된다.

Ⅱ. 공용재산의 기부채납

공공용재산과 달리 청·관사, 역사, 군부대 등 공용재산의 경우, 민간자본의 투입과 그 보상을 규정하는 개별 개발사업 법률이 존재하지 않기 때문에 그 부지확보를 위한 국유지 비축, 기부 대 양여[374] 등의 방법을 취하게 된다. 비축부동산의 매입과 기부채납에 관해서는 앞에서 자세히 기술하였고(제1편 제5장), 기부채납에 대한 보상책으로서의 양여에 대하여는 제5편 제4장에서 자세히 논하기로 한다.

---

373) 일본 도시계획법 제40조, 제36조.

374) 민간이 국가에 공용재산을 기부하고(기부채납) 그에 대한 보상으로 종래 공용재산 등 국유재산을 양여한다는 의미로서, 「국유재산 기부 대 양여 사업관리지침」(기획재정부훈령) 등에서 공식적으로 쓰는 표현이다.

| 제 2 편 |

행정재산, 일반재산 및 공물에 관한 일반론

제 1 장 행정재산
제 2 장 일반재산
제 3 장 국유재산과 공물

제1장 행정재산

제1절 행정재산의 의의

협의의 국유재산은 그 용도에 따라 행정재산과 일반재산으로 나뉜다(국유재산법 제6조 제1항, 제47조 제1항). 국가는 행정목적을 달성하기 위한 수단으로서 토지, 건물 등 재산을 보유하기 때문에 국유재산의 기본적인 모습은 행정재산이다.[1] 국유재산법은 행정재산을 먼저 정의한 다음에 행정재산이 아닌 것을 일반재산이라고 하거나, 행정재산의 사용허가에 관하여 먼저 규정한 다음에 그 대부분을 일반재산의 대부에 그대로 준용한다(제6조 제2항 및 제3항). 행정재산은 공법관계로, 일반재산은 사법관계로 파악하는 것이 일반적인 견해이며, 행정재산은 사용허가, 융통성 등에서 강한 제한을 받는다. 한편 행정재산은 공물과 동일한 것으로 이해되는 오해와 혼란이 있어 그 구별이 중요하다.

Ⅰ. 행정재산의 개념

행정재산이란 "국가가 직접 공용 · 공공용 · 기업용으로 사용하거나, 법령이나 그 밖의 필요에 따라 국가가 보존하는 국유재산"을 말한다. 이때 '사용'에는 일정한 기한[2]까지 사용하기로 결정한 것도 포함되며, 행정재산으로 사용 · 보존 여부는 기획재정부장관이 관련 중앙관서장의 의견을 들어 결정한다(이상 법 제6조 제2항, 영 제4조). 협의의 국유재산을 구성하는 절대 다수는 부동산과 유가증권인데,[3] 국가가 유가증권 그 자체를 공용 · 공공용 또는 정부기업용으로 사용할 수는 없기 때문에 유가증권은 행정재산이 될 수 없다.[4] 결국 행정재산은 토지, 건물 및 공작물 등 부동산으로 구성된다.

한편, 공물은 재산관리청과는 별개의 공물관리청[5]에 의하여(또는 법규에 의하여) 직접 공적목적

---

1) 2021년 12월 현재 행정재산은 전체 국유재산 가치의 74.7%를 차지하며, 전체 국유지 면적의 96.7%를 차지한다(2021 회계연도 국유재산관리운용총보고서 참조).

2) 사용하기로 결정한 날부터 5년이 되는 날을 말한다(국유재산법 시행령 제4조 제1항).

3) 2021년 12월 현재 국유재산 총액 1,337조원에서 부동산(토지, 건물 및 공작물) 1,030조원, 유가증권 292.8조원으로 전체 98.9%에 달한다(2021 회계연도 국유재산관리운용총보고서 참조).

4) 국가가 어떤 공익사업을 수행하기 위해 특수법인을 설립한 결과, 출자지분(유가증권)을 보유하게 되었다면 그 특수법인의 설립과 운영은 공용 · 공공용 등이 될 것이나, 그로 인해 생긴 유가증권 그 자체가 공용 · 공공용 등이 될 수는 없는 것이다. 국가결산보고서에서도 유가증권을 일반재산으로 분류하고 있다[2021 회계연도 국유재산관리운용총보고서, 일반재산(총괄), 20면 참조].

에 제공되어 공법적 규율을 받는 물건 및 물건의 집합체(공공시설)로서,[6] 행정재산과는 구별된다.

Ⅱ. 행정재산의 법적 성질

1. 공법관계

행정재산에 관한 전반적인 법적 성질에 대하여 학설과 판례는 지금까지 직접적인 논의를 해 오지는 않았다. 다만 행정재산의 사용허가를 행정행위로 보는 것으로 학설과 판례의 입장이 정리되었다는 점, 일반재산에서는 볼 수 없는 강력한 공법적 규율이 가해진다는 점, 행정재산의 용도폐지가 행정행위라는 점 등을 고려할 때 행정재산 전체의 법률관계를 공법관계로 보는 것이 일반적인 견해로 파악된다. 일반재산에 대해서는 뒤에서 보는 것처럼 전체적인 법적 성질에 관한 논의가 있지만, 행정재산에 대하여는 그러하지 못했던 이유는 행정재산의 법적 성질을 전반적으로 결정짓는 데 가장 중요하게 영향을 미치는 사용허가의 법적 성질에 대하여 오랫동안 학설과 판례의 태도가 정리되지 않았기 때문이다.

사용허가의 법적 성질에 관하여 보건대, 국유재산법이 행정재산의 사용허가라고 하므로 당연히 행정법상 허가라고 생각할 수도 있으나, 행정재산의 사용허가는 그 실질이 임대이기 때문에 그리 단순한 문제가 아니다. 특히 1976. 12. 국유재산법 전부개정 이전에는 일반재산의 대부에 관한 규정을 행정재산의 사용허가에 그대로 준용했기 때문에 사법상 법률행위설이 다수설이었다. 이후 1976. 12. 국유재산법 전부개정으로 행정재산의 사용허가에 관한 규정을 먼저 두고 이를 그대로 일반재산의 대부에 준용하게 되면서 행정행위설이 절대다수설이 되었다.[7]

대법원은 사법상 법률행위설을 취했다가, 1976. 12. 국유재산법 전부개정 때부터는 행정행위설로 입장을 변경한 후 차곡차곡 그에 따른 판례군을 형성하고 있다. 좀 더 구체적으로 살펴보면, 대법원은 사용허가를 대부계약과 달리 특허로 보는 기본태도를 취하면서, 사용허가에서 파생되는 사용료 부과 및 사용허가 취소의 처분성을 인정하고 있다.[8] 더 나아가 대법원은 사법

5) 중앙관서의 장, 지방자치단체장 또는 이들로부터 공물관리권한을 위임 · 위탁받은 자이다.

6) 하명호, 행정법, 제3판, 박영사, 2021, 842면; 김남진/김연태, 행정법Ⅱ, 제23판, 법문사, 2019, 393면.

7) 김남진, 행정재산사용허가의 성질, 고시연구 제25권 제7호, 고시연구사, 1998. 7, 90-92면.

8) ① 대법원 1996. 2. 13. 선고 95누11023 판결(국유재산의 관리청이 행정재산의 사용 · 수익을 허가한 다음 그 사용 · 수익하는 자에 대하여 하는 사용료부과는 순전히 사경제주체로서 행하는 사법상의 이행청구라 할 수 없고, 이는 관리청이 공권력을 가진 우월적 지위에서 행한 것으로서 항고소송의 대상이 되는 행정처분이라 할 것이다. ② 대법원 1997. 4. 11. 선고 96누17325 판결(국 · 공유재산의 관리청이 행정재산의 사용 · 수익을 허가한 다음 그 사용 · 수익하는 자에 대하여 하는 사용 · 수익허가취소는 순전히 사경제주체로서 행하는 사법상의 행위라 할 수 없고, 이는 관리청이 공권력을 가진 우월적 지위에서 행한 것으로서 항고소송의 대상이 되는 행정처분이다).

한편, 일반재산에 대한 판례로는, 대법원 1995. 5. 12. 선고 94누5281 판결(국유잡종재산에 관한 관리 처분의 권한을 위임받은 기관이 국유잡종재산을 대부하는 행위는 국가가 사경제주체로서 상대방과 대등한

상 법률행위인 기부채납으로 생긴 행정재산을 기부자에게 다시 사용허가하는 것과 위탁관리계약의 형식으로 행정재산을 사용허가 하는 것까지 처분성을 인정한다.[9] 특히 사용허가의 특허로서의 성질에 주목하여 국민에게 사용허가를 신청할 법규상·조리 상의 권리를 인정한 점은 주목할 만하다.[10] 생각건대, 행정재산의 사용허가는 일반재산의 대부와 달리 재산관리청이 행정재산의 용도나 목적에 장애가 되지 않는 범위에서 또는 보존목적의 수행에 필요한 범위에서 제한적으로 새로이 사용권을 설정해 주는 일방적인 의사표시이라는 점(국유재산법 제2조 제7호, 제30조 제1항 참조), 재산관리청의 일방적인 사용허가 취소·철회가 허용된다는 점(같은 법 제36조) 등을 고려할 때 특허로 보는 것이 옳다. 또한 그 연장선상에서 사용허가신청 거부행위에까지 항고소송의 대상으로 한다면 국민의 권익을 더 두텁게 보호하는 결과가 될 것이다.

그러나 사용허가가 민법상 임대로서의 실질을 가진다는 점을 부정할 수는 없다. 정부청사의 일정 공간을 사용허가 받아 매점 등 영리행위를 하는 것과 사유재산을 임대받아 영리행위를 하는 것 사이에 큰 차이를 느끼지 못하는 것이 일반적이고, 양자 간에는 기본적인 형평성이 유지되어야 한다. 행정재산 사용허가의 법적 성질을 둘러싸고 종래 행정처분설과 사법상계약설 그리고 이원적 법률관계설로 나뉘었고,[11] 국유재산법이 행정재산에 「국가를 당사자로 하는 계약에 관한 법률」(이하 '국가계약법'으로 약칭한다)을 준용하는 것 등은 사용허가에 임대차로서의 실질을 부정할 수 없기 때문이다. 공·사법의 구분은 전면적, 택일적인 것이 아니라 국면에 따라 그리고 공익성의 경중 등에 따라 다양한 조합이 검토되기도 한다.[12] 한편 국가는 법적 규율이 필요한 분야에 대하여 기존의 민사법 영역에 맡길 수도 공법적 규율을 설계할 수도 있는데, 공법적 규율을 설계하더라도 행정행위의 방식을 선택할 수도 있고, 행정계약의 방식을 선택할 수도 있다.[13] 이러한 맥락에서 입법자는 국가 이외 자의 행정재산 사용에 대하여 공법적 규율과 행정행위의 방식을 선택한 것일 뿐이다.

위치에서 행하는 사법상의 계약이지 행정청이 공권력의 주체로서 상대방의 의사 여하에 불구하고 일방적으로 행하는 행정처분이라고 볼 수 없는 것이고, 국유잡종재산에 관한 사용료의 납입고지 역시 사법상의 이행청구에 해당하는 것으로서 이를 항고소송의 대상이 되는 행정처분이라고 할 수 없는 것이다).

9) 대법원 2001. 6. 15. 선고 99두509 판결; 대법원 2006. 3. 9. 선고 2004다31074 판결 참조. 사용허가를 행정처분으로 볼 것인지 여부는 재산 자체의 성질에 의할 것이지, 재산의 취득경위나 사용권원의 부여 형식에 따라 사용허가의 성질이 달라지는 것이 아님을 명확히 한 판례들이다.

10) 대법원 1998. 2. 27. 선고 97누1105 판결.

11) 홍정선, 최신행정법판례특강, 박영사, 2011, 448면.

12) 이희정, 행정법학의 제도법학으로서의 정체성 —「행정법연구」 수록 논문의 분석을 중심으로 —, 행정법연구 제59호, 행정법이론실무학회, 2019, 81면.

13) 이희정, 앞의 논문, 106면.

2. 국가계약법의 준용

사용허가는 행정청이 공권력을 가진 우월적 지위에서 행하는 행정처분이지만, 사용자결정에 공정을 기하기 위해 경쟁 입찰을 원칙으로 하고 수의방식은 예외적으로 허용하는데, 그 실행과정에서 국유재산법에서 정한 것을 제외하고는 국가계약법을 준용한다(국유재산법 제31조 제3항). 국가계약법의 준용에 관하여 종전 국유재산법은 침묵했다. 통설과 판례가 사용허가를 행정행위로 파악했기 때문에, 사용허가에 임대차의 실질이 있음에도 불구하고 준용여부에 논란이 있었던 것이다. 그러다가 2009년(1월) 전부개정 국유재산법에서는 국가계약법의 준용을 명문화하였는데, 그렇다고 사용허가의 실질을 사법관계로 본다는 의미는 아니다. 행정법의 흠결이나 부족이 있는 곳에 사법의 준용은 원칙적으로 가능하기 때문이다.[14] 오히려 국유재산법은 제31조 제3항을 대부계약에 준용하지 않음으로써 대부와 사용허가를 준별한다(제47조 제1항). 즉, 대부는 국가를 당사자로 하는 '계약'이므로 국가계약법이 당연히 '적용'되지만 사용허가는 행정행위이므로 국가계약법을 따로 '준용'할 필요가 있는 것이다.

Ⅲ. 행정재산의 종류

국유재산법은 행정재산을 공용, 공공용, 기업용 및 보존용의 4가지로 분류한다(제6조 제2항). 4종류의 행정재산에 대한 국유재산법상의 차이는 없지만, 공공용재산은 대부분 공물의 지위를 함께 가지므로,[15] 공물법의 적용을 우선적으로 받으며, 보존용재산도 문화재보호법 · 국유림법 등의 적용을 우선적으로 받는다.[16] 결국 국유재산법의 적용을 전면적으로 받는 협의의 행정재산은 공용재산이라고 할 수 있다. 공물을 분류할 때, 그 제공된 공적 목적에 따라 공용물, 공공용물 및 보존공물로 분류하는 것이 학설의 대체적인 견해이나,[17] 이러한 분류는 행정재산의 분류방법을 그대로 따른 것으로서[18] 공물의 분류로서 적합한지 의문이다.

---

14) 하명호, 앞의 책, 69-70면.

15) 학설은 공공용재산을 공공용물이라고 하며 이를 협의의 공물이라고 한다. 김남진/김연태, 앞의 책, 393면; 김도창, 일반행정법론(하), 제4전정판, 청운사, 1993, 400면; 석종현/송동수, 일반행정법(하), 제13판, 삼영사, 2013, 391면 등.

16) 공용용재산과 보존용재산도 국유재산이므로, 해당 공물법 등에 규정이 없는 사항에는 국유재산법이 적용된다.

17) 류지태/박종수, 행정법 신론, 제16판, 박영사, 2016, 1082면; 박균성, 행정법강의, 제11판, 박영사, 2014, 1095면, 홍정선, 행정법원론(하), 제27판, 박영사, 2019, 529면 등.

18) 홍정선, 앞의 책[행정법원론(하)], 529면.

1. 공용재산

공용재산은 국가가 직접 사무용 · 사업용 또는 공무원의 주거용으로 사용하는 국유재산이다. 사무용이라 함은 청사, 법원, 경찰서, 교도소 등과 같은 순수 행정사무의 용도를 말하고, 사업용이라 함은 복권, 학교, 도서관, 박물관 등과 같이 사업적인 영역을 말하는데, 후술하는 정부기업의 정도는 아닌 것을 말한다. 현재 공용으로 쓰지 않더라도 앞으로 공용으로 쓰기로 결정했다면 그로부터 5년간은 공용재산으로 인정하는데(법 제6조 제2항 제1호, 영 제4조 제1항) 그 결정 횟수에 제한이 없다. 유휴행정재산을 다른 행정목적으로 사용할 필요가 있으면 이를 예정행정재산으로 결정해서 계속 보유함으로써 불필요한 행정절차를 줄일 수 있는 장점이 있지만, 이러한 예정행정재산 제도는 부처이기주의와 맞물려 한번 행정재산으로 사용한 국유재산은 내놓지 않고 무한정 보유하려는 경향을 생기게 한다.

현재 공무원의 주거용은 ① 대통령 관저, ② 국무총리, 독립기관(국가재정법 제6조 제1항) 및 중앙관서의 장(같은 조 제2항)이 사용하는 공관, ③ 국방 · 군사시설(「국방 · 군사시설 사업에 관한 법률」 제2조 제1호) 중 주거용으로 제공되는 시설, ④ 원래의 근무지와 다른 지역에서 근무하게 되는 사람 또는 인사명령에 의하여 지역을 순환하여 근무하는 사람에게 제공되는 주거용 시설, ⑤ 비상근무에 종사하는 사람에게 제공되는 해당 근무지의 구내 또는 이와 인접한 장소에 설치된 주거용 시설, ⑥ 그 밖에 해당 재산의 위치, 용도 등에 비추어 직무상 관련성이 있다고 인정되는 주거용 시설로 한정되고 있다(영 제4조 제2항). 위의 경우에 해당하지 않으면 국가의 사용(행정재산)이 아니므로 공무원이 주거용으로 사용하고자 한다면 국가 외의 자의 사용으로 봐서 사용허가 또는 대부를 받아 유상 사용하여야 한다. 그밖에 총괄청은 공무원 등의 주거용 재산의 관리 · 처분 방법을 따로 정할 수 있는바(영 제4조 제6항), 현재 기획재정부는 「공무원 주거용 재산관리 기준」(기획재정부 국유재산정책과-3320, 2013. 12. 30)을 마련하여 적용하고 있다.

2. 공공용재산

공공용재산은 국가가 직접 공공용으로 사용하는 국유재산이다. 공공용이라는 개념은 일반 공중의 사용에 제공한다는 것으로서, 국유재산을 내부적으로 분류하는 기준일 뿐이다. 따라서 도로, 하천, 공유수면, 항만 및 공원 등 공공용물에 제공되어 법정공물의 일부로 되는 경우가 많겠지만, 반드시 법정공물에 해당할 필요는 없다. 국가가 사실상 공공용으로 사용하거나 사용하기로 결정했다면 공공용재산이 되기 때문이다. 현재 공공용으로 쓰지 않더라도 앞으로 공공용으로 쓰기로 결정했다면 그로부터 5년간은 공공용재산으로 한다는 점(예정행정재산)은 공용재산과 동일하다(법 제6조 제2항 제2호). 공공용재산은 대부분 공물의 일부를 구성하게 되어, 도로법, 하천법 및 항만법 등 관련 공물법의 사용허가(통상 공물법의 규정에서는 점용허가, 점용료라고 하지만

이 책에서는 사용허가, 사용료로 통칭하기도 한다) 등 규정이 국유재산법에 우선하는 경우가 많지만(법 제4조), 사용관계에 관한 별도규정이 없어 국유재산법이 적용되는 경우도 있는데, 철도시설 및 농업기반시설 등이 그 예이다.

공용재산이 비교적 명확하게 그 성립과 폐지가 인식됨에 반하여, 공공용재산의 성립과 폐지는 외부에서 명확하게 인식하기 어렵기 때문에 일반재산과의 경계가 모호하다. 따라서 공공용재산의 시효취득과 관련하여 많은 논의가 있어 왔고, 행정재산의 성립과 소멸에 관한 논의는 공공용재산에 집중되어 있다.

공공용재산은 공공시설의 일부로서, 공공시설이 국가에 무상귀속 되거나, 사업시행자에게 귀속·양여됨으로써 국유재산의 발생 사유 또는 국유재산의 소멸 사유가 된다.

3. 기업용 재산

기업용재산은 정부기업이 직접 사무용·사업용 또는 그 기업에 종사하는 직원의 주거용으로 사용하는 국유재산이다. 앞으로 기업용으로 쓰기로 결정했다면 그로부터 5년간은 기업용 재산으로 인정한다는 점은 다른 행정재산과 동일하다(법 제6조 제2항 제3호).

정부기업이라 함은 정부가 특수법인(공사)을 만들지 않고 정부부처의 형태로 운영하되, 국가재정법이 아닌 정부기업예산법의 회계를 적용하는 공기업을 말한다.[19] 현재 우편사업, 우체국예금사업, 양곡관리사업 및 조달사업을 정부기업 형태로 운영하고 있는데, 각각의 특별회계가 설치되어 있다(정부기업예산법 제2조, 제3조). 정부기업은 공기업의 가장 전통적인 형태라고 할 수 있으나, 최고경영자의 빈번한 교체, 조직·인사·재정상의 제약 등으로 기업성을 발휘하기 어렵다는 단점이 있다. 이것이 많은 국가에서 정부기업을 특수법인(공사)으로 전환하는 이유이다. 우리나라는 정부기업으로 운영하던 방송사업, 전신전화사업, 전매사업을 1973년, 1981년, 1987년에 특수법인 공기업으로 전환하였다.[20] 특별회계로 운영되는 책임운영기관의 사업은 정부기업으로 보고, 「책임운영기관의 설치·운영에 관한 법률」에 규정된 것 외에는 정부기업예산법의 적용을 받는다(같은 법 제30조).

정부기업은 정부부처 형태로 운영하는 공기업이므로, 정부기업이 사용하는(또는 사용하기로 결정한) 국유재산을 굳이 공용재산과 따로 구분할 필요는 없다고 생각한다. 학설이 공물의 종류를 설명할 때 공용물(공용재산)·공공용물(공공용재산) 및 보존공물(보존용재산)로만 분류할 뿐이고, 일본국유재산법이 기업용재산을 별도로 분류하지 않는 것은 이러한 취지에서 이해할 수 있다.

---

19) 지방자치단체가 자신의 행정조직으로 운영하는 공기업을 지방직영기업이라고 한다(지방공기업법 제2조 제1항).

20) 유훈, 공기업론, 제오정판, 법문사, 2000, 20면. 방송사업은 한국방송공사로 전환되어 현재에 이르며, 전신전화사업과 전매사업은 한국전기통신공사와 한국담배인삼공사로 각 전환되었다가 2001년경 민영화되어 현재는 주식회사 케이티, 주식회사 케이티앤지로 되었다.

4. 보존용재산

보존용재산이란 법령이나 그 밖의 필요에 따라 국가가 보존하는 국유재산을 말한다(법 제6조 제2항 제4호). 다른 행정재산과 달리 장래 보존하기로 결정한 재산이라는 개념을 상정하기 어려워 보존용재산과 관련한 예정행정재산이 없다. 보존용재산인 국유재산의 대표적인 예는 보전국유림과 국유문화재이며, 관련 법률이 별도로 존재한다.

현행 보존용재산은 1950년 제정 법률 때에는 행정재산의 일종인 '영림재산'으로 규정되었다가, 1956년 폐지제정 법률 때는 일반재산(당시에는 보통재산이라고 했다)의 일종인 '보존용 재산'으로 규정되었다. 이후 1976년 전부개정 법률부터는 행정재산도 일반재산도 아닌 제3의 재산으로서 '보존재산'으로 분류되었다(3대분류 체계). 마지막으로 2009년(1월) 전부개정 법률부터 현재까지는 행정재산의 일종인 '보존용재산'으로 분류되게 되었으니, 1950년 제정법률 당시의 분류와 비슷하게 되었다.

일제강점기 이왕직 장관이 관리하던 구황실재산은 1954. 9. 23. 구황실재산법의 제정으로 국유화되었으나 구황실재산을 문화재로서 보존관리하기 위하여, 또한 생존한 구황족의 생계유지를 위하여 과도기적으로 다른 국유재산과 달리 규율하였다. 구황실재산법 폐지 후에는 구황실재산을 다른 국유재산과 구분하지 않는다. 일본의 경우 입헌군주국이기 때문에 다른 국유재산과 구분되는 황실용재산을 행정재산의 일종으로 분류하고 있다(일본 국유재산법 제3조 제2항 제3호 참조).

한편, 행정재산은 협의의 국유재산으로서 물건의 경우 부동산과 몇몇 특수동산에 한정되기 때문에(법 제5조 제1항), 국가소유의 동산문화재는 광의의 국유재산에 해당할 뿐, 행정재산(보존용재산)에는 포함되지 않는다.

제2절 행정재산에 대한 공법적 규율

국유재산의 대부분이 행정재산이기 때문에 국유재산법은 행정재산을 전제로 국유재산 전체에 대한 공법적 규율을 하고, 일반재산에까지 적용하기 곤란한 것은 행정재산에만 적용하는 방식을 취한다(제7조 제2항, 제11조 제2항, 제27조, 제82조 등 참조). 행정재산에 대한 공법적 규율은 재산에 대한 사적자치를 제한하는 측면과 재산의 보호 · 관리를 강화하는 측면에서 이루어지는데, 전자는 행정재산이 공소유물에서 이탈하지 못하게 하여 행정목적 수행의 항구성을 담보하거나 그 사용관계의 대외적 공신력을 담보하려는 취지로서 행정재산에 대한 공법적 규율의 핵심은 여기에 있다. 공물의 경우 융통성의 제한이 없기 때문에 사적자치의 제한이 공법적 규율의 핵심이 될 수 없고, 공물의 보호 · 관리에 중점이 있다.

Ⅰ. 사적자치를 제한하는 공법적 규율

1. 융통성의 제한

국유재산법은 행정재산에 사권을 설정하거나 매각 등 처분하는 것을 금지할 뿐만 아니라(제11조 제2항, 제27조 제1항), 행정재산을 제3자가 시효취득 하는 것조차 금지한다(제7조 제2항). 대법원은 용도폐지 없는 국유재산의 매각, 수용협의 등을 무효로 보고,[21] 용도폐지 없는 국유재산의 시효취득을 부정한다.[22]

이러한 융통성의 제한으로 행정재산은 압류나 공용수용이 될 수도 없다. 행정재산의 융통성을 제한하는 공법적 규율은 행정재산을 공소유물로 동결시켜 행정목적 수행의 항구성을 담보하기 위한 최소한의 조치로서, 행정목적의 수행과 직접적인 연관이 없는 일반재산에는 대부분 적용되지 않는다. 공물에 대하여도 융통성의 제한을 그 중요한 특성으로 드는 견해가 다수이지만,[23] 뒤에서 보는 것처럼 융통성의 제한은 공물의 특성과는 무관하다. 공물의 경우 공적 목적의 수행을 위하여 필요한 경우, 융통성의 제한이 아닌 사소유권을 제한하는 방식을 취하는데, 이러한 제한의 취지는 공물에 속한 물건의 소유자로 하여금 공물에 가해지는 공법적 규율에 복종하게 하는 것이다.

2. 영구시설물의 제한

국가 외의 자가 국유재산에 영구시설물을 설치하면 공간적, 물리적으로 장애가 생길뿐만 아니라 사권설정이 수반되는 등 법률적 장애까지 있게 된다. 특히 국유재산은 국가 행정목적에 제공되고 있거나 제공될 가능성이 있기 때문에 영구시설물의 축조는 법률상 금지되고 공익상 필요한 경우 예외적으로만 허용한다(법 제18조 제1항). 영구시설물 축조의 예외는 현재 행적목적으로 제공되고 있는 행정재산보다는 일반재산에 더 많이 허용되는데, 피대부자에게 영구시설물의 축조를 허용하는 규정이 대표적인 예이다(같은 항 제6호).[24]

국유재산에 대한 영구시설물의 축조는 사용허가·대부 등 거래행위에 수반되는 것이 보통이기 때문에 사적자치의 영역이라고 할 수 있다. 한편 공물은 사소유권을 초월하는 영역이기 때문에 융통성이나 영구시설물의 축조를 제한하는 규정을 찾아보기 어렵다.

---

21) 대법원 1995. 1. 24. 선고 94다21221 판결; 대법원 1992. 7. 14. 선고 92다12971 판결 등.

22) 대법원 1997. 8. 22. 선고 96다10737 판결. 공물에 제공된 국유재산이 공용폐지로 일반재산으로 돌아가고, 시효취득의 대상이 된다고 설명하기도 하지만[홍정선, 앞의 책(행정법원론(하)), 536면], 공물과 시효취득금지는 아무런 상관이 없을 뿐만 아니라, 국유재산에 공용지정·공용폐지가 있다고 해서 반드시 행정재산 또는 일반재산으로 전환되는 것도 아니다.

23) 김동희, 행정법Ⅱ, 제24판, 박영사, 2018, 274면; 류지태/박종수, 앞의 책, 1090; 박균성, 앞의 책, 1104면 등.

24) 영구시설물의 개념, 영구시설물의 축조가 허용되는 예외 등에 관한 자세한 내용은 제1편 제4장 참조.

3. 사용허가에 대한 통제

일반재산의 대부는 일반적으로 허용이 되지만, 행정재산의 사용허가는 예외적으로 허용된다(법 제30조 제1항). 사용허가는 그 실질이 임대차임이지만 사적자치를 제한하는 여러 공법상 규율의 적용을 받으며, 그 대부분은 대부에 그대로 준용된다(법 제47조 제1항).

(1) 사용자 결정방법에 대한 통제

국유재산법은 사용허가에 국가계약법을 준용하면서도, 사용자 결정방법에 관하여는 독자적인 규정을 두고 있다(제31조 제3항). 즉, 일반경쟁 입찰방식이 원칙임을 선언하되, 지명·제한경쟁 및 수의방식을 구체적이고 폭넓게 법정하여, 사실상 후자가 충분히 검토된 다음에 전자를 적용하게 한다(법 제31조 제1항, 영 제27조 제2항·제3항·제5항). 국유재산법에서 일반경쟁 입찰의 원칙이란, 수의나 지명·제한경쟁이 더 적절한 영역을 제외한 나머지 영역에서 지켜야 할 보충적 개념인 것이다(일반경쟁의 보충성).[25] 일반경쟁이 추구하는 공정성은 사적자치에 기초하기 때문에 실질적 정의를 추구하는 수의나 지명·제한경쟁으로 통제하지 않으면 안 된다. 국유재산법 제31조 제1항을 문리해석하면 일반경쟁이 가장 우선되는 것으로 보이지만, 제한·지명경쟁 및 수의방식의 법정 사유들을 보면(영 제27조 제2항 각 호, 제3항 각 호 참조), 오히려 수의방식이 가장 우선하고, 그 다음으로 지명·제한경쟁이 이루어지며, 어느 방법에도 해당하지 않을 때 일반경쟁이 이루어진다는 것을 알 수 있다.

(2) 사용료의 법정

국유재산법은 사용료의 산출, 징수, 조정 및 감면 등을 규정하는데(제47조 제1항), 이를 위반한 경우 사용자에게 불리한 범위에서 효력이 없다.[26] 사용료는 해당 국유재산의 재산가액에 법정요율을 곱하여 산출하는데, 재산가액은 공시지가 등 공시가격으로 산정함이 원칙이다. 법정요율은 사용자와 사용목적에 따라 최소 1%, 최대 5%를 규정한다. 이러한 사용료산출 체계는 부동산임대료 산출을 위한 감정평가기법 중 적산법을 단순화시킨 모형이다.[27] 현행 사용료체계는

---

25) 이러한 일반경쟁의 보충성(법 제31조 제1항)은 일반재산의 대부(법 제47조 제1항)는 물론 매각(법 제43조 제1항)에까지 적용된다.

26) 대법원 2000. 2. 12. 선고 99다61675 판결.

27) 1950년 국유재산법 제정 당시에는 임대사례비교법에 따라 사용료를 비준하는 것을 원칙으로 하고, 임대사례가 없을 때 예외적으로 재산가액에 법정요율을 곱하는 방식(=적산법)을 적용하였다. 이때의 재산가액은 감정평가업자의 평가액으로 하였고, 법정요율은 경작용과 비경작용으로 정도로만 구분하였다. 이후 1977년 개정 시행령에서 재산가액에 법정요율을 곱하는 적산법방식을 전면적으로 도입하였고, 1989년 부동산공시법이 제정되자 1990. 6. 30. 개정 시행령에서는 재산가액을 공시가격에 연동시켰다. 한편, 법정요율을 점점 더 세분화하여 오늘에 이르게 되는데, 1977년도에 법정요율을 사용목적에 따라 행정·공무원·기타로 나눈 이래로 1996년도에는 주거용을, 2000년도에는 경작용을, 2011년도에는 사회복지·종교·소상공인을, 2018년도에는 목축·어업·사회적 기업을 추가하여 현행 사용요율 체계를 이루게 되었다.

적산법을 채택하면서 재산가액을 감정평가하지 않고 공시가격으로 산출하며, 기대이율을 산출하는 대신 법정요율을 대입시킨다. 이러한 사용료산출 체계는 누구나 쉽고 간편하게, 누가 산출하든 같은 값에 이르게 되므로 산출비용이 들지 않고, 공정성 시비가 없다는 장점이 있다. 참고로, 미국, 영국, 독일, 프랑스 및 일본 등 대부분의 선진사례는 임대사례비교법 · 적산법 등 감정평가기법에 충실하게 국유재산 담당자가 직접 시장임대료를 계산하여 비준하는 체계를 갖춘 것으로 알려져 있다.[28] 일본의 경우 재무성이 제정 · 운영하는 「보통재산대부료 산정기준」에 따라 적산법을 기본으로 하되 임대사례비교법을 적절히 가미하고 있다.[29]

재산관리기관은 재산가액에 법정요율을 곱하여 산출한 사용료를 매년 징수한다(법 제32조 제1항, 영 제29조 제1항). 공시가격이 매년 변하기 때문이다. 통상의 부동산 임대료는 보증금을 내고 그 이자로 임대료를 갈음하거나, 월세를 내지만 국유재산은 연간사용료가 원칙이다. 국유재산의 사용료는 사용 · 수익하기 전에 선납하여야 하는바(영 제30조), 이는 동시이행의 항변권을 규정한 민법 제536조에 대한 특별규정이다.

(3) 공익적 이유에 의한 사용관계의 일방적인 종료

마지막으로 국가의 공익적 필요에 따른 일방적인 사용관계 종료를 들 수 있다. 보통의 임대차는 당사자 사이에 약정이 없는 한 임대인의 필요에 따라 해지하지 못하지만, 국유재산은 국가나 지방자치단체가 직접 공용이나 공공용으로 사용하기 위하여 필요하게 된 경우에는 그 사용허가 · 대부를 일방적으로 종료시킬 수 있는데(법 제36조 제2항, 제47조 제1항), 이는 국유재산에 대한 매우 강력한 공법상 규율로서 일반재산의 법적 성질에 대하여는 공법관계설의 논거가 되기도 한다.[30]

4. 고시이자의 적용

국유재산 관련 사용료 · 대부료, 매매대금 및 변상금채권을 분납할 경우 분납이자가 발생한다. 반대로 국가가 과오납금을 반환해야 할 경우에도 이자가 발생한다. 이자에 관한 약정이나 별도 법률의 정함이 없으면 민법 제379조에 따라 연 5% 또는 상법 제54조에 따라 연 6%의 이자가 발생하는데, 국유재산법은 별도로 고시이자를 규정하고 있다. 국유재산법상 고시이자란, 시중은행의 1년 만기 정기예금의 평균 수신금리를 고려하여 기획재정부장관이 고시하는 이자율

28) 한국감정원, 국유재산 임대료개선방안 연구, 2015. 9, 21면 이하 참조.

29) 신규대부료를 재산가액에 기대수익률을 곱하는 방식으로 계산하는데, 재산가액은 재산평가기본통달(국세청)에 따라 산출하고, 기대수익률은 인근 대부 선례에서 구한 기대수익률의 평균치를 사용한다. 계속대부료는 종전대부료에 슬라이드율을 곱하여 계산하는데, 슬라이드율은 소비자물가지수에 지가변동율을 더 한 값을 2로 나누어 산출한다(보통재산대부료 산정기준 중 제1 토지의 대부료 1. 계속대부료 2. 신규대부료 부분 참조).

30) 이원우, 주석 국유재산법, 법제처, 2006, 6면.

을 적용하여 산출하는 이자를 말한다(영 제30조 제4항).

국유재산법의 이자율 고시는 강학상 '법령보충적 행정규칙'으로서 논의된다. 학설과 판례는 행정규칙이 상위법령의 위임한계를 벗어나지 않는다면 상위법령과 결합하여 대외적 구속력을 갖는 법규명령으로서 기능한다는 입장이며,[31] 1998. 3. 1.부터는 행정규제기본법이 제정되어 법률보충규칙에 대한 입법적 조치가 마련되었다(제4조 제2항). 국유재산법은 사용료 등의 분납이자 및 과오납금의 반환이자를 대통령령에서 정하도록 위임하고 있고(제32조 제2항, 제47조 제1항, 제47조 제2항, 제50조 제2항, 제72조 제2항 및 제75조), 그 시행령은 시중은행의 1년 만기 정기예금의 평균 수신금리를 고려하여 기획재정부장관이 고시하는 이자율을 적용하여 이자를 산출하도록 하고 있다(제30조 제4항, 제51조의 2, 제55조 제5항, 제71조 제3항 및 제73조). 결론적으로 현행 국유재산법의 고시이자율은 법률보충규칙으로서 대외적 효력을 인정받기 때문에 민법 제379조에도 불구하고 국유재산법의 각종 분납이자 등의 산출에 우선 적용된다.

한편, 2013. 8. 19.부터 시행된 현행 이자율고시[32]는 기존고시를 전부 개정하여 고시이자율을 매 분기 변동이자율로 하였는데, 직전 분기 중 전국은행연합회에서 가장 마지막으로 공시하는 "신규취급액기준 COFIX[33]"에 연동시켰다. 2021년 4/4분기 현재 고시이자율은 연 1.02%이다.

Ⅱ. 재산의 보호·관리를 강화하기 위한 공법적 규율

국유재산법은 행정재산인지 일반재산인지를 불문하고 아래와 같이 신속하고 효율적인 행정을 위한 공법적 규율을 하고 있는데, 재산의 보호·관리를 강화하기 위한 것이다. 공물법에도 변상금부과, 행정대집행 등 유사한 공법적 규율이 있지만, 재산의 보호·관리 차원보다는 공공질서의 유지 차원에서 더 큰 의미가 있다. 예컨대, 도로를 무단 점용하여 노점을 운영하는 자에게 변상금을 부과하거나 행정대집행을 한다면 도로부지에 대한 재산의 보호·관리보다는 대중의 통행을 방해하여서는 안 된다는 등의 공공질서유지 목적이 강한 것이다.

1. 무단점유자에 대한 행정대집행 등

국유재산을 무단으로 점유하면 변상금을 부과하거나 행정대집행으로 강제철거 할 수 있으며(법 제72조, 제74조),[34] 행정재산인 경우 형사 제재의 대상이 된다(법 제82조). 사유재산의 무단

31) 대법원 2002. 9. 27. 선고 2000두7933 판결; 하명호, 앞의 책, 234면; 박균성, 앞의 책, 171면 등.
32) 기획재정부고시 제2013-15호.
33) 은행들이 기준금리에 자금조달비용을 반영하여 산출하는 주택담보대출 금리다. 은행연합회가 매달 한 번씩 국내 9개 은행의 정기 예·적금, 상호부금, 주택부금, 양도성예금증서(CD), 환매조건부채권 금리 등을 가중 평균하여 산출한다. 단기, 잔액기준 및 신규취급액 기준으로 발표하는데, CD금리에 비하여 변동성이 작은 장점이 있다.
34) 일반재산에 대한 변상금부과·행정대집행 규정에 대해서는 헌법상 평등원칙위반, 재산권침해 등을 이

점유에 대해서는 그 소유자가 인도 · 철거청구소송, 부당이득반환청구소송 등 민사소송을 제기한 다음 집행권원을 받아 강제집행을 해야 하지만, 국유재산은 이러한 민사소송절차를 생략하고 행정집행을 할 수 있으므로 특별한 공법적 규율이라 할 수 있다.

2. 체납채권의 징수

국유재산에 대한 사용료 · 대부료, 가산금[35] 및 변상금이 체납된 경우 최장 60개월의 연체기간에 대하여 연 7 ~ 10%의 연체료를 부과할 수 있으며, 국세징수법의 체납처분절차에 따라 연체료를 포함한 체납금을 강제징수할 수 있다(법 제73조). 민법상으로는 연 5%의 지연이자가 자동으로 가산되고, 민사채권이 연체되면 금전청구소송을 통하여 민사집행이 가능하지만, 국유재산의 경우 이보다 더 높은 연체료가 부과행위(행정행위)로서 가산되고, 강제징수절차에 따른 행정청의 자력집행이 허용된다는 점에서 공법상 특례라 할 수 있다.

제3절 행정재산의 성립

Ⅰ. 개요

국유재산에는 사권설정이 금지되므로 사법상의 권리변경은 잘 일어나지 않는 대신, 행정재산이나 공물의 성립과 소멸로 인한 공법상의 규율의 변경이 종종 발생한다. 행정재산의 성립과 소멸은 재산관리기관에 의한 국가내부적인 현상으로서 국유재산의 구분(행정재산과 일반재산)과 관련되는 바, 행정은 그 관리체계와 융통성 등에서 큰 차이를 나타낸다. 한편, 공물관리청은 국 · 공유, 사유재산을 불문하고 이들에 공물을 성립시키기도 하고 소멸시키기도 하는데,[36] 공물의 성립은 행정재산의 성립과는 별개의 특별한 공법적 규율을 발생시킨다. 이러한 공물의 성립과 소멸은 국가외부적인 현상이다.

유로 위헌소원이 제기되었으나 헌법재판소는 일반재산의 효율적인 보존 · 관리라는 합리적인 이유 등을 이유로 합헌결정을 하였다(헌법재판소 2010. 3. 25. 선고 2008헌바148 결정).

35) 국유재산법 제39조(관리 소홀에 대한 제재) 행정재산의 사용허가를 받은 자가 그 행정재산의 관리를 소홀히 하여 재산상의 손해를 발생하게 한 경우에는 사용료 외에 대통령령으로 정하는 바에 따라 그 사용료를 넘지 아니하는 범위에서 가산금을 징수할 수 있다.

36) 사유재산에 공물을 성립시키려면 재산권의 침해와 그 보상의 문제가 있어 가급적 국 · 공유재산에 공물을 성립시킨다. 이러한 이유로 우리 공물법제는 ① 새로 설치되는 공공시설의 국 · 공유화(무상귀속) 제도(국토계획법 제65조 등), ② 구 하천법(2007. 4. 6. 전부개정 되기 전의 것)의 하천국유제도(제3조), ③ 현행 하천법의 하천구역 내 토지의 국 · 공유재산확보 노력의무(제10조 제6항) 및 매수청구제도(제79조 이하), ④ 공유수면을 국유재산으로 한정하는 「공유수면 관리 및 매립에 관한 법률」 제2조 등에서 보조적으로 공소유권제의 영향을 받은 제도를 취한다.

국유재산법은 제정 때부터 국유재산을 행정재산과 일반재산으로 나누어 법률관계 등에서 양자를 달리 규율하고 있지만, 양자의 경계가 항상 명확한 것은 아니다. 학설과 판례는 공물의 성립(공용지정)과 소멸(공용폐지)을 행정재산에도 같이 적용하지만,[37] 양자는 서로 다른 규율체계에 있으므로 타당하지 않다. 공물은 사소유권에 공법적 규율을 가하는 것이므로 공용지정에 의한 성립이 중요하지만, 행정재산은 융통성 제한의 해제 차원에서 용도폐지에 의한 소멸이 중요하다. 결국 국유재산은 행정재산과 일반재산으로 나누어지고, 이들은 다시 공물인 경우와 그렇지 않은 경우로 나누어져서, 전체적으로 4개의 유형이 되는데, 유형별로 공법적 규율이 달라진다.

행정재산은 국가가 일반재산을 공용, 공공용 등으로 사용하거나 사용하기로 결정함으로써 성립하며, 공용지정과 같은 조치를 필요로 하지 않는다. 행정재산의 성립은 공물의 성립과 달리 국유재산 내의 분류에 불과하여 국민의 권리·의무에 직접 영향을 미치지 않는다. 행정재산은 기존의 국유재산에 성립된다. 국가가 재산을 취득할 당시에 이미 행정재산의 실질을 갖추고 있다면(예컨대, 신축 공공시설의 국가귀속) 그것은 행정재산의 성립이 아니라 행정재산의 취득이다.

Ⅱ. 행정재산의 종류별 성립

1. 공용재산의 성립

국가가 일반재산을 직접 청·관사, 도서관 및 군부대 등으로 사용하거나 사용하기로 결정하면 공용재산으로 성립되고, 별도의 공용지정행위는 필요 없다(법 제6조 제2항 제1호). 공용재산을 공용물이라 하고 이를 공물의 일종으로 보는 것이 학설의 일반적인 견해이며, 학설은 공용물은 공용물로서의 형체를 갖추어 행정주체가 사실상 사용을 개시하는 것으로써 족하며, 별도 공용지정을 필요로 하지 않는다고 한다.[38] 공용물은 국가 자신의 사용에 한정되고 외견상 공용재산임이 쉽게 구분되기 때문에 별도로 공용지정이 필요 없다는 것이다. 그러나 강학상의 공용물에 공용지정이 필요 없는 이유는 그것에 공물로서의 공법적 규율이 없는 등 공물이 아니기 때문이라고 해야 한다.

공용재산의 성립은 국유재산법에 따라야 하는바, 국유재산법은 공용재산의 성립에 공용지정은 물론 공용재산의 형체를 갖출 것(형체적 요소)도 요구하지 않는다. 공용재산으로 사용하기로 결정만 해도 된다(예정행정재산, 법 제6조 제2항 제1호). 예정행정재산으로 먼저 성립한 다음에, 현황 행정재산이 되는 것이 일반적이다.[39] 이러한 행정재산의 성립과정은 공공용재산에서도 마

37) 김동희, 앞의 책, 268-270면; 홍정선, 행정법특강, 제13판, 박영사, 2014, 1189-1190면; 박균성, 앞의 책, 1097-1100면; 대법원 2007. 6. 1. 선고 2005도7523 판결; 대법원 2009. 10. 15. 선고 2009다41533 판결 등.

38) 김남진/김연태, 앞의 책, 404면; 김동희, 앞의 책, 270면 등.

39) 예컨대, '중앙관서의 국유재산 사용승인 신청 - 총괄청의 사용승인 - 재산이관 - 청·관사 등 신축 - 행정재산으로 사용'의 과정을 거친다.

찬가지이다. 국유재산을 행정재산으로 사용할지 여부는 총괄청이 중앙관서의 장의 의견을 들어 결정하는데(영 제4조 제5항), 일반회계 소속 국유재산의 경우 총괄청의 사용승인(법 제8조 제4항)의 형태로 이루어진다. 사용승인은 행정기관 내부행위로서 국민의 권리 · 의무에 직접적인 영향을 미치지 않기 때문에 항고소송의 대상이 되는 처분에 해당하지 않는다.[40)]

2. 보존용재산의 성립

국가가 기존의 국유재산을 법령이나 그 밖의 필요에 따라 보존하면 보존용재산이 성립된다(법 제6조 제2항 제4호). 학설이 보존용재산의 예로 드는 대표적인 것은 보전국유림[41)]과 국유문화재인데, 이들은 해당 법률에서 별도로 그 성립에 관한 규정을 두고 있다. 산림청장은 국유림이 학술연구, 임업기술개발, 문화재보호 및 생태계보전 등 공익상 보존할 필요가 있을 경우 보전국유림으로 구분해야 하고, 다른 법률에 따라 채종림(採種林), 산림보호구역 및 사방지 등으로 지정이 되면 보전국유림으로 의제된다. 이러한 보전국유림은 행정재산과 같다(이상 국유림법 제16조 제1항 내지 제3항).

국유문화재는 문화재보호법 제2조의 문화재에 해당하면 별도의 행위 없이 보존용재산이 되어 문화재청장이 관리 · 총괄하며, 처분과 사권설정이 금지되고, 공익목적의 사용허가만 인정되는 등 행정재산으로서의 공법적 규율이 가해진다.[42)] 문화재보호법상의 지정 · 등록은 동 법률상의 일반적인(즉 국유문화재인지 사유문화재인지 불문하는) 편입 절차일 뿐 행정재산의 성립행위는 아니지만, 학설은 지정 · 등록문화재를 보존공물로 보고, 문화재보호법상의 이러한 지정 · 등록을 공용지정으로 파악하는 것이 일반적이다.[43)]

결론적으로 국유림법은 보전국유림으로의 구분과 의제라는 행정재산의 성립을 규정하고 있으며(제16조 제1항 내지 제3항), 문화재보호법은 문화재의 개념을 법정함으로써(제2조) 국유문화재를 법정행정재산으로 규정하고 있는 것이다. 국유림이나, 국유문화재 이외의 국유재산도 국유재산법의 일반적인 요건과 절차(제6호)에 따라 보존용재산이 될 수 있으며, 이때에는 국재산법의 행정재산에 관한 규정이 적용된다.

---

40) 서울행정법원 2019. 8. 30. 선고 2018구합79391 판결.
41) 류지태, 현행 국유재산관리의 법적 문제, 고려법학 제36집, 고려대학교 법학연구원, 2001, 73면.
42) 문화재보호법 제7장(제62조 내지 제66조) 국유문화재에 관한 특례.
43) 김동희, 앞의 책, 270면; 김남진/김연태, 앞의 책, 404면 등.

3. 공공용재산의 성립

국가가 기존의 국유재산을 직접 도로, 하천 등으로 사용하거나 사용하기로 결정하면 공공용재산으로 성립되며(법 제6조 제2항 제2호), 별도 공용지정은 필요 없다. 공공용재산은 대부분 공물에 해당하지만 그렇다고 해서 양자가 같은 개념은 아니다. 공공용재산이 공물에 해당하더라도 그 재산은 행정재산의 성질을 그대로 가지면서 공물의 일부가 될 뿐이다. 일반재산이 공공용재산으로 성립하는 요건과 절차는 공물로 성립하는 그것과 다르다. 전자는 국유재산법상의 사용 또는 사용결정이고, 후자는 강학상의 공용지정(Widmung)이다. 예컨대, 국가가 특정시설 또는 지역으로 진출입할 도로가 시급히 필요하여 국유지에 도로를 개설해 공중의 이용에 제공하였다면 이것은 공공용재산의 성립으로는 볼 수 있지만, 아직 도로구역 결정이 없기 때문에 도로법상의 도로(공물)로는 볼 수 없다. 공공용물을 법정공물과 법정외 공물로 나누어서 도로법, 하천법 등 별도로 공물법이 적용되지 않는 것을 법정외공물에 포함시키는 견해도 있다.[44] 그러나 공물은 특별한 공법적 규율이 가해지는 것인바, 해당 공물법이 없는 공물이라는 관념을 인정하기 곤란하다. 그러한 것은 국유재산법상의 공공용재산이라고 해야 한다.

행정재산, 공물 및 공공시설은 사업시행자가 공공시설을 새로 설치해서 국가 등에 무상귀속 시키는 과정에서 구분되어 나타난다. '사업시행자의 사업부지 확보 ⋯› 공물관리청의 공용지정 ⋯› 공물성립 ⋯› 도시계획시설사업의 시행 ⋯› 공공시설의 완공[45] ⋯› 공공시설 부지의 국가 등 무상귀속(행정재산의 취득)'의 과정이 그 예이다.

Ⅲ. 행정재산의 성립을 판단하는 기준

일반재산에서 행정재산으로의 전환이 비록 국유재산 내에서의 구분에 불과하지만, 양자는 법률관계에서 근본적인 차이가 있고, 국유재산을 사용하거나 취득하려는 일반국민의 이해관계에 영향을 미치게 된다. 특히 행정재산은 시효취득이 불가능하므로, 행정재산의 성립을 판단하는 기준은 중요하다. 공물은 해당 법률에서 공용지정과 그에 따른 효과를 명확하게 규정하여 이 문제를 해결하는데 별다른 어려움이 없으나, 행정재산은 국유재산법이 '국가가 직접 공공용 등으로 사용하거나 사용하기로 결정한 재산'이라고만 규정하고 있을 뿐(제6조 제2항), 어느 행정주체

---

44) 김동희, 앞의 책, 267면. 소하천이나 이도(里道) 등과 같이 공물관리법이 관리의 대상으로 하지 아니하거나, 특정 광장과 같이 국가 등이 설치하여 공공용에 제공하고 있으나, 아직 이를 관리하기 위한 공물관리법이 제정되지 아니한 공물 등이 그것이라고 하며, 이들은 법적으로 국유공물이 된다고 한다. 그러나 이들은 국유재산인 공공용재산일 뿐 공물이라고 보기 어렵다.

45) 국토계획법 제65조, 도시정비법 제97조, 대법원 1999. 4. 15. 선고 96다24897 전원합의체 판결 등.

가 어느 정도로 쓰면 '사용'인지, 어느 행정주체의 어떤 행위가 있으면 '사용하기로 결정'한 것으로 보아야 할 것인지 등에 대한 아무런 기준이 없다.

청·관사 등 공용재산은 사실상 그 성립과 소멸의 시기가 분명하며,[46] 보존용재산은 국유림법, 문화재보호법 등 관련 법률에서 그 성립의 시기를 명확하게 규정하고 있다. 결국 성립시기가 문제되는 것은 공공용재산이다. 공공용재산은 대부분 국유재산이 공공용물에 제공됨으로서 성립되는바, 국유재산에 공용지정이 있는지는 행정재산의 성립을 파악하는 일응의 기준이 될 수 있다. 그러나 공공용물이 아닌 공공용재산이 있을 수 있고, 국유재산이 행정재산으로 먼저 성립되고 나중에 공물로 성립될 수도 있음을 고려할 때, 행정재산의 성립 시기는 국유재산법 제6조 제2항의 '국가가 직접 공공용 등으로 사용' 또는 '사용하기로 결정'이라고 판단할 만한 객관적인 징표가 있는지가 가장 중용한 판단기준이 된다고 해야 한다.[47]

예컨대, 국토교통부장관이 도로설치를 위해서 일반재산을 사용승인을 받아 그 소관으로 했다면, 아직 도로구역결정(공용지정) 전이라도 그 사용승인 당시에 공공용재산으로 사용하기로 결정(공공용재산의 성립)한 것으로 봐야 하고,[48] 환경부장관이 하천 인근의 국유지를 수변구역으로 지정·고시하더라도 공물을 성립시키지는 않지만 이를 행정재산으로 성립시키기 위해 환경부장관 소관으로 사용승인 절차를 거쳤다면 국유재산법 제6조 제2항의 공공용으로 사용하기로 결정한 것으로 봐야 한다. 그 밖에 공물성이 없는 산업단지 내의 국유지는 일반재산으로 관리하지만 산업단지 내의 국유지로서 외국인투자구역으로 지정·고시되면 행정재산으로 봐서 산업통상자원부장관이 소관하는 것이 실무 예이다.

결국 행정재산의 성립여부는 기본적으로 국가(총괄청)가 결정하는 것에 달려 있는 문제이다. 대법원은 "도로와 같은 인공적 공공용재산은 법령에 의하여 지정되거나 행정처분으로 공공용으로 사용하기로 결정한 경우 또는 행정재산으로 실제 사용하는 경우의 어느 하나에 해당하여야 행정재산이 되는 것"이라고 판시하였다.[49] 여기서 '법령에 의하여 지정'은 법규에 의한 공용지정을, '행정처분으로 공공용으로 사용하기로 결정'은 행정행위에 의한 공용지정을 의미하는 것으로 볼 수 있다. 그리고 '행정재산으로 실제 사용하는 경우'는 공물이 아닌 행정재산의 성립

46) 이러한 이유로 공용물의 공용지정 및 공용폐지는 필요 없다는 것이 통설이다.

47) 통설 및 판례와 달리 공물의 성립을 판단하는 기준(공용지정)이 아닌 국유재산법 제6조 제2항에 따라 행정재산의 성립을 판단해야 한다는 견해가 있다(이현수, 국유재산법상 행정재산의 성립요건, 행정법연구 제23호, 행정법이론실무학회, 2009, 239·241면). 그러나 이 견해도 행정재산과 공물을 동일하게 보는 시각에서 다만 통설과 반대로 국유공물의 경우, 행정재산의 성립은 물론이고 공물의 성립까지 국유재산법 제6조 제2항에 따라 판단해야 한다고 한다(이현수, 앞의 논문, 248-249면).

48) 행정재산으로 사용여부는 기획재정부장관이 관련 중앙관서장의 의견을 들어 결정한다(법 제6조 제2항, 영 제4조).

49) 대법원 2000. 4. 25. 선고 2000다348 판결, 대법원 1997. 8. 22. 선고 96다10737 판결, 대법원 1994. 9. 13. 선고 94다12579 판결 등.

을 의미하는 것으로 해석된다. 즉, 대법원은 공공용재산의 성립을 판단함에 있어서 국유재산법 제6조 제2항에 해당 여부를 주요하게 보지만, 도로 등 공물의 부지로 사용되는 경우에는 그 공물로 성립되었는지 여부도 함께 보는 것이다.

한편 대법원은 지방자치단체가 도로용지로 쓸 목적으로 토지를 수용한 그 일부에만 도로를 개설하고, 나머지에는 장차 도로용지로 사용하기로 예정하고 있는 경우, 그 토지는 당해 지방자치단체가 직접 공공용에 사용하기로 결정한 공공용재산으로서 행정재산에 해당한다고 판시한 바,[50] 이는 대법원이 행정재산이 공물과 무관하게 독자적으로 성립할 수 있음을 인정한 판례라고 할 수 있다.

Ⅳ. 행정재산 성립의 효과

일반재산이 행정재산으로 변경됨으로써 재산의 법적 성질이 사법관계에서 공법관계로 전환되고, 종래의 공법적 규율이 더 강화되는데(자세한 내용은 제2편 제1장 참조), 가장 뚜렷한 차이는 융통성의 제한이다. 나아가 일반재산이 공공용재산이 되는 경우에는 공물의 지위도 겸하게 되어 공물법의 적용을 우선적으로 받게 된다.

Ⅴ. 국유재산에 대한 공용지정

국유재산과 공물은 서로 다른 개념이고, 공물은 그 소유자가 누구인지를 불문하고 성립하므로 국유재산도 공용지정의 대상이 될 수 있다. 국유재산을 공물로 제공한 주체가 국가이면 그 재산은 행정재산이 되고, 공물로 제공한 주체가 지방자치단체이면 일반재산의 성질을 유지하게 된다. 국유재산 중에서 공용재산과 보존용재산은 공물의 성질을 가진다고 보기 곤란하므로 이하에서는 공공용재산을 전제로 서술한다.

1. 공용지정의 의의와 성질

공물이 성립하기 위해서는 원칙적으로 그 물건이 일반 공중의 사용에 제공될 수 있는 형체적 요소[51]와 이것을 공물로서 일반 공중의 사용에 제공한다는 취지의 행정주체의 의사

50) 대법원 1996. 12. 10. 선고 95다37681 판결.

51) 이때의 형체적 요소는, 공공시설에 이를 정도는 아니고, 도로구역, 하천구역, 공원구역 및 항만구역 등 각종 공물구역으로서 공용지정의 대상이 될 만한 정도를 의미한다. 여기에 도시계획시설사업 등으로 공공시설이 완공되면 공공시설을 보유한 공물이 된다. 도로의 경우 다른 공물과 달리 도로구역결정 당시 아무런 형체적 요소가 없을 수 있는바, 이때는 예정공물이 성립되는 것으로 보는 것이 학설의 일반적인 태도이며 판례도 동일하다. 즉 예정공물은 형체적 요소를 불요하지만 공물과 같이 취급되는 개념이다.

적 행위, 즉 공용지정(Widmung)을 필요로 한다.[52] 공용지정의 개념을 조금 더 구체적으로 파악하면, 공용지정은 어떠한 물건이 특정한 공적 목적에 제공되어, 그로 인하여 그 물건에 대한 사권의 행사가 제한되는 등 공법상의 특별한 지위를 갖게 된다는 것을 선언하는 법적 행위를 말한다.[53] 어떤 물건이 공물이 되기 위해서는 그 물건을 일반 공중의 사용에 제공하고, 그로 인하여 그 물건에 대한 사권의 행사가 제한되는 등 공법상의 특별한 지위를 갖게 된다는 취지의 공용지정이 필요하다.[54]

공용지정의 형식과 관련하여 행정행위에 한한다는 견해[55]와, 법률 · 법규명령 · 조례 · 관습법과 같은 법규의 형식도 포함한다는 견해[56]의 대립이 있는데, 입법 형식의 법적 행위도 가능하고, 하천법, 항만법 및 「공유수면 관리 및 매립에 관한 법률」(이하 '공유수면법'으로 약칭한다) 등 법규에 의한 공용지정이 현실에서 빈발하다는 점 등을 고려할 때, 공용지정은 행정행위에 한하지 않고 법규의 형식도 포함한다고 해야 한다.

2. 행정행위에 의한 공용지정

공물의 큰 비중을 차지하는 하천, 도로 및 공원은 행정행위로 공용지정이 된다. 공용지정은 공물의 성립여부와 그 성립시기를 결정짓고, 행정재산의 성립시기를 보조적으로 가늠하는 기준이 되는바, 그 명확성을 확보하기 위해 행정행위의 형식을 취하는 것이 바람직하다. 나아가 공용지정의 명확화를 위하여 고시 · 공고를 하는 경우가 있고, 이 경우에는 묵시적 행위에 의한 공용지정은 허용되지 않는다고 보아야 한다.[57] 현행 도로법은 도로구역결정에(제24조 제3항), 하천법은 하천구간지정과 하천구역결정에 고시를 요구하며(제7조 제6항, 제10조 제4항), 자연공원법은 국립공원 등의 지정고시를 요구하고 있다(제6조).

(1) 하천

하천법상 하천, 즉 공물로서의 하천이란 지표면에 내린 빗물 등이 모여 흐르는 물길로서 공공의 이해에 밀접한 관계가 있어 국가하천 또는 지방하천으로 지정된 것을 말하며, 하천구역과 하천시설로 구성된다(제2조 제1호). 하천구역은 하천관리청의 행정행위로 공용지정 되지만, 하천시설은 법규로 공용지정이 된다(제2조 제2호, 제3호).[58] 국토교통부장관은 국가하천의, 시도

---

52) 김남진/김연태, 앞의 책, 397면.
53) 김남진/김연태, 앞의 책, 398면.
54) 하명호, 앞의 책, 847면.
55) 김동희, 앞의 책, 269면; 박균성, 앞의 책, 1098면 등.
56) 김남진/김연태, 앞의 책, 398-399면; 류지태/박종수, 앞의 책, 1083-1085면; 홍정선, 앞의 책(행정법특강), 1190면 등.
57) 김남진/김연태, 앞의 책, 402면.
58) 김중권, 공물의 성립 · 폐지 문제점에 관한 소고, 법률신문 제3677호, 2008. 8. 28.

지사는 지방하천의 관리청으로서 하천의 명칭, 구간 및 구역을 지정·결정한다(하천법 제2조, 제7조 및 제10조). 하천구간의 지정·변경·해제에 연동하여 하천구역의 결정·변경·폐지가 뒤따르지만(제10조 제1항), 하천구간의 지정만으로는 하천의 물리적 범위가 정해지지 않고, 하천구역의 결정이 있을 때 비로소 정해지므로 하천구역결정이 공용지정이 된다.[59)]

하천구역은 하심(河心)에서 좌우로 상당한 폭을 형성하여 물길을 따라 이어지므로, 적지 않은 타유(他有)공물을 생기게 할 수 있다. 따라서 침익적 행정행위에 대한 행정절차 준수 등의 차원에서 하천구역을 결정·변경·폐지할 때는 수자원관리위원회의 심의와 지역주민의 의견청취를 거쳐야 하며, 결정 등을 한 후에는 고시하여야 한다. 한편, 하천구역의 결정 등은 고시가 있는 날부터 효력이 발생한다. 또한 하천관리청은 하천구역으로 포함된 재산이 국·공유재산으로 확보되도록 노력하여야 한다(이상 하천법 제10조 제2항 내지 제6항). 그리고 하천에 대한 예정공물제도는 2015년 8월 하천법 개정으로 폐지되었다.[60)]

(2) 수변구역

환경부장관은 4대강 수계의 수질을 개선하기 위해 수변구역을 지정·고시할 수 있다(금강수계법 제4조). 이 경우 수변구역 내 소정의 행위제한이 있지만, 수변구역은 댐이나 하천의 경계로부터 300m ~ 1km 이내의 지역으로서 하천에 비하여 매우 넓다는 점, 하천과 달리 특정용도시설의 신규설치만 제한되며(같은 법 제5조, 제15조), 환경부장관에게 하천관리청과 같은 포괄적 관리권이 인정되지 않는다는 점 등에 비추어 볼 때, 수변구역의 토지 등을 공물로 보기는 곤란하다. 결국 어떤 국유지가 수변구역에 속한다는 사정만으로 곧바로 공물 내지 공공용재산이라고 할 수는 없다. 국가는 수변구역의 국유지를 행정재산으로 관리할지 일반재산으로 관리할지 선택할 수 있으며(법 제6조 제2항 제2호), 행정재산으로 관리 중이라면 수변구역 지정해제와 무관하게 용도폐지하여 일반재산으로 관리할 수도 있다.

(3) 도로

하천은 자연공물로서 기존의 하천형체에 하천구역결정을 함으로서 공물이 성립되지만, 도로는 인공공물로서 도로법상 '① 노선의 지정·인정(도로의 종적 구간 결정) ⋯➝ ② 도로구역의 결정고시(도로의 횡적 구역 결정) ⋯➝ ③ 도로시설사업 ⋯➝ ④ 도로의 사용개시 공고'의 순서로 그 형체가 만들어지고 공중에 제공되기 때문에[61)] 하천과 달리 공용지정이 무엇인지에 대한 논란이

---

59) 하천구간지정의 법적 성질에 관하여 특정지점으로부터 특정지점까지의 길이를 지정함에 불과한 확인행위로 보는 견해(확인행위설)와 지정행위가 있음으로써 비로소 공물로서 하천구간이 성립한다는 견해(창설행위설)가 대립한다(하명호, 앞의 책, 848면). 생각건대, 하천구간은 하천의 종적범위로서 횡적으로는 어떠한 물리적 범위를 가지지 못한다. 하심(河心)의 좌우영역인 하천구역 결정으로 비로소 하천법의 규율을 받는 물리적인 범위가 정해지므로 확인행위설에 찬동한다.

60) 김남진/김연태, 앞의 책, 405면.

있을 수 있다.[62)]

도로로서 형체적 요소가 없더라도 도로구역이 결정되면 그전의 노선지정과 더불어서 도로의 종적·횡적 범위가 확정되며, 도로시설사업이 시행된다. 사업시행과 아울러 각종 인허가의제 및 토지 등의 사용·수용이 가능하고, 건축물설치·토지형질변경 등 개발행위의 제한이 이루어진다(도로법 제29조 제1항 제4호, 제82조, 제27조, 제29조). 이렇게 도로구역결정으로 중요한 공법적 규율들이 이루어짐에도 불구하고, 사용개시공고까지 있어야 도로로 성립된다고 하면 그 전에 공사 중인 도로의 하자로 피해가 생겼을 때 영조물책임[63)]을 인정할 수 없는 등의 불합리가 발생하게 된다. 따라서 도로구역결정을 공용지정이라고 봐야 하고(현재 학설의 일반적인 태도이다), 이는 직접적으로는 공물의 성질이나 상태를 규율하고 사람에 대해서는 간접적으로 법적 효과를 미치는 점에서 물적 행정행위의 성질을 가진다고 보아야 한다.[64)]

대법원도 도로구역결정을 공용지정으로 본다. 다만 도로의 형체를 갖추지 못한 상태에서 도로구역결정이 있으면 예정공물로 보고 공물에 준해서 취급한다. 한편, 대법원은 도로구역결정이 없더라도 실제 도로를 설치하였을 때 공용지정이 있다고 보는데,[65)] 이는 행정재산의 성립에 관한 국유재산법 제6조 제2항 제2호에 영향을 받은 것으로 보이며, 예정공물의 개념도 같은 조항의 예정행정재산에서 영향을 받은 것으로 보인다.[66)] 대법원은 도로구역결정 뿐만 아니라 도시계획시설사업 실시계획 인가고시가 난 경우에도 예정공물을 인정하지만,[67)] 도시계획시설로 지정된 사실만으로는 예정공물로 인정하지는 않는다.[68)]

(4) 공원

현행법은 공원을 도시공원과 자연공원으로 나누어서 전자는 「도시공원 및 녹지 등에 관한 법률」(이하 공원녹지법)로, 후자는 자연공원법으로 규율한다. 도시공원은 지방자치단체장이 국토계획법의 도시관리계획결정으로 공원 또는 도시자연공원구역으로 지정함으로써 성립되는바(공원녹지법 제2조 제3호), 여기에서는 도시관리계획결정 그 자체가 공용지정이 된다. 도시관리계획결

---

61) 하명호, 앞의 책, 848면.
62) 독일에서 공용지정이론이 정립되던 초기부터, 도로가 언제부터 공물이 되는가에 대하여, 당해 도로를 일반인의 이용에 제공하는 행위에 의하여 공적 도로가 된다는 견해(사실상의 이용제공설)와 공용지정이라는 별도의 행위가 필요하다는 견해(공용지정설)의 대립이 있었다(류지태, 공물법 체계의 재검토, 공법연구 제30집 제1호, 한국공법학회, 2001, 414면).
63) 국가배상법 제5조 제1항의 '영조물'은 공적 목적을 달성하기 위한 인적·물적 시설의 종합체를 의미하는 본래적 의미의 영조물이 아니라, '공물'을 의미한다고 보는 것이 일반적 견해이다[김남진/김연태, 앞의 책(행정법 I), 649면 등].
64) 김남진/김연태, 앞의 책(행정법 II), 401면.
65) 대법원 1997. 8. 22. 선고 96다10737 판결.
66) 대법원 1994. 5. 10. 선고 93다23442 판결 참조.
67) 대법원 1994. 5. 10. 선고 93다23442 판결; 대법원 2014. 11. 27. 선고 2014두10769 판결.
68) 대법원 1997. 8. 22. 선고 96다10737 판결; 대법원 2014. 11. 27. 선고 2014두10769 판결.

정으로 도시공원을 성립시키는 현행 제도는 1980. 1. 4. 구 도시공원법 제정으로 처음 도입되었다. 그전에는 도시계획시설지정(공원지정)만으로는 공원성립을 인정할 수 없었고, 적어도 도시계획시설사업(공원설치사업)실시계획 인가고시가 있어야 공원성립이 가능하였다.[69]

자연공원이란 국립공원 · 도립공원 · 군립공원 및 지질공원을 말하는데, 자연공원 관리청[70]이 자연공원법에 따라 지정함으로써 성립되는바(제2조 제2호 내지 제4호의4), 이러한 공원지정행위가 공용지정행위이다. 판례는 환경부장관이 국립공원으로 지정 · 공시한 국유지는 국유재산법 제6조 제2항 제2호의 '국가가 직접 공공용으로 사용하거나 사용하기로 결정한 재산', 즉 공공용재산(행정재산)으로 성립된다고 보고, 그 후에는 시효취득의 대상이 되지 않는다고 한다.[71] 판례는 행정재산과 공물을 구분하지 않고, 공물에 행정재산을 포함시켜 설시하는 경향이 있는데, 국유재산의 시효취득이 문제되는 사안에서는 이와 달리 행정재산으로 명시하는 경향이 있다. 시효취득금지규정이 공물법에는 없고, 국유재산법에만 있기 때문에 이를 의식한 결과로 보인다. 위 판례사안은 국립공원이라는 공물의 성립에 관한 것으로서 그 반사적 효과로서 공원구역에 속하는 국유지가 동시에 행정재산으로 성립하는 것이다. 만약 어떤 국유지가 지방자치단체장(도지사)에 의하여 도립공원으로 지정된 구역에 속하게 됐다면, 그 국유지는 일반재산이면서 공물(도립공원)이 되는 것이다.

3. 법규에 의한 공용지정

종래의 통설은 하천 · 해변 등 자연공물은 공용지정이 필요 없다고 하였다. 그러나 공용지정은 행정행위에 의해서 뿐만 아니라 법규에 의해서도 가능하며, 따라서 자연공물도 법규 등에 의한 공용지정을 필요로 하는 경우가 있다는 공용지정필요설이 많은 지지를 얻고 있다.[72]

생각건대, 법적 행위는 입법형식으로도 가능하며, 실제 하천은 행정행위와 법규로, 해변은 법규로 공용지정이 이루어지고 있다. 한편, 대법원 2007. 6. 1. 선고 2005도7523 판결을 소개하면서 판례가 자연공물에는 공용지정이 필요 없다는 입장을 취한다고 소개하는 것이 보통이지만,[73] 위 판례 사안은 국가 소유의 하천부지, 즉 행정재산에 관한 것으로서 공물법 사안이 아니다.[74] 행정재산의 성립에는 공용지정을 필요로 하지 않는다.

---

69) 대법원 1997. 8. 22. 선고 96다10737 판결; 대법원 2014. 11. 27. 선고 2014두10769 판결 등 참조.

70) 국립공원은 환경부장관이, 나머지는 관할 지방자치단체장이 공원관리청이 된다(자연공원법 제4조 이하).

71) 대법원 1996. 7. 30. 선고 95다21280 판결.

72) 김남진/김연태, 앞의 책(행정법Ⅱ), 398면; 하명호, 앞의 책, 847면; 류지태/박종수, 앞의 책, 1083-1084면; 홍정선, 앞의 책(행정법특강), 1189면 등.

73) 홍정선, 앞의 책(행정법특강), 1189면; 박균성, 앞의 책, 1098면 등.

74) 국유 하천부지는 자연의 상태 그대로 공공용에 제공될 수 있는 실체를 갖추고 있는 이른바 자연공물로서 별도의 공용개시행위가 없더라도 행정재산이 되고 그 후 본래의 용도에 공여되지 않는 상태에 놓여 있더라도 국유재산법령에 의한 용도폐지를 하지 않은 이상 당연히 잡종재산으로 된다고는 할 수 없으며, 농로나 구거와 같은 이른바 인공적 공공용 재산은 법령에 의하여 지정되거나 행정처분으로

(1) 항만

항만이란 선박의 출입, 사람의 승·하선, 화물의 하역·보관 및 처리, 해양친수활동 등을 위한 시설과 화물의 조립·가공·포장·제조 등 부가가치창출을 위한 시설이 갖추어진 곳으로서, 무역항과 연안항으로 구분된다(항만법 제2조 제1호 내지 제5호). 항만법은 항만의 공적목적을 분명히 하면서(제2조 제1호 내지 제5호), 항만관리청을 법정하고,[75] 공용지정·폐지, 사용관계, 공물경찰 및 행위제한 등 공법적 규율을 하는바, 항만이 공물이라는 점은 분명해 보인다.

항만법은 항만구역을 수상구역과 육상구역으로 나누어서, 전자는 법규에 의하여, 후자는 해양수산부장관의 지정·고시에 의하여 공용지정 되도록 하고 있다[항만법 제3조 제1항, 항만법 시행령 제3조 제1항(별표 1)]. 따라서 항만의 공용지정은 법규에 의한 것과 행정행위에 의한 것이 혼용되어 있다고 할 것이지만, 법규에 의하여 공용지정되는 수상구역이 양적으로나 질적으로나 중요하므로 이 책에서는 항만을 법규에 의한 공용지정으로 분류하도록 한다.

(2) 공유수면

공유수면법은 공유수면을 ① 해안선으로부터 배타적 경제수역 외측 한계까지의 사이(=바다), ② 해안선으로부터 지적공부에 등록된 지역까지의 사이(=바닷가), ③ 하천·호소(湖沼)·구거(溝渠), 그 밖에 공공용으로 사용되는 수면 또는 수류(水流)로서 국유인 것을 공유수면으로 지정하고 있다(제2조 제1호). 행정행위가 아닌 법률로서 공용지정을 하는 것이다. 주의할 것은 바다(①) 또는 바닷가(②)는 전부 국유재산(행정재산)이지만, 하천·호소·구거(③)는 국유재산이 아닐 수도 있다는 것이다. 판례는 바닷가의 토지가 포락[76]되어 원상복구가 불가능하게 되면, 그 포락된 토지는 공유수면(바다)이 되어 더 이상 일반재산 또는 사유재산이 아니라고 한다.[77] 공유수면과 같은 자연공물은 별도의 행정행위가 없이도 법규가 정해놓은 형태적 요소를 갖추는 것만으로 자연히 공공용물 내지 공공용재산으로 성립되기 때문이다.

반면에 공유수면의 형체적 요소가 소멸하더라도 공물의 소멸을 위해서는 반드시 공용폐지가 있어야 한다는 것이 판례의 입장이다. 대법원은 토지가 포락되어 바다(공유수면)가 된 후에, 다시 매립되어 바다로서 형태적 요소를 상실했더라도 공용폐지가 없는 한 공물성이 소멸되지 않는다고 한다.[78] 그러나 공유수면에 대하여 공유수면법, 산업입지법 등 관련 법률에 따라 적법

공공용으로 사용하기로 결정한 경우, 또는 행정재산으로 실제 사용하는 경우의 어느 하나에 해당하면 행정재산이 된다(대법원 2007. 6. 1. 선고 2005도7523 판결).

75) 국가관리무역항과 국가관리연안항은 해양수산부장관이, 지방관리무역항과 지방관리연안항은 시·도지사가 관리청이 된다(항만법 제2조 제6호).

76) 포락지란, 지적공부에 등록된 토지가 물에 침식되어 수면 밑으로 잠긴 토지를 말한다(공유수면법 제2조 제2호).

77) 대법원 2009. 8. 20. 선고 2007다64303 판결.

78) 대법원 2009. 12. 10. 선고 2006다 87538판결.

하게 매립이 이루어졌다면 공유수면으로서의 형태적 요소의 소멸과 더불어 공용폐지까지 있다고 볼 것이고,[79] 결국 매립지는 민법 제187조 및 공유수면법 제46조 제1항에 따라서 매립준공검사를 받은 날 자연공물인 국유재산에서 일반재산인 국유재산으로 다시 태어나게 된다.

4. 국유재산에 대한 공용지정의 효과

(1) 공물의 성립과 새로운 공법적 규율의 적용

국유재산에 대한 공용지정으로 공물이 성립되고, 공물로서 필요한 공법적 규율이 시작된다. 이러한 공법적 규율은 일반재산 및 행정재산에 대한 공법적 규율과는 별도로 가해지는 것인데, 두 개의 공법적 규율이 부딪히면 공물의 것이 우선한다. 공물의 공법적 규율은 공물을 구성하는 물건의 사소유권을 제한하는데, 이러한 사소유권에는 국가의 소유권도 포함한다. 국유재산법은 자신의 공법적 규율이 공물법 등의 다른 공법적 규율에 우선하지 않음을 명시하고 있다(제4조).

(2) 공용지정과 권원(權原)의 취득

지방자치단체장이 국유재산에 공용지정을 하는 경우, 보통의 재산과 마찬가지로 공용지정에 따른 보상이 문제될 수 있다. 학설은 타인의 물건에 공용지정을 하려면 소유권·지상권·임차권 기타의 지배권을 취득하거나 소유권자의 동의를 얻는 등 권원을 취득하여야 하며, 권원 없는 공용지정으로 권리를 침해당한 자는 손해배상·부당이득반환을 청구할 수 있다고 한다.[80] 다만 원상회복에 관해서는 도로법이 사권(私權)의 행사를 금지하므로(제4조) 판례가 이를 인정하지 않지만,[81] 그러한 규정이 없다면 원상회복이 가능하다고 한다.[82] 생각건대 공용지정은 이후에 있을 도시계획시설사업과 달리 그 자체로서 반드시 국민의 재산권을 직접 침해한다고 할 수는 없다.[83] 공용지정에 따른 공물의 성립은 대상 물건의 소유자가 누구이든 상관없는 것이고, 손실보상 등 권원의 취득과 이를 결한 때의 원상회복의 문제는 주로 공공시설의 설치단계에서 생긴다. 결국 공용지정은 손실보상 등 권원의 취득 없이 이루어질 수 있는 것이 원칙이고, 그 자체만으로 수인한도를 넘는 손실이 예상되거나 초래될 경우에 예외적으로 손실보상이 있게 된다.

도로법은 도로구역결정(공용지정)에 대해서는 손실보상 등 어떠한 권원취득도 요구하지 않

79) 공유수면매립실시계획의 승인(공유수면법 제38조)과 관련 인·허가의 의제(제39조) 등은 적어도 공유수면에 대한 묵시적 공용폐지로 볼 것이다.

80) 김동희, 앞의 책, 269-270면; 홍정선, 앞의 책[행정법원론(하)], 534면 등.

81) 도로법상 사권행사금지 규정을 이유로 대법원 1999. 11. 26. 선고 99다40807 판결, 대법원 1968. 10. 22. 선고 68다1317 판결 등이 원상회복을 부정한다고 하지만, 사실은 공용지정에 관한 사례가 아니고, 공공시설 설치에 관한 사례로 보인다.

82) 김동희, 앞의 책, 270면.

83) 도로·하천 및 공원구역으로 지정·결정되더라도 도로시설, 하천시설 및 공원시설이 설치되지 않는 한 그 부지의 사용과 처분이 전적으로 제한되는 것은 아니다. 각종 시설이 설치되는 경우에는 해당 공물법과 국토계획법 및 토지보상법에 따라 수용 등 손실보상이 이루어진다.

으며, 도로구역결정 이후의 처분이나 제한으로 손실을 입거나, 도로공사의 시행을 위해 필요한 경우 손실보상을 규정하고 있다(제82조, 제99조). 다만 토지의 상하범위를 정하여 도로구역을 지정하는 경우(입체적 도로구역지정)에는 미리 대상 토지 등의 소유자 등과 구분지상권설정이나 이전을 위한 협의를 하여야 하며, 이러한 협의 없이 입체적 도로구역지정을 못하도록 규정하고 있다(제28조). 입체적 도로구역지정은 그 자체만으로 수인한도를 넘는 손실이 초래되거나 예상된다고 보는 것이다. 하천법·공원녹지법에서도 도로법과 유사하게 규정하고 있다(하천법 제75조 이하, 공원녹지법 제32조). 다만 도시관리계획결정(공용지정)만으로는 따로 손실보상이 필요 없지만, 그러한 상태로 10년 이상 수인하도록 하는 것은 과도한 제한으로서 헌법상의 재산권보장에 위배된다는 헌법재판소의 결정(헌법불합치결정)이 있었고,[84] 이후 공원녹지법은 도시공원결정고시일로부터 10년이 되는 날까지 공원조성계획의 고시가 없으면 그 10년이 되는 날의 다음 날에 공용지정의 효력을 상실하는 것으로 2005. 3. 31. 개정되었다(도시공원일몰제).[85] 보상 없이 과도하게 장기간 지속되는 공용지정은 수인한도를 넘는 손실을 초래한다고 보는 것이다.

(3) 공공시설의 설치와 권원의 취득

공공시설이 설치되는 과정을 보면, 먼저 어떤 재산에 도로구역결정 등 공용지정이 있게 됨으로써 공물이 성립되고, 이로써 재산권과 공물관리권의 이원화가 이루어진다(공물과 소유권의 관계에 관한 사소유권체제). 이후 공공시설이 설치되는 단계에서는 사업시행자(공물관리청인 경우가 많다)가 공공시설의 부지 소유권 등 권원을 확보해야 한다. 한편 공공시설이 완공되면 그 공공시설(부지 포함)의 소유권은 해당 공공시설의 관리청이 속한 국가 또는 지방자치단체에 무상귀속 되는바, 보통은 지방자치단체에 귀속이 된다.

사업시행자가 공공시설의 부지 소유권 등 권원을 확보하지 못했더라도 이미 성립한 공물의 효력에는 아무런 영향을 주지 못한다(입체적 도로구역지정은 예외). 그러나 권원취득 없는 공공시설의 설치는 손해배상·부당이득반환의 문제를 발생시키며, 그 소유권의 무상귀속도 일어나지 않는다.[86]

한편 권원취득 없이 공공시설이 설치된 경우 원상회복도 가능한지에 대해서는 의문이 있다. 공공시설 중에서 도로, 하천, 항만 및 공원 등이 공용지정으로 법정공물이 되었다면 원상회복이 곤란하다. 왜냐하면, 공물의 성립과 그에 따른 공법적 규율은 소유권 등 권원확보와 무관하게 이

84) 헌법재판소 1999. 10. 21. 선고 97헌바26 결정.

85) 현행 공원녹지법 제17조 제1항 참조. 공용지정된 토지가 국·공유지인 경우에는 일몰기간이 30년으로 연장되고 10년 더 연장될 수 있다(같은 조 제2항, 제3항).

86) 대법원 1981. 12. 22. 선고 80다3269 판결. 사업시행자가 공공시설부지 소유권을 확보하지 않고 사업시행을 한 예는 국·공유지에서 많이 발생한다. 대법원은 사업시행자가 국유지를 취득하지 않고 그 위에 도로를 설치함으로써, 이 도로가 서울시에 무상귀속 되는지 문제된 사례에서도 동일한 법리를 적용해 서울시로의 무상귀속을 부정하였다(대법원 2000. 8. 22. 선고 98다55161 판결).

루어지는 불가역적인 것이기 때문이다(공물과 소유권의 관계에 관한 사소유권체제). 법정공물 중에는 해당 법률에서 사권행사의 금지를 규정하여 명확하게 원상회복이 불가한 경우도 있지만(도로법 제4조, 하천법 제4조 제2항), 공원이나 항만처럼 해당법률에서 사권행사금지 규정을 두지 않는 경우도 있는데, 이 경우는 공물의 공공성과 그에 따른 공법적 규율을 고려할 때 원상회복을 쉽게 인정해서는 안 될 것으로 사료된다. 이 경우 원상회복을 부정하는 법리는 권리남용이 될 수 있다. 판례는 도로법의 사권(私權)행사금지 규정(제4조)을 들어 공물로서 성립한(즉 공용지정이 있는) 도로시설물 설치의 원상회복을 부정한 반면,[87] 공물에 해당하지 않는(공용지정이 없거나 그 성질상 공물에 해당하지 않는) 공공시설의 설치에 대하여는 원상회복이 가능하다고 하였다.[88]

제4절 행정재산의 소멸

행정재산의 소멸이란 특정 행정재산이 없어지는 것으로서 두 가지 원인이 있는데, 첫째는 행정재산의 소유권이 국가 이외의 자에게 이전되는 것이고,[89] 둘째는 국가가 소유권을 유지하면서 일반재산으로 변경되는 것이다. 통상 행정재산의 소멸이라 함은 후자를 말하고, 전자는 국유재산의 소멸이라고 하므로, 이하에서는 행정재산의 소멸을 행정재산이 일반재산으로 전환되는 것으로 한정한다.

국유재산법은 행정재산의 성립에 대하여는 '행정용으로 사용하거나 보존' 또는 '사용하기로 결정'이라고만 간략히 규정하지만(제6조 제2항), 행정재산의 소멸에 대하여는 용도폐지라는 단일하고 명확한 요건을 요구함과 아울러, 그 주체, 사유, 절차 및 효과 등을 자세히 규정하고 있다. 학설과 판례는 행정재산을 공물과 같이 보는 연장선상에서 공용폐지와 용도폐지를 구분하지 않지만,[90] 양자는 그 대상, 요건, 절차 및 효과 등이 다르다.

---

87) 도로구역결정 등 공용지정이 있는 도로시설 설치에 대하여 원상회복을 부정한 대법원 1999. 11. 26. 선고 99다40807 판결.

88) 도로구역결정 등 공용지정이 없이 설치된 도로방음벽 설치에 대하여 원상회복청구를 기각한 원심을 파기하였고(대법원 1999. 12. 28. 선고 99다39227 판결), 독자적인 공물성이 인정되기 어려운 상수도관의 설치에 대하여 원상회복을 인정하였다(대법원 1987. 7. 7. 선고 85다카1383 판결).

89) 행정재산은 그 융통성이 엄격하게 제한되지만, 제한된 사유에 한하여 교환과 양여가 가능하다(국유재산법 제27조).

90) 김동희, 앞의 책, 268-270면; 홍정선, 앞의 책(행정법특강), 1189-1190면; 박균성, 앞의 책, 1097-1100면; 대법원 2007. 6. 1. 선고 2005도7523 판결; 대법원 2009. 10. 15. 선고 2009다41533 판결 등.

Ⅰ. 용도폐지의 의의

1. 개념

용도폐지는 국유재산을 행정재산에서 일반재산으로 변경시켜 그에 따른 법률효과를 발생시키는 국유재산법상의 행정행위이다. 이에 반하여 공용폐지는 국·공유재산 및 사유재산을 불문하고 물건 또는 물건의 집합체에 대한 공용지정을 폐지함으로써 공물로서의 공법적 규율에서 해방시키는 행위를 말한다.[91] 양자는 그 대상, 요건, 절차 및 효과 등이 다르다. 한편 용도폐지는 행정재산 사용승인의 철회와 그 취지와 사유가 서로 다르다. 전자는 중앙관서의 장의 귀책사유를 이유로 그 사용권한을 뺏는 것이고, 후자는 행정재산으로서의 실질이 소멸됐음을 이유로 재산의 구분을 달리하는 것이다.

2. 법적 성질

(1) 용도폐지에 대한 항고소송(처분성과 소의 이익)

용도폐지는 국유재산을 행정재산에서 일반재산으로 변경시키는 행위이지만, 당해 재산을 사용하는 국민의 권리·의무에 직접 영향을 미치기 때문에 처분성이 인정된다. 용도폐지가 법규에 의해 이루어지더라도 그 법규가 구체적인 집행행위의 개입 없이 그 자체로서 직접 공용지정의 효과를 발생시킨다면 항고소송의 대상이 될 수 있다.[92]

용도폐지에 대한 소의 이익과 관련하여, 행정재산의 보통사용자[93]는 그 재산에 공권을 가진다고 할 것이지만,[94] 그것은 일반적으로 공물을 방해받지 않고 그 공용목적에 따라 자유롭게 사용할 수 있는 권리일 뿐, 당해 행정재산이 용도폐지되지 않고 현 상태를 유지할 것을 요구할 수 있는 권리는 아니라고 봐야 한다. 예외적으로 인접주민인 경우, 기존의 도로 이외에는 다른 통행수단이 없는 등의 특별한 요건 하에서는 용도폐지에 대항할 수 있다고 봐야 할 것이다.[95]

---

91) 김남진/김연태, 앞의 책(행정법Ⅱ), 407면.

92) 하명호, 앞의 책, 547-548면.

93) 공물의 보통사용, 허가사용 및 특허사용에 관한 설명은 행정재산에도 그대로 원용할 수 있다.

94) 공물의 보통사용에 대하여 공권설이 국내외의 통설이다[김남진/김연태, 앞의 책(행정법Ⅱ), 420면].

95) 김남진/김연태, 앞의 책(행정법Ⅱ), 422면. 대법원 1992. 9. 22. 선고 91누13212 판결[공공용재산이라고 하여도 당해 공공용재산의 성질상 특정개인의 생활에 개별성이 강한 직접적이고 구체적인 이익을 부여하고 있어서 그에게 그로 인한 이익을 가지게 하는 것이 법률적인 관점으로도 이유가 있다고 인정되는 특별한 사정이 있는 경우에는 그와 같은 이익은 법률상 보호되어야 할 것이(다)]. 약 5m 떨어져 있는 도로가 유일한 통행로인 펜션의 운영자에게는 그 도로의 용도폐지에 대하여 소의 이익이 인정된다는 하급심 판결이 있다(서울행정법원 2015. 5. 29. 선고 2014구합70952 판결). 대법원은 도로에 인접한 점포를 소유하는 자가, 그 도로상에 좌판을 차려놓고 채소 등을 판매해 왔다는 것만으로는 해당 도로의 용도폐지에 대항할 수 있는 특별한 이해관계를 인정할 수 없다고 한다(대법원 2006. 12. 22. 선고 2004다68311·68328 판결).

행정재산의 특허사용(국유재산법상의 사용허가[96])의 경우, 그 사용자는 좀 더 적극적인 공권을 가질 뿐만 아니라 채권·물권을 가진다고 할 수 있다.[97] 따라서 보통사용의 경우와 달리 해당 재산의 용도폐지에 대하여 일반적으로 소의 이익을 가진다고 볼 수 있다.[98] 다만 국유재산법은 행정재산의 사용허가 중에 용도폐지되더라도 일반재산의 대부계약으로 전환되도록 하고 있고,[99] 용도폐지와 동시에 사용관계를 종료하고자 할 경우 그 법적근거 및 보상규정을 두고 있다(제36조 제2항, 제3항).

(2) 용도폐지신청 거부에 대한 항고소송(용도폐지 신청권의 유무)

용도폐지와 관련한 항고소송은 용도폐지에 불만이 있는 경우에 발생하기도 하지만, 그것보다는 용도폐지를 신청하였으나, 그 신청이 거부됨으로써 주로 발생한다.[100] 용도폐지 신청에 대한 거부가 항고소송의 대상이 되려면, 국민에게 용도폐지를 신청할 권리가 있어야 한다. 국민에게 어떤 행정행위에 대한 신청권이 있는지는 그 행정행위에 대한 관계법규를 종합적으로 해석하여 판단해야 한다.[101]

용도폐지와 관련된 관련 법규들을 보건대, 국유재산법은 일반재산을 행정재산으로 할 때는 총괄청이 중앙관서의 장의 의견을 듣고 결정하도록 하고(제6조, 영 제4조), 행정재산을 일반재산으로 용도폐지할 때는 중앙관서의 장이(예외적으로 총괄청이 직권으로)하도록 하고 있을 뿐이다(제40조, 제22조). 즉, 국유재산법은 일반 국민에게 용도폐지를 신청할 수 있는 어떠한 권리도 규정하고 있지 않으며, 공유재산법, 도로법, 하천법 및 항만법 등 유관 법률에서도 용도폐지·공용폐지 관련하여 그러한 취지의 규정을 찾을 수 없다. 국유재산을 행정재산으로 분류할지, 일반재산으로 분류할지는 행정목적에 따라 내부적으로 결정된다. 용도폐지로 행정재산이 일반재산으로 분류됨으로써 매각이나 개발이 가능하게 되는 등 일정한 이해관계를 발생시키기도 하지만, 이는 용도폐지에 따른 반사적 이익에 불과한 것으로서 법률상의 직접적인 이익이라고 볼 수도 없다. 따라서 일반국민에게 용도폐지를 신청할 조리상의 권리도 없다고 봐야 한다. 이에 대한 대법원 판례는 없지만 서울고등법원은 국방부소관 행정재산의 점유시효취득을 주장하는 자가 제기한 용도폐지신청 거부처분 취소소송에서 위와 같은 이유로 국방부장관의 용도폐지 거부의 처분성

---

96) 대법원은 행정재산의 사용허가가 강학상 특허에 해당한다고 한다(대법원 2006. 3. 9. 선고 2004다31074 판결).

97) 공물의 특허사용에 대한 통설과 판례의 입장이다. 김남진/김연태, 앞의 책(행정법Ⅱ), 428면.

98) 서울행정법원 2018. 5. 17. 선고 2017구합78797 판결(국유림을 사용허가 받아 사용 중에 용도폐지된 경우, 그 사용자에게 해당 용도폐지에 대하여 무효 확인을 받을 소의 이익이 있다고 판시하였다).

99) 국유재산법 시행규칙 제14조(사용허가의 방법) ④ 사용허가 중인 행정재산이 용도폐지되어 총괄청에 인계되는 경우 해당 재산에 대한 사용허가는 대부계약으로 전환된 것으로 본다.

100) 실무상으로 폐도로·구거 등 유휴행정재산에 대하여 인접토지소유자 등이 매수할 목적으로 용도폐지를 요구하는 경우가 많다.

101) 하명호, 앞의 책, 50-52면; 대법원 1996. 6. 11. 선고 95누12460 판결 등.

을 부정하고, 소를 각하하였다.[102)]

이에 반하여 공용지정은 사소유권에 특별한 공법적 규율을 가하는 법적 행위이므로 이상에서 논한 것과는 달리 재산권 보장의 관점에서 사소유자에게 공용폐지를 신청할 권리가 있다고 보아야 한다. 대법원도 법규상 또는 조리상 공용폐지신청권을 인정하고 그 거부행위의 처분성을 인정한다.[103)]

Ⅱ. 용도폐지의 필요성

행정재산의 성립과 소멸에 관한 국유재산법의 규정을 볼 때 행정재산의 성립에 공용지정과 같은 법적 행위가 필요 없음이 분명해 보이지만, 행정재산의 소멸에 용도폐지가 꼭 필요한지 의문이다. 행정재산으로서의 형체적 요소가 소멸하거나, 행정재산으로 사용되지 않더라도 용도폐지가 있어야 하는지 등이 문제된다. 이에 관한 직접적인 논의는 없고, 공물의 공용폐지론을 참고할 수밖에 없다.

1. 공공용재산

공공용물이 단순히 그 용도에 사용되지 않더라도 공물의 성질을 상실하는 것은 아니고, 별도로 공용폐지가 필요하다는 것이 학설의 일치된 견해이다.[104)] 다만 형체적 요소가 소멸한 경우에 대하여는 공용폐지불요설[105)]과 공용폐지필요설[106)]이 대립한다. 불요설의 주요 논거는 공공용물은 형체적 요소와 의사적 요소(공용지정)를 갖춤으로써 성립하므로 그중 어느 하나가 소멸하면 공물의 성질을 상실한다는 것이고, 필요설의 주요 논거는 공공용물은 일반 공중의 이용에 제공되고 있기 때문에 그 법률관계를 명확히 할 필요가 있다는 것이다. 생각건대, 용도폐지와 공용폐지는 그 주체, 요건, 절차 및 효과가 다르지만 행정재산의 형체적 요소가 소멸했을 때 용도폐지가 필요한지에 대해서는 공용폐지론의 논의를 그대로 원용할 수 있을 것이다.

다만, 행정재산의 성립에는 형체적 요소나 의사적 요소가 필요 없기 때문에, 공용폐지불요설의 논거를 가지고 용도폐지불요설을 취하기는 곤란하다. 반면에 공공용물은 일반 공중의 이용

102) 서울고등법원 1997. 8. 29. 선고 96구21470 판결.

103) 대법원 2017. 8. 29. 선고 2016두44186 판결; 대법원 2015. 3. 26. 선고 2014두42742 판결 등.

104) 김남진/김연태, 앞의 책(행정법Ⅱ), 407면; 김동희, 앞의 책, 271면 등.

105) 김남진/김연태, 앞의 책(행정법Ⅱ), 406-407면; 하명호, 앞의 책, 851면; 홍정선, 앞의 책[행정법원론(하)], 538면; 류지태/박종수, 앞의 책, 1089면; 박균성, 앞의 책, 1101면; 석종현/송동수, 앞의 책, 405면; 이상규, 신행정법론(하), 신판, 법문사, 1994, 441면. 다만 이때의 형체적 요소의 소멸은 사회통념상 회복을 기대할 수 없을 정도로 영구·확정적이어야 한다.

106) 김동희, 앞의 책, 271-272면; 김도창, 앞의 책, 414면; 박윤흔/정형근, 최신행정법강의(하), 개정28판, 박영사 2009, 428면 등. 다만 공용폐지필요설에서도 묵시적 공용폐지를 인정하고, 자연공물에서는 공용폐지가 필요 없다는 것이 일반적이다.

에 제공되고 있기 때문에 그 법률관계를 명확하게 할 필요가 있다는 공용폐지필요설의 논거는 오히려 용도폐지필요설의 논거로서 더 강력한 의미를 갖는다. 왜냐하면, 행정재산에 대한 공법적 규율은 소유권의 융통성을 제한하는 측면(특히 시효취득의 금지)에서 강하게 이루어지기 때문에, 용도폐지라는 행정행위로써 행정재산과 일반재산의 경계를 명확히 하여 제3자의 국유재산취득에 관한 법률관계를 명확히 할 필요가 있다. 따라서 용도폐지필요설이 타당하다.

판례는 공용폐지필요설을 취하고 있다. 이 경우 원칙적으로는 묵시적 공용폐지도 인정하고는 있으나, 그 인정 사례는 극히 예외적이다. 판례는 행정재산이 그 본래의 용도에 사용되지 않는 사실만으로는 공용폐지의 의사표시가 있었다고 볼 수는 없다고 한다. 예를 들면, "도로부지에 건물이 세워져 사실상 대지화 되었다고 하더라도, 이는 그 관리청의 의사가 아니라 인접 토지 소유자 등 제3자의 독점적 사용에 의한 결과라면 묵시적 공용폐지를 인정할 수 없다"라고 하거나,[107] "관재당국이 착오로 행정재산을 다른 재산과 교환하였다 하여 그러한 사정만으로 적법한 공용폐지의 의사표시가 있다고 볼 수 없다"라고 하고,[108] "제3자가 공유수면을 권원 없이 매립하였고, 국가가 매립된 토지에 대하여 자연공물임을 전제로 한 아무런 조치를 취하지 않았고, 이를 답 또는 잡종지로 지적도에 기재하고, 나아가 토지대장상 지목을 그렇게 변경했더라도 공용폐지에 관한 국가의 의사가 객관적으로 추단된다고 보기 어렵다"라고 하였다.[109]

2. 공용재산

공용물은 형체적 요소의 소멸은 물론이고, 행정주체에 의한 사실상 사용의 폐지에 의해서도 소멸하며, 별도의 공용폐지를 요하지 않는다는 것이 통설적 견해이다.[110] 예컨대, 관공서의 외형을 유지하는 건물이라도 이제 더 이상 그 용도로 쓰지 않으면 별도로 공용폐지 없이 바로 공물에서 해제된다는 것이다. 그러나 판례는 "공용재산인 국·공립학교 부속시설에 대하여 이들에 대한 적법한 공용폐지·용도폐지가 없다면 그 매매·시효취득을 인정할 수 없다"라고 판시하여 공용물의 경우에도 그 소멸에는 명시적·묵시적 공용폐지가 필요하다는 입장을 취하고 있다.[111]

---

107) 대법원 1994. 9. 13. 선고 94다12579 판결.

108) 대법원 1998. 11. 10. 선고 98다42974 판결.

109) 대법원 2009. 12. 10. 선고 2006다87538 판결.

110) 김남진/김연태, 앞의 책(행정법Ⅱ), 408면; 김도창, 앞의 책, 415면; 박윤흔/정형근, 앞의 책, 430면 등. 공용물의 경우에도 용도폐지가 필요하다는 반대의 견해로는 류지태/박종수, 앞의 책, 1088면.

111) ▪ 대법원 1983. 6. 14. 선고 83다카181 판결(공물의 용도폐지 의사표시는 명시적이든 묵시적이든 불문하나 적법한 의사표시이어야 하고 단지 사실상 공물로서의 용도에 사용되지 아니하고 있다는 사실이나 무효인 매도행위를 가지고 용도폐지의 의사표시가 있다고 볼 수 없다). 이 판례는 공립초등학교(고령초등학교)사례로서 대법원은 공용물·공용폐지라는 용어를 쓰지 않고, 행정재산·용도폐지라는 용어를 주로 쓰는바, 이는 강학상의 공용물을 공물로 보기 꺼리는 경향을 나타낸 것이라고 생각된다.
▪ 대법원 1999. 7. 23. 선고 99다15924 판결(학교 교장이 학교 밖에 위치한 관사를 용도폐지한 후

국유재산법은 용도폐지를 행정재산의 소멸사유로 규정하면서,[112] 그 주체, 요건, 절차 및 효과를 자세하게 규정하고 있는 반면, 행정재산의 종류별 용도폐지의 요부에 대해서는 아무런 규정도 갖고 있지 않다. 그렇다면, 공용재산을 포함하는 모든 행정재산을 일반재산으로 전환하기 위해서는 용도폐지가 필요하다고 해석하여야 한다. 공용재산이 비교적 명확하게 공용으로 쓰이는지 여부를 외관상 알 수 있다고 하지만 그 부속시설은 공공용재산과 마찬가지로 외관상 혼동의 우려가 있고, 행정재산은 공물과 달리 그 소멸여부에 따라 시효취득이 되느냐 마느냐의 문제가 있으므로(법 제7조 제2항) 법률관계의 명확성을 기하기 위하여 용도폐지라는 명확한 기준이 필요하다고 생각된다.[113]

3. 보존용재산

보전국유림은 산림청장이 준보전국유림으로 재구분하거나, 다른 법률에 따른 채종림, 산림보호구역 및 사방지 등의 지정이 해제됨으로써 행정재산(보존용재산)에서 해제된다(국유림법 제16조 제4항). 결국 보전국유림에 대한 행정재산의 소멸을 위해서는 국유림법이 규정하는 재구분·지정해제라는 특수한 용도폐지가 필요하다.

국유문화재는 문화재보호법 제2조 제1항 제1호·제3호에 해당하면 성립하는 법정 행정재산이다. 따라서 같은 조항에 해당하지 않게 되면 자연히 행정재산(보존용재산)이 소멸되고 별도로 용도폐지에 상응하는 조치를 필요로 하지는 않는다. 보전국유림, 국유문화재 이외의 국유재산으로서 보존용재산으로 성립한 것으로서 개별 법률의 적용이 없는 것은 국유재산법에 따른 용도폐지가 필요하다.

Ⅲ. 용도폐지의 주체

행정재산의 용도폐지는 해당 재산을 소관하는 중앙관서의 장(위임받은 기관을 포함한다)이 하

재무부로 귀속시키라는 국가의 지시를 어기고 사친회 이사회의 의결을 거쳐 개인에게 매각한 경우, 이와 같이 교장이 국가의 지시대로 위 부동산을 용도폐지한 다음 비록 재무부에 귀속시키지 않고 바로 매각하였다고 하더라도 위 용도폐지 자체는 국가의 지시에 의한 것으로 유효하다고 아니할 수 없고, 그 후 오랫동안 국가가 위 매각절차상의 문제를 제기하지도 않고, 위 부동산이 관사 등 공공의 용도에 전혀 사용된 바가 없다면, 이로써 위 부동산은 적어도 묵시적으로 공용폐지되어 시효취득의 대상이 되었다고 봄이 상당하다). 이 판례는 국립사범대학교(현재 진주교육대학교)에 관한 사례로서 역시 공용물·공용폐지 대신 행정재산·용도폐지라는 용어를 사용하였다.

112) 용도폐지가 행정재산의 소멸사유라는 직접적인 규정은 없으나, 용도를 폐지함으로써 일반재산으로 된 국유재산(제23조), 용도폐지됨으로써 일반재산이 되는 경우(제55조 제1항 제2호) 등의 표현을 씀으로서 용도폐지가 행정재산의 소멸사유임을 분명히 하고 있다.

113) 류지태/박종수, 앞의 책, 1088면에서는 공용물의 경우에도 용도폐지가 필요하다고 하면서 그 이유로 시효취득의 가능성을 들고 있다.

는 것이 원칙이지만, 예외적으로 총괄청이 직권으로 할 수도 있다(법 제22조, 제40조). 이에 비하여 공물의 공용폐지는 해당 공물의 관리청이 하는바, 공물관리청은 그 공물이 국가공물인지 지방공물인지에 따라 중앙관서의 장과 지방자치단체의 장으로 갈린다(도로법 제23조, 하천법 제8조 등 참조). 국유재산 중 일반재산에 공물이 성립되기도 하고 소멸되기도 하는데, 이는 지방자치단체장에 의하여 지방공물로 공용지정·공용폐지되는 까닭이다. 총괄청의 직권용도폐지는 행정재산에만 가능하고, 공물에는 불가하다. 따라서 공공용재산의 경우 비록 총괄청이 직권용도폐지하더라도, 공물관리청이 공용폐지하지 않는다면 일반재산인 공물로 남게 되어 총괄청의 직권용도폐지 권한이 무력해질 수밖에 없다.

한편, 법률에 따른 각종 사업구역 안의 행정재산은 당해 법률에 의하여 용도폐지가 의제되는 경우가 있는바, 예컨대, 도시정비법상 정비구역 안의 행정재산으로서 사업시행자 또는 점유자 및 사용자에게 수의매각하거나 임대할 수 있는 것은 사업시행계획인가 고시가 있는 날 용도폐지된 것으로 보는 경우(도시정비법 제98조 제4항, 제5항)가 그에 해당한다. 산업단지개발사업 구역 안에 있는 행정재산의 경우 실시계획승인권자가 사업실시계획승인을 할 때 해당 행정재산의 관리기관과 용도폐지에 관하여 협의를 하면 실시계획승인고시가 있는 날 용도폐지가 된 것으로 본다(산업입지법 제21조 제1항 제17호, 제2항). 중소기업창업법상의 사업구역 안에 있는 행정재산도 마찬가지이다(제35조 제1항 제11호, 제4항).

주의할 것은 법률의 규정에 의한 용도폐지가 국유재산법이 정하는 용도폐지 사유 없이 이루어질 수는 없다는 것이다. 국유재산법 제40조 제1항 각호의 사유를 갖출 것을 전제로, 다만 용도폐지권자(재산소관청)의 용도폐지행위 없이 법률의 규정에 의하여 의제되는 것이다. 그 밖에 사업구역 안의 행정재산으로서 사업시행자에 대한 수의매각, 무상양여 등 사업시행에 필요한 것은 신속·원활한 용도폐지를 위하여 사업시행인가권자 등이 용도폐지권자(재산소관청)와 협의하게 하는 규정이 있는데(도시개발법 제68조, 택지개발촉진법 제26조 등), 이 경우도 해당 행정재산이 용도폐지 사유를 갖출 것을 전제로 한다.

Ⅳ. 용도폐지의 요건

1. 형식적 요건

용도폐지는 행정행위로서 정당한 권한을 가진 자(용도폐지의 주체)가 법정절차에 따라 해야 한다. 대법원은 권한 없는 자가 한 용도폐지를 무효로 보고, 당해 재산의 매매계약도 효력이 없다고 한다.[114] 또한 용도폐지를 하려면 행정행위에 필요한 일반적인 절차를 거쳐야 하는데, 특

114) 대법원 1966. 3. 15. 선고 66누4 판결, 대법원 1966. 5. 17. 선고 66다488 판결 등.

히 총괄청이 직권으로 용도폐지하려면 국유재산정책심의위원회의 심의를 거쳐야 한다(법 제26조 제1항 제4호).

2. 실질적 요건

국유재산법은 용도폐지 사유로서, ① 행정목적으로 사용되지 아니하게 된 경우, ② 행정재산으로 사용하기로 결정한 날부터 5년이 지난 날까지 행정재산으로 사용되지 아니한 경우 및 ③ 개발하기 위하여 필요한 경우를 규정하고 있다(제40조 제1항). 행정재산으로 사용하기로 결정하는 것만으로도 행정재산이 되므로(예정행정재산) 행정재산의 성립에는 실질적 요건이 필요 없다고 할 것이지만, 일단 행정재산으로 성립하면(예정행정재산 포함) 국유재산법 제40조 제1항 각 호의 사유, 즉 실질적 요건 없이는 용도폐지 하지 못한다. 행정재산의 종류별로 위 ① 내지 ③의 요건들을 살펴보면 다음과 같다.

(1) 공공용재산

1) 도로, 하천 및 항만 등 공공용에 제공된 국유재산(주로 토지)이 더 이상 그러한 행정목적으로 사용되지 아니하게 된 경우

더 이상 공공용으로 사용되지 않게 되어야 한다. 그 의미는 다음과 같은 경우에 찾아볼 수 있다. 첫째, 도로, 하천 등 공공시설의 형체가 소멸되거나 구조의 영구적·확정적 변화가 있는 경우이다(물리적 변화). 공공시설의 물리적 변화는 용도폐지를 할 확실한 사유일 뿐이지 반드시 요구되는 것은 아니다.[115] 그 정도에 이르면 용도폐지 없이도 행정재산이 소멸하는지가 문제되는데, 이에 관해서는 이미 앞에서 살펴보았다. 둘째, 물리적 변화는 없지만 공적 목적의 상실, 대체시설의 확보 및 그 밖의 공익상의 근거 등이 있는 경우이다(사정변경).[116] 공공용재산은 일반 국민의 사용에 제공되어 있고, 다수의 이해관계에 얽혀 있기 때문에 사정변경에 의한 용도폐지가 공용재산이나 보존용재산에 비하여 제한될 수밖에 없다.

물리적 변화 또는 사정변경으로 더 이상 공공용으로 사용되지 않게 되었는지에 대해서는 다른 특별한 사정이 없다면 공용폐지 유무가 중요한 판단기준이 될 수 있다. 왜냐하면 공공용재산은 행정재산과 공물의 이중적 지위를 갖추고 있고, 공물로서의 성질이 핵심을 이루기 때문이다. 대법원은 국립공원의 용도에 제공된 국유림(공공용재산)에 대하여 기획재정부장관이 국립공원지정 폐지 없이 직권용도폐지한 사례에서 행정목적인 국립공원으로 더 이상 사용되지 아니하게 된 경우(위 ①의 경우)에 해당하지 않아, 그 용도폐지가 근거법규의 중요한 부분을 위반한 중대한 하자

115) 김동희, 앞의 책, 271면.

116) 홍정선, 앞의 책(행정법특강), 440면에서는 “공용폐지가 있기 위해서는 공물의 공적 목적이 상실되었거나(예 : 도로의 경우라면 도로의 의미의 상실) 공용폐지를 위한 중대한 공익상의 근거(예 : 도로의 경우라면 교통상의 안전 또는 도시건축상의 질서)가 있어야 한다”라고 하는바, 같은 취지라고 생각된다.

가 있고, 그 하자는 객관적으로 명백하므로 무효라고 판단하였다.[117] 즉, 행정주체가 용도폐지한 것만으로는 행정목적으로 사용되지 아니하게 된 경우로 인정할 수 없다는 것이다. 같은 취지의 하급심판결로는 구거로서 공공용으로 사용 중인 국유재산을 용도폐지 했다면, 그 용도폐지는 국유재산법의 용도폐지요건(행정목적으로 사용되지 아니하게 된 경우)을 충족하지 못한 하자가 있고, 그 하자는 중대·명백하여 무효라고 한 판결,[118] 도로 중 일정부분이 통행로로서 공공용으로 사용되고 있음에도 그 부분과 통행로로 사용되지 않는 부분을 구분하지 않고 그 전부에 대하여 용도폐지한 것은 용도폐지의 요건을 갖추지 못한 하자가 있다고 본 판결[119]이 있다.

2) 도로, 하천 및 항만 등의 목적으로 사용하기로 결정했으나 결정일로부터 5년이 지난날까지 결정한 목적으로 사용하지 아니한 경우

이 부분은 예정행정재산의 용도폐지로서, 주의할 것은 공공용재산으로 사용하기로 결정한 날로부터 5년이 지난 날 자동으로 용도폐지되는 것이 아니라, 5년이 지난 후 별도로 용도폐지행위를 하여야 비로소 일반재산이 된다는 것이다.

3) 개발하기 위하여 필요한 경우

위 1), 2)의 용도폐지 사유가 없더라도 기존의 공공용재산을 다른 공공용재산으로 만드는 경우를 말한다. 예컨대, 기존의 도로를 없애고 그 자리에 더 큰 도로를 만드는 것이 그에 해당한다. 한편, 용도폐지 사유로서의 개발(법 제40조 제1항 제3호)은 국유재산법 제57조 이하의 개발과 다르다. 후자는 일반재산에 또는 행정재산을 위 1), 2)의 사유로 용도폐지한 다음에 그 위에 건축이나 토지조성사업을 하는 개발을 말한다.

(2) 공용재산

공용물에는 공용폐지 없이도 그 소멸이 가능하다는 것이 통설이나, 법률관계의 명확성을 기하기 위해서는 용도폐지가 필요하고, 판례도 같은 입장임은 앞서 서술하였다. 공용재산의 경우, 국유재산법 제40조 제1항 제1호의 '행정목적으로 사용되지 아니하게 된 경우'라 함은 청·관사 등 공용재산의 형체가 소멸되거나 영구적·확정적 변화가 있는 경우(물리적 변화)는 물론이고, 국가가 공용목적으로 사용하지 않으면 해당한다(사정변경). 공용재산은 국가만 사용하는 것이므로 사정변경에 의한 용도폐지가 비교적 자유롭다. 즉, 국가가 더 이상 청·관사 등 공용으로 사용하지 않기만 하면 용도폐지 사유가 된다. 나머지 제2호(행정재산으로 사용하기로 결정한 날부터 5년이 지난 날까지 행정재산으로 사용되지 아니한 경우) 및 제3호(개발하기 위하여 필요한 경우)의 요건은 공공용재산에서 설명한 바와 같다.

---

117) 대법원 2018. 2. 8. 선고 2017다266146 판결.
118) 부산고등법원 2013. 9. 11. 선고 2013누253 판결.
119) 서울고등법원 2016. 6. 15. 선고 2015누46644 판결.

(3) 보존용재산

보존용재산은 예정행정재산이 없기 때문에(법 제6조 제2항 제4호) 법 제40조 제1항 제2호(행정재산으로 사용하기로 결정한 날부터 5년이 지난 날까지 행정재산으로 사용되지 아니한 경우)의 용도폐지 사유가 없고, 또 그 성질상 제3호(개발하기 위하여 필요한 경우)의 용도폐지사유도 없다. 결국 제1호(행정목적으로 사용되지 아니하게 된 경우)의 용도폐지사유만 가능한데, 국유림법은 제16조 제4항에서 구체적인 사유들을 열거하고 있다. 보존용재산도 일반 국민의 이해관계와 크게 연관이 없기 때문에 사정변경에 의한 용도폐지가 비교적 자유롭다. 국유문화재는 법정 행정재산으로서 그 성립·소멸사유는 법정되어 있다. 즉, 국유재산이 문화재보호법 제2조 제1항 제1호·제3호에 해당하면 보존용재산으로 성립하듯이 같은 조항에 해당하지 않게 되면 자연히 보존용재산에서 소멸되는 것이다.

V. 용도폐지의 효과

1. 행정재산의 소멸

용도폐지는 국유재산을 행정재산에서 일반재산으로 분류하는 행정행위이다. 따라서 행정재산이 소멸하고, 일반재산이 발생하며, 그에 따른 법률관계의 변경이 이루어진다.

2. 법률관계의 변경

국유재산이 행정재산에서 일반재산으로 변경되면, 적지 않은 법률관계의 변화가 일어난다. 가장 큰 변화는 ① 공법관계에서 사법관계로의 전환, ② 공법적 규율의 완화이다.

(1) 사법관계로의 전환

행정재산의 법률관계는 공법관계인데, 용도폐지가 되어 일반재산이 됨으로써 사법관계로 변경된다. 법률관계의 변경으로 가장 큰 변화를 보이는 것은 그 사용관계이다. 행정재산의 사용허가는 강학상의 특허이다. 사용허가, 사용료부과 및 사용허가신청 거부는 모두 행정행위로 인정되어, 이들에 대한 쟁송은 행정소송으로 다투어진다. 용도폐지로 일반재산이 되면 당해 재산의 사용관계는 대부계약이 되고, 관련 쟁송은 민사소송으로 다투어진다.

(2) 공법적 규율의 완화

행정재산이 일반재산으로 분류되더라도 기존의 공법적 규율 중에서 상당부분은 계속 적용된다. 무단점유자에 대한 변상금부과·행정대집행, 체납채권의 징수를 위한 연체료부과·강제징수 및 고시이자 등이 그것이다. 그 밖에 행정재산 사용허가에 대한 통제는 일반재산 대부계약에 대부분 준용이 된다(국유재산법 제47조 제1항).

반면에 사권설정의 금지와 영구시설물축조의 금지가 다소 완화되고, 시효취득이 전면 가능하게 되며, 무단점유자에 대한 형벌규정이 없어지고, 대부 · 매각 · 개발이 자유롭게 되는 등 행정재산에 가해지던 공법적 규율이 완화되거나 제거되는 측면이 있게 된다.

3. 관리기관의 변경

(1) 일반회계 소속인 경우

일반회계 소속 행정재산은 용도폐지 후 지체 없이 총괄청에 인계되어야 하고, 인계된 재산은 한국자산관리공사에 위탁된다(법 제40조 제2항 본문, 제42조 제1항, 영 제38조 제3항 제2호). 다만 ① 관리전환, 교환 또는 양여하려고 용도폐지를 한 재산, ② 선박, 항공기 등 법 제5조 제1항 제2호의 특수동산, ③ 공항 · 항만 또는 산업단지에 있는 재산으로서 그 시설운영에 필요한 재산 ④ 총괄청의 지정을 받은 재산은 용도폐지하더라도 총괄청에 인계하지 않아도 되며, 용도폐지와 함께 종래 재산을 관리하던 중앙관서의 장의 소관으로 된다(같은 법 제40조 제2항, 제8조 제3항).[120] 제도의 취지는 다음과 같다.

첫째, 관리전환, 교환 · 양여하려고 용도폐지한 경우 재산의 소관청이 변경되거나 국유재산이 소멸될 것이 예상되므로, 굳이 총괄청으로 인계할 실익이 적을 뿐만 아니라, 관리전환 등의 결정을 한 기존 관리청이 최종절차까지 수행하는 것이 옳다.

둘째, 선박, 항공기 등 법 제5조 제1항 제2호의 특수동산은 그 관리 · 처분에 높은 전문성을 요하기 때문에 총괄청이나 한국자산관리공사가 관리 · 처분하기 곤란하고, 기존 관리청이 용도폐지한 후에도 관리 · 처분하는 것이 타당하다. 한편 부동산 이외의 행정재산은 용도폐지한 중앙관서의 장이 처분까지 하도록 하므로(영 제4조의 3 제1항 제5호), 재산의 처분에 한해서는 선박, 항공기 등 법 제5조 제1항 제2호의 특수동산 뿐만 아니라 제3호의 궤도차량도 총괄청 인계의 대상에서 제외된다고 할 것이다.

셋째, 공항 · 항만 또는 산업단지 내에 있는 국유재산으로서 그 시설운영에 필요한 것은 비록 용도폐지가 됐더라도 기존 관리기관이 전문적으로 관리하면서, 산업단지 내의 입주기업체 등 관련자에게 대부 · 매각하는 것이 적절할 수 있다. 다른 법률에서 산업단지 등에 있는 국유재산의 대부 · 매각 관련 특례를 두고 그 산업단지 등 소관 중앙관서가 그 재산의 소관청이 되어 이를 실행하게 하는 경우가 있다. 예컨대, 산업집적법은 산업단지 내의 국유재산을 입주기업체 등에게 매각 · 임대하는 경우, 그 국유재산의 가격을 산업통상부장관이 총괄청과 협의하여 정할 수 있도록 하는데, 다만 법 제40조 제2항 각 호에 따라 그 재산이 산업통상부장관 소관이 되어야 한다(제34조).

---

120) 일반회계 소속 행정재산은 총괄청 소관이지만, 국유재산법 제40조 제2항 각 호의 재산은 용도폐지됨으로써 중앙관서의 장 소관이 된다.

이와 같이 일반회계 소속의 국유재산은 용도폐지 후 총괄청으로 인계되어야 하고, 종전 소관청이 그 재산을 다시 사용하려면 총괄청의 사용승인을 받아야 하므로(제8조 제4항),[121] 그러한 번거로움을 피하고자 각 중앙관서는 유휴행정재산을 용도폐지하지 않고 계속 보유하려고 한다. 나아가 소관청은 행정재산을 공 · 사유재산과 교환해서 교환받은 재산을 행정재산으로 관리할 수도 있다(법 제27조 제1항 제1호). 그리하여 2020. 3. 31. 개정된 국유재산법은 중앙관서의 자발적인 용도폐지를 유도하기 위하여 우선사용예약 제도를 도입하였다. 중앙관서의 장은 행정재산이 용도폐지가 된 경우 장래의 행정수요에 대비하기 위하여 그 재산을 우선적으로 사용승인하여 줄 것을 총괄청에 신청할 수 있으며, 총괄청은 사용승인할 때 이를 고려하여야 한다(제40조의2, 제8조 제5항).

(2) 특별회계 · 기금 소속인 경우

특별회계 · 기금 소속의 국유재산은 행정재산이든 일반재산이든 불문하고 소관 중앙관서의 장이 관리 · 처분하기 때문에(법 제8조 제3항), 용도폐지하더라도 관리기관의 변경이 없다. 특별회계 · 기금 소속의 국유재산은 해당 사업에 직접 제공되어야 하고(행정재산), 일반재산을 처분한 대금은 해당 사업수행의 재원으로 쓰여야 할 것이지만, 소관 중앙관서는 필요한 재원을 다른 회계에서 전입받는 것에 주력하고, 유휴행정재산의 용도폐지 및 처분에는 소홀히 하는 경향이 있을 수 있다.

특별회계 · 기금 소속의 유휴행정재산에 대한 총괄청의 직권용도폐지가 가능하지만, 다른 회계로의 이관을 위해서는 유상으로 관리전환을 하여야 한다. 이에 2020. 3. 31. 개정된 국유재산법은 특별회계 · 기금에 속하는 일반재산의 효율적인 관리를 위하여 필요한 경우로서 국유재산정책심의위원회의 심의를 거친 경우에는 무상으로 관리전환할 수 있게 하였다(제17조 제2호 다목).

(3) 국유림

산림청장은 보전국유림(행정재산)인지 준보전국유림(일반재산)인지를 불문하고 모든 국유림을 경영 · 관리한다. 다만 국유재산법 제6조 제2항에 따른 행정재산에 해당하는 국유림은 소관 중앙관서의 장이 경영 · 관리하되, 그 재산이 용도폐지되면 총괄청이 아니라 산림청장에게 인계하여야 한다. 결국 산림청장은 행정재산인 국유림 이외의 모든 국유림을 경영 · 관리한다(국유림법 제4조).

---

121) 특별회계나 기금 소속의 재산을 그 관리청 이외의 중앙관서가 사용하려면 관리전환을 받아야 한다(제16조).

(4) 국외 국유재산

외교부장관은 재외공관재산법에 따라 재외공관용 부동산(행정재산)[122]과 국외에 있는 모든 일반재산을 관리 · 처분한다(재외공관재산법 제6조). 따라서 재외공관용 부동산을 용도폐지하더라도 총괄청으로 인계하지 않고 그대로 관리 · 처분한다.

Ⅵ. 용도폐지의 한계

공공용재산은 국유재산이 도로 등 공물의 부지로 제공된 결과 행정재산이 된 것으로서, 행정재산과 공물의 지위를 동시에 가진다. 따라서 공공용재산의 성립과 소멸에는 공용지정 · 공용폐지가 영향을 미치게 되어, 공용지정이 공공용재산의 성립을 판단하는 기준의 하나가 될 수 있고, 공용폐지가 용도폐지의 실질적 요건을 판단하는 기준의 하나가 될 수 있다. 나아가 비록 적법하게 용도폐지했더라도 공용폐지가 없다면 공물인 채로 일반재산이 되어 용도폐지의 효력이 제한되는 한계가 있게 된다.

한편, 국가가 국유지에 청사 등 공용재산을 설치하면 지방자치단체장이 그 국유지를 도시계획시설(청사 등)로 지정하게 되는데, 이후에 국가가 용도폐지한다고 해서 지방자치단체장이 도시계획시설의 지정을 해제하지는 않는다. 공공용재산의 경우 사업시행자가 사유재산을 개발이익이 배제된 금액으로 보상취득한 것이 많고, 사업시행자가 설치한 공공시설이 국가에 무상으로 귀속된 것이 많기 때문에, 용도폐지 후에도 도시계획시설지정을 유지해 보존할 명분이 있다. 그러나 공용재산의 경우 대부분 보통의 국유지가 투입된 것이기 때문에 국가 입장에서 볼 때 불합리할 수 있다. 이에 공용재산의 경우 용도폐지와 함께 도시계획시설지정이 해제되도록 의제하거나, 도시계획시설지정 해제를 위한 반대급부로서 국유지 기부채납 등을 제한하여야 한다는 등의 논의가 있다.[123]

Ⅶ. 국유재산에 대한 공용폐지

공물의 지위 상실을 위해서는 원칙적으로 공용폐지(公用廢止)를 필요로 한다. 공용폐지는 그 내용상 공용지정의 반대개념으로서, 공물에 대해 공적 목적에의 제공에서 제외한다는 의사표시를 하는 것이다. 이러한 공용폐지에 대해서는 학설상으로는 공용지정만큼 상세히 설명되지는 않으며, 그 법적 성질이나 형식 등을 포함한 여러 문제에 관하여는 주로 공용지정에 관한 설명

122) 「외교관계에 대한 비엔나협약」에 따른 공관지역 내의 일체의 부동산과 「영사관계에 관한 비엔나협약」에 따른 영사관사로 인정되는 일체의 부동산을 말한다(재외공관재산법 제2조 제1항).

123) 자세한 내용은 석종현, 국유재산 기부채납제도 개선연구, 한국토지공법학회, 2015. 7, 125면 이하 참조.

을 준용하는 식으로 설명되고 있다.[124)]

1. 용도폐지와 공용폐지

국유재산에 대한 용도폐지와 공용폐지는 서로 별개의 요건과 절차로 이루어지고, 그 효과도 다르다. 행정재산과 공물의 성격을 동시에 가지는 공공용재산에서 그 형체적 요소가 소멸한 경우, 별도의 공용폐지 없이도 공물의 소멸이 일어나지만, 용도폐지 없이는 행정재산의 소멸이 일어나지 않는다.

공물의 형체적 요소가 소멸한 경우 공용폐지 필요설[125)]과 불요설[126)]이 대립하는바, 공물은 형체적 요소와 공용지정으로 성립하므로 그중 어느 하나가 소멸하면 공물의 성질을 상실한다고 보아야 한다. 필요설의 주요 논거는 공물은 일반 공중의 이용에 제공되고 있기 때문에 그 법률관계를 명확히 할 필요가 있다는 것이다. 그러나 공물의 소멸에 따른 일반 공중의 이해관계는 앞으로는 그 물건을 공공용으로 사용할 수 없다는 사실적·소극적인 것에 불과한 것으로서, 권리·의무에 영향을 미치는 것이 아니다. 오히려 공물은 사소유권을 제한하여 공법적 규율을 가하는 것이므로 공물의 소멸로 그러한 규율에서 해방되는 것이므로 공용폐지 없이 형체적 요소의 소멸만으로 공물의 소멸이 가능하다고 하여야 한다. 공용폐지 필요설에서도 묵시적 공용폐지를 인정하기 때문에 불요설과 큰 차이는 없을 수 있다. 판례는 공용폐지필요설을 취하면서 매우 예외적인 경우에만 묵시적 공용폐지를 인정한다. 행정재산이 그 본래의 용도에 사용되고 있지 않더라도 그 사실만으로 공용폐지의 의사표시가 있었다고 볼 수는 없다는 것이다.[127)]

---

124) 류지태, 앞의 논문(공물법 체계의 재검토), 417면.

125) 김동희, 앞의 책, 271-272면; 김도창, 앞의 책, 414면; 이상규, 앞의 책, 402면; 박윤흔/정형근, 앞의 책, 428면 등. 다만 공용폐지필요설에서도 묵시적 공용폐지를 인정하고, 자연공물에서는 공용폐지가 필요 없다는 것이 일반적이다.

126) 김남진/김연태, 앞의 책(행정법Ⅱ), 406-407면; 하명호, 앞의 책, 851면; 홍정선, 앞의 책(행정법특강), 1193면; 류지태/박종수, 앞의 책, 1089면; 박균성, 앞의 책, 1101면; 석종현/송동수, 앞의 책, 405면 등.

127) 대법원은 도로부지에 건물이 세워져 사실상 대지화 됐더라도, 이는 그 관리청의 의사가 아니라 인접 토지 소유자 등 제3자의 독점적 사용에 의한 결과라면 묵시적 공용폐지를 인정할 수 없다고 하였고(대법원 1994. 9. 13. 선고 94다12579 판결), 관재당국이 착오로 행정재산을 다른 재산과 교환하였다 하여 그러한 사정만으로 적법한 공용폐지의 의사표시가 있다고 볼 수 없다고 하였으며(대법원 1998. 11. 10. 선고 98다42974 판결), 제3자가 공유수면을 권원 없이 매립하였고, 국가가 매립된 토지에 대하여 자연공물임을 전제로 한 아무런 조치를 취하지 않았고, 이를 답 또는 잡종지로 지적도에 기재하고, 나아가 토지대장상 지목을 그렇게 변경했더라도 공용폐지에 관한 국가의 의사가 객관적으로 추단된다고 보기 어렵다고 하였다(대법원 2009. 12. 10. 선고 2006다87538 판결).

2. 국유재산에 대한 공용폐지의 효과

국유재산에 대한 공용폐지로 종래 적용되던 공물로서의 공법적 규율이 사라지고, 국유재산법상의 공법적 규율만 남게 된다. 가장 큰 변화는 공물관리청의 지배에서 벗어나서 재산관리기관의 권한이 완전해진다는 것과 적용 법률에 변화가 있다는 것이다. 국유재산이 공물법의 적용을 받다가 공용폐지로 국유재산법의 적용을 다시 받게 되면 해당 재산의 사용료산정에 적용되는 요율이 달라져서 대국민 신뢰에 문제가 생길 수 있다. 그 밖에 공물관리청이 부과하지 않은 사용료를 공용폐지 후 재산관리청이 부과할 수 있는지 등의 문제가 발생할 수 있다.

제2장 일반재산

제1절 일반재산의 의의

Ⅰ. 일반재산의 개념

협의의 국유재산 중에서 행정재산이 아닌 나머지를 일반재산이라고 한다(법 제6조 제3항). 행정재산이 국유재산법에 적극적으로 정의되고 있는 반면, 일반재산은 국유재산 중 행정재산을 뺀 나머지라는 식으로 네거티브하게 정의되어 있다.128) 국가가 재산을 취득한 후 행정재산으로 성립된 사실이 없거나, 행정재산이 용도폐지가 되면 일반재산으로 된다. 일반재산은 매각 등 처분이 가능하고, 시효취득의 대상이 되는 등 융통성의 제한이 훨씬 완화되지만, 여전히 사유재산에 비하여 상당한 공법상의 규율이 가해지는바, 그 법적 성질이 문제된다.

Ⅱ. 법적 성질

일반재산은 당사자 사이의 계약으로 대부, 매각, 교환, 양여 또는 신탁이 이루어지는데, 이러한 계약이 사법상 계약인지, 아니면 공법상 계약인지 다툼이 있을 수 있다. 행정재산의 법률관계를 공법관계로 본다는 점은 앞에서 살펴보았다. 그런데, 이러한 행정재산과 대척점에 있는 일반재산의 법률관계를 사법관계로 보는 것이 당연하다고 볼 수도 있고 실제 사법관계설이 통설적 견해이지만, 일반재산에 가해지는 적지 않은 공법적 규율 때문에 그 법적 성질을 둘러싸고 견해의 대립이 있을 수 있고, 실제 공법관계설을 취하는 견해도 있다.

이러한 논의의 주요 실익은 민법의 적용, 계약관계에 대한 해석 및 분쟁해결 수단 등에 있지만, 더 나아가 일반재산에 가해지는 공법적 규율의 한계를 논할 때 중요한 선결과제가 된다.

---

128) 이광윤, 행정사물이론에 비추어 본 국유재산법제의 문제점, 아태공법연구 제2권, 아세아태평양공법학회, 1993. 11, 23면.

1. 사법관계설

행정재산은 공물이고 일반재산은 행정사물이라는 시각에서 또는 일반재산에 대한 국가소유는 사법상 소유권에 의해 형성된 것이라는 시각에서 그 규율도 사법에 의해야 한다는 견해로서, 현재 통설적 견해이다.[129] 이 견해에 따르면 국유재산법이 일반재산에 관한 특별규정을 두고 있더라도 이는 국유재산의 관리 · 처분상의 공정과 편의를 위한 것에 불과하므로, 이로써 일반재산 관리 · 처분의 본질이 공법상의 행위로 변화되었다고 볼 수 없다. 즉, 일반재산의 관리 · 처분은 사법상 계약에 의하여 이루어지므로, 민법 · 주택임대차보호법 등 사법이 적용되지만 계약당사자의 일방이 국가이고 그 목적물이 국유재산이라는 공적 특성으로부터 국유재산법의 규제를 받게 되는 것이고, 그러한 규제의 범위 내에서 계약체결의 자유가 인정된다고 본다.[130] 사법관계설에서는 민법 등 사법 규정이 국유재산에 기본적으로 적용되고, 국유재산법 등은 특별한 공법적 규율로서 작용한다고 본다.

2. 공법관계설

공법관계설은 행정재산이면 공법관계, 일반재산이면 사법관계로 보는 통설의 이분법적 사고에 반대하면서, 법률관계를 공사법 관계로 나눌 때는 법률관계의 주체, 당사자 간의 관계, 법률관계의 성격과 내용 등을 고려해야 하며, 특히 당해 법률관계를 규율하는 법률이 추구하고자 하는 법적 효과가 가장 크게 고려되어야 함(복수기준설)을 강조한다. 공법관계설은 일반재산의 법률관계를 판단하기 위해서는 이를 규율하는 국유재산법 규정과 입법자의 의사를 먼저 고려하게 된다.

국유재산법은 일반재산의 대부 · 매각에 있어 계약상대방의 결정방식(제31조, 제43조)과 가격결정(제32조, 제44조)을 엄격하게 규율하고 있으며, 일반재산의 대부에는 행정재산의 사용허가 규정을 대부분을 준용한다(제47조 제1항). 공법관계설은 일반재산에 가해지는 이러한 공법적 규율을 보면 과연 입법자가 일반재산에 대한 계약관계에서 국가를 사경제의 주체로서 사적자치를 허용하겠다는 것인지 의문이며, 이러한 규정들이 입법취지대로 적용되기 위해서는 공법의 원리가 적용되어야 하고, 계약상대방이 이를 소송상 제대로 다투기 위해서는 당사자소송에 의해야 할 것이라고 한다. 특히 국유재산법이 대부료를 체납처분절차에 따라 강제징수 할 수 있게 하고(제73조 제2항), 국가의 공익목적에 따라 대부계약을 해제 · 해지할 수 있게 하는바(제36조 제2항, 제47조 제1항), 이러한 규정들을 보면, 국유재산법을 제정한 입법자의 의도는 국가를 단순히 사경제적 주체로서 파악하지 않고, 공적 지위자로서 특수한 권리를 인정하고 있다고 봐

---

129) 하명호, 앞의 책, 865-866면; 김남진/김연태, 앞의 책(행정법Ⅱ), 432-433면; 박균성, 앞의 책, 1131면; 김동희, 앞의 책, 295면; 홍정선, 앞의 책[행정법원론(하)], 528면 등.

130) 곽종훈, 국유재산의 대부, 사법논집, 제26집, 법원도서관, 1995. 12, 351면.

야 한다고 한다.[131)]

한편 일반재산에 대한 이러한 공법적 규율을 감안하면 행정재산뿐만 아니라 일반재산도 공물이 될 수 있다는 견해가 있으며,[132)] 프랑스 공공재산법의 행정사물(le domaine privé de l'administration) 법리에 입각하여 일반재산에 적용되는 일반 법규범은 공법원리이어야 한다는 견해도 있다.[133)] 공법관계설에서는 국유재산법이 국유재산에 대한 일차적인 근거규정이고, 국유재산법에 특별한 규정이 없는 경우에 당해 법률관계의 목적의 취지에 비추어 민법 등 사법규정이 유추적용된다고 본다.

3. 판례

대법원은 사법관계설로 일관하면서, 대부료 납부고지에 감액경정처분의 법리를 적용해서는 안 된다고 하고,[134)] 매각 · 양여거부에 대한 행정소송을 인정하지 않는다.[135)] 또한 국유재산법 위반을 대부 · 매매계약의 일반적인 해지 사유로 인정하지 않을 뿐만 아니라, 법정 대부계약 해지사유인 '공용 또는 공공용으로 사용하기 위하여 필요한 경우(법 제36조 제2항, 제47조 제1항)를 엄격하게 해석한다.[136)] 헌법재판소도 일반재산은 사경제적 거래의 대상으로서 사적자치의 원칙이 지배된다는 이유로 그 시효취득을 부인하는 구 국유재산법 제5조 제2항을 위헌이라고 판시한 바, 사법관계설의 취지로 볼 수 있다.[137)]

4. 검토

사법관계설이 역사적으로 연원을 두는 국고이론(Fiskustheorie)은 국가의 고권적 행위에 대한 사법심사가 부인되었던 상황에서, 재산의 주체인 국고(Fiskus)를 사법상 법인으로 설정하여 국민의 사법적 구제를 가능하게 하려는 것으로서, 법치주의가 일반적으로 관철되고 있는 오늘날에는 그 존재의의가 크지 않다. 한편, 재정상의 이익에 관한 영역에서는 사적영역에서와 달리 사적자치에 의한 법률관계의 자유로운 형성이 곤란하며, 공적 목적에 의한 특별규율을 받을 수

131) 이원우, 앞의 책, 6-7면.

132) 김동희, 앞의 책, 261면 주 3).

133) 이광윤, 신행정법론, 법문사, 2007, 391면.

134) 대법원 2000. 2. 11. 선고 99다61675 판결에서는 "일반재산 대부행위는 사법상 계약이고, 대부료납부고지는 사법상 이행청구에 불과한 것으로서, 이는 행정재산사용허가 및 사용료부과와는 그 성질이 다르다는 전제에서, 만약 재산관리기관이 대부료를 현저히 과다하게 납부고지 했다면 전체적으로 이행청구로서의 효력이 없고, 따라서 재산관리기관이 현저히 과다한 금액을 감액하여 납부고지 하더라도 행정법상의 감액경정처분의 법리에 따라서 종전의 과다납부고지에 이행청구로서의 효력이 발생하는 것이 아니다"라고 판시하였다.

135) 매각에 대해서는 대법원 1986. 6. 24. 선고 86누171 판결, 양여에 대해서는 대법원 1983. 9. 27. 선고 83누292 판결 참조.

136) 대법원 1971. 5. 24. 선고 71다489 판결.

137) 헌법재판소 1991. 5. 13. 선고 89헌가97 결정.

밖에 없다.[138] 결국 일반재산의 법적 성질을 논함에 있어서는 국유재산법상의 공법적 규율에 주목하여, 그러한 규율이 국고작용에 입각한 사법관계의 법률관계를 공법관계로 전환시키기에 충분한지를 검토하는 것이 중요하다.

일반재산에 대한 공법적 규율은 대부분 재산의 관리 · 처분에 있어서 공정성을 확보하기 위함이지, 재산의 성질 자체가 사유재산과 다름을 뜻하는 것은 아니다. 관리 · 처분의 공정성 확보의 차원을 넘어서는 대부료에 대한 강제징수, 매매대금에 대한 연체료의 부과, 공익목적의 대부해제 · 해지 등의 규정도 있지만, 일반재산의 법률관계를 공법관계로 전환시키기에는 미흡하다. 일반재산에 대한 적지 아니한 공법적 규율에도 불구하고 일반재산에 대한 대부 · 매각 등 주요 법률관계를 국가와 상대방 사이의 상하관계로 볼 수 없고, 한쪽 당사자인 국가를 공권력의 담당자라고 할 수도 없다. 따라서 공 · 사법의 구별기준에 관한 복수기준설(통설)[139]에 의할 때, 공법관계로 보기에는 무리가 있다. 그 밖에 행정재산과 달리 일반재산은 그 처분 및 대부가 원칙적으로 허용되는 등 융통성의 제한이 미약하며, 대부기간도 최대 30년까지 허용이 되는바(국유재산법 제35조 제1항, 제46조), 이러한 차이점들은 행정재산과 일반재산이 본질적으로 다르다는 것을 보여준다.

결국 일반재산의 법률관계의 성질은 사법관계로 봐야 한다. 국유재산법 등에서 특별한 공법적 규율을 하지 않는 한 행정법리가 적용되어서는 안 되고,[140] 관련 분쟁은 민사소송에 의해야 한다. 일반재산의 법률관계를 사법관계로 보게 되면 국민의 권리보호 측면에서 다소 불편한 점이 있을 수 있다. 예컨대, 일반재산의 대부에 처분성을 인정할 수 없고, 부당한 대부해지 · 대부갱신거부에 대한 마땅한 구제수단이 없다는 점 등이다. 그러나 판례상 과다납부 된 대부료는 반환청구가 가능하고,[141] 부당한 대부해지 · 대부갱신거부에 대해서는 권리남용의 법리에 따라 인도청구 등을 기각시킬 수도 있을 것이다.

제2절 일반재산에 대한 공법적 규율

국가는 일반재산의 관리 · 처분에 있어서 사경제의 주체로서 사인과 대등하다(사법관계). 그러나 일반재산은 행정재산으로 전환될 수 있고(잠재적 행정재산) 국유재산으로서 여러 가지 공적

138) 이원우, 앞의 책, 4면.
139) 하명호, 앞의 책, 10면.
140) 일반재산의 법률관계의 성질이 사법관계이므로 국유재산법에서는 일반재산 관리의 기본원칙 정도만 규율하고 나머지는 사법상의 일반 법리에 맡기는 규율태도가 더 체계적인 것으로 보인다는 견해도 있다[류지태, 앞의 논문(현행 국유재산관리의 법적 문제), 71-72면]. 일본국유재산법이 취하는 태도이다.
141) 대법원 2000. 2. 11. 선고 99다61675 판결.

기능을 수행한다. 또한 국가는 국유재산에 대한 여러 이해당사자 사이에서 공정을 기할 필요가 있다. 이에 국유재산법은 일반재산을 보호하고 일반재산 거래의 공정성을 담보하기 위한 여러 가지 공법적 규율을 하고 있다.

이러한 공법적 규율들은 행정재산과 공통되는 것, 행정재산보다 완화되는 것, 그리고 일반재산을 위해 별도로 마련된 것으로 나눌 수 있다. 국유재산법은 행정재산에 대한 공법적 규율을 마련하면서, 융통성의 제한 등 사적자치의 제한에 관한 것은 주로 행정재산에만 적용하고, 재산의 보호·관리를 위한 규율은 대부분 일반재산에도 함께 적용한다.

Ⅰ. 행정재산과 공통되는 공법적 규율

무단점유자에 대한 변상금부과·행정대집행, 체납채권의 징수를 위한 연체료부과·강제징수 및 고시이자는 일반재산에도 동일하게 적용된다.[142] 일반재산에 대한 변상금부과·행정대집행이 헌법상 평등원칙에 위반되고, 재산권을 침해한다는 이유로 위헌소원이 제기되었으나 헌법재판소는 일반재산의 효율적인 보존·관리라는 합리적인 이유 등을 이유로 합헌결정을 하였다(헌법재판소 2010. 3. 25. 선고 2008헌바148 결정). 행정재산 사용허가에 대한 통제는 일반재산 대부계약에 대부분 준용이 된다(법 제47조 제1항). 특히 공익상의 필요에 의한 대부계약의 일방적 해지는 매우 강력한 공법상 규율로서 일반재산이 공법관계에 기반하고 있다는 견해의 유력한 논거가 되기도 한다.[143]

Ⅱ. 행정재산보다 완화된 공법적 규율

1. 융통성의 원칙적 허용

행정재산은 사용허가가 제한되고 처분과 개발이 금지되지만(소정의 교환과 양여는 가능하다. 법 제27조 제1항, 제30조 제1항), 일반재산은 대부, 처분, 개발이 일반적으로 허용이 되고, 다만 계약방식, 계약금액 등에 대한 공법적 규율이 있을 뿐이다.

---

142) 변상금·행정대집행은 국유재산법 제72조, 제74조, 연체료부과·강제징수는 제73조, 고시이자는 국유재산법 시행령 제30조 제4항, 제51조 참조.

143) 이원우, 앞의 책, 6면(특히 국유재산법상 대부관련규정에서 관리청이 대부료를 직접 징수할 수 있는 제38조 제3항과 공익적 목적을 위해 대부계약을 해제할 수 있다는 제38조 제1항, 제28조 제2항의 규정을 보면, 국유재산법을 제정한 입법자의 의도는 국가를 단순히 사경제적 주체로서 파악하지 않고, 공적 지위로서의 특수한 권리를 인정하고 있음을 알 수 있다. 국유재산법상 대부관련 대부분의 규정이 사법상 임대차계약에서는 인정되지 않는 국가의 공적지위에 의거한 내용을 담고 있는 것이다. 이러한 규정이 입법취지대로 적용되기 위해서는 당해 법률관계에 공법의 원리가 적용되어야 하고, 계약상대방이 이를 소송상 제대로 다투기 위해서는 당사자소송에 의하여야 할 것이다).

일반재산의 융통성에 대한 규율은 그 나라의 입법정책과 법률전통에 달려있다. 프랑스의 경우 행정사물(le domaine privé)의 무상양도와 압류가 금지되며, 따라서 시효취득이 될 수도 없다. 압류금지는 프랑스 공공재산법(Code général de la propriété des personnes publiques)에서 규정하는 바이지만,[144] 무상양도의 금지는 공법인의 증여금지원칙에 따른 것으로 모든 시민은 공공재산의 사용에 있어 평등하다는 생각이 반영된 것이다. 이러한 행정사물의 무상양도 금지의 원칙은 공법상의 일반원칙으로서 1971년 3월 19일의 꽁세이데따의 Mergui판결에 의해 확립되었다고 한다.[145]

그 밖에 행정재산에는 사권설정이 전면 금지되지만 일반재산은 사용·이용에 지장이 없고 재산의 활용가치를 높일 수 있다면 예외적으로 허용이 된다(법 제11조 제2항, 영 제6조).

2. 영구시설물 축조 금지의 완화

행정재산에는 ① 영구시설물이 국가의 소유로 되는 경우 및 ② 지방자치단체 등이 공익상 필요로 하는 경우에만 영구시설물의 축조가 가능하지만, 일반재산은 그 외에도 ① 매매대금의 분할납부 중인 경우, ② 대부중인 경우 및 ③ 민간참여개발의 경우에도 영구시설물의 축조가 가능하다(법 제18조 제1항).

대부중인 일반재산에 영구시설물의 축조를 허용한 경우에는 미리 예치된 이행보증금으로 그 영구시설물을 원상회복하거나 무상취득할 수 있는바(영 제13조 제4항·제6항), 이는 민법 제652조에도 불구하고 부속물매수청구권과 지상물매수청구권을 배제할 수 있게 하는 공법적 특례로 해석이 됨은 기술하였다.

3. 시효취득의 허용

행정재산은 시효취득이 불가하지만 일반재산은 가능하다. 헌법재판소가 일반재산의 시효취득까지 금한 구 국유재산법 제5조 제2항을 위헌으로 판단하면서,[146] 1994년 개정 국유재산법에서부터는 행정재산의 시효취득만 금지하고 있다(현행 국유재산법 제7조 제2항 참조). 그러나 행정사물(일반재산)에 대해서도 융통성의 제한을 가하는 프랑스법적 사고에 의하면, 위와 같은 헌법재판소의 결정과 국유재산법의 개정은 일반재산을 포함하는 국유재산 일반에 대한 공법적 보호

144) 프랑스 공공재산법 제2311-1조. 우리 국유재산법에는 일반재산에 대한 압류를 금지하는 규정이 없지만, 국가에 대한 강제집행은 국고금의 압류에 의하도록 한 민사집행법 제192조가 있기 때문에 국유재산에 대한 압류가 사실상 금지되어 있다고 할 수 있다.

145) 이광윤, 앞의 책, 398면.

146) 헌법재판소 1991. 5. 13. 선고 89헌가97 결정(국유잡종재산은 사경제적 거래의 대상으로서 사적 자치의 원칙이 지배되고 있으므로 시효제도의 적용에 있어서도 동일하게 보아야 하고, 국유잡종재산에 대한 시효취득을 부인하는 동규정은 합리적 근거 없이 국가만을 우대하는 불평등한 규정으로서 헌법상의 평등의 원칙과 사유재산권 보장의 이념 및 과잉금지의 원칙에 반한다).

의 필요성을 간과한 것으로 여겨질 수도 있다.[147)]

4. 형벌규정의 폐지

행정재산의 무단사용에 대해서는 형벌규정이 있으나, 일반재산의 경우에는 없다. 일반재산의 무단사용에 대한 형벌규정은 사적자치의 원리에 따른 공법적 규율의 한계로 1976년 국유재산법 개정으로 삭제하였다. 사경제적 거래의 대상으로서 사적자치의 원칙이 지배되는 일반재산에 대한 형벌규정은 합리적 근거 없이 국가만을 우대하는 불평등한 규정으로서 헌법상 평등의 원칙과 사유재산권 보장의 이념 및 과잉금지의 원칙에 반한다는 비판이 있었기 때문이다.

Ⅲ. 일반재산에 특유한 공법적 규율

1. 국유재산종합계획에 따른 관리 · 처분

총괄청은 국유재산처분기준을 포함하는 국유재산종합계획을 수립하여 국무회의의 심의를 거쳐 대통령의 승인을 받아 확정시킨다. 국유재산종합계획의 국무회의 심의는 헌법사항으로서 현행 헌법 제89조에서 규정하고 있다.

국유재산종합계획에는 ① 국유재산을 효율적으로 관리 · 처분하기 위한 중장기정책방향, ② 국유재산 관리 · 처분의 총괄계획, ③ 국유재산처분기준, ④ 국유재산특례종합계획, ⑤ 기타 국유재산의 관리 · 처분에 관한 중요한 사항이 포함되어야 한다(법 제9조 제4항). 국유재산처분기준은 법령의 형식을 갖추어 본문과 부칙으로 구성되는데, 국유재산 매각의 일반적인 제한, 매각의 절차적 통제 및 매각방법에 대한 통제 등을 규정하고 있다.[148)] 국유재산처분기준은 기획재정부에서 마련하는 단순한 훈령이나 지침이 아니라 헌법과 국유재산법에 따라 국무회의의의 심의를 거쳐 대통령의 승인을 받아 확정하고, 이후 국회에 제출하는 등 일종의 법규범라고 할 수 있다(국유재산법 제9조 제3항).

2. 거래행위의 효력 부정

국유재산법과 국토계획법은 국유재산의 매각 기타 처분행위의 효력을 무효로 하는 경우가 있다. ① 국유재산에 관한 사무에 종사하는 직원이 국유재산을 취득하지 못하게 하고, 이를 위반한 거래행위의 효력을 무효로 하는 것(국유재산법 제20조), ② 도시계획시설로 지정된 국유지를 그 시설사업 외의 목적으로 처분하지 못하게 하고, 이를 위반한 거래행위의 효력을 무효로 하는

147) 이광윤, 앞의 책, 401면; 권세훈, 하천법상 공물개념에 관한 비교법적 소고, 미국헌법연구 제22권 제1호, 미국헌법학회, 2011, 7면.

148) 2023년도 국유재산처분기준 제4조 내지 제7조.

것(국토계획법 제97조) 등이 그것이다. ③ 그 밖에 대법원은 국유재산법 제8조를 위반한 거래행위를 무효로 보는 경향이 있는데, 총괄청 소관이 아닌 국유재산을 총괄청 또는 그로부터 위탁받은 한국자산관리공사가 매각·대부한 것을 무효라고 한 것이 그것이다.[149]

3. 계약방식의 법정

일반재산의 대부, 매각 등은 국가를 당사자로 하는 계약이므로,[150] 국가계약법[151]이 적용된다. 대법원은 국가계약법상의 입찰절차나 낙찰자결정기준을 국가내부규정에 불과하다고 보는 반면,[152] 담당공무원과 계약상대자가 국가계약서에 기명날인 하거나 서명할 것을 요구한 국가계약법 제11조는 강행규정이고, 이를 위반한 국가계약은 무효일 뿐만 아니라 국가가 추인할 수도 없다고 한다.[153]

국가계약법 제11조의 입법취지는 국가계약의 내용을 명확히 하고, 국가계약체결에 있어 적법한 절차에 따를 것을 담보하기 위한 것이다.[154] 이러한 통상의 이해에 더하여, 계약서의 작성을 담당공무원의 기명날인 또는 서명이 포함된 문서로 하게 하여 행정행위에서 요구되는 방식(행정절차법 제24조)[155]을 갖추게 하려는 것으로 생각된다. 이를 통하여 ① 국가계약의 성립시기가 분명해지고, ② 계약상대방이 일방적으로 계약금을 납부해서 계약을 성립시켜 버리는 폐해를 방지할 수 있으며, ③ 계약의 목적, 계약금액, 이행 기간, 계약보증금, 위험부담, 지체상금(遲滞償金) 및 그 밖에 필요한 사항을 명백하게 문서로 기재하게 되어 법률관계의 명확성 및 국가계약의 공신력을 제고하게 된다.

국가계약법 제11조가 국가계약에 서면주의 등 행정행위에서 요구되는 방식을 요구하는 것과 국유재산법 제31조가 사용허가에 국가계약법을 준용하는 것은 이러한 점에서 맥락을 같이 한다고 볼 수도 있다.

---

149) 매매에 대하여는 대법원 2002. 7. 12. 선고 2001다16913 판결, 대법원 1967. 12. 19. 선고 67다1694 판결, 대부에 대하여는 대법원 2018. 2. 8. 선고 2017다266146 판결 참조.

150) 사용허가는 계약이 아닌 허가·특허의 방식이지만, 임대계약의 실질을 띠고 있어, 국가계약법이 준용된다(법 제31조 제3항).

151) 1995. 1. 5. 법률 제4868호로 제정되었다. 지방자치단체의 경우, 2005. 8. 4. 지방계약법이 제정되었다.

152) 대법원 2001. 12. 11. 선고 2001다33604 판결.

153) 대법원 2015. 1. 15. 선고 2013다215133 판결, 대법원 2009. 12. 24. 선고 2009다51288 판결, 대법원 2004. 1. 27. 선고 2003다14812 판결.

154) 대법원 2015. 1. 15. 선고 2013다215133 판결 등.

155) 행정절차법 제24조(처분의 방식) ① 행정청이 처분을 할 때에는 다른 법령 등에 특별한 규정이 있는 경우를 제외하고는 문서로 하여야 하며, 전자문서로 하는 경우에는 당사자 등의 동의가 있어야 한다. 다만, 신속히 처리할 필요가 있거나 사안이 경미한 경우에는 말 또는 그 밖의 방법으로 할 수 있다. 이 경우 당사자가 요청하면 지체 없이 처분에 관한 문서를 주어야 한다.
② 처분을 하는 문서에는 그 처분 행정청과 담당자의 소속·성명 및 연락처(전화번호, 팩스번호, 전자우편주소 등을 말한다)를 적어야 한다.

Ⅳ. 일반재산에 대한 공법적 규율의 한계

일반재산에 대한 여러 공법적 규율이 일반재산의 법률관계를 공법관계로 전환할 정도는 아니라고 보아야 한다는 점은 앞에서 살펴보았다. 따라서 일반재산에는 민법이 전면적으로 적용되어야 하고 국유재산법 및 국가계약법 등에서 특별한 규정을 두지 않는 한 행정법리가 우선하여 적용되어서는 안 된다. 한편, 일반재산에 대한 공법적 규율은 민법에 대한 특별규정으로서, 이러한 특별규정은 사적자치의 본질과 그 제한원리를 해쳐서는 안 된다.

1. 사적자치의 본질

일반재산은 그 법적 성질이 사법관계로서 사적자치의 원리가 지배하는바, 민사법에 대한 특별규정인 국유재산법상의 공법적 규율도 사적자치의 원리의 본질을 침해해서는 안 된다. 헌법재판소는 일반재산의 시효취득을 금지하는 규정이 사적자치의 본질을 위반하여 헌법상 평등의 원칙과 사유재산권 보장의 이념 및 과잉금지의 원칙에 반하여 위헌이라고 본 반면,[156] 일반재산에 대한 변상금부과·행정대집행 규정에 대해서는 사적자치의 본질을 위반하지 않는다는 전제에서 헌법상 평등원칙위반, 사유재산권 보장의 이념 및 과잉금지의 원칙에 반하지 않는다고 하였다.[157] 한편, 일반재산의 무단사용에 대해서도 형벌규정이 있었으나 1976년 국유재산법 개정으로 삭제되었는데, 이는 일반재산에 대한 공법적 규율이 사적자치의 원리에 따라 한계가 있음을 인식했기 때문이다.

2. 사적자치의 제한원리

일반재산에 대한 공법적 규율이 사적자치의 본질적 한계를 넘을 수 없다면 동일한 측면에서 사적자치를 제한하는 원리에도 반할 수 없다. 사적자치를 제한하는 원리는 공공복리 내지 사적자치의 실질적인 보장 등을 들 수 있는데, 국유재산법의 영역에서는 사적자치의 실질적인 보장이 주로 문제된다.

이와 관련하여 국유재산법에 주택임대차보호법이나 상가건물임대차보호법이 보장하는 묵시적 갱신(주택임대차법 제6조), 최소임대차기간(같은 법 제4조) 및 계약갱신요구(상가건물임대차법 제10조) 등을 규정할 것인지가 논의될 필요가 있다. 그러나 위의 규정들은 모두 임차인의 임대차기간을 일정부분 보장해 주려는 취지인데, 국유재산법은 특별한 사정이 없는 한 사용허가·대부기간을 5년으로 하고 주택은 무제한 갱신을, 상가건물도 최소 1회의 갱신을 허용하기 때문에(국유재산법 제35조, 제46조), 위와 같은 임차인보호 규정이 특별히 필요하지는 않다고 생각된다. 다

156) 헌법재판소 1991. 5. 13. 선고 89헌가97 결정.
157) 헌법재판소 2010. 3. 25. 선고 2008헌바148 결정.

만 국가의 행정목적 등 특별한 사정이 있다면 사용허가 · 대부기간을 2년 미만으로 하거나, 계약 갱신을 허용하지 않음으로써 주택임대차법 등과 달리 임차인을 불리하게 할 수도 있을 것이나, 이것이 국유재산의 효율적인 보존 · 관리라는 합리적인 이유에 따른 것이라면 사적자치의 실질적 보장 원리에 반한다고 할 수 없을 것이다.[158]

다음으로는 법 제18조 제2항, 영 제13조에서는 민법 제652조에도 불구하고 부속물매수청구권 및 지상물매수청구권을 배제할 수 있도록 규정하고 있는데, 대법원은 국유재산법에 특별한 규정이 있기 때문에 민법 제652조가 배제된다는 취지로 판시한다.[159] 국유재산의 효율적인 보존 · 관리라는 합리적인 이유가 있다면 사적자치의 실질적 보장에 반한다고 할 수 없을 것이다.

---

158) 헌법재판소 2010. 3. 25. 선고 2008헌바148 결정에서는, "일반재산에 대한 변상금부과 · 행정대집행에는 일반재산의 효율적인 보존 · 관리라는 합리적인 이유가 있다고 할 것이므로, 헌법상 평등원칙에 반하지 아니하고, 입법목적의 정당성과 그 목적달성을 위한 방법의 적정성, 피해의 최소성, 그리고 그 입법에 의해 보호하려는 공공의 필요와 침해되는 기본권 사이의 균형성을 모두 갖추고 있으므로, 청구인들의 재산권을 침해하지도 아니한다"라고 판시하였다.

159) 대법원 2011. 5. 26. 선고 2011다1231 판결. 이는 지방자치단체와 개인이 수목의 식재 및 지상물매수청구권 포기를 내용으로 하는 공유재산 대부계약에 관한 사례이다.

제3장 국유재산과 공물

제1절 구별의 필요성

국유재산은 광의의 국유재산, 협의의 국유재산, 행정재산 및 일반재산 등 확고한 분류체계를 가지고 있으며, 이들에 대한 독자적인 규율체계를 가지고 있다. 즉, 국유재산 일반에 대하여 민법과 국가재정법 등 일반적인 재산법이 적용되지만, 협의의 국유재산에는 국유재산법이(국유림의 경우 별도의 개별 국유재산법인 국유림법이 적용된다), 동산, 채권 및 현금 등 광의의 국유재산에는 물품관리법, 군수품관리법, 국가채권관리법 및 국고금관리법 등 개별 기본법이 특별한 공법적 규율을 한다.

국유재산이 그 개념이나 규율체계 등의 독자성에도 불구하고 공물이론에 갇혀서(행정재산은 공물이고, 일반재산은 사물이라는 도그마) 독자적인 연구가 이루어지지 않는바, 이러한 현상은 국유재산과 공물 모두의 이해에 장애가 된다. 양자의 규율체계상의 차이를 이해하기 위해서는 양자를 규율하는 방식에 관한 법제를 정확하게 분석하여야 한다. 이를 위하여 우리 법제에 영향을 미친 독일과 프랑스의 법제를 비교법적으로 분석할 필요가 있다. 또한 공물과 그 소유권에 관한 법제를 세밀하게 분석하는 것도 양자의 관계를 정립하는 데 도움이 될 것이다. 그 밖에도 공물의 구성요소, 공물의 종류, 공물에 대한 공법적 규율의 내용 등을 차례로 분석할 필요가 있다.

제2절 국유재산과 공물에 관한 입법례

Ⅰ. 일원적 법률체계

국유재산과 공물은 개념상 구별되지만 그 성질, 기능 및 소유자 등의 측면에서 유사하고 중복되므로 각국의 입법례는 양자를 하나의 법률체계로 규율하는지, 서로 다른 법률체계로 규율하는지에 따라 입법례가 나누어진다. 프랑스법제는 국유재산과 공물을 하나의 법체계에서 규율하는바, 이 체제에서는 국유재산이 공물 구성의 다양성에 상응하여야 하므로 광의, 협의로 나누어지지 않는다.[160] 프랑스 공공재산법은 국가, 지방자치단체 및 그 소속 기관과 영조물법

160) 프랑스 공공재산법[Code général de la propriété des personnes publiques(2020. 6. 19. 개정)] 제2112-1조, 제2222-6조 등에 잘 나타나 있다. 즉 우리 국유재산법은 소정의 특수동산만 국유재산법의 적용대상(협의의 국유재산)으로 하지만(제5조), 프랑스 공공재산법은 동산인 공공재산 일반에 대하여

인 등 모든 공공기관의 모든 소유재산을 통합하여 규율할 뿐만 아니라,[161] 이러한 국가 등의 소유재산을 공물(le domaine public[162]))과 사물(le domaine privé)로 나누어서, 전자에 연안(沿岸), 하천, 도로, 철도, 공항 및 전파 등(이상 부동산)과 문화재, 미술품 등(이상 동산)을 포함시킨다.[163] 이러한 법제는 공물의 성립에 사소유권을 부정하는 공소유권제와 자연스럽게 연결되며, 모든 공물은 행정재산과 같은 개념이 된다. 따라서 프랑스에서는 공물을 '그 사물(事物)의 본래 성질이나 목적에 비추어 사유로 할 수 없는 재산으로서 국유재산에 해당하는 것' 혹은 '국가나 지방자치단체 혹은 공공기관에 속하면서 공공사용에 공여하는 전 재산'이라고 정의한다.[164]

Ⅱ. 이원적 법률체계

프랑스를 제외한 대부분의 나라는 국유재산(Staatsvermögen)과 공물(Öffentliche Sache)을 서로 다른 법률체계에서 규율하는 법제를 취한다. 이러한 법제는 다시 국유재산의 관리에 관한 기본법(국유재산법)을 두는 경우와 그렇지 아니한 경우로 나누어지는데, 전자의 입법례에서는 국유재산이 국유재산법의 적용대상인 것과 그렇지 아니한 것으로 구분되는바, 광의의 국유재산과 협의의 국유재산이 그것이다.

독일은 일본 및 우리나라와 달리 국유재산법(Vermögensverwaltungsrecht)은 없지만, 강학상으로 국유재산을 행정재산(Verwaltungsvermögen)과 재정재산(Finanzvermögen)으로 구분하고, 행정재산을 제공 용도에 따라 공용사용(Verwaltungsgebrauch)과 공공용사용(Zivilgebrauch) 등으로 나눈다.[165] 독일은 별도로 국유재산법이 없기 때문에 연방예산법(BHO)이 행정재산의 융통성 제한 등과 같은 공법적 규율을 하지만,[166] 이는 어디까지나 국가소유의 '재산'에 관한 규율이고,

---

동법의 적용대상으로 삼고 있다.

161) 프랑스 공공재산법 제1조. 원문은 다음과 같다. Article L1 : Le présent code s'applique aux biens et aux droits, à caractère mobilier ou immobilier, appartenant à l'Etat, aux collectivités territoriales et à leurs groupements, ainsi qu'aux établissements publics.

162) 프랑스 공공재산법의 'domaine public'은 강학상 공물(公物)로 번역됨이 보통이지만, 동 법률은 국유재산과 공물을 함께 규정하므로 행정재산으로 번역할 수도 있을 것이다. 전훈/전학선/권세훈, 앞의 보고서, 49면(각주 90) 참조.

163) 프랑스 공공재산법 제2111-1조부터 제2112-1조.

164) J.MORAND-DEVILLER, Cours de droit aministratif des biens, Montchrestien, 2005, p.22 이하(권세훈, 앞의 논문, 9-10면에서 재인용).

165) Michael Ronellenfitsch, Voraussetzungen und Grenzen neuer Liegenschaftmodelle bei der Verwaltung Staatlichen Vermögens in der Bundesrepublik Deutschland, 한국토지공법학회 제26회 학술대회 자료집, 2001. 4, 48-49면.

166) BHO 제63조. 그 규정내용은 다음과 같다. 토지는 국가의 임무수행에 필요한 경우에만 취득되어야 한다. 토지가 연방재산으로부터 제공될 수 없을 때 그 취득이 허용된다. 국유재산이 더 이상 공적 임무수행에 필요하지 않을 때 매각이 허용된다. 매각은 원칙적으로 시장거래가격(Verkehrswert)으로 행

도로, 하천 및 항만 등과 같은 '공물'에 대해서는 관련 공물법이 별도의 공법적 규율을 한다. 그리고 공물을 구성하는 물건들은 그 소유자가 누구인지를 불문하며(사소유권체제), 행정재산이 곧 공물이라고 인식하지도 않는다.

Ⅲ. 우리나라

우리나라는 공물에 대하여 도로법, 하천법 및 항만법 등 독자적인 공물법체계를 갖추고 있으며, 국유재산에 대해서도 따로 기본법과 개별법을 제정 · 운영하고 있다. 학설도 국유재산법의 공법적 규율은 재산적 · 재정적 측면에 착안하여 이루어지는 것이고, 공물관리권은 이와 별개의 차원에서 규율되는 등 국유재산법과 공물법은 서로 다른 규율체계에 속해있다고 보는 것이 일반적이다.[167] 그 밖에 국유재산은 실정법상의 개념이며, 재무행정의 영역인 반면, 공물은 강학상의 개념이며, 급부행정의 영역이다. 광의의 국유재산, 협의의 국유재산, 그리고 공물이 서로 다른 규율체계에 있지만, 이들은 서로 연관성이 있어서, 일반법과 특별법의 관계에 있게 된다. 예컨대, 민법상의 물건이 국유재산과 공물에 동시에 해당할 경우, '민법 – 국가재정법 - 국유재산법 – 공물법'의 순서로 일반법과 특별법의 관계에 서게 된다. 대표적으로 일본이 이러한 법제를 취하고 있다.[168]

제3절 공물의 구성

공물은 직접적으로 그 사용에 의하여 공공복리를 실현하거나 공행정주체의 수요충족에 기여하고, 이에 따라 공법적 규율에 놓이게 되는 물건을 말한다.[169] 따라서 공물은 공적 목적수행 기능과 이로 인한 공적인 법적 지위를 갖는다는 점에 그 특색이 있다.[170]

해져야 한다. 이상은 국유재산 임대차에도 마찬가지이다.

167) 류지태, 앞의 논문(현행 국유재산관리의 법적 문제), 70면은 공물법과 국유재산법의 관계를 바라보는 일반적인 견해가 이러하다고 설명하면서, 그러나 양자는 모두 당해 국유재산의 행정목적과 관련을 가지므로, 양자의 관계는 상대적으로 보아야 한다고 한다. 한편 공물법을 행정재산에 대한 개별법으로 이해하여 양자를 동일한 규율체계로 보는 견해도 있다(김종보, 개발사업에서 국공유지의 법적 지위, 행정법연구 제57호, 행정법이론실무학회, 2019, 8면).

168) 일본에서도 국유재산법의 적용대상 물건을 부동산과 몇몇 특수동산으로 한정하며(일본국유재산법 제2조 제1항), 동 법률의 적용대상을 협의의 국유재산, 비대상을 광의의 국유재산이라고 해석한다(中村稔, 国有財産法精解, 平成27年改訂, 大蔵財務協会, 2015, 2-4면).

169) 이러한 이해는 오랜 역사성을 갖는 것으로 평가된다. 초기의 대표적인 견해로는, Fleiner, Institution des Deutschen Verwaltungsrechts, 8. Aufl., Tübingen : J.C.B. Mohr, 1928, S.352[류지태, 앞의 논문(공물법 체계의 재검토), 408면에서 재인용].

우리나라에서 종래 공물을 '행정주체에 의하여 직접 공적 목적에 제공된 개개의 유체물'이라고 정의하는 것이 통설이었다. 그러나 공물을 개개의 유체물로 한정하면 관습법에 의하여 성립하는 자연공물, 동력(에너지), 공간과 같은 무체물과 물건의 집합체인 각종의 공공시설을 포괄할 수 없게 된다.[171] 이에 공물을 "국가 등 행정주체에 의하여(또는 관습법에 의하여) 직접 공적 목적에 제공되어 공법적 규율을 받는 유체물과 무체물 및 물건의 집합체(공공시설)"로 정의하는 주장이 제기되었고,[172] 점차 다수학자에 의해 지지를 받고 있다.[173] 현재의 다수설에 따라 공물의 구성요소를 나열하고 국유재산과 비교하면 다음과 같다.

Ⅰ. 물건

1. 민법상 물건과의 관계

다수설이 무체물을 포함한 물건 및 물건의 집합체를 공물의 구성물로 보지만 이때의 물건이 민법상 물건으로 한정되는지, 그보다 확장된 개념인지 견해가 나뉜다. 민법은 관리 가능한 무체물만 물건으로 인정하는바(제98조), 대기(大氣), 공해(公海)와 같이 관리할 수 없는 또는 사법적 거래나 이용질서의 대상이 될 수 없는 무체물까지도 공물의 구성물이 되는지 의문이 제기된다.

(1) 적극설

국내의 다수설은 공물을 민법상 물건보다 더 넓은 개념으로 이해한다.[174] 독일 행정법학계의 다수 견해는 독일민법이 물건을 유체물만으로 한정함에도 불구하고, 공물은 사적거래 대상으로서의 의미가 아니라 물건에 대한 공법적 규율에 더 큰 비중이 주어지는 개념이라는 이유로, 관리할 수 없는 자연력까지 공물에 포섭되는 것으로 이해한다.[175]

(2) 소극설

공물은 공적 기능을 유지하고 보호하는 목적을 수행하기 위하여 이러한 한도에서는 특정 물건을 물권법적인 사법적용으로부터 배제하여 특별법적인 지배질서와 이용질서 하에 놓는다는 데에 그 의미가 있는 것이므로, 공물에서의 물건도 공법적 규율이 없었더라면 당연히 일반 사법

---

170) Papier, Recht der öffentlichen Sachen, 3., Neubearbeitete Auflage, Walter de Gruyter, 2013, S.3 f.

171) 하명호, 앞의 책, 842면.

172) 김남진/김연태, 앞의 책(행정법Ⅱ), 393면.

173) 김동희, 앞의 책, 262면; 류지태/박종수, 앞의 책, 1080면; 하명호, 앞의 책, 842면; 홍정선, 앞의 책[행정법원론(하)], 527면 등.

174) 김남진/김연태, 앞의 책(행정법Ⅱ), 393면; 하명호, 앞의 책, 842면; 류지태/박종수, 앞의 책, 1080면; 김동희, 앞의 책, 262면 등.

175) Forsthoff, Lehrbuch des Verwaltungsrechts, 10. Aufl., München : Beck, 1973, S.378. 참조: 민법상의 물건개념에 포섭되지 않는 공물의 예로서, 흐르는 물, 토지소유권이 미치는 범위는 넘는 공역(Luftraum) 등을 들고 있다.

적인 지배 및 이용질서 하에 놓이게 되었을 대상만을 포함시키는 것이 타당하다는 견해이다.[176] 이 견해에서는 대기공간이나 성층권, 공해 등과 같이 사법적인 지배 및 이용가능성이 희박한 대상에 대해서는, 다른 법적 영역(예컨대 환경법, 국제법, 해상법 및 우주법 등)의 규율대상이 됨은 별론으로 하고, 공물의 대상으로 삼는 것은 실익이 없다고 한다.[177]

(3) 소결

공물은 행정법상의 개념이고, 공법적 규율을 핵심개념으로 하므로 민법상의 물건개념에 구속될 필요가 없다고 생각한다. 민법 제98조를 상황에 맞게 확대해석할 수는 있으나, 민법상의 물건은 개인의 재산권을 전제로 하는 개념으로서, 공공적 개념인 공물이론에 그대로 적용시키기 어렵다고 본다. 공유수면 등과 같이 사법상 거래대상이 될 수 없는 물건에 대하여 공물이 성립할 수 있고 이에 대한 점용료 등 산정과 부과·징수도 허용된다(공유수면법 제2조, 제13조 참조). 결국 공물은 일체의 무체물을 포함하여 민법상의 물건을 넘어서는 개념으로서, 민법상의 물건개념에 구속되는 국유재산과 다르다.

한편, 공적목적 수행을 위해 어떤 물건에 재산권을 설정한 경우, 그 대상 물건이 공물이 되는 것이고, 재산권 그 자체는 공물이 아니다. 예컨대, 국가가 사유(私有)건물과 그 부지에 전세권을 설정해 국립도서관을 운영한다면, 그 전세권은 국유재산이지 공물이 아니다. 공물은 공적목적에 제공된 물건 등에 공법상 규율이 가해지는 물적인 개념이지만, 국유재산은 관념적인 재산권까지 포함하는 개념이다.

2. 소유권과의 관계

민법상의 물건은 소유권의 객체로서 반드시 그 소유자가 존재한다.[178] 그러나 공물은 민법상의 물건에 한정되지 않을 뿐 아니라 그 소유자가 누구인지를 묻지 않고(소유자가 공물주체이냐 아니냐에 따라 자유공물과 타유공물로 나누어진다), 법률이 특별히 규정하지 않는 한 공물에 편입되었다는 이유만으로 보상을 하지도 않는다. 한편, 국유재산은 국가를 소유자로 하는 재산으로서(공소유권) 다른 사유재산과 마찬가지로 공용지정 유무에 따라 공물일 수도 아닐 수도 있다.

---

176) Papier, a.a.O.(Fn134), S.20-23.

177) 류지태, 앞의 논문(공물법 체계의 재검토), 412면.

178) 소유자가 없거나 불명인 경우, 민법은 그러한 상태를 해소하여 소유자가 정해지도록 규정하고 있다. 무주의 동산은 선점한 자의 것으로, 무주의 부동산은 국가의 것으로 한다(민법 제252조).

Ⅱ. 물건의 집합체(공공시설[179])

1. 공물개념의 확대

단일한 물건으로 공물을 구성하는 경우는 많지 않다. 도로 · 하천구역결정, 항만 · 공원구역지정 등 공용지정으로 토지에 공물이 성립된 다음, 도시계획시설사업으로 하나의 공공시설이 완공되면 물건의 집합체 내지 물적 종합시설로서의 공물이 생성된다. 이러한 공공시설로서의 공물은 민법상의 물건보다 확장된 개념이다. 공물의 원칙적인 모습은 개개의 물건이라는 전제에서 물건의 집합체, 물적 종합시설 및 물적 시설 등도 공물개념에 포섭시킬 수 있다는 것이 학설의 일반적인 태도이다.[180] 오늘날 도로, 하천, 항만 및 공원 등 공공시설인 공물은 일단의 구간 · 구역 및 지역에 걸친 물적 종합시설로서, 민법상의 물건개념으로는 설명하기 어려운 전자 · 정보시스템까지 필수적으로 결합된다. 따라서 공물의 개념을 이러한 물적 종합시설 등으로까지 넓게 보는 것이 옳을 뿐만 아니라, 오히려 공물의 본래적인 모습이 그러하다고도 볼 수 있다.

재산법상으로는 물건의 집합체가 「입목에 관한 법률」, 공장저당법, 및 광업재단저당법 등에 따라 공시방법이 갖추어져야 사법상 거래할 수 있는 하나의 물건으로 다루어지지만,[181] 공공시설이라는 물건의 집합체가 공물이 되는 데에는 공시방법을 요하지 않는다.

2. 공물과 공공시설

공공시설은 실정법상으로 국토계획법 제2조 제13호에서 열거하는 공공용시설이다. 공공시설은 인공시설물을 중심으로 그 부지까지를 포함하는 개념이지만, 공물은 공용지정된 구역 · 지역 · 지구를 기본으로, 그 위에 설치되는 공공시설까지를 포함하는 개념이다. 즉, 공물은 공공시설의 정도에 이른 것과 그렇지 아니한 것으로 나눌 수 있다. 공물은 관념적인 공용지정만으로 성립하지만, 공공시설은 현실적인 시설사업의 완공으로 설치된다. 공공시설은 인공시설물이지만, 공물에는 자연공물도 포함된다. 통상의 경우 공용지정으로 지구 · 구역 및 지역 개념의 공물

---

179) 공물과 공공시설의 비교분석에 대하여는 강호칠, 공공시설의 의의와 법적 기능에 관한 고찰, 공법학연구 제23권 제2호, 한국비교공법학회, 2022, 112면 이하 참조.

180) 김동희, 앞의 책, 261-262면(공물은 개개의 물건이다. 도서관이나 공원은 다수의 공물로 구성되는 것이나, 이들은 상호 결합하여 물적 종합시설로서 일체적 기능을 수행하고 있으므로, 그 실질적 기능에 착안하여 이러한 집합물을 공물로 취급해도 무방하다). 김남진/김연태, 앞의 책(행정법Ⅱ), 393면[종래의 통설과 같이 공물을 이해하면 물건의 집합체인 각종의 시설(특히 공공시설)이 공물개념에서 제외된다]. 하명호, 앞의 책, 842면(개개의 유체물만 공물이 되는 것이 아니라, 도로, 공원, 운동장 등과 같이 다수의 물건이 집합하여 단일한 가치를 이루고 있는 집합물 또는 시설도 공물이 될 수 있다). 박균성, 앞의 책, 1093면(공물은 물건이다. 물적 시설은 공물이다). 홍정선, 앞의 책[행정법원론(하)], 527면(공물은 물건이지만, 민법 제98조의 물건개념이 공물에 그대로 적용되지는 않는다).

181) 김병재, 민법주해II, 총칙(2), 박영사, 2012, 18면.

이 먼저 성립되고, 그 다음에 도시계획시설사업 등으로 공공시설이 설치되는 수순을 밟는다.

실정법상의 공공시설은 공물인 것과 아닌 것으로 나누어지는데, 도로, 하천, 항만 및 공원 등 개별 공물법의 규율을 받는 것들이 공물이다.[182] 이들의 경우, 공용지정으로 공물의 지위를 취득하게 되고, 그 다음에 도시계획시설사업 등으로 공공시설이 설치되어 공공시설인 공물이 되는 과정을 거친다. ① 도로구역결정으로 도로가 성립되고, 이후 도시계획시설사업으로 도로시설이 완공되는 것(하천도 마찬가지이다),[183] ② 법규 또는 행정행위로 항만구역이 정해지고, 이후 항만구역 안에 항만시설이 들어서는 것,[184] ③ 도시관리계획결정으로 공원 또는 도시자연공원구역으로 지정이 되어 도시공원이 성립되고, 이후 공원시설이 들어서는 것[185] 등이 그 예이다. '공용지정으로 공물성립 ···➝ 공물관리청의 관리 ···➝ 도시계획시설사업 ···➝ 공공시설설치(사업완공) ···➝ 국가 · 지방자치단체에 공공시설(부지 포함) 무상귀속'의 과정을 밟는 것이다.[186]

공공시설인 공물과 그렇지 아니한 공물 사이에는 이를 구성하는 물건의 소유권과 관련하여 큰 차이가 있다. 아직 공공시설이 들어서지 않은 공물(단순한 구역 · 지역 · 지구로서의 단계)에는 사적 소유물이 있을 수 있으나(사소유권제), 공공시설인 공물은 국 · 공유로 무상귀속되어 사적 소유물이 있을 수 없다(공소유권제). 결국 우리 공물법제는 공공시설 개념으로 공물의 범위를 넓힐 뿐만 아니라, 이로써 사소유권 영역과 공소유권 영역을 구분한다고도 할 수 있다.[187] 한편 공공시설은 신규 공공시설의 국 · 공유화(국가 또는 지방자치단체 무상귀속), 종래 공공시설의 사유화(사업시행자 무상귀속 또는 무상양여)로 국유재산의 취득과 소멸로 연결이 된다.

3. 영조물과 공공시설

국토계획법 등 실정법에서 공공시설의 예를 열거할 때 영조물도 포함하기 때문에, 공공시설의 개념에 영조물도 포함되는지 의문이 있다. 이에 대하여 실정법상 공공시설이 엄격한 의미의 공물에만 해당하는지, 영조물 내지는 공기업까지 포함하는지를 명확히 구분하지 않아 공물, 영조물 등의 관념에 비하여 명확하지 않다는 문제점이 있다는 견해,[188] 공공시설과 영조물이 동

---

182) 도시계획법은 공공시설을 공공용시설이라고 하고(제2조 제13호), 판례는 사업시행자에게 무상귀속 되는 종래의 공공시설을 공공용재산이라고 한다(대법원 2004. 5. 28. 선고 2002다59863 판결).

183) 도로구역의 결정은 도로법 제25조; 도로공사는 제30조 이하.

184) 항만구역의 결정은 항만법 제3조 제1항, 항만법 시행령 제3조 제1항(별표 1); 항만의 개발은 항만법 제9조 이하.

185) 공원 · 도시자연공원구역 결정은 공원녹지법 제2조 제3호; 도시공원의 설치는 제19조.

186) 이에 비하여, 공물이 아닌 공공시설은 '도시계획시설사업 ···➝ 공공시설설치(사업완공) ···➝ 국가 · 지방자치단체에 공공시설 무상귀속'의 과정을 밟는다.

187) 예컨대, 도로관리청이 어떤 사유지를 도로구역으로 결정한 단계에서는 사유재산인 상태로 공물이 되지만(타유공물 · 사소유권제), 이후 사업시행자가 그 땅을 매입 · 수용하여 공공시설로서의 도로를 만들었다면 도로준공과 동시에 그 땅은 국 · 공유재산이 된다(자유공물 · 공소유권제).

188) 김동희, 앞의 책, 264면.

일하다고 보는 견해[189]가 있다. 그러나 공공시설은 '물적 개념'인데 대하여 영조물은 인적 요소를 포함한 '조직체'를 의미한다는 점에서 양자를 구별함이 타당하다.[190]

공공시설에 대한 실정법상 개념이 영조물과 구분되지 않는다고 해서 그 강학상의 개념을 혼동해서는 안 된다. 물적 시설로서의 공공시설 개념은 물적·인적 종합시설인 영조물이나 공기업을 대상으로 그 물적 요소를 특정하고 설명하는 도구개념으로 사용될 수도 있다.

제4절 공물의 종류

Ⅰ. 종래 공물분류의 문제점

행정주체에 의하여 직접 공적 목적에 제공되고, 그에 대한 효과로서 특별한 공법적 규율이 가해지는 것이 공물이다. 어떤 물건이 직접 공적인 목적에 제공되었다고 하려면 공적인 목적에 그 '사용가치'가 제공되어야 한다.[191] 따라서 수사기관이나 법원이 몰수·압수한 물건은 공물이 아니다. 몰수·압수가 공적인 목적 때문에 이루어졌지만 그 물건의 사용가치가 제공된 것은 아니기 때문이다.

공물을 분류할 때, 그 제공된 공적 목적에 따라 공용물, 공공용물 및 보존공물로 분류하는 것이 일반적이나, 이러한 분류는 행정재산의 분류방법을 그대로 따른 것으로서[192] 공물의 분류로서 적합하지 않다. 일본 국유재산법이 1948년 6월 제정 당시부터 행정재산을 공용, 공공용, 산림경영용(보존용) 및 황실용으로 나누었고, 이를 본받아 우리 국유재산법도 1950. 4. 제정 당시부터 지금까지 대동소이한 분류체계에 의하고 있다.

'직접 공적목적에 제공' 및 '공물로서 특별한 공법적 규율'이라는 측면에서 볼 때, 강학상의 공용물과 보존공물은 공물성이 의심스럽고, 행정재산은 공물이고, 일반재산은 사물이라고 하는 프랑스식의 공·사물 구분도 의문이다. 강학상 공물의 종류로 설명되는 공용물, 보존공물 및

189) 박윤흔/정형근, 최신행정법강의(하), 개정28판, 박영사, 2009, 416면.

190) 김남진/김연태, 앞의 책(행정법Ⅱ), 394, 442면; 류지태/박종수, 앞의 책, 1111면.

191) 박균성, 앞의 책, 1093면: 공물은 직접 공적 목적에 제공된 물건이라고 하면서, '직접 공적 목적에 제공된다는 것'은 '물건의 사용가치를 통하여 공적 목적에 제공된다는 것'을 말한다고 한다. 하명호, 앞의 책, 842-843면: 공물은 물건의 사용가치를 통하여 공적 목적에 제공되는 것이고, 물건의 교환가치에 의하여 간접적으로 행정주체의 재정에 기여하는 것은 공물에 포함되지 않는다고 한다. 김동희, 앞의 책(행정법Ⅱ), 261면: 행정주체가 행정활동을 함에 있어서는 그를 담당하는 인적 수단과 함께 그 목적에 공용되는 물적 수단을 필요로 하는데, 이러한 물적 수단 중에서 그 자본 가치에 의하여 간접적으로 행정목적에 기여하는 물건을 사물이라 하고, 그 사용가치에 의하여 직접 행정목적에 제공되는 물건을 공물이라 한다고 한다.

192) 홍정선, 앞의 책[행정법원론(하)], 529면.

공공용물 중에서 공물이라 할 수 있는 것은 공공용물이 유일하다고 해야 한다. 공물은 그 소유권과의 관계를 기준으로 그 소유권이 공물주체에게 있으면 자유공물, 그렇지 아니하면 타유공물로 나눌 수 있을 뿐이다.

Ⅱ. 공용물의 공물관련성

1. 직접 공적 목적에 제공 여부

대부분의 학설은 청사, 관사 등을 공용물이라 하여 공물에 포함시킨다.[193] 이들이 공용사용이라는 공적목적에 제공되었고, 국유재산법에 공용재산에 대한 융통성제한 등의 공법적 규율이 존재하는 점 등의 이유 때문이라고 생각된다. 강학상의 공용물에 공물로서의 공법적 규율이 있는지를 논하기 전에 공적목적에 제공된 것인가라는 공물의 속성 측면에서부터 공물성에 의심을 받는다. 공용물이 공물인가에 대하여는 과거 Otto Mayer때부터 논란이 있어 왔고,[194] 프랑스에서도 공물의 속성인 '공공서비스에의 제공'과 관련하여 사람보다 재산이 주된 역할을 하는 것만 공물로 보았다. 예컨대, 학교나 법원 등은 건물이 주 역할을 하는 것이 아니라 교사(教師)나 판사가 주된 역할을 하므로 공물에서 제외된다고 하였다.[195] 또한, 도로나 요새, 박물관의 전시품과 같이 대치할 수 없는 재산만을 공물로 보았는데, 학교, 청사 같은 것은 파괴되더라도 쉽게 다른 건물에서 업무를 진행시킬 수 있으므로 공물이 아니라고 하였다.[196] 이러한 시각에서 보면 우리나라에서 강학상 공용물로 논해지는 것들의 대부분은 공물이 아니게 된다. 참고로 프랑스 공공재산법에서는 청사, 관사, 학교 등을 공물(le domaine public)이 아닌 사물(le domaine privé)로 분류하고 있다.[197]

한편, 공용물은 행정주체 스스로의 사용, 즉 내부목적용인데, 이는 공물법체계를 급부행정체계에서 파악하는 일반적인 경향과 맞지 않다는 견해가 있다.[198] 공물법에서는 사법에서의 이용관계와 같이 일반인에 의한 이용관계가 존재하고, 이에 착안하여 급부행정법의 한 유형에 편입시켜 설명하는 것이다.[199]

---

193) 김도창, 앞의 책, 404면; 박윤흔/정형근, 앞의 책, 417-418면; 석종현/송동수, 앞의 책, 394면; 김동희, 앞의 책, 265면 등.

194) Otto Mayer는 공용물을 전체로서 공물에 해당하는 것으로 보지 않았는바[류지태, 앞의 논문(공물법 체계의 재검토), 423면], Otto Mayer의 이러한 입장은 프랑스행정법에서 영향을 받은 것으로 보인다. Otto Mayer의 프랑스행정법적 성향에 대해서는 김남진/김연태, 앞의 책(행정법Ⅱ), 411-412면 참조.

195) G. Jèze, Revue de Droit public, Paris : Lextenso éditions, 1910-1911(이광윤, 앞의 책, 396면에서 재인용).

196) M. Waline, Traité élémentaire de Droit administratif, 5e éd, Paris : Sirey, 1950, p.477(이광윤, 앞의 책, 396면에서 재인용).

197) 프랑스 공공재산법 제2111-1 내지 제21112-1조 참조.

198) 류지태, 앞의 논문(공물법 체계의 재검토), 409면.

199) 류지태, 앞의 논문(공물법 체계의 재검토), 427면.

2. 공물로서의 공법적 규율 유무

어떤 물건 등이 공물이 되려면 직접 공적 목적에의 제공이라는 공물의 속성을 갖추고, 그에 대한 효과로서 공물에 특유한 공법적 규율이 있어야 한다. 전자에 대해서는 앞서 살펴보았고, 이하에서는 우리 실정법상 청사, 관사 등에 공용물로서의 공법적 규율이 있는지, 외국의 입법례는 어떠한지를 살펴보고자 한다. 강학상의 공용물은 대부분 국유재산의 일종인 공용재산이므로 이러한 논의는 공용재산의 성질을 논하는 것이기도 하다.

(1) 국내 실정법 현황

사소유권제[200]하에서 공물에 대한 공법적 규율의 핵심은 ① 공물관리청을 법정하고, ② 공물관리청에게 공용지정에서부터 공용폐지에 이르기까지 포괄적인 관리권한을 부여하며, ③ 공물에 대한 폭넓은 행위제한을 규정하는 것이다. 도로, 하천 및 항만 등 공공용물의 경우에는 개별 법률에서 위와 같은 규율을 하여 일단의 공물법체계를 형성하고 있지만, 공용물에는 이러한 법률이 없고, 국유재산법에서도 공용물을 공물로 다루는 규정을 찾아볼 수 없다.[201]

결국 공용물에는 사소유권제를 전제로 하는 위 ①내지 ③의 규정이 없기 때문에 정부가 사유재산을 청사 등의 공용물로 사용하더라도 그 사유재산에 설정된 임차권이나 전세권을 국유재산으로 파악하는 이외에, 청사 등에 제공된 사유재산을 공용물이라고 할 수가 없다. 따라서 공용물은 대부분 국·공유재산이고, 행정주체의 소유가 아닌 예는 찾아보기 어려우므로, 다양한 모습으로 폭 넓게 사소유물에 성립하는 공공용물에 비하여 그 공물성은 희박하고 국유재산의 전형일 뿐이다.

그 밖에도 공공용물의 경우 공공시설의 무상귀속·무상양여시스템이 각종 개발사업 법에 규정되어 있으나, 공용물의 경우 그러한 규정이 없고, 국가가 매입·건축하거나 '기부채납 및 무상양여' 방식으로 확보하여야 하는바, 이러한 차이도 공물성의 유무에 따른 차이라고 생각한다.

(2) 외국의 입법례

1) 독일

독일의 경우 공공용물에 대해서 도로법[Bundesfernstraβengesetz(FStrG)], 수로법[Bundeswasserstraβengesetz(WaStraG)], 수자원법[Gesetz zur Ordnung des Wasserhaushalts(WHG)] 등이 규율하고 있으나,[202] 공용물에 대해서는 개별적인 공물법제를 갖추지 않고 연방예산법(BHO)에 따라 관리·처분되고

200) 공물과 소유권의 관계에 대한 입법례의 하나로서, 다음 절에서 자세히 설명한다.

201) 오준근, 앞의 논문, 124면; 류지태, 앞의 논문(공물법 체계의 재검토), 428-429면. 이 두 논문은 공용물이 공물이라는 전제에서, 현행 실정법 어디에도 공용물을 공물답게 하는 공법적 규율이 없으므로, 입법적인 개선을 해야 한다는 입장이다.

202) Häde, Das Recht der Öffentlichen Sachen, Juristische Schulung v.33-2, 1993, S.113.; Peine, Recht der Öffentlichen Sachen, Juristen Zeitung v.1996-7, 1996, S.350 f. 등.

있을 뿐이다.[203] 연방예산법의 국유재산 관리·처분규정이 약하나마 우리 국유재산법에 상응하므로 결국 우리나라와 비슷한 구조라고 할 수 있다.

2) 프랑스

프랑스의 경우 공공재산법(Code général de la propriété des personnes publiques)에서 청·관사, 학교 등 공용물을 공물(le domaine public)에 포함시키지 않고 사물(le domaine privé)로 분류하여,[204] 공물로서의 공법적 규율에서 배제하고 있다. 프랑스의 경우 domaine public이 국가 등의 소유재산으로서 공물이자 행정재산인바,[205] 그렇다면 공용물은 공물이 아님은 물론 행정재산도 아니게 된다. 이 점은 공용물이 적어도 행정재산(공용재산)에는 해당하는 우리 법제와 큰 차이가 있다. 우리 국유재산법상의 행정재산 중 공용재산이 행정사물에 불과하다는 견해[206]는 프랑스의 이러한 경향을 반영한 것으로 보인다.

3) 일본

일본의 경우, 「국가의 청사 등의 사용조정 등에 관한 특별조치법(国の庁舎等の使用調整等に関する特別措置法)」(1957년 제정), 「국가공무원숙사법(国家公務員宿舎法)」(1949년 제정) 및 「관공청시설의 건설 등에 관한 법률(官公庁施設の建設等に関する法律)」(1951년 제정) 등을 제정·시행하고 있다. 공용물에 관한 별도의 법률이 있다는 점에서는 특이하지만, 그 내용을 보면 정부 내에서 청사 등의 수급, 사용조정 및 관리감독을 규정하는 것으로서, 그 실질은 우리나라의 정부청사관리규정(대통령령)규정과 유사하다. 결국 일본도 공용물에 대한 공법적 규율은 없다고 볼 수 있다.

Ⅲ. 보존공물의 공물관련성

일반적으로 문화재 및 보안림 등이 강학상의 보존공물로 꼽히지만,[207] 이들은 그 사용가치가 공적 목적에 제공되었기 때문이 아니라, 그 희소성과 공익적 가치를 보호·보존하려는 측면이 강하다.[208] 보존공물의 공적 목적이란 '보전하는 것' 그 자체이고, 그것이 보전됨으로써 소극

203) 오준근, 앞의 논문, 119면.

204) 프랑스 공공재산법 제2부 제1편 공물(domain public)에 속하는 재산(제2111-1조 내지 제2111-17조) 및 제2편 사물(domaine privé)에 속하는 재산(제2211-1조): 동 법률은 공물에 속하는 것으로 연안, 하천, 도로, 철도, 공항, 전파, 문화재, 미술품 등을 열거하고, 그 외 나머지는 모두 사물이라고 하는바, 청·관사 등 공용물은 사물에 속하게 된다.
https://www.service-public.fr/professionnels-entreprises/vosdroits/F10003 참조.

205) 전훈/전학선/권세훈, 앞의 보고서, 49면(각주 90) 참조.

206) 이광윤, 앞의 책, 400면.

207) 김동희, 앞의 책, 265면; 박균성, 앞의 책, 1095면; 홍정선, 앞의 책[행정법원론(하)], 529면; 류지태/박종수, 앞의 책, 1083면 등.

208) 홍정선, 앞의 책, 1095면: 보존공물은 공물로 보지 않고 공용제한의 하나로 보는 것이 타당하다고 한다. 김동희, 앞의 책, 265면: 보존공물은 공공용 또는 공용에 제공된 것은 아니나, 그 공공목적상(문

적으로 일반 공중의 감상이나, 문화보호정책 등에 기여할 뿐이다.[209] 한편 이들이 문화재보호법 및 산림자원법 등의 강력한 공법적 규율을 받기는 하지만, 이것은 공물로서의 공법적 규율과 거리가 멀다. 공물로서의 공법적 규율의 핵심은 공물관리청과 그 사용관계에 대한 특별한 공법적 규율이다.

결국 강학상의 보존공물을 공물로 보기는 어렵다. 통상 공물을 공공용물, 공용물 및 보존공물로 나누면서 공공용물의 공물성이 가장 강하다고 보는 것이 일반적인 견해이고(공공용물을 협의의 공물이라고 부른다), 공용물과 보존공물은 공물로 볼 수 없다고 하거나 공물성이 가장 낮다고 하는 등 그 공물성을 의심하는 견해가 많다.[210]

국유림법상의 보전국유림도 강학상의 보존공물로 취급될 수 있을 것이나,[211] 보전국유림은 국유재산으로만 구성되고 사유림은 아무리 희소하고 공익적 가치가 높더라도 국유림법의 적용을 받지 않는다. 보전국유림은 국유재산의 일종일 뿐(공소유물), 소유자의 존재여부와 관계없이 성립되는 공물과 구별된다.

Ⅳ. 국유재산과 공물

행정재산은 그 사용가치가 직접 공적목적에 제공되기 때문에 공물이지만, 일반재산은 재산상의 가치나 수익을 통해 간접적으로 공적 목적에 기여할 뿐이므로(재정재산) 행정사물이라는 것이 일반적인 견해이다.[212] 그러나 일반재산은 행정주체가 직접 공적목적에 제공하였는지에 따라서 공물일수도 아닐 수도 있고, 공물로 제공되었다고 해서 행정재산으로 전환되는 것도 아니다. 한편, 일반재산 그 자체를 공물에 포함시킬 수 있다는 견해가 있지만,[213] 일반재산에 가해지는 국유재산법상의 공법적 규율이 있다는 것 때문에 곧바로 그 법률관계를 공법관계라고 볼

화목적 · 보안목적) 그 물건 자체를 보존하기 위한 물건으로, 그 한도 안에서 자유로운 처분이 제한된다는 의미에서 공물의 범주에 속하는 것이라고 한다. 김남진/김연태, 앞의 책(행정법Ⅱ), 396면: 보존공물이란 국보 · 중요문화재와 같이 그 물건 자체의 보존이 목적으로 되어 있는 물건을 말한다고 한다. 하명호, 앞의 책, 846면: 보존공물은 현실적으로 공용이나 공공용에 제공된 것이 아니고, 오직 공공의 목적을 위하여 그 물건 자체의 보존이 목적인 재산이라고 한다.

209) 김치환, 공물법의 재검토 - 일본에서의 논의를 중심으로 - , 공법연구 제30집 제2호, 한국공법학회, 2001, 332면.

210) 공용물을 공물에서 배제시키는 견해(이광윤, 앞의 책, 400면), 3가지 공물 중 공물성이 가장 박약한 것은 보존공물이라는 견해(김도창, 앞의 책, 433면), 보존공물은 보존 그 자체에 특성이 있으므로 문화행정법 등 다른 영역에서 고찰함이 타당하다는 견해[류지태, 앞의 논문(공물법 체계의 재검토), 429면] 등.

211) 류지태, 앞의 논문(공물법 체계의 재검토), 73면.

212) 김동희, 앞의 책, 262-263면; 박균성, 앞의 책, 1186면; 홍정선, 앞의 책[행정법원론(하)], 528면; 류지태/박종수, 앞의 책, 1081면 등.

213) 김동희, 앞의 책, 261면 주 3).

수는 없다. 그리고 일반재산 그 자체로는 재산상의 가치나 수익을 통해 간접적으로 공적 목적에 기여할 뿐 직접 공적목적에 제공되었다고 할 수도 없다.

공물은 소유권보다는 관리권에 착안하여 정립된 관념으로서, 공물관리청은 공물로 필요한 물건의 소유자가 누구인지, 행정재산인지, 일반재산인지 등을 불문하고 공적목적에 제공할 수 있다. 일반재산도 공물관리청이 직접 공적목적에 제공하면 공물이 된다. 이때 공물관리청은 일반재산의 소유권자와 일치하지 않는다는 점에 주의해야 한다. 일반재산이 그 소유권자에 의하여 공적목적에 제공되면 자유공물(행정재산)이 되지만, 소유권자가 아닌 행정주체에 의하여 공적목적에 제공되면 일반재산의 성질을 그대로 가지면서 공물이 된다(타유공물). 예컨대, 국가소유의 일반재산을 국토교통부장관이 국도구역으로 편입하면 공물이 됨과 동시에 행정재산이 되지만, 같은 재산을 지방자치단체장이 지방도구역으로 편입하면 일반재산의 지위를 계속 가지면서 공물이 된다.[214] 왜냐하면 일반재산이 행정재산으로 되려면 그 소유자의 국가가 공용·공공용 등으로 사용하거나 사용하기로 결정해야하기 때문이다. 국유재산법은 일반재산을 행정재산으로 전환하는 주체를 '국가'로 명시하고 있다(제6조 제2항 제1호 내지 제4호). 행정재산은 공물, 일반재산은 사물로 보는 대부분의 학설은 어떠한 재산을 공물로 제공하는 주체는 국가 또는 지방자치단체인데, 일반재산을 행정재산을 전환시키는 주체는 반드시 그 소유권자이어야 한다는 점을 간과하고 있다고 생각한다.

일반재산은 사유재산과 마찬가지로 평소에는 국가의 사물(私物)로 존재하다가 행정주체에 의하여 공적목적에 제공이 되면 바로 공물이 되는데, 그 행정주체가 소유주체와 일치하면 행정재산인 공물이 되고(자유공물), 불일치하면 일반재산인 공물이 된다(타유공물). 일반재산을 공물로 만드는 행정주체는 그 소유자와 일치하지 않는 경우가 많다.

제5절 공물에 대한 공법적 규율의 내용

Ⅰ. 의의

공물은 공적목적에 제공된 물건 또는 물적 종합시설(공공시설)에 대하여 실정법상의 특수한 공법적 규율이 가하해 진다는 점에 착안하여 정립된 개념이다.[215] 국가나 지방자치단체 등 공물

---

214) 도로법 제2조, 제11조 내지 제18조, 제23조 및 제25조 참조. 이때의 지방자치단체장은 국토교통부장관으로부터 도로구역결정사무를 위임받은 기관(국가보통행정기관)이 아니라 지방자치단체의 사무를 수행하는 행정기관이다.

215) 이광윤, 앞의 책, 384면; 홍정선, 앞의 책[행정법원론(하)], 528면; 김원주, 공물관리와 사용관계의 재검토, 고시연구 제19권 제11호, 1992, 25면.

주체가 국민 · 주민의 복리증진이라는 목적을 위하여 제공한 물건 등이 그 목적을 잘 구현할 수 있도록 사법(私法)의 적용을 배제하고 어떤 특수한 공법적 규율을 가할 것인지에 따라 각 공물의 특색이 정해진다.[216] 공물은 공용지정으로 공법적 규율이 가해지고, 공용폐지로 그 규율에서 해방되는데, 공법적 규율의 내용은 개개 실정법에 따라 구체적으로 검토되어야 한다.[217] 이하에서는 공물에 대한 공법적 규율이 공물의 관리에서 어떻게 구현되는지, 공물에 대한 공법적 규율에 융통성의 제한도 포함되어 이것이 공물의 특성으로 발현되는지 등을 검토할 것이고, 그에 앞서 먼저 공물과 소유권의 관계를 살펴본다.

Ⅱ. 공물과 소유권에 관한 법제

공물은 물건 또는 물건의 집합체로서 그 구성 물건은 대부분 민법상 소유권의 대상이 되는바, 공물에 사소유권을 인정할 것인지에 대하여 서로 다른 입법례가 있다. 공물소유권이론은 공물에 대한 공법적 규율의 내용과 국유재산과 공물의 관계 등을 규명함에 있어 밝혀야 할 선결문제이다.

1. 공소유권제

공소유권제는 공물에 대한 사법(私法)의 적용과 사권(私權)의 성립을 부정하고, 공물을 오로지 공소유권의 대상으로만 이해한다.[218] 이 법제에서는 공물을 구성하는 물건의 소유자가 오로지 국가 등 행정주체이어야 하므로 공물의 융통성을 제한하여 공소유권을 유지하는 것이 공법적 규율의 핵심이 된다. 또한 모든 공물은 자유공물이 되어 법률관계가 간명하다는 것이 장점이다. 공소유권제를 취하는 대표적인 입법례는 프랑스이다.[219] 프랑스는 민법전에서 국가가 관리하는 도로, 하천 및 항만 등 공물은 국유에 속하는 것으로 규정함으로써(제538조) 공소유권제를 명시하고 있다.[220] 그 밖에 지방자치단체 등 공공기관이 관리하는 공물은 해당 공공기관이 소유한다. 공물은 바로 국 · 공유재산 또는 영조물법인 기타 공법인의 재산이 되는 것이다.

프랑스 공공재산법은 프랑스 민법이 규정하는 공소유권제를 바탕으로 국가, 지방자치단체,

---

216) 김원주, 앞의 논문, 25면; 이광윤, 앞의 책, 384면(공물의 본질은 사법의 적용을 받는 물건이라도 일정 관점과 일정 범위에서 공법상의 목적에 의해 제약을 받는다는 것, 즉 공법의 적용을 받는다는 점에 있다. 그리고 공법의 적용을 받는 범위 내에서, 그 물건에 결합되어 있는 소유자 · 점유자 등의 민법에 따른 권리는 배제되고 공법상의 특별법이 적용된다).

217) 김동희, 앞의 책(행정법Ⅱ), 273면; 김남진/김연태, 앞의 책(행정법Ⅱ), 410면 등.

218) 김동희, 앞의 책(행정법Ⅱ), 273면.

219) 독일에서도 Hamburg 자유시 및 BadenWürttemberg 주 등 일부 주에서는 일부 공물에 대해 공소유권제를 취한다. 김남진/김연태, 앞의 책(행정법Ⅱ), 410면.

220) 이 책에서 인용하는 프랑스민법전의 내용은 '명순구, 프랑스민법전, 법문사, 2004'을 참조하였다.

영조물법인 기타 공법인 등 공소유권자의 재산을 통합하여 규율하고 있는데(제1조), 공소유의 도로, 하천 및 항만 등을 공물에 포함시키고(제2111-1조 내지 제2112-1조), 그 사용과 보호 등 공법적 규율을 규정하고 있다(제2121-1조 이하). 프랑스에서 공물은 양도, 압류 그리고 시효취득이 불가하다고 설명되는 바,[221] 공물 자체의 특성이라기보다는 프랑스에서 예로부터 내려오는 국유재산, 즉 공소유물에 대한 전통이라고 봐야 할 것이다.

프랑스에서 공물개념은 원래 추상적인 이론을 위하여 성립된 것이 아니라 '국가의 재산'이 어떠한 법제의 적용을 받아야 할 것인가라는 현실적인 문제를 해결하기 위하여 입법과 판례를 통하여 형성되어 온 것으로서, 공물의 융통성에 대한 제한의 기원인 불가양도성과 불가처분성 등의 원칙도 방만한 궁정지출을 막기 위하여 1566년 Moulins칙령에서 확립된 것이다.[222] 왕가에서 절대적으로 낭비하거나 탕진의 대상이 되지 못하는 재산목록을 정하고 왕가의 재산을 보호하는 것에서 공물이론이 출발한 것이지만, 현대에 와서는 국유재산을 보호하는 목적으로 국가의 재산을 공물(le domaine public)과 사물(le domaine privé)로 나누어서 관리하고 있다.[223]

프랑스에서는 공물이 국유재산의 일부라는 전제에서 공물이론이 전개되었다. 즉, 국유재산을 공법의 지배를 받는 공물(le domaine public)과 사법의 지배를 받는 행정사물(le domaine privé)로 나누었는데, 공물은 모든 사람의 사용에 제공되어 누구의 소유로도 할 수 없는 것이며,[224] 행정사물은 수익을 얻을 수 있는 재산이라고 하였다. 이러한 공물이론의 기본입장은 공물의 범위를 되도록 제한하여 공물의 불가양도성의 법칙이 제한되는 범위를 축소하려는 것이었다고 한다.[225]

2. 사소유권제(이원제)

사소유권제는 공물에 대한 사법상의 소유권(국·공유재산 및 사유재산)을 인정하면서, 그 공물이 공용지정을 통해 공적 목적에 제공되는 한도에서 사소유권의 행사가 제한받게 된다고 보는 법제이다. 공소유물뿐만 아니라 사소유물도 공물을 구성할 수 있다는 의미에서 이원적 구조라고 할 수 있다.[226] 이 체제에서는 공물을 구성하는 물건의 소유자가 누구인지는 중요하지 않기 때문에 공물의 융통성을 제한하여 공소유권을 유지할 필요가 없다. 따라서 공물관리청의 공용지정 등을 핵심으로 하는 공물의 관리가 공법적 규율의 중심이 된다. 이 체제에서 국유재산의

---

221) 김남진/김연태, 앞의 책(행정법Ⅱ), 410면; 이광윤, 앞의 책, 398면 등.
222) 이광윤, 앞의 책, 393-394면.
223) 권세훈, 앞의 논문, 1면.
224) 어느 누구의 소유로도 할 수 없다고 하면서 국유로 하는 이유는 공물을 무주물의 상태로 두는 것도 옳지 않기 때문이다. 이는 무주의 부동산을 일단 국유로 하여 현실적인 관리를 하는 것과 일맥상통한다고 할 것이다(프랑스민법 제539조, 프랑스 공공재산법 제1123-3조, 제1123-4조 참조).
225) 이광윤, 앞의 책, 394-395면.
226) 김남진/김연태, 앞의 책(행정법Ⅱ), 411면.

융통성을 제한하는 경우가 있으나, 이는 그 나라의 국유재산 관련 입법정책의 문제일 뿐 공물과는 직접적인 연관이 없다. 독일의 경우 국유재산의 융통성을 제한하지 않는 반면,[227] 우리나라의 경우 행정재산의 융통성을 엄격히 제한한다. 사소유권 체제에서는 공물이 자유공물과 타유공물로 나뉘게 되고, 후자의 경우 법률관계가 복잡해지는 단점이 있게 된다.

사소유권제를 취하는 대표적인 국가인 독일의 경우 몇몇 주의 예외가 있기는 하지만, 이원제를 채택하고 있다고 보는 점에 별 이의가 없다.[228] 프랑스가 실정법상 국유재산을 공물과 행정사물로 나눔으로써 공물(le domaine public)개념을 발전시켰다면, 독일은 국유재산과는 무관하게 행정법이론으로서 공물(Öffentliche Sache)이론을 발전시켰다. 독일 공물이론의 맹아는 1833년의 Basel 성벽(城壁)문제에서 발단이 된 공물과 소유권논쟁인데, O. Mayer의 공소유권설과 E. Kaufmann 등의 사소유권설이 대립하였지만 사소유권설이 지배적 견해가 되었다.[229]

3. 우리나라의 공물법제

우리나라의 공물법제는 사소유권제에 입각해 있다고 보는 것이 학설의 일반적인 견해이다.[230] 도로, 하천, 항만 및 공원구역에 사유지가 편입되고 이러한 구역 일체가 공물로서 공법적 규율을 받게 된다는 점에 착안한 것이다. 한편, 우리 공물법제 중에는 공소유권설에 입각한 것도 만만치 않게 있다. 국토계획법 제65조 등에 따라 신규 공공시설이 국·공유로 무상귀속되는 것(자세한 내용은 제1편 제5장 참조), 공유수면법 제2조에 따라 공유수면이 국유로 되는 것 등이 그 예이다. 구 하천법(2007. 4. 6. 법률 제8338호로 전부개정 되기 전의 것)은 국가하천이나 지방1급 하천에 속하는 토지를 국유화하였으나(동법 제3조),[231] 2007년 전부개정 하천법부터는 국유화를 폐지하는 대신 하천구역 내의 사유지가 국·공유지로 확보하도록 노력하게 하거나(제10조 제6항), 소정의 하천구역 내 사유지 소유자에게 매수청구권을 인정하는 등의 보완책을 두고 있다(제79조 이하).

Ⅲ. 공물의 융통성

공물의 융통성에 제한이 있게 되면 강제집행, 시효취득 등의 제한이라는 불융통성의 특성이 생기게 된다. 사소유권설에 입각하는 우리 공물법제에서는 융통성의 제한이 필요 없고, 실제

227) 독일 연방예산법(BHO) 제63조 참조.
228) 김남진/김연태, 앞의 책(행정법Ⅱ), 411면.
229) 김원주, 앞의 논문, 26면.
230) 하명호, 앞의 책, 843; 김남진/김연태, 앞의 책(행정법Ⅱ), 411면; 김동희, 앞의 책(행정법Ⅱ), 274면; 류지태/박종수, 앞의 책, 1090면; 홍정선, 앞의 책[행정법원론(하)], 540면; 박균성, 앞의 책, 1103면 등.
231) 김남진/김연태, 앞의 책(행정법Ⅱ), 410면. 구 하천법(2006. 9. 27. 개정, 법률 제8014호) 제3조 참조.

공물의 융통성을 제한하는 실정법을 찾아 볼 수 없다. 그런데, 국내 학설의 일반적인 경향은 우리 공물법체계가 사소유권제를 취한다고 보면서도 공물에 융통성이 제한되는 특성이 있다고 설명하는데, 이는 행정재산과 공물의 개념상의 차이를 인식하지 않고 동일시하기 때문에 행정재산의 불융통성을 공물의 특성으로 보는 것으로 생각된다.

일본이 1948년 6월 국유재산법을 제정할 때부터 국유재산을 행정재산과 일반재산으로 나누었고, 우리 국유재산법도 1950년 제정 때부터 행정재산과 일반재산으로 나누었는바,[232] 이는 프랑스 공공재산법이 국유재산을 domaine public과 domaine privé로 나누어서 공법적 규율을 달리 한 것에서 영향을 받은 듯하다. 나아가 프랑스 공공재산법의 domaine public을 공물로, domaine privé을 (행정)사물로 번역하는 것이 일반적이다.[233] 결국 이러한 연유로 국유재산법상의 행정재산이 곧바로 공물이라고 인식하는 것이 아닌가 생각된다.

이하에서는 다수설이 공물의 비융통성을 추단하는 규정으로 제시하는 것들에 대한 비판적 검토 후에 공물의 비융통성에서 파생된다고 하는 강제집행, 시효취득 및 공용수용 등의 제한이 과연 공물에도 적용되는 것인지 검토하기로 한다.

1. 공물의 비융통성을 추단하는 규정에 대한 비판적 검토

대부분의 학설은 공물은 그 목적수행에 필요한 한도에서 양도, 사권설정 등 사법상 거래가 제한되는 비융통성이 있다고 한다.[234] 학설은 공물의 비융통성을 추단하는 규정으로 ① 국·공유재산에 대한 사권설정 및 처분 등의 제한, ② 도로·하천에 대한 사권행사의 금지 및 ③ 국가지정문화재에 대한 신고의무(문화재보호법 제40조) 등을 주로 든다.[235]

(1) 국유재산법의 융통성 제한 규정

국유재산에 대한 사권설정은 원칙적으로 금지되고(법 제11조 제2항), 처분은 일반재산에만 허용되는 것이 원칙이다(법 제27조, 제41조 제1항). 국유재산법은 사권(私權)이 무엇인지 별도로 정의하지 않는다. 사권이라는 말은 국유재산법 등 공소유권을 규정하는 법률에서 주로 사용하는데, 넓은 의미에서 국유재산 등 공소유물에 대한 사법상의 권리 일체라고 할 수 있겠으며,[236] 문제가 되는 사권의 구체적인 범위는 해당 법률의 해석으로 정해질 것이다. 국유재산법은 국유

---

232) 일본에서는 시종일관 보통재산이라고 하고, 우리나라는 보통재산, 잡종재산 그리고 일반재산의 순서로 명칭이 변경되었다.

233) 이광윤, 앞의 책, 400면.

234) 김동희, 앞의 책(행정법Ⅱ), 274면; 류지태/박종수, 앞의 책, 1090면; 박균성, 앞의 책, 1104면 등.

235) 김도창, 앞의 책, 433-434면; 김동희, 앞의 책(행정법Ⅱ), 274면; 박균성, 앞의 책, 1104-1105면; 박윤흔/정형근, 앞의 책, 437-438면; 석종현/송동수, 앞의 책, 410-412면 등.

236) 국유재산법 제11조 제2항, 공유재산법 제8조·제18조, 도로법 제4조 등의 사권을 제한하는 제 규정들; 대법원 1993. 8. 24. 선고 92다19804 판결; 대법원 2006. 9. 28. 선고 2004두13639 판결 등.

재산에 대한 대부계약과 같은 채권적 사용 · 수익을 넓게 허용하고 있고, 제11조가 사권의 '설정'을 제한한다고 하므로 국유재산법상으로 금지되는 사권은 설정행위가 필요한 물권으로 해석할 수 있다. 국가의 공신력을 고려할 때 담보물권이나 전세권의 설정은 사실상 논의에서 제외되고, 주로 지상권(특히 구분지상권)설정이 문제될 것으로 보인다. 유치권은 법정 담보물권으로서 국가의 설정행위와 무관하게 발생할 것으로 보인다. 한편 국유재산의 처분이란 국유재산의 양도를 말한다.

국유재산에 대한 사권설정 및 처분의 제한은 '국유재산'에 대한 융통성의 제한으로서, 공물의 경우 '국 · 공유공물'에 한하여 반사적으로 나타나는 현상일 뿐이다. 사권설정의 금지와 처분의 금지는 도로법, 하천법, 항만법 등 어떠한 공물법에서도 규정하고 있지 않다.[237] 처분금지의 경우 행정재산에만 규정되어 있는데, 국 · 공유공물에는 일반재산도 있기 때문에,[238] 처분제한이 국 · 공유공물 모두에 나타나는 현상이라고 할 수도 없다. 현행법상 공물에 관한 법률로서는 국 · 공유공물에 관한 일반법으로서 국유재산법과 공유재산법이 있고, 개별법으로서 도로법, 하천법 등이 있다는 견해가 있다.[239] 그러나 이러한 해석은 공물과 국유재산을 동일하게 보는 프랑스식 체제(프랑스 공공재산법)에서 가능하다고 생각된다. 사소유권설에 입각하는 우리나라에서 도로법, 하천법 등은 국 · 공유재산법과 무관하게 독자적으로 공물법체계를 구성한다.[240] 결론적으로 국유재산에 대한 사권설정 및 처분의 제한 규정은 국가소유의 공물에 간접적으로 영향을 미치는 것일 뿐 공물의 불융통성과는 직접적인 연관이 없다고 생각한다.

우리 국유재산법의 융통성 제한 규정이 프랑스의 영향이라고 하더라도 이로써 국유재산법의 융통성 제한 규정이 공물과 직접적인 연관이 있다고는 할 수 없다. 국유재산에 대한 융통성 제한은 그 나라의 입법정책의 문제일 뿐이다. 독일의 경우 국유재산에 대한 융통성 제한을 하지 않고,[241] 우리나라의 경우 과거 일반재산에도 융통성 제한규정(시효취득의 금지)을 두었던 사실이

237) 국유재산법의 사용허가 제한규정을 공물의 융통성 제한의 근거로 드는 경우가 있으나, 국유재산에 공물이 성립되면 국유재산법이 아닌 공물법의 사용허가 규정이 적용된다. 그리고 공물법의 사용허가는 거래로서의 성질을 인정하기 어려워, 이를 가지고 공물의 융통성 제한을 인정할 수는 없다.

238) 국유일반재산을 지방자치단체장이 공용지정한 경우로서, 예컨대, 국유일반재산을 지방자치단체장이 지방하천구역에 편입한 경우이다.

239) 김동희, 앞의 책(행정법Ⅱ), 274면.

240) 박윤흔/정형근, 앞의 책, 417면: 국유재산법상의 행정재산에 대하여는 동법에서 그 관리 · 처분에 관하여 약간의 공법적 규율을 하고 있으나, 그것은 오직 관리기관, 처분 등의 제한, 사용 · 수익허가 등에 관한 것이고, 공물의 본래의 목적을 당성하기 위한 관리 작용에 대하여는 규정을 두지 아니하였다. 따라서 관리 작용에 대하여는 하천법 · 도로법 · 공원법 등 개별적인 공물관리법의 규정이 적용된다. 오준근, 공용물에 관한 법제개선을 위한 비교법적 연구, 토지공법연구 제48집, 한국토지공법학회, 2010. 2, 117-118면: 우리나라의 법제는 공물을 국 · 공유재산의 측면에서 재산법적으로 규율하고, 또 한편으로는 공물의 측면에서 행정법적으로 규율하는바, 국유 행정재산의 공적목적에 따른 사항(공물적인 사항)은 국유재산법의 규율대상이 아니며, 개별 사안마다 특별법(공물법)에 일임하고 있다.

241) 독일 연방예산법(BHO) 제63조 참조.

이를 뒷받침한다. 가사 국유재산법의 융통성 제한을 공물에 대한 직접적인 규율로 본다고 하더라도, 이를 공물 일반에 대한 것으로 볼 수는 없고, 국·공유공물에 한하는 현상으로 설명해야 할 것이다.

(2) 도로법과 하천법상의 사권행사 금지 규정

도로법에서는 "도로를 구성하는 부지, 옹벽, 그 밖의 시설물에 대해서는 사권을 행사할 수 없다. 다만, 소유권을 이전하거나 저당권을 설정하는 경우에는 사권을 행사할 수 있다"라고 규정하고(제4조), 하천법에서도 유사한 규정이 있다(제4조 제2항). 도로법과 하천법은 공물에 대한 사권의 '설정'이 아닌 사권의 '행사'를 제한하는 것인데, 그나마도 소유권 이전과 저당권 행사는 완전히 자유롭다.

공물의 융통성이란 공물을 구성하는 물건에 대한 사법상 거래가능성을 의미하는데,[242] 매매, 교환, 증여 등 그 원인을 불문하고 소유권 이전이 자유롭다면, 나아가 저당권설정과 그 행사에 따른 소유권 이전마저도 자유롭다면 도로법·하천법이 도로·하천을 구성하는 물건의 융통성을 제한한다고 할 수 없을 것이다. 도로법·하천법이 제한하는 것이란 고작해야 물건에 대한 물리적 사용을 전제로 하는 용익물권·임차권 행사와 유치권 행사 정도에 불과하다. 이러한 제한은 공물의 목적달성을 방해할 우려가 있는 사권의 행사를 제한하려는 것으로서, 공물의 관리 내지 행위제한에 관한 문제이지 공물의 융통성 제한과는 거리가 있다고 생각한다.

(3) 문화재보호법상의 신고의무

마지막으로 문화재보호법상의 신고의무는, 광의의 공물(보존공물)에 관한 것으로서 공물의 특성으로 일반화하기 곤란할 뿐만 아니라, 신고사항들을 살펴보면 소유자·현황 등의 변경을 사후에 신고하게 한 것에 불과하여(제40조 제1항) 융통성의 제한이 아니라 공물의 효율적인 관리를 위한 것이라고 보인다.

2. 강제집행

통설은 사유공물의 강제집행은 인정하면서 국유공물의 강제집행은 부정하는바, 그 이유에서 대해서는 ① "국가에 대한 강제집행은 국고금을 압류함으로써 한다"는 민사집행법 제192조 때문이라는 견해,[243] ② 민사집행법과 무관하게 국유공물 자체의 융통성제한 때문이라는 견해[244]로 나뉜다. 생각건대, 민사집행법 제192조는 국유'재산'에 대한 강제집행을 제한하는 규정이고, 이에 따라 국유'공물'의 강제집행이 제한되는 것은 반사적 효과에 불과하다.

---

242) 김동희, 앞의 책(행정법Ⅱ), 274면.
243) 이상규, 신행정법론(하), 신판, 법문사, 1994, 449면.
244) 김도창, 앞의 책, 434-435; 석종현/송동수, 앞의 책, 412면; 박윤흔/정형근, 앞의 책, 438면.

오히려 위 규정은 일반재산에 대한 강제집행의 제한으로서 의미가 있다. 행정재산은 국유재산법에 의하여 그 처분이 금지되는 등 융통성이 제한되므로(제27조), 민사집행법과 무관하게 강제집행이 불가하다고 해석되기 때문이다. 같은 맥락에서, 국·공유재산은 국·공유재산법 등에 따라 그 융통성이 제한되기 때문에, 결국 그 한도에서 국·공유공물에 대한 강제집행이 제한받는다고 보지 않을 수 없고, 민사집행법 제192조는 하나의 근거로 원용될 뿐이라는 견해도 있다.[245)]

3. 시효취득

학설은 공물의 시효취득에 관하여 부정설, 제한적 긍정설 및 전면긍정설로 나누어져 있으나, 그 내용은 행정재산에 관한 것이다. 국유재산법은 1950년 제정 당시부터 모든 국유재산의 시효취득을 부정하였고, 이와 관련한 묵시적 공용폐지 등 관련 학설과 판례가 쌓이게 되었다. 이후 1991년 헌법재판소가 일반재산의 시효취득까지 금지한 구 국유재산법 제5조 제2항을 위헌으로 판단하면서,[246)] 1994년 개정 국유재산법에서부터는 행정재산의 시효취득만 금지하고 있다(현행 국유재산법 제7조 제2항). 행정재산에 대한 시효취득금지 규정으로 인하여 반사적으로 국유공물에 대한 시효취득이 금지되는 결과가 되지만, 국유공물에는 일반재산도 있고, 일반재산은 시효취득이 가능하기 때문에 시효취득금지가 국유공물에 대한 일반적인 특성이라고 할 수도 없다.

공물의 시효취득도 당해 공물에 융통성이 인정되는지에 따라 판단되어야 할 것인데, 현재 공물의 융통성을 제한하거나 시효취득을 배제하는 직접적인 규정은 없다. 판례는 행정재산과 공물을 동일시하면서 행정재산을 공공용물, 공용물 등이라고 표현하지만, 시효취득의 쟁점에서만큼은 행정재산으로 명시해서 사용하고 있다.[247)] 취득시효 금지규정이 국유재산법과 공유재산법에만 있음을 인식한 까닭이라고 생각한다.

4. 공용수용

학설의 일반적인 견해는 공물의 공용수용을 원칙적으로 부정한다.[248)] 그 이론적 근거는 공물은 이미 공적목적에 제공되고 있으므로 다시 공적목적에 제공하는 것을 목적으로 수용하는

---

245) 김남진/김연태, 앞의 책(행정법Ⅱ), 413-414면; 김동희, 앞의 책(행정법Ⅱ), 275-276면.

246) 헌법재판소 1991. 5. 13. 선고 89헌가97 결정.

247) 대법원 2010. 11. 25. 선고 2010다58957 판결; 대법원 1983. 6. 14. 선고 83다카181 판결; 대법원 1999. 7. 23. 선고 99다15924 판결 등. 김동희, 앞의 책(행정법Ⅱ), 276면은 판례가 '공물'의 시효취득을 부정하는 입장이라고 소개하는 데, 그 소개하는 판례의 내용을 보면 전부 국유재산(행정재산)에 관한 내용이다. 김남진/김연태, 앞의 책(행정법Ⅱ), 414면에서는 판례가 '행정재산'에 관하여 부정설을 취하고 있다고 이를 명시하여 소개하고 있다.

248) 박균성, 앞의 책, 1109-1110면; 김남진/김연태, 앞의 책(행정법Ⅱ), 415면; 류지태/박종수, 앞의 책, 1093면; 석종현, 신토지공법론, 제11판, 삼영사, 2016, 365면 등.

것이 불가하다는 것이고, 실정법적 근거는 "공익사업에 수용되거나 사용되고 있는 토지 등은 특별히 필요한 경우가 아니면 다른 공익사업을 위하여 수용하거나 사용할 수 없다"고 하는 토지보상법 제19조 제2항이 있기 때문이다.

생각건대, 우리나라는 사소유권제에 입각하여 공물의 융통성을 제한하거나 공용수용을 배제하는 실정법 규정을 두고 있지 않다. 공물을 구성하는 행정재산의 융통성이 제한된 결과[249)]반사적으로 국유공물의 공용수용이 금지된다고 해석될 뿐이다. 그런데 국유공물에는 일반재산도 있을 수 있기 때문에 국유공물 모두가 공용수용에서 배제된다고 볼 수도 없다.

토지보상법 제19조 제2항의 '공익사업에 수용되거나 사용되고 있는 토지 등'과 '공물'이 일치한다고 볼 수 없으므로, 위 조항으로 공물의 공용수용을 논하기는 적절하지 않다고 생각한다. 토지보상법상의 공익사업이 모두 공물을 설치하는 사업은 아니기 때문이다. 예컨대 택지개발사업은 토지 등을 수용하여 주택건설용지와 공공시설용지를 개발·공급한다.[250)]그밖에 국토계획사업, 도시정비사업 및 도시개발사업 등 수 많은 공익사업으로 토지 등이 수용되지만, 사업결과 개발·공급되는 용지가 모두 공물인 것은 아니다. 공공시설지구는 상업·주택지구 등과 더불어 전체 사업지구의 일부일 뿐이다. 사업시행으로 새로 설치되는 공공시설의 부지(공물)는 무상귀속조항(예컨대, 국토계획법 제65조)에 따라 국·공유 행정재산이 될 것이고, 그 외의 토지는 분양 등으로 사유화될 것인데, 이후에 이들이 공용수용이 될 수 없다고 할 수 없다(행정재산은 용도폐지 후에 공용수용).

토지보상법 제19조 제2항은 어떤 공익사업에 제공되어 있는 토지 등이 다른 공익사업에 이중으로 제공되어, 사업 간에 충돌이 일어나는 것을 방지하려는 것이지 공물의 공용수용을 제한하려는 취지는 아닌 것으로 보인다.

이 문제는 공물과 공용수용과의 관계보다는 공물과 사업실시계획과의 관계에 대한 문제로 접근해야 한다. 현실로 이용되는 공공시설은 사업구역에 포함시킬 수 없다. 유휴 공공시설(용도폐지 대상인 공공시설)은 사업구역에 포함시켜 향후 사업시행자가 매입·공용수용하거나 종래 공공시설로서 사업시행자에게 무상귀속·무상양여되게 할 수 있다. 결론적으로 현행 실정법상 공물의 공용수용을 제한하는 규정은 없고, 종래 논의된 공물과 공용수용의 문제는 공물을 사업구역에 포함시킬 수 있는가의 문제일 뿐이다. 판례도 토지보상법상 공물의 공용수용을 제한하는 규정이 없다고 하면서, 문화재보호법에 따라 지방문화재로 지정된 토지의 공용수용을 인정하였다.[251)]

249) 국유재산법 제27조, 공유재산법 제19조.
250) 택지개발촉진법 제2조.
251) 대법원 1996. 4. 26. 선고 95누13241 판결.

5. 부동산등기

공물도 부동산이라면 자연공물과 같이 법률의 규정에 의하여 국유로 되는 등의 특별한 사정이 없는 한 등기의 대상이 된다고 하면서, 이를 공물의 법적 특색으로 설명하는 것이 일반적인 견해이다.[252] 그러나 등기는 부동산의 '소유권'을 공시하고 변동시키는 것으로서, 공물과는 직접적인 연관이 없다. 공물은 민법상의 물건개념과 관계가 없을 뿐만 아니라 그 소유자가 누구인지를 묻지 않기 때문이다.

어떤 부동산에 공물이 성립될 때는 이미 그 부동산에 대한 등기가 있는 경우가 보통이고, 여기에 공물이 성립된다고 해서 등기에 변경이 일어나지 않는다. 학설은 국유공물인 부동산의 등기에는 소유명의를 국(國)으로 하되 재산소관청을 함께 적어야 한다는 국유재산법 제14조 제2항을 공물등기의 특색으로 들기도 하지만, 위 조항은 공물과 무관하게 국유재산에 요구되는 소유권등기의 방식일 뿐이다.

요컨대, 공물을 구성하는 개개의 물건은 재산으로서 등기·등록 등 공시방법의 대상이 되지만, 공물은 이와 무관한 물적 개념으로서 공시방법의 대상이 아니다. 공물은 도로구역결정 등 공용지정으로 특정된 부분에 대하여 특별한 공법적 규율이 가해질 뿐이다.

Ⅳ. 공물의 관리

1. 공물관리의 의의

융통성의 제한은 공물과 무관하고, 공물개념은 공물관리의 대상이라는 측면에서 정립된 것이라고 할 수 있으므로,[253] 공물에 대한 공법적 규율이라 함은 공물의 관리를 의미한다.

공물은 그 소유자가 누구인지와 무관하게 성립하고, 성립과 동시에 각종의 공법적 규율이 개시되는바, 공법적 규율의 핵심적인 내용은 ① 공물관리의 주재자로서 공물관리청이 법정되고, ② 공물관리청에게 공용지정에서부터 공용폐지에 이르기까지 폭넓은 관리권이 주어지며, ③ 공물에 대한 폭넓은 행위제한이 가해진다는 것이다. 이러한 공법적 규율은 넓게 공물의 관리라고 표현할 수 있으며, 위 ① 내지 ③이 공물의 핵심징표가 된다. 공물의 관리는, 공물관리청이 공물을 유지하여 공적 목적에 계속 제공함으로써 공물의 설치목적을 달성하는 모든 작용을 말한다고 정의되고,[254] 물건 등에 대한 재산적 관리가 아니라, 오로지 공적목적 달성을 위한 관리라는 데

252) 김동희, 앞의 책(행정법Ⅱ), 280면; 류지태/박종수, 앞의 책, 1093면; 홍정선, 앞의 책(행정법특강), 1200면 등.

253) 김원주, 앞의 논문, 25면.

254) 김도창, 앞의 책, 416면; 김원주, 앞의 논문, 26면; 류지태, 앞의 논문(공물법 체계의 재검토), 69면(공물관리행위는 공물 자체의 목적을 증진하고 그 목적저해행위를 방어하기 위한 목적을 갖는 일련의 작용을 말한다) 등.

에 특색이 있다.[255] 그런데, 공물관리청에게는 공물을 성립 · 소멸시키는 권한(공용지정 · 폐지)까지 부여되므로, 광의의 공물관리에는 공물을 성립 · 소멸시키는 작용까지 포함된다고 할 것이다.

한편, 공물관리와 공물경찰은 구분하여야 한다. 공물행정청(공물관리청)은 공물관리권에 기해서 각종의 행위제한(통행의 금지 · 제한 및 차량의 운행 제한 등)을 가하고, 행정명령(조치명령 및 원상회복명령 등)을 발하며, 행정대집행을 하는 등 경찰작용에 유사한 조치들을 한다. 그러나 이러한 조치들은 어디까지나 공물관리의 일환일 뿐 공물경찰작용은 아니다. 경찰작용의 실질적 의미는 경찰행정청이 '공공의 안녕 또는 질서에 대한 위험을 방지하기 위하여 일반통치권에 근거하여 국민에게 명령 · 강제함으로써 국민의 자연적 자유를 제한하는 작용'이라고 정의된다.[256]

2. 공물관리청

개별 공물법들은 공물관리청을 법정하고, 공물관리청에게 공용지정에서부터 공용폐지에 이르기까지 폭넓은 관리권한(공물관리권)을 부여한다. 공물관리청은 1차적으로 중앙관서의 장이나 지방자치단체의 장이 되지만, 정부조직법, 행정위임위탁규정, 지방자치법 및 개별 공물법 등에 따라 그 권한의 일부가 소속공무원, 지방자치단체장 및 특수법인 등에게 위임 · 위탁 · 대행되기도 한다.[257] 공물관리청은 공물을 구성하는 물건의 소유권에 구애받지 않고 관리권을 행사하며,[258] 관리권의 행사에 따른 행정쟁송에서 피신청인 내지 피고가 된다.

국유재산에 공물이 성립하면 재산관리청과 공물관리청이 병존하게 되는데, 후자의 관리권이 우선한다. 공물관리권의 성격을 독립한 공법상의 물권적 지배권으로 보는 것이 통설인데,[259] 구체적으로는 자유공물이면 공법상의 특수한 물권적 지배권이고, 타유공물이면 일종의 제한물권이라고 한다.[260]

---

255) 김남진/김연태, 앞의 책(행정법Ⅱ), 437면.

256) 서정범, 경찰행정법, 세창출판사, 2020, 7면. 이러한 경찰개념은 전통적인 개념으로서, 수단/내용 중심의 개념 정립, 권력독점사상에 근거한 개념 정립 등의 문제가 있어, 오늘날 실질적 경찰개념은'공공의 안녕 또는 질서에 대한 위험을 방지하고 장해를 제거하거나, 위험에 대한 사전배려를 통하여 공중과 개인을 보호하는 활동'으로 재정립하는 것이 필요하다고 한다(같은 책, 10면).

257) 하천의 경우, 국가하천은 국토교통부장관이, 지방하천은 관할 시 · 도지가 관리청이 된다(하천법 제8조). 도로의 경우 국도는 국토교통부장관이, 그 밖의 도로는 지방자치단체장이 관리청이 되는데(도로법 제23조), 고속국도에 대한 관리권한의 일부를 한국도로공사로 하여금 대행하게 할 수 있다(동법 제112조).

258) 이러한 공물관리권의 개념은 국가소유권의 영역에서도 예외 없이 이루어진다. 국유재산관리청과 공물관리청이 다른 경우(예컨대 국유일반재산인 국유지를 관할 지방차치단체장이 하천부지에 편입시켜 공물을 성립시킨 경우) 공물관리청이 재산관리권에 앞서서 공물관리권을 행사한다. 즉, 재산관리청 및 공물관리청 모두 무단점유자에 대한 변상금 부과권한이 있지만, 재산관리청은 공물관리청에게 그 권한을 양보해야 한다.

259) 김남진/김연태, 앞의 책(행정법Ⅱ), 437면.

260) 김원주, 앞의 논문, 27면.

3. 공물의 사용관계

(1) 의의

공물의 사용에 관하여 공물주체[261]와 사용자와의 사이에 발생하는 법률관계를 공물의 사용관계라고 한다. 학설의 대체적인 견해는 공물의 사용관계는 그 성질상 공공용물에서 발생하는 것이 일반적이라고 보면서 그 사용관계를 일반사용과 특허사용 등으로 분류한다.[262] 공공용물은 도로법, 하천법 등 해당 공물법의 사용관계 규정의 적용을 받지만, 공용물은 달리 적용할 법률이 없어 국유인 경우에 한하여 국유재산법이 적용되는데, 강학상 행정재산의 목적 외 사용이라고 한다.

(2) 사용료

공물은 개념상 일반의 사용을 전제로 하는 것이어서 공물의 일반사용에는 사용료를 상정하기 어렵지만 그 정도를 넘어서는 특허사용에는 사용료의 부과 · 징수가 전제된다. 특허사용에서는 사용료 규정이 있는 것이 보통이지만, 명문의 규정이 없어도 사용료를 부과 · 징수할 수 있다는 것이 통설이다.[263] 국 · 공유재산 및 공물의 사용료는 재산가격에 사용목적에 따른 다양한 사용요율을 곱하여 산출하도록 규정하는 것이 일반적인데, 동일한 사용목적임에도 국유재산법, 공유재산법 및 공물법의 상호 간에 사용요율이 달라 대국민 불신을 초래할 수 있다. 국 · 공유재산 및 공물의 사용료 체계에 대한 통일적인 연구 · 검토가 필요하다.[264]

국유재산이 공용폐지로 공물의 지위에서 벗어난 경우, 공용폐지 전에 공물관리청의 사용허가가 있었다면 현재 재산관리청이 기존 공물사용허가의 내용대로 사용료를 부과 · 징수하여야 한다. 총괄청의 업무처리기준도 이와 동일하다.[265] 한편 공물에 대한 사용허가의제가 있은 경우에도 당연히 공물법의 규정에 따라 사용료가 부과 · 징수되어야 한다. 공물의 사용허가나 의제

---

261) 이 책에서 공물주체라 함은, 공물관리청이 소속한 국가 또는 지방자치단체로서 공물과 관련한 권리 · 의무의 귀속주체가 되는 것을 말한다. 일종의 행정주체 개념이다. 행정주체란 행정법관계에 있어 행정권을 행사하고 그의 법적 효과가 궁극적으로 귀속되는 당사자, 즉 권리 · 의무의 주체를 의미하는데, 일반적으로는 국가, 지방자치단체, 공법상 사단 · 재단 및 공무수탁사인이 가능하다(임현, 행정주체의 개념과 유형에 대한 재검토, 토지공법연구 제24집, 한국토지공법학회, 2004, 665면 이하).

262) 하명호, 앞의 책, 852면; 김남진/김연태, 앞의 책(행정법Ⅱ), 419면; 김동희, 앞의 책(행정법Ⅱ), 284면 등.

263) 김남진/김연태, 앞의 책(행정법Ⅱ), 429면.

264) 예컨대, 노점운영을 위한 도로점용요율의 경우 국가 · 지방자치단체 별로 0.7 ~ 5.0%의 차이를 보이며(도로교통법 시행령 별표3, 서울특별시 강남구 도로점용허가 및 점용료 등 징수 조례 및 용인시 도로점용허가 및 점용료 등 징수 조례 등 참조), 하천부지에 속해있던 국유지가 하천부지에서 해제되면 하천법과 국유재산법의 요율 차이로, 상업용의 경우 1.5% : 5%, 주거용의 경우 0.5% : 2%의 차이를 나타내게 된다(하천법 시행령 별표3, 서울특별시 하천점용료 등 징수조례 별표1 및 부산광역시 하천점용료 등 징수조례 별표1 등 참조). 그 밖에 각종 공물법의 사용료에 대한 자세한 내용은 제3편 제5장 참조.

265) 국유재산 관련 허가/계약/채권 변동의 처리기준(국유재산과-369, 2008. 5. 9).

가 없었던 경우 현재 재산관리청이 과거 공물이었던 기간에 사용료 · 변상금을 부과한다면 어느 법률에 의할 것인지 문제된다.

1) 공물법설

공물이었던 기간에 대한 사용료이므로 당연히 특별규정인 공물법이 적용되어야 한다는 견해이다. 만약 이때 국유재산법을 적용하게 되면 공물관리청이 사용료를 부과하지 않은 우연한 사정에 의하여 사용료가 달라지는 불합리가 있다고 한다. 문제는 사용료 부과권자인데, 종래 공물관리청은 현재 공물이 아닌 물건에 사용료를 부과할 권한이 없고, 현재 재산관리청은 공물법상 사용료 부과권한이 없다.

2) 국유재산법설

현재 관리권한이 있는 재산관리청이 국유재산법에 따라 사용료를 부과하여야 한다는 견해이다. 공물인 기간에 국유재산법을 적용하게 된다는 비판에 대하여는 공물인 기간에도 국유재산이었던 점은 사실이고, 그 기간에 더 이상 공물법을 적용할 수 없으므로 일반규정과 특별규정의 관계가 성립되지 않는다고 한다.

3) 소결

공물인 국유재산에는 국유재산법과 공물법이 모두 적용되고 양 법률의 규정이 충돌할 때는 후자가 우선하지만, 이후 공용폐지로 더 이상 공물법의 적용이 불가하다면 양 법률의 규정이 충돌하지 않는다. 따라서 법리상은 국유재산법설을 따를 수밖에 없을 것이지만 종전 공물관리청이 사용허가 등을 하지 아니한 우연한 사정 때문에 적용 법률이 달라진다는 것은 불합리하다. 공물이었던 기간의 국유재산 사용료는 해당 공물법의 규정에 따라 산정하도록 국유재산법의 사용료 규정을 개정하는 등 입법적 해결을 고려할만하다.

4. 공물의 관리비용과 수익

공물관리청이 공물에 대하여 포괄적인 관리권한을 가지는 것에 상응하여, 공물관리에 소요되는 비용부담과 공물관리에서 생긴 수익은 관리청이 소속한 국가 · 지방자치단체에 귀속시키는 것이 원칙이다.[266] 따라서 국유재산에 지방자치단체장을 관리청으로 하는 공물이 성립되면 그 관리비용과 수익이 지방자치단체에 귀속된다. 하천구역 내의 사유재산에 대하여는 하천관리청이 사용허가는 하되 사용료는 징수하지 못하게 하여 그 수익을 소유자에게 귀속토록 한다(하천법 제37조 제1항 단서).

---

266) 비용의 부담에 관하여는 하천법 제59조, 도로법 제85조, 수익의 귀속에 관해서는 하천법, 제65조, 도로법 제95조 등 참조.

5. 공물의 설치·관리상의 하자

도로·하천 등 공물의 설치나 관리에 하자가 있어 타인에게 손해가 발생하였을 때는 국가배상법 제5조에 따라서 국가나 지방자치단체가 그 손해를 배상하여야 한다. 동조의 '공공의 영조물'이란 '공물'을 말한다.[267)]

공물도 공작물의 일종이기 때문에 그 설치·관리의 하자로 타인에게 손해가 발생했다면 민법 제758조에 따라서 그 점유자 또는 소유자가 배상책임을 져야 한다. 그러나 그렇게 되면 공물관리청이 공물에 대한 포괄적인 관리권을 가지고, 그 관리비용과 수익도 국가·지방자치단체에 귀속된다는 기본원칙과 맞지 않게 된다. 예컨대, 국가하천의 일부를 사인이 사용허가 받아 시설을 설치·관리하다가 그 하자로 다른 사람에게 손해를 끼쳤을 때, 민법 제758조에 따른다면 그 사인(공작물점유자)이 배상책임을 지게 되는데, 이는 공물관리청에 포괄적인 권한과 책임을 귀속시키는 현행 공물제도에 어긋난다.[268)] 국가배상법 제5조가 제2조와 별도로 공물의 설치나 관리의 하자로 타인에게 발생한 손해에 대하여 국가·지방자치단체가 배상책임을 지게 한 것은 이러한 취지에서 이해할 수 있다.[269)]

6. 각종의 행위제한

공물은 기본적으로 일반 국민의 보통사용에 제공된 것이지만, 그 이상의 배타적인 사용을 하려면(특허사용) 관리청의 허가를 받아야 하고,[270)] 보통사용도 일정한 경우 통행금지 등의 제한이 가해진다.[271)] 공물법상의 각종 행위제한을 위반하게 되면 형벌의 제재가 가해질 수 있다.[272)] 도로법과 하천법에서 사권행사의 제한을 규정하고 있는바(도로법 제4조, 하천법 제4조 제2항), 앞서 언급한 바와 같이 이것을 공물의 융통성의 제한으로 보기는 곤란하고, 공물의 관리를 방해하는 사적용익권을 제한하는 행위제한으로 봐야 할 것이다.

---

267) 김남진/김연태, 앞의 책(행정법Ⅰ), 649면; 서정범/박상희, 행정법총론, 제3전정판, 세창출판사, 2017, 476면; 하명호, 앞의 책, 432면; 류지태/박종수, 앞의 책, 548면 등. 한편 국가배상법 제5조는 그 제목을 공공시설 등의 하자로 인한 책임이라고 하는바, 판례상 공공용재산(공공용물)이 공공시설에 해당한다고 하고(대법원 2019. 2. 14. 선고 2018다262059 판결 등), 학설상 공공용물은 협의의 공물로 불려진다[김남진/김연태, 앞의 책(행정법Ⅱ), 393면; 김도창, 앞의 책, 400면; 석종현/송동수, 앞의 책, 391면 등].

268) 민법 제758조에 의하면 점용허가 받은 사인(공작물점유자)이 사실상 최종책임자가 되지만, 국가배상법 제5조에 의하면 국가나 지방자치단체가 우선 책임을 지고, 공작물점유자에게 구상권을 행사하게 되므로(같은 조 제2항), 공물로 인한 피해자보호에 충실하게 된다.

269) 하명호, 앞의 책, 432면; 김남진/김연태, 앞의 책(행정법Ⅰ) 649면; 서정범/박상희, 앞의 책, 475면; 김동희, 행정법I, 제25판, 박영사, 2019, 593-594면; 이동식/전훈/김성배/손윤석, 행정구제법, 제2판, 준커뮤니케이션즈, 2019, 93면 등.

270) 도로법 제61조; 하천법 제33조; 공원녹지법 제41조 등.

271) 도로법 제75조 이하; 하천법 제46조 이하; 공원녹지법 제27조, 제33조 등.

272) 도로법 제113조 이하; 하천법 제93조 이하; 공원녹지법 제53조 이하 등.

제6절 국유재산과 공물의 차이

Ⅰ. 개념상의 차이

국유재산은 광의로는 국가를 소유자로 하는 물건 또는 국가를 귀속주체로 하는 재산권으로, 협의로는 광의의 국유재산 중에서 국유재산법 제5조 제1항에 열거된 부동산과 소정의 특수동산, 그리고 사용가치를 내용으로 하는 소정의 재산권으로 정의할 수 있다. 이에 비하여 공물은 그 소유관계를 불문하고 공물관리청에 의해 직접 공적목적에 제공되어, 그 결과 특별한 공법적 규율을 받는 물건 또는 물적 종합시설(공공시설)로 정의할 수 있는데, 그 물적 범위는 민법상의 물건에 한정되지 않는다.

Ⅱ. 규율체계상의 차이

국유재산과 공물에 관한 우리의 법제는 서로 다른 규율체계이고, 따라서 규율의 성격과 내용도 다르다. 국유재산은 융통성을 제한하는 데 공법적 규율의 핵심이 있는데 반하여, 공물은 사소유권을 제한하면서 공물을 관리하는 데 핵심이 있다. 그런데 이러한 점을 간과하고 국유재산에 대한 융통성의 제한을 공물에 대입하면 공물의 특성을 파악하는데 혼란을 주게 된다.

그 밖에 국유재산법은 재무행정법 차원에서 행정재산과 일반재산 모두에 공법적 규율을 하는바, 어느 한쪽은 모두 공물이고 다른 한쪽은 모두 사물이라고 단순하게 규정지울 수 없다. 이러한 인식은 프랑스 공공재산법상 국유재산이 공물과 사물로 구분된다는 점, 행정재산과 일반재산이 공·사법관계로 구분된다는 점 등에 영향을 받은 것으로 보이이만, 프랑스는 우리와 입법방식과 규정이 다르다. 나아가 국유재산과 공물의 규율체계를 혼용한 나머지 행정재산의 분류체계를 공물에 그대로 혼용하여 공물성이 희박한 공용물과 보존공물을 만들어 냄으로써 전체 공물을 통일적으로 설명하지 못하게 되었다.

이상은 국유재산에 대한 공법적 규율을 공물에 무분별하게 대입한 결과이고, 반대로 공물에 대한 공법적 규율을 국유재산에 잘못 대입한 경우도 있다. 행정재산은 독자적으로 국유재산법에 따라 성립하고 소멸함에도 불구하고, 공물법의 공용지정·폐지이론을 행정재산에 그대로 대입함으로써 국유재산법이 행정재산에 마련한 공법적 규율과 법률관계가 제대로 적용되지 못하는 경우도 있을 수 있다.

Ⅲ. 국유재산으로부터 공물의 독립

앞서 살펴본 바와 같이 강학상의 공용물과 보존공물은 공물로 보기 곤란하고 공물에 편입될 필요도 없는데, 이러한 점을 간과하고 공물의 분류체계가 국유재산의 분류체계를 그대로 따름으로서 생겨난 개념이라고 볼 수 있다. 공물을 공공용물로 단일화하고, 공용물과 보존공물은 공물성을 탈락시키고 그 소유자가 누구인지에 따라 국·공유재산, 사유재산으로만 파악하게 되면, 공물개념과 공물법이론이 좀 더 명료하고 쉬워질 것으로 사료된다.

공물이론이 복잡·난해한 것은 넓은 공물개념을 설정해서 그 속에 법적 성질을 달리하는 여러 물건을 포함시켰기 때문이라고 생각된다.[273] 대체적인 학설이 공용물에는 공용지정과 공용폐지가 필요 없다고 하고,[274] 공물의 사용관계는 그 성질상 주로 공공용물에만 발생하는 것이 일반적이라고 하면서,[275] 공공용물만 협의의 공물로 인정하는 것[276] 등은 공용물의 공물로서의 취약성을 인식한 것이 아닌가 생각된다. 한편 대법원은 공공시설인 공물을 공공용물로 한정하는 바,[277] 이러한 태도도 같은 취지를 반영한 것으로 보인다.

Ⅳ. 공물로부터 국유재산의 분리

공용재산과 보존용재산은 순수하게 국유재산으로만 파악하여야 한다. 공공용재산은 대부분 공물과 국유재산의 이중적 지위를 가지지만, 양 개념은 구별되므로 그 성립과 소멸 및 공법적 규율 등은 각자의 법률에 따라 파악하여야 한다. 물론 성립과 소멸에 있어서 두 지위가 일정부분 서로 영향을 미칠 수는 있다. 일반재산은 공물로서의 공적목적에 제공되어 특별한 공법적 규율을 받는지에 따라 공물 여부를 판단해야 한다. 일반재산에 공물이 성립되었다고 해서, 곧바로 행정재산이 되는 것은 아니다. 공물로 제공한 주체가 국가이어야 행정재산이 되기 때문이다.

공물은 민법상 소유권의 대상과 관계없는 독자적인 강학상의 개념으로서 도로, 하천, 항만 등과 같은 전체적인 공공시설도 하나의 공물이 될 수 있다.[278] 이에 비하여 국유재산인 물건은 민법상 소유권의 대상으로 한정된다. 나아가 국유재산법의 적용대상(협의의 국유재산)이 되는 물

---

273) 김원주, 앞의 논문, 25면.

274) 김남진/김연태, 앞의 책(행정법Ⅱ), 404면·408면; 김동희, 앞의 책(행정법Ⅱ), 270면·272면 등. 석종현/송동수, 앞의 책, 403·406면; 박윤흔/정형근, 앞의 책, 426·430면; 김도창, 앞의 책, 411·415면 등.

275) 하명호, 앞의 책, 852면; 김남진/김연태, 앞의 책(행정법Ⅱ), 419면; 김동희, 앞의 책(행정법Ⅱ), 284면 등.

276) 김남진/김연태, 앞의 책(행정법Ⅱ), 393면; 김도창, 앞의 책, 400면; 김원주, 앞의 논문, 26면; 석종현/송동수, 앞의 책, 391면 등.

277) 대법원 2019. 2. 14. 선고 2018다262059 판결; 대법원 2004. 5. 28. 선고 2002다59863 판결 등.

278) 재산권의 객체나 대상이 되는 물건은 수량화 되지만(一物一權主義), 공물은 종합적이고 기능적인 개념으로서 수량화 될 수 없다. 경부고속도로 전체가 공물이고, 그중 일부구간도 공물이다.

건은 부동산과 소정의 특수동산만으로 한정된다.

국유재산법은 1950. 4. 8. 법률 제122호로 제정되어 약 70년 이상 운영되어 온 국유재산 기본법으로서, 국가재정법, 물품관리법, 군수품관리법, 국유림법, 국가채권관리법 및 국고금관리법 등 개별 국유재산법과 함께 일단의 규율체계를 형성하고 있다. 행정재산에 대한 융통성의 제한, 기타 일반재산을 포함한 모든 국유재산에 적용되는 공익상의 필요에 의한 일방적인 사용관계 종료, 행정대집행, 변상금·연체료부과, 강제징수 등은 공물과 준별되는 국유재산을 전제로 마련된 것이다. 국유재산법은 재무행정법의 영역에 속하고, 대내적 효력이 많으며, 행정조직법적 측면이 강한 반면, 공물법은 급부행정법의 영역에 속하고, 대외적 효력이 많으며 행정작용법적인 측면이 강하다.[279)]

279) 류지태, 앞의 논문(공물법 체계의 재검토), 69면. 국유재산법을 급부행정법 중 공물법의 영역에 포함시키는 것이 일반적이지만 공물법과 별개로 재무행정법의 부동산회계에 포함시키는 견해도 있다[김동희, 앞의 책(행정법Ⅱ), 689면 이하; 류지태/박종수, 앞의 책, 1420면 이하)].

| 제 3 편 |

국가 이외 자의 국유재산 사용

제 1 장 개요
제 2 장 사용허가의 범위
제 3 장 사용허가의 방법
제 4 장 사용허가의 의제
제 5 장 사용료
제 6 장 사용허가기간
제 7 장 사용허가의 취소와 철회
제 8 장 대부
제 9 장 비교개념

제1장 개요

국유재산은 국가가 행정목적으로 사용하는 것이므로, 각 행정사무를 수행하는 중앙관서의 장이 그에 필요한 국유재산의 소관청이 되어 사용한다. 행정사무의 수행에 필요 없게 된 국유재산은 용도폐지하여 일반재산으로 관리 · 처분하며, 일반재산을 행정재산으로 쓰려면 총괄청의 사용승인을 받아야 한다(일반회계 소속 재산의 경우). 국유재산의 소관청을 변경할 때는 관리전환의 절차를 거쳐야 하는데, 유상전환이 원칙이다.

한편 국유재산을 국가 이외 자가 사용하고자 할 때는 사용허가 또는 대부계약으로 유 · 무상의 서로 다른 법률관계를 맺어야 하는데, 이는 국유재산이 공법관계(행정재산)와 사법관계(일반재산)로 나뉘기 때문이다. 학설은 행정재산의 사용허가를 행정재산의 목적 외 사용이라고 하는데,[1] 행정재산의 사용허가는 고속도로 휴게소, 청사 내 편의점 · 식당 등 그 행정재산의 필수 기능과 연관된 경우가 많고, 보존용재산의 경우 보존목적의 수행에 필요한 범위에서만 사용허가가 이루어지는 만큼(법 제30조 제1항 제2호) 정확한 표현인지 의문이다.

> **국유재산법 제2조(정의)** 이 법에서 사용하는 용어의 뜻은 다음과 같다.
> 7. "사용허가"란 행정재산을 국가 외의 자가 일정 기간 유상이나 무상으로 사용 · 수익할 수 있도록 허용하는 것을 말한다.
> 8. "대부계약"이란 일반재산을 국가 외의 자가 일정 기간 유상이나 무상으로 사용 · 수익할 수 있도록 체결하는 계약을 말한다.

국유재산법은 행정재산의 사용허가에 관하여 ① 사용허가의 범위, ② 사용허가의 방법, ③ 사용료, ④ 사용허가기간, ⑤ 사용허가의 취소와 철회, ⑥ 원상회복, ⑦ 관리 소홀에 대한 제재 등을 규정한 다음에, 그 대부분을 일반재산의 대부에 준용한다.[2] 공공용재산의 사용허가는 대부분 도로법, 하천법 등 개별 공물법에 따라 규율되므로, 국유재산법의 사용허가 규정은 주로 공용재산과 일반재산에 적용된다는 데 의미가 있다.

---

1) 김동희, 행정법Ⅱ, 제24판, 박영사, 2018, 295면; 김남진/김연태, 행정법Ⅱ, 제23판, 법문사, 2019, 432면 이하 등.

2) 법 제30조 내지 제39조, 제47조 참조. 사용허가의 범위(제30조), 사용허가기간(제35조), 청문(제37조) 및 관리 소홀에 대한 제재(제39조)는 성질상 대부에 준용되지 않는다.

제2장 사용허가의 범위

Ⅰ. 사용허가의 보충성

일반재산은 행정목적과 직접적인 연관이 없기 때문에 그 대부에 법적 제한이 없는 반면에(법 제41조 제1항), 행정재산은 어떤 행정목적에 제공되고 있거나 제공하기로 결정된 재산이어서 그 사용허가는 해당 행정목적에 장애가 되지 않거나 행정목적 수행에 필요한 범위에서만 허용이 된다(법 제30조 제1항). 행정재산 사용허가의 이러한 법적 제한은 학설이 사용허가의 법적 성질을 특허로 보는 주요한 이유가 되며, 사용허가를 '행정재산의 목적 외 사용' 이라고 부르는 이유이기도 하다. 행정재산의 사용허가는 주로 재산의 기부자가 그 투하자본을 회수하거나,[3] 행정재산의 기능이 원활하도록[4] 보충적 · 보조적으로 행해지는 반면, 일반재산의 대부는 국가재정보전 또는 재산의 활용 차원에서 적극적으로 이루어진다.

Ⅱ. 사용허가의 법적 성질

사용허가 · 사용허가갱신 신청에 대한 거부, 사용허가 취소 · 철회 등을 행정쟁송으로 다툴 수 있는지 등과 관련하여 사용허가의 법적 성질이 무엇인지가 논하여진다. 오늘날 민간투자를 통한 사회간접자본의 설치가 활성화 되고, 민간투자자의 설치비용 회수가 재산관리청의 사용허가(관리위탁의 형식을 취하기도 한다) 관련 결정에 중요하게 달려있기 때문이다.

현재 학설과 판례는 사용허가를 행정행위(특허)로 보는 점에 일치되어 있다. 생각건대 사용허가는 재산관리청이 공권력의 주체로서 특정인에게 행정재산을 사용 · 수익할 수 있는 권리를 새로이 설정해 주는 것이므로, 특허로 보는 것이 옳고 그 연장선상에서 사용허가 거부 등을 행정쟁송의 대상으로 하게 되면 국민의 권익을 더 두텁게 보호하는 결과가 될 것이다. 다만, 사용료 부과는 달리 생각해 볼 여지가 있다. 사용료 산정방식이 다소 복잡하고 사용요율의 결정기준인 경작용, 주거용 및 행정목적 등에 대한 판단여지가 존재하여 사용료 부과에 오류가 있을 수 있기 때문이다. 사용료 부과를 통상의 행정행위로만 보게 되면 행정행위의 공정력, 불가쟁력 등으로 사용료 산정의 오류를 시정할 가능성을 좁히게 되고, 그 결과 일반재산의 대부에 비해 불리한 결과를 초래할 수 있다.[5] 사용료 부과를 행정행위로 보되, 사용료 부과에 대한 제소기간의 특례를 두거나, 제소기간 도과 후에는 직권 취소를 강제하는 등의 구제책을 마련하는 것이 타당하다고 생각한다.

---

3) 기부채납 재산의 일부를 무상 사용허가 받아 영업활동을 해 투하자본을 회수하는 예.
4) 청사(廳舍) 내 일정 공간을 매점으로 사용허가해서 청사로서의 기능을 높이는 예.
5) 일반재산의 대부료가 잘못됐다면 그 과오납금과 이자를 5년 내에 반환받을 수 있다(법 제73조의3 제1항).

제3장 사용허가의 방법

국유재산법은 수의 또는 지명 · 제한경쟁 입찰로 사용허가할 수 있는 경우를 법정하고, 그 외에는 일반경쟁 입찰로 사용허가하도록 규정하고 있다. 규정 형식을 보면 수의, 지명 · 제한경쟁의 방법으로 할 것인지에 대하여 재산관리청의 폭넓은 재량이 있는 것처럼 보이지만, 법정 사유들을 보면 사실상 재산관리청이 이에 기속될 것으로 보이므로, 실제 사용허가 방법의 판단 순서는 법정수의, 법정지명 · 제한경쟁 입찰, 일반경쟁 입찰의 순서가 된다. 수의, 지명 · 제한 경쟁의 법정 사유들은 실질적 정의, 구체적 타당성, 정당한 이해관계자의 보호 및 공익 등을 고려한 것이나 남용될 경우 공정성을 해칠 우려가 있고, 일반경쟁 입찰은 공정을 추구하는 것이나 기계적 적용은 실질적 정의 등을 해치게 된다.

제1절 수의 사용허가

국유재산법 시행령 제27조(사용허가의 방법) ③ 행정재산이 다음 각 호의 어느 하나에 해당하는 경우에는 법 제31조제1항 단서에 따라 수의의 방법으로 사용허가를 받을 자를 결정할 수 있다.

1. 주거용으로 사용허가를 하는 경우
2. 경작용으로 실경작자에게 사용허가를 하는 경우
3. 외교상 또는 국방상의 이유로 사용 · 수익 행위를 비밀리에 할 필요가 있는 경우
4. 천재지변이나 그 밖의 부득이한 사유가 발생하여 재해 복구나 구호의 목적으로 사용허가를 하는 경우

4의2. 법 제18조제1항제3호에 따른 사회기반시설로 사용하려는 지방자치단체나 지방공기업에 사용허가를 하는 경우

5. 법 제34조제1항 또는 다른 법률에 따라 사용료 면제의 대상이 되는 자에게 사용허가를 하는 경우
6. 국가와 재산을 공유하는 자에게 국가의 지분에 해당하는 부분에 대하여 사용허가를 하는 경우
7. 국유재산의 관리 · 처분에 지장이 없는 경우로서 사용목적이나 계절적 요인 등을 고려하여 6개월 미만의 사용허가를 하는 경우
8. 두 번에 걸쳐 유효한 입찰이 성립되지 아니한 경우
9. 그 밖에 재산의 위치 · 형태 · 용도 등이나 계약의 목적 · 성질 등으로 보아 경쟁입찰에 부치기 곤란하다고 인정되는 경우

국유재산법 제35조(사용허가기간) ① 행정재산의 사용허가기간은 5년 이내로 한다. 다만, 제34조

제1항제1호의 경우에는 사용료의 총액이 기부를 받은 재산의 가액에 이르는 기간 이내로 한다.
② 제1항의 허가기간이 끝난 재산에 대하여 대통령령으로 정하는 경우를 제외하고는 5년을 초과하지 아니하는 범위에서 종전의 사용허가를 갱신할 수 있다. 다만, 수의의 방법으로 사용허가를 할 수 있는 경우가 아니면 1회만 갱신할 수 있다.

영 제27조 제3항과 그 밖에 다른 법률에 규정이 있는 경우에는 수의 방식으로 사용허가 할 수 있으며, 나아가 이 경우는 횟수제한 없이 사용허가 갱신이 가능하다(법 제35조 제2항). 한편 국유재산법이 규정하는 수의 매각이나 사용허가 등에 해당한다고 해서 그 자에게 우선권이 생기는 것은 아니다. 대법원은 국유재산법에서 우선권에 관한 규정을 두고 있지 아니하므로 매각이든 사용허가든 그에 관한 우선권을 인정할 수 없다는 입장이다.

[**판례①**] 국유재산에 관하여는 국유재산법상 귀속재산처리법에 규정한 것과 같은 우선권에 관한 특별한 규정이 없으므로 연고권에 의한 우선권을 주장할 수 없는 것이다. 따라서 국가로부터 국유재산의 사용권을 취득한 자라 할지라도 그 사용기간이 정하여 있는 경우에는 그 기간 만료와 동시에 그 사용권은 소멸되는 것이요 다시 계속하여 사용할 수 있는 허가갱신 등 특별한 사유가 없는 이상 그 재산에 대하여 사용하고 있었다는 연고권을 주장하여 우선 사용허가를 요구할 하등의 법적 근거가 없는 것이다(대법원 1959. 5. 15. 선고 4291행상117 판결).

[**판례②**] 국유재산에 관하여는 국유재산법상 귀속재산처리법에 규정한 것과 같은 우선매수권에 관한 규정이 없으므로 연고자의 우선권은 법률상 인정될 수 없으니(대법원 1959.5.15. 선고 4291행상117사건 판결 참조) 가사 이 사건 토지가 국유가 되는 경우가 있다 하더라도 원고에게는 소론과 같은 법률상의 이익이 있다고 할 수 없다(대법원 1970. 11. 24.선고 70다1894 판결).

[**판례③**] 국유재산의 매각행위는 사법상의 법률행위로서 그 매각에 관하여 귀속재산처리법에 규정한 것과 같은 우선 매수권에 관한 규정이 없으므로 연고자의 우선권은 법률상 인정될 수 없는 것이니(당원 1970. 11. 24.선고 70다1894 판결 참조), 망 소외 2 나 피고들이 소론의 연고권을 내세워 국가에 대하여 이에 기한 권리를 주장할 수 없으므로 같은 취지의 원심판단은 정당하고 거기에 국유지 점유자의 지위나 계약해제에 관한 법리오해의 위법이 있다 할 수 없다(대법원 1992. 2. 14. 선고 91다12868 판결).

Ⅰ. 주거·경작용에 대한 정책적 필요

국유재산법은 주거용과 경작용을 수의 사용허가 사유로 규정하고 있으나(영 제27조 제3항 제1호, 제2호), 주거·경작용이라고 해서 특별히 수의 사용허가의 사유로 해야 할 이유는 없다. 동 규정은 특별한 정책적 고려에서 나온 것으로서 그러한 취지에 해당하지 않는 경우에는 일반 경쟁 입찰의 원칙(법 제31조 제1항)이 지켜져야 한다.

1. 주거용

영 제27조 제3항 제1호의 주요 입법취지는 건물로 국유지를 점유하여 그 건물에 거주하는 자에게 그 부지(국유지) 사용을 양성화해 주기 위함이다. 건물이 언제부터 존재하였는지는 묻지 않으며, 일정한 기준시점 이전부터 건물이 존재할 경우에는 수의 사용허가 뿐만 아니라 수의매각의 사유까지 된다(영 제40조 제3항 제14호 가목). 난개발, 도시빈민의 변두리 이주 정책 및 기타 알 수 없는 이유로 국유지에 존재하는 주거용 건물을 양성화시켜 주거생활의 안정을 주려는 정책적 배려이다. 따라서 국유지에 건물이 지어지게 된 연유, 건물의 존치기간, 수의매수 신청인의 거주기간 및 해당 건물이 주된 거주지인지 등을 종합적으로 고려하여야 한다. 그 밖에 국유건물을 주거용으로 점거하고 있는 자도 적용대상이다.

2. 경작용

영 제27조 제3항 제2호의 입법취지는 생계형 무단경작자를 허가사용자로 양성화해 주기 위함이다. 나아가 이렇게 사용허가 · 대부 받아 5년 이상 경작하면 수의 매각 사유가 된다(영 제40조 제3항 제18호 아목). 국유지 무단경작이 사용허가와 매각을 위한 탈법수단이 되지 않도록 생계형으로 엄격히 제한하는 등 제도운영에 신중을 기하여야 한다. 영 제27조 제3항 제2호는 '실경작자'에게 사용허가 하는 경우라고 하는데, 이미 무단 경작 중인 자가 해당될 수 있으며, 경작예정자를 굳이 배제할 이유는 없어 보인다. 다만 경작예정자의 경우 지명 · 제한 경쟁이나 일반경쟁의 가능성도 함께 있을 것이며, 생계형으로 제한할 필요가 없다. 제도의 취지가 이미 경작 중인 경우는 생계형 무단경작자의 양성화이고, 경작예정자는 경자유전의 원칙이기 때문이다.

Ⅱ. 공익목적상의 필요

1. 외교 · 국방상의 필요

외교상 또는 국방상의 이유로 사용 · 수익 행위를 비밀리에 할 필요가 있는 경우 수의로 사용허가 할 사유가 된다(영 제27조 제3항 제3호). 외교상 또는 국방상의 이유로 비밀리에 처분할 필요가 있는 경우는 수의로 처분할 사유도 된다(영 제40조 제3항 제1호).

2. 재해 복구나 구호의 필요

천재지변이나 그 밖의 부득이한 사유가 발생하여 재해 복구나 구호의 목적으로 사용허가를 하는 경우 수의로 사용허가 할 수 있다(영 제27조 제3항 제4호). 재해복구나 구호는 수의로 처분할 수 있는 사유도 되며(영 제40조 제3항 제2호), 국가나 지방자치단체가 재해대책 등 불가피한 사유로 일정기간 국유재산을 점용하게 했다면 변상금 징수불가 사유가 된다(법 제72조 제1항 제2호). 위 규정은 재해라고만 하고 그 정의는 하지 않는바, 재해구호법은 「재난 및 안전관리기본법」 제3조 제1호에 따른 재난으로 인한 피해를 재해라고 규정하고 있다(제2조 제1호).

재해구호법 제2조(정의) 이 법에서 사용하는 용어의 뜻은 다음과 같다.

1. "이재민"이란 「재난 및 안전관리 기본법」 제3조제1호에 따른 재난으로 인한 피해(이하 "재해"라 한다)를 입은 사람으로서 주거시설의 손실 정도 등 대통령령으로 정하는 기준에 해당되는 재해를 입은 사람을 말한다.

재난 및 안전관리기본법 제3조(정의) 이 법에서 사용하는 용어의 뜻은 다음과 같다.

1. "재난"이란 국민의 생명·신체·재산과 국가에 피해를 주거나 줄 수 있는 것으로서 다음 각 목의 것을 말한다.
   가. 자연재난: 태풍, 홍수, 호우(豪雨), 강풍, 풍랑, 해일(海溢), 대설, 한파, 낙뢰, 가뭄, 폭염, 지진, 황사(黃砂), 조류(藻類) 대발생, 조수(潮水), 화산활동, 소행성·유성체 등 자연우주물체의 추락·충돌, 그 밖에 이에 준하는 자연현상으로 인하여 발생하는 재해
   나. 사회재난: 화재·붕괴·폭발·교통사고(항공사고 및 해상사고를 포함한다)·화생방사고·환경오염사고 등으로 인하여 발생하는 대통령령으로 정하는 규모 이상의 피해와 국가핵심기반의 마비, 「감염병의 예방 및 관리에 관한 법률」에 따른 감염병 또는 「가축전염병예방법」에 따른 가축전염병의 확산, 「미세먼지 저감 및 관리에 관한 특별법」에 따른 미세먼지 등으로 인한 피해
   다. 삭제

3. 주민생활형 사회기반시설로 사용하려는 경우

국유재산법은 지방자치단체나 지방공기업이 국유재산에 주민생활형 시회기반시설인 영구시설물을 축조하는 것을 허용하며(법 제18조 제1항 제3호), 이를 실현하기 위해 수의 사용허가 규정(영 제27조 제3항 제4호의2)과 전대 등의 허용 규정을 두고 있다(법 제30조 제2항 제2호). 2020. 3. 31. 개정 법률에서 도입된 제도이다. 주민생활형 사회기반시설이란 민간투자법 제2조 제1호의 사회기반시설 중에서 국유재산법 시행규칙 제8조의 2에서 열거하는 시설을 말한다.

국유재산법 제18조(영구시설물의 축조 금지) ① 국가 외의 자는 국유재산에 건물, 교량 등 구조물과 그 밖의 영구시설물을 축조하지 못한다. 다만, 다음 각 호의 어느 하나에 해당하는 경우에는 그러하지 아니하다.

3. 지방자치단체나 「지방공기업법」에 따른 지방공기업(이하 "지방공기업"이라 한다)이 「사회기반시설에 대한 민간투자법」 제2조제1호의 사회기반시설 중 주민생활을 위한 문화시설, 생활체육시설 등 기획재정부령으로 정하는 사회기반시설을 해당 국유재산 소관 중앙관서의 장과 협의를 거쳐 총괄청의 승인을 받아 축조하는 경우

제30조(사용허가) ② 제1항에 따라 사용허가를 받은 자는 그 재산을 다른 사람에게 사용·수익하게 하여서는 아니 된다. 다만, 다음 각 호의 어느 하나에 해당하는 경우에는 중앙관서의 장의 승인을 받아 다른 사람에게 사용·수익하게 할 수 있다.

2. 지방자치단체나 지방공기업이 행정재산에 대하여 제18조제1항제3호에 따른 사회기반시설로 사용·수익하기 위한 사용허가를 받은 후 이를 지방공기업 등 대통령령으로 정하는 기관으로 하여금 사용·수익하게 하는 경우

국유재산법 시행령 제27조(사용허가의 방법) ③ 행정재산이 다음 각 호의 어느 하나에 해당하는 경우에는 법 제31조제1항 단서에 따라 수의의 방법으로 사용허가를 받을 자를 결정할 수 있다.

4의2. 법 제18조제1항제3호에 따른 사회기반시설로 사용하려는 지방자치단체나 지방공기업에 사용허가를 하는 경우

4. 사용료 면제 대상자에게 사용허가하는 경우

국유재산법 제34조 제1항이나 다른 법률에 따라 사용료 면제의 대상이 되는 자에게 수의로 사용허가할 수 있다(영 제27조 제3항 제5호). 국유재산법 제34조 제1항이 사용료 면제 대상으로 규정하는 것은 ① 행정재산을 기부한 자(포괄승계인 포함)에게 그 재산을 사용허가하는 경우, ② 행정재산에 건물 등을 신축하여 기부하려는 자에게 그 신축기간 동안 사용허가하는 경우,[6] ③ 국유재산을 직접 비영리 공익사업용 등으로 사용하려는 지방자치단체 또는 소정의 공공단체에게 사용허가하는 경우이다.

위의 사용료를 면제 규정을 실현하기 위해 이들을 수의 사용허가 대상으로 규정하고 있는 것이지만, 사용료 면제 없이 수의 사용허가만 해 줄 수도 있다. 예컨대, 위 ③의 경우 해당 지방자치단체나 공공단체가 비영리 공익사업용으로 필요로 하는 국유재산을 수의로 사용허가하되 사용료는 면제하지 않는 것이다. 기타 지방자치단체 또는 공공기관에게 공공용 등으로 필요로 하는 국유재산을 수의로 매각할 수 있다(영 제40조 제3항 제4호, 제5호). 국유재산의 사용료 면제를 규정하는 다른 법률은 다양하게 산재되어 있다(국유재산특례제한법 별표 참조).

6) 법 제47조는 법 제34조 제1항 제1호의 2를 준용하지 않는다. 따라서 제1호의 2는 행정재산에 건물 등을 신축하는 경우로 한정해야 한다.

Ⅲ. 사용허가의 내용상 필요한 경우

1. 구분소유 공유자에게 국가 지분 면적을 사용허가하는 경우

영 제27조 제3항 제6호는 국가와 재산을 공유하는 자에게 국가의 지분에 해당하는 부분을 수의로 사용허가할 수 있다고 하는데, 이는 국가와 구분소유적 공유관계에 있는 자에게 국가의 배타적 면적 부분을 사용허가하는 것을 의미하게 된다. 통상의 공유관계에서는 공유자가 공유물의 전부 또는 일부를 사용·수익하려면 또는 다른 공유자 등이 사용·수익하게 하려면 과반수의 지분을 확보해야 한다(민법 제263조, 제265조). 영 제27조 제3항 제6호는 사실상 국유지에 인접한 토지 소유자에게 그 국유지를 수의로 사용허가하는 것과 같다. 공유자인 국가는 자신의 지분(통상의 공유지분권) 또는 지분면적(구분소유권)을 다른 공유자에게 수의로 매각할 수 있다(영 제40조 제3항 제13호).

2. 단기 사용허가를 하는 경우

국유재산의 관리·처분에 지장이 없는 경우로서 사용목적이나 계절적 요인 등을 고려하여 6개월 미만의 사용허가를 하는 경우 수의로 사용허가할 수 있다(영 제27조 제3항 제7호). 2018. 6. 개정 시행령에서 도입되었다. 단기 사용허가는 그 성질상 즉각적으로 이루어지는 경우가 많고, 사용기간이 짧기 때문에 수의 사용허가 규정을 별도로 두는 것이다(청사 로비를 빌려 바자회를 여는 경우, 혹서기에 해수욕장의 모래사장을 빌려 영업행위를 하는 경우 등이 그 예이다).

Ⅳ. 사용허가를 위한 경쟁 입찰에서 2회 이상 유찰된 경우

사용허가를 위한 경쟁 입찰에서 2회 이상 유찰되면 수의로 사용허가할 수 있다. 영 제27조 제3항 제8호는 두 번에 걸쳐 유효한 입찰이 성립되지 아니한 경우라고 하지만 2회만 유찰된 경우로 한정할 필요가 없다. 제8호의 취지는, ① 2인 이상이 입찰해야 유효한 입찰로 되던 시절[7]에 사실상 단독 입찰을 유효하게 하려는 것이었으며, ② 일반경쟁 입찰에서 2회 이상 유찰됐을 때 직전 예정가격으로 수의 사용허가를 받겠다는 자가 있으면 이를 허용하는 것이 예정가격을 체감하여 다음 입찰을 여는 것보다 국가재정에 유리하기 때문이기도 하다. 제8호에 따라 수의로 사용허가 됐더라도, 그 실질은 경쟁 입찰에서 낙찰된 것으로 봐야 하고 따라서 2차 연도 이후기간 사용료 산정은 영 제29조 제6항에 따라야 한다.[8] 실무상 2회 이상 유찰로 수의 사용허

---

7) 2006. 8. 개정시행령 이전을 말한다. 2006. 6. 개정시행령 제24조 제2항 제6호 참조.

8) 국유재산법 시행령 제29조(사용료율과 사용료 산출방법) ⑥ 경쟁입찰로 사용허가를 하는 경우 첫해의 사용료는 최고입찰가로 결정하고, 2차 연도 이후 기간(사용허가를 갱신하지 아니한 사용허가기간 중으

가를 하는 경우에는 체감된 예정가격의 10%를 보증금으로 내게 하는데[9] 이는 2회 이상 유찰에 따른 수의 사용허가를 경쟁 입찰에 의한 경우로 보기 때문이다.

법정 수의사용허가 사유에 해당하지 않고, 경쟁 입찰에 붙여도 유찰될 가능성이 높은 재산에 대하여 수의로 사용허가 받겠다는 자가 있다면 일단 경쟁 입찰에 붙여서 2회 유찰된 다음 그 자에게 수의로 사용허가하는 수단으로 제8호를 활용하면 좋을 것이다. 국유재산 처분의 경우 2회 이상 유찰된 경우뿐만 아니라 그 밖에 뚜렷하게 국가에 유리한 가격으로도 수의계약이 가능하다(영 제40조 제3항 제25호).

V. 일반 규정에 의한 수의 사용허가

영 제27조 제3항 제9호는 그 밖에 재산의 위치 · 형태 · 용도 등이나 계약의 목적 · 성질 등으로 보아 경쟁 입찰에 부치기 곤란하다고 인정되는 경우를 일반적인 수의 사용허가 사유로 규정하고 있다. 영 제27조 제3항이 수의 사용허가 사유들을 열거하지만 그 수요예측이 어렵고 정책이 현실을 반영하지 못할 수도 있으므로 이를 보완하기 위함이다. 그 적용이 예상되는 사례는 주거용이 아닌 건물로 국유지를 점유하는 경우, 일반경쟁 입찰에 부친다면 인접 토지 소유자에게 불합리한 경우 등을 들 수 있다. 일반 규정의 현실적인 필요성에도 불구하고 그 내용의 포괄성으로 남용의 우려가 있다.

국유재산법은 총 4개 영역(① 경작 · 목축 · 어업, ② 주거, ③ 공익사업 및 ④ 소상공인)에서 1% 내지 4%의 특별 사용요율을 규정하고 있지만(영 제29조 제1항), 위 ①과 ②를 제외하고는 수의 사용허가 사유로 직접 규정되어 있지 않아 사실상 해당 요율을 적용할 수 없다. 이때 제9호를 적용해서 수의로 사용허가 하는 방안을 생각해 볼 수도 있겠으나, 특별 요율이 규정되어 있다고 해서 당연히 제9호가 적용된다고는 할 수는 없고, 재산의 위치 · 형태 · 용도 등을 종합적으로 고려하여 그 적용 여부에 신중을 기해야 할 것이다. 소상공인이 특히 문제인데, 상업용 재산을 일반상업용과 소상공인용으로 분류해서 전자는 일반경쟁을, 후자는 수의방식을 적용하는 것을 고려해 볼 만한다. 소상공인으로 제한 · 지명하여 입찰에 부칠 경우 예정가격이 일반상업용(5%)보다 더 올라갈 수 있으므로 추첨으로 낙찰하는 것도 생각해 볼 수 있다. 현재 공공주택 특별법은 주택지구로 조성된 토지를 추첨의 방법으로 분양 · 임대하되, 판매시설용지 등 영리를 목적으로 사용될 토지에 대하여는 경쟁 입찰의 방법으로 공급하게 하는데, 소상공인용 국유재산 사용허가

로 한정한다)의 사용료는 다음의 계산식에 따라 산출한다.
[(입찰로 결정된 첫해의 사용료) × (제2항에 따라 산출한 해당 연도의 재산가액) ÷ (입찰 당시의 재산가액)]

9) 한국자산관리공사「수탁 국유일반재산 관리 · 처분 업무규정」제13조 제2항 참조.

에 참고가 될 수 있다.[10)]

Ⅵ. 다른 법률의 규정에 의한 수의 사용허가

국유재산법 시행령 제27조 제3항이 규정하는 위 5개 영역 외에도 수많은 개별 법률에서 수의 사용허가 사유들을 규정하고 있다. 일일이 열거할 수는 없고, 국유재산특례제한법 [별표]에 표시된 법률을 참고하기 바란다. 이 법률들은 국유재산특례(양여, 사용료 감면, 장기 사용허가)를 규정하면서 국유재산의 수의 사용허가까지 규정하는 경우가 많다. 국유재산특례제한법 별표에 표시되지 아니한 그 밖의 다른 법률로는 신재생에너지법 제26조 제1항 등을 들 수 있다.

제2절 제한 · 지명경쟁 입찰

국유재산법 시행령 제27조(사용허가의 방법) ② 행정재산이 다음 각 호의 어느 하나에 해당하는 경우에는 법 제31조제1항 단서에 따라 제한경쟁이나 지명경쟁의 방법으로 사용허가를 받을 자를 결정할 수 있다.

1. 토지의 용도 등을 고려할 때 해당 재산에 인접한 토지의 소유자를 지명하여 경쟁에 부칠 필요가 있는 경우

1의2. 제3항에 따른 사용허가의 신청이 경합하는 경우

2. 그 밖에 재산의 위치 · 형태 · 용도 등이나 계약의 목적 · 성질 등으로 보아 사용허가 받는 자의 자격을 제한하거나 지명할 필요가 있는 경우

법정 수의사용허가 사유에 해당하지 않는다고 해서 바로 일반경쟁 입찰을 하게 되면 바람직하지 않은 결과를 초대하는 사례들이 있을 수 있다. 국유재산법은 이러한 사례들을 제한 · 지명경쟁 입찰 사유로 법정하고 있는데, 이들은 수의 사용허가와 일반 경쟁 입찰 사이에서 완충작용을 하게 된다. 제한 · 지명경쟁 입찰에 의하였다가 2회 이상 유찰되면 수의 사용허가 사유는 되지만(영 제27조 제3항 제8호), 일반경쟁 입찰과 달리 가격체감은 될 수 없다(영 제27조 제5항).

---

10) 공공주택 특별법 시행령 제24조 제1항. 국유재산 사용허가의 방법으로 추첨방식을 도입하려면 국유재산법 제31조 및 동법 시행령 제27조를 개정해서 추첨방식을 신설해야 한다.

Ⅰ. 인접 토지 소유자를 지명하는 경우

토지의 용도 등을 고려할 때 해당 국유재산에 인접한 토지 소유자를 지명하여 경쟁에 부칠 필요가 있는 경우 지명경쟁 입찰이 허용된다(영 제27조 제2항 제1호). 인접 토지 소유자는 국유재산의 처분에 있어서는 지명경쟁 입찰 및 수의 방식의 사유가 되며(영 제40조 제2항 제1호, 제3항 제17호), 사용허가에서는 지명경쟁 입찰의 사유만 된다. 국유지에 인접한 토지 소유자 모두에게 공평하게 국유지를 매수하거나 사용허가 받을 수 있는 기회를 주기 위함이며, 나아가 인접 토지 소유자의 반대에도 무리하게 일반경쟁 입찰에 부쳐지는 것을 방지하기 위한 목적도 있다. 따라서 여러 명의 인접 토지 소유자 중에서 일부만 수의 사용허가 신청을 하더라도 특별한 사정이 없는 한 인접 토지 소유자 모두를 지명해서 입찰에 부쳐야 한다.

Ⅱ. 수의 사용허가 사유의 경합

영 제27조 제3항에 따른 수의 사용허가 신청이 경합하는 경우에는 이들로 제한하거나 지명하여 입찰에 붙일 수 있다(영 제27조 제2항 제1호의 2). 영 제27조 제3항의 사유들 중에서 같은 호에 해당하는 신청들이 경합하는 경우가 전형적인 적용 대상일 것이나, 서로 다른 호이면서 그 우열을 따질 수 없는 경우에 적용 대상이다.

Ⅲ. 그 밖에 필요한 경우

국유재산의 위치 · 형태 · 용도 등이나 계약의 목적 · 성질 등으로 보아 사용허가 받는 자의 자격을 제한하거나 지명할 필요가 있는 경우이다(영 제27조 제2항 제2호). 사용허가에서는 수의 및 제한 · 지명경쟁 입찰 사유 모두에 이와 같은 일반 규정이 있지만, 처분에서는 수의 처분 사유에만 일반 규정이 존재한다(영 제40조 제3항 제27호).

제3절 일반경쟁 입찰

Ⅰ. 일반경쟁 입찰의 원칙

국유재산법 제31조(사용허가의 방법) ① 행정재산을 사용허가하려는 경우에는 그 뜻을 공고하여 일반경쟁에 부쳐야 한다. 다만, 사용허가의 목적·성질·규모 등을 고려하여 필요하다고 인정되면 대통령령으로 정하는 바에 따라 참가자의 자격을 제한하거나 참가자를 지명하여 경쟁에 부치거나 수의(隨意)의 방법으로 할 수 있다.
② 제1항에 따라 경쟁에 부치는 경우에는 총괄청이 지정·고시하는 정보처리장치를 이용하여 입찰공고·개찰·낙찰선언을 한다. 이 경우 중앙관서의 장은 필요하다고 인정하면 일간신문 등에 게재하는 방법을 병행할 수 있으며, 같은 재산에 대하여 수회의 입찰에 관한 사항을 일괄하여 공고할 수 있다.
③ 행정재산의 사용허가에 관하여는 이 법에서 정한 것을 제외하고는 「국가를 당사자로 하는 계약에 관한 법률」의 규정을 준용한다.

국유재산법은 행정재산을 사용허가 할 때 그 뜻을 공고하여 일반경쟁에 부치는 것이 원칙이고, 사용허가의 목적·성질·규모 등을 고려하여 대통령령에서 필요하다고 인정되는 예외적인 경우 제한·지명경쟁 또는 수의의 방법을 취할 수 있다고 한다(제31조 제1항). 일반경쟁 입찰이 가장 우선되는 것처럼 보이지만, 예외 사유들을 보면(영 제27조 제2항, 제3항), 수의 사유에 해당하는지, 지명·제한경쟁 입찰 사유에 해당하는지를 살핀 다음, 마지막에 일반경쟁 입찰이 이루어짐을 알 수 있다.

Ⅱ. 경쟁 입찰의 절차

1. 경쟁 입찰 공통

아래의 내용은 사용허가, 대부뿐만 아니라 매매 등 국유재산법상의 모든 경쟁 입찰에 적용되는 공통사항이다.

(1) 경쟁 입찰의 성립

사용허가·대부, 매각을 불문하고 국유재산법상 경쟁 입찰은 1개 이상의 유효한 입찰이 있는 경우 그중 최고가격으로 응찰한 자를 낙찰자로 하는데(영 제27조 제1항, 제40조 제1항), 이것은 2인 이상의 유효한 입찰을 요구하는 국가계약법(동법 시행령 제11조)에 대한 특별 규정이다. 국가계약법은 주로 국가가 수요자의 지위에, 입찰자가 공급자의 지위에 있기 때문에 공급자간 담합의 여지가 있어 2인 이상의 유효한 입찰을 요구하는 반면에, 국유재산법은 국가가 공급자의 지위에 있기 때문에 1개의 유효한 입찰을 허용하더라도 담합 등의 우려가 없다. 당초 국가계약법과 같이 2개 이상의 유효한 입찰을 요구하다가,[11] 2006. 8. 14. 시행령 개정으로 현재와 같이 되었다.

(2) 입찰공고

1) 일반

사용허가 · 대부, 매각을 불문하고 경쟁 입찰에 부칠 때는 총괄청이 지정 · 고시하는 정보처리장치(한국자산관리공사가 운영하는 온-비드 시스템)[12]을 이용하여 입찰공고, 개찰 및 낙찰선언을 하여야 하는데, 필요 시에는 일간신문 등에 게재하는 방법을 병행할 수도 있다(법 제31조 제2항, 제43조 제2항). 입찰공고에는 예정가격 등 경쟁 입찰에 부치려는 사항을 구체적으로 밝혀야 하고, 사용허가 등을 신청한 자에게 공고한 내용을 통지하여야 한다(법 제31조 제2항, 영 제27조 제4항; 법 제43조 제2항). 사용허가 등을 신청한 자라 함은 경쟁 입찰 사안임을 모르고(또는 알고도) 수의 사용허가 등을 신청한 자를 말한다.

2) 입찰공고 사항

입찰공고의 내용으로 하여야 할 사항은 국유재산법 시행규칙 제15조에 열거되어 있다.[13] 국유재산법은 입찰무효에 관한 사항을 법정하지 않고 입찰공고의 내용으로 하게 하는데(시행규칙 제15조 제5호), 입찰무효 사유를 법정하는 국가계약법에 대한 특칙이다(국가계약법 시행령 제39조 제4항, 시행규칙 제44조). 통상 '입찰보증금을 납부하지 아니한 입찰'과 '동일사항에 동일인이 2통 이상의 유효한 입찰서를 제출한 입찰'을 무효인 입찰로 공고한다. 동일인이 2통 이상의 입찰서를 내더라도 각각에 대하여 보증금을 납부하지 않고 그중 하나에 대하여만 보증금을 납부하였다면 2통 이상의 유효한 입찰서를 제출한 입찰로 보지 않아야 할 것이다. 그 밖에 입찰에 필요한 사항을 재산관리기관별로 공고할 수 있는데(시행규칙 제15조 제9호), 매립폐기물제거, 지상물명도 등 담보책임 면제의 문구를 넣기도 한다.

> **국유재산법 시행규칙 제15조(입찰공고)** 영 제27조제4항에 따라 경쟁입찰공고를 할 경우에는 대상재산의 용도 또는 목적에 따라 다음 각 호의 사항을 구체적으로 밝혀야 한다.
> 1. 사용허가의 대상 재산 및 허가기간에 관한 사항
> 2. 입찰 · 개찰의 장소 및 일시에 관한 사항
> 3. 입찰참가자의 자격에 관한 사항

---

11) 구 국유재산법 시행령(2006.6.12. 대통령령 제19513호) 제24조 제2항 제6호 참조.

12) 재정경제부고시 2006-6호.

4. 입찰보증금과 국고귀속에 관한 사항
5. 입찰무효에 관한 사항
6. 사용료의 예정가격 및 결정방법에 관한 사항
7. 사용허가기간 만료 시 갱신 여부에 관한 사항
8. 사용허가 갱신 시 사용허가기간 및 사용료 결정방법에 관한 사항
9. 그 밖에 입찰에 필요한 사항

3) 일괄 입찰공고

같은 재산에 대해 수회 입찰을 일괄하여 공고할 수 있다(법 제31조 제2항). 경쟁 입찰에서 유찰되는 경우 입찰 계획을 다시 공고하는 것이 원칙이지만, 불필요한 행정력 낭비를 방지하고, 대국민 예측가능성을 보장해 주기 위해서, 최초 입찰공고 시에 전체 입찰기일 및 유찰에 따라 체감되는 예정가격 등을 일괄해서 공고한 다음에, 첫 입찰부터 마지막 입찰까지 자동 진행하는 것이다. 2011. 3. 법률개정 때 도입되었다. 일괄 입찰공고 제도는 유찰에 따른 예정가격 체감이 이루어지는 일반경쟁 입찰에서 더 큰 의미가 있다. 즉 일반경쟁 입찰의 경우, 최초 예정가격뿐만 아니라 유찰로 체감된 예정가격까지(제3회 차부터 제10회 차까지) 입찰 당시의 재산가격을 기준으로 함께 산정하여 일괄 공고할 수 있는 것이다.

(3) 입찰보증금

국가를 당사자로 하는 계약에 관한 법률 제9조(입찰보증금) ① 각 중앙관서의 장 또는 계약담당공무원은 경쟁입찰에 참가하려는 자에게 입찰보증금을 내도록 하여야 한다. 다만, 대통령령으로 정하는 경우에는 입찰보증금의 전부 또는 일부의 납부를 면제할 수 있다.
② 제1항에 따른 입찰보증금의 금액, 납부방법, 그 밖에 필요한 사항은 대통령령으로 정한다.
③ 각 중앙관서의 장 또는 계약담당공무원은 낙찰자가 계약을 체결하지 아니하였을 때에는 해당 입찰보증금을 국고에 귀속시켜야 한다. 이 경우 제1항 단서에 따라 입찰보증금의 전부 또는 일부의 납부를 면제하였을 때에는 대통령령으로 정하는 바에 따라 입찰보증금에 해당하는 금액을 국고에 귀속시켜야 한다.

경쟁 입찰을 실시할 때는 낙찰 이후 계약의 체결을 강제하기 위해 입찰참여자로 하여금 일정 금액을 입찰보증금으로 납부하게 해야 하는바(국가계약법 제9조 제1항 본문), 국유재산의 사용허가·대부, 매매 등에서도 마찬가지이다.[14] 입찰보증금에 관하여는 국유재산법에서 정하는 바

13) 법 시행규칙 제15조는 법 제43조 제2항을 통하여 매매 등 처분계약에도 적용된다.
14) 행정재산의 사용허가에도 국가계약법의 입찰보증금, 계약금 등의 규정이 준용된다(국유재산법 제31

가 없으므로 국가계약법이 정하는 바에 따른다. 입찰보증금은 입찰금액의 5% 이상으로 하되, 재난이나 경기침체, 대량실업 등으로 인한 국가의 경제위기를 극복하기 위해 기획재정부장관이 기간을 정하여 고시한 경우에는 입찰금액의 2.5% 이상으로 할 수 있다(국가계약법 시행령 제37조 제1항). COVID-19 사태를 극복하기 위한 경기부흥책의 일환으로 2021. 7. 1.부터 2022. 12. 31까지 기획재정부고시로 감경된 보증금요율이 적용되고 있다(기획재정부고시 제2021-39호). 그 밖에 국가계약법은 입찰보증금의 면제, 국고귀속 등에 대하여 규정하고 있다.

(4) 입찰참가자격의 제한

국가를 당사자로 하는 계약에 관한 법률 제27조(부정당업자의 입찰 참가자격 제한 등) ① 각 중앙관서의 장은 다음 각 호의 어느 하나에 해당하는 자(이하 "부정당업자"라 한다)에게는 2년 이내의 범위에서 대통령령으로 정하는 바에 따라 입찰 참가자격을 제한하여야 하며, 그 제한사실을 즉시 다른 중앙관서의 장에게 통보하여야 한다. 이 경우 통보를 받은 다른 중앙관서의 장은 대통령령으로 정하는 바에 따라 해당 부정당업자의 입찰 참가자격을 제한하여야 한다.
1. ~ 9. 생략
③ 각 중앙관서의 장 또는 계약담당공무원은 제1항에 따라 입찰 참가자격을 제한받은 자와 수의계약을 체결하여서는 아니 된다. 다만, 제1항에 따라 입찰 참가자격을 제한받은 자 외에는 적합한 시공자, 제조자가 존재하지 아니하는 등 부득이한 사유가 있는 경우에는 그러하지 아니하다.
④ 제1항에도 불구하고 각 중앙관서의 장은 제1항 각 호의 행위가 종료된 때(제5호 및 제6호의 경우에는 중소벤처기업부장관 또는 공정거래위원회로부터 요청이 있었던 때)부터 5년이 지난 경우에는 입찰 참가자격을 제한할 수 없다. 다만, 제2호 및 제7호의 행위에 대하여는 위반행위 종료일부터 7년으로 한다.
⑤ 각 중앙관서의 장은 제1항에 따라 입찰참가자격을 제한할 경우, 그 제한내용을 대통령령으로 정하는 바에 따라 공개하여야 한다.

1) 입찰참가자격 제한 및 통보의무

입찰참가자격의 제한에 관하여는 국유재산법에서 정하는 바가 없으므로 국가계약법이 정하는 바에 따른다. 입찰 및 계약 관련 부정당업자에게는 2년 이내의 범위에서 입찰참가자격을 제한하여야 할 뿐만 아니라, 그 제한사실을 즉시 다른 중앙관서의 장에게 통보하여야 한다. 통보받은 중앙관서의 장은 그 부정당업자의 입찰참가자격을 제한하여야 할 뿐만 아니라 수의계약을 체결해서도 안 된다(국가계약법 제27조 제1항, 제3항). 입찰참가자격을 제한할 경우 소정의 사항을 제한개시일 전까지 전자조달시스템에 공개하여야 한다(동법 제27조 제5항, 동법 시행령 제76조 제11항).

조 제3항).

2) 입찰참가자격제한 기간

입찰참가자격제한의 기간은 2년 이내의 범위에서 아래의 행위별로 부정행위 유형 등을 고려하여 기획재정부령으로 정하며(동법 시행령 제76조 제4항), 행위가 종료된 때로부터 5년(동법 제27조 제1항 제2호 및 제7호의 경우에는 7년)이 지난 경우에는 입찰참가자격을 제한할 수 없다(같은 조 제4항).

3) 입찰참가가격제한 대상

국가계약법 제27조 제1항은 입찰참가자격을 제한하여야 하는 행위(자)를 열거하는바, 이 중에서 국유재산의 관리·처분과 관련이 있는 것은 ① 계약을 이행할 때 부실·조잡 또는 부당하게 하거나 부정한 행위를 한 자(제1호), ② 경쟁 입찰, 계약 체결 또는 이행과정에서 담합한 자(제2호), ③ 사기, 그 밖의 부정한 행위로 입찰·낙찰 또는 계약의 체결·이행과정에서 국가에 손해를 끼친 자(제4호), ④ 공정거래위원회 또는 중소벤처기업부장관로부터 입찰참가자격 제한의 요청이 있는 자(제5호), ⑤ 입찰·낙찰 또는 계약의 체결·이행과 관련하여 관계 공무원에게 뇌물을 준 자(제7호), ⑥ 입찰·계약 관련 서류를 위조 또는 변조하거나 입찰·계약을 방해하는 등 경쟁의 공정한 집행을 저해할 염려가 있는 자(제9호 가목), ⑦ 정당한 이유 없이 계약의 체결 또는 이행 관련 행위를 하지 아니하거나 방해하는 등 계약의 적정한 이행을 해칠 염려가 있는 자(제9호 나목), ⑧ 다른 법령을 위반하는 등 입찰에 참가시키는 것이 적합하지 아니하다고 인정되는 자(제9호 다목) 등이다. ⑥ 내지 ⑧에 대하여는 국가계약법 시행령 제76조 제2항에서 구체적인 해당자를 열거하고 있다. 법인 또는 단체가 국가계약법 제27조 제1항 각호의 어느 하나에 해당하는 경우 그 대표자에게도 입찰참가제한을 하여야 한다(동법 시행령 제76조 제6항).

정당한 이유 없이 계약의 체결 또는 이행을 하지 아니한 경우 입찰참가자격제한 사유가 되는데(같은 조 제1항 제9호 나목), 입찰보증금 또는 계약보증금을 납부한 자가 그 보증금을 포기하고 계약체결을 거부하거나 계약해제권을 행사한 것이라면 이는 보증금의 효력에 의한 정당한 권한의 행사로서 위 제한대상에 해당하지 않는다고 해야 한다. 기타 국가계약법 제27조 제1항이 규정하는 입찰참가자격제한의 대상은 모두 입찰 및 계약 관련이다. 따라서 변상금·연체료 체납 등은 이와 무관하므로 이를 이유로 국유재산 관련 입찰참가자격제한을 해서는 안 된다.

2. 지명경쟁 입찰

지명경쟁으로 사용허가할 때에는 일정 수 이상의 대상자를 지명하여 그들의 입찰참가 여부를 확인한 다음, 일정 수 이상의 입찰참가 신청을 받는 등 지명경쟁 입찰절차를 밟아야 한다. 지명경쟁 입찰절차에 관해 국유재산법은 사용허가 신청자에게 입찰공고의 내용을 통지해야 한다고만 할 뿐이므로(영 제27조 제4항), 나머지는 국가계약법에 의해야 한다. 지명경쟁 입찰에 부치고자 할 때는 5인 이상의 입찰대상자를 지명하여(지명대상자가 5인 미만이면 그들 모두를 지명한다), 이중에서 2인 이상의 입찰참가신청을 받아야 한다. 입찰대상자 지명통지는 문서[15]로 해야 하고, 입찰공고 사항도 포함되어야 한다. 지명통지는 현장설명일 7일전(현장설명을 하지 아니하는 경우에는 입찰서 제출마감일 7일전)까지 하여야 한다. 긴급을 요할 때는 입찰서 제출마감일 5일전까지 통지할 수 있다(국가계약법 시행령 제24조, 동법 시행규칙 제30조, 제26조).

입찰대상자 중 1인을 제외한 모두에게 지명통지 송달불능인 경우 영 제27조 제3항 제8호를 준용해서 송달된 1인을 수의 사용허가 대상으로 할 것인지, 아니면 공시송달로 지명통지 절차를 진행해 송달된 1인이 낙찰 받도록 할 것인지 문제다. 행정절차를 공시송달로 할 수도 있으나(행정절차법 제14조 제4항), 2인 이상의 입찰대상자를 지정해서, 입찰참가여부를 확인해 2인 이상의 입찰참가 신청을 받아야 하는 지명경쟁 입찰의 성질상 공시송달에 의한 지명통지는 곤란하다고 생각한다. 현행 국유재산법은 지명 · 제한경쟁 입찰에서 유찰로 인한 가격체감을 인정하지 않기 때문에 공시송달에 의한 지명통보가 크게 문제되지는 않겠지만, 지명경쟁 입찰의 속성에도 맞지 않는 절차의 진행으로 행정력을 낭비할 필요는 없다고 생각한다.

Ⅲ. 상가권리금 보호의 문제

상가건물에는 권리금이 붙어서 임차인이 되려는 자가 현재의 임차인에게 지급하는 경우가 많은데, 현재의 임차인이 권리금을 지불할 자를 다음 임차인으로 지정할 권리가 보장되어야 한다. 국 · 공유 상가건물은 일반경쟁 입찰로 사용자가 정해지고 전대가 금지되는 것이 원칙이기 때문에 권리금이 인정될 여지가 없다. 상가건물 임대차보호법이 국 · 공유 상가건물에 권리금의 회수에 관한 제10조의 4의 적용을 배제하는 중요한 이유가 여기에 있다(동법 제10조의 5 제2호). 국유재산에 대한 권리금 인정은 국유재산법의 일반경쟁 입찰의 원칙과 부딪히고, 국유재산을 지나치게 상업적 이해에 놓이게 할 우려가 있다. 국유 상가건물은 입주할 때 권리금을 지불하지 않고, 10년의 사용허가기간이 보장되기 때문에(법 제35조 제1항, 제2항, 제46조 제1항 제3호, 제2항) 권리금보호의 필요성이 상대적으로 낮다.

---

15) '경쟁 입찰 참가통지서'를 말하는데, 현재 국가계약법 시행규칙 별지 제2호 서식으로 마련되어 있다.

[**관련 사례**]

서울시 소유 강남역 지하상가에 대한 아래 2010. 8. 19.자 매일경제신문 기사는 경쟁입찰로 인한 권리금의 문제를 잘 보여 준다.

중략… 지하상가 내에는 모두 214개 점포가 모여 있고 옷 · 시계 · 준보석 · 화장품 · 휴대폰 · 액세서리 등 다양한 품목이 판매되고 있다. 세일은 일부 점포를 제외하고 거의 전 품목에서 진행된다. 000 (주)강남역 지하쇼핑센터 대표는 "리모델링을 통해 고급스러운 인테리어로 탈바꿈할 것"이라며 "시공과 인테리어 디자인 모두 국내 최고 수준 업체가 맡는다"고 말했다.

강남역은 하루 지하철 이용객만 35만명에 달한다. 길을 건너기 위해 지하상가를 거쳐가는 사람까지 합치면 60만 ~ 70만명은 훌쩍 넘을 정도. 그래서 지하상가 중에서도 '노른자위 상권'으로 꼽혀왔다. 하지만 굴곡이 있었던 것도 사실이다. 서울시가 2008년 4월 수의계약 방식으로 진행해 왔던 상가임대 방식을 경쟁입찰 방식으로 변경하면서 문제가 시작됐다. 서울시는 지하상가가 공유재산이기에 수의계약이 아닌 공개입찰로 운영하는 것이 타당하다고 밝혔지만 상인들 입장은 달랐다.

상인들은 수의계약 방식 아래서는 점포 양도 · 양수가 허용돼 권리금을 인정받을 수 있었지만 경쟁입찰 방식이 도입되면 사정이 달라진다. 권리금을 못 받는 것은 물론 손에 쥐어지는 건 30여년 전 지하상가가 처음 생겼을 당시 보증금인 1000만 원 정도다. 그러다 지난해 전환점이 생겼다. 강남역 지하상가 상인연합회가 각 상인들이 지분을 투자한 주식회사를 설립하게 된 것. 그리고 강남역 지하상가 전체를 묶어 진행된 경쟁입찰을 따냈다. 그게 (주)강남역 지하쇼핑센터다.

새로 꾸며지는 강남역 지하상가는 준백화점급 인테리어로 꾸며진다. 공사비 195억원을 들여 모든 점포를 새롭게 단장한다. 기존의 노후화된 시설을 업그레이드해 현재 재래시장식으로 구성된 공간을 백화점식으로 정돈할 방침이다. 점포수와 넓이는 그대로지만 점포 디자인을 통일시켜 산뜻한 느낌을 주기로 했다.

제4장 사용허가의 의제

제1절 인허가의제 개요

Ⅰ. 인허가의제의 개념

하나의 인허가(이하 "주된 인허가"라 한다)를 받으면 법률로 정하는 바에 따라 그와 관련된 여러 인허가(이하 "관련 인허가"라 한다)를 받은 것으로 보는 것을 인허가의제라고 한다(행정기본법 제24조 제1항). 국유재산법에는 인허가의제 규정이 없고, 다른 법률에 의하여 사용허가가 의제되는 경우가 있다. 결국 사용허가의 의제란 다른 법률에서 정하는 바에 따라 어떤 인허가를 받으면 행정재산의 사용허가를 받은 것으로 보는 것을 말한다. 그 밖에 공물의 사용허가가 의제되는 경우가 많은데, 공공용물에 국유재산 사용허가와 공물 사용허가가 동시에 일어나는 경우 후자가 우선한다.[16)]

Ⅱ. 인허가의제의 제도적 취지

인허가의제는 하나의 사업을 시행하기 위하여 여러 개의 인허가를 모두 받도록 하는 것은 민원인에게 큰 불편을 주므로 원스톱행정을 통하여 국민편의를 도모하자는 취지에서 만들어진 제도이다. 인허가의제 규정들에 입법적 불비가 많고, 제도에 대한 법 이론적 정립도 만족할 만한 수준이 못되는 등 법치주의의 관점에서 경계해야 한다는 비판이 있어왔다.[17)] 그러나 그동안의 비판을 고려하여 인허가의제 규정들이 좀 더 정치하게 되어 왔었고, 특히 최근 제정된 행정기본법은 포괄적 의제, 이중의제가 불가함을 분명히 하고(제25조 제2항), 기타 인허가의제 관련 적지 않은 규정을 둠으로써 제도의 완성도를 높이게 되었다.

인허가의제 제도가 본격적으로 도입된 것은 1973. 12. 24. 제정·공포된 산업기지개발촉진법[18)]이 시초로 알려져 있다. 동 법률에서는 산업기지개발사업에 관한 실시계획승인을 얻은 때에

16) 대법원 2014. 11. 13. 선고 2011두30212 판결은 국가 소유의 하천부지에 대하여 하천점용허가 및 국유재산사용허가 모두 의제된 사안에 대하여 국유재산법에 따른 사용료부과가 적법하다고 하였다. 그러나 이 소송에서는 하천점용허가의제가 주장되지 않았던 것인바, 이 판례가 두 사용허가가 동시에 의제된 경우 국유재산 사용허가의제가 우선한다는 취지는 아니라고 해야 한다.

17) 박균성/김재광, "인허가의제제도의 문제점과 개선방안", 행정법연구 제26호, 행정법이론실무학회, 2006. 4, 35면 등.

18) 동 법률은 1990. 1. 13. 법률 제4216호로 폐지되고, 산업입지 및 개발에 관한 법률(1990. 1. 13, 제정, 법률 제4216호)로 대체되었다.

는 도시계획사업시행자지정 · 도시계획사업실시계획인가 · 수도사업인가 · 공공하수도사업허가 · 공유수면점용허가 · 하천공사시행허가 · 도로공사시행허가 · 농지전용허가 · 입목벌채허가 등 11개 법률에 의한 13개 인허가를 받은 것으로 간주하였다. 그때까지는 도시계획사업실시계획인가를 받은 때에는 토지수용법에 의한 사업인정을 받은 것으로 보거나, 재개발사업실시계획인가를 받은 때에는 건축허가를 받은 것으로 보는 등 관련되는 한두 개의인허가를 의제하는 사례가 있었을 뿐, 여러 개의 인허가를 한꺼번에 의제하는 사례는 없었다. 그 후 개발사업에 관한 법률은 물론 개발사업과 전혀 관련이 없는 법률에서도 경쟁적으로 인허가의제 제도를 도입하게 되었다.

Ⅲ. 인허가의제의 적용범위

인허가의제 법률에 따라 의제되는 것은 '행정행위로서의 인허가'이며, 국유재산법에서는 행정재산의 사용허가가 여기에 해당한다. 일반재산의 대부는 사법상 계약으로서 인허가의제 법률의 적용대상이 아니다.[19] 결국 행정재산의 사용허가는 재산관리청의 사용허가 또는 법률의 규정에 의한 인허가의제에 의하여 이루어지고, 일반재산의 대부는 대부계약으로만 발생한다.

행정재산의 사용허가(사용허가의제 포함) 도중에 용도폐지로 일반재산이 된 경우에도 종전 사용허가에 의한 점유권원이 계속된다. 대법원은 도로점용허가가 의제된 공유재산이 용도폐지 및 공용폐지된 사안에서 공용폐지 후에도 도로점용허가 의제에 따른 점유권원이 계속 존속한다고 하였다(대법원 2007. 12. 13. 선고 2007다51536 판결). 국유재산법 시행규칙 제14조 제4항도 그러한 취지이다. 동 조항은 "사용허가 중인 행정재산이 용도폐지되어 총괄청에 인계되는 경우 해당 재산에 대한 사용허가는 대부계약으로 전환된 것으로 본다."라고 하는데, 이는 대부의제가 아니라 용도폐지된 국유재산에 대한 국가의 대부계약 의사표시라고 봐야 한다.

[**판례**] 도로부지가 용도폐지되어 잡종재산으로 전환되는 시점과 원고가 그 토지의 소유권을 취득하는 시점 사이에 시간적 간격이 불가피하다는 측면에서 볼 때 일단 위 사업계획승인에 의해 원고가 취득한 위 도로부지 부분의 토지에 관한 점유권원이 그 용도폐지로 인하여 지목이 변경되었다는 사정만으로 곧바로 실효 또는 상실된다고 보는 것은 매우 불합리한 점, 비록 원고가 공사착공 전까지 이 사건 도로부지에 대한 소유권을 확보하도록 되어 있던 위 사업계획승인조건을 준수하지 못하고 위 토지에 대한 소유권 취득 전에 공사를 착공하였기는 하나, 위 조건에 위반한 공사착공이 있었다는 사정만으로 위 토지에 대한 원고의 점유권원이 당연히 박탈된다고 보이지는 않는 점 등을 종합하여 보면, 이 사건 도로부지가 용도폐지되어 그 지목이 대지로 바뀌었다

19) 대법원 2014. 12. 24. 선고 2012다46569 판결, 서울고등법원 2012. 5. 11. 선고 2011나91274 판결.

하여 그에 대한 점용허가 기간이 만료된 경우와 같이 되었다고 볼 것이 아니라, 원고가 점용허가에 의하여 취득한 위 토지에 관한 점유권원은 특단의 사정이 없는 한 그 토지를 취득할 때까지 유지된다고 해석하여야 할 것이다(대법원 2007. 12. 13. 선고 2007다51536 판결).

제2절 사용허가 의제의 근거

Ⅰ. 법률에 의한 의제

인허가의제는 개별 법률에 있는 여러 인허가의 권한과 절차에 대하여 특례를 정하는 것이므로 반드시 '법률'에 근거가 있어야 한다. 주된 인허가는 물론 관련 인허가를 대통령령으로 정하도록 위임하는 것은 바람직하지 않다. 외국인투자촉진법을 제정할 때 원안에는 관련 인허가의 일부를 대통령령으로 정하게 하였으나, 법제처 심의과정에서 관련 인허가는 모두 법률에 명시하도록 하고 위임규정을 삭제하는 등 이 점에 대한 논란이 없지 않았으나,[20] 2021. 3. 23. 제정된 행정기본법은 인허가의제가 법률에 의해서만 이루어져야 함을 분명히 하였다(제24조 제1항).

행정기본법 제24조(인허가의제의 기준) ① 이 절에서 "인허가의제"란 하나의 인허가(이하 "주된 인허가"라 한다)를 받으면 법률로 정하는 바에 따라 그와 관련된 여러 인허가(이하 "관련 인허가"라 한다)를 받은 것으로 보는 것을 말한다.

행정재산의 사용허가를 의제하는 조항은 많은 법률에 산재되어 있다. 이하에서는 중요하게 다루어지는 법률 몇 가지를 살펴보도록 한다. 사업실시계획승인, 사업시행인가 등으로 행정재산의 사용허가만 의제되는 것이 아니라 그 사용료가 면제되기도 하고, 용도폐지가 의제되기도 한다. 나아가 공물의 사용허가가 의제되거나 그 사용료가 면제되기도 하며, 사업실시계획승인 등이 있으면 사업시행으로 새로이 설치된 공공시설은 국가나 지방자치단체에 무상으로 귀속되고, 종래의 공공시설은 사업시행자에게 무상양여되기도 한다.

20) 정태용, 인·허가의제제도에 관한 고찰, 법제 제530호, 법제처, 2002. 2, 5면.

1. 국토계획법

국토계획법은 개발사업을 개인적 차원의 개발행위와 공익적 차원의 도시계획시설사업으로 나누어서, 전자에는 도로, 하천, 도시공원 및 공유수면 등 공물의 사용허가를 의제하는 반면(제61조), 후자에는 공물은 물론 행정재산의 사용허가까지 의제하고 있다(제92조). 점·사용료의 면제나 용도폐지는 의제하지 않는다. 사업구역 내 종래 공공시설의 점·사용허가 및 점·사용료 면제가 의제되지만(제65조 제4항, 제99조), 이는 신규 공공시설 및 종래 공공시설의 무상귀속 등을 전제로 하는 것이다.

2. 산업입지 및 개발에 관한 법률

산업단지개발 실시계획승인으로 소정의 공물 사용허가뿐만 아니라 행정재산 사용허가까지 의제된다. 나아가 관련 점·사용료 면제와 행정재산의 용도폐지도 함께 이루어진다(제21조 제1항 제17호, 제3항).

3. 산업집적활성화 및 공장설립에 관한 법률

공장설립 등[21]의 승인으로 공장 및 진입로 부지에 대한 소정의 공물 사용허가뿐만 아니라 행정재산의 사용허가도 의제된다. 점·사용료는 면제되지 않고, 도로·하천·구거 및 제방에 제공된 공공용재산의 용도폐지가 의제된다(산업집적법 제13조의 2 제1항 제13호). 산업집적법 제13조의 2는 개인적 차원의 개발행위(공장설립 등)에 행정재산의 사용허가까지 의제하는 것인데, 이는 산업집적법이 공장설립에 한하여 국토계획법 제61조에 대한 특별규정을 두는 것이다. 구조고도화계획[22]의 승인으로 소정의 공물 사용허가가 의제되고 관련 점용료도 면제되지만, 행정재산의 사용허가 또는 용도폐지는 의제되지 않는다(동법 제45조의 4).

4. 택지개발촉진법

택지개발사업 시행자가 택지개발사업의 실시계획을 작성하거나 승인을 받으면 소정의 공물 및 행정재산의 사용허가가 의제되며(택지개발촉진법 제11조 제1항 제16호), 관련 점·사용료도 면제된다(같은 조 제3항). 행정재산의 용도폐지는 의제되지 않지만, 사업구역 내의 국유재산으로서 그 사업에 필요한 것은 사업시행자에게 수의로 양도할 수 있고, 이와 관련한 용도폐지 및 양도 관련 규정은 있다(동법 제26조 제2항, 제3항).

---

21) 공장건축면적이 500㎡ 이상인 공장의 신설·증설 또는 업종변경을 말한다(산업집적법 제13조 제1항).
22) 산업단지 입주업종의 고부가가치화, 기업지원서비스의 강화, 산업집적기반시설·산업기반시설 및 산업단지의 공공시설 등의 유지·보수·개량 및 확충 등을 통하여 기업체 등의 유치를 촉진하고, 입주기업체의 경쟁력을 높이기 위한 사업의 계획을 말한다(산업집적법 제2조 제11호).

5. 도시 및 주거환경정비법

정비사업 시행자가 사업시행계획서를 작성하거나 사업시행계획인가를 받으면 소정의 공물 및 행정재산의 사용허가가 의제되며(행정재산의 사용허가는 재개발사업으로 한정된다. 도시정비법 제57조 제1항 제13호), 관련 점·사용료도 면제된다(같은 조 제7항). 정비구역 내의 국유재산으로서 사업시행자 등에게 우선 매각 대상이 되는 것은 사업시행계획인가 고시가 있는 날 용도폐지된 것으로 본다(동법 제98조 제5항).

6. 주택법

주택건설사업계획 승인을 하면 소정의 공물 사용허가를 받은 것으로 보며, 50% 이상의 국민주택을 건설하는 사업시행자에 한하여 관련 점용료가 면제된다(제19조, 동법 시행령 제36조). 행정재산의 사용허가, 용도폐지 등은 의제되지 않는다.

7. 사회기반시설에 대한 민간투자법

민간투자법은 당해 민간투자사업과 관계되는 법률이 규정하는 인허가를 의제하고, 더 나아가 그 관계 법률이 의제하는 다른 법률의 인허가까지 의제한다(제17조 제1항). 따라서 행정재산의 사용허가는 민간투자법의 관계 법률(제2조 제1호 및 제14호의 해석으로 확인해야 한다)에 의하여, 더 나아가 관계 법률이 인허가를 의제하는 또 다른 법률에 의하여 이중으로 의제될 수 있다. 점·사용료의 면제나 용도폐지도 마찬가지로 관계 법률 등의 규정에 따라 이루어진다. 국유재산의 사용허가, 용도폐지 등의 의제를 규정하는 개발 법률들은 대부분 민간투자법의 관계 법률 또는 이중의제 관계 법률에 해당하기 때문에, 결국 민간투자법의 사업시행자는 비교적 폭넓게 국유재산의 사용허가 등의 적용을 받게 된다.

Ⅱ. 포괄적 의제와 이중의제

관련 인허가를 포괄적으로 규정하거나(포괄적 의제), 관련 인허가 근거 법률에서 하는 인허가의제를 또 다시 인정하는 것(의제의 의제 또는 이중의제)은 법률에 의한 인허가의제의 범위를 벗어난다는 것이 학설의 일반적인 견해이고,[23] 판례도 해석에 의한 이중의제를 인정하지 않는다.[24]

---

23) "의제의 의제"를 인정하는 경우에는 "의제의 의제의 의제"를 인정하게 될 것이고, "의제의 의제의 의제"를 인정하는 경우에는 "의제의 의제의 의제의 의제"를 인정하게 될 것인바, 이를 한 없이 되풀이하다 보면 건축허가 하나만으로 우리나라 행정법규에 규정된 인허가의 대부분을 갈음하게 되는 결과가 나오게 될 것이다(정태용, 앞의 논문, 15면).

24) 대법원은 주된 인·허가에 관한 사항을 규정하고 있는 갑 법률에서 주된 인·허가가 있으면 을 법률

그럼에도 불구하고 「사회기반시설에 대한 민간투자법」은 관련 인허가를 구체적으로 열거하지 않고, "주무관청이 민간투자사업 실시계획을 고시한 때에는 당해 민간투자사업과 관련된 관계 법률에서 정하고 있는 인·허가 등과 관계 법률에 따라 인·허가 등을 받은 것으로 보는 다른 법률의 인·허가 등을 받은 것으로 보며, 관계 법률 및 다른 법률에 따른 고시 또는 공고가 있는 것으로 본다."라고 하여(제17조 제1항), 포괄적 의제 및 이중의제를 모두 명문으로 인정하고 있다. 따라서 민간투자법에 따른 관련 인허가가 무엇인지를 알려면 동법 제2조 제1호 및 제14호를 조합하여 관계 법률을 찾은 다음 그 법률이 어떤 인허가를 의제하는지 확인해야 한다. 더 나아가 관계 법률이 의제하는 인허가 대상 법률이 의제하는 인허가까지 의제하기 때문에(이중의제), 민간투자법 제17조만으로는 인허가 의제의 내용을 제대로 알기 어렵다. 바람직한 입법이 아니다.[25] 민간투자법의 관계 법률에 국유재산법은 없어서 행정재산의 사용허가가 직접 의제되지 않으나, 관계 법률인 국토계획법 등이 국유재산법상의 사용허가를 의제하기 때문에(국토계획법 제92조 제1항 제6호) 결국 민간투자사업 실시계획을 고시하면 국유재산의 사용허가도 의제된다.

2021. 3. 23. 제정된 행정기본법은 주된 인허가의 해당 법률에서 규정된 관련 인허가만 의제된다고 하여 포괄적 의제, 이중의제 등이 불가함을 분명히 하였지만(제25조 제2항), 행정에 관하여 다른 법률에 특별한 규정이 있는 경우 그 규정이 행정기본법에 우선하므로, 행정기본법 제25조 제2항에 반하는 기존의 포괄적 의제 등의 규정은 여전히 효력이 있다고 봐야한다. 그러나 종래부터 포괄적 의제 등은 법률에 의한 인허가의제의 원칙에 반하는 것으로 여겨졌다는 점, 행정기본법이 사후적으로 포괄적 의제 등의 위법성을 확인했다는 점, 행정기본법은 그 기본법적 성격에도 불구하고 행정법의 일반원칙을 구현하는 법률로서 개별 행정 관련 법률을 제정하거나 개정할 때는 행정기본법의 목적과 원칙, 기준 및 취지에 부합되도록 노력하여야 한다는 점(행정기본법 제5조 제2항) 등에 비추어 볼 때 포괄적 의제, 이중의제 등을 규정한 민간투자법 등은 재고되어야 할 것이다.

에 의한 인·허가를 받은 것으로 의제한다는 규정을 둔 경우에는, 주된 인·허가가 있으면 을 법률에 의한 인·허가가 있는 것으로 보는데 그치는 것이고, 그에서 더 나아가 을 법률에 의하여 인허가를 받았음을 전제로 한 을 법률의 모든 규정들까지 적용되는 것은 아니다라고 하면서, 건축법 제11조 제5항 제4호는 건축허가를 받은 경우, 국토계획법 제88조제2항에 의한 도시계획사업 실시계획의 인가를 받은 것으로 본다는 인가의제 규정만을 두고 있을 뿐, 건축법 자체에서 새로이 설치한 공공시설의 귀속에 관한 국토계획법 제99조를 준용한다는 규정을 두고 있지 아니하므로, 건축법 제11조에 따른 건축허가를 받아 새로이 공공시설을 설치한 경우, 그 공공시설의 귀속에 관하여는 국토계획법 제99조가 적용되지 않는다고 하였다(대법원 2004. 7. 22. 선고 2004다19715 판결).

25) 정태용, 앞의 논문, 5면.

행정기본법 제25조(인허가의제의 효과) ② 인허가의제의 효과는 주된 인허가의 해당 법률에 규정된 관련 인허가에 한정된다.
제5조(다른 법률과의 관계) ① 행정에 관하여 다른 법률에 특별한 규정이 있는 경우를 제외하고는 이 법에서 정하는 바에 따른다.
② 행정에 관한 다른 법률을 제정하거나 개정하는 경우에는 이 법의 목적과 원칙, 기준 및 취지에 부합되도록 노력하여야 한다.

Ⅲ. 의제조항의 신설과 경과조치

각종 개발 법률이 인허가의제 조항을 신설할 때 그 부칙에서 구법에 따라 행하여진 실시계획승인 등은 신법에 따른 것으로 본다고 함으로써 신설 조항의 효력발생 일에 바로 인허가의제가 되도록 하는 것이 보통이다.

구 도시계획법(법률 제6243호, 2000. 1. 28. **전부개정**, 2000. 7. 1. **시행) 부칙 제4조(일반적 경과조치)** 이 법 시행당시 종전의 규정에 의한 처분·절차 기타의 행위는 이 법의 규정에 저촉되지 아니하는 한 이 법의 규정에 의하여 행하여진 것으로 본다.
제13조 (다른 법률과의 관계) 이 법 시행당시 다른 법률에서 종전의 도시계획법 및 그 규정을 인용하고 있는 경우 이 법 중 그에 해당하는 규정이 있는 때에는 종전의 규정에 갈음하여 이 법 또는 이 법의 해당 규정을 인용한 것으로 본다.

필자 주: 특히 위 부칙 제13조는 의제의 의제(이단의 의제)를 인정했다고 볼 소지가 있다.

제3절 사용허가 의제의 심사

Ⅰ. 심사의 대상과 방법

행정기본법 제24조(인허가의제의 기준) ② 인허가의제를 받으려면 주된 인허가를 신청할 때 관련 인허가에 필요한 서류를 함께 제출하여야 한다. 다만, 불가피한 사유로 함께 제출할 수 없는 경우에는 주된 인허가 행정청이 별도로 정하는 기한까지 제출할 수 있다.
③ 주된 인허가 행정청은 주된 인허가를 하기 전에 관련 인허가에 관하여 미리 관련 인허가 행정청과 협의하여야 한다.
④ 관련 인허가 행정청은 제3항에 따른 협의를 요청받으면 그 요청을 받은 날부터 20일 이내(제5항 단서에 따른 절차에 걸리는 기간은 제외한다)에 의견을 제출하여야 한다. 이 경우 전단에서 정한 기간(민원 처리 관련 법령에 따라 의견을 제출하여야 하는 기간을 연장한 경우에는 그 연장한 기간을 말한다) 내에 협의 여부에 관하여 의견을 제출하지 아니하면 협의가 된 것으로 본다.
⑤ 제3항에 따라 협의를 요청받은 관련 인허가 행정청은 해당 법령을 위반하여 협의에 응해서는 아니 된다. 다만, 관련 인허가에 필요한 심의, 의견 청취 등 절차에 관하여는 법률에 인허가의제 시에도 해당 절차를 거친다는 명시적인 규정이 있는 경우에만 이를 거친다.

주된 인허가를 신청할 때 관련 인허가에 필요한 서류를 함께 제출하여야 하고, 주된 인허가 행정청은 미리 관련 인허가 행정청과 관련 인허가에 관하여 협의를 하여야 한다. 한편 관련 인허가에 필요한 절차는 법률에서 거치도록 규정하지 않는 한 거칠 필요가 없다(행정기본법 제24조 제2항, 제3항, 제5항). 주된 인허가 행정청은 관련 인허가의 요건을 심사해야 하고 이때 관련 인허가 행정청의 의견에 사실상 구속되는 것이고, 절차간소화라는 인허가의제 제도의 취지에 따라 관련 인허가의 개별 절차는 원칙적으로 거치지 않게 하는 것이다. 종래 관련 인허가에 필요한 개별 절차를 거쳐야 하는지에 대한 논란이 있었으나, 최근 제정된 행정기본법이 제24조 제5항 단서에서 이 문제를 입법적으로 해결을 한 것이다. 대법원은 행정기본법 제정 이전부터 관련 인허가에 필요한 개별 절차를 거칠 필요가 없다고 하였다.[26)]

사용허가의 의제의 경우, 사용허가의 방법과 절차에 관한 국유재산법 제31조 및 동법 시행령 제27조 등은 인허가의제 법률에서 이를 거치도록 규정하지 않는 한 거칠 필요가 없다. 사용

26) 주택건설사업계획승인(주된 인허가)을 할 때 도시관리계획결정(관련 인허가)에 필요한 절차를 밟을 필요가 없다고 하였다(대법원 1992.11.1. 선고, 92누1162 판결). 도시관리계획결정에 필요한 절차는 기초조사, 입안, 주민의견 · 지방의회의견 청취, 관계 행정기관의 장과의 협의, 도시계획위원회의 심의 · 의결 등이다.

허가는 행정 목적에 장애가 되지 않는 범위에서 또는 행정목적 수행에 필요한 범위에서만 예외적으로 허용되는바(법 제30조 제1항), 이것이 사용허가의 요건이라고 할 수 있다. 사용허가 의제 대상인 행정재산이 현재 행정목적에 제공되고 있거나 제공하기로 결정되어 있고, 사업시행자의 사용과 양립될 수 없다면 사용허가의 요건은 충족되지 못한다. 이때 해당 행정재산의 사용허가 없이도 주된 인허가 사업의 수행에 지장이 없다면 해당 재산의 사용허가 의제를 배제한 주된 인허가를 하게 될 것이고, 해당 재산의 사용허가 없이는 주된 인허가 사업의 수행이 곤란하다면 주된 인허가를 불허해야 할 것이다.

대법원은 공유수면 점용허가(관련 인허가)를 필요로 하는 채광계획인가(주된 인허가) 신청에 대하여 공유수면 관리청이 점용허가를 하지 않기로 결정하였다면 이를 사유로 채광계획을 인가하지 않을 수 있다고 하였다(대법원 2002. 10. 11. 선고 2001두151 판결). 나아가 대법원은 건축허가를 하면 토지형질변경 및 농지전용이 의제[27]되는 사안에서, 건축불허가처분을 하면서 토지형질변경 불허가사유나 농지전용 불허가사유를 들었다면, 건축불허가처분에 관한 쟁송에서 토지형질변경 불허가사유 등을 다툴 수 있고, 형질변경 불허가처분 등에 관한 쟁송을 제기하지 않았다 하더라도 그데 대한 불가쟁력이 발생하지 않는다고 하였다(대법원 2001. 1. 16. 선고 99두10988 판결). 즉 대법원은 주된 인허가를 불허하면서 관련 인허가 불허사유를 이유로 들었다면 주된 인허가의 불허를 다투는 행정쟁송에서 관련 인허가의 불허사유를 불가쟁력의 제한이 없이 다툴 수 있다는 것이다.

Ⅱ. 재산관리청과의 협의

행정목적 수행 여부 등 사용허가 요건의 심사는 재산관리청과의 협의를 통해서 이루어지고, 재산관리청의 의견에 전적으로 달려있는바, 주된 인허가 행정청은 의제조항에 명시된 협의 절차를 충실히 이행하여야 한다.

1. 강행규정

과거 인허가의제 협의 규정이 강행규정인지, 협의의 의미가 무엇인지(단순히 의견만 들으면 되는지, 합의 내지 동의를 의미하는지 등) 등에 대한 논란이 있었지만, 협의 절차는 인허가 의제의 요건을 심사하는 핵심 절차이므로 단순히 관계 행정기관의 의견을 듣는데 그치지 않고 사실상 합의를 뜻한다고 해석하였고,[28] 협의 규정이 없는 인허가의제 법률이 있더라도,[29] 실무상으로는

27) 건축법 제10조 제6항 참조.
28) 김재광, "행정법상 집중효제도의 검토", 토지공법연구 제9호, 한국토지공법학회, 2000. 2, 75면.
29) 전원개발촉진법 제6조, 관광진흥법 제18조 등.

입법의 불비로 보고 협의하였다.

최근 제정된 행정기본법은 그동안의 논란을 입법적으로 해결하였다. 먼저 주된 인허가 행정청의 관련 인허가 행정청과의 협의 의무를 명시하였고(제24조 제3항), 관련 인허가 행정청에게는 관련 인허가의 기준에 반하는 협의를 해서는 안 된다고 하였다(같은 조 제5항 본문). 결론적으로 인허가의제를 위한 협의절차는 강행규정이다. 강행규정에 위반한 주된 인허가 또는 의제되는 인허가의 효력에 대하여는 후술한다.

2. 주된 인허가의 지연방지

(1) 사후 개별 협의

행정기본법 제24조 제3항과 개별 인허가 법률들은 모두 주된 인허가를 하려는 경우 미리 관련 인허가 행정청과 협의하여야 한다고 규정하는바,[30] 이를 엄격히 해석하면 개별 인허가 법률에 열거된 관련 인허가들을 주된 인허가 전에 일괄해서 협의해야 한다. 그러나 관련 인허가를 사전에 일괄 협의해야 할 현실적인 이유가 없을 뿐만 아니라, 행정절차 간소화라는 인허가의제 제도의 취지에도 맞지 않게 된다. 개별 관련 인허가별로 그 효과를 발생시키고자 할 때까지 협의하면 된다고 할 것이다. 예컨대 사업구역 내의 행정재산에 대한 점유권원이 필요할 때가지 사용허가 의제 관련 협의를 마치면 되는 것이다.

최근에는 관련 인허가에 관하여 해당 행정청과 협의한 사항에 대하여 그 인허가를 받은 것으로 본다고 규정되는 것이 일반적이다.[31] 대법원은 이러한 규정 방식에 대하여, 모든 관련 인허가 행정청과 일괄하여 사전 협의를 할 필요가 없고, 주된 인허가 후에도 필요한 관련 인허가에 관하여 해당 행정청과 협의를 하면 그때 그 인허가가 의제된다고 한다(대법원 2012. 2. 9. 선고 2009두16305 판결).

> **[판례]** 구 주한미군 공여구역주변지역 등 지원 특별법(2008. 3. 28. 법률 제9000호로 개정되기 전의 것, 이하 '구 지원특별법'이라 한다) 제29조의 인허가의제 조항은 목적사업의 원활한 수행을 위해 행정절차를 간소화하고자 하는 데 입법 취지가 있는데, 만일 사업시행승인 전에 반드시 사업 관련 모든 인허가의제 사항에 관하여 관계 행정기관의 장과 협의를 거쳐야 한다고 해석하면 일부의 인허가의제 효력만을 먼저 얻고자 하는 사업시행승인 신청인의 의사와 맞지 않을 뿐만 아니라 사업시행승인 신청을 하기 까지 상당한 시간이 소요되어 그 취지에 반하는 점, 주한미군 공여구역주변지역 등 지원 특별법이 2009. 12. 29. 법률 제9843호로 개정되면서 제29조 제1항에서 인허가의제 사항 중 일부만에 대하여도 관계 행정기관의 장과 협의를 거치면 인허가의제 효

30) 택지개발촉진법 제11조 제2항, 학교시설사업촉진법 제4조 제3항, 도시정비법 제57조 제4항 및 건축법 제11조 제6항 등. 간혹 '미리'라고 명시하지 않고, 주된 인허가를 '하려면'이라고만 하더라도 마찬가지로 해석된다.

력이 발생할 수 있음을 명확히 하고 있는 점 등 구 지원특별법 제11조 제1항 본문, 제29조 제1항, 제2항의 내용, 형식 및 취지 등에 비추어 보면, 구 지원특별법 제11조에 의한 사업시행승인을 하는 경우 같은 법 제29조 제1항에 규정된 사업 관련 모든 인허가의제 사항에 관하여 관계 행정기관의 장과 일괄하여 사전 협의를 거칠 것을 요건으로 하는 것은 아니고, 사업시행승인 후 인허가의제 사항에 관하여 관계 행정기관의 장과 협의를 거치면 그때 해당 인허가가 의제된다고 보는 것이 타당하다(대법원 2012. 2. 9. 선고 2009두16305 판결).

(2) 협의간주

인허가의제 협의가 지연되어 주된 인허가를 제때 못하게 되는 것을 방지하기 위하여[32] 관련 인허가 행정청으로 하여금 법정기간 안에 의견을 제출하게 하고, 의견 제출 없이 법정기간이 지나면 협의가 된 것으로 보는 경우가 많다.[33] 행정기본법은 법정기간을 20일로 하는 협의간주 규정을 두고 있는바(제24조 제4항), 이 규정은 인허가의제에 관한 일반 규정으로서 개별 인허가의제 법률에서 협의간주 규정을 두지 않는 사례에 적용된다(행정기본법 제5조 제1항).

3. 협의 누락

(1) 주된 인 · 허가의 효력

인허가의제 협의는 행정청 간의 절차이고, 인허가 상대방 등은 협의가 이루어졌는지 알 수 없으므로 협의 누락을 이유로 주된 인허가를 무효로 한다면 인허가 상대방 등은 불의의 손실을 입을 수 있다. 따라서 협의 누락의 흠은 그 정도에 따라 취소사유가 될 수는 있어도 무효사유는 되지 않는다고 해야 한다.[34] 관련 인허가가 주된 인허가에 필수불가결함에도 불구하고 미리 협의되지 않았다면 주된 인허가의 취소사유가 될 수 있을 것이다. 대법원은 교육 · 연구 복합단지 건립사업시행 승인과 관련해서 연구시설이나 학교 등을 위한 도시관리계획결정이 선행되어야 하고, 따라서 도시관리계획결정 의제를 위한 사전협의가 없었다면 사업시행 승인에 하자가 있는 것이라고 하였다(대법원 2012. 2. 9. 선고 2009두16305 판결). 행정재산 사용허가 의제를 위한 사전협의 누락 관련 직접적인 판례는 없으나, 해당 사업부지에서 사용허가의제 대상 재산이 차지하는 비중이 절대적이지 않다면 주된 인허가를 취소할 정도의 흠은 아니라고 할 것이다.

최근에는 협의를 거친 사항에 한하여 인허가 의제의 효과를 인정한다고 규정함으로써 협의

31) 국토계획법 제61조 · 제92조, 산업입지법 제21조 제1항, 산업집적법 제21조 제1항, 주택법 제19조 제1항, 광업법 제43조 제1항 및 도시개발법 제19조 제1항 등.

32) 앞서 설명한 바와 같이 인허가의제 협의를 반드시 주된 인허가 전에 해야 하는 것은 아니지만, 관련 인허가가 주된 인허가에 필수불가결한 것이면 사전 협의되어야 하며, 결국 주된 인허가의 요건이 된다.

33) 도시정비법 제57조 제4항, 외국인투자촉진법 제17조 제4항 등.

34) 정태용, 앞의 논문, 11면; 박균성/김재광, 앞의 논문, 39면.

누락에 따른 문제를 입법적으로 해결하는 경향이 있다.[35] 즉 협의한 사항에 한하여 인허가 의제의 효과를 인정한다는 것은 특별한 사정이 없는 한 협의 누락이 주된 인허가의 효력에는 영향을 주지 않고, 관련 인허가의 효력에만 영향을 미친다는 뜻이 되는 것이다.

[**판례**] '파주 이화교육 · 연구 복합단지 건립사업'에 대한 사업시행승인 처분은 구 지원특별법 제11조에 따른 처분으로 같은 법 제29조 제1항 소정의 모든 인허가의제 사항에 관하여 사전협의를 거칠 것을 사업시행승인의 요건으로 하는 것이 아니라, 사업시행승인 후라도 관련 인허가의제 사항에 관하여 관계 행정기관의 장과 협의를 거치면 해당 사항의 인허가가 의제되는 것이고, 다만 연구시설이나 학교 같은 도시계획시설의 경우에는 기본이 되는 도시관리계획결정이 선행되어야 하는데 사업시행승인에 앞서 구 지원특별법 제29조 제1항 제1호에 규정된 구 국토의 계획 및 이용에 관한 법률 제30조에 의한 도시관리계획의 결정 사항에 관하여는 경기도지사와의 사전협의를 요건으로 하므로 이 사건 처분 전에 미리 도시관리계획결정 의제를 위한 경기도지사와의 협의를 거쳤다면 일부 다른 인허가의제를 위한 협의를 미리 하지 않았더라도 이 사건 처분에 하자가 있다고 보기 어렵다(대법원 2012. 2. 9. 선고 2009두16305 판결).

(2) 관련 인허가의 효력

변상금을 부과 받은 사업시행자가 사용허가 의제를 이유로 변상금 부과의 효력을 다투면 재산관리청은 사용허가 의제를 위한 사전 협의가 없었거나 동의하지 않았다고 항변하는 경우가 많다. 협의 누락 그 자체만으로 관련 인허가 또는 주된 인허가의 효력에 영향을 미치지 않고, 관련 인허가 요건심사가 되지 않은 불완전한 상태에 있게 된다(유동적 유효의 상태). 이후 최종적으로 협의가 성립된다면 해당 관련 인허가는 확정적으로 유효하게 되고, 반대로 협의가 불성립된다면 해당 관련 인허가는 처음부터 존재하지 않았던 것이 되고, 나아가 이것이 주된 인허가의 효력에까지 영향을 미칠 수 있다. 협의 불성립으로 행정재산의 사용허가가 처음부터 존재하지 않았던 것이 됨으로써 사업시행자 등에게 변상금부과가 이루어질 수 있다. 생각건대, 인허가의제와 그 협의는 전적으로 주된 인허가 및 관련 인허가 행정청 간에 이루어지는 것으로서, 사업시행자 등에게 국유재산 무단점유에 대한 귀책사유를 인정하기 곤란한 사례가 있을 수 있고, 이 경우 비례의 원칙에 따라 변상금부과처분이 취소될 가능성도 있다.

지방자치단체장이 주거환경개선사업계획을 수립할 때 국유지 양여의제에 필요한 협의(도시정비법 제101조 제1항, 제4항)를 누락했더라도 주거환경개선사업계획 고시가 무효로 되는 것은 아니므로, 사업계획고시에 따른 국유지 양여는 적법하게 이루어진다고 한 하급심 판례가 있다.[36] 대법원은 산림형질변경허가 의제를 수반하는 건축허가가 이루어진 다음, 산림형질변경허가 의제

---

35) 국토계획법 제61조 제1항, 제92조 제1항 참조.

36) 서울행정법원 2008구합3944 판결, 서울고등법원 2008누29108 판결의 항소기각으로 그대로 확정되었다.

를 위한 협의가 누락되었음을 이유로 별도로 산림형질변경허가신청을 하게 하여 상수원보호의 공익을 들어 이를 불허가하고, 나아가 건축허가도 취소한 사례에 대하여 사전협의는 인허가의제의 중요한 요소라고 할 것이지만 사전협의 과정은 외부에 공시되지 아니하는 내부절차에 불과하고, 법령상 행정청의 의무사항으로 규정되었을 뿐, 허가의 유효조건으로 볼 만한 아무런 법령상 근거도 없고, 주된 인허가 또는 관련 인허가의 각 요건에 실체적 흠결이 있을 경우 주된 허가를 취소하는 것이 불가능하지 아니하므로, 협의 누락을 이유로 관련 인허가를 다시 신청토록 하여 불허하는 처분을 할 수 없다고 하였다.[37)]

최근에는 관련 인허가 행정청과 협의한 사항에 대하여 해당 인허가 등을 받은 것으로 본다고 규정하는 것이 입법 추세인바, 이를 근거로 협의 없이는 관련 인허가의 효력이 발생하지 않는 것으로 해석하는 견해가 있을 수 있다. 그러나 인허가의제 절차는 행정청 간의 내부적 절차이므로, 인허가 의제의 직접 수익자인 사업시행자 등이 어찌 할 수 없는 영역이다. 따라서 협의 누락을 이유로 인허가 의제의 효력을 부정함에는 신중을 기하여야 한다. 국토계획법 등에서 '관계 행정기관의 장과 협의한 사항에 대하여는 해당 인·허가 등을 받은 것으로 본다.'고 규정하는 것의 실제적인 의의는 ① 관련 인허가의제 협의를 주된 인허가 전에 일괄하여 행할 필요가 없다는 점, ② 인허가의제 협의 누락은 주된 인허가의 효력에 직접 영향을 미치지 않는다는 점 등에 있다고 할 것이다.

4. 협의 불성립

행정기본법은 협의를 요청받은 관련 인허가 행정청은 해당 법령을 위반하여 협의에 응해서는 안 된다고 명시하고 있다(제24조 제5항 본문). 관련 인허가 행정청은 관련 인허가의 기준에 반할 때는 보완을 요구하거나 반대의견을 제출해야 할 의무가 있는 것이다. 관련 인허가 행정청의 반대의견에도 불구하고 주된 인허가를 했다면 관련 인허가에 관하여 협의되지 않은 주된 인허가로서, 당해 관련 인허가는 처음부터 존재하지 않았던 것으로 되고, 이것이 주된 인허가에 중요하게 영향을 미친다면 주된 인허가의 효력에도 영향을 미칠 수 있다.[38)] 사전협의는 관련 인허가 요건 심사의 핵심절차로서 단순히 의견을 듣는 데 그치지 않는 사실상 합의를 뜻하기 때문이다.

---

37) 대법원 1992. 11. 10. 선고 92누1162 판결.
38) 정태용, 앞의 논문, 11면.

제4절 사용허가 의제의 효과

Ⅰ. 절차의 간소화

인허가의제의 효과는 무엇보다도 수많은 인허가부서가 일원화되어 관련 인허가 행정청을 일일이 방문하여 서류를 제출하고 심사를 받는데 들어가는 시간과 비용을 절감해 준다는 것이다. 종래의 인허가의제 법률의 대부분은 주된 인허가를 신청할 때 관련 인허가에 필요한 서류를 함께 제출하게 하는 규정을 두지 않아 신청인이 관련 인허가 행정청으로부터 자료를 요구받는 불편이 있었다. 이에 최근 제정된 행정기본법은 제24조 제2항에서 인허가의제를 받으려면 주된 인허가를 신청할 때 관련 인허가에 필요한 서류를 함께 제출하여야 한다고 명시함으로서 서류제출 관련 절차의 간소화까지 완성하였다.

Ⅱ. 사용허가기간

통상의 행정재산 사용허가에서 그 사용기간은 5년이지만, 사용허가 의제는 주요한 공익사업의 원활한 시행을 위해서 이루어지는바, 해당 사업의 시행기간을 사용기간으로 한다고 할 것이다. 따라서 특별한 사정이 없는 한 사용료는 실제 사용 여부나 사용기간에 관계없이 그 사업실시계획에서 정해진 사업시행기간을 기준으로 산정하여야 한다(대법원 2014. 11. 13. 선고 2011두30212 판결).

한편 앞서본 바와 같이 사용허가 의제를 규정하는 법률에서 용도폐지 의제를 함께 규정하는 경우가 많은바, 용도폐지되어 일반재산이 된 후에도 그 국유재산에 대한 점유권원이 유지될 수 있는지 문제될 수 있다. 사용허가 의제는 행정재산에 대하여만 이루어지기 때문이다. 생각건대 용도폐지가 동시에 이루어지는 사용허가 의제의 경우 그 후의 점유권원에 대하여는 입법의 불비로 보여지는 바, 사업시행기간 내에는 점유권원이 유지된다고 해야 한다. 국유재산법 시행규칙은 사용허가 중인 행정재산이 용도폐지되어 총괄청에 인계되는 경우 해당 재산에 대한 사용허가는 대부계약으로 전환된 것으로 본다는 규정을 두고 있으며(제14조 제4항), 대법원은 도로점용허가 및 도로부지 용도폐지가 동시에 이루어진 사례에서 일반재산으로 전환된 이후의 점유권원을 인정하였다(대법원 2014. 11. 13. 선고 2011두30212 판결; 대법원 2007. 12. 13. 선고 2007다51536 판결).

[**판례**①] 이상과 같은 관계 법령의 규정 내용 및 국유재산의 사용·수익허가의 법적 성질 등을 종합하여 보면, 구 도시개발법상 실시계획의 인가·고시에 의하여 도시개발구역에 편입된 국유재산에 대한 사용·수익허가가 의제되는 경우에는 해당 국유재산에 대하여 그 실시계획에서 정한 사업시행기간을 허가기간으로 한 사용·수익허가가 있었다고 할 것이다. 따라서 그에 따른 사용료 역시 달리 특별한 사정이 없는 한 현실적인 사용 여부나 사용 기간에 관계없이 그 실시계획에서 정하여진 해당 국유재산에 대한 사업시행기간을 기준으로 산정하여야 할 것이다(대법원 2014. 11. 13. 선고 2011두30212 판결).

[**판례**②] 도로부지가 용도폐지되어 잡종재산으로 전환되는 시점과 원고가 그 토지의 소유권을 취득하는 시점 사이에 시간적 간격이 불가피하다는 측면에서 볼 때 일단 위 사업계획승인에 의해 원고가 취득한 위 도로부지 부분의 토지에 관한 점유권원이 그 용도폐지로 인하여 지목이 변경되었다는 사정만으로 곧바로 실효 또는 상실된다고 보는 것은 매우 불합리한 점, 비록 원고가 공사 착공 전까지 이 사건 도로부지에 대한 소유권을 확보하도록 되어 있던 위 사업계획승인조건을 준수하지 못하고 위 토지에 대한 소유권 취득 전에 공사를 착공하였기는 하나, 위 조건에 위반한 공사착공이 있었다는 사정만으로 위 토지에 대한 원고의 점유권원이 당연히 박탈된다고 보이지는 않는 점 등을 종합하여 보면, 이 사건 도로부지가 용도폐지되어 그 지목이 대지로 바뀌었다 하여 그에 대한 점용허가 기간이 만료된 경우와 같이 되었다고 볼 것이 아니라, 원고가 점용허가에 의하여 취득한 위 토지에 관한 점유권원은 특단의 사정이 없는 한 그 토지를 취득할 때까지 유지된다고 해석하여야 할 것이다(대법원 2007. 12. 13. 선고 2007다51536 판결).

Ⅲ. 사용료

1. 사용료의 부과·징수

인허가가 의제된 경우 관련 인허가 행정청은 관련 인허가를 직접 한 것으로 보고 관계 법령에 따른 관리·감독 등 필요한 조치를 하여야 한다(행정기본법 제26조 제1항). 국유재산의 사용허가가 의제되는 경우 국유재산법이나 개별 인허가의제 법률에서 사용료를 감면하는 규정을 두지 않는 한 재산관리기관은 국유재산법에 따라 사용료를 산정, 부과·징수해야 한다. 공공용물에 국유재산 및 공물의 사용허가의제가 동시에 일어나는 경우 후자가 특별규정으로 우선 적용된다고 해야 한다.

인허가의제는 관련 인허가가 있는 것으로 볼 뿐 실제로 그 인허가가 있는 것은 아니기 때문에 관련 인허가 법률에 의한 사용료 등을 부과하기 곤란한 점이 있다는 것이 종래 해석론이었으나, 최근 제정된 행정기본법은 제26조 제1항에서 관련 인허가 행정청은 관련 인허가를 직접 한 것으로 보고 법령에 따른 필요한 조치를 하여야 한다고 명시하여 입법적 해결을 하였다.

현재 행정재산의 사용허가를 의제하고 그 사용료까지 면제하는 법률은 「산업입지 및 개발에 관한 법률」 제21조 제3항, 택지개발촉진법 제11조 제3항, 도시정비법 제57조 제7항 등이며, 국토계획법은 새로운 공공시설과 기존의 공공시설의 대가적 교환(상호무상귀속)을 전제로 기존 공공시설을 취득할 예정인 사업시행자가 사용이익까지 무상으로 누리도록 사용료면제를 규정하는데(제65조 제4항, 제99조), 이 규정은 다른 개발 법률들에 널리 준용된다. 한편 「사회기반시설에 대한 민간투자법」은 포괄적 의제 및 이중의제를 통하여 비교적 넓게 행정재산의 사용허가 및 그 사용료 면제를 발생시킨다.

2. 사용료의 산정

사용허가의제 대상 재산은 재산관리기관과 협의된 재산이고, 사용허가기간은 해당 사업시행기간이다. 따라서 사용허가의제 대상 국유지 중에 실제 착공이 늦어졌다거나 일부 사용하지 아니한 부분이 있더라도 사용료산정에서 제외되지 아니한다(대법원 2014. 11. 13. 선고 2011두30212 판결). 한편 사업시행자가 사용허가 의제된 행정재산에 대한 사용료 산정을 국유재산법에 의하지 않고, 토지보상법상에 의하여야 함을 주장하는 경우가 있다. 그러나 국유재산의 사용허가가 의제되면 그 사용료 산정은 국유재산법에 따라야 하는 것이며, 이는 토지보상법상의 사용보상과는 다른 문제이다(대법원 2014. 11. 13. 선고 2011두30212 판결).

제5장 사용료

제1절 국유재산법의 사용료체계

국유재산법은 국유재산의 사용료에 관하여 그 산출, 징수, 조정 및 감면에 이르기 까지 폭넓은 규정을 두고 있으며, 이를 위반한 사용료 산정 및 징수는 사용자에게 불리한 범위에서 효력이 없다(대법원 2000. 2. 12. 선고 99다61675 판결).

[**판례**] 행정기관이 납부 고지한 국유잡종재산 대부료의 금액이 대부계약이나 그 계약에서 정한 관계 법령의 규정에 따라 산정된 정당한 대부료의 금액보다 많게 납부고지되었다 하더라도 그와 같은 사유만으로 바로 납부고지가 이행청구로서 부적법하다고 할 수는 없어, 대부계약의 상대방으로서도 이를 이유로 납부고지된 대부료 중 정당한 금액 부분에 대하여는 납부를 거부할 수 없다고 할 것이므로, 대부료를 납부하지 아니한 채 납부고지서에서 정한 기간이 경과한 이상 납부고지된 대부료 중 정당한 금액 범위 내에서는 지체책임을 면할 수 없고, 그 후 그 대부료의 금액이 정당한 금액으로 감액되었다 하더라도 정당한 금액에 대하여 이미 발생한 대부료 지체의 효력에는 아무런 영향이 없다 할 것이나, 납부 고지된 대부료가 대부계약이나 그 계약에서 정한 관계 법령에 의하지 아니한 채 산정됨으로써 정당하게 산정되었을 경우의 금액보다 현저히 과다한 경우에는 그 대부료 납부고지는 적법한 이행청구라고 할 수 없어 연체료의 납부책임의 발생요건인 이행청구에 해당한다고 볼 수 없다(대법원 2000. 2. 12. 선고 99다61675 판결).

Ⅰ. 사용료체계 일반

1. 내용과 연혁

국유재산법은 국유재산의 재산가액에 법정요율을 곱하는 방식으로 사용료를 산출하게 한다. 재산가액은 공시가격(공시지가 · 주택공시가격)에 연동시키되, 공시가격이 없을 때는 시가표준액, 감정평가업자의 평가액 등으로 보충한다. 법정요율은 사용자와 사용목적을 기준으로 최하 1%에서 최대 5%까지 규정하고 있다. 이러한 사용료산출 체계는 부동산임대료 산출을 위한 감정평가기법 중 적산법을 단순화시킨 모형이다.

1950년 국유재산법 제정 당시에는 임대사례비교법에 따라 사용료를 비준하는 것을 원칙으로 하고, 임대사례가 없을 때 예외적으로 재산가액에 법정요율을 곱하는 방식(=적산법)을 적용하였다. 이때의 재산가액은 감정평가업자의 평가액으로 하였고, 법정요율은 경작용과 비경작용으로 정도로만 구분하였다. 이후 1977년 개정 시행령에서 재산가액에 법정요율을 곱하는 적산법

방식을 전면적으로 도입하였고, 1989년 부동산공시법이 제정되자 1990년 개정 시행령에서는 재산가액을 공시가격에 연동시켰다.

한편 법정요율을 점점 더 세분화하여 오늘에 이르게 되는데, 1977년도에 법정요율을 사용목적에 따라 행정 · 공무원 · 기타로 나눈 이래로 1996년도에는 주거용을, 2000년도에는 경작용을, 2011년도에는 사회복지 · 종교 · 소상공인을, 2018년도에는 목축 · 어업 · 사회적 기업을 추가하여 현행 사용요율체계를 이루게 되었다.

구 국유재산법 시행령(1950.6.10. **제정, 대통령령 제372호**) **제58조** 국유재산의 대부료는 그 부근지 또는 서울특별시이나 시, 읍, 면내에 있어서의 임대실례 또는 소작요율 등을 기준으로 하여 이를 산출하여야 한다.
전항에 의하여 준거할 임대실례가 없을 경우에 토지에 있어서는 경작의 목적에 공하는 것은 시가의 연 8분 이상, 경작 이외의 목적에 공하는 토지 및 토지 이외의 물건은 시가의 연 6분 이상의 이율에 의하여 대부료를 산정하여야 한다. 대부료산정조서에는 그 산출의 기초를 상기하여야 한다.

구 국유재산법 시행령(1957. 11. 14. **전부개정, 대통령령 제13142호**) **제17조** 국유재산의 대부료 또는 사용료는 그 인근지의 임대실례 또는 임대등급 등을 기준으로 하여 이를 산출하여야 한다. 전항에 의하여 준거할 임대실례가 없을 경우에는 경작의 목적에 사용하는 토지에 있어서는 그 시가의 년5분 이상 경작 이외의 목적에 사용하는 토지와 토지 이외의 물건에 있어서는 그 시가의 년6분 이상의 이식률에 의하여 대부료 또는 사용료를 산정하여야 한다.

2. 현행 체계의 장단점과 개선방향

(1) 현행 체계의 장점

현행 사용료체계는 적산법을 채택하면서 재산가액을 감정평가하지 않고 공시가격으로 산출하고, 기대이율을 산출하는 대신 법정요율을 대입시킨다. 이러한 사용료산출 체계는 두 가지 측면에서 뚜렷한 장점을 가지는데, 첫째는 누구나 쉽고 간편하게 사용료를 산출해 낼 수 있다는 것이고, 둘째는 결과 값이 정해져 있어 누가 산출하든 동일한 값에 이르게 되므로 공정성시비가 없다는 것이다.

(2) 상방 경직성

반면 현행 사용료체계는 요율이 고정되어 있어 이자율하락 · 부동산공시가격상승 등으로 시장임대료를 상회할 가능성이 있다는 단점이 있다. 장기저금리 시대가 지속이 되고, 공시지가가 시장가격에 수렴하는 추세가 지속이 된다면, 장기적으로 임대사례비교법 · 적산법 등 감정평가기법에 충실하게 사용료를 비준하는 체계를 도입할 것을 고려할 필요가 있다. 그러나 급격한 사용료비준체계의 도입은 전반적인 사용료 상승을 초래할 뿐만 아니라(아직은 사용료가 시장임대료보다 낮거나 비슷하다), 사용료 비준을 위한 인적 · 물적 시스템이 갖추어지지 않을 경우 국민적 신뢰를 얻지 못하고 혼란을 초래할 수 있다. 사용료비준체계로의 전환은 부동산 임대료의 결정요소, 시장임대료와의 비교분석 및 다른 나라 사례의 연구 등을 통한 충분한 논의를 거쳐 장기과제로서 신중하게 고민해야 할 것으로 보인다.

현행 사용료체계는 법정요율을 다양화함으로써 시장임대료 대비 적정수준을 유지하고 있는 것으로 보고된다. 한국감정원의 "국유재산 임대료 개선방안 연구"에 따르면 2010년부터 2014년 동안의 시장임대료를 국유재산 사용료산출 방식으로 역산하였을 때, 평균시장임대요율이 주거용 4.49%, 상업용 5.56%, 산업용 4.70%로 나타나, 국유재산 사용료가 시장임대료 대비 전반적으로 비슷하거나 낮은 수준이었음을 알 수 있다.[39] 2018년 개정 시행령에서는 종래 시장임대료 대비 너무 높다고 비판받아온 목축 · 어업용 요율을 1%로 개정함으로써 시장임대료보다 높은 사용료를 일정부분 제거하게 되었으나, 기준요율이 적용되는 상업용 · 산업용 일반에 대하여는 여전히 상방 경직성이 문제되는 부분이 있을 수 있다.

(3) 기준요율의 포괄성

마지막 문제는 기준요율(5%)의 포괄성이다. 기준요율은 주로 상업용과 산업용 일반에 적용되는데, 유관 법률인 공유재산법과 공물법 등이 업종별, 유형별로 구체화하여 매우 현실적인 요율과 산정체계를 갖추고 있는 점과 비교가 된다. 이자율하락 · 부동산공시가격상승 등으로 시장임대료를 상회하는 영역이 지속적으로 증가할 가능성이 있다.

[참고 ⑨] 부동산임대료 감정평가방식으로서 적산법

적산법은 원가방식에 기초한 부동산임대료 감정평가방식으로서 감정평가실무기준(국토교통부고시 제2018-36호, 2018. 1. 11)에 의하면 다음과 같다.

3.2.2.1 **정의** ① 적산법(積算法)이란 대상물건의 기초가액에 기대이율을 곱하여 산정된 기대수익에 대상물건을 계속하여 임대하는 데 필요한 경비를 더하여 대상물건의 임대료를 산정하는 감정평가방법을 말한다.

② 적산임료란 적산법에 따라 산정한 임대료를 말한다.

3.2.2.2 **기초가액** ① 기초가액이란 적산법으로 감정평가 하는 데 기초가 되는 대상물건의 가치를 말한다.

② 기초가액은 비교방식이나 원가방식으로 감정평가 한다. 이 경우 사용 조건 · 방법 · 범위 등을 고려할 수 있다.

3.2.2.3 **기대이율** ① 기대이율이란 기초가액에 대하여 기대되는 임대수익의 비율을 말한다.

39) 국유재산 임대료 개선방안 연구, 한국감정원, 2015. 9, 69면.

② 기대이율은 시장추출법, 요소구성법, 투자결합법, CAPM을 활용한 방법, 그 밖의 대체·경쟁 자산의 수익률 등을 고려한 방법 등으로 산정한다.
③ 기초가액을 시장가치로 감정평가 한 경우에는 해당 지역 및 대상물건의 특성을 반영하는 이율로 정하되, 한국감정평가사협회에서 발표한 '기대이율 적용기준율표', 「국유재산법 시행령」·「공유재산 및 물품관리법 시행령」에 따른 국·공유재산의 사용료율 등을 참고하여 실현가능한 율로 정할 수 있다.

대법원은 국가 이외의 자가 국유재산에 대하여 부당이득을 한 경우에는 국유재산법의 사용료산정방식과 동일하게 부당이득금액을 산정한다고 하면서(대판 2014. 7. 16. 선고 2011다76402 전합), 국가가 타인의 토지를 점유하여 부당이득 한 경우에는 국유재산법을 적용해서는 안 되고 감정평가로 부당이득금액을 산정해야 한다고 한다. 아울러 대법원은 적산법으로 국가의 부당이득금액을 산정할 때 필요한 기대이율의 의미와 그 결정요소를 설시하는바 다음과 같다.

[**판례**] 국가 또는 자치단체가 도로법 등에 의한 도로설정을 하여 도로관리청으로서 점유하거나 사실상 필요한 공사를 하여 도로로서의 형태를 갖춘 다음 사실상 지배주체로서 도로를 점유하게 된 경우, 당해 부동산의 기초가격에다 그 기대이율을 곱하는 이른바 적산법에 의한 방식으로 임료를 산정함에 있어 기대이율이란 임대할 부동산을 취득함에 있어 소요되는 비용에 대한 기대되는 이익의 비율을 뜻하는 것으로서 원칙적으로 개개 토지의 소재지, 종류, 품등 등에 따라 달라지는 것이 아니고, 국공채이율, 은행의 장기대출금리, 일반시중금리, 정상적인 부동산거래이윤율, 국유재산법과 지방재정법이 정하는 대부료율 등을 참작하여 결정되어지는 것이(다)(대법원 2000. 6. 23. 선고 2000다12020 판결).

3. 다른 나라의 사례

미국, 영국, 독일, 프랑스 및 일본 등 대부분의 선진사례는 임대사례비교법·적산법 등 감정평가기법에 충실하게 국유재산 담당자가 직접 임대료를 계산하여 비준하는 체계를 갖춘 것으로 알려져 있다.[40] 그 내용을 구체적으로 알 수는 없으나 일본의 경우 「보통재산 대부사무 처리 요령」(재무성 훈령)의 별지첨부 기준인 「보통재산대부료 산정기준」을 통해 그 내용을 자세히 알 수 있는데, 적산법을 기본으로 하되 임대사례비교법을 적절히 가미하고 있다.[41] 우리나라의 단순화된 적산법과 달리 복잡한 산식으로 계산해야 하는 어려움을 고려하여 3년분을 일괄하여 산정하며, 필요 시 적용기간을 2년 내지 4년으로 탄력 적용한다.

40) 국유재산 임대료 개선방안 연구, 한국감정원, 2015. 9, 21면 이하.
41) 신규대부료를 재산가액에 기대수익률을 곱하는 방식으로 계산하는데, 재산가액은 재산평가기본통달(국세청)에 따라 산출하고, 기대수익률은 인근 대부 선례에서 구한 기대수익률의 평균치를 사용한다. 계속대부료는 종전대부료에 슬라이드율을 곱하여 계산하는데, 슬라이드율은 소비자물가지수에 지가변동율을 더 한 값을 2로 나누어 산출한다(최우용, 일본 국유재산 제도 법령 해설, 비교공법학회, 2018, 194면 이하).

Ⅱ. 사용료 규정의 적용범위

국유재산법의 사용료체계는 국유재산법에 따라 사용허가(대부 포함)하는 때만 적용된다. 비록 국유재산을 사용한 대가라 하더라도 사용허가와 관련이 없다면 민법 등 다른 법률의 적용을 받는다.

1. 부당이득

타인소유의 부동산을 법률상 원인 없이 사용·수익하면 피해자를 기준으로 그가 얻었을 것으로 기대되는 임료 상당 이익이나 기타 소득을 부당이득 한 것으로 본다. 통상의 경우 부동산의 소유자는 임료 상당의 이익을 얻을 것으로 추정한다. 국유재산에 대한 부당이득은 국유재산법에 따른 사용료로 추정하는가? 대법원은 국유재산을 무단 점용한 자의 부당이득은 국가가 입은 손실, 즉 법정사용료에 한정된다고 하면서, 다만 계속사용료 산정에 적용되는 사용료조정규정은 적용되지 않는다고 한다.

[**판례①**] 불법점유를 당한 부동산의 소유자로서는 불법점유자에 대하여 그로 인한 임료 상당 손해의 배상이나 부당이득의 반환을 구할 수 있을 것이나, 불법점유라는 사실이 발생한 바 없었다고 하더라도 부동산소유자에게 임료 상당 이익이나 기타 소득이 발생할 여지가 없는 특별한 사정이 있는 때에는 손해배상이나 부당이득반환을 청구할 수 없다.
지방자치단체가 농업용 수로로 사용되던 구거의 일부를 복개하여 인근 주민들의 통행로와 주차장소 등으로 제공한 경우, 구거 소유자가 그 구거 부분을 사용·수익하지 못함으로 인한 손해를 입었다고 보기는 어렵다는 이유로 지방자치단체의 부당이득반환의무를 부정(대법원 2002. 12. 6. 선고 2005다57375 판결).

[**판례②**] 부당이득반환의 경우 수익자가 반환하여야 할 이득의 범위는 손실자가 입은 손해의 범위에 한정되고, 손실자의 손해는 사회통념상 손실자가 당해 재산으로부터 통상 수익할 수 있을 것으로 예상되는 이익 상당액이다. 그런데 국가가 잡종재산으로부터 통상 수익할 수 있는 이익은 그에 관하여 대부계약이 체결되는 경우의 대부료이므로, 잡종재산의 무단점유자가 반환하여야 할 부당이득은 특별한 사정이 없는 한 국유재산 관련 법령에서 정한 대부료 상당액이다.
나아가 ① 구 국유재산법 제38조 제1항, 제25조의2 제1항의 문언에 의하더라도, 1년을 초과하여 계속 점유하거나 사용·수익한 사람에 대하여 행하는 대부료의 감액 조정(이하 이와 같이 조정된 대부료를 '조정대부료'라고 한다)은 의무적인 것이 아니고 행정청의 재량에 의하여 정할 수 있도록 되어 있는 점, ② 대부료의 감액 조정은 적법하게 대부계약을 체결한 후 1년을 초과하여 잡종재산을 점유 또는 사용·수익하는 성실한 대부계약자를 위한 제도인바, 무단점유자에 대하여도 같은 기준을 적용하여 부당이득을 산정하는 것은 대부료 조정제도의 취지에 부합하지 아니하는 점, ③ 무단점유자가 1년을 초과하여 점유한 경우 조정대부료를 기준으로 부당이득을 산정

하면, 장기간의 무단점유자가 오히려 대부기간의 제한을 받는 적법한 대부계약자나 단기간의 무단점유자에 비하여 이익을 얻는 셈이어서 형평에 반하는 점 등을 고려하면, 부당이득 산정의 기초가 되는 대부료는 조정대부료가 아니라 구 국유재산법 제38조 제1항, 제25조 제1항이 정한 방법에 따라 산출되는 대부료라고 보아야 한다(대법원 2014. 7. 16. 선고 2011다76402 전원합의체 판결).

필자 주: 국가나 지방자치단체의 사유재산에 대한 부당이득은 그 임료 상당으로 추정하지만, 사인의 국·공유재산에 대한 부당이득은 국·공유재산법상의 사용료 상당으로 추정하게 되는 것이다.

하나의 사용허가로 여러 필지의 국유지를 사용허가 할 때는 필지별로 따로 사용료를 산출한 다음에 전체를 합산하는 방식을 취해야 한다. 필지별로 공시가격이 다르기 때문이다. 건물의 경우에도 마찬가지이다. 국가의 부당이득반환청구가 필요한 특별한 경우는 상대방이 국유재산을 점유할 권원은 있으나, 그로부터 이익을 취할 법률상 원인은 없는 경우이다. 대표적인 사례로는 국가와 재산을 공유하는 자가 공유물을 사용·수익한 경우를 들 수 있다.

2. 법정지상권

국유재산에 관습법상의 법정지상권이 성립한 사례에 대하여 대법원은 국가가 법정사용료로 계산하여 일방적으로 부과할 것이 아니라, 관습법(판례법)대로 법원이 상당한 지료를 결정할 것을 전제로 하여 그러한 금액을 헤아려 청구해야 한다고 하였다.

[**판례**] 국유재산의 관리청이 행정재산의 사용·수익을 허가한 다음 그 사용·수익하는 자에 대하여 하는 사용료부과는 순전히 사경제주체로서 행하는 사법상의 이행청구라 할 수 없고, 이는 관리청이 공권력을 가진 우월적 지위에서 행한 것으로서 항고소송의 대상이 되는 행정처분이라 할 것이다.

국유재산의 관리청이 행정재산의 사용·수익을 허가한 때에는 국유재산법 제25조(필자 주: 현행법 제32조)의 규정에 따라 대통령령이 정하는 요율과 산출방법에 의하여 사용료를 부과징수 하여야 한다는 것은 소론과 같다고 할 것이나, 국유재산에 관하여 관습에 의한 법정지상권이 성립된 경우 그 지료에 관하여는 당사자의 청구에 의하여 법원이 이를 정한다고 규정한 민법 제366조를 준용하여야 할 것이고, 이 때 토지소유자는 법원에서 상당한 지료를 결정할 것을 전제로 하여 바로 그 급부를 청구할 수 있다 고 할 것인바, 같은 취지의 원심판단은 옳[다](대법원 1996. 2. 13. 선고 95누11023 판결).

필자 주: 행정재산의 사용허가에는 공법관계 및 법정사용료가 적용되지만, 당해 재산에 관습법상의 법정지상권이 성립되었다면 민법 제366조에 따라 지료를 청구해야 한다는 취지

3. 다른 법률에 정함이 있는 경우

국유재산법 제4조(다른 법률과의 관계) 국유재산의 관리와 처분에 관하여는 다른 법률에 특별한 규정이 있는 경우를 제외하고는 이 법에서 정하는 바에 따른다. 다만, 다른 법률의 규정이 제2장에 저촉되는 경우에는 이 법에서 정하는 바에 따른다.

국유재산이라 하더라도 다른 법률에서 사용료에 관한 특별한 규정을 두고 있다면 국유재산법의 사용료 규정은 적용되지 않고, 그 법률이 적용된다. 이러한 다른 법률의 예로는 특수 국유재산을 규정하는 국유림법, 초지법 및 공유수면법과 공물을 규정하는 도로법, 하천법, 항만법, 어촌어항법 및 공원녹지법 등을 들 수 있다(그 내용에 관하여는 아래 유관 법률의 점·사용료체계 참조). 이론상 공물에 해당하지만 해당 법률에서 사용료에 관한 별도규정을 두지 않아서 국유재산법의 사용료 규정이 적용되는 예로는 철도시설 및 농업기반시설 등을 들 수 있다.

Ⅲ. 유관 법률의 점·사용료체계

국유재산법의 유관 법률로는 공유재산에 대한 관리·처분을 규정하는 공유재산법, 산림·초지 및 공유수면인 국유재산의 관리·처분을 규정하는 특수 국유재산법, 소유자가 누구인지를 따지지 않고 공물의 관리를 규정하는 공물법 등을 들 수 있다. 이러한 유관 법률들은 모두 현행 국유재산법과 같은 사용료산출 체계, 즉 공시가격에 법정요율을 곱하는 방식(단순화한 적산법모델)을 채택하고 있을 뿐만 아니라, 비슷한 내용의 징수방법(선납, 연납, 분납, 통합징수 등) 및 조정규정을 두고 있으며, 각 법률의 입법취지에 맞게 감면규정을 두고 있다.

이렇게 국유재산법과 유관 법률들은 대동소이한 사용료산출 체계를 갖추고 있지만 동일한 사용목적이라도 법정요율이 제각각이기 때문에 결과 값에서는 차이가 큰 경우가 많다. 유관 법률들이 규정하는 법정요율의 대강은 다음과 같다.

1. 공유재산법

공유재산 및 물품 관리법 제32조(대부료) ① 일반재산의 대부계약을 체결하였을 때에는 대통령령으로 정하는 요율과 산출방법에 따라 매년 대부료를 징수한다.

공유재산 및 물품 관리법 시행령 제31조(대부료율과 대부재산의 평가) ① 법 제32조제1항에 따른 일반재산의 대부료는 시가를 반영한 해당 재산 평정가격의 연 1천분의 10 이상의 범위에서 지방자치단체의 조례로 정하되, 월할 또는 일할로 계산할 수 있다.

공유재산법은 그 시행령에서 사용요율을 1.0% 이상으로만 규정하고, 나머지는 각 지방자치단체의 조례에 위임하고 있다. 「서울특별시 공유재산 및 물품관리 조례」에 의하면 ① 상업용 등 5.0% 요율이 적용되는 경우라도 도시계획에 저촉되어 활용에 지장이 있다면 4.0% 적용, ② 재개발사업구역 내인 경우 1.5%, ③ 사립학교 등이 교육목적으로 사용하는 경우 2.5%,[42] ④ 외국인투자기업 등이 사업목적상 필요한 경우 1.0%, ⑤ 임야의 경우 국유림법의 요율을 적용하는 점 등이 국유재산법과 다르다.

2. 국유림법

국유림의 경영 및 관리에 관한 법률 제21조(국유림의 대부등) ① 산림청장은 대통령령으로 정하는 기준에 따라 보전국유림의 사용을 허가하거나 준보전국유림을 대부할 수 있다. 다만, 보전국유림에 대한 사용허가는 다음 각 호의 어느 하나에 해당하는 경우에 한정하여 할 수 있다.

1. 국가 또는 지방자치단체가 공용 또는 공공용으로 사용하고자 하는 경우
2. 전기·통신·방송·가스·수도 그 밖에 대통령령이 정하는 기반시설용으로 사용하고자 하는 경우
3. 수목원·자연휴양림·산림욕장, 치유의 숲, 그 밖에 대통령령이 정하는 산림공익시설로 사용하고자 하는 경우
4. 「산림조합법」에 의한 산림조합 또는 산림조합중앙회, 「임업 및 산촌 진흥촉진에 관한 법률」에 따른 한국임업진흥원 및 「산림복지 진흥에 관한 법률」에 따른 한국산림복지진흥원이 설립목적의 달성에 필요하여 산림청장의 승인을 얻은 사업에 사용하고자 하는 경우
5. 국유림에서 생산되는 임산물(이하 "국유임산물"이라 한다)의 매수자가 그 국유임산물을 채취·가공 또는 운반하는 시설용으로 사용하고자 하는 경우
6. 「광업법」 제3조제3호 및 같은 조 제4호에 따른 광업권자 및 조광권자가 광물의 채취용으로 사용하고자 하는 경우
7. 임목의 생육에 지장이 없는 범위에서 「임업 및 산촌 진흥촉진에 관한 법률」 제8조에 따른

42) 국유재산법은 사립학교에 대한 별도요율을 규정하지 않고, 다만 총괄청의 유권해석으로 행정요율 2.5%를 적용한다.

임산물소득원의 지원대상품목 중 버섯류 · 산나물류 · 약초류 또는 약용수종류의 재배용으로 사용하려는 경우
8. 국유림 안에 위치한 공 · 사유림에서 생산되는 목재의 반출 등 임산물의 운반을 위하여 필요한 경우
9. 「임업 및 산촌 진흥촉진에 관한 법률」 제25조에 따른 산촌개발사업계획의 시행에 필요한 경우
10. 임목의 생육에 지장이 없는 범위에서 「농업 · 농촌 및 식품산업 기본법」에 따른 농업인과 「수산업 · 어촌 발전 기본법」에 따른 어업인이 가축 조사료용 초본식물을 재배하기 위하여 사용하려는 경우

제23조(대부료 등) ① 산림청장은 제21조제1항에 따라 대부등을 하는 때에는 대통령령으로 정하는 요율과 산출방법에 따라 매년 대부료 또는 사용료(이하 "대부료 등"이라 한다)를 징수하여야 한다. 다만, 연간 대부료 등이 대통령령으로 정하는 금액 이하인 경우에는 대부등의 기간 동안의 대부료 등을 일시에 통합 징수할 수 있다.

국유림의 경영 및 관리에 관한 법률 시행령 제21조(대부료 등) ① 법 제23조제1항 본문에 따라 대부료 또는 사용료(이하 "대부료 등"이라 한다)는 대부 등을 받은 국유림의 가격에 다음 각 호의 구분에 따른 요율을 곱한 금액으로 하며, 월할 또는 일할로 계산할 수 있다.
1. 법 제21조제1항 제3호부터 제5호까지, 같은 항 제7호부터 제10호까지 및 농림어업소득사업의 경우: 1천분의 10이상
2. 법 제21조제1항 제1호의 경우: 1천분의 25이상
3. 스키장용 · 썰매장용 및 주거용의 경우: 1천분의 20이상. 다만, 「국민기초생활 보장법」 제2조 제2호에 따른 수급자가 주거용으로 사용하는 경우에는 1천분의 10이상으로 한다.
4. 제1호 내지 제3호 외의 경우: 1천분의 50이상

국유림은 국유림법 제21조 제1항 각호의 사용 유형에 대하여 동법 시행령 제21조 제1항 각호의 요율을 적용하여 사용료를 산출한다. 국유재산법과 비교해서 눈여겨 볼만한 점은, 농림어업에 1% 요율을 적용한다는 것이다. 국유재산법도 농어업에 1% 요율을 적용하지만 임업에는 5%가 적용되기 때문에 국유림법과 큰 차이가 발생한다. 기타 상업용이라고 할 수 있는 스키장용 · 썰매장용에 2%를 적용하는데, 계절산업임을 고려한 것으로 보인다. 공유(公有)임야에는 국유림법의 요율이 적용되지만[43] 국유임야 중에서 국유림이 아닌 것은 국유재산법에 따라 5%가 적용되므로 주의를 요한다.

국유지를 임업, 스키장 · 썰매장 등 일정용도로 사용할 경우 국유림법이 적용되느냐에 따라 사용요율에 큰 차이가 발생하므로 산림청과 총괄청간에 재산을 상호이관 할 때는 이 점을 신중히 고려하여야 할 것이다.

---

43) 「서울특별시 공유재산 및 물품관리 조례」 제26조 제6항 참조.

3. 초지법

초지법 제2조(정의) 이 법에서 사용하는 용어의 뜻은 다음과 같다.

1. “초지”란 다년생개량목초(多年生改良牧草)의 재배에 이용되는 토지 및 사료작물재배지와 목장도로 · 진입도로 · 축사 및 농림축산식품부령으로 정하는 부대시설을 위한 토지를 말한다.
2. “사료작물재배지”란 조사료(粗飼料)를 생산하기 위하여 일년생작물을 재배하는 토지를 말한다.
3. “미개간지” 란 임야, 황무지, 자연생초지(自然生草地), 소택지(沼澤地), 폐염전(廢鹽田), 폐천부지(廢川敷地), 방조제가 구축된 간척지 등 법적 지목(地目)에 상관없이 초지를 조성하는 데에 적합한 토지(초지조성을 위하여 필수적이라고 인정되는 농지를 포함한다)로서 초지로 이용되고 있지 아니하는 토지를 말한다.

제18조(국유지 · 공유지의 대부료) 제17조에 따라 대부한 국유지 · 공유지의 대부료는 「국유재산법」, 「공유재산 및 물품 관리법」 및 「국유림의 경영 및 관리에 관한 법률」의 규정에도 불구하고 대부 당시 미개간지 상태의 토지가격(대부기간을 연장한 경우에는 연장 당시의 인근 미개간지 상태의 토지가격을 말한다)의 100분의 1 이내에서 국유지는 대통령령으로, 공유지는 재산관리청인 지방자치단체의 조례로 정한다.

초지법 시행령 제14조(국유지의 대부료) 법 제18조에 따른 국유지의 대부료는 대부 당시 미개간지상태의 토지가격(대부기간을 연장한 경우에는 연장 당시의 인근 미개간지상태의 토지가격)의 100분의 1로 한다. 다만, 대부기간을 연장하는 경우에 본문에 따라 계산한 대부료가 종전에 납부한 대부료보다 20퍼센트 이상 증가한 때에는 그 대부료율은 본문에도 불구하고 별표 1의 산식에 따라 산출한 비율로 한다.

초지로 조성 · 관리하기 위해 국 · 공유지를 사용하는 경우에는 초지로 개간하기 전의 재산가액에 1%를 곱하여 대부료를 산출한다. 재산가액을 개간하기 전으로 산정한다는 점과 1% 단일요율을 채택하고 있다는 점이 특색이다.

4. 공유수면법

공유수면 관리 및 매립에 관한 법률 제13조(공유수면 점용료 · 사용료의 징수) ① 공유수면관리청은 점용 · 사용허가나 공유수면의 점용 · 사용 협의 또는 승인을 받은 자(제38조제1항에 따라 공유수면매립실시계획의 승인을 받은 자, 다른 법률에 따라 공유수면매립실시계획의 승인을 받은 것으로 보는 자 및 다른 법률에 따라 공유수면 점용 · 사용허가 또는 공유수면의 점용 · 사용 협의 또는 승인을 받은 것으로 보는 자를 포함한다)로부터 대통령령으로 정하는 바에 따라 매년 공유수면 점용료 또는 사용료(이하 “점용료 · 사용료”라 한다)를 징수하여야 한다. 다만, 다음 각 호의 어느 하나에 해당하는 경우에는 대통령령으로 정하는 바에 따라 점용료 · 사용료를 감면할 수 있다.

공유수면 관리 및 매립에 관한 법률 시행령 제13조(공유수면 점용료 · 사용료의 산정) ① 공유수면관리청은 법 제13조제1항 각 호 외의 부분 본문에 따른 점용료 또는 사용료(이하 "점용료 · 사용료"라 한다)를 징수하려는 때에는 다음 각 호의 구분에 따른 기준에 따라 해양수산부령으로 정하는 산정방식에 따라 산출한 금액을 징수하여야 한다. 이 경우 제3호 각 목에 따른 행위가 법 제8조제1항 제1호에 따른 점용 · 사용허가의 대상이 되는 행위를 수반하는 경우에는 제1호의 산정기준과 제3호 각 목의 산정기준을 함께 적용하여야 한다.

1. 법 제8조제1항 제1호 · 제2호 · 제4호, 제7호부터 제9호까지 및 제11호의 행위: 해당 공유수면에 인접한 토지의 가격
2. 법 제8조제1항 제3호의 행위
   가. 준설토(浚渫土)를 매립 · 성토(盛土)하거나 골재용으로 사용하기 위한 준설행위: 해양수산부령으로 정하는 방법에 따라 조사한 준설토의 시장가격
   나. 가목 외의 목적의 준설행위 및 굴착행위: 해당 공유수면에 인접한 토지의 가격
3. 법 제8조제1항 제5호의 행위
   가. 전기사업용수로 사용하기 위하여 물을 끌어 들이거나 내보내는 행위: 인수·배수펌프의 용량
   나. 가목 외의 목적으로 물을 끌어 들이거나 내보내는 행위: 인수관·배수관의 지름
4. 법 제8조제1항 제6호의 행위: 해양수산부령으로 정하는 방법에 따라 조사한 흙 · 돌 · 모래의 시장가격
5. 법 제8조제1항 제10호의 행위: 해당 공유수면에 인접한 토지의 가격 및 해양수산부령으로 정하는 방법에 따라 조사한 흙 · 돌 · 모래의 시장가격

공유수면 관리 및 매립에 관한 법률 시행규칙 제11조(공유수면 점용료 · 사용료의 징수) ② 영 제13조제1항에 따른 점용료 · 사용료 산정방식은 별표 2에 따른다.

공유수면법은 제8조 제1항 각호의 사용유형에 대하여 시행령 제13조 제1항 각호에서 정한 기준가격에 시행규칙 제11조 제2항 별표 2의 요율 · 단가를 곱하여 사용료를 산출하게 하고 있다. 국유재산법과 비교하여 특징적인 내용은 ① 공유수면의 성질과 사용유형을 고려하여 기준가격을 정하는데, 인접한 토지의 가격, 매립하는 준설토의 가격, 인수 · 배수펌프의 용량, 인수 · 배수관의 지름 및 채취하는 흙 · 모래 · 돌의 가격 등으로 하는 점, ② 인공구조물의 설치에 1 내지 3% 요율을 적용하는 점, ③ 경작(식물의 재배)에 0.5% 요율을 적용하는 점, ④ 광물채취에 15%의 높은 요율을 적용하는 점 등이다.

5. 도로법

도로법 제66조(점용료의 징수 등) ④ 점용료의 산정기준, 제2항에 따른 점용료의 반환 방법 등 점용료의 징수 및 반환 등에 필요한 사항은 고속국도 및 일반국도(제23조제2항에 따라 시·도지사 또는 시장·군수·구청장이 도로관리청이 되는 일반국도는 제외한다)에 관하여는 대통령령으로 정하고, 그 밖의 도로에 관하여는 대통령령으로 정하는 범위에서 해당 도로관리청이 속하는 지방자치단체의 조례로 정한다.

도로법 시행령 제69조(점용료의 산정기준 및 조정) ① 고속국도 및 일반국도(법 제23조제2항에 따라 특별시장·광역시장·특별자치시장·특별자치도지사 또는 시장이 도로관리청이 되는 일반국도는 제외한다. 이하 이 조 및 제71조제7항에서 같다)에서 징수하는 법 제66조제1항에 따른 점용료(이하 "점용료"라 한다)는 별표 3의 점용료 산정기준에 따른다.
② 제1항에 따른 고속국도 및 일반국도 외의 도로에서 징수하는 점용료는 별표 3의 점용료 산정기준에서 규정한 범위에서 해당 지방자치단체의 조례로 정한다.

서울특별시 강남구 도로 점용허가 및 점용료 등 징수 조례 제3조(점용료의 산정기준) 점용료의 산정기준은 별표 1에 따른다. 다만, 별표 1에 따로 정하지 않은 점용물의 점용료 산정기준은 영 제69조제1항 별표 3에서 정하는 바에 따른다.

고속국도와 일반국도의 점용료는 도로법 시행령 제69조 제1항 별표3에 규정된 「점용료 산정기준」에 따라, 그 밖의 도로점용료는 동 「점용료 산정기준」의 범위 내에서 도로관리청이 소속한 지방자치단체의 조례에 따라 산출한다.

「점용료 산정기준」의 주요내용은 다음과 같다. ① 지상시설물(전주, 가로등, 공중전화, 우체통 등)에 대하여 점용단위(1개) 마다 정액을 부과하되, 특별시(甲地), 광역시(乙地) 및 기타지역(丙地)으로 나누어 차등 부과한다. 송전탑은 다른 지상시설물과 달리 점용단위를 1제곱미터로 하여 지역구분 없이 토지가격에 5.0%를 곱하여 산출한다. 「점용료 산정기준」에서 말하는 토지가격은 도로점용 부분과 닿아 있는 토지의 개별공시지가를 의미한다.

② 지하매설물(수도관, 송유관, 맨홀, 지중정착장치 등)은 점용단위를 1미터로 하여 지름의 크기와 지역에 따라 차등정액을 부과한다. ③ 주유소·충전시설·주차장·터미널·자동차수리소·휴게소 등(진출입로를 포함한다) 지상건축물은 점용단위를 1제곱미터로 하여 토지가격에 2.0 ~ 5.0%를 곱하여 점용료를 산출한다. ④ 지하상가·지하실·지하통로 등 지하건축물은 지상건축물과 동일한 방식으로 계산하되, 요율이 더 낮다(0.75 ~ 2.0%). ⑤ 간판, 사설안내표지, 현수막 등은 표시면적 1제곱미터를 점용단위로 해서 지역에 따라 차등정액을 부과한다. ⑥ 노점·구두수선대·자동판매기·상품진열대 등은 점용단위를 1제곱미터로 하여 토지가격에 일정요율을 곱하는데, 버스표판매대·구두수선대는 1.0%, 나머지는 5.0%이다. ⑦ 그 밖에 농어업은 1.0%, 주

택은 2.5%의 요율을 토지가격에 곱하여 점용료를 산출한다.

고속국도와 일반국도 이외의 도로는 해당 지방자치단체의 조례로 「점용료 산정기준」보다 낮게 정할 수 있는바, 동일한 사용유형이라도 국도와 지방도로 간에, 그리고 지방도로 간에 큰 차이를 보일 수 있다. 「점용료 산정기준」과 「서울특별시 강남구 도로 점용허가 및 점용료 등 징수 조례」, 「용인시 도로점용허가 및 점용료 등 징수 조례」를 비교해 보면 서민의 생계와 관련이 있는 노점의 경우 국가, 지방자치단체 별로 큰 차이를 보이고 있음을 알 수 있다.[44)]

6. 하천법 · 소하천정비법

하천법 제37조(점용료 등의 징수 및 감면) ④ 제1항부터 제3항까지에 따른 점용료등과 변상금의 금액 및 징수방법 등은 대통령령으로 정하는 범위 안에서 그 하천관리청이 속하는 시 · 도의 조례로 정한다.

하천법 시행령 제42조(점용료 등의 징수) ① 법 제37조제1항에 따른 점용료 등(이하 "점용료 등"이라 한다)의 산정기준은 별표 3과 같다.
④ 제1항부터 제3항까지의 규정 외에 점용료 등의 징수에 필요한 사항은 시 · 도의 조례로 정한다.

소하천법 제22조(점용료 등의 징수) ⑤ 제1항부터 제3항까지의 규정에 따른 점용료등, 변상금 및 수수료는 해당 지방자치단체의 수입으로 하며, 그 금액과 징수방법 및 제4항에 따른 점용료등과 수수료의 감면 비율 등은 해당 지방자치단체의 조례로 정한다.

하천의 경우 하천법 시행령 제42조 제1항 별표3의 「점용료 등 산정기준」에 따라 점용료를 산출하되, 동 산정기준에 없는 것은 물론이고, 있는 것도 시 · 도의 조례로 더 낮게 정할 수 있다.[45)]

「점용료 등 산정기준」의 주요내용을 보면, 공작물의 설치는 토지가격의 3%, 경작 · 식물의 식재는 2.5%, 관로 등의 매설 2.5%, 광업 2.5%(토석 · 사력채취는 토석 · 사력 도매가격 평균값의 15%), 어업 0.75%, 야적장 5%, 스케이트장 · 운동장 · 수영장 · 유선장 · 도선장 · 계류장 등 5%, 기타 1.5%이다. 「서울특별시 하천점용료 등 징수 조례」 (별표1)를 보면 경작의 경우 「점용료 등 산정기준」에서 정하는 2.5%보다 낮게 1%로 하고, 「점용료 등 산정기준」에서 정함이 없는 주거용의 경우 0.5%로 하고 있다.

이상 본 바와 같이 하천법의 점용료는 국유재산법의 사용료에 비하여 전반적으로 낮은 수준이며, 특히 주거용의 경우 4배 차이를 보이고 있다.[46)] 하천구역 내의 넓은 땅들이 하천법상

---

44) 국가 5.0%, 서울특별시 강남구 0.7%, 용인시 5.0%.
45) 「점용료 등 산정기준」(하천법 시행령 별표3) ※ 비고 2. 참조.
46) 국유재산법 2.0%, 하천법 0.5%.

하천으로 취급되고, 하천구역 내에 취약계층의 무허가건물이 다수 존재하는 경우가 많다. 이러한 땅들이 하천구역에서 해제(용도폐지)되어 국유재산법의 적용을 받게 되면 주택의 경우 4배, 상가건물의 경우 3.3배의 사용료 상승이 있게 되므로 용도폐지 시 주의를 요한다고 할 것이다.

소하천법 제22조(점용료 등의 징수) ⑤ 제1항부터 제3항까지의 규정에 따른 점용료등, 변상금 및 수수료는 해당 지방자치단체의 수입으로 하며, 그 금액과 징수방법 및 제4항에 따른 점용료등과 수수료의 감면 비율 등은 해당 지방자치단체의 조례로 정한다.

소하천의 경우 점용료의 산출이 전적으로 해당 지방자치단체의 조례에 위임되어 있다. 「서울특별시 강북구 소하천 점용료 등 징수 조례」(별표1)를 보면 결과적으로 하천의 경우와 특별히 다를 것이 없다.[47)]

7. 항만법 · 어촌어항법

항만법 제30조(항만시설의 사용 및 사용료 등) ⑤ 해양수산부장관, 항만시설운영자 또는 임대계약자는 제1항 및 제2항에 따라 항만시설을 사용하는 자로부터 사용료를 징수할 수 있다. 다만, 대통령령으로 정하는 자에 대하여는 그 사용료의 전부나 일부를 면제할 수 있다.
⑦ 제5항에 따른 사용료의 종류와 요율(料率) 등에 필요한 사항은 대통령령으로 정한다.

항만법 시행령 제28조(항만시설 사용료의 종류와 요율 등) ① 법 제30조제7항에 따른 사용료의 종류는 다음 각 호와 같다.

1. ~3. 생략
4. 항만시설 전용 사용료

② 법 제30조제7항에 따라 항만시설 사용료의 요율은 제1항 각 호에 따른 징수대상별로 원활한 항만물류 등을 고려하여 해양수산부장관이 정하여 고시한다.

무역항 등의 항만시설 사용 및 사용료에 관한 규정(해양수산부 고시) 제8조(항만시설사용료의 종류 등) ① 법 제30조와 영 제26조 및 제28조에 따라 항만관리청이 징수하는 항만시설사용료의 요율 · 징수대상시설 및 징수기준 등은 별표 1과 같다.
③ 제1항 및 제2항에 따라 사용료가 정하여지는 항만시설 외의 항만시설사용료는「국유재산법 시행령」제29조를 준용한다.

항만법과 동 시행령은 항만시설의 사용료를 해양수산부장관이 정하여 고시하도록 한다. 「무역항 등의 항만시설 사용 및 사용료에 관한 규정」(해양수산부 고시) 제8조에 의하면 사용료는 별표

47) 예컨대, 경작용을 1.0%로 하는 점은 「서울특별시 하천점용료 등 징수 조례」(별표1)와 같고, 나머지는 하천법 시행령 별표3의 「점용료 등 산정기준」과 대부분 일치한다.

1(「항만시설사용료의 종류 · 요율 및 산정기준」)에 의하되, 동 산정기준에서 정하여지지 않는 항만시설의 사용료는 국유재산법에 따른다. 동 산정기준을 보면 항만건물과 항만부지의 사용료산출에 국유재산법을 적용하도록 하고 있다.[48] 결국 항만법의 경우 국유재산법과 사용료산출에 별다른 차이가 없다고 할 수 있다.

어촌 · 어항법 제42조(사용료 등의 징수) ① 어항관리청은 제38조에 따라 어항시설을 사용하거나 점용하는 자로부터 조례로 정하는 바에 따라 사용료 또는 점용료를 징수할 수 있다. 다만, 국가, 지방자치단체 등 대통령령으로 정하는 자에 대하여는 대통령령으로 정하는 바에 따라 사용료 또는 점용료를 감면(減免)할 수 있다.

부산광역시 어항관리 조례 제11조(사용료 · 점용료의 산정) ① 시장이 법 제42조제1항의 규정에 따른 사용료 또는 점용료(이하 "사용료 등"이라 한다)를 징수하는 경우 그 사용료 등은 당해 어항시설의 가액에 1천분의 50을 곱한 금액을 연간 사용료 등으로 하되, 일할 계산한다. 다만, 법 제2조제5호 가목(3)의 수역시설에 대한 사용료 등은 「공유수면 관리 및 매립에 관한 법률 시행규칙」 제11조의 규정을 준용한다.
② 제1항의 규정에 따른 어항시설의 가액은 토지의 경우 「부동산가격공시 및 감정평가에 관한 법률」 제3조제1항의 규정에 따라 가장 최근에 공시한 개별공시지가로 하되, 개별공시지가가 없는 경우에는 당해 어항시설과 가장 가까이 소재한 유사시설에 해당하는 개별공시지가를 기준으로 산정하고, 법 제2조제5호 나목 및 다목의 시설에 해당하는 건물에 대하여는 「국유재산법 시행령」 제29조 및 「국유재산법 시행규칙」 제17조의 규정에 따라 산정한다.

어촌 · 어항법은 어항시설 점 · 사용료를 조례로 정하게 하는데, 「부산광역시 어항관리 조례」에 의하면 개별공시지가로 산정한 어항시설가액에 5%를 곱하여 연간사용료를 산출하도록 한다. 5% 단일요율이어서 국유재산법에 비하여 과하다고 볼 수 있으나, 어항시설은 건물이나 부지를 점용하는 것보다는, 선박으로 접안 · 정박하는 것이 대부분이고,[49] 폭넓은 감면사유가 있어 특별히 문제될 것이 없다.

48) 1.라.(2), 1-2.라.(2). 참조; 선박료, 화물료, 여객터미널이용료 등은 국유재산의 사용료와 무관하므로 소개하지 않는다.
49) 선박접안 · 정박료는 동 조례 제11조 제3항 별표2.에서 별도로 정한다. 선박접안 · 정박료는 국유재산의 사용료와 이질적이므로 소개하지 않는다.

8. 공원녹지법

도시공원 및 녹지 등에 관한 법률 제41조(점용료의 징수) ① 특별시장·광역시장·특별자치시장·특별자치도지사·시장 또는 군수는 제24조제1항 또는 제38조제1항에 따른 허가를 받아 도시공원 또는 녹지를 점용하는 자에 대하여 점용료를 부과·징수할 수 있다. 다만, 사유지에 대하여는 그러하지 아니하다.
② 제1항에 따른 점용료의 금액과 그 징수방법에 관하여 필요한 사항은 해당 특별시장·광역시장·특별자치시장·특별자치도지사·시장 또는 군수가 속하는 지방자치단체의 조례로 정한다.

서울특별시 도시공원 조례 제17조(점용료) 공원 또는 녹지의 점용허가를 받은 자는 별표 3의 점용료를 납부하여야 한다.

공원녹지법은 도시공원 또는 녹지의 점용료산정을 조례에 위임하고 있는데, 「서울특별시 도시공원 조례」 제17조 별표3에 의하면 수도관 등 지하매설물은 재산가액의 1%, 지하통로·지하대피시설·주차장 등은 재산가액의 2%, 전주와 지상에 설치하는 도로·교량은 2.5%, 적치장·가설공작물은 6% 등으로 규정하고 있다. 도로법 시행령 제69조 제1항 별표3(「점용료 산정기준」)과 비교할 때 다소 높은 요율이다.

제2절 사용료의 부과와 징수

Ⅰ. 사용료의 부과

1. 의의 및 법적 성질

국유재산을 사용허가한 때에는 매년 사용료를 부과·징수하여야 한다(법 제32조 제1항). 국유재산법은 사용료의 부과와 징수를 구분하지 않고 징수로 혼용하고 있으나, 양자는 구분이 된다. 국유재산의 사용허가는 점유권원만 발생시키며, 이후 사용료부과가 있어야 비로소 사용료납부의무(사용료징수권)가 발생하게 되는 것이다. 따라서 사용료와 관련하여 이의·분쟁이 있을 때는 사용허가가 아닌 사용료부과에 대하여 행정쟁송 등을 제기하여야 한다. 사용료의 부과는 장래사용에 대한 것이고, 부과된 사용료는 선납되어야 하므로(영 제30조 제1항) 변상금의 부과·징수와 달리 사용료의 부과·징수는 소멸시효가 특별히 문제되지 않는다.

사용료부과는 재산관리청이 공권력을 가진 우월적 지위에서 행하는 것으로서 항고소송의 대상이 되는 행정처분이다.[50] 나아가 사용료체납 시 연체료부과 및 강제징수 등 일련의 행정처분을 발생시키는 전단계 행정처분이 된다. 행정처분은 권한 있는 행정청이 하여야 하며, 그 상대방 또는 내용에 따라 다른 구속력을 가지게 되는데, 다른 행정작용에서는 볼 수 없는 구성요건적 효력, 존속력 및 자력집행력 등의 특별한 효력이 인정된다.[51] 행정처분은 행정심판이나 항고소송의 대상이 되는데, 피고적격은 당해 행정처분을 한 행정청에게 있다. 국유재산법이 규정하는 행정처분으로는 사용허가, 사용허가의 취소 · 철회, 용도폐지, 사용료 · 변상금 · 연체료 · 가산금의 부과, 강제징수 및 행정대집행 등을 들 수 있다.

2. 사용료 부과의 주체

사용료부과는 당해 재산에 대하여 사용허가를 한 재산관리청이 하는 것이 원칙이다. 사용료부과를 포함하여 국유재산법상 사무의 주체는 총괄청과 소관청, 그리고 이들로부터 사무를 위임 · 위탁받은 자이다. 위임받은 자는 국유재산법에 따른 위임인지를 불문하고 위임의 법리에 따라 위임기관과 동일하게 국유재산법상 사무의 주체가 되지만(행정기관 위탁을 포함한다), 위탁받은 자(민간위탁을 말한다)는 그렇지 아니하다(정부조직법 제6조 제3항, 행정위임위탁규정 제11조 제1항). 국유재산법은 제42조 제1항에 따라 총괄청소관의 일반재산 관리 · 처분 사무를 위탁받은 자만 국유재산법상 사무의 주체가 된다고 하여 이 점을 분명히 하였다(제2조 제11호).

한편 법 제42조 제1항의 특수법인은 일반재산의 관리 · 처분 사무를 위탁받는바, 수탁재산의 과거 행정재산이었던 기간에 대하여 사용료부과를 할 수 있는지 문제된다.[52] 대법원은 총괄청이 보통의 소관청과 달리 전체 국유재산을 아우르는 여러 권한을 가졌다는 점, 한국자산관리공사가 그로부터 일반재산의 관리 · 처분 사무를 위탁받았다는 점 등을 고려하여 한국자산관리공사에 행정재산 사용료부과권한을 인정하였다.[53] 그러나 한국자산관리공사는 법 제42조 제1항, 영 제38조 제3항 제2호에 따라 일반재산의 관리 · 처분 사무를 위탁받은 자이고, 개별 법률의 근거 없이 위탁만으로 사용료부과라는 행정행위의 권한이 있다고 보기는 곤란하다. 생각건대 일반재산을 행정목적으로 사용하거나 사용하기로 결정함으로써 행정재산이 성립하므로 행정재산은 일반재산을 포함하는 개념이라고 할 수 있다. 따라서 한국자산관리공사는 일반재산의 수탁기관으로서 과거의 대부료를 납부고지 · 징수하는 것으로 이론 구성하는 것이 타당하다고 생각한다.

용도폐지 이후에는 기존의 사용허가가 대부계약으로 전환되므로(국유재산법 시행규칙 제14조) 인계받은 한국자산관리공사 등은 기존 사용허가대로 사용료를 징수하되, 대부료납부고지의 형태를 취해야 한다.[54]

---

50) 대법원 1996. 2. 13. 선고 95누11023 판결, 대법원 1997. 4. 11. 선고 96누17325 판결 등. 반면에 일반재산에 관한 사용료의 납입고지는 사법상의 이행청구에 해당하는 것으로서 이를 항고소송의 대상이 되는 행정처분이라고 할 수 없다(대법원 1995. 5. 12. 선고 94누5281 판결 등).

51) 자세한 내용은 하명호, 행정법, 제3판, 박영사, 2021, 149면 이하 참조.

52) 변상금은 행정재산인지 일반재산인지 불문하고 '국유재산'에 부과하는 것이므로 이러한 문제가 없다.

53) 대법원 2014. 11. 13. 선고 2011두30212 판결.

54) 총괄청의 업무처리기준도 이와 동일하다. 국유재산 관련 허가/계약/채권 변동의 처리기준(국유재산과

[판례] 구 국유재산법(2011. 3. 30. 법률 제10485호로 개정되기 전의 것)에 의하면, 기획재정부장관은 국유재산에 관한 사무를 총괄하고 일반재산을 관리·처분할 권한을 가지고 있는 총괄청으로서(법 제8조 제1항), 관리청에 대하여 그 소관에 속하는 국유재산의 용도를 폐지 또는 변경할 것을 요구하거나 그 국유재산을 총괄청에 인계하도록 요구하여 이를 직접 처리할 수 있고(법 제22조 제1항, 제23조), 관리청은 용도를 폐지한 국유재산을 원칙적으로 지체 없이 총괄청에 인계하여야 한다(법 제40조 제2항).
이상과 같은 관련 법령의 규정 내용이나 취지 등에 비추어 볼 때, 국유재산 관리의 총괄청인 기획재정부장관은 용도폐지된 국유재산을 종전의 관리청으로부터 인계받은 경우에 이를 직접 관리·처분할 수 있으므로, 용도폐지되기 전에 종전의 관리청이 미처 부과·징수하지 아니한 사용료가 있으면 이를 부과·징수할 수 있는 권한도 가지고 있다고 할 것이다. 따라서 총괄청인 기획재정부장관으로부터 용도폐지된 국유재산의 관리·처분사무를 위탁받은 수탁관리기관 역시 달리 특별한 사정이 없는 한 그 관리권 행사의 일환으로 그 국유재산이 용도폐지 되기 전의 사용기간에 대한 사용료를 부과할 수 있다고 봄이 상당하다(대법원 2014. 11. 13. 선고 2011두30212 판결).

3. 사용료 부과의 방법

(1) 매년부과의 원칙

국유재산법 제32조(사용료) ① 행정재산을 사용허가한 때에는 대통령령으로 정하는 요율(料率)과 산출방법에 따라 매년 사용료를 징수한다. (단서 생략)

국유재산법 시행령 제29조(사용료율과 사용료 산출방법) ① 법 제32조제1항에 따른 연간 사용료는 해당 재산가액에 1천분의 50 이상의 요율을 곱한 금액으로 하되, 월 단위, 일 단위 또는 시간 단위로 계산할 수 있다.

재산관리기관은 법 제32조 이하에 따른 연간사용료를 매년 부과·징수한다. 사용료산출에 필요한 공시가격이 매년 변하기 때문에 새로 산출해서 부과·징수하게 한 것이다. 통상의 부동산임대료는 보증금을 내고 그 이자로써 임대료를 갈음하거나, 월세를 내는 것이 일반적이지만 국유재산은 연간사용료만 가능하다(일반재산의 대부료는 보증금으로 갈음하는 것이 가능하다). 매년 사용료를 부과·징수한다고 해서, 사용허가기간을 연단위로만 하라는 의미는 아니다. 사용허가기간은 5년 이내이므로(법 제35조 제1항 본문), 월 단위, 일 단위 또는 시간 단위가 가능하다.[55] 사용허가기간을 수년으로 했다면 연간사용료를 매년 부과·징수하라는 뜻이다.

-369, 2008. 5. 9).

55) 영 제27조 제3항 제7호, 제29조 제1항 본문 참고.

(2) 통합부과의 예외

국유재산법 제32조(사용료) ① 행정재산을 사용허가한 때에는 대통령령으로 정하는 요율(料率)과 산출방법에 따라 매년 사용료를 징수한다. 다만, 연간 사용료가 대통령령으로 정하는 금액 이하인 경우에는 사용허가기간의 사용료를 일시에 통합 징수할 수 있다.
④ 제1항 단서에 따라 사용료를 일시에 통합 징수하는 경우에 사용허가기간 중의 사용료가 증가 또는 감소되더라도 사용료를 추가로 징수하거나 반환하지 아니한다.

국유재산법 시행령 제30조(사용료의 납부시기 등) ③ 법 제32조제1항 단서에서 "대통령령으로 정하는 금액 이하"란 20만원 이하를 말한다.

국유재산의 사용료는 연 단위로 산출하여 매년 부과 · 징수하여야 하지만, 연간사용료가 20만원 이하이면 전체 사용허가기간의 사용료를 일시에 통합하여 부과 · 징수할 수 있다. 예컨대 '사용허가기간 5년, 첫해 연간 사용료 15만원'인 경우 전체 사용허가기간의 사용료를 75만원(15만원 곱하기 5년)으로 해서 일시에 부과 · 징수할 수 있다는 것이다. 소액사용료를 매년 부과 · 징수할 때 발생하는 행정력 낭비를 고려한 것이다. 전체 사용허가기간의 사용료를 일시에 통합 부과 · 징수하게 되면 사용자로서는 이자 상당의 손실이 생기는 반면, 통상은 매년 재산가액(공시가격)이 올라가기 때문에 재산가액 상승분 곱하기 요율만큼은 이익이라고 할 것이다. 사용료를 일시에 통합 부과 · 징수하는 경우에 사용허가기간 중의 사용료가 증가 또는 감소되더라도(즉 재산가액이 올라가거나 내려가더라도) 사용료를 추가로 징수하거나 반환하지 아니한다.

Ⅱ. 사용료의 징수

1. 의의 및 법적 성질

사용료의 부과로서 발생한 사용료채권을 현실적으로 거두어들이는 것을 사용료의 징수라고 한다. 국가, 지방자치단체, 기타 공공단체가 조세나 그 밖의 수입금을 거두어들이는 것을 징수라고 말하는데, 보통 공법상의 금전채권 특히, 강제징수가 인정된 금전채권에 관하여 사용되는 경우가 많다.[56] 사용료의 징수는 포괄적인 사실행위이지만, 체납사용료를 징수하는 과정에서 나타나는 압류, 공매 및 연체료의 부과 등은 독자적인 행정처분이다.

사용료의 징수에는 변상금의 징수에 대한 설명이 상당 부분 원용이 되므로, 이하에서는 사용료의 징수에서 특징적인 선납의 원칙과 그 예외에 대하여만 설명하기로 한다.

---

56) 한국법제연구원, 법령용어사례집, 2016, 1933면.

2. 사용료징수의 방법

(1) 선납의 원칙

> **국유재산법 시행령 제30조(사용료의 납부시기 등)** ① 법 제32조제1항 및 제65조의9제1항에 따른 사용료는 선납하여야 한다.
> ② 제1항에 따른 사용료의 납부기한은 사용허가를 한 날부터 60일 이내로 하되, 사용·수익을 시작하기 전으로 한다. 다만, 중앙관서의 장은 부득이한 사유로 납부기한까지 사용료를 납부하기 곤란하다고 인정될 때에는 납부기한을 따로 정할 수 있다.

국유재산의 사용료는 사용·수익하기 전에 선납하여야 한다. 최초 사용료의 납부기한은 사용허가를 한 날부터 60일 이내로 하되, 부득이한 사유가 있는 경우에는 따로 정할 수 있다(영 제30조). 국유재산 사용료의 선납규정은 동시이행의 항변권을 규정한 민법 제536조에 대한 특별규정이라 할 수 있다. 국유재산의 사용료가 체납됐을 경우 연체료를 부과하거나 국세징수법의 체납처분절차에 따라 강제징수 할 수 있지만(법 제73조), 사용료 선납의 원칙에 따라 현실적으로 발생하기 어렵다.

(2) 분할납부의 예외

> **국유재산법 제32조(사용료)** ② 제1항의 사용료는 대통령령으로 정하는 바에 따라 나누어 내게 할 수 있다. 이 경우 연간 사용료가 대통령령으로 정하는 금액 이상인 경우에는 사용허가(허가를 갱신하는 경우를 포함한다)할 때에 그 허가를 받는 자에게 대통령령으로 정하는 금액의 범위에서 보증금을 예치하게 하거나 이행보증조치를 하도록 하여야 한다.
>
> **국유재산법 시행령 제30조(사용료의 납부시기 등)** ⑤ 법 제32조제2항 전단에 따라 사용료를 나누어 내게 하려는 경우에는 사용료가 50만원을 초과하는 경우에만 연 6회 이내에서 나누어 내게 할 수 있다. 이 경우 남은 금액에 대해서는 시중은행의 1년 만기 정기예금의 평균 수신금리를 고려하여 총괄청이 고시하는 이자율(이하 "고시이자율"이라 한다)을 적용하여 산출한 이자를 붙여야 한다.
> ⑥ 법 제32조제2항 후단에서 "대통령령으로 정하는 금액 이상"이란 1천만 원 이상을 말하고, "대통령령으로 정하는 금액의 범위"란 연간 사용료의 100분의 50에 해당하는 금액의 범위를 말한다.

연간사용료는 사용·수익하기 전에 일시에 내는 것이 원칙이지만, 연간사용료가 50만원을 초과하는 경우에는 연 6회 이내에서 나누어 내게 할 수 있다. 이 경우 남은 금액에 대해서는 고시이자를 붙여야 하며, 연간사용료가 1,000만원 이상이면 그 금액의 50%를 보증금으로 예치나 이행보증조치를 하도록 해야 한다.

(3) 납부유예의 예외

국유재산법 시행령 제30조(사용료의 납부시기 등) ③ 제1항 및 제2항에도 불구하고 천재지변이나 「재난 및 안전관리 기본법」 제3조제1호의 재난, 경기침체, 대량실업 등으로 인한 경영상의 부담을 완화하기 위해 총괄청이 대상과 기간을 정하여 고시하는 경우에는 해당 기간에 납부기한이 도래하거나 납부고지된 법 제32조제1항에 따른 사용료를 고시로 정하는 바에 따라 1년의 범위에서 미루어 내게 할 수 있다.

사용료는 납부기한 내에 완납하여야 하지만, 천재지변, 재난 등으로 인한 경영상의 부담을 완화하기 위하여 총괄청이 대상과 기간을 정하여 고시하는 경우 그 기간에 납부기한이 도래하거나 납부고지된 사용료를 고시로 정하는 바에 따라 1년의 범위 내에서 미루어 내게 할 수 있다. 납부유예의 대상은 일시납인지 분할납부인지를 불문한다. 영 제30조 제3항이 납부유예기간 동안 이자를 내야하는지 규정하지 아니하는바, 납부유예의 제도적 취지가 경영상의 부담을 완화하기 위한 것이라는 점, 사용료의 분납을 규정하는 영 제30조 제5항이 이자를 규정하는 것과의 대비 등을 감안할 때 사용료징수유예기간 동안에는 이자가 붙지 않는 것으로 해석할 것이다. 납부유예 제도는 2020년 전 세계를 강타한 COVID-19 사태를 극복하기 위한 경기부흥책의 일환으로 2020. 7. 31. 개정 시행령에서 도입되었다.

영 제30조 제3항에 따른 최초의 납부유예 고시는 2020. 7. 31. 제정 · 고시되어, 다음 날부터 시행되었는데, 그 적용기간을 2020. 8. 1.부터 같은 해 12. 31.까지로 하고, 적용기간 내에 납부기한이 도래하거나 납부 고지된 사용료 · 대부료에 대하여 그 납부를 3개월 유예하되(추가로 3개월 연장 가능), 「독점규제 및 공정거래에 관한 법률」 제14조 제1항에 따라 공시대상기업집단으로 지정 및 통지한 기업집단(소속회사 포함)과 동 고시 시행 후 최초로 사용허가 또는 대부계약을 체결하는 경우는 적용대상에서 제외하였다(기획재정부고시 제2020-23호 「국유재산 사용료 및 대부료 한시 납부유예에 관한 고시」).

3. 체납사용료의 징수

국유재산 사용료의 체납이 있게 되면 법 제73조 제1항에 따라 연체료를 부과해야 하고, 나아가 같은 조 제2항에 따라 체납사용료 및 그 연체료를 강제징수할 수 있다. 한편 국유재산법은 사용료 및 대부료에 한하여 그 연체료의 한시적 감경을 규정하고 있다(영 제72조 제3항). 연체료의 부과 및 강제징수에 대하여는 제8편 제3장에서 자세히 설명한다.

제3절 사용료의 산출

국유재산법 시행령 제29조(사용료율과 사용료 산출방법) ① 법 제32조제1항에 따른 연간 사용료는 해당 재산가액에 1천분의 50 이상의 요율을 곱한 금액으로 하되, 월 단위, 일 단위 또는 시간 단위로 계산할 수 있다. 다만, 다음 각 호의 어느 하나에 해당하는 경우에는 해당 재산의 가액에 해당 요율을 곱한 금액으로 하되, 제6호 단서의 경우에는 총괄청이 해당 요율이 적용되는 한도를 정하여 고시할 수 있다.

국유재산의 사용료는 재산가액에 법정요율을 곱하는 방식으로 산출함을 원칙으로 하되(영 제29조 1항, 제2항), 경작지, 공중·지하부분, 경쟁 입찰로 사용허가 된 재산 및 보존용재산 등에 대하여는 이와 다른 특별한 산출방식이 적용된다(같은 조 제3항 이하). 사용료 산출방식은 적산법을 기반으로 한다고 할 수 있지만, 재산가액을 공시가격에 연동시키고(일원주의[57]), 주관적인 사용목적에 따라 요율이 달라진다는 점(주관주의)에 큰 특색이 있으며, 다른 나라에서 유사한 입법례를 찾아보기 어렵다. 공시가격으로 재산가액을 삼는 것은 사용료가 낮아지는 요소가 되지만, 반면에 다양한 정책요율은 시장임대료보다 높거나 낮아지는 요소가 된다. 최근 정부의 부동산공시가격 현실화 정책에 따라 국유재산 사용료가 전반적으로 상승하고 있는데, 특히 기준요율이 적용되는 상업용·산업용 등에서 시장임대료를 상회하는 영역이 발생할 가능성이 있다.

영 제29조에 따라 산출한 사용료는 수의 사용허가의 첫해에만 그대로 적용되고 낙찰가, 사용료조정 및 감경 규정 등에 의하여 가감이 되기 때문에 기준사용료라고 부를 수 있다. 한편 공공용재산과 보존용재산은 해당 공물법이나 국유림법 등의 적용을 우선적으로 받기 때문에 영 제29조의 기준사용료는 공용재산이나 일반재산에 주로 적용된다.

Ⅰ. 재산가액의 산출

국유재산법 시행령 제29조(사용료율과 사용료 산출방법) ② 제1항에 따라 사용료를 계산할 때 해당 재산가액은 다음 각 호의 방법으로 산출한다. 이 경우 제1호, 제2호 및 제3호 본문에 따른

57) 공시지가제도는 전국의 조사대상 토지 및 국·공유지(일반재산)의 가격을 통일된 기준에 따라 개별필지를 조사하여 하나의 공시지가로 통일시킴으로써 공적 지가체계의 일원화를 실현하였으며, 개별필지에 대한 조사·평가·검증에 감정평가사가 직접 참여함에 따라 적정한 가격평가로 공적 지가에 신뢰성이 제고되었다. 김기재, 우리나라의 공시지가제도에 관한 비교법적 고찰, 토지공법연구, 제73집 제2호, 한국토지공법학회, 2016. 2, 142면.

재산가액은 허가기간 동안 연도마다 결정하고, 제3호 단서에 따른 재산가액은 감정평가일부터 3년 이내에만 적용할 수 있다.

1. 토지: 사용료 산출을 위한 재산가액 결정 당시의 개별공시지가(「부동산 가격공시에 관한 법률」 제10조에 따른 해당 토지의 개별공시지가로 하며, 해당 토지의 개별공시지가가 없으면 같은 법 제8조에 따른 공시지가를 기준으로 하여 산출한 금액을 말한다. 이하 같다)를 적용한다.
2. 주택: 사용료 산출을 위한 재산가액 결정 당시의 주택가격으로서 다음 각 목의 구분에 따른 가격으로 한다.
   가. 단독주택: 「부동산 가격공시에 관한 법률」 제17조에 따라 공시된 해당 주택의 개별주택가격
   나. 공동주택: 「부동산 가격공시에 관한 법률」 제18조에 따라 공시된 해당 주택의 공동주택가격
   다. 개별주택가격 또는 공동주택가격이 공시되지 아니한 주택: 「지방세법」 제4조제1항 단서에 따른 시가표준액
3. 그 외의 재산: 「지방세법」 제4조제2항에 따른 시가표준액으로 한다. 다만, 해당 시가표준액이 없는 경우에는 하나의 감정평가업자의 평가액을 적용한다.

1. 공시가격에 연동

사용료산정을 위한 재산가액은 부동산공시법의 공시가격으로 하되, 공시가격이 없을 때는 지방세법의 시가표준액 또는 감정평가액으로 한다. 공시가격 및 시가표준액은 연도마다 결정하고, 감정평가에 의한 재산가액은 감정평가 일부터 3년 이내에만 적용할 수 있다(영 제29조 제2항). 종전에는 사용료산정을 위한 재산가액도 처분가격과 같이 감정평가로 산출하다가 1989. 4. 1. 부동산공시가격제도가 도입되자,[58] 1990년(6월) 개정 시행령부터는 재산가격을 부동산공시가격에 연동시키게 되었다.

구 국유재산법 시행령(1990. 1. 3. **대통령령 제**12895**호**) **제**26**조**(**사용료율과 평가방법**) ② 제1항의 재산의 가액은 제37조의 규정을 준용하여 산출하되, 결정 후 3년 내에 한하여 적용한다. 이 경우, 토지 · 건물의 경우에 당해재산의 가액은 지방세법의 규정에 의한 과세시가표준액으로 할 수 있다.
제37**조**(**재산의 가격결정**) ① 잡종재산을 처분하는 때에는 시가를 참작하여 당해 재산의 예정가격을 결정하여야 한다. 다만, 예정가격이 300만원(서울특별시 · 직할시와 총괄청이 지정하는 지역에 있어서는 1천만원) 이상인 재산에 대하여는 재무부령이 정하는 감정기관에 평가를 의뢰하고, 그 평가액을 참작하여 예정가격을 결정한다.

58) 1989. 4. 1. 「지가공시 및 토지 등의 평가에 관한 법률」(법률 제4120호)(현 부동산공시법)의 제정으로 공적지가체계가 공시지가로 일원화되었으며, 매년 1월 1일을 가격기준일로 하여 표준지공시지가 및 개별공시지가를 조사 · 공시한다.

하나의 사용허가로 여러 필지의 국유지를 사용허가할 때는 필지별로 따로 사용료를 산출한 다음에 전체를 합산하는 방식을 취해야 한다. 필지별로 공시가격이 다르기 때문이다. 건물의 경우에도 마찬가지 이다.

2. 공시가격의 기준일

(1) 사용료산출을 위한 재산가액 결정 당시

매년도 공시가격은 연중에 결정 · 공시되지만(개별공시지가는 5월 31일까지, 주택가격은 4월 30일까지 결정 · 공시하는 것을 원칙으로 한다), 그 공시기준일은 1월 1일을 원칙으로 한다.[59] 그러나 국유재산 사용료산정을 위한 공시기준일을 1월 1일로 하게 되면 당해 연도 공시가격의 결정 · 공시가 있을 때까지 사용료산정을 보류하거나 공시가격의 결정 · 공시 후 재산정해야 하는 어려움이 있기 때문에 국유재산법은 '사용료 산출을 위한 재산가액 결정 당시'라고 하여 공시기준일을 다르게 규정하고 있다(영 제29조 제2항 제1호, 제2호).

사용료 산출을 위한 재산가액 결정 당시의 공시가격이라 함은 '사용허가일 현재 가장 최근에 공시된 공시가격'을 의미한다. 예컨대, 2021. 4. 15.자 국유재산 사용허가를 하는 경우, 아직 당해 연도의 공시지가가 결정 · 공시되지 않았다면 가장 최근에 공시된 2020년도 공시지가로서, 다음해 4. 14.까지 1년 치 사용료를 결정한다.[60] 그 후에 결정 · 공시된 2021년도 공시가격이 2020년도의 것보다 높더라도 재산정하여 추가징수를 하지 않는다.

[**판례**] 토지의 증여 당시에는 당해 연도의 개별공시지가가 고시되지 아니하였다가 증여 이후에 비로소 공시기준일을 같은 해 1. 1.로 한 개별공시지가가 고시되었다고 하더라도 증여 당시 고시되어 있던 전년도 개별공시지가보다는 당해 연도의 개별공시지가가 증여 당시 토지의 현황을 더 적정하게 반영하여 시가에 근접한 것이라고 보아야 할 것이므로, 이 사건에 있어서와 같이 개별공시지가가 납세자에게 유리하게 낮아진 경우에는 당연히 증여 이후 고시된 당해 연도의 개별공시지가를 기준으로 하여 증여토지의 가액을 평가하여야 한다고 할 것이고, 국세청의 기본통칙은 과세관청 내부에 있어서의 세법의 해석기준 및 집행기준을 시달한 행정규칙에 불과하고 법원이나 국민을 기속하는 효력이 있는 법규가 아니므로 상속세법기본통칙 60-4…(9)에서 토지를 개별공시지가에 의하여 평가함에 있어서 개별공시지가는 상속개시일 현재 고시되어 있는 개별공시지가에 의하도록 규정하고 있다고 하여 이와 달리 볼 것은 아니라 할 것이다(대법원 1996. 8. 23. 선고 96누4411 판결)

필자 주: 국유재산법 시행령 제29조 제2항 제1호는 위 국세청 기본통칙과 달리 법원이나 국민을 기속하는 효력이 있는 법규이다.

---

59) 공시가격의 결정 · 공시일에 대하여는 부동산공시법 시행령 제21조 제1항, 제38조 제1항, 제43조 제1항; 공시가격의 공시기준일에 대하여는 부동산공시법 시행령 제3조, 제27조 참조.

60) 총괄청 국재45501-1222, 93.12.22 등.

(2) 경쟁 입찰의 경우

국유재산법 시행규칙 제15조 (입찰공고) 영 제27조제4항에 따라 경쟁입찰공고를 할 경우에는 대상재산의 용도 또는 목적에 따라 다음 각 호의 사항을 구체적으로 밝혀야 한다.

1. 사용허가의 대상 재산 및 허가기간에 관한 사항
2. 입찰·개찰의 장소 및 일시에 관한 사항
3. 입찰참가자의 자격에 관한 사항
4. 입찰보증금과 국고귀속에 관한 사항
5. 입찰무효에 관한 사항
6. 사용료의 예정가격 및 결정방법에 관한 사항
7. 사용허가기간 만료 시 갱신 여부에 관한 사항
8. 사용허가 갱신 시 사용허가기간 및 사용료 결정방법에 관한 사항
9. 그 밖에 입찰에 필요한 사항

경쟁 입찰로 사용허가할 때는 사용료예정가격을 미리 입찰공고하여야 하는데(시행규칙 제15조 제6호), 입찰공고로부터 최종 낙찰에 이르기까지 적지 않은 시일이 소요될 수 있다. 한편 그 사이에 개별공시지가 등 공시가격에 변동이 있을 수 있고, 그때마다 변동된 재산가액을 반영한 사용료예정가격을 입찰공고해야 한다면 행정력의 낭비가 초래될 수 있다.

이에 국유재산법 입찰은 공고부터 최종 낙찰에 이르기까지 연속된 하나의 과정이라는 점을 고려하여 일괄 입찰공고를 허용하고 있다(법 제31조 제2항). 따라서 재산관리기관은 최초 예정가격을 최초 입찰에서 뿐만 아니라 차회 입찰에까지 일괄 사용할 수 있다. 나아가 2차 연도 이후 사용료산정을 위한 영 제29조 제6항 수식의 '입찰 당시의 재산가액'도 입찰공고 당시의 재산가액을 의미하게 되는데, 첫해 사용료산정에는 국가에 불리하지만, 2차 연도 이후에는 국가에 유리하게 산정된다.

(3) 재산가액을 증대시킨 자에게 사용허가하는 경우

자기의 비용과 노력으로 재산가액을 증대시킨 자(적법한 점유인지 무단점유인지 불문한다)에 대한 사용료를 산정한다면(변상금의 산정을 포함한다), 재산가액의 증가분을 공제하고 재산가액을 산출해야 하는지 문제된다. 재산가액 증가분의 처리 문제는 매매대금 산정에서도 동일하게 발생하지만 결론을 달리한다(매매대금의 산정에 관해서는 제5편 제1장 제4절 참조).

국유재산법은 당초 사용료 산정을 위한 재산가액의 산출에 대하여 '해당 토지의 개별공시지가'라고 하다가, 2007. 12. 개정 시행령 때부터는 '최근 공시된 해당 토지의 개별공시지가'라고 하였고, 2009. 7. 개정 시행령 때부터는 '사용료 산출을 위한 재산가액 결정 당시의 개별공시지가'라고 하고 있다. 2007년 시행령 개정 이전에는 개별공시지가의 기준일을 정하지 않았기 때문

에, 재산가액 상승 전의 개별공시지가인지 상승 후의 개별공시지가인지 논란의 여지가 있었다.

종래 판례는 재산가액 상승 전의 개별공시지가로 재산가액을 산출해야 한다고 판시하였는데, 이러한 판례는 국유재산 사용료 산정에 관한 특별한 입장이라기보다 부당이득에 관한 일반 법리에 입각한 것으로서 앞으로도 견지될 것으로 예상되었다.[61] 이에 정부는 증가된 재산가액으로 사용료를 산정하기 위해서 2007년 및 2009년 시행령 개정을 하였던 것인데, 정부가 부당이득의 일반 법리와 다르게 개발이익을 국고에 귀속시키려고 한 이유는 첫째는 골프장건설사업 등의 시행자가 현황이 구거, 임야 등인 국유지를 무단으로 개발하여 체육용지로 만든 다음 판례에 따라 구거, 임야 등에 해당하는 재산가액의 사용료만 납부하고 골프장을 운영하는 폐해가 발생한다는 점이고, 둘째는 국유재산의 사용자가 사용허가나 대부를 받아 개발을 하는 경우 통상 유익비상환청구권의 포기약정을 함으로써 개발이익(재산가액 상승분)을 포기하는데(법 제38조), 이와 형평에 맞지 않다는 것이다.[62] 그러나 국유재산법 시행령의 개정에도 불구하고 부당이득의 일반 법리에 따라 재산가액 상승분을 빼고 사용료를 산정해야 한다는 종전 판례의 입장은 한동안 지속되었고, 법 문언에 반한다는 비판과 함께 실무상 혼란을 가져다주었다.

[**판례**] 국유재산의 대부료 산정의 기준이 되는 구 국유재산법시행령(2000. 7. 27. 대통령령 제16913호로 개정되기 전의 것) 제26조 제1항 소정의 '당해 재산의 가액'은 특별한 사정이 없는 한 국유재산을 대부받은 점유자가 점유 개시 이후에 자기의 비용과 노력으로 가치를 증가시킨 변경된 상태를 기준으로 할 것이 아니라 점유자가 점유를 개시할 당시의 현실적 이용상태를 상정하여 이를 기준으로 평가되어야 하고, 이는 당초 국유재산의 점용 또는 사용·수익허가를 받아 점유를 개시한 이후에 대부계약이 체결된 경우에도 마찬가지이다.
토지에 대한 점유 개시 당시 현황이 도로 또는 구거였던 토지 및 주변 토지에 상당한 자금을 투자하여 골프장 조성공사를 실시하고, 위 공사가 완성됨에 따라 위 토지의 지목이 체육 용지로 변경되었다면, 국유재산의 대부료 산정을 위한 위 토지의 가액 평가는 변경된 상태의 지목 및 이용상태를 기준으로 할 것이 아니라 점유 개시 당시의 지목 및 이용상태를 상정하여 이를 기준으로 산정하여야 한다(대법원 2004. 10. 28. 선고 2002다20995 판결).
필자 주: 행정재산인 도로 또는 구거를 사용허가 받아 골프장으로 만든 결과 해당재산이 체육용지로 되어 개별공시지가 상승하였고, 국가가 높아진 개별공시지가로 대부료를 산정·징수하자 이에 국가를 상대로 부당이득반환청구를 한 사례

61) 대법원 1999. 2. 12. 선고 98두17647, 17654 판결; 대법원 2000. 1. 28. 선고 97누4098 판결 등.
62) 국유재산 사용자의 유익비상환청구권의 포기에 관해서는 제3편 제7장 제4절 참조.

[**판례**] 살피건대, 대부료 산정의 기초가 되는 재산가액의 산출방법에 관해 국유재산법 시행령이 위와 같은 내용으로 개정되어 왔으나, '최근 공시된 해당 토지의 개별공시지가', '재산가액 결정 당시의 개별공시지가'를 적용해 재산가액을 산출하도록 하고 있는 위 규정들은 원고가 그 비용과 노력으로 대부받은 재산을 개발하여 그 재산 가격을 상승시킨 후 대부계약을 갱신해 온 이 사건에 그대로 적용할 수 없다. 앞서 든 증거에 의하면, 이 사건 각 대부계약에 원고의 유익비상환청구권 포기약정이 포함되어 있음을 알 수 있는데, 이러한 점에 비추어 보면, 위 규정들을 그대로 적용하여 대부계약 갱신 당시 해당 토지의 개별공시지가를 기준으로 대부료를 산정할 경우, 원고의 노력에 의한 가격상승분까지도 대부료 산정의 기초로 삼게 되어 형평의 원칙에 반하는 부당한 결과를 초래하기 때문이다(국유재산법 시행령 개정 이후 해당 규정을 적용해 산정한 대부료 관련 대법원 2010.9.9. 선고 2010다55422 판결 참조)(서울고등법원 2011. 8. 17. 선고 2010나105121 판결).

필자 주: 대법원 2010다55422 판결은 공시되지 않아 그 내용을 직접 소개할 수는 없으나, 위 서울고등법원판결은 동 대법원판결을 인용하면서 따르고 있으므로 같은 내용으로 추정할 수 있다. 기타 대법원 2010다55422 판결을 따른 대표적인 하급심판결로는 수원지방법원 2011. 6. 24. 선고 2010가합13353 판결 참고.

이후 대법원은 2013. 1. 17. 전원합의체 판결로서 종래의 입장을 번복하여, 개정 시행령의 문언에 맞게 개발한 후의 재산가액으로 사용료를 산정해야 한다고 하였고, 이후 같은 입장을 견지하고 있다(대법원 2013. 3. 14. 선고 2012다23818 판결 등 참조). 공유재산의 사용료에도 동일한 사안이 발생하는바, 공유재산법 시행령도 위 전원합의체 판결을 반영하여 '대부료 산출을 위한 재산가격 결정 당시의 개별공시지가'로 개정되었다.

[**판례**] 대법원의 이러한 해석론은 토지가액의 평가기준에 관하여 동일하거나 유사한 용어를 사용하고 있던 2007년 개정 전 국유재산법 시행령과 2009년 개정 전 국유재산법 시행령 및 2005년 개정 전 지방재정법 시행령과 현행 공유재산관리법 시행령에 대하여도 마찬가지로 적용된다고 할 것이다.
그런데 그 후 2009년 개정 국유재산법 시행령으로 전부 개정되어 국유 일반재산인 토지에 대한 대부료 산정의 기초가 되는 해당 토지가액의 산출기준이 '최근 공시된 해당 토지의 개별공시지가'에서 '사용료 산출을 위한 재산가액 결정 당시의 개별공시지가'로 변경되었는바, 사용료 산출을 위한 재산가액 결정 당시의 개별공시지가는 재산가액 결정 당시 시점에 당해 토지가 현실적으로 이용되는 상태를 그대로 평가하여 정해지는 것이고, 위와 같은 문언으로 개정한 입법 취지가 토지를 형질변경하게 되면 그에 따라 사용이익이 증감하는 것이 일반적이므로 그러한 현상을 있는 그대로 반영하여 대부료를 적정하게 산정하는 것이 보다 합리적이라는 사고에 바탕을 두고 이를 분명하게 하기 위한 것임을 고려할 때, '사용료 산출을 위한 재산가액 결정 당시의 개별공시지가'라는 위 개정조항에는 단순한 '개별공시지가'라거나 거기에 '최근'이라는 문구가 첨가된 구 조항들과는 달리 '점유 개시 당시가 아닌 현재의 현실적 이용상태'를 기준으로 한다는 의미가

담겨 있다고 봄이 상당하다. 따라서 국유 일반재산인 토지를 대부받은 점유자가 점유 개시 후에 자기의 비용과 노력으로 가치를 증가시켰다고 하더라도 2009년 개정 국유재산법 시행령의 시행일인 2009. 7. 31.부터는 점유자가 점유를 개시할 당시의 현실적 이용상태를 상정하여 이를 기준으로 해당 재산가액을 평가할 것이 아니라, 새로이 대부계약을 체결하거나 갱신할 당시의 현실적 이용상태를 기준으로 해당 재산가액을 산출하여야 한다. 그리고 이는 당초 국유재산의 점용 또는 사용·수익허가를 받아 점유를 개시한 후에 대부계약이 새로이 체결된 경우에도 마찬가지이다. 다만 공유 일반재산인 토지의 대부료 산정에 관하여는 그 근거법령인 공유재산관리법 시행령이 2009. 7. 27. 국유재산법 시행령 개정 때 함께 개정되지 않은 채 당초 2005. 12. 30. 제정될 당시의 상태 그대로 유지되고 있어 위와 같은 법리가 적용될 수 없고, 여전히 대법원이 종전에 취하던 해석론에 의할 수밖에 없음을 주의적으로 밝혀 둔다(대법원 2013. 1. 17. 선고 2011다83431 전원합의체 판결).

3. 토지의 재산가액

국유재산법 시행령 제29조(사용료율과 사용료 산출방법) ② 생략

1. 토지: 사용료 산출을 위한 재산가액 결정 당시의 개별공시지가(「부동산 가격공시에 관한 법률」 제10조에 따른 해당 토지의 개별공시지가로 하며, 해당 토지의 개별공시지가가 없으면 같은 법 제8조에 따른 공시지가를 기준으로 하여 산출한 금액을 말한다. 이하 같다)를 적용한다.
2. ~ 3. 생략

부동산 가격공시에 관한 법률 제8조(표준지공시가격의 적용) 제1호 각 목의 자가 제2호 각 목의 목적을 위하여 지가를 산정할 때에는 그 토지와 이용가치가 비슷하다고 인정되는 하나 또는 둘 이상의 표준지의 공시지가를 기준으로 토지가격비준표를 사용하여 지가를 직접 산정하거나 감정평가법인등에 감정평가를 의뢰하여 산정할 수 있다. 다만, 필요하다고 인정할 때에는 산정된 지가를 제2호 각 목의 목적에 따라 가감(加減) 조정하여 적용할 수 있다.

1. 지가 산정의 주체
   가. 국가 또는 지방자치단체
   나. 「공공기관의 운영에 관한 법률」에 따른 공공기관
   다. 그 밖에 대통령령으로 정하는 공공단체
2. 지가 산정의 목적
   가. 공공용지의 매수 및 토지의 수용·사용에 대한 보상
   나. 국유지·공유지의 취득 또는 처분
   다. 그 밖에 대통령령으로 정하는 지가의 산정

(1) 개별공시지가

국유지의 경우 해당 필지의 개별공시지가로 재산가액을 산출한다. 개별공시지가가 없을 때는 그 토지와 이용가치가 비슷하다고 인정되는 표준지의 공시지가를 기준으로 토지가격비준표를 사용하여 직접 산출하거나 감정평가업자에게 감정평가를 의뢰하여 산출할 수 있다.[63] 개별공시지가가 없는 도로의 점용료를 산정할 때 적용되는 인접한 토지의 개별공시지가에 관한 아래의 판례는 개별공시지가가 없는 국유지의 사용료를 산출할 때 기준이 되는 표준지 공시지가 선택에 참고가 될 것이다.

[**판례**] 주유소에 출입하는 차량을 위한 진출입로로 사용하기 위하여 점용하고 있는 도로에 대하여 행정청이 주유소 부지의 공시지가를 점용료 산정의 기준으로 삼아 점용료를 산정하여 부과처분한 사안에서, 주유소의 부지로 사용되는 토지는 도로점용의 주된 사용목적과 동일 또는 유사한 용도로 사용되고 있다고 할 수 없으므로, 위 도로에 대한 점용료 산정을 위한 기준 토지가 될 수 없다. 도로점용료의 산정기준 등 도로점용료의 산정기준 등 점용료의 징수에 관하여 필요한 사항을 정한 서울특별시 도로점용허가 및 점용료 등 징수조례(2008. 3. 12. 조례 제4610호로 개정되기 전의 것) 제3조 [별표]에서 인접한 토지의 개별공시지가를 도로점용료 산정의 기준으로 삼도록 한 취지는, 도로 자체의 가격 산정이 용이하지 아니하여 인근에 있는 성격이 유사한 다른 토지의 가격을 기준으로 함으로써 합리적인 점용료를 산출하고자 하는 데 있으므로, 여기서 '인접한 토지'라 함은 점용도로의 인근에 있는 토지로서 도로점용의 주된 사용목적과 동일 또는 유사한 용도로 사용되는 토지를 말한다(대법원 2002. 11. 8. 선고 2002두5344 판결 등 참조)(대법원 2010. 2. 11. 선고 2009두12730 판결).

필자 주: 주유소 진출입로로 사용하기 위한 도로의 점용료를 산출함에 있어서, 기준으로 삼은 인접한 토지가 도로가 아닌 주유소 부지라면 잘못이라는 판례.

(2) 개별공시지가에 대한 다툼

국유지의 개별공시지가는 사용료뿐만 아니라 사용료를 기반으로 산정되는 변상금에까지 영향을 미치기 때문에 사용료 · 변상금을 부과 받은 자는 그 위법을 주장할 때 개별공시지가에 잘못이 있다고 다투는 경우가 많다. 개별공시지가의 결정은 사용료 · 변상금부과와는 독립적인 행정처분인데, 이미 쟁송기간이 지난 개별공시지가결정의 위법을 이유로 사용료 · 변상금부과의 위법을 다툴 수 있을까. 개별공시지가의 결정에 위법이 있다면 비록 쟁송기간이 지났더라도 후행 과세처분의 취소를 구하는 행정소송에서 독립된 위법사유로 주장할 수 있다는 판례가 있는바, 관련 법리는 위법한 개별공시지가결정에 기해 이루어진 사용료 · 변상금부과의 행정쟁송에도 동

63) 국유지의 경우 도로나 하천 등 공공용재산 이외에는 개별공시지가를 공시하여야 한다(부동산공시법 시행령 제15조 제1항 제3호).

일하게 적용될 수 있을 것이다.

[**판례**] 개별공시지가결정은 이를 기초로 한 과세처분 등과는 별개의 독립된 처분으로서 서로 독립하여 별개의 법률효과를 목적으로 하는 것이나, 개별공시지가는 이를 토지소유자나 이해관계인에게 개별적으로 고지하도록 되어 있는 것이 아니어서 토지소유자 등이 개별공시지가결정 내용을 알고 있었다고 전제하기도 곤란할 뿐만 아니라 결정된 개별공시지가가 자신에게 유리하게 작용될 것인지 또는 불이익하게 작용될 것인지 여부를 쉽사리 예견할 수 있는 것도 아니며, 더욱이 장차 어떠한 과세처분 등 구체적인 불이익이 현실적으로 나타나게 되었을 경우에 비로소 권리구제의 길을 찾는 것이 우리 국민의 권리의식임을 감안하여 볼 때 토지소유자 등으로 하여금 결정된 개별공시지가를 기초로 하여 장차 과세처분 등이 이루어질 것에 대비하여 항상 토지의 가격을 주시하고 개별공시지가결정이 잘못된 경우 정해진 시정절차를 통하여 이를 시정하도록 요구하는 것은 부당하게 높은 주의의무를 지우는 것이라고 아니할 수 없고, 위법한 개별공시지가결정에 대하여 그 정해진 시정절차를 통하여 시정하도록 요구하지 아니하였다는 이유로 위법한 개별공시지가를 기초로 한 과세처분 등 후행 행정처분에서 개별공시지가결정의 위법을 주장할 수 없도록 하는 것은 수인한도를 넘는 불이익을 강요하는 것으로서 국민의 재산권과 재판받을 권리를 보장한 헌법의 이념에도 부합하는 것이 아니라고 할 것이므로, 개별공시지가결정에 위법이 있는 경우에는 그 자체를 행정소송의 대상이 되는 행정처분으로 보아 그 위법 여부를 다툴 수 있음은 물론 이를 기초로 한 과세처분 등 행정처분의 취소를 구하는 행정소송에서도 선행처분인 개별공시지가결정의 위법을 독립된 위법사유로 주장할 수 있다고 해석함이 타당하다(대법원 1994. 1. 25. 선고 93누8542 판결).

4. 건물의 재산가액

국유재산법 시행령 제29조(사용료율과 사용료 산출방법) ② 생략

1. 생략
2. 주택: 사용료 산출을 위한 재산가액 결정 당시의 주택가격으로서 다음 각 목의 구분에 따른 가격으로 한다.
   가. 단독주택: 「부동산 가격공시에 관한 법률」 제17조에 따라 공시된 해당 주택의 개별주택가격
   나. 공동주택: 「부동산 가격공시에 관한 법률」 제18조에 따라 공시된 해당 주택의 공동주택가격
   다. 개별주택가격 또는 공동주택가격이 공시되지 아니한 주택: 「지방세법」 제4조제1항 단서에 따른 시가표준액
3. 그 외의 재산: 「지방세법」 제4조제2항에 따른 시가표준액으로 한다. 다만, 해당 시가표준액이 없는 경우에는 하나의 감정평가업자의 평가액을 적용한다.

지방세법 제4조(부동산 등의 시가표준액) ① 이 법에서 적용하는 토지 및 주택에 대한 시가표준액은 「부동산 가격공시에 관한 법률」에 따라 공시된 가액(價額)으로 한다. 다만, 개별공시지가 또는 개별주택가격이 공시되지 아니한 경우에는 특별자치시장 · 특별자치도지사 · 시장 · 군수 또

는 구청장(자치구의 구청장을 말한다. 이하 같다)이 같은 법에 따라 국토교통부장관이 제공한 토지가격비준표 또는 주택가격비준표를 사용하여 산정한 가액으로 하고, 공동주택가격이 공시되지 아니한 경우에는 대통령령으로 정하는 기준에 따라 특별자치시장 · 특별자치도지사 · 시장 · 군수 또는 구청장이 산정한 가액으로 한다.

② 제1항 외의 건축물(새로 건축하여 건축 당시 개별주택가격 또는 공동주택가격이 공시되지 아니한 주택으로서 토지부분을 제외한 건축물을 포함한다), 선박, 항공기 및 그 밖의 과세대상에 대한 시가표준액은 거래가격, 수입가격, 신축 · 건조 · 제조가격 등을 고려하여 정한 기준가격에 종류, 구조, 용도, 경과연수 등 과세대상별 특성을 고려하여 대통령령으로 정하는 기준에 따라 지방자치단체의 장이 결정한 가액으로 한다.

(1) 주택

주택은 부동산공시법에 따른 주택공시가격으로 재산가액을 산출하는데, 주택공시가격은 개별주택가격과 공동주택가격으로 나누어진다.

1) 단독주택

단독주택은 주택공시법 제17조에 따른 개별주택가격으로 재산가격을 산출하며(영 제29조 제2항 제2호 가목), 개별주택가격이 공시되지 아니한 경우[64]에는 부동산공시법에 따라 국토교통부장관이 제공한 주택가격비준표를 사용하여 지방자치단체장이 산정한 시가표준액으로 한다(같은 호 다목, 지방세법 제4조 제1항 단서 전단). 단독주택은 그 부지와 별개이므로 주택 공시가격과 주택부지 공시가격을 합산해야 한다. 시가표준액 산정은 재산관리기관이 아닌 지방자치단체장이 산정해야 한다.

2) 공동주택

공동주택(아파트, 연립주택 및 다세대주택을 말한다. 주택법 시행령 제3조)은 주택공시법 제18조에 따른 공동주택가격으로 재산가격을 산출하며(영 제29조 제2항 제2호 나목). 공동주택가격이 공시되지 아니한 경우에는 대통령령으로 정하는 기준에 따라 지방자치단체장이 산정한 시가표준액으로 한다(같은 호 다목, 지방세법 제4조 제1항 단서 후단). 공동주택은 공시가격에 부지가격도 포함되어 있기 때문에 부지 공시가격을 합산할 필요가 없다.

공동주택이 아닌 다층주택은 건물과 부지가 독립되고, 마당 · 계단 등 공용면적에까지 소유권이 미치기 때문에 건물과 부지의 각 재산가액을 산출해서 더해야 하고, 각 재산가액을 산출할 때 그 면적을 어떻게 정하는지가 중요한 바, 국유재산법 시행규칙은 공동주택이 아닌 다층건물

---

64) 매년 1회 주택가격을 공시하기 때문에 신축주택은 소유권보존등기 후 최장 1년 동안 공시가격이 없을 수 있다.

(주택에 한하지 않는다)의 건물면적과 부지면적 계산방법을 제17조에서 규정하고 있다.

> **국유재산법 시행규칙 제17조(건물 사용료의 산출기준)** ① 건물을 사용허가 하는 경우 그 사용료는 건물가액과 부지가액을 더한 금액을 기준으로 산출한다.
> ② 제1항의 건물가액과 부지가액은 다음 각 호의 계산식에 따라 산출된 면적을 기준으로 해당 재산의 가액을 계산한다.
> 1. 건물면적: 사용허가 받은 자의 건물전용면적 + 해당 건물의 총공용면적 × (사용허가 받은 자의 건물전용면적 ÷ 해당 건물의 총전용면적)
> 2. 부지면적: 사용허가 받은 자의 부지전용면적 + 해당 부지의 총공용면적 × (사용허가 받은 자의 건물전용면적 ÷ 해당 건물의 총전용면적)

종래에는 몇 층을 사용허가 하느냐에 따라 부지가액을 차등 산출해서 1층에 근접 할수록 가중 적용하였다.[65] 그러나 종래방식은 건물에 따라 층별 가치가 다양하므로 1층에 근접할수록 가치가 높다고 할 수 없다는 비판과 전반적으로 건물사용료가 높게 산정된다는 비판이 있어 2009. 7. 개정 시행규칙 때부터는 건물 사용면적 비율로 안분하는 방식을 취하게 되었다.

(2) 주택 아닌 건물

학교, 청사 및 상가건물 등 주택 아닌 건물의 재산가액은 거래가격, 수입가격, 신축·건조·제조가격 등을 고려하여 정한 기준가격에 종류, 구조, 용도, 경과연수 등 과세대상별 특성을 고려하여 대통령령으로 정하는 기준에 따라 지방자치단체장이 결정한 시가표준액으로 하되, 시가표준액이 없으면 하나의 감정평가업자의 평가액을 적용한다(영 제29조 제2항 제3호, 지방세법 제4조 제2항). 생각건대, 지방자치단체장은 지방세 과세업무를 수행하기 위하여 시가표준액을 정해야 한다는 점, 감정평가를 하더라도 시가표준액의 취지에 맞는 평가를 해야 한다는 점(지방세법 제4조 제1항 본문) 등을 고려할 때 감정평가로 대체하게 하는 영 제29조 제2항 제3호 단서의 규정은 다소 의문이다.

지방세법 제4조 제2항은 새로 건축하여 공시가격이 없는 주택의 시가표준액을 주택 아닌 건물과 동일하게 산정하는바, 국유재산의 경우에도 일치시키는 것이 타당하다고 생각된다. 그 밖에 주택 아닌 건물의 부지 공시가격 합산 여부, 건물 면적과 부지 면적의 각 계산방법 등은 주택에서 설명한 바와 같다.

5. 토지 및 건물 이외의 재산가액

토지 및 건물 외의 국유재산은 주택 아닌 건물과 동일한 방법으로 재산가액을 산출한다(영

---

65) 2005. 6. 개정 시행규칙 제19조 참조.

제29조 제2항 제3호). 토지 및 건물 이외의 국유재산으로는 선박 · 항공기 등 특수동산을 주로 들 수 있다(법 제5조 제1항).

Ⅱ. 법정요율

국유재산법 시행령 제29조(사용료율과 사용료 산출방법) ① 법 제32조제1항에 따른 연간 사용료는 해당 재산가액에 1천분의 50 이상의 요율을 곱한 금액으로 하되, 월 단위, 일 단위 또는 시간 단위로 계산할 수 있다. 다만, 다음 각 호의 어느 하나에 해당하는 경우에는 해당 재산의 가액에 해당 요율을 곱한 금액으로 하되, 제6호 단서의 경우에는 총괄청이 해당 요율이 적용되는 한도를 정하여 고시할 수 있다.

1. 경작용(「농지법 시행령」 제2조제3항제2호에 해당하는 시설로 직접 사용하는 용도를 포함한다) 또는 목축용인 경우: 1천분의 10 이상

1의2. 「수산업법」에 따른 어업 또는 「내수면어업법」에 따른 내수면어업에 직접 사용하는 경우: 1천분의 10 이상

2. 주거용인 경우: 1천분의 20 이상(「국민기초생활 보장법」 제2조제2호에 따른 수급자가 주거용으로 사용하는 경우: 1천분의 10 이상)

3. 행정목적의 수행에 사용하는 경우: 1천분의 25 이상

3의2. 지방자치단체가 해당 지방자치단체의 행정목적 수행에 사용하는 경우: 1천분의 25 이상

4. 공무원의 후생목적으로 사용하는 경우: 1천분의 40 이상

5. 「사회복지사업법」 제2조제1호에 따른 사회복지사업에 직접 사용하는 경우 및 「부동산 실권리자명의 등기에 관한 법률 시행령」 제5조제1항제1호 · 제2호에 따른 종교단체가 그 고유목적사업에 직접 사용하는 경우: 1천분의 25 이상

6. 「소상공인 보호 및 지원에 관한 법률」 제2조에 따른 소상공인이 경영하는 업종(「중소기업창업 지원법」 제3조제1항 단서에 해당하는 업종은 제외한다)에 직접 사용하는 경우: 1천분의 30 이상. 다만, 천재지변이나 「재난 및 안전관리 기본법」 제3조제1호의 재난, 경기침체, 대량실업 등으로 인한 경영상의 부담을 완화하기 위해 총괄청이 기간을 정하여 고시한 경우에는 1천분의 10 이상의 요율을 적용한다.

7. 다음 각 목의 어느 하나에 해당하는 기업 또는 조합이 해당 법령에 따른 사업 목적 달성을 위해 직접 사용하는 경우: 1천분의 25 이상

가. 「사회적기업 육성법」 제2조제1호에 따른 사회적기업

나. 「협동조합 기본법」 제2조제1호에 따른 협동조합 및 같은 조 제3호에 따른 사회적협동조합

다. 「국민기초생활 보장법」 제18조에 따른 자활기업

라. 「도시재생 활성화 및 지원에 관한 특별법」 제2조제1항제9호에 따른 마을기업

1. 개요

통상의 부동산 임대료는 누가 어떤 용도로 사용하는지와 무관하게 객관적으로 산출되는 기대수익률 등이 적용되지만, 국유재산은 사용자가 누구인지, 사용용도가 무엇인지에 따라 다양한 주관적인 사용요율이 적용된다. 객관주의는 자원의 효율적 배분, 국고수입증대 등의 장점이 있는 반면, 국유재산의 공익적 성질에는 맞지 않을 수 있다.

국유재산법 제정 당시에는 객관주의에 입각하여 임대실례, 소작료 및 임대등급 등을 기준으로 사용료를 산출하되, 임대실례가 없을 때만 예외적으로 재산가액에 법정요율을 곱하는 방식을 적용하였다. 이때의 재산가액은 감정평가로 산출하였고, 법정요율도 경작용과 비경작용으로 나누는 정도에 불과하였다. 그러다가 1977. 6. 전부개정 시행령 때부터는 재산가액에 요율을 곱하는 방식을 전면적으로 도입하였고, 사용요율을 행정용 · 공무원 후생용 · 기타로 나누었다. 이후 1996. 6. 개정 시행령에서 주거용 요율을 추가하고, 2000. 7. 개정 시행령에서 경작용 요율을 추가하였고, 2011. 4. 개정 시행령에서 사회복지 · 종교, 소상공인 요율을 추가하였으며, 2018. 6. 개정 시행령에서 목축 · 어업 · 사회적 기업을 추가하여 오늘날의 사용요율 체계를 완성하였다. 재산가액의 경우 1990. 3. 개정 시행령 때부터 공시가격에 연동시켰다.

이와 같이 완성된 현행 사용요율 체계는 사용자와 사용목적에 따라서 ① 경작 · 목축 및 어업 1% 이상, ② 주거용 2% 이상, ③ 공익사업(행정, 사회복지 · 종교 및 사회적 기업 등) 2.5% 이상, ④ 상업 · 산업용, 기타 영리사업 3 ~ 5% 이상(소상공인 3%, 공무원후생 4%, 나머지 5% 이상)으로 한다. 확정요율로 하지 않고 '이상' 이라고 한 취지는 경쟁 입찰의 경우 최초 예정가격 이상으로 낙찰될 가능성이 있고, 주변시세 등을 감안하여 사용료산정에 재량의 여지를 둘 필요가 있기 때문이다.[66] 영 제29조 제1항 각호의 법정요율은 5%를 기준으로 하고, 정책적으로 이보다 감경할 필요가 있는 영역에 대하여는 그 이하로 감경하고 있다고도 볼 수 있으므로, 영 제29조 제1항 본문의 5% 요율을 '기준요율'로, 제1항 각호의 요율들을 '정책요율'로 부르기도 한다. 앞서 본 바와 같이 정책요율이 점점 더 세분화되어, 현재 기준요율 5%는 사실상 상업용 내지 산업용 일반에 한정되게 되었다.

2. 경작 · 목축 및 어업용 1%

(1) 경작용

경작용 재산의 연간사용료는 1% 요율을 적용한다(영 제29조 제1항 제1호). 이렇게 경작용은 국유재산법상 가장 낮은 요율이 적용될 뿐만 아니라, 농업총수입에 따라 더 낮은 사용료가 적용될 수도 있기 때문에 경작용의 개념과 그 판단기준은 실무상 매우 중요하다. 경작용으로의 사용

---

66) 수의로 사용허가를 하면서 실제 '이상'으로 부과하는 경우는 희박하다. 실제 그렇게 하려면 관련 재량 준칙이 있어야 한다. 이하에서는 법정요율에 '이상'을 붙이지 않는다.

허가는 수의매각으로도 연결이 된다(영 제40조 제3항 제18호 아목). 농지법은 농지의 임대를 원칙적으로 불허하면서 국유농지 등 몇몇 농지의 예외적인 임대를 허용하는바(농지법 제23조 제1항 제1호), 결국 국유농지의 사용허가는 농지법상 적법하다.

1) 경작의 개념

국유재산법이나 판례상 영 제29조 제1항 제1호의 경작에 대한 정의는 없고, 총괄청의 유권해석에 의하면 경작이란 한국표준산업분류상의 '작물재배업', 즉 '노지 또는 특정시설에서 작물 및 종자를 재배 · 생산하는 산업 활동'을 의미한다(국재41321-149). 한국표준산업분류상 작물재배업(01-011)의 범위는 상당히 넓은데, ① 곡물 및 기타 식량작물 재배업(0111), ② 채소, 화훼작물 및 종묘재배업(0112), ③ 과실, 음료용 및 향신용 작물재배업(0113), ④ 기타 작물재배업(0114) 및 ⑤ 시설작물 재배업(0115)이 그것이다.[67] 산림(forestry)[68]에서 이러한 작물 이외의 나무를 심고 가꾸는 것은 조림으로서 임업(A-02-020)에 속한다. 버섯 · 송로 · 딸기 등 야생식용작물을 채취하는 것도 임업이다. 현행법상 임업에는 5% 요율이 적용된다.

[**총괄청 유권해석(국재**41321-149)] 1. 국유재산법시행령 제26조 규정상의 경작이라 함은 한국표준산업분류상의 작물재배업, 즉 작물 및 종자를 재배생산하는 활동을 의미하는 바, 조경수 및 과수의 재배는 동 분류상의 작물재배업에 해당하므로 경작목적으로 볼 수 있습니다.

2. 다만 국유재산의 사용목적은 실제적으로 그 재산이 이용되고 있는 상태를 고려하여 판단하여야 하는 바, 예컨대 조경수를 단지 매매상 편의를 위해 일시적으로 가식하고 있는 경우에는 경작목적에 해당된다고 볼 수 없으므로, 귀교에서는 질의대상재산에 대해 이러한 점 등을 고려하여 경작목적에 해당하는지 여부를 판단하여야 합니다.

〈참조〉 입목의 경우 계약종료 후 원상회복이나 중도에 해약하는 경우 보상의 문제가 발생하는바 입목의 크기나 종류 등을 고려하여 허가 및 대부여부를 판단하여야 할 것입니다.

경작의 사전적인 의미는 '땅을 갈아서 농사를 짓는 것'이지만,[69] 축산과 양식어업도 생물을 기른다는 점에서는 동일하다는 점, 한국표준산업분류상 작물재배업(011)과 축산업(012)이 함께 농업(01)에 포함되고 농지법상 농업인에 축산업자가 포함된다는 점(농지법 제2조 제2호, 동법 시행령 제3조) 등을 고려하여 2018년(6월) 개정 시행령에서부터 축산 및 어업용도 1% 요율을 적용하게 되었다.

---

67) 국유재산 사용료산정 당시에 '통계청 통계분류포털 〉 한국표준산업분류 〉 검색 〉 분류내용보기(해설서 A-01-011)'을 통해 확인하기 바란다.
68) 산림이란, 과수 · 조경 이외의 목적으로 산에 수풀이 우거져 있는 것을 의미한다.
69) 표준국어대사전(https://stdict.korean.go.kr/main/main.do), 국립국어원.

2) 경작의 주체

영 제29조 제1항 제1호의 경작이 되기 위해서, 사용자가 농지법상 농업인 또는 농업법인이어야 하는 것은 아니고, 해당 재산에 대한 주된 사용목적이 경작이면 된다. 따라서 회사원이 여가활동으로 국유지를 사용허가 받아 주말농장을 한다면 경작용이지만(주된 목적이 경작용이다), 농업인이라 할지라도 국유주택을 사용허가 받아 마당에 화초를 재배한다면 주된 목적이 주거용으로서 경작용이라 할 수 없다. 또한 한국담배인삼공사가 국유재산에 실험용 담배·인삼을 재배한다면 산업용으로서 경작용 요율을 적용할 수 없다. 경작이 다른 주된 용도에 부수되는 정도라면 그 주된 용도에 따라 경작면적까지 요율이 결정되어야 한다. 예컨대, 공장이나 주택 부지 내에 화단·조경을 위한 경작이라면 그 전체에 상업용·주거용 요율을 적용해야 하고, 골프장 부지 내에 잔디·조경을 위한 경작이라면 상업용 요율을 적용해야 한다. 절(寺)의 경내 텃밭이나 조경을 위한 경작에는 종교용 요율이 적용된다.

[참고 ⑩] 주말농장의 쟁점

국유재산의 사용자가 직접 주말농장으로 경작한다면 영 제29조 제1항 제1호의 경작이 될 것이지만, 사용자가 국유재산을 주말농장으로 운영하면서 제3자에게 그 전부 또는 일부를 경작하게 한다면 전대의 문제가 발생할 수 있고, 경작용 요율을 적용할 수 있는지 논란이 있을 수 있다. 사용자가 국유재산의 특정 부분을 제3자에게 분양하고, 수분양자가 분양받은 구역에서 배타적·독자적인 경작을 한다면 전대로 볼 가능성이 높다. 반면 사용자가 경작에 관한 주도권을 가지고 제3자는 경작을 체험하는 정도의 소극적 지위라면 그러한 제3자는 단순한 시설이용자에 불과하므로 전대라고 보기 어렵다. 다만 이때는 경작이 아닌 영업시설의 운영으로서 경작용 요율(1%)이 어렵다고 볼 수도 있다.

3) 경작 대상

영 제29조 제1항 제1호의 경작용 요율이 적용되기 위하여 대상 국유재산이 농지법상 농지일 것을 요하지는 않는다.[70] 다만 농지가 아닌 국유지를 경작용으로 사용허가 하는 것은 국유재산의 효율적 이용, 국유지 형질변경 등의 측면에서 신중하게 판단해야 한다.

(2) 목축용 및 어업용

앞서 경작용에서 설명한 바와 같이 2018년(6월) 개정 시행령에서부터 목축용과 어업용에 1% 요율을 적용하기로 하였다(영 제29조 제1항 제1호, 제1호의 2). 국유재산법과 판례상 영 제29조 제1항 제1호의 목축에 대한 정의는 없고, 아직 총괄청의 유권해석도 없으므로 한국표준산업분류상의 '축산업(012)' 개념에 의할 수밖에 없는데, "가축, 가금, 꿀벌, 누에 및 기타 육지동물

70) 농지법상 농지에 대한 자세한 설명은 제5편 제2장 참조.

을 각종 목적으로 사육·번식·증식하는 산업 활동을 말한다. 다만, 운반·경기 등 특정 활동을 수행하면서 그에 사용되는 동물을 사육하거나, 판매장에서 판매할 동물을 사육·관리하는 경우와 애완용 동물의 사육관리 대리는 제외된다(표준산업분류해설 14면)."

영 제29조 제1항 제1호의 2의 어업용이라 함은 수산업법에 따른 어업 또는 내수면어업법에 따른 내수면어업에 직접 사용하는 경우를 말하는데, 수산업법에 따른 어업이란 "수산동식물을 포획·채취하거나 양식하는 사업과 염전에서 바닷물을 자연 증발시켜 소금을 생산하는 사업을 말하고(수산업법 제2조 제2호), 내수면어업이란 내수면에서 수산동식물을 포획·채취하거나 양식하는 사업을 말한다(내수면어업법 제2조 제5호). 이와 같이 영 제29조 제1항 제1호의 2의 어업용에 수산동식물의 포획·채취도 포함되지만, 수산동식물의 포획·체취는 주로 공유수면법이 적용되고, 국유재산법은 양식장과 염전에 주로 적용되는 실정이다. 경작용과 달리 어업에 직접 사용하는 경우로 한정했기 때문에 어업용 창고·집하장 등 어업 관련 부대시설의 부지는 적용 대상에 포함되지 않는다.

3. 주거용 2%

주거용 국유재산의 사용료에는 2% 요율을 적용하되, 기초생활보장법상의 수급자(제2조 제2호)에게는 1% 요율을 적용한다(영 제29조 제1항 제2호).

(1) 주거용의 판단기준

영 제29조 제1항 제2호의 주거용에 대한 직접적인 판례는 없고, 주택임대차보호법 제2조의 주거용에 대한 판례가 참고가 될 수 있을 것이다. 대법원은 주거용인지 여부는 부동산공부에 따라 형식적으로 판단할 것이 아니라 건물의 현황, 실제용도 등에 따라 사실상 주거용으로 쓰이는지 실질적으로 판단해야 한다고 한다(대법원 1995. 3. 10. 선고 94다52522 판결 등). 국유지 위의 건물소유자에게 그 국유지를 사용허가할 때 그 건물이 주거용이라면 주거용 요율을 적용하게 되는데 이 경우 해당 건물이 적법한지, 불법인지는 묻지 않는다(대법원 2009. 8. 20. 선고 2009다26879 판결).

(2) 사용자가 주거용과 비주거용으로 혼용하는 경우

국유재산의 사용용도에 주거용과 비주거용이 섞여 있을 수 있다. 예컨대, 국유건물에 거주하면서 식당영업을 하는 경우이다.[71] 주택임대차보호법은 주택의 일부가 비주거용으로 사용되더라도 그 건물 전부에 동법이 적용된다고 한다고 하여 이 문제를 입법적으로 해결

71) 국유지를 건물로 점유하는 자가 그 건물에서 주거와 영업을 함께 한다면 같은 문제가 발생할 수 있다. 다만 동 건물의 소유자가 제3자에게 건물을 임대한다면 임차인이 그 건물을 무엇으로 사용하든 그 건물의 소유자에게는 상업용 요율이 적용될 수 있다. 부동산임대업에 해당하기 때문이다.

하고 있으며, 대법원은 이러한 주택임대차보호법 제2조를 해석함에 있어서 임차건물이 주거용으로서의 실질을 갖추었다면 비주거용으로 사용하는 면적이 있더라도(나아가 더 넓더라도) 주택임대차보호법의 적용을 인정한다. 주거용으로서의 실질이 있는지는 임대차의 목적, 전체 건물과 임대차 목적물의 구조와 형태, 임대차 목적물의 이용관계, 임차인이 일상생활을 영위하는지, 가족과 함께 거주하는지 및 다른 곳에 거주지가 있는지 등으로 판단한다.[72)]

주택임대차보호법은 임차권의 대항력 인정, 임차보증금의 회수 등 주택임차인의 보호를 목적으로 하므로 주거용 부분만 분리하여 동법을 적용하는 것이 적절하지 않다. 따라서 임차건물의 일부만이라도 주거용의 실질이 있다면 그 건물 전부에 동법을 적용하는 것이다. 그러나 국유재산의 사용료는 주거용부분과 비주거용부분을 분리하여 따로 산정한 다음에 양쪽을 합산을 하더라도 아무런 문제가 없기 때문에 사용허가 받은 국유재산을 주거용과 비주거용으로 나누어 그 사용비율에 따른 사용요율의 안분적용이 타당하다고 할 것이다. 결론적으로 주택임대차보호법의 주거용은 불가분적이지만 국유재산법의 주거용은 가분적이다.

주택임대차보호법 제2조(적용범위) 이 법은 주거용 건물(이하 "주택"이라 한다)의 전부 또는 일부의 임대차에 관하여 적용한다. 그 임차주택(賃借住宅)의 일부가 주거 외의 목적으로 사용되는 경우에도 또한 같다.

(3) 주거의 주체

사용자 본인이 직접 거주해야 한다. 다만 사용자의 가족이 거주하는 상태에서 사용인이 일시적으로 다른 곳에 거주하는 정도라면 괜찮다. 사용자가 가족 이외의 제3자를 유상으로 거주하게 한다면 이는 임대업이 되어 사용목적 위반이 될 수 있고(법 제36조 제1항 제3호), 무상으로 거주하게 한다면 법 제30조 제2항을 위반하여 다른 사람에게 사용·수익하게 한 것이 될 수 있다(같은 항 제2호). 법인은 성질상 거주할 수 없기 때문에 주거의 주체가 될 수 없다. 법인이 국유재산을 사용허가 받아 소속직원이 거주하게 한다면, 그것은 법인의 사업목적에 제공되는 것으로 봐야 하고, 그 사업목적에 부합하는 요율을 적용하여야 할 것이다. 대법원은 회사소유의 직원사택을 "법인의 목적사업에 직접 사용되는 재산[73)]" 또는 "직접 법인의 업무에 사용되는 고정재산[74)]"으로 본다.

72) 주거용의 실질을 인정한 판례로는 대법원 1995. 3. 10. 선고 94다52522 판결, 대법원 1996. 5. 31. 선고 96다5971 판결 등을, 주거용의 실질을 부정한 판례로는 대법원 1993. 10. 8. 선고 93다25738, 93다25745(반소) 판결, 대법원 1996. 3. 12. 선고 95다51953 판결, 대법원 1987. 4. 28. 선고 86다카2407 판결 등을 참조.

73) 대법원 1992. 9. 22. 선고 92누7351 판결.

74) 대법원 1984. 12. 11. 선고 84누214 판결.

4. 공익목적 사업 2.5%

아래의 공익목적 사업은 국가 행정목적의 수행, 기타 그에 내재된 공익성을 지원하기 위해 2.5%의 요율을 적용한다.

(1) 행정목적의 수행

국유재산을 행정목적의 수행에 사용하는 경우 2.5% 요율을 적용한다(영 제29조 제1항 제3호, 제3호의2). 여기서 행정목적이란 국가 또는 지방자치단체의 행정목적을 말하는데, 이 중에서 국가 행정목적이라 함은 국가 이외의 자가 국가행정의 목적으로 국유재산을 사용하는 것을 말한다. 주의할 것은 국가 외의 자가 국가사무를 위탁받아 수행하는 것은 여기에 해당하지 않는다. 예컨대 법무부장관으로부터 공증사무를 위탁받아 수행하는 법무법인이 국유건물을 대부받아 사무실로 쓴다고 해서 행정목적의 요율이 적용되는 것이 아니다. 국가 이외의 자가 수행하는 업무가 국가 행정목적에 해당하는 전형적인 예는 다음과 같다.

1) 보존용재산

보존용재산은 보존목적의 수행에 필요한 범위에서만 사용허가하므로(법 제30조 제1항 제2호), 보존용재산의 사용허가는 특별한 사정이 없는 한 행정목적의 수행을 위한 것이라고 할 수 있다. 총괄청은 창경원의 주차장은 창경원의 보존목적 수행에 필요한 재산이므로 행정목적 요율을 적용해야 한다고 해석하였다. 보존용재산 이외의 나머지 행정재산은 그 용도나 목적에 장애가 되지 않으면 사용허가할 수 있으므로(같은 항 제1호), 그 사용목적을 보고 개별적으로 판단해야 한다. 국유공항 내의 상가시설에서 면세점을 운영을 한다면 행정목적의 수행이라 보기 어렵다.

2) 사립학교

사립학교의 설립과 운영이 국가 행정목적의 수행에 해당하는지에 대해서는 의견이 갈릴 수 있다. 그러나 사립학교는 사립학교법에 따라 설립되고 시 · 도 교육감의 엄격한 지도 · 감독을 받는다는 점, 사학연금과 공무원연금은 그 근간이 거의 같다는 점, 국민의 입장에서 볼 때, 국 · 공립학교와 사립학교 사이에 큰 차이를 느끼지 못할 정도로 사립학교의 공공성이 강하다는 점 등을 감안하면 사립학교의 설립과 운영을 국가 행정목적의 수행으로 봐도 괜찮을 것이다. 총괄청도 사립학교의 공공성을 인정하여 학교법인이 국유재산을 학교시설로 직접 사용한다면 국가 행정목적의 수행에 사용되는 것으로 보고 있다.[75] 사립학교라 함은 유치원, 중학교, 고등학교 및 대학교 등으로 그 범위가 매우 넓다.[76]

---

75) 국유재산과-87, 2004. 1. 13. 총괄청의 이러한 유권해석이 있은 후 지방자치단체는 관련 조례로서 사립학교에 행정목적 요율을 적용하고 있다(서울특별시 공유재산 및 물품관리 조례 제26조 제4항 제5호 참조).

76) 사립학교법 제2조 제1호: "사립학교"란 학교법인, 공공단체 외의 법인 또는 그 밖의 사인(私人)이 설치하는 「유아교육법」 제2조제2호, 「초 · 중등교육법」 제2조 및 「고등교육법」 제2조에 따른 학교를 말한다.

3) 지방자치단체

지방자치단체가 국유재산을 해당 지방자치단체의 행정목적 수행에 직접 사용한다면 영 제29조 제1항 제3호의 2에 따라 행정목적 요율을 적용한다. 지방자치단체가 법 제34조 제1항에 따라 국유재산을 무상으로 빌릴 수 없는 상황이라면 행정목적 요율로 사용허가 받을 여지가 있다. 지방자치단체가 해당 국유재산의 취득계획을 구체적으로 세우지 아니하고 직접 행정목적의 수행에 사용하려고 한다면 무상 사용허가는 곤란하지만, 영 제29조 제1항 제3호의 2에 따라 2.5% 요율로 사용할 수는 있는 것이다. 종래에는 지방자치단체의 행정목적에 5% 요율을 적용하다가, 사립학교에 행정목적 요율을 적용하는 총괄청 유권해석이 나오면서 이와의 균형상 2013. 4. 국유재산법 시행령을 개정하여 현행 영 제29조 제1항 제3호의 2를 신설하였다.

지방자치단체나 지방공기업이 국유재산을 주민생활을 위한 사회기반시설로 사용하는 경우 2.5% 요율을 적용하기 위하여 2020. 9. 영 제29조 제1항 제3호의 3을 신설하였다. 지방자치단체의 경우 기존의 제3호의 2를 적용하면 될 것이지만, 지방공기업을 포함하기 위해서 별도 호를 신설한 것이다.

(2) 사회복지사업 및 종교사업

국유재산을 사회복지사업에 직접 사용하거나 종교단체가 그 고유목적사업에 직접 사용하는 경우에도 2.5% 요율을 적용한다(영 제29조 제1항 제5호). 2011. 4. 시행령 개정으로 도입된 감경요율이다. 사회복지사업이란 사회복지사업법 제2조 제1호에 따른 사업을 말하는데, 그 범위가 매우 넓고 사업주체가 법인이나 단체일 필요가 없다. 반면에 종교사업에의 직접 사용은 반드시 부동산실명법 시행령 제5조 제1항 제1호 · 제2호에 따른 단체가 하여야 한다.

(3) 사회적 기업, 협동조합, 자활기업 및 마을기업

사회적 기업, 협동조합, 자활기업 및 마을기업이 해당 법령에 따른 사업 목적 달성을 위해 직접 사용하는 경우에는 2.5% 요율을 적용한다(영 제29조 제1항 제7호). 2018. 6. 개정 시행령에서 처음 도입된 감경요율이다. 사회적 기업은 대부분 소상공인으로 분류되지만, 보통의 소상공인(제6호)과 사회적 기업 등인 소상공인(제7호)은 추구하는 주요목적이 영리인지 공익인지에 따라 구별된다. 따라서 중견기업이나 대기업에 속하는 사회적 기업 등도 있을 수 있다. 사회적 기업 등은 평소 소상공인 여부를 불문하고(대기업이라 하더라도) 제7호에 따라 2.5% 요율을 적용받다가, 제6호 단서에 따라 소상공인에 대한 일시적 감경이 실시되면 소상공인임을 입증하여 감경혜택을 받을 것이다.

5. 영리사업 3 ~ 5%

영리사업에는 그 영리성과 정책적 고려 등에 따라 3 ~ 5%의 요율을 적용하되, 소상공인이나 중소기업에 대하여는 경기침체 등으로 인한 경영상의 부담을 완화하기 위한 일시적 감경이 가능하다.

(1) 소상공인

국유재산을 소상공인이 경영하는 업종에 직접 사용하는 경우 3% 요율을 적용하되, 천재지변이나 재난,[77] 경기침체, 대량실업 등으로 인한 경영상의 부담을 완화하기 위하여 총괄청이 기간을 정하여 고시한 경우에는 한시적으로 1% 요율을 적용한다(영 제26조 제1항 제6호). 소상공인에 대한 3% 요율은 2011. 4. 개정 시행령에서 도입되었고, 한시적 감경은 2020년 전 세계를 강타한 COVID-19 사태를 극복하기 위한 경기부흥책의 일환으로 2020. 3. 개정 시행령에서 도입되었다.[78] 소상공인이란 상시근로자수 5인 미만(제조업 · 광업 · 건설업 및 운수업은 10인 미만)의 소기업을 말하는데, 소기업이란 중소기업 중에서 해당 기업이 영위하는 주된 업종의 평균매출액이 일정금액 이하인 기업을 말한다.[79]

소상공인의 범위는 매우 넓어서 국유재산을 영리목적으로 사용하는 자의 대부분이 해당한다. 문제는 소상공인에 대한 사용요율만 규정되어 있을 뿐, 수의에 의한 사용허가나 제한 · 지명경쟁을 허용하는 규정이 없어서(영 제27조 제1항, 제2항 참조), 일반 상업용인 5%로 최초 예정가격을 산정해 일반경쟁 입찰에 붙이는 것이 상례라는 것이다. 그러나 이는 소상공인에게 별도 요율을 규정한 취지에 맞지 않고, 한편 상업용 국유재산 전부를 소상공인용으로 사용하게 하는 것도 일반 상업용 요율을 둔 취지에 맞지 않다. 상업용 재산을 예상수익, 위치 및 업종 등을 고려해서, 일반 상업용과 소상공인용으로 분류해서 따로 사용허가 하는 것이 타당하다. 나아가 소상

77) 재난안전법 제3조 제1호의 재난을 말한다.
재난안전법 제3조(정의) 이 법에서 사용하는 용어의 뜻은 다음과 같다.
1. "재난"이란 국민의 생명 · 신체 · 재산과 국가에 피해를 주거나 줄 수 있는 것으로서 다음 각 목의 것을 말한다.
가. 자연재난: 태풍, 홍수, 호우(豪雨), 강풍, 풍랑, 해일(海溢), 대설, 한파, 낙뢰, 가뭄, 폭염, 지진, 황사(黃砂), 조류(藻類) 대발생, 조수(潮水), 화산활동, 소행성 · 유성체 등 자연우주물체의 추락 · 충돌, 그 밖에 이에 준하는 자연현상으로 인하여 발생하는 재해
나. 사회재난: 화재 · 붕괴 · 폭발 · 교통사고(항공사고 및 해상사고를 포함한다) · 화생방사고 · 환경오염사고 등으로 인하여 발생하는 대통령령으로 정하는 규모 이상의 피해와 에너지 · 통신 · 교통 · 금융 · 의료 · 수도 등 국가기반체계의 마비, 「감염병의 예방 및 관리에 관한 법률」에 따른 감염병 또는 「가축전염병예방법」에 따른 가축전염병의 확산, 「미세먼지 저감 및 관리에 관한 특별법」에 따른 미세먼지 등으로 인한 피해
다. 삭제

78) 2020. 3. 개정 시행령에 따른 최초의 한시적 감경고시는 2020. 4. 1. 제정 · 고시되었는데, 사용요율을 1%로 하고, 적용기간을 2020. 4. 1.부터 같은 해 12. 31.까지로 하며, 최대 적용 한도를 2,000만원으로 하였다(기획재정부고시 제2020-8호 「소상공인에 대한 국유재산 사용료 및 대부료 한시 인하에 관한 고시」).

79) 소상공인 보호 및 지원에 관한 법률 제2조, 동법 시행령 제2조; 중소기업기본법 제2조 제2항, 동법 시행령 제8조 제1항, 별표3 참조.

공인용 재산에 대하여는 수의방식 또는 제한·지명경쟁 입찰이 가능함을 명문으로 규정할 필요도 있다.[80]

소상공인으로 제한·지명하여 입찰에 부치더라도, 일반상업용 요율로 산정한 금액보다 더 높이 올라갈 수도 있어, 소상공인용 요율의 취지가 무색해질 수 있다. 사용허가를 신청한 소상공인이 다수이지만, 예정가격의 증대가 바람직하지 않은 상황이라면 추첨으로 낙찰자를 결정하는 방식도 생각해 볼 수 있다. 현재 공공주택 특별법은 주택지구로 조성된 토지를 추첨의 방법으로 분양·임대하되, 판매시설용지 등 영리를 목적으로 사용될 토지에 대하여는 경쟁 입찰의 방법으로 공급하는데, 참고가 될 수 있을 것이다.[81]

(2) 공무원의 후생

국유재산을 공무원의 후생목적으로 사용하는 경우에는 4% 요율을 적용한다(영 제29조 제1항 제4호). 국가 이외의 자가 국유재산을 공무원의 후생목적으로 사용하는 경우는 대부분 매점, 식당 및 복지관 등 상업시설이기 때문에 일반 상업요율에 근접한 4%로 규정되어 있다. 공공청사 건물의 일부를 사용허가 받아 공무원을 대상으로 구내식당을 운영한다면 다소 수익성이 있더라도 공무원의 후생목적으로 볼 수 있다. 공무원의 후생목적에 사용료를 감해 줌으로써 제공되는 재화나 용역의 가격은 낮아지고 품질은 올라가는 효과를 유도할 수 있다.

(3) 상업용 · 산업용, 기타 영리사업 일반

소상공인이 경영하는 업종과 공무원의 후생목적으로 사용하는 경우 이외의 상업용 일반에 대하여는 5% 요율이 적용된다. 그 밖에도 5% 요율은 영 제29조 제1항 각호에서 별도로 규정함이 없는 모든 영역에 적용되는데(영 제29조 제1항 본문), 국유재산법이 여러 분야에 특정 요율을 정하고 있으므로, 실제 5% 요율은 상업용과 산업용 일반에 주로 적용된다.[82] 중소기업에 대하여는 별도 요율의 정함이 없기 때문에 5% 요율이 적용되지만, 천재지변이나 재난, 경기침체, 대량실업 등으로 인한 경영상의 부담을 완화하기 위하여 총괄청이 기간을 정하여 고시한 경우에는 3% 요율이 적용된다(영 제29조 제1항 제6호의 2). 중소기업에 대한 한시적 감경은 2020년 전 세계를 강타한 COVID-19 사태를 극복하기 위한 경기부흥책의 일환으로 2020. 7. 31. 개정 시행령에서 도입되었다.[83]

---

80) 별도요율을 규정하고 있으나, 수의방식 또는 제한·지명경쟁 규정이 없는 경우에는 영 제27조 제2항 제2호, 제3항 제9호를 적용할 여지도 있다.

81) 공공주택 특별법 시행령 제24조 제1항. 국유재산 사용허가의 방법으로 추첨방식을 도입하려면 국유재산법 제31조 및 동법 시행령 제27조를 개정해야 할 것이다.

82) 상업용이나 산업용이 아니라도 영 제29조 제1항 각호에서 정함이 없다면 5%의 요율이 적용된다. 예컨대, 동호회 회원들의 친목을 도모하기 위한 연락사무소용으로 국유재산을 대부받는다면 영 제29조 제1항 본문에 따라 5% 요율의 적용을 받는다.

83) 최초의 한시적 감경고시는 2020. 7. 31. 제정·고시되었는데, 사용요율을 3%로 하고, 적용기간을 2020.

국유재산법이 소상공인이 경영하는 업종과 공무원의 후생목적으로 사용하는 경우 외에는 일괄하여 5% 요율을 적용하는 것은 업종을 세분화하여 0.5%부터 15%에 이러기까지 다양한 요율을 규정하는 다른 유관 법률들과 비교된다. 각종 공물법의 경우 노점, 지하상가, 휴게소, 주유소, 주차장, 어업, 스키장 등 각 법률마다 정형적으로 발생하는 구체적인 업종이 예정되어 있고, 그러한 업종의 영위는 해당 공물의 기능수행을 위해서도 필수적인 경우가 많은바, 영구시설물의 축조를 허용하는 등 적극적 이용을 보장함과 아울러 현실적인 요율을 규정하고 있는 것이다.

6. 사용목적의 유용

법 제36조 제1항 제3호는 사용자가 당초 허가받은 목적을 위배한 경우를 사용허가 취소·철회 사유로 규정하고 있는데, 이는 사용목적을 위배하여 사용요율의 차이에서 오는 차액을 부당이득하는 것을 제재하려는 취지이다. 따라서 당초 목적보다 더 높은 요율이 적용되는 목적으로 유용했다면 법 제36조 제1항 제3호 위반으로(나아가 부정한 방법으로 사용허가를 받은 경우에 해당하여 같은 항 제1호에도 해당하여) 사용허가 취소·철회 사유가 될 수 있지만, 당초 목적보다 더 낮은 요율로 사용했다고 해서, 그 자체로는 취소·철회 사유가 될 수 없다. 다만 더 낮은 요율로 사용하는 과정에서 원래 상태를 변경하였다면(예컨대 상업용을 경작용으로) 법 제36조 제1항 제5호에 따라서 취소·철회할 수 있을 것이고, 기타 재산관리기관이 알았다면 사용허가하지 않았을 용도로 사용한 것이라면(예컨대 상업용을 종교용으로) 제1호에 따라서 취소·철회할 수 있을 것이다.

사용자가 사용허가 받은 재산을 사용하지 않는다면, 그로 인해 재산손실이 발생하는 등 특별한 사정이 없는 한 취소·철회 사유가 되지 못하고, 다만 갱신 여부를 판단할 때 참고사항이 될 뿐이다. 농지 임차인이 그 농지를 정당한 사유 없이 경작하지 아니할 때는 시장·군수·구청장이 임대차종료를 명할 수 있다(농지법 제23조 제2항).

Ⅲ. 특별한 산정방식의 적용

기술한 바와 같이 국유재산의 사용료는 재산가액에 법정요율을 곱하여 산정하는 것이 원칙이지만, 다음의 경우에는 정책적 고려, 재산의 특성, 지상 또는 지하부분의 사용 및 낙찰가격 등을 감안하여 특별한 산정방식을 취하고 있다. 주의할 것은 이러한 특별한 산정방식은 경작용 이외에는 변상금 산정에 연동되지 않는다는 점이다. 영 제71조 제1항은 변상금 산정에 연동되는 특별사용료를 경작용 특별사용료로 한정함을 분명히 하고 있다.

---

8. 1.부터 같은 해 12. 31.까지로 하며, 최대 적용 한도를 2,000만원으로 하였다(기획재정부고시 제2020-22호 「중소기업에 대한 국유재산 사용료 및 대부료 한시 인하에 관한 고시」).

1. 경작용

국유재산을 경작용으로 사용하는 경우에는 영 제29조 제1항 제1호에 따른 통상의 사용료와 최근 공시된 해당 시·도의 농가별 단위면적당 농업총수입의 10분의 1에 해당하는 금액[84] 중 적은 금액으로 할 수 있다(영 제29조 제3항). 개별공시지가가 높은 도시지역의 경작용 사용료를 농업총수입으로 현실화하려는 조치이다. '최근 공시된'의 의미는 토지 재산가액 산출의 기준이 되는 개별공시지에서 설명한 바와 같이, '경작용 사용료 산출 당시에 공시되어 있는'의 의미로 해석하면 된다.

2. 국유재산의 입체적 활용

종래에는 국유지의 공중 또는 지하부분이나 국유건물의 옥상만을 사용하려고 할 때, 그에 상응하는 사용료를 산정할 수 있는 근거가 없었다. 국유재산의 입체적 활용 측면에서나 공유재산법이나 각종 공물법이 입체적 활용에 관한 규정을 두고 있다는 점 등을 고려하여 2018. 6. 시행령(국유지의 공중 또는 지하부분 사용료) 및 시행규칙(국유건물의 옥상사용료)의 개정으로 도입된 제도이다. 주의할 것은 영 제29조 제4항 등은 국유재산의 입체적 활용에 따른 사용료산정 규정일 뿐, 사권설정 금지 규정(법 제11조)을 배제하지 못한다는 점이다. 국유지의 공중 또는 지하부분에 대한 구분지상권 설정 등의 문제는 별도로 관련 규정의 해석에 따라 해결되어야 한다.

(1) 토지의 공중 또는 지하부분

국유재산법 시행령 제29조(사용료율과 사용료 산출방법) ④ 국유재산인 토지의 공중 또는 지하부분을 사용허가 하는 경우의 사용료는 제1항에 따라 산출된 사용료에 그 공간을 사용함으로 인하여 토지의 이용이 저해되는 정도에 따른 적정한 비율을 곱하여 산정한 금액으로 한다.

국유재산 입체공간 사용허가 지침 제2조(허가대상 및 기간) ① 중앙관서의 장등은 국유재산의 지상 및 건물 내부의 이용에 지장을 주지 않는 범위에서 지상권이 설정되는 건물 등이 아닌 지하매설관로, 공중선로, 태양광 발전시설 등을 설치·사용하는 경우 국가 외의 자에게 국유재산의 공중·지하 및 옥상 부분의 사용을 허가할 수 있다.
② 제1항에 따른 사용허가 기간은 다른 법률에 특별한 규정이 있는 경우를 제외하고는 「국유재산법」제35조 및 제46조에 따른 기간으로 한다.
제3조(이행보증 조치) 중앙관서의 장등은 국유재산의 공중, 지하 또는 옥상부분을 사용허가 하는 경우 시설물의 철거 등 원상회복에 필요한 비용의 상당액 대하여 이행을 보증하는 조치를 하여야 한다.

---

84) 조선시대 국가 또는 전주(田主)의 수조권(收租權)이 대략 농업생산물의 10% 내외였다고 한다(이헌창, 조선시대 경지소유권의 성장, 경제사학 제58호, 경제사학회, 2015. 6, 12면).

제4조(공중 · 지하 부분의 사용료 산정) ① 국유토지의 공중 또는 지하부분을 사용허가 하는 경우 사용료는 「국유재산법 시행령」 제29조제1항 및 제2항에 따라 산출된 사용료에 입체이용저해율(당해 공간을 사용함으로 인하여 토지의 이용이 저해되는 정도에 따른 적정한 비율)을 곱하여 아래와 같이 산정한 금액 이상으로 한다.

〈공중 · 지하 부분 사용료 산정 방법〉
사용료 = 토지사용료(사용면적 × 개별공시지가 × 사용요율) × 입체이용저해율

② 입체이용저해율은 「공익사업을 위한 토지 등의 취득 및 보상에 관한 법률 시행규칙」, 「토지보상평가지침」에 따라 산정하되 별표1의 「공중 · 지하 부분 입체이용저해율」을 적용할 수 있다.
③ 재산의 위치 · 형태 · 용도나 사용허가의 목적 · 성질 등을 고려하여 제2항에 따른 입체이용저해율을 적용하기 곤란한 경우에는 감정평가기관에 의뢰하여 산정한 입체이용저해율을 적용 할 수 있다.

국유지의 공중이나 지하 부분만 사용하는 경우에는 해당 국유지에 대한 통상의 사용료에 입체이용저해율을 곱하여 사용료를 산정한다(영 제29조 제4항). 입체이용저해율은 기획재정부훈령인 「국유재산 입체공간 사용허가 지침」에서 규정하고 있는데, ① 토지보상법 시행규칙과 토지보상평가지침(한국감정평가협회)에 따라 산정하되, ② 동 지침 별표의 「공중 · 지하 부분 입체이용저해율」을 적용해도 된다(제4조 제2항). 동 지침 별표를 보면 해당 국유지의 소재지를 고층시가지, 중 · 저층시가지, 주택지 및 농지 · 임지로 나누어서 입체이용저해율을 차등 규정하고 있다. 한편 이상의 방법으로 입체이용저해율을 산정하기 곤란한 경우에는 ③ 감정평가기관에 의뢰하여 산정할 수도 있다(같은 조 제3항).

국유재산에는 영구시설물축조와 사권설정이 엄격하게 제한된다.[85] 영 제29조 제4항은 국유재산의 입체적 활용에 관한 사용료산출 규정일 뿐, 영구시설물축조 또는 사권설정을 허용하는 규정이 아니다. 국유지의 공중 · 지하 부분의 사용을 허가하더라도 영구시설물축조 · 사권설정 금지 규정에 위배되지 않아야 하고, 이때 비로소 적용되는 사용료산출 규정이 영 제29조 제4항이다. 공중 · 지하 부분의 사권설정이라 함은 지상권 · 구분지상권이 주로 해당하는데, 사용허가와의 차이점은 부동산물권인지 여부이다. 다른 법률에 따라 국유지의 공중 또는 지하 부분에 구분지상권 등 사권이 설정되고, 영구시설물이 축조되는 경우로는 전기사업법, 철도건설법 및 도시가스사업법 등을 들 수 있다.

[참고 ⑪] 국유지가 선하지로 사용될 경우의 적용 법률과 사용료
2018. 6. 국유재산의 입체적 활용에 대한 사용료산출 규정이 신설되었으나(영 제29조제4항), 입체적 활용의 허용은 영구시설물축조금지(법 제18조), 사권설정금지(법 제11조) 규정에 위배되지 않아야 한다. 철탑 및 전주 등 전력수송시설물은 국유재산법상 영구시설물에 해당하고(법제처

05-0051, 2005.11.4.), 선하지를 허용하는 것은 사실상 사권설정에 해당할 가능성이 있다(전기사업법 89조의2).

국유재산법은 재산의 사용·이용에 지장이 없고 재산의 활용가치를 높일 수 있는 경우로서 중앙관서의 장 등이 필요하다고 인정하는 경우 일반재산에 영구시설물 축조 및 사권 설정이 가능하다고 규정하고 있지만(법 제18조 제1항 제3호, 법 제11조 제2항, 영 제6조 제1호), 중앙관서의 장 등이 그 필요성을 판단하기는 쉽지가 않다. 한편 국유재산법에 우선 적용되는 전기사업법은(국유재산법 제4조, 국유재산법 시행령 제6조 제1호 등) 타인의 토지 위에 전선로를 설치하고 선하지 보상 및 구분지상권 설정을 할 수 있도록 특별히 규정을 두고 있으므로(동법 제89조, 제89조의2), 중앙관서의 장등으로서는 전기사업법에 따른 선하지 보상을 받는 것이 가장 무난할 것이다.

전기사업법 제90조의2는 타인의 토지를 선하지로 삼음으로써 손실이 발생한 경우 그 손실을 보상한다고 하는데, 고압전선이 지나가는 토지의 소유자에게 구분지상권 임료 상당액의 손해가 발생한다는 것이 판례이다(대법원 2006. 4. 13. 선고 2005다14083 판결).

(2) 건물옥상

종래에는 국유건물 옥상에 대한 사용료산출 규정이 별도로 없어서, 통상의 건물에 대한 사용료를 적용하였다. 그러나 건물 내부보다 재산가치가 떨어지고, 부가가치 창출에 한계가 있는 건물 옥상에 동일한 사용료를 적용함으로서 신재생에너지사업 등 건물옥상에 적합한 사업에 장애가 되자 2018. 6. 개정 시행규칙에서부터 건물 옥상에 대한 별도의 재산가액 산출방식을 정하게 되었다. 옥상에 대한 재산가액은 건축부지 면적에 개별공시지가 및 옥상지수를 곱하여 산출하며(시행규칙 제17조 제3항), 여기에 곱하는 사용요율은 앞서 설명한 것과 같다.

국유재산법 시행규칙 제17조(건물 사용료의 산출기준) ③ 건물의 옥상을 사용허가 하는 경우 옥상의 재산가액은 다음의 계산식에 따라 산정한 금액 이상으로 한다.

재산가액 = 공시지가(원/㎡) × 건축부지면적(㎡) × 옥상지수

- 건축부지면적: 실제 사용하는 옥상이 있는 건물의 수평투영면적을 적용
- 옥상지수: 사용허가하려는 옥상의 면적과 해당 건물의 층별 효용 및 용도 등을 고려하여 기획재정부장관이 정하는 수치

국유재산 입체공간 사용허가 지침(기획재정부훈령) 제5조(옥상 부분의 사용료 산정) 국유건물의 옥상 부분을 사용허가 하는 경우 사용료는 건축부지면적을 기준(건물평가액은 없는 것으로 본다)으로 별표2에 따른 옥상지수 등을 곱하여 아래와 같이 산정한 금액 이상으로 한다.

85) 행정재산에는 전면적으로 금지되며, 일반재산에도 매우 엄격하게 제한된다(법 제11조 제2항, 영 제6조; 법 제18조).

〈옥상 부분 사용료 산정 방법〉
사용료 = 개별공시지가(원/㎡) × 건축부지면적(㎡) × 옥상지수 × 사용요율

- 건축부지면적은 실제 사용하는 건물의 수평투영면적(건축물을 공중에서 수직으로 내려다보았을 때의 면적으로 건축물이 차지하고 있는 범위)을 적용

옥상지수를 사용하여 사용료를 계산하면 통상의 건물사용료에 비하여 매우 낮게 산출된다. 주로 태양광산업 등 신재생에너지사업을 지원하기 위해서 만든 규정이므로, 옥상광고판의 설치 · 운영 등 부가가치가 높은 분야에 대하여는 옥상지수를 사용할 필요가 없다. 국유재산법은 사용요율을 규정하면서 '이상'으로 표현하고 있고, 국유재산법 시행규칙 제17조 제3항은 재산가액에 대하여도 '이상'으로 표현하고 있기 때문이다.

3. 경쟁 입찰에 의한 사용허가

경쟁 입찰로 사용허가하는 경우 첫해 사용료는 낙찰가(최고입찰가)로 결정한다(영 제29조 제6항 본문). 기준사용료를 최초 예정가로 삼아서 입찰에 붙이므로 낙찰가는 이보다 높게 될 것이지만, 일반경쟁 입찰의 경우는 유찰로 더 낮을 수도 있다. 다만 소상공인이나 중소기업에 대한 한시적 고시 감경의 경우에는 낙찰가와 무관하게 고시금액을 적용한다(같은 항 단서).

4. 보존용재산의 사용허가

보존용재산을 사용허가 하는 경우에는 재산의 성질상 재산의 유지 · 보존을 위하여 관리비가 특별히 필요할 수 있기 때문에 영 제29조 제7항은 보존용재산의 사용료에서 이러한 관리비를 뺀 나머지 금액을 징수할 수 있다고 규정하고 있다. 공제 가능한 관리비의 범위는 기획재정부령으로 정하는데, 현재 시설물설치비 및 관리인인건비가 규정되어 있다(영 제29조 제9항, 시행규칙 제18조).

Ⅳ. 부가가치세의 가산

국가나 지방자치단체가 공급하는 부동산임대 용역은 부가가치세가 면제되지 않기 때문에[86] 국 · 공유 부동산을 사용하려는 자는 부가가치세를 포함하여 사용료의 110%를 내야 한다. 부가가치세법은 1977년 제정 당시 국가 · 지방자치단체 및 지방자치단체조합을 납세의무자로 하면서 일정 범위의 면세 대상을 규정하였는데, 이후 면세대상의 범위를 차차 좁히고 있는 추

86) 부가가치세법 제26조 제1항 제19호, 동법 시행령 제46조 제3호.

세이다. 2003. 12. 30. 개정 부가가치세법 시행령은 우정사업조직이 소포우편물을 방문 접수하여 배달하는 용역과 고속철도에 의한 여객운송용역을 면세범위에서 제외하였고(현행 시행령 제46조 제1호 및 제2호), 2006. 2. 9. 개정 시행령에서는 부동산임대업, 도·소매업, 음식·숙박업, 골프장·스키장 운영업, 기타 스포츠시설 운영업을 추가적으로 면세범위에서 제외하였으며(같은 조 제3호), 2011. 5. 30 개정 시행령에서는 일부 의료보건용역을 추가적으로 면세범위에서 제외하였다(같은 조 제4호).

이와 같이 부가가치세법은 국가 등이 공급하는 재화·용역에 대한 과세대상을 점차 확대하는 추세에 있는데, 공급주체에 따른 과세여부의 차이로 가격차이가 발생하면서 자원배분의 중립성을 저해하고, 조세불공평을 초래한다는 비판을 고려한 것이다.

제4절 사용료의 시기별 산출

낙찰가는 영 제29조에 따라 산출된 기준사용료보다 높거나 낮을 수 있으며, 차년도 사용료는 낙찰가를 고려해서 산출해야 한다. 한편 국유재산법은 공시가격의 급등에 따른 사용료급등을 막기 위해 사용료조정 제도를 두고 있다. 사용허가를 갱신한 첫 회의 사용료는 영 제29조에 따른 기준사용료로 새롭게 시작함을 원칙으로 한다.

Ⅰ. 신규 사용허가

1. 첫해 사용료

(1) 수의 사용허가

국유재산을 사용허가 할 때는 영 제29조에 따라 기준사용료를 산출하여, 수의 사용허가에서는 그대로 첫해에 적용하고, 경쟁 입찰에서는 그것을 예정가격으로 한 낙찰가를 첫해 사용료로 적용한다. 이하에서는 경쟁 입찰에 따른 낙찰가에 대해 좀 더 자세히 설명한다.

(2) 경쟁 입찰에 의한 사용허가

경쟁 입찰에 붙이면 기준사용료보다 더 높게(모든 경쟁 입찰에 해당) 또는 더 낮게(일반경쟁 입찰에 해당) 낙찰될 수 있으며, 이러한 낙찰가가 그대로 첫해 사용료가 된다(영 제29조 제6항). 일반경쟁 입찰에서 2회 유찰되면 세 번째 입찰부터 기준사용료의 20%를 최저한도로 매회 10%씩 체감할 수 있는데(영 제27조 제5항), 유찰 시 사용료 체감 여부는 입찰을 주관하는 재산관리기관의 재량이므로 입찰자가 요구할 권리는 없다. 그러나 ① 유찰이 반복되면 예정가격을 체감해야 낙찰이 이루어질 수 있다는 점, ② 소수 이해관계자들의 담합유찰로 국유재산이 부당하게 싼 가격으로 낙찰될 가능성이 있다면 유찰에 따른 예정가격 체감이 이루어지지 않는 지명경쟁이나 제한경쟁 입찰로 진행하면 된다는 점,[87] ③ 담당자로서는 입찰자들 사이에 담합이 있는지 알 수 없고 조사권도 없다는 점, ④ 입찰담합에 대하여는 형벌의 제재가 가능하다는 점(형법 제315조) 등을 감안할 때 특단의 사정이 없는 한 일반경쟁 입찰에서 2회 이상 유찰이 되면 예정가격을 체감하는 것이 원칙이라 할 것이다.

다만, 2인 이상의 유효경쟁이 보장되지 않으면 기준사용료 대비 최대 80%까지 재정손실이 발생될 수 있다. 특히 특정인 이외의 사용허가가 현실적으로 곤란한 상황이며, 그 자에 대한 수의 사용허가가 가능한 사례에 일반경쟁 입찰에 부치는 것은 부당한 특혜라고 볼 수도 있음을 주의해야 한다. 이러한 사정을 고려하여, (수의)사용허가신청이 들어오면 유효경쟁 여부를 알아보기 위해 일단 일반경쟁 입찰에 붙이되, 두 번 유찰되면 더 이상 입찰에 부치지 말고 사용허가 신청인에게 수의방식으로 사용허가 함으로써 종결하는 방법도 고려할 만하다.

과거에는 모든 경쟁 입찰에서 유찰되면 세 번째 입찰부터 기준사용료의 50%까지 체감하고, 그래도 유찰되거나 유찰될 것으로 판단되면 감정평가로 사용료를 정했는데,[88] 담합이 의심될 때는 가격체감을 하지 않았다. 그러나 담합 여부를 담당자가 일일이 판단하기가 쉽지 않아 소수 입찰자들의 통모 유찰로 가격체감이 이루어지기 쉬운 지명경쟁 및 제한경쟁에는 가격체감을 하지 않기로 하였다. 2009. 7. 개정 시행령은 지명경쟁과 제한경쟁의 사유를 독자적으로 명시하고, 일반경쟁에서만 유찰에 따른 예정가격 체감이 가능하도록 하였다(영 제27조 제5항). 따라서 해당 재산의 인접한 토지소유자 기타 이해관계자 몇 명만 입찰할 것으로 예상되는 때에는 통모 유찰에 의한 예정가격 체감이 우려되므로 일반경쟁 입찰을 지양하고 지명경쟁이나 제한경쟁의 방법에 의해야 할 것이다.

경쟁 입찰에 부칠 때, 국유재산법에서 별도로 정하지 않는 사항에는 국가계약법이 적용(일반재산)되거나 준용(행정재산)된다.

2. 계속사용료

(1) 수의 사용허가

부동산 공시가격이 매년 갱신되므로 국유재산의 사용료도 매년 산정하여 징수해야 한다.

---

87) 종전에는 모든 경쟁 입찰에서 유찰에 따른 예정가격체감을 인정하고 담합이 의심되면 담당자의 판단으로 예정가격체감을 하지 않을 수 있도록 하였으나 담합유무에 대한 판단이 어렵고 뚜렷한 기준이 없어 매각에 어려움이 있었다. 이에 담합에 따른 유찰이 의심될 수 있는 전형적인 사례, 즉 지명·제한 경쟁 입찰의 경우는 무조건 유찰에 따른 기준사용료 체감을 금지하는 것으로 시행령 개정이 이루어졌다.

88) 구 영(대통령령 제21518호, 2009. 5. 29.) 제24조 제7항 참조.

재산가액으로 감정평가한 금액은 감정평가일로부터 3년간 사용할 수 있다(법 제32조 제1항, 영 제29조 제2항). 부동산 공시가격의 급등으로 사용료가 과다하게 오르는 것을 막기 위해 국유재산법은 사용료조정 규정을 두고 있다. 사용료의 조정에 대하여는 항을 바꾸어 자세히 설명한다.

(2) 경쟁 입찰에 의한 사용허가

경쟁 입찰에 의한 첫해 사용료(낙찰가)를 이후의 연간사용료에도 반영하도록 2차 연도부터는 다음의 산식에 따라 사용료를 산출한다(영 제29조 제6항 본문). 이렇게 하지 않으면 2차 연도 이후의 사용료가 첫해 사용료보다 낮아질 수도 있고(낙찰가가 기준사용료보다 높은 경우), 급등할 수도 있기 때문이다(낙찰가가 기준사용료보다 낮은 경우). 소상공인이나 중소기업에 대한 한시적 고시 감경의 경우에는 그 고시 기간 동안은 아래 산식과 무관하게 고시금액을 적용한다(같은 항 단서).

[(입찰로 결정된 첫해의 사용료) × (해당 연도의 재산가액) ÷ (입찰 당시의 재산가액)]

1) 입찰 당시의 재산가액

2차 연도 이후 연간사용료 산식(영 제29조 제6항)에서 '입찰 당시의 재산가액'에 대한 해석상의 의문이 있을 수 있다. 최초 입찰공고 후 수회 유찰과 입찰을 거치는 과정에 부동산공시가격에 변동이 생겼다면 어느 공시가격을 '입찰 당시의 재산가액'으로 삼을 것인가 하는 의문이다. 앞서 본 바와 같이 일괄입찰 제도를 활용해 최초 입찰공고 당시의 공시가격을 재산가액으로 삼아 최종 낙찰 및 사용허가가 이루어진 것이라면 영 제29조 제5항의 '입찰 당시의 재산가액'의 의미는 최초 입찰공고할 당시의 재산가액으로 해석하는 것이 타당하다. 총괄청의 유권해석도 이와 동일하다.[89]

2) 2회 이상 유찰로 인한 수의 사용허가의 성질

일반경쟁 입찰에서 2회 이상 유찰되어 기준사용료 이하로 수의 사용허가한 경우, 2차 연도 이후의 연간사용료 산정방법과 관련하여 그 성질을 경쟁 입찰에서의 낙찰로 볼 것인지, 수의 사용허가로 볼 것인지 의문이 있다. 전자로 본다면 영 제29조 제6항의 산식으로 산정할 것이지만, 후자로 본다면 수의 사용허가의 예에 따라야 한다. 생각건대, 2회 이상 유찰되면 수의로 사용허가할 수 있게 한 취지는 2인 이상 입찰해야 유효한 입찰이 되던 때에[90] 사실상 1인의 입찰만으로도 낙찰이 되게 하려는 것이었고, 2회 이상 유찰된 경우 유찰 당시의 예정가격으로 사용허가 받겠다는 자가 있다면 그에게 수의 사용허가 하는 것이 예정가격을 체감하여 다음 입찰을 실시

---

89) 기획재정부 국유재산정책과-809, 2017. 4. 26.

90) 2006. 8. 개정 국유재산법 시행령 이전을 말함, 2006. 6. 개정 국유재산법 시행령 제24조 제2항 제6호 참조.

하는 것보다 국가에 유리하다. 따라서 2회 이상 유찰로 기준사용료를 체감하여 수의 사용허가한 경우는 그 실질을 일반경쟁 입찰로 보고, 영 제29조 제5항을 적용하는 것이 타당하다.

3) 사용허가 면적을 추가하는 경우

경쟁 입찰로 인한 사용허가기간 중에 사용허가 면적을 추가하는 경우에는 추가면적에 대한 사용료를 영 제29조 제6항이 아니라 제1항 내지 제4항으로 산정해야 한다. 추가면적은 영 제27조 제3항 제9호에 따라 수의로 사용허가되는 것이기 때문이다. 만약 경쟁 입찰로 면적추가를 하더라도 기존 사용허가 면적과는 따로 계산해야 한다. 영 제29조 제6항의 '입찰로 결정된 첫해 사용료' 및 '입찰 당시 재산가액'이 다르기 때문이다. 결국 사용허가 방법과 사용료산정 방법이 다르기 때문에 별개의 사용허가로 봐야 하는데, 다만 두 부분의 사용허가기간이 다르면 곤란하므로 추가면적에 대한 사용허가기간을 기존 사용허가기간에 맞추는 것이 좋다.

4) 변상금과의 관계

경쟁 입찰에서 낙찰되어 기준사용료 보다 높은 금액으로 사용허가 받은 후 사용료 체납으로 사용허가 철회되어 무단점유가 된 자에게 변상금을 부과할 때, 영 제29조 제6항을 적용할 것인지 논란이 있다. 긍정하면 무단점유자의 이력에 따라 변상금액이 달라지고, 부정하면 고가로 낙찰 받은 후 고의로 사용료를 체납하는 등의 방법으로 무단점유자가 되어 변상금을 부과 받는 것이 더 유리하게 되는 모순이 있다. 이 문제는 낙찰에 의한 특별사용료를 변상금 산정에 연동시킬 것인지에 대한 입법정책의 문제로서, 현행 국유재산법은 경작용의 특별사용료만 변상금 산정에 연동시키고 있을 뿐이다(영 제71조 제1항).

3. 사용료의 조정

국유재산법 제33조(사용료의 조정) ① 중앙관서의 장은 동일인(상속인이나 그 밖의 포괄승계인은 피승계인과 동일인으로 본다)이 같은 행정재산을 사용허가기간 내에서 1년을 초과하여 계속 사용·수익하는 경우로서 대통령령으로 정하는 경우에는 사용료를 조정할 수 있다.
② 제1항에 따라 조정되는 해당 연도 사용료의 산출방법은 대통령령으로 정한다.
③ 다른 법률에 따른 사용료나 점용료의 납부 대상인 행정재산이 이 법에 따른 사용료 납부 대상으로 된 경우 그 사용료의 산출에 관하여는 제1항 및 제2항을 준용한다.

국유재산법 시행령 제31조(사용료의 조정) 법 제33조제1항에서 "대통령령으로 정하는 경우"란 해당 연도의 사용료가 전년도 사용료(제29조제1항제6호 단서 및 같은 항 제6호의2에 따라 연간 사용료가 변경된 경우에는 변경 전 연간 사용료를 말한다)보다 다음 각 호의 구분과 같이 증가한 경우를 말하며, 이 경우 조정되는 해당 연도 사용료의 산출방법은 다음 각 호의 구분과 같다.
1. 제29조제1항제1호, 제1호의2 및 제2호의 사용료가 5퍼센트 이상 증가한 경우(사용허가를

> 갱신하는 경우를 포함한다): 전년도 사용료보다 5퍼센트 증가된 금액
> 2. 제1호 외의 경우: 다음 각 목의 구분에 따른 경우
> 가. 「상가건물 임대차보호법」 제2조제1항에 따른 상가건물로서 사용료가 5퍼센트 이상 증가한 경우(사용허가를 갱신하는 최초 연도의 경우는 제외한다): 전년도 사용료보다 5퍼센트 증가된 금액
> 나. 가목 외의 사용료가 9퍼센트 이상 증가한 경우(사용허가를 갱신하는 최초 연도의 경우는 제외한다): 전년도 사용료보다 9퍼센트 증가된 금액

영 제29조의 기준사용료는 부동산공시가격, 물가 등의 증가로 매년 상승하는 것이 일반적이지만, 국유재산법은 제33조에서 전년도 사용료에서 일정 비율 이상 오르지 않도록 조정하는 시스템을 규정하고 있다. 조정대상이 되는 사용료는 영 제29조에 따른 기준사용료뿐만 아니라 이로부터 감경된 사용료를 포함하며, 각 사용료는 사용용도에 따라 조정의 정도를 달리하고, 사용허가를 갱신한 첫해에도 조정이 되는 경우와 그렇지 아니한 경우 등으로 나뉜다.

(1) 경작, 목축, 어업 및 주거용

경작, 목축, 어업 및 주거용의 사용료가 전년도의 5% 이상 증가한 경우에는 5% 증가된 금액으로 조정할 수 있다(영 제31조 제1호). 사용허가를 갱신하는 첫해에도 이와 같이 조정할 수 있기 때문에 안정적으로 국유재산을 사용할 수 있다.

경작, 목축 및 어업 등 법정 요율이 낮은 경우 통합징수(법 제32조 제1항 단서)의 대상이 되는 경우가 많다. 사용료 통합징수 후 갱신 첫해 사용료를 산정할 때 조정의 기준이 되는 '전년도의 사용료'는 실제 징수한 사용료인지, 법정사용료인지 의문이 생길 수 있다. 생각건대, 통합징수는 법정사용료와 무관하게 당사자 쌍방의 편의를 위해 합의한 액수에 불과하므로 사용료조정 여부를 판단할 때는 법정사용료를 고려해야 한다. 법 제32조 제4항은 사용료를 통합징수하는 경우에 사용허가기간 중의 사용료가 증가 또는 감소되더라도 사용료를 추가로 징수하거나 반환하지 않는다고 하여 실제 징수한 사용료와 별개의 법정사용료가 존재함을 명시하고 있다.

(2) 상가건물

상가건물 임대차보호법 제2조 제1항에 따른 상가건물의 사용료에 대하여는 경작용 등과 마찬가지의 사용료조정을 할 수 있다(영 제31조 제2호 가목). 종래에는 9%의 조정을 받았으나, 2018. 1. 상가건물 임대차보호법 시행령 제4조의 개정에 맞춰 2018. 6. 국유재산법 시행령 개정에 반영한 것이다.

주의할 것은 상업용 일반에 5% 조정이 적용되는 것이 아니라 상가건물 임대차보호법 제2조 제1항의 상가건물에만 적용되고(예컨대, 유료주차장으로 사용하는 국유지는 9% 조정을 받는다), 경

작용 등과 달리 사용허가를 갱신한 첫해에는 사용료조정이 허용되지 않는다는 점이다.

한편 '상가건물 임대차보호법 제2조 제1항에 따른 상가건물'의 범위가 문제될 수 있다. 상가건물 임대차보호법 제2조 제1항은 상가건물의 개념을 '사업자등록의 대상이 되는 건물'로 정의한 다음에 대통령령으로 정하는 보증금액을 초과하는 임대차에 대하여는 동법 제11조 등의 적용을 배제하기 때문이다. 생각건대, 문언에 충실하면 보증금액의 다과를 불문하고 사업자등록의 대상이 되는 상가건물 모두가 국유재산법 시행령 제31조 제2호 가목의 적용대상이 된다고 할 것이지만, 국유재산법 시행령 개정의 이유가 상가건물 임대차보호법 제11조 제1항, 동법 시행령 제4조와의 균형을 맞추려는 것이므로 상가건물 임대차보호법 시행령 제2조의 보증금을 초과하는 상가건물은 5% 사용료조정 대상에서 배제되는 것으로 해석하여야 할 것이다.

상가건물 임대차보호법 제2조(적용범위)① 이 법은 상가건물(제3조제1항에 따른 사업자등록의 대상이 되는 건물을 말한다)의 임대차(임대차 목적물의 주된 부분을 영업용으로 사용하는 경우를 포함한다)에 대하여 적용한다. 다만, 제14조의2에 따른 상가건물임대차위원회의 심의를 거쳐 대통령령으로 정하는 보증금액을 초과하는 임대차에 대하여는 그러하지 아니하다.
② 제1항 단서에 따른 보증금액을 정할 때에는 해당 지역의 경제 여건 및 임대차 목적물의 규모 등을 고려하여 지역별로 구분하여 규정하되, 보증금 외에 차임이 있는 경우에는 그 차임액에 「은행법」에 따른 은행의 대출금리 등을 고려하여 대통령령으로 정하는 비율을 곱하여 환산한 금액을 포함하여야 한다.
③ 제1항 단서에도 불구하고 제3조, 제10조제1항, 제2항, 제3항 본문, 제10조의2부터 제10조의9까지의 규정 및 제19조는 제1항 단서에 따른 보증금액을 초과하는 임대차에 대하여도 적용한다.

상가건물 임대차보호법 시행령 제2조(적용범위) ① 「상가건물 임대차보호법」(이하 "법"이라 한다) 제2조제1항 단서에서 "대통령령으로 정하는 보증금액"이란 다음 각 호의 구분에 의한 금액을 말한다.

1. 서울특별시: 9억원
2. 「수도권정비계획법」에 따른 과밀억제권역(서울특별시는 제외한다) 및 부산광역시: 6억9천만원
3. 광역시(「수도권정비계획법」에 따른 과밀억제권역에 포함된 지역과 군지역, 부산광역시는 제외한다), 세종특별자치시, 파주시, 화성시, 안산시, 용인시, 김포시 및 광주시: 5억4천만원
4. 그 밖의 지역: 3억7천만원

② 법 제2조제2항의 규정에 의하여 보증금외에 차임이 있는 경우의 차임액은 월 단위의 차임액으로 한다.
③ 법 제2조제2항에서 "대통령령으로 정하는 비율"이라 함은 1분의 100을 말한다.

(3) 그 밖의 재산

그 밖의 국유재산은 모두 전년도의 9% 이상 증가한 경우 9% 증가된 금액으로 조정할 수 있으며(영 제31조 제2호 나목), 사용허가를 갱신하는 첫해에는 조정할 수 없어 이때 사용료가 급등할 수 있다.

(4) 적용 법률이 변경되는 재산

국유재산법은 다른 법률에 따라 사용료가 부과된 국유재산이 도중에 국유재산법 적용 대상으로 전환된 경우에도 사용료조정 규정을 준용한다고 한다(제33조 제3항, 제47조 제1항). 다만 공물법의 적용을 받던 국유재산이 공용폐지되더라도 종래 공물사용허가에 따른 점유권원과 그 사용료산정 방식은 계속 유지되므로,[91] 종래 공물사용허가기간 내에는 법 제33조 제3항이 특별한 의미는 없다. 종래 공물사용허가 종료 후 갱신[92]하는 때에는 법 제33조 제3항에 따라 국유재산법에 따른 사용료조정이 가능하다. 이때 경작, 목축, 어업 및 주거용이 아닌 경우 갱신 첫해에 사용료가 급등할 수 있다.

(5) 변상금과 부당이득금의 산정

구 국유재산법은 사용료에 120%를 가산해서 변상금을 징수한다고만 할 뿐 사용료조정 규정의 적용을 배제한다고 하지 않아 변상금 산정에서도 사용료조정을 할 수밖에 없었다. 그러나 변상금에 사용료조정을 하면, 1년 이상 무단점유 한 자를 우대하는 결과를 초래할 뿐만 아니라, 변상금의 징벌적 성격을 무력하게 한다.[93] 이에 2009. 1. 전부개정 법률은 현행 제72조 제3항을 신설하여 변상금 산정 시 사용료조정을 하지 아니함을 명시하였다. 한편 대법원은 국유재산 무단점유자에 대한 부당이득반환청구권이 변상금부과와는 별개로 성립한다고 하면서, 이때의 부당이득청구액은 국유재산법상의 사용료에 상당하는 금액으로 산정하지만 다만 사용료조정 규정은 적용되지 않는다고 하였다(대법원 2014. 7. 16. 선고 2011다76402 전원합의체 판결).

(6) 변상금부과 후의 사용허가

국유재산 무단점유자에게 변상금을 부과하고 이어서 사용허가를 하는 경우, 사용허가 첫해의 사용료를 산출할 때 마지막 년도의 변상금과 비교해서 사용료조정을 할 것인가. 구 국유재산법은 사용료조정의 대상을 "같은 행정재산을 1년을 초과하여 계속 사용 · 수익하는 경우"라고만 할 뿐이어서 변상금부과에 이어지는 사용허가에도 사용료조정을 할 수밖에 없었다. 그러나 이러

91) 대법원 2007. 12. 13. 선고 2007다51536 판결. 국유재산 관련 허가/계약/채권 변동의 처리기준(국유재산과-369, 2008. 5. 9).

92) 국유재산법 시행규칙 제14조 제4항은 용도폐지로 사용허가가 대부계약으로 전환된 것으로 본다고 하는바, 이는 공용폐지로 공물사용허가가 대부계약으로 전환되는 것으로 해석할 수 있다.

93) 국유부동산 사용료에 부가가치세가 붙는 반면 변상금에는 붙지 않아 양자의 차이는 110% : 120%의 차이 밖에 나지 않았다.

한 태도는 무단점유자를 불필요하게 우대할 뿐만 아니라, 변상금산정에 사용료조정을 하지 않는 2009. 1. 전부개정 법률의 취지에도 맞지 않다. 이에 2012년 개정 국유재산법부터는 "같은 행정재산을 사용허가기간 내에서 1년을 초과하여 계속 사용 · 수익하는 경우"라고 하여 변상금부과에 이어지는 사용허가 첫해의 사용료에 조정을 하지 않게 되었다.

Ⅱ. 갱신 사용허가

사용허가의 갱신은 종전의 사용허가와 동일성을 유지하면서 그 기간만 늘리는 것이라는 측면과 사실상 새롭게 사용허가하는 것이라는 측면이 공존한다. 그래서 국유재산법은 갱신 전의 사용료가 갱신 후의 사용료에 영향을 미치게 하면서도, 갱신 첫해의 사용료산정에 사용료조정을 하지 않는 것을 원칙으로 하고 있다.

1. 갱신 첫해 사용료의 산정

사용허가를 갱신할 때는 영 제29조에 따른 기준사용료와 갱신직전연도의 사용료를 반영한 연간사용료를 비교해서 더 큰 금액을 연간사용료로 하는데(영 제34조 제2항 본문), 양자의 구체적인 의미는 다음과 같다. 한편 소상공인이나 중소기업에 대한 한시적 고시 감경의 경우에는 그 고시 기간 동안 고시금액만을 적용한다(같은 항 단서).

(1) 기준사용료

사용허가의 갱신은 그 실질이 신규 (수의)사용허가이기 때문에 영 제29조에 따른 기준사용료로서 연간사용료를 산정하되, 최초 사용허가 당시의 낙찰가는 반영하지 않는다(영 제34조 제2항 제1호, 제29조 제6항 본문 괄호).

(2) 갱신직전연도의 연간사용료를 반영한 연간사용료

갱신 첫해의 사용료는 영 제29조(제6항 제외)에 따른 기준사용료로서 산정함을 원칙으로 하되, 갱신직전연도의 연간사용료를 반영한 아래 산식의 사용료가 더 큰 경우 이를 적용한 금액으로 한다(영 제34조 제2항 제2호).

[(갱신하기 직전 연도의 연간사용료) × (제29조 제2항에 따라 산출한 해당 연도의 재산가액) ÷ (갱신하기 직전 연도의 재산가액)]

2. 갱신 첫해 사용료의 조정

위와 같이 산정한 갱신 첫해의 사용료가 갱신 직전의 연간사용료보다 크게 증가하더라도 사용료조정을 하지 않는다. 다만, 국민기초생활의 안정을 위해 경작, 목축, 어업 및 주거용의 경우에만 사용료조정을 할 수 있다(영 제31조). 종래에는 수의 사용허가가 가능한 모든 경우에 갱신 첫해 사용료조정을 허용하였으나, 2007. 12. 개정 시행령 때부터 현재와 같이 개정되었다.

다른 법률에 따른 점용허가 중에 공용폐지 또는 용도폐지되어 국유재산법의 적용을 받는 경우, 사용료가 급증할 수 있다, 통상 공물법 등 유관 법률보다 국유재산법의 사용료가 높기 때문이다. 이 경우 기존의 점용허가기간 동안은 국유재산법의 사용료조정 규정이 적용되어 괜찮지만(법 제33조 제3항), 기간만료 후에 갱신을 하게 되면 경작, 목축, 어업 및 주거 이외에는 사용료 급증이 있을 수 있다.

3. 차년도 사용료의 산정

차년도부터는 갱신 첫해와 같이 연간사용료를 산정한 후 그 직전 연도의 사용료와 비교해서 사용료조정을 하는데, 이는 신규 사용허가기간 동안의 차년도 연간사용료 산정 방법과 동일하다.

제5절 사용료의 감면

Ⅰ. 개요

1. 의의 및 근거 규정

국유재산법이나 그 밖의 다른 법률은 국유재산의 기준사용료를 면제 또는 감경하는 규정을 두고 있다(제34조).[94] 통상 감면이라 함은 법률상 의무의 일부를 감경하거나, 그 전부를 면제해 주는 것을 말한다.[95] 대부분의 법률은 이와 같이 감경과 면제를 구분하고 이 둘을 통칭할 때 감면이라고 하지만,[96] 국유재산법은 통상적인 의미의 감경을 감면이라 하여 감면과 면제를 대응시키는 구도를 취하고 있다(법 제34조조, 영 제32조). 이하에서는 통상의 용어정의에 따라 감경과 면제를 구분하고 그 둘을 합하여 감면이라고 부르기로 한다.

---

94) 국유재산법 제34조, 「산업입지 및 개발에 관한 법률」 제21조 제1항 제17호, 제3항, 택지개발촉진법 제11조 제3항, 「도시 및 주거환경정비법」 제57조 제7항 등.

95) 법령용어사례집, 한국법제연구원, 2016, 51면.

96) 민법 제436조의 2 제4항, 행정기본법 제31조 제2항, 공유재산법 제24조, 도로법 시행령 제73조 등.

2. 사용허가의 방법

사용료면제 사유(법 제34조 제1항 등) 등을 고려할 때, 사용료면제 대상이 되는 자에게는 수의의 방법으로 사용허가할 수 있어야 하고, 영 제27조 제36항 제5호는 이를 규정하고 있다. 사용료의 감경에는 수의 사용허가 규정이 없지만, 경쟁 입찰로 체증 또는 체감된 금액을 감경하는 것은 불합리하므로[97] 사용료를 감경할 때는 영 제27조 제3항 제9호를 적용하여 수의로 사용허가할 수 있다고 해야 한다.

Ⅱ. 사용료의 면제

1. 행정재산의 기부채납

국유재산법 제34조(사용료의 감면) ① 중앙관서의 장은 다음 각 호의 어느 하나에 해당하면 대통령령으로 정하는 바에 따라 그 사용료를 면제할 수 있다.

1. 행정재산으로 할 목적으로 기부를 받은 재산에 대하여 기부자나 그 상속인, 그 밖의 포괄승계인에게 사용허가 하는 경우

1의2. 건물 등을 신축하여 기부채납을 하려는 자가 신축기간에 그 부지를 사용하는 경우

제13조(기부채납) ② 총괄청이나 중앙관서의 장은 제1항에 따라 국가에 기부하려는 재산이 국가가 관리하기 곤란하거나 필요하지 아니한 것인 경우 또는 기부에 조건이 붙은 경우에는 받아서는 아니 된다. 다만, 다음 각 호의 어느 하나에 해당하는 경우에는 기부에 조건이 붙은 것으로 보지 아니한다.

1. 행정재산으로 기부하는 재산에 대하여 기부자, 그 상속인, 그 밖의 포괄승계인에게 무상으로 사용허가 하여 줄 것을 조건으로 그 재산을 기부하는 경우
2. 행정재산의 용도를 폐지하는 경우 그 용도에 사용될 대체시설을 제공한 자, 그 상속인, 그 밖의 포괄승계인이 그 부담한 비용의 범위에서 제55조제1항제3호에 따라 용도폐지된 재산을 양여할 것을 조건으로 그 대체시설을 기부하는 경우

행정재산을 기부한 자(포괄승계인 포함)에게 그 재산을 사용허가할 때는 사용료를 면제할 수 있다(법 제34조 제1항 제1호). 기부채납 재산의 무상사용허가 또는 용도폐지 재산의 양여를 조건으로 행정재산을 기부하는 경우가 보통이고, 이때는 기부에 조건이 붙지 않은 것으로 본다(법 제13조 제2항). 행정재산 기부자에게 사용료를 면제할 때는 사용료 총액이 기부채납 재산의 가액이 될 때까지 할 수 있지만 사용료면제기간이 20년을 넘지 못하며(영 제32조 제1항), 기부채납 재산이 지식재산이면 사용료총액 등을 불문하고 20년간 면제한다(같은 조 제2항).

---

97) 경쟁 입찰에서 최초 예정가격이 체증됐다면 감경할 필요할 필요가 없다고 할 것이고, 체감했다면 이를 다시 감경하는 것이 이중혜택이라고 볼 수 있다.

국유재산에 건물 등을 신축하여 기부하는 경우[98] 그 신축기간 동안 부지 사용료를 면제할 수 있다(법 제34조 제1항 제1호의 2). 사용료 총액을 계산하려면 기부재산 또는 국유지의 재산가액을 산출해야 하는데, 영 제29조 제2항에 따른 통상의 재산가액 산출방식과 같으며, 재산가액 산출의 기준시점은 최초 사용허가 당시이다(영 제32조 제4항).

민간투자사업의 시행자가 사회기반시설을 설치하는 경우에는 「사회기반시설에 대한 민간투자법」이 적용된다. 민간투자사업의 추진방식은 사회기반시설의 소유권이 국가 · 지방자치단체에 귀속되는지, 귀속된다면 사업시행자는 어떻게 투하자본을 회수하는지에 따라 크게 4가지로 나뉘는데, 그중에서 'BTO 방식'(민간투자법 제4조 제1호)이 '기부채납 & 사용료면제'와 유사하다. 민간투자사업의 대부분은 BTO 또는 BTL 방식으로 행해지는데 BTO는 수익형 민간투자사업, BTL은 임대형 민간투자사업이라고 한다. BOO 방식은 사회기반시설의 민영화라고 할 수 있다.

사회기반시설에 대한 민간투자법 제4조(민간투자사업의 추진방식) 민간투자사업은 다음 각 호의 어느 하나에 해당하는 방식으로 추진하여야 한다.

1. 사회기반시설의 준공과 동시에 해당 시설의 소유권이 국가 또는 지방자치단체에 귀속되며, 사업시행자에게 일정기간의 시설관리운영권을 인정하는 방식(BTO, Build-transfer-operate. 필자 주)
2. 사회기반시설의 준공과 동시에 해당 시설의 소유권이 국가 또는 지방자치단체에 귀속되며, 사업시행자에게 일정기간의 시설관리운영권을 인정하되, 그 시설을 국가 또는 지방자치단체 등이 협약에서 정한 기간 동안 임차하여 사용 · 수익하는 방식(BTL, Build-transfer-lease. 필자 주)
3. 사회기반시설의 준공 후 일정기간 동안 사업시행자에게 해당 시설의 소유권이 인정되며 그 기간이 만료되면 시설소유권이 국가 또는 지방자치단체에 귀속되는 방식(BOT, Build Own · Operate Transfer. 필자 주)
4. 사회기반시설의 준공과 동시에 사업시행자에게 해당 시설의 소유권이 인정되는 방식(BOO, Build Own Operate. 필자 주)
5. 민간부문이 제9조에 따라 사업을 제안하거나 제12조에 따라 변경을 제안하는 경우에 해당 사업의 추진을 위하여 제1호부터 제4호까지 외의 방식을 제시하여 주무관청이 타당하다고 인정하여 채택한 방식
6. 그 밖에 주무관청이 제10조에 따라 수립한 민간투자시설사업기본계획에 제시한 방식

98) 법 제18조 제1항 제1호에서 기부를 조건으로 국유재산에 건물 등 영구시설물을 축조할 수 있게 하고 있다.

2. 지방자치단체 또는 공공단체에 대한 사용료 면제

국유재산법 제34조(사용료의 감면) ① 중앙관서의 장은 다음 각 호의 어느 하나에 해당하면 대통령령으로 정하는 바에 따라 그 사용료를 면제할 수 있다.

2. 행정재산을 직접 공용·공공용 또는 비영리 공익사업용으로 사용하려는 지방자치단체에 사용허가하는 경우
3. 행정재산을 직접 비영리 공익사업용으로 사용하려는 대통령령으로 정하는 공공단체에 사용허가하는 경우

국유재산법 시행령 제32조(사용료의 감면) ⑤ 지방자치단체는 법 제34조제1항 제2호에 따라 사용료를 면제받으려면 그 재산의 취득 계획을 중앙관서의 장에게 제출하여야 한다.
⑥ 제5항에 따라 취득 계획을 제출받은 중앙관서의 장이 사용료를 면제하려는 경우 그 사용허가 기간은 1년을 초과해서는 아니 된다.
제33조(공공단체의 범위) 법 제34조제1항 제3호에서 "대통령령으로 정하는 공공단체"란 다음 각 호의 어느 하나에 해당하는 법인을 말한다.

1. 법령에 따라 정부가 자본금의 전액을 출자하는 법인
2. 법령에 따라 정부가 기본재산의 전액을 출연하는 법인

국유재산을 직접 공용·공공용 또는 비영리 공익사업용으로 사용하려는 지방자치단체에 사용허가 하는 경우 또는 직접 비영리 공익사업용으로 사용하려는 소정의 공공단체에 사용허가 하는 경우에는 그 사용료를 면제할 수 있다(법 제34조 제1항 제2호, 제3호; 영 제33조). 다만 지방자치단체가 위와 같이 사용료를 면제받으려면 해당 국유재산의 취득계획을 제출해야 하고, 면제기간이 1년을 초과할 수 없다(영 제32조 제5항, 제6항). 원래는 지방자치단체에 대한 사용료 면제에 제한을 두지 않았으나, 남용을 막기 위해 2011. 4. 개정 시행령에서부터 조건과 기간의 제한을 두었다. 공유재산법은 국가의 공유재산 사용료 면제에 위와 같은 제한을 두지 않는다.[99]

공용·공공용의 개념은 공용재산·공공용재산의 그것과 동일하다. 직접 사용 및 비영리 공익사업의 의미, 대상 공공단체의 범위는 다음과 같다.

(1) 직접 사용

직접 공용·공공용 또는 비영리 공익사업용으로 사용한다 함은, 지방자치단체 등이 그러한 사용의 직접적인 주체이어야 한다는 뜻이다. 따라서 지방자치단체 등으로부터 공용·공용용 등의 사무를 위임 또는 위탁받은 제3자는 해당하지 않는다. 또한 지방자치단체가 국유재산을 무상사용허가 받아 비영리 공익사업을 하려는 제3자에게 무상으로 쓰게 하는 것도 해당하지 않는다.

99) 공유재산법 제34조 제1항 제1호, 동 시행령 제35조.

(2) 비영리 공익사업

대법원은 비영리공익사업인지의 여부는 그 사업이 수익성이 있는지, 그 사업의 규모, 횟수 및 태양 등에 비추어 수익사업 활동으로 볼 수 있을 정도의 계속성과 반복성이 있는지 등을 고려하여 사회통념에 따라 합리적으로 판단해야 한다고 하면서, 공공단체가 국유재산에 복지회관 주차장을 설치하여 일반인의 이용에 계속·반복적으로 제공하면서 주차료를 받아왔다면 비영리 공익사업에 해당하지 않는다고 하였다(대법원 1999. 7. 9. 선고 97누20724 판결). 한편 총괄청은 지방자치단체가 국유재산을 상수도관의 매설부지로 사용하고자 한다면 비영리 공익사업으로 볼 수 있다고 하였다.[100]

[판례] [1] 국유재산법 제26조 제3호는 행정재산 등을 대통령령이 정하는 공공단체가 직접 비영리 공익사업용에 사용하고자 하는 때에 사용료를 면제할 수 있다고 규정하는바, 어느 사업이 비영리 공익사업인지의 여부는 그 사업이 수익성이 있는 것인지의 여부, 그 사업의 규모, 횟수, 태양 등에 비추어 수익을 목적으로 하면서 사업 활동으로 볼 수 있을 정도의 계속성과 반복성을 가지고 있는 것인지의 여부 등을 고려하여 사회통념에 따라 합리적으로 판단하여야 하는 것이다.
[2] 국유재산 중 대지 일부에 복지회관의 노외주차장을 설치하여 일반인들의 이용에 계속적, 반복적으로 제공하면서 주차료를 수령하여 온 경우, 행정재산 등의 사용료가 면제되는 국유재산법 제26조 제3호 소정의 비영리공익사업에 해당하지 않는다고 한 사례.
[3] 공공단체가 행정재산 등을 비영리공익사업용에 사용하는 것을 조건으로 하여 관리청으로부터 무상 사용허가를 받아 영리목적의 수익사업을 함으로써 당초의 허가조건을 위배하였다고 하더라도 이로써 국유재산에 대한 당초의 무상 사용허가가 소급하여 유상 사용허가로 변경되었다고 볼 수는 없고, 국유재산의 관리청으로서는 그 사용목적에 위배하였음을 이유로 국유재산법 제28조 제1항 제2호를 적용하여 무상 사용허가를 취소·철회할 수 있을지언정, 국유재산의 유상 사용허가 시 징수할 사용료에 관한 규정인 같은 법 제25조의 규정을 적용하여 당초의 허가처분 시에 소급하여 사용료를 부과할 수는 없다(대법원 1999. 7. 9. 선고 97누20724 판결).

필자 주: 해당 사업의 수익성 유무와 그 수익성이 계속적·반복적인지 여부로 비영리공익사업인지 판단하였고, 영리사업에 사용하여 무상사용의 목적을 위반했다 하더라도, 처음으로 소급하여 유상사용으로 전환된 것으로 볼 수는 없다는 취지

(3) 공공단체

국유재산법은 사용료면제의 대상이 되는 공공단체를 정부전액 출자·출연 법인으로 한정하고 있다(법 제34조 제1항 제3호, 영 제33조). 지방자치단체와 달리 조건이나 기간의 제한이 없다. 정부가 전액 출자 또는 출연하는 법인이어서 국가와 동일시되기 때문이다.

100) 국재 22400-2039, 90. 8. 27.

1) 정부전액출자 법인

정부출자법인이란 정부가 자본금을 투자하여 지분을 가지는 법인을 말하는데, 대부분 기업체에 해당하기 때문에 정부출자기업체라고도 한다. 정부출자기업체란 정부가 출자하였거나 출자할 기업체로서 영 제2조, 별표 1에 열거된 기업체를 말하는데(법 제2조 제6호), 현재 30개의 정부출자기업체가 정해져 있으며, 이 중에서 사용료면제 대상인 정부전액출자기업체는 한국농수산식품유통공사, 대한무역투자진흥공사, 한국광물자원공사, 한국교육방송공사, 한국농어촌공사, 한국석유공사, 한국조폐공사, 한국철도공사, 한국토지주택공사 등이다. 정부가 자본금의 일부만 출자하는 정부출자법인은 그 설치 근거 법률에서 따로 사용료면제를 규정하기도 하는데,[101] 이것은 국유재산특례의 일종이다.

국유재산법 제2조(정의) 이 법에서 사용하는 용어의 뜻은 다음과 같다.

6. "정부출자기업체"란 정부가 출자하였거나 출자할 기업체로서 대통령령으로 정하는 기업체를 말한다.

국유재산법 시행령 제2조(정부출자기업체의 범위) 법 제2조제6호에서 "대통령령으로 정하는 기업체"란 별표 1에 규정된 기업체를 말한다.

정부전액출자기업체는 국유재산 사용료를 면제받기 위해 정부 지분 100%를 유지하고 있어야 하는가. 이러한 의문은 정부가 정부전액출자기업체(A)의 지분을 다른 정부출자기업체(B)의 설립을 위해 현물출자함으로써 A정부출자기업체에 대한 정부지분이 100%에 미치지 못하고, B정부출자기업체가 일부지분을 가지는 등의 사유로 발생한다. 생각건대 현행법상 정부 '출자'와 정부 '지분'은 준별된다.[102] 영 제33조 제1호는 정부가 자본금의 전액을 '출자'하는 법인이라고 할 뿐이므로, 일단 정부가 전액 출자한 법인이 나중에 현물출자 등으로 100% 미만의 정부지분이 되더라도 사용료면제가 가능해 보인다. 정부는 '정부출자기업체'에만 현물출자할 수 있다(법 제60조).

[참고 ⑫] 정부출자기업체의 국유재산법상 지위

정부출자기업체는 국유재산법에 따라 사용료의 면제 대상일 뿐만 아니라(법 제34조 제1항 제3호), 그 밖에 국유재산에 관한 사무를 위탁받거나(법 제25조, 제42조 제1항), 국유재산을 현물출자 받을 수 있는 지위(법 제60조)에 있다. 한편 국유재산법이 부여하는 이러한 지위에 상응하여 정부배당에 관한 특별한 공법적 규율을 받게 된다(법 제65조의 2).

---

101) 인천국제공항공사법, 한국공항공사법 및 항만공사법 등이 그 예인데 국유재산 사용료면제뿐만 아니라 영구시설물축조를 허용하기도 한다.

102) 공공기관운영법 제4조 제1항 제1호, 제3호, 제6호.

2) 정부전액출연 법인

정부출연법인이란 정부가 금원을 기부하여 설립하고 그 운영을 지원하는 법인을 말하는데, 주로 비영리연구기관이 여기에 해당하기 때문에 정부출연기관이라고도 한다.[103] 정부출연기관이 정부출자기업과 다른 점은 정부가 금원을 기부할 뿐 지분을 보유하지는 않는다는 점이다. 정부출연연구기관의 설립에 관하여는 「정부출연연구기관 등의 설립·운영 및 육성에 관한 법률」이 제정되어 있는데, 현재 총 24개의 연구기관을 동법에 따라 설립하도록 하고 있다(동법 제8조 제1항 별표). 과학기술분야 연구기관의 설립에 관하여는 따로 「과학기술분야 정부출연연구기관 등의 설립·운영 및 육성에 관한 법률」이 제정되어 있는데, 현재 총 21개의 과학기술분야 연구기관을 동법에 따라 설립하도록 하고 있다(동법 제8조 제1항 별표).

이상의 정부출연기관은 모두 정부가 기본재산의 전액을 출연하므로 국유재산법상 사용료 면제 대상이지만, 그 설치 근거 법률인 정부출연기관법 및 과기출연기관법에서 사용료면제의 형태, 절차 및 기간 등에 대해 자세히 규정하므로 동 규정에 따른다.

> **정부출연연구기관 등의 설립·운영 및 육성에 관한 법률 제2조(정의)** 이 법에서 "정부출연연구기관"이란 정부가 출연하고 연구를 주된 목적으로 하는 기관을 말한다.
> **제3조(연구기관의 설립 제한)** 이 법에 따르지 아니하고는 정부출연연구기관을 설립하지 못한다. 다만, 과학기술 분야 연구기관의 설립에 관하여는 따로 법률로 정한다.
> **제7조(국유재산 등의 무상대부 등)** 정부는 연구기관 및 연구회의 설립·운영을 위하여 필요하면 「국유재산법」과 「물품관리법」의 규정에도 불구하고 대통령령으로 정하는 바에 따라 국유재산 및 물품을 무상으로 대부·양여하거나 사용·수익하게 할 수 있다.
> **제8조(연구기관의 설립)** ① 이 법에 따라 설립되는 연구기관은 별표와 같다.
>
> **과학기술분야 정부출연연구기관 등의 설립·운영 및 육성에 관한 법률 제2조(정의)** 이 법에서 "과학기술분야 정부출연연구기관"이란 정부가 출연하고 과학기술분야의 연구를 주된 목적으로 하는 기관을 말한다.

103) 정부출연기관의 사전적 의미는 다음과 같다.
- 정부출연기관이란, 정부가 설립에 필요한 돈과 평상시 쓰는 예산을 출연 형식으로 지원해 주는 기관을 말한다. 대표적인 기관으로 한국개발연구원(KDI), 대외경제정책연구원(KIEP) 등을 들 수 있다. 이들 기관의 예산은 바로 정부예산으로 편성된다. 정부출연기관이 기업체인 경우는 없고 연구소·연구원 및 그 부설기관이 대부분이다. 정부투자기관이나 정부출자기관이 기업체의 형태를 띠는 점과 다르다(한경 경제용어사전).
- 정부출연기관이란, 정부가 출연금 예산으로 운영비와 사업비를 지원하는 기관을 말한다. 정부출연기관은 편의상 다시 출연연구기관과 비연구출연기관으로 나눈다. 출연연구기관은 한국행정연구원·한국개발연구원·한국교육개발원 등 주로 정책과 관련한 연구를 수행하는 연구기관을 말하며, 비연구출연기관은 한국소비자보호원·근로복지공단 등 연구 이외의 사업을 수행하는 기관을 말한다. 이와 대비되는 출자기관은 정부가 일정 금액을 출자해 지분을 갖고 그 지분만큼 권한을 행사하는 기관이다. 그리고 정부투자기관은 정부가 지분의 50% 이상을 갖고 있는 기관을 말한다(이종수, 행정학사전, 2009. 1, 대영문화사).

제3조(연구기관의 설립 제한) 이 법에 따르지 아니하고는 과학기술분야 정부출연연구기관을 설립하지 못한다.
제7조(국유재산의 무상대부 등) 정부는 연구기관 및 연구회의 설립·운영을 위하여 필요한 경우 「국유재산법」과 「물품관리법」에도 불구하고 대통령령으로 정하는 바에 따라 국유재산 및 물품을 무상으로 대부·양여하거나 사용·수익하게 할 수 있다.
제8조(연구기관의 설립) ① 이 법에 따라 설립되는 연구기관은 별표와 같다.

3) 면제대상 공공단체의 경과규정

종전에는 정부전액출자·출연 법인뿐만 아니라, ① 정부가 자본금·기본재산의 50% 이상을 출자·출연하는 법인으로서 총괄청이 지정한 것, ② 특별법에 의하여 설립되어 정부위탁업무, 공무원후생업무 또는 비영리 공익사업을 수행하는 법인으로서 총괄청이 지정하는 것은 사용료면제 대상이 되었다.[104] 2009. 7. 개정 시행령은 위의 ① 및 ②를 사용료면제 대상에서 삭제하면서(제33조), 그 시행일(2009. 7. 31) 현재 지정된 법인은 그 사용허가기간이 끝날 때까지는 개정 전 시행령에 따라 사용료를 면제할 수 있게 하였다(동 시행령 부칙 제12조).

3. 천재지변이나 재난으로 사용하지 못한 기간에 대한 사용료 면제

국유재산법 제34조(사용료의 감면) ② 사용허가를 받은 행정재산을 천재지변이나 「재난 및 안전관리 기본법」 제3조제1호의 재난으로 사용하지 못하게 되면 그 사용하지 못한 기간에 대한 사용료를 면제할 수 있다.
재난 및 안전관리 기본법 제3조(정의) 이 법에서 사용하는 용어의 뜻은 다음과 같다.

1. "재난"이란 국민의 생명·신체·재산과 국가에 피해를 주거나 줄 수 있는 것으로서 다음 각 목의 것을 말한다.
   가. 자연재난: 태풍, 홍수, 호우, 강풍, 풍랑, 해일, 대설, 낙뢰, 가뭄, 지진, 황사(黃砂), 조류(藻類) 대 발생, 조수(潮水), 화산활동, 소행성·유성체 등 자연우주물체의 추락·충돌, 그 밖에 이에 준하는 자연현상으로 인하여 발생하는 재해
   나. 사회재난: 화재·붕괴·폭발·교통사고(항공사고 및 해상사고를 포함한다)·화생방사고·환경오염사고 등으로 인하여 발생하는 대통령령으로 정하는 규모 이상의 피해와 에너지·통신·교통·금융·의료·수도 등 국가기반체계의 마비, 「감염 병의 예방 및 관리에 관한 법률」에 따른 감염 병 또는 「가축전염병예방법」에 따른 가축전염병의 확산 등으로 인한 피해
   다. 삭제

---

104) 구 법(법률 제8635호) 제26조 제1항 제3호, 구 영(대통령령 제21518호) 제29조, 구 규칙(재정경제부령 제444호) 제24조 참조.

재난 및 안전관리 기본법 시행령 제2조(재난의 범위) 법 제3조제1호 나목에서 "대통령령으로 정하는 규모 이상의 피해"란 다음 각 호의 어느 하나에 해당하는 것을 말한다.
1. 국가 또는 지방자치단체 차원의 대처가 필요한 인명 또는 재산의 피해
2. 그 밖에 제1호의 피해에 준하는 것으로서 행정안전부장관이 재난관리를 위하여 필요하다고 인정하는 피해

국유재산법은 사용허가를 받은 국유재산을 천재지변이나 재난으로 사용하지 못하게 되면 그 기간의 사용료를 면제할 수 있다고 규정하고 있다(법 제34조 제2항). 법 제34조 제2항의 천재지변이나 재난 중에서 구체적으로 어떤 때에 사용료를 면제할 것인지, 사용료면제 기간을 과거로 소급할 것인지, 이미 납부한 사용료를 환급할 것인지 등에 대하여 통일적인 기준을 마련하는 것이 타당하다. 동일한 재난 등에 대하여 재산관리기관 별로 사용료 면제의 기준이 달라져서는 곤란하기 때문이다. 「재난 및 안전관리 기본법」 제60조에 따라 특별재난지역이 선포되면 사용료를 면제할 필요성이 매우 높은 것으로 판단될 것이다.

법 제34조 제1항의 사용료면제(기부채납, 지방자치단체 등)는 장래를 향하는 것으로 해석되므로,[105] 이미 납부한 사용료 등의 환급 문제가 발생하지 않지만, 법 제34조 제2항(재난 등)의 사용료면제는 ① 재난을 예측하고 미리 면제해 줄 수 없다는 점, ② 법 제34조 제2항에서 '사용하지 못한 기간'이라고 규정하고 있다는 점 등을 고려할 때 과거로 소급할 수 있고, 그에 상응한 기간의 기 납부 사용료는 환급의 대상이 된다. 다만 법 제34조 제2항은 '그 사용하지 못한 기간'이라고 하므로, 사용료면제의 시점(始點)이 재난발생일자를 넘어서 소급할 수는 없다고 할 것이다.

법 제34조 제2항에 따라 사용료를 소급하여 면제해 주더라도 사용료의 법률상 원인인 사용료 부과처분(대부료의 경우 대부계약)은 여전히 유효하므로, 기 납부 사용료가 부당이득으로 전환되지는 않는다. 사용료의 환급은 민법 제741조(부당이득)이 아닌 국유재산법 제34조 제2항에 근거하는 것으로서 동법 제75조에 따른 고시이자를 가산할 필요는 없다.

Ⅲ. 사용료의 감경

국유재산법 제34조(사용료의 감면) ③ 중앙관서의 장은 행정재산의 형태·규모·내용연수 등을 고려하여 활용성이 낮거나 보수가 필요한 재산 등 대통령령으로 정하는 행정재산을 사용허가 하는 경우에는 대통령령으로 정하는 바에 따라 사용료를 감면할 수 있다.

105) 법 제34조 제1항 제1호는 무상사용허가 조건부 면제이고(법 제13조 제2항 제1호 참조), 나머지 1호의 2부터 제3호는 명시적으로 '~ 하려는'이라고 명시하고 있다.

국유재산법 시행령 제32조(사용료의 감면) ⑦ 법 제34조제3항에서 "활용성이 낮거나 보수가 필요한 재산 등 대통령령으로 정하는 행정재산"이란 다음 각 호의 행정재산을 말하며, 같은 항에 따라 사용료를 감면하는 기준은 다음 각 호의 구분과 같다.

1. 통행이 어렵거나 경사지거나 부정형(不定形) 등의 사유로 활용이 곤란한 토지로서 면적이 100제곱미터(㎡) 이하이고 재산가액이 1천만 원 이하인 경우: 사용료의 100분의 30을 감면
2. 면적이 30제곱미터 이하인 토지로서 재산가액이 100만 원 이하인 경우: 사용료의 100분의 30을 감면
3. 다음 각 목의 어느 하나에 해당하는 건물로서 사용허가를 받은 자가 시설보수 비용을 지출하는 경우: 지출하는 보수비용에 상당하는 금액을 사용료에서 감면(최초 1회로 한정한다)
   가. 준공 후 20년이 지난 건물로서 원활한 사용을 위하여 보수가 필요한 경우
   나. 「시설물의 안전 및 유지관리에 관한 특별법 시행령」 제12조에 따른 시설물의 안전등급 기준이 같은 영 별표 8에 따른 C등급 이하인 건물로서 안전관리를 위하여 보수가 필요한 경우
   다. 천재지변이나 그 밖의 재해 등으로 인하여 파손된 건물로서 별도의 보수가 필요한 경우

국유재산의 형태 · 규모 · 내용연수 등을 고려하여 활용성이 낮거나 보수가 필요한 재산 등을 사용허가할 때는 다음과 같은 기준에 따라 사용료를 감경할 수 있다. 2018. 3. 13. 개정 법률에서 신설된 제도이다.

1. 활용성이 낮은 토지

(1) 형상불량의 토지

통행이 어렵거나 경사지거나 부정형(不定形) 등의 사유로 활용이 곤란할 뿐만 아니라, 면적이 100㎡ 이하이고, 재산가액이 1천만원 이하인 토지는 기준사용료의 30%를 감경한다(영 제32조 제7항 제1호). 형상불량 토지의 활용도 제고뿐만 아니라, 이들 토지에 대한 무단점유를 유상사용으로 양성화하려는 의도도 있다.

(2) 소규모 · 저가의 토지

면적이 30㎡ 이하인 토지로서 재산가액이 100만원 이하인 경우에는 기준사용료의 30%를 감경한다(영 제32조 제7항 제2호). 형상불량이 아니라도 면적과 재산가액이 소규모 · 저가라면 활용성이 낮다고 보는 것이다.

2. 보수가 필요한 건물

① 준공 후 20년이 지난 건물로서 원활한 사용을 위하여 보수가 필요한 경우, ② 시설물의 안전등급 기준이 C등급 이하[106]인 건물로서 안전관리를 위하여 보수가 필요한 경우 또는 ③ 천재지변이나 그 밖의 재해 등으로 인하여 파손된 건물로서 별도의 보수가 필요한 경우로서, 사용

허가를 받은 자가 시설보수 비용을 지출하는 때에는 그에 상당하는 금액을 첫해 사용료에서만 감경한다(영 제32조 제7항 제3호). 일반재산이 위 ① 내지 ③에 해당하면 대부료가 감경될 뿐만 아니라, 그 대부기간이 10년 이내로 늘어난다(법 제46조 제1항 제2호, 영 제50조 제1항).

Ⅳ. 다른 법률에 의한 사용료의 감면

국유재산특례제한법은 국유재산법에 따르지 않는 사용료 · 대부료의 산정 및 감면, 장기 사용허가 · 대부기간, 양여를 국유재산특례로 규정하고(제2조 제1호), 동법 별표에 열거된 법률을 통해서만 이를 규정할 수 있다고 하는데(제4조), 동법 별표에 열거된 법률의 상당수가 국유재산 사용료 · 대부료의 감면이나 국유재산법과 다른 사용료산정 방식을 규정하고 있다.

한편 국가에 기부하거나 대체시설을 제공(이에 준하는 경우를 포함한다)한 것에 대한 대가로서 법률에 따라 사용료 감면 등을 하는 것은 국유재산특례가 아닌바(국유재산특례제한법 제3조 제1호),[107] 공익사업의 시행에 따라 행정재산의 사용허가를 의제하고 그 사용료까지 면제하는 경우, 새로운 공공시설과 기존의 공공시설의 대가적 교환(상호무상귀속)을 전제로 기존 공공시설을 취득할 예정인 사업시행자가 사용이익까지 무상으로 누리도록 사용료를 면제하는 경우 등이 그 예이다. 국유재산특례인 사용료 감면은 대부분 재산관리기관의 재량사항이고, 국유재산특례 아닌 사용료 면제는 대부분 법률에서 직접 면제한다.

현재 행정재산의 사용허가를 의제하고 그 사용료까지 면제하는 법률은 「산업입지 및 개발에 관한 법률」 제21조 제3항, 택지개발촉진법 제11조 제3항, 도시정비법 제57조 제7항 등이며, 기존 공공시설의 사용료 면제를 규정하는 대표적인 법률은 국토계획법 제65조 제4항, 제99조이다. 이 규정은 다른 개발 법률들에 널리 준용된다.

---

106) 시설물안전법 시행령 제12조, 별표 8.

107) 같은 조 제2호는 도로법, 하천법 등 공물법에 따라 국유재산을 점용허가, 사용허가, 대부 또는 양여하는 경우도 국유재산특례제한법의 적용대상에서 제외한다고 하지만, 이들 규정은 공물의 사용관계에 관한 것으로서 국유재산과는 무관하다.

제6절 사용료 산정오류의 수정

Ⅰ. 사용료의 경정처분

사용료를 잘못 산정하여 부과·징수하였고, 그 밖에 달리 부과 요건이나 절차에 하자가 없다면 사용료를 증액하거나 감액하는 처분만 하면 되는데, 이러한 처분을 경정처분이라고 한다.[108] 재산가액 산출, 법정요율 선택 및 사용료의 조정 등에서 오류가 발생할 수 있다.

사용료는 장래를 향하여 산정 및 부과·징수된다는 점(영 제30조 제1항), 사용허가의 실질이 임대차라는 점 등의 사유로 그 증액경정처분은 변상금의 그것과 달리 일정한 한계가 있다. 한편 사용료는 매년 산정, 부과·징수되는 서로 별개의 행정작용이기 때문에(법 제32조 제1항) 첫해 사용료산정에 오류가 있더라도 차년도부터는 이와 무관하게 적법하게 산정해서 부과·징수하면 된다.

사용료 산정오류에 대한 설명은 대부료에 그대로 적용될 수 없으므로, 이하에서는 사용료와 대부료를 나누어서 별도로 설명하도록 한다.

Ⅱ. 사용료의 감액경정처분

1. 행정재산 사용료

재산관리기관이 연간사용료를 잘못 산정하여 더 많이 부과·징수하였다면 감액경정 되어야 한다. 감액경정처분은 일부취소의 일종으로서 처음의 부과처분이 부과행정행위로서 효력을 가지고, 감액경정처분은 당초처분을 변경하는 것에 불과하다(역흡수설).[109] 따라서 처음의 부과처분만 소송의 대상이 되고, 제소기간의 준수여부도 당초 처분을 기준으로 판단한다. 행정처분을 한 행정청은 법치주의와 행정의 적률적합성의 원칙에 비추어 별도의 명시적인 규정이 없어도 하자 있는 행정작용을 스스로 시정할 권한이 있으며, 행정청은 스스로 직권취소를 함에 있어서 불가쟁력의 구속을 받지 않는다.[110]

2. 일반재산 대부료

일반재산 대부료도 달리 해석할 여지가 없다. 과다하게 받은 금액과 적법한 대부료 사이의

108) 경정처분에 대한 자세한 내용은 하명호, 행정법, 제3판, 박영사, 2021, 569면 이하 참조.
109) 대법원 2003. 4. 11. 선고 2001다9137 판결; 대법원 1999. 4. 27. 선고 98두19179 판결; 대법원 1996. 11. 15. 선고 95누8904 판결 등.
110) 하명호, 앞의 책, 155면, 192-193면.

차액에 법 제75조, 영 제73조에 따른 고시이자를 붙여 반환해야 한다. 다만, 대법원은 일반재산의 대부는 사법상 계약으로서 행정재산의 사용허가에서 나오는 감액경정처분의 법리(역흡수설)는 그대로 적용되지 않는다고 한다. 즉 재산관리기관이 대부료를 현저히 과다하게 납부고지했다면 전체적으로 이행청구로서의 효력이 없어, 종전의 납부고지에 이행청구로서의 효력이 발생하지 않는다고 한다. 재산관리기관이 대부료를 현저하지 않게 과다 납부고지했다면 그 차액만큼만 이행청구로서 부적법하고, 현저히 과다 납부고지했다면 전체 금액이 이행청구로서 부적법하게 되는 것이다.

[**판례**] 행정기관이 납부고지한 국유잡종재산 대부료의 금액이 대부계약이나 그 계약에서 정한 관계 법령의 규정에 따라 산정된 정당한 대부료의 금액보다 많게 납부고지되었다 하더라도 그와 같은 사유만으로 바로 납부고지가 이행청구로서 부적법하다고 할 수는 없어, 대부계약의 상대방으로서도 이를 이유로 납부고지된 대부료 중 정당한 금액 부분에 대하여는 납부를 거부할 수 없다고 할 것이므로, 대부료를 납부하지 아니한 채 납부고지서에서 정한 기간이 경과한 이상 납부고지된 대부료 중 정당한 금액 범위 내에서는 지체책임을 면할 수 없고, 그 후 그 대부료의 금액이 정당한 금액으로 감액되었다 하더라도 정당한 금액에 대하여 이미 발생한 대부료 지체의 효력에는 아무런 영향이 없다 할 것이나, 납부고지된 대부료가 대부계약이나 그 계약에서 정한 관계 법령에 의하지 아니한 채 산정됨으로써 정당하게 산정되었을 경우의 금액보다 현저히 과다한 경우에는 그 대부료 납부고지는 적법한 이행청구라고 할 수 없어 연체료의 납부책임의 발생요건인 이행청구에 해당한다고 볼 수 없다.
당초 납부고지된 대부료가 정당하게 재 산정된 대부료보다 약 55%나 많게 납부고지되었다면 당초의 납부고지된 대부료는 정당한 대부료에 비하여 현저히 과다한 경우에 해당한다고 할 것이(다).
원심이 피고가 원고에 대하여 국유잡종재산인 이 사건 각 부동산에 대한 대부료의 납부고지를 행정처분으로 보아 그 후 이를 감액하였다 하더라도 일반적인 부과처분에 있어서의 감액경정의 법리에 따라 종전의 부과의 효력이 그대로 존속한다는 이유로 원고에 대하여 이 사건 대부계약에 따른 연체료를 납부할 책임이 있다고 판단한 것은 국유잡종재산 대부계약 및 대부료 납부고지의 성질이나 대부계약에 있어서의 연체료 약정의 의미에 관한 법리를 오해하거나 심리를 다하지 아니함으로써 판결 결과에 영향을 미쳤음이 분명하다(대법원 2000. 2. 11. 선고 99다61675 판결).

Ⅲ. 사용료의 증액경정처분

1. 행정재산 사용료

재산관리기관이 산정오류로 사용료를 과소하게 부과한 경우에도 증액경정처분이 가능한 것이 원칙이지만, 이러한 증액경정처분은 침익적 행정행위의 일종으로서 감액경정처분과 달리 제한이 따른다. 대법원은 사용료를 부과할 때 관계 법령에 따라 산정한다고만 했다면 산정오류 시 그 차액을 추가로 부과할 수 있지만, 구체적인 금액을 부과고지 했다면, 사용자가 그 금액을 납부하고 그에 상응하는 사용허가기간이 모두 경과한 이상 그 차액을 추가로 부과할 수 없다고 한다.

이러한 판례의 태도는 증액경정처분이 가능하다는 원칙을 취하면서도, 민법의 착오이론으로 제한하는 것으로 이해할 수 있다. 민법상 착오를 이유로 법률행위를 취소하려면 중요부분에 대한 착오가 있어야 하고, 그 착오에 의사표시자의 중대한 과실이 없어야 하는데(제109조 제1항), 통상 금액의 착오는 중요부분의 착오가 아니라고 보고, 전문가 집단인 국가 또는 공공기관 등은 중대한 과실이 그만큼 인정될 가능성이 높다. 한편, 추가로 부과할 수 없는데도 불구하고 이루어진 추가부과처분이 당연 무효인지에 관하여, 대법원은 하자있는 처분이기는 하나 해당 법규의 성질 또는 그 해석 여하에 따라서는 추가부가처분을 하는 경우가 있을 수도 있으므로 그 하자가 반드시 중대·명백하다고 할 수 없다고 하였다. 해당 법규의 성질 또는 그 해석 여하에 따라 추가부과처분을 하는 경우란 어떤 것인지는 밝히지 않았으나, 다음 항에서 보는 바와 같이 개별공시지가의 경정에 따른 추가부과처분이 가능하다.

[**판례**①] 항만시설을 사용허가 함에 있어 그 사용료를 일정한 금액으로 정하였다면 당해 사용료가 착오로 구 항만시설사용규칙 제14조 제1항 또는 제3항에 의한 금액보다 저렴하게 정하여졌다 하더라도 그 허가사용자가 사용허가에서 정해진 바에 의한 사용료를 납부하고 허가사용기간이 모두 경과한 이상 착오로 인한 사용료 산정이었다는 이유로 그 차액을 추가로 부과하는 것은 허용될 수 없고, 사용료를 일정한 금액으로 정함이 없이 구 항만시설사용규칙 등 관계 법령에 정한 바에 따른다는 형식으로 정한 경우라면 사용료를 잘못 산정함으로 인하여 구 항만시설사용규칙 제14조 제1항 또는 제3항에 의한 사용료에 미달되게 징수한 경우에는 사후에 그 차액을 추가로 부과하는 것이 당초의 허가내용에 반한다거나 신의성실의 원칙 등에 위배된다고 할 수 없다(대법원 1996. 7. 26. 선고 95누8171 판결).

[**판례**②] 도로점용허가를 받은 원고가 이미 경과된 점용기간에 대하여 부과된 점용료를 자진납부하였더라도 그 납부된 점용료가 부과관청인 피고의 계산착오 등의 이유로 법규에 정하여진 기준에 미치지 못하는 경우 그 계약내용이나 점용료를 정한 법규의 성질 또는 그 해석여하에 따라서는 그 부족분에 대하여 추가적인 부과처분을 할 수도 있다고 할 것이어서, 이와 같은 경우에는 그 추가점용료 부과처분에 하자가 있더라도 점용료부과대상이 되는 법률관계나 사실관계가 전혀 없다고 할 수는 없고 단지 피고가 그와 같은 법률관계 내지 사실관계를 오인하고 점용료를 부과한 데에 지나지 않는다고 할 것이므로 그 하자가 반드시 중대하다거나 객관적으로 명백하다고 할 수는 없다(대법원 1990. 12. 11. 선고 88누5815 판결).

[**비교판례**] 원심이 하천부지 점용허가는 행정처분이기는 하나 점용요금의 정함과 같은 것은 사법상의 계약과 같은 성질의 면도 내포하는 것이라고 하였음은 하천부지 점용허가를 받으려는 자는 하천부지를 점용하여 얻을 수 있는 이익과 점용요금을 교량하여 점용요금이 적당하면 점용허가신청을 할 것이나 그렇지 않고 지나치게 고가일 경우에는 점용허가 신청을 하지 아니하게 된다 할 것이라는 하천부지 점용허가를 받으려는 자의 견지에서 볼 때 점용요금이 얼마인가의 정함과 같은 것은 하천부지 점용허가자와 원고간의 사법상의 계약과 같은 성질의 면도 들어 있다 함을 설시한 취지로 볼 수 있는바 점용료는 피고 주장과 같이 사용료와 같은 성질을 띠고 있음에 비추어 보면 이는 수긍하지 못할바 아니고 하천법의 법리를 오해한 위법있는 경우에 해당한다고 볼 수 없다. 원심이 그 채택증거에 의하여 확정한 사실에 따라 이 건 하천 점용허가에서 점용요금을 소론 조례의 정함에 따라서 산정한다는 형식을 취하지 아니하고 일정한 금액으로 정하였고 그리하여 원고가 점용허가서에 정한 점용요금을 납부하고 점용을 하여 그 점용기간이 경과한 이건과 같은 경우에는 비록 위 점용요금이 소론조례의 요금산정기준표에 의한 요금보다 저렴하게 정하여졌다 하더라도 그 차액상당을 추가로 부과할 수는 없다. 하였음은 위에서 본 바와 같은 하천부지 점용허가의 성질로 보아서 일단 당사자 사이에 약정된 바에 의한 요금으로 점용하여 점용기간까지 모두 마쳐 약정의 이행이 완전히 끝난 이상 착오로 인한 요금산정이었다는 이유로서 추가 부과한다 함은 허용될 수 없다 함이 타당할 것이라는 점에서 정당하고 위법이 있다고 할 수 없다(대법원 1977. 7. 12. 선고 77누16 판결).

필자 주: 1977년 전면 개정법률 이전까지 판례는 행정재산의 사용허가를 사법관계로 보았다.

현행법상 사용허가서에는 첫해 사용료만 금액으로 특정하고, 그 다음 년도부터는 국유재산법 시행령 제29조 및 제31조에 따라 매년 결정한다고 명시하고 있으며,[111] 실제 그 다음 년도 사용료를 매년 산정 및 부과하여 선납하게 하는바(영 제30조 제1항), 사용료가 이미 구체적인 금액으로 산정되어 완납되고 그 사용허가기간이 경과되었다면 비록 산정오류로 과소하게 부과 · 징수됐더라도 추가로 부과 · 징수할 수 없고, 다만 차년도부터는 오류를 수정하여 산정, 부과할 수 있다.

2. 일반재산 대부료

일반재산의 대부료도 매년 새로 산정해서 피대부자에게 고지하지만(영 제30조 제1항, 제51조), 이때의 납부고지는 사법상 계약에 따른 이행청구에 불과하기 때문에 행정재산의 사용료부과고지와 달리 증액경정처분의 법리가 원용될 수 없다. 따라서 피대부자가 과소 산정 · 고지된 금액을 아직 납부하지 않았거나 그에 상응하는 대부기간이 지나지 않았더라도 추가로 징수하기 곤란하다. 과소 산정된 금액이 큰 경우 민법상 착오이론을 적용할 여지가 있으나, 통상의 경우

111) 국유재산 사용허가서(국유재산법 시행규칙 별지 제3호 서식) 제3조, 국유재산 대부계약서(국유재산법 시행규칙 별지 제7호 서식) 제3조 참조.

재산관리기관의 중대한 과실이 인정되어 그 적용이 쉽지 않을 수 있다.

[**판례**] 국유재산법 제31조, 제32조 제3항, 산림법 제75조 제1항의 규정 등에 의하여 국유잡종재산에 관한 관리 처분의 권한을 위임받은 기관이 국유잡종재산을 대부하는 행위는 국가가 사경제 주체로서 상대방과 대등한 위치에서 행하는 사법상의 계약이고, 행정청이 공권력의 주체로서 상대방의 의사 여하에 불구하고 일방적으로 행하는 행정처분이라고 볼 수 없으며, 국유잡종재산에 관한 대부료의 납부고지 역시 사법상의 이행청구에 해당하고, 이를 행정처분이라고 할 수 없다(대법원 1990. 12. 11. 선고 88누5815 판결).

일반재산에 관한 대법원의 판례는 없지만, 하급심 판례들은 재산관리기관이 이미 연간대부료를 산정하여 특정금액을 납부고지했다면 피대부자가 납부를 완료했는지, 해당 연도의 대부기간의 지났는지를 불문하고 대부료산정 오류를 원인으로 하는 국가의 추가청구를 기각시키고 있다(창원지방법원 2019. 7. 5. 선고 2018나61878 판결). 다만 대부계약서에는 첫해 대부료만 금액으로 특정하고, 그 다음 년도부터는 국유재산법 시행령 제29조 및 제31조에 따라 매년 결정하므로,[112] 차년도 대부료부터는 오류를 수정하여 산정, 납부고지할 수 있다는 점은 사용료의 경우와 동일하다.

3. 개별공시지가의 증액경정

국유지의 재산가액은 개별공시지가로 산출하는 것이 원칙인데, 지방자치단체가 개별공시지가를 다시 산정하여 증액경정 공시하는 경우가 종종 있다. 이렇게 되면 재산관리기관의 잘못과는 무관하게 사용료산정에 오류가 있게 된 것이므로, 통상의 사용료 산정오류와는 다르게 해석해야 한다. 즉 구체적인 금액이 부과·징수되었고, 그에 상응하는 사용허가기간이 모두 지난 뒤라도 추가부과가 가능하다. 국유재산의 사용료에 대한 직접적인 판례는 없지만, 대법원은 선행처분인 개별공시지가결정이 위법하다면 그에 기초한 조세·공과금부과처분도 위법하므로 증액경정된 개별공시지가에 맞게 조세·공과금의 증액경정처분을 하는 것이 옳다고 보고 있다.

[**판례①**] 개별공시지가는 그 공시기준일을 기준으로 하여 효력이 있고, 개별공시지가가 토지특성조사의 착오 등 지가산정에 명백한 잘못이 있어 경정결정되어 공고된 이상 당초에 결정 공고된 개별공시지가는 그 효력을 상실하고 경정결정된 새로운 개별공시지가가 그 공시기준일에 소급하여 그 효력이 발생하는 것이므로 증여재산의 가액산정기준이 되는 개별공시지가가 경정된 경우에는 경정된 개별공시지가에 의할 것이다(대법원 1993. 12. 7. 선고 93누16925 판결).

[**판례②**] 선행처분인 개별공시지가결정이 위법하여 그에 기초한 개발부담금 부과처분도 위법하게

112) 국유재산 대부계약서(국유재산법 시행규칙 별지 제7호 서식) 제3조 참조.

된 경우 그 하자의 치유를 인정하면 개발부담금 납부의무자로서는 위법한 처분에 대한 가산금 납부의무를 부담하게 되는 등 불이익이 있을 수 있으므로, 그 후 적법한 절차를 거쳐 공시된 개별공시지가결정이 종전의 위법한 공시지가결정과 그 내용이 동일하다는 사정만으로는 위법한 개별공시지가결정에 기초한 개발부담금 부과처분이 적법하게 된다고 볼 수 없다(대법원 2001. 6. 26. 선고 99두11592 판결).

민법의 착오이론으로 증액경정처분에 제한을 가하려는 대법원의 노력에도 불구하고, 개별공시지가의 증액경정이 있으면 사용료 증액경정처분은 보다 넓게 인정될 것으로 보인다. 당초의 사용료부과처분은 다른 행정청이 하는 선행처분(개정공시지가 공고)에 따른 후행처분이므로 개별공시지가의 잘못으로 사용료가 적게 부과되었다면 이는 사용료산정에 중요부분의 착오가 있고, 그 착오에 재산관리기관의 중대한 과실은 없다고 해야 하기 때문이다.

반대로 사용자 입장에서는 개별공시지가의 오류로 인한 사용료 추가부과액이 과대하다면 사용허가 관계에서 벗어날 수 있어야 한다. 이 경우 사용자의 사용허가 취소신청권이 있는지를 논하기 전에 재산관리기관이 스스로 사용허가를 직권 취소할 필요가 있다. 사용허가가 취소되면 사용자는 그동안의 정상 사용료 상당액을 부당이득으로 반환해야 하지만, 당초 부과 · 징수된 사용료를 초과하는 부분은 선의수익자의 과실수취권(민법 제748조)으로 취급될 여지가 있다.

제6장 사용허가기간

행정재산의 사용허가기간은 5년 이내를 원칙으로 하며(일반재산의 대부기간은 좀 더 다양하고 장기적이다), 그 기간이 만료되면 소정의 불허사유를 제외하고 5년을 초과하지 않는 범위에서 1회 갱신할 수 있는 것이 원칙이다. 결국 행정재산의 사용허가기간은 갱신허가기간을 포함해서 10년 이내가 원칙이지만, 국유재산법은 행정재산 기부자에 대한 사용허가기간을 불특정 장기로 하고 있고, 주거 · 경작용 등 수의 사용허가 사유에 해당하면 제한 없는 갱신을 허용함으로써 사실상 불특정 장기를 허용하고 있다. 그 밖에 다른 법률에서 국유재산법의 사용허가기간을 초과하는 장기 사용허가(국유재산특례)를 규정하기도 한다.

Ⅰ. 최초 사용허가기간

국유재산법 제35조(사용허가기간) ① 행정재산의 사용허가기간은 5년 이내로 한다. 다만, 제34조제1항 제1호의 경우에는 사용료의 총액이 기부를 받은 재산의 가액에 이르는 기간 이내로 한다.
제34조(사용료의 감면) ① 중앙관서의 장은 다음 각 호의 어느 하나에 해당하면 대통령령으로 정하는 바에 따라 그 사용료를 면제할 수 있다.

1. 행정재산으로 할 목적으로 기부를 받은 재산에 대하여 기부자나 그 상속인, 그 밖의 포괄승계인에게 사용허가 하는 경우

국유재산법 시행령 제32조(사용료의 감면) ① 법 제34조제1항 제1호에 따라 사용료를 면제할 때에는 사용료 총액이 기부 받은 재산의 가액이 될 때까지 면제할 수 있되, 그 기간은 20년을 넘을 수 없다.

행정재산의 사용허가기간은 5년 이내로 하되(법 제35조 제1항 본문), 행정재산을 기부한 자(포괄승계인 포함)에게 사용허가할 때는113) 사용료 총액이 기부재산의 가액에 이르는 기간 이내로 한다(같은 항 단서). 행정재산 기부자에게 사용허가할 때는 그 사용료를 면제할 수도 있는데(법 제34조 제1항 제1호), 면제기간은 20년 이내로 제한된다(영 제32조 제1항).

행정재산의 사용허가기간이 사실상 5년으로 단일한 반면, 일반재산의 대부기간은 좀 더 다양하고 장기적인바(법 제46조), 사용허가 규정이 대부에 그대로 준용되지 않는 대표적인 영역이다.

113) 수의로 사용허가할 수 있다(영 제29조 제3항 제5호).

Ⅱ. 갱신 사용허가기간

국유재산법 제35조(사용허가기간) ② 제1항의 허가기간이 끝난 재산에 대하여 대통령령으로 정하는 경우를 제외하고는 5년을 초과하지 아니하는 범위에서 종전의 사용허가를 갱신할 수 있다. 다만, 수의의 방법으로 사용허가를 할 수 있는 경우가 아니면 1회만 갱신할 수 있다.
③ 제2항에 따라 갱신 받으려는 자는 허가기간이 끝나기 1개월 전에 중앙관서의 장에 신청하여야 한다.

국유재산법 시행령 제34조(사용허가의 갱신 등) ① 법 제35조제2항 본문에서 "대통령령으로 정하는 경우"란 다음 각 호의 어느 하나에 해당하는 경우를 말한다.

1. 법 제30조제1항의 사용허가 범위에 포함되지 아니한 경우
2. 법 제36조제1항 각 호의 어느 하나에 해당하는 경우
3. 사용허가 한 재산을 국가나 지방자치단체가 직접 공용이나 공공용으로 사용하기 위하여 필요한 경우
4. 사용허가 조건을 위반한 경우
5. 중앙관서의 장이 사용허가 외의 방법으로 해당 재산을 관리·처분할 필요가 있다고 인정되는 경우

사용허가기간이 끝나더라도 영 제34조 제1항의 불허사유가 없다면 종전의 사용허가를 갱신할 수 있는데, 갱신횟수는 수의의 방법으로 사용허가를 할 수 있는 경우가 아니면 1회로 제한된다(법 제35조 제2항). 결국 전체 사용허가기간의 장단은 갱신횟수에 달려있다.

1. 갱신불허 사유

국유재산법은 사용허가 갱신사유를 네거티브(negative) 방식으로 규정한다. 즉 영 제34조 제1항 각 호의 불허사유에 해당하지 않는 한 넓게 갱신을 허용하는 것이다.

(1) 사용허가의 범위에 포함되지 않는 경우

행정재산은 그 용도나 목적에 장애가 되지 아니하는 범위에서, 보존목적의 수행에 필요한 범위에서만 사용허가할 수 있다(법 제30조 제1항). 사용허가 당시에는 이러한 사용허가의 범위에 들어있었으나, 갱신할 때는 그렇지 아니하다면 갱신할 수 없는 것이다(영 제34조 제1항 제1호). 결국 사용허가의 요건인 보충성은 계속 유지되어야 하고, 갱신의 요건으로 작동하게 된다.

(2) 사용허가의 취소·철회 사유에 해당하는 경우

사용허가의 취소 또는 철회 사유는 당연히 갱신불허 사유가 될 수밖에 없다. 국유재산법은 사용허가의 취소·철회 사유 중에서 ① 사용허가 과정에서 사용자의 부정행위가 있은 경우, ②

사용 중에 사용자의 위법 · 위반행위가 나타난 경우, ③ 국가나 지방자치단체가 공익을 위해 필요한 경우 등 국유재산법 제36조에서 규정하는 경우만 갱신불허 사유로 규정하고 있지만(영 제34조 제1항 제2호, 제3호; 법 제36조 제1항, 제2항), 그 밖에 다른 법률에서 사용허가의 취소 · 철회를 규정한 경우에도 해석상 갱신을 불허하여야 할 것이다.[114)]

(3) 사용허가의 조건을 위반한 경우

행정기본법 제17조(부관) ① 행정청은 처분에 재량이 있는 경우에는 부관(조건, 기한, 부담, 철회권의 유보 등을 말한다. 이하 이 조에서 같다)을 붙일 수 있다.
② 행정청은 처분에 재량이 없는 경우에는 법률에 근거가 있는 경우에 부관을 붙일 수 있다.
③ 행정청은 부관을 붙일 수 있는 처분이 다음 각 호의 어느 하나에 해당하는 경우에는 그 처분을 한 후에도 부관을 새로 붙이거나 종전의 부관을 변경할 수 있다.
1. 법률에 근거가 있는 경우
2. 당사자의 동의가 있는 경우
3. 사정이 변경되어 부관을 새로 붙이거나 종전의 부관을 변경하지 아니하면 해당 처분의 목적을 달성할 수 없다고 인정되는 경우

④ 부관은 다음 각 호의 요건에 적합하여야 한다.
1. 해당 처분의 목적에 위배되지 아니할 것
2. 해당 처분과 실질적인 관련이 있을 것
3. 해당 처분의 목적을 달성하기 위하여 필요한 최소한의 범위일 것

행정재산의 사용허가는 재량행위로서 조건 등 부관을 붙일 수 있으며, 사용자의 동의나 사정변경이 있는 경우에는 사후부관을 붙이거나 부관을 변경할 수도 있다(행정기본법 제17조 제1항, 제3항). 조건 등 부관은 사용허가의 목적에 위배되지 않아야 하고, 목적 달성을 위해 필요한 최소한의 범위 내이어야 하며, 사용허가와 실질적인 관련이 있어야 한다(같은 조 제4항). 행정재산의 사용허가에서 통상 이루어지는 부관은 구체적인 사용용도, 상린관계 등에 관한 조건인 경우가 많을 것이고, 국유재산의 매각에서 이와 상응하는 규정으로는 용도를 지정한 매각(법 제49조)을 들 수 있을 것이다.

사용자가 사용허가 조건을 위반하면 갱신불허 사유가 될 뿐만 아니라(영 제34조 제1항 제4호) 사용허가 취소 · 철회 사유도 된다. 사용허가에 붙는 조건은 통상 사용허가서에 기재되고 이를 위반하면 취소 · 철회 사유가 되기 때문이다(국유재산 사용허가서 제12조 참조).[115)]

---

114) 예컨대 신재생에너지법에 따라 국 · 공유재산을 수의로 사용허가 받거나 취득한 자가 그로부터 2년 내에 해당 재산에 신재생에너지 사업을 시행하지 아니한 경우에는 사용허가를 취소하거나 환매할 수 있다(신재생에너지법 제26조 제4항).

115) 대부계약의 경우 특약사항의 형태로 대부계약서에 기재되는 것이 보통인데, 이를 위반하면 역시 대

(4) 사용허가 외의 방법으로 재산을 관리 · 처분할 필요가 있는 경우

일반재산과 달리 행정재산의 사용허가는 보조적, 보충적으로 이루어지므로(법 제30조 제1항), 사용허가 그 자체에 목적이 있는 것이 아니라 재산의 관리 · 처분을 위한 수단인 경우가 있다. 이 경우 재산관리기관이 사용허가 외의 방법으로 해당 재산을 관리 · 처분할 필요가 있다고 인정하는 경우에는 갱신하지 않아야 한다(영 제34조 제1항 제5호). 유적지의 관리 · 운영을 위해 유적지 사용허가를 하였으나 향후에는 이를 배제하기로 한 경우, 사용허가한 재산을 교환 · 양여하기로 한 경우 등을 그 예로 들 수 있다.

(5) 기타 갱신의 재량적 불허

영 제34조 제1항 각호의 사유에 해당하면 갱신할 수 없고, 해당하지 않더라도 갱신 여부는 재산관리기관의 재량사항이다(법 제35조 제2항), 갱신불허 사유에 해당하지 않더라도 갱신하지 않을 필요나 합리적인 이유가 있다면 갱신을 거절할 수 있다. 국유재산을 사용허가 받고 있다고 해서 기간만료 후에도 연고권에 따른 계속 사용을 주장할 수는 없다는 것이 판례의 입장이다(대법원 1959. 5. 15. 선고 4291 행상 117 판결). 예컨대 사용자가 특별한 사정없이 사용허가 받은 재산을 사용하지 않았다면 사용허가 취소 · 철회 사유에는 해당하지 않지만 갱신을 거절할 사유는 될 수 있다.

> [**판례**] 국유재산에 관하여는 국유재산법상 귀속재산처리법에 규정한 것과 같은 우선권에 관한 특별한 규정이 없으므로 연고권에 의한 우선권을 주장할 수 없는 것이다. 따라서 국가로부터 국유재산의 사용권을 취득한 자라 할지라도 그 사용기간이 정하여 있는 경우에는 그 기간 만료와 동시에 그 사용권은 소멸되는 것이요 다시 계속하여 사용할 수 있는 허가갱신 등 특별한 사유가 없는 이상 그 재산에 대하여 사용하고 있었다는 연고권을 주장하여 우선 사용허가를 요구할 하등의 법적 근거가 없는 것이다. 다시 말하면 사용기간 만료후에 있어서는 그 재산의 처분 여하는 전혀 국가의 자유재량권에 속하는 것이다(대법원 1959. 5. 15. 선고 4291행상117 판결).

2. 갱신횟수

갱신이 가능한 횟수는 원칙적으로 1회에 한하지만, 수의의 방법으로 사용허가 할 수 있는 경우에는 갱신 횟수에 제한이 없다(법 제35조 제2항), 국유재산법은 5개 영역에서 수의 사용허가를 허용하고 있고(영 제27조 제3항), 그 밖에 다른 법률에서 수의 사용허가를 규정하는 경우가 많다. 1회 갱신만 허용되는 대표적인 사례가 상업용 · 산업용인데, 갱신기간을 포함해서 총 10년의 사용허가기간을 보장받는바, 상가임대차법이 보장하는 계약갱신요구권의 행사기간인 10년과 같

부해지 · 해제 사유가 된다(국유재산 대부계약서 제8조 9호 참조).

다. 갱신 횟수에 제한이 없는지 문제되는 수의 사용허가 사유는 다음과 같다.

(1) 주거 · 경작용

영 제27조 제3항 제1호 및 제2호의 주거, 경작용은 무조건 수의로 사용허가하는 것이 아니라 그 입법취지에 맞아야 함은 기술하였다. 따라서 기존 사용허가를 경쟁 입찰로 해 놓고, 주거 또는 경작용임을 이유로 2회 이상 갱신해서는 안 된다. 총괄청은 「국유농지 대부기준」(기획재정부훈령 제423호, 2019. 3. 15)을 제정하여 국유농지의 갱신 횟수 등을 제한하는데, 기존에 경쟁 입찰로 대부했다면 1회만 갱신할 수 있게 하고, 수의로 대부했더라도 갱신을 포함한 총 대부기간이 20년을 넘지 못하는 것을 원칙으로 한다(동 기준 제4조).

국유농지 대부기준 제4조(대부의 갱신) ① 대부기간이 만료되는 농지에 대하여는 법 제35조 및 영 제34조에 따라 대부계약을 갱신하되 다음 각 호에서 정한 기간, 횟수의 범위 내에서 하여야 한다.

1. 기존 대부계약이 일반경쟁 입찰에 의한 경우 : 1회에 한하여 갱신
2. 기존 대부계약이 수의계약에 의한 경우 : 최초 계약기간을 포함한 총 계약기간이 20년을 초과하지 아니하는 범위

② 농지의 규모, 형태 및 피대부자의 제반사정 등을 고려하여 필요하다고 인정되는 경우에는 제1항 제2호에도 불구하고 20년을 초과하여 대부계약(기존의 대부계약이 수의계약 경우에 한한다)을 갱신할 수 있다.

제8조(대부기준의 별도 운용) 중앙관서의 장등은 소관 국유지의 규모, 형태 및 지리적인 특수성 등으로 인하여 이 기준을 적용하기 곤란하다고 인정하는 경우에는 총괄청과 협의를 거쳐 별도의 기준을 정하여 시행할 수 있다.

제9조(준용) 행정재산을 경작용으로 실경작자에게 사용허가 하는 경우에는 제3조부터 제6조까지 및 제8조의 규정을 준용한다. 이 경우 "대부계약"은 "사용허가"로, "해제 또는 해지"는 "취소"로 본다.

(2) 단기사용허가

국유재산법은 6개월 미만의 단기사용허가를 수의 사용허가의 대상으로 규정하고 있으므로(영 제27조 제3항 제7호), 갱신 횟수에도 제한이 없다고 해석할 수밖에 없다. 다만 즉시성과 단기성이라는 수의 사용허가의 취지가 훼손되지 않도록 갱신에 신중을 기하여 야 할 것인바, 사용희망자가 경합하는 경우 갱신을 허용하기 곤란할 것이다.

(3) 유찰로 인한 수의 사용허가

경쟁 입찰에 부쳤으나 유찰로 수의 사용허가를 한 경우(영 제27조 제2항 제8호)는 그 실질을 경쟁 입찰로 봐야 하므로 1회만 갱신할 수 있다.

(4) 일반규정에 의한 수의 사용허가

당초의 사용허가가 재산의 위치 · 형태 · 용도 등이나 계약의 목적 · 성질 등으로 보아 경쟁입찰에 부치기 곤란하다고 인정되어 수의로 이루어졌다면(영 제27조 제2항 제9호), 갱신할 때도 이러한 사정이 있는지 살펴서 제9호가 남용되지 않도록 해야 한다. 당초의 사용허가가 경쟁 입찰로 이루어졌으나, 제9호의 사유가 사후적으로 발생하는 사정변경이 있음을 이유로 2회 이상의 갱신을 하는 것이 법 제35조 제2항 단서의 문리해석상 금지되는 것은 아니지만 남용의 소지가 높으므로 신중을 기해야 한다.

3. 갱신절차

사용자가 갱신 받으려면 허가기간이 끝나기 1개월 전에 신청하여야 한다(법 제35조 제3항). 주거, 경작용 등 수회 갱신을 해 온 경우 여러 사정을 종합하여 묵시적 갱신의 신청과 허가를 인정할 경우도 있을 것이다.

Ⅲ. 사용허가기간의 특례

국유재산특례제한법은 국유재산법에서 정한 사용허가기간을 초과하는 장기 사용허가를 국유재산특례로 규정하고(제2조 제2호), 동법 별표에 규정된 법률에 의하지 아니하고는 이를 정할 수 없다고 한다(제4조). 현재 신재생에너지법 등 총 37개 법률에서 장기 사용허가를 규정하고 있다.

Ⅳ. 사용허가기간의 만료

사용허가기간의 만료와 사용허가의 취소 · 철회로서 사용허가관계는 종료된다. 양자 공통으로 국유재산의 점유권원이 상실하고, 사용자의 원상회복의무가 발생하며, 후자에는 이에 더하여 국가의 사용료반환 또는 손실보상의무가 발생한다. 자세한 내용은 사용허가 취소 · 철회의 효과에서 상술한다.

제7장 사용허가의 취소와 철회

제1절 사용허가 취소 · 철회의 의의

Ⅰ. 취소·철회의 개념

국유재산법은 사용허가 기간 중이라도 사용자의 귀책, 국가 또는 사용자의 필요 등에 따라 재산관리청이 사용허가를 취소하거나 철회할 수 있도록 하고 있다(법 제36조). 행정행위의 취소란 일단 유효하게 성립한 행정행위가 위법하거나 부당하다는 것을 이유로 행정청이 직권으로 그 효력을 소멸시키는 것을 말하고,[116] 행정행위의 철회는 하자 없이 성립한 행정행위에 대하여 그 효력을 존속시킬 수 없는 새로운 사정이 발생하였음을 이유로 장래에 향하여 그의 효력을 소멸시키는 행정행위를 말한다.[117] 행정행위의 취소는 일단 유효하게 성립한 행정행위의 효력을 소멸시킨다는 점에서 효력이 처음부터 발생하지 않았다는 것을 공식적으로 확인하는 무효선언과 구별된다.[118] 그리고 취소는 성립 당시에 하자가 있었다는 것을 이유로 효력을 소멸시킨다는 점에서 하자 없이 성립하였으나 효력을 존속시킬 수 없는 새로운 사유가 발생하였다는 것을 이유로 하는 철회와 구별된다.[119]

행정기본법 제15조(처분의 효력) 처분은 권한이 있는 기관이 취소 또는 철회하거나 기간의 경과 등으로 소멸되기 전까지는 유효한 것으로 통용된다. 다만, 무효인 처분은 처음부터 그 효력이 발생하지 아니한다.

취소는 하자 있는 행정행위를 제거하는 것이므로 원칙적으로 그 효과가 소급돼야 할 것이지만 일률적으로 판단할 수는 없고 구체적인 이익형량에 따라 결정되어야 한다. 대체로 침익적 행정행위의 취소효과는 소급적이고 수익적 행정행위(국유재산의 사용허가는 여기에 해당한다)의 취소효과는 소급되지 않지만, 후자의 경우에도 상대방에게 귀책사유가 있는 경우에

---

116) 넓은 의미의 행정행위의 취소에는 위와 같은 직권취소 이외에 쟁송취소까지 포함하는데, 일반적으로'취소'라고 하면 직권취소만 가리킨다(하명호, 앞의 책, 192면).
117) 하명호, 앞의 책, 192면, 200-201면.
118) 취소와 철회는 행정청의 행위로서 비로소 그 효력이 발생하지만, 무효는 행정청의 행위와 무관하게 처음부터 행정행위의 효력이 없었던 것으로 취급된다. 무효인 행정행위는 내재한 하자가 중대 또는 명백해야 한다. 사용허가의 경우 국가 소유 아닌 재산에 대한 사용허가, 권한 없는 자에 의한 사용허가 등이 될 것이다.
119) 하명호, 앞의 책, 192면.

는 소급효가 인정될 수 있다는 것이 일반적인 견해이다.[120)]

Ⅱ. 구체적인 판단기준

국유재산법은 제36조 제1항 각 호의 어느 하나에 해당하면 사용허가를 취소하거나 철회할 수 있다고만 할 뿐, 각 사유가 어디에 해당하는지에 대하여는 침묵하고 있다. 생각건대 취소와 철회의 개념상 사용허가 자체에 위법 또는 부당한 하자가 있는지를 기준으로 판단해야 할 것인데, 법 제36조 제1항 제1호를 제외하고는 사용자의 의무위반이라는 새로운 사정이 발생했을 뿐 사용허가에는 하자가 없음을 알 수 있다. 따라서 제1호는 취소 사유, 나머지는 철회 사유로 삼는 것이 원칙이라 하겠다.

법 제36조 제1항 제1호에 해당하여 사용허가를 취소할 때, 소급할 수 있는가. 행정기본법은 당사자의 신뢰를 보호할 가치가 있는 등 정당한 사유가 있을 때는 소급적 취소를 불허하고(제18조 제1항 단서), 거짓이나 그 밖의 부정한 방법으로 처분을 받아 그 처분을 취소할 때는 공익과 사익을 형량 할 필요가 없다고 한다(같은 조 제2항 제1호). 따라서 제1호, 즉 거짓 진술을 하거나 부실한 증명서류를 제시하거나 그 밖에 부정한 방법으로 사용허가를 받은 경우에는 원칙적으로 소급하여 취소할 사안에 해당한다고 할 것이다.

행정기본법 제18조(위법 또는 부당한 처분의 취소) ① 행정청은 위법 또는 부당한 처분의 전부나 일부를 소급하여 취소할 수 있다. 다만, 당사자의 신뢰를 보호할 가치가 있는 등 정당한 사유가 있는 경우에는 장래를 향하여 취소할 수 있다.
② 행정청은 제1항에 따라 당사자에게 권리나 이익을 부여하는 처분을 취소하려는 경우에는 취소로 인하여 당사자가 입게 될 불이익을 취소로 달성되는 공익과 비교·형량(衡量)하여야 한다. 다만, 다음 각 호의 어느 하나에 해당하는 경우에는 그러하지 아니하다.
1. 거짓이나 그 밖의 부정한 방법으로 처분을 받은 경우
2. 당사자가 처분의 위법성을 알고 있었거나 중대한 과실로 알지 못한 경우

법 제36조의 취소·철회는 재량행위로서, 법정 사유에 해당한다고 해서 반드시 취소·철회를 해야 하는 것은 아니고, 사안별로 위반의 정도, 횟수, 기간 및 국가의 피해 등을 종합적으로 검토하여 취소할 것인지 철회할 것인지, 취소한다면 소급할 것인지 등을 결정해야 한다.

---

120) 하명호, 앞의 책, 196-197면.

Ⅲ. 법적 의미

법 제36조 제1항 각호의 취소·철회 사유들은 일반적인 행정행위의 취소·철회 사유로서 특별한 법적 의미가 없다고 할 것이지만, 같은 조 제2항은 국가의 공익적 필요에 따른 일방적인 사용관계 종료로서 특별한 법적 의미가 있다.

보통의 임대차는 당사자 사이에 약정이 없는 한 임대인의 필요에 따라 해지하지 못하지만, 법 제36조 제2항은 국가나 지방자치단체가 사용허가 중인 국유재산을 직접 공용이나 공공용으로 사용하기 위하여 필요하게 된 경우에는 그 사용허가를 일방적으로 종료시킬 수 있게 하는바, 이는 국유재산에 대한 매우 강력한 공법상 규율로서 일반재산의 법적 성질에 대하여는 공법관계설의 논거가 되기도 한다.[121)]

제2절 사용허가 취소·철회의 사유

국유재산법 제36조(사용허가의 취소와 철회) ① 중앙관서의 장은 행정재산의 사용허가를 받은 자가 다음 각 호의 어느 하나에 해당하면 그 허가를 취소하거나 철회할 수 있다.

1. 거짓 진술을 하거나 부실한 증명서류를 제시하거나 그 밖에 부정한 방법으로 사용허가를 받은 경우
2. 사용허가 받은 재산을 제30조제2항을 위반하여 다른 사람에게 사용·수익하게 한 경우
3. 해당 재산의 보존을 게을리하였거나 그 사용목적을 위배한 경우
4. 납부기한까지 사용료를 납부하지 아니하거나 제32조제2항 후단에 따른 보증금 예치나 이행보증조치를 하지 아니한 경우
5. 중앙관서의 장의 승인 없이 사용허가를 받은 재산의 원래 상태를 변경한 경우

② 중앙관서의 장은 사용허가한 행정재산을 국가나 지방자치단체가 직접 공용이나 공공용으로 사용하기 위하여 필요하게 된 경우에는 그 허가를 철회할 수 있다.

③ 제2항의 경우에 그 철회로 인하여 해당 사용허가를 받은 자에게 손실이 발생하면 그 재산을 사용할 기관은 대통령령으로 정하는 바에 따라 보상한다.

④ 중앙관서의 장은 제1항이나 제2항에 따라 사용허가를 취소하거나 철회한 경우에 그 재산이 기부를 받은 재산으로서 제30조제2항 단서에 따라 사용·수익하고 있는 자가 있으면 그 사용·수익자에게 취소 또는 철회 사실을 알려야 한다.

---

121) 이원우, 주석 국유재산법, 법제처, 2006, 6면.

사용허가의 취소·철회 사유는 법 제36조에 규정된 것과 사용허가서(대부계약서 포함)에 기재된 것으로 나눌 수 있다. 한편 법 제36조 제1항 제1호(사용허가 과정에서의 부정행위)는 취소사유로 볼 수 있으며, 나머지 사유는 모두 철회 사유에 해당한다.

Ⅰ. 사용허가 과정에서의 부정행위

거짓 진술을 하거나 부실한 증명서류를 제시하거나 그 밖에 부정한 방법으로 사용허가를 받은 경우로서,[122] 입찰참가 자격이나 수의신청 자격에 관한 것이 많다. 이러한 사유는 사용허가 자체에 하자를 발생시키는 것으로서 사용허가 취소 사유가 되며, 사안에 따라 소급적으로 사용허가의 효력을 박탈시킬 수도 있다. 한편 부정행위의 정도가 중대하고 명백하다면 사용허가 무효사유가 된다.

Ⅱ. 사용 중에 나타난 위법·위반행위

이하의 사유들은 사용허가 후에 새롭게 발생하는 사용자의 법령, 사용허가서(대부계약서 포함) 위반사항으로서 사용허가 철회 사유에 해당한다.

1. 다른 사람에게 사용·수익하게 한 경우

사용허가 받은 국유재산을 다른 사람에게 사용·수익하게 하는 것은 금지되고(법 제30조 제2항), 이를 위반하면 사용허가가 철회될 수 있다.[123] 이러한 위반행위의 전형은 임차권의 양도 또는 전대를 들 수 있겠다. 농지의 위탁경영(소작)은 다른 사람에게 사용·수익하게 하는 것은 아니지만, 재산관리기관으로서 허용하기 어려운 부당이득의 유형이므로 함께 설명한다.

통상 임대인은 임차인에게 임차권의 양도나 전대를 동의 할 수도 있지만(민법 제629조 제1항), 국유재산법은 국가 측에 이러한 동의를 인정하지 않는다. 임차권의 양도, 전대 및 농지 위탁경영의 정도에 이르지 않았다 하더라도 다른 사람으로 하여금 국유재산을 사용·수익하게 했다면 취소 또는 철회 사유에 해당하게 된다.

(1) 임차권의 양도

임차권의 양도는 임차인으로서의 권리 일체를 제3자에게 이전하는 것으로서 황무지 상태의

122) 법 제36조 제1항 제1호, 제47조 제1항; 국유재산 사용허가서 제11조 제2호; 국유재산 대부계약서 제8조 제5호.

123) 법 제36조 제1항 제2호, 제47조 제1항; 국유재산 사용허가서 제11조 제3호, 국유재산 대부계약서 제8조 제2호.

국유지에 이주 및 개간한 자들에게서 자주 발생하는 유형이다. 이들은 개간한 국유지에 대한 독점적인 경작권과 향후 싼값에 매수할 권리가 있다고 믿고, 그러한 의미의 임차권을 양도하는 경우가 많다. 그러나 국유재산법상 임차권(사용허가 받은 지위)의 양도는 허용되지 않으며(법 제30조 제2항), 일반재산에 한하여 개척 · 매립 · 간척 또는 조림사업을 시행하기 위하여 그 사업의 완성을 조건으로 미리 매매예약을 한 다음에 예약당시에 미리 정해 놓은 개간비용을 매매대금에서 공제하는 경우가 있을 뿐이다.[124)]

(2) 전대(轉貸)

전대(轉貸)는 사용허가 받은 재산의 전부 또는 일부를 다른 사람에게 임대(사용대차를 포함한다)하는 형태이다. 법정사용료와 시장임대료 사이의 차액이 클수록 전대가능성이 높아지며, 그 밖에 건물의 소유를 위해 그 부지(국유지)를 사용허가 받아 사용하다가 해당 건물을 제3자에게 매각하는 경우 결과적으로 사용허가 받은 국유지를 다른 사람으로 하여금 점유, 사용 · 수익하게 한 것이 된다.[125)]

경작용의 경우 사용료가 법정최저이므로 전대가능성이 상존하는데, ① 특용작물 등 부가가치가 높은 작물재배지역, ② 기계경작을 통한 대규모 경작이 가능한 지역 등에서 전대가 많이 이루어진다. 전대는 다른 사람에게 임대목적물의 점유를 넘겨서 독자적인 점유를 설정해 주는 것이다. 농지의 전대는 전차인이 농업경영 판단을 하고 경작으로 인한 이익과 손실의 귀속주체가 된다. 전차인이 사용허가 받은 자에게 땅값(차임)을 지급했다면 전대(임대)에 대한 결정적 증거가 된다. 차임은 돈 이외에 수확물로도 가능하다. 차임이 없더라도 전차인으로 하여금 독자적인 경작을 허락했다면 전대(사용대차)에 해당한다.

보통 실제경작자가 허가사용자에게 차임을 줬다면 전대로 볼 것이고, 허가사용자가 실제경작자에게 노임을 줬다면 농지의 위탁경영이 될 것이다. 농지의 전대와 위탁경영은 사용허가 취소 · 철회 이후의 법률관계에 차이가 있다. 전대의 경우 농작물의 소유자는 전차인이므로 전차인에게 별도의 점유권원(사용허가)을 인정해 줄지 판단해야 한다. 위탁경영의 경우 사용허가 받은 자가 농작물의 소유자이므로 허가사용자에게 농작물의 취거를 명하고, 응하지 않으면 변상금을 부과해야 한다. 윤작을 위해서 허가사용자 간에 서로 교환하여 경작하였다면 상호임대로서 전대에 해당한다(차임은 서로 상계된 것이다). 주말농장의 경우 이용자가 독자적인 경작을 하느냐, 단지 시설이용자에 불과하냐에 따라 전대 여부가 결정된다.

전대를 통하여 얻은 수익에 대하여 국가가 손해배상청구나 부당이득반환청구를 하려면 전

124) 법 제45조, 영 제42조 제5항 내지 제7항.

125) 건물의 소유자는 그 건물을 현실적으로 사용하는지를 불문하고, 그 부지를 점유하는 것이 된다(대법원 2010. 1. 28. 선고 2009다61193 판결, 대법원 2008. 7. 10. 선고 2006다39157 판결 등).

대로 인해 국가의 손실이 발생해야 하는바(대법원 2011. 7. 28. 선고 2009다100418 판결 등), 국가가 사용허가로 얻을 수 있는 수익은 법정되어 있어서 손실이 발생했다고 보기 곤란한 경우가 많다. 특히 국유농지는 다른 용도로 사용허가가 곤란하므로 그 지역의 농지임대료가 법정사용료보다 훨씬 높다고 하더라도 국가가 법정사용료 이상을 부과·징수할 여지는 거의 없다. 입법으로 전대수익을 부당이득으로 회수하는 방안을 모색해 볼 여지도 있을 것이나, 전대수입 입증 등의 어려움이 있다. 국유림법의 경우 산림청장이 국유림대부 등을 취소한 때 부당이득의 반환을 명하고, 반환하지 않을 경우 국세징수법의 체납처분 규정을 준용하여 강제징수할 수 있게 하고 있는 있으나,[126] 실효성에는 의문이 있다.

(3) 농업의 위탁경영

농업의 위탁경영이란 농지소유자가 타인에게 일정한 보수를 지급하기로 하고 농작업의 전부 또는 일부를 위탁하여 행하는 농업경영을 말한다. 농지소유자가 여전히 농업경영의 주도권을 가진다는 점에서 전대 또는 임차권의 양도와 다르다.

농지법 제2조(정의) 이 법에서 사용하는 용어의 뜻은 다음과 같다.

4. "농업경영"이란 농업인이나 농업법인이 자기의 계산과 책임으로 농업을 영위하는 것을 말한다.
6. "위탁경영"이란 농지 소유자가 타인에게 일정한 보수를 지급하기로 약정하고 농작업의 전부 또는 일부를 위탁하여 행하는 농업경영을 말한다.

국유재산법 제30조 제2항에서 금지하는 것은 사용허가 받은 국유재산을 다른 사람이 사용·수익하게 하는 것으로서 전대와 임차권의 양도가 여기에 해당한다. 농지의 위탁경영은 헌법과 농지법에서 금지하는 바이지만, 이는 농지소유자에 한정되는 것이고(농지법 제9조), 가사 농지임차인에게도 금지된다고 해석한다 하더라도, 농지법 위반이 국유재산 관계 법령의 위반으로서 사용허가 취소·철회의 사유(대부계약서 제8조 제9호)가 될 것인지 의문이다.[127] 그러나 농작업의 전부 또는 대부분을 위탁경영하는 자는 실경작자로 볼 수 없어 국유농지를 사용허가 받을 수 없다고 해야 하고(영 제27조 제3항 제2호), 농작업의 전부 또는 대부분을 위탁경영하는 것은 그 실질이 전대에 가깝기 때문에 취소·철회되어야 한다고 생각한다.

국유재산 사용허가서나 대부계약서를 개정하여 국유농지의 위탁경영을 명시적으로 금지하는 조건을 붙여 이를 위반 시 사용허가 등을 취소·철회하거나 갱신을 불허하는 것이 옳다(영 제34조 제1항 제4호, 제50조 제2항 제3호).[128] 위탁자가 수탁자에게 보수를 지급하는 것이 이론상

126) 국유림법 제26조 제2항 및 제3항.

127) 서울고등법원 2021. 7. 8. 선고 2020나2037766 판결은 같은 이유에서 국유농지 위탁경영이 법 제36조 제1항 제2호, 제47조 제1항; 국유재산 대부계약서 제8조 제9호의 대부해지 사유에 해당하지 않는다고 하였다.

의 모습이지만, 실제로는 수탁자가 수확을 끝내고 수확물의 일정량을 위탁자에게 지급하는 사례가 많다. 징집, 질병, 국외여행, 취학 및 공직취임 등 특별한 사정이 없다면, 노동력 부족으로 행하는 통상적인 농업경영 관행 범위 내에서만 위탁경영이 허용된다.

농지법 제9조(농지의 위탁경영) 농지 소유자는 다음 각 호의 어느 하나에 해당하는 경우 외에는 소유 농지를 위탁경영할 수 없다.

1. 「병역법」에 따라 징집 또는 소집된 경우
2. 3개월 이상 국외 여행 중인 경우
3. 농업법인이 청산 중인 경우
4. 질병, 취학, 선거에 따른 공직 취임, 그 밖에 대통령령으로 정하는 사유로 자경할 수 없는 경우
5. 제17조에 따른 농지이용증진사업 시행계획에 따라 위탁경영하는 경우
6. 농업인이 자기 노동력이 부족하여 농작업의 일부를 위탁하는 경우

농지법 시행령 제8조(농지의 위탁경영) ① 법 제9조제4호에서 "그 밖에 대통령령으로 정하는 사유"란 다음 각 호의 어느 하나에 해당하는 사유를 말한다.

1. 부상으로 3월 이상의 치료가 필요한 경우
2. 교도소·구치소 또는 보호감호시설에 수용 중인 경우

② 법 제9조제6호에 따른 자기노동력이 부족한 경우는 다음 각 호의 어느 하나에 해당하는 경우로서 통상적인 농업경영관행에 따라 농업경영을 함에 있어서 자기 또는 세대원의 노동력으로는 해당 농지의 농업경영에 관련된 농작업의 전부를 행할 수 없는 경우로 한다.

1. 다음 각 목의 어느 하나에 해당하는 재배작물의 종류별 주요 농작업의 3분의 1 이상을 자기 또는 세대원의 노동력에 의하는 경우
   가. 벼 : 이식 또는 파종, 재배관리 및 수확
   나. 과수 : 가지치기 또는 열매솎기, 재배관리 및 수확
   다. 가목 및 나목 외의 농작물 또는 다년생식물 : 파종 또는 육묘, 이식, 재배관리 및 수확
2. 자기의 농업경영에 관련된 제1호 각 목의 어느 하나에 해당하는 농작업에 1년 중 30일 이상 직접 종사하는 경우

---

128) 사용허가 취소·철회 및 갱신불허에 대하여는 사용허가서 제12조, 영 제34조 제1항 제4호, 대부 해제·해지 및 갱신불허에 대하여는 대부계약서 제8조 제9호, 영 제50조 제2항 제3호 참조.

2. 전용(轉用)

당초 허가받은 사용목적을 위반해서 다른 목적으로 사용하는 것으로서, 법 제36조에서 규정하는 철회 사유이자 사용허가서 및 대부계약서에도 철회·해지 사유로 규정하고 있다.[129] 사용허가 받은 재산의 전용(轉用)은 그 자체로도 문제지만, 국유재산의 사용료가 사용목적에 따라 서로 다른 요율이 적용되어 산정된다는 점에서 사용료 포탈의 문제이기도 하다. 예컨대 국유지를 1% 요율이 적용되는 경작용으로 사용허가 받아, 5% 요율이 적용되는 상업용으로 사용하게 되면 500% 상당의 사용료를 포탈하게 되는 것이다. 국유건물을 주거용(2%)으로 사용허가 받아 사무실(5%)로 사용하는 경우도 마찬가지이다.

농지의 경우 사용료산정 요율이 낮아 전용이 자주 일어나는 편이다. 주무관청의 허가 없이 농지를 전용하는 경우 농지법에서 별도로 원상회복명령(제42조 제1항), 행정대집행(제42조 제2항) 및 벌칙(제57조) 등 제재규정을 두고 있는데, 이러한 제재 규정은 무단으로 농지전용 행위를 한 자에 한하여 적용되고 국가나 국유재산 관리기관(예컨대 한국자산관리공사 등 민간수탁자)에게는 적용되지 않는다.

농지법 제2조(정의) 이 법에서 사용하는 용어의 뜻은 다음과 같다.

1. "농지"란 다음 각 목의 어느 하나에 해당하는 토지를 말한다.
   가. 전·답, 과수원, 그 밖에 법적 지목(地目)을 불문하고 실제로 농작물 경작지 또는 대통령령으로 정하는 다년생식물 재배지로 이용되는 토지. 다만, 「초지법」에 따라 조성된 초지 등 대통령령으로 정하는 토지는 제외한다.
   나. 가목의 토지의 개량시설과 가목의 토지에 설치하는 농축산물 생산시설로서 대통령령으로 정하는 시설의 부지

7. "농지의 전용"이란 농지를 농작물의 경작이나 다년생식물의 재배 등 농업생산 또는 대통령령으로 정하는 농지개량 외의 용도로 사용하는 것을 말한다. 다만, 제1호 나목에서 정한 용도로 사용하는 경우에는 전용(轉用)으로 보지 아니한다.

제42조(원상회복 등) ① 농림축산식품부장관, 시장·군수 또는 자치구구청장은 다음 각 호의 어느 하나에 해당하면 그 행위를 한 자에게 기간을 정하여 원상회복을 명할 수 있다.

1. 제34조제1항에 따른 농지전용허가 또는 제36조에 따른 농지의 타 용도 일시사용허가를 받지 아니하고 농지를 전용하거나 다른 용도로 사용한 경우
2. 제35조 또는 제43조에 따른 농지전용신고 또는 제36조의2에 따른 농지의 타 용도 일시사용신고를 하지 아니하고 농지를 전용하거나 다른 용도로 사용한 경우
3. 제39조에 따라 허가가 취소된 경우
4. 농지전용신고를 한 자가 제39조에 따른 조치명령을 위반한 경우

---

129) 법 제36조 제1항 제3호, 제47조 제1항; 국유재산 사용허가서 제11조 제4호, 국유재산 대부계약서 제8조 제6호.

② 농림축산식품부장관, 시장 · 군수 또는 자치구구청장은 제1항에 따른 원상회복명령을 위반하여 원상회복을 하지 아니하면 대집행(代執行)으로 원상회복을 할 수 있다.
③ 제2항에 따른 대집행의 절차에 관하여는 「행정대집행법」을 적용한다.

3. 재산의 상태변경 · 시설물설치

사용허가 받은 재산의 형질을 변경하거나 증축하는 등 원래 상태를 변경하거나, 사용허가 받은 재산에 무단으로 건축물, 태양광시설 등 시설물을 설치하는 것으로서, 상태변경은 법 제36조의 철회 사유이면서 동시에 사용허가서 및 대부계약에서 금지하는 철회 · 해지 사유이기도 하다.[130) 시설물설치는 국유재산 관계 법령 위반 또는 사용허가서 · 대부계약서 위반으로 볼 수 있다.[131)]

건축법 제79조(위반 건축물 등에 대한 조치 등) ① 허가권자는 이 법 또는 이 법에 따른 명령이나 처분에 위반되는 대지나 건축물에 대하여 이 법에 따른 허가 또는 승인을 취소하거나 그 건축물의 건축주 · 공사시공자 · 현장관리인 · 소유자 · 관리자 또는 점유자(이하 "건축주등"이라 한다)에게 공사의 중지를 명하거나 상당한 기간을 정하여 그 건축물의 철거 · 개축 · 증축 · 수선 · 용도변경 · 사용금지 · 사용제한, 그 밖에 필요한 조치를 명할 수 있다.
② 허가권자는 제1항에 따라 허가나 승인이 취소된 건축물 또는 제1항에 따른 시정명령을 받고 이행하지 아니한 건축물에 대하여는 다른 법령에 따른 영업이나 그 밖의 행위를 허가 · 면허 · 인가 · 등록 · 지정 등을 하지 아니하도록 요청할 수 있다. 다만, 허가권자가 기간을 정하여 그 사용 또는 영업, 그 밖의 행위를 허용한 주택과 대통령령으로 정하는 경우에는 그러하지 아니하다.
③ 제2항에 따른 요청을 받은 자는 특별한 이유가 없으면 요청에 따라야 한다.
④ 허가권자는 제1항에 따른 시정명령을 하는 경우 국토교통부령으로 정하는 바에 따라 건축물대장에 위반내용을 적어야 한다.
⑤ 허가권자는 이 법 또는 이 법에 따른 명령이나 처분에 위반되는 대지나 건축물에 대한 실태를 파악하기 위하여 조사를 할 수 있다.
⑥ 제5항에 따른 실태조사의 방법 및 절차에 관한 사항은 대통령령으로 정한다.

---

130) 법 제36조 제1항 제5호, 제47조 제1항; 국유재산 사용허가서 제11조 제6호, 국유재산 대부계약서 제8조 제8호.
131) 국유재산법 제18조, 건축법 제79조, 사용허가서 제10조 제3호, 대부계약서 제7조 제3호.

사용허가 받은 재산에 무단히 이루어지는 상태변경 또는 시설물설치는 후술하는 국토계획법 또는 개발제한구역법 위반(불법개발행위)에 해당할 수 있으며, 사용허가 받은 국유지에 무단으로 건축물을 축조하는 것은 건축법 위반이 될 수 있다. 위반건축물에 대하여는 소관 지방자치단체장이 건축법에 따라 공사 중단 명령, 철거명령 등의 시정명령을 할 수 있으며(제79조 제1항), 시정명령을 이행하지 않을 경우 이행강제금을 부과하거나(제80조) 행정대집행(제85조)을 실시할 수 있다. 이러한 제재규정은 위반건축물의 건축주, 시공자, 현장관리인, 소유자, 관리자 또는 점유자(건축법 제79조 제1항은 이들을 '건축주등'이라고 한다)에게만 적용되고, 그 부지인 국유지의 관리기관(예컨대 한국자산관리공사 등 민간수탁자)에게는 적용되지 않는다.

4. 재산의 보존을 게을리 한 경우

통상 임대인이 임대물의 보존에 필요한 행위를 해야 하고, 임차인은 이를 거절하지 못한다(민법 제624조). 그러나 국유재산법은 사용자 · 피대부자에게 재산보존의 의무가 있다는 전제에서 재산의 보존을 게을리 한 경우 사용허가를 철회(대부계약 해지) 할 수 있는 사유로 삼고 있다(법 제36조 제1항 제3호).[132]

5. 사용료의 체납 등

사용자가 납부기한까지 사용료를 납부하지 않거나 사용료 분납을 위한 보증조치를 하지 않는다면 사용허가를 철회할 수 있다(법 제36조 제1항 제4호).

사용료가 체납되면 독촉 및 연체료부과 절차 없이 바로 사용허가를 철회할 수 있는지 문제된다. 이 경우 영 제72조 제1항에 따라 독촉 및 연체료부과 절차를 거쳐야 한다는 견해도 있으나,[133] 연간사용료 부과 및 그 체납에 따른 사용허가 철회는 모두 해당 연도의 사용기간이 도래하기 전에 마쳐야 하는 것이 원칙이므로(영 제30조), 영 제72조 제1항의 연체료부과 절차는 사용료 체납에 따른 사용허가 철회 절차와 무관하다.

차년도 연간사용료를 부과할 때는 차년도 사용기간이 도래하기 전에 납부독촉[134] 및 사용허가 철회를 위한 사전통지, 의견청취 등의 절차를 거치기에 충분한 기간을 확보하여야 할 것이다.

국유재산법 시행령 제30조(사용료의 납부시기 등) ① 법 제32조제1항 및 제65조의9제1항에 따른 사용료는 선납하여야 한다.
② 제1항에 따른 사용료의 납부기한은 사용허가를 한 날부터 60일 이내로 하되, 사용 · 수익을 시

132) 국유재산 사용허가서(시행규칙 별지 제3호 서식) 제11조 제4호; 국유재산 대부계약서(시행규칙 별지 제7호 서식) 제8조 제6호에도 기재되어 있다.

133) 이원우, 앞의 책, 205면 이하.

134) 이때의 납부독촉은 영 제72조 제1항의 연체료부과를 위한 납부독촉과는 무관하다.

작하기 전으로 한다. 다만, 중앙관서의 장은 부득이한 사유로 납부기한까지 사용료를 납부하기 곤란하다고 인정될 때에는 납부기한을 따로 정할 수 있다.

6. 국유재산 관계 법령 위반

국유재산 대부계약서에는 국유재산 관계 법령 위반을 대부 해제·해지 사유로 규정하고 있다(제11조 제4호). 국유재산 관계 법령 위반의 예는 전술한 바와 같이, 불법건축물 축조(건축법 위반) 및 불법개발행위(국토계획법 등 위반) 등을 들 수 있겠는데, 불법개발행위에 대한 자세한 설명은 다음과 같다.

토지에 대하여 소정의 ① 건축물의 건축 또는 공작물의 설치, ② 토지의 형질 변경(경작을 위한 경우는 제외한다), ③ 토석의 채취, ④ 토지의 분할(건축물이 있는 대지의 분할은 제외한다), ⑤ 녹지지역·관리지역·자연환경보전지역에 물건을 1개월 이상 쌓아 놓는 행위는 일반적으로 금지되며, 소관 지방자치단체장의 허가를 받아야 한다(국토계획법 제56조). 불법개발행위에 대하여는 소관 지방자치단체장이 국토계획법에 따라 원상회복을 명할 수 있으며(제60조 제3항), 원상회복명령을 받고도 이행하지 않을 경우 행정대집행을 실시할 수 있다(같은 조 제4항). 불법개발행위에 대하여는 이러한 행정상의 제재뿐만 아니라 형벌까지도 가능하다(제140조 제1호).

누가 국유지에 불법개발행위를 했을 때, 그 자에게만 이러한 행정 및 형벌규정이 적용되고, 국가나 국유재산 관리기관(예컨대 한국자산관리공사 등 민간수탁자)에게는 적용되지 않는다. 주의할 것은 개발제한구역(Greenbelt)에는 훨씬 강력한 규제가 가해져서 거의 모든 개발행위가 금지될 뿐만 아니라(개발제한구역법 제12조), 국가나 국유재산관리기관(예컨대 한국자산관리공사 등 민간수탁자)까지 시정명령(개발제한구역법 제30조 제1항) 및 이행강제금(같은 법 제30조의2)의 적용을 받게 된다. 형벌규정은 불법개발행위자에게만 적용된다(같은 법 제31조·제32조).

개발제한구역의 지정 및 관리에 관한 특별조치법 제30조(법령 등의 위반자에 대한 행정처분) ① 시장·군수·구청장은 다음 각 호의 어느 하나에 해당하는 행위를 적발한 경우에는 그 허가를 취소할 수 있으며, 해당 행위자(위반행위에 이용된 건축물·공작물·토지의 소유자·관리자 또는 점유자를 포함한다. 이하 "위반행위자등"이라 한다)에 대하여 공사의 중지 또는 상당한 기간을 정하여 건축물·공작물 등의 철거·폐쇄·개축 또는 이전, 그 밖에 필요한 조치를 명(이하 "시정명령"이라 한다)할 수 있다.

1. 내지 3. 생략

제30조의2(이행강제금) ① 시장·군수·구청장은 제30조제1항에 따른 시정명령을 받은 후 그 시

정기간 내에 그 시정명령의 이행을 하지 아니한 자에 대하여 다음 각 호의 어느 하나에 해당하는 금액의 범위에서 이행강제금을 부과한다.
1. 내지 2. 생략

Ⅲ. 사용자의 철회 신청

사용자 스스로 사용허가를 종료하려면 행정재산은 2개월 전에, 일반재산은 1개월 전에 사용허가 철회, 대부해지 신청을 하면 된다.135) 국가가 일방적으로 사용허가를 철회할 수 있게 하는 대신(법 제36조 제2항), 사용자도 능동적으로 사용허가에서 벗어날 수 있는 기회를 주되, 국가의 기한의 이익을 어느 정도 보장해 주기 위해 미리 청구하게 한 것이다.

다만 사용자에게 잔여사용료를 즉시 환급해 줘서 다른 장소로 쉽게 이동하게 해 줄 필요가 있는바, 신청 즉시 사용허가를 철회해 주되, 1개월 내지 2개월의 사용료를 공제해서 잔여사용료를 환급하는 방법을 생각해 볼만하다.

[참고 ⑬] 국유재산 사용허가서, 국유재산 대부계약서의 법적 성질

국유재산법 시행규칙은 별지3호, 별지 7호에서 행정재산 사용허가서와 국유재산 대부계약서를 마련해 놓고 있다. 실무에서는 이것으로 사용허가, 대부계약을 하며, 필요 시 특별규정이나 특약사항을 추가하기도 한다.

국유재산 사용허가서는 사용허가의 내용 또는 사용허가의 부관(조건, 기한, 부담 등)이 되고, 국유재산 대부계약서는 대부계약의 내용이 된다. 특히 국유재산 대부계약서는 계약의 한쪽 당사자(국가)가 여러 명의 상대방과 계약을 체결하기 위하여 일정한 형식으로 미리 마련한 계약의 내용으로서 약관의 일종이다(약관의 규제에 관한 법률 제2조 제1호).

이들은 그 자체 법규적 효력이 없고, 사용허가서는 행정법의 일반원리, 국유재산법령 기타 법령의 내용에 배치될 수 없다. 대부계약서는 민사법의 일반원리, 국유재산법령 기타 법령의 내용 중 강행법규에 배치될 수 없으며, 특히 약관의 규제에 관한 법률에 따라 해석되어야 하고 동 법률이 규정하는 바에 따라 불공정약관조항으로 공정거래위원회의 조치를 받거나 법원의 무효판결을 받을 수도 있다.

135) 국유재산 사용허가서 제13조; 국유재산 대부계약서 제10조.

Ⅳ. 행정목적상 필요에 의한 철회

재산관리기관은 국가나 지방자치단체가 직접 공용이나 공공용으로 사용하기 위하여 필요하게 되면 언제든지 기존의 사용허가를 철회할 수 있다(법 제36조 제2항). 공용 및 공공용으로 제한하므로 보존용이나 정부기업용으로 사용하기 위한 경우는 철회 사유로 삼을 수 없다. 국가가 필요하게 된 경우라 함은 소관 중앙관서에서 필요하거나, 다른 중앙관서의 장이 사용승인 또는 관리전환을 신청하는 경우를 들 수 있을 것이고(법 제8조 제4항), 지방자치단체가 필요하게 된 경우라 함은 사용허가 중인 재산을 지방자치단체에 사용허가하거나 매각하는 경우를 들 수 있을 것이다.[136] 국가나 지방자치단체가 직접 필요해야 하므로, 산하 공공기관 등이 필요한 경우는 제외된다.

그 밖에 대부계약서에는 대부재산이 제3자에게 매각되었을 때에는 대부계약이 해지되고, 이에 대하여 피대부자는 이의를 제기하지 못한다고 기재되어 있는바(제16조), 국가 등의 행정목적상 필요에 의한 철회보다 훨씬 침익적이다. 특히 대부재산이 주택이거나 상가건물인 경우 주택임대차법이나 상가임대차법의 대항력 규정(채권의 물권 화)[137]을 배제하는 것으로서 사용자에게 매우 불리하다. 일반재산에 대하여는 공익실현, 보호가치 있는 이해관계자의 보호 등 수많은 제3자 수의매각이 전제되기 때문에 마련된 대부(자동)해지 규정으로 보인다.[138]

Ⅴ. 다른 법률에 따른 취소·철회

신재생에너지법에 따라 국·공유재산을 수의로 사용허가 받거나 취득한 자가 그로부터 2년 내에 해당 재산에 신재생에너지 사업을 시행하지 아니한 경우에는 사용허가를 취소하거나 환매할 수 있다(신재생에너지법 제26조 제4항). 사용허가의 취소라고 규정하지만 사용허가 당시에 거짓 기타 부정한 방법이 동원되는 등 특별한 사정이 없는 한 장래를 향한 철회의 의미로 해석하여야 한다.

---

136) 영 제27조 제3항 제5호, 제51조, 제40조 제3항 제4호.

137) 주택임대차보호법 제3조(대항력 등) ① 임대차는 그 등기가 없는 경우에도 임차인이 주택의 인도와 주민등록을 마친 때에는 그 다음 날부터 제삼자에 대하여 효력이 생긴다. 이 경우 전입신고를 한 때에 주민등록이 된 것으로 본다.
④ 임차주택의 양수인(그 밖에 임대할 권리를 승계한 자를 포함한다)은 임대인의 지위를 승계한 것으로 본다.
상가건물 임대차보호법제3조(대항력 등) ① 임대차는 그 등기가 없는 경우에도 임차인이 건물의 인도와 「부가가치세법」 제8조, 「소득세법」 제168조 또는 「법인세법」 제111조에 따른 사업자등록을 신청하면 그 다음 날부터 제3자에 대하여 효력이 생긴다.
② 임차건물의 양수인(그 밖에 임대할 권리를 승계한 자를 포함한다)은 임대인의 지위를 승계한 것으로 본다.

138) 영 제40조 제3항 1호 내지 27호, 기타 다른 법률의 수의매각 규정.

제3절 사용허가 취소 · 철회의 절차

행정처분[139]을 할 때는 그 전에 또는 처분과 더불어 행정절차가 필수적이다. 특히 사용허가의 취소 · 철회는 사용자의 권익을 제한하는 행정처분으로서 처분의 사전통지, 의견청취 등 모든 행정절차를 거쳐야 하는 것이 원칙임에도 국유재산법은 청문(제37조)에 관하여 규정하는 외에는 행정절차법에 의존하고 있다.[140]

좁은 의미의 행정절차는 행정입법, 행정계획, 행정처분, 행정지도 등 각종 행정작용의 사전절차를 말하는데(행정절차법은 여기에 입각하고 있다), 가장 좁은 의미의 행정절차는 행정처분의 사전절차를 말한다.[141] 이하에서는 사용허가를 취소 · 철회하는 과정에서 검토되어야 할 행정절차와 그 위반의 효과 등을 행정절차법을 중심으로 살펴보기로 하는 바, 이러한 설명은 변상금부과, 행정대집행 등 다른 침익적 행정처분에도 원칙적으로 동일하게 해당하게 된다.

Ⅰ. 처분기준의 설정 · 공표

행정절차법 제20조(처분기준의 설정 · 공표) ① 행정청은 필요한 처분기준을 해당 처분의 성질에 비추어 되도록 구체적으로 정하여 공표하여야 한다. 처분기준을 변경하는 경우에도 또한 같다.
② 제1항에 따른 처분기준을 공표하는 것이 해당 처분의 성질상 현저히 곤란하거나 공공의 안전 또는 복리를 현저히 해치는 것으로 인정될 만한 상당한 이유가 있는 경우에는 처분기준을 공표하지 아니할 수 있다.
③ 당사자등은 공표된 처분기준이 명확하지 아니한 경우 해당 행정청에 그 해석 또는 설명을 요청할 수 있다. 이 경우 해당 행정청은 특별한 사정이 없으면 그 요청에 따라야 한다.

행정절차법은 모든 행정처분에 대하여 '필요한 처분기준'을 설정 · 공표할 의무를 행정청에

---

139) 행정법상 처분이란, 행정청이 행하는 구체적인 사실에 관한 법 집행으로서의 공권력의 행사 또는 그 거부와 그 밖에 이에 준하는 행정작용을 말한다(행정절차법 제2조 제2호, 행정소송법 제2조 제1항 제1호 등). 이러한 행정법상 처분 개념은 강학상의 행정행위와 유사한 개념으로서 그 주체, 절차 및 사법(司法)적 구제수단 등과 관련하여 행정법상 핵심 기능을 한다. 국유재산법상으로는 사용허가, 사용료부과, 사용허가의 취소 · 철회, 강제징수, 연체료부과, 변상금부과 및 행정대집행 등이 행정처분에 해당한다. 행정법의 영역에서는 행정처분보다는 처분 개념을 주로 사용하지만, 국유재산법상으로는 국유재산의 양도를 처분이라고 하고 널리 사용되므로, 이하에서는 행정처분이라고 하여 국유재산의 양도(처분)와 구분하기로 한다.

140) 행정절차법은 행정절차에 관한 일반법으로서(동법 제3조 제1항), 국유재산법 등 개별 법률에서 정하지 아니한 행정절차에 적용된다.

141) 하명호, 앞의 책, 263면.

부과하고 있을 뿐, 설정 · 공표의 대상이 되는 처분기준이 무엇인지에 관하여 구체적으로 밝히지 않고 있다.

현재 사용허가의 취소 · 철회에 관한 통일적인 처분기준은 존재하지 않으나 취소와 철회의 판단기준, 소급적 취소와 장래 취소의 구별 기준 등에 관한 구체적인 기준이 필요해 보인다. 변상금부과, 강제징수, 연체료부과 등 국민의 권익을 제한하는 국유재산법상의 다른 행정처분도 마찬가지이다. 처분기준은 반드시 훈령 등 행정규칙의 형식으로 설정 · 공표하여야 하는 것은 아니고, 시행령 등 법규명령의 형식으로도 가능하다.[142]

Ⅱ. 처분의 사전통지

행정절차법 제21조(처분의 사전 통지) ① 행정청은 당사자에게 의무를 부과하거나 권익을 제한하는 처분을 하는 경우에는 미리 다음 각 호의 사항을 당사자등에게 통지하여야 한다.

1. 처분의 제목
2. 당사자의 성명 또는 명칭과 주소
3. 처분하려는 원인이 되는 사실과 처분의 내용 및 법적 근거
4. 제3호에 대하여 의견을 제출할 수 있다는 뜻과 의견을 제출하지 아니하는 경우의 처리방법
5. 의견제출기관의 명칭과 주소
6. 의견제출기한
7. 그 밖에 필요한 사항

③ 제1항제6호에 따른 기한은 의견제출에 필요한 기간을 10일 이상으로 고려하여 정하여야 한다.
④ 다음 각 호의 어느 하나에 해당하는 경우에는 제1항에 따른 통지를 하지 아니할 수 있다.

1. 공공의 안전 또는 복리를 위하여 긴급히 처분을 할 필요가 있는 경우
2. 법령등에서 요구된 자격이 없거나 없어지게 되면 반드시 일정한 처분을 하여야 하는 경우에 그 자격이 없거나 없어지게 된 사실이 법원의 재판 등에 의하여 객관적으로 증명된 경우
3. 해당 처분의 성질상 의견청취가 현저히 곤란하거나 명백히 불필요하다고 인정될 만한 상당한 이유가 있는 경우

⑤ 처분의 전제가 되는 사실이 법원의 재판 등에 의하여 객관적으로 증명된 경우 등 제4항에 따른 사전 통지를 하지 아니할 수 있는 구체적인 사항은 대통령령으로 정한다.
⑥ 제4항에 따라 사전 통지를 하지 아니하는 경우 행정청은 처분을 할 때 당사자등에게 통지를 하지 아니한 사유를 알려야 한다. 다만, 신속한 처분이 필요한 경우에는 처분 후 그 사유를 알릴 수 있다.
⑦ 제6항에 따라 당사자등에게 알리는 경우에는 제24조를 준용한다.

142) 하명호, 앞의 책 277면.

사용허가의 취소·철회와 같이 당사자의 권익을 제한하는 처분을 하는 경우에는 행정절차법 제21조 제4항의 예외 사유가 없는 한 처분의 원인사실, 처분의 내용, 처분의 법적 근거 및 의견제출 관련 정보 등에 관한 사항을 당사자 등에게 미리 통지하여야 한다(같은 조 제1항). 당사자 등이 의견제출 관련 정보를 통보받고 의견진술의 기회를 포기한다는 뜻을 명백히 표시한 경우에는 이하의 의견청취 절차를 실시하지 아니할 수 있다(같은 법 제22조 제4항).

사전통지를 하지 않아도 되는 예외 사유 중에서 '해당 처분의 성질상 의견청취가 현저히 곤란하거나 명백히 불필요하다고 인정될 만한 상당한 이유가 있는 경우(행정절차법 제21조 제4항 제3호)'와 관련하여 동법 시행령 제13조 제5호는 '법령 등에서 일정한 요건에 해당하는 자에 대하여 점용료·사용료 등 금전급부를 명하는 경우 법령 등에서 규정하는 요건에 해당함이 명백하고, 행정청의 금액산정에 재량의 여지가 없거나 요율이 명확하게 정하여져 있는 경우 등 해당 처분의 성질상 의견청취가 명백히 불필요하다고 인정될 만한 상당한 이유가 있는 경우'라고 예시한다. 따라서 행정재산의 사용료부과를 함에 있어서는 사전통지를 하지 않아도 된다. 행정절차법 제21조 제4항의 사전통지 예외 사유는 동시에 의견청취 예외 사유가 되기도 한다(행정절차법 제22조 제4항).

Ⅲ. 의견청취

행정절차법 제22조(의견청취) ① 행정청이 처분을 할 때 다음 각 호의 어느 하나에 해당하는 경우에는 청문을 한다.

1. 다른 법령등에서 청문을 하도록 규정하고 있는 경우
2. 행정청이 필요하다고 인정하는 경우
3. 다음 각 목의 처분 시 제21조제1항제6호에 따른 의견제출기한 내에 당사자등의 신청이 있는 경우
   가. 인허가 등의 취소
   나. 신분·자격의 박탈
   다. 법인이나 조합 등의 설립허가의 취소

② 행정청이 처분을 할 때 다음 각 호의 어느 하나에 해당하는 경우에는 공청회를 개최한다.

1. 다른 법령등에서 공청회를 개최하도록 규정하고 있는 경우
2. 해당 처분의 영향이 광범위하여 널리 의견을 수렴할 필요가 있다고 행정청이 인정하는 경우
3. 국민생활에 큰 영향을 미치는 처분으로서 대통령령으로 정하는 처분에 대하여 대통령령으로 정하는 수 이상의 당사자등이 공청회 개최를 요구하는 경우

③ 행정청이 당사자에게 의무를 부과하거나 권익을 제한하는 처분을 할 때 제1항 또는 제2항의 경우 외에는 당사자등에게 의견제출의 기회를 주어야 한다.

④ 제1항부터 제3항까지의 규정에도 불구하고 제21조제4항 각 호의 어느 하나에 해당하는 경우와 당사자가 의견진술의 기회를 포기한다는 뜻을 명백히 표시한 경우에는 의견청취를 하지 아니할 수 있다.
⑤ 행정청은 청문·공청회 또는 의견제출을 거쳤을 때에는 신속히 처분하여 해당 처분이 지연되지 아니하도록 하여야 한다.
⑥ 행정청은 처분 후 1년 이내에 당사자등이 요청하는 경우에는 청문·공청회 또는 의견제출을 위하여 제출받은 서류나 그 밖의 물건을 반환하여야 한다.

국유재산법 제37조(청문) 중앙관서의 장은 제36조에 따라 행정재산의 사용허가를 취소하거나 철회하려는 경우에는 청문을 하여야 한다.

의견청취란 국민에게 불이익을 주는 처분을 하거나 다수 국민의 이해관계가 대립하는 처분을 하는 경우 의견제출, 청문 또는 공청회 등 행정과정에 국민이 참여할 수 있는 기회를 제공하여 혹시 있을지 모를 국민의 권익에 대한 위법·부당한 침해를 미연에 방지하도록 하는 절차를 말한다. 행정절차법에서는 행정청이 당사자에게 의무를 부과하거나 권익을 제한하는 처분을 하는 때에는 예외적인 경우에 해당하지 않는다면 당사자 등에게 사전통지를 하거나 의견청취의 기회를 주도록 규정하고 있다.[143]

행정절차법은 의견청취절차를 의견제출 절차, 청문절차 및 공청회절차 등 세 가지 유형으로 구분하면서, 약식절차인 의견제출을 원칙으로 하고, 일정한 경우에만 청문, 공청회를 실시하도록 규정하고 있다. 청문 또는 공청회를 실시하는 경우는 ① 법령 등[144]에서 청문이나 공청회를 실시하도록 규정하거나 ② 행정청이 필요하다고 인정하는 경우(청문 및 공청회 공통), 그리고 ③ 행정절차법 제21조 제1항 제6호에 따른 의견제출 기한 내에 당사자 등의 청문신청이 있는 경우 또는 특정 처분[145]에 대하여 30명 이상의 당사자 등이 공청회의 개최를 요구하는 경우이다.

청문 또는 공청회를 실시하는 경우에는 별도로 의견제출 절차를 밟을 필요가 없다. 한편 사전통지 예외 사유인 행정절차법 제21조 제4항 각 호의 어느 하나에 해당하거나 당사자가 의견진술의 기회를 포기한다는 뜻을 명백히 표시한 경우에는 의견청취를 하지 아니할 수 있다(이상 행정절차법 제22조).

국유재산법은 사용허가를 취소하거나 철회할 때 미리 청문을 하도록 규정하는 반면(제37조), 공청회 등에 관하여는 아무런 언급이 없는바, 행정절차법 제22조 제2항 제2호 및 제3호에 해당하지 않는 한 청문만 실시하여도 무방하다.

143) 이상 하명호, 290면.
144) 법령 또는 자치법규를 말한다(행정절차법 제2조 제1호 나목).
145) 국민 다수의 생명, 안전 및 건강에 큰 영향을 미치는 처분, 소음 악취 등 국민의 일상생활과 관계되는 환경에 큰 영향을 미치는 처분을 말한다(행정절차법 시행령 제13조의3 제1항).

Ⅳ. 문서주의, 이유제시 및 고지제도

행정절차법 제23조(처분의 이유 제시) ① 행정청은 처분을 할 때에는 다음 각 호의 어느 하나에 해당하는 경우를 제외하고는 당사자에게 그 근거와 이유를 제시하여야 한다.

1. 신청 내용을 모두 그대로 인정하는 처분인 경우
2. 단순 · 반복적인 처분 또는 경미한 처분으로서 당사자가 그 이유를 명백히 알 수 있는 경우
3. 긴급히 처분을 할 필요가 있는 경우

② 행정청은 제1항제2호 및 제3호의 경우에 처분 후 당사자가 요청하는 경우에는 그 근거와 이유를 제시하여야 한다.

제24조(처분의 방식) ① 행정청이 처분을 할 때에는 다른 법령등에 특별한 규정이 있는 경우를 제외하고는 문서로 하여야 하며, 전자문서로 하는 경우에는 당사자등의 동의가 있어야 한다. 다만, 신속히 처리할 필요가 있거나 사안이 경미한 경우에는 말 또는 그 밖의 방법으로 할 수 있다. 이 경우 당사자가 요청하면 지체 없이 처분에 관한 문서를 주어야 한다.

② 처분을 하는 문서에는 그 처분 행정청과 담당자의 소속 · 성명 및 연락처(전화번호, 팩스번호, 전자우편주소 등을 말한다)를 적어야 한다.

제26조(고지) 행정청이 처분을 할 때에는 당사자에게 그 처분에 관하여 행정심판 및 행정소송을 제기할 수 있는지 여부, 그 밖에 불복을 할 수 있는지 여부, 청구절차 및 청구기간, 그 밖에 필요한 사항을 알려야 한다.

모든 처분에는 문서주의의 원칙이 적용되어야 하고(행정절차법 제24조), 예외 사유가 없는 한 처분의 근거와 이유를 제시해야 하며(제23조), 그 처분에 관하여 행정쟁송을 제기할 수 있는지 여부 등을 알려야 한다(제26조).

제시되어야 하는 처분의 근거와 이유란 당해 처분의 기초가 된 사실관계와 그에 해당하는 법령을 말한다.[146] 행정절차법 제23조 제1항은 제시되어야 하는 처분의 이유가 구체적으로 어느 정도이어야 하는지 침묵함으로써 학설과 판례에 맡겨두고 있다. 개개 처분의 내용, 효과, 기타 사항을 고려하여 결정하여야 할 것이지만, 어떠한 사실관계(사실적 근거)에 기초하여 어떠한 법령(법적 근거)을 적용하여 당해 처분이 이루어졌는지를 그 처분서의 기재 자체로 알 수 있을 정도로는 되어야 한다.[147]

국유재산법은 변상금부과고시서(국유재산법 시행규칙 별지 제16호의 2 서식)에 행정절차법 제26조의 행정쟁송 관련 사항을 고지하도록 마련하고 있으나, 사용허가의 취소 · 철회와 관련해서는 이를 반영한 서식을 마련해 놓고 있지 않아 고지의무 위반이 일어날 수 있다. 다만 대법원은

146) 하명호, 앞의 책, 283면.
147) 이유제시의 정도와 관련하여 대법원 판례의 유형적 고찰, 대법원 판례에 관한 분석 등에 대하여는 하명호, 앞의 책, 286-290면 참조.

고지의무를 위반한 자동차운수사업면허 취소처분에 대하여 '고지절차에 관한 규정은 행정처분의 상대방이 그 처분에 대한 행정심판절차를 밟는데 있어 편의를 제공하려는데 있으며, 처분청이 고지절차 규정에 따른 고지의무를 이행하지 않았더라도 경우에 따라서는 행정심판 제기기간이 연장될 수 있는 것에 그치고 이로 인하여 그 행정처분에 어떤 하자가 수반된다고는 할 수 없다고 하였다.[148]

Ⅴ. 행정절차 위반의 효과

사용허가 취소 · 철회를 위한 실체적 요건(법 제36조)과는 무관하게 사용허가 취소 · 철회를 위한 행정절차에 위반한 사실만으로 사용허가 취소 · 철회 처분의 하자를 인정해서 그 무효 또는 취소를 인정할 수 있는지 문제된다. 행정절차를 준수했더라도 동일한 결론에 도달할 수밖에 없는 경우 절차위반으로 처분을 취소하거나 무효선언을 하는 것은 행정의 능률성을 해치고 법원의 부담만 가중시키는 결과를 초래할 수도 있기 때문이다.[149]

생각건대, 적법한 절차를 거쳐 다시 행정처분을 하는 경우 위반행위 등에 이르기까지의 사실판단이나 포섭 등 관련 사항의 판단에서 다른 결정에 이를 수 있고 반드시 동일한 결정에 도달하게 되는 것은 아니다(사용허가의 취소 · 철회와 같은 재량행위는 더욱 그러하다). 또한 비록 사용허가 취소 · 철회의 하자로 그 효력이 부정된 다음 다시 동일한 행정처분이 이루어진다고 하더라도 당초 취소 · 철회 때부터 국유재산의 점유권원이 상실되는 것과 행정절차를 제대로 거쳐 새로이 행한 취소 · 철회 때부터 점유권원이 상실되는 것에는 변상금부과의 시점(始點) 등에서 차이가 있다고 할 것이다. 현재 학설과 판례는 행정처분을 함에 있어 그 형식 · 절차에 하자가 있을 경우, 그 행정처분을 취소하거나 무효선언 할 독자적인 사유가 된다는 적극설을 취하고 있다.[150]

---

148) 대법원 1987. 11. 24. 선고 87누529 판결.
149) 하명호, 앞의 책, 306면.
150) 대법원 1991. 7. 9. 선고 91누971 판결, 대법원 2012. 6. 28. 선고 2011두20505 판결, 대법원 1984. 5. 9. 선고 84누116 판결 등.

제4절 사용허가 취소 · 철회의 효과

Ⅰ. 국유재산 점유권원의 상실

사용허가를 취소하거나 철회하면 허가 받은 국유재산에 대한 사용자의 점유권원이 상실된다. 구체적인 상실시점은 무효 또는 소급취소의 경우 처음부터 사용허가가 없었던 것이 되므로 최소 사용허가기간의 시점(始點)부터 점유권원이 없었던 것이 된다. 장래취소 또는 철회의 경우 처분문서가 사용자에게 도달됨으로써 그 효력이 발생하지만(행정절차법 제15조 제1항),[151] 점유권원이 상실되는 구체적인 시점(始點)은 처분문서에 기재된 장래의 일자이다. 재산관리기관이 사용자의 퇴거, 원상회복 등에 소요될 필요최소한의 기일을 감안하여 점유권원 상실시점을 정하여야 할 것이다.

사용허가기간의 만료로 점유권원이 상실되는 시점은 사용허가기간만료일이 끝나는 시점, 즉 만료일 24:00이다. 기간만료에도 불구하고 기간만료일 이후의 일자로서 원상회복에 필요한 기한을 정해 줘야할 특별한 사정이 있을 수 있다(국유재산 대부계약서 제11조 참조).

Ⅱ. 사용자의 원상회복 의무

국유재산법 제38조(원상회복) 사용허가를 받은 자는 허가기간이 끝나거나 제36조에 따라 사용허가가 취소 또는 철회된 경우에는 그 재산을 원래 상태대로 반환하여야 한다. 다만, 중앙관서의 장이 미리 상태의 변경을 승인한 경우에는 변경된 상태로 반환할 수 있다.
제47조(대부료, 계약의 해제 등) ① 일반재산의 대부의 제한, 대부료, 대부료의 감면 및 대부계약의 해제나 해지 등에 관하여는 제30조제2항, 제31조제1항 · 제2항, 제32조, 제33조, 제34조제1항제2호 · 제3호, 같은 조 제2항 · 제3항, 제36조 및 제38조를 준용한다.

국유재산 사용허가서 제8조(사용허가재산의 보존) 사용인은 선량한 관리자의 주의로써 사용허가재산을 보존할 책임을 지며, 그 사용에 필요한 보수를 하여야 한다.

국유재산 대부계약서 제5조(대부재산의 보존) 대부받는 자는 선량한 관리자의 주의로써 대부재산을 보존하여야 하며, 통상의 수선에 드는 비용, 영업을 위하여 설치한 시설물에 대하여 지출한 비용, 그 밖에 대부자의 승인을 받지 아니한 개수 · 보수로 인하여 발생한 비용 등을 대부자에게 청구하지 못한다.

---

151) 기타 정보통신망을 이용한 송달, 공시송달 등에 관하여는 행정절차법 제14조, 제15조 참조.

국유재산법은 사용허가기간의 만료, 사용허가의 취소·철회 등으로 국유재산의 점유권원이 상실된 경우, 사용자는 해당 재산을 원래 상태대로 반환하여야 하며, 재산관리기관이 미리 상태의 변경을 승인한 경우에는 변경된 상태로 반환할 수 있다고 한다(법 제38조). 한편 사용허가·대부계약에는 사용인은 선량한 관리자의 주의로써 사용허가 재산을 보존할 책임을 지며, 그 사용에 필요한 보수를 하여야 한다는 내용이 포함되어 있다.[152] 이러한 규정 등은 사용자의 필요비·유익비상환청구권 및 부속물·지상물매수청구권에 대한 공법적 규율로서 중요한 의미가 있다.

1. 필요비·유익비상환청구권

임대인은 임대차 목적물에 사용하기 곤란할 정도의 장애가 발생한 경우 수선의무를 부담하기 때문에(민법 제623조), 임차인이 그와 관련한 수선비를 지출했다면 이를 상환해 줄 것을 청구할 권리가 있는바, 이를 필요비·유익비상환청구권이라고 한다(민법 제626조). 필요비·유익비상환청구권을 규정한 민법 제626조는 강행규정이 아니기 때문에 특약으로 배제할 수 있는데(민법 제652조), 사용허가 또는 대부계약의 내용으로서 사용자·피대부자의 필요비·유익비상환청구권을 배제하고 있다.

다만, '임차목적물의 수리는 입주자가 한다', '임차인은 사용에 필요한 보수를 하여야 한다'라는 정도의 통상의 면책특약으로는 통상 생길 수 있는 소규모 수선과 관련한 필요비·유익비상환청구권을 배제할 뿐이고, 대규모 수선에는 효력이 없다. 대규모의 수선에 대하여는 수선의무의 범위를 구체적으로 명시하여야 임대인의 수선의무가 면책된다. 국유재산 사용허가서 제8조, 국유재산 대부계약서 제5조는 통상의 면책특약 조항으로 봐야 한다. 대법원은 대파손, 건물의 주요 구성부분에 대한 수선, 기본적 설비의 교체 등을 대규모수선으로 보는데, 구체적으로는 점포 전반에 누수현상이 지속되는 등 점포에 대한 전면적인 수리가 요구되고 그 비용이 거액인 경우(대법원 2008. 3. 27. 선고 2007다91336, 91343 판결), 배관 및 보일러 시설의 전면적인 교체가 요구되고 그 비용이 거액인 경우(대판 94나94692) 등을 대규모 수선으로 보고 있다.

[**판례**] 임대차계약에 있어서 임대인은 임차목적물을 계약 존속 중 사용·수익에 필요한 상태를 유지하게 할 의무를 부담하는 것이므로, 임차목적물에 임차인이 계약에 의하여 정해진 목적에 따라 사용·수익할 수 없는 상태로 될 정도의 파손 또는 장해가 생긴 경우 그것이 임차인이 별 비용을 들이지 아니하고도 손쉽게 고칠 수 있을 정도의 사소한 것이어서 임차인의 사용·수익을 방해할 정도의 것이 아니라면 임대인은 수선의무를 부담하지 않지만, 그것을 수선하지 아니하면 임차인이 계약에 의하여 정해진 목적에 따라 사용·수익할 수 없는 상태로 될 정도의 것이라면 임대인은 그 수선의무를 부담한다 할 것이고, 이러한 임대인의 수선의무는 특약에 의하여 이를 면제하

152) 국유재산 사용허가서 제8조, 국유재산 대부계약서 제5조.

거나 임차인의 부담으로 돌릴 수 있으나, 그러한 특약에서 수선의무의 범위를 명시하고 있는 등의 특별한 사정이 없는 한 그러한 특약에 의하여 임대인이 수선의무를 면하거나 임차인이 그 수선의무를 부담하게 되는 것은 통상 생길 수 있는 파손의 수선 등 소규모의 수선에 한한다 할 것이고, 대파손의 수리, 건물의 주요 구성부분에 대한 대수선, 기본적 설비부분의 교체 등과 같은 대규모의 수선은 이에 포함되지 아니하고 여전히 임대인이 그 수선의무를 부담한다고 해석함이 상당하다 할 것이다.

기록에 의하면, 원고와 피고들은 위 임대차계약 당시 '건물수리는 입주자가 한다'는 특약을 하고 이를 월세계약서에 기재하였지만, 위 특약에 의하여 임차인이 부담할 수선의무의 범위가 구체적으로 명시된 것은 아니라 할 것이고, 한편 위 누수현상이 이 사건 점포의 전반에 걸쳐 나타나고 그것이 지속적으로 반복되는 등 이 사건 점포에 대한 전면적인 수리가 요구되었고, 그 비용 또한 거액이 소요되는 점 등으로 보아 이는 대규모 수선이 필요한 경우임에 해당함을 알 수 있는바, 특별한 사정이 없는 한 위 특약에 의하여 임대인인 원고가 위 수선의무를 면하고 임차인인 피고들이 이를 부담하는 것은 아니라고 봄이 상당할 것이(다)(대법원 2008. 3. 27. 선고 2007다91336, 91343 판결).

대규모 수선이 필요한 건물의 경우 국가로서는 ① 대수선 후 그 비용이 반영된(자본적 지출로 인한 재산가액 상승) 사용료를 징수하는 방안, ② 현황대로 일반경쟁 입찰에 붙여 유찰 체감된 금액으로 사용허가 하되 사용자가 대수선을 하도록 조건을 붙이는 방안, ③ 사용자가 대수선을 하되 사용료를 감경(법 제34조 제3항)해 주는 조건으로 수의 사용허가 하는 방안 등 중에서 하나를 선택할 수 있을 것이다.

2. 부속물 · 지상물매수청구권

임차인이 부속한 물건이 임차물에 부합되면 필요비 · 유익비상환청구이 발생하며, 부속한 물건이 임차물에 부합되지 않는 독립한 물건이면 부속물 · 지상물매수청구권이 발생한다. 부속물 · 지상물매수청구권을 규정한 민법 제646조, 제643조는 강행규정이기 때문에 당사자 사이의 면책특약으로 배제할 수 없는바(민법 제652조), 국유재산법 제38조와 국유재산 사용허가서 제8조, 국유재산 대부계약서 제5조의 국가 면책규정은 어떻게 해석될 것인가.

대법원은 수목을 식재하고 그 수목에 대한 지상물매수청구권을 포기하는 내용의 공유재산 대부계약에 대하여, 공유재산법에 지상물매수청구권에 대한 특별한 규정이 없기 때문에 민법이 적용되지만, 그렇다 하더라도 대부계약서의 지상물매수청구권 포기 문구는 민법 제652조에서 말하는 '임차인에게 불리한 것'에 해당하지 않아 효력이 있다고 한다.

[**판례**] 국 · 공유 잡종재산에 관한 관리 · 처분의 권한을 위임받은 기관이 국 · 공유 잡종재산을 대부하는 행위는 국가나 지방자치단체가 사경제 주체로서 상대방과 대등한 위치에서 행하는 사법상의 계약이고, 따라서 국 · 공유 잡종재산의 대부 등 권리관계에 대하여는 사법의 규정이 적용됨이 원칙이지만, 계약당사자의 일방이 국가나 지방자치단체이고 그 목적물이 국 · 공유재산이라는 공적 특성 때문에 국유재산법, 공유재산 및 물품관리법, 산림법 등 특별법의 규제를 받게 된다. 그런데 이 건 대부계약의 기간만료로 인한 종료와 관련하여서는 공유재산 및 물품관리법 등의 특별법에 이에 관한 아무런 규정이 없으므로, 이 건 대부계약의 기간만료로 인한 종료와 관련한 법적 효과에 관하여는 일반법인 민법의 규정이 적용되게 된다.

임차인의 매수청구권에 관한 민법 제643조의 규정은 강행규정이므로 이 규정에 위반하는 약정으로서 임차인이나 전차인에게 불리한 것은 그 효력이 없는바, 임차인 등에게 불리한 약정인지의 여부는 우선 당해 계약의 조건 자체에 의하여 가려져야 하지만 계약체결의 경위와 제반 사정 등을 종합적으로 고려하여 실질적으로 임차인 등에게 불리하다고 볼 수 없는 특별한 사정을 인정할 수 있을 때에는 위 강행규정에 저촉되지 않는 것으로 보아야 한다(대법원 1992. 4. 14. 선고 91다36130 판결 등 참조). 그런데 이 사건 대부계약은 사법상 계약이기는 하지만 공유재산 및 물품관리법 등의 적용을 받는 특수성이 있는 점, 따라서 대부계약의 경우 대부료는 엄격히 법이 정한 바대로 징수하게 할 뿐 아니라 대부료가 저렴한 경우가 일반적인 점, 또한 공유재산은 언제든지 행정목적이 변경됨에 따라 다른 용도로 사용될 수 있기 때문에 대부계약에서는 공용, 공공용 또는 공익사업에 필요할 때 언제든지 대부계약을 해지할 수 있다는 조항을 두는 것이 통상적이고 이 건 대부계약의 해제 및 원상회복의무와 민법 제203조 또는 제626조의 적용 배제에 관한 약정도 그러한 취지에서 포함된 것으로 보이는 점, 지상물매수청구권을 인정하는 이유 중 하나는 임대인이 매수목적물을 계속 사용하는 것이 사회 · 경제적으로 이익이 된다는 점인데, 수목의 경우 지상건물과 달리 이식으로 인한 가치 저하가 적고, 원고는 이를 이식해 당초의 자신의 사업대로 활용할 수 있으나 피고는 위 수목을 활용하기 어려운 점에다가, 피고의 주장에 의하면 21년이 넘는 대부기간을 통하여 원고가 피고에게 지급한 대부료는 500만 원이 채 되지 않는다는 것인데, 원고의 지상물매수청구권을 인정할 경우 원고가 피고로부터 지급받을 수 있는 매매가액은 1억 원이 넘는 점을 종합해 보면, 이 건 대부계약의 지상물매수청구권 포기 약정이 전체적으로 보아 반드시 일방적으로 원고에게 불리한 것이었다고 단정할 수는 없을 것이다(대법원 2011. 5. 26. 선고 2011다1231 판결).

대법원 판결은 첫째 국유재산법 제38조가 강행규정인 민법 제652조를 배제하는 특별규정임을 간접적으로 인정한다는 점, 둘째 국유재산법 제38조와 같은 특별규정이 없더라도 국 · 공유재산에 대하여는 민법 제652조의 '임차인에게 불리한 것'의 해석상 지상물매수청구권의 배제가 가능하다고 한 점, 셋째 국 · 공유재산에 대하여 지상물매수청구권 등을 배제하는 기준을 제시한 점에서 특별한 의미가 있다. 생각건대 국유재산법 제38조의 원상회복 규정은 민법 제652조의 적용을 배제하는 특별한 공법적 규율로서 효력이 있으며, 국유재산 사용허가서 제8조 및 국유재산 대부계약서 제5조는 사용허가·대부계약의 내용으로서 효력이 있다고 할 것이다.

Ⅲ. 국가의 사용료반환·손실보상 의무

사용허가의 취소·철회 시 사용자 측에 물리적 원상회복과 관련한 필요비 등 상환청구권 및 부속물 등 매수청구권의 문제가 발생한다면, 국가 측에는 금전적 원상회복과 관련하여 선납한 연간사용료의 잔액 반환, 손실보상 등의 문제가 발생하는바, 국유재산법은 사용허가의 취소·철회가 누구의 필요에 의한 것인지, 사용자에게 귀책사유가 있는지 등에 따라 이들 문제를 달리 취급한다.

1. 사용자의 귀책사유로 취소·철회되는 경우

사용허가를 장래를 향하여 취소하거나 철회하는 경우 선납한 연간사용료 잔액의 반환 문제가 발생하는데, 국유재산법은 사용자의 귀책사유로 인한 취소·철회의 경우 반환 여부에 대해 아무런 규정을 하지 않고 있고, 국유재산 사용허가서 제5조와 국유재산 대부계약서 제9조에서는 반환하지 않음을 명시하고 있다. 선납 사용료 잔액의 몰수는 일종의 손해배상액의 예정으로 해석할 수 있으며, 사용허가의 철회 시점에 따라 몰수되는 금액에 차이가 나게 된다.[153]

사용료 체납으로 인한 사용허가 철회는 그에 상응하는 다음 연도 사용기간이 도래하기 전에 이루어지는 것이 원칙이므로 선납 연간사용료의 잔액 반환이라는 문제가 발생하지 않는다. 그러나 다음 연도 사용기간이 도래했음에도 사용료 체납 상태대로 사용허가를 유지해야 할 특별한 경우도 있을 것이다. 이때는 연간사용료와 그에 대한 연체료를 가산하여 납부독촉을 해야 할 것이고, 사용자가 이를 납부하면 아무런 문제가 없다.

문제는 사용자가 끝내 체납 사용료를 납부하지 않아 사용허가를 철회할 경우 재산관리기관이 추후 징수해야 할 체납 사용료와 그 연체료의 범위를 정하는 것이다. 다른 취소·철회 사유들의 경우(법 제36조 제2항 제외) 선납한 연간사용료의 잔액을 모두 몰수하는 것과의 형평성 차원에서 체납한 연간사용료 전부와 그에 대한 연체료를 징수해야 한다는 견해가 있을 수 있다. 그러나 미사용 기간에 대한 사용료 징수는 법령이나 사용허가서 등에 직접 근거해야 하는데, 사용허가서나 대부계약서는 몰수 대상을 '이미 낸 사용료', '과납한 금액'이라고 하여 아직 납부하지 않은 사용료를 제외하고 있다는 점, 사용료 체납에는 연체료가 가산되므로 다른 취소·철회 사유와의 형평성 문제를 어느 정도 상쇄한다는 점 등을 고려할 때 사용허가 철회 시를 기준으로 그때까지의 사용료와 연체료를 징수하는 것이 타당하다고 생각한다.

---

153) 해당 연도 사용기간의 끝으로 갈수록 몰수되는 금액이 적게 된다.

2. 사용자의 필요로 철회되는 경우

국유재산 사용허가서와 대부계약서는 사용자가 사용허가 등의 철회 · 해지 신청을 할 수 있도록 하면서, 선납 연간사용료 잔액의 반환도 가능하게 하고 있다.[154] 2개월, 1개월 전에 미리 철회 · 해지 신청을 해야 한다고 하지만 신청과 동시에 철회 · 해지하고 2개월, 1개월에 상당하는 사용료를 공제하는 것도 제도의 취지상 가능할 것이다.

선납한 사용료를 반환할 때 고시이자(법 제75조)를 가산하지 않는다. 국유재산법 제75조의 고시이자는 사용료 등이 과납 또는 오납되었을 때, 즉 부당이득에 가산되는 법정이자이기 때문이다.[155] 사용료 부과가 효력을 유지하면서 상대방의 편의를 위해 사용허가가 철회가 되는 때에는 사용료의 과납 또는 오납이 발생하지 않는다.

3. 국가 등의 필요로 철회되는 경우

(1) 국유재산법의 규정

재산관리기관은 사용허가한 행정재산을 국가나 지방자치단체가 직접 공용이나 공공용으로 사용하기 위하여 필요하게 된 경우에는 그 허가를 철회할 수 있으며(법 제36조 제2항), 이 경우 선납한 연간사용료 잔액의 반환과는 별도로 사용자에게 발생한 손실을 보상하여야 한다(같은 조 제3항). 사용허가의 철회는 현재의 재산관리기관이 하고, 손실보상은 장차 그 재산을 사용할 중앙행정기관이 한다(법 제36조 제3항).

(2) 손실보상의 법적 성질

대법원은 사용허가는 물론 대부계약에 관해서도 법 제36조 제3항, 영 제35조의 손실보상 규정을 채무불이행에 기한 손해배상이 아닌 행정상 손실보상으로 본다. 비록 국가 등의 필요에 의한 일방적인 사용허가 철회, 대부계약 해지이지만 이는 법 제36조 제2항에 따른 적법행위이기 때문에 채무불이행에 기한 손해배상의 법리가 적용될 수 없고, 국유재산법이 행정상 손실보상으로 규정하는 법 제36조 제3항, 영 제35조의 금액에 구속된다는 것이다. 이렇게 임대인 측의 필요에 의한 일방적인 임대관계의 종료, 그리고 그에 대한 행정상 손실보상까지 법정하는 것은 일반재산을 포함하는 국유재산에 대한 강력한 공법적 규율의 전형이라고 할 수 있다.

> [**판례**] 국가가 일반재산에 관하여 대부계약을 체결하면서, 국가나 지방자치단체가 대부계약의 목적물을 직접 공용이나 공공용으로 사용하기 위하여 필요한 때에는 대부계약을 해지할 수 있고 그 경우 상대방이 입은 손해를 배상하겠다고 약정한 경우, 이는 대부계약의 법적 성질이 사법상 계약임에 비추어

154) 국유재산 사용허가서 제13조, 제5조; 국유재산 대부계약서 제10조.
155) 대법원 2019. 4. 11. 선고 2017다223156 판결.

대부계약의 해지로 인하여 상대방이 입은 손실을 행정상 손실보상절차에 의하지 아니하고 민사상 절차에 의하여 배상하겠다는 취지로 해석할 수는 있지만, 더 나아가 그 약정 속에 상대방이 입은 손해를 일반 채무불이행에 기한 손해배상의 법리에 따라 배상하겠다는 취지까지 담겨 있다고 단정할 수는 없다. 위와 같은 사유로 대부계약을 해지하는 것은 구 국유재산법(2011. 3. 30. 법률 제10485호로 개정되기 전의 것, 이하 같다)에 따른 적법행위이므로 채무불이행에 기한 손해배상의 법리가 그대로 적용될 수 없는 점, 구 국유재산법 관계 법령에 위와 같은 사유에 기한 대부계약 해지 시 상대방에게 보상하여야 할 손실액을 명시하여 규정하고 있으므로 국가는 특별한 사정이 없는 한 이를 따라야 하는 점, 대부계약의 상대방으로서도 행정상 손실보상절차에 의할 경우 구 국유재산법 관계 법령에서 정한 손실보상액을 한도로 보상받을 수밖에 없으므로 이를 넘어선 금액을 배상받을 수 있으리라는 정당한 기대를 갖기 어려운 점 등을 종합하여 보면, 국가가 위와 같이 손해를 배상하겠다는 약정 속에 구 국유재산법 관계 법령에서 규정한 손실보상액과 관계없이 일반 채무불이행에 기한 손해배상의 법리에 따라 손해를 배상하겠다는 취지가 담겨 있다고 보기 위해서는 그와 같이 볼만한 특별한 사정이 인정되어야 할 것이고, 그렇지 아니하다면 이는 구 국유재산법 관계 법령에서 정한 손실보상액을 행정상 손실보상절차가 아닌 민사상 절차에 의하여 배상하겠다는 의미로 해석하는 것이 합리적이다(대법원 2014. 1. 23. 선고 2011다18017 판결).

(3) 손실보상의 범위

영 제35조가 규정하는 구체적인 손실보상의 범위는 ① 잔존 사용허가기간에 해당하는 시설비, ② 시설의 이전에 필요한 경비, ③ 시설을 이전하거나 새로운 시설을 설치하는 동안 입은 영업손실 평가액 등이 포함되며, 권리금이나 장래의 기대수익 등은 포함되지 않는다.[156] 대법원은 경작용 대부사례에서, 경작을 위한 개간비를 시설비로 인정하고, 대부계약해지 시부터 대체토지를 확보하여 경작에 적합한 상태로 만들어 경작할 수 있게 되기까지의 기대수익을 영업손실액으로 인정하였다.

국유재산법 시행령 제35조(사용허가 철회로 인한 손실보상) 법 제36조제3항에 따른 보상액은 다음 각 호와 같다.

1. 사용허가 철회 당시를 기준으로 아직 남은 허가기간에 해당하는 시설비 또는 시설의 이전(수목의 옮겨심기를 포함한다. 이하 이 조에서 같다)에 필요한 경비
2. 사용허가 철회에 따라 시설을 이전하거나 새로운 시설을 설치하게 되는 경우 그 기간 동안 영업을 할 수 없게 됨으로써 발생하는 손실에 대한 평가액

156) 영 제35조, 국유재산 대부계약서 제9조.

[**판례**] 대부계약의 상대방이 대부계약의 목적 토지를 대부계약에서 정한 사용 목적에 따라 경작에 적합한 상태로 개간하기 위하여 필요한 비용을 투입하였다가 '국가나 지방자치단체가 대부계약의 목적물을 직접 공용이나 공공용으로 사용하기 위하여 필요하다'는 사유로 국가에 의하여 대부계약을 해지당한 경우, 헌법 제23조 제3항이 규정하는 정당한 보상의 원칙과 대부계약의 존속을 신뢰하여 상대방이 지출한 시설비 등을 보상하려는 구 국유재산법 시행령(2011. 4. 11. 대통령령 제22815호로 개정되기 전의 것, 이하 같다) 제35조 제1호의 규정 취지에 비추어 볼 때, 위와 같은 개간비를 시설비 등과 달리 취급하여 보상에서 제외할 합리적인 이유는 없으므로, 위 규정을 유추적용하여 대부계약의 해지 당시를 기준으로 아직 남은 계약기간에 해당하는 개간비 부분도 손실보상의 대상이 된다고 봄이 타당하다. 또한 상대방이 위와 같은 대부계약의 해지로 인하여 개간한 토지에서 경작을 하지 못하게 되어 기대수익을 얻지 못하는 손실을 입게 된 경우도 구 국유재산법 시행령 제35조 제2호를 유추적용하여 손실보상의 대상이 된다고 볼 것인데, 그 손실보상액은 대부계약 해지에 따라 시설을 이전하거나 새로운 시설을 설치하게 되는 경우 그 기간 동안 영업을 할 수 없게 됨으로써 발생하는 손실을 보상하도록 한 구 국유재산법 시행령 제35조 제2호의 규정 취지에 비추어, 잔여 계약기간 전부 동안의 기대수익 상실액이 아니라, 잔여 계약기간 범위 내로서 대부계약 해지 시부터 대체 토지를 확보하여 경작에 적합한 상태로 만들어 경작할 수 있게 되기까지 동안의 기대수익 상실액이라고 봄이 타당하다(대법원 2014. 1. 23. 선고 2011다18017 판결).

제8장 대부

제1절 적용법률

Ⅰ. 일반 민사법의 적용

일반재산의 법률관계는 사법관계이고(통설, 판례) 그 사용관계는 대부계약으로 맺어지므로, 일반재산의 대부에는 민법 등 계약법과 그 이론이 그대로 적용되지만, 다만 국유재산법이 별도로 규정하는 공법적 규율이 있다면 그것이 우선 적용된다.

Ⅱ. 국유재산법의 규정

국유재산법 제47조(대부료, 계약의 해제 등) ① 일반재산의 대부의 제한, 대부료, 대부료의 감면 및 대부계약의 해제나 해지 등에 관하여는 제30조제2항, 제31조제1항 · 제2항, 제32조, 제33조, 제34조제1항 제2호 · 제3호, 같은 조 제2항 · 제3항, 제36조 및 제38조를 준용한다.

국유재산법 시행령 제51조(준용규정) 법 제46조에 따른 대부계약의 방법 등에 관하여는 제27조, 제28조, 제29조제1항부터 제6항까지, 제30조, 제31조, 제32조제5항부터 제7항까지, 제33조, 제34조제2항 및 제35조를 준용한다. 이 경우 "행정재산"은 "일반재산"으로, "사용허가"는 "대부계약"으로, "사용허가부"는 "대부계약부"로, "사용료"는 "대부료"로 본다.

사용허가와 대부는 그 실질이 임대로서 사실상 동일하다. 따라서 국유재산법은 사용허가에 대하여 자세히 규정한 다음, 그 대부분을 대부에 그대로 준용하는바, 이는 사법관계인 일반재산에 가해지는 공법적 규율이 된다. 원래는 대부 규정을 사용허가에 준용하다가, 1976년 국유재산법 전부개정 때부터 현재와 같이 규정하게 되었다. 사용허가와 달리하는 공법적 규율은 제2절 이하와 같다.

제2절 대부의 방법과 영구시설물의 축조

사용허가의 방법에 관한 법 제31조가 대부의 방법에도 준용이 되지만(법 제47조 제1항), 일반재산은 개발의 대상이 되기 때문에 이와 관련한 수의대부가 별도로 인정이 된다. 우선 국유지개발목적회사는 건축개발을 위해 그 부지(국유지)를 수의로 매수하여 시행하거나(영 제40조 제3항 제8호) 수의로 대부받아 시행할 수 있는바(영 제27조 제3항 제9호, 영 제51조), 후자의 민간참여개발이 가능하도록 국유재산법은 국유지개발목적회사의 영구시설물축조를 허용한다(법 제18조 제1항 제4호). 나아가 위탁개발된 일반재산을 제3자에게 대부할 때는 법 제43조에도 불구하고 개발자(수탁자)가 총괄청 등과 협의하여 정할 수 있다(법 제59조 제5항).

제3절 대부기간

Ⅰ. 최초 대부기간

국유재산법 제46조(대부기간) 일반재산의 대부기간은 다음 각 호의 기간 이내로 한다. 다만, 제18조제1항 단서에 따라 영구시설물을 축조하는 경우에는 10년 이내로 한다.

1. 조림을 목적으로 하는 토지와 그 정착물: 20년
2. 대부 받은 자의 비용으로 시설을 보수하는 건물(대통령령으로 정하는 경우에 한정한다): 10년
3. 제1호 및 제2호 외의 토지와 그 정착물: 5년
4. 그 밖의 재산: 1년

④ 제1항에도 불구하고 제58조 및 제59조의2에 따라 개발된 일반재산의 대부기간은 30년 이내로 할 수 있으며, 20년의 범위에서 한 차례만 연장할 수 있다.

국유재산법 시행령 제50조(대부) ① 법 제46조제1항 제2호에서 "대통령령으로 정하는 경우"란 다음 각 호의 어느 하나에 해당하는 경우를 말한다.

1. 준공 후 20년이 지난 건물로서 원활한 사용을 위하여 보수가 필요한 경우
2. 「시설물의 안전 및 유지관리에 관한 특별법 시행령」 제12조에 따른 시설물의 안전등급 기준이 같은 영 별표 8에 따른 C등급 이하인 건물로서 안전관리를 위하여 보수가 필요한 경우
3. 천재지변이나 그 밖의 재해 등으로 인하여 파손된 건물로서 별도의 보수가 필요한 경우

행정재산의 사용허가기간은 기부채납 재산을 기부자 등에게 사용허가하는 경우를 제외하고는 5년 이내의 단일기간이 적용되지만(법 제35조 제1항), 일반재산의 대부기간은 5년 이내를 기

본으로 하면서 재산의 종류, 대부용도 등에 따라서 다음과 같이 다양한 예외를 두고 있다.

① 대부재산에 영구시설물을 축조하거나, 국유건물에 피대부자의 비용으로 보수를 하는 경우에는 10년 이내(법 제46조 제1항 단서, 제2호), ② 조림을 목적으로 하는 토지와 그 정착물은 20년 이내(같은 항 제1호), ③ 신탁개발 또는 민간참여개발된 국유재산은 30년 이내로 할 수 있으며, 20년 이내를 범위로 1회만 연장할 수 있다. 위탁개발된 재산은 개발자(수탁자)가 총괄청 등과 협의하여 대부기간 등을 국유재산법과 다르게 정할 수 있다(법 제59조 제5항).[157] ④ 법 제46조 제1항 제4호는 그 밖의 재산의 대부기간을 1년 이내로 정하고 있다. 선박 · 항공기 등 법 제5조 제1항 제2호와 제3호의 동산은 물론, 제4호의 광업권 등 권리, 제5호의 증권 및 제6호의 지식재산도 여기에 해당한다고 해야 한다.

Ⅱ. 갱신 대부기간

국유재산법 제46조(대부기간) ② 제1항의 대부기간이 끝난 재산에 대하여 대통령령으로 정하는 경우를 제외하고는 그 대부기간을 초과하지 아니하는 범위에서 종전의 대부계약을 갱신할 수 있다. 다만, 수의계약의 방법으로 대부할 수 있는 경우가 아니면 1회만 갱신할 수 있다.
③ 제2항에 따라 갱신을 받으려는 자는 대부기간이 끝나기 1개월 전에 중앙관서의 장등에 신청하여야 한다.

국유재산법 시행령 제50조(대부) ② 법 제46조제2항 본문에서 "대통령령으로 정하는 경우"란 다음 각 호의 어느 하나에 해당하는 경우를 말한다.

1. 대부재산을 국가나 지방자치단체가 법 제6조제2항 각 호의 용도로 사용하기 위하여 필요한 경우
2. 법 제36조제1항 각 호의 어느 하나에 해당하는 경우
3. 대부계약 조건을 위반한 경우

최초의 대부기간이 끝난 재산은 ① 국가나 지방자치단체가 행정재산의 용도로 사용하기 위해 필요한 경우, ② 사용허가의 취소 · 철회 사유에 해당하는 경우 및 ③ 대부계약의 조건[158]을 위반한 경우가 아니면 1회에 한하여 갱신이 가능하다. 다만 수의계약의 방법으로 대부할 수 있는 경우에는 횟수의 제한이 없이 갱신할 수 있다(법 제46조 제2항, 영 제50조 제2항).

사용허가의 갱신에 대해서는 5년을 초과하지 않는 범위라고 하지만(법 제35조 제2항), 대부갱신에 대해서는 '그 대부기간'을 초과하지 아니하는 범위라고 한다(법 제46조 제2항). 사용허가

157) 법 제57조의 기금개발은 현재 청사 등 공용재산의 개발에만 관련되므로 일반재산의 대부와 무관하다.
158) 국유재산 대부계약서 참조. 기타 특약사항으로 대부조건이 추가될 수 있다.

기간은 5년 이내로 단일기간이지만 대부기간은 1년 이내부터 30년 이내까지 다종기간이기 때문에 이런 표현을 쓴 것이다. 즉 그 대부기간이란 종전 대부기간으로 제한한 기간이 아니라 법 제46조 제1항 각호에서 정한 법정 대부기간을 말한다. 따라서 토지 또는 건물에 대한 기존의 대부기간이 3년이라도 갱신할 때는 5년까지, 만약에 영구시설물의 축조가 수반되는 대부라면 10년까지 가능하다. 이와 같이 보통의 갱신대부기간은 종전 법정 대부기간 이내지만, 개발된 일반재산은 종전 법정대부기간(30년 이내) 이내가 아닌 20년 이내로 축소된다(법 제46조 제4항).

제4절 대부계약의 해제 · 해지

국유재산법은 대부계약에 사용허가의 취소 · 철회(법 제36조)를 그대로 준용함으로써 특별한 공법적 규율로 삼고 있다(법 제47조 제1항). 특히 공익적 필요에 따라 대부계약을 일방적으로 해지시킬 수 있도록 규정하는 법 제36조 제2항의 준용은 사법상 계약인 대부계약에 대한 매우 특별하고 강력한 공법적 규율이라 하지 않을 수 없다. 한편 일반재산의 대부는 어디까지나 사법상 계약으로서 행정절차가 적용되지 않는다. 국유재산법도 청문절차를 규정하는 법 제37조를 대부에 준용하지 않음으로서 이 점을 분명히 하였다. 그러나 사용허가와 대부는 그 실질이 국유재산 임대이고, 취소 · 철회 사유가 그대로 대부 해제 · 해지 사유가 된다는 점, 행정재산 사용자와 일반재산 피대부자 사이에 형평을 고려해야 한다는 점 등을 참작할 때 사전통지, 의견청취, 이유제시, 문서주의 등 대부분의 행정절차가 대부 해제 · 해지에도 구현되어야 한다고 생각한다.

사용자의 편의에 의한 사용허가 등 철회 · 해지 신청에 대하여 국유재산 사용허가서에는 2개월 전이라고 하는 반면(제13조), 국유재산 대부계약서에는 1개월 전이라고 하여(제10조) 신청기간이 다르다.

특별한 공법적 규율로서 법 제36조에 의한 대부계약의 해제 · 해지 외에는 민법 제543조 이하의 해제 · 해지에 관하 규정과 이론이 그대로 적용된다.

제5절 대부료

사용료의 징수방법, 산출방법, 감면, 오류수정 등은 그대로 대부료에도 준용이 된다. 다만 대부료에는 대부보증금이라는 사용료에는 없는 징수방법이 있고, 대부료의 감면이 사용료의 감면보다 좀 더 제한적으로 운영되는 부분이 있다.

Ⅰ. 대부보증금

국유재산법 제47조(대부료, 계약의 해제 등) ① 일반재산의 대부의 제한, 대부료, 대부료의 감면 및 대부계약의 해제나 해지 등에 관하여는 제30조제2항, 제31조제1항 · 제2항, 제32조, 제33조, 제34조제1항제2호 · 제3호, 같은 조 제2항 · 제3항, 제36조 및 제38조를 준용한다.
② 제1항에도 불구하고 대부료에 관하여는 대통령령으로 정하는 바에 따라 연간 대부료의 전부 또는 일부를 대부보증금으로 환산하여 받을 수 있다.
③ 중앙관서의 장등은 대부기간이 만료되거나 대부계약이 해제 또는 해지된 경우에는 제2항에 따른 대부보증금을 반환하여야 한다. 이 경우 대부받은 자가 내지 아니한 대부료, 공과금 등이 있으면 이를 제외하고 반환하여야 한다.

국유재산법 시행령 제51조의2(대부보증금의 산출) 법 제47조제2항에 따른 대부보증금은 다음 계산식에 따라 산출한다.
대부보증금 = 연간 대부료 중 대부보증금 전환대상 금액 / 고시이자율

일반재산은 행정재산과 달리 아파트, 오피스텔 등 일반적인 임대차 목적물과 유사한 것이 많아 사용료 산정에 관한 규정만으로는 현실을 반영하지 못하게 된다. 이에 2011. 3. 30. 개정 법률에서 일반재산에 한하여 대부료의 전부 또는 일부를 보증금으로 환산하여 받을 수 있도록 하는 대부보증금제도를 도입하게 되었다(법 제47조 제2항, 제3항).

Ⅱ. 대부료의 감면

일반재산의 대부료는 행정재산의 사용료에 비해 다소 제한적으로 감면이 된다. 기부자 또는 그 포괄승계인에 대한 사용료 면제, 국유재산에 건물 등을 신축하여 기부하려는 경우 그 신축기간에 대한 부지 사용료의 면제는 행정재산을 기부하거나 행정재산인 건물 등을 신축하여 기부하려는 경우에만 가능하고, 기부 재산이 일반재산인 경우에는 불가하다. 법 제47조가 법 제34조 제1항 제1호 및 제1호의 2를 준용하지 않기 때문이다. 한편 총괄청소관의 일반재산의 관리 · 처분 사무를 위임 · 위탁받은 자는 그 재산의 대부료를 면제할 때 미리 총괄청의 승인을 받아야 한다(영 제50조 제3항).

국유재산법 제47조(대부료, 계약의 해제 등) ① 일반재산의 대부의 제한, 대부료, 대부료의 감면 및 대부계약의 해제나 해지 등에 관하여는 제30조제2항, 제31조제1항·제2항, 제32조, 제33조, 제34조제1항제2호·제3호, 같은 조 제2항·제3항, 제36조 및 제38조를 준용한다.

국유재산법 시행령 제50조(대부) ③ 법 제42조제1항에 따라 일반재산의 관리·처분에 관한 사무를 위임·위탁받은 자가 해당 일반재산의 대부료를 면제하려는 경우에는 미리 총괄청의 승인을 받아야 한다.

제9장 비교개념

국유지의 사용허가 또는 대부와 비교해서 구별할 개념이 있는데, 토지사용승낙과 주위토지통행권 그리고 사권의 설정이다. 사용허가 및 대부가 국유지에 대한 임대차의 실질이 있다면, 토지사용승낙은 건축허가를 위한 예정도로 편입에 대한 동의 등 인허가행정상의 개념이다. 주위토지통행권은 맹지소유자의 통행을 위한 민법상 상린관계의 일종이다. 마지막으로 사권의 설정은 주로 국유지 지상 또는 지하에 설정되는 구분지상권의 설정이 그 전형적인 예로서 주로 물권의 영역이다.

Ⅰ. 토지사용승낙

건축물의 대지는 보행과 자동차통행이 가능한 너비 4m 이상의 도로에 2m 이상 접해야 하는데,[159] 이미 고시된 도로가 아니라도 건축허가 또는 신고 시에 지방자치단체장이 위치를 지정하여 공고한 도로(예정도로)이면 된다. 건축허가권자가 예정도로를 지정·공고하려면 해당 토지에 대한 이해관계인의 동의를 받아야 하는데, 해당 토지가 건축허가 신청자의 소유가 아니라면 그 소유자의 토지사용승낙서를 받아야 한다.[160] 국유지가 일단 예정도로가 되면 건물의 부지에 편입된 것과 마찬가지로 사용허가, 대부, 매각 및 개발 등이 사실상 불가능하게 된다. 건축허가·신고 외에도 그 밖의 각종 인허가를 위한 전제로서 관련 토지에 대한 사용승낙서가 요구되는 경우가 많다.

토지사용승낙은 해당 토지에 대한 영구시설물의 축조, 형상변경 및 각종 부지편입 등을 허용하는 일종의 처분동의이나, 그 자체로 사용료 등 반대급부를 발생시키지는 않는다. 재산관리기관은 국유재산법 또는 다른 법률이 국유재산에 영구시설물의 축조 등을 특별히 허용하는 규정을 두지 않는 한은 토지사용승낙서를 발급해 줄 수 없고, 매각 등 처분의 방법을 강구해야 한다. 예컨대 「매장문화재 보호 및 조사에 관한 법률」에 시굴조사 대상 지역 내의 국유지에 대한 강제발굴(發掘) 규정이 없는바, 재산관리기관은 이에 필요한 토지사용승낙서를 발급해 줄 수 없다.

Ⅱ. 주위토지통행권

주위토지통행권은 맹지소유자가 공로에 통행할 수 있도록 인정되는 법정권리로서(민법 제

159) 연 면적의 합계가 2,000㎡(공장은 3,000㎡) 이상인 건축물의 대지는 너비 6m 이상의 도로에 4m 이상 접하여야 한다(건축법 시행령 제28조 제2항).

160) 이상 건축법 제2조 제1항 제11호, 제44조, 제45조.

219조), 통행로의 폭, 위치, 통행방법 등 구체적인 내용은 쌍방 토지의 지형적 · 위치적 형상, 이용관계, 부근의 지리상황, 상린지 이용자의 이해득실 등을 두루 살펴 사회통념에 따라 판단된다. 요청되는 토지소유자의 의사와 무관하게 인정된다는 점에서 사용허가, 대부, 토지사용승낙 및 사권설정 등과 다르다. 주위토지통행권은 건축 등을 전제하지 않고 오로지 맹지소유자의 공로통행을 위해 필요최소한의 범위에서 인정되는 것이기 때문에, 건축을 하려는 자가 주위토지통행소송에서 승소한 판결문을 가지고 토지사용승낙서를 갈음할 수는 없다.

[**판례①**] 민법 제219조에 규정된 주위토지통행권은 공로와의 사이에 그 용도에 필요한 통로가 없는 토지의 이용이라는 공익목적을 위하여 피통행지 소유자의 손해를 무릅쓰고 특별히 인정되는 것이다. 따라서 주위토지통행권이 인정된다고 하더라도 그 통행로의 폭이나 위치, 통행방법 등은 피통행지의 소유자에게 손해가 가장 적게 되도록 하여야 하고, 이는 구체적 사안에서 쌍방 토지의 지형적 · 위치적 형상과 이용관계, 부근의 지리 상황, 상린지 이용자의 이해득실, 인접 토지 이용자의 이해관계 기타 관련 사정을 두루 살펴 사회통념에 따라 판단하여야 한다. 주위토지통행권의 범위는 현재의 토지의 용법에 따른 이용의 범위에서 인정되는 것이지 더 나아가 장차의 이용상황까지 미리 대비하여 통행로를 정할 것은 아니다(대법원 2006. 10. 26. 선고 2005다30993 판결 등 참조). 또한 토지의 이용방법에 따라서는 자동차 등이 통과할 수 있는 통로의 개설도 허용되지만, 단지 토지이용의 편의를 위해 다소 필요한 상태라고 여겨지는 정도에 그치는 경우까지 자동차의 통행을 허용할 것은 아니다(대법원 2017. 9. 12. 선고 2014다236304 판결).

[**판례②**] 건축물 건축을 위한 건축허가를 받으려면 그 대지가 2m 이상 도로에 접하도록 당해 도로에 대하여 이해관계인의 동의를 얻어야 한다할 것인바, 이 경우에 공로로 통하는 대지에 대하여 주위토지통행권이 있음을 확인하는 내용의 승소판결로써 위 동의에 갈음할 수 없다 할 것이다(대법원 1993. 5. 25. 선고 91누3758 판결).

Ⅲ. 사권의 설정

국유재산의 사용허가나 대부는 영구시설물의 축조를 수반하지 않는 국유재산의 사용권을 발생시키지만, 국유재산에 대한 사권설정은 영구시설물의 축조를 전제로 하는 것이고, 통상 구분지상권을 설정하는 것이 보통이다.[161]

161) 사권설정에 대한 자세한 내용은 제1편 제4장 참조.

| 제 4 편 |

변상금

제 1 장 변상금의 의의

제 2 장 변상금의 성립

제 3 장 변상금의 부과

제 4 장 변상금의 징수

제1장 변상금의 의의

제1절 변상금의 개념

변상금이란 사용허가나 대부계약 등 정당한 권원 없이 국유재산을 사용·수익하거나 점유(이하 '무단점유'라고도 한다)한 자에게 재산관리청이 부과하는 금액을 말한다(법 제2조 제9호). 사유재산을 무단점유하면 민법상의 손해배상 또는 부당이득반환청구권이 발생하고, 이후 민사소송법에 의한 집행권원의 확보 및 민사집행법에 의한 강제집행이라는 일련의 사법적 절차를 밟게 된다. 그러나 국유재산의 무단점유에 대하여는 국유재산법상의 변상금부과 및 국세징수법에 의한 강제징수라는 자력집행의 행정적 절차를 밟게 되는 바, 이는 통상의 사법절차를 배제하는 특별하고 강력한 공법적 규율이라고 할 수 있다.

변상금 제도는 1976. 12. 31. 전부개정 국유재산법에서 도입되었다. 그 전에는 국유재산의 무단점유자에 대하여 형벌 규정으로 대처했으며, 무단시설물에 대하여는 무단점유자에게 철거의무 규정을 둠으로써 행정대집행이 가능하도록 하였다.[1] 제3편이 정당한 권원을 가지고 국유재산을 점유하고 사용·수익하는 것에 대한 국유재산법상의 공법적 규율을 설명한 것이라면, 제4편은 정당한 권원 없이 국유재산을 무단으로 점유하고 사용·수익하는 것에 대한 공법적 규율을 설명하는 것이다.

제2절 변상금의 법적 성질

변상금은 과거의 국유재산 무단점유에 대하여 국유재산 사용료에 일정 비율을 가산한 금액을 부과하는 금액이라는 점에서 행정벌의 성질을 가진다고 볼 수 있으며, 부당이득반환과 밀접한 연관이 있다. 이하에서는 변상금의 행정벌로서의 내용과 부당이득과의 관계를 살펴본 다음, 일반재산에 대한 변상금 규정이 공법적 규율의 한계범위 내에 있는지 함께 보도록 한다.

Ⅰ. 행정벌

행정벌은 과거의 행정법상의 의무불이행에 대한 궁극적인 제재로서, 이로 인한 심리적 강제에 의하여 간접적으로 의무이행을 담보하여 주는 기능을 한다.[2] 과거에 행하여진 국유재산법

1) 1970. 1. 1. 법률 제2163호로 개정된 국유재산법(제5차 일부개정) 제36조, 제37조 참조.
2) 김동희, 행정법Ⅰ, 제25판, 박영사, 2019, 475면.

상의 의무불이행(제7조 제1항의 부작위의무 불이행)에 대하여 소정의 금액을 부과함으로써 제재를 가하고, 나아가 간접적으로 장래를 행하여 무단점유를 해소하도록 심리적인 강제를 가한다는 점에서 변상금은 행정벌의 성격이 있다. 학설의 대체적인 견해와 판례는 변상금의 법적 성질을 행정벌로 이해한다.[3)]

한편 사용료의 120%로 산정되는 변상금에 징벌적 효과를 기대할 수 있을지 의문을 제기하는 견해도 있다.[4)] 상업용이나 산업용을 제외한 대부분의 경우 감경된 정책요율이 적용되기 때문이다. 생각건대, 국유재산에 대한 변상금 제도는 다른 나라에서는 입법례를 찾아보기 어렵고, 일반재산에 대해서는 위헌성 시비가 있는 만큼 변상금 전반에 징벌적 성격을 강화하기는 쉽지 않아 보인다. 시장임대료와 간극이 큰 사용료 영역, 공물 등 특수한 영역 등에 대한 구체적이고 개별적인 징벌성 강화가 바람직해 보인다.

이행강제금은 행정법상의 의무를 강제하기 위하여 일정한 기한까지 이행하지 않으면 금전급부를 과한다는 뜻을 미리 계고하여 의무자에게 심리적 압박을 가함으로써 의무이행을 간접적으로 강제하는 수단이라는 점에서, 즉 현재의 위반상태를 장래에 향하여 해소하는 것을 주요 목적으로 한다는 점에서[5)] 행정벌인 변상금과는 거리가 있다.

Ⅱ. 부당이득과의 관계

국유재산법상 변상금과 민사상 부당이득반환청구권은 서로 법적 성질을 달리하는 별개의 제도이지만, 전자는 후자에 특별한 공법적 규율을 가하여 행정벌화 한 것으로서 양자의 밀접한 관련성을 부정할 수는 없다.[6)] 아래에서는 양제도가 실체적으로 경합하는지, 그 성립요건, 금액 산정 및 존속기간의 측면에서 어떻게 연관되고 다른지 설명하도록 한다.[7)]

---

3) 이원우, 주석 국유재산법, 법제처, 2006, 250면에서는 '일종의 벌과금'이라고 표현하고, 대법원 1992. 4. 14. 선고 91다42197 판결, 대법원 1993. 9. 10. 선고 93누13865 등은 '징벌적 의미'라고 표현한다. 기타 대법원 2014. 12. 24. 선고 2012다46569 판결, 대법원 2000. 3. 24. 선고 98두7732 판결 등은 변상금을 부과·징수하는 목적은 부당이득의 환수를 넘어 국유재산의 효율적인 보존·관리라는 '공익을 실현'하는 데 있다고 하는바, 이러한 표현도 변상금의 행정벌적 성격을 나타낸다고 할 수 있다.

4) 이동식, 국유재산 변상금제도 개선연구, 한국재정법학회, 2015, 23면.

5) 하명호, 행정법, 제3판, 박영사, 2021, 378면.

6) 하명호, 앞의 책, 868면, 헌법재판소 2017. 7. 27. 선고 2016헌바374 결정 참조.

7) 변상금과 부당이득의 관계는 종래 많은 논란이 있는 분야였는데, 대법원 2014. 7. 16. 선고 2011다76402 전원합의체 판결, 대법원 2014. 9. 4. 선고 2013다3576 판결, 대법원 2014. 9. 4. 선고 2012두5688 판결 등 일련의 대법원 판결로 적어도 실무상의 의문점들은 일거에 정리되었다고 할 수 있다. 동 판결에 대한 자세한 평석은 강호칠, 국유재산 변상금 영역에서 발생하는 부당이득반환청구의 문제, 대한변협신문, 2015. 2. 9; 강호칠, 국유재산 변상금 부과 외 민사소송으로 청구할 수 있나, 법률신문, 2014. 8. 11. 참조.

1. 경합형태

변상금과 부당이득반환청구권이 서로 법적 성질을 달리 하는 별개의 제도일 뿐만 아니라 양자는 본질적으로 다르다고 보는 견해에 의하면 양자는 실체적 경합관계에 있고, 따라서 국가는 국유재산 무단점유자에게 변상금을 부과하는 외에 별도로 부당이득반환청구소송을 제기할 수도 있다. 한편 양자가 그 법적 성질을 달리하는 별개의 제도이지만 그 본질이 동일하다고 보는 견해에서는 양자가 법조경합하는 관계에 있고, 따라서 국가는 변상금부과 · 징수와 별도로 부당이득반환청구를 할 수는 없다고 한다. 대법원은 2014. 7. 16. 선고 2011다76402 전원합의체 판결로서 실체적 경합설의 입장을 분명히 하였다.[8] 실체적 경합설이든 법조경합설이든 양자는 법적 성격을 달리하는 별개의 제도이므로 아래와 같이 그 성립요건, 금액산정 및 존속기간 등의 차이점을 규명할 필요가 있다.

[**판례**] [**다수의견**] (가) 국유재산의 무단점유자에 대한 변상금 부과는 공권력을 가진 우월적 지위에서 행하는 행정처분이고, 그 부과처분에 의한 변상금 징수권은 공법상의 권리인 반면, 민사상 부당이득반환청구권은 국유재산의 소유자로서 가지는 사법상의 채권이다. 또한 변상금은 부당이득 산정의 기초가 되는 대부료나 사용료의 120%에 상당하는 금액으로서 부당이득금과 액수가 다르고, 이와 같이 할증된 금액의 변상금을 부과 · 징수하는 목적은 국유재산의 사용 · 수익으로 인한 이익의 환수를 넘어 국유재산의 효율적인 보존 · 관리라는 공익을 실현하는 데 있다. 그리고 대부 또는 사용 · 수익허가 없이 국유재산을 점유하거나 사용 · 수익하였지만 변상금 부과처분은 할 수 없는 때에도 민사상 부당이득반환청구권은 성립하는 경우가 있으므로, 변상금 부과 · 징수의 요건과 민사상 부당이득반환청구권의 성립 요건이 일치하는 것도 아니다.
이처럼 구 국유재산법(2009. 1. 30. 법률 제9401호로 전부 개정되기 전의 것, 이하 같다) 제51조 제1항, 제4항, 제5항에 의한 변상금 부과 · 징수권은 민사상 부당이득반환청구권과 법적 성질을 달리하므로, 국가는 무단점유자를 상대로 변상금 부과 · 징수권의 행사와 별도로 국유재산의 소유자로서 민사상 부당이득반환청구의 소를 제기할 수 있다(대법원 2014. 7. 16. 선고 2011다76402 전원합의체 판결).

2. 성립요건

변상금의 부과 · 징수와 부당이득반환청구는 법적 성질을 달리하는 별개의 제도인 만큼 그 성립요건이 일치하지 않는다.[9] 점유권원이 인정되어 변상금이 성립하지는 않지만 국가에 대한 부당이득반환의무가 발생하는 경우가 있으며(예컨대 공유물의 전부 또는 일부를 사용하는 국가 외의 다른 공유자), 변상금의 성립에는 무단점유자의 실질적 이득을 요하지 않는 점 등도 양자의 성립

8) 동 판결의 소수의견은 법조경합설의 입장에서 다수의견을 비판하였다.
9) 대법원 2014. 12. 24. 선고 2012다46569 판결.

요건이 다름을 나타내는 것이다.

3. 금액산정

국가소유 부동산에 대한 부당이득금도 다른 경우와 마찬가지로 감정평가를 통해 얻은 임료 상당의 금액으로 산정한다는 것이 판례의 일반적인 태도였으나, 대법원은 2014. 7. 16. 선고 2011다76402 전원합의체 판결에서부터 국유재산에 대한 부당이득금은 국유재산에 대한 법정사용료와 동일하게 산정되며, 사용료조정 규정은 적용되지 않는다고 하였다[10)]

변상금은 법정사용료의 120%에 상당하는 금액으로 산출하되 사용료조정을 하지 않는바(법 제72조 제1항, 제3항), 이러한 변상금 중에서 사용료 상당의 금액은 부당이득으로 이해할 수 있고, 사용료를 넘어 가산되는 금액과 사용료조정을 하지 않는 부분은 징벌적인 성격으로 볼 수 있다.

[판례] **[다수의견]** (나) 부당이득반환의 경우 수익자가 반환하여야 할 이득의 범위는 손실자가 입은 손해의 범위에 한정되고, 손실자의 손해는 사회통념상 손실자가 당해 재산으로부터 통상 수익할 수 있을 것으로 예상되는 이익 상당액이다. 그런데 국가가 잡종재산으로부터 통상 수익할 수 있는 이익은 그에 관하여 대부계약이 체결되는 경우의 대부료이므로, 잡종재산의 무단점유자가 반환하여야 할 부당이득은 특별한 사정이 없는 한 국유재산 관련 법령에서 정한 대부료 상당액이다. 나아가 ① 구 국유재산법 제38조 제1항, 제25조의2 제1항의 문언에 의하더라도, 1년을 초과하여 계속 점유하거나 사용·수익한 사람에 대하여 행하는 대부료의 감액 조정(이하 이와 같이 조정된 대부료를 '조정대부료'라고 한다)은 의무적인 것이 아니고 행정청의 재량에 의하여 정할 수 있도록 되어 있는 점, ② 대부료의 감액 조정은 적법하게 대부계약을 체결한 후 1년을 초과하여 잡종재산을 점유 또는 사용·수익하는 성실한 대부계약자를 위한 제도인바, 무단점유자에 대하여도 같은 기준을 적용하여 부당이득을 산정하는 것은 대부료 조정제도의 취지에 부합하지 아니하는 점, ③ 무단점유자가 1년을 초과하여 점유한 경우 조정대부료를 기준으로 부당이득을 산정하면, 장기간의 무단점유자가 오히려 대부기간의 제한을 받는 적법한 대부계약자나 단기간의 무단점유자에 비하여 이익을 얻는 셈이어서 형평에 반하는 점 등을 고려하면, 부당이득 산정의 기초가 되는 대부료는 조정대부료가 아니라 구 국유재산법 제38조 제1항, 제25조 제1항이 정한 방법에 따라 산출되는 대부료라고 보아야 한다(대법원 2014. 7. 16. 선고 2011다76402 전원합의체 판결).

4. 존속기간

변상금은 부과권의 형태로 그 성립한 때로부터 5년, 징수권의 형태로 변상금부과고지에 따른 납부기한의 다음 날로부터 5년의 각 소멸시효기간이 별도로 진행되어, 도합 최대 10년의 존

10) 따름 판례로는 대법원 2014. 12. 24. 선고 2012다46569 판결.

속기간을 가지지만(국유재산법 제73조의 3 제1항, 제2항 제1호, 제3항 제1호 참조), 국유재산 무단점유자에 대한 부당이득반환청구채권은 무단점유한 때로부터 5년의 동안만 존속한다(국가재정법 제96조 제1항).

국가가 무단점유자를 상대로 부당이득반환청구소송을 하는 이유는 체납변상금의 시효소멸로 인한 손실을 보충하기 위함이다. 따라서 변상금의 부과로서 부당이득반환청구권의 소멸시효가 중단되어 최대 10년간 존속해야 그 실익이 있는 것인데(법 제73조의3 제2항 제1호 참조), 대법원은 변상금채권과 부당이득반환청구권은 서로 별개의 권리이므로 변상금부과로서 부당이득반환청구권의 소멸시효가 중단되지 않고(대법원 2014. 9. 4. 선고 2013다3576 판결), 다만 양자는 동일한 금액 범위 내에서 경합하여 병존하므로, 어느 하나가 만족을 얻어 소멸하면 그 범위 내에서 나머지 하나도 소멸하는 관계에 있다고 한다(대법원 2014. 9. 4. 선고 2012두5688 판결).[11] 결국 부당이득반환청구소송은 체납변상금의 시효소멸로 인한 손실을 보충하는 수단이 될 수 없고, 체납변상금의 소멸시효를 중단시키기 위한 공법상 당사자소송(변상금채권존재확인소송)의 제기가 논의된다(후술한다).

[판례①] 국유재산의 무단점유자에 대한 변상금 부과는 공권력을 가진 우월적 지위에서 행하는 행정처분이고, 그 부과처분에 의한 변상금 징수권은 공법상의 권리인 반면, 민사상 부당이득반환청구권은 국유재산의 소유자로서 가지는 사법상의 채권이다(대법원 1992. 4. 14. 선고 91다42197 판결 참조). ... (중략) ... 위와 같이 변상금 부과 · 징수권이 민사상 부당이득반환청구권과 법적 성질을 달리하는 별개의 권리인 이상 원고가 변상금 부과 · 징수권을 행사하였다 하더라도 이로써 민사상 부당이득반환청구권의 소멸시효가 중단된다고 할 수 없다(대법원 2014. 9. 4. 선고 2013다3576 판결).

[판례②] ... (전략) ... 그리고 이러한 변상금 부과 · 징수권과 민사상 부당이득반환청구권은 동일한 금액 범위 내에서 경합하여 병존하게 되고, 민사상 부당이득반환청구권이 만족을 얻어 소멸하면 그 범위 내에서 변상금 부과 · 징수권도 소멸하는 관계에 있다. ... (중략) ... 피고가 원고를 상대로 관련 소송을 제기하고 원고로부터 이 사건 변제금을 수령하였다는 사정만으로 피고가 원고에게 해당 무단점유기간의 나머지 변상금을 더 이상 징수하지 않겠다는 공적인 견해표명을 하였다고 볼 수 없다(대법원 2014. 9. 4. 선고 2012두5688 판결).

필자 주: 대법원 2014. 7. 16. 선고 2011다76402 전원합의체 판결과 위의 두 대법원 판결이 잇따라 나오면서 변상금 부과 · 징수권과 부당이득반환청구채권 간의 관계에 대한 여러 문제점들이 해소되었다.

11) 대법원 2014. 9. 4. 선고 2013다3576 판결에 대한 자세한 평석은 강호칠, 국유재산 변상금 영역에서 발생하는 부당이득반환청구의 문제, 대한변협신문, 2015. 2. 9. 참조.

Ⅲ. 일반재산에 대한 변상금 규정의 위헌성 여부

이와 같이 변상금은 부당이득금을 바탕으로 하는 특별한 공법적 규율로서 사법관계에 속하는 일반재산에까지 이러한 공법적 규율을 하는 것이 과연 합헌적인가에 대해 의문이 있을 수 있는데, 이는 일반재산에 대한 공법적 규율의 한계에 관한 문제이다.

대법원과 헌법재판소는 국·공유 일반재산에 대하여 수차 제기된 변상금 위헌시비에 대하여 모두 헌법에 위배되지 않는다고 하였다. 일반재산은 언제든지 행정재산으로 전환될 수 있다는 점, 일반재산은 그 종류가 다양하고 그 위치도 전국적으로 광범위하게 분포되어 있는 반면 재산관리청의 인적·물적 자원은 제한될 수밖에 없다는 점 등을 감안할 때 특별한 공법적 규율이 필요하며, 이러한 공법적 규율은 국유재산의 효율적인 보존·관리라는 합리적인 이유가 있어 헌법상 평등의 원칙에 반한다고 볼 수 없고, 나아가 이로 인하여 잃게 되는 사익보다 얻게 되는 공익이 크다고 할 것이므로 과잉금지의 원칙에도 반하지 않는다는 것이 합헌 판결의 주요 이유이다.[12)]

12) 대법원 2008. 5. 15. 선고 2005두11463 판결, 헌법재판소 2010. 3. 25. 선고 2008헌바148 결정.

제2장 변상금의 성립

제1절 변상금 성립의 의의

국유재산을 무단으로 점유하거나 사용·수익하면 변상금이 성립하고, 이로서 재산관리청이 변상금을 부과할 수 있는 상태가 된다. 변상금의 성립은 법정요건의 충족으로 당연히 이루어지며 재산관리청의 특별한 행위를 요하지 않는다. 변상금의 성립 단계에서는 재산관리청에게 변상금부과권이 발생할 뿐 무단점유자의 변상금납부의무, 재산관리청의 변상금징수권 등이 발생하지 않아 국가채권으로서의 실질이 없다.[13] 누군가 국유재산을 무단점유하면 그 시점(始點)부터 무단점유를 종료할 때까지 변상금이 성립하여 재산관리청에 변상금 부과권이 발생하고, 그중 어느 시점(時點)에서 변상금을 부과하면 그 시점까지의 변상금이 확정되어 변상금징수의 대상이 된다.

제2절 변상금의 성립 요건

국유재산법 제2조(정의) 이 법에서 사용하는 용어의 뜻은 다음과 같다.

9. "변상금"이란 사용허가나 대부계약 없이 국유재산을 사용·수익하거나 점유한 자(사용허가나 대부계약 기간이 끝난 후 다시 사용허가나 대부계약 없이 국유재산을 계속 사용·수익하거나 점유한 자를 포함한다. 이하 "무단점유자"라 한다)에게 부과하는 금액을 말한다.

국유재산법은 제2조 제9호에서 변상금을 "국유재산을 점유권원 없이 사용·수익하거나 점유한 자에게 부과하는 금액"이라고 정의하는바, 이는 곧 변상금의 성립요건을 말하는 것이기도 하다. 변상금 성립요건의 하자는 변상금부과의 중대·명백한 하자로 이어져 변상금부과의 무효사유가 된다.[14]

---

13) 무단점유자는 변상금부과의 대상이 될 뿐, 어떠한 납부의무도 부담하지 않는다. 따라서 재산관리청은 변상금부과 없이 무단점유자를 대상으로 강제징수할 수 없고, 자진 납부한다고 해서 수납해서도 안 된다.

14) 대법원 2017. 3. 30. 선고 2014다214274 판결, 대법원 2016. 6. 28. 선고 2014다229986 판결, 대법원 2007. 12. 13. 선고 2007다51536 판결 등.

Ⅰ. 국유재산

1. 부동산

국유재산인 물건을 부동산과 동산으로 나눌 때 변상금은 거의 대부분 부동산에 성립한다고 볼 수 있다. 국유재산법은 제5조 제2호 및 제3호의 선박, 항공기 및 궤도차량 등 몇몇 동산에만 적용되기 때문이다. 그 밖에 광의의 국유동산에 해당하는 물품과 군수품은 물품관리법과 군수품관리법의 적용을 받는데, 이들 법률은 물품 · 군수품의 분실, 훼손 등에 대하여 담당공무원의 변상책임 등을 규정할 뿐이며,[15] 그 밖에 형법과 군형법은 공용물, 군용시설 등에 대한 파괴, 방화, 손괴 등에 대해 구성요건을 마련하고 있다(형법 제141조, 군형법 제66조, 제69조).

2. 귀속재산과 무주부동산

귀속재산은 1945. 8. 9. 현재 일본인 등의 명의 재산으로서 국 · 공유 지정 및 1964. 12. 31.까지 민간에 불하되지 않은 것은 국유재산으로 귀속되었다.[16] 즉 귀속재산은 아직 국가 명의로 권리보전조치되지 않은 일본인 등의 소유명의 상태에서도 법률의 규정에 따라 국유재산인 것이고(「귀속재산의 처리에 관한 특별조치법」(법률 제1346호, 1963. 5. 29) 부칙 제5조), 따라서 국가 명의로 등기한 이후뿐만 아니라 그 이전 기간의 무단점유에 대하여도 변상금이 성립된다.[17] 청산법인의 잔여재산은 국가 앞으로 소유권이전등기를 해야 그때부터 국유재산이 되므로, 그 이전 기간의 무단점유에 대하여는 변상금이 성립하지 않는다.[18]

무주부동산도 국가 명의로 권리보전조치되기 전부터 법률의 규정에 따라 국유재산이므로 (민법 제252조 제2항), 국가 명의로 등기하기 이전의 기간에도 변상금이 성립될 수 있다.[19]

[판례] 의용민법 제239조와 민법 제252조 제2항의 규정에 의하여 무주의 부동산은 선점과 같은 별도의 절차를 거침이 없이 그 자체로 국유에 속하므로(대법원 1997. 11. 28. 선고 96다30199 판결 참조), 국유재산법 제8조 및 같은 법 시행령 제4조에서 무주의 부동산을 국유재산으로 취득하는 절차를 규정하고 있으나 이는 단순히 지적공부상의 등록절차에 불과하고 이로써 권리의 실체관계에 영향을 주는 것은 아니(다)(대법원 1999. 3. 9. 선고 98다41759 판결).

---

15) 물품관리법 제45조, 제46조, 군수품관리법 제28조, 제29조.
16) 귀속재산에 관한 자세한 내용은 제1편 제5장 참고.
17) 총괄청 유권해석, 국유재산과-45, 2004. 1. 7. 참조.
18) 총괄청 유권해석, 국재 45501-902, 1993. 9. 27. 참조. 기타 청산법인에 관한 자세한 내용은 제1편 제5장 참조.
19) 종래 총괄청은 무주부동산을 국가명의로 등기한 때부터 변상금이 성립한다고 하였다가(국재 1281-4414), 그 이전으로 소급한다는 법무부의 유권해석(법무심의관실-682, 2006. 2. 2)이 나오자 유권해석을 변경하여 현재에 이르고 있다.

3. 국유재산에 대한 착오

(1) 당초 국유재산이 아니었던 경우

국가가 타인의 재산을 귀속재산, 무주부동산 등으로 오인하고 법 제12조, 제14조에 따라 국가 명의로 권리보전조치한 후 무단점유자에게 변상금을 부과하였던 것인데, 이후 진정한 소유자에 의해 제기된 소유권소송에서 국유재산이 아님이 밝혀졌다면 그 변상금부과는 변상금의 성립요건을 결한 중대 · 명백한 하자가 있어 당연 무효라 할 것이다.

개별 법률에 따라 국유재산의 소유권이 사업시행자 등 제3자에게 이전된 것인데 이를 인지하지 못하고 새로운 소유자에게 변상금을 부과했다면 그러한 변상금부과 역시 변상금의 성립요건을 결한 중대 · 명백한 하자 있는 행정처분으로서 당연 무효라고 할 것이다. 법률의 규정에 의한 국유재산 소유권이전의 대표적인 예는 종래 공공시설이 새로운 공공시설을 설치한 사업시행자에게 무상귀속 되는 것이다.

(2) 국유재산에 대한 취득시효가 완성된 경우

제3자의 점유로 국유재산에 대한 취득시효가 완성되면 소유권 취득의 효력이 점유를 개시한 때로 소급하지만(민법 제247조 제1항), 모든 관계에 있어 절대적으로 소급하거나 등기의 효력까지 소급한다는 의미는 아니다. 취득시효를 완성한 자는 소유권이전등기를 해야 소유권을 취득하고(민법 제245조 제1항), 소유자에게 행사하는 등기청구권은 채권적인 것에 불과하다. 국가가 취득시효완성 사실을 모르고 그 점유자에게 한 변상금부과는 '국유재산'에 한 것으로서 '변상금의 성립요건'을 갖춘 것이 된다.

취득시효를 완성한 자는 민법 제247조 제1항에 따라서 점유개시 때부터 원소유자에 대한 부당이득, 손해배상 등 일체의 책임을 지지 않으므로 결과적으로 변상금부과에는 하자가 있게 되지만 취득시효의 완성 여부는 판결로 확정되기 전까지는 명확하지 않다는 점, 취득시효를 완성한 자 앞으로 소유권이전등기가 되기 전에는 원소유자가 매매 등 권리행사를 할 수 있다는 점,[20] 일반재산에 취득시효가 완성되더라도 소유권이전등기 전에 행정재산으로 전환되면 더 이상 소유권을 취득할 수 없다는 점[21] 등을 감안하면, 취득시효완성 후의 변상금부과에 중대 · 명백한 하자를 인정해 이를 무효라고 볼 수는 없다.[22] 다만 분묘기지권의 취득시효에는 등기가 필요 없으므로 분묘기지권을 시효로 취득한 자에게는 변상금이 성립하지 않고, 그럼에도 부과된

---

20) 대법원 1995. 7. 11. 선고 94다4509 판결, 대법원 1999. 9. 3. 선고 99다20926 판결 등.

21) 대법원 1997. 11. 14. 선고 96다10782 판결 등.

22) 인천지방법원 2008. 5. 1. 선고 2007가단89868 판결은 국유재산의 취득시효를 완성한 자가 자신에게 부과된 변상금의 당연 무효를 전제로 이미 납부한 변상금의 반환을 청구하는 소송에서 그 청구를 기각하였고, 서울고등법원 1995. 4. 20. 선고 94구19053 판결은 국유재산의 취득시효를 완성한 자에게 부과된 변상금을 위법한 처분이므로 취소한다고 하였다.

변상금은 그 하자가 중대 · 명백하여 당연 무효가 된다고 해야 한다.

[참고 ⑭] 장기 점유로 인한 국유부동산의 소유권 취득

해마다 국가 이외 자의 국유부동산 점유시효취득(민법 제245조 제1항)이 적지 않게 이루어지는데, 이는 국가가 재산의 관리를 소홀히 해서라기보다는 점유시효취득자가 사실은 그 재산의 진정한 소유자인 경우가 많다. 당초 그 재산은 국유재산이 아니었던 경우이다. 앞서 본 바와 같이 구민법의 의사주의의 잔재, 민법 제187조에 의한 소유권취득, 전쟁 때 부동산공부의 대량소실 및 일제강점기 창씨개명 등으로 등기와 실체 간의 심각한 불일치가 발생하고, 이를 해소하기 위한 대량의 무주부동산 권리보전조치가 있었고, 귀속재산 권리보전조치에서도 오류가 있게 되었던 것이다.

오류에 의한 권리보전조치 이후에는 해당 국유재산의 무단점유자(사실은 진정한 소유자지만 소유권등기를 하지 않았거나 못한 자)에 대한 변상금부과가 있게 되고, 변상금부과에 대한 쟁송과정에서 사실은 무단점유자로 지목된 자신이 원래 소유자(또는 그 승계인)임을 주장 · 입증하게 된다.

무단점유자가 해당 국유재산이 자신의 소유임을 입증하게 되면 당초 국유재산이 아니었던 것이므로 그 변상금부과가 무효로 되겠지만, 입증이 곤란하면 차선책으로 점유취득시효를 주장하게 된다. 법원 등은 원고가 해당 국유재산에 대한 소유권을 입증하지는 못하더라도, 자신이 소유자라고 믿은 것에 상당한 이유가 있다고 사료되면 점유취득시효 요건으로서 중요한 자주점유(민법 제245조 제1항)를 인정해 원고의 소유권이전등기 청구를 인용할 수 있다.

Ⅱ. 점유권원

1. 국유재산법 제2조 제9호

국유재산법 제2조(정의) 이 법에서 사용하는 용어의 뜻은 다음과 같다.

9. "변상금"이란 사용허가나 대부계약 없이 국유재산을 사용 · 수익하거나 점유한 자(사용허가나 대부계약 기간이 끝난 후 다시 사용허가나 대부계약 없이 국유재산을 계속 사용 · 수익하거나 점유한 자를 포함한다. 이하 "무단점유자"라 한다)에게 부과하는 금액을 말한다.

제4조(다른 법률과의 관계) 국유재산의 관리와 처분에 관하여는 다른 법률에 특별한 규정이 있는 경우를 제외하고는 이 법에서 정하는 바에 따른다. 다만, 다른 법률의 규정이 제2장에 저촉되는 경우에는 이 법에서 정하는 바에 따른다.

제7조(국유재산의 보호) ① 누구든지 이 법 또는 다른 법률에서 정하는 절차와 방법에 따르지 아니하고는 국유재산을 사용하거나 수익하지 못한다.

(1) 점유권원의 발생사유

국유재산법은 국유재산의 점유권원 발생사유로 사용허가 또는 대부계약의 두 가지만 열거하고 있으나(제2조 제9호), 다른 법률에 따른 그 밖의 다양한 점유권원이 발생될 수 있는바(제4조, 제7조), 이때의 법률에는 성문법뿐만 아니라 관습법도 포함된다. 결국 국유재산법에 따른 사용허가 및 대부의 유무뿐만 아니라, 해당 사안에 적용되는 모든 법률의 종합적인 해석을 통해 개별적·구체적으로 점유권원의 발생 여부를 판단해야 하지만, 국유재산법 제2조 제9호는 오해의 소지가 있을 수 있으므로 '사용허가 또는 대부계약 등 법적 권원 없이' 등으로 개정하는 방안을 고려해볼 만하다.[23)]

대법원은 '국유재산에 대한 점유나 사용·수익을 정당화할 법적 지위에 있는 자'인지 여부를 변상금 규정의 적용 여부에 대한 일반적인 판단기준으로 삼아 관습법상의 법정지상권 취득자, 국유재산을 매수하였으나 소유권이전등기를 경료하지 아니한 상태에 있는 자, 사업시행자로서 국유재산 사용허가를 의제 받은 자 등에게 점유권원을 인정하여 변상금의 성립을 부정하고 있다.[24)]

(2) 점유권원의 사후소멸

구 국유재산법(1994. 1. 5. 법률 제4698호로 개정되기 전의 국유재산법을 말한다) 제51조 제1항에는 현행 국유재산법 제2조 제9호의 괄호, 즉 "사용허가나 대부계약 기간이 끝난 후 다시 사용허가나 대부계약 없이 국유재산을 계속 사용·수익하거나 점유한 자를 포함한다."라는 규정이 없었고, 이에 대법원은 변상금의 징벌적 성격을 고려하여 구 국유재산법 제51조 제1항은 국유재산에 대한 점유개시가 법률상 권원 없이 이루어진 경우에 한하여 적용되고, 당초 권원에 따라 점유사용하다가 사용기간 만료 후에 새로운 권원을 확보하지 아니한 채 계속 점유사용한 경우에는 적용되지 않는다고 하여 무단점유의 개념을 축소해석하였다.[25)] 이후 구 국유재산법 제51조 제1항은 1994. 1. 5. 개정되어 현행 국유재산법 제2조 제9호의 괄호 부분이 삽입됨으로써 축소 해석의 여지가 없게 되었고, 구 지방재정법[26)]도 개정된 국유재산법을 따라 1999. 4. 22. 개정되어 현재에 이르고 있다.

국유재산법 개정 후 대법원은 종래의 대법원 1993. 9. 10. 선고 93누13865 판결은 구 국유재산법이 시행된 1994. 2. 28.까지만 유효하고, 개정 국유재산법이 시행되는 1994. 3. 1.부터는 국유재산을 적법하게 점용했더라도 그 후 점유권원을 상실했다면 변상금부과 대상이라

---

23) 이동식, 앞의 연구보고서, 65면. 변상금 제도가 처음 도입된 1976. 12. 전면 개정 법률에서는 "정당한 사유 없이 국유재산을 점유하거나 이를 사용·수익한 자에 대하여는 대통령령이 정하는 바에 의하여 당해 재산에 대한 대부료에 상당하는 금액의 변상금을 징수한다."라고 하였고(제51조), 1981. 12. 개정 법률에서는 "이 법 또는 다른 법률에 의하여 국유재산의 대부 또는 사용·수익허가 등을 받지 아니하고 국유재산을 점유하거나 이를 사용·수익한 자"라고 하였다(제51조 제1항).

24) 대법원 1992. 3. 10. 선고 91누5211 판결, 대법원 1993. 2. 23. 선고 92누18412 판결, 대법원 2007. 12. 13. 선고 2007다51536 판결.

25) 대법원 1987. 9. 8. 선고 87다카809, 810, 811 판결, 대법원 1993. 9. 10. 선고 93누13865 판결 등.

26) 과거 지방재정법에서 공유재산을 규율하다가 2005. 8. 4. 공유재산법이 제정되어 현재에 이르고 있다.

고 하였다.[27)]

2. 점유권원이 문제되는 주요 사안

(1) 소유권이전등기를 경료하지 않은 국유재산 매수인

1) 매매대금을 완납한 경우

국유재산이 매각되어 매매대금이 완납되어 소유권이전등기만 경료되지 않은 상태라면 매도인 국가는 매수인에게 소유권이전등기를 경료해 줄 의무가 있고, 매수인은 해당 국유재산에 대하여 소유자에 유사한 권리(물권적 기대권)가 있으므로, 이러한 상태의 매수인에게는 해당 국유재산에 대한 점유권원이 있다고 해야 한다. 판례는 매매대금을 완납한 미등기 매수자에게 매매목적물을 법률상 또는 사실상 처분을 할 수 있는 지위를 인정하거나 사실상 소유 또는 실질적 소유라는 개념을 사용하는 등 일정한 경우에 소유권에 근접하는 효과를 주는 듯한 경향을 보인다.[28)] 대법원은 이러한 판례의 연장선상에서 공유재산의 매매대금을 완납한 경우, 매수자는 물론 그로부터 전전 매수한 자까지 점유권원이 인정되므로 변상금을 부과할 수 없다고 하였다.[29)]

2) 매매대금을 분할납부 중인 경우

국유재산의 매수자로서 그 매각대금을 분할납부하고 있는 자는 앞서 설명한 매매대금 완납자의 법적지위에는 미치지 못하지만, 분납기간 동안 잔여 매매대금에 대하여 법정 이자를 납부하고(법 제50조 제2항), 일정한 경우 영구시설물의 축조도 가능하다(법 제18조 제1항 제2호의 2). 따라서 분납매수인은 분납기간 동안 해당 국유재산을 제한된 범위에서 점유하거나 사용·수익할 수 있는 권원이 있다고 해야 한다.[30)] 한편 매매대금 분납매수자에게는 매매목적물을 처분할 지위를 인정할 수 없으므로, 전전 매수자는 매도인 국가에 대하여 점유권원을 주장할 수 없다.[31)]

(2) 특정건축물 정리에 관한 특별조치법에 따라 준공검사를 받은 경우

국유지에 무단으로 건축한 무허가건물에 대하여는 변상금이 성립될 것이지만, 「특정건축물 정리에 관한 특별조치법」(이하 특정건축물정리법)에 따라 동 건물에 준공검사필증이 교부되어 건축물관리대장에 등재되었다면 그때부터는 그 부지 부분만큼 점유권원을 가지게 된다. 특정건축

---

27) 대법원 2007. 11. 29. 선고 2005두8375 판결.

28) 지원림, 민법강의, 제17판, 홍문사, 2020, 474면, 대법원 2003. 1. 24. 선고 2002다61521 판결, 대법원 2000. 10. 13. 선고 98다55659 판결 등.

29) 대법원 1993. 2. 23. 선고 92누18412 판결.

30) 국유재산 매매계약서(법 제50조 제2항에 따라 매각대금을 분할하여 납부하는 경우) 제5조 참조.

31) 국유재산 매매계약서(법 제50조 제2항에 따라 매각대금을 분할하여 납부하는 경우) 제5조는 국가의 승인 없이 분납매수인이 매매목적물을 사용, 양도 등을 할 수 없다고 하는바, 잔여 매매대금에 대한 이자를 납부하는 점 등을 고려하여 다른 특별한 사정이 없는 한 묵시적 사용승인이 있다고 봐야 한다.

물정리법은 대상 건축물이 타인 소유 토지에 건축된 경우, 그 토지가 사유지인 때에는 그 소유자의 사용승낙을 받은 경우에 한하여 준공검사필증을 교부하도록 규정하면서도 그 토지가 국·공유지인 때에는 사용승낙을 요구하고 있지 아니하므로 국·공유지에 대하여는 국가 등이 대상 건축물의 부지로 사용되는 토지의 사용을 승낙하였다고 간주하는 것이다. 다만 동법에 따라 간주되는 국유지 사용승낙도 기간의 제한이 있는 것이므로, 그 후 재산관리기관이 건물 부지에 해당하는 국유지에 변상금을 부과하였다면 이로써 그 사용승낙을 철회한 것이 된다.[32)]

건물의 부지로서 특정건축물정리법에 따라 점유권원이 인정되는 국유지의 구체적인 범위는 건물면적에 해당하는 직접 부지 정도로 축소해석하여야 한다.[33)]

특정건축물정리법은 불법건물의 양성화 등을 위하여 2005. 11. 8. 한시법으로 제정되었다. 이후 소멸과 제정을 거듭한 바, 가장 최근에는 2013. 7. 16. 법률 제11930호로 제정되어 2015. 1. 14.까지 시행되었다.

[**판례**] 특정건축물 정리에 관한 특별조치법이 무허가건물 또는 위법시공건축물을 심의를 거쳐 선별정리하여 관계 법령의 규정에도 불구하고 준공검사필증을 교부하고 적법한 건축물로 인정하고 있는 점에 비추어, 위 법에 의하여 준공검사필증을 교부받은 건축물의 부지가 국·공유지일 경우 그 부지에 관하여만 사용승낙이 간주될 뿐이고, 이에 더하여 그 특정건축물의 사용·수익에 필요한 부지 부분에 대하여도 사용승낙이 간주된다고 볼 수는 없다(대법원 2007. 11. 29. 선고 2005두8375 판결).

[**참고판례**] 구 공공용지의취득및손실보상에관한특례법시행규칙(1995. 1. 7. 건설교통부령 제3호로 개정되기 전의 것, 다음부터 '구 공특법시행규칙'이라 한다) 제6조 제6항 소정의 '무허가건물 등의 부지'라 함은 당해 무허가건물 등의 용도·규모 등 제반 여건과 현실적인 이용상황을 감안하여 무허가건물 등의 사용·수익에 필요한 범위 내의 토지와 무허가건물 등의 용도에 따라 불가분적으로 사용되는 범위의 토지를 의미하는 것이라고 해석(된다).
원심은, (중략) 무허가건물의 바닥면적 1,367.8㎡에 대하여는 구 공특법시행규칙 제6조 제6항 소정의 무허가건물 등의 부지로 평가하고, 통로, 야적장, 마당, 비닐하우스·천막 부지, 컨테이너·자재적치장소, 주차장 등에 대하여는 그 무허가건물의 용도에 따라 불가분적으로 사용되어 온 그 무허가건물의 부지라고 볼 수 없고, (중략) 무허가건물의 부지의 면적은 건축법상의 건폐율의 규정이나 한국감정평가업협회가 제정한 보상평가지침 제18조 제3항의 규정 등을 근거로 건물의 면적의 2배 내지 5배로 보아야 한다거나 불법으로 형질변경된 토지에 대하여도 그 현실적 이용상황인 대지나 잡종지로 평가하여야 한다는 원고의 주장을 배척하였다.
원심의 그 판단은 정당하고 거기에 건축법상의 건폐율, 무허가건물의 부지평가에 관한 전문적인 경험법칙 및 구 공특법시행규칙 제6조 제6항 의 무허가건물의 부지 등에 관한 법리를 오해한 위법사유가 없다(대법원 2002. 9. 4. 선고 2000두8325 판결).

---

32) 이상 대법원 2007. 11. 29. 선고 2005두8375 판결 참조.
33) 대법원 2007. 11. 29. 선고 2005두8375 판결, 대법원 2002. 9. 4. 선고 2000두8325 판결.

(3) 권한 없는 자에 의한 점유권원 부여

대법원은 국유재산법 제8조에 위반하여 권한 없는 자가 한 국유재산의 매매, 대부 등을 대체로 무효로 보는 입장을 취하는 바,[34] 이러한 무효인 매매, 대부 등에 기한 국유재산 점유는 무단점유가 되어 변상금이 성립하게 된다. 그러나 이렇게 성립한 변상금에 부과행위를 하는 것은 신뢰보호의 원칙 등에 반할 수 있다. 왜냐하면 국유재산에 대한 소관청 내지 그로부터 권한을 위임·위탁받은 자가 누구인지는 국가기관 내부의 문제로서 일반 국민은 자신에게 매각, 대부를 한 행정기관을 신뢰할 수밖에 없기 때문이다. 같은 이유로 총괄청소관의 국유재산을 국토교통부가 사용허가한 경우 그 사용자에게 변상금을 부과하기 곤란하다고 한 총괄청의 유권해석이 있다.[35]

(4) 국세물납 주택 · 상가건물의 종전임차인

상속인이 국세로 물납한 주택 또는 상가건물의 종전임차인은 동 건물이 국유재산이 된 이후 별도의 점유권원 확보 없이 계속 점유 또는 사용·수익할 수 있는지 문제된다. 주택임대차보호법과 상가건물임대차보호법은 "임차주택·건물의 양수인(그 밖에 임대할 권리를 승계한 자를 포함한다)은 임대인의 지위를 승계한 것으로 본다."라고 규정하며(제3조 제4항, 제3조 제2항), 한편 국유재산법은 "사권이 설정된 재산은 그 사권이 소멸된 후가 아니면 국유재산으로 취득하지 못한다."라고 규정하고 있다. 결국 과세당국은 상속세[36] 물납허가심사 때 물납재산에 임차인이 있는지를 살펴서, 해당 임차권의 소멸을 조건으로 물납이 이루어지도록 하여야 한다. 만약 물납대상 주택 또는 상가건물에 대한 임차권의 소멸 없이 물납이 이루어졌다면 조건 위반 등을 이유로 물납허가취소가 이루어져야 하겠지만,[37] 이와는 별개로 국가가 주택임대차보호법 등이 규정하는 임차권의 대항력을 부정하기는 곤란해 보인다.

대법원 2000. 3. 10. 선고 97누17278 판결, 대법원 2008. 5. 15. 선고 2005두11463 판결은 물납 상가건물의 종전임차인이 새로이 소유자가 된 국가로부터 사용허가 또는 대부 등을 받은 바가 없다면 점유권원이 없어 변상금이 성립된다고 하였다. 그러나 위 판례는 상가

34) 총괄청이 중앙관서의 장 소관의 국유재산을 처분한 것을 무효라고 한 대법원 2002. 7. 12. 선고 2001다16913 판결, 대법원 1967. 12. 19. 선고 67다1694 판결, 한국자산관리공사가 자신에게 잘못 위탁된 재산에 한 대부를 무효라고 한 대법원 2018. 2. 8. 선고 2017다266146 판결 등.

35) 재경부소관 국유지에 대해 건교부에서 점용허가를 받은 경우 변상금 부과여부 (1)행정기관은 법령에 의하여 수권된 범위 안에서만 적법하게 행위를 할 수 있는 바, 그 수권범위를 넘어가는 행위는 원칙적으로 무효일 것임. 그러나 국민의 입장에서는 정당한 권한을 가진 행정기관의 행위인지 여부가 명백하지 않은 점을 감안할 때 당해 허가가 상대방의 귀책사유 없이 행정기관의 착오에 의한 것이라면 이를 믿고 점사용한 상대방의 신뢰는 보호하여야 할 것이므로 변상금 부과는 곤란함.
(2) 다만, 근거법률이나 대상재산의 차이에 따른 점·사용료의 차액을 추가로 부가하여야 할 것임(국유재산과-1192. 2004. 6. 19).

36) 현행법상 상속세에 대한 물납만 허용이 된다(상속세 및 증여세법 제73조).

37) 「상속세 및 증여세법 시행령」 제71조 제1항 제1호 가목은 물납신청을 받은 재산에 재산권이 설정된 경우 이를 물납불허 사유 내지 물납대상재산 변경 사유로 규정하고 있다.

건물임대차보호법이 제정되기 전 또는 상가건물임대차보호법이 제3조 제2항의 적용대상을 소액보증금의 임대차로 한정하던 때에 선고된 것으로서, 보증금의 액수를 불문하고 모든 상가건물의 임대차에 임대인 지위의 승계를 인정하는 현행 상가건물임대차보호법을 적용할 경우에도 동일한 결론에 이를 것인지는 의문이다.[38]

(5) 국가가 지분을 가진 공유물

국가와 물건을 공유(共有)하는 자는 과반수 지분의 동의를 받아 공유물에 대한 현실적인 점유권원을 확보할 수 있다(민법 제265조). 만약 어느 공유자가 과반수 지분의 동의 없이 공유물을 사용한다면 국가는 자신의 지분비율만큼 부당이득반환청구를 할 수 있을 뿐 변상금을 부과할 수는 없다.[39] 공유자는 지분의 다소를 불문하고 공유물 전부에 대한 관념적인 권원을 가지고 있기 때문이다(민법 제263조). 각 공유자의 관념적인 점유권원은 과반수 지분의 동의를 얻어 현실적인 점유권원으로 전환된다. 제3자의 경우도 지분과반수의 동의를 얻어 공유물의 점유권원을 확보할 수 있음은 공유자와 동일하다. 다만 제3자는 지분이라는 공유물 전체에 대한 관념적 점유권원이 없기 때문에 무단점유 시 국가가 국가지분만큼 변상금을 부과할 수 있다.[40]

(6) 공익사업구내의 국유재산

1) 사용허가의제

사업시행자는 해당 사업의 근거 법률에 따라서 사업구역 내의 행정재산에 대한 사용허가를 의제 받음으로써 점유권원을 확보하는 경우가 많다.[41] 이러한 의제는 행정재산에 한정되고 일반재산에는 적용되지 않는바,[42] 일반재산의 경우 사업 착공 전까지 대부 또는 매입하거나 토지보상법에 따라 수용하는 등 권원을 확보하여야 한다. 일반재산의 경우 사업구역 내의 토지 등을 강제수용·사용할 수 있는 사업시행자의 지위에서 그 매수, 수용 등의 완료 없이도 점유권원을 인정할 수 있다는 주장이 있었으나, 판례는 이러한 포괄적 점유권원을 인정하지 않는다.[43] 다만 행정재산일 때 사용허가를 의제 받은 후 용도폐지된 일반재산에 대하여는 종전의 점유권원이 계속 승계된다고 본다(대법원 2007. 12. 13. 선고 2007다51536 판결).

---

38) 대법원 2008. 5. 15. 선고 2005두11463 판결 사안의 경우 소액보증금 임대차에 해당하지만 과세당국이 제시한 조건에 따라 임대인(상속인, 물납신청인)과 임차인이 서로 합의하여 기존의 임대차관계를 종료하였던 것인데, 임차인이 새로운 소유자인 국가로부터 사용허가 등을 받음이 없이 계속 점유 또는 사용·수익한 것인지도 불분명하다.

39) 대법원 2000. 3. 24. 선고 98두7732 판결.

40) 대법원 2013. 12. 12. 선고 2012두7943 판결.

41) 사용허가 의제에 대한 자세한 내용은 제3편 제4장 참조.

42) 대법원 2014. 12. 24. 선고 2012다46569 판결, 서울고등법원 2012. 5. 11. 선고 2011나91274 판결.

43) 서울고등법원 2015. 7. 1. 선고 2015나2210 판결, 서울고등법원 2011. 9. 21. 선고 2011누17013 판결 등.

[**판례**] 아파트 재건축 사업을 추진하면서 구 지방재정법(2005. 8. 4. 법률 제7663조로 전문 개정되기 전의 것)상 공유재산인 도로부지를 사업부지에 포함시켜 구 주택건설촉진법(2003. 5. 29. 법률 제6916호 주택법으로 전문 개정되기 전의 것) 제33조 제1항에 의한 사업계획승인을 받은 경우, 그 도로부지에 대한 점유는 같은 조 제4항 제3호에 따라 점용허가를 얻은 것으로 간주되고, 위 도로부지가 용도폐지되어 지목이 대지로 변경되더라도 그 점유권원은 실효 또는 상실되지 않고 토지 취득 시까지 유지되므로, 용도폐지 후의 점유에 대한 변상금 부과처분은 그 하자가 명백하여 당연 무효라고(할 것이다)(대법원 2007. 12. 13. 선고 2007다51536 판결).

2) 환지예정지 지정, 환지처분

도시개발사업 등의 시행을 위하여 사업시행자가 환지예정지를 지정하면 종전 토지의 소유자는 종전 토지를 사용할 수 없으며(도시개발법 제36조 제1항, 제3항), 사업시행자는 환지를 정하지 않기로 결정한 토지에 대하여는 일정한 날짜 이후부터 그 토지 소유자의 사용을 정지시킬 수도 있다(동법 제37조 제1항). 이후 환지처분이 있게 되면 환지는 환지처분 공고일의 다음 날부터 종전의 토지로 보게 되며, 환지를 정하지 아니한 종전 토지에 있던 소유권 기타의 권리는 소멸한다(동법 제42조).

국유지에 환지예정지 지정, 사용정지 처분 및 환지처분 등이 있게 되면 국가는 해당 토지를 사용할 수 없거나 소유권을 상실하게 되는 반면, 해당 국유지를 환지예정지 또는 환지로 받은 자, 사업시행자 등에게 새로이 점유권원이 생기게 되는 바, 이들에게 변상금이 성립되지 아니한다.

도시개발법 제35조(환지 예정지의 지정) ① 시행자는 도시개발사업의 시행을 위하여 필요하면 도시개발구역의 토지에 대하여 환지 예정지를 지정할 수 있다. 이 경우 종전의 토지에 대한 임차권자등이 있으면 해당 환지 예정지에 대하여 해당 권리의 목적인 토지 또는 그 부분을 아울러 지정하여야 한다.

제36조(환지 예정지 지정의 효과) ① 환지 예정지가 지정되면 종전의 토지의 소유자와 임차권자등은 환지 예정지 지정의 효력발생일부터 환지처분이 공고되는 날까지 환지 예정지나 해당 부분에 대하여 종전과 같은 내용의 권리를 행사할 수 있으며 종전의 토지는 사용하거나 수익할 수 없다.
③ 환지 예정지 지정의 효력이 발생하거나 제2항에 따라 그 토지의 사용 또는 수익을 시작하는 경우에 해당 환지 예정지의 종전의 소유자 또는 임차권자등은 제1항 또는 제2항에서 규정하는 기간에 이를 사용하거나 수익할 수 없으며 제1항에 따른 권리의 행사를 방해할 수 없다.

제37조(사용 · 수익의 정지) ① 시행자는 환지를 정하지 아니하기로 결정된 토지 소유자나 임차권자등에게 날짜를 정하여 그날부터 해당 토지 또는 해당 부분의 사용 또는 수익을 정지시킬 수 있다.

제42조(환지처분의 효과) ① 환지 계획에서 정하여진 환지는 그 환지처분이 공고된 날의 다음

날부터 종전의 토지로 보며, 환지 계획에서 환지를 정하지 아니한 종전의 토지에 있던 권리는 그 환지처분이 공고된 날이 끝나는 때에 소멸한다.

3) 철거를 목적으로 국유지상의 건물을 매수(이주보상)한 경우

사업시행자가 철거를 목적으로 국유지상의 건물을 그 소유자로부터 매수(이주보상)하여 소유자가 된 다음 철거하였다면 점유권원이 인정될 것인지 논란이 있었으나, 대법원은 그 부지(국유지)에 대한 별도의 권원확보 없이 철거목적으로 지상건물을 매수한 것만으로는 점유권원을 인정할 수 없다고 하며. 나아가 재난대책 등 불가피한 사유로 인한 변상금성립 조각사유(국유재산법 제72조 제1항 제2호)에도 해당하지 않는다고 한다.[44]

(7) 기한의 정함이 없는 국유재산 무상사용승인

과거 특수한 상황으로 대규모 · 고액의 국유지가 지방자치단체 등에 기한의 정함이 없이 무상사용승인 되는 결과가 발생하여 이후 국가와 점유자 간에 법적 분쟁이 발생하는 경우가 있다.

1) 국유재산을 지방자치단체장에게 기관위임한 경우

과거 총괄청소관의 일반재산 부동산을 지방자치단체에 기관위임하여 관리 · 처분을 하였고, 해당 지방자치단체장은 자신이 속한 지방자치단체로 하여금 공영주차장, 경로당 및 청사 등 공익목적에 기한의 정함이 없이 무상으로 사용하도록 한 경우가 많았다. 대법원은 이 경우 지방자치단체장은 수탁기관과 달리 총괄청 등으로부터 국유재산의 관리 · 처분에 관한 포괄적인 재량을 부여받았으므로 그로부터 무상 사용승인을 받은 지방자치단체는 해당 국유재산에 대한 점유권원을 가지게 된다고 하였다.[45]

2) 주요 공익사업 수행을 위해 지방자치단체에 무상 사용승인한 경우

과거 관선자치단체장 시절 교육부 등의 지시를 받아 지방자치단체가 관할 내 국유지에 공립학교를 설립해 오늘에 이르는 경우가 많다. 서울시가 서울올림픽 수행을 위해 정부의 승인을 받아 국유지에 잠실주경기장을 설치한 것도 유사 사례라고 할 수 있다. 이 경우 지방자치단체장은 국가로부터 기한의 정함이 없는 국유재산 무상 사용승인을 받은 것이 된다. 기관위임에 따른 지방자치단체 무상 사용승인이 주차장, 경로당 및 청사 등 비교적 적은 규모로 행하여 졌다면, 이 경우는 상대적으로 큰 규모로 행하여 졌다.

---

44) 대법원 2012. 3. 15. 선고 2011두25630 판결.

45) 대법원 2017. 3. 30. 선고 2014다214274 판결. 자세한 내용은 제1편 제3장 참조.

3) 지방자치단체 이외의 경우

지방자치단체 이외에도 과거 특수한 상황에서 기한의 정함이 없는 무상 사용승인이 이루어진 경우가 있다. 조선왕실의 재산이 일제강점기 이왕직 장관의 승인으로 사립학교의 부지가 된 이후 동 재산이 국유재산으로 된 사례에서 대법원은 해당 학교법인이 기한의 정함이 없는 국유재산 무상 사용승인을 받았던 것이므로 점유권원이 있다고 판시하였다.[46] 그 밖에 정부가 도시화·산업화 과정에서 또는 수복지역의 개척을 위하여 국유지 또는 무주지에 사람들을 이주시켜 개척·사용하게 한 경우도 기간의 정함이 없는 국유재산 무상 사용승인의 사례로 볼 수 있다.

4) 기간의 정함이 없는 무상 사용승인의 종료

위와 같이 기간의 정함이 없는 국유재산 무상 사용승인은 특수한 상황에 대처하기 위한 임시방편적 조치이거나, 국가의 의도와 무관하게 행하여진 것으로서 언젠가는 무상 사용관계의 종료를 예정하고 있는데, 그 시기가 언제인지, 어떤 방법으로 종료해야 하는지 등에 대하여 다툼이 발생하기도 한다. 그런데 기간의 정함이 없는 국유재산 무상 사용승인에 대하여 국유재산법에 정함이 없으므로 시기의 약정이 없는 사용대차 차용물의 반환시기를 규정하는 민법 제623조가 준거 법률이 된다. 동조에 따라 차주(借主)는 계약 또는 목적물의 성질에 의한 사용·수익이 종료한 때 차용물을 반환하여야 하며, 대주(貸主)는 사용·수익에 족한 기간이 경과한 때 언제든지 계약을 해지할 수 있다.

대법원은 사용·수익에 족한 기간이 경과했는지 여부는 사용대차계약 당시 사정, 차주의 사용기간 및 이용 상황, 대주가 반환을 필요로 하는 사정 등을 종합적으로 고려하여 공평의 입장에서 판단하여야 한다고 하면서,[47] 지방자치단체가 사용대차계약을 체결하여 사인(私人) 땅을 34년간 도로부지로 사용한 사례[48] 40년간 교육청청사 부지로 사용한 사례[49]에 대하여 사용·수익에 족한 기간이 경과되었다고 하였다. 반면에 사립학교법인이 1938. 5. 일제강점기 이왕직 장관으로부터 구황실토지에 학교설립 목적의 무상 사용승인을 받은 사례에서는 이를 사용대차의 법률관계로 보면서도 당초 사용승인에 이르게 된 경위, 구왕궁재산처분법, 구황실재산법 및 문화재보호법의 제·개정, 재산관리기관이 사용기간을 따로 정하지 않은 채 여러 차례 해당 국유지의 사용을 허락한 점 등을 고려하여 사용승인일로부터 약 80년이 지났음에도 국가가 학교법인에 사용대차목적물의 반환을 청구할 수 없다고 하였다.[50]

---

46) 대법원 2018. 6. 28. 선고 2014두14181 판결.
47) 대법원 2001. 7. 24. 선고 2001다23669 판결.
48) 대법원 1976. 1. 27. 선고 75다1828 판결.
49) 대법원 2001. 7. 24. 선고 2001다23669 판결.
50) 대법원 2018. 6. 28. 선고 2014두14181 판결.

(8) 관습법에 의한 점유권원의 인정

1) 관습법상의 법정지상권

대지와 건물을 동일인이 소유하다가 국가가 대지만의 소유자가 된 경우 건물소유자는 대지에 대한 사용허가 등을 받지 않더라도 관습법에 따라 법정지상권을 확보하게 되므로 변상금은 성립되지 않지만 지료(사용료)는 내야 한다.[51] 사권이 설정된 재산을 국유재산으로 취득해서는 안 되고, 국유재산에 사권을 설정해서도 안 되므로 국가로서는 판결 등 특별한 사정이 없는 한 관습법에 따라 법정지상권이 설정될 토지의 소유권을 취득해서는 안 된다(국유재산법 제11조).

[**판례**] 대지와 건물을 함께 소유하다가 대지만을 국가에 증여함으로써 대지에 대하여 건물의 소유를 위한 관습상의 법정지상권을 취득한 자로부터 건물을 양도받은 양수인은 특별한 사정이 없는 한 건물과 함께 법정지상권도 양도받기로 하는 채권적 계약이 있었다고 볼 것이므로, 위 건물 양수인은 국가에 대하여는 양도인을 대위하여 법정지상권설정등기절차이행을, 양도인에 대하여는 그 이전등기절차이행을 각 청구할 수 있고, 대지소유자인 국가는 지상권의 부담을 용인하여야 하고 건물 양수인에 대하여 건물의 철거나 그 부지의 명도를 구할 수 없다고 할 것이기 때문에 이러한 관계에 있는 건물양수인은 위 대지의 점유, 사용을 정당화할 법적 지위에 있는 자라고 할 것이다(대법원 1992. 3. 10. 선고 91누5211 판결).

필자 주: 위 판례 사례의 경우 관습법상의 법정지상권이라는 사권이 설정된 재산을 취득하는 결과가 되므로, 국가는 대지의 증여를 받지 않는 것이 타당할 것이다.

2) 분묘기지권

타인의 토지에 승낙 없이 분묘를 설치한 경우에도 20년간 평온, 공연하게 그 분묘의 기지를 점유함으로써 지상권에 유사한 관습법상의 분묘기지권을 시효취득하게 된다. 분묘기지권은 분묘가 존속하는 동안 영구히 존속하며, 지료까지 면제되는 경우가 많다. 이러한 사정은 국유지에 대하여도 마찬가지여서 20년 이상 존속한 분묘가 있는 국유지에 대하여는 비록 무단으로 설치된 분묘라 할지라도 변상금이 성립하지 않고, 사용료도 징수할 수 없다.[52]

그러나 「매장 및 묘지 등에 관한 법률」을 전부 개정하여 시행된 「장사 등에 관한 법률」에 따르면 그 시행일인 2001. 1. 13. 이후에 토지소유자의 승낙 없이 설치한 분묘의 연고자는 토지소유자 등에게 토지사용권이나 그 밖에 분묘의 보존을 위한 권리를 주장할 수 없게 되었으므로(동법 제27조 제3항),[53] 분묘기지권의 시효취득을 주장할 수 없게 되었다. 뿐만 아니라 2001. 1.

---

51) 대법원 1996. 2. 13. 선고 95누11023 판결.

52) 대법원 1996. 6. 14. 선고 96다14036 판결 등.

53) 현행 장사 등에 관한 법률 제27조 제3항, 구 「장사 등에 관한 법률」(2000. 1. 12. 법률 제6158호로 개정된 것을 말한다) 부칙 제1조, 제2조.

13. 이전에 타인의 토지에 분묘를 설치한 자는 여전히 관습법에 따라 분묘기지권을 시효취득할 수는 있지만, 토지소유자가 지료를 청구하면 그 청구한 날부터의 지료를 지급할 의무가 있다는 것이 최근의 대법원 판례이다.[54] 이러한 개정 법률과 판례는 국유지에 대하여도 마찬가지로 적용되므로 2001. 1. 13. 이후에 설치된 분묘는 비록 20년 이상 존속했더라도 점유권원이 인정되지 않아 변상금이 성립하고, 동 일자 이전에 설치되어 20년 이상 존속한 경우는 점유권원이 인정되어 변상금이 성립하지는 않지만 국가가 지료를 청구할 수 있고, 그 청구한 날로부터 사용료·대부료를 징수할 수 있게 되었다.

[판례] [다수의견] 2000. 1. 12. 법률 제6158호로 전부 개정된 구 장사 등에 관한 법률(이하 '장사법'이라 한다)의 시행일인 2001. 1. 13. 이전에 타인의 토지에 분묘를 설치한 다음 20년간 평온·공연하게 분묘의 기지(기지)를 점유함으로써 분묘기지권을 시효로 취득하였더라도, 분묘기지권자는 토지소유자가 분묘기지에 관한 지료를 청구하면 그 청구한 날부터의 지료를 지급할 의무가 있다고 보아야 한다(대법원 2021. 4. 29. 선고 2017다228007 전원합의체 판결).

구 장사 등에 관한 법률(법률 제6158호, 2000. 1. 12. 전부개정) 제23조(타인의 토지 등에 설치된 분묘의 처리 등) ① 토지 소유자(占有者 기타 관리인을 포함한다. 이하 條에서 같다)·묘지 설치자 또는 연고자는 다음 각호의 1에 해당하는 분묘에 대하여 당해 분묘를 관할하는 시장·군수·구청장의 허가를 받아 분묘에 매장된 시체 또는 유골을 개장할 수 있다.

1. 토지 소유자의 승낙없이 당해 토지에 설치한 분묘
2. 묘지 설치자 또는 연고자의 승낙없이 당해 묘지에 설치한 분묘

③ 제1항 각호의 1에 해당하는 분묘의 연고자는 당해 토지 소유자·묘지 설치자 또는 연고자에 대하여 토지 사용권 기타 분묘의 보존을 위한 권리를 주장할 수 없다.

부칙 〈법률 제6158호, 2000. 1. 12.〉
제1조 (시행일) 이 법은 공포후 1년이 경과한 날부터 시행한다.
제2조 (적용례) 제17조 및 제23조제3항의 개정규정은 이 법 시행후 최초로 설치되는 분묘부터 적용한다.

필자 주: 구 「장사 등에 관한 법률」 제23조 제3항은 현행 「장사 등에 관한 법률」 제27조 제3항과 같다.

Ⅲ. 사용·수익하거나 점유

국유재산에 대한 변상금 성립의 행위요건인 '사용·수익' 또는 '점유'는 공물 등에 대한 변상금 성립의 행위요건인 '점용'과 문언적인 의미가 달라 그 해석에 주의를 요한다. 이하에서는

54) 대법원 2021. 4. 29. 선고 2017다228007 전원합의체 판결.

상대적으로 강학상의 설명이 더 많이 축적된 점용의 개념을 먼저 살펴보고, 이와 비교해서 국유재산에 대한 변상금의 성립요건으로서 사용 · 수익 및 점유의 개념을 정립하도록 한다.

1. 개념의 정립

(1) 점용

도로법, 하천법, 공유수면법 및 공원녹지법 등 다수의 공물법은 변상금 성립의 행위요건 또는 공물주체로부터의 권원(점용허가)을 필요로 하는 행위를 '점용'으로 규정하며,[55] 학설은 도로 · 하천 등에 대한 점용허가를 공물주체가 특정인에게 일정한 내용의 공물사용권을 설정하여 줌으로써 당해 공물을 독점적으로 이용하는 특허사용으로 파악하고 있다.[56] 구체적으로는 자기의 생활이나 사업만을 위해 어떤 물건을 독점적으로 사용하는 것을 말하는데, 일정한 지역 또는 수역 등을 차지하여 사용하는 것이다. 도로, 하천, 수면 기타의 공물을 그 본래의 효용을 해하지 않는 범위에서 공사의 시공, 수도관, 하수도관, 가스관, 광고판, 주유소 등의 설치 등의 목적으로 사용하는 경우이다.[57] 점용은 물건 등의 독점적 · 배타적 · 계속적인 사용으로서 물건 등의 일반사용 · 자유사용 · 보통사용이나 단순한 점유만으로는 그에 다다르지 않는바, 공물은 그 개념 요소에서도 알 수 있듯이 공공의 이용에 제공된 것이어서, 일반사용 등이 허용되고 점용의 정도에 이르러야 비로소 권원을 요하거나 변상금이 성립하게 된다.

(2) 사용 · 수익

어떠한 재산이 공물 또는 공물의 일부가 아니라면 점용의 정도에 이르지 않는 단순한 사용 · 수익만으로도 부당이득, 손해배상, 변상금 등이 성립되며, 이 점은 국유재산이라고 해서 달라지지 않는다. 국유재산법은 변상금의 행위요건으로 단순한 사용 · 수익을 규정함으로써 이 점을 분명히 하고 있다(제2조 제9호). 따라서 누군가 국유재산을 독점적, 배타적 또는 계속적인 정도에 이르지 않는 사용 · 수익만 했더라도 변상금이 성립하게 된다.[58] 대법원은 공유재산(서울광장) 무단점유 사례에서 점유 부분이 동시에 일반 공중의 이용에 제공되고 있다고 하더라도 점유가 아니라고 할 수 없다고 하였다.[59] 사용 · 수익에는 사실적 지배가 필요하지 않으며, 이익의 실현을 내포한다는 점에서 아래의 점유와 다르다.

---

55) 공유수면법은 점용 · 사용으로 규정하고 있다(제8조, 제15조).
56) 하명호, 앞의 책, 856면 이하, 류지태/박종수, 행정법 신론, 제16판, 박영사, 2016, 1102면 이하 등.
57) 법령용어사례집, 한국법제연구원, 2016, 1754면.
58) 하명호, 앞의 책, 869면.
59) 대법원 2019. 9. 9. 선고 2018두48298 판결.

[**판례**] 공유재산 및 물품관리법(이하 '공유재산법'이라 한다) 제1조, 제6조 제1항, 제20조, 제22조, 제81조 제1항 본문의 내용과 변상금 제도의 입법 취지에 비추어 보면, 사용·수익허가 없이 행정재산을 유형적·고정적으로 특정한 목적을 위하여 사용·수익하거나 점유하는 경우 공유재산법 제81조 제1항 에서 정한 변상금 부과대상인 '무단점유'에 해당하고, 반드시 그 사용이 독점적·배타적일 필요는 없으며, 점유 부분이 동시에 일반 공중의 이용에 제공되고 있다고 하여 점유가 아니라고 할 수는 없다(대법원 2019. 9. 9. 선고 2018두48298 판결).

(3) 점유

점용이든 단순한 사용·수익이든 물건 등의 사용을 통한 이익의 실현을 내포하게 되는데, 국유재산법은 이익의 실현을 수반하지 않는 '점유'를 독자적인 변상금의 행위요건으로 규정하고 있다(제2조 제9호). 점유란 물건을 사실상 지배하는 것이고(민법 제192조 제1항), 점유의 요건으로서 사실적 지배란 사회 관념상 물건이 어떤 사람의 지배 아래에 있다고 인정되는 객관적 관계를 말한다.[60)]

대법원도 점유를 물건에 대한 사회 관념상의 사실적 지배라고 보고 사실적 지배를 판단함에 있어서 물리적·현실적 지배뿐만 아니라, 물건과 사람의 시간적·공간적 관계, 본권관계 및 타인 지배의 배제 가능성 등을 고려하여 합목적적으로 판단해야 한다고 한다.[61)] 나아가 점유가 인정되려면 사실적 지배관계를 가지려는 자연적 의사, 즉 점유설정 의사가 주관적 요소로서 필요하다는 것이 통설이다.[62)] 지방자치단체가 국유지에 공영주차장 등 공공시설을 만들어 일반 공중의 이용에 제공하였다면 비록 해당 지방자치단체의 사용료징수, 직원 파견 등 직접적인 관리가 없이 주민의 자율에 맡겼다 하더라도 그 지방자치단체의 사실상의 지배, 즉 점유가 인정된다는 것이 판례의 입장이다.[63)]

결국 국유재산법은 점유를 독자적인 변상금의 성립요건으로 규정함으로서 실질적 이익이 없는 경우에도 변상금이 성립할 수 있게 한 것이고, 이 점은 변상금이 부당이득에 대한 특별한 공법적 규율이라는 여러 징표 중의 하나가 된다. 점용이나 사용·수익에 의한 변상금의 성립에는 실질적 이익이 요구되며, 이때는 점유에 의한 경우보다 부당이득의 실질에 더 가깝게 된다.[64)]

---

60) 지원림, 앞의 책, 529면.

61) 대법원 2001. 1. 16. 선고 98다20110 판결, 대법원 1992. 6. 23. 선고 91다38266 판결 등.

62) 지원림, 앞의 책, 531면.

63) 대법원 2018. 3. 29. 선고 2013다2559 판결, 서울행정법원 2008구합13002 판결, 서울중앙지방법원 2008가단98479 판결, 서울고등법원 2009나17266 판결 등.

64) 대법원 1993. 6. 11. 선고 92누15246 판결. 다만 그 실질적 이익이 법정변상금액에 미치지 못한다고 해서 감경을 요구할 수 없다는 점에서는 민사상 부당이득과 차이가 있으며, 특별한 공법적 규율이 된다(대법원 2000. 9. 8. 선고 2000두871 판결).

[**판례**] 사인이 소유하는 어떠한 토지에 도로나 공원 등 도시계획시설을 설치하는 내용의 도시계획이 결정 · 고시되었다고 하더라도, 아직 그 도시계획에 따른 사업이 시행되지 않은 상태에서는 곧바로 국가나 지방자치단체가 이를 점유한다고 볼 수 없다. 그러나 정식의 도시계획사업이 시행되기 전이라도 국가나 지방자치단체가 해당 토지에 도시계획시설을 구성하는 여러 시설을 설치 · 관리하여 일반 공중의 이용에 제공하는 등으로 이를 사실상 지배하는 것으로 평가될 수 있는 경우에는, 그 범위 내에서 국가나 지방자치단체의 점유가 인정될 수 있다(대법원 2018. 3. 29. 선고 2013다2559 판결).

2. 사용 · 수익 또는 점유가 문제되는 주요 사안

(1) 국유지 위의 건물 소유자

건물 소유자는 그 건물을 직접 점유하거나 사용 · 수익하는지를 불문하고 건물을 소유하는 자체만으로 부지를 점유하는 것이 된다. 따라서 국유지 위의 건물 소유자가 해당 건물을 제3자에게 임대하거나 관리하도록 했다 하더라도 그 국유지의 점유자는 건물소유자일 뿐, 임차인이나 관리자는 점유자가 되지 못한다.[65)]

매매 등 법률행위로 건물의 소유권을 취득하려는 자는 소유권이전등기를 하여야 비로소 그 건물의 소유자가 되고, 그때부터 건물부지에 대한 점유자가 된다. 다만 판례는 매매대금을 완납한 미등기 매수자에게 매매목적물을 법률상 또는 사실상 처분을 할 수 있는 지위를 인정하거나 사실상 소유 또는 실질적 소유라는 개념을 사용하는 등 일정한 경우에 소유권에 근접하는 효과를 주는 듯한 경향을 보인다.[66)] 따라서 매매대금을 완납하였으나 아직 소유권이전등기를 마치지 아니한 건물매수자도 그 부지(국유지)를 점유하거나 사용 · 수익하는 자가 될 수 있다. 대법원은 미등기건물을 양수한 자에 대하여 그 건물의 소유자는 되지 못하지만 사실상의 처분권자로서 그 건물부지의 점유자는 된다고 명시적으로 판시한 바 있다.[67)]

[**판례①**] 사회통념상 건물은 그 부지를 떠나서는 존재할 수 없으므로 건물의 부지가 된 토지는 건물의 소유자가 점유하는 것이고, 이 경우 건물의 소유자가 현실적으로 건물이나 그 부지를 점거하고 있지 않다 하더라도 건물의 소유를 위하여 그 부지를 점유한다고 보아야 한다. 한편 미등기건물을 양수하여 건물에 관한 사실상의 처분권을 보유하게 됨으로써 건물부지 역시 아울러 점유하고 있다고 볼 수 있는 등의 특별한 사정이 없는 한 건물의 소유명의자가 아닌 자는 실제 건물을 점유하고 있다 하더라도 그 부지를 점유하는 자로 볼 수 없다. ... (중략) ... 피고가 유치권자로서 이 사건 건물을 점유하였다고 하더라도 이 사건 건물의 소유자는 피고가 아니라 원고 등이므로 피고는 이 사건 건물의 부지부분을 점유 · 사용하였다고 볼 수 없다(대법원 2009. 9. 10. 선고 2009다28462 판결).

---

65) 대법원 2010. 1. 28. 선고 2009다61193 판결, 대법원 2008. 7. 10. 선고 2006다39157 판결 등.

[판례②] [1] 타인 소유의 토지 위에 권한 없이 건물을 소유하고 있는 이는 그 자체로 특별한 사정이 없는 한 법률상 원인 없이 타인의 재산으로 토지의 차임에 상당하는 이익을 얻고 그로 인하여 타인에게 동액 상당의 손해를 주고 있다고 보아야 하고, 이는 타인 소유의 토지 위에 권한 없이 건물 이외의 공작물을 소유하고 있는 경우에도 마찬가지이다. 한편 건물이나 공작물의 소유자가 아닌 이로서는 실제로 건물 등을 점유·사용하고 있다고 하더라도 건물 등의 부지를 점용하는 것으로 볼 수 없고, 건물 등의 부지는 건물 등의 소유자가 이를 점용하고 있다고 보아야 한다. 그리고 이러한 법리는 지방자치단체 소유의 공유재산인 토지 위에 공작물이 설치된 경우에 있어 공작물의 소유자와 점유·사용자가 다른 경우에도 마찬가지이다.

[2] 지방자치단체 소유의 공유재산인 토지 위에 궤도구축물을 설치하여 부지를 점용하고 있다는 이유로 관할 구청장이 궤도구축물을 점유·관리하고 있는 한국철도시설공단에 변상금을 부과·고지한 사안에서, 궤도구축물은 철도시설로서 원래 국가에 속하고, 궤도구축물의 부지는 지상에 설치된 궤도구축물의 소유자가 이를 점유·사용하고 있다고 보아야 하므로, 궤도구축물의 소유자가 아닌 한국철도시설공단에 한 변상금부과처분은 위법하다고 한 사례(대법원 2014. 7. 24. 선고 2011두10348 판결).

필자 주: 구 한국철도시설공단(현 국가철도공단)은 국토교통부장관을 대행하여 국유재산인 철도시설을 관리한다(철도산업발전기본법 제19조).

한편 건물까지 국유재산이라면 누군가 그 건물을 점유함으로서 그 부지(국유지)까지 점유한 것이 된다. 이러한 이유에서 국유재산법 시행규칙 제17조는 건물사용료를 산출할 때 건물가액과 부지가액을 더한 금액을 재산가액으로 산출하게 하고 있다.

(2) 국유재산을 무단으로 임대한 경우

누군가 국유재산을 무단으로 임대하여 제3자가 점유, 사용·수익한다면 누구에게 변상금을 부과하여야 하는가(누가 점유, 사용·수익자인가). 대법원은 공유재산 사례에서 제3자, 즉 임차인에게 변상금을 부과할 수 있다고 하였다.[68)]

[판례] 공유재산을 직접 점용하고 있는 자가 대부 또는 사용수익허가를 받지 아니하여 공유재산을 점용할 아무런 권한이 없는 제3자로부터 이를 임차하여 점용하였다 하더라도 이는 직접점유자와 제3자 사이에 효력이 있을 뿐이고, 공유재산의 관리청에 대하여는 아무런 효력이 없는 것이므로, 관리청으로서는 지방재정법 제87조 제1항에 의하여 직접점유자에게 변상금 전액을 부과할 수 있다(대법원 1994. 10. 25. 선고 94누4318 판결).

---

66) 지원림, 앞의 책, 474면, 대법원 2003. 1. 24. 선고 2002다61521 판결, 대법원 2000. 10. 13. 선고 98다55659 판결 등.

67) 대법원 2010. 1. 28. 선고 2009다61193 판결, 대법원 2003. 11. 13. 선고 2002다57935 판결 등.

국유재산 무단임대인은 법률상 원인 없이 국유재산으로 부당이득을 한 것이고, 고의·과실의 위법행위로 국가에 손해를 끼쳤으므로 부당이득반환이나 손해배상의 책임을 지는 것은 당연하다. 문제는 국유재산을 점유, 사용·수익한 것으로서 변상금이 성립될 것인지 인데, 판례는 사람의 물건에 대한 점유를 '사회관념상의 사실적 지배'로 보고, 그 주요 판단기준의 하나로 '타인 지배의 배제 가능성'을 들고 있는 바, 무단임대차관계에서도 임차인은 임대인에게 차임을 지급해야 하고, 임대차계약이 종료되면 임대차목적물을 임대인에게 반환하여야 한다. 기타 임대행위를 법 제2조 제9호에서 말하는 사용·수익행위라고 볼 수 있다.

결국 무단임대인은 임차인과 무관하게 점유자 또는 사용·수익자로 볼 수 있는 것이고, 위 대법원 1994. 10. 25. 선고 94누4318 판결은 임차인에게도 변상금이 성립된다는 의미이지, 무단임대인에게는 변상금이 성립하지 않는다는 의미는 아닌 것으로 해석이 된다. 재산관리기관으로서는 무단임대 사례에서 임차인이 국유재산임을 알았는지, 임대료를 지급했는지, 임대료의 액수가 어느 정도인지(국유재산의 법정사용료보다 높은지) 등을 종합적으로 판단하여 누구에게 변상금을 부과할지 판단해야 할 것이다.

[판례] [1] 임대인이 임대차 목적물에 대한 소유권 기타 이를 임대할 권한이 없다고 하더라도 임대차계약은 유효하게 성립하고, 따라서 임대인은 임차인으로 하여금 그 목적물을 완전하게 사용·수익케 할 의무가 있고 또한 임차인은 이러한 임대인의 의무가 이행불능으로 되지 아니하는 한 그 사용·수익의 대가로 차임을 지급할 의무가 있으며, 그 임대차관계가 종료되면 임차인은 임차목적물을 임대인에게 반환하여야 할 계약상의 의무가 있지만, 임차인이 진실한 소유자로부터 목적물의 반환청구나 임료 내지 그 해당액의 지급요구를 받는 등의 이유로 임대인이 임차인으로 하여금 사용·수익케 할 수가 없게 되었다면 임대인의 채무는 이행불능으로 되고, 임차인은 이행불능으로 인한 임대차의 종료를 이유로 그 때 이후의 임대인의 차임지급 청구를 거절할 수 있다.
[2] 임대인이 국가 소유의 부동산을 임대하였는데 임차인의 차임 연체로 인하여 그 임대차계약이 해지되었다면, 특별한 사정이 없는 한 임차인은 임대인에게 그 부동산을 명도하고 해지로 인한 임대차 종료시까지의 연체차임 및 그 이후부터 명도 완료일까지 그 부동산을 점유·사용함에 따른 차임 상당의 부당이득금을 반환할 의무가 있다고 한 사례(대법원 1996. 9. 6. 선고 94다54641 판결).

국유재산을 사용허가 받아 사용하던 중에 제3자에게 전대하였다면 어떻게 될까. 일단 사용허가의 효력이 있는 동안에는 전차인, 전대인 모두에게 점유권원이 인정된다. 전대인에게는 사용허가에 따른 점유권원이 있고, 전차인은 전대인으로부터 유효한 점유권원을 확보했기 때문이다. 재산관리기관은 무단전대를 원인으로 사용허가관계를 종료한 다음에(법 제36조 제1항 제2호) 앞에서 본 국유재산 무단임대 사례와 같이 처리하면 될 것이다.

68) 대법원 1994. 10. 25. 선고 94누4318 판결.

제3장 변상금의 부과

제1절 의의와 법적 성질

Ⅰ. 변상금부과의 의의

변상금의 성립으로 추상적 변상금채권이 발생하며, 그 소멸시효기간은 변상금성립일로부터 5년이다(법 제73조의 3 제1항). 추상적 변상금채권의 소멸시효는 변상금의 부과로서 중단됨과 동시에(같은 조 제2항 제1호), 구체적 변상금채권으로 전환된다. 구체적 변상금채권의 소멸시효는 변상금부과고지서의 납부기간이 지난 때부터 진행된다(같은 조 제3항 제1호). 추상적 변상금채권의 발생으로 재산관리청의 변상금부과권이, 구체적 변상금채권의 발생으로 변상금징수권이 발생한다.

변상금부과권은 그 발생일로부터 5년 내에 행사하여야 하는바, 이 기간은 소멸시효기간이다.

Ⅱ. 변상금부과의 법적 성질

변상금부과는 재산관리청이 공권력의 발동으로 행하는 일방적인 공법행위, 즉 행정행위로서 추상적 변상금채권의 소멸시효를 중단시키고 구체적인 변상금채권으로 확정하며, 이후 연체료부과 및 강제징수 등 일련의 행정행위를 발생시키는 전 단계 행정행위가 된다. 행정행위는 권한 있는 행정청이 하여야 하며, 그 상대방 또는 내용에 따라 다른 구속력을 가지게 되는데, 다른 행정작용에서는 볼 수 없는 구성요건적 효력, 존속력 및 자력집행력 등의 특별한 효력이 인정된다.[69] 한편 행정행위는 행정심판이나 항고소송의 대상이 되는데, 피고적격은 당해 행정행위를 한 행정청에게 있다.

국유재산법에는 여러 행정작용이 규정되어 있는데 이중에서 행정행위로 볼 수 있는 것은 사용허가, 사용허가의 취소 · 철회, 용도폐지, 사용료 · 변상금 · 연체료 · 가산금의 부과, 강제징수 및 행정대집행 등이다. 국유재산법은 이러한 행정행위를 할 수 있는 주체를 국유재산 소관청과 그로부터 관리 · 처분 사무를 위임받은 자 이외에는 법 제42조 제1항에 따라 총괄청으로부터 일반재산의 관리 · 처분 사무를 위탁받은 한국자산관리공사 등으로 한정하고 있다.

---

69) 자세한 내용은 하명호, 앞의 책, 149면 이하 참조.

국유재산법 제29조, 기타 다른 법률에 따라 국유재산의 관리 위탁만을 받은 자는 국유재산법상의 행정행위를 할 수 없다. 기타 변상금부과는 행정행위로서 그 주체, 내용, 형식 및 절차 등에 있어서 행정기본법, 행정절차법 등에서 정하는 규율에 따라 행해져야 한다.

제2절 변상금의 산정

Ⅰ. 산정방식

1. 기준사용료에 연동

변상금은 기준사용료의 120%에 상당하는 금액으로 산정한다(법 제72조 제1항). 무단점유로 변상금이 성립한 때로부터 변상금을 부과할 때까지 재산가액은 매년 변하고, 때로는 국유재산법령의 개정으로 사용요율이 변할 수도 있는 바, 변상금 산정의 기준이 되는 사용료는 무단점유(변상금성립) 당시의 재산가액 및 요율로 산정하여야 한다.[70] 사용료의 급등을 방지하기 위한 사용료조정 규정은 변상금의 산정에 적용하지 않는다(법 제72조 제3항).

2. 특별사용료와의 관계

국유재산법은 재산가액에 법정요율을 곱하는 방법으로 사용료를 산출함을 원칙으로 하면서(영 제29조 제1항, 제2항) 경작용, 국유지의 공중 또는 지하 부분, 경쟁 입찰로 사용허가 한 재산 및 보존용재산에 특별사용료의 예외를 규정하는데(같은 조 제3항 내지 제7항), 이중에서 영 제29조 제1항, 제2항의 기준사용료와 경작용 특별사용료만 변상금 산정의 기초로 삼도록 하고 있다(영 제71조 제1항). 따라서 예컨대 기준사용료보다 월등히 높은 가격으로 낙찰 받은 자가 사용료 체납으로 무단점유자가 된 경우 종래 낙찰가격이 아닌 최초 예정가격(기준사용료)을 기준으로 변상금이 산정·부과된다.

Ⅱ. 산정오류의 수정

1. 변상금의 경정처분

변상금을 부과한 후 그 성립 또는 부과에 있어서 특별한 하자가 없이 단지 산정상의 오류만 발견되었다면 변상금을 증액하거나 감액하는 처분만 하면 되는데, 이러한 처분을 경정처분이라

70) 총괄청의 유권해석도 동일하다. 국유재산과-2470(2011. 7. 26.)

고 한다. 경정처분은 당초의 처분을 그대로 유지한 채 수정하는 데 불과하므로, 당초의 처분을 취소하거나 철회하고 새로운 처분을 하는 등 당초의 처분이 동일성을 상실하는 경우와 구별된다. 절차위배 등을 이유로 처분을 취소한 후 절차를 갖추어 다시 처분을 하는 것도 별개의 처분이지 경정처분이 아니다.[71]

2. 변상금의 감액경정처분

변상금을 과다하게 산정하여 부과·징수한 경우 재산관리기관은 언제든지 감액경정처분으로 그 차액을 환급할 수 있는데, 이때 법 제75조에 따른 이자를 가산하여야 한다. 감액경정처분은 당초 처분의 일부취소에 해당하고 소송의 대상이 되는 것은 일부 취소되고 남은 당초 처분이고(역흡수설), 제소기간의 준수 여부도 당초의 처분을 기준으로 판단한다는 것이 판례의 입장이다.[72]

3. 변상금의 증액경정처분

변상금을 과소하게 산정하여 부과·징수한 경우 재산관리기관은 증액경정처분으로 그 차액을 추가징수할 수 있지만, 당초 부과한 기간 중에서 증액경정처분 당시 아직 변상금부과권의 소멸시효가 완성되지 아니한 부분에 대하여만 가능하다. 변상금부과권의 소멸시효가 완성된 부분에 대하여는 당초의 부과처분에 따른 금액을 유지하고 아직 지나지 아니한 기간에 대하여만 다시 산정하여 증액경정해야 한다. 판례는 증액경정의 경우 당초의 처분이 나중의 증액경정처분에 흡수되므로 증액경정처분만 소송의 대상이 되고(흡수설), 제소기간의 준수 여부도 증액경정처분을 기준으로 판단한다고 한다.[73]

재산관리기관은 변상금부과권의 소멸시효기간 내에 얼마든지 변상금 증액경정처분을 할 수 있음에 반하여 변상금부과처분을 받은 자는 오로지 변상금부과처분에 대한 행정쟁송으로만 변상금액을 다툴 수 있다. 국세기본법은 과세상대방에게 조세의 경정청구권을 인정하는 반면에(국세기본법 제45조의 2 제1항, 제2항 등) 국유재산법은 부과상대방에게 변상금의 경정청구권을 인정하지 않고 있다.

---

71) 변상금이나 연체료를 부과함에 있어 국유재산법 또는 행정절차법상의 적법절차를 위배해 다시 절차를 밟아 부과처분을 하는 경우를 예로 들 수 있다.

72) 하명호, 앞의 책, 570-571면. 대법원 1983. 4. 12. 선고 82누35 판결, 대법원 1995. 8. 11. 선고 95누351 판결, 대법원 1997. 10. 24. 선고 96누10768 판결 등.

73) 하명호, 앞의 책, 571면, 대법원 2005. 6. 10. 선고 2003두12721 판결 등.

제3절 변상금 부과의 주체와 대상자

Ⅰ. 변상금부과의 주체

국유재산의 소관청 및 이로부터 재산의 관리 · 처분 사무를 위임 · 위탁받은 자가 변상금부과의 주체이다. 다만 민간수탁자의 경우 법 제42조 제1항에 따라 일반재산의 관리 · 처분 사무를 위탁받은 자에 한하여 변상금부과 등 국유재산법상 행정작용의 주체가 된다(법 제2조 제11호). 변상금은 행정재산인지 일반재산인지를 불문하고 국유재산에 부과하는 것이므로 일반재산의 관리 · 처분 사무를 위탁받은 법 제42조 제1항의 특수법인은 수탁재산이 용도폐지 전 행정재산이었던 기간에 대하여도 변상금을 부과할 수 있다.[74]

법 제42조 제1항에 따른 민간수탁자에 해당하지 않으나 다른 법률에 따라 국유재산에 관한 사무를 위탁받은 특수법인이 국유재산법상 사무의 주체(변상금부과의 주체)가 될 수 있는지 문제된다. 철도산업발전기본법은 철도관리청을 국토교통부장관으로 하고(제19조 제1항) 철도의 사용관계 등을 규정하는데, 철도의 무단점용에 대한 변상금은 규정하지 않고 있다. 해당 철도가 국가 소유라면 국토교통부장관이 재산소관청의 지위에서 국유재산법에 따라 변상금을 부과하면 되지만, 국가철도공단의 경우 철도산업발전기본법의 국유철도자산 위탁을 근거로 국유재산법에 따라 변상금을 부과할 수 있는지 문제이다.[75] 대법원은 철도산업발전기본법이 국유철도자산의 관리업무를 국가철도공단에 위탁하게 하고, 이에 기하여 관리위탁계약에서 국유재산법에 따른 변상금부과 업무를 위탁하고 있으므로 국가철도공단에게 변상금부과권한이 있다고 하였다.[76] 대법원은 어떤 특수법인에게 국유재산의 관리 · 처분 사무를 위탁하는 다른 법률의 규정이 있으면 그에 필요한 변상금부과 등의 개별 사무는 별도의 규정이 없더라도 특수법인에게 이전되는 것으로 본다. 행정작용의 주체를 중앙관서의 장 등으로 제한하는 국유재산법의 규정(제72조 제1항, 제2조 제11호)은 일반법으로서 이와 다른 내용의 개별 법률이 우선하게 된다는 법리에 기반한 것이다(국유재산법 제4조 참조).

생각건대 변상금부과 등 국민의 권리 · 의무에 직접 관계되는 행정행위는 그 행위주체를 법률로 명시하는 것이 바람직하다. 판례는 국유재산의 관리를 위하여 필요한 업무라고 하지만 구체적으로 무엇이 이에 해당하는지 불분명하다. 판례도 이 점을 의식한 듯 국유 철도자산의 관리

---

74) 용도폐지 전의 기간에 사용료부과를 할 수 있는지에 대하여는 논란이 있으며, 이에 관한 자세한 내용은 제1편 제3장, 제3편 제5장 참조.

75) 국유재산법 제42조 제1항이 아닌 제2항에 따라 특별회계 · 기금 소속 일반재산의 관리 · 처분 사무를 재위탁 받는 한국자산관리공사에게도 같은 문제가 제기된다.

76) 대법원 2014. 7. 10. 선고 2012두23358 판결.

업무가 국가철도공단에 위탁되었다는 점 이외에도, 국가철도공단이 국유철도시설에 대한 사용료 징수 등 관리업무를 대행하는 점도 고려되었다고 판시하였다. 그러나 철도산업발전기본법 시행령 제28조 제2호가 "국가 소유의 철도시설에 대한 사용료 징수 등 관리업무의 집행"을 대행범위로 규정하고 있으나, 철도산업발전기본법은 공물법의 일종으로 이 규정이 국유재산법의 변상금부과까지 포함하는지는 의문이다. 법 제42조 제1항 이외의 특수법인에게 국유재산 사무를 위탁하는 개별 법률에서 국민의 권리의무에 직접 관련이 있는 변상금 등 주요 행정작용에 대하여 별도 수권규정을 두는 것이 타당하다.

결론적으로 특수법인 기타 민간이 행정작용(특히 행정행위)을 수행하려면 개별 법률의 근거가 있어야 하는데, 그 법률은 다음 두 가지 형식 중 하나를 취한다. 첫째는 민간에 행정사무를 위탁하면서 그 사무 처리에 필요한 행정행위 등에 대한 개별 수권 규정을 두는 형식(위탁 방식)이고, 둘째는 민간이 행정청의 권한을 대행케 하는 형식이다(대행 방식).[77)78)]

[**판례**] (1) 구 국유재산법 제72조 제1항은 관리청 등은 국유재산의 무단점유자에 대하여 변상금을 부과 · 징수할 수 있도록 규정하고 있고, 같은 법 제4조 본문은 "국유재산의 관리와 처분에 관하여는 다른 법률에 특별한 규정이 있는 경우를 제외하고는 이 법에서 정하는 바에 따른다."고 규정하고 있다. 한편 구 철도기본법 제19조 제2항은 철도의 관리청인 국토해양부장관이 철도시설의 건설 및 관리 등에 관한 업무의 일부를 대통령령이 정하는 바에 의하여 피고로 하여금 대행하게 할 수 있다고 규정하고 있고, 같은 조 제3항은 피고가 위 제2항의 규정에 의하여 국토해양부장관의 업무를 대행하는 경우에 그 대행하는 범위 안에서 이 법과 그 밖의 철도에 관한 법률의 적용에 있어서는 그 철도의 관리청으로 본다고 규정하고 있으며, 구 철도산업발전기본법 시행령(2013. 3. 23. 대통령령 제24443호로 개정되기 전의 것, 이하 '구 철도기본법 시행령'이라고 한다) 제28조 제2호는 피고가 국토해양부장관을 대행하는 업무로서 '국가 소유의 철도시설에 대한 사용료 징수 등 관리업무의 집행'을 규정하고 있다.

또한 구 철도기본법 제23조 제4항은 국토해양부장관이 철도자산처리계획에 의하여 철도청장으로부터 시설자산, 기타자산 등의 철도자산을 이관 받으며, 그 관리업무를 철도시설공단, 철도공사, 관련 기관 및 단체 또는 대통령령이 정하는 민간법인에 위탁하거나 그 자산을 사용 · 수익하게 할 수 있다고 규정하고 있는데, 기록에 의하면, 국토해양부장관과 피고는 구 철도기본법 제23조 제4항에 따라 철도자산의 효율적이고 체계적인 관리를 위하여 국토해양부장관이 피고에게 이 사건 토지들을 비롯한 철도자산의 관리를 위탁하는 내용의 이 사건 관리위탁 계약(을 제1호증)을

77) 독일기본법(Grundgesetz für die Bundesrepublik Deutschland)은 공무원만 행정행위를 할 수 있게 하지만[Art33-(4)], 우리 헌법은 이러한 제한을 두지 않기 때문에 많은 법률에서 민간에 행정행위를 수행할 권한을 부여하고 있다.

78) 첫째의 예는 국유재산법 제72조 제1항, 제73조 제1항, 제74조 등, 「고용보험 및 산업재해보상보험의 보험료징수 등에 관한 법률」 제28조 제1항 등, 「금융소비자 보호에 관한 법률」 제65조 제1항 등 등이고, 둘째의 예는 도로법 제112조, 철도산업발전기본법 제19조 등이다.

체결한 사실, 위 관리위탁 계약 제3조 제1항 카호에서 관리위탁 업무로서 국유재산법 제72조에 따른 변상금 징수 업무를 규정하고 있는 사실을 알 수 있다.
(2) 위에서 본 바와 같은 구 철도기본법 제19조 제2항, 제3항, 제23조 제4항 및 구 철도기본법 시행령 제28조 제2호의 각 규정 내용과 이에 따라 체결된 이 사건 관리위탁 계약의 내용, 국가가 철도시설의 건설 및 관리와 그 밖에 이와 관련된 사업을 체계적이고 효율적으로 추진하기 위하여 그 집행조직으로서 법인 형태의 피고를 설립한 점, 무단점유자에 대한 변상금의 부과 · 징수는 국유재산인 철도자산의 적정한 관리를 위하여 필요한 업무인 점 등을 종합하여 보면 행정재산인 이 사건 토지들에 관한 관리청인 국토해양부장관의 변상금 부과권한이 피고에게 위탁되어 이전되었다고 봄이 타당하다(대법원 2014. 7. 10. 선고 2012두23358 판결).

Ⅱ. 변상금부과의 대상자

국유재산을 권원 없이 무단으로 점유하거나 사용 · 수익한 자(무단점유자)가 변상금부과대상자이며(법 제2조 제9조), 변상금의 징벌적 성격을 감안할 때 법률에서 특별히 규정하지 않는 한 무단점유자 이외의 자에게 변상금을 부과 · 징수하거나 납부의무를 부담케 할 수는 없다. 이하에서는 변상금부과 대상자로서 문제점이나 의문점이 있는 사안에 대하여 설명한다.

1. 법인의 무단점유

변상금의 성립요건인 점유는 사회적 개념이고, 법인은 행정형법의 영역에서는 형벌능력까지 가진다는 것이 통설이며,[79) 「독점규제 및 공정거래에 관한 법률」 등 많은 행정법에서 과징금 등 금전적 제재의 대상이 되므로 변상금부과의 대상자가 될 수 있다. 법인의 무단점유로 변상금이 성립된 때는 해당 법인만 변상금부과의 대상이 되어야 하고, 그 법인의 대표자, 출자자 등이 대상이 되어서는 아니 된다. 지방자치단체가 무단점유한 때에는 그 지방자치단체에게 부과되어야 할 것이지 소속 지방자치단체장이 대상이 되어서는 아니 된다.[80) 공립학교시설로 국유재산을 무단점유한 경우에는 공립학교를 설립 · 운영하는 특별시 · 광역시 및 도(대표자는 교육감이다)가 변상금부과 대상이 된다.[81) 한편 국유재산법은 제2차 납부의무자 등(국세기본법 제38조 이하)을 규정하지 않으므로 이들에 대한 변상금부과 · 징수는 불가하다.

79) 이재상, 형법총론, 박영사, 제10판, 2019, 107면.
80) 지방자치단체에 부과해야 할 변상금을 그 소속 지방자치단체장에게 부과한 경우, 이는 권리의무의 귀속주체로서 지방자치단체에 변상금을 부과하되, 다만 그 대표자로 지방자치단체장을 명시할 것일 뿐이라는 하급심 판례가 있다(서울고등법원 2009. 9. 30. 선고 2009나17266 판결).
81) 「지방교육자치에 관한 법률」 제2조, 제18조.

2. 공동의 무단점유자

공동으로 국유재산을 무단점유한 경우 누구를 대상으로 변상금부과를 할 것인가. 이 경우는 민사상 공동으로 부당이득을 한 경우에 준하여 처리하면 될 것인데, 피해자에 대하여 부당이득반환의무를 불가분채무로서 지게 된다.[82] 국유재산 무단점유의 경우 공동으로 무단점유한 자 모두에게 불가분적으로 변상금이 성립하고, 재산관리청은 그들 모두에게 또는 일부에게 변상금의 전부 또는 일부를 부과·징수할 수 있다. 국유재산을 공동으로 무단 점유하는 대표적인 사례는 건물의 공유자가 권원 없이 그 건물로 국유재산을 점유하는 것을 들 수 있다.

대법원은 공유자가 공유물에 대한 관계에서 부당이득을 한 경우 그 이득을 상환하는 의무는 불가분적 채무이므로 시(市)의 공유재산인 토지를 공유건물의 주차장 용도로 허가 없이 점유사용한 공유자 중 1인에 대하여 한 변상금 전액부과처분은 적법하다고 하였다.[83]

3. 무단점유자의 승계인

(1) 특정승계인

무단점유자의 특정승계인으로서 주로 문제되는 것은 국유재산을 건물로 무단점유 한 자가 그 건물을 매각한 경우, 매도인이 무단점유 한 기간에 대하여 매수자에게 변상금을 부과·징수할 수 있는지 의문이 있을 수 있다. 생각건대, 변상금은 징벌적 성격의 행정제제로서, 무단점유자 이외의 자는 법률에 특별한 규정이 없는 한 타인의 무단점유를 이유로 변상금 부과의 대상이 되지 않는다고 해야 한다. 국유재산법은 무단점유자 이외의 자에 대한 변상금부과를 규정하지 않고 있다(법 제2조 제9호). 따라서 건물매수자가 해당 건물의 소유자로서 독자적인 무단점유자가 되기 전의 기간에 대하여 매도자의 무단점유를 이유로는 변상금을 부과할 수는 없다.

(2) 포괄승계인

상속, 합병으로 포괄승계가 일어난 경우 상속인 등이 피상속인 등의 무단점유자로서의 지위(변상금의 부과·징수 대상자로서의 지위)를 승계할 것인지 문제 되는데, 이는 변상금이 일신전속적인지에 대한 해석의 문제이다.

일신에 전속한 채무는 상속 등 포괄승계의 대상이 아니며, 일신에 전속하는지 여부는 채권의 성질과 관련 법률의 규정 등을 통해 결정되는데, 국세의 경우 상속으로 받은 재산의 한도에서 납부할 의무를 지며(국세기본법 제24조), 법인이 합병한 경우 합병 후 존속하는 법인 또는 합병으로 설립된 법인은 합병으로 소멸된 법인에 부과되거나 그 법인이 납부할 국세 및 강제징수비를 납부할 의무를 진다(같은 법 제23조). 형벌 등의 경우 몰수 또는 조세, 전매 기타 공과에 관한 법

82) 대법원 2001. 12. 11. 선고 2000다13948 판결 등.
83) 대법원 1992. 9. 22. 선고 92누2202 판결.

령에 의하여 재판한 벌금 또는 추징은 그 재판을 받은 자가 재판확정 후 사망한 경우 그 상속재산에 대하여 집행할 수 있으며(형사소송법 제478조), 법인에 대하여 벌금, 과료, 몰수, 추징, 소송비용 또는 비용배상을 명한 경우에 법인이 그 재판확정 후 합병에 의하여 소멸한 때에는 합병 후 존속한 법인 또는 합병에 의하여 설립된 법인에 대하여 집행할 수 있다(같은 법 제479조).

생각건대 조세, 벌금채권의 경우에도 포괄승계를 인정하는 전제에서 다만 관련 법률에서 포괄승계의 범위를 한정하는 바이므로, 변상금의 포괄승계를 부정하기는 곤란하다. 국유재산법은 변상금의 포괄승계 범위를 한정하는 규정을 두지 아니하므로, 무단점유자의 지위는 상속, 합병으로 제한 없이 상속인 등에게 포괄승계된다고 할 것이다. 따라서 무단점유자가 변상금부과 전에 사망한 때에는 망자의 무단점유를 원인으로 상속인에게 변상금을 부과할 수 있으며,[84] 변상금부과 후에 사망한 때에는 부과확정 된 변상금을 상속인으로부터 징수할 수 있다. 상속인이 여러 명인 경우 그들은 불가분채무자의 지위에 있으므로,[85] 재산관리기관은 상속인의 전부 또는 일부에 대하여 채권의 전부 또는 일부를 부과하거나 징수할 수 있다. 한편 상속인이 무단점유의 수단이 되는 건물 등을 상속받은 후에는 독자적인 무단점유자로서 변상금부과의 대상이 된다.

4. 사법상 계약에 의한 변상금의 부담

제3자가 무단점유자의 변상금채무를 대납하겠다고 약정하거나 보증을 한다고 하더라도 재산관리기관은 이를 근거로 대납약정을 하거나 보증한 자에게 변상금을 부과하거나 징수할 수 없다. 변상금은 징벌적 성격을 가진 특별한 공법적 규율로서 그 부과 · 징수에 있어서 소멸시효 중단, 강제징수 및 연체료부과 등의 특례가 연동되기 때문에 그 대상자로 법정되지 아니한 자에게까지 확대할 수 없기 때문이다.

대법원은 사법상계약에 의해 변상금채무를 부담하게 하는 것을 허용하지 않으며, 나아가 대납약정 때문에 변상금채권의 소멸시효 중단을 제때 하지 못해 변상금채권이 시효소멸됐다 하더라도 대납약정을 한 자 등에게 국가가 손해배상책임을 물을 수 없다고 하였다.[86]

조세의 경우 조세법의 규정에 따라 납세보증계약이 체결될 수 있으나(국세징수법 제2조 제12호), 조세법에 근거가 없는 사법상계약에 의한 납세보증은 허용되지 아니하며 효력이 없다.[87]

84) 대법원은 이때 망자에게 부과한 변상금을 당연 무효라고 한다(대법원 1998. 11. 27. 선고 97누2337 판결).
85) 대법원 2021. 1. 28. 선고 2015다59801 판결 등.
86) 대법원 2004. 7. 9. 선고 2002다14495 판결, 대법원 1989. 11. 24. 선고 89누787 판결, 대법원 2015. 5. 14. 선고 2012다27438 판결. 기타 법적성격이 공과금으로 동일한 개발부담금에 대한 같은 취지의 판례로는 대법원 1994. 9. 9. 선고 94누5755 판결 등 참조.
87) 대법원 2005. 8. 25. 선고 2004다58277 판결.

[**판례①**] 국유재산의 무단점유로 인한 변상금징수권은 공법상의 권리채무를 내용으로 하는 것으로서 사법상의 채권과는 그 성질을 달리하는 것이므로 위 변상금징수권의 성립과 행사는 국유재산법의 규정에 의하여서만 가능한 것이고 제3자와의 사법상의 계약에 의하여 그로 하여금 변상금채무를 부담하게 하여 이로부터 변상금징수권의 종국적 만족을 실현하는 것은 허용될 수 없다(대법원 1989. 11. 24. 선고 89누787 판결).

[**판례②**] (사실관계) 피고는 지역주택사업시행자로서 사업구역 내 주민들이 국가 또는 지방자치단체에 납부해야 할 변상금을 대납하기로 약정하고, 그 변상금을 3년 동안 6회에 걸쳐 분납하겠다는 내용의 변상금 분할납부 신청서를 제출하고, 그 1회분을 납부하였으나 이후 변상금 대납의 사표시를 부인하면서 2회분부터는 대납을 하지 않았다. 이에 국가측은 피고를 상대로 손해배상청구소송을 하였고, 원심은 이러한 사실관계를 기초로, 피고가 변상금 대납의 의사표시를 하였음에도 그 의사표시를 부인하고 있다는 이유를 들어, 피고가 변상금 대납의 의사표시와 분할납부신청을 한 것은 마치 변상금을 대납할 의사가 있는 것처럼 원고를 기망한 행위로서 위법하고, 이로 인하여 원고가 주민들에 대한 변상금 징수권을 제때 행사하지 못하였으므로, 피고는 원고에게 주민들에 대한 변상금채권의 시효소멸로 인한 손해를 배상할 책임이 있다고 판단하였다.

(**판결내용**) 국공유재산의 무단점유로 인한 변상금징수권의 성립과 행사는 국유재산법 또는 '공유재산 및 물품관리법'의 규정에 의하여서만 가능하고, 제3자와의 사법상 계약에 의하여 그로 하여금 변상금채무를 부담하게 하여 이로부터 변상금징수권의 종국적 만족을 실현하는 것은 허용될 수 없으므로(대법원 2004. 7. 9. 선고 2002다14495 판결 등 참조), 이 사건 주민들이 납부하여야 할 변상금을 피고가 대납하기로 한 약정은 효력이 없다고 할 것이지만, 원고와 피고가 자유로운 의사에 기하여 변상금 대납약정을 체결한 이상 그 약정이 무효라고 하여 곧바로 피고가 한 대납의 의사표시와 분할납부신청이 위법하다고 할 수는 없다(대법원 2015. 5. 14. 선고 2012다27438 판결).

제4절 변상금 부과의 절차 및 형식

행정처분을 할 때는 행정절차의 준수가 필수적이며, 필요한 형식을 갖추어야 한다. 특히 변상금부과는 무단점유자의 권익을 제한하는 행정처분으로서 처분의 사전통지, 의견청취 등 관련 행정절차를 거쳐야 함에도 국유재산법은 변상금부과절차에 관하여 별다른 정함이 없이 행정절차법에 의존하고 있다.[88)]

행정절차의 준수는 헌법 원리인 적법절차의 원칙이 행정법적으로 구현된 것이다. 적법절차

88) 행정절차법은 행정절차에 관한 일반법으로서(동법 제3조 제1항), 국유재산법 등 개별 법률에서 정하지 아니한 행정절차에 적용된다.

의 원칙이라 함은 국가권력이 개인의 권익을 제한할 때는 개인의 권익을 보호하기 위한 적정한 절차를 거쳐야 한다는 원칙을 말한다. 적법절차의 원칙은 형사절차에 한정되지 않고 입법, 행정 등 국가의 모든 공권력작용에 적용된다.[89] 헌법적 효력을 가지는 적법절차의 원칙(행정절차의 준수)에 따르지 않은 행정처분은 절차상 위법하게 된다.[90]

이하에서는 변상금부과 과정에서 검토되어야 할 행정절차 및 형식과 그 위반의 효과 등을 행정절차법을 중심으로 살펴보기로 한다.

Ⅰ. 처분기준의 설정 · 공표

행정절차법 제20조(처분기준의 설정 · 공표) ① 행정청은 필요한 처분기준을 해당 처분의 성질에 비추어 되도록 구체적으로 정하여 공표하여야 한다. 처분기준을 변경하는 경우에도 또한 같다.
② 제1항에 따른 처분기준을 공표하는 것이 해당 처분의 성질상 현저히 곤란하거나 공공의 안전 또는 복리를 현저히 해치는 것으로 인정될 만한 상당한 이유가 있는 경우에는 처분기준을 공표하지 아니할 수 있다.
③ 당사자등은 공표된 처분기준이 명확하지 아니한 경우 해당 행정청에 그 해석 또는 설명을 요청할 수 있다. 이 경우 해당 행정청은 특별한 사정이 없으면 그 요청에 따라야 한다.

행정절차법은 모든 행정처분에 대하여 '필요한 처분기준'을 설정 · 공표할 의무를 행정청에 부과하고 있으나, 설정 · 공표의 대상이 되는 처분기준이 무엇인지에 관하여는 구체적으로 밝히지 않고 있다. 현재 변상금부과에 관한 통일적인 처분기준은 존재하지 않으나 변상금부과의 성립요건, 부과대상, 부과절차 등에 관한 구체적인 기준이 필요해 보인다.[91] 사용허가의 취소 · 철회, 강제징수, 연체료부과 등 국민의 권익을 제한하는 국유재산법상의 다른 행정처분도 마찬가지이다. 처분기준은 반드시 훈령 등 행정규칙의 형식으로 설정 · 공표하여야 하는 것은 아니고, 시행령 등 법규명령의 형식으로도 가능하다.[92]

---

89) 헌법재판소 1992. 12. 24. 선고 92헌가8 결정.
90) 박균성, 행정법강의, 제11판, 박영사, 2014, 408면.
91) 일본은 국유재산 무단점유자에 대하여 우리와 같은 변상금제도를 두지 않고, 일반민사상의 소유물반환청구 및 손해배상청구 · 부당이득반환청구를 하게 하는데, 이에 관한 금액산정방법 등 세부사항을 재무성에서 훈령(불법점거재산 취급요령)으로 규정하고 있다. 최우용, 일본 국유재산 제도 법령 해설, 한국비교공법학회, 2018, 229면 이하 참조.
92) 하명호, 앞의 책 277면.

Ⅱ. 처분의 사전통지

행정절차법 제21조(처분의 사전 통지) ① 행정청은 당사자에게 의무를 부과하거나 권익을 제한하는 처분을 하는 경우에는 미리 다음 각 호의 사항을 당사자등에게 통지하여야 한다.

1. 처분의 제목
2. 당사자의 성명 또는 명칭과 주소
3. 처분하려는 원인이 되는 사실과 처분의 내용 및 법적 근거
4. 제3호에 대하여 의견을 제출할 수 있다는 뜻과 의견을 제출하지 아니하는 경우의 처리방법
5. 의견제출기관의 명칭과 주소
6. 의견제출기한
7. 그 밖에 필요한 사항

③ 제1항제6호에 따른 기한은 의견제출에 필요한 기간을 10일 이상으로 고려하여 정하여야 한다.

④ 다음 각 호의 어느 하나에 해당하는 경우에는 제1항에 따른 통지를 하지 아니할 수 있다.

1. 공공의 안전 또는 복리를 위하여 긴급히 처분을 할 필요가 있는 경우
2. 법령등에서 요구된 자격이 없거나 없어지게 되면 반드시 일정한 처분을 하여야 하는 경우에 그 자격이 없거나 없어지게 된 사실이 법원의 재판 등에 의하여 객관적으로 증명된 경우
3. 해당 처분의 성질상 의견청취가 현저히 곤란하거나 명백히 불필요하다고 인정될 만한 상당한 이유가 있는 경우

⑤ 처분의 전제가 되는 사실이 법원의 재판 등에 의하여 객관적으로 증명된 경우 등 제4항에 따른 사전 통지를 하지 아니할 수 있는 구체적인 사항은 대통령령으로 정한다.

⑥ 제4항에 따라 사전 통지를 하지 아니하는 경우 행정청은 처분을 할 때 당사자등에게 통지를 하지 아니한 사유를 알려야 한다. 다만, 신속한 처분이 필요한 경우에는 처분 후 그 사유를 알릴 수 있다.

⑦ 제6항에 따라 당사자등에게 알리는 경우에는 제24조를 준용한다.

변상금의 부과와 같이 당사자의 권익을 제한하는 처분을 하는 경우에는 행정절차법 제21조 제4항의 예외 사유가 없는 한 처분의 제목, 원인사실, 내용, 법적 근거 및 의견제출 관련 사항 등을 당사자 등에게 미리 통지하여야 한다(행정절차법 제21조 제1항). 예외 사유에 해당하지 않음에도 불구하고 사전통지 절차를 누락하고 침해적 행정처분을 하였다면 그 처분은 위법한 처분으로서 취소사유에 해당한다는 것이 판례의 일반적인 태도이다.[93]

당사자 등이 의견제출 관련 사항을 통보받고 의견진술의 기회를 포기한다는 뜻을 명백히 표시한 경우에는 이하의 의견청취 절차를 실시하지 아니할 수 있다(같은 법 제22조 제4항).

---

93) 대법원 2000. 11. 14. 선고 99두5870 판결, 대법원 2007. 9. 21. 선고 2006두20631 판결 등 참조.

Ⅲ. 의견청취

행정절차법 제22조(의견청취) ① 행정청이 처분을 할 때 다음 각 호의 어느 하나에 해당하는 경우에는 청문을 한다.

1. 다른 법령등에서 청문을 하도록 규정하고 있는 경우
2. 행정청이 필요하다고 인정하는 경우
3. 다음 각 목의 처분 시 제21조제1항제6호에 따른 의견제출기한 내에 당사자등의 신청이 있는 경우
   가. 인허가 등의 취소
   나. 신분 · 자격의 박탈
   다. 법인이나 조합 등의 설립허가의 취소

② 행정청이 처분을 할 때 다음 각 호의 어느 하나에 해당하는 경우에는 공청회를 개최한다.

1. 다른 법령등에서 공청회를 개최하도록 규정하고 있는 경우
2. 해당 처분의 영향이 광범위하여 널리 의견을 수렴할 필요가 있다고 행정청이 인정하는 경우
3. 국민생활에 큰 영향을 미치는 처분으로서 대통령령으로 정하는 처분에 대하여 대통령령으로 정하는 수 이상의 당사자등이 공청회 개최를 요구하는 경우

③ 행정청이 당사자에게 의무를 부과하거나 권익을 제한하는 처분을 할 때 제1항 또는 제2항의 경우 외에는 당사자등에게 의견제출의 기회를 주어야 한다.

④ 제1항부터 제3항까지의 규정에도 불구하고 제21조제4항 각 호의 어느 하나에 해당하는 경우와 당사자가 의견진술의 기회를 포기한다는 뜻을 명백히 표시한 경우에는 의견청취를 하지 아니할 수 있다.

⑤ 행정청은 청문 · 공청회 또는 의견제출을 거쳤을 때에는 신속히 처분하여 해당 처분이 지연되지 아니하도록 하여야 한다.

⑥ 행정청은 처분 후 1년 이내에 당사자등이 요청하는 경우에는 청문 · 공청회 또는 의견제출을 위하여 제출받은 서류나 그 밖의 물건을 반환하여야 한다.

국유재산법 제37조(청문) 중앙관서의 장은 제36조에 따라 행정재산의 사용허가를 취소하거나 철회하려는 경우에는 청문을 하여야 한다.

의견청취란 국민에게 불이익을 주는 처분을 하거나 다수 국민의 이해관계가 대립하는 처분을 하는 경우 의견제출, 청문 또는 공청회 등 행정과정에 국민이 참여할 수 있는 기회를 제공하여 혹시 있을지 모를 국민의 권익에 대한 위법 · 부당한 침해를 미연에 방지하도록 하는 절차를 말한다. 행정절차법에서는 행정청이 당사자에게 의무를 부과하거나 권익을 제한하는 처분을 하는 때에는 예외적인 경우에 해당하지 않는다면 당사자 등에게 사전통지를 하거나 의견청취의 기회를 주도록 규정하고 있다.[94]

---

94) 이상 하명호 앞의 책, 290면.

행정절차법은 의견청취절차를 의견제출 절차, 청문절차 및 공청회절차 등 세 가지 유형으로 구분하면서, 약식절차인 의견제출 절차를 원칙으로 하고, 일정한 경우에만 청문, 공청회를 실시하도록 규정하고 있다. 청문 또는 공청회를 실시하는 경우는 ① 법령 등[95]에서 청문이나 공청회를 실시하도록 규정하거나 ② 행정청이 필요하다고 인정하는 경우(청문 및 공청회 공통), 그리고 ③ 행정절차법 제21조 제1항 제6호에 따른 의견제출 기한 내에 당사자 등의 청문신청이 있는 경우 또는 특정 처분[96]에 대하여 30명 이상의 당사자 등이 공청회의 개최를 요구하는 경우이다. 청문 또는 공청회를 실시하는 경우에는 별도로 의견제출 절차를 밟을 필요가 없다. 한편 사전통지 예외 사유인 행정절차법 제21조 제4항 각 호의 어느 하나에 해당하거나 당사자가 의견진술의 기회를 포기한다는 뜻을 명백히 표시한 경우에는 의견청취를 하지 아니할 수 있다(이상 행정절차법 제22조).

국유재산법은 변상금부과에 앞서 청문 · 공청회를 요구하지 않는다.[97] 그러나 변상금부과처분이 당사자에게 의무를 과하는 처분인 만큼 사전통지 및 의견제출 절차는 반드시 거쳐야 하며, 이에 국유재산법은 동 시행규칙 제49조에서 사전통지를 반드시 하게하고, 사전통지를 받은 자가 의견 제출을 원하는 경우 그 기회를 주도록 하면서 관련 서식을 마련하고 있다. 변상금사전통지만 하고 확정부과고지를 하지 않았다면 변상금부과로서의 효력이 발생하지 않고, 변상금사전통지 없이 확정부과고지만 했다면 그 변상금부과처분은 법령을 위반한 위법한 처분이 된다.[98] 대법원은 변상금사전통지의 형식을 취했더라도, 그 실질이 변상금부과의 내용이고 달리 변상금부과고지서를 추가로 보낸 사실이 없다면 사전통지 없는 변상금부과처분에 해당한다고 하였다.[99]

국유재산법 시행규칙 제49조(변상금) ① 중앙관서의 장등이 영 제71조제1항에 따른 변상금을 해당 점유자에게 고지할 때에는 별지 제15호서식의 변상금 사전통지서를 미리 발송하여야 한다.
② 제1항에 따른 사전통지를 받은 자가 통지내용에 이의가 있는 경우에는 별지 제16호서식의 변상금 사전통지에 대한 의견서를 제출할 수 있다.

---

95) 법령 또는 자치법규를 말한다(행정절차법 제2조 제1호 나목).
96) 국민 다수의 생명, 안전 및 건강에 큰 영향을 미치는 처분, 소음 악취 등 국민의 일상생활과 관계되는 환경에 큰 영향을 미치는 처분을 말한다(행정절차법 시행령 제13조의3 제1항).
97) 다만, 행정재산의 사용허가를 취소 · 철회할 때는 청문절차를 거치도록 하고 있다(법 제37조).
98) 대법원 2000. 11. 14. 선고 99두5870 판결, 대법원 2007. 9. 21. 선고 2006두20631 판결 등 참조.
99) 대법원 2013. 12. 12. 선고 2012두7943 판결.

Ⅳ. 문서주의, 이유제시 및 고지제도

행정절차법 제23조(처분의 이유 제시) ① 행정청은 처분을 할 때에는 다음 각 호의 어느 하나에 해당하는 경우를 제외하고는 당사자에게 그 근거와 이유를 제시하여야 한다.

1. 신청 내용을 모두 그대로 인정하는 처분인 경우
2. 단순·반복적인 처분 또는 경미한 처분으로서 당사자가 그 이유를 명백히 알 수 있는 경우
3. 긴급히 처분을 할 필요가 있는 경우

② 행정청은 제1항제2호 및 제3호의 경우에 처분 후 당사자가 요청하는 경우에는 그 근거와 이유를 제시하여야 한다.

제24조(처분의 방식) ① 행정청이 처분을 할 때에는 다른 법령등에 특별한 규정이 있는 경우를 제외하고는 문서로 하여야 하며, 전자문서로 하는 경우에는 당사자등의 동의가 있어야 한다. 다만, 신속히 처리할 필요가 있거나 사안이 경미한 경우에는 말 또는 그 밖의 방법으로 할 수 있다. 이 경우 당사자가 요청하면 지체 없이 처분에 관한 문서를 주어야 한다.

② 처분을 하는 문서에는 그 처분 행정청과 담당자의 소속·성명 및 연락처(전화번호, 팩스번호, 전자우편주소 등을 말한다)를 적어야 한다.

제26조(고지) 행정청이 처분을 할 때에는 당사자에게 그 처분에 관하여 행정심판 및 행정소송을 제기할 수 있는지 여부, 그 밖에 불복을 할 수 있는지 여부, 청구절차 및 청구기간, 그 밖에 필요한 사항을 알려야 한다.

모든 처분에는 문서주의의 원칙이 적용되어야 하고(행정절차법 제24조), 예외 사유가 없는 한 처분의 근거와 이유를 제시해야 하며(제23조), 그 처분에 관한 행정쟁송 기타 불복에 관한 사항을 고지하여야 한다(제26조). 제시되어야 하는 처분의 근거와 이유란 당해 처분의 기초가 된 사실관계와 그에 해당하는 법령을 말한다.[100)]

행정절차법 제23조 제1항은 처분의 이유가 구체적으로 어느 정도로 제시되어야 하는지 침묵함으로써 학설과 판례에 맡겨두고 있다. 개개 처분의 내용, 효과, 기타 사항을 고려하여 결정하여야 할 것인바, 어떠한 사실관계에 기초하여 어떠한 법령을 적용하여 당해 처분이 이루어졌는지를 알 수 있을 정도로는 기재되어야 할 것이다.[101)]

국유재산법은 그 시행령 제71조 제5항, 제36조 제3항에서 변상금의 금액, 납부기한, 납부장소 및 산출근거를 명시하여 문서(변상금부과고지서)로 고지하도록 하고 있다. 영 제71조 제1항은 "변상금은 제29조 제1항부터 제3항까지의 규정에 따라 산출한 연간 사용료·대부료의 100분의 120에 상당하는 금액으로 한다."고 하고, 영 제29조 제1항부터 제3항에서는 사용료·대부료의

100) 하명호, 앞의 책, 283면.
101) 이유제시의 정도와 관련하여 대법원 판례의 유형적 고찰, 대법원 판례에 관한 분석 등에 대하여는 하명호, 앞의 책, 286-290면 참조.

산출방법을 자세하게 규정하고 있다. 그렇다면 변상금부과고지서에 영 제71조를 명기함으로써 변상금산출 근거를 갈음할 수 있는지 문제된다. 대법원은 국유재산법 시행령 제71조 제5항, 제36조 제3항의 취지와 그 규정의 강행성에 비추어 볼 때, 처분청이 변상금부과를 함에 있어서 그 납부고지서 또는 적어도 사전통지서에 산출근거를 밝히지 않았다면 위법한 것이고, 국유재산법 시행령 제29조 제1항부터 제3항에 변상금 산정의 기초가 되는 사용료 산정방법에 관한 규정이 마련되어 있다고 하여 산출근거를 명시할 필요가 없다거나 부과통지서 등에 국유재산법 시행령 제71조를 명기함으로써 간접적으로 변상금산출근거를 명시하였다고는 볼 수 없다고 하였다.[102) 현행 변상금사전통지서 서식(국유재산법 시행규칙 별지 제16호 서식)은 변상금산출근거가 구체적으로 명기되도록 준비하고 있어 동 서식에 따라 부과하는 한 변상금산출근거를 누락할 염려는 없다고 하겠다.

국유재산법은 그 시행규칙 별지 제16호의 2 서식으로 마련된 변상금부과고지서에서 행정절차법 제26조의 행정쟁송 등에 관한 사항을 고지하도록 하고 있다.

Ⅴ. 행정절차 위반의 효과

변상금부과를 위한 실체적 요건(변상금 성립요건, 부과주체 · 대상 등)과는 무관하게 행정절차만 위반한 경우 변상금부과의 무효 또는 취소를 인정할 수 있는지 문제될 수 있다. 행정절차를 준수하였더라도 동일한 결론에 도달할 수밖에 없는 경우 절차위반으로 처분을 취소하거나 무효선언을 하는 것은 행정의 능률성을 해치고 법원의 부담만 가중시키는 결과를 초래할 수도 있기 때문이다.[103) 생각건대, 적법한 절차를 거쳐 다시 행정처분을 하는 경우 위반행위 등에 이르기까지의 사실판단이나 포섭 등 관련 사항의 판단에서 다른 결정에 이를 수 있으므로 반드시 동일한 결정에 도달한다고 할 수 없다. 현재 학설과 판례는 행정처분을 함에 있어 그 형식 · 절차에 하자가 있을 경우, 그 행정처분을 취소하거나 무효선언 할 독자적인 사유가 된다는 적극설을 취하고 있다.[104)]

102) 대법원 2001. 12. 14. 선고 2000두86 판결.
103) 하명호, 앞의 책, 306면.
104) 대법원 1991. 7. 9. 선고 91누971 판결, 대법원 2012. 6. 28. 선고 2011두20505 판결, 대법원 1984. 5. 9. 선고 84누116 판결 등.

Ⅵ. 변상금부과의 효력

1. 변상금채권의 소멸시효 중단 등

변상금의 부과로 추상적 변상금채권은 그 소멸시효가 중단됨과 동시에 구체적인 변상금채권으로 확정이 되어, 무단점유자에게 현실적인 납부의무가 생기고, 재산관리청에게는 변상금징수권이 발생하게 된다.

변상금부과의 효력은 부과처분이 취소되더라도 사라지지 않으므로 재산관리청은 부과처분에 존재하는 하자를 제거 · 보완한 후속 변상금부과처분을 다시 함으로써 시효중단된 변상금채권을 다시 확정시킬 수 있다.[105] 다만 변상금부과처분에 중대 · 명백한 하자가 있어 당연 무효인 경우에는 처음부터 부과행위가 없었던 것과 같고, 따라서 시효중단의 효력이 없다.

[**판례**] 소멸시효의 중단은 소멸시효의 기초가 되는 권리의 불행사라는 사실상태와 맞지 않는 사실이 생긴 것을 이유로 소멸시효의 진행을 차단케 하는 제도인 만큼, 납입고지에 의한 변상금징수권자의 권리행사에 의하여 이미 발생한 소멸시효중단의 효력은 그 부과처분이 취소(쟁송취소에 의한 것이든 또는 직권취소에 의한 것이든 불문한다. 대법원 1987. 9. 8. 선고 87누298 판결 참조)되었다 하여 사라지지 아니한다(대법원 1986. 7. 8. 선고 85누686 판결, 1990. 2. 27. 선고 89누626 판결 등 참조)(대법원 1996. 3. 8. 선고 95누12804 제2부판결).

2. 국유부동산 소유권취득기간의 중단

그밖에 변상금부과는 당해 국유재산의 취득시효를 중단시키는 효력이 있는데, 재판상 청구와 같이 확정적인 시효중단의 효력이 있는지(민법 제170조, 제247조 제2항), 단순 최고로서 잠정적인 시효중단의 효력만 있는지(민법 제174조, 제247조 제2항) 논란의 소지가 있다. 금전채권의 소멸시효중단에 관한 국유재산법 제73조의 3 제2항을 국유부동산 소유권취득기간에 준용하는 규정(민법 제247조 제2항 참고)이 국유재산법에는 없기 때문이다.

생각건대 대법원은 취득시효의 중단사유가 되는 재판상 청구에는 시효취득의 대상인 목적물의 인도청구소송은 물론 소유권을 기초로 하는 부당이득반환청구소송도 이에 포함된다고 하는바,[106] 국가는 인도청구소송이나 부당이득반환청구소송을 할 필요 없이[107] 철거행정대집행이나 변상금부과처분을 하면 되므로, 변상금부과처분 등을 재판상의 청구에 준해서 확정적인 시효

105) 대법원 1996. 3. 8. 선고 95누12804 판결, 대법원 2000. 9. 8. 선고 98두19933 판결, 대법원 1999. 4. 9. 선고 98두6982 판결 등.

106) 대법원 1997. 4. 25. 선고 96다46484 판결.

107) 국가가 철거행정대집행을 하지 않고 철거청구소송을 제기하면 각하되고, 변상금부과 대신 같은 금액의 부당이득반환청구소송을 제기하는 것도 각하된다.

중단의 효력을 인정할 수 있을 것이다. 궁극적으로는 민법 제247조 제2항과 같이 금전채권의 소멸시효 중단사유(국유재산법 제73조의 3 제2항)를 부동산취득기간에 준용하는 규정을 신설하는 것이 마땅하다.

3. 국가의 부동산소유권 시효취득 요건으로서의 점유

국가가 타인의 부동산을 무주부동산, 귀속재산 등으로 오인하고 국유재산으로 등록 · 등기해 관리해 왔음이 밝혀진 경우, 국가가 민법 제245조에 따라 해당 부동산의 소유권을 새로이 시효취득했음을 주장하기도 한다. 이때 국가의 변상금부과행위만으로 부동산시효취득의 주요 요건이 되는 점유를 인정해 줄 것인지 문제가 되는바, 판례는 국가의 적극적인 대부행위 등이 없다면 변상금부과행위만으로는 그러한 점유를 인정해 줄 수 없다고 한다(대법원 2006. 6. 2. 선고 2006다4649 판결).

4. 효력발생의 시기 및 기준일자

변상금부과의 효력은 변상금부과고지서가 상대방에게 도달함으로써 발생하는데(행정절차법 제15조 제1항),[108] 효력발생의 기준일자는 변상금부과일자이다.

제5절 변상금부과권의 소멸과 면제

Ⅰ. 변상금부과권의 소멸

1. 소멸시효의 적용

변상금의 성립으로 추상적 변상금채권이 발생한다. 추상적 변상금채권은 5년의 소멸시효가 적용되는데, 변상금부과로서 시효가 중단되고(법 제73조의 3 제1항, 제2항 제1호) 구체적 변상금채권으로 다시 태어나게 된다. 재산관리청의 변상금부과권한은 추상적 변상금채권의 소멸시효기간 내에 행사되어야 하고, 이 기간을 변상금부과권의 제척기간으로 규정하는 것이 자연스럽겠지만 국유재산법은 소멸시효로 규정하고 있다(법 제73조의 3 제1항). 판례도 소멸시효로 해석한다.[109]

108) 하명호, 앞의 책, 147면.
109) 대법원 2014. 4. 10. 선고 2012두16787 판결.

[판례] 구 국유재산법(2009. 1. 30. 법률 제9401호로 전부 개정되기 전의 것, 이하 '구 국유재산법'이라 한다)에서는 변상금 및 연체료의 부과권과 징수권을 구별하여 제척기간이나 소멸시효의 적용 대상으로 규정하고 있지 않으므로, 변상금 부과권 및 연체료 부과권도 모두 국가재정법 제96조 제1항 에 따라 5년의 소멸시효가 적용된다(대법원 2014. 4. 10. 선고 2012두16787 판결).

필자 주: 구 국유재산법에는 채권의 소멸시효 규정이 없어서 국가재정법 제96조가 적용됐으나, 2016. 3. 2. 국유재산법 개정으로 현행 제73조의 3(소멸시효)이 신설되어 동 규정이 적용된다.

2. 소멸시효의 중단

변상금부과권은 제척기간에 친하므로 소멸시효와 그 중단이 어울리지 않는다. 다만 응소행위에 의한 소멸시효 중단이 중요하게 논의될 수 있는데, 변상금부과처분에 하자 등이 주장되어 심판, 재판 등을 통해 상당한 기간이 지난 후에 그 분쟁이 정리되는 경우가 있기 때문이다. 이 경우 재판 등이 확정될 때까지 기다렸다가 재처분, 경정처분 등을 하게 되면 변상금부과권이 시효로 소멸하여 재처분 등이 곤란해질 수도 있으며, 이 문제를 해결하기 위하여 다음 세 가지 방안을 검토해 볼 수 있다.

(1) 응소행위에 의한 시효중단

첫째는 국가(재산관리청)가 상대방이 제기한 행정소송 등에 응소하는 행위에 시효중단의 효력을 인정할 것인지의 문제이다. 판례는 "민법 제168조 제1호, 제170조 제1항에서 소멸시효 중단 사유의 하나로 규정하고 있는 재판상의 청구란 일반적으로 권리자가 원고로서 시효를 주장하는 자를 피고로 하여 소송물인 권리를 소의 형식으로 주장하는 경우를 가리키지만, 이와 반대로 시효를 주장하는 자가 원고가 되어 소를 제기한 데 대하여 권리자가 피고로 응소하여 그 소송에서 적극적으로 권리를 주장하고 그것이 받아들여진 경우도 마찬가지로 이에 포함되는 것으로 해석함이 타당하다"고 한다.[110)]

그러나 변상금부과처분 취소소송 등은 재산관리청이 피고일 뿐만 아니라, 재산관리청(피고)이 패소하여 재처분 등을 해야 할 때 소멸시효의 중단이 필요하므로 행정소송 등에 응소하는 행위로 변상금부과권의 소멸시효가 중단된다고 보기 어렵다 할 것이다. 대법원은 변상금부과처분에 대한 취소소송이 제기되어 계속되는 동안 변상금부과권의 소멸시효가 중단되지 않는다고 하였다.[111)]

---

110) 대법원 1993. 12. 21. 선고 92다47861 전원합의체 판결 등. 학설도 같은 입장이다(지원림, 앞의 책, 403면).

111) 대법원 2006. 2. 10. 선고 2003두5686 판결.

[**판례**] 소멸시효는 객관적으로 권리가 발생하여 그 권리를 행사할 수 있는 때로부터 진행하고 그 권리를 행사할 수 없는 동안만은 진행하지 아니하는데, 여기서 권리를 행사할 수 없는 경우라 함은 그 권리행사에 법률상의 장애사유가 있는 경우를 말하는데(대법원 1992. 3. 31. 선고 91다32053 전원합의체 판결 참조), 변상금 부과처분에 대한 취소소송이 진행중이라도 그 부과권자로서는 위법한 처분을 스스로 취소하고 그 하자를 보완하여 다시 적법한 부과처분을 할 수도 있는 것이어서 그 권리행사에 법률상의 장애사유가 있는 경우에 해당한다고 할 수 없으므로, 그 처분에 대한 취소소송이 진행되는 동안에도 그 부과권의 소멸시효가 진행된다고 할 것이다(대법원 1988. 2. 23. 선고 85누688 판결, 1988. 3. 22. 선고 86누269 판결 등 참조).

(2) 특수한 법정 제척기간의 규정

둘째는 특수한 법정 제척기간을 인정하는 방법이다. 위와 같이 행정청의 부과행위에 대하여 취소소송 등 행정소송이 제기되어 행정청이 응소하는 것으로는 소멸시효의 중단이 곤란한 바, 이에 대하여 국세기본법은 제26조의 2 제6항에서 특수한 법정 제척기간을 둠으로써 취소소송 등의 기간 동안 소멸시효가 중단되는 효과를 얻고 있다. 그러나 변상금부과는 제척기간이 아닌 소멸시효의 적용을 받으며,[112] 국세기본법 등이 규정하는 특수한 법정 제척기간과 같은 규정이 국유재산법에는 없다.

국세기본법 제26조의2(국세의 부과제척기간) ① 국세를 부과할 수 있는 기간(이하 "부과제척기간"이라 한다)은 국세를 부과할 수 있는 날부터 5년으로 한다. 단서 생략
⑥ 제1항부터 제5항까지의 규정에도 불구하고 지방국세청장 또는 세무서장은 다음 각 호의 구분에 따른 기간이 지나기 전까지 경정이나 그 밖에 필요한 처분을 할 수 있다.

1. 제7장에 따른 이의신청, 심사청구, 심판청구, 「감사원법」에 따른 심사청구 또는 「행정소송법」에 따른 소송에 대한 결정이나 판결이 확정된 경우: 결정 또는 판결이 확정된 날부터 1년

1의2. 제1호의 결정이나 판결이 확정됨에 따라 그 결정 또는 판결의 대상이 된 과세표준 또는 세액과 연동된 다른 과세기간의 과세표준 또는 세액의 조정이 필요한 경우: 제1호의 결정 또는 판결이 확정된 날부터 1년

2. 조세조약에 부합하지 아니하는 과세의 원인이 되는 조치가 있는 경우 그 조치가 있음을 안 날부터 3년 이내(조세조약에서 따로 규정하는 경우에는 그에 따른다)에 그 조세조약의 규정에 따른 상호합의가 신청된 것으로서 그에 대하여 상호합의가 이루어진 경우: 상호합의 절차의 종료일부터 1년

3. 제45조의2제1항 및 제2항 또는 「국제조세조정에 관한 법률」 제19조제1항 및 제33조제2항

112) 법 제73조의 3 제1항. 대법원 2014. 4. 10. 선고 2012두16787 판결.

에 따른 경정청구 또는 같은 법 제20조제2항에 따른 조정권고가 있는 경우: 경정청구일 또는 조정권고일부터 2개월

4. 제3호에 따른 경정청구 또는 조정권고가 있는 경우 그 경정청구 또는 조정권고의 대상이 된 과세표준 또는 세액과 연동된 다른 과세기간의 과세표준 또는 세액의 조정이 필요한 경우: 제3호에 따른 경정청구일 또는 조정권고일부터 2개월

5. 최초의 신고·결정 또는 경정에서 과세표준 및 세액의 계산 근거가 된 거래 또는 행위 등이 그 거래·행위 등과 관련된 소송에 대한 판결(판결과 같은 효력을 가지는 화해나 그 밖의 행위를 포함한다. 이하 이 호에서 같다)에 의하여 다른 것으로 확정된 경우: 판결이 확정된 날부터 1년

6. 역외거래와 관련하여 제1항에 따른 기간이 지나기 전에 「국제조세조정에 관한 법률」 제36조제1항에 따라 조세의 부과와 징수에 필요한 조세정보(이하 이 호에서 "조세정보"라 한다)를 외국의 권한 있는 당국에 요청하여 조세정보를 요청한 날부터 2년이 지나기 전까지 조세정보를 받은 경우: 조세정보를 받은 날부터 1년

(3) 일반적인 소멸시효의 중단

셋째는 일반적인 소멸시효의 중단으로 해결하는 방법인데, 변상금의 부과로서 변상금부과권의 소멸시효가 중단됨과 동시에 다시 처음부터 진행이 된다는 것이다. 판례가 취하는 태도이다. 대법원은 변상금부과처분에 대한 취소소송이 제기되어 계속되는 동안에도 변상금부과권의 소멸시효는 중단되지 않고 진행된다고 하면서 다만 변상금부과처분으로서 변상금부과권의 소멸시효가 중단되어 다시 5년의 소멸시효가 진행되므로 그 안에 다시 재처분 등을 하여야 한다고 한다.[113)]

[**판례**] 변상금 부과처분에 대한 취소소송이 진행중이라도 그 부과권자로서는 위법한 처분을 스스로 취소하고 그 하자를 보완하여 다시 적법한 부과처분을 할 수도 있는 것이어서 그 권리행사에 법률상의 장애사유가 있는 경우에 해당한다고 할 수 없으므로, 그 처분에 대한 취소소송이 진행되는 동안에도 그 부과권의 소멸시효가 진행된다고 할 것이다(대법원 1988. 2. 23. 선고 85누688 판결, 1988. 3. 22. 선고 86누269 판결 등 참조).

(중략) 이 사건 변상금 부과권에 대한 소멸시효는 1997. 2. 13. 이 사건 처분으로 중단되었으나 그 때로부터 다시 소멸시효기간이 진행되어 이 사건 처분의 취소를 구하는 이 사건 소송이 대법원에서 파기환송되어 환송 후 원심에 계속하고 있던 2002. 2. 14. 소멸시효가 완성되었으므로 같은 해 3. 5.에 이루어진 이 사건 재처분은 소멸시효기간 경과 후에 이루어진 것임이 역수상 명백하여 이 사건 재처분은 위법하다고 할 것이다(대법원 2006. 2. 10. 선고 2003두5686 판결).

113) 대법원 2006. 2. 10. 선고 2003두5686 판결.

(4) 소결(입법적 해결)

변상금부과권한은 행정권한으로서 제척기간에 친하다. 제척기간은 개념상 중단과 정지가 없고 행정권한이 행사되면 더 이상 행사기간의 문제는 발생하지 않는다. 다만 행정소송의 제기 등으로 재처분 등이 예상되는 예외적인 경우에는 특수한 제척기간을 규정하여 보완할 기회를 주는 것이 마땅한 바, 국세기본법 제26조의 2 제6항 등은 이러한 취지에서 규정된 것이다.

변상금부과권한 그 자체를 행사하였는데, 그렇게 하였기 때문에 변상금부과권의 소멸시효가 중단된다고 하는 것은 개념적으로 모순일 뿐만 아니라 시효중단의 무한반복을 초래할 수 있다. 나아가 대법원 2006. 2. 10. 선고 2003두5686 판결은 현행 국유재산법 제73조의 3이 신설(2016. 3. 2)되기 전의 판례로서 국가재정법 제96조에 따른 것이다. 법 제73조의 3은 제1항에서 추상적 변상금채권 및 변상금부과권의 소멸시효를 규정하면서, 제2항에서는 추상적 변상금채권 및 구체적 변상금채권의 소멸시효 중단사유로서 변상금부과(제1호) 등을 규정하고 있다. 한편 제3항에서는 변상금의 부과로서 추상적 변상금채권이 구체적 변상금채권으로 확정되고, 구체적 변상금채권의 소멸시효가 변상금부과고지서의 납부기간이 지난 때부터 새로 진행한다고 명시하고 있다. 즉 변상금의 부과로서 소멸시효가 중단되는 것은 추상적 변상금채권이고, 다시 소멸시효가 진행되는 시점은 구체적 변상금채권의 납부기한의 다음날부터인 것이다.

결국 변상금부과권의 제척기간에 대하여는 입법적 불비가 있는 것이고, 판례는 이러한 입법적 불비상황을 극복하기 위하여 일반적인 소멸시효의 중단을 인정한 것으로 사료된다. 그러나 그나마도 현행 국유재산법 제73조의 3조의 신설로 유지되기 어려운바, 변상금의 부과와 징수를 구별하여 규정하고, 국세기본법 제26조의 2 제6항과 같은 특수한 제척기간에 관한 규정을 두는 것이 타당해 보인다.

Ⅱ. 변상금부과의 면제

국유재산법 제72조(변상금의 징수) ① 중앙관서의 장등은 무단점유자에 대하여 대통령령으로 정하는 바에 따라 그 재산에 대한 사용료나 대부료의 100분의 120에 상당하는 변상금을 징수한다. 다만, 다음 각 호의 어느 하나에 해당하는 경우에는 변상금을 징수하지 아니한다.

1. 등기사항증명서나 그 밖의 공부(公簿)상의 명의인을 정당한 소유자로 믿고 적절한 대가를 지급하고 권리를 취득한 자(취득자의 상속인이나 승계인을 포함한다)의 재산이 취득 후에 국유재산으로 밝혀져 국가에 귀속된 경우
2. 국가나 지방자치단체가 재해대책 등 불가피한 사유로 일정 기간 국유재산을 점유하게 하거나 사용·수익하게 한 경우

국유재산법은 공부상의 명의인을 정당한 소유자로 믿고 적절한 대가를 지급하고 소유권 등을 취득하였으나 국유재산으로 밝혀져 국가에 귀속된 경우, 국가나 지방자치단체가 재해대책 등 불가피한 사유로 국유재산을 점유, 사용·수익하게 한 경우에는 변상금을 징수하지 않는다고 규정하고 있다(제72조 제1항). 변상금을 징수하지 아니한다고 하였으나 해석상 부과하지 아니한다고 해석하는 것이 옳다. 현행 국유재산법이 변상금의 부과와 징수를 혼용함에 따라 생기는 결과이다.

제6절 변상금부과에 대한 불복

Ⅰ. 내부적 구제절차

변상금부과에 대하여 이의가 있을 경우 사전통지 및 의견청취 절차에 의하여 사전적·내부적 구제가 이루어질 수 있다. 사후적으로는 처분청(재산관리청)의 직권취소에 의하여 구제될 수 있는바, 처분청은 법치주의와 행정의 법률적합성의 원칙에 비추어 명시적인 규정이 없어도 하자 있는 행정작용을 스스로 시정할 수 있는 권한이 있다고 본다.[114]

직권취소의 경우 그 사유가 당해 행정행위에 위법이 있는 경우는 물론이고 부당(위법에 이르지 않는 공익위반 또는 합목적성 결여 등)한 경우도 포함하며,[115] 직권취소를 할 수 있는 기간에도 제한이 없는 것이 원칙이다. 그 밖에 재산관리청은 자신이 한 변상금부과처분의 내용 중에서 변상금액 산정에만 오류가 있는 경우 기존 처분의 취소 없이 변상금액 감액경정처분만 할 수도 있다.

이러한 내부적 구제절차는 처분청이 법령 등에 따라 직권으로 행하는 것으로서 처분의 상대방은 이를 요구할 주관적 권리가 없다. 반면에 아래의 외부적 구제절차는 처분의 상대방에게 이를 요구할 주관적 권리가 있으며, 이에 상응하여 원고적격, 제소기간 등의 요건을 갖추어야 한다.

114) 하명호, 앞의 책, 192-193면. 대법원 2017. 3. 30. 선고 2015누43971 판결, 대법원 1995. 9. 15. 선고 95누6311 판결 등.
115) 하명호, 앞의 책, 193면.

Ⅱ. 외부적 구제절차[116]

1. 행정심판

행정심판법 제1조(목적) 이 법은 행정심판 절차를 통하여 행정청의 위법 또는 부당한 처분(處分)이나 부작위(不作爲)로 침해된 국민의 권리 또는 이익을 구제하고, 아울러 행정의 적정한 운영을 꾀함을 목적으로 한다.
제3조(행정심판의 대상) ① 행정청의 처분 또는 부작위에 대하여는 다른 법률에 특별한 규정이 있는 경우 외에는 이 법에 따라 행정심판을 청구할 수 있다.
제5조(행정심판의 종류) 행정심판의 종류는 다음 각 호와 같다.
1. 취소심판: 행정청의 위법 또는 부당한 처분을 취소하거나 변경하는 행정심판
2. 무효등확인심판: 행정청의 처분의 효력 유무 또는 존재 여부를 확인하는 행정심판
3. 의무이행심판: 당사자의 신청에 대한 행정청의 위법 또는 부당한 거부처분이나 부작위에 대하여 일정한 처분을 하도록 하는 행정심판

(1) 의의

변상금부과처분을 받은 자는 그 위법·부당을 이유로 변상금부과처분을 취소하거나 변경하는(취소심판) 또는 변상금부과처분의 효력 유무 또는 존재 여부를 확인하는(무효등확인심판) 행정심판을 제기할 수 있다.

(2) 행정심판의 전치

행정소송법은 행정소송을 제기할 때 행정심판을 거칠지 여부를 당사자가 임의로 선택하게 함을 원칙으로 하고 있다(이를 임의적 전치주의라고 한다. 행정소송법 제18조 제1항 본문, 제38조 제2항). 개별법에서 필요적 전치주의를 규정할 수도 있으나, 국유재산법상의 행정행위에 대하여 필요적 전치주의를 규정하는 법률은 없다.[117] 따라서 변상금부과처분을 받은 자는 행정심판을 거쳐 행정소송을 제기할 수도 있고, 행정심판을 거치지 않고 바로 행정소송을 제기할 수도 있으며, 행정심판과 행정소송을 동시에 청구할 수도 있다.

행정심판을 제기하는 것이 절차를 지연시킨다는 단점만 있는 것은 아니다. 행정심판에서는 처분의 위법성뿐만 아니라 부당도 주장할 수 있고 절차도 간편하다는 장점이 있고, 설령 권리구제의 목적을 달성하지 못하더라도 소송자료를 쉽게 취득할 수 있는 이점이 있다.[118]

---

116) 이하의 행정심판 및 행정소송에 관한 설명은 국유재산법상의 행정처분인 사용허가의 취소·철회, 강제징수, 연체료부과 및 행정대집행 등에도 대동소이하게 원용이 된다.
117) 행정소송을 제기하기 위해서는 반드시 행정심판을 거쳐야 하는 필요적 전치주의에 대한 자세한 내용은 하명호, 행정쟁송법, 제4판, 박영사, 2019, 256면 이하 참조.
118) 하명호, 앞의 책(행정쟁송법), 255면.

(3) 심판기관

행정심판은 행정심판위원회에서 심리 · 재결한다. 행정심판법 제6조는 4가지 행정심판위원회를 규정하고 있는바, 행정심판을 청구하려는 자는 해당하는 행정심판위원회에 청구하여야 한다. 국유재산의 관리 · 처분과 관련된 행정심판은 대부분 국민권익위원회 소속의 중앙행정심판위원회와 시 · 도지사 소속의 행정심판위원회에서 소관하게 된다(자세한 내용은 제9편 국유재산소송을 참조).

(4) 청구기간

취소심판청구는 변상금부과처분이 있음을 안 날로부터 90일 이내, 변상금부과처분이 있은 날로부터 180일 이내에 청구하여야 한다. 무효등확인심판에는 청구기간의 제한이 없다(행정심판법 제27조). 초일은 산입하지 않고, 말일이 토요일 또는 공휴일이면 그 다음날 기간이 만료되고, 기간 중 토요일 또는 공휴일도 계산에 포함된다.[119]

(5) 행정심판에 대한 불복

행정심판의 재결(재결의 대상이 된 변상금부과처분 포함)에 대해 다시 행정심판을 청구할 수 없다(행정심판법 제51조), 행정심판의 재결에 대한 행정소송은 가능하지만 이는 행정심판의 청구인(처분 등의 상대방)에게만 허용되고 행정청에게는 허용되지 않는바,[120] 이 점도 행정심판의 장점이 된다.

2. 행정소송

행정소송법 제3조(행정소송의 종류) 행정소송은 다음의 네가지로 구분한다.

1. 항고소송: 행정청의 처분등이나 부작위에 대하여 제기하는 소송
2. 당사자소송: 행정청의 처분등을 원인으로 하는 법률관계에 관한 소송 그 밖에 공법상의 법률관계에 관한 소송으로서 그 법률관계의 한쪽 당사자를 피고로 하는 소송
3. 민중소송: 국가 또는 공공단체의 기관이 법률에 위반되는 행위를 한 때에 직접 자기의 법률상 이익과 관계없이 그 시정을 구하기 위하여 제기하는 소송
4. 기관소송: 국가 또는 공공단체의 기관상호간에 있어서의 권한의 존부 또는 그 행사에 관한 다툼이 있을 때에 이에 대하여 제기하는 소송. 다만, 헌법재판소법 제2조의 규정에 의하여 헌법재판소의 관장사항으로 되는 소송은 제외한다.

제4조(항고소송) 항고소송은 다음과 같이 구분한다.

1. 취소소송: 행정청의 위법한 처분등을 취소 또는 변경하는 소송
2. 무효등 확인소송: 행정청의 처분등의 효력 유무 또는 존재여부를 확인하는 소송

---

119) 하명호, 앞의 책(행정쟁송법), 237면, 민법 제157조, 161조.
120) 하명호, 앞의 책(행정쟁송법), 253면, 대법원 1998. 5. 8. 선고 97누15432 판결.

3. 부작위위법확인소송: 행정청의 부작위가 위법하다는 것을 확인하는 소송

변상금부과처분을 받은 자는 그 위법함을 이유로 법원에 행정소송을 제기할 수 있는데, 현실적으로 가능한 행정소송은 항고소송과 당사자소송이다.

(1) 법원관할

항고소송과 당사자소송의 1심은 피고의 소재지(당사자소송의 피고가 국가 또는 공공단체인 경우에는 관계행정청의 소재지)를 관할하는 행정법원이 담당한다(행정소송법 제9조 제1항, 제40조). 다만 법원조직법(1994. 7. 27. 법률 제4765호) 부칙 제2조는 행정법원이 설치되지 않은 지역에서의 행정법원의 권한에 속하는 사건은 행정법원이 설치될 때까지 해당 지방법원 본원 및 춘천지방법원 강릉지원이 관할하도록 규정하였는데, 아직 서울행정법원 외에는 행정법원이 설치된 바 없다. 결국 항고소송과 당사자소송의 보통재판적은 피고의 소재지를 관할하는 지방법원 본원 및 춘천지방법원 강릉지원이 된다.

한편 행정소송법은 항고소송과 당사자소송에서 특별재판적을 규정하고 있는바, ① 중앙행정기관, 중앙행정기관의 부속기관과 합의제행정기관 또는 그 장, ② 국가의 사무를 위임 또는 위탁받은 공공단체 또는 그 장이 피고인 경우에는 대법원소재지를 관할하는 행정법원, 즉 서울행정법원에도 관할이 있다(행정소송법 제9조 제2항). 특별재판적은 보통재판적과 경합하는 임의관할이기 때문에 당사자는 경합하는 재판적 중 하나를 편의에 따라 선택할 수 있게 된다.[121]

(2) 항고소송

변상금부과처분을 받은 자는 변상금부과처분을 취소하거나 변경하는(취소소송) 또는 변상금부과처분의 효력 유무 또는 존재 여부를 확인하는(무효등확인소송) 행정소송을 제기할 수 있는데, 이러한 행정소송을 항고소송이라고 한다(행정소송법 제4조). 취소소송의 소송물[122]은 당해 처분의 위법성 일반이므로 당사자는 당해 변상금부과처분에 존재하는 모든 위법사유를 주장할 수 있다는 것이 통설과 판례의 입장이다.

1) 취소소송과 무효확인소송의 관계

취소소송과 무효확인소송은 서로 양립이 불가능한 별개의 소송이다. 그러므로 단순병합이나 선택적 병합은 불가능하고 예비적 병합만 가능하다. 통상 무효확인소송을 주위적 청구로, 취소소송을 예비적 청구로 병합하는 것이 실무례이다.[123] 취소소송과 무효확인소송은 별개의 소

121) 하명호, 앞의 책(행정쟁송법), 40면.
122) 심판의 대상이 되는 기본단위로서 소송의 객체를 말한다[하명호, 앞의 책(행정쟁송법), 55면].

송이지만 모두 처분 등에 존재하는 위법한 하자를 이유로 그 효력의 배제를 구하는 소송이라는 점에서 공통점이 있고, 무효사유와 취소사유는 단지 하자의 정도에 차이가 있는 것에 불과한 것이므로, 실제에서는 서로 포용성을 가진다.

취소청구에는 엄밀한 의미의 취소뿐만 아니라 무효의 선언을 구하는 의미로서의 취소도 포함된 것이라고 볼 수 있고, 반대로 무효확인의 청구에는 원고가 취소를 구하지 않는다는 점을 명백히 하지 않는 이상 그 처분이 무효가 아니라면 취소를 구한다는 취지도 포함되어 있는 것으로 볼 수 있다.[124]

2) 피고적격

행정소송법 제13조(피고적격) ① 취소소송은 다른 법률에 특별한 규정이 없는 한 그 처분등을 행한 행정청을 피고로 한다. 다만, 처분등이 있은 뒤에 그 처분등에 관계되는 권한이 다른 행정청에 승계된 때에는 이를 승계한 행정청을 피고로 한다.
② 제1항의 규정에 의한 행정청이 없게 된 때에는 그 처분등에 관한 사무가 귀속되는 국가 또는 공공단체를 피고로 한다.
제38조(준용규정) ① 제9조, 제10조, 제13조 내지 제17조, 제19조, 제22조 내지 제26조, 제29조 내지 제31조 및 제33조의 규정은 무효등 확인소송의 경우에 준용한다.

변상금부과처분에 대한 항고소송은 그 처분을 한 행정청을 피고로 하는바(행정소송법 제13조 제1항 본문), 변상금부과의 권한을 포함한 국유재산법상의 관리 · 처분 사무의 주체는 중앙관서의 장 및 일반재산(총괄청소관)의 관리 · 처분 사무를 위임 · 위탁받은 자이다(국유재산법 제2조 제11호). 그 밖에 정부조직법, 행정위임위탁규정 및 지방자치법 등에 따라 중앙관서의 장으로부터 국유재산의 관리 · 처분 사무를 위임받은 자에게도 변상금부과의 권한을 포함하여 당해 국유재산에 대한 포괄적인 관리 · 처분권한이 있다. 이렇게 항고소송에서 소송법상 당사자능력이 없는 '처분청'에게 피고적격을 인정하는 취지는 소송기술상의 편의를 도모하기 위한 것이다.[125]

행정처분이 있은 뒤에 그 행정처분에 관계되는 권한이 다른 행정청에 승계된 때에는 이를 승계한 행정청을 피고로 한다(행정소송법 제13조 제1항 단서). 따라서 행정재산에 대한 변상금부과처분이 있은 후 용도폐지 및 재산인계가 있는 경우(국유재산법 제40조 제2항, 제42조 제1항, 동 시행령 제38조 제3항 제2호) 상대방은 재산의 인계를 받은 한국자산관리공사 등을 피고로 항고소송을 제기하여야 한다.

공물에 제공된 국유재산이 공용폐지 및 용도폐지로 한국자산관리공사 등에게 인계되었을

---

123) 하명호, 앞의 책(행정쟁송법), 63면. 대법원 1999. 8. 20. 선고 97누6889 판결.
124) 하명호, 앞의 책(행정쟁송법), 63면.
125) 하명호, 앞의 책(행정쟁송법), 135면.

때 종전에 공물관리청이 한 변상금부과처분과 관련한 항고소송의 피고도 위와 같이 승계된다고 할 것인지 문제된다. 생각건대, 공물에 대한 관리권한은 해당 재산이 공용폐지됨으로써 더 이상 승계되지 않고 소멸한 것이다. 따라서 상대방은 종전에 변상금을 부과한 공물관리청을 피고로 항고소송을 제기하여야 할 것이다.

3) 제소기간

행정소송법 제20조(제소기간) ① 취소소송은 처분등이 있음을 안 날부터 90일 이내에 제기하여야 한다. 다만, 제18조제1항 단서에 규정한 경우와 그 밖에 행정심판청구를 할 수 있는 경우 또는 행정청이 행정심판청구를 할 수 있다고 잘못 알린 경우에 행정심판청구가 있은 때의 기간은 재결서의 정본을 송달받은 날부터 기산한다.
② 취소소송은 처분등이 있은 날부터 1년(第1項 但書의 경우는 裁決이 있은 날부터 1年)을 경과하면 이를 제기하지 못한다. 다만, 정당한 사유가 있는 때에는 그러하지 아니하다.
③ 제1항의 규정에 의한 기간은 불변기간으로 한다.

취소소송의 제소기간은 처분이 있음을 안 날로부터 90일, 처분이 있은 날로부터 1년이다. 행정심판을 거친 경우 위 각 기간의 기산일은 재결서 정본을 송달받은 날로 한다(행정소송법 제20조). 위 각 기간 중에서 먼저 도래한 날이 경과되면 제소기간이 도과되며, 기간의 계산은 민법이 준용되므로, 초일은 산입되지 않고, 기간이 끝나는 날이 토요일 또는 공휴일이면 그 다음날에 만료하게 된다.[126] 무효등확인소송에는 제소기간의 제한이 없다(행정소송법 제38조 제1항).

'처분이 있음을 안 날'이란, 변상금부과처분의 경우 변상금부과고지서가 상대방에게 송달한 날이 되는 것이 원칙이고, 상대방이나 정당한 수령권자가 합리적인 이유 없이 고지서의 수령을 거절하거나 반환한 경우 적법하게 송달된 것으로 본다.[127] '처분이 있은 날'이란 처분의 효력이 발생한 날을 말한다. 행정절차법 제15조 제1항에서는 "송달은 다른 법령 등에 특별한 규정이 있는 경우를 제외하고는 송달받을 자에게 도달됨으로써 효력이 발생한다."라고 규정하여 도달주의를 채택하고 있다. 따라서 변상금부과처분과 같이 상대방이 있는 처분의 경우에는 처분의 내용이 단순히 행정기관 내부적으로 결정된 것만으로는 부족하고 외부에 표시되어 상대방에게 도달하는 것까지 요구한다.[128]

126) 하명호, 앞의 책(행정쟁송법), 271면.
127) 하명호, 앞의 책(행정쟁송법), 271-272면.
128) 하명호, 앞의 책(행정쟁송법), 274-275면.

(3) 당사자소송

행정청의 처분 등의 효력 그 자체에 관한 다툼이 아니라 '행정청의 처분 등을 원인으로 하는 법률관계에 관한 소송 그 밖의 공법상의 법률관계에 관한 소송을 당사자소송이라고 하는데(행정소송법 제3조 제2호), 항고소송과 함께 행정소송의 주요한 일종이다.

구체적으로 어떤 소송이 당사자소송인지에 대한 판단기준을 행정소송법 등 법령에서 명확하게 규정하지 않아 학설 및 판례가 갈리고 있다. 판례는 소송물을 기준으로 그것이 공법상의 권리이면 당사자소송이고, 사법상의 권리이면 민사소송이라고 한다. 반면에 통설은 소송물의 전제가 되는 법률관계를 기준으로 그것이 공법상 법률관계면 당사자소송이고, 사법상 법률관계면 민사소송이라고 한다. 대법원은 공법상 채무의 존재 여부의 확인을 구하는 소송은 당사자소송에 의하여야 하고, 공법상 부당이득반환청구소송은 민사소송에 의하여야 한다고 한다.[129] 결국 판례에 의할 때 변상금채무존재·부존재확인소송은 당사자소송이고, 변상금부과처분이 취소되거나 당연 무효라는 전제에서 이미 납부한 변상금의 반환을 청구하는 소송은 민사소송에 의해야 한다고 할 수 있다.

당사자소송의 법원관할은 항고소송과 같지만, 피고적격은 항고소송과 달리 국가·공공단체 그 밖의 권리주체에게 있다(행정소송법 제39조). 처분 등의 효력을 다투는 소송이 아니라 법률관계에 관한 소송이므로 권리의무의 귀속주체에게 피고적격이 있어야 하는 것이다. 다른 법령에 제소기간이 정해져 있지 않는 한 취소소송의 제소기간에 관한 규정이 당사자소송에 준용되지 않는다(같은 법 제41조).

3. 변상금부과처분에 중대·명백한 하자가 인정되는 경우

앞서 본 바와 같이 변상금부과처분에 무효사유가 있을 때는 소멸시효 중단의 효력이 발생하지 않고, 제소기간의 제한이 없이 무효 등 확인소송을 제기할 수 있으며, 나아가 변상금부과처분의 효력을 다툼이 없이 바로 이미 납부한 변상금의 반환을 청구할 수도 있다. 행정처분에 취소사유만 있는지 무효사유가 있는지 판단하는 기준은 행정처분에 중대·명백한 하자가 있는지 여부인데(통설, 판례), 구체적인 사례마다 판례를 통해 확인·추론할 수밖에 없다.

판례는 변상금의 성립요건(국유재산, 점유권원, 점유 또는 사용·수익 등)에 흠결이 있는 경우 당연 무효로 보는 경향이 있다. 재산관리기관으로부터 사용·수익을 허락받거나, 법령에 따라 사용허가를 의제 받는 등 국유재산에 대한 점유권원을 가진 자에게 행한 변상금부과처분을 당연 무효

---

129) 조세채무부존재확인은 당사자소송에 의해야 한다고 판시한 대법원 2000. 9. 8. 선고 99두2765 판결, 조세의 과오납에 의한 과오납금반환청구의 경우는 민사소송이라고 판시한 대법원 2009. 3. 26. 선고 2008다31768 판결 등 참조. 기타 당사자소송과 민사소송의 구별방법, 개개의 사건에서 판례이론의 적용 및 판례이론의 문제점 등에 관한 자세한 내용은 하명호, 앞의 책(행정쟁송법), 399-412면; 안철상, 공법상 당사자소송에 관한 연구, 건국대학교 박사학위논문, 2004. 2, 66-110면 참조.

로 본 판례가 다수 있으며,[130] 그 밖에 국가소유가 아닌 재산이나 점유 또는 사용·수익하지 않은 국유재산에 대한 변상금부과처분은 당연 무효로 보는 것이 자연스러운 해석이라 할 것이다.

130) 국유재산의 관리를 기관위임받은 지방자치단체장으로부터 해당 재산의 무상 사용승인을 받은 지방자치단체에 부과한 변상금을 당연 무효로 본 대법원 2017. 2. 21. 선고 2015두677 판결, 일제강점기 이왕직 장관으로부터 사용승낙을 받아 구황실재산에 학교시설을 설치한 사립학교법인에 부과한 변상금을 무효로 본 대법원 2018. 6. 28. 선고 2014두14181 판결, 관련 법률에 따라 사용허가 의제를 받은 자에게 부과한 변상금을 무효로 본 대법원 2007. 12. 13. 선고 2007다51536 판결, 구분소유적 공유관계에 있는 국가가 자신의 지분을 초과하여 한 변상금부과처분을 무효로 본 서울중앙지방법원 2010. 8. 17. 선고 2009가합 100710 판결 등 참조.

제4장 변상금의 징수

제1절 의의와 법적 성질

변상금의 부과로서 발생한 구체적 변상금채권을 현실적으로 거두어들이는 것을 변상금의 징수라고 한다. 국가, 지방자치단체, 기타 공공단체가 조세나 그 밖의 수입금을 거두어들이는 것을 징수라고 말하는데, 보통 공법상의 금전채권 특히, 강제징수가 인정된 금전채권에 관하여 사용되는 경우가 많다.[131] 변상금의 징수는 포괄적인 사실행위이지만, 체납변상금을 징수하는 과정에서 나타나는 압류, 공매 및 연체료의 부과 등은 독자적인 행정처분이다.

제2절 변상금의 징수방법

부과된 변상금은 그 납부기한 내에 완납해야 하는 것이 원칙이지만, 재산관리기관은 납부의무자의 경제적 사정을 고려하여 그 징수를 미룰 수 있으며, 부과된 변상금이 소정의 금액을 넘는 경우 분할 납부를 허용해 줄 수 있다.

Ⅰ. 변상금의 징수유예

국유재산법 제72조(변상금의 징수) ② 제1항의 변상금은 무단점유를 하게 된 경위(經緯), 무단점유지의 용도 및 해당 무단점유자의 경제적 사정 등을 고려하여 대통령령으로 정하는 바에 따라 5년의 범위에서 징수를 미루거나 나누어 내게 할 수 있다.

국유재산법 시행령 제71조(변상금) ② 중앙관서의 장등은 무단점유자가 다음 각 호의 어느 하나에 해당하는 경우에는 변상금의 최초 납부기한부터 1년의 범위에서 그 징수를 미룰 수 있다.

1. 재해나 도난으로 재산에 심한 손실을 입은 경우
2. 무단점유자 또는 그 동거 가족의 질병이나 중상해로 장기 치료가 필요한 경우
3. 「국민기초생활 보장법」 제2조제2호에 따른 수급자인 경우
4. 그 밖에 제1호 및 제2호에 준하는 사유로 인정되는 경우

④ 법 제72조제2항에 따라 변상금을 미루어 내거나 나누어 내려는 자는 제5항에 따라 준용되는

131) 한국법제연구원, 법령용어사례집, 2016, 1933면.

제36조제3항에 따른 납부기한 다음 날부터 기산해 1년이 되는 날까지 기획재정부령으로 정하는 신청서를 중앙관서의 장등에게 제출해야 한다.

재산관리기관은 ① 변상금납부의무자 본인이 심한 재산적 손실을 입은 경우 ② 본인 또는 동거가족의 장기치료가 필요한 경우 ③ 본인이 기초생활보장법에 따른 수급자인 경우 ④ 그 밖에 ① 또는 ②에 준하는 사유가 인정되는 경우 변상금부과고지서상의 납부기한으로부터 1년의 범위 내에서 부과된 변상금의 징수를 유예할 수 있다(법 제72조 제2항, 영 제71조 제2항).

변상금의 징수유예를 받으려는 자는 변상금부과고지서상의 납부기한 다음 날부터 1년 내에 그 신청서를 재산관리기관에 제출해야 한다(영 제72조 제4항). 변상금이 체납 중이거나 분할납부 중일 때에도 신청할 수 있다. 징수유예기간 동안은 강제징수할 수 없으며, 소멸시효가 진행되지 않고(법 제73조의3 제4항 제1호), 연체료 부과대상에서 제외된다. 특히 징수유예기간 동안 이자를 붙이지 않는바 이 점은 변상금의 분할납부와 다른 점이다.

국유재산법은 변상금 징수유예 또는 분할납부 사유로 무단점유를 하게 된 경위, 무단점유지[132] 의 용도 및 해당 무단점유자의 경제적 사정 등을 고려할 수 있도록 하였으나(제72조 제2항), 현행 국유재산법 시행령은 무단점유자의 경제적 사정을 징수유예 사유로 삼고 있으며(제71조 제2항), 분납사유로는 부과된 변상금이 100만원을 초과할 것만 요구하고 있다(같은 조 제3항). 한편 국유재산법은 변상금 징수유예기간 및 분할납부기간을 최대 5년으로 하고 있으나(제72조 제2항), 현행 시행령은 1년, 3년으로 제한하고 있다(영 제72조 제2항, 제3항). 징수유예기간과 분납기간 동안 이자를 붙일지의 여부도 국유재산법 시행령에 위임되어 있는데, 현행 시행령은 징수유예기간 동안은 이자를 면제하고 분납기간 동안만 고시이자를 붙이게 하고 있다(제72조 제3항).

Ⅱ. 변상금의 분할납부

국유재산법 제72조(변상금의 징수) ② 제1항의 변상금은 무단점유를 하게 된 경위(經緯), 무단점유지의 용도 및 해당 무단점유자의 경제적 사정 등을 고려하여 대통령령으로 정하는 바에 따라 5년의 범위에서 징수를 미루거나 나누어 내게 할 수 있다.

국유재산법 시행령 제71조(변상금) ③ 중앙관서의 장등은 제1항의 변상금이 100만원을 초과하는 경우에는 법 제72조제2항에 따라 변상금 잔액에 고시이자율을 적용하여 산출한 이자를 붙이는

132) 법 제72조 제2항은 무단점유지의 용도를 변상금의 징수유예 또는 분할납부 사유의 하나로 규정하고 있으나, 무단점유의 대상은 국유지뿐만 아니라 국유건물이나 특수동산 등도 가능하므로 적절한 표현이 아니다. '해당 국유재산의 용도' 또는 '무단점유 국유재산의 용도' 등으로 개정하는 것이 타당하다.

조건으로 3년 이내의 기간에 걸쳐 나누어 내게 할 수 있다. 이 경우 나누어 낼 변상금의 납부일자와 납부금액을 함께 통지하여야 한다.
④ 법 제72조제2항에 따라 변상금을 미루어 내거나 나누어 내려는 자는 제5항에 따라 준용되는 제36조제3항에 따른 납부기한 다음 날부터 기산해 1년이 되는 날까지 기획재정부령으로 정하는 신청서를 중앙관서의 장등에게 제출해야 한다.

재산관리기관은 부과된 변상금이 100만원을 초과하는 경우 고시이자를 붙이는 조건으로 3년 이내의 기간에 걸쳐 나누어 내게 할 수 있다. 이때 분납일자와 분납금액을 미리 정하여 통지하여야 한다(영 제71조 제2항). 변상금 분납신청, 분납기간 동안 소멸시효의 정지 등은 징수유예와 동일하며, 분납기간 동안 이자가 붙는다는 점이 징수유예와는 크게 다른 점이다.

제3절 체납변상금의 징수

Ⅰ. 연체료의 부과·징수

변상금을 부과 받은 자가 그 전부 또는 일부를 그 납부기한까지 내지 않으면 재산관리청은 체납액의 연 7 ~ 10%로 산정되는 연체료를 부과·징수해야 하는데(법 제73조 제1항, 영 제72조), 연체료의 법적 성질은 민사법이 규정하는 지연이자 범위 내에서는 지연배상으로, 그 범위를 넘는 부분은 행정벌로 볼 수 있다. 연체료는 변상금과 독립하여 부과되고 별도로 소멸시효에 걸리지만, 원본채권인 변상금이 시효로 소멸하거나 감액되면 그에 상응하여 소멸하거나 감액되는 종속성이 있다.

변상금의 분납기간과 징수유예기간 동안에는 연체료부과행위를 할 수 없을 뿐만 아니라 이 기간은 연체료부과기간에서 제외되어야 하므로, 이 기간 동안에는 연체료부과권의 소멸시효가 정지된다(법 제73조의3 제4항 제1호). 연체료부과권의 소멸시효기간은 변상금납부기한의 다음 날부터 5년이고, 연체료의 부과로 발생한 연체료징수권은 연체료납부고지서상의 납부기한의 다음 날부터 5년의 소멸시효기간이 진행된다(법 제73조의3 제1항). 그 밖에 연체료에 관한 자세한 내용은 제8편 제3장을 참고하기 바란다.

Ⅱ. 강제징수

재산관리청은 변상금과 그 연체료가 체납되는 경우 국세징수법 제10조(독촉)와 동법의 체납처분(압류, 압류재산의 매각 및 청산)에 관한 규정을 준용하여 강제징수할 수 있다(법 제73조 제2항). 보통의 재산관리청은 자신이 직접 또는 관할 세무서장이나 지방자치단체장에게 위임하여 강제징수를 할 수 있으나(법 제73조 제2항 제1호), 법 제42조 제1항에 따라 일반재산의 관리 · 처분 사무를 위탁받은 특수법인은 자신이 직접 강제징수 할 수 없고 세무처장 등을 통하여 하여야 한다(같은 항 제2호). '독촉 - 압류 - 압류재산의 매각 - 청산'으로 이어지는 일련의 강제징수 절차에 관한 자세한 내용은 제8편 제4장을 참고하기 바란다.

제4절 변상금징수권의 소멸

변상금징수권은 변상금의 부과고지(법 제73조의3 제2항 제1호)로서 확정된 변상금채권을 징수하는 국가의 권리로서, 변상금 납부기한의 다음날부터 5년이 지남으로써 시효소멸한다(법 제73조의3 제1항). 변상금징수권의 소멸시효는 강제징수절차를 거치는 과정에서 간이하게 중단되도록 규정되어 있다(같은 조 제2항 제2호 내지 제4호). 국유재산법은 소멸시효기간, 소멸시효의 중단과 정지 사유에 관하여만 특례를 규정하고, 그 외에는 민법과 국가재정법의 소멸시효 일반규정을 그대로 따르게 하고 있다(법 제4조, 제73조의3 제5항).

변상금징수권의 소멸도 후술하는 일반적인 채권의 소멸, 소멸시효에 관한 설명이 그대로 적용되므로, 본 절에서는 변상금징수권의 소멸시효중단과 관련하여 특별히 문제되는 재판상의 청구(민법 제170조)에 대하여만 구체적으로 기술하도록 한다.

Ⅰ. 재판상청구의 등장배경

체납변상금의 강제징수 과정에서 소멸시효가 중단되도록 하는 국유재산법의 특례는 체납자의 소재가 불명이거나 압류할 재산이 없는 등의 특별한 사정이 있는 경우에는 무용지물이 되고, 재산관리청은 체납변상금의 소멸시효 중단을 위해 재판상청구라는 민법상의 방법을 강구하지 않을 수 없게 된다. 나아가 한국자산관리공사 등 법 제42조 제1항의 특수법인은 직접 강제징수를 할 권한이 없어(법 제73조 제2항 제2호) 재판상청구를 통한 소멸시효중단에 더욱 관심을 가지게 되었다.

Ⅱ. 민사소송에 의한 해결 시도

1. 부당이득반환청구소송

체납변상금의 소멸시효를 직접 중단시키려면 체납변상금 그 자체를 민사소송으로 청구할 수 있어야 하지만(민법 제168조 제1호, 제170조) 불가하다. 국세징수법을 준용하여 체납변상금을 강제징수할 수 있도록 특례가 마련되어 있기 때문이다.[133] 이후 변상금체납자를 상대로 민사상 부당이득반환청구소송을 제기해 시효로 소멸하는 체납변상금을 일부 보전할 수 있는지에 대하여 오랫동안 논란이 되어 오다가, 대법원 2014. 7. 16. 선고 2011다76402 전원합의체 판결이 긍정설의 입장을 명확히 취함과 아울러 부당이득금 산정기준까지 제기하였다.[134] 그러나 변상금체납자에 대한 부당이득반환청구소송은 청구금액 및 청구채권의 존속기간 등을 고려할 때 마땅한 해결책이 되지 못하는 한계가 있다.

국유재산 무단점유자에 대한 부당이득반환청구금액은 법정대부료 상당으로서 변상금보다 소액이며, 부당이득반환채권의 존속기간은 무단점유한 날로부터 5년에 불과하다(국가재정법 제96조 제1항). 무단점유자에 대한 변상금부과가 국가재정법 제96조 제4항의 납부의 고지로서 부당이득반환청구채권의 소멸시효중단 사유가 될 수 없다는 것이 대법원 판례이다(대법원 2014. 9. 4. 선고 2013다3576 판결).[135] 결국 무단점유자에 대한 국가의 부당이득반환청구채권은 변상금과 무관하게 병존하다가 변상금보다 먼저 시효소멸하기 때문에 체납변상금의 시효소멸을 보완하지 못한다.

2. 관련문제(사용료청구소송과 철거소송)

국유재산 무단점유에 대하여는 변상금의 부과·징수(공법관계) 및 부당이득반환청구(사법관계)라는 서로 별개의 두 가지 법률관계가 발생하지만, 국유재산의 적법한 사용에는 사용허가·대부라는 하나의 법률관계만 발생하고 그 사용료·대부료 체납에 대하여는 국세징수법에 따른 강제징수라는 간이하고 경제적인 방법이 마련되어 있으므로(법 제73조 제2항) 따로 사용료·대부료청구소송을 할 수 없다(대법원 2014. 9. 4. 선고 2014다203588 판결). 특별한 사정에 의한 공법상 당사자소송은 사용료에 대하여만 가능하다. 일반재산의 대부는 사법관계이므로 행정소송(당사자소송)이 불가하다.

마찬가지 이유로 국유재산에 불법시설물을 설치한 경우 행정대집행법에 따른 강제철거라는

---

133) 대법원 2000. 11. 24. 선고 2000다28568 판결.

134) 대법원 2014. 7. 16. 선고 2011다76402 전원합의체 판결. 이 판결에 대한 자세한 평석은 강호칠, 국유재산 변상금 부과 외 민사소송으로 청구할 수 있나, 법률신문, 2014. 8. 11. 참조.

135) 대법원 2014. 9. 4. 선고 2013다3576 판결. 이 판결에 대한 자세한 평석은 강호칠, 국유재산 변상금 영역에서 발생하는 부당이득반환청구의 문제, 대한변협신문, 2015. 2. 9. 참조.

간이하고 경제적인 방법이 마련되어 있으므로(법 제74조) 따로 철거소송을 할 수 없다(대법원 2014. 8. 20. 선고 2014다206693 판결).

[**판례①**] 국유재산법 제42조 제1항, 제73조 제2항 제2호에 따르면, 국유 일반재산의 관리·처분에 관한 사무를 위탁받은 자는 국유 일반재산의 대부료 등이 납부기한까지 납부되지 아니한 경우에는 국세징수법 제23조와 같은 법의 체납처분에 관한 규정을 준용하여 대부료 등을 징수할 수 있다. 이와 같이 국유 일반재산의 대부료 등의 징수에 관하여는 국세징수법 규정을 준용한 간이하고 경제적인 특별구제절차가 마련되어 있으므로, 특별한 사정이 없는 한 민사소송의 방법으로 그 대부료 등의 지급을 구하는 것은 허용되지 아니한다.
원심은 같은 취지에서, 이 사건 소 중 원고가 국유 일반재산인 이 사건 부동산에 관한 대부계약에 따른 대부료 등의 지급을 구하는 부분은 권리보호의 이익이 없어 부적법하다고 판단하였다. 원심판결 이유를 앞서 본 법리와 기록에 비추어 보면, 원심의 위와 같은 판단은 정당하고, 거기에 권리보호의 이익에 관한 법리를 오해하는 등의 위법이 없다(대법원 2014. 9. 4. 선고 2014다203588 판결).

[**판례②**] 국유재산법 제74조는 “정당한 사유 없이 국유재산을 점유하거나 이에 시설물을 설치한 경우에는 행정대집행법을 준용하여 철거하거나 그밖에 필요한 조치를 할 수 있다.”고 규정하고 있으므로, 관리권자인 원고로서는 행정대집행의 방법으로 이 사건 제1건물 중 피고 지분을 철거할 수 있고, 이러한 행정대집행의 절차가 인정되는 경우에는 따로 민사소송의 방법으로 피고에 대하여 이 사건 제1건물 중 피고 지분의 철거를 구하는 것은 허용되지 않는다고 할 것이다(대법원 2014. 8. 20. 선고 2014다206693 판결).

Ⅲ. 행정소송에 의한 해결의 모색

변상금체납자에 대한 부당이득반환청구소송은 변상금 징수 대비 금액이 줄어들고 존속기간도 매우 짧다. 무엇보다 양자는 서로 별개의 채권이다. 체납자의 소재가 불명이거나 압류할 재산이 없는 경우, 기타 재산관리기관이 직접 체납처분을 할 수 없는 등 법 제73조의3 제2항 각 호의 방법으로는 체납변상금의 소멸시효를 중단시키기 곤란한 특별한 사정이 있는 때에는 다른 방법으로 체납변상금 자체의 소멸시효를 중단시킬 방안을 모색하는 것이 마땅하다. 부당이득반환청구소송은 우회적인 방법일 뿐만 아니라, 그 존속기간 때문에 체납변상금의 소멸시효를 상쇄할 방법이 되지 못한다.

최근 대법원은 조세체납자의 무자력·소재불명으로 강제징수에 연동된 소멸시효중단이 불가능하고, 그 밖에 조세채권의 징수를 위하여 가능한 모든 조치를 취하였음에도 소멸시효기간의 경과가 임박한 등의 특별한 사정이 있다면 재판상 청구를 할 소의 이익이 있으며, 이때의 재판상 청구는 공법상 당사자소송에 해당하는 조세채권확인의 소라고 한 바(대법원 2020. 3. 2. 선고

2017두41771 판결) 이 판례는 체납변상금의 소멸시효중단으로도 원용될 가능성이 있다.

[판례] [2] 조세는 국가존립의 기초인 재정의 근간으로서, 세법은 공권력 행사의 주체인 과세관청에 부과권이나 우선권 및 자력집행권 등 세액의 납부와 징수를 위한 상당한 권한을 부여하여 공익성과 공공성을 담보하고 있다. 따라서 조세채권자는 세법이 부여한 부과권 및 자력집행권 등에 기하여 조세채권을 실현할 수 있어 특별한 사정이 없는 한 납세자를 상대로 소를 제기할 이익을 인정하기 어렵다.

다만 납세의무자가 무자력이거나 소재불명이어서 체납처분 등의 자력집행권을 행사할 수 없는 등 구 국세기본법(2013. 1. 1. 법률 제11604호로 개정되기 전의 것) 제28조 제1항 이 규정한 사유들에 의해서는 조세채권의 소멸시효 중단이 불가능하고 조세채권자가 조세채권의 징수를 위하여 가능한 모든 조치를 충실히 취하여 왔음에도 조세채권이 실현되지 않은 채 소멸시효기간의 경과가 임박하는 등의 특별한 사정이 있는 경우에는, 그 시효중단을 위한 재판상 청구는 예외적으로 소의 이익이 있다고 봄이 타당하다.

[3] 국가 등 과세주체가 당해 확정된 조세채권의 소멸시효 중단을 위하여 납세의무자를 상대로 제기한 조세채권존재확인의 소는 공법상 당사자소송에 해당한다(대법원 2020. 3. 2. 선고 2017두41771 판결).

| 제 5 편 |

국유재산의 처분

제 1 장 국유재산의 처분 일반
제 2 장 국유재산의 매각
제 3 장 교환
제 4 장 국유재산의 무상귀속과 양여
제 5 장 신탁과 현물출자
제 6 장 철거 · 소유권의 자진반환

제1장 국유재산의 처분 일반

제1절 국유재산의 소멸

사소유권의 소멸과 마찬가지로 국가소유권도 다른 주체에게 이전되는 상대적 소멸과 물건이 물리적으로 없어지는 절대적 소멸로 나누어진다. 상대적 소멸은 법률행위(민법 제186조)에 의한 것과 법률의 규정(민법 제187조)에 의한 것으로 나누어진다.

국유재산법은 상대적 소멸사유로서 매매, 교환, 양여, 신탁 및 현물출자를 규정하는데(제2조 제4호), 모두 법률행위에 의한 소유권이전이다. 그 밖에 국유재산법은 국가소유권의 소멸원인으로서 국유재산의 철거를 규정하는데(제41조 제2항), 이는 국가소유권의 절대적 소멸이다. 국유재산법 이외의 다른 법률에서도 국가소유권의 상대적 소멸을 규정하는데, 법률행위에 의한 것뿐만 아니라 법률의 규정에 의한 것도 규정하고 있다. 각종 수의매각과 양여 조항은 전자의 예이고, 종전 공공시설의 무상귀속 조항은 후자의 예이다.[1] 재산관리청은 법령에 근거가 없는 사유로 국가소유권을 소멸시키지 못하므로 국유재산에 대한 증여, 소유권의 포기·인낙(認諾) 등을 할 수 없다.

제2절 개념의 정리

Ⅰ. 국유재산의 양도, 양여 및 처분

양도란 법률행위에 의한 권리의 이전으로서, 권리의 상대적 소멸에 해당한다. 국유재산의 양도란, 국가가 매매, 교환 및 양여 등 법률행위로 그 소유권을 국가 외의 자에게 이전하는 것을 말한다. 권리의 양도는 유상이든 무상이든 불문하지만 국유재산법과 공유재산법이 국가 또는 지방자치단체 소유권의 무상양도를 특별히 '양여(讓與)'라고 규정하기 때문에(국유재산법 제55조, 공유재산법 제40조 등), 양여를 주로 국·공유재산에서 이루어지는 무상양도라고 설명하는 것이 일반적이다.[2]

---

1) 국유재산의 수의매각이나 양여를 규정하는 다른 법률로는 국유재산특례제한법 별표에 있는 220개의 법률을 들 수 있고, 종전 공공시설의 무상귀속이나 양여를 규정하는 다른 법률로는 국토계획법 등 개발사업의 시행을 규정하는 약 35개의 법률을 들 수 있다.
2) 한국법제연구원, 법령용어사례집, 2016, 1284면; 지원림, 민법강의, 제17판, 홍문사, 2020, 170면.

무상양도를 민법은 증여라고 하지만(제554조), 국유재산법 등이 특별히 '양여'라고 규정하는 이유는 국·공유재산의 무상양도에는 엄격한 법정요건과 절차가 요구되기 때문에 사적자치가 지배하는 증여와는 다르게 표현한 것으로 사료된다. 이러한 현상은 국유재산을 제3자가 유상으로 사용하게 하는 것을 임대가 아니라 '대부(貸付)'라고 하고(국유재산법 제2조 제8호), 공익목적에 무상으로 사용하게 하는 것을 사용대차가 아니라 공여(供與)라고 하는 것에서도 나타난다(「주한미군 공여구역주변지역 등 지원 특별법」 등). 과거 국·공유재산 등을 개인에게 매각하는 것을 불하(拂下)라고 했던 것(현재는 쓰지 않는 표현이다)도 같은 취지이다. 결국 국유재산법은 국유재산에 대한 법률행위에 적지 않은 공법적 규율이 가해짐을 강조하기 위하여 양여, 대부, 공여 및 불하 등의 용어를 사용하는 경향이 있음을 알 수 있다. 아래에서 설명하는 국유재산의 처분도 마찬가지이다.

국유재산법은 국유재산의 양도를 '국유재산의 처분'이라고 한다(제2조 제4호). 통상 처분이라는 말은, 행정법상으로 행정청이 구체적 사실을 규율하기 위하여 대외적으로 공권력의 발동으로서 행하는 일방적 공법행위를 의미하고(처분에 대한 강학상의 의미),[3] 민법상으로는 현존하는 권리의 변동(권리의 이전에 한하지 않는다)을 직접 일으키는 법률행위를 의미하지만,[4] 국유재산법은 국유재산의 양도에 상당한 공법적 규율이 가해짐을 강조하기 위하여 국유재산의 처분이라는 용어를 특별히 사용한다. 그리고 국유재산의 처분이라는 용어는 이미 오랫동안 사용되어 와서 국유재산법령과 국유재산처분기준 등에서 고유한 용어로 굳어졌다고 할 수 있는바, 이 책에서도 국유재산의 양도 대신 국유재산의 처분이라고 기술하기로 한다.

Ⅱ. 구별개념으로서의 사유화

국유재산의 처분, 특히 매각과 사유화는 구별해야 한다. 국유재산은 생산수단의 사유화, 즉 사유재산 제도를 전제하는 개념이다. 제1편 제5장에서 기술한 바와 같이 귀속재산을 사유화한 결과 국·공유재산 및 사유재산으로 분화되었다. 사유화란 토지와 같은 생산수단이 아직 근대적·자본주의적 사소유권의 대상이 되지 못한 상황(예컨대, 왕토사상체계 또는 사회주의경제체계)에서 최초로 사소유권의 대상으로 편입시키는 과정을 의미한다. 사유화에는 지적제도 및 등기제도 등 근대적 물권시스템의 확보가 전제되어야 한다. 국유재산의 처분은 이미 사유화가 끝난 상황에서 단지 소유자를 국가에서 국가 외의 자로 변경시킬 뿐이다.

한편, 통일 후 체제전환된 북한지역 토지를 어떻게 처리할 것인지 논의하면서 북한지역 '국유재산'이라는 표현을 쓰는 경우가 많은데, 옳은 표현이 아니다. 체제전환 사회의 토지 사유화

3) 하명호, 행정법, 제3판, 박영사, 2021, 89면.
4) 김종기, 주석민법, 총칙Ⅱ, 제5판, 한국사법행정학회, 2019, 430면.

에는 국유재산도 무주부동산도 아닌 별도의 개념이 필요한 바(예컨대, 통일재산), 미군정에게서 이양받은 막대한 적산(敵産)을 귀속재산으로 명명해 사유화 한 것이 그 예에 해당한다. 이와 관련하여서는 독일의 경우, 통일 과정에서 동독지역의 기업체, 부동산 등 생산수단을 국민재산(Volkseigentums)으로 명명하여 사유화하였다는 점이 참고가 될 수 있다.[5)]

제3절 국유재산의 처분제한

Ⅰ. 개요

1. 입법정책의 변천

국유재산법은 일반재산의 처분을 일반적으로 허용하고, 예외적인 제한 사유를 열거하는 네거티브 방식을 취한다. 종래에는 ① 보존부적합재산, ② 공익사업에 필요한 재산, ③ 특별회계·기금 소속 재산만 매각을 허용하는 포지티브 방식을 취하였다. 포지티브 방식은 국유재산의 처분과 신규취득이라는 순환구조에 경직성을 가져올 수 있어, 2011. 3. 30. 국유재산법 개정으로 행정목적, 공익사업, 재산의 가치 증대·유지 및 상수원보호 등 몇 가지 제한 사유를 열거하고, 여기에 해당하지 않으면 매각을 허용하는 네거티브 방식을 도입하였다(법 제48조, 2021년도 국유재산처분기준 제4조 참조). 네거티브 방식의 도입은 국유재산관리기금의 신설 및 국유재산특례제한법의 제정 등과 함께 국유재산의 적극적·통합적 관리정책의 일환이라 할 수 있다.

국유재산법이 네거티브 방식을 취하고 있지만, 국유재산의 처분에는 폭넓고 다양한 제한이 가해진다. 우선 매각 제한 사유가 매우 일반적이고 포괄적이며, 총괄청 등의 승인·협의 절차가 까다롭다. 또한 수의계약 사유 등 계약방법에서 매우 구체적인 규제를 하는바, 운영방식에 따라서 포지티브 방식 못지않게 처분의 제한이 있을 수 있다.

2. 처분제한 규정

국유재산법 제48조와 국유재산처분기준은 국유재산 처분의 일반적인 제한, 절차적 제한 및 계약방법의 제한 등을 규정하는데, 주로 매각의 제한이다. 양여, 교환 등 다른 처분의 경우 국유재산법과 시행령의 해당 조항에서 충분한 제한을 하고 있다. 국유재산처분기준은 법령의 형식

5) 독일 신탁청(Treuhandanstalt)은 구동독 모드로브(Modrow)정권에서 '국민재산'의 신탁관리를 위한 기구(Anstalt zur treuhänderischen Verwaltung des Volkseigentums)라는 이름으로 시작됐다. 한편, 독일에서 '국유재산'은 Staatsvermögen으로 표현한다(이동식, 국유재산 변상금제도 개선연구, 한국재정법학회, 2015, 35면).

을 갖추어 본문과 부칙으로 구성되며, 국무회의의의 심의를 거쳐 대통령의 승인을 받아 확정된다는 점(헌법 제89조 제4호, 국유재산법 제9조 제3항), 국유재산법으로부터 국유재산의 처분제한 대상을 정하도록 위임받았다는 점(제48조 제1항 제3호) 등을 고려할 때, 단순한 훈령이나 지침이 아니라 대통령령 수준의 법규범이라고 해야 한다.

3. 처분제한에 대한 불복

국유재산의 처분제한시스템이 네거티브 방식이지만, 제한의 범위와 사유는 매우 폭넓게 규정되어 있고, 그 운영방식에 따라 강력한 제한이 될 수 있다. 이와 관련하여 국유재산에 인접한 토지소유자, 지상건물소유자 및 장기경작자 등 이해관계자에게 매각신청권이 있는지, 매각신청 거부에 대한 불복방법이 있는지 등이 문제된다. 생각건대, 국유재산 매각행위 또는 매각신청 거부행위는 사법상의 법률행위 또는 의사표시일 뿐 공법상 행정행위로 볼 수 없을 뿐만 아니라, 수의계약 조항들은 모두 '수의계약으로 처분할 수 있다'라고 할 뿐 이해관계자에게 우선권이나 신청권을 준 것으로 해석할 여지가 없다. 판례도 국유재산 매각거부행위를 행정행위로 보지 않으며(대법원 1986. 6. 24. 선고 86누171 판결), 국유재산 이해관계자에게 우선매수권을 인정하지 않는다(대법원 1992. 2. 14. 선고 91다12868 판결).

[**판례①**] 국유재산법의 규정에 의하여 총괄청 또는 그 권한을 위임받은 기관이 국유재산을 매각하는 행위는 사경제 주체로서 행하는 사법상의 법률행위에 지나지 아니하며 행정청이 공권력의 주체라는 지위에서 행하는 공법상의 행정처분은 아니라 할 것이므로 국유재산매각 신청을 반려한 거부행위도 단순한 사법상의 행위일 뿐 공법상의 행정처분으로 볼 수 없다(대법원 1986. 6. 24. 선고 86누171 판결).

[**판례②**] 가. 국유재산의 매각행위는 사법상의 법률행위로서 그 매각에 관하여 귀속재산처리법에 규정한 것과 같은 우선매수권에 관한 규정이 없으므로 연고자의 우선권은 법률상 인정될 수 없다(대법원 1992. 2. 14. 선고 91다12868 판결).

필자 주: 위 판례②는 건물로 국유지를 점유하는 자(영 제40조 제3항 제14호의 수의매각 사유에 해당한다)가 주장하는 수의매수 연고권을 부정하였다.

Ⅱ. 국유재산 처분의 일반적인 제한

국유재산법 제48조 및 국유재산처분기준[6] 제4조는 국유재산 매각의 일반적인 제한 사유를 규정하고 있는데, 그 내용은 다음과 같다.

6) 국유재산처분기준은 매년도 작성되는데, 이 책에서 구체적인 조항을 소개할 때는 2023년도 국유재산처분기준을 인용하도록 한다.

1. 현재 또는 장래의 행정목적에 필요한 경우

2022**년도 국유재산 처분기준 제**4**조(매각의 제한)** ① 다음 각 호의 어느 하나에 해당하는 경우에는 매각을 제한할 수 있다.

1. 중앙관서의 장이 행정목적으로 사용하기 위하여 그 재산에 대하여 법 제8조제4항에 따른 행정재산의 사용 승인이나 관리전환을 신청한 경우

4. 장래의 행정수요에 대비하기 위하여 비축할 필요가 있는 경우

9. 장래 행정목적의 활용가능성과 보존·관리의 필요성 등을 고려하여 총괄청 또는 국유재산 정책심의위원회 부동산분과위원회가 매각제한 재산으로 결정한 경우

11. 총괄청 소관 일반재산의 관리·처분에 관한 사무를 위임·위탁받은 자(이하 '한국자산관리공사'라 한다)가 일반재산의 활용도 제고를 위하여 개발형, 활용형, 보존형, 처분형 등으로 유형화한 재산 중 처분형 재산이 아닌 경우

① 중앙관서의 장이 사용승인·관리전환을 신청한 재산, ② 장래의 행정수요에 대비하기 위하여 비축할 필요가 있는 재산, ③ 행정목적 활용가능성 등을 고려하여 총괄청이나 국유재산 정책심의위원회[7]가 매각제한으로 결정한 재산, ④ 한국자산관리공사가 비처분형으로 분류한 수탁재산은 매각이 제한된다(2022년도 국유재산처분기준 제4조 제1항 제1호, 제4호, 제9호 및 제11호). 이미 용도폐지되어 일반재산이 되었다고 하더라도 행정목적에 쓰일 필요나 가능성이 있다면 처분대상에서 제외하는 것이다. 국유재산의 비축기능에 입각한 처분제한 사유이다.

제2편 제3장에서 본 바와 같이 공물에는 융통성의 제한이 없지만 국유재산에 공물이 성립하였다면 위의 ① 내지 ④에 따라 매각이 제한될 수 있는데, 이것은 공물의 융통성을 제한하는 것이 아니라 공물에 제공된 국유재산의 융통성을 제한하는 것이다.

---

7) 국유재산의 관리·처분에 관한 주요 사항을 심의하기 위하여 총괄청(기획재정부장관)에 국유재산정책심의위원회를 둔다. 위원회는 위원장을 포함한 20명 이내의 위원으로 구성한다. 위원회의 위원장은 기획재정부장관이 되고, 위원은 관계 중앙행정기관 소속 공무원(공무원위원)과 국유재산 분야에 학식과 경험이 풍부한 사람 중에서 기획재정부장관이 임명 또는 위촉한다(민간위원). 민간위원이 전체 위원의 과반수가 되어야 한다. 현재 공무원위원은 기획재정부장관, 기획재정부장관이 지명하는 기획재정부차관 1명, 교육부차관, 국방부차관, 행정안전부차관, 농림축산식품부차관, 국토교통부장관이 지명하는 국토교통부차관 1명, 조달청장 및 산림청장이다.
위원회의 심의사항은 ① 국유재산의 중요 정책방향에 관한 사항, ② 국유재산과 관련한 법령 및 제도의 개폐에 관한 중요 사항, ③ 행정재산의 사용승인 철회에 관한 사항, ④ 국유재산종합계획의 수립 및 변경에 관한 중요 사항, ⑤ 소관 중앙관서의 장의 지정 및 직권 용도폐지에 관한 사항, ⑥ 국유재산관리기금의 관리·운용에 관한 사항, ⑦ 일반재산의 개발에 관한 사항, ⑧ 현물출자에 관한 중요 사항, ⑨ 국유재산특례의 신설·변경 및 국유재산특례의 점검·평가에 관한 사항, ⑩ 그 밖에 국유재산의 관리·처분 업무와 관련하여 총괄청이 중요하다고 인정한 사항이다(이상 국유재산법 제26조, 동법 시행령 제17조).

2. 공익사업에 필요한 재산

(1) 처분의 제한

> 2023**년도 국유재산 처분기준 제**4**조(매각의 제한)** ① 다음 각 호의 어느 하나에 해당하는 경우에는 매각을 제한할 수 있다.
> 2. 「국토의 계획 및 이용에 관한 법률」등 다른 법률에 따라 그 처분이 제한되는 경우

국토계획법 등 공익사업을 규정하는 법률에 따라 처분이 제한되는 경우이다(2022년도 국유재산처분기준 제4조 제1항 제2호). 국유재산에 도시계획시설이 지정되거나 공익사업구역으로 편입되면 해당 법률에서는 사업부지의 원활한 확보를 위하여 당해 사업목적 외의 목적으로 그 부지 등 관련 국유재산을 처분하지 못하게 된다. 이 또한 국유재산의 비축기능에 입각한 처분제한 사유이다.

지방자치단체장 등의 계획재량(행정계획)으로 국유재산의 처분과 활용이 제한받는 경우로서, 국유재산법은 중앙관서의 장이나 지방자치단체의 장이 국유재산에 대하여 도시관리계획을 결정·변경하거나 이용·보전에 제한을 할 때는 미리 국유재산 소관청과 협의하게 하고, 소관청은 입안권자에게 도시관리계획의 변경을 요청할 수 있게 하고 있다(법 제73조의2 제1항·제3항).

공물 중에는 공원과 같이 도시관리계획의 결정이 곧 공용지정인 경우가 있는데(공원녹지법 제2조 제3호), 이때에는 공물의 성립이 곧 국유재산의 처분제한 사유가 된다. 그 밖의 공용지정은 그 자체 처분제한 사유는 아니지만, 이용·보전에 제한을 가하는 것으로서 미리 국유재산 소관청과 협의하여야 한다. 공용지정 전에 미리 공공시설(도시계획시설)의 설치를 위한 도시관리계획결정 및 국유재산 처분제한이 이루어지는 경우가 많다. 도시계획시설지정(도로지정) 후에 도로구역결정(공용지정)을 하고 도로시설사업을 실시하는 것이 그 예이다.

(2) 위반행위의 효력

> **국토의 계획 및 이용에 관한 법률 제**97**조(국공유지의 처분 제한)** ① 제30조제6항에 따라 도시·군관리계획결정을 고시한 경우에는 국공유지로서 도시·군계획시설사업에 필요한 토지는 그 도시·군관리계획으로 정하여진 목적 외의 목적으로 매각하거나 양도할 수 없다.
> ② 제1항을 위반한 행위는 무효로 한다.

대부분의 공익사업법은 사업목적 외의 처분을 제한할 뿐, 그 위반행위의 효력을 부정하지는 않지만, 국토계획법은 처분제한 규정을 위반한 매매 등을 무효로 하고 있다. 국토계획법 제97조는 제1항에서 도시관리계획결정이 고시된 국·공유지로서 도시계획시설사업에 필요한 것은

그 도시관리계획으로 정해진 목적 외의 목적으로 매각 · 양도할 수 없다고 하면서, 제2항에서 이를 위반한 매각 등은 무효로 한다고 규정하고 있다.[8)] 제1항의 의미는 도시관리계획으로 도로, 공원 및 항만 등 도시계획시설(=공공시설)로 지정된 국 · 공유지는 해당 공공시설사업 외의 목적으로 처분할 수 없다는 의미이다.

해당 공공시설사업의 목적으로 매각하는 전형적인 모습은 그 사업시행자에게 매각하는 것이지만, 지정된 도시계획시설사업의 시행자 이외의 자에게 국유지를 양도했다고 그 양도행위를 무조건 무효로 볼 것은 아니다. ① 도시계획시설로 지정되더라도 예정된 공공시설사업이 언제 시행될지 모른다는 점, ② 관련 국유지를 제3자가 매수하더라도 궁극적으로는 사업시행자가 토지보상법에 따라 협의매수하거나 강제수용할 수 있다는 점, ③ 국유지를 매수한 자가 대체 부지를 제공하는 등의 방법으로 매수한 국유지에 이루어진 도시계획시설지정이나 사업구역지정을 철회 또는 변경시킬 가능성을 원천적으로 차단할 이유는 없다는 점 등을 고려하면 사업시행자 이외의 자에게 매각하는 모든 경우를 무효라고 볼 필요는 없다. 결국 도시계획시설사업에 필요한 국유지는 매각하지 말고 비축자원으로서의 기능을 다하게 하는 것을 원칙으로 하되, 매수자가 공공시설사업에 필요한 토지라는 사실을 명확히 인식하고 현 상태로 사용하거나 도시계획시설 철회 등 규제해소를 한 다음에 사적개발에 제공할 것이라면 이러한 처분행위를 무효로 볼 것은 아니다.

대법원은 지방자치단체가 체육시설부지(주차장 및 운동장)로 지정한 국유지를 국가가 '매각재산은 각종 토지이용 관계 법령에 의한 토지이용 제한사항이나 특정 목적 외의 사용제한 상태로 그대로 매각하는 것임'을 조건으로 매각하였고, 매수자는 공동주택, 호텔 및 상업시설 등을 신축 · 개발할 의도였으나, 관련 인허가를 받을 수 없게 되자, 국가가 도시계획시설로 지정된 국유지를 공동주택 및 호텔 등의 신축 목적으로 매각하였으니 국토계획법 제97조에 위반하여 무효라고 주장한 사례에서, 국가는 해당 국유지를 도시관리계획에서 정해진 현상 그대로 매각하려는 의사로 보일 뿐 도시관리계획으로 정하여진 목적 외의 목적으로 매각하였다고 볼 수 없다고 판시하였다.[9)] 대법원의 이러한 판시는 국토계획법 제97조 제1항의 '도시관리계획으로 정하여진 목적'의 의미를 위 ① 내지 ③과 같은 취지로 합목적적으로 해석한 것으로 보여진다.

---

8) 이에 비하여, 도시정비법 제98조 제3항, 도시개발법 제68조 제1항, 택지개발촉진법 제26조 제1항 등은 해당 사업 외의 목적으로 처분하지 못한다고만 하고 있다.

9) 대법원 2007. 8. 23. 선고 2006다15755 판결.

3. 국유재산의 가치 증대 · 유지를 위해 필요한 경우

2023년도 국유재산 처분기준 제4조(매각의 제한) ① 다음 각 호의 어느 하나에 해당하는 경우에는 매각을 제한할 수 있다.
3. 법 제57조에 따른 개발이 필요한 경우
8. 당해 국유재산의 매각으로 남겨지는 잔여 국유재산의 효용이 감소되는 경우
④ 제1항제8호에도 불구하고 법령 등에 따라 불가피하다고 인정되는 경우에는 매각할 수 있다.

국유재산의 가장 중요한 기능이 행정목적과 관련된 공공재적 기능과 비축자원 기능이지만, 그 외에 재정수입 · 지원기능도 있으므로, 행정목적에 직접 필요하지 않더라도 개발로 더 큰 가치를 만들 수 있거나 처분으로 잔여 재산의 가치가 떨어진다면 처분제한 사유가 된다.

(1) 개발이 필요한 경우

지금 당장 행정목적에 필요하지 않더라도, 개발하여 그 가치를 높일 수 있다면 매각보다 개발이 우선한다(2022년도 국유재산처분기준 제4조 제1항 제3호). 국유재산의 개발에는 기금개발, 위탁개발, 신탁개발 및 민간참여개발이 있는데, 기금개발은 국가재정(국유재산관리기금)으로, 나머지는 국가재정 이외의 재원으로 개발하는 것이다. 기금개발 이외의 개발은 국유재산의 가치증대에 해당한다. 기금개발은 국유재산에 청 · 관사를 신축하는 것으로서 행정목적에 필요하여 국유재산의 처분을 제한하는 것이다.

(2) 잔여 국유재산의 효용이 감소되는 경우

당해 국유재산의 매각으로 잔여 재산의 효용이 감소되는 경우 매각이 제한된다(같은 처분기준 제4조 제1항 제8호). 여러 필지로 연결된 국유지 중에 일부를 매각했을 때 잔여필지의 효용이 떨어지는 경우가 있을 수 있다. 이러한 경우 잔여지를 포함한 일체의 국유지를 매각하거나, 당해 국유지를 포함한 일체의 국유지를 매각하지 않아야 한다. 다만 법령 등에 따라 불가피하다고 인정되는 경우에는 잔여 재산의 효용감소에도 불구하고 해당 국유지만 매각할 수 있다(같은 조 제4항).

4. 사실상·소송상 분쟁이 진행 중이거나 예상되는 경우

2023**년도 국유재산 처분기준 제**4**조(매각의 제한)** ① 다음 각 호의 어느 하나에 해당하는 경우에는 매각을 제한할 수 있다.

5. 사실상 또는 소송상 분쟁이 진행 중이거나 예상되는 등의 사유로 매각을 제한할 필요가 있는 경우

사실상 또는 소송상 분쟁이 진행 중이거나 예상되는 국유재산은 매각제한의 대상이 된다(같은 처분기준 제4조 제1항 제5호). 분쟁이라 함은 해당 재산의 소유권 시비가 대표적일 것이나, 해당 재산의 매입을 수반하는 사업을 반대하거나, 특정인에 대한 수의매각의 당부를 다투는 등도 여기에 해당할 수 있다. 다만 매각을 제한할 만한 합리적이고 상당한 정도에 이르는 분쟁이어야 한다. 분쟁에 의한 매각 제한은 영구적인 것이 아니라 해당 분쟁이 해소되면 특별한 사정이 없는 한 풀린다고 해야 한다.

5. 상수원의 보호를 위해서 필요한 경우

2023**년도 국유재산 처분기준 제**4**조(매각의 제한)** ① 다음 각 호의 어느 하나에 해당하는 경우에는 매각을 제한할 수 있다.

6. 상수원관리지역(상수원보호구역과 수변구역 및 상수원수질보전을 위한 특별대책지역을 말한다)이나 금강·낙동강·영산강·한강수계 관리기금으로 토지를 매수할 수 있는 지역의 국유지로서 상수원의 수질개선·오염방지 및 자연환경 훼손 방지를 위하여 필요한 경우

① 상수원보호구역(수도법 제7조), ② 상수원수질보전을 위한 특별대책지역(환경정책기본법 제38조), ③ 수변구역[10] 및 ④ 4대강의 각 수계 관리기금으로 토지를 매수할 수 있는 지역[11](이하 매각제한 지역) 내의 국유지로서 상수원의 수질개선·오염방지 등을 위하여 필요한 경우 매각이 제한된다.[12] 다만 도시지역(국토계획법 제6조 제1호) 중 하수처리구역으로 지정된 지역과 환경부가 정한 「상수원지역 국·공유지 매각제한 기준」(이하 '환경부 매각제한기준'이라고도 한다)에 따라 불가피하다고 인정되는 경우에는 예외적으로 매각할 수 있다(같은 처분기준 제4조 제1항 제6호, 제2항).

환경부 매각제한기준이 예외적으로 매각이 불가피하다고 인정하는 경우로는 ① 지방자치단체에 매각하는 경우, ② 도로, 철도 등을 개설 또는 확·포장하는 경우, ③ 지역주민을 위하여 공익성이 높은 건축물을 축조하는 경우, ④ 건축물의 부지로 점유되는 국유지를 당해 건축물의

10) 한강수계법 제4조; 낙동강수계법 제4조; 금강수계법 제4조; 영산강·섬진강수계법 제4조 참조.
11) 한강수계법 제7조; 낙동강수계법 제8조; 금강수계법 제8조; 영산강·섬진강수계법 제8조 참조.
12) 위 ① ~ ③을 상수원관리지역이라고도 한다(한강수계법 제2조 제5호 참조).

소유자에게 매각하는 경우,[13] ⑤ 관계 법령에 의한 인허가를 득한 사업시행자에게 매각하는 경우 및 ⑥ 농업진흥지역 내의 농지(절대농지)를 실경작자에게 매각하는 경우로서 불가피하다고 판단되는 경우가 있다.

국유재산의 환경재적 기능은 해당 구역에 국유지가 많을 것을 요구하므로,[14] 다수의 환경법이 국가가 특정지역 내의 토지를 매입하여 국유지로 삼도록 요구하고 있다(물환경보전법 제19조의3, 한강수계법 제7조 등). 이러한 사정이 상수원보호구역 등 관련 지역 내의 국유지 매각을 제한하는 것으로 발현된다.

6. 무주부동산으로 국고귀속한 후 10년이 지나지 않은 경우

2023년도 국유재산 처분기준 제4조(매각의 제한) ① 다음 각 호의 어느 하나에 해당하는 경우에는 매각을 제한할 수 있다.

7. 소유자 없는 부동산에 대하여 공고를 거쳐 취득한 후 10년이 지나지 아니한 경우

③ 제1항제7호에도 불구하고 다음 각 호의 어느 하나에 해당하는 경우에는 매각할 수 있다.

1. 해당 국유재산이 「공익사업을 위한 토지 등의 취득 및 보상에 관한 법률」에 따른 공익사업에 필요하게 된 경우
2. 「공간 정보의 구축 및 관리 등에 관한 법률」 제84조에 따른 등록사항의 정정 등으로 신규등록 되어 국가의 소유로 된 경우. 다만, 매각일 현재 소송이 진행 중인 재산은 제외한다.
3. 행정재산의 용도로 사용하던 소유자 없는 부동산을 행정재산으로 취득하였으나 그 행정재산을 당해 용도로 사용하지 아니하게 된 경우
4. 다른 법률에 따라 특정한 사업목적 외의 처분이 제한되거나 일정한 자에게 매각할 수 있는 재산으로서 그 사업목적을 달성하기 위하여 필요하다고 인정되는 경우

무주부동산은 부동산공부의 부재 등으로 그 소유자를 알지 못하는 부동산을 말하는데, 민법 제252조 제2항 및 국유재산법 제12조에 따라 국고귀속의 절차를 밟는다. 국고귀속 과정에서 공고절차를 거치지만 소유자가 있는 부동산을 잘못 국고귀속할 수도 있다. 이에 원소유자가 나타날 때를 대비하여 국고귀속 등기한 때로부터 10년간 매각을 금지한다(법 제12조 제4항 본문, 같은 처분기준 제4조 제1항 제7호). 매각금지 기간을 10년으로 한 것은 등기부시효취득기간을 감안한 것으로 추측이 되지만(민법 제245조 제2항), 대법원은 무주부동산을 원인으로 등기한 국가의 등기부시효취득을 인정하지 않기 때문에 10년 이상 보유하더라도 국가소유로 확정되지는 않는다.[15]

13) 건축물 소유자가 환경부 매각제한기준 시행(2003. 5. 16.) 이전부터 그 부지(국·공유지)를 임대해 사용하고 있는 경우에 한한다.
14) 신봉기, 국유지의 법리, 동아법학 제30권, 동아대학교 법학연구소, 2022, 70면.
15) 대법원 2008. 10. 23. 선고 2008다45057 판결.

아래 (1) 내지 (3)의 경우에는 국고귀속 등기한 때로부터 10년 이내라도 매각할 수 있다(법 제12조 제4항 단서, 영 제7조 제3항, 같은 처분기준 제4조 제3항). 무주부동산으로 국고귀속한 부동산을 매각한 후 원소유자가 나타났다면 원소유자는 매수자에게 반환청구하고 매수자는 국가에 담보책임을 청구할 수 있다. 예외적으로 매수자의 소유로 확정이 된다면(등기부시효취득, 토지수용 등) 원소유자는 국가에 손해배상청구 등의 금전청구를 할 수 있다. 국가는 무주부동산을 민법 제252조 제2항에 따라 원시취득하지만, 만약 진정한 소유자가 나타나면 처음부터 국유재산이 아니었던 것으로 취급되는 해제조건부 취득이기 때문이다.[16)]

(1) 공익사업상 필요

도시계획시설(공공시설)사업 등 공익사업에 필요한 경우이다(같은 처분기준 제4조 제3항 제1호, 제4호). 토지보상법이 적용되는 공익사업인지를 불문하지만, 사업시행자가 토지보상법에 따라 공용수용으로 취득했다면 원시취득이므로 원소유자가 나타나더라도 그 취득에 영향을 받지 않는다. 사업시행자가 협의취득을 했더라도 이미 그 사업이 완료되었거나 상당부분 진행이 되었다면 권리남용이론이나 수용적 침해이론 등에 따라 원물반환이 곤란할 수 있다.

(2) 신규 등록된 무주부동산

국가소유로 신규 등록한 경우이다(같은 처분기준 제4조 제3항 제2호). 신규 등록이란, 새로 조성된 토지와 지적공부에 등록되지 않은 토지를 지적공부에 등록하는 것을 말한다(공간정보관리 법 제2조 제29호). 이 경우에는 원소유자가 따로 있을 가능성이 희박하기 때문에 예외로 한 것이다.

(3) 행정용도의 무주부동산

행정용도의 무주부동산을 행정재산으로 취득했던 경우이다(같은 처분기준 제4조 제3항 제3호). 국가귀속 전부터 도로 등 행정재산의 용도로 사용됐다는 것은 원래 국유재산이었을 가능성이 높기 때문에 예외로 한 것이다.

7. 취득과 처분의 균형

국유재산법 제3조(국유재산 관리 · 처분의 기본원칙) 국가는 국유재산을 관리 · 처분할 때에는 다음 각 호의 원칙을 지켜야 한다.

2. 취득과 처분이 균형을 이룰 것

2022년도 국유재산 처분기준 제4조(매각의 제한) ① 다음 각 호의 어느 하나에 해당하는 경우에는 매각을 제한할 수 있다.

---

16) 국가의 유실물부동산 취득의 법적 성질에 관한 자세한 내용은 강호칠, 소유자불명인 부동산의 국유화 조치에 관한 고찰, 토지공법연구 제80집, 한국토지공법학회, 2017. 11, 79면 이하 참조.

10. 법 제3조제2호에 따른 국유재산의 취득과 처분의 균형을 위하여 처분의 제한이 필요하다고 총괄청이 인정하는 경우

국유재산을 관리 · 처분할 때에는 그 취득과 처분이 균형을 이루어야 하고(법 제3조 제2호), 총괄청이 취득과 처분의 균형을 위해 제한이 필요하다고 인정하는 재산은 매각이 제한된다(같은 처분기준 제4조 제1항 제10호). 국유재산의 취득과 처분은 여러 법률의 규정에 의하여, 각 중앙관서에서 다양하게 이루어지므로 현실적으로 그 수량 및 금액상의 균형을 맞추기가 쉽지 않다. 참고로 2022년도 국유재산 취득계획은 약 49.8조원이고, 처분계획은 약 30.6조원이다(2022년도 국유재산종합계획 참조).

8. 대부의 우선적 고려

2022년도 국유재산 처분기준 제7조(매각의 방법) ① 국유재산의 매각은 법 제43조에 따라 일반경쟁입찰을 원칙으로 한다. 다만, 영 제40조에 따라 필요한 경우에는 제한경쟁, 지명경쟁 또는 수의계약의 방법으로 매각할 수 있다.
② 제1항 단서에 따라 수의계약의 방법으로 매각을 검토하는 경우에도 경쟁입찰 또는 대부계약을 우선 고려하여야 한다.

국유재산의 수의매각을 검토할 때는 경쟁 입찰 또는 대부계약을 우선 고려하여야 하는데(같은 처분기준 제7조 제2항), 이 제한 규정은 2018년도 국유재산처분기준에서 처음 도입되었다. 국유재산의 처분은 대부분 수의매각으로 이루어지는데, 각 수의매각의 사유를 대부계약으로 달성할 수 있다면 매각을 제한하고 대부계약으로 갈음하라는 취지로서, 이 규정은 사실상 국유재산의 처분을 전면적으로 제한하는 방식으로 운영될 수 있다. 최근의 국유재산 처분시스템이 사실상 포지티브 시스템으로 회귀되고 있음을 보여준다.

Ⅲ. 절차적 통제를 통한 처분제한

국유재산의 매각에 앞서 총괄청의 승인 · 협의 등의 절차를 거치거나, 이와 별도로 국토교통부장관의 협의절차를 거쳐야 하는 경우가 있는데, 행정수요에 부합하는 재산의 유출방지, 수의매각의 적정성 감독 등을 위한 내부적 절차이다.

1. 총괄청의 승인 · 협의 등

① 매각하려는 재산이 일단의 국유지[17]에 속하고, 그 일단의 면적이 지역별로 1,000 ~

3,000㎡를 초과하는 경우, ② 영 제40조 제3항 제17호(인접 토지) 및 제27호(기타)에 따라 수의매각하려는 재산이 지역별로 2억원 ~ 5억원을 초과하는 경우,[18] ③ 한국자산관리공사가 공익목적으로 수의매각하려는 경우에는 미리 총괄청의 승인을 받아야 한다(같은 처분기준 제5조 제1항). 위 ① 내지 ③에 해당하더라도 ① 2회 유찰 등으로 수의매각하는 경우, ② 토지보상법에 따른 손실보상, ③ 소정의 국유림을 확대하거나 집단화하기 위해 매각하는 경우, ④ 국유지가 환지되는 경우 등에는 총괄청의 승인을 거치지 않는다(같은 처분기준 제6조). 특별회계 · 기금에 속한 재산은 위 ②에 해당하더라도 총괄청의 승인을 받지 않아도 되지만, 청사 등 공용재산으로 사용 후 용도폐지된 재산이라면 미리 총괄청과 협의하여야 한다(같은 처분기준 제6조 제5호, 제10조 제1항; 법 제48조 제2항, 영 제52조 제2항).

한국자산관리공사가 청사, 경찰서 등 공용재산에서 용도폐지된 재산을 매각할 때는 다른 중앙관서의 행정수요 여부를 총괄청을 통해 미리 확인하여야 한다(같은 처분기준 제10조 제4항). 공용재산으로 필요한 부지는 국가가 매입해야 하고, 한번 공용재산으로 사용된 부지는 다시 같은 용도로 쓰여질 가능이 높기 때문이다. 그 밖에 중앙관서의 장 등이 국유재산을 교환할 때는 총괄청에 그 내용을 통지하여야 한다(같은 처분기준 제10조 제3항).[19]

2. 국토교통부장관과의 협의

앞서 기술한 총괄청의 승인 · 협의 등의 절차와는 별도로, ① 종래의 군부대, 교도소 및 학교의 부지, ② 일단의 국유지로서 1만㎡를 초과하는 토지를 매각하려는 때에는 장기공공임대주택[20]의 용도로 필요한지에 관하여 국토교통부장관과 협의하여야 한다(같은 처분기준 제10조 제2항). 장기공공임대주택의 건설에 필요한 대규모 국유지의 유출을 막으려는 취지이다. 군부대, 교도소 및 학교의 부지는 여기에 해당하는 경우가 많다.

Ⅳ. 계약방법의 통제를 통한 처분제한

사적자치의 원칙은 계약상대방 선택의 자유를 포함하므로 국유재산의 처분에서도 국가가 그 상대방을 임의로 선택할 것으로 생각될 수 있다. 그러나 그렇게 되면 일반경쟁 입찰로 재력가만 국유재산을 낙찰 받거나, 수의계약으로 밀실 특혜가 이루어 질 수 있는바, 국유재산의 공

17) 경계선이 서로 맞닿은 일련의 국유 일반재산 토지를 말하는데, 도로, 하천 등 공물의 부지 및 국가 이외의 자와 공유하는 토지를 제외한다(같은 처분기준 제5조 제1항 제1호).
18) 한국자산관리공사가 영 제40조 제3항 제17호, 제27호에 따라 수탁재산을 매각하는 경우에는 일단의 토지 면적이 100㎡ 이상이거나 대장가격이 1,000만원 이상이면 모두 자체 심의위원회의 심의 · 의결을 거쳐야 하며, 심의결과 자료를 총괄청에 제출하여야 한다(같은 처분기준 제5조 제3항).
19) 국유재산처분기준이 매각 이외의 처분유형에 대하여 처분제한을 가하는 유일한 조항이다.
20) 임대주택법시행령 제2조에 따른 공공건설임대주택으로서 임대의무기간이 10년 이상인 임대주택을 말한다.

적 기능에 비추어 볼 때 바람직하지 않다. 이에 국유재산법과 국유재산처분기준은 경쟁 입찰을 원칙으로 하되, 수의계약이 필요한 영역에 대하여 수의계약의 사유, 요건 및 절차 등을 자세하게 규정하고 있다(법 제43조, 영 제40조, 같은 처분기준 제7조).

국가계약의 방법에 대해서는 국가계약법이 비교적 자세하게 규정하고 있다(제7조). 국유재산의 처분계약도 국가계약으로서 동법의 적용을 받아야 할 것이지만, 국가계약법은 국가계약에서의 기본법 내지 일반법으로서 다른 법률에 특별한 규정이 있으면 그 규정이 우선 적용된다(국가계약법 제3조).[21] 국유재산법이 규정하는 이하의 내용들은 국가계약법 제3조가 말하는 다른 법률에 특별한 규정이 있는 경우로서 국가계약법에 우선한다.

1. 일반경쟁 입찰

(1) 처분방법에 관한 법률의 규정

국유재산법과 국유재산처분기준은 국유재산을 매각할 때, 일반경쟁을 가장 우선하고, 그 다음에 제한·지명경쟁, 마지막으로 수의계약의 순서대로 할 것을 요구한다(법 제43조 제1항, 같은 처분기준 제7조). 그러나 영 제40조 제3항이 열거하는 수의계약 사유들을 보면 공익의 추구, 보호가치 있는 이해관계자의 보호, 공익사업의 지원 등 공공복리적인 필요에 의한 것들이어서 오히려 수의계약의 방법이 가장 우선하고, 그 다음이 제한·지명경쟁, 마지막으로 일반경쟁의 순서가 되는 것처럼 보인다.

(2) 처분방법의 판단순서

국유재산법이 열거하는 수의계약 또는 제한·지명경쟁의 사유들은 대부분 공공복리에 입각하므로, 사실상 재산관리기관에 수의계약을 기속하는 규정으로 이해된다. 그럼에도 불구하고 법 제43조 제1항 등을 기계적으로 해석하여 경쟁 입찰을 무리하게 진행한다면 공공복리를 훼손하고 금권주의로 갈 위험이 있다. 따라서 국유재산 매수신청이 있는 경우, 수의계약 사유가 있는지 우선 살피고, 그 다음에 제한·지명경쟁 사유가 있는지 살핀 다음, 마지막으로 일반경쟁 입찰에 붙이는 것이 바람직하다. 법 제43조 제1항과 국유재산처분기준 제7조는 수의계약이나 제한·지명경쟁의 사유가 없다면 일반경쟁에 의할 것이지 임의로 수의계약 등을 해서는 안 된다는 의미로 해석하여야 한다.

일반경쟁 입찰은 매우 공정한 방법처럼 보이지만 사실은 형식적 사적자치에 흐를 수 있다. 실경작자, 공유자, 지상건물이나 인접지의 소유자 등 실질적인 이해관계자를 무시하고 아무런 이해관계 없이 투기목적 등으로 더 많은 돈으로 응찰하는 자를 거래상대방으로 삼을 수밖에 없는 방법이기 때문이다. 일반적인 사법관계에서는 사적자치와 공공복리가 경합할 수

---

21) 정태학 외, 국가계약법, 박영사, 5면.

있으나, 국유재산의 영역에서는 공공복리가 우선할 수밖에 없다.

수의계약이나 제한·지명경쟁의 사유가 없다면 무조건 일반경쟁에 붙일 것이 아니라 유효경쟁의 가능성을 가늠해 보아야 한다. 일반경쟁에 붙여 2회 이상 유찰이 되면 최초 예정가격의 50%까지 가격체감이 가능하기 때문이다(영 제42조 제3항). 한편 국유재산법은 유효경쟁이 담보되지 않을 때, 가격체감 없는 수의계약이 가능하도록 2회 이상 유찰에 따른 수의계약을 규정하고 있다(같은 영 제40조 제3항 제25호).

2. 제한·지명경쟁 입찰

국유재산법은 계약의 목적, 성질 등을 고려하여 제한·지명경쟁 입찰을 할 수 있다고 하면서 그 사유를 열거하고 있는데(법 제43조 제1항, 영 제40조 제2항), 이는 수의계약 사유가 경합하거나 독자적인 공공복리에 근거한 것들이다. 따라서 제한·지명경쟁 입찰은 수의계약과 일반경쟁 입찰 사이에서 완충역할을 한다.

(1) 인접 토지 소유자

토지의 용도 등을 고려하여 해당 국유재산에 인접한 토지소유자를 지명하여 경쟁에 부칠 수 있다(영 제40조 제2항 제1호). 이 규정에 따라 인접한 여러 토지소유자 중에서 일부만 매수신청 하더라도 그 전부를 지명해서 매수할 기회를 줄 수 있고, 인접한 토지 소유자들의 반대에도 불구하고 무리하게 일반경쟁에 부치는 것을 방지할 수도 있게 되었다.

(2) 실경작자

농경지의 경우에 지방자치단체장이 인정하는 실경작자를 지명하거나 이들로 제한하여 경쟁에 부칠 수 있다(영 제40조 제2항 제2호). 국유재산을 사용허가 또는 대부받아 5년 이상 경작한 자는 그 재산을 영 제40조 제3항 제18호 아목에 따라 수의로 매수할 가능성이 있다. 본 조항은 그에 이르지 못한 자들에게 경자유전의 원칙에 따라 국유농경지 매입의 기회를 주는 기능을 한다.

(3) 용도를 지정하여 매각하는 경우

용도를 지정하여 매각하는 경우에는 제한·지명경쟁에 의할 수 있다(영 제40조 제2항 제3호). 용도를 지정하여 매각한다 함은 매수자에게 매각의 목적물인 국유재산의 용도와 그 용도에 사용하여야 할 기간을 정하여 매각하는 것을 말한다(법 제49조). 용도지정 매각은 주로 영 제40조 제3항의 수의매각 사유를 보증하기 위한 수단으로 행하여지는데(영 제40조 제4항), 수의매각 사유와 무관한 용도의 지정도 가능하다(법 제49조). 예컨대, 사회복지사업 또는 신재생에너지사업으로 용도를 지정하여 제한·지명경쟁 입찰에 붙이는 것이다. 사회복지사업은 법정수의매각 사유가 아니고, 신재생에너지사업은 다른 법률에 따른 수의매각 사유이다(신재생에너지법 제26조).

(4) 영 제40조 제3항에 따른 수의매각 신청의 경합

국유재산법에 따른 수의매각 사유로 수의매각 신청이 경합하면 제한·지명경쟁 입찰에 붙일 수 있다(영 제40조 제2항 제4호). 국유재산법상의 각 수의매각 사유들은 나름의 공공복리적인 근거가 있기 때문에 어느 하나가 다른 사유에 우선한다고 보기 어렵다. 그리하여 같은 사유들끼리 경합하는 경우뿐만 아니라 서로 다른 사유들끼리도 어느 하나를 일방적으로 우선시킬 것이 아니라 지명·제한 경쟁하는 것을 원칙으로 하는 것이다.

3. 수의계약

(1) 법정 수의계약 사유

국유재산법은 공공복리에 입각하여 총 27개 항목에 이르는 수의매각 사유를 열거하고 있는데(영 제40조 제3항), ① 공익목적, ② 보호가치 있는 이해관계자의 보호, ③ 지상건물의 양성화 등, ④ 실경작자우대, ⑤ 법정사업의 지원, ⑥ 국가의 필요, ⑦ 일반규정 등 7개 영역으로 나눌 수 있다. 다른 법률들에서도 각 입법목적의 달성을 위하여 수많은 수의매각 사유를 규정하고 있다(국유재산특례제한법 별표에 열거된 200여 개의 법률 참조).

법 제43조 제1항에서는 수의매각이 예외적이지만, 영 제40조 제3항의 법정 수의매각 사유를 보면 오히려 수의매각이 원칙적인 것처럼 보이고, 실제 국유재산 수의매각이 전체 매각 사례의 90% 이상을 차지한다.[22] 수의매각 사유에 해당한다고 하여 그 자에게 매수신청권이 인정되는 것은 아니다.[23]

(2) 용도를 지정한 매각

1) 제도의 취지

영 제40조 제3항의 수의매각 사유 중에서 종교용, 기숙사부지용, 농수산물유통시설부지용, 지역특산품생산단지·농어촌관광휴양단지 사업부지용, 사도개설용 및 직장어린이집 부지용에 해당하는 경우에는 그 사유를 담보하기 위해 반드시 용도지정 매각을 해야 한다(영 제40조 제4항). 그 밖에 입찰에 의하는지, 수의계약에 의하는지, 수의계약의 사유가 무엇인지 등을 불문하고 재산관리기관의 재량으로 용도지정 매각이 가능하다(법 제49조).

2) 내용

종교용, 기숙사부지용 등 소정의 수의매각 사유에 해당하는 경우에는 매각일부터 2년 이내에 해당 용도에 사용하지 아니하거나, 매각일부터 10년 이내에 그 용도를 폐지하는 경우 국유재산 매매계약을 해제한다는 내용의 특약등기를 하여야 한다(영 제40조 제4항).

---

22) 한국개발연구원(KDI), 국유재산 관리체계 효율화방안 연구, 2019, 50면.
23) 대법원 1992. 2. 14. 선고 91다12868 판결.

국유재산을 매각할 때 용도지정을 할 것인지는 원칙적으로 재산관리기관의 재량이지만(법 제49조), ① 국유재산법에 따른 소정의 수의매각(영 제40조 제4항) ② 다른 법률에 따라 단체의 운영 등을 위해 수의매각하는 경우(2021년도 국유재산처분기준 제8조)에는 반드시 용도지정 및 환매 특약등기를 하여야 한다. 용도지정 및 환매특약은 법률의 근거가 있어야 등기할 수 있는데(부동산등기법 제29조 제2호, 부동산등기규칙 제52조 제2호), 법 제49조, 영 제53조, 영 제40조 제4항 등은 특약등기의 근거가 된다.

특별법에 의한 특약사항 등의 등기에 관한 예규(개정 2021. 9. 8 **등기예규 제**1734**호)**

1. **원칙**

특별법에 의한 특약사항, 금지사항 등은 그러한 사항을 등기할 수 있다는 법령상의 근거가 있어야만 이를 등기할 수 있다.

2. **특별법에 의한 특약사항 등을 등기할 수 있는 경우**

가. 「국유재산법」에 의한 국유재산 양여 등에 따른 특약등기

(1) 「국유재산법」 제49조의 규정에 의하여 국유재산을 용도를 지정하여 매각하고 소유권이전등기를 하는 경우, '「국유재산법」 제52조 제3호 사유가 발생한 때에는 당해 매매계약을 해제한다'는 내용의 특약사항은 「국유재산법 시행령」 제53조 제3호의 규정에 의하여 이를 등기할 수 있다.

(2) 「국유재산법」 제55조 제1항 제1호의 규정에 의하여 국유재산을 양여하고 소유권이전등기를 하는 경우, '「국유재산법」 제55조 제2항의 사유가 발생한 때에는 당해 양여계약을 해제한다'는 내용의 특약사항은 「국유재산법 시행령」 제59조의 규정에 의하여 이를 등기할 수 있다.

(3) 특약등기의 말소. 위 (1) 또는 (2) 에 따라 등기된 특약사항이 그 효력을 상실한 경우, 현재의 소유권의 등기명의인은 소관청의 확인서 등 위 특약의 효력이 상실하였음을 증명하는 서면을 첨부하여 특약등기의 말소를 신청할 수 있다. 다만 그 양여 부동산의 반환, 원상회복 및 손해배상 등에 관한 사항은 이를 등기할 수 없다.

단체의 운영 등을 위해 국유재산의 수의매각을 규정하는 다른 법률에는 「국가유공자 등 단체설립에 관한 법률」(국가유공자단체[24]), 「고엽제후유증 등 환자지원 및 단체설립에 관한 법률」(대한민국고엽제전우회), 「참전유공자 예우 및 단체설립에 관한 법률」(6 · 25참전유공자회), 「특수임무유공자 예우 및 단체설립에 관한 법률」(특수임무유공자회) 등이 있다. 단체의 운영 등을 위한 국유재산 수의매각에 대한 통제장치로는 용도지정 매각 이외에 국유재산을 수의로 매입한 단체의 재산 처분 시 보고의무(「국가유공자 등 단체설립에 관한 법률」 제13조의 2 제4항 참조) 등이 있다.

법 제49조에 따라 재산관리기관의 재량으로 용도지정 매각을 하는 경우에는 재산의 매각일

24) 대한민국상이군경회, 대한민국전몰군경유족회, 대한민국전몰군경미망인회, 광복회, 4 · 19민주혁명회, 4 · 19혁명희생자유족회, 4 · 19혁명공로자회, 재일학도의용군동지회, 대한민국무공수훈자회를 말한다(「국가유공자 등 단체설립에 관한 법률」 제3조).

로부터 10년 이상 지정된 용도로 사용하게 하여야 하고, 이를 위반 시 환매하는 내용의 특약등기를 하여야 한다. 총괄청은 필요하다고 인정하는 경우에는 용도를 지정하여 매각한 재산의 관리상황에 관하여 보고를 받거나 자료의 제출을 요구할 수 있고, 소속 공무원에게 그 관리상황을 감사하게 하거나 그 밖에 필요한 조치를 할 수 있다(영 제53조).

제4절 국유재산의 처분가격

Ⅰ. 처분재산의 가격결정

1. 가격결정의 기준

국유재산법 제44조(처분재산의 가격결정) 일반재산의 처분가격은 대통령령으로 정하는 바에 따라 시가(時價)를 고려하여 결정한다.

법 제44조는 시가(時價)를 고려하여 국유재산의 처분가격을 결정하도록 규정하고 있다. 원래 시가는 거래당사자가 상호 합의하는 주관적이고 개별적인 가격이지만, 국유재산의 처분가격에 적용하기 곤란하므로 시가를 고려해서 재산관리기관이 객관적이고 일반적인 가격으로 결정할 것을 요구하는 것이다.

시가란 가격결정시점이 현재라는 의미로서, 평가대상의 현황은 현재일 수도, 과거일 수도 있다. 예컨대 어떤 토지가 황무지였으나 개발행위로 상업용지로 변했다면 현재의 현황으로 시가결정을 하는 것이 보통이겠으나, 과거의 현황을 대상으로 현재의 시점에서 시가결정을 할 수도 있는 것이다. 후자는 국유재산 처분의 상대방이 과거 동 재산의 가치를 상승시킨 경우에 고려된다.

2. 가격결정의 방법

(1) 감정평가업자의 평가액

국유재산법 제44조(처분재산의 가격결정) 일반재산의 처분가격은 대통령령으로 정하는 바에 따라 시가(時價)를 고려하여 결정한다.

국유재산법 시행령 제42조(처분재산의 예정가격) ① 증권을 제외한 일반재산을 처분할 때에는 시가를 고려하여 해당 재산의 예정가격을 결정하여야 한다. 이 경우 예정가격의 결정방법은 다음 각 호와 같다.

1. 대장가격이 3천만원 이상인 경우(제2호의 경우는 제외한다): 두 개의 감정평가업자의 평가액을 산술평균한 금액

2. 대장가격이 3천만원 미만인 경우나 지방자치단체 또는 공공기관에 처분하는 경우: 하나의 감정평가업자의 평가액

② 제1항에 따른 감정평가업자의 평가액은 평가일부터 1년이 지나면 적용할 수 없다.

제44조는 가격결정의 기준을 시가(時價)로 규정하면서 구체적인 결정방법은 대통령령에 위임하는바, 영 제42조는 감정평가의 방법을 채택하고 있다. 해당 재산의 대장가격이 3,000만원 이상이면 두 개 감정평가업자의 평가액을 산술평균한 금액을 예정가격으로 하고, 그 미만이거나 지방자치단체 · 공공기관에 처분하는 경우에는 한 개 감정평가업자의 평가액으로 한다(영 제42조 제1항). 감정평가업자의 평가액은 평가일로부터 1년이 지나면 적용할 수 없다(영 제42조 제2항).

감정평가업자의 선정절차, 재평가 대상 · 방법 등에 대하여 국유재산법은 침묵하고 있다. 토지보상법은 감정평가업자의 선정을 사업시행자가 하도록 하되, 해당 토지 관할 시 · 도지사와 토지 소유자가 각 1인씩 감정평가법인 등을 추천할 수 있게 하고 있다(제68조 제1항, 제2항). 감정평가 결과에 문제가 있는 경우에는 당해 감정평가업자에게 다시 평가할 것을 요구하거나 다른 2인 이상의 감정평가업자에게 다시 의뢰하게 하는데, 재평가 · 재의뢰에 대한 구체적인 기준을 정하고 있다(토지보상법 시행규칙 제17조 제1항, 제2항). 최근 제정된 「수복지역 내 국유화된 토지의 매각 및 대부에 관한 사무처리 규정」(대통령령)은 재산관리기관이 감정평가업자를 선정하되 해당 토지 관할 시장 · 군수가 1인을 추천할 수 있게 하고, 감정평가 결과에 문제가 있는 경우 다른 2인의 감정평가업자에게 다시 의뢰하게 하도록 규정하고 있다(제6조). 국유재산법에도 관련 규정을 명시적으로 두는 것이 바람직하다.

(2) 개별공시지가

국유재산법 시행령 제42조(처분재산의 예정가격) ⑩ 다음 각 호의 어느 하나에 해당하는 국유지를 법 제43조제1항에 따른 경쟁입찰의 방법으로 처분하는 경우에는 제1항에도 불구하고 해당 국유지의 개별공시지가를 예정가격으로 할 수 있다.

1. 일단(一團)의 토지[경계선이 서로 맞닿은 일반재산(국가와 국가 외의 자가 공유한 토지는 제외한다)인 일련(一連)의 토지를 말한다. 이하 같다] 면적이 100제곱미터 이하인 국유지(특별시 · 광역시에 소재한 국유지는 제외한다)
2. 일단의 토지 대장가격이 1천만원 이하인 국유지

일단의 토지 면적이 100㎡ 이하인 국유지(특별시 또는 광역시에 소재한 것은 제외한다) 또는 일단의 토지 대장가격이 1,000만원 이하인 국유지를 경쟁 입찰로 처분할 때는 해당 국유지의 개별공시지가를 예정가격으로 할 수 있다(영 제42조 제10항).

Ⅱ. 경쟁 입찰로 매각하는 경우

1. 최초예정가격

경쟁 입찰로 국유재산을 매각할 때는 낙찰가격이 최종 매각가격이 된다. 재산관리기관이 경쟁 입찰에 붙일 때 결정하는 최초예정가격은 영 제42조 제1항에 따른 감정평가액과 동일하다. 처분의 여러 유형 가운데서 경쟁 입찰에 붙이는 것은 사실상 매각으로 한정된다. 양여, 교환 등은 그 성질상 수의계약이 전제된다. 영 제42조 제1항에 따른 감정평가액은 수의매각, 양여, 교환에서는 바로 처분가격이 되고, 경쟁 입찰에 의한 매각에서는 최초예정가격이 되는 것이다.

2. 예정가격의 체감

국유재산법 시행령 제42조(처분재산의 예정가격) ③ 중앙관서의 장등은 일반재산에 대하여 일반경쟁입찰을 두 번 실시하여도 낙찰자가 없는 경우에는 세 번째 입찰부터 최초 매각 예정가격의 100분의 50을 최저한도로 하여 매회 100분의 10의 금액만큼 그 예정가격을 낮출 수 있다.

(1) 일반경쟁 입찰

일반경쟁 입찰에서 2회 유찰되면 세 번째 입찰부터 최초예정가격의 50%를 최저한도로 하여 매회 10% 예정가격을 낮출 수 있다(영 제42조 제3항).[25] 2회 유찰에 따른 예정가격체감 여부는 재산관리기관의 재량사항이므로 입찰자 등이 이를 요구할 권리는 없다. 그러나 ① 유찰이 반복되면 예정가격을 체감해야 매각이 이루어질 수 있다는 점, ② 소수 입찰자의 담합유찰로 염가매각될 가능성이 있다면 지명 · 제한경쟁 입찰로 진행하면 된다는 점, ③ 담당자로서는 입찰자들 사이에 담합이 있는지 알 수 없고 조사권도 없다는 점, ④ 입찰담합에 대하여는 형벌의 제재가 가능하다는 점(형법 제315조) 등을 감안할 때 특단의 사정이 없는 한 예정가격체감을 하는 것이 원칙이라 할 것이다.

다만, 2인 이상의 유효경쟁이 보장되지 않으면 불필요한 재정손실을 초래하게 된다. 특히 특정인에 대한 수의매각이 불가피한 경우까지도 일반경쟁 입찰에 부치는 것은 부당한 특혜가 될 수 있음을 주의해야 한다. 이러한 사정을 고려하여, (수의)매각신청이 들어오면 유효경쟁 여부를 알아보기 위해 일단 일반경쟁 입찰에 붙이되, 2회 유찰되면 더 이상 입찰에 부치지 말고 최초예정가격으로 신청인에게 수의매각하는 방법을 고려할만하다. 한편 국

---

25) 민사집행법의 경우는 일단 유찰이 되면 두 번째 입찰부터 바로 20%씩 가격체감을 하며 경매취소가 되지 않는 한 하한의 한계가 없다. 국유재산은 국가재정에 직접적인 영향을 미치므로 유찰에 따른 가격체감에 보수적인 태도를 취한다.

세물납재산을 물납가격 이하로 매각하는 것은 조세정책상 적절치 않고, 현재 저평가된 재산은 개발과 시간의 경과 등으로 가치가 상승할 때까지 기다리는 것이 옳을 수 있다. 따라서 이러한 재산을 일반경쟁 입찰에 붙일 때는 일괄 입찰에 따른 자동 유찰체감에 주의하여야 한다. 공정성 확보와 함께 다수의 입찰자간 가격경쟁을 통해 매각수입을 늘린다는 것은 일반경쟁 입찰 제도의 중요한 취지이다.

(2) 지명 · 제한경쟁 입찰

과거에는 모든 경쟁 입찰에서 유찰에 따른 가격체감을 인정하되(최초예정가격의 80%, 활용가치가 없는 경우 50%를 최저한도로) 담합이 의심되면 가격체감을 하지 않았다. 그러나 담합 여부를 판단하는 것은 쉽지 않고, 지명 · 제한 경쟁에는 예정가격체감을 하지 않는 쪽으로 의견이 모아졌다. 이후 2009. 7. 개정 시행령은 지명 · 제한 경쟁의 사유를 독자적으로 명시하고, 일반경쟁 입찰에서만 유찰에 따른 가격체감이 가능하도록 하여, 현재에 이르고 있다. 해당 재산에 인접한 토지 소유자 기타 이해관계자 몇 명만 입찰할 것으로 예상되는 때에는 담합유찰이 우려되므로 가급적 일반경쟁은 피하고 지명경쟁이나 제한경쟁의 방법에 의해야 할 것이다.

Ⅲ. 국유재산의 가치를 증대시킨 자에게 처분하는 경우

1. 사안의 배경

특정인이 국유지를 오랫동안 점유, 사용 · 수익하면서 해당 국유지를 개간해 그 가치를 증대시키는 경우가 있다. 이러한 사안은 국유지를 사용허가 또는 대부받아서 이루어지기 보다는 국유지를 무단 점유하거나, 정부의 이주정책에 수반한 장기간의 국유지 무상 사용승인 등의 형태로 이루어지는 경우가 많아서, 국유지 개간행위에 대한 보상 여부, 보상의 범위 등에 대한 상호간의 약정이 없는 경우가 많다. 대개의 경우 국유지를 개량한 자에게 해당 국유지를 수의매각할 때, 그 매각대금에서 개간비를 공제해 줄 것인지의 문제로 최종 귀결이 된다.

2. 사안에 적용되는 일반적인 법리

타인의 토지를 점유하여 사용 · 수익함과 동시에 그 토지를 개량해 가치를 증대시킨 사안에 대하여는 ① 민법 제201조 내지 제203조의 점유자와 회복자의 관계 및 ② 민법 제741조, 제748조 등의 부당이득반환청구권의 관계가 적용된다. ① 및 ②의 관계에 대하여는 매우 복잡하고 어려운 강학상의 논의가 있으나,[26] 통설 · 판례를 중심으로 단순화 하면 다음과 같다.

---

26) 자세한 내용은 백태승, 민법 제201조 ~ 203조 점유자 · 회복자 관계와 부당이득반환청구권과의 관계, 법학연구 제25권 제1호, 연세대학교 법학연구원, 2015. 3; 김상중, 민법 제203조의 비용상환청구권과 제

(1) 임료반환

우선 개간행위자는 국유지에 대한 임대료 상당의 과실(果實) 및 그에 대한 이자를 국가에 반환하여야 한다(민법 제201조 제2항, 제748조 제2항).[27] 다만 그 기간 동안 국유지를 점유할 수 있는, 과실수취권을 포함하는 본권이 있다고 오신한 경우(민법 제201조 제1항의 선의의 점유자)에는 임대료 상당의 과실을 취득하므로 반환할 필요가 없다(민법 제201조 제1항). 국유지 관련 선의의 점유자란, 정부의 이주정책에 따라 국유지에 이주·정착한 자로서 무상으로 정착지(국유지)를 사용·수익할 권리가 있다고 믿은 자 등을 들 수 있다.

(2) 개간비청구

국유지를 개간한 자는 그 개간비를 국가에 청구할 수 있는데(민법 제203조), 그가 선의점유자임을 불문한다. 이에 대한 직접적인 대법원 판례는 없으나 점유권원 없이 국유지(임야)를 점거·개발해 골프장(체육용지)으로 개량한 사안에서, 해당 국유지에 투입된 골프장건설공사비 상당액을 국가의 부당이득으로 인정한 하급심 판례(서울고등법원 2016. 8. 9. 선고 2015나2010408 판결[28] 등)가 있다.

이렇게 점유자와 회복자의 관계 내지 부당이득반환의 관계에 관한 일반적인 민사 법리에 따라 국유지를 개간한 자는 점유권원의 유무를 불문하고(불법점유자라 할지라도) 국가에 개량비 상당의 부당이득반환청구권을 가지지만,[29] 국유재산 관리기관의 입장에서는 개간비의 개념, 평가방법 및 인정범위 등에 관하여 국유재산 관련 법령에서 구체적인 기준을 규정하지 않는 한 개간행위자의 주장만으로는 이를 인정하기 곤란하다.

(3) 개간비의 개념 및 평가

토지보상법 시행규칙은 국·공유지에 대한 개간비의 평가 등을 규정하고 있는데(제27조), 개간비의 평가는 개간 전후의 토지의 지세·지질·비옥도·이용 상황 및 개간의 난이도 등을 종합적으로 고려해서 하여야 하고, 개간비보상액은 개간 후의 토지가격에서 개간 전의 토지가격을 뺀 금액을 초과하지 못한다고 한다.[30]

한국감정평가사협회가 운영하는 토지보상평가지침은 개간비의 감정평가는 토비보상법 시행

741조, 제748조의 부당이득반환청구권의 적용관계, 민사법학 제47권, 한국민사법학회, 2009 등 참조.

27) 이자까지 가산해서 반환해야 한다는 점은 대법원 2003. 11. 14. 선고 2001다61869 판결 참조.

28) 이 서울고등법원 판결은 대법원 2016. 12. 15. 선고 2016다245746 판결에서 그대로 확정되었다.

29) 민법 제203조의 비용상환청구권은 소유물반환청구권의 행사에 따른 반대청구권으로서 소유자의 반환청구 또는 점유자의 반환을 조건으로 또는 기한으로 하는 권리라고 이해된다. 김상중, 앞의 논문, 44면.

30) 토지보상법 시행규칙 제27조 제1항은 국·공유지를 적법하게 개간한 자를 대상으로 하고 있는데, 이는 토지보상법이 사업시행자가 하는 손실보상을 규율 대상으로 하기 때문이다. 점유자와 회복자의 관계에 관한 민법 제203조의 적용대상은 점유의 적법·불법을 불문한다(대법원 2003. 7. 25. 선고 2001다64752 판결).

규칙 제27조에 따라 개간에 통상 필요한 비용 상당액으로 한다고 하면서, 이를 산정하기 곤란한 경우에는 인근지역에 있는 이용 상황이 비슷한 토지의 표준지공시지가를 기준으로 한 개간후의 토지에 대한 감정평가액의 3분의 1(도시지역의 녹지지역 안에 있는 경우에는 5분의 1, 도시지역의 그 밖의 용도지역 안에 있는 경우에는 10분의 1) 이내로 한다고 한다(제52조). 동 지침의 법규적 효력은 없다(대법원 2007. 7. 12. 선고 2006두11507 판결 등).

3. 국유재산법의 규정

(1) 개요

국유재산법은 국유지를 특정하여 미리 개간과 매각 등을 예약한 경우 외에는 직접적인 개간비보상 규정을 두고 있지 않다. 특히 사용허가 · 대부 종료에는 사용자 · 피대부자의 원상회복의무 등을 규정함으로써 적극적으로 개간비보상을 부정한다. 결론적으로 국유재산법은 사용허가 · 대부에는 개간비보상을 적극적으로 부정하고, 그 외에는 침묵하는바, 후자의 경우 앞서 설명한 일반적인 법리(특히 민법 제203조)에 따라 개간자의 국가에 대한 개간비보상청구가 이론상 가능하지만, 국유재산법에서 개간비의 개념, 인정기준 및 평가기준 등을 규정하지 않는 한 재산관리기관이 실행하기 곤란하다.

(2) 국유재산의 개간조건부 매각 등의 예약을 한 경우

국유재산법 제45조(개척 · 매립 · 간척 · 조림을 위한 예약) ① 일반재산은 개척 · 매립 · 간척 또는 조림 사업을 시행하기 위하여 그 사업의 완성을 조건으로 대통령령으로 정하는 바에 따라 대부· 매각 또는 양여를 예약할 수 있다.
② 제1항의 경우에 예약 상대방은 그 사업기간 중 예약된 재산 또는 사업의 기성부분(既成部分)을 무상으로 사용하거나 수익할 수 있다.
③ 제1항의 예약 상대방이 지정된 기한까지 사업을 시작하지 아니하거나 그 사업을 완성할 수 없다고 인정되면 그 예약을 해제하거나 해지할 수 있다.
④ 제3항에 따라 예약을 해제하거나 해지하는 경우에 사업의 일부가 이미 완성된 때에는 공익상 지장이 없다고 인정되는 경우에만 그 기성부분의 전부 또는 일부를 예약 상대방에게 대부 · 매각 또는 양여할 수 있다.
⑤ 중앙관서의 장등이 제1항에 따라 그 재산의 매각이나 양여를 예약하려는 경우에는 총괄청과 협의하여야 한다.

국유재산법 시행령 제42조(처분재산의 예정가격) ⑤ 일반재산을 법 제45조에 따라 개척 · 매립 · 간척 또는 조림하거나 그 밖에 정당한 사유로 점유하고 개량한 자에게 해당 재산을 매각하는 경우에는 매각 당시의 개량한 상태의 가격에서 개량비 상당액을 뺀 금액을 매각대금으로 한다. 다만, 매각을 위한 평가일 현재 개량하지 아니한 상태의 가액이 개량비 상당액을 빼고 남은 금액을 초과하는 경우에는 그 가액 이상으로 매각대금을 결정하여야 한다.
국유재산법 시행규칙 제25조(개량비의 범위) ① 영 제42조제5항 본문 및 같은 조 제6항에서 "정당한 사유"란 다른 법률에 따라 국유재산의 매각을 예약한 경우를 말한다.
② 영 제42조제5항 본문 및 같은 조 제6항에 따른 개량비의 범위는 중앙관서의 장등이 승인한 형질 변경, 조림, 부속시설 설치 등에 사용된 인건비, 시설비, 공과금, 그 밖에 해당 국유재산을 개량하기 위하여 지출한 비용으로 한다.
③ 제2항의 개량비는 매수하려는 자의 신청을 받아 중앙관서의 장등이 심사·결정한다.

법 제45조, 그 밖에 다른 법률에 따라 일반재산의 개간을 조건으로 그 재산의 대부, 매각 또는 양여를 예약할 수 있으며(법 제45조 제1항, 시행규칙 제25조 제1항), 이와 같은 개간조건부 매각 등의 예약자로서 그 개간사업을 완성한 자에게 해당 재산을 매각할 때에는 개간비 상당액을 뺀 금액을 매각대금으로 해야 한다(영 제42조 제5항). 개간비의 범위는 재산관리기관이 미리 승인한 형질 변경, 조림, 부속시설 설치 등에 사용된 인건비, 시설비, 공과금, 그 밖에 해당 국유재산을 개량하기 위하여 지출한 비용으로 하며(국유재산법 시행규칙 제25조 제2항), 최종적으로 개간된 국유재산을 매수하려는 자의 신청을 받아 재산관리기관이 심사·결정한다(같은 조 제3항).

개간행위자는 개간사업기간 중에 해당 재산 또는 개간된 부분을 무상으로 사용·수익할 수 있으며(법 제45조 제2항), 개간완료 후에는 예약한 대로 대부하거나 매각 또는 양여할 수 있다. 다만 매각이나 양여의 경우 개간완료 후 상당한 기간이 지나야 가능하다. 대부할 때는 대부료를 개간 후의 재산가액으로 산정하므로(영 제29조 제2항 제1호, 대법원 2013. 1. 17. 선고 2011다83431 전원합의체 판결) 개간비보상이 없으며, 다만 매각의 예약까지 한 경우에는 영 제42조 제5항에 따라 개간비를 매각대금에서 공제함으로써 보상이 이루어진다.

현실에서는 법 제45조, 영 제42조 제5항을 오해하여 개간조건부 매각 등의 예약이 없음에도 불구하고 국유재산을 개간한 사실만으로 개간비의 공제, 양여 등을 요구하는 경우가 있다.

(3) 매각대금의 20년 분납

국유재산법 시행령 제55조(매각대금의 분할납부) ④ 법 제50조제2항에 따라 다음 각 호의 어느 하나에 해당하는 경우에는 매각대금을 20년 이내의 기간에 걸쳐 나누어 내게 할 수 있다.
2. 다음 각 목의 어느 하나에 해당하는 경우로서 국무회의의 심의를 거쳐 대통령의 승인을 받은 경우
가. 일반재산의 매각이 인구의 분산을 위한 정착사업에 필요하다고 인정되는 경우

국유재산의 매각이 인구분산을 위한 정착사업에 필요하다고 인정하는 경우에는 매각대금을 최대 20년까지 나누어 내게 할 수 있는데(영 제55조 제4항 제2호 가목), 이 경우 매각대금의 분납이자가 고시이자의 50%에 불과하여[31] 사실상 개간비보상의 수단으로 여겨지기도 한다. 과거 정부의 이주정책으로 황무지인 국유지를 개간·정착한 사안에서 개간지를 주민(개간행위자)에게 시가로 매각하되, 그 매각대금을 20년 분납하게 한 경우가 있다.[32]

(4) 사용허가 및 대부관계에서 개간비의 불인정

국유재산법은 개간조건부 매각 등의 예약을 하지 않는 한, 사용허가 등 점용의 권원을 가지고 국유재산을 개간했다고 하더라도 개간비 보상을 하지 않는다. 법 제38조, 제47조에서 사용자 등의 원상회복의무를 규정하고 있고, 이에 따라 사용허가서(제8조) 및 대부계약서(제5조)에서 필요비 및 유익비의 상환청구를 포기하도록 규정하기 때문이다.

결국 사용허가 등을 받아 적법하게 국유재산을 개량한 자는 보상을 받을 수 없고, 무단점유 등 불법으로 개량한 자는 민법 제203조에 따라 보상을 받을 법적 가능성이 있게 되는 모순이 발생할 수 있는바(대법원 2003. 7. 25. 선고 2001다64752 판결 참조), 공유수면을 불법개량한 경우 원상회복의무와 원상회복에 필요한 조치(행정대집행)를 규정하고, 나아가 소정의 경우 원상회복의무를 면제하거나 개량의 결과물을 국고에 귀속시킬 수 있도록 규정한 공유수면법 제21조가 참고 될 수 있다(대법원 1996. 6. 28.선고 96다13903 판결 참조).

[**판례①**] 민법 제203조 제2항에 의한 점유자의 회복자에 대한 유익비상환청구권은 점유자가 계약관계 등 적법하게 점유할 권리를 가지지 않아 소유자의 소유물반환청구에 응하여야 할 의무가 있는 경우에 성립되는 것으로서, 이 경우 점유자는 그 비용을 지출할 당시의 소유자가 누구이었는지 관계없이 점유회복 당시의 소유자 즉 회복자에 대하여 비용상환청구권을 행사할 수 있는 것이나, 점유자가 유익비를 지출할 당시 계약관계 등 적법한 점유의 권원을 가진 경우에 그 지출비용의 상환에 관하여는 그 계약관계를 규율하는 법조항이나 법리 등이 적용되는 것이어서, 점유자는 그 계약관계 등의 상대방에 대하여 해당 법조항이나 법리에 따른 비용상환청구권을 행사할 수 있을 뿐 계약관계 등의 상대방이 아닌 점유회복 당시의 소유자에 대하여 민법 제203조 제2항에 따른 지출비용의 상환을 구할 수는 없다(대법원 2003. 7. 25. 선고 2001다64752 판결).

[**판례②**] 면허 없이 방조제 복구 및 매립공사를 시행하였다면 공유수면매립법 제26조 규정에 따라 이를 원상으로 회복할 의무를 부담할 뿐이고 아무런 권한이 없으므로, 국가가 그 법규정에 의하여 무면허로 조성된 매립지를 국유화하는 조치를 취한 것은 정당하고 그 소유권 취득을 법률상의 원인이 없는 것이라고 할 수 없으며, 따라서 비록 국가가 그 매립지를 국유화하는 조치를

31) 국유재산 사용료 등의 분할 납부 등에 적용할 이자율고시(기획재정부고시 제2013-15호) 제1조 제4항.
32) 서산양대모월지구 개간지 270여 세대 농민들에게 저리(低利) 매각, 대한민국정책브리핑, 국민권익위원회, 2012. 8. 28. 참고.

취함으로써 사실상 위 공사비 상당의 이득을 취하였다고 하더라도 이를 법률상의 원인이 없는 이득이라고 할 수 없다(대법원 1996. 6. 28. 선고 96다13903 판결).

필자 주: 국유재산의 개량에 관한 직접적인 판례로는 ① 국유지를 불법 개량하여 골프장을 건설한 사안에서 민법 제203조에 따라 국가에 공사비 상당의 부당이득을 인정해 반환을 명한 서울고등법원 2016. 8. 9. 선고 2015나2010408 판결,[33] ② 공유수면점용허가를 받아 불법적인 굴 패각 적치로 공유수면매립을 한 사안에서 공유수면법 제21조 및 국유재산법 제38조에 따라 국가의 공유수면매립비 상당의 부당이득을 부정한 부산고등법원 2016. 3. 31. 선고 (창원)2015나22505 판결, ③ 점용허가를 받아 국유지를 개량해 골프장을 건설한 사안에서 국유재산법 제38조 등에 따라 국가의 공사비 상당의 부당이득을 부정한 서울중앙지방법원 2013. 10. 2. 선고 2012가합542314 판결 등 참조.

4. 개별 법률에서 국유지 개간비공제의 근거를 두는 경우

이와 같이 국유재산법은 개량비보상에 대하여 부정적이거나 소극적인 입장이고, 민법 제203조 등 일반 법리에 의한 문제해결에는 민사소송의 제기가 요구된다. 결국 현실적인 문제해결은 재산관리기관이 개량비보상을 집행할 수 있는 개별 법률의 근거를 두는 것인바, 아래의 법률은 그 예에 해당한다.

(1) 수복지역 내 소유자미복구토지의 복구등록과 보존등기 등에 관한 특별조치법

수복지역내소유자미복구토지의복구등록과보존등기등에관한특별조치법 제20조(무신고토지등의 국유화) ① 1991년 12월 31일까지 관할소관청에 소유자복구등록을 신청하지 아니하거나(제5조에 따른 보증인을 위촉하지 못하여 소유자복구등록을 신청하지 못한 경우를 포함한다) 신청이 취하된 소유자미복구토지 및 각 위원회의 결정 또는 재심사결정에 의하여 신청이 기각된 소유자미복구토지는 이 법의 유효기간만료후(附則 第2項 但書의 경우에는 각 委員會의 決定 또는 再審査決定日로부터) 무주의 토지로 보아 국유재산법이 정하는 바에 의하여 국유재산으로 취득하되,「국유재산법」제12조제4항에도 불구하고 취득한 날부터 매각처분할 수 있다.

② 제1항에 따라 국유재산으로 취득한 토지는「국유재산법」제43조에도 불구하고 수의계약의 방법으로 매각 또는 대부할 수 있다. 이 경우 토지의 매각범위, 매각허용 대상자, 대금의 납부방식 등 매각 또는 대부의 내용 및 조건은 대통령령으로 정한다.

수복지역 내 국유화된 토지의 매각 및 대부에 관한 사무처리 규정(대통령령 제30888호, 2020 .8. 4. 제정) 제7조(매각대금의 결정방법) ① 대상토지의 매각대금은 시가(時價)를 고려하여 제6조에 따라 선정된 감정평가법인등이 평가 또는 재평가한 금액을 산술평균하는 방법으로 정한다.

---

33) 이 서울고등법원 판결은 대법원 2016. 12. 15. 선고 2016다245746 판결에서 그대로 확정되었다.

② 매각허용대상자 중 대상토지를 개간한 사람 또는 그 사람으로부터 매매·증여·상속 등을 통해 권리를 승계한 사람에게 매각하는 경우에는 제1항에 따라 산정된 매각대금에서 개간비 상당액을 공제한 금액을 매각대금으로 할 수 있다. 이 경우 공제되는 개간비 상당액 산정방법은 기획재정부장관이 정하는 바에 따른다.

「수복지역 내 소유자미복구토지의 복구등록과 보존등기 등에 관한 특별조치법」(이하 수복지역특별조치법)은 수복지역 내에 있는 소유자미복구토지를 국가가 국유재산법 제12조에 따라 취득하되, 취득한 토지를 이주·정착자 등에게 수의로 매각할 수 있다고 하면서,[34] 매각범위, 매각허용대상자, 대금납부방식 등 매각조건은 대통령령으로 정하게 하고 있다(제20조). 이에 「수복지역 내 국유화된 토지의 매각 및 대부에 관한 사무처리 규정」(대통령령)은 국유로 취득한 토지를 개간한 사람(그 승계인 포함)에게 매각하는 경우에는 시가평가로 산정된 매각대금에서 개간비 상당액을 공제한 금액을 매각대금으로 할 수 있다고 함으로써(제7조 제2항) 개간비보상을 명시적으로 인정하게 되었다. 개간비 상당액의 산정방법은 기획재정부장관이 정하는 바에 따르는데(제7조 제2항), 「수복지역 내 국유화된 토지의 매각 및 대부에 관한 세부처리 기준」(기획재정부훈령) 제6조는 앞서 설명한 토지보상법 시행규칙 제27조와 동일하게 규정하고 있다.

이와 같이 개간비를 공제해 산정한 매각대금은 원래 국유재산법 시행령 제55조 제4항 제2호 가목이 적용되어 20년의 범위 내에서 나누어 내게 할 수 있지만, 위 사무처리 규정(제9조 제2항)과 세부처리 기준(제8조)은 개량비공제를 특별히 규정하는 점을 고려하여 10년의 범위 내에서 나누어 내도록 규정하고 있다. 이때 적용되는 분납이자는 고시이자의 80% 수준이다.[35]

(2) 산업단지 입주기업체 등에 대한 개량비 인정

산업집적활성화 및 공장설립에 관한 법률 제34조(산업단지의 국유 또는 공유 토지의 매각 및 임대) ① 산업통상자원부장관 또는 지방자치단체의 장은 산업단지에 있는 국유 또는 공유의 토지 또는 공장 및 건축물, 그 밖의 시설(국유인 경우에는 그 관리청으로부터 관리전환을 받거나 기획재정부장관의 관리·처분에 관한 지정을 받은 것만 해당한다)을 대통령령으로 정하는 바에 따라 입주기업체 또는 지원기관에 매각하거나 임대할 수 있다.

---

34) 수복지역은 원래 38도선 이북 땅이었는데 6·25전쟁 때 대한민국이 수복해 휴전선 이남이 된 지역으로서, 원주민의 상당수가 월북함으로써 다수의 소유자미복구토지가 발생한 것이고, 그 토지는 엄밀히 볼 때 무주부동산이 아니라 할 것이나 현실적인 관리의 곤란, 수복지역 이주·정착자 등의 보호 등을 이유로 이를 무주부동산으로 보고 국유재산법에 따라 국유화 한 다음, 이주·정착자 등에게 특례매각하는 것으로 수복지역특별법이 특별규정을 둔 것이다.

35) 국유재산 사용료 등의 분할납부 등에 적용할 이자율(기획재정부 고시 제2013-15호) 제1조 제3항.

② 제1항에 따라 매각하거나 임대하는 국유의 토지 또는 공장 및 건축물과 그 밖의 시설(이하 "공장등"이라 한다)의 가격은 「국유재산법」에도 불구하고 산업통상자원부장관이 기획재정부장관과 협의하여 정하는 바에 따르며, 공유의 토지 또는 공장등의 가격은 「공유재산 및 물품 관리법」에도 불구하고 해당 지방자치단체의 장이 정하는 바에 따른다. 이 경우 필요하면 그 금액을 외화로 표시할 수 있다.

산업집적활성화 및 공장설립에 관한 법률 시행령 제43조의4(산업단지 내 국유지와 공유지의 매각 및 임대) ② 산업통상자원부장관은 법 제34조제2항에 따라 국유의 토지 또는 공장등의 매각가격 또는 임대가격에 관하여 기획재정부장관과 협의하려면 다음 각 호의 사항에 관한 자료를 제시하여야 한다.

1. 해당 토지 또는 공장등에 투입된 재원내역서
2. 가격산출조서
3. 토지 또는 공장등의 면적 및 도면

③ 산업통상자원부장관 또는 지방자치단체의 장은 법 제34조제2항에 따라 토지 또는 공장등의 매각가격 또는 임대가격을 정한 때에는 이를 지체 없이 공고하여야 한다.

산업집적법은 산업단지[36] 내에 있는 국유의 토지, 공장 등을 입주기업체 등에게 수의로 매각할 수 있다고 하면서, 매각가격은 국유재산법에도 불구하고 산업통상자원부장관이 기획재정부장관과 협의하여 정하는 바에 따른다고 한다. 해당 국유지 등이 산업통상부장관 소관이 아니라면 관리청으로부터 관리전환을 받거나, 총괄청의 지정[37]이 있어야 한다(제34조).

산업집적법 제34조는 산업단지 내의 국유 토지, 공장 등을 기업체에 임대한 경우에 적용되는 것으로서, 임대형입주기업체는 임차한 국유의 토지, 공장 등에 개량행위를 하는 것이 필수적이다. 이에 재산관리청인 산업통상자원부장관이 임대형입주기업체가 지출한 개량비를 매각대금에서 공제해 줄 수 있도록 하되, 총괄청과 협의해서 정하도록 하고, 이렇게 정하여진 매각가격을 공고하도록 한다.

Ⅳ. 은닉된 국유재산을 자진반환한 자에 대한 특례매각

은닉된 국유재산을 선의로 취득한 후 그 재산을 자진반환(재판상 화해 포함)한 자에게는 그

36) 산업집적활성화 및 공장설립에 관한 법률 제2조(정의) 이 법에서 사용하는 용어의 뜻은 다음과 같다.
14. "산업단지"란 「산업입지 및 개발에 관한 법률」 제6조 · 제7조 · 제7조의2 및 제8조에 따라 지정 · 개발된 국가산업단지, 일반산업단지, 도시첨단산업단지 및 농공단지를 말한다.

37) 법 제40조 제2항 제4호의 지정을 말한다. 산업단지 내의 일반회계 소속 국유지는 용도폐지하면 총괄청에 인계해 한국자산관리공사가 매각하여야 하지만, 총괄청이 동 조항에 따라 산업통상자원부장관이 관리·처분하도록 지정하면 산업통상자원부장관의 소관의 일반재산이 된다.

재산을 수의로 매각할 수 있을 뿐만 아니라(영 제40조 제3항 제9호), 반환 원인별로 차등을 두어 매각대금을 이자 없이 12년 이하에 걸쳐 나누어 내게 하거나 매각가격에서 80% 이하의 금액을 뺀 잔액을 그 매매대금으로 하여 일시에 내게 할 수 있다(법 제78조). 선의의 피해자를 구제하고 전전매매되어 제3자에게 위험이 전가되지 않도록 자진반환을 촉진하자는 취지이다. 영 제77조 제2항 별표3은 자진반환의 원인을 소송전후, 소송심급별 6개 유형으로 나누어서, 분할납부기간(12년 이하 ~ 2년 이하) 및 매매대금(통상의 매매대금의 20% ~ 70%)을 달리 정하고 있다.

Ⅴ. 공익사업시행자에 대한 협의매각 및 강제수용

1. 협의매각

국유재산법 시행령 제42조(처분재산의 예정가격) ⑨ 「공익사업을 위한 토지 등의 취득 및 보상에 관한 법률」에 따른 공익사업에 필요한 일반재산을 해당 사업의 사업시행자에게 처분하는 경우에는 제1항에도 불구하고 해당 법률에 따라 산출한 보상액을 일반재산의 처분가격으로 할 수 있다.

국유재산법은 토지보상법에 따른 공익사업에 필요한 국유재산을 당해 사업시행자에게 처분할 때에는 해당 법률에 따라 산출한 보상액(개발이익이 배제된다)을 처분가격으로 할 수 있다고 한다(영 제42조 제9항). 문언대로 해석하면 국유재산은 토지보상법에 따른 보상액의 적용을 받지 않고 시가를 적용할 수도 있다. 그러나 동 규정은 토지보상법에 따른 협의매수 절차를 전제하는 것이다. 협의매수는 보통의 사법상 매매와 같아서 그 매매대금은 사업시행자와 매도인이 서로 협의해서 정한다(대부분은 사업시행자가 개발이익을 배제한 평가액을 제시하고 그 언저리에서 협의되지만, 사업일정 등 여러 가지 사정상 시가로 협의되기도 한다). 영 제42조 제9항은 국유재산 관리기관이 토지보상법의 보상가격에 구속되지 않고 현재의 시가(영 제42조 제1항)를 최고한도로 해서 협의할 수 있는 여지를 준 것이다.

종전에는 토지보상법에 따른 공익사업에는 반드시 동 법률의 보상액을 처분가격으로 하도록 했기 때문에[38] 협의매수 절차에서 사업시행자가 법정보상액 이상으로 준다고 해도 더 받을 수 없을 뿐만 아니라, 사업시행자가 국유재산에 대한 법정보상액을 부당하게 낮게 평가했다는 의심이 있어도 사업시행자가 평가·제시한 금액을 거부하고 수용재결로 갈 수가 없었다. 이에 2004. 4. 국유재산법 시행령을 개정하여 현재에 이르게 된 것이다.

38) 구 국유재산법 시행령(2003. 6. 30. 대통령령 제18044호) 제37조의2 참조.

2. 강제수용

협의매수절차에서 매각대금이 결정되지 않으면, 사업시행자의 재결신청으로 토지수용위원회가 결정하는데, 토지보상법상의 보상액(개발이익 배제)으로 재결되고, 수용개시일자부터 국가는 소유권을 상실한다(토지보상법 제45조 제1항). 사업시행자가 사업기간 내에 재결신청을 하지 않으면, 해당 토지에 대한 사업인정의 효력이 상실되어[39] 토지보상법에 따른 강제수용이 불가능하게 된다. 이 경우 국유재산법에 따라 시가로 매각해야 하지만, 공익사업의 완료로 해당 국유지의 현재 시가가 보상가보다 낮아지게 되는 경우도 있는바, 이때는 예외적으로 토지보상법상 미지급용지 보상(공익사업에 편입될 당시 이용 상황을 상정하여 평가한 금액)을 해야 한다.[40]

3. 도시정비법상의 정비사업

도시 및 주거환경정비법 제98조(국유 · 공유재산의 처분 등) ⑥ 제4항에 따라 정비사업을 목적으로 우선하여 매각하는 국 · 공유지는 사업시행계획인가의 고시가 있은 날을 기준으로 평가하며, 주거환경개선사업의 경우 매각가격은 평가금액의 100분의 80으로 한다. 다만, 사업시행계획인가의 고시가 있은 날부터 3년 이내에 매매계약을 체결하지 아니한 국 · 공유지는 「국유재산법」 또는 「공유재산 및 물품 관리법」에서 정한다.

도시정비법상의 정비사업도 다른 공익사업과 마찬가지로 협의매각 및 강제수용에 관한 토지보상법의 규정을 그대로 적용받지만, 도시정비법은 토지보상법에 없는 국 · 공유지 특례를 몇 가지 규정하고 있다.

도시정비법상의 주거환경개선사업구역 내의 국 · 공유지 매각가격은 토지보상법에 따른 보상액의 80%로 하며, 모든 정비사업구역 내의 국 · 공유지는 정비사업시행계획인가고시가 있는 날로부터 3년 내에 매매계약을 체결하지 아니한 경우 국유재산법 · 공유재산법에서 정하는 바에 따라 매각가격을 정한다(도시정비법 제98조 제6항). 국유재산법은 매매계약 없이 정비사업시행계획인가고시일로부터 3년이 지난 국유지의 매각가격에 대하여 특별히 규정하는바가 없으므로, 국유재산법 시행령 제42조 제1항에 따라 현재시가로 평가해서 매각하여야 할 것이다.

---

39) 국토계획법 제96조 제2항, 대법원 1997. 12. 26. 선고 97누2191 판결.

40) 공익사업을 위한 토지 등의 취득 및 보상에 관한 법률 시행규칙 제25조(미지급용지의 평가) ① 종전에 시행된 공익사업의 부지로서 보상금이 지급되지 아니한 토지(이하 이 조에서 "미지급용지"라 한다)에 대하여는 종전의 공익사업에 편입될 당시의 이용상황을 상정하여 평가한다. 다만, 종전의 공익사업에 편입될 당시의 이용상황을 알 수 없는 경우에는 편입될 당시의 지목과 인근토지의 이용상황 등을 참작하여 평가한다. 관련 판례로는 대법원 1992. 11. 10. 선고 92누4833 판결 참조.

Ⅵ. 양여

국유재산의 양여는 무상양도이므로 그 처분가격이 있다고 할 수 없지만, 국유재산법은 양여절차, 양여기준 등과 관련하여 일정 가액을 규정하는 경우가 있는바, 양여재산의 처분가격이라 함은 이러한 의미에서 이해할 수 있다.

양여재산의 처분가격도 영 제42조 제1항에 따라서 현재의 시가로 감정평가 해 정하는 것이 원칙이지만, 영 제42조 제8항은 ① 소정의 국유재산을 지방자치단체에 양여하는 경우, ② 국가가 보존·활용할 필요가 없고 대부·매각이나 교환이 곤란하여 소정의 국유재산을 국가 외의 자에게 양여하는 경우에는 제1항에도 불구하고 대장가격을 재산가격으로 한다고 규정하고 있다.

Ⅶ. 국세물납 증권

국세물납 증권(상속세 및 증여세법 제73조)은 물납한 본인과 소정의 특수관계인에게는 국세수납가액보다 적은 금액으로 처분할 수 없다. 다만 상장증권을 증권시장에서 매각하는 경우에는 그러하지 아니하다(법 제44조의2). 국세물납이 탈세수단으로 악용되는 것을 방지하려는 취지이다.

제2장 국유재산의 매각

제1절 매매 일반

국유재산의 매각은 일반재산에만 가능하고(법 제27조 제1항, 제41조 제1항), 일반재산은 사법(私法)관계로서 민법의 규정이 그대로 적용이 된다. 다만 국유재산법이 별도로 마련한 공법적 규율과 충돌할 때는 후자가 특별규정으로서 우선하는바, 매각의 제한(법 제48조), 계약의 방법(법 제43조), 매각가격의 결정(제44조), 매각대금의 납부(법 제50조), 소유권의 이전(법 제51조), 매각계약의 해제(법 제52조) 등이 그것이다. 매각의 제한은 제1장 제3절(국유재산의 처분제한)에서 기술하였다.

제2절 매각계약의 방법

국유재산법은 경쟁 입찰을 원칙으로 하되, 수의계약이 필요한 영역에 대하여 그 사유, 요건 및 절차 등을 자세하게 규정하고 있다(법 제43조, 영 제40조). 국유재산법은 공공복리, 구체적 타당성 등에 입각하여 총 28호에 이르는 수의매각 사유를 열거하고 있는데(영 제40조 제3항), ① 공익목적, ② 보호가치 있는 이해관계자의 보호, ③ 지상건물의 양성화 등, ④ 실경작자우대, ⑤ 법정사업의 지원, ⑥ 국가의 필요, ⑦ 일반규정, ⑧ 증권, ⑨ 지식재산 등 9개 영역으로 나눌 수 있다. 다른 법률들에서도 각 입법목적의 달성을 위하여 수많은 수의매각 사유를 규정하고 있다(국유재산특례제한법 별표에 열거된 200여 개의 법률 참조). 수의매각 사유에 해당한다고 하여 그 자에게 수의매수신청권이 보장되는 것은 아니다.[41] 한편 양여, 교환 등 다른 처분유형의 경우 엄격한 요건과 및 대상자의 제한이 전제되는 사실상의 수의계약이라고 할 수 있다.

① 내지 ⑦의 수의계약 사유는 주로 부동산에 적용될 것이지만, 성질상 허락하는 것은 유가증권이나 지식재산에도 적용될 수 있는 반면 ⑧ 및 ⑨는 유가증권과 지식재산에만 특유한 수의계약 사유이다. 계약방법의 통제를 통한 국유재산 처분제한 일반에 대하여는 제1장 제3절에서 자세하게 기술하였고, 이하에서는 영 제40조 제3항에서 규정하는 구체적인 수의매각 사유에 대하여 서술하도록 한다.

---

41) 대법원 1992. 2. 14. 선고 91다12868 판결.

Ⅰ. 공익목적

1. 외교 · 국방상의 필요

① 외교상 또는 국방상의 이유로 비밀리에 국유재산을 처분할 필요가 있는 경우(영 제40조 제3항 제1호), ② 다른 국가가 대사관 등 외교시설로 사용하기 위하여 필요로 하는 경우(제12호)에는 해당 재산을 수의계약으로 처분할 수 있다. ①의 경우에는 수의로 사용허가하거나 대부할 수도 있다(영 제27조 제3항 제3호, 제51조).

2. 재해복구 · 구호

천재지변이나 그 밖의 부득이한 사유가 발생하여 재해 복구나 구호의 목적으로 재산을 처분하는 경우에는 해당 재산을 수의계약으로 처분할 수 있다(제2호). 이 경우에는 해당 재산을 수의로 사용허가하거나 대부할 수도 있을 뿐만 아니라(영 제27조 제3항 제4호, 제51조), 국가나 지방자치단체가 같은 목적으로 국유재산을 점유하거나 사용 · 수익하게 했다면 변상금부과면제 사유가 된다(법 제72조 제1항 제2호).

3. 지방자치단체

지방자치단체가 직접 공용 또는 공공용으로 사용하는 데에 필요한 재산은 해당 지방자치단체에 수의로 처분할 수 있다(제4호). 실무상 자주 발생하고, 중요한 수의계약 사유이다. 그 밖에 이미 사용허가 또는 대부 중인 국유재산이라도 지방자치단체가 직접 공용이나 공공용으로 사용하기 위하여 필요하게 된 경우에는 그 사용허가 · 대부를 일방적으로 철회 · 해지할 수 있고(법 제36조 제2항, 제47조 제1항). 지방자치단체가 국유재산의 매수자인 경우에는 그 매각대금을 5년 이내의 기간에 걸쳐 나누어 내게 할 수 있다(영 제55조 제2항 제1호, 영 제51조). 나아가 구체적인 취득계획서를 제출할 경우에는 취득 전 1년에 한하여 사용료 · 대부료를 면제해 줄 수도 있다(영 제32조 제5항, 제6항, 제51조).

이와 같이 지방자치단체에 여러 가지 특혜를 주는 이유는 지방정부의 역할 수행에 국유재산의 사용을 필요로 하는 경우가 많기 때문이다. 따라서 실무상 국유재산을 지방자치단체에 매각할 때는 해당 재산에 대한 지방자치단체의 사업 및 예산계획을 미리 확인하도록 하고 있다.

4. 공공기관

① 공공기관이 직접 사무용 또는 사업용으로 사용하는 데에 필요한 재산은 해당 공공기관에 수의로 처분할 수 있으며(영 제40조 제3항 제5호), ② 「국가균형발전 특별법」 제18조에 따라 지방으로 이전하는 공공기관에게는 그 이전부지에 포함된 국유지를 수의로 매각할 수

있다(제18조 나목). 공공기관 중에서 법령에 따라 정부가 전액 출연·출자하는 법인은 사용료·대부료를 면제 받을 수도 있다(법 제34조 제1항 제3호, 영 제33조).

5. 이주·정착을 위한 필요

① 인구 분산을 위한 정착사업에 필요한 경우(제6호), ② 국가가 각종 사업의 시행과 관련하여 이주대책의 목적으로 조성하였거나 조성할 예정인 이주단지의 국유지를 그 이주민에게 매각하는 경우(제11호), ③ 「감염병의 예방 및 관리에 관한 법률」 제2조제3호 더목에 따른 한센병 환자가 1986년 12월 31일 이전부터 집단으로 정착한 국유지를 그 정착인에게 매각하는 경우(제18호 가목)에는 수의계약이 가능하다.

국유재산법은 국유재산의 매각이 인구의 분산을 위한 정착사업에 필요하다고 인정되는 경우, 국무회의의 심의를 거쳐 대통령의 승인을 받아 그 매각대금을 20년 이내의 기간에 걸쳐 나누어 내게 할 수 있다고 하는바(영 제55조 제4항 제2호 가목), 위 ① 내지 ③은 대상이 될 수 있다.

6. 국유지개발목적회사

국유지개발목적회사에 개발 대상 국유재산을 수의로 매각할 수 있다(제8호). 국유지개발목적회사란 민관공동으로 국유지를 개발하기 위해 국가가 자본금의 30% 범위 내에서 출자하여 민간사업자와 공동 설립하는 투자회사로서, 총사업비의 30% 범위 내에서 공공기관 또는 특수법인으로부터 사업비를 조달할 수 있는 등 공공기관에 준하는 성질이 있다(법 제59조의2 제2항, 제3항).

7. 종교용 점유자

2012년 12월 31일 이전부터 종교단체가 직접 그 종교 용도로 점유·사용하고 있는 재산은 그 점유·사용자에게 수의로 매각할 수 있다(제15호). 한편 종교단체가 그 고유목적사업에 국유재산을 직접 사용하는 경우에는 사용요율을 2.5%로 하여 사용료를 산정한다(영 제29조 제1항 제5호). 국유재산법상 종교단체란 「부동산 실권리자명의 등기에 관한 법률 시행령」 제5조제1항 제1호·제2호에 따른 종교단체를 말한다(영 제29조 제1항 제5호).

8. 양여·무상대부받을 수 있는 자

해당 재산을 양여받거나 무상으로 대부받을 수 있는 자에게 그 재산을 수의로 매각할 수 있다(제3호). 양여받을 수 있는 자 및 무상으로 대부받을 수 있는 자는 다음과 같다.

(1) 양여받을 수 있는 자

국유재산을 양여받을 수 있는 대표적인 경우는 ① 공익상의 필요로 지방자치단체 또는 공공단체에 양여하는 경우(법 제55조 제1항 제1호·제2호), ② 사업시행자가 새로운 공공시설을 국가 등에 무상귀속 시킨 것에 대한 보상차원에서 이루어지는 종래 공공시설의 양여(법 제55조 제1항 제3호, 국토계획법 제65조 등 참조), ③ 각종 국유재산특례법에서 특정 단체의 운영이나 사업의 지원을 위해서 양여해 주는 경우이다.[42] 이상의 양여는 재량행위로서 양여받을 권리를 인정한 것이 아니다. 다만 양여받을 수 있는 자의 공익적 필요성이나 기여 등을 고려하여 수의매각의 가능성을 보충적으로 열어 둔 것이다.

(2) 무상대부받을 수 있는 자

국유재산을 무상으로 대부받을 수 있는 대표적인 경우는 ① 지방자치단체 또는 공공단체가 국유재산을 직접 공용·공공용 등으로 사용하려는 경우(법 제34조 제1항 제2호, 제3호), ② 각종 국유재산특례법에서 특정 단체의 운영이나 사업의 지원을 위해서 무상대부 해 주는 경우이다.[43] 무상대부 역시 재량해위로서 무상대부받을 권리를 인정한 것이 아니며, 다만 무상대부받을 수 있는 자의 공익적 필요성 등을 고려하여 수의매각의 가능성을 보충적으로 열어 둔 것이다.

Ⅱ. 보호가치 있는 이해관계자의 보호

1. 국유재산의 가치를 증대시킨 자

개척·매립·간척 또는 조림 등 국유지 개간사업의 완성을 조건으로 동 재산의 매각을 예약하고, 지정된 기한까지 개간사업이 완성된 경우에는 그 완성된 부분을 예약 상대방에게 수의로 매각할 수 있다(7호). 나아가 이 경우에는 개간비를 영 제42조 제1항의 매각대금에서 공제한 금액을 매각대금으로 한다(영 제42조 제5항).

제7호의 수의매각은 법 제45조에 따라 개간조건부 매각예약을 한 경우에만 적용된다. 그 밖의 형태로 국유재산을 개간한 경우에는 그 자체로 수의매각 사유에 해당하지는 않으며, 다만 개간의 형태가 경작이라면 수의 사용허가·대부(영 제27조 제3항 제2호, 영 제51조)를 거쳐, 5년 이상 사용허가·대부에 따른 수의매각이 가능할 수는 있다(영 제40조 제3항 제18호 아목).

2. 은닉재산을 자진반환한 자

은닉된 국유재산을 선의(善意)로 취득한 후 그 재산을 국가에 자진반환(재판상 화해 포함)한 자에게 같은 재산을 수의로 매각할 수 있으며(제9호), 이 경우에는 반환원인별로 차등을 두어 그 매각대금을 이자 없이 12년 이하에 걸쳐 나누어 내게 하거나 매각가격에서 80% 이하의 금액을 뺀 잔액을 그 매각대금으로 하여 전액을 한꺼번에 내게 할 수 있다(법 제78조). 매매대금에 대한

---

42) 국유재산특례제한법 [별표] 이 법에 따른 국유재산특례(제4조 관련) 참조.

43) 국유재산특례제한법 [별표] 이 법에 따른 국유재산특례(제4조 관련) 참조.

특례 규정(법 제78조)은 재량사항으로서 특례를 적용받을 권리를 인정한 것은 아니다. 다만 은닉된 국유재산을 선의로 취득한 자는 불의의 손실을 입은 자라는 점을 고려하여 수의매각의 가능성을 보충적으로 열어 둔 것이다.

3. 귀속법인재산의 매수자

구 국유재산법(법률 제3482**호**, 1981. 12. 31. **일부개정) 제**53**조의**2 (**은닉재산의 자진반환자에 관한 특례**) 은닉된 국유재산을 선의로 취득한 후 당해 재산을 자진하여 국가에 반환한 자에게 동재산을 매각하는 경우에는 제40조의 규정에 불구하고 매각대금을 이자없이 10년이하의 기간에 걸쳐 분할납부하게 하거나 매각가격에서 7할을 공제한 잔액을 그 매각대금으로 하여 전액을 일시에 납부하게 할 수 있다.

부칙 〈**제**3482**호**, 1981. 12. 31.〉

제3**조** (**선의취득자에 관한 경과조치**) 이 법 시행전에 국가를 정당한 소유자로 믿고 국가로부터 매수한 재산이 판결등에 의하여 귀속법인의 소유로 된 후 당해 귀속법인의 해산으로 인하여 국유재산으로 된 경우에 당해 재산을 당초에 국가로부터 매수한 자(買受者의 相續人 또는 承繼人을 포함한다)가 이 법 시행일로부터 3년이내에 매수의 신청을 한 경우에는 제53조의2의 규정을 준용하여 매각할 수 있다.

현행 국유재산법 시행령 제40**조**(**처분의 방법**) ③ 일반재산이 다음 각 호의 어느 하나에 해당하는 경우에는 법 제43조제1항 단서에 따라 수의계약으로 처분할 수 있다. 이 경우 처분가격은 예정가격 이상으로 한다.

10. 법률 제3482호 국유재산법 중 개정법률 부칙 제3조에 해당하는 재산을 당초에 국가로부터 매수한 자(매수자의 상속인 또는 승계인을 포함한다)에게 매각하는 경우

1964. 12. 31.까지 매각 등 처분되지 않은 귀속재산은 국유로 한다. 귀속법인의 경우 그 발행주식 또는 지분이 귀속재산이지, 귀속법인 소유의 재산은 법인청산절차를 거쳐 국가 앞으로 소유권이전등기를 해야 비로소 국유재산이 된다. 그럼에도 불구하고 귀속법인 소유의 재산을 귀속재산으로 오해하여 국유로 한 경우가 있었는데, 이러한 재산을 매수하면 소유권을 취득하지 못한다. 이에 1981. 12. 31. 법률 제3482호로 일부개정된 국유재산법 부칙 제3조는 국유재산으로 알고 매수한 재산이 귀속법인의 소유임이 밝혀진 후 당해 법인청산절차를 거쳐 국유재산으로 된 경우에 당초 매수자(상속인 또는 승계인을 포함한다)가 동 법률의 시행일(1982. 4. 1)로부터 3년 이내에 매수신청을 하면, 은닉된 국유재산을 자진반환한 자에게 적용되는 매매대금특례를 준용할 수 있게 하였다. 현행 국유재산법 시행령 제40조 제3항 제10호는 이에 호응하여 당초 매수자에게 해당 재산을 수의매각할 수 있도록 규정한 것이다. 당초 매수인이 1985. 3. 31.까지 매수신청을 했다면 구 국유재산법(법률 제3482호, 1981. 12. 31. 일부개정) 제53조의 2에 따른 매매

대금 특례의 적용을 받을 수 있고, 그 후에 매수신청 했다면 매매대금 특례의 적용을 받지는 못하지만 영 제40조 제3항 제10호에 따라 수의로 매수할 가능성은 있다.

귀속법인의 재산을 국유재산으로 오인하여 민간에 매각한 것은 1964. 12. 31. 이전의 일로서 당초 매수자, 상속인 및 전전매수자 등은 현재 시효취득했을 가능성이 높다. 따라서 영 제40조 제3항 제10호는 사문화된 조항이라고 할 수 있다.

4. 교통시설부지의 원소유자

철도시설이나 대중교통시설 또는 항만시설로 사용하기 위하여 국유재산으로 취득하였으나 그 시설로 사용하지 아니하거나 그 용도로 사용할 필요가 없게 된 국유지[44]를 그 취득 당시 소유자(상속인을 포함한다)에게 수의로 매각할 수 있다(제18호 마목 2)).

5. 국가와 재산을 공유하는 자

국가와 국가 외의 자가 공유하고 있는 국유재산을 해당 공유자에게 수의로 매각할 수 있다(제13호). 국가지분을 제3자에게 매각하는 것보다는 공유자에게 매각하는 것이 이해관계자(공유자)를 배려함과 아울러 사회경제적으로 더 합리적이기 때문이다. 구분소유적 공유의 경우 대내관계에서 보면 제13호가 아니라, 제17호가 적용된다고 해야 할 것이지만, 국유재산의 매각은 전 국민을 대상으로 하는 일반적인 내용으로서 구분소유적 공유의 대외관계라고 해야 할 것이다. 따라서 구분소유적 공유자도 제13호의 적용 대상이 된다.

6. 국유지에 인접한 토지소유자

국유지의 위치, 규모, 형태 및 용도 등을 고려할 때 국유지만으로는 이용가치가 없는 경우로서 그 국유지와 서로 맞닿은 사유토지의 소유자에게 그 국유지를 수의로 매각할 수 있다(제17호). 현실적으로 많이 발생하는 수의매각 사유로서 주요 요건을 상술하면 다음과 같다.

(1) 단독이용가치 유무의 판단기준

영 제40조 제3항 제17호는 국유지만으로는 이용가치가 없을 것을 요구하는바, 이러한 단독이용가치 유무는 제17호에만 있는 수의계약 요건이다. 단독이용가치 유무를 국가입장에서 판단해야 하는지, 맞닿은 사유지 소유자입장에서 판단해야 하는지 문제된다. 국가는 이용가치가 없어서 팔고, 인접 토지 소유자는 이용가치가 있어서 사는 것이므로, 국가입장설이 자연스러운 해석이다. 단독이용가치 유무를 인접 토지 소유자를 기준으로 판단하게 되면 인접 토지가 대상 국유지를 아무리 많이 접하더라도 대부분 일반경쟁 입찰에 붙여야 하는데, 이는 인접 토지 소유자

44) 교통시설특별회계법상의 철도계정, 교통체계관리계정 또는 항만계정 소관의 폐시설부지(법 제40조 제2항 제3호의 재산을 포함한다)로서 장래 활용계획이 없어야 한다(영 제40조 제3항 제18호 마목 본문).

에게 가혹한 결과를 초래하고 제17호를 둔 취지에 반한다. 국유지의 단독이용가치는 면적, 정방형의 모양 및 대로에의 접근가능성 등에 비례한다.

(2) 맞닿은 정도

토지는 다른 필지의 토지와 맞닿을 수밖에 없다. 국유지와 사유지가 어느 정도 맞닿으면 제17호의 수의계약 사유가 되겠는가. 제17호는 국유지 자체로는 이용가치가 없지만 인접한 사유지와 합하면 이용가치가 높아지는 경우 그 사유지 소유자를 배려한다는 취지이다. 따라서 해당 국유지와 맞닿은 정도가 커야 하고, 국유지와 맞닿은 다른 사유지가 없거나 맞닿은 정도가 무시해도 좋을 정도로 미약해야 한다. 국유지와 맞닿은 다른 사유지가 있다면 지명경쟁 입찰에 붙여야 한다(영 제40조 제2항 제1호). 맞닿은 사유토지라고 했으므로 해당 국유지에 맞닿은 다른 국유지나 공유지(公有地)는 고려하지 않아도 된다.

영 제40조 제3항 제17호는 그냥 막연히 맞닿은 사유토지라고만 하여 논란의 여지를 주고 있으나, 공유재산법은 '동일인 소유의 사유지에 둘러싸여 고립된 토지(공유재산법 시행령 제38조제1항 제27호)'라고 하여 논란의 여지를 없앴다.

(3) 소유권의 명의신탁

국유지와 맞닿은 사유토지의 소유권이 제3자에게 신탁되어 있는 경우 신탁자와 수탁자 중에서 누구를 소유자로 보고 매각대상자로 할 것인지 문제된다. 명의신탁의 원인, 종료사유 등을 종합적으로 고려하여 판단하여야 할 것인바, 예컨대 담보신탁의 경우 소유명의만 보고 수탁자를 수의매각 대상자로 판단하기 곤란하므로 판단에 신중을 기해야 한다.

7. 국가소유 건물 또는 공작물의 부지 소유자

사유지에 설치된 국가 소유의 건물이나 공작물을 그 위치, 규모, 형태 및 용도 등을 고려하여 그 사유지의 소유자에게 수의로 매각할 수 있다(제16호). 동 건물이나 공작물을 국가가 보존·활용할 필요가 없고, 대부·매각이나 교환이 곤란한 경우에는 사유지 소유자에게 양여하거나(법 제55조 제1항 제4호, 영 제58조 제5항 제1호), 철거할 수 있다(법 제41조 제2항).

Ⅲ. 지상건물의 양성화 등

국유재산법은 국유지상의 건물 소유자에게 국유지(건물부지)를 수의로 매각함으로써 그 건물을 양성화하는 등의 목적을 달성하고(영 제40조 제3항 제14호), 도시정비법은 국유지상의 건물 소유자에게 국유지 수의매각뿐만 아니라 여러 가지 매각특례를 규정함으로써 건물 소유자에게 개발이익이 돌아가게 하고 있다(제98조). 건물소유자에 대한 수의매각은 현실적으로 빈번하게 발생하는 중요한 수의매각 사유이다.

1. 통상의 국유지 위의 건물

(1) 내용과 제도의 취지

국유재산으로서 이용가치가 없으면서, ① 2012. 12. 31. 이전부터 국가 이외의 자가 소유하는 건물로 점유된 국유지 및 ② 토지와 건물의 소유자가 동일하였으나, 판결 등에 따라 토지소유권이 국가로 이전된 국유지는 그 건물 바닥면적의 두 배 범위에서 건물소유자에게 매각할 수 있다(제14호). ①의 경우는 법정지상권 등 권원 없이 건물로 국유지를 점유하는 자에게 부지를 매각함으로써 해당 건물을 양성화시킬 수 있는 기회를 주려는 취지이고, ②의 경우는 국유지가 법정지상권의 제한을 받기 때문에 건물소유자에게 매각하는 것이 합리적이라는 취지이다. 이상의 건물이 주거용이라면 수의매각에 앞서 수의로 국유지를 사용허가·대부 받을 기회를 먼저 준다(영 제27조 제3항 제1호).

과거 6·25 전쟁을 겪으면서 국유지에 무단으로 건물을 축조해 삶의 터전으로 삼는 경우가 많았고, 산업화·도시화 과정에서는 정부가 도심지 영세민을 도시외곽의 국유지로 이주시키는 사례가 많았다. 그 후 오랜 기간 그러한 상태가 지속되면서 건물주에게 변상금을 부과하거나 강제로 철거 할 수 없게 되었고, 그렇다고 항구적으로 국유지를 무상으로 쓰게 할 수도 없었다. 이에 정부는 우선 국유지를 사용허가·대부 받을 수 있는 기회를 주고, 궁극적으로는 국유지를 매입할 수 있는 기회를 주게 된 것이다.[45] 평상시 건물소유자에 대한 국유지 수의매각은 국유재산법에 따라 이루어지지만, 그 지역이 정비구역으로 지정되면 도시정비법의 특례를 적용받게 된다.

(2) 매각의 제한

6·25 전쟁, 산업화·도시화 과정에서 어쩔 수 없이 국유지상에 불법건물이 건축되었음을 감안하여 수의매각의 뚜렷한 근거 없이 건물소유자에게 수의매각을 허용하여 왔으나, 세월이 지남에 따라 정부의 이주정책에 따른 국유지점용은 이루어지지 않게 되었고, 기타 국유지 불법점용을 무한정 용인할 수 없게 되었다. 이에 국유재산법은 수의매각의 대상 건물과 면적을 제한하는 규정을 두게 되었다.

1) 대상건물의 제한

일정시점을 기준으로 국유지 수의매각을 제어할 필요가 있었는데, 구 토지보상법령이 하나의 기준이 되었다. 구 공공용지의 취득 및 손실보상에 관한 특례법 시행규칙(1989. 1. 24. 건설부

45) 지상건물의 양성화를 위한 국유지 수의매각 규정은 1966. 2. 28. 개정 국유재산법 시행령(대통령령 제2425호) 제18조 제7항 제1호에서 처음 발견된다. 이후 1977. 6. 13. 전부개정 국유재산법 시행령은 건물소유자에게 국유지(부지)를 수의로 매각할 수 있다는 전제에서 1976. 12. 31. 이전부터 있던 건물에 대하여 소정의 매매대금 분할 납부를 규정하였다(부칙 제3조).

령 제444호로 개정된 것)은 무허가건물의 부지는 현재 이용 상황(대지)이 아닌 무허가건물이 건축될 당시의 이용 상황(도로, 구거 등)으로 평가토록 하고, 무허가건물의 소유자·세입자에게는 주거비 등의 보상을 하지 않도록 개정하면서, 다만 1989. 1. 24. 당시 존재하는 무허가건물에 대해서는 종전규정에 따라 보상한다고 규정하고 있었다. 이에 따라 국유재산법령도 1989. 1. 24.을 기준으로 건물소유자에 대한 수의매각을 인정하게 되었다.[46)]

이후 「특정건축물 정리에 관한 특별조치법」이 한시법으로 제정되어 2003. 12. 31. 및 2012. 12. 31. 이전부터 있던 주거용 건물의 합법화를 규정하자,[47)] 국유재산법도 여기에 맞추어 대상건물을 특정하여 왔다. 현재 영 제40조 제3항 제14호 가목이 기준시점을 2012. 12. 31.로 정한 것은 이러한 연유에 기인한 것이다. 통상 무허가건물 건축시점의 확인은 무허가건물대장의 건축일자를 기준으로 하되 대장이 없다면 지방자치단체에 조회하여 항공사진 촬영일자 등을 통하여 확인하기도 한다.

건물이란 '토지의 정착물'로서 '독립된 부동산'이다. 판례에 의하면 독립된 부동산으로서의 건물이라고 하려면 최소한의 기둥과 지붕 그리고 주벽이 이루어져야 한다(대법원 2003. 5. 30. 선고 2002다21592, 21608 판결 등). 토지의 정착물이라 함은 토지에 고정적으로 부착되어 쉽게 이동할 수 없는 물건으로서 그러한 상태로 이용되는 것이 그 물건의 거래관념상의 성질로 인정되는 것을 말한다. 쉽게 토지로부터 분리·철거가 가능한 것은 토지의 정착물이 아니므로, 볼트만 해체하면 토지로부터 분리·철거가 가능한 세차장 구조물(대법원 2009. 1. 15. 선고 2008도9427 판결)이나 공장 내에 설치하는 통상의 기계로서 분해하여 재조립할 수 있는 것(대법원 1994. 12. 22. 93다60632, 93다60649 판결)은 토지의 정착물이 아니다. 컨테이너박스는 토지로부터 쉽게 이동할 수 있는 물건으로서, 그렇게 이동을 전제로 이용되는 것이 거래관념상의 성질이므로 건물로 볼 수 없다. 즉, 국유지 위에 컨테이너박스를 고정시켜 놓고 오랫동안(2013. 12. 31. 이전부터) 주거용 등으로 기거해 왔다고 하더라도 그 소유자에게 국유지를 수의 매각할 수 없다.

건물소유자에 대한 국유지(건물부지)매각 규정이 원래는 주거용 건물 소유자의 보호를 전제한 것이지만, 집단주거단지의 형태로 들어선 경우가 많고 그러한 주거단지 내에 상업용 건물이 없을 수 없기 때문에, 국유재산법은 주거용·상업용 등을 불문하고 건물에만 해당하면 국유지(부지) 수의매각의 대상으로 하고 있다.

---

46) 2010년도 국유재산 관리·처분기준 제7조 제2항 참조. 「서울특별시 도시 및 주거환경정비 조례」 등은 현재도 공유지 특례매각의 제한기준으로 1989. 1. 24.을 규정하고 있다.

47) 특정건축물 정리에 관한 특별조치법(2005. 11. 8. 법률 제7698호로 제정된 것) 제3조; 특정건축물 정리에 관한 특별조치법(2013. 7. 16. 법률 제11930호로 제정된 것) 제3조 참조. 동 법률은 2005년과 2013년 두 번에 걸쳐 제정되었고, 모두 그 시행일로부터 1년간 효력을 가지는 한시법이었다.

2) 대상면적의 제한

한편, 국유재산법은 국유지 수의매각 대상건물을 시간적으로 제한(2012. 12. 31.이전에 지어진 것)할 뿐만 아니라, 물리적 넓이로도 제한하여 건물 바닥 면적의 두 배를 넘지 못하게 한다. 지상건물을 빌미로 국유지 수의매각을 남용하지 못하게 하려는 취지이다. 건물 바닥 면적의 두 배가 넘지만 건물의 담장 안에 속하여 있는 등 건물의 부지[48]에 포함되는 경우에는 영 제40조 제3항 제27호[49]에 따라 수의매각이 이루어지는 것이 실무례이다.

(3) 행정대집행조항과의 관계

국유재산에 무단으로 시설물을 설치한 경우에는 행정대집행법을 준용하여 철거하거나 그 밖에 필요한 조치를 할 수 있으나(법 제74조), 제14호의 수의매각 규정은 비례의 원칙·신뢰보호의 원칙 등과 연계되어 행정대집행의 제한사유로 작동하게 된다.

1) 비례의 원칙

비례의 원칙이란 행정주체가 구체적인 행정목적을 실현할 때 그 목적 실현과 수단 사이에 합리적인 비례관계가 유지되어야 한다는 원칙으로서 과잉금지의 원칙이라고도 한다.[50] 행정대집행법 제2조는 다른 수단으로는 의무이행의 확보가 곤란할 것을 규정하는바, 비례의 원칙을 요구한 것으로 이해할 수 있다.[51] 국유지상의 불법건물을 강제철거할 때는 상당성의 원칙(협의의 비례의 원칙)에 따라 국가가 대집행으로 달성하려는 행정목적이 무엇인지, 건물이 얼마나 오랫동안 존재했는지 및 건물의 용도가 무엇인지 등을 종합적으로 검토하여 공·사익의 비례적 균형이 이루어져야 한다. 건물소유자에 대한 수의매각 규정에 부합하는 경우라면 대부분 비례의 원칙을 위반하여 위법한 대집행이 될 것이다. 제14호의 수의매각 규정은 국유재산으로서 이용가치가 없는 국유지임을 전제로 하기 때문이다(영 제40조 제3항 제14호).

2) 신뢰보호의 원칙

국유지위의 불법건물에 대하여 국가가 상당기간 동안 강제철거 조치를 취하지 않고 사용허

48) 대법원은 건물의 부지라 함은, 당해 건물의 용도·규모 등 제반 여건과 현실적인 이용 상황을 감안하여 건물의 사용·수익에 필요한 범위 내의 토지와 건물의 용도에 따라 불가분적으로 사용되는 범위의 토지를 의미하는 것으로 해석하면서, 해당 건물의 바닥면적만 건물의 부지로 보는 경향이 있다(대법원 2002. 9. 4. 선고 2000두8325 판결). 기타 하급심판결로는 서울중앙지법 2010. 8. 17. 선고 2009가합100710 판결 등 참조.

49) 국유재산법 시행령 제40조(처분의 방법) ③ 일반재산이 다음 각 호의 어느 하나에 해당하는 경우에는 법 제43조 제1항 단서에 따라 수의계약으로 처분할 수 있다. 이 경우 처분가격은 예정가격 이상으로 한다. 27. 재산의 위치·형태·용도 등이나 계약의 목적·성질 등으로 보아 경쟁에 부치기 곤란한 경우

50) 하명호, 앞의 책(행정법), 25면; 이동식/전훈/김성배, 행정법총론, 제8판, 준커뮤니케이션즈, 2019, 68면. 이에 비하여 입법 활동의 한계로서 헌법상의 원리로 보는 견해도 있다(류지태/박종수, 행정법 신론, 제16판, 박영사, 2016, 165면).

51) 이동식/전훈/김성배, 앞의 책, 561면.

가·대부를 하였고(영 제27조 제3항 제1호, 제51조), 그 국유지를 수의매각할 수 있는 규정을 두고 있다면 신뢰보호의 원칙이 적용되어 강제철거가 어렵게 된다. 그러나 신뢰보호의 원칙은 법률적 합성의 원칙이라는 공익과 신뢰보호라는 사익을 비교형량하는 과정을 거쳐야 하므로 결국 비례의 원칙과 마찬가지로 공·사익의 비례적 균형여부를 판단하여야 한다.[52] 결론적으로 건물소유자에 대한 수의매각 규정에 해당하게 되면(특히 국유재산으로서의 이용가치가 없음이 인정되면) 비례의 원칙 또는 신뢰보호의 원칙에 의하여 강제철거가 어려운 경우가 많을 것이라고 생각된다.

2. 정비구역내의 건물소유자에 대한 특례

(1) 특례의 내용

국유재산법은 건물소유자에게 국유지(건물부지)를 수의매각할 수 있다고 규정하고 있을 뿐 다른 특별한 취급을 하지 않는다(영 제40조 제3항 제14호). 그런데, 이러한 국유지가 도시정비법상의 정비구역에 포함된다면 그 건물소유자는 국유재산법에 따라 국유지를 수의로 매수할 수 있을 뿐만 아니라, 도시정비법에 따라 다음과 같은 특별한 혜택을 받게 된다.

첫째, 정비조합 등의 사업시행자와는 별개로 국유지를 우선매수할 기회를 가진다. 도시정비법이 정비구역의 국·공유재산을 사업시행자 또는 점유자 및 사용자에게 우선매각할 수 있다고 규정하고 있기 때문이다(제98조 제4항). 다른 공익사업에 관한 법률들은 사업구역 내의 국·공유재산을 사업목적 외의 목적으로 매각하는 것을 금지하면서, 사업시행자에게만 우선 매각하는 규정을 두고 있기 때문에,[53] 건물소유자는 건물부지가 사업구역에 들어가기 전에 국유재산법에 따라 수의매수하여야 하고, 그렇지 않으면 매수할 기회를 놓치게 된다.

둘째, 건물소유자는 사업시행자와 마찬가지로 개발이익을 배제한 금액으로 국유지를 매수하게 된다(같은 조 제6항).

셋째, 건물소유자는 시가보다 낮은 금액으로 국유지를 매수할 수 있을 뿐만 아니라, 그 금액을 20년 동안 저리의 고시이자만 내고 분할납부할 수도 있다(영 제55조 제4항·제5항). 이러한 국·공유지 특례매각의 규정들은 건물소유자가 정비사업의 조합원으로서 사업에 따른 개발이익을 받도록 하려는 취지이다.

이상의 국유지 매수는 조합뿐만 아니라 조합원(건물소유자)도 할 수 있으나, 주로 재개발 사례에서 발생하며, 재건축 사례에는 잘 발행하지 않는다. 왜냐하면 재건축 구역의 조합원은 국유지 위 건물소유자가 아닌 경우가 많고(아파트 등 완전한 건물의 소유자가 다수이다), 해당한다고 하더라도 20년 분납 등의 혜택이 없어서(재개발에만 적용된다. 영55조 제4항 제1호) 조합원이 국유지를 매수할 실익이 낮다.

52) 하명호, 앞의 책, 34-35면; 이동식/전훈/김성배, 앞의 책, 60면; 류지태/박종수, 앞의 책, 160-161면 등.
53) 국토계획법 제97조, 도시개발법 제68조 등 및 국유재산법 시행령 제40조 제3항 제18호 하목 참조.

(2) 특례의 적용범위

이와 같이 정비구역 내의 국유지 매매에 대해서는 매매대금 · 납부조건 등에 있어서 파격적인 혜택을 주게 됨에도 불구하고, 도시정비법 제98조 제4항은 그 수혜대상을 '점유자 및 사용자'라고만 할 뿐 어떠한 제한도 하지 않는다. '점유자 및 사용자'를 그대로 문리해석하면 조합원뿐만 아니라 지금 막 투기목적으로 건물소유권을 사들인 자도 포함하고, 정비사업의 소식을 듣고 최근에 건물을 신축한 자도 여기에 해당하게 되어, 이러한 혜택을 규정한 도시정비법 및 국유재산법의 취지를 몰각시킨다. 그러나 도시정비법의 국 · 공유지 특례매각의 규정들은 지방자치단체가 조례로서 그 적용대상을 적절히 통제할 것이라는 전제에서 제정된 것이고, 실제로 광역자치단체들의 「도시 및 주거환경정비 조례」는 이에 관한 제한규정을 두고 있다. 다만, 이러한 조례는 국유재산관리청[54]을 수범자로 하지 않기 때문에 정비구역 내의 국유지 매각에는 적용되지 않는다.

가령 「서울특별시 도시 및 주거환경정비 조례」에 따르면, 첫째, 건물소유자는 조합원의 자격이 있어야 한다. 이는 투기세력에 의한 입법취지의 잠탈을 막기 위한 것이다(인적 요건). 둘째, 해당건물은 1989. 1. 24. 당시부터 존재하여야 하고, 매각 면적은 200㎡를 초과할 수 없다. 이는 특례매각을 바라고 공유지에 불법건물을 지은 자에 대한 특혜를 차단하려는 것이다(물적 요건). 매각면적은 담장 등으로 경계가 구분되어 실제사용하고 있는 면적으로 하고, 면적산정은 「공간정보의 구축 및 관리 등에 관한 법률」에 따른 지적측량성과에 따라야 한다. 아울러 건물소유자에 대한 공유지 매매계약체결 시점을 관리처분계획인가신청시로 제한함으로써, 정비구역 내의 공유지를 정비조합과 조합원 중에서 누구에게 매각할 것인지를 확정해야 할 기준시점을 제시하고 있다(같은 조례 제55조). 건물소유자는 정비사업의 조합원이 되지만, 정비구역이 투기과열지구에 속한다면 조합설립인가 · 관리처분계획인가 후에 건물을 양수(상속 · 이혼으로 인한 양수는 제외)한 자는 조합원이 될 수 없는 것이 원칙이다(도시정비법 제39조 참조).

이와 같이 공유재산은 도시정비조례에 의하여 특례매각이 엄격하게 제한되지만, 국유재산은 보통의 건물소유자에 대한 매각보다 특례매각이 더 쉽게 이루어 질 수 있는 문제가 있다.[55] 따라서, 도시정비조례에 준하는 제한을 국유재산법 시행령 등에 두는 것이 바람직하다.

---

54) 국유재산의 관리를 위임받은 지방자치단체장도 마찬가지다. 기관위임사무에는 조례가 적용되지 않기 때문이다(대법원 2014. 2. 27. 선고 2012추145 판결 등).

55) 국유재산법 시행령 제40조 제3항 제14호 가목은 "2013. 12. 31.이전부터 있던 건물", "그 건물 바닥면적의 2배 이내"라는 제한은 두고 있지만, 도시정비법 제98조 제4항은 "점유자 및 사용자"라고만 할 뿐이기 때문이다.

Ⅳ. 실경작자의 우대

1. 내용과 제도의 취지

① 농지법상 농지인 국유지를 대부·사용허가 받아 직접 5년 이상 계속하여 경작하고 있는 자에게 해당 국유농지를 수의로 매각할 수 있으며(제18호 아목), ② 교통시설특별회계법상의 철도계정, 교통체계관리계정 또는 항만계정 소관의 폐시설부지(법 제40조제2항 제3호의 재산을 포함한다)로서 장래 활용할 계획이 없는 국유지를 1987. 12. 31. 이전부터 사실상 농경지로서 계속 경작한 자에게 해당 국유지를 수의로 매각할 수 있다(제18호 마목 1). 헌법이 국가의 의무로 규정하고 있는 경자유전의 원칙(제121조)을 구현하려는 취지이다.

영 제40조 제3항 제18호 아목(위 ①)의 제도는 아래와 같은 문제점이 있으며, 그 대상과 지역·면적상의 제한이 있다. 국유재산 수의매각 사유 중에서 비교적 큰 비중을 차지한다.

2. 문제점

국유재산법은 국유농지 경작자에게 수의매각의 기회뿐만 아니라, 수의로 대부·사용허가 받을 수 있는 기회를 먼저 주고 있다(영 제27조 제3항 제2호). 왜냐하면, 대부·사용허가 받아 경작하고 있는 자에게 수의매각할 수 있기 때문이다. 한편, 경작용 대부·사용허가의 사용료 등 산정 요율은 1%로 매우 낮다(영 제29조 제1항 제1호).

이러한 국유지 경작자에 대한 우대조항은 그 제도적 취지가 무색하게 악용되는 경우가 많다. 수의로 국유지를 대부·사용허가 받기 위해서 무단으로 경작을 시작하고, 대부·사용허가 받은 국유지를 장기간 전대하거나 위탁경영(소작)하다가 필요할 때 수의매수를 하는 것이다. 그러한 경우에 경작용 국유지의 사용료가 낮고 갱신 횟수에 제한이 없기 때문에(법 제35조 제2항), 일단 국유지를 무단으로 경작하면 사실상 그 국유지의 소유자가 되는 결과를 가져오게 된다. 생각건대, 헌법상 경자유전의 원칙은 농지의 임대차나 위탁경영을 금지하려는 취지이므로, 이를 이유로 현재의 국유지 경작자에게 반드시 수의매각할 필요는 없다. 현 경작자에 대한 수의매각을 제한적으로 운영하고, 농업인 등에게 경쟁 입찰로 매각하는 방안 등을 입법론적으로 고려할 필요가 있다.

3. 요건

(1) 농지법상 농지

매각대상은 농지법상 농지이다(영 제40조 제3항 제18호 아목). 농지법상 농지란 실제로 농작물 경작지 또는 다년생식물 재배지로 이용되는 토지를 말하는데, 소정의 농지개량시설·농축산물생산시설의 부지를 포함한다(농지법 제2조 제1호). 종래에는 지목을 불문하고 실제 경작지로 이용되면 농지에 해당했지만, 2016. 1. 19. 농지법 시행령의 개정으로 약간의 변화가 생겼다. 즉, 지목이 전 · 답 · 과수원이면 언제부터인지 불문하고 현재 경작지로 이용되면 농지이지만, 지목이 전 · 답 · 과수원이 아니라면 3년 이상 경작지로 이용되어야 한다. 한편, 지목이 임야라면 산지전용허가를 거쳐야 한다(농지법 제2조 제1호, 동법 시행령 제2조 제2항).

(2) 지역 · 면적

앞서 본 바와 같이 제도의 취지가 악용되는 사례가 많아서 정부는 2018년도부터 국유재산처분기준을 개정하여 경작자에 대한 수의매각을 지역과 면적으로 제한하고 있다. 수의매각의 대상은 ① 시외의 지역[56]에 위치하는 ② 농업진흥지역의 농지(절대농지)로서 ③ 1만㎡ 이하의 면적이다(2022년도 국유재산처분기준 제9조 제1항 참조).

(3) 5년 이상 계속 경작

대상 국유지를 대부받거나 사용허가 받아 직접 5년 이상 계속하여 경작하고 있어야 한다. 무단 경작하다가 대부 · 사용허가 받은 경우 무단경작기간은 제외하며, 전대 · 소작 · 임차권양도 등 직접 경작하지 않는 경우도 제외한다. 5년 이상 계속 경작하여야 한다고 규정하므로 중간에 대부 · 사용허가가 단절되면 안 된다(기간만료 후 갱신은 단절로 보지 않는다). 대부 · 사용허가 받아 경작하다가 5년이 안된 상태에서 사망하였다면 그 상속인은 경작사실까지 상속하는 것은 아니므로 피대부자 등의 지위를 상속받아 그때로부터 다시 5년 이상 경작하여야 한다.

V. 법정사업의 지원

국유재산법은 토지를 사업부지로 필요로 하는 여러 사업에 국유재산의 수의매각을 규정하고 있으며, 그밖에 다른 법률에서도 각종 사업에 필요한 국유지의 수의매각을 규정하고 있다. 이러한 법정사업은 토지보상법에 따라 토지의 강제수용 등이 가능한 공익사업과 그렇지 아니한 비공익사업으로 나눌 수 있다.

1. 공익사업

국유재산법 시행령 제40조(처분의 방법) ③ 일반재산이 다음 각 호의 어느 하나에 해당하는 경우에는 법 제43조 제1항 단서에 따라 수의계약으로 처분할 수 있다. 이 경우 처분가격은 예정가격 이상으로 한다.

---

56) 시 외의 지역이라 함은 도와 군을 말하는데, 특별시 · 광역시 안에 있는 군도 여기에 포함된다. 한편 국유재산처분기준은 시에 소재한 읍 · 면도 시 외의 지역으로 본다(2023년도 국유재산처분기준 제5조 제1항 제1호).

18. 법률에 따라 수행하는 사업 등을 지원하기 위한 다음 각 목의 어느 하나에 해당하는 경우
 하. 다른 법률에 따라 특정한 사업목적 외의 처분이 제한되거나 일정한 자에게 매각하여야 하는 재산을 그 사업의 시행자 또는 그 법률에서 정한 자에게 매각하는 경우

공공시설사업, 택지개발사업, 도시정비사업 등 각종 공익사업에 관한 법률은 그 사업구역 내의 국유지에 대하여 그 사업목적 외의 처분을 제한하는바, 그 취지는 원활한 공익사업부지 확보에 있으며, 해당 사업시행자에 대한 수의매각을 전제하는 것이다. 국토계획법 등은 국유재산의 처분제한과 함께 사업시행자에게 수의 매각하는 규정을 함께 두고 있고, 국유재산법 시행령 제40조 제3항 제18호 하목에서도 이에 호응하는 규정을 두고 있다.

도시정비법은 사업시행자 이외의 자에게도 수의매각할 수 있도록 규정하고 있다. 동법 제98조 제4항은 사업시행자 또는 점유자 및 사용자에게 우선매각할 수 있도록 규정하는바(제98조 제4항), 이때 사업시행자란 정비사업조합이고, 점유자 및 사용자란 정비조합의 조합원들이다. 공익사업시행자에 대한 수의매각은 국유재산 수의매각 사유 중에서 가장 큰 비중을 차지한다.

(1) 사업시행기간 이내

공익사업의 시행기간 동안은 사업시행자가 토지보상법에 따라 협의매수 또는 강제수용할 수 있다. 강제수용 시 개발이익을 배제한 보상가격이 적용되므로 협의매수 시에도 사실상 보상가격이 관철된다(공익사업시행자에 대한 국유재산 매각가격에 대하여는 제1장 제4절 참고).

(2) 사업시행기간의 도과

사업시행기간이 종료되어도 사업시행자의 지위는 유지되므로 수의매각이 가능하지만, 토지보상법에 따른 보상가액의 적용은 불가하다. 사업시행기간 종료 이후에는 재산관리기관의 재량으로 국유재산을 사업시행자에게 매각할지 여부를 결정하겠지만, 사업목적 외의 처분이 불가하므로 결국은 사업시행자에게 매각하여야 할 것이다.

2. 비공익사업

(1) 관광시설조성사업

국유재산법 시행령 제40조(처분의 방법) ③ 일반재산이 다음 각 호의 어느 하나에 해당하는 경우에는 법 제43조 제1항 단서에 따라 수의계약으로 처분할 수 있다. 이 경우 처분가격은 예정가격 이상으로 한다.

18. 법률에 따라 수행하는 사업 등을 지원하기 위한 다음 각 목의 어느 하나에 해당하는 경우
 라. 「관광진흥법」 제55조에 따른 조성사업의 시행에 필요한 재산을 그 사업시행자에게 매각하는 경우

국유재산법은 관광시설조성사업의 시행에 필요한 국유재산을 그 사업시행자에게 수의로 매각할 수 있도록 규정하고 있다(영 제40조 제3항 제18호 라목). 관광시설조성사업은 골프장, 호텔 등을 조성하는 사업으로서 사업시행자가 민간이라면 공익사업으로 분류되지 않아 토지보상법에 따른 토지의 강제수용 등이 불가하다(관광진흥법 제54조 제4항). 따라서 국유재산 매각가격은 영 제42조 제1항에 따라서 시가평가로 산정이 된다.

(2) 공장설립사업

국유재산법 시행령 제40조(처분의 방법) ③ 일반재산이 다음 각 호의 어느 하나에 해당하는 경우에는 법 제43조제1항 단서에 따라 수의계약으로 처분할 수 있다. 이 경우 처분가격은 예정가격 이상으로 한다.

18. 법률에 따라 수행하는 사업 등을 지원하기 위한 다음 각 목의 어느 하나에 해당하는 경우
    카. 「산업집적활성화 및 공장설립에 관한 법률」 제13조에 따른 설립승인 대상이 되는 규모의 공장입지에 위치하는 국유지를 공장설립 등의 승인을 받은 자에게 매각하는 경우[국유지의 면적이 공장부지 전체 면적의 50퍼센트 미만(「중소기업창업 지원법」 제33조에 따라 사업계획 승인을 받은 자에 대해서는 국유지 편입비율의 제한을 하지 아니한다)인 경우로 한정한다]

산업집적활성화 및 공장설립에 관한 법률 제13조(공장설립 등의 승인) ① 공장건축면적이 500제곱미터 이상인 공장의 신설·증설 또는 업종변경(이하 "공장설립 등"이라 한다)을 하려는 자는 대통령령으로 정하는 바에 따라 시장·군수 또는 구청장의 승인을 받아야 하며, 승인을 받은 사항을 변경하려는 경우에도 또한 같다. 다만, 승인을 받은 사항 중 산업통상자원부령으로 정하는 경미한 사항을 변경하려는 경우에는 시장·군수 또는 구청장에게 신고하여야 한다.
② 다음 각 호의 어느 하나에 해당하는 경우에는 제1항에 따른 공장설립 등의 승인을 받은 것으로 본다.

1. 제20조제2항에 따른 승인을 받은 경우
2. 제38조제1항 본문 및 제2항에 따른 입주계약 및 변경계약을 체결한 경우
3. 대통령령으로 정하는 다른 법률에 따라 그 공장설립에 관한 허가·인가·면허 등을 받은 경우

공장설립 등의 사업은 토지보상법 제4조에 열거된 공업사업이 아니다. 다만 공장건축면적이 500㎡ 이상인 공장설립 등을 하려는 자는 시장·군수·구청장의 승인을 받아야 하고(산업집적법 제13조 제1항), 국유재산법은 이러한 승인을 받은 자에게 공장입지 내의 국유지를 수의로 매각할 수 있다고 규정하고 있다(영 제40조 제3항 제18호 카목). 이러한 승인이 의제되는 경우가 있는데(산업집적법 제13조 제2항), 이때에도 공장건축면적이 500㎡ 이상이어야 한다.

(3) 주택사업

국유재산법 시행령 제40조(처분의 방법) ③ 일반재산이 다음 각 호의 어느 하나에 해당하는 경우에는 법 제43조 제1항 단서에 따라 수의계약으로 처분할 수 있다. 이 경우 처분가격은 예정가격 이상으로 한다.

18. 법률에 따라 수행하는 사업 등을 지원하기 위한 다음 각 목의 어느 하나에 해당하는 경우
    타. 「주택법」 제15조, 제19조 및 제30조에 따라 매각 대상이 되는 국유지를 그 사업주체에게 매각하는 경우[매각대상 국유지의 면적이 주택건립부지 전체 면적의 50퍼센트 미만(「주택법 시행령」 제3조에 따른 공동주택으로 점유된 국유지에 재건축하는 경우에는 국유지 편입비율의 제한을 받지 아니한다)인 경우로 한정한다]

① 국민주택규모의 주택을 50% 이상 건설하는 주택의 건설, ② 주택조합이 건설하는 주택의 건설 또는 ③ 위 ① 또는 ②의 주택을 건설하기 위한 대지의 조성에 대하여는 해당 국유지를 수의로 매각할 수 있다. 단 매각대상 국유지의 면적이 주택건립부지 전체 면적의 50% 미만(공동주택[57])으로 점유된 국유지에 재건축하는 경우는 국유지 편입비율의 제한이 없다)인 경우로 한정한다(제18호 타목, 주택법 제30조 제1항). 국유지를 매수한 자가 매수일로부터 2년 내에 위 주택을 건설하지 아니하거나 그 주택을 건설하기 위한 대지조성사업을 시행하지 아니한 경우에는 환매할 수 있다(주택법 제30조 제2항).

(4) 사도개설사업

사도개설(「사도법」 제4조)에 편입되는 국유지를 그 사도개설자에게 수의로 매각할 수 있다(제18호 자목).

(5) 농 · 어촌지원사업

국유재산법 시행령 제40조(처분의 방법) ③ 일반재산이 다음 각 호의 어느 하나에 해당하는 경우에는 법 제43조 제1항 단서에 따라 수의계약으로 처분할 수 있다. 이 경우 처분가격은 예정가격 이상으로 한다.

18. 법률에 따라 수행하는 사업 등을 지원하기 위한 다음 각 목의 어느 하나에 해당하는 경우
    바. 「농수산물유통 및 가격안정에 관한 법률」에 따른 농수산물유통시설 부지에 포함된 국유지를 그 전체 유통시설 부지 면적의 50퍼센트(부지 면적의 50퍼센트가 2천제곱미터에 미달하는 경우에는 2천제곱미터) 미만의 범위에서 농업협동조합 · 수산업협동조합이나 그 중앙회 또는 한국농수산식품유통공사(지방자치단체가 농업협동조합 · 수산업협동조합이나 그 중앙회 또는 한국농수산식품유통공사와 공동으로 출자하여 설립한 법인을 포함한다)에 매각하는 경우

57) 아파트, 연립주택 및 다세대주택을 말한다(주택법 시행령 제3조).

> 사. 「농업·농촌 및 식품산업 기본법」 제50조제1항 또는 「수산업·어촌 발전 기본법」 제39조제1항에 따른 지역특산품 생산단지로 지정된 지역 또는 「농어촌정비법」 제82조에 따라 농어촌 관광휴양단지로 지정·고시된 지역에 위치한 국유지를 그 사업 부지 전체 면적의 50퍼센트 미만의 범위에서 그 사업시행자에게 매각하는 경우

농수산물유통시설 부지에 포함된 일정 면적비율 이하의 국유지를 농업협동조합 등에 수의로 매각할 수 있으며(제18호 바목), 지역특산품생산단지 또는 농어촌관광휴양단지로 지정·고시된 지역에 위치한 일정 면적비율 이하의 국유지를 그 사업시행자에게 수의로 매각할 수 있다(같은 호 사목).

(6) 학교용지

> **국유재산법 시행령 제40조(처분의 방법)** ③ 일반재산이 다음 각 호의 어느 하나에 해당하는 경우에는 법 제43조 제1항 단서에 따라 수의계약으로 처분할 수 있다. 이 경우 처분가격은 예정가격 이상으로 한다.
>
> 18. 법률에 따라 수행하는 사업 등을 지원하기 위한 다음 각 목의 어느 하나에 해당하는 경우
>
> 파. 「초·중등교육법」 제2조 각 호의 어느 하나에 해당하는 학교의 부지로 사용되고 있는 재산 또는 「고등교육법」 제2조 각 호의 어느 하나에 해당하는 대학의 부지로 사용되고 있거나 그 대학의 학교법인이 건립하려는 기숙사의 부지에 위치한 재산을 그 학교·대학 또는 학교법인에 매각하는 경우

초·중·고등학교 및 대학교 등의 부지로 사용되고 있거나, 대학교 학교법인이 건립하려는 기숙사 부지에 위치한 국유재산을 그 학교법인 등에 수의로 매각할 수 있다(제18호 파목).

(7) 근로자·대학생 생활지원

> **국유재산법 시행령 제40조(처분의 방법)** ③ 일반재산이 다음 각 호의 어느 하나에 해당하는 경우에는 법 제43조 제1항 단서에 따라 수의계약으로 처분할 수 있다. 이 경우 처분가격은 예정가격 이상으로 한다.
>
> 18. 법률에 따라 수행하는 사업 등을 지원하기 위한 다음 각 목의 어느 하나에 해당하는 경우
>
> 다. 「공익법인의 설립·운영에 관한 법률」 제4조제1항에 따라 주무관청(학생기숙사의 경우에는 교육부장관, 공장기숙사의 경우에는 고용노동부장관을 말한다. 이하 이 목에서 같다)으로부터 설립허가를 받은 공익법인이나 상시 사용하는 근로자의 수가 50명 이상인 기업체 또는 주무관청으로부터 추천을 받은 자가 대학생 또는 공장근로자를 위하여 건립하려는 기숙사의 부지에 있는 재산을 그 법인이나 기업체 또는 주무관청으로부터 추천을 받

은 자에게 매각하는 경우

차. 「산업입지 및 개발에 관한 법률」 제2조에 따른 산업단지 또는 그 배후주거지역에 위치한 국유지를 「영유아보육법」 제14조에 따라 직장어린이집을 설치하려는 자로서 보건복지부장관의 추천을 받은 자에게 1천400제곱미터 범위에서 매각하는 경우

대학생 또는 공장근로자를 위하여 기숙사를 건립하려는 소정의 공익법인, 기업체 등에게 기숙사부지(국유재산)를 수의로 매각할 수 있으며(제18호 다목), 산업단지 또는 그 배후주거지역에 위치한 1,400㎡ 이하의 국유지를 직장어린이집을 설치하려는 소정의 자에게 수의로 매각할 수 있다(같은 조 차목).

Ⅵ. 국가재정상의 이익

① 두 번에 걸쳐 유효한 입찰이 성립되지 아니하거나, ② 뚜렷하게 국가에 유리한 가격으로 계약할 수 있는 경우에는 국유재산을 수의로 처분할 수 있다(제25호).

1. 2회 이상 유찰

일반경쟁 입찰에서 2회 유찰되면 3회 차 입찰에서부터 10%씩 매각가격의 체감이 이루어지므로(영 제42조 제3항), 2회 유찰되면 그때부터는 유찰 상태의 예정가격으로 매수하겠다는 자에게 수의로 처분하는 것이 국가재정상 이익이다. 영 제40조 제3항 제25호는 2회 유찰이라고 하지만 이것은 2회 유찰됐을 때부터 수의계약이 가능하다는 의미이다.

2. 뚜렷하게 국가에 유리한 가격

영 제40조 제3항 제25호는 뚜렷하게 국가에 유리한 가격으로 수의계약이 가능하다고 하는바, 문언대로 해석하면 최초 예정가격보다 뚜렷하게 높은 가격을 제시하는 자에게 수의 매각해도 된다는 뜻이 되지만, 불특정다수에 의한 유효경쟁이 예상된다면 일반경쟁 입찰을 하는 것이 원칙일 것이다(법 제43조 제1항). 본 조항은 불특정다수에 의한 유효경쟁이 예상되지 않는 상황에서 특정인이 최초 예정가격보다 훨씬 높은 가격으로 매수하기를 희망하는 경우에 적용될 여지가 있을 것인데, 그 밖에 매수 후 사용용도, 사용에 따른 경제효과 등도 부수적으로 고려될 수 있다.

앞서 설명한 2회 유찰에 따른 수의계약도 뚜렷하게 국가에 유리한 가격으로 계약하는 경우 중의 하나라고 할 수 있다.

Ⅶ. 일반규정

1. 규정의 취지

국유재산의 위치·형태·용도 등이나 계약의 목적·성질 등으로 보아 경쟁에 부치기 곤란한 경우에는 그 재산을 수의로 처분할 수 있다(제27호). 영 제40조 제3항에서 공공복리, 구체적 타당성 등에 입각한 수많은 수의계약 사유를 열거하고 있지만, 개별 수의계약 사유를 일일이 열거하는 방식에는 한계가 있다. 이에 법정 수의계약 사유에 유연성을 주고자 제27호라는 포괄규정을 두는 것이다.

2. 제한의 필요성

제27호의 포괄규정에 따라 수의계약을 허용하는 것은 사실상의 입법행위에 해당하고, 남용의 우려가 상존하므로 필요 최소한으로 제한할 필요가 있는바, 재산관리기관 차원의 또는 모든 재산관리기관을 총괄하는 재량준칙이 필요하다.

제27호에 해당하는 전형적인 사례로는 ① 건물소유자에게 그 부지(국유지)를 매각할 필요가 있는 경우로서 영 제40조 제3항 제14호 가목의 요건(특히 면적 요건)을 충족하지 못하는 경우, ② 분묘소유자에게 그 분묘기지(국유지)를 매각하는 경우, ③ 법률에 따른 사업시행자로 영 제40조 제3항 각호에 열거되지 아니한 경우 등이다.

Ⅷ. 다른 법률에 따른 수의계약

국유재산법 시행령 제40조 제3항 각호에서 규정하지는 않지만, 그 밖의 개별 법률에서 국유재산의 수의매각을 규정하는 예는 매우 많다. 국유재산특례(사용료 등의 감면, 장기 사용허가 등, 양여)를 규정하는 222개의 법률(국유재산특례제한법 [별표])은 대부분 국유재산의 수의매각을 규정하고 있다.

Ⅸ. 증권의 경우

국유재산법 시행령 제40조(처분의 방법) ③ 일반재산이 다음 각 호의 어느 하나에 해당하는 경우에는 법 제43조 제1항 단서에 따라 수의계약으로 처분할 수 있다. 이 경우 처분가격은 예정가격 이상으로 한다.

19. 정부출자기업체의 주주 등 출자자에게 해당 기업체의 지분증권을 매각하는 경우

20. 국유지개발목적회사의 주주 등 출자자에게 해당 회사의 지분증권을 매각하는 경우
21. 다음 각 목의 어느 하나에 해당하는 자에게 증권을 매각하거나 그 매각을 위탁 또는 대행하게 하는 경우

가. 「자본시장과 금융투자업에 관한 법률」에 따른 투자매매업자, 투자중개업자 및 집합투자업자

나. 「은행법」 제2조제1항제2호에 따른 은행(같은 법 제5조에 따라 은행으로 보는 것을 포함한다)

다. 「보험업법」에 따른 보험회사

라. 「여신전문금융업법」 제2조제14호의4에 따른 신기술사업금융전문회사

마. 「벤처투자 촉진에 관한 법률」 제2조제10호에 따른 중소기업창업투자회사

바. 「벤처투자 촉진에 관한 법률」 제50조제1항제5호에 따른 회사

사. 「벤처투자 촉진에 관한 법률」 제70조제1항 각 호의 어느 하나에 해당하는 자

22. 법률에 따라 설치된 기금을 관리·운용하는 법인에 지분증권을 매각하는 경우
23. 정부출자기업체의 지분증권을 해당 기업체의 경영효율을 높이기 위하여 해당 기업체의 업무와 관련이 있는 법인·조합 또는 단체로서 기획재정부장관이 고시하는 법인·조합 또는 단체에 매각하는 경우
24. 「근로복지기본법」 제2조제4호에 따른 우리사주조합에 가입한 자(이하 이 조에서 "우리사주조합원"이라 한다)에게 정부출자기업체의 지분증권을 매각하는 경우
28. 국세물납으로 취득한 지분증권을 상속인인 물납자에게 매각하는 경우로서 다음 각 목의 요건을 모두 갖춘 경우

가. 지분증권 발행법인이 「중소기업기본법 시행령」 제3조제1항에 따른 중소기업 또는 「중견기업 성장촉진 및 경쟁력 강화에 관한 특별법」 제2조제1호에 따른 중견기업(라목에 따른 매수 예약 신청일 및 매수 신청일 직전 3개년도 매출액의 평균금액이 3천억원 이상인 기업은 제외한다)일 것

나. 지분증권 피상속인이 지분증권 발행법인을 10년 이상 계속하여 경영하고, 그 기간 중 다음의 어느 하나에 해당하는 기간 동안 대표이사로 재직할 것. 다만, 2)의 경우는 상속인이 피상속인의 대표이사 직을 승계하여 승계한 날부터 상속개시일까지 계속 재직한 경우에 한정하여 적용한다.

1) 지분증권 발행법인을 경영한 전체 기간 중 2분의 1 이상의 기간
2) 10년 이상의 기간
3) 상속개시일부터 소급하여 10년 중 5년 이상의 기간

다. 상속인인 물납자가 지분증권 발행법인의 최대주주 및 대표이사일 것

라. 다목의 물납자가 「상속세 및 증여세법」 제73조에 따른 물납허가일(이하 이 목에서 "물납허가일"이라 한다)부터 1년 이내에 매수예약을 신청하고, 물납허가일부터 5년 이내에 매수를 신청할 것

① 정부출자기업체의 국가지분증권을 주주 등 그 출자자(제19호), 법정기금을 관리 · 운용하는 법인(제22호), 업무관련 법인 등(제23호) 또는 우리사주조합원(제24호)에게 매각하는 경우,[58] ② 국유지개발목적회사의 국가지분증권을 주주 등 그 출자자에게 매각하는 경우(제20호), ③ 은행, 보험회사, 투자매매업자 등에게 증권을 매각하거나, 그들에게 그 매각을 위탁 또는 대행하게 하는 경우(제21호), ④ 국세물납으로 취득한 국가지분증권을 제28호 가목부터 라목까지 요건을 모두 갖춘 상속인인 물납자에게 매각하는 경우(제28호)에는 수의계약이 가능하다.

X. 지식재산의 경우

지식재산의 내용상 그 실시(「특허법」 제2조 제3호, 「실용실안법」 제2조 제3호, 「디자인보호법」 제2조 제7호의 실시를 말한다)에 특정인의 기술이나 설비가 필요하여 경쟁 입찰에 부치기 곤란한 경우에는 수의로 처분할 수 있다(제26호).

제3절 매도인의 의무

I. 개요

매도인인 국가는 매매의 목적인 재산권을 매수자에게 이전하는데 필요한 모든 행위를 해야 할 의무가 있다(민법 제568조 제1항). 매매의 목적인 재산권이 소유권, 지식재산권 등과 같이 법률행위 외에 등기, 등록, 인도 등의 공시방법을 갖추어야 하는 것이면 등기, 등록에 협력하거나 인도하여야 한다. 나아가 원칙적으로 재산권이전의무와 별개의 독립한 의무로서 매수자로 하여금 매매의 목적으로부터의 수익을 보장할 의무를 지므로, 매매목적물을 인도할 의무도 부담한다.[59] 국유재산의 매매에서 매매목적물의 인도의무는 매수자의 매매대금지급의무와 동시이행의 관계에 있지만(민법 제536조), 소유권이전의무는 그렇지 아니하므로 매매대금이 완납되어야 소유권이전등기를 해줄 수 있음이 원칙이다(국유재산법 제51조 제1항).

그 밖에도 매수자가 취득하는 권리나 물건에 하자 내지 불완전한 점이 있는 경우에, 매도인이 매수자에게 부담하는 담보책임(민법 제574조)이 매도인의 의무로서 중요하다.

---

58) 우리사주조합원에게 국가지분증권을 수의 매각하는 경우 우리사주조합원이 이미 소유한 지분증권과 수의계약으로 취득할 지분증권의 합계는 해당 지분증권 발행총수의 20%를 초과하지 못한다(영 제40조 제5항).

59) 지원림, 앞의 책, 1437면.

Ⅱ. 매매목적물의 인도의무

1. 동시이행의 관계

매매와 같은 쌍무계약의 당사자는 상대방이 채무이행을 제공할 때까지 자기의 채무이행을 거절할 수 있는데, 이를 동시이행의 항변권이라고 한다(민법 제536조). 자신의 채무이행이 곧 채권만족을 위한 담보가 되게 하는 취지이다.

따라서 국유재산의 매매에서도 국가의 목적물인도의무와 매수자의 매매대금지급의무 사이에서 동시이행의 관계가 형성된다(국유재산법 제51조 제1항, 민법 제568조). 따라서 국가는 매수자의 매매대금완납 또는 분납과 동시에 매매목적물을 매수자에게 인도하여야 하는데, 매수자가 매매계약체결 당시 이미 해당 국유재산을 점유·사용하는 경우가 많은바(영 제40조 제3항 제14호, 제18호 아목 등), 이 경우 매수자는 매매계약체결과 동시에 매매대금을 납부하여야 한다.

실무상 영 제54조 제1항을 근거로 매수자가 매매목적물을 이미 점유·사용하고 있음에도 불구하고 매각대금의 납부기한을 매매계약 체결일로부터 60일로 하면서 그 동안 대부료를 징수하지 않는 경우가 있을 수 있다. 그러나 영 제54조 제1항은 매매목적물을 인도하지 않는 것을 전제로 하므로 위 매수자는 계약체결과 동시에 매매대금을 납부해야 하고, 그렇지 아니하다면 매매계약체결일부터 매각대금납부기한까지 별도로 대부료를 내야 한다.

2. 분납기간 동안의 대부료

매도자는 매수자의 매매대금의 완납 또는 분납과 동시에 매매목적물을 매수자에게 인도하여야 하고, 매수자는 인도받은 매매목적물을 점유·사용할 권리가 있다. 매매대금을 분납하는 경우에는 분납이자를 내기 때문에 완납한 경우와 동일한 효과가 있다. 부동산매매의 당사자 사이에 특별한 약정이 없는 한 해당 부동산의 임대료와 매매대금의 이자는 서로 상계되는 관계에 있다고 본다(민법 제587조, 대법원 1993. 11. 9. 선고 93다28928 판결 등).

과거 국유재산법의 매매대금 분납이자가 부동산에 대한 시장임대료와 비교해서 큰 차이가 없을 때는 분납기간 동안의 대부료가 별도 문제되지 않았으나, 현재의 낮은 고시이자 하에서는 분납이자 이외에 별도로 대부료를 징수해야 하는지 의문이 있을 수 있다. 그러나 국유재산법이 분납기간 동안 대부료를 별도 징수함을 규정하지 않는 한 앞서 설명한 바와 같이 매매에 관한 일반적인 법리에 따라 대부료를 별도 징수할 수 없다고 해석이 된다. 국유재산법은 국가가 매매계약체결 이후에도 해당 국유재산을 계속하여 점유·사용하는 경우에는 그 기간 동안 분납이자를 징수하지 않는다고 하는바(영 제55조 제6항), 이는 매매대금 분납이자가 매매목적물에 대한 대부료 기능을 한다는 것을 전제로 하는 것이다.

[**판례①**] 부동산의 매수인이 아직 소유권이전등기를 경료받지 아니하였다고 하더라도 매매계약의 이행으로 그 부동산을 인도받은 때에는 매매계약의 효력으로서 이를 점유·사용할 권리가 생기는 것으로 보아야 할 것이고, 매수인이 그 부동산을 이미 사용하고 있는 상태에서 부동산의 매매계약을 체결한 경우에도 특별한 약정이 없는 한 매수인은 그 매매계약을 이행하는 과정에서 이를 점유·사용할 권리를 가진다고 보는 것이 상당하다 할 것이므로(위 당원 1992. 7. 28. 선고 92다10197, 10203 판결 참조), 원고는 적어도 이 사건 매매계약을 체결한 이후에는 매수인으로서 이 사건 매매계약의 대상인 위 각 부동산을 점유·사용할 권리가 있다고 할 것이고, 따라서 피고로서는 원고에 대하여 민법 제587조에 따라 미지급 잔대금에 대한 법정이자 상당의 지급을 구함은 별론으로 하고, 위 매매계약 후의 원고의 위 각 부동산에 대한 점유·사용이 법률상 원인이 없는 이득이라고 하여 부당이득반환청구를 할 수는 없다고 할 것이다(대법원 1996. 6. 25. 선고 95다12682, 12699 판결).

[**판례②**] 특별한 사정이 없는 한 매매계약이 있은 후에도 인도하지 아니한 목적물로부터 생긴 과실은 매도인에게 속하나, 매매목적물의 인도전이라도 매수인이 매매대금을 완납한 때에는 그 이후의 과실수취권은 매수인에게 귀속된다(대법원 1993. 11. 9. 선고 93다28928 판결).

Ⅲ. 매매목적물의 소유권이전의무

1. 동시이행의 배제

국유재산법 제51조(소유권의 이전 등) ① 일반재산을 매각하는 경우 해당 매각재산의 소유권 이전은 매각대금이 완납된 후에 하여야 한다.
② 제1항에도 불구하고 제50조제2항에 따라 매각대금을 나누어 내게 하는 경우로서 공익사업의 원활한 시행 등을 위하여 소유권의 이전이 불가피하여 대통령령으로 정하는 경우에는 매각대금이 완납되기 전에 소유권을 이전할 수 있다. 이 경우 저당권 설정 등 채권의 확보를 위하여 필요한 조치를 취하여야 한다.

국유재산법 시행령 제56조(소유권의 이전 등) 법 제51조제2항 전단에서 "대통령령으로 정하는 경우"란 제55조제2항제1호·제2호 및 제4호부터 제7호까지, 같은 조 제3항제3호·제5호, 같은 조 제4항제1호에 따라 매각대금을 나누어 내는 경우를 말한다.

매도인에게는 매매목적물을 인도하고 그 소유권을 이전해 줄 의무가 있다. 부동산의 경우 소유권이전의무란 소유권이전등기에 협조할 의무를 말하는데, 국유재산법은 매각재산의 소유권 이전은 매각대금이 완납된 후에 하여야 한다고 하여 국가의 소유권이전의무를 동시이행의 관계에서 배제하고 있다(법 제51조 제1항). 국유재산 매각대금을 분납하더라도 분납이자를 내면 완납과 동일한 효력이 있다는 것은 매각목적물의 인도와의 관계에서 그러하다는 것이다. 소유권이전과의 관계에서 매각대금의 완납이란 분납대금을 전부 납부한 것을 의미한다. 이러한 전제에서 국유재산법 제51조 제2항은 분납 중임에도 불구하고 소유권이전을 해줄 수 있는 예외를 대통령령으로 정하게 하고 있다.

국가의 높은 공신력에도 불구하고 국가의 소유권이전의무에 까지 동시이행을 기계적으로 인정하면 오히려 국가재정 등 공익에 반하는 결과를 초래할 수 있기 때문에 매매목적물의 인도는 매매대금의 분납 즉시 이루어지게 하되, 소유권이전등기는 분납대금이 완납된 뒤에 하게 하는 것이다.

2. 예외

매수자는 매매대금을 선납할 의무가 있기 때문에 그 분납기간 동안 소유권이전등기를 하지 못하지만(법 제51조 제1항), 공익사업의 원활한 시행 등을 위해 몇 가지 예외를 인정하고 있는바(법 제51조 제2항, 영 제56조), ① 지방자치단체 또는 공공단체(정부전액출자 · 출연법인)에 매각하는 경우(영 제55조 제2항 제1호, 제2호; 제3항 제3호, 제5호),[60] ② 재개발정비구역 내의 소정의 사유건물로 점유 · 사용되고 있는 국유지를 그 점유 · 사용자 또는 그 승계인에게 매각하는 경우(같은 조 제2항 제4호, 제4항 제1호), ③ 시장정비사업 시행구역 내의 사유건물로 점유 · 사용되고 있는 국유지를 그 점유 · 사용자에게 매각하는 경우(같은 조 제2항 제5호), ④ 벤처기업집적시설의 개발 등에 필요한 국유지를 그 시설의 설치 · 운영자에게 매각하는 경우(같은 항 제6호), ⑤ 산업기술단지의 조성에 필요한 국유지를 사업시행자에게 매각하는 경우(같은 항 제7호)가 그것이다. 이들의 경우 분납기간 중에 소유권이전등기를 허용할 수 있으나, 저당권 설정 등 채권의 확보를 위하여 필요한 조치를 취하여야 한다(법 제51조 제2항 제2문).

Ⅳ. 매도인의 담보책임

매매의 목적인 권리에 흠결이 있거나 권리의 객체인 물건에 하자가 있는 경우에 유상계약인 매매에서 '출연의 등가성'을 고려하여 법은 매도인에게 무거운 책임을 지움으로써 매수자를 보호한다.[61] 매도인의 담보책임에 관한 민법의 제 규정은 다른 유상계약(예컨대 교환, 임대차 등)에 준용된다(민법 제567조).

국유재산법은 매도인의 담보책임에 관하여 아무런 규정을 하지 않으므로, 민법 제569조 이하 매도인의 담보책임 규정이 국유재산의 매각에 그대로 적용이 된다. 국유재산의 경우 매매의

---

60) 영 제56조가 영 제55조 제2항 제1호의 2를 열거하지 않아 사회기반기설로 사용하려는 지방자치단체가 빠져있으나, 이 경우의 지방자치단체만 배제할 이유가 없다. 추가하는 개정이 요망된다.

61) 지원림, 앞의 책, 1441면.

목적인 권리에 흠결이 있는 경우로는 매각목적물이 국가 소유가 아닌 경우를 주로 들 수 있고, 물건에 하자가 있는 경우로는 매각목적물의 면적이 부족하거나 경계 · 현황에 착오가 있는 경우 및 매각국유지에 폐기물이 매립되어 있는 경우 등을 주로 들 수 있다.

1. 매각목적물이 국가 소유가 아닌 경우

(1) 발생원인

국가가 타인 소유의 부동산을 국유재산으로 보유하다가 국가 외의 자에게 매각하는 경우가 있을 수 있는데, 매각한 후에 원소유자가 나타난다면 민법 제569조 및 제570조에 따른 타인의 권리의 매매에 해당한다. 그 발생원인은 ① 부동산공부상 소유자가 일본인인 것으로 알았으나 사실은 창씨개명한 한국인인 경우, ② 부동산공부상 소유자가 없다고 판단했으나 토지조사부상 소유자가 나타난 경우, ③ 정부가 농지개혁법에 따라 매수한 농지로서 분배되지 않기로 확정되어 원소유자에게 법률상 환원된 것 등이 대부분이다.

(2) 법률관계

1) 원소유자가 소유권을 회복하는 경우

원소유자가 매매목적물에 대한 자신의 소유권을 회복하는 경우 국가와 매수자는 국유재산 매매계약을 해제할 수 있고, 국가는 매수자에게 손해를 배상하여야 한다(민법 제570조, 제571조). 손해배상액의 산정은 원소유자가 매도인 등에게 제기한 소유권소송의 판결확정 시를 기준으로 그 당시의 시가로 하여야 한다. 한편 매수자는 그간의 국유재산 사용료 상당액을 국가에 반환하여야 한다(대법원 1993. 4. 9.선고 92다25946 판결). 국가와 원소유자 간에는 물건의 점유자와 회복자의 관계에 관한 규정인 민법 제201조 내지 제203조, 제748조, 제749조 등이 적용된다.

[**판례**] 가. 부동산을 매수하고 소유권이전등기까지 넘겨받았지만 진정한 소유자가 제기한 등기말소청구소송에서 매도인과 매수인 앞으로 된 소유권이전등기의 말소를 명한 판결이 확정됨으로써 매도인의 소유권이전의무가 이행불능된 경우, 그 손해배상액 산정의 기준시점은 위 판결이 확정된 때이다.

나. 민법 제571조의 취지는 선의의 매도인에게 무과실의 손해배상책임을 부담하도록 하면서 그의 보호를 위하여 특별히 해제권을 부여한다는 것인바, 그 해제의 효과에 대하여 특별한 규정은 없지만 일반적인 해제와 달리 해석할 이유가 없다 할 것이므로 매도인은 매수인에게 손해배상의무를 부담하는 반면에 매수인은 매도인에게 목적물을 반환하고 목적물을 사용하였으면 그 사용이익을 반환할 의무를 부담한다 할 것이다(매도인이 목적물에 관하여 사용권한을 취득하지 아니하고 따라서 매수인이 반환한 사용이익을 궁극적으로 정당한 권리자에게 반환하여야 할 입장이라 하더라도 아무런 영향이 없다).

2) 원소유자가 소유권을 회복할 수 없는 경우

국가는 타인소유 부동산을 점유시효취득할 수 있고(등기부시효취득은 불가하다[62]), 이 경우 그 재산을 매각하더라도 원소유자에게 손해배상 등의 책임을 지지 않는다.

한편 국가가 점유시효취득으로 새로이 소유권을 취득함이 없이 해당 재산을 매각하였더라도, 매수자가 등기부·점유시효취득을 한다면(민법 제245조) 원소유자는 그 소유권을 회복할 수 없다. 이 경우 원소유자는 국가에 불법행위에 기한 손해배상청구를 할 가능성이 있지만(민법 제750조, 국가배상법 제2조), 한편 원소유자에게 권리행사를 태만히 한 과실이 인정되어 과실상계가 이루어질 수도 있다.[63] 손해배상액의 산정은 매수자의 시효취득 판결확정 시를 기준으로 그 당시의 시가로 하여야 한다.[64]

2. 매각목적물의 면적 부족

국유지를 매수한 후 건축, 개발 등을 위해 측량을 한 결과 실제 면적이 매매계약서의 면적보다 부족한 경우가 있을 수 있다. 매매계약서에는 부동산공부의 면적을 그대로 기재하는 것이 보통인데, 그것이 실제 측량한 결과와 정확히 일치한다고 장담할 수 없다. 매각한 국유지의 면적이 부족한 것으로 밝혀져 문제되는 사례에 대하여는 매도인의 담보책임(민법 제574조)과 의사표시의 착오(민법 제109조) 등이 검토되어야 한다. 매매목적물의 면적부족과 구별해야 할 것으로 경계·현황의 착오를 들 수 있는데, 양자는 비슷한 듯하면서도 그 본질과 적용법조가 다르다.

(1) 수량부족에 대한 매도인의 담보책임

민법 제572조(권리의 일부가 타인에게 속한 경우와 매도인의 담보책임) ① 매매의 목적이 된 권리의 일부가 타인에게 속함으로 인하여 매도인이 그 권리를 취득하여 매수인에게 이전할 수 없는 때에는 매수인은 그 부분의 비율로 대금의 감액을 청구할 수 있다.
② 전항의 경우에 잔존한 부분만이면 매수인이 이를 매수하지 아니하였을 때에는 선의의 매수인은 계약전부를 해제할 수 있다.
③ 선의의 매수인은 감액청구 또는 계약해제외에 손해배상을 청구할 수 있다.

---

62) 대법원 2008. 4. 10. 선고 2008다7314 판결, 대법원 2008. 10. 23. 선고 2008다45057 판결 등.

63) 원소유자의 과실을 50% 인정한 서울중앙지방법원 2016. 11. 10. 선고 2014다229009 판결, 원소유자의 과실을 40% 인정한 서울중앙지방법원 2013. 11. 13. 선고 2012가단5112322 판결, 30% 인정한 서울고등법원 2016. 9. 22. 선고 2016나2025506 판결, 20% 인정한 서울중앙지방법원 2015. 8. 19. 선고 2014나7574 판결, 서울중앙지방법원 2014. 1. 14. 선고 2013가단5128720 판결 등 참조. 한편 서울중앙지방법원 2016. 9. 30. 선고 2016가합522202 판결은 원소유자의 과실을 인정하지 않고, 손해배상액의 전부를 지급할 것을 명했다.

64) 서울중앙지방법원 2014. 5. 15. 선고 2014가합503252 판결(대법원 2016. 11. 10. 선고 2014다229009 판결로 확정) 등.

제573조(전조의 권리행사의 기간) 전조의 권리는 매수인이 선의인 경우에는 사실을 안 날로부터, 악의인 경우에는 계약한 날로부터 1년내에 행사하여야 한다.
제574조(수량부족, 일부멸실의 경우와 매도인의 담보책임) 전2조의 규정은 수량을 지정한 매매의 목적물이 부족되는 경우와 매매목적물의 일부가 계약당시에 이미 멸실된 경우에 매수인이 그 부족 또는 멸실을 알지 못한 때에 준용한다.

1) 민법 제574조

매매목적물 토지의 면적부족으로 인한 분쟁에는 수량부족에 대한 매도인의 담보책임(민법 제574조)이 적용되는데, 핵심쟁점은 '수량을 지정한 매매'에 해당하는지 이다. 수량을 지정했다 함은 토지의 경우 '면적을 지정'했다는 의미이다. 면적을 지정했다면, 면적부족을 알지 못한 매수자는 부족한 면적의 비율로 대금감액을 청구하거나 매매계약 전부를 해제할 수 있으며, 나아가 손해배상을 청구할 수도 있다(민법 제572조, 제574조). 대금감액청구 등은 매수자가 면적부족을 안날로부터 1년 안에 행사해야 한다(민법 제573조, 제574조). 민법 574조의 담보책임은 법이 특별히 인정한 무과실책임이므로, 매도자가 매각대상 토지의 측량과 관련하여 아무런 과실이 없다 하더라도 책임을 면할 수 없다.

2) 수량을 지정한 매매

'수량(면적)을 지정한 매매'란 당사자가 매매목적물의 일정한 수량을 확보하기 위하여 일정한 면적 · 용량 · 중량 · 척도 등을 계약에 표시하고 그 수량을 기초로 하여 대금을 정한 매매를 말한다.[65] 매매목적물이 일정한 면적, 용량 등 수량을 가진다는 것이 계약에 명시되었더라도, 당사자가 특정 물건 자체에 착안하여 계약을 체결하였을 뿐 일정한 수량을 확보한다는 목적이 없었다면(예컨대, 수량이 목적물을 특정하기 위한 또는 대금을 산정하기 위한 방편에 불과한 경우) 수량을 지정한 매매가 성립하지 않는다.

즉 단순히 등기부상의 면적을 표시하거나 지정구획의 토지를 매매하는 경우에는 원칙적으로 이에 해당하지 않는다(대법원 2003. 1. 24. 선고 2002다65189 판결). 부동산공부에 표시된 면적이 실제 면적과 맞지 않는 경우가 많고, 부동산거래에서 매수자가 현지를 답사하고 답사한 대상을 그대로 매매목적물로 특정 하는 것이 보통이라는 점을 근거로 한다.[66]

---

65) 지원림, 앞의 책, 1448면.
66) 주석민법, 채권각칙 3, 제4판, 한국사법행정학회, 2016, 93-95면.

[**판례**] [1] 민법 제574조에서 규정하는 '수량을 지정한 매매'라 함은 당사자가 매매의 목적인 특정물이 일정한 수량을 가지고 있다는 데 주안을 두고 대금도 그 수량을 기준으로 하여 정한 경우를 말하는 것이므로, 토지의 매매에 있어 목적물을 등기부상의 면적에 따라 특정한 경우라도 당사자가 그 지정된 구획을 전체로서 평가하였고 면적에 의한 계산이 하나의 표준에 지나지 아니하여 그것이 당사자들 사이에 대상토지를 특정하고 그 대금을 결정하기 위한 방편이었다고 보일 때에는 이를 가리켜 수량을 지정한 매매라 할 수 없다.

[2] 일반적으로 담보권실행을 위한 임의경매에 있어 경매법원이 경매목적인 토지의 등기부상 면적을 표시하는 것은 단지 토지를 특정하여 표시하기 위한 방법에 지나지 아니한 것이고, 그 최저경매가격을 결정함에 있어 감정인이 단위면적당 가액에 공부상의 면적을 곱하여 산정한 가격을 기준으로 삼았다 하여도 이는 당해 토지 전체의 가격을 결정하기 위한 방편에 불과하다 할 것이어서, 특별한 사정이 없는 한 이를 민법 제574조 소정의 '수량을 지정한 매매'라고 할 수 없다(대법원 2003. 1. 24. 선고 2002다65189 판결).

필자 주: 등기부상의 면적 327㎡보다 약 49㎡부족한 사례이다.

[**비교판례**] [3] 목적물이 일정한 면적(수량)을 가지고 있다는 데 주안을 두고 대금도 면적을 기준으로 하여 정하여지는 아파트분양계약은 이른바 수량을 지정한 매매라 할 것이다.

[4] 아파트 분양시 공유대지면적을 지정한 아파트 분양계약을 수량지정매매로 보아 공유대지면적을 부족하게 이전해 준 경우 민법 제574조에 의한 대금감액청구권을 인정한 사례(대법원 2002. 11. 8. 선고 99다58136 판결).

필자 주: 아파트 분양계약은 부동산공부 없이 최초로 이루어지기 때문에 분양계약서의 건물면적이나 공유대지 면적 등이 단순히 계약목적물을 특정하기 위한 방편에 불과하다고 볼 수 없다. 이에 비하여 완공되어 부동산공부가 만들어진 다음의 아파트매매계약은 분양계약과는 다른 의미를 가진다. 아래 국유 집합건물 공매에 대한 서울중앙 지방법원 2010. 6. 17. 선고 2009가단327624 판결 참고.

3) 국유지매각의 경우

국유재산법은 하나 또는 두 개 감정평가업자의 평가액으로 국유재산의 처분가격을 정한다고만 할 뿐(법 제44조, 영 제42조 제1항), 국유지의 매각면적을 지정할 것을 요구하지 않는다. 가격사정표(국유재산법 시행규칙 별지 제6호 서식)에 수량을 적는 란이 있으나 공부상의 면적을 그대로 적을 뿐이다. 감정평가를 할 때에도 정확한 면적을 구하기 위한 측량은 하지 않고, 공부상의 필지별 면적에 단위가격의 평균값을 곱하여 전체 예정가격을 산정한다. 한편 국유지 매각은 대부분 수의로 하는데, 수의매수자의 대부분이 인접 토지 소유자, 5년 이상 사용허가·대부 받아 경작하고 있는 자, 건물로서 국유지를 점유하고 있는 자 등으로서 매각대상 국유지 자체에 착안하여 계약을 체결할 뿐 일정한 수량을 확보한다는 목적이 없는 경우가 많다. 결론적으로 국유지 매매는 다른 특별한 사정이 없는 한 민법 제574조의 수량을 지정한 매매라고 할 수 없어, 비록 실제 면적이 매매계약서의 면적보다 적더라도 대금감액청구 등을 할 수 없는 경우라 할 것이다.

일반경쟁 입찰로 매수한 국유 집합건물의 전유부분 실제 면적이 계약서 및 공부상의 면적보다 부족함을 이유로 민법 제574조에 의거 대금감액을 청구한 소송에서, '공매절차에서 감정인이 매매목적물의 ㎡당 단가를 산정하여 전체 면적을 곱하는 방법으로 매매가격을 정한다는 사실만으로 수량을 지정한 매매라고 인정하기 부족하고, 오히려 몇 차례 유찰이 있게 되면 최초 예정가격보다 적은 금액으로 낙찰 받게 되므로 관리청 등이 매매 목적물의 등기부상 면적을 표시하는 것은 단지 부동산을 특정하여 표시하기 위한 방법에 지나지 아니한 것이고, 최초 예정가격을 결정함에 있어 감정인이 단위면적당 가액에 공부상 면적을 곱하여 산정한 가격을 기준으로 삼았다고 하더라도 이는 매매 목적물 전체의 가격을 결정하기 위한 방편에 불과하다고 할 것이어서, 결국 이러한 매매를 민법 제574조 소정의 수량을 지정한 매매라고 볼 수 없다'고 한 하급심 판례가 있다.[67]

4) 토지면적을 측량한 경우

부동산매매계약을 체결하기에 앞서 그 면적을 측량했다면, 이는 매매당사자가 매매목적물의 면적을 중요시하여 이를 지정한 것이라는 추정이 가능하다. 대법원은 주택재개발조합이 사업지구에 편입된 국유지를 매수함에 있어 측량을 통해 나온 필지별 면적에 단위가격의 평균값을 곱하여 매매대금을 정했다면 이는 수량을 지정한 매매에 해당하고, 따라서 그 후 다시 측량한 결과 나온 실제면적이 당초 면적보다 적다면 그만큼 대금이 감액되어야 한다고 하였다.

[판례] 원고가 피고로부터 이 사건 주택개량재개발사업지구에 편입된 피고 소유의 토지 134필지 중 조합원들이 점유하지 않은 토지 62필지 5,003.4㎡를 매수함에 있어 측량을 통하여 정해진 필지별 면적에 2개의 감정기관이 평가한 필지별 단위가격의 평균값을 곱하여 대금을 정하는 방식으로 매매계약을 체결하고 그 대금을 전액 지급한 사실을 인정한 다음, 매매 당사자인 원고와 피고는 토지의 실제면적이 측량결과와 다르다는 사정을 알았다면 매매대금도 그에 따라 달리 정하였을 것으로 보이므로 위 매매계약은 민법 제574조 소정의 수량을 지정한 매매에 해당하고, 따라서 그 후 다시 측량한 결과 일부 토지의 실제면적이 매매계약 시 약정한 면적보다 줄어들었음이 밝혀졌으므로 그에 해당하는 만큼 대금이 감액되어야 한다고 판단하였다.
살펴보니 원심의 판단은 옳고, 거기에 상고이유의 주장과 같은 채증법칙 위반이나 법리오해의 잘못이 없다. 피고가 당초 측량한 면적에 따라 이미 지분이전등기를 마쳤다거나 면적이 감소하게 된 원인이 새로 작성된 지적도를 기준으로 다시 측량하였기 때문이라 하더라도 원고가 실제로 취득한 면적이 매매계약시 약정한 면적보다 부족한 이상 달리 볼 것은 아니다(대법원 1999. 10.

67) 서울중앙지방법원 2010. 6. 17. 선고 2009가단327624 판결.

12. 선고 99다40265 판결).

필자 주: 측량을 해서 필지별 면적을 정했기 때문에 수량을 지정한 매매가 되는 것이다. 아울러 이 판례의 '면적이 감소한 원인이 새로 작성된 지적도를 기준으로 다시 측량하였기 때문'이라는 부분은 후술하는 경계 · 현황의 착오에 해당할 소지가 있다.

국유재산처분기준은 국유재산을 매수하려는 자가 매매계약체결 전에 매매목적물의 측량을 신청하면 재산관리기관은 즉시 매각절차를 중단하고 측량을 실시하여야 하며, 측량결과 면적증감이 있을 경우 토지대장 등을 정리하고 매각대금을 재산정한 다음에 매각절차를 진행하도록 하고 있다.[68] 매각국유지의 실제 면적이 계약서의 것보다 적음에 따른 분쟁을 해소하기 위해 2020년 국유재산처분기준에서 신규 도입이 된 제도이다.

(2) 착오에 의한 취소

수량, 즉 면적을 지정한 매매가 아니라면 민법 제109조에 따른 착오취소를 고려해 볼 것이지만, 일반적으로 면적의 부족은 중요부분의 착오로 인정되지 않는다. 특히 '특정된 토지 전부'를 매수하였으나 표시된 지적이 실제의 면적보다 적은 경우라도 그 매매계약의 중요부분에 착오가 있다고 할 수 없으며(대법원 1969. 5. 13. 선고 69다196 판결), 건물 및 그 부지를 현상대로 매수하였다면 부지의 지분이 다소 부족하더라도 그 매매계약의 중요부분의 착오로 보지 않는다(대법원 1984. 4. 10. 선고 83다카1328 · 1329 판결). 부족한 면적이 지나치게 크다면 중요부분의 착오로 인정될 수도 있겠지만, 이 경우 매수인의 중대한 과실로 착오취소가 곤란할 수 있다(민법 제109조 제1항 단서).

[**판례**] 매매 대상 건물 부지의 면적이 등기부상의 면적을 상당히 초과하는 경우에는 특별한 사정이 없는 한 계약 당사자들이 이러한 사실을 알고 있었다고 보는 것이 상당하며, 이러한 경우에는 매도인이 그 초과 부분에 대한 소유권을 취득하여 이전하여 주기로 약정하는 등의 특별한 사정이 없는 한, 그 초과 부분은 단순한 점용권의 매매로 보아야 하고 따라서 그 점유는 권원의 성질상 타주점유에 해당한다(대법원 1999. 6. 25. 선고 99다5866, 5873 판결).

필자 주: 건물 매수자가 지나치지 않은 면적을 건물부지로 오인하여 초과 인도받아 점유했다면 자주점유지만, 그것이 지나치게 많은 면적이라면 특별한 사정이 없는 한 타주점유라는 이 판례는 면적 부족 부분이 지나치다면 매수자의 중대한 과실이 인정되어 착오로 취소할 수 없다는 취지로 원용이 가능해 보인다.

68) 2023년도 국유재산처분기준 제7조의2.

3. 경계 · 현황의 착오

앞서 설명한 면적의 부족은 매수자가 인식한 매매목적물의 외형에는 문제가 없고, 다만 부동산공부 및 그에 근거한 계약서상의 면적이 실제보다 부족한 경우이다. 이것과 비교하여 매수자가 인식한 매매목적물의 외형에 문제가 있다면 이것은 경계 · 현황에 대한 문제로서, 매도인의 담보책임이 아니라 의사표시의 착오의 법리로 해결해야 한다. 대법원은 논(畓)으로 알고 매수한 토지의 일부가 하천을 이루는 경우, 하천에 인접한 밭으로 알고 매수한 토지의 일부가 사실은 하천부지를 이루는 경우 매매계약의 중요부분의 착오이고 매수자에게 중대한 과실이 없어 취소할 수 있다고 판시하였다.

[**판례①**] 본건 토지 답 1,389평을 전부 경작할 수 있는 농지인 줄 알고 매수하여 그 소유권이전등기를 마쳤으나 타인이 경작하는 부분은 인도되지 않고 있을 뿐 아니라 측량결과 약 600평이 하천을 이루고 있어 사전에 이를 알았다면 매매의 목적을 달할 수 없음이 명백하여 매매계약을 체결하지 않았을 것이므로 위 토지의 현황 경계에 관한 착오는 본건 매매계약의 중요부분에 대한 착오라 할 것이다(대법원 1968. 3. 26. 선고 67다2160 제3부 판결).

[**판례②**] 이 사건 문제의 토지인 (주소 생략) 전1,800평은 원, 피고간의 매매계약체결 당시에는 공부상으로는 전으로 되어 있었으나 그 현황은 경안천의 유수의 변동으로 그 중 1,355평은 하천부지로 그 지상에 물이 흐르고 나머지 445평은 자갈밭과 무너진 뚝을 이루고 있었는데 피고가 이를 원고에게 매도함에 있어서 원고는 피고로부터 위 토지의 매매알선을 의뢰받고 피고를 대신하여 현장을 안내하는 소외인과 함께 이 사건 매매목적물인 토지를 돌아보고 위 소외인으로 부터 이 사건 토지가 위 경안천에 인접하고 있는 부분이라고 지적받고 이 사건 토지가 그 지적한 데 있는 농지인 것으로 잘못 알고 이 사건 매매계약을 체결하였는바 원고가 사전에 이런 하천부지 등이란 사실을 알았더라면 위 1,800평에 대한 매매계약을 체결하지 아니하였을 뿐 아니라 원고가 이러한 사실을 알지 못하였음에 중대한 과실이 있었다고도 볼 수 없다고 단정하고서(원심은 피고와 소개인인 위 소외인도 이러한 사실을 알지 못하였다고 인정하고 있다) 원고가 매매목적물의 전부인 위 3,737평에 대한 원, 피고간의 매매계약의 취소를 구함에 대하여 이 사건 문제의 토지인 1,800평에 대하여서만 그 현황 경계에 관한 착오는 매매계약의 중요한 부분에 대한 착오라고 보고(대법원 1968. 3. 26. 선고 67다2160 판결 참조) 원, 피고간의 위 1필지 1,800평에 대한 매매계약 부분은 원고의 취소의 의사표시로 인하여 취소되었고 나머지 4필지의 토지에 대한 매매계약은 여전히 유효하다고 판시하고 있는바 기록에 의하여 증거를 살펴보아도 위와 같은 원심의 조치는 적법하(다)(대법원 1974. 4. 23. 선고 74다54 판결).

4. 매립폐기물 등의 처리

국유재산을 매입한 후 해당 토지를 개발, 건축 및 경작 등을 하는 과정에서 폐기물 기타 지하 매설물이 매립되어 있거나 타인의 건물 등으로 무단점유 되고 있는 등 매매목적물에 하자가 있음이 밝혀지는 경우가 있을 수 있다. 이 경우 매도자 국가는 민법 제580조에 따라 하자담보책임을 지는 것이 원칙이며, 다만 담보책임면제의 특약을 함으로써 이를 면할 가능성이 있다.

민법 제575조(제한물권있는 경우와 매도인의 담보책임) ① 매매의 목적물이 지상권, 지역권, 전세권, 질권 또는 유치권의 목적이 된 경우에 매수인이 이를 알지 못한 때에는 이로 인하여 계약의 목적을 달성할 수 없는 경우에 한하여 매수인은 계약을 해제할 수 있다. 기타의 경우에는 손해배상만을 청구할 수 있다.
제580조(매도인의 하자담보책임) ① 매매의 목적물에 하자가 있는 때에는 제575조제1항의 규정을 준용한다. 그러나 매수인이 하자있는 것을 알았거나 과실로 인하여 이를 알지 못한 때에는 그러하지 아니하다.
② 전항의 규정은 경매의 경우에 적용하지 아니한다.
제582조(전2조의 권리행사기간) 전2조에 의한 권리는 매수인이 그 사실을 안 날로부터 6월내에 행사하여야 한다.
제584조(담보책임면제의 특약) 매도인은 전15조에 의한 담보책임을 면하는 특약을 한 경우에도 매도인이 알고 고지하지 아니한 사실 및 제삼자에게 권리를 설정 또는 양도한 행위에 대하여는 책임을 면하지 못한다.

(1) 민법 제580조의 규정

매매목적물인 토지에 폐기물이 매립되어 있는 등 하자가 있는 때에는 이로 인하여 계약의 목적을 달성할 수 없는 경우에 한하여 매매계약을 해제할 수 있고, 그렇지 아니한 경우는 손해배상만을 청구할 수 있다(민법 제575조 제1항, 제580조 본문). 손해배상의 범위에 관하여 다수설은 매매목적물에 하자가 없는 것으로 믿음으로써 입게 된 손해(신뢰이익의 손해)로 하자보수비용, 하자로 인한 가치하락분 등에 한한다고 한다.[69] 매수자의 계약해제권 및 손해배상청구권은 매수자가 폐기물매립 등 하자있음을 안 날로부터 6월내에 행사하여야 하고(민법 제582조), 매수자가 매매목적물에 하자있음을 알았거나 과실로 알지 못한 때에는 매도인에게 위 담보책임을 물을 수 없다(민법 제580조 단서). 매도자가 매수인의 악의 또는 과실있음을 증명하여야 한다.[70]

---

69) 지원림, 앞의 책, 1456면. 서울중앙지방법원 2012. 6. 13. 선고 2011가단268063 판결은 매각한 국유지에서 다량의 폐기물이 매립된 사안에서 손해배상의 범위는 매립폐기물처리비용에서 토사를 추가로 반출할 필요가 없게 됨에 따라 절감된 비용을 공제한 금액으로 함이 타당하다고 하였다.
70) 지원림, 앞의 책, 1455면.

매도인의 담보책임은 무과실책임이지만, 손해배상에 대하여는 과실상계의 법리가 적용된다는 것이 판례의 태도이다(대법원 1995. 6. 30. 선고 94다23920 판결). 담보책임이 민법의 지도이념인 공평의 원칙에 입각한 것인 이상 하자의 발생·확대에 가공한 매수자의 잘못을 참작하여 손해배상의 범위를 정함이 상당하다고 한다.

[**판례**] 가. 민법 제581조, 제580조에 기한 매도인의 하자담보책임은 법이 특별히 인정한 무과실책임으로서 여기에 민법 제396조의 과실상계 규정이 준용될 수는 없다 하더라도, 담보책임이 민법의 지도이념인 공평의 원칙에 입각한 것인 이상 하자 발생 및 그 확대에 가공한 매수인의 잘못을 참작하여 손해배상의 범위를 정함이 상당하다.

나. 하자담보책임으로 인한 손해배상 사건에 있어서 배상 권리자에게 그 하자를 발견하지 못한 잘못으로 손해를 확대시킨 과실이 인정된다면 법원은 손해배상의 범위를 정함에 있어서 이를 참작하여야 하며, 이 경우 손해배상의 책임을 다투는 배상 의무자가 배상 권리자의 과실에 따른 상계 항변을 하지 않더라도 소송에 나타난 자료에 의하여 그 과실이 인정되면 법원은 직권으로 이를 심리·판단하여야 한다(대법원 1995. 6. 30. 선고 94다23920 판결).

(2) 담보책임의 면제

각 재산관리기관은 국유재산을 매각하면서 입찰공고문 또는 매매계약서에서 매립폐기물 등에 대한 국가의 담보책임 면제특약을 표시하여 그대로 매매계약의 내용이 되게 하는 경우가 있다. 이 경우 사적자치의 원칙에 따라 국가는 매립폐기물 등에 대한 담보책임을 면하는 것이 원칙이겠으나, 민법은 매도인이 알고 고지하지 아니한 사실에 대하여는 책임을 면하지 못한다고 한다(제584조).

결국 매각목적물인 국유재산에 폐기물매립 등 하자가 있고, 국가가 이를 알고 있는 경우에는 이를 매수인에게 알려서 매매계약의 체결여부, 매매대금의 산정 등에 반영이 되도록 하여야 하는 것이다. 국유재산의 매도 당시 국가가 매매목적물에 하자 있음을 알았는지 여부는 하자의 유형, 유래, 규모, 발생 시기 등을 종합적으로 고려하여 판단하여야 한다. 해당 재산의 전 관리기관(예컨대 지방자치단체의 장)이 관리·처분을 위임받은 국유재산에 의도적으로 폐기물을 매립한 것이라면 이후 매각 당시의 재산관리기관이 그러한 사실을 몰랐다고 하더라도 전체적으로 볼 때 국가는 폐기물매립 사실을 알았던 것으로 취급될 가능성이 있다.

국유재산의 매각 당시에 매매목적물에 폐기물매립 등 하자가 있음을 국가가 알게 된 경우, 국가는 이를 제거하고 매각하거나 또는 매수자에게 고지하여 이에 대하여 판단을 하도록 하여야 한다. 국가의 하자사실 고지에 대하여 매수자는 해당 재산의 매입을 포기할 수도 있고, 그러한 하자에도 불구하고 매입을 진행할 수도 있을 것인데, 후자의 경우 폐기물매립 등 하자를 고려한 매매대금산정을 요구할 수도 있을 것이다. 국유재산법은 시가로 감정평가할 것을 요구하고(법 제44조, 영 제42조 제1항), 시가평가란 현황을 고려한 평가를 의미하므로 재산관리기관은 매수자의 요구를 매각대금 산정에 반영시킬 수 있을 것이지만,[71] 이에 관한 구체적이고 통일적인 지침 등이 마련되는 것이 바람직하다.

매도자는 매매목적물에 대하여 알고 있는 하자를 모두 매수인에게 고지하여야 하는 것은 아니다. 매수인이 그 하자를 알았거나 과실로 인하여 알지 못한 때는 담보책임 면책특약의 유무를 불문하고 매도인은 담보책임을 지지 않는다(민법 제580조 제1항). 따라서 매도인은 일반적인 통상적인 주의를 기울여도 알 수 없는 하자에 대하여만 고지의무를 부담한다고 하겠다.[72]

제4절 매수자의 의무

국유재산의 매수자는 그 매각대금을 납부할 의무가 있다. 국유재산 매각대금의 납부에도 민상법의 규정이 그대로 적용되지만, 국유재산법은 매각대금의 선납의무, 매각대금의 납부기간, 매각대금의 연체에 대한 조치 등에 대하여 특별한 공법적 규율을 하고 있다. 한편 매매계약에 앞서서 국가계약법에 따라 보증금이나 계약금을 수수하는 것이 상례이다.

Ⅰ. 입찰보증금과 계약보증금의 납부

경쟁 입찰을 실시하거나 계약을 체결할 때는 계약의 체결 또는 계약의 이행을 강제하기 위하여 입찰참여자 또는 매수자가 되려고 하는 자로 하여금 일정금액을 입찰보증금 또는 계약보증금으로 납부하게 하는 것이 상례이며, 이 점은 국유재산의 대부, 매매계약 등에서도 마찬가지이다.[73] 입찰보증금 및 계약보증금에 관하여는 국유재산법에서 정하는 바가 없으므로 국가계약법이 정하는 바에 따른다.

1. 입찰보증금의 납부

국가를 당사자로 하는 계약에 관한 법률 제9조(입찰보증금) ① 각 중앙관서의 장 또는 계약담당공무원은 경쟁입찰에 참가하려는 자에게 입찰보증금을 내도록 하여야 한다. 다만, 대통령령으로 정하는 경우에는 입찰보증금의 전부 또는 일부의 납부를 면제할 수 있다.

71) 토지보상평가지침(한국감정평가협회) 제34조의 2 참조.
72) 주석민법, 채권각칙 3, 제4판, 한국사법행정학회, 2016, 227면.
73) 행정재산의 사용허가에도 국가계약법의 입찰보증금, 계약금 등의 규정이 준용된다(국유재산법 제31조 제3항).

② 제1항에 따른 입찰보증금의 금액, 납부방법, 그 밖에 필요한 사항은 대통령령으로 정한다.
③ 각 중앙관서의 장 또는 계약담당공무원은 낙찰자가 계약을 체결하지 아니하였을 때에는 해당 입찰보증금을 국고에 귀속시켜야 한다. 이 경우 제1항 단서에 따라 입찰보증금의 전부 또는 일부의 납부를 면제하였을 때에는 대통령령으로 정하는 바에 따라 입찰보증금에 해당하는 금액을 국고에 귀속시켜야 한다.

경쟁 입찰로 매수자, 사용자 · 피대부자를 결정할 때는 입찰참가자에게 입찰보증금을 내게 하여야 한다(국가계약법 제9조 제1항 본문). 다만 ① 지방자치단체, ②「공공기관의 운영에 관한 법률」에 따른 공공기관, ③ 국가 또는 지방자치단체가 기본재산의 50% 이상을 출연 · 출자한 법인, ④ 농 · 수산 · 산림 · 중소기업협동조합 및 그 중앙회, ⑤ 건설산업기본법 등 법령에 따라 허가 · 인가 · 면허를 받았거나 등록 · 신고 등을 한 자로서 입찰공고일 현재 관련 법령에 따라 사업을 영위하고 있는 자, ⑥ 녹색기술 · 녹색사업에 대한 적합성 인증을 받거나 녹색전문기업으로 확인을 받은 자 중 기획재정부장관이 정하는 기준에 해당하는 자 및 ⑦ 기타 경쟁 입찰에서 낙찰자로 결정된 후 계약체결을 기피할 우려가 없다고 인정되는 자에 대하여는 입찰보증금의 전부 또는 일부의 납부를 면제해 줄 수 있다(동법 제9조 제1항 단서, 동법 시행령 제37조 제3항). 입찰보증금을 면제받은 자로부터는 계약을 체결하지 아니할 경우 입찰보증금에 해당하는 금액을 지급할 것을 확약하는 문서를 제출하게 해야 한다(동법 시행령 제37조 제4항).

입찰보증금은 입찰금액의 5% 이상으로 해야 한다. 다만, 재난이나 경기침체, 대량실업 등으로 인한 국가의 경제위기를 극복하기 위해 기획재정부장관이 기간을 정하여 고시한 경우에는 입찰금액의 2.5% 이상으로 할 수 있다(동법 시행령 제37조 제1항). 「국가를 당사자로 하는 계약에 관한 법률 시행령의 한시적 특례 적용기간에 관한 고시」(기획재정부고시 제2021-12호, 제2021-39호, 제2022-16호)에 따라서 2021. 7. 1.부터 2022. 12. 31.까지 감경된 보증금요율이 적용되었다(동 고시 각 제2조, 각 부칙 제2조). 입찰보증금은 현금(체신관서 또는 「은행법」의 적용을 받는 은행이 발행한 자기앞수표를 포함) 또는 보증보험증권 등으로 납부하게 해야 한다(국가계약법 시행령 제37조 제2항).

낙찰자가 해당 국유재산에 대한 매매계약의 체결을 하지 아니할 경우에는 해당 입찰보증금을 국고에 귀속시키거나, 국가계약법 시행령 제37조 제4항의 지급확약문서에 따라 입찰보증금을 납부 받아야 한다(같은 법 제9조 제3항).

2. 계약보증금의 납부

국가를 당사자로 하는 계약에 관한 법률 제12조(계약보증금) ① 각 중앙관서의 장 또는 계약담당공무원은 국가와 계약을 체결하려는 자에게 계약보증금을 내도록 하여야 한다. 다만, 대통령령으로 정하는 경우에는 계약보증금의 전부 또는 일부의 납부를 면제할 수 있다.
② 제1항에 따른 계약보증금의 금액, 납부방법, 그 밖에 필요한 사항은 대통령령으로 정한다.
③ 각 중앙관서의 장 또는 계약담당공무원은 계약상대자가 계약상의 의무를 이행하지 아니하였을 때에는 해당 계약보증금을 국고에 귀속시켜야 한다. 이 경우 제1항 단서에 따라 계약보증금의 전부 또는 일부의 납부를 면제하였을 때에는 대통령령으로 정하는 바에 따라 계약보증금에 해당하는 금액을 국고에 귀속시켜야 한다.

국유재산 매매계약을 체결할 때는 매수자에게 계약보증금을 내게 하여야 한다(국가계약법 제12조 제1항 본문). 낙찰자의 입찰보증금은 계약체결 시 계약보증금으로 대체하는 것이 보통인데, 이 경우 대체금액이 계약금액보다 적을 때에는 낙찰자로 하여금 추가로 납부하게 하여야 한다.

① 지방자치단체, ②「공공기관의 운영에 관한 법률」에 따른 공공기관, ③ 국가 또는 지방자치단체가 기본재산의 50% 이상을 출연 · 출자한 법인, ④ 농 · 수산 · 산림 · 중소기업협동조합 및 그 중앙회, ⑤ 녹색기술 · 녹색사업에 대한 적합성 인증을 받거나 녹색전문기업으로 확인을 받은 자 중 기획재정부장관이 정하는 기준에 해당하는 자와 계약을 체결하는 경우 및 ⑥ 계약금액이 5천만원 이하인 경우, ⑦ 일반적으로 공정 · 타당하다고 인정되는 계약의 관습에 따라 계약보증금 징수가 적합하지 아니한 경우 등에는 계약보증금의 전부 또는 일부의 납부를 면제해 줄 수 있다(동법 제12조 제1항 단서, 동법 시행령 제50조 제6항). 계약보증금을 면제받은 자로부터는 계약을 이행하지 아니할 경우 계약보증금에 해당하는 금액을 지급할 것을 확약하는 문서를 제출하게 해야 한다(동법 시행령 제50조 제10항). 국유재산 사용허가 · 대부의 경우 1년 치 사용료 등을 선납하는 등 계약보증금의 징수가 적합하지 아니한 것으로 취급되어(국가계약법 시행령 제50조 제6항 제4호), 계약보증금을 따로 징수하지 않는 것이 보통이며, 이 경우 계약보증금지급 확약문서도 징구할 필요가 없다(같은 조 제10호).[74]

계약보증금은 입찰금액의 10% 이상으로 해야 한다. 다만, 재난이나 경기침체, 대량실업 등으로 인한 국가의 경제위기를 극복하기 위해 기획재정부장관이 기간을 정하여 고시한 경우에는 입찰금액의 5% 이상으로 할 수 있다(동법 시행령 제50조 제1항). 「국가를 당사자로 하는 계약에 관한 법률 시행령의 한시적 특례 적용기간에 관한 고시」(기획재정부고시 제2021-12호, 제2021-39호, 제2022-16호)에 따라서 2021. 7. 1.부터 2022. 12. 31.까지 감경된 보증금요율이 적용되었다(동 고

74) 국유재산 사용허가서(법 시행규칙 별지3호 서식) 및 국유재산 대부계약서(법 시행규칙 별지7호 서식)에서도 계약보증금란을 두지 않고 있다.

시 각 제2조, 각 부칙 제2조). 계약보증금은 현금(체신관서 또는 「은행법」의 적용을 받는 은행이 발행한 자기앞수표를 포함) 또는 보증보험증권 등으로 납부하게 해야 한다(국가계약법 시행령 제50조 제7항).

매수자가 매매계약의 이행을 하지 아니할 때에는 계약보증금을 국고에 귀속시키거나, 국가계약법 시행령 제50조 제10항의 지급확약문서에 따라 계약보증금을 납부 받아야 한다(같은 법 제12조 제3항).

Ⅱ. 매각대금의 선납의무

국유재산 매수자의 매매대금납부의무는 국가의 매매목적물 인도의무와는 동시이행의 관계에 있으나(민법 제568조), 국가의 소유권이전의무와는 먼저 이행하여야 할 관계에 있다(국유재산법 제51조). 따라서 매수자는 분납기간 동안 국유재산법이 인정하는 예외를 제외하고는 매매목적물의 소유권이전등기를 하지 못한다.

Ⅲ. 매각대금의 납부기간

국유재산법 제50조(매각대금의 납부) ① 일반재산의 매각대금은 대통령령으로 정하는 바에 따라 납부하여야 한다. 다만, 대통령령으로 정하는 경우에는 납부기간을 연장할 수 있다.

국유재산법 시행령 제54조(매각대금의 납부기간) ① 법 제50조에 따른 매각대금은 계약 체결일부터 60일의 범위에서 중앙관서의 장등이 정하는 기한까지 전액을 내야 한다. 다만, 제55조제1항부터 제4항까지의 규정에 해당하는 경우에는 그러하지 아니하다.

② 법 제50조제1항 단서에서 "대통령령으로 정하는 경우"란 다음 각 호의 어느 하나에 해당하는 경우를 말한다.

1. 천재지변이나 「재난 및 안전관리기본법」 제3조제1호에 따른 재난으로 매수인에게 책임을 물을 수 없는 사고가 발생한 경우
2. 국가의 필요에 따라 국가가 매각재산을 일정 기간 계속하여 점유·사용할 목적으로 재산인도일과 매각대금의 납부기간을 계약 시에 따로 정하는 경우

1. 일시납부의 원칙

국유재산의 매각대금은 매매계약 체결일로부터 60일 범위 내에서 재산관리기관이 정하는 기한까지 전액을 내야 한다(영 제54조 제1항 본문). 매매대금의 납부기한은 사적자치의 영역으로서 당사자의 합의로 정하지만, 국유재산법은 재산관리기관이 정하도록 하고 있는 것이다. 다만 ① 재난으로 매수자에게 책임을 물을 수 없는 사고가 발생한 경우, ② 국가가 매각재산을 일정

기간 계속하여 점유·사용할 필요가 있는 경우에는 납부기간을 연장할 수 있다(같은 조 제2항).

실무상 영 제54조 제1항을 근거로 국유재산 매각대금의 납부기한을 매매계약 체결일로부터 60일로 하면서 계약체결일로부터 납부기한까지 60일간의 대부료를 징수하지 않는 경우가 있을 수 있다. 국유재산의 매수자는 매매계약체결 전부터 이미 그 재산을 점유·사용하고 있는 경우가 많은바(영 제40조 제3항 제14호, 제18호 아목 등), 이 경우에는 매각대금납부기한까지의 대부료를 별도로 징수하여야 한다.

2. 분할납부의 예외

(1) 국유재산법

국유재산법 제50조(매각대금의 납부) ② 일반재산의 매각대금을 한꺼번에 납부하도록 하는 것이 곤란하다고 인정되어 대통령령으로 정하는 경우에는 1년 만기 정기예금 금리수준을 고려하여 대통령령으로 정하는 이자를 붙여 20년 이내에 걸쳐 나누어 내게 할 수 있다.

국유재산법 시행령 제55조(매각대금의 분할납부) ⑤ 법 제50조제2항에서 "대통령령으로 정하는 이자"란 제1항부터 제4항까지의 규정에 따른 매각대금 잔액에 고시이자율을 적용하여 산출한 이자를 말한다.

국유재산법은 대통령령이 정하는 사유가 있는 경우에는 고시이자를 붙여 최대 20년까지 국유재산 매각대금을 나누어 내게 할 수 있다고 하며(법 제50조 제2항, 영 제55조 제5항), 동 시행령 제55조는 3년, 5년, 10년 및 20년의 분납기간과 그에 요구되는 사유들을 규정하고 있다. 각 분할납부 사유들은 수의매각 사유에 해당하는 것이 많지만 경쟁 입찰에 붙일 사안들도 있다. 분납기간별로 고시이자가 다르고, 사유별로 분납기간 동안 영구시설물을 축조할 수 있는지, 소유권이전등기를 할 수 있는지 여부가 다르다(소유권이전등기에 대하여는 앞서 제3절. Ⅲ. 2. 에서 기술하였다). 분납을 허용할 것인지는 재산관리기관의 재량사항이며, 국유재산법 시행규칙 별지 제2호로 국유재산 사용료·대부료, 매각대금 및 변상금 분할납부신청서 서식이 마련되어 있다.

1) 3년 이내의 분납기간

국유재산법 시행령 제55조(매각대금의 분할납부) ① 법 제50조제2항에 따라 매각대금이 1천만원을 초과하는 경우에는 그 매각대금을 3년 이내의 기간에 걸쳐 나누어 내게 할 수 있다.

사유를 불문하고 매각대금이 1천만원을 초과하면 3년 이내의 기간 동안 분납하게 할 수 있다. 분납기간 중 남은 매각대금에 대하여 통상의 고시이자를 내야 한다.

2) 5년 이내의 분납기간

국유재산법 시행령 제55조(매각대금의 분할납부) ② 법 제50조제2항에 따라 다음 각 호의 어느 하나에 해당하는 경우에는 매각대금을 5년 이내의 기간에 걸쳐 나누어 내게 할 수 있다.

1. 지방자치단체에 그 지방자치단체가 직접 공용 또는 공공용으로 사용하려는 재산을 매각하는 경우

1의2. 지방자치단체가 법 제18조제1항제3호에 따른 사회기반시설로 사용하려는 재산을 해당 지방자치단체에 매각하는 경우

2. 제33조에 따른 공공단체가 직접 비영리공익사업용으로 사용하려는 재산을 해당 공공단체에 매각하는 경우

3. 2012년 12월 31일 이전부터 사유건물로 점유·사용되고 있는 토지와 「특정건축물 정리에 관한 특별조치법」(법률 제3533호로 제정된 것, 법률 제6253호로 제정된 것, 법률 제7698호로 제정된 것, 법률 제11930호로 제정된 것을 말한다)에 따라 준공인가를 받은 건물로 점유·사용되고 있는 토지를 해당 점유·사용자에게 매각하는 경우

4. 「도시 및 주거환경정비법」 제2조제2호나목에 따른 재개발사업을 시행하기 위한 정비구역에 있는 토지로서 시·도지사가 같은 법에 따라 재개발사업의 시행을 위하여 정하는 기준에 해당하는 사유건물로 점유·사용되고 있는 토지를 재개발사업 사업시행계획인가 당시의 점유·사용자로부터 같은 법 제129조에 따라 그 권리·의무를 승계한 자에게 매각하는 경우(해당 토지가 같은 법 제2조제4호에 따른 정비기반시설의 설치예정지에 해당되어 그 토지의 점유·사용자로부터 같은 법 제129조에 따라 권리·의무를 승계한 자에게 그 정비구역의 다른 국유지를 매각하는 경우를 포함한다)

5. 「전통시장 및 상점가 육성을 위한 특별법」 제31조에 따른 시장정비사업 시행구역의 토지 중 사유건물로 점유·사용되고 있는 토지를 그 점유·사용자에게 매각하는 경우

6. 「벤처기업육성에 관한 특별조치법」 제19조제1항에 따라 벤처기업집적시설의 개발 또는 설치와 그 운영을 위하여 필요한 토지를 벤처기업집적시설의 설치·운영자에게 매각하는 경우

7. 「산업기술단지 지원에 관한 특례법」 제10조제1항에 따른 산업기술단지의 조성에 필요한 토지를 사업시행자에게 매각하는 경우

8. 국가가 매각재산을 일정기간 계속하여 점유·사용하는 경우

9. 「산업집적활성화 및 공장설립에 관한 법률」 제2조제14호에 따른 산업단지에 공장 설립을 위하여 필요한 토지를 입주기업체에 매각하는 경우

10. 다음 각 목의 어느 하나에 해당하는 기업 또는 조합이 해당 법령에 따른 사업 목적 달성을 위해 직접 사용하려는 재산을 그 기업 또는 조합에 매각하는 경우

   가.. 「사회적기업 육성법」 제2조제1호에 따른 사회적기업

   나. 「협동조합 기본법」 제2조제1호에 따른 협동조합 및 같은 조 제3호에 따른 사회적협동조합

   다. 「국민기초생활 보장법」 제18조에 따른 자활기업

   라. 「도시재생 활성화 및 지원에 관한 특별법」 제2조제1항제9호에 따른 마을기업

① 지방자치단체가 직접 공용 · 공공용으로(영 제55조 제2항 제1호) 또는 사회기반시설로(같은 항 제1호의2) 사용하려는 경우, ② 공공단체(정부전액출자 · 출연법인)가 직접 비영리공익사업용으로 사용하려는 경우(제2호), ③ 소정의 건물로 점유 · 사용되는 국유지를 그 점유 · 사용자에게 매각하는 경우(제3호), ④ 재개발정비구역 내의 소정의 사유 건물로 점유 · 사용되고 있는 국유지를 그 점유 · 사용자의 승계인에게 매각하는 경우(제4호), ⑤ 시장정비사업 시행구역 내의 사유 건물로 점유 · 사용되고 있는 국유지를 그 점유 · 사용자에게 매각하는 경우(제5호), ⑥ 벤처기업집적시설의 개발 등에 필요한 국유지를 그 시설의 설치 · 운영자에게 매각하는 경우(제6호), ⑦ 산업기술단지의 조성에 필요한 국유지를 사업시행자에게 매각하는 경우(제7호), ⑧ 국가가 매각재산을 일정기간 계속 점유 · 사용하는 경우(제8호), ⑨ 산업단지에 공장설립을 위해 필요한 국유지를 입주기업체에 매각하는 경우(제9호), ⑩ 사회적 기업, 사회적 협동조합, 자활기업 및 마을기업이 법정사업의 목적 달성을 위해 직접 사용하려는 경우(제10호)에는 국유재산 매각대금을 5년 이내의 기간에 걸쳐 나누어 내게 할 수 있다(영 제55조 제2항). 분납기간 중 남은 매각대금에 고시이자를 내야 한다.

①(제1호의 2 제외), ②, ④ 내지 ⑦에 대하여는 분납 중 소유권이전등기를 해줄 수 있으며(영 제56조), ① 내지 ③ 및 ⑨에 대하여는 분납 중 매각대금 중 일정비율을 낸 경우 영구시설물 축조를 허용해 줄 수 있다(영 제13조의 2).

3) 10년 이내의 분납기간

국유재산법 시행령 제55조(매각대금의 분할납부) ③ 법 제50조제2항에 따라 다음 각 호의 어느 하나에 해당하는 경우에는 매각대금을 10년 이내의 기간에 걸쳐 나누어 내게 할 수 있다.

1. 「농지법」에 따른 농지로서 국유지를 실경작자에게 매각하는 경우
2. 「도시개발법」 제3조에 따른 도시개발구역에 있는 토지로서 도시개발사업에 필요한 토지를 해당 사업의 시행자(같은 법 제11조제1항제7호에 따른 수도권 외의 지역으로 이전하는 법인만 해당한다)에게 매각하는 경우
3. 지방자치단체에 그 지방자치단체가 「산업입지 및 개발에 관한 법률」에 따른 산업단지의 조성에 사용하려는 재산을 매각하는 경우

3의2. 국유지개발목적회사에 개발대상 국유재산을 매각하는 경우

4. 「체육시설의 설치 · 이용에 관한 법률」에 따른 체육시설 중 골프장 · 스키장 등 실외 체육시설로 점유되고 있는 국유지를 해당 점유자에게 매각하는 경우
5. 지방자치단체에 그 지방자치단체가 「국민여가활성화기본법」 제3조제2호에 따른 여가시설의 조성을 위하여 사용하려는 재산을 매각하는 경우
6. 소상공인이 경영하는 업종(「중소기업창업 지원법」 제3조제1항 단서에 해당하는 업종은 제외한다)에 직접 사용하기 위한 재산을 그 소상공인에게 매각하는 경우

① 국유농지를 실경작자에게 매각하는 경우(영 제55조 제3항 제1호), ② 도시개발구역 내의 국유지를 도시개발사업 시행자에게 매각하는 경우(제2호), ③ 지방자치단체가 산업단지 또는 여가시설의 조성을 위하여 사용하려는 경우(제3호, 제5호), ④ 국유지개발목적회사에 개발대상 국유지를 매각하는 경우(제3호의 2), ⑤ 골프장 · 스키장 등의 실외 체육시설로 점유되고 있는 국유지를 해당 점유자에게 매각하는 경우(제4호), ⑥ 소상공인이 경영하는 업종에 직접 사용하기 위한 재산을 그 소상공인에게 매각하는 경우(제6호)에는 국유재산 매각대금을 10년 이내의 기간에 걸쳐 나누어 내게 할 수 있다(영 제55조 제3항). 분납기간 중 남은 매각대금에 대하여 통상의 고시이자의 80%를 내면 된다.[75]

③에 대하여는 분납 중 소유권이전등기를 해 줄 수 있으며(영 제56조), ④에 대하여는 분납 중 매각대금 중 일정비율을 낸 경우 영구시설물 축조를 허용해 줄 수 있다(영 제13조의 2).

4) 20년 이내의 분납기간

국유재산법 시행령 제55조(매각대금의 분할납부) ④ 법 제50조제2항에 따라 다음 각 호의 어느 하나에 해당하는 경우에는 매각대금을 20년 이내의 기간에 걸쳐 나누어 내게 할 수 있다.

1. 「도시 및 주거환경정비법」 제2조제2호나목에 따른 재개발사업을 시행하기 위한 정비구역에 있는 토지로서 제2항제4호에 따른 사유건물로 점유 · 사용되고 있는 토지를 재개발사업 시행인가 당시의 점유 · 사용자에게 매각하는 경우(해당 토지가 같은 법 제2조제4호에 따른 정비기반시설의 설치예정지에 해당되어 그 토지의 점유 · 사용자에게 그 정비구역의 다른 국유지를 매각하는 경우를 포함한다)
2. 다음 각 목의 어느 하나에 해당하는 경우로서 국무회의의 심의를 거쳐 대통령의 승인을 받은 경우
   가. 일반재산의 매각이 인구의 분산을 위한 정착사업에 필요하다고 인정되는 경우
   나. 천재지변이나 「재난 및 안전관리기본법」 제3조제1호에 따른 재난으로 인하여 일반재산의 매각이 부득이하다고 인정되는 경우

① 재개발정비구역 내의 소정의 사유 건물로 점유 · 사용되고 있는 국유지를 그 점유 · 사용자에게 매각하는 경우(영 제55조 제4항 제1호), ② 인구분산을 위한 정착사업 또는 재난으로 인하여 국유재산을 매각하는 경우로서 국무회의의 심의를 거쳐 대통령령의 승인을 받은 경우(같은 항 제2호)에는 매각대금을 20년 이내의 기간에 걸쳐 나누어 내게 할 수 있다(영 제55조 제4항). 분납기간 중 남은 매각대금에 대하여 통상의 고시이자의 50%를 내면 되고,[76] ①에 대하여는 분납 중 소유권이전등기를 해줄 수 있다(영 제56조).

---

75) 국유재산 사용료 등의 분할 납부 등에 적용할 이자율(기획재정부고시 제2013-15호) 제1조 제3항.
76) 국유재산 사용료 등의 분할 납부 등에 적용할 이자율(기획재정부고시 제2013-15호) 제1조 제4항.

(2) 다른 법률의 규정

국유재산법 이외 다른 법률에서 국유재산의 분할 납부를 규정하기도 하는 바, 그 대표적인 예는 다음과 같다.

공기업, 지방공사 등 공공사업시행자가 산업단지에 있는 국유재산을 매입할 때에는 그 매입대금을 5년 이내의 기간에 걸쳐 나누어 낼 수 있다. 이 경우 국유재산법에 따른 고시이자를 내야 하고, 매매대금이 완납되기 전에 소유권을 이전할 수 있다(산업입지법 제27조 제5항, 동법 시행령 제25조 제4항 내지 제6항).

「수복지역 내 소유자미복구토지의 복구등록과 보존등기 등에 관한 특별조치법」은 수복지역 내에 있는 소유자미복구토지를 국가가 국유재산법 제12조에 따라 취득하되, 취득한 토지를 이주·정착자 등에게 수의로 매각할 수 있다고 하면서, 매각조건을 대통령령으로 정하게 하고 있다(제20조). 이에 「수복지역 내 국유화된 토지의 매각 및 대부에 관한 사무처리 규정」(대통령령)은 국유로 취득한 토지를 개간한 사람(그 승계인 포함)에게 매각하는 경우에는 매각대금의 산정에서 개간비의 보상을 해줄 수 있도록 함과 아울러(제7조 제2항), 10년의 범위 내에서 그 매각대금을 나누어 내도록 규정하고 있다(제9조 제2항, 세부처리 기준 제8조). 이때 적용되는 분납이자는 고시이자의 80% 수준이다.[77)]

Ⅳ. 매각대금의 연체에 대한 조치

1. 강제이행의 방법

국유재산법은 매각대금채권에 연체료부과를 규정하지만, 강제징수는 규정하지 않는다(법 제73조 제1항, 제2항). 매수자의 매각대금 납부의무를 국가의 소유권이전의무보다 먼저 이행하게 하는 규정(법 제51조)도 국가의 매각대금채권의 징수를 확보하기 위한 수단이다. 공유재산법은 국유재산법과 달리 공유재산 매각대금에 강제징수 할 수 있도록 규정하고 있다(동법 제38조 제3항).

2. 연체료의 부과

국유재산의 매각은 사법관계이지만 그 매각대금의 연체에는 행정처분인 연체료부과가 가능하다. 연체료부과로 발생하는 연체료채권은 원본채권인 매매대금채권과는 독립된 공과금채권으로서 국유재산법 제73조 제2항에 따라 강제징수의 대상이 된다.

연체료채권은 매매대금채권과는 독립하여 소멸시효에 걸리지만, 매각대금의 장기연체로 재산관리기관이 해당 매매계약을 해제하면(법 제52조 제1호) 처음부터 국유재산 매매계약이 없었던

77) 국유재산 사용료 등의 분할 납부 등에 적용할 이자율(기획재정부 고시 제2013-15호) 제1조 제3항.

것이 되므로 그동안 부과된 연체료도 없었던 것이 된다.

매매대금의 분납이자는 그 실질이 사용료이므로 연체료부과 대상인지 여부가 문제될 수 있다. 법 제73조 제1항은 변상금 이외에는 그 분납이자에 연체료를 붙인다는 규정으로 해석할 여지가 있지만, 구법이 매각대금 분납이자를 연체료부과 대상에서 명시적으로 제외했던 점[구 국유재산법 시행령(대통령령 제21518호, 2009. 5. 29) 제44조 제3항], 공유재산법이 모든 원본채권에 대하여 그 분납이자를 연체료 부과대상에서 명시적으로 제외하고 있는 점 등을 감안할 때 국유재산법도 동일하게 해석하는 것이 타당하다. 그 밖에 국유재산법상 연체료에 대한 자세한 내용은 제8편 제3장을 참고하기 바란다.

3. 매매계약의 해제

(1) 해제사유

계약의 해제사유는 법령으로 규정된 것(법정해제사유)과 당사자 간에 미리 약정한 것(약정해제사유)으로 나누어진다. 민법은 법정해제사유로 채무불이행을 규정하는 바(제543조 내지 제546조), 국유재산 매매에도 적용된다. 국유재산법은 별도의 법정해제사유를 추가하고 있으며(법 제52조 제1호 내지 제3호), 법 시행규칙 별지서식 매매계약서에서는 약정해제사유도 마련하고 있는데, 모두 매수자의 귀책사유와 관련된다.

1) 법정해제사유

국유재산법 제52조(매각계약의 해제) 일반재산을 매각한 경우에 다음 각 호의 어느 하나에 해당하는 사유가 있으면 그 계약을 해제할 수 있다.

1. 매수자가 매각대금을 체납한 경우
2. 매수자가 거짓 진술을 하거나 부실한 증명서류를 제시하거나 그 밖의 부정한 방법으로 매수한 경우
3. 제49조에 따라 용도를 지정하여 매각한 경우에 매수자가 지정된 날짜가 지나도 그 용도에 사용하지 아니하거나 지정된 용도에 제공한 후 지정된 기간에 그 용도를 폐지한 경우

법 제52조 제1호는 매수자의 이행지체를 해제사유로 하지만, 민법 제544조와 다른 점은 매도자 국가가 상당한 기간을 정하여 이행을 최고함이 없이 매각대금의 연체만으로 바로 해제할 수 있다는 점이다.[78] 같은 조 제2호는 계약의 해제사유로서 구체성이나 명확성이 떨어진다고 하지 않을 수 없다. 수의매각 사유에 대한 진술이나 증빙에 부정이 있거나 입찰과정에서 부정이

---

78) 실무상으로는 매수자에게 매각대금의 납부를 수회 독촉한 다음에 해제권을 행사하는 것이 상례이며, 독촉 없이 바로 해제할 필요성은 특별히 없다. 따라서 법 제52조 제1호의 해제사유는 독자적인 의미가 없다.

있는 경우가 전형적인 예가 될 것이다.

같은 조 제3호는 독자적인 매각해제사유라기 보다는 용도지정 매매를 한 이후 국가의 사후 관리의무를 강조한 측면이 강하다. 용도지정 매각을 할 때 매수자가 지정된 날짜 안에 지정된 용도에 사용하고 지정된 기간까지 그 용도를 유지할 것을 약정하고, 그 약정을 위반할 시 매매계약을 해제한다는 특약등기를 해 놓기 때문이다(영 제53조 제3항).

2) 약정해제사유

> **국유재산 매매계약서(국유재산법 시행규칙 별지 제8호 서식) 제5조(매매계약의 해제)** 매수자가 다음 각 호의 어느 하나에 해당하는 경우에는 매도자는 이 계약을 해제할 수 있다.
> 1. 매각대금을 납부기한까지 내지 아니한 경우
> 2. 제4조를 위반한 경우
> 3. 이 재산의 매각과 관련하여 부실한 증명서류를 제시하거나 그 밖에 부정한 방법으로 매수한 사실이 발견된 경우
> 4. 실질적으로 외국인이 취득할 목적으로 대한민국 국민의 명의로 위장하여 매수한 사실이 발견된 경우
> 5. 외국인이 「부동산 거래신고 등에 관한 법률」 제7조부터 제9조까지에 따른 규정을 위반하여 매수한 경우
>
> **제4조(매수자의 행위 제한)**매수자는 이 계약에 따라 재산의 소유권을 이전받기 전에는 매도자의 승인 없이 다음 각 호의 행위를 해서는 아니 된다.
> 1. 매수재산의 사용
> 2. 매수재산의 전대(轉貸) 또는 양도
> 3. 매수재산에 대한 저당권, 그 밖의 제한물권의 설정
> 4. 매수재산의 원형 또는 사용목적의 변경

국유재산법 시행규칙이 별지로 마련된 국유재산 매매계약서에는 약정해제사유가 규정되어 있다(제5조). 제2호는 매수자의 행위제한과 관련하여, 제4호와 제5호는 외국인의 국유재산취득과 관련하여 약정해제사유를 규정하고 있다. 제1호와 제3호는 법 제52조 제1호 및 제2호의 법정해제사유와 동일하다.

(2) 해제의 효과

1) 원상회복

> **민법 제548조(해제의 효과, 원상회복의무)** ① 당사자 일방이 계약을 해제한 때에는 각 당사자는 그 상대방에 대하여 원상회복의 의무가 있다. 그러나 제삼자의 권리를 해하지 못한다.
> ② 전항의 경우에 반환할 금전에는 그 받은 날로부터 이자를 가하여야 한다.

제549조(원상회복의무와 동시이행) 제536조의 규정은 전조의 경우에 준용한다.
제551조(해지, 해제와 손해배상) 계약의 해지 또는 해제는 손해배상의 청구에 영향을 미치지 아니한다.

국유재산 매매계약서(국유재산법 시행규칙 별지 제8호 서식) 제6조(매수재산의 반환) ① 이 계약이 제5조에 따라 해제되었을 때에는 매수자는 제2조의 계약보증금을 포기하고 매수재산을 즉시 매도자에게 반환하여야 하며, 원상복구와 손해배상의 책임을 진다.
② 매도자는 매수자가 재산을 반환하고 원상복구의 책임을 이행한 후 매수자에게 이미 낸 매각대금에서 이 계약체결일부터 해제일까지의 대부료 상당액을 뺀 잔액을 반환한다.

민법은 쌍무계약이 해제되었을 때 양 당사자 모두 상대방에게 원상회복의무가 있으며, 양측의 의무는 동시이행의 관계에 있다고 한다(제548조, 제549조). 매도인과 매수자의 원상회복의무로서 가장 중요한 것은 매도인의 매매대금반환의무와 매수자의 매매목적물반환의무이며, 매매대금에서 발생한 과실(이자)과 매매목적물에서 발생한 과실(부동산임대료 상당의 금원)도 원상회복의 대상이지만 양자는 서로 상계된 것으로 본다.

그러나 국유재산 매매계약서 제6조는 국유재산 매매계약이 해제되었을 때 계약보증금과 대부료 상당액(매매계약체결일부터 매매계약해제일까지의)이 매각대금에서 공제되어 반환될 뿐만 아니라, 매수자의 원상회복의무가 매도인 국가의 매각대금반환의무보다 먼저 이행되어야 하는 것으로 규정하고 있다.[79] 매매계약의 당사자는 계약해제와는 별도로 손해배상을 청구할 수 있으므로(민법 제551조), 이러한 국유재산 매매계약서 제6조의 규정은 일종의 손해배상액의 예정(민법 제398조)으로 해석할 수 있을 것이다.

2) 지상물의 매수

국유재산법 제53조(건물 등의 매수) 일반재산의 매각계약이 해제된 경우 그 재산에 설치된 건물이나 그 밖의 물건을 중앙관서의 장이 제44조에 따라 결정한 가격으로 매수할 것을 알린 경우 그 소유자는 정당한 사유 없이 그 매수를 거절하지 못한다.

국유재산법은 매매계약이 해제된 경우 그간에 매수자가 매매목적물에 설치한 건물 등을 강제로 매수할 수 있다고 규정하고 있다(제53조). 이 규정은 국유재산의 매각대금을 분할납부하는 경우에 주로 적용이 되는데, 특히 분할납부 기간 동안 매수자가 영구시설물을 축조할 수 있는 경우가 있다(법 제18조 제1항 제2호의2, 영 제13조의2). 지상물의 매수에 적용되는 금액산정방법은

79) 국유재산 매매계약서 제6조 제1항은 제5조에 따라 매매계약이 해제되었을 때, 즉 약정해제사유에 따라 해제된 때에 한하여 적용되는 것으로 규정하지만, 제5조에는 법정해제사유와 동일한 제1호와 제3호가 있으므로 사실상 모든 국유재산 매매계약해제에 적용된다고 할 것이다.

국유재산의 매각대금산정방법과 동일하며, 국가가 산정하여 종전 매수자에게 알린다(법 제53조).

(3) 연체료부과와의 관계

매수자가 매매대금을 연체하면 재산관리기관은 매매계약을 해제하여 법률관계를 종결할 것인지, 아니면 연체료를 부과·징수하면서 매매의 법률관계를 유지할 것인지 선택하여야 한다. 연체료를 부과하다가 매매계약을 해제할 경우 그간 징수했던 연체료는 이자를 붙여 반환하여야 한다. 매매대금 연체료는 매매관계가 유효하게 유지되는 것을 전제로 하기 때문이다.

제3장 교환

제1절 개요

교환이란 당사자 쌍방이 금전 외의 재산권을 서로 이전할 것을 약정함으로써 성립하는 계약이다(민법 제596조). 교환은 목적물이 금전 외의 재산권에 한한다는 점에서 다르지만, 매매와 마찬가지로 낙성, 유상계약으로서 매매에 관한 규정과 법리가 대부분 교환에도 준용·적용된다(민법 제567조).

국유재산법은 유상처분의 원칙적인 모습을 매각에 두고, 교환은 특별한 경우에 한하여 제한적으로 이루어지게 한다. 교환은 금전거래에 비해 정확한 가치평가가 보장되기 어렵고, 국가가 불필요한 재산을 취득할 수 있는 등의 문제가 있기 때문이다. 국유재산법은 일반재산에 교환의 사유, 제한 및 절차를 규정하고, 행정재산에 교환의 제한과 절차를 그대로 준용한다.

제2절 교환사유

국유재산법 제54조(교환) ① 다음 각 호의 어느 하나에 해당하는 경우에는 일반재산인 토지·건물, 그 밖의 토지의 정착물, 동산과 공유 또는 사유재산인 토지·건물, 그 밖의 토지의 정착물, 동산을 교환할 수 있다.

1. 국가가 직접 행정재산으로 사용하기 위하여 필요한 경우
2. 소규모 일반재산을 한 곳에 모아 관리함으로써 재산의 효용성을 높이기 위하여 필요한 경우
3. 일반재산의 가치와 이용도를 높이기 위하여 필요한 경우로서 매각 등 다른 방법으로 해당 재산의 처분이 곤란한 경우
4. 상호 점유를 하고 있고 해당 재산 소유자가 사유토지만으로는 진입·출입이 곤란한 경우 등 대통령령으로 정하는 불가피한 사유로 인하여 점유 중인 일반재산과 교환을 요청한 경우

Ⅰ. 국가가 행정재산으로 필요한 경우

국유재산 아닌 재산을 국가가 직접 행정재산으로 사용하기 위하여 필요한 경우 교환이 가능하다(법 제54조 제1항 제1호). 행정재산으로 필요한 재산의 소유자가 같은 종류의 국유재산을 필요로 하여 요구하는 경우가 전형적인 예이다. 일반재산의 교환사유로써 가장 중요하고 비중이 크다.

Ⅱ. 재산의 효용성, 가치 등의 증대를 위해 필요한 경우

① 소규모 일반재산을 한곳에 모아 관리함으로써 재산의 효용성을 높이기 위하여 필요한 경우(법 제54조 제1항 제2호), ② 일반재산의 가치와 이용도를 높이기 위하여 필요한 경우로서 매각 등 다른 방법으로 해당 재산의 처분이 곤란한 경우 교환이 가능하다(같은 항 제3호).

Ⅲ. 상호 점유재산의 상대방이 불가피한 사유로 요청한 경우

국가와 상호 점유를 하고 있고 해당 재산 소유자가 대통령령이 정하는 불가피한 사유로 인하여 점유 중인 일반재산과 교환을 요청한 경우 교환이 가능하다(법 제54조 제1항 제4호). 불가피한 사유에 대하여 영 제57조 제4항은 ① 사유재산 소유자가 사유토지만으로는 진입 · 출입이 곤란한 경우, ② 국가의 점유로 인하여 해당 사유재산의 효용이 현저하게 감소된 경우, ③ 2016년 3월 2일 전부터 사유재산 소유자가 소유한 건물로 점유 · 사용되고 있는 일반재산인 토지로서 해당 토지의 향후 행정재산으로서의 활용가능성이 현저하게 낮은 경우를 들고 있다.

제3절 교환의 제한

Ⅰ. 일반적인 제한

국유재산법 시행령 제57조(교환) ③ 중앙관서의 장등은 일반재산이 다음 각 호의 어느 하나에 해당하는 경우에는 교환해서는 아니 된다. 다만, 제3호 또는 제4호에 해당하는 일반재산이 제4항 각 호의 어느 하나에 해당하는 경우에는 그러하지 아니하다.

1. 「국토의 계획 및 이용에 관한 법률」, 그 밖의 법률에 따라 그 처분이 제한되는 경우
2. 장래에 도로 · 항만 · 공항 등 공공용 시설로 활용할 수 있는 재산으로서 보존 · 관리할 필요

가 있는 경우
3. 교환으로 취득하는 재산에 대한 구체적인 사용계획 없이 교환하려는 경우
4. 한쪽 재산의 가격이 다른 쪽 재산 가격의 4분의 3(법 제54조제1항제2호에 따른 교환인 경우에는 2분의 1을 말한다) 미만인 경우. 다만, 교환 대상 재산이 공유재산인 경우는 제외한다.
5. 교환한 후 남는 국유재산의 효용이 뚜렷하게 감소되는 경우
6. 교환 상대방에게 건물을 신축하게 하고 그 건물을 교환으로 취득하려는 경우
7. 그 밖에 법 제9조제4항 제3호에 따른 처분기준에서 정한 교환제한대상에 해당하는 경우

⑥ 공유재산과 교환하려는 경우에는 제42조제1항에도 불구하고 중앙관서의 장등과 지방자치단체가 협의하여 개별공시지가로 산출된 금액이나 하나 이상의 감정평가업자의 평가액을 기준으로 하여 교환할 수 있다.

국유재산법 제54조(교환) ③ 제1항에 따라 교환할 때 쌍방의 가격이 같지 아니하면 그 차액을 금전으로 대납(代納)하여야 한다.

국유재산법 시행령 제57조 제3항은 교환의 일반적인 제한 사유를 열거하고 있다. 제4호에서는 한쪽 재산의 가격(교환가격이라고 한다)이 다른 쪽 재산가격의 3/4 미만이면 교환을 금지하는데, 교환가격의 산정은 매각과 마찬가지로 시가를 고려하여 감정평가 한다(영 제42조). 다만 공유재산과 교환할 때는 지방자치단체와 협의해서 개별공시지가로 산출된 금액이나 하나 이상의 감정평가업자의 평가액을 교환가격으로 할 수 있다(영 제57조 제6항).

상호점유재산은 교환가격의 차이가 1/2을 초과할 수 없고, 공유재산과 교환할 때는 교환가격의 차이에 따른 제한이 없지만(영 제57조 제3항 제4호) 모두 그 차액을 금전으로 대납하여야 한다(법 제54조 제3항). 교환상대방이 국가에 대납하는 교환가격의 차액을 교환자금이라고 하는데, 국유재산 매각대금 납부의 예에 따른다(국유재산법 시행규칙 제39조). 따라서 재산관리기관은 교환자금에 대하여 매각대금의 분할납부에 관한 규정 등을 준용해 줄 수도 있겠으나, 연체료부과에는 별도 법률의 근거가 필요하므로 법 제73조 제1항이 이를 명시하고 있다.

그 밖에 국유재산법은 국유재산처분기준에서 교환 제한 대상을 정할 수 있게 하고 있지만(같은 조 제3 제7호), 2022년도까지는 국유재산처분기준에서 달리 교환 제한 대상을 정하지 않고 있다.

Ⅱ. 종류와 가격의 제한

국유재산법 제54조(교환) ② 제1항에 따라 교환하는 재산의 종류와 가격 등은 대통령령으로 정하는 바에 따라 제한할 수 있다.

국유재산법 시행령 제57조(교환) ① 법 제54조제1항에 따라 교환하는 재산은 다음 각 호의 어느 하나에 해당하는 경우 외에는 서로 유사한 재산이어야 한다.
1. 공유재산(公有財産)과 교환하는 경우
2. 새로운 관사를 취득하기 위하여 노후화된 기존 관사와 교환하는 경우

② 제1항에서 서로 유사한 재산의 교환은 다음 각 호의 어느 하나에 해당하는 경우로 한다.
1. 토지를 토지와 교환하는 경우
2. 건물을 건물과 교환하는 경우
3. 양쪽 또는 어느 한 쪽의 재산에 건물(공작물을 포함한다)이 있는 토지인 경우에 주된 재산(그 재산의 가액이 전체 재산가액의 2분의 1 이상인 재산을 말한다)이 서로 일치하는 경우
4. 동산(動産)을 동산과 교환하는 경우

공유재산과 교환하거나 새로운 관사를 취득하기 위해 노후화된 기존 관사와 교환하는 경우가 아니라면 토지와 토지, 건물과 건물, 동산과 동산을 서로 교환하여야 한다. 양쪽 또는 어느 한쪽의 재산에 건물 기타 공작물이 있는 경우에는 주된 재산(재산가액이 전체 재산가액에서 1/2 이상의 비중을 차지하는 재산)이 서로 일치하여야 한다(영 제57조 제1항, 제2항).

제4절 교환절차

국유재산법 제54조(교환) ④ 중앙관서의 장등은 일반재산을 교환하려면 그 내용을 감사원에 보고하여야 한다.

국유재산법 시행령 제57조(교환) ⑤ 중앙관서의 장등은 일반재산을 교환하려는 경우에는 기획재정부령으로 정하는 바에 따라 교환목적, 교환대상자, 교환재산의 가격 및 교환자금의 결제방법 등을 명백히 하여야 한다.

⑦ 중앙관서의 장등은 동산과 동산을 교환하려는 경우에는 미리 총괄청과 협의하여야 한다.

⑧ 법 제42조제1항에 따라 일반재산의 관리·처분에 관한 사무를 위임·위탁받은 자는 해당 일반재산을 교환하려는 경우에는 미리 총괄청의 승인을 받아야 한다.

2022**년도 국유재산처분기준 제**10**조(총괄청과의 협의 등)** ③ 중앙관서의 장 등은 법 제27조 및 제54조에 따라 교환하려는 경우 교환계약 체결 전 총괄청에 그 내용을 통지하여야 한다.

Ⅰ. 주요 사항의 적정성 확인

일반재산을 교환할 때는 영 제57조 제5항에 따라 재산의 표시, 교환 목적, 교환대상자의 성명 및 주소, 같은 시점의 평정가격과 그 평정조서, 교환자금과 그 결제방법, 교환 조건 등을 명백히 하고, 그 적정성 여부를 확인하여야 한다(국유재산법 시행규칙 제37조 제2항). 나아가 사권이 설정된 재산은 그 사권이 소멸된 후가 아니면 국유재산으로 취득하지 못하므로(법 제11조 제1항), 교환상대방은 교환계약체결 전에 그 대상재산에 소유권 외의 권리가 설정되어 있으면 그 권리를 소멸시키고 그 대상재산에 관한 각종 세금과 공과금을 모두 내야 한다(같은 규칙 제37조 제1항).

Ⅱ. 총괄청의 승인·협의·통지

동산과 동산을 교환하려고 할 때는 미리 총괄청과 협의하여야 하고(영 제57조 제7항), 총괄청소관의 일반재산의 관리·처분 사무를 위임·위탁받은 자가 해당 일반재산을 교환하려고 할 때는 미리 총괄청의 승인을 받아야 한다(같은 조 제8항). 국유재산처분기준은 교환대상이 일반재산인지 행정재산인지를 불문하고 교환하기 전에 미리 총괄청에 그 내용을 통지하여야 한다고 규정하는데(2022년도 국유재산처분기준 제10조 제3항), 영 제57조 제7항 및 제8항이 적용되지 않는 행정재산, 특별회계·기금 소속의 일반재산 등을 교환할 때 적용된다.

Ⅲ. 감사원 보고

일반재산을 교환하려면 그 내용을 감사원에 보고하여야 한다(법 제54조 제4항). 교환에 대한 외부적인 통제수단이다.

제5절 행정재산의 교환

국유재산법 제27조(처분의 제한) ① 행정재산은 처분하지 못한다. 다만, 다음 각 호의 어느 하나에 해당하는 경우에는 교환하거나 양여할 수 있다.

1. 공유(公有) 또는 사유재산과 교환하여 그 교환받은 재산을 행정재산으로 관리하려는 경우
2. 대통령령으로 정하는 행정재산을 직접 공용이나 공공용으로 사용하려는 지방자치단체에 양여하는 경우

② 제1항제1호에 따라 교환하는 경우에는 제54조제2항부터 제4항까지를 준용(한다).
③ 제1항제1호에 따른 교환에 관한 교환목적 · 가격 등의 확인사항 (중략) 그 밖에 필요한 사항은 대통령령으로 정한다.

국유재산법 시행령 제19조(행정재산의 교환 · 양여) ① 법 제27조제1항제1호에 따른 교환에 관하여는 제57조를 준용하고, 법 제27조제1항제2호에 따른 양여에 관하여는 제59조를 준용한다.

행정재산은 처분하지 못하지만(법 제27조 제1항 본문), 행정재산으로 필요한 교환과 지방자치단체에 대한 양여는 가능하다(같은 항 단서). 각 중앙관서가 행정재산으로 필요한 공 · 사유재산이 있고, 동 재산의 취득에 행정재산의 교환이 필요한 경우 교환할 행정재산을 용도폐지해 총괄청으로 인계하고 총괄청이 교환을 실행해 취득한 재산을 다시 그 중앙관서에 사용승인해 주는 절차를 밟는 것은 행정낭비일 뿐만 아니라 급박한 행정상의 필요에 대응하지 못하는 문제점이 있기 때문에 예외적으로 행정재산의 교환을 인정한 것이다.[80] 국유재산법은 일반재산에 규정하는 교환의 제한과 절차를 행정재산의 교환에 그대로 준용하고 있다(법 제27조 제2항, 제3항, 영 제19조).

80) 정부가 미군에 제공할 사드기지 부지를 마련하기 위해 경기도 남양주시 퇴계원 소재 군부대부지 67,000㎡를 롯데상사(주) 소유의 경북성주 소재 골프장부지 148만㎡와 교환한 것이 그 예이다.

제4장 국유재산의 무상귀속과 양여

제1절 서론

Ⅰ. 내용

현행법상 법률에 따른 각종 개발사업의 시행자가 새로 설치한 공공시설(정확하게는 공공시설에 속한 물건 기타 재산권을 말하지만, 이하에서는 공공시설이라고만 한다)은 법률의 규정에 따라 국가 또는 지방자치단체에 무상으로 귀속된다(공공시설 국·공유화의 원칙, 공공시설 공소유권제). 이러한 공공시설 공소유권제는 보상시스템을 필요로 하는데, 보상시스템은 종래 공공시설의 소유권을 사업시행자에게 이전하는 방식과 새로 설치한 공공시설을 사업시행자에게 무상사용허가하는 방식으로 이원화되어 있다. 종래 공공시설은 국유재산일 수도 있고 공유재산일 수도 있으나, 국유재산인 경우가 훨씬 많다.[81)]

전자는 사업시행자에게 개발이익이 생기는 사업유형에 대하여 부족한 개발이익을 보완하는 수단으로 주로 채택된다. 공동주택 사업시행자가 아파트단지에 연결되는 도로를 설치하여 국가 등에 무상귀속시키더라도 아파트분양을 통한 수익으로 만회할 수 있는 경우, 한국토지주택공사가 택지개발에 필요한 도로·공원 및 구거 등을 설치하여 무상귀속시키더라도 택지분양으로 만회할 수 있는 경우, 그리고 분양을 통한 수익이 없더라도 공공시설의 설치사업으로 자신의 공장 등의 자산가치가 올라가는 경우 등이 그 예이다. 국토계획법, 택지개발사업, 도시개발사업, 정비사업, 산업단지개발사업 등 대부분의 개발사업과 관련된 법률들이 이 방식을 채택하고 있다.

후자는 해당 사업에서 개발이익이 발생하기 곤란한 경우에 주로 채택되는데, 사업시행자가 새로이 만든 공공시설을 국가에 귀속시키고 다시 이를 관리함으로써 나오는 영업이익, 통행료 등으로 투하자본을 회수하는 경우 등이 그 예이다. 「사회기반시설에 대한 민간투자법」이 취하는 방식이다(제25조).

그 밖에 청·관사, 역사(驛舍), 군부대 등 공용재산에 대한 개발법률은 따로 존재하지 않으며, 국가가 이들을 재정사업이 아닌 민간자본으로 취득하려면 '기부채납 및 무상양여' 방식을 취하여야 하는데, 이에 관해서는 국유재산법이 그 밖의 무상양여 사유들과 함께 규정하고 있다. 새로 설치한 공공시설의 무상귀속과 공용재산의 기부채납은 국가소유권의 발생(행정재산의 취득) 사유로서 제1편 제5장 제4절에서 살펴보았다. 이하에서는 국가소유권의 소멸사유로서의 무상귀

81) 2021년 말 전체 국유지 면적은 25,355㎢로서 전체 국토면적의 약 25%를 차지한다(2021년도 국유재산 관리운용총보고서, 16면). 이에 비해서 공유지 면적 비율은 약 8% 내외를 유지한다.

속과 무상양여를 설명하기로 한다.

Ⅱ. 개념

1. 실정법상 용어사용의 현황

개발사업의 시행으로 인한 공공시설의 무상귀속과 양여에 있어서 실정법상의 용어사용에 혼란이 있다. 새로 설치된 공공시설이 국가 또는 지방자치단체의 소유로 되는 것에 대해서는 실정법이 '무상귀속'으로 일관되게 규정하여 혼선이 없으나, 종래 공공시설의 소유권이 사업시행자에게 이전되는 것에 대하여는 '무상귀속'과 '무상양도'가 혼용되고 있다. 이하에서는 무상귀속과 양여의 법률적 의미를 파악한 후, 관련 용어를 정리하도록 한다.

2. 양여와 귀속의 법적 의미

'양여(讓與)'란 무상으로 양도하는 법률행위로서, 국유재산법이 국가소유권의 무상양도를 특별히 양여라고 하는 등(제2조 제4호, 제55조), 주로 국·공유재산에 대하여 이루어진다고 함은 본장 제1장 제2절에서 기술하였다. '귀속(歸屬)'이란 어떤 행위 또는 처분을 요하지 않고 법률상 당연히 권리이전의 효과가 국가 등에게 발생하는 경우에 사용하는 용어라고 설명되는데,[82] 실정법상 상속재산의 국가귀속(민법 제1058조 제1항), 귀속시설(「사회기반시설에 대한 민간투자법」 제2조 제3호[83]), 귀속재산(귀속재산처리법 제2조 제1항) 등으로 사용된다.

귀속은 어떤 주체에게 속(屬)하는 것이 당연하다는 취지로서 법률의 규정에 의한 무상취득이 전제가 된다. 귀속의 주체는 국가나 지방자치단체인 경우가 많지만, 그 외의 자에게도 귀속될 수 있다. 귀속이나 양여 앞에 무상을 붙이는 것은 동어반복이지만 수범자에게 무상임을 분명히 하기 위한 취지로 선해할 수 있다.

3. 개념의 정리

결국 공공시설과 관련하여, 새로 설치한 공공시설은 법률의 규정에 의하여 반드시 국가나 지방자치단체의 소유가 되므로 '무상귀속'이 적정한 표현이고, 종래의 공공시설이 사업시행자의 소유로 이전될 때는 법률의 규정에 의하기도 하고, 국가의 양여행위에 의하기도 하므로, 전자는 '무상귀속'이 후자는 '무상양여'가 적정한 표현이다. 실정법에서는 법률의 규정에 따라 사업시행자가 종래의 공공시설을 취득하는 것을 "무상으로 양여된다"라고 표현하기도 하고(도시정비법 제

82) 한국법제연구원, 법령용어사례집, 2016, 363면.
83) 귀속시설이란 제4조 각 호에 따라 소유권을 국가 또는 지방자치단체에 이전하는 방식으로 추진되는 사회기반시설을 말한다.

97조 제2항), 국가가 양여행위로 종래의 공공시설의 소유권을 사업시행자에게 이전하는 것을 "무상으로 귀속시킬 수 있다"라고 규정하기도 한다(도시개발법 제66조 제2항). 이하에서는 위에서 본 개념으로 무상귀속과 양여를 준별하여 서술하기로 한다.

제2절 무상귀속과 양여의 유형

Ⅰ. 원인에 따른 분류

국가소유권의 소멸사유로서 무상귀속은 오로지 새로운 공공시설의 무상귀속(국가 · 지방자치단체)에 대한 보상으로만 이루어짐에 비하여, 양여는 그 밖에 공용재산 기부채납에 대한 보상 등 다양한 이유로 이루어진다.

Ⅱ. 근거법률에 따른 분류

새로 설치한 공공시설의 국가 · 지방자치단체 무상귀속에 대한 보상으로 이루어지는 사업시행자 무상귀속 · 양여는 35개의 개발사업 법률에서 규정하고 있고, 국유재산법은 공용재산 기부채납 등에 대하여 국유재산의 양여를 규정하고 있을 뿐이다. 이하에서는 국유재산의 무상귀속과 양여를 근거 법률에 따라 개발사업의 시행에 따른 것과 국유재산법에 따른 것으로 나누어서 설명한다.

Ⅲ. 소유권이전방식에 따른 분류

무상귀속은 법률의 규정에 의한 소유권이전이고, 양여는 법률행위에 의한 소유권이전이다. 전자는 국가의 의사와 무관하게 국가소유권이 이전되는 것이고, 후자는 국가의 재량판단에 따라 이전되지 않을 수도 있다. 실무상 양여는 거의 이루어지지 않고 사업에 필요한 종래 공공시설은 유상매입조건부로 이루어지는 경우가 많다. 국토계획법 등은 사업시행자를 행정청과 비행정청으로 나누어서 전자에는 무상귀속을 후자에는 양여를 규정하는 것이 일반적이지만, 법률에 따라서는 비행정청에게 무상귀속을 허용하기도 한다.[84)]

행정청인 사업시행자는 중앙관서의 장 및 지방자치단체장이 대표적이고, 비행정청이면서

---

84) 비행정청에게도 종래 공공시설을 무상귀속 시키는 대표적인 예로는 택지개발촉진법 제25조 제1항 제2문, 도시정비법 제97조 제2항, 「철도의 건설 및 철도시설 유지관리에 관한 법률」 제15조 제3항 등을 들 수 있다.

무상귀속 대상인 사업시행자는 한국토지주택공사 및 도시정비조합이 대표적이다. 지방자치단체는 새로 설치되는 공공시설에 대한 대부분의 관리청이면서 동시에 사업시행자로서 자신에게 귀속되는 공공시설의 설치비용을 국유지(종래의 공공시설)로 보상받는 경우가 많다.[85] 일종의 국가의 지방자치단체에 대한 재정지원인 셈이다. 한국토지주택공사는 정부가 전액 출자하는 공기업으로서 국가를 대신하여 택지 · 주택공급을 하는바, 국 · 공유지 무상귀속으로 이를 지원하려는 것이고, 도시정비조합에 대한 무상귀속은 서민주거안정을 꾀하려는 것이다.

제3절 개발사업의 시행에 따른 무상귀속과 양여

Ⅰ. 제도의 현황과 취지

개발사업[86]의 시행에 따른 공공시설의 무상귀속 · 양여 제도는 1971년 구 도시계획법(1971. 1. 19. 법률 제2291호로 개정되어, 같은 해 7. 20.시행된 것)에서 최초로 도입된 이래, 현재 35개 법률에서 규정하고 있다.

신 · 구 공공시설의 소유권변동을 획일적으로 처리함으로써 행정사무 처리의 간소화와 효율화를 도모한다는 것이 제도의 취지라고 하지만,[87] 실질적인 취지는 공공시설인 공물에 대한 공소유권체제를 유지하기 위한 보상시스템이라고 생각된다. 앞서 설명한 바와 같이 우리 법제는 공공시설인 공물에 대해서는 공소유권제를 취하고 있고, 이를 유지하기 위한 비용은 종래 공공시설의 무상귀속 · 양여로 해결하고 있다.[88] 다만 하천구역, 국립공원구역 등 광범위한 토지를 요하는 공물구역에 대해서는 사소유권제를 취함으로써 재정상의 압박을 피하고 있다.

Ⅱ. 무상귀속 등의 요건

종래 공공시설이 사업시행자에게 무상귀속 또는 양여되려면, 사업시행자가 새로운 공공시설을 설치하여야 한다(새로 설치한 공공시설의 무상귀속은 법률의 규정에 따라 이루어진다). 이는 제

---

85) 매년 약 100만㎡(여의도 면적의 약 1/3)의 국유재산이 지방자치단체로 무상귀속 된다(국토연구원, 국유재산 무상귀속 제도개선방안 연구, 2020. 9, 17면).

86) 새로운 주택단지를 건설하거나 도시 내 노후화된 주택을 정비하는 사업 또는 집단적인 택지, 산업단지 등을 조성하는 사업을 '개발사업'이라고 하고 이들을 규율하는 법들을 '개발사업 법률'이라 부른다(김종보, 개발사업에서 국공유지의 법적 지위, 행정법연구 제57호, 행정법이론실무학회, 2019, 3면).

87) 대법원 2019. 8. 30. 선고 2016다252478 판결 등.

88) 이승민, 공공시설의 무상귀속에 관한 소고, 행정법연구 제34호, 행정법이론실무학회, 2012, 340면도 같은 취지인 것으로 보인다.

도의 취지상 당연한 요건이며, 해당 개발사업 법률은 모두 "… 새로 공공시설을 설치한 경우 …"라고 하여 이를 분명히 하고 있다(가령 국토계획법 제65조 제1항 참조).

국가 등에 무상귀속되는 신규 공공시설과 그에 대한 보상으로 사업시행자에게 무상귀속·양여되는 종래 공공시설 사이에 대체관계가 있을 필요는 없다. 국토계획법 등 관련 법률에서 같은 종류의 공공시설로 한정하여 규정하지 아니하고, 달리 그렇게 제한적으로 해석할 이유도 없기 때문이다.[89] 사업시행자가 행정청인 경우 새로 설치한 공공시설의 설치비용이 얼마인지 묻지 않고 종래 공공시설 무상귀속의 혜택을 받지만, 사업시행자가 비행정청인 경우에는 새로 설치한 공공시설의 설치비용에 상당하는 범위에서 종래 공공시설 양여의 가능성이 있다(같은 법 제65조 제1항, 제2항 참조). 사업시행자가 비행정청이면서 종래 공공시설 무상귀속 혜택을 받는 경우에는 새로 설치한 공공시설의 설치비용 범위 내의 제한을 받는 경우도 있고(도시정비법 제97조 제2항), 받지 않는 경우도 있다(택지개발촉진법 제25조, 「철도의 건설 및 철도시설 유지관리에 관한 법률」 제15조).

Ⅲ. 무상귀속 등의 절차

종래 공공시설의 무상귀속에 관한 사항이 포함된 개발사업의 실시계획을 승인(기타 사업시행인가, 개발행위허가 등, 이하 사업실시계획승인이라고만 한다)할 때에는 관련 재산관리청의 의견을 들어야 한다. 국토계획법 제65조 제3항은 "해당 공공시설이 속한 관리청"의 의견을 들어야 한다고 하여 마치 공공시설의 관리청을 뜻하는 것처럼 보이지만, 무상귀속이 되는 것은 공공시설에 제공된 국·공유재산이므로 그러한 국·공유재산의 재산관리청으로 해석하여야 한다.

이러한 재산관리청과의 의견청취 절차에 상응해서 국유재산법은 재산관리청이 자의적으로 무상귀속에 동의하지 못하도록 총괄청과 미리 협의하도록 하고 있다(법 제73조의2 제2항). 사업실시계획 승인권자가 재산관리청의 의견을 듣지 않고 실시계획을 승인 했다고 하더라도 종래 공공시설의 무상귀속에는 영향을 미치지 못한다. 이러한 의견청취 규정은 재산관리청의 '동의 또는 협의'를 규정한 것이 아니라 '의견청취 절차'를 규정한 것에 불과하기 때문이다.[90]

89) 김남진, 도시정비법상의 정비기반시설의 귀속 등, 자치발전 2008-1, 한국자치발전연구원, 2008, 45면; 대법원 2007. 7. 12. 선고 2007두6663 판결.
90) 대법원 2019. 8. 30. 선고 2016다252478 판결; 대법원 2009. 6. 25. 선고 2006다18174 판결.

Ⅳ. 종래의 공공시설

1. 개념

공공시설 공소유권제에 대한 보상으로 사업시행자에게 무상귀속 또는 양여되는 것은 공공시설과 정비기반시설이다(편의상 공공시설이라고만 하기도 한다). 공공시설과 정비기반시설의 개념에 대해서는 제1편 제5장 제4절에서 기술하였다.

다만 주의할 것은 개발사업의 시행에 따른 무상귀속 등은 소유권이전에 관한 문제로서, 그 대상은 엄밀히 말해서 공공시설 자체가 아니라 그것을 구성하는 국유재산이다. 국토계획법 등에서 공공시설이라고 하지만 공공시설은 소유권 기타 재산권의 객체가 될 수 없으므로, 행정재산으로 해석되고, 대법원도 무상귀속 대상인 공공시설을 공공용재산(행정재산)이라고 하였다.[91] 결국 무상귀속의 대상은 행정재산이고, 무상귀속을 위한 형식과 절차는 공공시설을 기준으로 파악하여야 한다는 것이 된다.

2. 기준시점

종래 공공시설이 사업시행자에게 무상귀속·무상양여되는 것은 사업실시계획승인의 효과이므로, 공공시설인지 여부를 판단하는 기준시점은 사업실시계획승인 시라고 하여야 한다. 사업실시계획승인 전에 미리 재산관리청의 의견을 듣게 하는 이유도 그러하다. 대법원은 택지개발사업 사례에서 택지개발사업실시계획승인 시를 기준으로 공공시설인지 여부를 판단하여야 한다고 하여 이 점을 분명히 하였다.[92] 사업시행자에게 소유권이 이전되는 공공시설은 개발사업으로 인하여 공용폐지되는 것이어야 한다. 기준 시점에서는 공공시설이지만 사업실시계획승인 후에 공용폐지되어 소유권이 사업시행자에게 이전되는 시점에서는 종래의 공공시설이 되는 것이다.

3. 공공시설의 유형

(1) 법정 공공시설

앞서 설명한 바와 같이 공공시설이나 정비기반서설은 도시계획시설, 즉 법정공공시설이다. 해당 공공시설이 일단 도시계획시설로서 설치가 되면 기준시점에서는 더 이상 공공시설이 아닌 현황이라 하더라도 아직 공용폐지가 없다면 무상귀속 등의 대상이 된다. 무상귀속 등의 대상이 되는 공공시설은 해당 개발사업의 시행으로 공용폐지 될 것을 전제로 하기 때문에 기준시점 당시에는 이미 공공시설로서의 실체가 없는 것들이 대부분이다. 판례는 구 도시계획법상 무상귀속

91) 대법원 2004. 5. 28. 선고 2002다59863 판결 등.

92) 대법원 2004. 5. 28. 선고 2002다59863 판결; 대법원 2016. 5. 12. 선고 2015다255524 판결 등. 기타 대법원은 신규 정비기반시설과 기존 정비기반시설의 가액평가시점은 사업시행인가 시라고 판시하였다 (대법원 2007. 9. 6. 선고 2007두10907 판결).

사례에서, 기준시점에서 법정 공공시설의 현실적인 이용 상황이 공부상 지목과 달라졌다고 하더라도 관리청이 공용폐지를 하지 않고 그 시설을 공공용재산으로 관리하여 왔다면 특별한 사정이 없는 한 사업시행자에게 무상귀속 된다고 하였다.[93)]

문제는 도시계획시설의 범위를 어디까지 소급시킬 것인가이다. 대법원은 일제강점기의 공공용재산은 대한민국 건국 이후에도 동일하다고 하면서, 일제강점기 토지조사사업 당시에 도로, 하천 등으로 분류된 토지는 사업시행자에게 무상귀속된다고 하였다.[94)] 판례의 태도는 무상귀속의 대상을 역사적인 의미의 공공시설에까지 넓혀 국가재정에 부담을 준다고 할 수도 있겠으나, 공공시설 공소유권체제에 대한 보상시스템의 강화라는 점에서 수긍할 수도 있다고 생각한다.

(2) 비법정 공공시설

도시계획시설이 아닌 공공시설(비법정 공공시설)도 사업시행자에게 무상귀속된다. 무상귀속의 근거 법률들은 종래 공공시설이라고만 할 뿐 도시계획시설로서 설치될 것을 요구하지는 않기 때문이다. 다만 신규 공공시설은 각각의 개발사업 법률에 따라 설치된 법정 공공시설일 수밖에 없다. 비법정 공공시설도 무상귀속의 대상이 된다는 것은 결국 무상귀속이 되는 실질은 행정재산이라는 의미이다. 무상귀속의 대상은 행정재산이고, 무상귀속을 위한 형식과 절차는 공공시설을 기준으로 파악하여야 한다.

앞에서 살펴본 바와 같이 행정재산의 성립에는 공용지정과 같은 형식과 절차가 필요 없고, 국가가 공공용 등으로 사용하거나 사용하기로 결정하기만 하면 된다. 다만, 국유재산의 지목이 도로, 하천 등이고 국유재산 대장에 행정재산으로 등재되어 있다가 용도폐지되었다는 사실만으로 행정재산의 성립을 인정할 수는 없다.[95)] 판례는 비법정 도로를 확장하여 새로운 법정 도로를 개설한 사례에서 불특정 다수의 사람과 차량이 통행하는 비법정 도로는 행정재산으로 실제 사용하는 공공용재산으로서 사업시행자에게 무상으로 귀속된다고 하였다.[96)]

사실상의 도로 등 비법정 공공시설까지 무상귀속의 대상으로 하면 국가재정에 부담이 될 수도 있을 것이나, 관련 조항의 개정이 없다면 위와 같이 해석할 수밖에 없다. 다만, 도시정비사업의 경우 2015. 9. 1. 도시정비법의 개정으로 사업시행자에게 무상귀속되는 종래의 정비기반시설에 해당하는 도로를 법정도로로 한정하게 되었으며(도시정비법 제97조 제3항), 판례도 개정취지에 따라 비법정도로는 정비사업시행자에게 무상귀속되는 종래의 정비기반시설에 해당하지 않는다고 하였다.[97)]

93) 대법원 2004. 5. 28. 선고 2002다59863 판결 등.
94) 대법원 2010. 11. 25. 선고 2010다58957 판결; 대법원 2016. 4. 12. 선고 2015다228744 판결; 대법원 2017. 2. 15. 선고 2016다259301 판결; 대법원 2017. 2. 23. 선고 2016두56967 판결 등.
95) 대법원 2016. 5. 12. 선고 2015다255524 판결; 대법원 2009. 10. 15. 선고 2009다41533 판결 등.
96) 대법원 2019. 2. 14. 선고 2018다262059 판결.
97) 대법원 2011. 7. 14. 선고 2009다97628 판결; 대법원 2008. 11. 27. 선고 2007두24289 판결.

제4절 국유재산법에 따른 양여

국유재산법은 개발사업의 시행과는 무관하게 국유재산을 국가 외의 자에게 양여 할 수 있는 규정을 두고 있는데, 이는 법률행위에 의하여 이루어진다는 점, 상대방에 대한 반대급부가 아니라 시혜적으로 이루어지는 경우가 다수라는 점 등에서 개발사업의 시행에 따른 무상귀속 등과 다르다. 국유재산의 양여는 그 무상성으로 인하여 엄격히 제한될 수밖에 없는데, 프랑스의 경우 공법상의 일반원칙으로서 행정사물(le domaine privé)의 양여가 금지된다.[98)]

Ⅰ. 양여의 대상

1. 지방자치단체에 대한 일반재산의 양여

국가는 ① 지방자치단체가 이관 받은 국가사무에 계속하여 사용되는 일반재산, ② 지방자치단체가 청사 부지로 사용하는 소정의 일반재산, ③ 일부 지방자치단체장이 시행하는 소정의 도로시설사업 부지에 포함되어 있는 총괄청소관의 일반재산, ④ 지방도로에 2004. 12. 31. 이전부터 포함되어 있는 총괄청소관의 일반재산, ⑤ 「5·18민주화운동 등에 관한 특별법」 제5조에 따른 기념사업을 추진하는 데에 필요한 일반재산을 지방자치단체에 무상으로 양여할 수 있다(법 제55조 제1항 제1호, 영 제58조 제1항).

법 제55조 제1항 제1호에 따라 양여한 재산이 양여한 때(영여를 원인으로 하는 소유권이전등기를 완료한 때로 해석이 된다)로부터 10년 내에 양여목적과 달리 사용된 때에는 그 양여를 취소할 수 있다(영 제55조 제2항).

2. 공공용재산의 비용부담자에 대한 양여

지방자치단체나 정부가 전액을 출연·출자한 공공단체가 유지·보존비용을 부담한 공공용재산이 용도폐지됨으로써 일반재산이 되는 경우에는 해당 재산을 그 부담한 비용의 범위에서 해당 지방자치단체나 공공단체에 양여할 수 있다(법 제55조 제1항 제2호, 영 제58조 제2항).

3. 대규모 국책사업으로 대체시설을 제공한 자에 대한 양여

국가는 군사시설 이전 등 대규모 국책사업이 필요한 정도의 공용재산 이전사업에 있어서, 그 사업을 시행하여 대체 공용재산을 제공한 자에게 종래의 공용재산을 양여할 수 있다(법 제55

98) 행정사물의 양여금지원칙은 공법상의 일반원칙으로서, 1971년 3월 19일의 꽁세이데따의 Mergui판결에 의해 확립되었다고 한다(이광윤, 신행정법론, 법문사, 2007, 398면).

조 제1항 제3호, 영 제58조 제3항). 현행법상 소규모 공용재산 건축은 국유재산관리기금의 재원으로 집행하지만(법 제26조의5 제1항 제1호), 군사시설 이전 등 대규모 공용재산 건설은 재정사업으로 하거나 민간자본사업으로 한다. 이 민간자본사업은 기부채납 및 양여 방식으로 하기 때문에 "기부대양여 사업"이라고 하며, 용도폐지 된 재산(종래의 공용재산)의 평가의 기준시점 등에 관하여 필요한 사항은 기획재정부장관이 정하는바(영 제58조 제4항), 현재 기획재정부훈령으로 「국유재산 기부 대 양여 사업관리 지침」이 마련되어 있다.

4. 보존 · 활용 및 대부 · 처분에 부적합한 재산의 양여

국가는 보존 · 활용할 필요가 없고 대부 · 매각이나 교환이 곤란한 ① 국가 외의 자가 소유하는 토지에 있는 국유건물, ② 국가 행정목적의 원활한 수행 등을 위하여 국무회의의 심의를 거쳐 대통령의 승인을 받아 양여하기로 결정한 일반재산을 해당 토지소유자 등에게 양여할 수 있다(법 제55조 제1항 제4호, 영 제58조 제5항).

Ⅱ. 양여의 절차

국유재산법에 따라 일반재산을 양여하려면 총괄청과 협의하여야 한다. 다만 재산가액이 500억원 이하인 일반재산을 법 제55조 제1항 제3호에 따라 양여하는 경우(대규모 국책사업으로 대체시설을 제공한 자에 대한 양여)에는 그러하지 아니하다. 재산관리기관이 총괄청과 양여협의를 할 때에는 양여의 목적 · 조건과 그 재산의 가격 및 양여받을 자가 부담한 경비의 명세를 명백히 하여야 한다. 총괄청소관의 일반재산의 관리 · 처분사무를 위임 · 위탁받은 자가 해당 재산을 양여하려는 경우에는 양여재산의 가액이 얼마인지를 불문하고 미리 총괄청의 승인을 받아야 한다(법 제55조 제3항, 영 제58조 제6항 내지 제8항).

양여하는 국유재산의 가액은 법 제44조에 따라서 시가를 고려해 감정평가해 산정하지만, 법 제55조 제1항 제1호(지방자치단체에 대한 양여) 및 제4호(보존 · 활용 등 부적합 재산의 양여)의 경우에는 해당 재산의 대장가격을 양여가격으로 한다(영 제42조 제8항).

제5장 신탁과 현물출자

국유재산법은 국유재산의 상대적 소멸사유로서 매매, 교환 및 양여 외에도 신탁과 현물출자를 규정하는데(제2조 제4호), 이들은 모두 법률행위에 의한 소유권이전이다.

제1절 신탁

1994. 1. 5. 국유재산법 개정으로 신탁제도가 도입되었는데, 현행 국유재산법은 국유재산의 개발을 위한 신탁만 허용하고 있다(제58조). 유휴국유지의 활용을 촉진할 목적으로 일반재산인 토지 및 그 정착물을 신탁회사에 신탁하여 개발을 할 수 있게 하는 것이다.

제2절 현물출자

Ⅰ. 현물출자의 대상

국유재산의 현물출자는 정부출자기업체의 설립과 운영 등을 위해서만 할 수 있다. 즉 정부는 ① 정부출자기업체를 새로 설립하려는 경우, ② 정부출자기업체의 고유목적사업을 원활히 수행하기 위하여 자본의 확충이 필요한 경우, ③ 정부출자기업체의 운영체제와 경영구조의 개편을 위하여 필요한 경우에만 일반재산을 현물출자 할 수 있다(법 제60조).

"정부출자기업체"란 정부가 출자하였거나 출자할 기업체로서 대통령령으로 정하는 기업체를 말한다(법 제2조 제6호). 현재 국유재산법 시행령은 별표1에서 30개 기업체를 규정하고 있다(영 제2조).

Ⅱ. 현물출자의 절차

정부출자기업체가 현물출자를 받으려는 때에는 현물출자의 필요성, 출자재산의 규모와 명세, 출자재산의 가격평가서, 재무제표 및 경영현황 및 사업계획서를 붙여 관계 법령에 따라 해당 정부출자기업체의 업무를 관장하는 주무기관의 장에게 신청하여야 한다. 출자신청을 받은 주무기관의 장은 현물출자의 적정성을 검토한 후 위 서류와 현물출자의견서를 붙여 총괄청에 현물출자를 요청하여야 한다. 현물출자를 요청받은 총괄청은 현물출자계획서를 작성하여 국무회의의 심의를 거쳐 대통령의 승인을 받아야 한다(법 제61조).

현물출자하는 일반재산의 출자가액은 법 제44조에 따라 시가를 고려해 감정평가해 산정하지만, 지분증권의 산정가액이 액면가를 미달하는 경우에는 그 지분증권의 액면가를 따른다(법 제62조). 정부가 현물출자로 취득하는 지분증권의 취득가액은 상장증권의 경우 영 제43조 제1항 제1호 본문에 따라 산출한 가격 이하로 하고, 비상장증권의 경우 직전 사업연도의 실적재무제표를 기준으로 산정한 1주당 순자산가치 이하로 한다. 다만, 지분증권의 자산가치가 액면가에 미달하는 소정의 경우에는 액면가로 할 수 있다(법 제64조).

Ⅲ. 상법의 적용 제외

정부출자기업체가 국유재산법에 따라 현물출자를 받는 경우에는 상법의 현물출자재산의 권리이전(상법 제295조 제2항), 현물출자 이행의 조사 및 보고(상법 제299조 제1항) 및 현물출자의 검사(상법 제422조) 등에 관한 규정을 적용하지 아니한다(법 제65조). 현물출자자가 국가이므로 공신력이 보장되기 때문이다.

제6장 철거 · 소유권의 자진반환

제1절 철거

국유재산법은 상대적 소멸사유로서 매매, 교환, 양여, 신탁 및 현물출자를 규정하는데(제2조 제4호), 모두 법률행위에 의한 소유권이전이다. 그 밖에 국유재산법은 국가소유권의 소멸원인으로서 국유재산의 철거를 규정하는데(제41조 제2항), 이는 국가소유권의 절대적 소멸이다.

소유권은 사용, 수익 및 처분의 권한으로 이루어지며(민법 제211조), 철거는 처분의 일종이므로 재산관리기관은 국유재산의 철거 여부를 판단해야 한다. 종래 국유재산법은 국유재산의 철거에 대하여 침묵하였으나 현행 국유재산법은 제41조 제2항을 두고 있다. 즉 관리청 등은 국가의 활용계획이 없는 건물이나 그 밖의 시설물이 ① 구조상 공중의 안전에 미치는 위험이 중대한 경우, ② 재산가액에 비하여 유지 · 보수비용이 과다한 경우, ③ 위치, 형태, 용도, 노후화 등의 사유로 철거가 불가피하다고 인정하는 경우에는 철거할 수 있다. 일반재산에만 철거규정을 두고 있으므로 행정재산에 철거사유가 발생할 경우에는 우선 용도폐지를 하여야 한다.

제2절 소유권의 자진반환

소유명의자는 자신의 소유물이 아니라고 판단되면 소송을 거침이 없이 진정한 소유자를 위해 자신명의의 소유권등기를 말소하거나 진정한 소유자 앞으로 소유권이전등기를 해줄 필요가 있는데, 국유재산의 경우 재산관리기관이 이를 실행할 근거 규정이 없다. 법리상 국유재산이 아님이 분명하고 그 소유권을 주장하는 자의 소유임이 분명하다면 재산관리기관에게 소유권의 자진반환을 인정하는 국유재산법 개정을 고려해 볼 수도 있겠으나, 그 판단이 쉽지 않을 것이므로 가급적 관련 소송의 결과에 따라 처리하여야 할 것이다.

| 제 6편 |

지분형태 국유재산의 관리와 처분

제 1 장　국유지분 부동산의 관리와 처분
제 2 장　국유지분 증권의 관리와 처분

제1장 국유지분 부동산의 관리와 처분

국가는 부동산의 지분을 취득하거나 국가 외의 자에게 국유부동산의 지분을 설정해 줌으로써 타인과 부동산을 공유하게 되는 경우가 있다. 국가가 부동산에 공유관계를 형성하는 많은 경우는 구분소유적인 공유관계로서 공유자 내부적으로는 단독소유에 유사하다. 구분소유적인 공유관계는 통상의 공유관계에서 파생한 것이고, 그 대외적 관계는 통상의 공유관계와 같으므로 이하에서는 통상의 공유관계 및 구분소유적인 공유관계 일반에 대하여 살펴본 다음, 지분형태 국유부동산의 관리와 처분에 대한 구체적인 설명을 하도록 한다.

제1절 통상의 공유관계

Ⅰ. 공유의 개념과 성립

1개의 물건을 2인 이상이 공동으로 소유하는 것을 공동소유라고 한다. 공동소유는 다수인의 인적결합 형태에 따라 共有, 合有 및 總有 등 3가지로 나누어지는데, 이중에서 공유는 공동목적을 위한 인적결합관계 없이 여러 사람이 공동 소유하는 것을 말한다.[1] 여러 사람이 하나의 물건을 공동으로 소유하기로 합의하는 것이 공유관계 성립의 전형적인 모습이며, 이러한 법률행위로 부동산에 공유관계를 성립시키려면 공유등기와 지분등기를 해야 한다(민법 제186조).

그 밖에 법률의 규정에 의한 공유관계의 성립도 있는데, 타인의 물건 속에서의 매장물의 발견으로 공유가 성립하며(민법 제254조), 귀속불명의 부부재산은 부부공유로 추정된다(민법 제830조 제2항). 수인이 한 채의 건물을 구분하여 각각 그 일부분을 소유한 때에 각 전유부분으로 통하는 복도, 계단 기타 구조상 공용에 제공되는 부분은 구분소유자 전원의 공유로 된다.[2] 다수설과 판례는 공동상속재산의 법적 성질에 관하여 공유설을 취한다.[3]

Ⅱ. 공유 지분

1. 지분의 개념

공유지분은 각 공유자가 공유물에 대하여 가지는 권리를 뜻하기도 하고, 공유자 상호간에

1) 지원림, 민법강의, 제17판, 홍문사, 2020, 629, 630면.
2) 민법 제215조; 집합건물법 제3조 제1항, 제10조 제1항.
3) 대법원 1996. 2. 9. 선고 94다61649 판결.

있어서의 위 권리의 비율을 뜻하기도 한다. 전자를 가리켜 따로 지분권이라고 하고 후자만을 지분이라고 부르기도 하나, 양자를 엄격하게 구별하지 않고 지분으로 통칭하는 것이 보통이다.[4]

2. 지분의 비율

지분의 비율은 공유자의 의사로 정하는 것이 원칙이나, 특별한 경우에는 법률이 지분비율을 규정하기도 한다. 민법 제254조(매장물의 소유권취득) 단서, 상속분에 관한 민법 제1009조 이하 및 집합건물법 제12조(공유자의 지분권) 등이 그 예이다. 공유자의 의사, 법률의 규정 등으로 지분의 비율을 알 수 없는 때에는 균등한 것으로 추정한다(민법 제262조 제2항). 지분비율의 등기 없이 공유등기만 있는 경우 지분비율이 균등한 것으로 추정될 수 있으나 1983. 12. 부동산등기법 개정으로 지분등기를 반드시 해야 하게 되었다. 주로 1983. 12. 부동산등기법 개정 이전에 지분등기 없이 공유등기만 하였거나, 그 이후에도 어떠한 사유로 그러한 등기가 행하여진 경우에 민법 제262조 제2항이 적용될 것이다.[5]

부동산등기법 제48조(등기사항) ① 등기관이 갑구 또는 을구에 권리에 관한 등기를 할 때에는 다음 각 호의 사항을 기록하여야 한다.

1. 순위번호
2. 등기목적
3. 접수연월일 및 접수번호
4. 등기원인 및 그 연월일
5. 권리자

④ 제1항 제5호의 권리자가 2인 이상인 경우에는 권리자별 지분을 기록하여야 하고 등기할 권리가 합유(合有)인 때에는 그 뜻을 기록하여야 한다.

3. 지분의 주장

다른 공유자 또는 제3자에 의하여 자기의 지분을 부인당한 공유자는 지분을 부인하는 자를 상대로 지분확인의 소를 제기할 수 있다.[6] 수인이 공동으로 부동산을 매수하였는데 매도인이 이전등기에 협력하지 않으면, 각 공유자는 단독으로 자기의 지분에 관하여 이전등기를 청구할 수 있다. 공유부동산이 공유자 1인의 단독 명의로 등기되어 있다면 다른 공유자는 단독으로 자기의 지분에 관하여 공유등기를 청구할 수 있으며, 공유자의 초과지분등기로 자기의 지분이 침해되었다면[7] 단독으로 초과지분등기의 말소와 자기 지분에 대한 이전등기를 청구할 수 있다.[8]

---

4) 민일영, 민법주해Ⅴ, 물권(2), 박영사, 2009, 556면.
5) 민일영, 앞의 책, 557면.
6) 대법원 1994. 11. 11. 선고 94다35008 판결.

4. 지분의 처분

(1) 처분의 자유

공유자는 자기의 지분을 자유롭게 처분할 수 있다(민법 제263조). 자유롭게 처분할 수 있다는 것은 공유자가 자기의 지분을 양도, 교환, 담보제공 및 포기 등의 행위를 함에 있어 아무런 제약을 받지 않는다는 것을 의미한다. 따라서 지분의 처분에 다른 공유자의 동의는 필요 없다. 공유자 사이에 지분을 처분하지 않는다고 특약을 하더라도 그것은 채권적 효력을 가질 뿐이며, 그러한 특약을 등기하지 못한다.[9]

(2) 처분의 방법과 효과

지분은 소유권과 같은 방법으로 처분되기 때문에, 공유물이 부동산인 경우 지분의 양도, 담보권설정 등에는 등기가 성립요건이 된다(민법 제186조). 지분이 양도되면 양도자와 다른 공유자 사이의 기존 법률관계가 양수인에게 그대로 이전되지만, 부동산 공유물의 분할금지 특약은 등기하지 않으면 양수인에게 대항할 수 없고(부동산등기법 제67조제1항 참조),[10] 이미 성립한 개개의 채권·채무도 양수인에게 승계되지 않는다.[11]

(3) 처분의 제한

집합건물법에 의한 구분건물 소유자는 공용부분에 대한 지분 또는 대지사용권에 대한 지분을 그가 소유하는 전용부분과 분리하여 처분할 수 없다(동법 제13조, 제20조). 한편 지분을 양도하거나 지분에 담보권을 설정하는 것과 달리 지분에 지상권·지역권 등의 용익물권을 설정하는 데에는 공유자 전원의 동의가 있어야 한다는 것이 통설이다. 용익물권 설정의 효과가 공유물 전체에 미쳐 실질적으로 공유물 전체를 처분하는 결과가 되기 때문이다.[12]

공유지분을 경매하는 경우, 경매법원은 지분에 대한 경매개시결정이 있음을 등기부에 기입하고 다른 공유자에게 경매개시결정이 있다는 사실을 통지하여야 한다. 다만, 상당한 이유가 있는 때에는 통지하지 아니할 수 있다(민사집행법 제139조 제1항). 공유자는 매각기일까지 보증을 제공하고 최고매수신고가격과 같은 가격으로 경매지분을 우선매수하겠다는 신고를 할 수 있고, 경매법원은 최고가매수신고가 있더라도 그 공유자에게 매각을 허가하여야 한다. 수인의 공유자가 우선매수하겠다는 신고를 하면 특별한 협의가 없는 한 공유지분의 비율에 따라 경매지분을

---

7) 예컨대, 자신의 지분(10%)이 맞게 등기되어 있다면 다른 공유자가 지분을 초과해서 등기하고 있다 하더라도 초과지분등기의 말소를 청구할 수 없다.
8) 대법원 1991. 9. 10. 선고 91다2984 판결.
9) 민일영, 앞의 책, 566면.
10) 대법원 1975. 11. 11. 선고 75다82 판결.
11) 지원림, 앞의 책, 632면.
12) 지원림, 앞의 책, 633면.

매수하게 한다. 이 경우 최고가매수신고인을 차순위매수신고인으로 본다(민사집행법 제140조).

Ⅲ. 공유물의 관리와 보존

1. 관리의 개념과 방법

공유물의 관리에 관한 사항은 지분의 과반수로 결정한다(민법 제265조 본문). 여기서 관리란 공유물을 이용·개량하는 행위(예컨대 임대)를 말하며, 공유물의 처분이나 변경에 이르지 않아야 한다. 공유자 사이에 공유물을 사용·수익할 구체적인 방법을 정하는 것은 공유물의 관리에 관한 사항이지만, 그 내용이 공유물에 본질적 변화를 일으켜 관리가 아닌 처분이나 변경의 정도에 이르게 해서는 안 된다.[13] 대법원은 나대지에 새로 건물을 건축하는 것은 관리행위의 범위를 넘는다고 하였고, 임대차계약의 해지가 현상유지를 내용으로 하는 것이라면 관리행위에 속한다고 판시하였다.[14] 관리행위의 범위를 넘는 행위는 처분·변경 행위로서 공유자 전원의 동의가 필요하다(민법 제264조).

[**판례①**] 공유자 사이에 공유물을 사용·수익할 구체적인 방법을 정하는 것은 공유물의 관리에 관한 사항으로서 공유자의 지분의 과반수로써 결정하여야 할 것이고, 과반수의 지분을 가진 공유자는 다른 공유자와 사이에 미리 공유물의 관리방법에 관한 협의가 없었다 하더라도 공유물의 관리에 관한 사항을 단독으로 결정할 수 있으므로, 과반수의 지분을 가진 공유자가 그 공유물의 특정 부분을 배타적으로 사용·수익하기로 정하는 것은 공유물의 관리방법으로서 적법하며, 다만 그 사용·수익의 내용이 공유물의 기존의 모습에 본질적 변화를 일으켜 '관리' 아닌 '처분'이나 '변경'의 정도에 이르는 것이어서는 안 될 것이고, 예컨대 다수지분권자라 하여 나대지에 새로이 건물을 건축한다든지 하는 것은 '관리'의 범위를 넘는 것이 될 것이다(대법원 2001. 11. 27. 선고 2000다33638, 33645 판결).

[**판례②**] 공유자가 공유물을 타인에게 임대하는 행위 및 그 임대차계약을 해지하는 행위는 공유물의 관리행위에 해당하므로 민법 제265조 본문에 의하여 공유자의 지분의 과반수로써 결정하여야 한다. 상가건물 임대차보호법이 적용되는 상가건물의 공유자인 임대인이 같은 법 제10조 제4항에 의하여 임차인에게 갱신 거절의 통지를 하는 행위는 실질적으로 임대차계약의 해지와 같이 공유물의 임대차를 종료시키는 것이므로 공유물의 관리행위에 해당하여 공유자의 지분의 과반수로써 결정하여야 한다(대법원 2010. 9. 9. 선고 2010다37905 판결).

공유물의 관리방법에 관한 민법 제265조 본문은 임의규정이므로 공유자들이 그와 달리 특약할 수 있고, 이러한 특약은 지분승계인에게도 승계되지만 그 특약이 지분권자로서의 사용수익

13) 지원림, 앞의 책, 633면.
14) 대법원 2001. 11. 27. 선고 2000다33638, 33645 판결, 대법원 2010. 9. 9. 선고 2010다37905 판결.

권을 사실상 포기하는 등 지분권의 본질을 침해하는 경우에는 지분승계인이 그 사실을 알고도 취득하였다는 등의 특별한 사정이 없는 한 승계되지 않는다.[15] 한편 공유물의 관리방법에 관한 특약 후에 지분승계가 이루어진 다음 그 특약을 변경할 사정이 있다면 지분의 과반수로 변경할 수 있다.[16]

2. 관리비용 기타 의무의 부담

공유자는 지분의 비율로 공유물의 관리비용 기타 의무를 부담한다(민법 제266조 제1항). 여기서 관리비용은 공유물의 유지 · 개량을 위하여 지출한 비용을 말하고, 기타의 의무는 공유물에 부과되는 세금 등을 말한다. 민법 제266조 제1항은 임의규정이어서 공유자끼리 달리 정할 수 있으나, 그러한 정함이 대외적으로는 효력이 없다. 즉 대외적으로 공유물에 대한 관리비용 기타 의무의 부담은 불가분채무이고, 공유자 각자가 전부를 이행할 의무가 있다.[17]

[**판례**] 공유자가 공유물의 관리에 관하여 제3자와 계약을 체결한 경우에 그 계약에 기하여 제3자가 지출한 관리비용의 상환의무를 누가 어떠한 내용으로 부담하는가는 일차적으로 당해 계약의 해석으로 정하여진다. 공유자들이 공유물의 관리비용을 각 지분의 비율로 부담한다는 내용의 민법 제266조 제1항은 공유자들 사이의 내부적인 부담관계에 관한 규정일 뿐이다. 한편, 집합건물의 소유 및 관리에 관한 법률 제10조, 제12조, 제17조는 집합건물의 공용부분을 구분소유자의 전유부분 면적비율에 의한 공유로 하고, 공용부분의 관리비용은 규약에 달리 정함이 없는 한 그 지분비율에 따라 부담한다는 내용으로서, 공용부분의 관리비용 부담에 관한 구분소유자들의 내부관계에 관한 규정일 뿐이고, 공유인 전유부분에 대한 관리비용의 부담에 관하여 제3자에 대한 대외적인 책임이 문제된 경우에 적용될 수 있는 규정이 아니다.
상가건물의 일부에서 숙박업을 하는 공유자들이 건물의 관리를 담당한 단체와 체결한 위 숙박사업장의 관리에 관한 계약은 상법 제57조 제1항에서 규정하는 상행위에 해당하므로, 위 공유자들은 연대하여 관리비 전액의 지급의무를 부담한다(대법원 2009. 11. 12. 선고 2009다54034, 54041).

3. 공유물의 보존

공유물의 보존행위는 공유자 각자가 할 수 있다(민법 제265조 단서). 여기서 보존이란, 공유물의 멸실 · 훼손을 방지하고 그 현상을 유지하기 위하여 하는 사실상 · 법률상의 행위를 말한다.[18] 공유물을 함부로 점유, 사용 · 수익하는 다른 공유자 또는 제3자에 대하여 공유자 각자는 보존행위로서 공유물의 반환 또는 방해제거를 청구할 수 있다.

---

15) 대법원 2009. 12. 10. 선고 2009다54294 판결.
16) 대법원 2005. 5. 12. 선고 2005다1827 판결.
17) 지원림, 앞의 책, 636면.
18) 지원림, 앞의 책, 634면.

공유자는 공유부동산에 관하여 제3자 명의로 원인무효의 소유권이전등기가 경료되어 있는 경우 보존행위로서 그 등기 전부의 말소를 단독으로 청구할 수 있고, 등기말소에 갈음하여 각 공유자에게 해당 지분별로 진정명의 회복을 원인으로 한 소유권이전등기를 이행할 것을 단독으로 청구할 수도 있다.[19] 이 경우 공유자의 한 사람이 공유물의 일부지분에 관해서만 재판상 청구를 했다면 그로 인한 점유취득시효 중단의 효력은 그 공유자와 그 청구한 소송물(지분)에 한하여 발생한다.[20]

Ⅳ. 공유물의 처분과 변경

공유자는 다른 공유자의 동의 없이 공유물을 처분하거나 변경하지 못한다(민법 제264조). 즉 전원의 동의가 없이 이루어진 처분행위는 무효이다. 가령 나대지인 공유토지 위에 일부 공유자 또는 제3자가 공유자 전원의 동의나 허락 없이 건물을 신축한 경우, 공유자 각자는 보존행위로서 건물의 철거 및 대지 전부의 인도를 청구할 수 있다.[21] 법원은 공유자 1인에 의한 처분이라도 그 공유자의 지분범위 내에서는 유효이므로, 지분범위를 넘는 부분만 무효가 된다고 하였다.[22]

처분의 대표적인 예는 공유물의 양도이지만 담보물권의 설정도 포함된다. 전세권 등 용익물권의 설정은 실질적으로 공유물의 처분에 해당한다고 봐야 한다.[23] 변경은 공유물에 대하여 사실상의 물리적 변화를 가하는 것을 말한다.[24]

Ⅴ. 공유물의 사용·수익

1. 공유자의 사용·수익

민법 제263조는 공유자가 공유물의 전부를 지분의 비율로 사용·수익할 수 있다고 규정하지만 이때의 사용·수익은 관념적인 것에 불과하여, 실제 배타적인 사용·수익이 인정되지는 않는다(지분비율에 상응하는 부분조차도).[25] 민법 제263조의 관념적이고 추상적인 사용·수익 권한을 물리적이고 현실적인 것으로 전환시켜 주는 것은(즉 배타적 사용·수익이 가능하게 하는

---

19) 대법원 2005. 9. 29. 선고 2003다40651 판결.
20) 대법원 1999. 8. 20. 선고 99다15146 판결.
21) 다만 부당이득반환이나 손해배상은 대지점유부분의 통상차임 상당액 중에서 자신의 지분에 해당하는 부분에 한정된다.
22) 대법원 1966. 3. 15. 선고 65다268 전원합의체 판결.
23) 대법원 1993. 4. 13. 선고 92다55756 판결은 지상권 설정을 처분행위로 보았다.
24) 지원림, 앞의 책, 635면.
25) 지원림, 앞의 책, 633면.

것은) 민법 제265조에 따른 지분과반수 동의이다.

민법 제263조(공유지분의 처분과 공유물의 사용, 수익) 공유자는 그 지분을 처분할 수 있고 공유물 전부를 지분의 비율로 사용, 수익할 수 있다.
제265조(공유물의 관리, 보존) 공유물의 관리에 관한 사항은 공유자의 지분의 과반수로써 결정한다. 그러나 보존행위는 각자가 할 수 있다.

지분과반수의 동의는 공유물의 전부 또는 일부에 대한 배타적 사용·수익을 가능하게 하지만 동의하지 않은 공유자에 대한 사용이익의 반환의무를 면제하지는 못한다. 동의하지 않은 공유자는 사용·수익하는 공유자에게 공유물의 반환 또는 방해제거를 청구할 수는 없지만 자기 지분에 상당하는 부당이득반환청구를 할 수는 있다. 공유물의 사용·수익에 따른 대가를 전체적으로 면제시키는 것은 사실상 처분행위에 해당하기 때문에 공유자 전원의 동의가 있어야 한다.[26] 어느 공유자가 과반수지분의 동의 없이 공유물을 배타적으로 사용·수익한다면 다른 공유자는 단독으로 반환 또는 방해제거를 청구할 수 있으며(보존행위), 자기 지분에 상당하는 부당이득반환청구를 할 수 있다.

[판례] 지분을 소유하고 있는 공유자나 그 지분에 관한 소유권이전등기청구권을 가지고 있는 자라고 할지라도 다른 공유자와의 협의 없이는 공유물을 배타적으로 점유하여 사용 수익할 수 없는 것이므로, 다른 공유권자는 자신이 소유하고 있는 지분이 과반수에 미달되더라도 공유물을 점유하고 있는 자에 대하여 공유물의 보존행위로서 공유물의 인도나 명도를 청구할 수 있다(대법원 1994. 3. 22. 선고 93다9392, 9408 전원합의체 판결).

필자 주: 대상판결은 과반수 지분권자가 아니거나, 지분과반수의 동의를 받지 못한 일부공유자가 공유물을 배타적으로 점유하는 사례로서, 이는 권원 없는 점유이기 때문에, 그러한 점유를 배제하는 것은 공유물의 보존행위에 해당하여, 각 공유자는 민법 제265조 단서에 기하여 단독으로 방해제거를 청구할 수 있을 뿐만 아니라 공유물 전부를 자기에게 인도할 것을 청구할 수 있다는 것이다. 이 판결은 공유물 전부를 배타적으로 점유하는 경우에 관한 것이지만, 공유물의 일부를 배타적으로 점유하는 경우에도 마찬가지이다(대법원 1992. 6. 13. 선고 92마290 판결). 그리고 부동산공유자 1인 단독명의로 경료된 등기의 말소청구에도 유지되지만, '등기명의자인 공유자의 지분범위 내에서는' 등기가 유효하다는 점에서 차이가 있다.[27]

26) 지원림, 앞의 책, 638면 [참고] 괄호.
27) 지원림, 앞의 책, 637면.

[**비교판례**] 토지의 공유자는 각자의 지분 비율에 따라 토지 전체를 사용 · 수익할 수 있지만, 그 구체적인 사용 · 수익 방법에 관하여 공유자들 사이에 지분 과반수의 합의가 없는 이상, 1인이 특정 부분을 배타적으로 점유 · 사용할 수 없는 것이므로, 공유자 중의 일부가 특정 부분을 배타적으로 점유 · 사용하고 있다면, 그들은 비록 그 특정 부분의 면적이 자신들의 지분 비율에 상당하는 면적 범위 내라고 할지라도, 다른 공유자들 중 지분은 있으나 사용 · 수익은 전혀 하지 않고 있는 자에 대하여는 그 자의 지분에 상응하는 부당이득을 하고 있다고 보아야 할 것인바, 이는 모든 공유자는 공유물 전부를 지분의 비율로 사용 · 수익할 권리가 있기 때문이다(대법원 2001. 12. 11. 선고 2000다13948 판결).

2. 제3자의 사용 · 수익

과반수지분으로 공유물의 사용 · 수익을 허락받은 제3자는 다른 공유자에게 그 점유권원을 주장할 수 있을 뿐만 아니라, 사용 · 수익을 허락받을 때 정해진 사용료에 관한 내용도 그대로 주장할 수 있다. 즉 사용료의 지급을 면제받거나 감경 받았다고 하더라도 다른 공유자에게 부당이득반환 등의 책임을 지지 않는다. 다른 공유자는 과반수공유자가 받은 차임에 대하여 자신의 지분 상당을 부당이득으로 반환청구할 수 있다. 과반수공유자가 사용료를 면제하거나 감경해줬다면 면제금액 또는 차액에 대하여 부당이득반환청구 또는 손해배상청구의 가능성이 있다(물론 불법행위의 성립요건이 충족됨을 전제로 한다).[28]

제3자가 공유물을 무단으로 사용 · 수익하는 경우, 각 공유자는 단독으로 공유물 전부의 인도를 청구할 수 있으며(보존행위), 그 사용 · 수익에 대하여는 단독으로 자기 지분범위만큼 부당이득반환청구 · 손해배상청구를 할 수 있다.

[**판례**] 공유자 사이에 공유물을 사용 · 수익할 구체적인 방법을 정하는 것은 공유물의 관리에 관한 사항으로서 공유자의 지분의 과반수로써 결정하여야 할 것이고, 과반수 지분의 공유자는 다른 공유자와 사이에 미리 공유물의 관리방법에 관한 협의가 없었다 하더라도 공유물의 관리에 관한 사항을 단독으로 결정할 수 있으므로, 과반수 지분의 공유자가 그 공유물의 특정 부분을 배타적으로 사용 · 수익하기로 정하는 것은 공유물의 관리방법으로서 적법하다고 할 것이므로, 과반수 지분의 공유자로부터 사용 · 수익을 허락받은 점유자에 대하여 소수 지분의 공유자는 그 점유자가 사용 · 수익하는 건물의 철거나 퇴거 등 점유배제를 구할 수 없다.

과반수 지분의 공유자는 공유자와 사이에 미리 공유물의 관리방법에 관하여 협의가 없었다 하더라도 공유물의 관리에 관한 사항을 단독으로 결정할 수 있으므로 과반수 지분의 공유자는 그 공유물의 관리방법으로서 그 공유토지의 특정된 한 부분을 배타적으로 사용 · 수익할 수 있으나,

28) 지원림, 앞의 책, 638면.

그로 말미암아 지분은 있으되 그 특정 부분의 사용·수익을 전혀 하지 못하여 손해를 입고 있는 소수지분권자에 대하여 그 지분에 상응하는 임료 상당의 부당이득을 하고 있다 할 것이므로 이를 반환할 의무가 있다 할 것이나, 그 과반수 지분의 공유자로부터 다시 그 특정 부분의 사용·수익을 허락받은 제3자의 점유는 다수지분권자의 공유물관리권에 터잡은 적법한 점유이므로 그 제3자는 소수지분권자에 대하여도 그 점유로 인하여 법률상 원인 없이 이득을 얻고 있다고는 볼 수 없다(대법원 2012. 5. 14. 선고 2002다9738 판결).

Ⅵ. 공유물의 분할

1. 분할의 자유

각 공유자는 언제든지 공유물의 분할을 청구하여 공유관계를 해소할 수 있다(민법 제268조 제1항 본문). 공유자들의 약정으로 5년을 넘지 않는 기간 내에서 분할을 금지할 수 있지만(같은 항 단서), 분할금지의 특약은 등기하여야 지분양수인 등 제3자에게 대항할 수 있다(부동산등기법 제67조 제1항).

2. 분할의 방법

공유자의 분할청구권은 형성권에 속한다. 즉 공유자 1인이 이를 행사하면 어떤 방법에 의해서든 공유물을 분할해야 하는 법률관계가 발생한다. 공유자 전원이 분할절차에 참여해야 하며, 공유자의 일부가 제외된 공유물분할은 무효이다. 공유물 분할의 소는 공유자 전원이 원고·피고로 참여하여야 하는 필수적 공동소송이다. 즉 공유물분할청구의 소는 분할을 청구하는 공유자가 원고가 되어 다른 공유자 전부를 공동피고로 하여야 한다.[29]

공유물의 분할은 공유물을 그대로 양적으로 분할하는 현물분할, 공유물을 매각하여 그 대금을 분할하는 대금분할 및 공유자의 1인이 단독소유권을 취득하고 다른 공유자는 지분의 가격을 지급받는 가액보상(그 실질은 지분의 매매이다)의 방법이 있다. 협의분할이 되지 않는 경우 재판상 분할이 행해지므로(민법 제269조 제1항), 이미 분할협의가 된 경우에 공유물분할의 소를 제기하거나 유지하는 것은 허용되지 않는다.[30] 재판상 분할은 현물분할이 원칙이다. 다만 현물로 분할할 수 없거나 분할로 인하여 그 가격이 현저히 감소될 염려가 있으면 공유물을 경매하여 그 대금을 분할하여야 한다(민법 제269조 제2항).

법원은 공유물분할을 청구하는 자가 구하는 방법에 구애받지 않고 자유로운 재량에 따라 공유관계나 그 객체인 물건의 제반 상황에 따라 공유자의 지분비율에 따른 합리적인 분할을 하

29) 지원림, 앞의 책, 639면.
30) 대법원 1995. 1. 12. 선고 94다30348 판결.

면 된다.[31] 여기서 공유지분비율에 따른다 함은 지분에 따른 가액비율에 따름을 의미한다.[32]

3. 분할의 효과

공유물분할에 의하여 공유관계는 종료하고, 각 공유자는 분할된 부분에 대하여 소유권을 취득한다. 그 효력발생 시기는 협의분할은 등기 시, 재판상 분할은 판결확정 시이다(민법 제187조 참고).

대금분할의 경우를 제외하면 공유물의 분할은 실질적으로 지분의 교환 또는 매매이다. 따라서 각 공유자는 다른 공유자가 분할로 취득한 물건에 관하여 그 지분의 비율로 매도인과 동일한 담보책임을 진다(민법 제270조). 담보책임의 일반적인 효과로 손해배상, 대금감액청구 및 계약해제를 들 수 있는데, 이 중 계약해제는 재판상 분할의 경우에는 인정되지 않는다.[33] 공유물이 분할되더라도 지분에 존재하던 담보물권은 아무 영향을 받지 않는다. 대금분할이나 가액보상의 경우에 지분에 존재하던 담보물권은 공유물이 누구의 소유로 되든지 관계없이 그 지분의 비율에 따라 공유물 위에 존속한다.[34] 한편 현물분할의 경우에 지분 위의 담보물권은 분할된 개개의 물건 위에 그 지분의 비율에 따라 존속하게 된다.[35]

제2절 구분소유적 공유관계

Ⅰ. 개념, 발생원인 및 성질

토지등기부상으로는 공유등기가 경료되어 있으나 공유자들 내부적으로는 각 공유자가 그 토지를 구분하여 특정부분만 배타적으로 사용 · 수익하는 관계를 구분소유적 공유관계라고 한다.[36] 구분소유적 공유관계는 한필의 토지 중 위치와 면적이 특정된 일부를 양수하였음에도 분필에 의한 소유권이전등기를 하지 않고, 편의상 필지 전체 면적에 대한 양수 면적의 비율에 상응하는 지분이전등기를 함으로써 발생한다.[37] 대법원은 구분소유적 공유관계의 법적 성질에 관하여 각 공유자들이 각자의 배타적 사용 · 수익의 대상인 특정 부분을 제외한 나머지 부분에 관한 등기를 상호명의신탁하고 있는 것으로 보고 있다.[38]

---

31) 대법원 2004. 10. 14. 선고 2004다30583 판결.
32) 대법원 1993. 12. 7. 선고 93다27819 판결.
33) 지원림, 앞의 책, 642면.
34) 대법원 1993. 1. 19. 선고 92다30603 판결.
35) 대법원 2012. 3. 29. 선고 2011다74932 판결.
36) 지원림, 앞의 책, 653면.
37) 민일영, 앞의 책, 552면.
38) 대법원 1980. 12. 9. 선고 79다634 전원합의체 판결.

Ⅱ. 대내관계

공유자 간에는 특정부분에 한하여 소유권을 취득하고, 이를 배타적으로 사용·수익할 수 있다. 즉 독자적으로 특정부분에 건물을 신축할 수 있고 다른 공유자에 대한 관계에서 부당이득이 성립하지 않는다. 다른 공유자의 방해행위에 대하여 소유권에 터 잡아 그 배제를 구할 수 있다.

구분소유적 공유자가 자신의 공유지분을 타인에게 처분할 때, 구분소유의 목적인 특정부분을 처분하려는 의사를 가지고 자신의 공유지분을 그 특정부분에 대한 표상으로서 처분하는 경우와 1필지 토지 전체에 대한 통상의 공유지분으로서 처분하는 경우가 있다. 이 중 전자의 경우에는 그 제3자에 대하여 구분소유적 공유관계가 승계되나,[39] 후자의 경우에는 제3자가 그 부동산 전체에 대한 공유지분을 취득하고 구분소유적 공유관계는 소멸한다.[40] 둘 중 어디에 해당하는지는 처분계약의 내용과 배경 등을 종합적으로 고려하여 판단해야 할 것인바, 예컨대 상대방이 구분소유적 공유관계의 존재를 알지 못하였다면 후자에 해당한다고 보아야 할 것이다. 구분소유적 공유관계의 해소는 공유물분할이 아니라 상호명의신탁의 해지에 의하게 된다.

일반적인 공유관계의 지분비율은 전체 공유물가액에 대한 해당 공유자의 지분가액의 비율로 정해지지만, 구분소유적인 공유관계의 지분비율은 전체 공유물면적에 대한 해당 공유자의 특정면적의 비율로 정해진다.[41] 그 결과 일반 공유관계에서는 '같은 지분=같은 가액'이 성립하지만 구분소유적 공유관계에서는 '같은 지분=같은 면적'이 성립하게 된다. 구분소유적 공유관계에서는 동일지분의 가액이 서로 다를 수 있는 것이다.[42]

Ⅲ. 대외관계

대외적으로는 공유물 전체에 관하여 보통의 공유관계가 성립하고, 공유자로서의 권리만 주장할 수 있다. 따라서 대외관계에 대하여는 일반적인 공유관계와 같고, 달리 설명할 것이 없다.

---

39) 대법원 1991. 5. 10. 선고 90다20033 판결.
40) 지원림, 앞의 책, 665면.
41) 따라서 지분등기 시에도 전필지의 면적을 분모로 하고 특정 양수부분의 면적을 분자로 하여 표시함이 관행이다. 예컨대, 200평 중 100평은 100/200으로 표시하지 1/2로 표시하지 않는다. 민일영 앞의 책, 주36).
42) 민일영, 앞의 책, 553면.

제3절 국가지분 부동산의 관리와 처분

Ⅰ. 국가지분 부동산의 법적 특색

귀속재산을 그 지상 건물소유자에게 매각하는 과정에서 건물부지만큼 분할하여 매각하지 아니하고 각 건물의 점유비율에 따른 지분이전등기를 하였고, 이러한 현상은 잔여귀속재산이 국고에 귀속된 이후에도 꾸준히 이루어져 국가가 적지 않은 구분소유적 공유관계를 맺게 되었다. 이후 이러한 구분소유적 공유관계를 간이한 절차에 따라 분할하기 위하여 1986. 5. 8. 「공유토지분할에 관한 특례법」이 제정되었다. 이 법은 한시법으로서 제정과 소멸을 거듭한 바, 가장 최근에는 2012. 2. 22. 법률 제11363호로 제정되어 2020. 5. 20.까지 시행되었다.

결국 지분형태의 국유부동산이 ① 당초 귀속재산이었다가 국가 이외의 자에게 지분이전이 이루어져 현재까지 공유관계로 존재하는 경우, ② 지분비율을 나타내는 분모가 전체 면적에 해당하고 분자가 각 공유자의 배타적 사용면적에 해당하는 등 지분표시가 면적비율을 나타내는 경우 등의 징표를 보인다면, 구분소유적인 공유관계로 볼 가능성이 있다. 한편 구분소유권인 공유관계는 그러한 관계를 설정한 공유자 내부에서만 인정되고, 특정 공유지분이 제3자에게 이전되면서 통상의 공유관계로 전환될 수도 있다는 점, 위 ①, ②의 징표 등이 있더라도 구분소유적인 공유관계임을 확인 · 확정할 공식적인 기준이나 판단기관이 없다는 점 등을 고려하여, 이하에서는 지분형태의 국유부동산이 통상의 공유와 구분소유적 공유 모두에 해당할 수 있다는 전제에서 기술하도록 한다.

Ⅱ. 대내관계

1. 공유자의 사용 · 수익

국가는 단독으로 또는 다른 지분과 합하여 과반수지분으로 다른 공유자의 공유물 사용을 허락해 줄 수 있다(민법 제265조). 국가가 공유물을 사용할 때도 마찬가지이다. 영 제27조 제3항 제6호는 국가와 재산을 공유하는 자에게 국가의 지분에 해당하는 부분에 대하여 수의의 방법으로 사용허가할 수 있다고 하는데, 이것은 구분소유적 공유관계를 전제하는 것으로서, 국가가 대내적으로 배타적 지배가 인정되는 자신의 영역을 다른 공유자에게 사용허가하는 것으로 해석이 된다. '국가의 지분에 해당하는 부분'이고 규정한 것을 보면 더욱 그러하다. 한편 구분소유적 공유관계에서 국가지분 부분을 다른 공유자에게 사용허가하는 것은 사실상 인접 토지 소유자에게 국유지를 사용허가하는 것과 같이 볼 수 있다.

국유재산법 시행령 제27조(사용허가의 방법) ③ 행정재산이 다음 각 호의 어느 하나에 해당하는 경우에는 법 제31조제1항 단서에 따라 수의의 방법으로 사용허가를 받을 자를 결정할 수 있다.
6. 국가와 재산을 공유하는 자에게 국가의 지분에 해당하는 부분에 대하여 사용허가를 하는 경우

2. 공유자의 무단점유

어느 공유자가 과반수지분의 허락 없이 공유물의 전부 또는 일부를 사용한다면 국가는 자신의 지분비율만큼 부당이득반환청구를 할 수 있다. 비록 관념적이지만 공유자는 지분의 다소를 불문하고(지분이 단 1%에 불과하다고 하더라도) 공유물 전부에 대한 사용 · 수익권한을 가지고 있기 때문에(민법 제263조) 변상금을 부과할 수는 없다. 변상금은 점유권원이 없는 자에게 부과하는 것이기 때문이다. 국가는 공유자의 보존행위로서 무단 사용 · 수익 공유자를 상대로 반환청구 또는 방해제거청구를 할 수 있다.

[**판례**] 민법 제263조 후단의 규정에 의하면, 공유자는 공유물 전부를 지분의 비율로 사용 · 수익할 수 있다고 규정하고 있으므로, 국가와 사인이 공유하고 있는 토지를 공유자 1인인 사인이 공유토지의 사용 · 수익방법에 관하여 다른 공유자인 국가와 사이에 협의를 거치지 아니한 채 공유토지 중 자신의 지분비율을 넘어서는 부분을 사용 · 수익하고 있다고 하더라도 이는 공유지분권에 기한 점유사용이라고 봄이 상당하므로, 공유자 1인인 사인이 그 공유토지를 전혀 사용 · 수익하지 아니하고 있는 다른 공유자인 국가에 대하여 자신이 사용 · 수익하는 면적 중 국가의 지분에 해당하는 부분에 대하여 민법상의 부당이득을 반환하는 것은 별론으로 하고, 국유재산법 제51조 제1항의 규정에 의한 변상금 부과대상이 되는 무단 점유 내지 사용 · 수익이라고 볼 수는 없고, 따라서 국가가 공유자 1인인 사인에 대하여 그가 사용 · 수익하는 면적 중 국가의 지분비율에 해당하는 부분에 대하여 국유재산법 제51조 제1항의 규정에 의하여 변상금부과처분을 할 수는 없다(대법원 2000. 3. 24. 선고 98두7732 판결).

주의할 것은 사용 · 수익이 적법한지 무단인지는 지분과반수 동의에 달린 것이지, 사용 · 수익한 면적이 지분비율 범위 내인지 와는 무관하다는 것이다. 지분비율에 상응하는 면적이라도 무단으로 행해지는 배타적 사용 · 수익은 다른 공유자에게 부당이득이 된다. 공유자는 공유물 전부를 사용 · 수익할 권원이 있지만 그것은 추상적 · 관념적인 것에 불과하기 때문에(즉 지분비율로 제한되기 때문에)(민법 제263조) 지분과반수의 동의로서 배타적 · 구체적인 권원으로 전환해야 한다.

구분소유적 공유관계에서는 각 공유자들이 특정부분에 배타적 사용 · 수익권원을 가지므로 국가는 자신의 영역을 침범하는 공유자에 대해여 변상금을 부과하거나 행정대집행을 할 수 있다.

[**판례**] 구분소유 공유자인 대한민국이 다른 구분소유자가 공유토지 전체를 무단 점유함을 이유로 공유토지 전체에 대해 변상금을 부과했다면 국가지분을 초과하는 부과처분은 당연 무효이다(서울중앙지방법원 2010. 8. 17. 선고 2009가합 100710 판결).

3. 공유자에 대한 국가지분의 처분

공유자는 자신의 지분을 다른 공유자 또는 제3자에게 자유롭게 처분할 수 있다. 국유재산법은 국가가 국가 외의 자와 공유하는 국유재산을 해당 공유자에게 수의로 처분할 수 있다고 한다(영 제40조 제3항 제13호). 국가지분을 제3자에게 매각하는 것보다는 공유자에게 매각하는 것이 이해관계자(공유자)를 배려함과 아울러 사회경제적으로 더 합리적이기 때문이다.

영 제40조 제3항 제13호는 통상의 공유관계를 전제로 하는 것이므로, 구분소유적인 공유관계에서는 공유자간에 인접 토지 소유자의 실질이 있음을 고려할 때 영 제40조 제3항 제17호를 적용하는 것이 옳다는 견해가 있을 수 있다. 한편 국유재산을 수의로 처분할 것인지는 전체 국민을 대상으로 하는 대외적 사안이므로 구분소유적인 공유의 대외관계로서 통상의 공유관계에 적용되는 영 제40조 제3항 제13호에 따라야 한다는 주장도 가능하다.

국유재산법 시행령 제40조(처분의 방법) ③ 일반재산이 다음 각 호의 어느 하나에 해당하는 경우에는 법 제43조제1항 단서에 따라 수의계약으로 처분할 수 있다. 이 경우 처분가격은 예정가격 이상으로 한다.

13. 국가와 국가 외의 자가 공유하고 있는 국유재산을 해당 공유지분권자에게 매각하는 경우
17. 국유지의 위치, 규모, 형태 및 용도 등을 고려할 때 국유지만으로는 이용가치가 없는 경우로서 그 국유지와 서로 맞닿은 사유토지의 소유자에게 그 국유지를 매각하는 경우

Ⅲ. 대외관계

제3자가 공유물을 사용 · 수익하려면 지분과반수의 동의를 얻어야 한다. 무단점유에 대하여는 공유자 각자가 지분비율만큼 부당이득반환청구를 하거나 단독으로 반환 · 방해배제청구를 할 수 있다. 공유물의 대외관계로서 국가가 사용허가 · 대부하거나, 변상금부과 및 행정대집행 하는 등 국유재산법에 따른 조치를 할 수 있는지 문제된다.

1. 제3자의 사용·수익

제3자가 지분과반수의 허락을 받아 공유물을 사용한다면 국가는 그자에게 공유물의 반환청구, 부당이득반환청구 등을 할 수 없고, 사용을 허락한 다수공유자를 상대로 부당이득반환청구 등을 할 수 있다. 국가도 단독으로 또는 다른 공유자와 함께 지분과반수로서 제3자에게 공유물을 사용하게 할 수 있으며, 받은 임대료는 국가지분비율을 제외하고 다른 공유자에게 반환하여야 한다.

국가가 제3자에게 공유물을 사용하게 할 때는 국유재산법에 따라 대부계약을 체결할 수 있다. 대부계약은 사적자치의 영역이므로 사용자 및 다른 공유자와의 합의로 가능한 것이다. 이 경우 공유물을 사용하려는 제3자가 다수일 때는 사용허가의 방법을 규정한 국유재산법 제31조에 따라야 하며, 사용자가 대부료를 미납할 때는 국유재산법 제73조에 따라 체납처분으로 강제징수할 수 있다고 해야 한다. 국유재산의 대부료징수에 강제징수라는 공법적 규율이 마련된 바, 국유재산이 지분의 형태로 존재한다고 하여 달리 볼 것은 아니기 때문이다. 이에 대한 직접적인 판례는 없지만 대법원은 공유물을 무단으로 점유하는 제3자에게 국가지분비율로 변상금을 부과할 수 있다고 하는바,[43] 공유물을 대부받은 제3자에게도 참고가 될 만하다.

주의할 것은 사용자와 국유재산법에 따라 대부계약을 체결했을 때만 강제징수 등 국유재산법의 공법적 규율이 가능하다는 것이다. 국가가 임대계약의 당사자가 아니거나(예컨대 다른 공유자들이 지분과반수로 임대계약을 체결한 경우), 당사자라 하더라도 대부계약을 체결하지 않았다면(예컨대 민법에 따른 임대차계약인 경우) 국유재산법의 규정을 적용할 수 없다.

2. 제3자의 무단점유

제3자가 공유물을 무단점유한다면 국가는 단독으로 지분비율만큼의 부당이득반환청구를 하거나 공유물 전부의 반환을 청구할 수 있으며, 미납대부료를 강제징수할 수 있는 것과 같은 논거에서 변상금을 부과할 수도 있다.[44] 다만 공유물의 전부 또는 일부를 침범하여 건물 기타 시설물을 설치한 자에 대하여 행정대집행(법 제74조)을 실시하지는 못할 것으로 보인다. 철거는 강제징수나 변상금부과와 달리 지분비율만큼의 가분적 실시가 불가능하기 때문이다.

---

43) 대법원 2013. 12. 12. 선고 2012두7943 판결.
44) 대법원 2013. 12. 12. 선고 2012두7943 판결.

[**판례**] 원심판결 이유에 의하면, 원심은 구분소유적 공유관계에 있어서 지분권자는 외부관계에서는 1필지 전체에 관하여 공유관계가 성립되고 공유자로서 가지는 권리만을 주장할 수 있다고 한 후, 대한민국은 이 사건 각 토지에 관하여 공유지분만을 소유하는 공유자로서 이 사건 각 토지에 관하여 공유지분을 소유하지 않는 원고들에게 자신의 공유지분 범위 내에서 부당이득반환을 청구할 수 있을 뿐이므로 위 원고들에 대한 변상금도 그 공유지분 범위 내에서 부과할 수 있고, 그 공유지분을 초과하여 변상금을 부과할 수 없다고 판단하였다. 관련 법리와 기록에 비추어 살펴보면, 원심의 위와 같은 판단은 정당하고, 거기에 상고이유로 주장하는 바와 같은 구분소유적 공유관계에 관한 법리오해 등의 위법이 없다(대법원 2013. 12. 12. 선고 2012두7943 판결).

Ⅳ. 공유물분할소송

1. 원고·피고

일반적으로 소송승패에 법률상 이해관계 있는 자가 당사자(원고·피고)가 된다. 재산권상의 청구에서는 소송물인 권리관계에 관리·처분권을 갖는 자, 즉 당해 권리의 주체 본인이 당사자가 된다.[45] 그런데 권리의 주체 이외의 제3자가 권리관계에 대한 관리·처분권을 갖고 당사자적격을 가지는 경우가 있는데, 제3자의 소송담당이라고 한다.

소송담당자는 다른 사람의 권리관계에 관하여 소송을 수행하므로 소송대리인과 비슷하지만, 자기의 이름으로(자신이 원고·피고가 되어) 소송수행을 하므로 다른 사람의 이름으로 소송을 수행하는 소송대리인이 아니다.[46] 소송담당자는 권리관계의 관리·처분과 관련된 채권추심, 재산의 관리 및 유언집행 등에 한하여 당사자적격이 있는 것이지, 권리의 귀속과 관련된 소유권이전등기청구소송, 공유물분할청구소송 등에는 당사자적격이 없다. 결국 국유재산의 관리·처분 사무를 위탁받은 한국자산관리공사 등은 공유자 및 제3자 등에 대한 부당이득반환청구소송 등은 할 수 있으나, 권리의 귀속과 관련된 공유물분할청구소송 등은 할 수 없다.

2. 공유토지분할에 관한 특례법

앞서 본 바와 같이 국가가 공유자로 포함된 토지의 경우 구분소유적인 공유관계일 가능성이 높지만, 그와 같이 판단할 공적인 기준이나 기관이 없다. 다만 한시법인 「공유토지분할에 관한 특례법」에 따라 구분소유적인 공유관계임을 전제로 분할될 가능성이 제도적으로 열려 있다고 할 수 있다.

---

45) 이시윤, 신민사소송법, 제8판, 박영사, 2014. 8, 145면.

46) 이시윤, 앞의 책, 147면.

공유토지분할에 관한 특례법 제1조(목적) 이 법은 공유토지를 현재의 점유상태를 기준으로 분할할 수 있게 함으로써 토지에 대한 소유권행사와 토지의 이용에 따르는 불편을 해소하고 토지관리제도의 적정을 도모함을 목적으로 한다.

제3조(적용대상) ① 이 법에 따른 분할의 대상이 되는 토지는 공유토지(서로 인접한 여러 필지의 공유토지로서 각 필지의 공유자가 같은 토지를 포함한다. 이하 이 조에서 같다)로서 공유자 총수의 3분의 1 이상이 그 지상에 건물을 소유하는 방법(제3자로 하여금 건물을 소유하게 하는 경우를 포함한다)으로 1년 이상 자기지분에 상당하는 토지부분을 특정하여 점유하고 있는 토지로 한다.

④ 다음 각 호의 어느 하나에 해당하는 토지는 이 법에 따른 분할을 할 수 없다.

1. 공유물분할의 소 또는 이에 준하는 소송에서 공유물분할 또는 이에 준하는 내용의 판결이 있었거나 이에 관한 소송이 법원에 계속 중인 토지
2. 「민법」 제268조제1항 단서에 따라 분할하지 아니할 것을 약정한 토지

제2장 국유지분 증권의 관리와 처분

제1절 국유지분 증권의 개념과 발생

Ⅰ. 개념

국가가 물건을 공동으로 소유하여 공유지분을 가지듯이, 국가가 회사 기타 법인을 공동으로 소유하여 지분증권을 가지기도 한다. 협의의 국유재산에는 자본시장법 제4조에 따른 증권도 포함되는데(법 제5조 제1항 제5호), 국유증권 가운데 하나가 지분증권이다. 지분증권이란 주권, 신주인수권이 표시된 것, 정부출자기업이 발행한 출자증권, 상법에 따른 합자회사·유한책임회사·유한회사·합자조합·익명조합의 출자지분, 그 밖에 이와 유사한 것으로서 출자지분 또는 출자지분을 취득할 권리가 표시된 것을 말한다(자본시장법 제4조 제4항). 사기업에서 발행한 지분증권은 주로 상속세를 주식으로 물납함으로써 국유재산이 된다.

Ⅱ. 발생

국유 지분증권도 통상의 국유재산과 마찬가지로 법률의 규정에 의하여 또는 법률행위에 의하여 발생한다. 각종 특수법인의 설립 근거 법률에서 정부가 자본금의 전부 또는 일부를 출자하도록 규정하는 경우가 많다. 국유재산법은 이들 가운데 일부를 "정부출자기업체"로 규정하여(법 제2조 제6호), 사용료 면제(법 제34조 제1항 제3호), 국유재산 사무의 위탁(법 제25조, 제42조 제1항), 현물출자(법 제60조) 등에 있어 특별한 대우를 하며, 그에 상응하여 정부배당에 대한 특별한 공법적 규율을 가하고 있다(법 제65조의 2).

1945. 8. 9. 현재 한국 내에서 설립되어 그 주식, 지분이 일본 개인, 법인 등에 속한 회사 등에 대하여는 그 주식, 지분이 대한민국 정부에 귀속되었으며(귀속재산처리법 제2조 제2문), 민간에의 불하절차를 거쳐 최종 국유재산이 되었다(귀속재산의 처리에 관한 특별조치법 부칙 제5조). 한편 각종 국가 특별회계, 기금의 운영주체는 그 자금을 운영하는 과정에서 회사 등에 대한 지분증권을 매입해서 관리하기도 한다.

제2절 국유지분 증권의 관리 · 처분의 방식

국유재산법 시행령 제38조(관리 · 처분기관) ① 총괄청은 증권의 처분을 중앙관서의 장이나 다음 각 호의 어느 하나에 해당하는 자에게 위탁할 수 있다.
③ 총괄청은 법 제42조제1항에 따라 다음 각 호의 일반재산의 관리 · 처분에 관한 사무(관리 · 처분과 관련된 소송업무를 포함한다. 이하 이 조에서 같다) 및 이미 처분된 총괄청 소관 일반재산의 처분과 관련된 소송업무(제4항제2호에 따른 소송업무는 제외한다)를 한국자산관리공사에 위탁한다.
1. 국세물납에 따라 취득한 일반재산

국유재산법은 국유증권을 총괄청 등이 직접 관리하고 그 처분만 은행 등에 위탁하도록 규정하는데, 다만 국세물납에 따라 취득한 증권은 그 관리와 처분 모두를 한국자산관리공사에 위탁하도록 규정한다(영 제38조 제1항, 제3항 제1호). 증권의 관리에서 중요한 부분이 주주권 등의 행사라고 할 수 있는데, 국유증권의 다수를 차지하는 정부출자기업체에 대한 지분증권, 기타 정부자금이 들어간 법인에 대한 주주권 등의 행사를 국가 외의 자에게 위탁하기는 곤란하기 때문에 국가가 직접 관리하는 것으로 사료된다. 한편 국세물납에 따라 취득한 증권은 정부자금 등 공적자금과 무관한 등 공공성이 낮기 때문에 그 처분은 물론 주주권 등의 행사를 포함하는 관리사무까지 한국자산관리공사에 위탁하는 것이다.

국가라고 해서 주주권 등의 행사에 있어서 특별히 다른 점은 없다. 정부출자기업 등 공공기관의 운영 등을 규율하기 위한 「공공기관의 운영에 관한 법률」이 있지만, 국가의 지분권 행사에 관한 특별할 규정을 두지는 않는다. 국가의 지분권은 상법, 민법 등 일반법에 따라 행사된다.

제3절 정부배당

국유재산법 제65조의2(정부배당대상기업 및 출자재산의 적용범위) 이 절은 국유재산으로 관리되고 있는 출자재산으로서 국가가 일반회계, 특별회계 및 기금으로 지분을 가지고 있는 법인 중 대통령령으로 정하는 기업(「상속세 및 증여세법」에 따라 정부가 현물로 납입받은 지분을 가지고 있는 기업은 제외한다. 이하 이 절에서 “정부배당대상기업”이라 한다)으로부터 정부가 받는 배당(이하 이 절에서 “정부배당”이라 한다)에 대하여 적용한다.

국유재산법 시행령 제67조의2(정부배당대상기업의 범위) 법 제65조의2에서 “대통령령으로 정하는 기업”이란 별표 2에 따른 기업을 말한다.

필자 주: 국유재산법 시행령 별표 2는 별표 1이 규정하는 정부출자기업체에 88관광개발주식회사, 대한송유관공사, 주택도시보증공사, 한국지역난방공사, 코레일공항철도주식회사 및 한국투자공사를 더하여 정부배당대상기업체로 규정하고 있다.

국유지분 증권에 대한 배당이라고 해서 특별한 규정이 마련되어 있지는 않다. 다만 정부출자기업체에 소정의 특수법인과 주식회사를 더한 기업체(이를 정부배당대상기업이라고 하고, 정부배당대상기업이 국가에 하는 배당을 정부배당이라고 한다)에 대하여는 국유재산법이 그 배당에 특별한 공법적 규율을 하고 있다. 우선 총괄청과 중앙관서의 장은 정부배당대상기업에 배당가능이익이 발생한 경우 배당가능이익의 규모, 정부출자수입 예산규모의 적정성, 해당 기업의 배당률 등을 고려하여 적정하게 정부배당이 이루어지도록 하여야 한다(법 제65조의 3).

정부배당대상기업은 정부배당수입을 추정할 수 있는 자료를 총괄청이나 중앙관서의 장에게 제출하여야 하며, 총괄청 등은 제출받은 자료를 기초로 다음 연도의 정부배당수입을 추정하여 소관 예산안의 세입예산 또는 기금운용계획안의 수입계획에 계상하여야 한다(법 제65조의 4).

정부배당대상기업은 정부배당결정과 관련한 자료를 총괄청과 중앙관서의 장에게 각각 제출하여야 하며, 정부배당을 결정하는 경우 이사회 · 주주총회 등 정부배당결정 관련 절차를 거치기 전에 총괄청과 중앙관서의 장과 각각 미리 협의하여야 한다(법 제65조의 5). 총괄청과 중앙관서의 장은 정부배당대상기업의 배당이 완료된 때에는 배당내역을 국회 소관 상임위원회와 예산결산특별위원회에 보고하고 공표하여야 한다(법 제65조의 6).

제4절 국유지분 회사의 청산특례

국유재산법 제80조(청산절차의 특례) 국가가 지분증권의 2분의 1 이상을 보유하는 회사 중 대통령령으로 정하는 회사의 청산에 관하여는 「상법」 중 주주총회나 사원총회의 권한과 소집 · 결의 방법 등에 관한 규정에도 불구하고 대통령령으로 정하는 바에 따른다.

국유재산법 시행령 제79조(청산에 관한 특례를 적용받는 회사의 범위) ① 법 제80조에 따라 「상법」의 적용을 받지 아니하는 회사는 법률이나 기부채납 등에 따라 그 지분증권이 국가에 귀속된 기업체로서 총괄청이 지정하는 회사(이하 "청산법인"이라 한다)로 한다.

② 총괄청은 청산법인을 지정하였을 때에는 지체 없이 공고하여야 한다.

제80조(청산에 관한 특례) ① 청산법인이 법 제80조에 따라 「상법」을 적용받지 아니하는 범위는 다음 각 호의 사항에 관한 것으로 한다.

1. 청산인 및 감사의 임명
2. 「상법」 제533조에 따른 재산목록 및 대차대조표의 승인
3. 영업의 양도 · 양수, 자본의 감소와 정관의 변경
4. 청산경비 · 결산 및 청산종결의 승인
5. 잔여재산의 분배 및 분배방법의 결정
6. 주주총회 또는 사원총회의 소집
7. 서류 보존인의 임명 및 보존방법의 결정

② 총괄청은 관계기관, 법인의 청산업무에 관한 학식과 경험이 풍부한 사람 등의 의견을 들어 제1항 각 호의 사항을 결정한다.

③ 청산법인의 청산에 관한 법령(법률은 제외한다)의 규정 중 이 영에 저촉되는 사항은 이 영에서 정하는 바에 따른다.

국가가 과반수 지분을 보유하는 회사 중에서 총괄청이 지정하는 회사(청산법인)는 그 청산절차에 있어서 상법이 규정하는 주주총회의 권한, 소집절차 등에도 불구하고 총괄청이 관계기관, 전문가 등의 의견을 들어 간이하게 결정한다(법 제80조, 영 제79조 제80조). 현재 총괄청은 109개의 청산법인을 지정하고 있는데,[47] 대부분 귀속기업체이다. 청산법인은 국유재산법이 국가지분 과반수의 귀속기업체를 간이하게 청산하여 그 재산을 국고에 귀속시키기 위하여 특별한 공법적 규율하면서 그 대상이 확장되어 등장한 개념이다.

---

47) 국유재산법 제80조에 따른 청산절차의 특례에 관한 규칙(기획재정부령) 제2조.

| 제 7 편 |

국유재산의 개발

제 1 장 국유재산의 개발 일반
제 2 장 기금개발
제 3 장 신탁개발
제 4 장 위탁개발
제 5 장 민간참여개발

제1장 국유재산의 개발 일반

제1절 국유재산 개발의 의의

국유재산법 제57조(개발) ② 제1항의 개발이란 다음 각 호의 행위를 말한다.

1. 「건축법」 제2조에 따른 건축, 대수선, 리모델링 등의 행위
2. 「공공주택 특별법」, 「국토의 계획 및 이용에 관한 법률」, 「도시개발법」, 「도시 및 주거환경정비법」, 「산업입지 및 개발에 관한 법률」, 「주택법」, 「택지개발촉진법」 및 그 밖에 대통령령으로 정하는 법률에 따라 토지를 조성하는 행위

④ 제1항에 따라 일반재산을 개발하는 경우에는 다음 각 호의 사항을 고려하여야 한다.

1. 재정수입의 증대 등 재정관리의 건전성
2. 공공시설의 확보 등 공공의 편익성
3. 주변환경의 개선 등 지역발전의 기여도
4. 제1호부터 제3호까지의 규정에 따른 사항 외에 국가 행정목적 달성을 위한 필요성

국유재산의 개발이란, 재정관리의 건전성, 공공의 편익성, 지역발전의 기여도 및 국가 행정목적 달성을 위한 필요성 등을 고려하여 국유재산(국유재산법에 따라 일반재산으로 한정되며, 나아가 개발의 성질상 부동산으로 제한된다. 이하 같다)에 건축, 대수선 및 리모델링 등의 행위(건축개발)를 하거나 토지조성 행위(국유지개발)를 하는 것을 말한다(법 제57조 제2항, 제4항). 국유재산의 개발은 자본적 지출을 요하는 대수선이나 리모델링의 정도에 이르러야 한다는 점에서 단순한 재산관리 차원의 수리와 구별된다.

국유재산의 개발은 기존의 국유재산에 건축, 토지조성 등을 하는 것이므로, 국유재산을 개발하기 위해 필요한 토지를 매입하는 것이 개발에 포함되는지 문제될 수 있다. 생각건대 기존의 국유재산을 개발하기 위해 필요한 토지 예컨대 해당 건축에 필요한 부지면적이 기존의 국유지로는 모자라 인접한 사유지를 추가 매입해 법정부지 면적을 충족하는 것은 개발행위에 포함된다고 봐야 할 것이다.

제2절 국유재산 개발의 유형

국유재산법은 국유재산 개발의 유형을 개발의 주체, 대상 및 개발된 재산의 처리 방법에 따라 법정함으로써 무분별한 개발을 억제하고 있다.

Ⅰ. 개발의 주체에 따른 분류

국유재산법 제57조(개발) ① 일반재산은 국유재산관리기금의 운용계획에 따라 국유재산관리기금의 재원으로 개발하거나 제58조 · 제59조 및 제59조의2에 따라 개발하여 대부 · 분양할 수 있다.

국유재산법 제57조는 국유재산 개발의 주체를 정부(제57조), 신탁업자(제58조), 해당 국유재산의 관리 · 처분 사무를 위탁받은 자(제59조) 및 국유지개발목적회사(제59조의 2)로 법정하고 있다. 이러한 개발주체에 따른 분류는 국유재산 개발의 방식에 따른 분류라고도 할 수 있는데 기금개발(제57조), 신탁개발(제58조), 위탁개발(제59조) 및 민간참여개발(제59조의 2)이 그것이다. 국유재산법은 국유재산개발의 명칭을 개발의 방식에 따라 규정하고 있으므로 이하에서도 동일하게 따르도록 한다.

개발의 방식은 곧 개발에 필요한 사업비조달을 어떻게 할 것인지에 관한 문제이기도 하다. 기금개발은 국유재산관리기금이, 신탁개발은 신탁업자가, 위탁개발은 해당 국유재산의 관리 · 처분사무 수탁자가, 그리고 민간참여개발은 국가와 민간이 각 출자하여 설립한 국유지개발목적회사가 사업비를 조달한다. 현재 제도의 불완전함으로 인하여 기금개발과 위탁개발만 행하여지고 있다.

Ⅱ. 개발의 대상에 따른 분류

국유재산법 제57조(개발) ② 제1항의 개발이란 다음 각 호의 행위를 말한다.

1. 「건축법」 제2조에 따른 건축, 대수선, 리모델링 등의 행위
2. 「공공주택 특별법」, 「국토의 계획 및 이용에 관한 법률」, 「도시개발법」, 「도시 및 주거환경정비법」, 「산업입지 및 개발에 관한 법률」, 「주택법」, 「택지개발촉진법」 및 그 밖에 대통령령으로 정하는 법률에 따라 토지를 조성하는 행위

③ 제2항제2호에 따른 개발은 제59조에 따라 위탁 개발하는 경우에 한정한다.

국유재산법 시행령 제60조(개발) ② 법 제57조제2항제2호에서 "대통령령으로 정하는 법률"이란 다음 각 호의 어느 하나에 해당하는 법률을 말한다.

1. 「혁신도시 조성 및 발전에 관한 특별법」
2. 「도시재정비 촉진을 위한 특별법」
3. 「민간임대주택에 관한 특별법」
4. 「지역 개발 및 지원에 관한 법률」
5. 「항만법

1. 건축개발

국유재산개발의 대상이 명시될 당시(2009. 1. 국유재산법 개정)에는 기존 국유재산에 건축 또는 이에 준하는 대수선 등의 행위를 하는 것으로 개발의 대상이 제한되었고, 국유지개발이 도입된 이후에도 건축개발이 국유재산개발의 주류를 이루고 있다. 영구시설물의 축조를 수반하는 대부(법 제18조 제1항 제6호), 무상 사용허가를 조건으로 국유재산에 영구시설물을 축조해 기부하는 경우(법 제13조 제2항 제1호) 등도 비슷한 결과를 가져온다.

2. 국유지개발

2018. 3. 국유재산법 개정으로 국유지개발이 가능하게 되었는데, 현재 11개 법률에 따라 토지를 조성하는 행위를 의미한다(법 제57조 제2항 제2호, 영 제60조 제2항). 현재 국유지개발은 위탁개발의 방식으로만 가능하다(법 제57조 제3항). 국유지개발(토지조성)로 조성된 국유지에 다시 건축개발을 하거나 영구시설물의 축조를 수반하는 대부 등으로 일련의 개발을 완성할 수 있다.

Ⅲ. 수익성의 유무에 따른 분류

국유재산의 개발은 개발로 인한 수익을 추구하는지에 따라 수익형과, 비수익형으로 나눌 수 있는데, 기금개발을 제외하고는 모두 수익형 개발이다.

Ⅳ. 개발재산의 처리에 따른 분류

국유재산법 제57조(개발) ① 일반재산은 국유재산관리기금의 운용계획에 따라 국유재산관리기금의 재원으로 개발하거나 제58조 · 제59조 및 제59조의2에 따라 개발하여 대부 · 분양할 수 있다.

국유재산법 시행령 제60조(개발) ① 법 제57조에 따른 개발은 분양형, 대부형 및 혼합형(분양형과 대부형을 혼합한 형태를 말한다)으로 할 수 있다.

개발의 주체 · 방식, 대상을 불문하고 개발된 재산은 처분(분양)할 수도 있고, 대부할 수도 있다(이 둘의 혼합형도 가능하다)(영 제60조 제1항).

제2장 기금개발

국유재산관리기금 운용지침 제2조(용어의 정의) 이 지침에서 사용하는 용어의 뜻은 다음과 같다.

1. "기금사무청"(이하 "기금청"이라 한다)이라 함은 「기획재정부와 그 소속기관 직제 시행규칙」에 따라 기금의 관리 · 운용을 주관하는 부서를 말한다.
2. "기금수탁기관"(이하 "수탁기관"이라 한다)이라 함은 법 제26조의6제2항 및 「국유재산법 시행령」(이하 "영"이라 한다) 제18조의2에 따라 기금의 관리 · 운용에 관한 사무를 위탁받은 한국자산관리공사(이하 "공사"라 한다)를 말한다.
3. "사업시행청"(이하 "사업청"이라 한다)이라 함은 기금 사업을 주관하여 시행하는 기관을 말하며, 공용재산 취득사업은 각 중앙관서의 장(「국가재정법」 제6조에 따른 독립기관 및 중앙관서의 장을 말한다. 이하 같다), 비축부동산 매입사업은 조달청장, 법 제57조제1항에 따른 청 · 관사 등 기금 개발사업은 공사, 법 제59조의2에 따른 민간참여 개발에 대한 출자사업은 기금청이 시행한다.
4. "공용재산취득사업"(이하 "취득사업"이라 한다)이라 함은 중앙관서의 장이 제출한 공용재산취득사업계획안(이하 "취득계획안"이라 한다)에 대하여 기금청이 그 타당성 및 적정성을 심사 · 조정하고, 기금운용계획안에 반영한 후, 중앙관서의 장이 기금재원으로 공용재산을 취득하는 일련의 사업을 말한다.

기금개발이란, 국유재산관리기금의 운용계획에 따라 국유재산관리기금의 재원으로 국유재산을 개발하는 방식인데(법 제57조 제1항), 2011. 3. 30. 국유재산법 개정으로 도입되었다.

현재 기금운용계획은 기금개발을 청 · 관사 등 공용재산공급으로 한정하고 있다. 각 중앙관서의 장은 국유재산관리기금을 재원으로 토지 등을 행정재산(공용재산)으로 취득하고(국유재산관리기금 운용지침 제2조 제4호), 조달청장은 국유재산관리기금의 재원으로 토지 등을 일반재산으로 취득하는 업무를 수행하며(같은 지침 제2조 제3호, 영 제16조 제1항 제6호, 제8호), 이렇게 취득한 국유재산에 청사 등을 짓거나 대수선 등을 하는 기금개발은 한국자산관리공사가 국유재산관리기금을 재원으로 수행한다(같은 지침 제2조 제3호).

국유재산법은 개발재산을 일반재산으로 한정하고 있으나(제57조 제1항), 기금개발의 경우 각 중앙관서에서 소관하거나 관리하는 행정재산을 그 상태대로 개발해야 할 경우가 있을 것이다. 현재 통합 청 · 관사 개발은 총괄청소관의 일반재산을 기금개발하는 형태로 시행하고 있으며, 개별 청 · 관사 개발의 경우 해석에 어려움이 있을 수 있다. 기타 국유재산법은 기금개발로 인하여 발생한 상업용 시설(예컨대 통합 청 · 관사 내의 상업용 시설)의 대부, 분양 및 관리방법 등에 대하여 국유재산법과 달리 정할 수 있음을 규정하지 않고 있지 않아, 위탁개발로 인하여 발생한 상업용 시설(법 제59조 제5항)과 비교해 효율적 관리 · 처분에 어려움이 있을 수 있다.

제3장 신탁개발

재산관리기관은 일반재산을 신탁업자에게 신탁하여 개발할 수 있다(법 제58조 제1항). 신탁개발을 하려는 경우에는 신탁업자의 선정, 신탁기간, 신탁보수, 자금차입의 한도, 시설물의 용도 등을 신탁계약의 내용으로 하여 총괄청과 협의(특별회계·기금 소속의 일반재산인 경우)하거나 승인(일반회계 소속의 일반재산인 경우)을 받아야 한다. 협의되거나 승인받은 사항 중 중요사항을 변경하는 경우에도 동일하다(법 제58조 제2항, 제3항, 영 제61조).

신탁업자는 신탁기간 중 매년 말일을 기준으로 신탁사무의 계산을 하고, 발생된 수익을 다음 연도 2월 말까지 재산관리기관에 내야 한다(영 제62조 제1항). 신탁기간이 끝나거나 신탁계약이 해지된 경우 신탁업자는 신탁사무의 최종 계산을 하여 재산관리기관의 승인을 받고, 해당 신탁재산을 국가에 이전하여야 하는데, 부동산은 신탁등기말소 및 소유권이전등기의 방법으로, 그 밖의 재산은 금전으로 낸다(같은 조 제2항). 1994. 1. 국유재산법 개정으로 신탁제도가 도입된 이래로 현재까지 신탁개발을 실행한 사례는 없다.

제4장 위탁개발

제1절 위탁개발 일반

Ⅰ. 의의와 절차

위탁개발이란 한국자산관리공사 또는 한국토지주택공사가 총괄청 또는 중앙관서의 장으로부터 관리 · 처분 사무를 위탁받은 일반재산을 개발하는 것을 말하는데(법 제59조 제1항, 제42조 제1항 · 제3항, 영 제38조 제5항), 2009. 1. 국유재산법 개정으로 도입되었다.

한국자산관리공사 등이 위탁개발을 하려는 경우에는 위탁기간, 위탁보수, 자금차입의 한도, 시설물의 용도 등을 포함하는 위탁개발사업계획을 수립하여 총괄청이나 중앙관서의 장의 승인을 받아야 한다. 승인받은 사항 중 중요사항을 변경하는 경우에도 동일하다(법 제59조 제2항, 영 제63조 제1항). 중앙관서의 장이 위와 같이 위탁개발을 승인하려는 경우에는 위탁개발사업계획을 제출하여 총괄청과 협의하여야 한다. 협의된 사항 중 중요사항을 변경하는 경우에도 동일하다(법 제59조 제3항, 영 제63조 제2항).

위탁개발에 관한 세부사항을 규율하기 위해 「국유재산 위탁개발사업 운용지침」이 기획재정부 훈령으로 제정되어 운용 중에 있다.

Ⅱ. 개발의 대상

위탁개발의 대상은 ① 건축개발뿐만 아니라 ② 국유지개발까지 가능하다. 건축개발의 경우 기금개발이 청 · 관사 등 공용재산을 전담하여 공급하므로 상업용 건물 등 그 밖의 건축을 공급하게 된다. 국유지개발에 대한 자세한 내용은 항을 바꾸어 설명한다.

Ⅲ. 개발재산 등의 국고귀속

국유재산법 시행령 제64조(위탁 개발 수익의 국가귀속 방법 등) ① 수탁자가 법 제59조에 따라 개발한 재산의 소유권은 국가로 귀속된다.
② 수탁자는 위탁기간 중 매년 말일을 기준으로 위탁사무의 계산을 하고, 발생한 수익을 총괄청이나 중앙관서의 장에 내야 한다.

위탁개발로 새로 생긴 건물 등의 소유권은 국가로 귀속된다(영 제64조 제1항). 이는 법률의 규정에 의한 소유권취득이므로 국가는 등기 없이 개발로 신규 발생한 부동산(주로 건물)의 소유권을 취득하며(민법 제187조), 위탁개발로 발생한 수익도 국고에 귀속되므로 수탁자는 위탁기간 중 매년 말일을 기준으로 위탁사무의 계산을 하고 발생한 수익을 총괄청이나 중앙관서의 장에게 내야 한다(영 제64조 제2항).

Ⅳ. 개발재산의 관리 · 처분

1. 재산관리기관

위탁개발로 발생한 건물 등은 기금개발로 발생한 재산(청 · 관사 등 공용재산이므로 행정재산이 된다)과 달리 일반재산으로 관리되며, 위탁개발한 수탁자가 재산관리기관이 된다. 개발재산의 관리기관에 대한 명확한 규정은 없으나 건물 등과 그 부지는 같이 관리되는 것이 타당하며, 법 제59조 제5항이 위탁개발한 수탁자가 새로 발생한 재산도 수탁관리한다는 전제에서 규정하고 있기 때문이다.

2. 대부, 처분의 특례

국유재산법 제59조(위탁 개발) ① 제42조제1항과 제3항에 따라 관리 · 처분에 관한 사무를 위탁받은 자(이하 이 조에서 "수탁자"라 한다)는 위탁받은 일반재산을 개발할 수 있다.
⑤ 제1항에 따라 개발한 재산의 대부 · 분양 · 관리의 방법은 제43조 · 제44조 · 제46조 및 제47조에도 불구하고 수탁자가 총괄청이나 중앙관서의 장과 협의하여 정할 수 있다.

위탁개발로 발생한 재산의 대부, 처분의 방법은 관련 국유재산법의 규정(제43조 · 제44조 · 제46조 및 제47)에도 불구하고 수탁자가 총괄청이나 중앙관서의 장과 협의하여 정할 수 있다(법 제59조 제5항). 따라서 개발재산의 매각 등 처분은 법 제43조에도 불구하고 입찰이든 수의든 그 방식에 제한을 받지 아니하고, 처분가격의 산출도 법 제44조에도 불구하고 따로 정할 수 있다. 대부료, 대부기간, 전대, 대부방법 기타 대부조건도 법 제46조 및 법 제47조에 구속되지 아니하고 달리 정할 수 있다. 위탁개발로 발생한 재산은 대부분 상업용 빌딩 등 시장성이 높은 것임을 고려한 특례이다.

제2절 국유지개발

Ⅰ. 의의

국유재산법 제57조(개발) ① 일반재산은 국유재산관리기금의 운용계획에 따라 국유재산관리기금의 재원으로 개발하거나 제58조 · 제59조 및 제59조의2에 따라 개발하여 대부 · 분양할 수 있다.
② 제1항의 개발이란 다음 각 호의 행위를 말한다.
1. 「건축법」 제2조에 따른 건축, 대수선, 리모델링 등의 행위
2. 「공공주택 특별법」, 「국토의 계획 및 이용에 관한 법률」, 「도시개발법」, 「도시 및 주거환경정비법」, 「산업입지 및 개발에 관한 법률」, 「주택법」, 「택지개발촉진법」 및 그 밖에 대통령령으로 정하는 법률에 따라 토지를 조성하는 행위

제59조(위탁 개발) ① 제42조제1항과 제3항에 따라 관리 · 처분에 관한 사무를 위탁받은 자(이하 이 조에서 "수탁자"라 한다)는 위탁받은 일반재산을 개발할 수 있다.

국유재산법 시행령 제60조(개발) ② 법 제57조제2항제2호에서 "대통령령으로 정하는 법률"이란 다음 각 호의 어느 하나에 해당하는 법률을 말한다.
1. 「혁신도시 조성 및 발전에 관한 특별법」
2. 「도시재정비 촉진을 위한 특별법」
3. 「민간임대주택에 관한 특별법」
4. 「지역 개발 및 지원에 관한 법률」
5. 「항만법」
6. 「항만 재개발 및 주변지역 발전에 관한 법률」
7. 「도시재생 활성화 및 지원에 관한 특별법」
8. 「농어촌정비법」
9. 「관광진흥법」

국유지개발이란 위탁개발의 주체가 국토계획법, 도시개발법, 택지개발촉진법 등 특정 공익사업법률에 따라 토지조성사업을 하는 것을 말한다.

Ⅱ. 사업시행자

국유재산법 제59조 제1항은 한국자산관리공사 또는 한국토지주택공사가 수탁재산을 개발할 수 있다고 하는바, 이때의 개발이 한국자산관리공사 등의 독자적인 개발을 의미하는지, 수탁사무로서의 개발도 포함하는지 의문이 있을 수 있다. 한국자산관리공사의 경우 개별 공익사업법에 따른 사업시행자 지위가 없는 경우가 많기 때문이다. 건축개발의 경우 한국자산관리공사가 사업시행자가 되는데 특별한 어려움이 없기 때문에 특별히 문제가 되지 않는다.

1. 독자개발설

국유재산법 제57조 제2항이 국유재산관리에 대한 정의(제2조 제3호)와는 별도로 개발에 대한 정의를 내리고 있고, 제59조 제1항이 한국자산관리공사 또는 한국토지주택공사가 수탁재산을 개발할 수 있다고 하는바, 이때의 개발은 한국자산관리공사 등이 수탁재산의 관리와는 다른 개념의 업무를 수행하는 것이라는 견해이다. 이 견해에 의하면 한국자산관리공사 등이 개발사업의 시행자이므로 이들에게 개별 공익사업법률상의 사업시행자지위가 있어야 한다.

2. 위탁개발설

국유재산의 개발은 국유재산법 제2조 제3호의 관리개념에 포함된다는 견해이다. 법 제57조 제2항이 개발을 별도로 정의하는 이유는 건축개발이 통상의 건물수리와 다르고,[1] 토지개발이 특정 공익사업법률에 따른 토지조성사업임을 분명히 하려는 취지 때문이라고 한다.[2] 수탁기관인 한국자산관리공사 등이 해당 공익사업법에 따른 사업시행자 지위가 있다면 독자개발을 할 수도 있겠으나, 국유지위탁개발의 기본성질은 수탁사무라는 것이다.

이 견해에 의하면 법 제59조 제1항의 규정취지는 여러 수탁자들 중에서 한국자산관리공사 또는 한국토지주택공사만 위탁개발을 할 수 있다는 데 있으며, 독자개발설의 내용은 국유재산법을 넘어서는 것으로서, 국유지개발의 특징인 국유지의 수용이 없는 개발, 개발이익의 국고귀속 등을 설명할 수 없다고 한다. 위탁개발설에 따르면 총괄청 또는 중앙관서의 장이 국유지개발사업의 시행자가 되고 한국자산관리공사 등이 이들의 수탁자가로 개발행위를 하는 것이 가능하게 된다.

3. 검토

위탁개발설은 국유지개발이 국유재산법에 따른 개발이라는 특징을 잘 설명해 주지만 그

---

1) 통상의 건물수리라면 위탁계정에서 비용이 지출되고, 건축개발이라면 수탁기관의 자체계정에서 비용이 지출되는 등 큰 차이가 발생한다.

2) 단순한 토지형질변경, 포장공사 등 보수개념이라면 위탁계정에서, 토지개발이라면 수탁기관의 자체계정에서 비용이 지출되는 등 큰 차이가 발생한다.

논리에 충실하려면 국유지개발비용을 수탁기관의 자체계정이 아닌 위탁계정에서 지출해야 한다는 어려움이 있다. 독자개발설은 수탁기관의 자체계정에서 개발비용을 지출하는 것을 잘 설명하지만 국유지개발과 보통의 공익사업법상의 개발과의 차이를 설명하기 곤란하고, 한국자산관리공사의 국유지개발을 설명하기 어렵다. 국유지개발을 하려면 도시개발법 등 개별 공익사업법상의 사업시행자 지위가 필요한 경우가 많기 때문이다. 독자개발설을 취하되 통상의 공익사업과 다른 국유지개발의 내용을 규정하고, 한국자산관리공사에 대한 사업시행자지위를 부여하는 등 국유지개발이 국유재산법상의 공익사업임을 인정하는 내용의 입법적 조치 등이 필요하다고 생각한다.

[참고 ⑮] 위탁개발 vs **민간참여개발**

위탁개발과 민간참여개발은 국가 외의 자의 자본으로 수익을 목적으로 국유재산을 개발한다는 공통점이 있으나 다음과 같은 차이점으로 서로 비교가 된다.

① 개발의 주체: 위탁개발의 주체는 한국자산관리공사 등 수탁기관이고, 민간참여개발의 주체는 정부(총괄청)와 민간사업자가 공동출자해서 설립한 국유지개발목적회사이다.

② 개발의 주체에 대한 정부의 규범 통제: 위탁개발은 정부가 위탁자로서 개발의 주체를 규범 통제할 수 있지만, 민간참여개발에서는 정부가 개발사업협약을 통해서만 개발의 주체를 통제할 수 있을 뿐이다.

③ 개발재산의 귀속: 위탁개발은 개발의 대상이 되는 국유재산을 국가소유로 유지하면서 개발로 발생한 건물 등도 국가소유로 귀속되지만, 민간참여개발은 개발 대상 재산을 국유지개발목적회사가 매입하여 국가소유권이 상실되는 것이 일반적이며, 개발로 발생한 재산도 국유지개발목적회사의 소유로 된다.

④ 개발이익 · 리스크 등의 귀속: 위탁개발의 경우 수탁자는 개발비용과 소정의 수수료만 회수할 뿐이고, 개발이익은 모두 국고로 귀속된다. 한편 개발로 인한 리스크도 정부에게 돌아가는 것이 일반적이다. 민간참여개발의 경우 정부는 그 출자 지분(30% 미만)만큼만 개발이익을 회수하고, 개발로 인한 리스크도 출자 지분만큼만 부담한다.

제5장 민간참여개발

제1절 민간참여개발 일반

Ⅰ. 민간참여개발의 의의

민간참여개발이란 총괄청이 민간사업자와 공동으로 일반재산을 개발하는 것을 말한다(법 제59조의 2 제1항). 민간사업자란 국가, 지방자치단체, 공공기관 및 특수법인이 아닌 법인(외국법인을 포함한다)을 말하며(영 제64조의 2), 공동으로 개발한다 함은 국유지개발목적회사를 공동 출자 · 설립해, 동 회사가 사업시행자가 되어 해당 일반재산을 개발한다는 의미이다(법 제59조의 2 제2항). 민간참여개발에는 국유지개발목적회사 등의 설립을 위한 정부출자가 이루어져야 하므로 총괄청만 할 수 있도록 규정하고 있다. 2011. 3. 30. 국유재산법 개정으로 기금개발과 함께 도입된 개발방식이지만, 여러 가지 현실적 · 제도적인 문제로 인하여 아직까지 실행된 바가 없다.

Ⅱ. 위탁개발을 보충하는 기능

현재 국유재산법은 수익형 개발로서 신탁개발, 위탁개발 및 민간참여개발을 규정하고 있지만, 이 중에서 위탁개발만 실제 이루어지고 있다. 그런데 위탁개발은 수탁기관의 자금으로만 실행되기 때문에 해당 수탁기관의 재무건전성에 악영향을 미칠 수 있고, 정부가 개발로 인한 리스크를 떠안아야 한다는 부담이 있다. 이에 민간참여개발을 적절히 가미함으로써 수탁기관의 재무건전성에 영향을 주지 않고, 정부가 개발리스크를 전적으로 부담하지 않으면서 수익형 개발을 할 수 있게 된다.

Ⅲ. 개발 대상 재산

민간참여개발이 가능한 일반재산은 ① 5년 이상 활용되지 아니한 재산, ② 국유재산정책심의위원회의 심의를 거쳐 개발이 필요하다고 인정되는 재산으로 제한된다(법 제59조의 2 제1항). 위탁개발과 달리 민간참여개발은 개발 대상 재산과 개발로 발생한 재산이 모두 사유재산이 되는 경우가 대부분이기 때문이다.

제2절 국유지개발목적회사

Ⅰ. 의의

민간참여개발은 총괄청과 민간사업자가 공동으로 출자하여 국유지개발목적회사를 설립하고, 이 회사를 사업시행자로 해서 일반재산을 개발하는 것이다. 국유지개발목적회사에 대한 총괄청의 출자는 국유재산관리기금운용계획에 따라 국유재산관리기금의 재원으로 이루어지며, 기금운용계획에서 정함 범위 외에 국가에 부담이 되는 계약을 체결하려는 경우에는 미리 국회의 동의를 얻어야 한다(법 제59조의 2 제5항).

총괄청의 총 출자규모는 자본금의 30%를 초과할 수 없으며(같은 조 제2항), 국유지개발목적회사는 공공기관 또는 특수법인(이들과 특수한 관계에 있는 자를 포함한다)으로부터 총사업비의 30%를 초과하여 사업비를 조달할 수 없다(같은 조 제3항). 민간자본이 국유재산개발에서 주된 역할을 하게 하기 위한 규정이다. 국유지개발목적회사는 자산의 관리 · 운용 및 처분을 자산관리회사에 위탁하게 되는데, 자산관리회사의 설립에 총괄청의 출자가 가능하다(법 제59조의 2 제2항).

현재 민간참여개발은 건축개발만 가능하므로(법 제57조 제3항), 국유지개발목적회사라는 명칭보다는 국유재산개발목적회사라고 하는 것이 적합하지만, 이 책에서는 법문대로 국유지개발목적회사라고 한다.

국유지개발목적회사 및 자산관리회사에 출자하여 국가가 취득한 증권은 주주권행사를 포함한 일체의 관리 · 처분 사무를 한국자산관리공사에 위탁한다(영 제38조 제3항 제4호).

Ⅱ. 투자회사

국유재산법은 국유지개발목적회사는 법인세법 제51조의 2 제1항 제9호의 투자회사를 말한다고 하지만(제59조의 2 제2항), 동 제9호는 2020. 12. 22. 법인세법 개정 때 삭제됐고 국유재산법에서 달리 규정하지 않으므로 삭제되기 직전의 규정에 따를 수밖에 없다.

한편 국유재산법은 자산관리회사는 「법인세법 시행령」 제86조의 2 제5항 제2호 각 목의 어느 하나에 해당하는 법인을 말한다고 하지만(영 제64조의 3), 동 조항은 법인세법 제51조의 2 제1항 제9호의 삭제로 2021. 2. 17. 법인세법 시행령 개정 때 삭제됐고, 국유재산법 시행령에서 달리 규정하지 않으므로 삭제되기 직전의 규정에 따를 수밖에 없다. 국유재산법에서 국유지개발목적회사 및 자산관리회사에 대하여 명시적인 규정을 두는 것이 바람직하다.

구 법인세법(시행 2020. 1. 1. **법률 제**16833**호**, 2019. 12. 31) **제**51**조의**2(**유동화전문회사 등에 대한 소득공제**) ① 다음 각 호의 어느 하나에 해당하는 내국법인이 대통령령으로 정하는 배당가능이익의 100분의 90 이상을 배당한 경우 그 금액은 해당 사업연도의 소득금액에서 공제한다.

1. 「자산유동화에 관한 법률」에 따른 유동화전문회사
2. 「자본시장과 금융투자업에 관한 법률」에 따른 투자회사, 투자목적회사, 투자유한회사, 투자합자회사(같은 법 제9조제19항제1호의 경영참여형 사모집합투자기구는 제외한다) 및 투자유한책임회사
3. 「기업구조조정투자회사법」에 따른 기업구조조정투자회사
4. 「부동산투자회사법」에 따른 기업구조조정 부동산투자회사 및 위탁관리 부동산투자회사
5. 「선박투자회사법」에 따른 선박투자회사
6. 「민간임대주택에 관한 특별법」 또는 「공공주택 특별법」에 따른 특수 목적 법인 등으로서 대통령령으로 정하는 법인
7. 「문화산업진흥 기본법」에 따른 문화산업전문회사
8. 「해외자원개발 사업법」에 따른 해외자원개발투자회사
9. 제1호부터 제8호까지와 유사한 투자회사로서 다음 각 목의 요건을 갖춘 법인일 것
   가. 회사의 자산을 설비투자, 사회간접자본 시설투자, 자원개발, 그 밖에 상당한 기간과 자금이 소요되는 특정사업에 운용하고 그 수익을 주주에게 배분하는 회사일 것
   나. 본점 외의 영업소를 설치하지 아니하고 직원과 상근하는 임원을 두지 아니할 것
   다. 한시적으로 설립된 회사로서 존립기간이 2년 이상일 것
   라. 「상법」이나 그 밖의 법률의 규정에 따른 주식회사로서 발기설립의 방법으로 설립할 것
   마. 발기인이 「기업구조조정투자회사법」 제4조제2항 각 호의 어느 하나에 해당하지 아니하고 대통령령으로 정하는 요건을 충족할 것
   바. 이사가 「기업구조조정투자회사법」 제12조 각 호의 어느 하나에 해당하지 아니할 것
   사. 감사는 「기업구조조정투자회사법」 제17조에 적합할 것. 이 경우 "기업구조조정투자회사"는 "회사"로 본다.

Ⅲ. 국유재산법상의 특별규정

1. 건축개발을 위한 수의계약 등

국유지개발목적회사는 건축개발 할 국유재산을 수의로 매입할 수 있다(영 제40조 제3항 제8호). 이 경우 10년 이내의 기간에 걸쳐 매매대금을 나누어 내게 할 수 있으며, 매매대금의 20% 이상을 냈다면 분납기간 중이라도 영구시설물의 축조(건축개발의 착수)를 하게 할 수 있다(영 제13조의2 제3호). 국유지개발목적회사는 국유재산을 매입하지 않고 수의로 대부받아 건축개발을 할 수도 있겠으나(영 제27조 제3항 제9호, 법 제18조제1항 제4호), 매입형개발이 민간참여개발의 원칙적인 모습이다.

2. 국가지분의 수의매각

국유지개발목적회사의 국가지분증권을 주주 등 그 출자자에게 수의로 매각할 수 있다(영 제40조 제3항 제20호). 국가는 민간참여개발이 완료되고 출자목적이 달성되면 국유지개발목적회사에 출자한 지분을 회수하여야 하는바(법 제59조의 2 제6항), 이러한 출자지분의 회수에 따른 수의매각을 규정한 것이다.

제3절 민간참여개발의 절차

Ⅰ. 민간참여개발기본계획의 수립

총괄청이 민간참여개발을 하려면 ① 개발대상 재산 및 시설물의 용도에 관한 사항, ② 개발사업의 추정 투자금액 · 건설기간 및 규모에 관한 사항, ③ 사전사업타당성 조사 결과에 관한 사항(국가재정법 제38조에 따른 예비타당성조사를 포함한다), ④ 민간사업자 모집에 관한 사항, ⑤ 협상대상자 선정 기준 및 방법에 관한 사항, ⑥ 그 밖에 개발과 관련된 중요 사항을 포함하는 민간참여개발기본계획을 수립하여야 한다(법 제59조의 3 제1항).

총괄청은 민간참여개발기본계획에 대하여 분과위원회를 거쳐 국유재산정책심의위원회의 심의를 받아야 하는데(같은 조 제2항),[3] 국유재산정책심의위원회의 전문적인 심의를 위하여 수익성 분석 및 기술분야의 전문가로 민간참여개발자문단을 구성 · 운영하여야 한다. 민간참여개발자문단은 민간참여개발기본계획에 대한 자문의견서를 국유재산정책심의위원회에 제출하여야 한다(같은 조 제3항).

Ⅱ. 민간사업자의 공개모집

총괄청은 민간사업자를 공개모집하고 선정하여야 한다. 이 경우 협상대상자 선정 기준 및 방법 등 모집에 관한 사항을 공고(인터넷에 게재하는 방식에 따른 경우를 포함한다)하여야 한다(법 제59조의 3 제5항). 민간사업자가 공고된 민간참여개발 사업에 참여하려는 경우에는 타당성 조사 내용, 수익배분기준 등 대통령령[4]으로 정하는 사항을 포함하는 민간참여개발사업계획제안서를

3) 협상대상자 선정 기준 및 방법 등 민간참여개발기본계획의 중요 사항을 변경하려는 경우에도 동일하다(법 제59조의 3 제4항).

4) 국유재산법 시행령 제64조의6(민간참여개발사업계획제안서) 법 제59조의3제6항에서 "대통령령으로 정하는 사항"이란 다음 각 호를 말한다.

작성하여 총괄청에 제출하여야 한다(같은 조 제6항). 총괄청은 제출된 사업계획제안서에 대하여 민간전문가가 과반수로 구성된 민간참여개발사업평가단의 평가와 국유재산정책심의위원회의 심의를 거쳐 협상대상자를 지정하여야 한다(같은 조 제7항). 민간참여개발사업평가단의 구성·운영에 관한 사항은 대통령령으로 정한다(같은 조 제9항).[5)]

Ⅲ. 개발사업 협약의 체결

총괄청은 지정된 협상대상자와 협의하여 개발사업의 추진을 위한 사업협약을 체결하는데, 협약에는 사업비조달 제한(법 제59조의 2 제3항) 및 위반 시 책임에 관한 사항이 포함되어야 한다(법 제59조의 3 제8항).

Ⅳ. 개발사업의 평가

총괄청은 매년 민간참여 개발사업의 추진현황 및 실적을 평가하여 국유재산정책심의위원회에 보고하여야 한다. 평가결과 사업비조달 제한(법 59조의 2 제3항)을 위반하거나 사업부실 등으

---

1. 사업계획에 관한 사항
2. 사업계획의 타당성 조사에 관한 사항
3. 국유지개발목적회사의 지분 구성과 사업 구조 등 세부 운영방안에 관한 사항
4. 개발 대상 국유지의 매입가격에 관한 사항
5. 총사업비의 명세 및 자금조달 계획에 관한 사항
6. 수익배분 기준에 관한 사항
7. 분양·매각 및 임대 계획에 관한 사항
8. 사업 참여자 간 역할과 책임에 관한 사항
9. 그 밖에 총괄청이 필요하다고 인정하는 사항

5) 국유재산법 시행령 제64조의7(민간참여개발사업평가단의 구성 및 운영) ① 총괄청은 법 제59조의3제7항에 따른 평가 업무를 수행하기 위하여 다음 각 호의 어느 하나에 해당하는 사람으로 민간참여개발사업평가단(이하 "평가단"이라 한다)을 구성한다.
1. 기획재정부, 국토교통부 및 조달청의 고위공무원단에 속하는 공무원 중 소속 기관의 장이 지명하는 사람
2. 다음 각 목의 어느 하나에 해당하는 사람 중 기획재정부장관이 위촉하는 사람
가. 개발사업 및 관련 분야의 조교수 이상의 직에 있는 사람
나. 「정부출연연구기관 등의 설립·운영 및 육성에 관한 법률」에 따라 설립된 정부출연연구기관에 소속된 박사학위 소지자로서 개발사업에 관한 전문지식이 있는 사람
다. 5년 이상의 실무경험이 있는 건축사·공인회계사·변호사 등으로서 개발사업에 관한 전문지식과 경험이 풍부한 사람
② 평가단의 구성원은 10명 이상 30명 이내로 한다.
③ 제1항 및 제2항에서 규정한 사항 외에 평가단의 구성 및 운영에 필요한 사항은 위원회의 심의를 거쳐 총괄청이 정한다.

로 개발목적을 달성할 수 없다고 판단하는 경우에는 동 위원회의 심의를 거쳐 출자지분의 회수 등 필요한 조치를 하여야 한다(법 제59조의 4).

제4절 개발완료 후의 법률관계

Ⅰ. 개발재산의 소유관계 등

민간참여개발로 새로 생긴 건물 등은 모두 사업시행자인 국유지개발목적회사의 소유이다. 대부분 개발 대상 국유재산을 매입해서 시행하겠지만 대부하여 시행했더라도 그 부지 소유권(국유재산)과 달리 개발로 인한 건물 등은 개발목적회사의 사유재산이 된다. 위탁개발로 생긴 건물 등의 소유권은 국가로 귀속된다고 특별히 국유재산법에서 규정하고 있지만(법 제59조 제4항, 영 제64조 제1항), 민간참여개발의 경우 이러한 규정이 없기 때문에 일반원칙에 따라 사업시행자의 소유가 되는 것이다. 개발재산은 사유재산이므로 국유재산법의 대부, 매각 등 규정은 적용될 여지가 없다.

Ⅱ. 수익의 배분

민간위탁개발로 생긴 건물 등에서 임대료 등의 수입이 발생하더라도 이는 모두 국유지개발목적회사의 수입일 뿐이므로, 국가는 개발목적회사의 지분권자로서 간접적으로 수익 배분을 받아야 한다. 민간사업자가 민간참여개발에 참여하려는 경우 수익배분기준을 포함하는 민간참여개발사업계획제안서를 제출해야 하며(법 제59조의 3 제6항), 이를 기반으로 사업협약을 체결하게 된다(같은 조 제8항).

Ⅲ. 정부출자지분의 회수

총괄청은 민간참여개발이 완료되고 출자목적이 달성된 경우 기획재정부장관이 정하는 바에 따라 국유지개발목적회사에 출자한 지분을 회수하여야 한다(법 제59조의 2 제6항). 국유재산법 제59조의 2 제6항은 목표수익의 달성 등 출자목적이 달성되면 출자지분을 회수하여 국유재산 민간참여개발로 인한 모든 법률관계를 종료할 것을 규정하고 있는 것이다. 출자지분을 회수한다 함은 출자지분증권을 처분한다는 의미이다. 출자지분회수에 관한 기획재정부 훈령 · 지침 등은 아직 제정된 바 없다. 제도의 미비로 아직 민간참여개발이 이루어진 바가 없기 때문이다.

제5절 입법론

민간참여개발은 국가가 민간자본으로 국유재산을 개발해 해당 재산의 매각대금 이상으로 수익을 올릴 수 있는 제도로서 그 활용이 기대되었으나, 여러 가지 제도적 제한으로 실행된 바가 없다. 2022년도 국유재산종합계획에서는 국유재산 개발의 방식을 다양화하고 민간의 협력을 제고하기 위해 민간참여개발을 활성화하기로 하였는바,[6] 이를 위한 제도개선의 입법론은 다음과 같다.

Ⅰ. 개발의 대상

현재 민간참여개발은 건축개발로 제한이 되지만(법 제57조 제3항), 토지개발에 비해 개발이익이 낮은 건축개발에 민간자본이 참여할 가능성은 높지 않고, 민간자본을 참여시켜야 할 필요성도 크지 않다. 개발의 규모와 이익이 큰 국유지개발에 민간자본을 이용할 수 있도록 민간참여개발의 대상을 국유지개발에 까지 확대할 필요가 있다.

Ⅱ. 국유지개발목적회사

1. 현물출자

민간참여개발의 대상이 되는 국유재산은 대부분 정부출자회사인 국유지개발목적회사에 매각되어 그 사유재산이 되므로, 정부의 현금출자 대신 개발 대상 재산을 현물출자 할 수 있도록 하는 방안을 고려해 볼만한다. 현재 국유재산법 영 제2조 별표1.에 열거된 정부출자기업체에 대하여만 현물출자를 인정하고 있다(제60조, 제2조 제6호).

2. 민간사업자의 범위

현행 국유재산법은 공공기관, 특수법인 등 공공부문을 국유지개발목적회사에 출자할 수 있는 민간사업자의 범위에서 제외하고 있는바(법 제59조의 2 제1항, 영 제64조의 2), 필요최소한의 공공성을 확보하고 개발이익을 최대한 공익에 환수하는 방편으로 일정 범위의 공공부분을 민간사업자의 범위에 포함시킬 필요가 있다.

---

6) 기획재정부 보도자료, "2022년도 국유재산종합계획 수립 등 제23차 국유재산정책심의위원회 개최", 2021. 8. 12. 참고.

Ⅲ. 총괄청사무의 위탁

현행 국유재산법은 민간참여개발기본계획의 수립, 협상대상자의 지정, 사업협약의 체결 및 출자지분의 회수 등 민간참여개발 관련 사무를 모두 총괄청이 직접 수행하도록 규정하고 있지만, 비현실적이므로 한국자산관리공사 등 수탁기관에 위탁하는 것이 바람직하다. 민간참여개발 관련 사무는 국유재산의 관리 · 처분 사무와는 직접적인 연관이 없으므로 총괄사무의 일종으로서 위탁으로 규정하는 것이 타당하다(법 제25조, 영 제16조 제2항 참조).

Ⅳ. 개발이익의 국고귀속

앞서 기술한 바와 같이 공공기관 등 공공부문도 공동출자 할 수 있도록 하면 그 만큼 개발이익을 국고에 귀속시키는 결과를 얻을 수 있다. 나아가서 국유지개발을 하면서 대상 국유지를 국유지개발목적회사의 소유로 하지 아니하고 국유재산인 채로 개발 · 관리하게 되면 개발이익의 상당부분을 국고귀속 시키게 된다. 현행 국유재산법상 개발 대상 국유지를 국유지개발목적회사가 대부받아 개발하는 것이 가능하다(영 제27조 제3항 제9호, 법 제18조제1항 제4호).

| 제 8 편 |

채권의 관리

제 1 장 채권의 유형과 규율체계
제 2 장 국유재산법이 규정하는 이자
제 3 장 연체료
제 4 장 강제징수
제 5 장 채권의 소멸, 면책 및 결손처분
제 6 장 채무의 포괄승계

제1장 채권의 유형과 규율체계

재산관리기관이 국유재산을 관리 · 처분하는 과정에서 여러 유형의 채권이 발생하는데, 그 발생 원인에 따라 계약채권, 부과채권 및 법정채권 등으로 나눌 수 있다. 국유재산법에 따라 발생한 금전채권에 대하여는 그 징수확보를 위한 연체료부과, 강제징수, 소멸시효특례 등 여러 가지 특별한 공법적 규율이 있다. 국유재산의 관리 · 처분 과정에서 발생하는 채권에 대하여는 국유재산법의 규정이 가장 우선 적용이 되고, 그 밖에 국가채권관리법, 국자재정법 및 민법의 순서대로 일반법과 특별법의 관계에 있다.

제1절 계약에 의한 채권

Ⅰ. 사법상계약에 의한 채권

일반재산은 당사자 사이의 계약으로 대부, 매각, 교환, 양여 또는 신탁 등이 이루어지는데, 통설과 판례는 이러한 일반재산 관련 계약을 사법상 계약으로 본다.[1] 따라서 국가의 대부료채권, 매각대금채권, 교환자금채권 등은 사법상 계약에 의한 채권으로서 민법 등 사법 규정이 기본적으로 적용이 되고, 국유재산법 등은 특별한 공법적 규율로서 작용하게 된다.

Ⅱ. 공법상계약에 의한 채권

국유재산법은 행정재산의 교환과 양여를 예외적으로 허용하는바(법 제27조), 행정재산의 법적 성질(공법관계)을 감안할 때 행정재산의 교환과 양여는 공법상 계약으로 봐야 한다. 따라서 행정재산의 교환자금채권 등은 공법상 계약에 의한 채권으로서 국유재산법이 일차적으로 적용되고, 국유재산법에 특별한 규정이 없는 경우에 한하여 당해 법률관계의 목적의 취지에 비추어 민법 등 사법규정을 유추적용 할 수 있다. 한편 공법상 계약에서 발생한 채권분쟁은 행정소송인 당사자소송에 의해야 한다.

---

1) 하명호, 행정법, 제3판, 박영사, 2021, 865-866면; 김남진/김연태, 행정법Ⅱ, 제23판, 법문사, 2019, 432면; 박균성, 행정법강의, 제11판, 박영사, 2014, 1131면; 김동희, 행정법Ⅱ, 제24판, 박영사, 2018, 295면; 홍정선, 행정법원론(하), 제27판, 박영사, 2019, 528면 등. 대법원 2000. 2. 11. 선고 99다61675 판결 등.

Ⅲ. 계약채권에 대한 공법적 규율

국유재산법에 따라 발생하는 모든 금전채권에는 소멸시효기간 및 소멸시효정지에 관한 특례가 인정되며(법 제73조의3 제1항, 제4항), 국유재산법에 따른 분할납부에는 모두 고시이자율을 적용한 이자를 납부하게 한다.[2] 여기에 더하여 연체료부과 및 강제징수라는 공법적 규율이 추가되기도 하는데, 대부료, 매각대금, 교환자금(행정재산과 일반재산을 불문한다)이 납부기한까지 납부되지 아니한 경우 연체료를 부과할 수 있고(법 제73조 제1항), 대부료(그 연체료 포함)의 경우 사법상 계약채권임에도 불구하고 부과채권과 마찬가지로 체납처분에 의한 강제징수(법 제73조 제2항) 및 소멸시효 중단의 특례(법 제73조의 3 제2항, 제3항)까지 인정된다.

제2절 부과행위에 의한 채권

재산관리청의 행정처분인 부과행위로 발생하는 채권이 있는데, 사용료, 가산금, 연체료 및 변상금채권이 그것이다. 이들 채권 및 그 징수권은 재산관리청의 부과행위로서 비로소 발생하지만, 이러한 부과행위는 기속행위로서 부과여부를 재산관리청이 임의로 판단할 수 없다. 모든 부과채권에 대하여는 기본적인 공법적 규율(소멸시효기간 및 소멸시효정지) 외에도 연체료부과(법 제73조 제1항) 및 체납처분에 의한 강제징수(같은 조 제2항), 소멸시효 중단의 특례(법 제73조의3 제2항, 제3항)가 인정된다.

2) 법 제32조 제2항, 제47조 제2항, 제50조 제2항, 제72조 제2항.

제3절 법률의 규정에 의한 채권

재산관리청의 부과행위나 당사자 사이의 계약 등이 없이 법률의 규정에 의하여 발생하는 채권도 있다. 대표적으로 부당이득반환채권(민법 제741조 이하)을 들 수 있는데, 권원 없이 국유재산을 점유, 사용한 자에게 변상금채권과는 별도로 발생하는바, 변상금을 부과할 수 없는 영역(예컨대 국가가 재산을 공유하는 경우)에서 행사할 실익이 있다. 재산관리청의 부과행위 없이 무단점유 내지 연체사실만으로 발생하는 추상적 변상금채권, 연체료채권도 법률의 규정에 의한 채권이라고 할 수 있고, 그 밖에 불법행위에 기한 손해배상채권(민법 제750조 이하)도 발생 가능하지만 변상금채권이나 부당이득채권의 행사로 대체되는 경우가 대부분일 것이다.

제2장 국유재산법이 규정하는 이자

제1절 고시이자의 시행

국유재산법에 따라 국가의 사용료·대부료, 매매대금 및 변상금채권이 발생하며, 이들 채권을 분납할 경우 분납이자가 발생한다. 반대로 국가가 과오납금을 반환해야 할 필요도 있으며 이러한 과오납금에도 이자가 발생한다. 이자에 관한 약정이나 법률의 별도 정함이 없으면 연 5%(민법 제379조) 또는 연 6%(상법 제54조)의 이자가 발생한다. 국유재산법은 별도의 법정이자를 규정하는데, 2011. 7. 31.까지는 대통령령으로 정한 고정이자율을 쓰다가, 2011. 8. 1.부터는 기획재정부장관이 고시하는 이자율을 쓰게 된다. 이자율고시 제도는 2009. 7. 전부개정 시행령 때 도입되었으나, 2011. 7. 22. 처음 고시되어 그해 8. 1.부터 시행되었다(기획재정부고시 제2011-7호). 이후 이자율고시는 2013. 8. 19. 기획재정부고시 제2013-15호로 전부개정 되어 현재에 이르고 있다.

국유재산법상 고시이자란, 시중은행의 1년 만기 정기예금의 평균 수신금리를 고려하여 총괄청이 고시하는 이자율을 적용하여 산출하는 이자를 말한다(영 제30조 제4항).

구 국유재산법 시행령(시행 2009. 6. 1., **대통령령 제**21518**호**, 2009. 5. 29., **타법개정) 제**27**조(사용료의 납부시기 등)** ③ 법 제25조제2항 전단의 규정에 의하여 사용료를 분할납부 하게 하고자 하는 경우에는 사용료가 100만원을 초과하는 경우에 한하여 연 4회 이내에서 분할납부 하게 할 수 있다. 이 경우 잔액에 대하여는 연 6퍼센트의 이자를 붙여야 한다.

제44**조의**2**(매각대금의 분할납부)** ④ 법 제40조제2항에서 "대통령령이 정하는 이자"라 함은 제1항의 경우에는 매각대금잔액에 대한 연 6퍼센트, 제2항의 경우에는 매각대금잔액에 대한 연 5퍼센트, 제3항의 경우에는 매각대금잔액에 대한 연 3퍼센트의 이자를 말한다.

제56**조 (변상금)** ② 제1항의 규정에 의한 변상금이 100만원을 초과하는 경우에는 변상금 잔액에 대하여 연 6퍼센트의 이자를 붙여 3년 이내의 기간에 걸쳐 분할납부 하게 할 수 있다. 이 경우에는 최초로 변상금을 부과고지 하는 때에 분할납부할 변상금의 납부일자와 납부금액을 함께 통지하여야 한다.

제56**조의**2 **(과오납금 반환가산금)** 법 제51조의2에서 "대통령령이 정하는 이자"라 함은 연 6퍼센트의 이자를 말한다.

개정 국유재산법 시행령(시행 2010. 1. 1., **대통령령 제**21641**호**, 2009. 7. 27., **전부개정) 제**30**조(사용료의 납부시기 등)** ③ 법 제32조제2항 전단에 따라 사용료를 나누어 내게 하려는 경우에는 사용료가 100만원을 초과하는 경우에만 연 4회 이내에서 나누어 내게 할 수 있다. 이 경우 남은 금액에 대해서는 시중은행의 1년 만기 정기예금의 평균 수신금리를 고려하여 총괄청이 고시하는 이자율(이하 "고시이자율"이라 한다)을 적용하여 산출한 이자를 붙여야 한다.

제51조(준용규정) 법 제46조에 따른 대부계약의 방법 등에 관하여는 제27조, 제28조, 제29조제1항부터 제5항까지, 제30조, 제31조, 제33조, 제34조제2항 및 제35조를 준용한다. 이 경우 "행정재산"은 "일반재산"으로, "사용허가"는 "대부계약"으로, "사용허가부"는 "대부계약부"로, "사용료"는 "대부료"로 본다.

제55조(매각대금의 분할납부) ⑤ 법 제50조제2항에서 "대통령령으로 정하는 이자"란 제1항부터 제4항까지의 규정에 따른 매각대금 잔액에 고시이자율을 적용하여 산출한 이자를 말한다.

제71조(변상금) ③ 관리청등은 제1항의 변상금이 100만원을 초과하는 경우에는 법 제72조제2항에 따라 변상금 잔액에 고시이자율을 적용하여 산출한 이자를 붙이는 조건으로 3년 이내의 기간에 걸쳐 나누어 내게 할 수 있다. 이 경우 나누어 낼 변상금의 납부일자와 납부금액을 함께 통지하여야 한다.

제73조(과오납금 반환가산금) 법 제75조에서 "대통령령으로 정하는 이자"란 고시이자율을 적용하여 산출한 이자를 말한다.

부칙 제9조(매각대금의 분할납부에 관한 특례) 제55조제1항에 따라 매각대금을 나누어 내는 경우 총괄청이 고시이자율을 고시할 때까지는 매각대금 잔액에 대하여 연 6퍼센트의 이자를 붙여야 한다.

제11조(고시이자율 등에 관한 경과조치) 제30조제3항, 제55조제5항, 제71조제3항 및 제73조의 개정규정에도 불구하고 총괄청이 고시이자율을 고시할 때까지는 종전의 제27조제3항, 제44조의2제4항, 제56조제2항 및 제56조의2에 따른다.

제2절 고시이자의 법적 성질

국유재산법의 이러한 이자율고시는 "법령보충적 행정규칙"으로서 강학상 많은 논의가 되지만, 대법원은 상위법령의 위임한계를 벗어나지 않는다면 상위법령과 결합하여 대외적인 구속력을 갖는 법규명령으로서 기능한다고 판시하여 왔다.[3] 1998.3.1.부터는 행정규제기본법이 제정되어 법령보충규칙에 대한 입법적 조치가 마련되었다.

3) 하명호, 앞의 책, 234면; 박균성, 앞의 책, 171면 등.

[판례] 법의 규정이 지방자치단체장(허가관청)에게 그 법령내용의 구체적인 사항을 정할 수 있는 권한을 부여하면서 그 권한행사의 절차나 방법을 정하지 아니하고 있는 경우, 그 법령의 내용이 될 사항을 구체적으로 규정한 지방자치단체장의 고시는, 당해 법률 및 그 시행령의 위임한계를 벗어나지 아니하는 한 그 법령의 규정과 결합하여 대외적인 구속력이 있는 법규명령으로서의 효력을 갖게 되고, 허가관청인 지방자치단체장이 그 범위 내에서 허가기준을 정하였다면 그 허가기준의 내용이 관계 법령의 목적이나 근본취지에 명백히 배치되거나 서로 모순되는 등의 특별한 사정이 없는 한 그 허가기준이 효력이 없는 것이라고 볼 수는 없다.

구 액화석유가스의안전및사업관리법(1999. 2. 8. 법률 제5829호로 개정되기 전의 것) 제3조 제2항, 같은법시행령(1999. 6. 30. 대통령령 제16450호로 개정되기 전의 것) 제2조 제4항에 따라 허가관청인 지방자치단체장이 제정한 액화석유가스 판매사업 허가기준에 관한 고시가 위 법령의 위임취지에 반하지 않아 유효하다고 한 사례(대법원 2002. 9. 27. 선고 2000두7933 판결).

행정규제기본법 제2조(정의) 제2조(정의) ① 이 법에서 사용하는 용어의 뜻은 다음과 같다.

1. "행정규제"(이하 "규제"라 한다)란 국가나 지방자치단체가 특정한 행정 목적을 실현하기 위하여 국민(국내법을 적용받는 외국인을 포함한다)의 권리를 제한하거나 의무를 부과하는 것으로서 법령등이나 조례·규칙에 규정되는 사항을 말한다.
2. "법령등"이란 법률·대통령령·총리령·부령과 그 위임을 받는 고시(告示) 등을 말한다.

제4조(규제 법정주의) ② 규제는 법률에 직접 규정하되, 규제의 세부적인 내용은 법률 또는 상위법령(上位法令)에서 구체적으로 범위를 정하여 위임한 바에 따라 대통령령·총리령·부령 또는 조례·규칙으로 정할 수 있다. 다만, 법령에서 전문적·기술적 사항이나 경미한 사항으로서 업무의 성질상 위임이 불가피한 사항에 관하여 구체적으로 범위를 정하여 위임한 경우에는 고시 등으로 정할 수 있다.

국유재산법은 제32조 제2항, 제47조 제1항, 제47조 제2항, 제50조 제2항, 제72조 제2항 및 제75조에서 사용료·대부료의 분납이자, 대부보증금 산출이자, 매각대금의 분납이자, 변상금의 분납이자 및 과오납금의 반환이자를 대통령령에서 정하도록 위임하고 있고, 국유재산법 시행령은 제30조 제4항, 제51조의 2, 제55조 제5항, 제71조 제3항 및 제73조에서 시중은행의 1년 만기 정기예금의 평균 수신금리를 고려하여 총괄청이 고시하는 이자율을 적용하여 이자를 산출하도록 하고 있다. 결론적으로 현행 국유재산법의 고시이자율은 법령보충규칙으로서 대외적 효력을 인정받기 때문에 민법 제379조(연 5%), 상법 제54조(연 6%)에도 불구하고 국유재산법의 각종 분납이자 등의 산출에 우선적용된다.

제3절 고시이자의 적용범위

Ⅰ. 국유재산법에 따라 발생하는 분납이자

국유재산법은 사용료·대부료, 매각대금 및 변상금의 분납을 인정하면서, 각각의 분납이자는 고시이자율을 적용해서 산출하게 한다.[4] 민사이자율이 연 5%이고, 상사이자율이 연 6%인 점을 감안하면 이보다 저리[5]로 계산되는 국유재산 분납이자는 금전적으로 유리한 제도라고 할 수 있다.

분납이자의 법적 성질은 국유재산법이 정하는 법정이자이다. 다만 국유재산법이 매매대금 분납기간 동안 대부료를 내는지에 대해 아무런 규정을 하지 않기 때문에 매각대금 분납이자는 대부료로서의 성질도 가진다고 해석할 수밖에 없다.[6] 과거 국유재산법의 법정이자가 민상법이자와 비교해서 더 높거나 큰 차이가 없을 때는 '매매대금 분납이자 = 대부료'라는 등식이 별로 문제되지 않았다. 그러나 현재는 고시이자가 1퍼센트대로 매우 낮기 때문에, 매매대금 분납기간이 3년 내지 20년으로 장기간이라는 점, 10년·20년 분납의 경우 고시이자에서 다시 일정비율을 감경한다는 점 등과 더하여 매매대금 분납이 그 자체로 특혜가 될 수도 있다.

Ⅱ. 대부보증금 산출을 위한 이자율

재산관리기관은 연간 대부료(사용료는 제외)의 전부 또는 일부를 대부보증금으로 환산하여 받을 수 있는데(법 제47조 제2항), 대부보증금은 연간 대부료 중 대부보증금 전환대상 금액을 고시이자율로 나누는 방법으로 산출한다(영 제51조의 2).

Ⅲ. 과오납금반환이자

국유재산법은 국가가 과오납된 국유재산의 사용료·대부료, 매각대금 또는 변상금을 반환하는 경우에는 과오납된 날의 다음 날부터 반환하는 날까지의 기간에 대하여 고시이자를 가산하여 반환할 것을 규정하고 있다(법 제75조, 영 제73조).

과오납된 사용료 등은 부당이득이고, 부당이득반환의무는 일반적으로 기한의 정함이 없는

4) 국유재산법 제32조 제2항, 제47조 제2항, 제50조 제2항, 제72조 제2항.
5) 2021년도 4/4분기 현재 고시이자율은 연 1.02%이다.
6) 매매대금 분납기간 동안의 대부료에 대한 자세한 내용은 제5편 제2장 제3절 참조.

채무로서 이행청구를 받은 다음날부터 지연손해금을 배상할 책임이 있지만(민법 제387조 제2항), 국유재산법 제75조는 민사상 부당이득반환의무에 대한 특칙으로서 과오납된 날의 다음 날부터 이행청구를 받은 날까지 고시이자(법정이자)를 가산해야 하며, 이때 국가의 선의·악의는 불문한다. 이행청구를 받은 다음 날부터는 고시이자(법정이자)와 이행지체로 인한 지연손해금(민법 제379조에 따른 연 5% 또는 상법 제54조에 따른 연 6%)이 경합적으로 발생하고, 청구권자는 자신의 선택에 따라 그중 하나의 청구권을 행사할 수 있다는 것이 판례이다.[7)]

[**판례**] 반환 가산금에 관한 국유재산법 제75조는 부당이득의 반환범위에 관한 민법 제748조에 대한 특칙으로서 수익자인 국가의 선의·악의를 불문하고 적용된다. 한편 부당이득반환의무는 일반적으로 기한의 정함이 없는 채무로서 수익자는 이행청구를 받은 다음날부터 이행지체로 인한 지연손해금을 배상할 책임이 있다. 과오납된 국유재산 매각대금에 대하여 매수인이 반환을 청구한 이후에는 법정이자의 성질을 가지는 과오납금 반환 가산금 청구권과 이행지체로 인한 지연손해금 청구권이 경합적으로 발생하고, 청구권자는 자신의 선택에 따라 그 중 하나의 청구권을 행사할 수 있다(조세환급금에 관한 대법원 2009. 9. 10. 선고 2009다11808 판결 등 참조)(대법원 2019. 4. 11. 선고 2017다223156 판결).

제4절 이자율고시의 내용

Ⅰ. 기존고시

이자율고시가 시행되기 전에는 대통령령(국유재산법 시행령)으로 연 6.0%의 이자율을 원칙으로 하되, 매각대금 10년 분납이자는 연 5.0%로, 20년 분납이자는 연 3.0%로 차등을 두었다.[8)] 이후 2009년(7월) 전부개정 시행령에 따라 2011. 8. 1. 최초 시행된 이자율고시는 연 4.1%의 이자율을 원칙으로 하되, 매각대금 10년 분납이자는 연 3.3%, 20년 분납이자는 연 2.1%로 차등을 두었다.

7) 대법원 2019. 4. 11. 선고 2017다223156 판결.
8) 국유재산법 시행령(시행 2009. 6. 1., 대통령령 제21518호, 2009. 5. 29.타법개정) 제27조 제3항, 제44조의2 제4항, 제56조 제2항 및 제56조의2 참조.

최초고시〈기획재정부고시 제2011-7호〉

국유재산 사용료 등의 분할납부 등에 적용할 이자율 고시

「국유재산법 시행령」 제30조제3항, 제55조제5항, 제71조제3항 및 제73조의 규정에 따른 국유재산 사용료 등의 분할납부 등에 적용할 이자율을 다음과 같이 고시합니다.

2011년 7월 22일

기획재정부장관

「국유재산법 시행령」 제30조제3항, 제55조제5항, 제71조제3항 및 제73조에서 규정하는 "총괄청이 고시하는 이자율"은 연 4.1%로 한다. 다만, 「국유재산법 시행령」 제55조제3항에 따른 매각대금의 분납이자를 산출하는 경우에는 연 3.3%, 같은 조 제4항에 따른 매각대금의 분할납부 이자를 산출하는 경우에는 연 2.1%로 한다.

부 칙

① (**시행일**) 이 고시는 2011년 8월 1일부터 시행한다.

② (**적용례**) 이 고시는 시행일 이후 이자분부터 적용한다. 기존 사용허가나 계약 등의 경우 시행일이 포함된 분납기간의 이자 계산은 이 고시 시행일 전까지는 변경전의 이자율을, 시행일 이후부터는 고시이자율을 각각 적용하여 산출한다.

Ⅱ. 현행고시

2013. 8. 19.부터 시행된 현행 이자율고시[9]는 기존고시를 전부 개정하여 큰 변화를 주게 된다. 우선 고시이자율을 매 분기 변동이자율로 하였는데, 직전 분기 중 전국은행연합회에서 가장 마지막으로 공시하는 "신규취급액기준 COFIX"에 연동시켰다(기본이자율). 그리고 종전과 같이 10년 · 20년의 매각대금 분납이자는 감경하되, 기본이자율의 80% · 50%로 고정시켰다. 다만 현행고시가 시행되는 2013. 8. 19.부터 같은 해 9. 30.까지는 기본이자율을 연 2.65%로 하였다.

현행고시〈기획재정부고시 제2013-15호〉

「국유재산법 시행령」 제30조제3항, 제51조의2, 제55조제5항, 제71조제3항 및 제73조의 규정에 따른 국유재산 사용료 등의 분할 납부 등에 적용할 이자율을 새로 정하고자 「국유재산 사용료 등의 분할납부 등에 적용할 이자율」(기획재정부고시 제2011-7호, 2011. 7. 25.)의 전부를 다음과 같이 개정하여 고시합니다.

2013년 8월 19일

9) 기획재정부고시 제2013-15호.

기획재정부장관

국유재산 사용료 등의 분할납부 등에 적용할 이자율 고시 전부개정

「국유재산 사용료 등의 분할납부 등에 적용할 이자율」고시 전부를 다음과 같이 개정한다.

국유재산 사용료 등의 분할 납부 등에 적용할 이자율

제1조(고시이자율의 산정) ①「국유재산법 시행령」 제30조제3항, 제51조의2, 제55조제5항, 제71조제3항 및 제73조에서 규정하는 "총괄청이 고시하는 이자율(고시이자율)"은 분기별 변동 이자율의 형태로 한다.

② 제1항에 따라 매 분기별로 새로 적용하는 고시이자율은 각각 직전 분기 중 전국은행연합회에서 가장 마지막으로 공시하는 "신규취급액기준 COFIX"로 한다.

③「국유재산법 시행령」 **제55조제3항**에 따른 매각 대금의 분할 납부 이자를 산출하는 경우에는 제2항에도 불구하고 제2항에 따른 이자율의 **100분의** 80(퍼센트 단위로 환산하여 소수점 이하 셋째 자리에서 반올림한다)을 고시이자율로 한다.

④「국유재산법 시행령」 **제55조제4항**에 따른 매각 대금의 분할 납부 이자를 산출하는 경우에는 제2항에도 불구하고 제2항에 따른 이자율의 **100분의 50**(퍼센트 단위로 환산하여 소수점 이하 셋째 자리에서 반올림한다)을 고시이자율로 한다.

부 칙

제1조(시행일 등) 이 고시는 공포한 날부터 시행한다. 다만, 이 고시 제1조제2항에도 불구하고 2013년 9월 30일까지는 연 2.65%를 이 고시 제1조제2항에 따라 산정된 고시이자율로 본다.

제2조(이자 산출에 관한 적용례) 이 고시는 시행일 이후의 이자분부터 적용한다. 기존 사용허가나 계약 등과 관련하여 시행일이 포함된 분납 기간의 이자는 이 고시 시행일 전일까지는 직전 고시(기획재정부고시 제2011-7호, 2011. 7. 25.)에서 정한 이자율을, 시행일부터는 이 고시에서 새로 정한 이자율을 각각 적용하여 산출한다.

COFIX(Cost of Fund Index): 은행들이 기준금리에 자금조달비용을 반영해 산출하는 주택담보대출 금리다. 은행연합회가 매달 한 번씩 국내 9개 은행의 정기 예·적금, 상호부금, 주택부금, 양도성예금증서(CD), 환매조건부채권 금리 등을 가중평균해 산출한다.[10] 단기, 잔액기준 및 신규취급액 기준으로 발표하는데, CD금리에 비해 변동성이 작은 장점이 있다.

10) 네이버 지식백과(매일경제, 매경닷컴).

제3장 연체료

제1절 연체료 개요

Ⅰ. 연체료의 의의

국유재산법 제73조(연체료 등의 징수) ① 중앙관서의 장등은 국유재산의 사용료, 관리소홀에 따른 가산금, 대부료, 매각대금, 교환자금 및 변상금(징수를 미루거나 나누어 내는 경우 이자는 제외한다)이 납부기한까지 납부되지 아니한 경우 대통령령으로 정하는 바에 따라 연체료를 징수할 수 있다. 이 경우 연체료 부과대상이 되는 연체기간은 납기일부터 60개월을 초과할 수 없다.

국유재산법 시행령 제72조(연체료 등의 징수) ① 중앙관서의 장등은 법 제73조에 따라 국유재산의 사용료, 관리 소홀에 따른 가산금, 대부료, 매각대금, 교환자금 및 변상금(나누어 내는 경우에 이자는 제외한다)이 납부기한까지 내지 아니한 경우에는 다음 각 호의 구분에 따른 비율로 계산한 연체료를 붙여 15일 이내의 기한을 정하여 납부를 고지하여야 한다. 이 경우 고지한 기한까지 전단의 금액과 연체료를 내지 아니한 때에는 두 번 이내의 범위에서 다시 납부를 고지하되, 마지막 고지에 의한 납부기한은 전단에 따른 납부고지일부터 3개월 이내가 되도록 하여야 하며, 이후 1년에 한 번 이상 독촉을 하여야 한다.

1. 연체기간이 1개월 미만인 경우: 연 7퍼센트
2. 연체기간이 1개월 이상 3개월 미만인 경우: 연 8퍼센트
3. 연체기간이 3개월 이상 6개월 미만인 경우: 연 9퍼센트
4. 연체기간이 6개월 이상인 경우: 연 10퍼센트

② 제1항 전단에 따라 고지한 납부기한까지 고지한 금액을 내는 경우에는 고지한 날부터 낸 날까지의 연체료는 징수하지 아니한다.

③ 제1항에도 불구하고 천재지변이나 「재난 및 안전관리 안전법」 제3조제1호의 재난, 경기침체, 대량실업 등으로 인한 경영상의 부담을 완화하기 위해 총괄청이 대상과 기간을 정하여 고시하는 경우에는 해당 기간의 사용료 및 대부료의 연체료를 고시로 정하는 바에 따라 감경할 수 있다.

국유재산의 사용료, 관리 소홀에 따른 가산금, 대부료, 매각대금, 교환자금 및 변상금의 납부가 지연되면 법정연체료를 부과·징수하여 한다. 국유재산법 제73조 제1항은 연체료를 부과·징수할 수 있다고 하지만, 동법 시행령은 법정요율로 계산한 연체료를 반드시 부과·고지하여야 한다고 하므로(제72조 제1항) 연체료부과행위는 재산관리청의 재량행위가 아니라 기속행위라고 해야 한다(대법원 2014. 4. 10. 선고 2012두16787 판결).

[**판례**] 구 국유재산법(2009. 1. 30. 법률 제9401호로 전부 개정되기 전의 것) 제51조 제2항은 '변상금을 기한 내에 납부하지 아니하는 때에는 대통령령이 정하는 바에 따라 연체료를 징수할 수 있다'고 규정하고 있으나, 구 국유재산법 시행령(2009. 7. 27. 대통령령 제21641호로 전부 개정되기 전의 것, 이하 '구 국유재산법 시행령'이라 한다) 제56조 제5항에 의하여 준용되는 구 국유재산법 시행령 제44조 제3항은 '변상금을 납부기한 내에 납부하지 아니한 경우에는 소정의 연체료를 붙여 납부를 고지하여야 한다'고 규정하고 있고, 변상금 연체료 부과처분은 국유재산의 적정한 보호와 효율적인 관리·처분을 목적으로 하는 행정행위로서 국유재산 관리의 엄정성이 확보될 필요가 있으며, 변상금 납부의무를 지체한 데 따른 제재적 성격을 띠고 있는 침익적 행정행위이고, 연체료는 변상금의 납부기한이 경과하면 당연히 발생하는 것이어서 부과 여부를 임의로 결정할 수는 없으며, 구 국유재산법 시행령 제56조 제5항, 제44조 제3항은 연체료 산정기준이 되는 연체료율을 연체기간별로 특정하고 있어서 처분청에 연체료 산정에 대한 재량의 여지가 없다고 보이므로, 변상금 연체료 부과처분은 처분청의 재량을 허용하지 않는 기속행위이다(대법원 2014. 4. 10. 선고 2012두16787 판결).

Ⅱ. 제도의 연혁

당초 국유재산 관련 연체료는 국유재산법 시행규칙 별지 특약사항, 국유재산법 시행령 등 하위규정에서 개별 채권마다 별도로 규정되었다. 예컨대 매각대금 연체료의 경우 국유재산법 시행규칙 별표 매매계약서에서 소정의 연체이자를 특약사항의 형식으로 규정하다가 1996. 6. 15.부터 국유재산법 시행령에서 규정하였다.

국유재산법 차원에서 연체료를 최초로 규정한 것은 1994. 1. 5. 개정 국유재산법이 변상금에 한하여 연 15%의 연체료가 자동 가산되게 한 것이었고(동법 제51조 제2항, 동 시행령 제56조 제3항), 이후 2009. 1. 30. 전부개정 국유재산법에서 사용료, 관리 소홀에 따른 가산금, 대부료, 매각대금, 교환자금 및 변상금을 통합하여 그 연체료 부과·징수를 규정하게 되었다. 사용료 및 관리 소홀에 따른 가산금에는 오랫동안 국세징수법의 가산금, 중가산금 규정이 준용되다가 2009. 1. 30. 전부개정 국유재산법에서부터 연체료부과대상이 되었다.

Ⅲ. 연체료의 법적 성질

1. 행정벌

국유재산법이 규정하는 연체료는 민사법이 규정하는 지연이자 범위 내에서는 지연배상으로, 그 범위를 넘는 부분은 행정벌로 볼 것이다. 연체료 요율은 연 7 ~ 10%로서 민사법이 규정하는 지연이자율보다 높은바 국유재산에 대한 공법상 특례라고 할 수 있다.

2. 연체료채권의 독립성

연체료부과는 행정처분이며 이로서 연체료채권이 발생된다. 변상금 등 원본채권의 납부독촉 형식으로 연체료를 부과하더라도 연체료부과에 필요한 내용이 포함되어 있다면 연체료부과의 효력이 있다. 다만 연체료는 변상금 등의 부과고지와는 무관하게 오로지 연체료부과만으로 발생하는 것이므로 변상금 등의 부과고지서에 납부기한까지 변상금 등을 납부하지 않으면 소정의 연체료가 발생한다는 식의 고지를 미리 했다 하더라도 이것은 연체료의 존재를 알리는 관념의 통지에 지나지 않아 연체료부과가 있었다고 할 수 없다.[11] 연체료부과에 대한 독자적인 취소소송 등 불복이 가능하며, 연체료채권은 매매대금채권과는 독립하여 소멸시효에 걸린다. 매각대금의 경우 강제징수의 대상이 아니지만 그 연체료는 부과처분으로 발생하는 독립된 공과금채권으로서 국유재산법 제73조 제2항에 따라 강제징수의 대상이 된다.

3. 연체료채권의 종속성

연체료부과는 원본채권(변상금 등)에 대한 소멸시효 중단사유가 되지 못한다. 원본채권의 시효완성에 즈음해 연체료를 부과면 그로 인하여 발생한 연체료징수권만 납부일로부터 5년간 존속할 뿐 원본채권은 자체 소멸시효 중단사유가 없는 한 그대로 시효소멸하게 된다. 이 경우 원본채권은 소멸하더라도 연체료만 존속하는가. 그렇지 않다. 연체료는 원본채권에 종속된 권리이므로 원본채권의 시효소멸은 연체료에도 영향을 미친다(민법 제183조). 한편 원본채권의 전부 또는 일부가 감액되면 그 부분에 상응하는 연체료도 자동으로 감액된다.[12] 매각대금의 장기연체로 재산관리기관이 해당 매매계약을 해제하게 되면(법 제52조 제1호) 처음부터 국유재산 매매계약이 없었던 것이 되므로 그동안 부과된 연체료도 없었던 것이 된다.

Ⅳ. 연체료 규정의 적용대상

법 제73조 제1항은 “국유재산의 사용료, 관리 소홀에 따른 가산금, 대부료, 매각대금, 교환대금 및 변상금(징수를 미루거나 나누어 내는 경우 이자는 제외한다)이 납부기간까지 납부되지 아니한 경우 대통령령으로 정하는 바에 따라 연체료를 징수할 수 있다”고 한다. 따라서 사용료, 가

---

11) 조세가산금에 대하여는 대법원 1996. 4. 26. 선고 96누1627 판결, 변상금연체료에 대하여는 서울고등법원 2009. 12. 24. 선고 2009누15601 판결 참조.

12) 국유재산법의 연체료에 대한 직접적인 판례는 없으나, 조세가산금과 구 도시개발법상의 청산금 연체료에 대한 대법원 판례로는 대법원 1996. 4. 26. 선고 96누1627 판결; 대법원 1986. 9. 6. 선고 86누76 판결; 대법원 2000. 4. 11. 선고 99다4238 판결 등 참조. 기타 소송계속 중 법원의 조정 권고에 따라 변상금이 감액경정되었다면 그 연체료도 감액경정된 변상금을 기준으로 부과하여야 한다는 총괄청 유권해석이 있다(국재41321 - 1544. 2001. 10. 29).

산금, 대부료, 매각대금, 교환대금 및 변상금이 연체료 부과의 대상인 원본채권이며, 연체료에 다시 연체료가 붙지 않음은 쉽게 알 수 있지만, 원본채권의 징수유예이자[13] 또는 분납이자가 연체료 부과의 대상인지는 의문이다. 법 제73조 제1항 괄호가 변상금에만 연결되는지, 사용료, 대부료 및 매각대금 등 다른 원본채권에도 연결되는지 불분명하기 때문이다.

생각건대 변상금 이외의 원본채권(특히 매각대금채권)의 분납이자는 그 실질이 사용료이므로 연체료부과 대상에서 제외한다는 명문규정이 없는 한 연체료부과 대상이다. 법 제73조 제1항은 변상금 이외에는 그 분납이자에 연체료를 붙인다는 규정으로 해석할 여지가 있지만, 과거 매각대금에 대한 연체료 규정이 분납이자를 명시적으로 제외했던 점[구 국유재산법 시행령(대통령령 제21518호, 2009. 5. 29) 제44조 제3항], 현행 국유재산법과 같이 연체료를 통합하여 규정하는 공유재산법이 모든 원본채권에 대하여 그 분납이자를 연체료 부과대상에서 명시적으로 제외하고 있는 점 등을 감안할 때[14] 국유재산법도 동일하게 해석하는 것이 타당하다. 향후 법 제73조 제1항을 개정하여 각종 분납이자의 연체료 부과대상 여부를 명확히 할 필요가 있다.

제2절 연체료의 부과

국유재산법상 연체료채권은 변상금, 매매대금 등 원본채권의 연체사실만으로 법률의 규정에 의하여 추상적으로 성립하고, 재산관리청의 부과행위로서 구체적으로 확정이 되는 점은 변상금채권과 동일하다. 따라서 변상금의 성립, 부과 및 징수에 이르는 일련의 설명은 연체료에도 대부분 원용이 될 것이고, 이하에서는 연체료에 특유한 내용들 위주로 연체료의 부과와 징수를 설명하기로 한다.

---

13) 현행 국유재산법 시행령은 사용료 · 대부료의 납부유예, 변상금의 징수유예에 대하여 이자를 붙이지 않으므로(영 제30조 제3항, 제51조; 영 제71조 제2항), 이하에서는 분납이자라고만 한다.

14) 공유재산 및 물품관리법 제80조(연체료의 징수) 지방자치단체의 장과 제43조의2에 따라 일반재산의 관리 · 처분에 관한 사무를 위탁받은 자는 공유재산의 사용료, 대부료, 매각대금, 교환차금 및 변상금을 내야 할 자가 납부기한까지 내지 아니하는 경우에는 내야 할 금액(징수를 미루거나 나누어 내는 경우 이자는 제외한다)에 대하여 대통령령으로 정하는 바에 따라 연체료를 징수한다. 이 경우 연체료 부과대상이 되는 연체기간은 납기일부터 60개월을 초과할 수 없다.

Ⅰ. 연체료의 산정

1. 국유재산법의 규정

(1) 연체료 요율

연체료는 연체된 원본채권에 법정요율을 곱하여 산정하는데, 법정요율은 연체기간에 따라 연 7 ~ 10%이다(영 제72조 제1항). 당초에는 연체기간을 묻지 않고 일괄하여 연 15%였으나 2004. 4. 개정 국유재산법 시행령에서 연체기간에 따라 연 12 ~ 15% 요율을 규정한 이래로 오랫동안 지속되다가, 이후 저금리 상황을 감안하여 2018. 6. 개정 국유재산법 시행령에서 현행과 같이 요율을 인하하였다.

연체기간이 6개월 이상인 경우 영 제72조 제1항 각 호의 기간별로 해당 요율을 적용해야 하는지, 전체기간에 연 10% 요율을 일괄 적용해야 하는지 의문이 있을 수 있다. 두 가지 해석 모두 가능해 보이며, 국유재산법 시행령이나 총괄청의 유권해석 등으로 통일된 기준을 정하는 것이 옳다고 생각된다.

(2) 연체료부과기간

국유재산법은 연체료를 부과할 수 있는 기간을 한정하고 있는바, 원본채권의 납부기한으로부터 60개월(5년)이다(법 제73조 제1항). 한편 원본채권의 분납기간과 징수유예기간 동안에는 연체료부과행위를 할 수 없을 뿐만 아니라 이 기간은 연체료부과기간에서 제외되어야 하므로, 이 기간 동안에는 연체료부과권의 소멸시효가 정지된다(법 제73조의3 제4항 제1호).

(3) 연체료의 한시적 감경

천재지변, 재난 등으로 인한 경영상의 부담을 완화하기 위해 총괄청이 대상과 기간을 정하여 고시하는 경우에는 해당 기간의 사용료 및 대부료의 연체료를 고시로 정하는 바에 따라 감경할 수 있다(영 제72조 제3항). 사용료·대부료 연체료의 한시적 감경은 2020년 전 세계를 강타한 COVID-19 사태를 극복하기 위한 경기부흥책의 일환으로 2020. 7. 개정 시행령에서 도입되었다. 영 제72조 제3항에 따른 최초의 한시적 감경고시는 2020. 7. 31. 제정·고시되어, 다음 날부터 시행되었는데, 그 적용기간을 2020. 3. 1.부터 같은 해 12. 31.까지로 하고, 적용기간 동안 연체요율을 일괄 연 5%로 하되, 「독점규제 및 공정거래에 관한 법률」 제14조 제1항에 따라 공시대상기업집단으로 지정 및 통지한 기업집단(소속회사 포함)은 적용대상에서 제외하였다(기획재정부고시 제2020-24호 「국유재산 사용료 및 대부료 연체이자 한시 감경에 관한 고시」).

2. 유관 법률과의 비교

공물법과 공유재산법에서도 행정벌적 성격의 연체료가 규정되어 있고, 이러한 연체료를 금액이나 기간으로 제한하고 있다. 도로법과 하천법은 연체된 점용료, 변상금 등의 3%로 산정되는 일시가산금과 납부기한의 다음 날부터 매월 연체된 점용료의 0.75%로 산정되는 기간가산금의 합을 징수하도록 하되, 기간가산금을 금액(연체된 금액이 100만원 미만이면 제외한다)과 기간(60개월 초과 불가)으로 제한하고 있다. 공유수면법은 기간가산금 없이 연체금액의 3%로 산정되는 일시가산금만 규정하고 있다. 공유재산법은 국유재산법과 동일한 연체료시스템을 규정하고 있다.[15]

Ⅱ. 연체료의 부과절차

원본채권의 전부 또는 일부가 납부기한 내에 납부되지 않은 경우 재산관리청은 앞서 설명한 산정방식에 따른 연체료를 연체금액에 붙여 15일 이내의 기한을 정하여 납부고지를 하여야 한다. 납부고지한 기한 내에 고지한 금액(연체금액과 연체료)을 납부하는 경우에는 고지한 날부터 낸 날까지의 연체료는 징수하지 아니한다. 납부기한 내에 고지한 금액을 내지 않으면 두 번 이내의 범위에서 다시 납부고지 하되, 마지막 고지에 의한 납부기한은 영 제72조 제1항 전단의 최초 납부고지일로부터 3개월 이내가 되어야 하고, 이후 1년에 한 번 이상 독촉하여야 한다(영 제72조 제1항, 제2항).

국유재산법은 연체료를 언제 부과해야 하는지에 대하여 침묵하고 있다. 월, 연 단위로 부과할 수도 있고, 몇 년을 모아서 할 수도 있을 것이나, 연체료부과권의 소멸시효기간 내에는 하여야 할 것이다.

Ⅲ. 부과권의 소멸과 면제

1. 연체료부과권의 소멸

원본채권을 연체함으로써 추상적 연체료채권 내지 연체료부과권이 발생하고, 연체료의 부과로서 구체적 연체료채권 내지 연체료징수권이 발생하는 점은 변상금과 대동소이하다. 연체료부과권은 추상적 연체료채권의 소멸시효기간 내에 행사되어야 하며, 이 기간은 제척기간이 아니

---

15) 도로법 제69조 제2항, 제3항, 하천법 제67조 제1항, 제2항, 구 국세징수법(법률 제17758호, 2020. 12. 29) 부칙 제15조. 공유수면법 제13조 제7항, 동법 시행령 제15조의2 제1항, 공유재산법 제80조, 동법 시행령 제80조 제1항.

라 소멸시효기간이라는 점도 변상금과 동일하다.

구체적으로 연체료부과권(추상적 연체료채권)의 소멸시효기간은 원본채권 납부기한의 다음 날부터 5년이고, 연체료의 부과로 발생한 연체료징수권(구체적 연체료채권)은 연체료납부고지서상의 납부기한의 다음 날부터 5년의 소멸시효기간이 진행된다(법 제73조의3 제1항).

추상적 연체료채권은 연체료부과(고지)로서 소멸시효가 중단되어(법 제73조의3 제2항 제1호) 구체적 연체료채권으로 재탄생하며, 법 제73조의3 제2항 제2호 내지 제4호 등으로 사유로 소멸시효가 중단된다. 한편 원본채권의 분납기간과 징수유예기간 동안에는 연체료부과행위를 할 수 없을 뿐만 아니라 이 기간은 연체료부과기간에서 제외되므로, 이 기간 동안에는 연체료부과권의 소멸시효가 정지된다(법 제73조의3 제4항 제1호).

[**판례**] 구 국유재산법(2009. 1. 30. 법률 제9401호로 전부 개정되기 전의 것, 이하 '구 국유재산법'이라 한다)에서는 변상금 및 연체료의 부과권과 징수권을 구별하여 제척기간이나 소멸시효의 적용 대상으로 규정하고 있지 않으므로, 변상금 부과권 및 연체료 부과권도 모두 국가재정법 제96조 제1항에 따라 5년의 소멸시효가 적용된다. 그리고 구 국유재산법 제51조 제2항, 구 국유재산법 시행령(2009. 7. 27. 대통령령 제21641호로 전부 개정되기 전의 것) 제56조 제5항, 제44조 제3항의 규정에 의하면, 변상금 납부의무자가 변상금을 기한 내에 납부하지 아니하는 때에는 국유재산의 관리청은 변상금 납부기한을 경과한 날부터 60월을 초과하지 않는 범위 내에서 연체료를 부과할 수 있고, 연체료 부과권은 변상금 납부기한을 경과한 날부터 60월이 될 때까지 날짜의 경과에 따라 그때그때 발생하는 것이므로, 소멸시효도 각 발생일부터 순차로 5년이 경과하여야 완성된다(대법원 2014. 4. 10. 선고 2012두16787 판결).

2. 연체료 부과의 면제

영 제72조 제1항에 따라 연체료를 산정하여 원본채권 및 연체료의 납부를 고지했을 때, 그 납부고지(제1항 전단의 최초 납부고지를 말한다)에서 정한 납부기한까지 고지한 금액을 낸다면 고지한 날부터 낸 날까지의 연체료는 별도로 부과 · 징수하지 아니한다(같은 조 제2항).

제3절 연체료의 징수

Ⅰ. 연체료의 징수 일반

연체료의 부과로서 발생한 구체적 연체료채권을 현실적으로 거두어들이는 것을 연체료의 징수라고 한다. 연체료의 징수는 포괄적인 사실행위이지만, 체납연체료를 징수하는 과정에서 나타나는 압류 및 공매 등은 독자적인 행정처분이다. 현행 국유재산법은 연체료에 대한 독자적인 징수유예나 분할납부를 인정하지 않고 있으며, 연체료의 체납 시 연체료에 연체료를 붙일 수는 없고(법 제73조 제1항), 체납처분 절차를 통해 강제징수할 수 있다(같은 조 제2항).

연체료를 민사소송으로 청구할 수 없음은 변상금과 동일하다. 강제징수절차라는 간이한 공법적 특례가 마련되어 있기 때문이다. 국유재산 무단점유의 경우 변상금과는 별도로 부당이득이 성립되지만, 변상금 등 원본채권의 체납에는 부당이득이 별도로 성립되지 않는다.

Ⅱ. 변제충당의 순서

채무자가 원본채권과 연체료의 총액에 미치지 못하는 일부의 변제만 한 경우, 그 충당순서가 어떠한지에 따라서 잔존채무액에 큰 영향을 미친다. 만약 연체료보다 원본채권에 먼저 충당할 수 있다고 한다면 충당된 금액에 상응하는 연체료가 늘어나지 않아 채무자에게 유리하다. 국유재산법은 변제충당의 순서에 대하여 아무런 규정을 두고 있지 않으므로 국가채권관리법 제19조의2에 따라 원금보다 연체료에 먼저 충당할 수밖에 없다. 유관 법률인 공유재산법 및 각종 공물법도 원금우선충당의 특례를 규정하지 않고 있다.

결국 국유재산법상의 원본채권이 연체되고 그중 일부만 변제된 경우 원본채권보다 연체료에 우선하여 충당되어야 한다. 여러 개의 원본채권이 연체되어 있는 경우에도 마찬가지이지만 연체료 상호간, 원본채권 상호간에는 민법 제477조에 따른 법정충당의 순서가 적용되어야 한다.[16] 법정충당의 순서에 의하면, 각 채권의 이행기도래 여부, 변제이익의 다소 및 이행기 도래의 선후를 기준으로 우선충당 순위를 정하고, 그럼에도 불구하고 순위가 같을 때에는 각 채권액에 비례하여 충당해야 한다.

---

16) 지원림, 민법강의, 제17판, 홍문사, 2020, 978-979면.

국가채권관리법 제19조의2(채권의 징수 순위) 채권의 징수 순위는 다음 각 호의 순서에 따른다. 다만, 다른 법률 또는 계약에 특별한 규정이 있는 경우에는 다른 법률 또는 계약에 따른다.

1. 체납처분비
2. 연체금채권
3. 이자채권
4. 원금채권

민법 제477조(법정변제충당) 당사자가 변제에 충당할 채무를 지정하지 아니한 때에는 다음 각호의 규정에 의한다.

1. 채무중에 이행기가 도래한 것과 도래하지 아니한 것이 있으면 이행기가 도래한 채무의 변제에 충당한다.
2. 채무전부의 이행기가 도래하였거나 도래하지 아니한 때에는 채무자에게 변제이익이 많은 채무의 변제에 충당한다.
3. 채무자에게 변제이익이 같으면 이행기가 먼저 도래한 채무나 먼저 도래할 채무의 변제에 충당한다.
4. 전2호의 사항이 같은 때에는 그 채무액에 비례하여 각 채무의 변제에 충당한다.

Ⅲ. 연체료징수권의 소멸

연체료를 징수할 수 있는 재산관리청의 권한인 연체료징수권은 연체료채권을 그 집행주체의 측면에서 본 것이다. 연체료부과로 발생한 구체적 연체료채권은 원본채권(매각대금 제외)과 마찬가지로 그러나 원본채권과는 별개로 소멸하는데, 변제, 소멸시효(법 제73조의3)가 대표적인 소멸사유이다. 연체료징수권(연체료채권)은 연체료부과에 의한 납부기한의 다음 날로부터 5년이 지나면 시효로 소멸하는데(법 제73조의3 제1항), 압류 등 법정 중단사유(국유재산법 제73조의3 제2항, 민법 제168조 이하)가 있으면 소멸시효가 중단된다.

채무자의 소재불명, 무자력 등으로 강제징수에 의한 소멸시효 중단이 곤란한 특별한 사정이 있는 경우 공법상 당사자소송인 연체료채권존재확인소송으로 소멸시효를 중단시킬 필요성과 가능성은 변상금의 경우와 동일하다.

제4장 강제징수

제1절 강제징수 일반

Ⅰ. 의의 및 법적 성질

통상의 금전채권은 불이행될 때 민사소송법에 따라 법원에 지급소송을 제기해 집행권원(승소판결문)을 받아 민사집행법에 따라 채무자의 재산으로 만족을 받아야 한다. 그러나 국세, 지방세 또는 공과금의 경우 그 공익성을 이유로 징수에 있어서 특별한 공법적 규율을 하게 되는바, 행정상 강제징수에 따른 자력집행이 그것이다. 행정상 강제징수의 핵심은 행정기관이 집행권원 없이 채무자의 재산에 직접 압류하여 채권의 만족을 이룬다는 점이다. 국유재산법은 소정의 채권에 대하여 국세징수법 제10조와 같은 법의 체납처분에 관한 규정을 준용하여 강제징수할 수 있도록 규정하고 있다(제73조 제2항).

행정법상 금전급부의무의 불이행이 있는 경우에 의무자의 재산에 실력을 가하여 의무의 이행이 있었던 것과 같은 상태를 실현하는 작용을 행정상 강제징수라고 한다. 국세징수법의 강제징수절차를 고용산재보험료징수법, 국유재산법 등 많은 법률이 준용하므로 국세징수법이 행정상 강제징수에 관하여 사실상 일반법적인 지위를 가진다.[17)]

체납이란 국세징수법의 체납처분 절차에 따른 강제징수의 대상이 되는 국세, 지방세 또는 공과금을 납부기한까지 납부하기 아니하는 것을 말하고, 체납자란 국세 등을 체납한 자를 말한다(국세징수법 제2조 제2호, 제3호). 국세징수법의 강제징수절차가 독촉과 체납처분(압류, 매각 및 청산으로 이루어진다)으로 구성되므로 체납처분이 곧 강제징수로 여겨지기도 한다.

독촉, 압류 및 매각은 각자 행정처분의 성질을 가지며, 이러한 절차들은 서로 결합하여 1개의 효과를 완성하기 때문에 선행행위의 하자가 후행행위에 승계되는 등 선행행위의 후행행위에 대한 구속력이 있게 된다.[18)]

[참고 ⑯] 공과금

법률의 규정에 따라 발생, 부과·징수되는 국가, 지방자치단체의 채권으로서 납부기한까지 납부되지 아니하는 경우 국세징수법에 따라 강제징수 되는 채권이 있다. 이러한 채권의 전형은 조세채권이며 그 밖에 고용보험료, 국민건강보험료, 국민연금, 사용료, 시청료 등이 있는데, 이들을

---

17) 하명호, 앞의 책, 360면.

18) 하명호, 앞의 책, 360면.

통칭해서 공과금이라고 한다.[19] 국유재산법상 발생하는 국가채권인 변상금, 사용료·대부료, 연체료 등은 납부기한까지 납부되지 아니하는 경우 국세징수법에 따라 강제징수되므로 공과금에 해당한다. 공과금의 가장 큰 징표는 국세징수법에 따라 강제징수되는 것이지만, 또 하나 중요한 특징은 민사집행법과 국세징수법, 채무자회생 및 파산에 관한 법률 등에 따른 청산절차에서 조세를 제외한 그 밖의 채권에 우선하여 징수될 수 있다는 점이다. 이와 같은 우선징수권 유무는 각 공과금의 근거법률에서 찾아야 하는데 국유재산법은 변상금 등 국가채권에 우선징수권을 부여하지 않고 있다.[20] 결론적으로 국유재산법상 국가채권인 변상금 등은 우선징수권 없는 공과금으로 분류된다.

Ⅱ. 강제징수의 대상과 주체

1. 강제징수의 대상

사용료, 대부료, 관리 소홀에 따른 가산금, 변상금 및 연체료가 강제징수의 대상이다(법 제73조 제2항, 이하 이들을 강제징수채권이라고도 한다). 사법상의 채권인 대부료가 강제징수채권에 포함되는 것은 다소 이례적이며, 매각대금과 교환자금은 연체료부과 대상에는 포함되지만(같은 조 제1항) 강제징수채권에서는 제외된다.

2. 강제징수의 주체

국유재산법 제73조(연체료 등의 징수) ② 중앙관서의 장등은 국유재산의 사용료, 관리소홀에 따른 가산금, 대부료, 변상금 및 제1항에 따른 연체료가 납부기한까지 납부되지 아니한 경우에는 다음 각 호의 방법에 따라 「국세징수법」 제10조와 같은 법의 체납처분에 관한 규정을 준용하여 징수할 수 있다.

1. 중앙관서의 장(일반재산의 경우 제42조제1항에 따라 관리·처분에 관한 사무를 위임받은 자를 포함한다. 이하 이 호에서 같다)은 직접 또는 관할 세무서장이나 지방자치단체의 장(이하 "세무서장등"이라 한다)에게 위임하여 징수할 수 있다. 이 경우 관할 세무서장등은 그 사무를 집행할 때 위임한 중앙관서의 장의 감독을 받는다.
2. 제42조제1항에 따라 관리·처분에 관한 사무를 위탁받은 자는 관할 세무서장등에게 징수하게 할 수 있다.

---

19) 국세기본법은 제2조 제8호에서 공과금을 "국세징수법에서 규정하는 강제징수의 예에 따라 징수할 수 있는 채권 중 국세, 관세, 임시수입부가세, 지방세와 이에 관계되는 강제징수비를 제외한 것"으로 정의하고 있다.

20) 고용보험 및 산업재해보상보험의 보험료징수 등에 관한 법률, 국민건강보험법, 국민연금법, 개발이익환수에 관한 법률에서는 고용보험료·산업재해보상보험료, 국민건강보험료, 국민연금, 개발부담금에 우선징수권을 부여하고 있다.

통상의 재산관리청은 자신이 직접 또는 관할 세무서장이나 지방자치단체장에게 위임하여 강제징수를 할 수 있으나(법 제73조 제2항 제1호), 법 제42조 제1항에 따라 일반재산의 관리 · 처분 사무를 위탁받은 특수법인은 자신이 직접 강제징수할 수 없고 세무처장 등을 통하여 하여야 한다(같은 항 제2호). 집행권원 없이 채무자의 재산에 직접 압류를 가하는 강제징수의 침익성을 고려한 규정이다. 4대 보험료의 경우 건강보험공단이 체납처분하기 전에 소관 중앙관서의 장의 승인을 받도록 하고 있다.[21)]

제2절 강제징수 절차

국유재산법상 강제징수는 국세징수법 제10조와 동법의 체납처분에 관한 규정에 따라야 하므로(법 제73조 제2항), 조세법상의 강제징수 일반에 관한 설명이 대부분 원용이 된다. 이하에서는 국세징수법의 강제징수절차인 독촉, 재산의 압류, 압류재산의 매각 및 청산의 순서대로 기술하되, 국유재산법과 관련하여 특이하거나 문제가 되는 점 위주로 설명하도록 한다.

Ⅰ. 독촉

강제징수를 시작할 때는 독촉을 하여 체납처분의 개시를 예고하여야 한다(국세징수법 제10조 제1항). 강제징수절차로서의 독촉에는 소멸시효 중단의 효력이 있는데(법 제73조의3 제2항 제2호), 민법상 최고(민법 제174조)와 달리 확정적인 시효중단의 효력이 있다. 따라서 강제징수절차로서 독촉은 항고소송의 대상이 되는 행정처분이다. 독촉이 여러 차례 행하여 졌더라도 최초의 독촉만 강제징수 처분으로서 소멸시효 중단사유가 되며, 그 후에 한 동일한 내용의 독촉은 민법상 최고에 불과하다.[22)]

국세징수법 제10조 제1항은 채무자가 납부기한까지 완납하지 아니한 경우 납부기간이 지난 후 10일 이내에 독촉장을 발부하여야 한다고 하지만, 이는 국세의 과세처분과 강제징수 사이의 관계에 한정될 뿐이므로, 국유재산 관리기관이 이 기간에 구속되어 강제징수에 착수할 필요는 없다.

---

21) 국민연금법 제95조; 국민건강보험법 제81조; 고용산재보험료징수법 제28조.
22) 하명호, 앞의 책, 361면, 대법원 1999. 7. 13. 선고 97누119 판결 등.

Ⅱ. 재산의 압류

1. 압류의 의의

체납자가 독촉을 받고도 기한까지 이행하지 않는 때는 재산의 압류를 행한다. 압류란 체납자의 재산에 대하여 사실상 및 법률상의 처분을 금지시키고, 그것을 확보하는 강제보전행위이다.[23] 압류의 방법은 압류대상재산이 무엇인지에 따라 다른데, 부동산은 압류등기촉탁(국제징수법 제45조 제1항), 동산은 점유(같은 법 제48조), 채권은 제3채무자에게 통지(같은 법 제51조)의 방법으로 행한다. 재산을 압류한 때에는 압류조서를 작성하여야 한다(같은 법 제34조).

2. 압류대상재산

체납자의 소유로서 금전적 가치가 있고 양도할 수 있는 재산은 모두 압류의 대상이 된다. 주로 부동산, 자동차, 선박 및 항공기 등 등기 · 등록으로 공시되는 물건에 실행이 되며, 체납자가 이러한 재산을 소유하고 있는지 조회할 수 있는 권한이 강제징수 주체에게 법률상 부여되어 있는 경우가 대부분이다. 국유재산법은 재산조회권한에 대하여 특별히 규정하는 바가 없다.

사립학교법인의 기본재산도 압류의 대상이 되지만 공매할 때는 관할행정청(교육감, 교육부장관)의 허가를 받아야 한다. 사립학교법인의 기본재산 중에서 교지(校地), 교사(校舍), 기타 교육에 직접 사용되는 시설 · 설비 등은 공매가 금지된다(사립학교법 제28조, 동법 시행령 제12조).

사립학교법 제28조(재산의 관리 및 보호) ① 학교법인이 그 기본재산을 매도 · 증여 · 교환 또는 용도변경하거나 담보에 제공하고자 할 때 또는 의무의 부담이나 권리의 포기를 하고자 할 때에는 관할청의 허가를 받아야 한다. 다만, 대통령령이 정하는 경미한 사항은 이를 관할청에 신고하여야 한다.
② 학교교육에 직접 사용되는 학교법인의 재산 중 대통령령이 정하는 것은 이를 매도하거나 담보에 제공할 수 없다.
③ 「초 · 중등교육법」 제10조 및 「고등교육법」 제11조의 규정에 의한 수업료 기타 납부금(입학금 또는 학교운영지원비를 말한다. 이하 같다)을 받을 권리와 이 법 제29조제2항의 규정에 의하여 별도 계좌로 관리되는 수입에 대한 예금채권은 이를 압류하지 못한다.

[**판례**] 학교법인이 사립학교법 제47조 제1항에 의한 해산명령을 받아 해산되고 고등교육법 제62조 제1항에 의한 학교폐쇄 처분을 받아 사실상 학교법인으로서 실체를 상실하고 기능을 수행할 수 없게 된 경우에도 사립학교법 제28조 제1항이 여전히 적용되어 그 기본재산을 처분하고자 할 때에는 관할청의 허가를 받아야 한다고 해석함이 상당하다.
관할청의 해산명령으로 해산되어 사실상 학교법인으로서의 실체를 상실하고 기능을 수행할 수

23) 하명호, 앞의 책, 361면.

없게 된 경우에는 그 기본재산을 부당하게 감소시키는 것과 같은 극히 제한된 경우에 한하여 사립학교법 제28조 제1항을 적용하는 것이 입법 취지에 부합한다는 전제하에, 강제경매를 포함한 경매절차를 통하여 학교법인의 기본재산을 처분하는 것이 학교법인의 재산을 부당하게 감소시키는 경우에 해당하지 않으므로 이러한 경우에는 사립학교법 제28조 제1항의 적용이 배제된다고 판단한 원심판결에 대하여, 학교법인이 해산한 경우에도 사립학교법 제28조 제1항이 적용되어 관할청의 허가를 필요로 한다는 이유로 이를 파기한 사례(대법원 2010. 4. 8. 선고 2009다93329 판결).

3. 압류의 효력

압류로써 압류재산의 사실상·법률상 처분이 금지된다(국세징수법 제44조). 한편 압류는 강제징수채권의 소멸시효를 중단시키는 효력이 있고, 압류가 해제될 때까지 그 효력이 지속된다(법 제73조의3 제2항 제4호, 제3항 제3호).

국세징수법 제46조 제2항은 압류조서에 기재되지 아니한 다른 조세 체납액, 압류 후에 추가로 발생한 체납액에도 압류의 효력이 미친다고 하는바,[24] 이 규정이 국유재산법상의 강제징수에도 준용되는지 문제된다. 국유재산법은 국세징수법의 체납처분에 관한 규정을 준용한다고 하는데 국세징수법 제46조는 제3장 강제징수(체납처분)에 속해 있기 때문에 외형상으로는 이 규정도 준용되는 것처럼 보인다. 그러나 국유재산법 제73조 제2항은 강제징수의 절차를 국세징수법에 따르라는 취지로 해석하여야 한다. 압류의 효력이 다른 채권에도 미치는지는 실체법상 국민의 권리를 제한하거나 의무를 부과하는 내용으로서 국유재산법에서 그에 관한 명시적인 규정을 두어야 한다. 동일한 내용의 공유재산법 사례에서 법제처는 같은 이유로 압류조서에 기재하지 아니한 다른 체납액이나 추가로 발생한 체납액에 압류의 효력이 미치지 아니한다고 하였다.[25]

4. 교부청구와 참가압류

체납자에게 다른 강제징수가 시작되거나 강제집행, 파산선고 및 법인해산이 있는 경우 당해 집행기관에 대하여 체납액의 교부를 청구하여야 한다(국세징수법 제59조). 압류하려는 재산이 다른 기관에서 이미 압류한 경우에는 위의 교부청구 대신 참가압류 통지서를 선행압류기관에 송달함으로써 위 교부청구에 갈음하고 그 압류에 참가할 수 있다(같은 법 제61조). 교부청구에는

24) 국세징수법 제46조(부동산 등의 압류의 효력) ① 제45조에 따른 압류의 효력은 그 압류등기 또는 압류의 등록이 완료된 때에 발생한다.
② 제1항에 따른 압류의 효력은 해당 압류재산의 소유권이 이전되기 전에 「국세기본법」 제35조제2항에 따른 법정기일이 도래한 국세의 체납액에 대해서도 미친다.

25) 법제처 법령해석지원팀 07-144호, 2007. 6. 15.

압류와 마찬가지로 소멸시효중단의 효력이 있다(법 제73조의3 제2항 제3호).

Ⅲ. 압류재산의 매각과 청산

압류재산의 매각이란 체납자의 압류재산을 금전으로 환가하는 것을 말하는데, 학설과 판례는 공매(구체적으로는 공매절차 중 매각결정)의 법적 성질을 행정처분으로 본다.[26] 청산이란 체납처분에 의하여 수령한 금전을 체납채권 및 체납자에게 배분하는 행정작용을 말한다. 매각대금이 채권의 총액에 부족한 때는 법령에 따라 배분할 순위와 금액을 정하여 배분하여야 한다(국세징수법 제96조 제4항).

국유재산법상의 강제징수채권에는 아무런 우선권이 없기 때문에 압류재산 매각의 실익이 매우 낮고, 실제는 압류에 따른 소멸시효중단에 주요 목적이 있는 경우가 많다. 강제징수의 주체가 배분을 할 때에는 배분계산서를 작성하고 이를 체납자에게 교부하여야 하는데, 체납처분은 배분계산서를 작성함으로써 종결된다(같은 법 제98조).

---

26) 하명호, 앞의 책, 362면, 대법원 1998. 6. 26. 선고 96누12030 판결.

제5장 채권의 소멸, 면책 및 결손처분

제1절 채권의 일반적인 소멸원인

채권의 소멸은 채권관계 자체가 소멸하는 것과 개별 채권만 소멸하는 것으로 나눌 수 있는데, 사용허가의 취소·철회, 대부나 매매계약의 해제·해지, 변상금이나 연체료의 무효·취소 등은 전자에 해당하고, 변제, 공탁, 상계, 면제 및 소멸시효 등은 후자에 해당한다. 채권관계의 소멸에 대하여는 이미 설명하였으므로 이하에서는 변제 등에 의한 개별 채권의 소멸에 대하여만 설명한다.

Ⅰ. 변제

변제(Erfüllung)라 함은 채무의 내용에 좇은(민법 제460조) 급부가 실현되고, 이에 의하여 채권의 목적이 달성되어 채권이 소멸하는 것을 말한다.[27] 가장 일반적인 채권의 소멸원인이다. 제3자도 채무자를 대신하여 변제할 수 있는 것이 원칙이며(민법 제469조), 국유재산 관련 국가채권도 다르지 않다. 일부변제는 채무의 승인(민법 제168조 제3호)으로서 소멸시효 중단의 효력이 있다.

Ⅱ. 대물변제

대물변제(Leistung an Erfüllung Statt)란 채무자가 부담하는 원래의 급부에 갈음하여 다른 급부를 현실적으로 함으로써 채권을 소멸시키는 변제자와 채권자 사이의 계약을 말하며, 변제와 동일한 효력이 있다. 대물변제는 계약으로서 재산관리기관의 승낙이 있어야 하고(민법 제466조), 채무자가 일방적으로 할 수 없다.

국유재산법은 대물변제에 관한 규정을 두지 아니하므로 국유재산관리기관은 대물변제계약으로 국가채권을 소멸시킬 수 없다. 「상속세 및 증여세법」은 상속세를 부동산, 유가증권 및 문화재 등으로 물납하게 할 수 있는 규정을 둠으로써 대물변제를 허용하고 있다(제73조, 제73조의 2).

---

27) 김대휘, 민법주해XI, 총칙(4), 박영사, 2013, 15면.

Ⅲ. 상계

상계(Verrechnung)란 채권자와 채무자가 서로 동종의 채권 · 채무를 가지고 있는 경우에, 그 채권 · 채무를 대등액에서 소멸시키는 당사자 일방의 일방적 의사표시(단독행위)를 말한다.[28)]

국가가 국가 외의 자에게 이행해야 할 금전채무가 있는데, 마침 국가도 그 자에게 받을 금전채권이 있을 경우, 국가가 이 둘을 상계할 수 있다면 국가는 간이하고 확실하게 국가채권을 징수하는 결과를 얻게 된다.[29)] 국유재산과 관련하여 좀 더 구체적으로 보자면, 국가가 국가 외의 자에게 이행해야 할 금전채무가 있는데(주로 과오납금 등 환급금이 될 것이다), 마침 국가도 그 자에게 받을 사용료, 변상금 및 매매대금 등이 있을 경우, 국가가 이 둘을 상계할 수 있다면 간이하고 확실하게 채권을 징수할 수 있게 된다.

이렇게 국가가 사인에게 이행해야 할 금전채무가 있을 때, 그로부터 받아야 할 금전채권이 있는지 알아보고, 대등액에서 상계함으로써 국가채권의 징수율을 높이는 것은 국가재정상 바람직한 일일 것이다. 그러나 국가채권은 채권별로 징수권한을 가진 행정기관이 따로 정해져 있고, 국가채권을 징수하여 국고에 납입함이 없이 직접 사용하지 못한다는 제한이 있어 마냥 국가채무를 국가채권으로 상계할 수 있는지 의문이 있게 된다. 이하에서는 국가채권을 자동채권으로 상계할 수 있는지에 대한 일반적인 가능성과 국가재정법상의 한계를 살펴보도록 한다.

1. 국가채권을 자동채권으로 국가가 하는 상계

(1) 일반적인 가능성

국가채권을 자동채권으로 국가가 하는 상계란, 국가가 국가채권을 자동채권으로 상대방에게 상계의 의사표시를 하는 것을 말한다. 국가가 하는 상계에 대하여 민법과 국가재정법 등 일반 법률에서 직접적인 규정을 두고 있지는 않지만 개별 법률에서 비교적 넓게 상계 또는 환급금의 충당을 규정하고 있다. 국가계약법은 국가의 대금지급 지연이자와 계약상대방의 지체상금을 서로 상계할 수 있다고 하고(제15조 제3항), 국가유공자법은 국가보훈처장이 국가의 대부원리금채권을 자동채권으로 하여 보훈급여금과 상계할 수 있다고 하며(제59조), 국세기본법은 세무서장이 국세환급금을 국세에 충당[30)]하도록 규정하고 있다(제51조). 그 밖에 국가채권관리법 시행규칙은 국가채권을 자동채권으로 하는 상계를 전제로 제12조 내지 제14조 등을 규정하고 있는

28) 지원림, 앞의 책, 1022면.

29) 반대의 경우도 상정해 볼 수 있지만 상계의 채권담보 효과는 사인보다 국가에 주효하므로 이 책에서는 국가가 국가채권을 자동채권으로 국가 외의 자에게 상계하는 것을 주로 상정한다.

30) 세법상 충당은 과세관청이 환급할 세액과 납세자가 납부할 세액이 서로 대립하는 경우, 그 대등액을 동시에 소멸시키는 것으로서 상계와 유사하다. 다만 상계는 당사자 일방의 상대방에 대한 의사표시로 하지만, 충당은 법정 요건이 충족되면 과세관청이 일방적으로 집행한다는 점에서 차이가 있다.

바, 이는 국가채권 일반에 상계가 허용됨을 나타낸다고 볼 수도 있다.[31]

생각건대 국가채권을 수동채권으로 상대방이 하는 상계는 국가채권의 성질상 곤란하다고 할 수 있으나, 국가채권을 자동채권으로 국가가 하는 상계는 국가채권의 성질상 곤란할 것이 없다. 결국 법률의 규정에 의한 금지가 있는지에 따라 상계 가부가 결정될 것인데, 국가채권의 영역에서는 지방세징수법 제21조와 같은 일반적인 금지규정이 없으므로 국가채권을 자동으로 국가가 하는 상계는 원칙적으로 허용이 된다고 할 것이다.

대법원은 벌금채권을 자동채권으로 하는 상계를 금지하는 특별한 법률상 근거가 없는 이상 벌금채권이 상계의 자동채권이 되지 못할 아무런 이유가 없다고 하였고(대법원 2004. 2. 27. 선고 2003다37891 판결), 조세채권을 자동채권으로 하는 국가의 상계도 일반적으로 허용된다는 취지로 판시하였다(대법원 1988. 6. 14. 선고 87다카3222 판결[32]).

[판례] 가. 상계는 쌍방이 서로 상대방에 대하여 같은 종류의 급부를 목적으로 하는 채권을 가지고 자동채권의 변제기가 도래하였을 것을 그 요건으로 하는 것인데, 형벌의 일종인 벌금도 일정 금액으로 표시된 추상적 경제가치를 급부목적으로 하는 채권인 점에서는 다른 금전채권들과 본질적으로 다를 것이 없고, 다만 발생의 법적 근거가 공법관계라는 점에서만 차이가 있을 뿐이나 채권 발생의 법적 근거가 무엇인지는 급부의 동종성을 결정하는 데 영향이 없으며, 벌금형이 확정된 이상 벌금채권의 변제기는 도래한 것이므로 달리 이를 금하는 특별한 법률상 근거가 없는 이상 벌금채권은 적어도 상계의 자동채권이 되지 못할 아무런 이유가 없다.

나. 벌금형에는 일반 민사채권과는 달리 납부명령 및 독촉, 소재수사 및 출국금지 조치, 징수명령 등의 집행절차상 제도들이 갖추어져 있고, 특히 자연인에 대하여 부과된 벌금에 관하여는 노역장 유치에 의한 집행도 가능하나, 위와 같은 제도들은 어느 것이나 확정된 벌금의 징수를 용이하게 하자는 데 그 근본 취지가 있는 것이어서 그러한 제도들의 존재가 벌금채권의 실현을 더욱 확실히 담보하는 상계의 가능성을 배제할 근거로 된다고 보기 어렵고, 특히 상계를 허용하지 아니 한다면 소재수사, 출국금지, 노역장 유치 등의 강제적 수단에 의지할 수밖에 없는 결과가 되어 오히려 부당하며, 더구나 이 사건과 같이 벌금 채무자가 법인인 경우 노역장 유치 등의 방법은 통용될 여지가 없으므로 위와 같은 사정은 어느 것이나 벌금을 자동채권으로 하는 상계를 부인할 근거가 되기에 부족하다. 또한, 벌금형을 자동채권으로 하는 상계만을 허용하는 것이 국가를 다른 채권자보다 합리적 이유 없이 우대하는 것이라고 할 수도 없다(대법원 2004. 2. 27. 선고 2003다37891 판결).

---

31) 김기환, "상계에 관한 연구", 박사학위논문, 서울대학교대학원, 2014. 2, 145면.

32) 이 판결이 결론에 있어서는 국가의 상계주장을 배척하였으나, 조세채권을 자동채권으로 하는 상계의 가능성을 적어도 이론적으로는 배제하지 아니하고 있다(심준보, 벌금을 자동채권으로 하는 상계의 가부, 대법원판례해설 49호, 2004, 147면). 한편 조세채권을 자동채권으로 하는 상계는 국세기본법 제51조에 규정된 국세환급금 충당과는 다르다.

(2) 국가가 하는 상계의 한계

위에서 본 바와 같이 국가채권을 자동채권으로 국가가 하는 상계가 일반적으로 가능하지만, 국가채권에 특유한 사정이나 규정 때문에 실제 상계하기 곤란한 상황이 발생할 수도 있다. 이러한 사정이나 규정은 상계의 효력에 영향을 미치기도 하지만, 단속규정에 불과한 것도 있다.

1) 집행기관·부서의 차이

국가채권을 자동채권으로 상계한다고 할 때, 상계의 의사표시를 어느 기관에서 해야 하는지도 중요한 문제이다. 상계는 자동채권을 희생하여 수동채권을 소멸시키는 것이므로 상계를 하는 기관이 자동채권의 급부를 수령할 권한과 수동채권을 이행할 권한을 모두 가지고 있어야 한다. 국가의 경우 두 권한이 서로 다른 기관·부서에 속하는 경우가 많다. 채권추심을 담당하는 기관·부서와 채무지급을 담당하는 기관·부서가 다를 수 있는 것이다. 자동채권과 수동채권의 집행기관이 다를 경우, 달리 명문의 규정이 없는 한 자동채권을 집행하고 수동채권을 이행할 권한을 모두 갖는 상위의 기관·부서가 상계의 의사표시를 할 수밖에 없을 것이다. 상계는 자동채권의 집행과 수동채권의 이행의 성격을 모두 가지기 때문이다.

행정행위를 하려면 법률상 근거가 필요하다(법률유보 원칙). 자동채권의 집행근거와 수동채권의 이행근거를 결합하여 상계의 근거를 간접적으로 추론할 수도 있겠지만 바람직하지 않다. 특히 공법상 채권을 자동채권 또는 수동채권으로 하는 상계에 관하여는 법률상 근거가 필요하다고 할 것이다. 상계의 요건 및 효과에 관하여도 원칙적으로는 공법상 상계에 관한 세부적인 별도의 규정이 필요하다고 할 것이다.[33)]

변상금부과절차에 위반이 발견되어 새로이 적법한 변상금부과를 하는 경우, 부과취소로 반환할 변상금(수동채권)과 새로 발생한 변상금(자동채권)을 서로 상계하는 것은 동일한 기관·부서 소관이므로 적어도 집행기관·부서의 차이에 따른 상계곤란은 없을 것이다.

2) 소관 수입의 직접 사용 금지

국고금관리법 제7조(수입의 직접 사용 금지 등) 중앙관서의 장은 다른 법률에 특별한 규정이 있는 경우를 제외하고는 그 소관 수입을 국고에 납입하여야 하며 이를 직접 사용하지 못한다.

자동채권과 수동채권의 집행기관이 동일하더라도 국가채권을 자동채권으로 하는 상계에는 국고금관리법 위반의 문제가 있다. 동법은 법률에 특별한 규정이 없다면 소관 수입을 국고에 납입함이 없이 직접 사용하지 못하게 하기 때문이다(제7조).

국세기본법은 세무서장이 국세환급금(수동채권)을 체납국세(자동채권)에 충당시킬 수 있다고

---

33) 김기환, 앞의 논문, 148면.

명시함으로써 국고금관리법 제7조의 문제를 직접 해결하고 있다(제51조). 특히 다른 세무서에 체납된 국세를 포함한다고 하여 집행기관·부서의 차이에 따른 상계곤란의 문제까지 해결하고 있다. 아울러 국민연금, 국민건강보험 등 4대 보험료 채권은 비록 국가채권이 아니어서 국고금관리법 제7조의 문제가 없고, 집행기관의 차이에 따른 상계곤란의 문제가 없지만, 환급금의 충당에 관한 명문의 규정을 둠으로써 채권의 성질 및 상계적상 등 일반적인 상계요건상의 문제들을 해결하고 있다.[34)]

국세기본법 제51조(국세환급금의 충당과 환급) ② 세무서장은 국세환급금으로 결정한 금액을 대통령령으로 정하는 바에 따라 다음 각 호의 국세 및 체납처분비에 충당하여야 한다. 다만, 제1호(「국세징수법」 제14조에 따른 납기전 징수 사유에 해당하는 경우는 제외한다) 및 제3호의 국세에의 충당은 납세자가 그 충당에 동의하는 경우에만 한다.

1. 납세고지에 의하여 납부하는 국세
2. 체납된 국세 및 체납처분비(다른 세무서에 체납된 국세 및 체납처분비를 포함한다)
3. 세법에 따라 자진납부하는 국세

③ 제2항제2호에의 충당이 있는 경우 체납된 국세 및 체납처분비와 국세환급금은 체납된 국세의 법정납부기한과 대통령령으로 정하는 국세환급금 발생일 중 늦은 때로 소급하여 대등액에 관하여 소멸한 것으로 본다.
④ 납세자가 세법에 따라 환급받을 환급세액이 있는 경우에는 그 환급세액을 제2항제1호 및 제3호의 국세에 충당할 것을 청구할 수 있다. 이 경우 충당된 세액의 충당청구를 한 날에 해당 국세를 납부한 것으로 본다.

3) 국가채권의 성질에 의한 한계

상계를 하려면 자동채권과 수동채권이 서로 같은 종류이어야 한다(민법 제492조 제1항). 국가의 자동채권은 조세, 벌금 등 공법상 발생하고 체납처분 등 특수한 절차에 따라 징수되고, 국가의 수동채권은 일반적인 민사채권이라면 양자가 서로 같은 종류라고 할 수 있을까. 벌금이나 조세와 같이 공법상의 법률관계에서 발생한 금전채권도 상계를 금지하는 특별한 법률의 규정이 없는 이상 국가가 이를 자동채권으로 하여 다른 채권과 상계할 수 있다는 것이 일반적인 견해이고,[35)] 대법원도 국가가 벌금·조세채권을 자동채권으로 하여 상대방의 민사채권과 상계할 수 있다고 판시하였다.[36)]

대법원 2004. 4. 27. 선고 2003다37891 판결의 원심(서울고등법원 2003. 6. 27. 선고 2003나5599 판결)은 벌금형은 비록 이를 집행할 때에 민사집행법의 규정이 준용되고 검사의 집행명령

34) 국민연금법 제100조, 국민건강보험법 제86조, 고용산재보험료징수법 제23조 등.
35) 지원림, 앞의 책, 1026면.
36) 대법원 2004. 4. 27. 선고 2003다37891 판결, 대법원 1988. 6. 14. 선고 87다카3222 판결.

에 집행력 있는 집행권원과 동일한 효력이 인정되고는 있으나, 그 집행절차상 일반 민사채권의 집행과는 달리 여러 가지 특수성(납부명령 및 독촉, 소재수사 및 출국금지 조치, 징수명령 등)이 인정됨은 물론, 자연인에 대하여 부과된 벌금에 관하여는 노역장 유치에 의한 집행도 가능한 점 등에 비추어 볼 때 그 본질은 형벌의 일종으로서 민사소송절차에 의하여 권리보호를 받는 민사법상의 채권으로 보기는 어렵다고 하여 상계를 기각하였다. 이에 대하여 대법원 2004. 4. 27. 선고 2003다37891 판결은 벌금채권을 자동채권으로 하는 상계에 한해 이를 허용하면서 원심 판결을 파기하였다. 그 이유로 ① 벌금도 일정 금액으로 표시된 추상적 경제적 가치를 급부목적으로 하는 채권인 점에서는 다른 금전채권들과 본질적으로 다를 것이 없고, 다만 발생의 법적 근거가 공법관계라는 점에서만 차이가 있을 뿐이나 채권 발생의 법적 근거가 무엇인지는 급부의 동종성을 결정하는 데 영향이 없다는 점, ② 벌금형에 있는 납부명령 및 독촉, 소재수사 및 출국금지 조치, 징수명령 등의 집행절차상 제도와 노역장 유치에 의한 집행제도들은 확정된 벌금의 징수를 용이하게 하자는 데 취지가 있는 것이고 그러한 제도들의 존재가 벌금채권의 실현을 더욱 확실히 담보하는 상계의 가능성을 배제할 근거로 된다고 보기 어렵다는 점, ③ 벌금형을 자동채권으로 하는 상계만을 허용하는 것이 국가를 다른 채권자보다 합리적 이유 없이 우대하는 것이라고 할 수도 없다는 점을 설시한다.[37] 이 대법원 판결에 대하여, 민법상 상계의 요건을 충족하고 있고, 벌금형에 관한 특수한 제도는 벌금 징수를 확보하기 위한 것이기 때문에 국가 측에서 보다 강력한 징수 수단으로 상계권을 행사하는 것을 배제하는 이유가 될 수 없고, 검사가 소송수행자로서 상계를 주장하는 것이기 때문에 검사의 벌금 집행권한을 침해하는 것이 아니라고 하여 결론에 동의하는 견해가 있다.[38]

국유재산 관련 채권 중에서 변상금채권이 국유재산법에 따라 발생하고, 강제징수절차에 따라 징수되는 등 특수한 성격이 있으나, 다수설과 대법원 판례에 의할 때 채권의 동종성에 관한 특별한 문제는 없어 보인다.

4) 상계적상

국가가 국가채권을 자동채권으로 하여 상대방의 채권과 상계하려면 국가채권의 이행기가 도래해 있어야 한다(민법 제492조 제1항). 국유재산 관련 국가채권의 경우 변상금, 매매대금 등은 이행기와 관련하여 특별한 문제가 없겠으나 사용료의 경우 매년 금액이 새롭게 정해지고, 매년 선납하므로 상계적상이 문제될 수 있다. 즉 국가가 사용자에게 환급해야 할 과오납금이 있을

37) 김기환, 앞의 논문, 146면.

38) 심준보, "벌금을 자동채권으로 하는 상계의 가부," 대법원판례해설 제49호(2004년 상반기), 2004. 12, 142면 이하. ① 벌금 채권은 집행이 어려운 경우가 많지만 국가에 대한 채권은 그 만족이 사실상 보장되어 상계를 허용하지 않더라도 불이익이 크지 않고, ② 벌금채권에 대한 상계를 허용하면 형벌권 행사가 침해될 수 있고, ③ 예산 회계 기능의 수행에 지장이 올 수 있다고 한다. 김기환, 앞의 논문, 각주 657에서 재인용.

때, 이를 내년도 사용료와 상계하기 곤란한 상황이 있을 수 있는 것이다. 국세기본법은 납세자의 동의 또는 청구로 조세채권(자동채권)의 이행기가 도래하지 않더라도 국세환급금으로 충당할 수 있도록 명문의 규정을 두고 있다(제51조 제2항, 제4항).

5) 수동채권의 상계금지

국가채권을 자동채권으로 상계할 수 있다고 하더라도 수동채권이 법률상 상계금지 대상으로 규정되지 않아야 한다. 민법은 고의의 불법행위에 의한 손해배상채권, 압류금지채권, 지급금지채권 등을 상계금지 수동채권으로 규정하고 있다(제496조 내지 제498조).

국유재산 관련 채권의 경우 국유재산 매각대금을 각종 지방자치단체의 기금에 일정부분 납부해야 할 경우가 있는데,[39] 해당 지방자치단체에 대한 변상금채권을 자동채권으로 해서 상계할 수 있는지가 현실적으로 문제된다. 기금의 근거 법률에서 해당 기금의 용도를 정해 놓고 그 외의 용도로 지출을 못하도록 규정한다면 결국 국가가 변상금채권 등으로 기금납부금을 상계하지 못한다는 결론에 이를 수 있다.

대법원은 구 주택건설촉진법이 국민주택기금의 용도를 정해 놓고 그 외의 용도로 지출을 금지한다는 이유로 관련 상계약정을 무효로 판시한 바, 도시정비법이 도시·주거환경정비기금의 용도를 엄격하게 제한하므로(제126조제3항), 국가가 변상금 등 국가채권으로 그 납부금을 상계하기 곤란하다고 할 것이다.

[판례] [1] 구 주택건설촉진법(1999. 2. 8. 법률 제5908호로 개정되기 전의 것) 제10조의4 제1항은 '국민주택기금은 국민주택의 건설, 국민주택건설을 위한 대지조성사업 등의 용도 외로는 이를 운용할 수 없다'고 규정하고 있는바, 이는 주택건설종합계획을 효율적으로 실시하기 위하여 필요한 자금을 확보하고 이를 원활히 공급하기 위하여 정부의 재원으로 조성하여 설치한 국민주택기금을 그 설치 목적에 들어맞는 용도로 엄격히 제한하여 운용하려는 데 그 입법 취지를 두고 있으므로, 국민주택기금 운용제한 규정은 강행규정으로서 이에 위반한 행위는 그 효력이 없다.

[2] 금융기관의 건설회사에 대한 대출금반환채권과 건설회사의 금융기관에 대한 국민주택기금 융자금채권의 상계약정은 국민주택기금을 그 용도 외로 사용하기로 하는 것으로서 구 주택건설촉진법(1999. 2. 8. 법률 제5908호로 개정되기 전의 것) 제10조의4 제1항에 위반되어 무효이다(대법원 2006. 12. 21. 선고 2004다17054 판결).

(3) 소결

국가는 국유재산 관련 채권을 자동채권으로 하여 그 상대방의 국가에 대한 채권과 상계할 수 있음이 원칙이겠으나, 자동채권과 수동채권을 담당하는 기관·부서가 동일해야 하고, 자동채

39) 예컨대, 국유지 매각대금 중 일정부분을 도시·주거환경정비기금에 납부하는 경우(도시정비법 제126조 제2항 제4호).

권이 이행기에 있어야 하며, 나아가 수동채권이 법상 상계금지 되지 않아야 하므로, 결국 변상금 · 연체료 부과절차에 위반하여 새로이 변상금 · 연체료부과를 하는 경우 부과취소로 반환할 변상금 · 연체료(수동채권)와 새로 발생한 변상금 · 연체료(자동채권)를 서로 상계하는 정도가 무난할 것이다. 그러나 이마저도 소관 수입의 직접 사용금지 규정(국고금관리법 제7조)에 위배될 수 있으므로 국유재산 관련 과오납금 · 환급금의 법정충당에 관한 규정을 둘 필요가 있다.

2. 국가채권을 수동채권으로 상대방이 하는 상계

국가채권을 수동채권으로 상대방이 하는 상계란, 상대방이 국가채권을 수동채권으로 국가에 상계의 의사표시를 하는 것을 말한다. 앞서 국가가 국가채권(이 책에서는 국유재산 관련 채권을 중심으로)을 자동채권으로 하여 상대방의 채권과 상계함으로써, 국가채권을 간이하고 확실하게 징수하는 방안의 가능성과 그 한계에 대하여 기술하였다. 그렇다면 그 반대의 경우도 가능할까. 국가가 하는 상계와 국가가 당하는 상계를 구별할 필요성은 ① 국가는 채무이행을 확실히 하는 반면 사인은 무자력 등으로 채무를 이행하지 못하거나 하지 않을 가능성이 상존한다는 점, ② 국가채권을 확보하는 것은 국가의 공익적 목적을 고려하여 볼 때 사인의 채권보다 우선시할 필요가 있다는 점 등이다.[40]

국가가 가지는 법인격이 하나라고 하여 개개인이 전혀 연관성이 없고 분야가 상이한 채권을 가지고 상계를 하는 것은 부당하다. ① 국가가 우리 생활에 관여하는 부분이 광대하여 서로 관련이 없는 법률관계가 단지 당사자가 국가라는 이유만으로 연관하는 것은 타당성이 없다. 형사재판으로 확정된 벌금채무, 교통법규 위반에 의한 범칙금 · 과태료, 국가공무원으로서의 임금채권, 물건 판매에 따른 부가가치세, 토지 수용에 따른 수용보상금채권 등 서로 다른 채권을 상계로 처리하는 것은 혼란만 초래할 것이다. ② 행정력의 낭비를 초래 할 수 있다. 앞의 예와 같이 서로 관련 없는 채권에 대하여 상계를 허용하기 위하여 관련 없는 분야에 대하여 정부 전체가 연결되는 전산망을 형성하도록 요구하는 것은 행정비용을 불필요하게 증가시킬 수 있고 개인정보유용의 위험도 커지게 된다. ③ 비교법적 검토[41]에서도 정부 일반에 관하여 관련 없는 채무 사이에 상계를 부정하는 것이 일반적이다.[42]

개인이 국가에 대한 벌금채권을 수동채권으로 하여 상계할 수 있는지에 대하여 위 대법원 2004. 4. 27. 선고 2003다37891 판결은 특별한 이유를 설시함이 없이 부정하였고, 이에 대하여 ① 벌금 채권은 집행이 어려운 경우가 많지만 국가에 대한 채권은 그 만족이 사실상 보장되어

40) 김기환, 앞의 논문, 147면.
41) 사인이 국가에 대하여 하는 상계 일반에 관하여는 독일, 오스트리아와 같이 동일한 금고(계정)에 대한 채권으로 하는 상계를 폭넓게 허용하는 입장, 스위스와 같이 국가의 동의가 있을 때에 상계를 허용하는 입장, 일본과 같이 상계를 전면적으로 금지하는 입장이 있다(김기환, 앞의 논문, 149면).
42) 김기환, 앞의 논문, 147면.

상계를 허용하지 않더라도 불이익이 크지 않고, ② 벌금채권에 대한 상계를 허용하면 형벌권 행사가 침해될 수 있고, ③ 예산회계 기능의 수행에 지장이 올 수 있음을 이유로 대법원 판결을 지지하는 견해가 있다.[43] 이러한 논리는 국유재산 관련 국가채권에서도 마찬가지로 원용할 수 있다. ① 국유재산 관련 채권 특히 변상금채권은 연체료부과 및 체납처분절차에 따른 강제징수 등의 특별조치가 가능하지만, 징수기관의 과세정보요청권한 및 우선변제권한이 없는 등 그 징수에 어려움이 있는 반면 사인의 국가에 대한 채권은 거의 100% 추심이 가능하다는 점, ② 변상금채권에 대한 사인의 상계를 허용하면 국유재산 무단점유해소를 위한 국가의 제재수단이 무력화될 수 있다는 점, ③ 국유재산은 총괄청과 각 중앙관서의 장으로 소관청이 나누어져 있고, 소관청별로 채권징수권한을 가진다는 점, ⑤ 기타 사인의 국가에 대한 상계를 허용하면 예산총계주의(국가재정법 제17조, 제53조), 소관 수입의 직접사용 금지(국고금관리법 제7조) 등 국가재정상의 원칙이 훼손된다는 점 등에 비추어 볼 때, 국유재산법에 특별한 규정을 두지 않는 한 사인이 국가를 상대로 상계하여 국유재산 관련 채권을 소멸시키는 것은 허용될 수 없다고 할 것이다.

국세기본법은 국세와 국세환급금을 충당하는 주체를 국가로 하면서도 납세자가 동의나 청구의 형태로 충당에 관여할 수 있도록 하고 있다(제51조 제2항, 제4항).

Ⅳ. 변제공탁

1. 공탁의 의의

공탁(Hinterlegung)이라 함은 널리 법령의 규정에 따른 원인에 기하여 금전, 유가증권 기타의 물품을 국가의 기관인 공탁소에 임치함으로써 법령에서 정한 일정한 목적을 달성케 하는 제도이다.[44] 이러한 공탁은 그 원인에 따라 변제공탁, 보증공탁, 집행공탁, 보관공탁, 몰취공탁 등으로 나눌 수 있는데, 국유재산법상 논의의 실익과 필요성이 있는 것은 변제공탁에 한정된다.

변제공탁은 채무자가 금전 기타의 재산의 급부를 목적으로 하는 채무를 부담하는 경우에 채권자측에 존재하는 일정한 사유에 의하여 변제를 할 수 없거나 채무자의 과실 없이 채권자가 누구인가를 확지할 수 없어 변제를 할 수 없는 사정이 있는 때에 채무자가 목적물을 공탁하는 것에 의하여 채무를 면하는 제도이다.[45]

변제공탁은 채권자의 의사와 무관하게 채무자가 일방적으로 그 절차를 진행할 수 있으므로 국유재산 관련 국가채권의 채무자도 할 수 있고, 실제 일어나고 있다.

---

43) 심준보, "벌금을 자동채권으로 하는 상계의 가부," 대법원판례해설 제49호(2004년 상반기), 2004. 12, 142면 이하.
44) 이동명, 민법주석(XI), 채권(4), 박영사, 2013, 224면.
45) 이동명, 앞의 책, 265면.

2. 변제공탁의 원인

변제공탁의 원은 ① 채권자의 변제수령의 거절 또는 불능, ② 변제자가 과실 없이 채권자를 알 수 없는 경우(불확지공탁)이다(민법 제487조). 국유재산 관련 국가채권의 존부, 채권액 등에 대한 다툼이 있는 경우, 재산관리기관은 소송촉진법에 따른 고율의 반환이자를 우려해 수령거절을 하고, 상대방은 국유재산법에 따른 연체료를 우려해 변제공탁을 하는 경우가 있다. 국유재산 관리체계의 복잡함으로 인하여 불확지공탁이 일어날 수도 있다.

3. 변제공탁의 효과

공탁에 의하여 채무자는 채무를 면한다(민법 제487조). 즉 변제공탁이 적법하다면, 채권자가 공탁물출급청구를 하였는지 여부와 무관하게 공탁을 한때에 변제의 효력이 발생하여 채무는 소멸한다. 그런데 공탁의 효과로 채무가 소멸하지만, 그 효과는 확정적인 것이 아니다. 왜냐하면 공탁자는 일단 행한 공탁을 철회하고 공탁물을 회수함으로써 채무가 소멸하지 않았던 것으로 할 수 있기 때문이다(민법 제489조 제1항).

국유재산 관련 국가채권의 채무자가 적법하게 변제공탁을 했다면 재산관리기관이 이를 출급했는지를 불문하고 해당 국가채권은 소멸하였으므로 연체료부과, 강제징수 등의 조치를 취할 수 없다. 훗날 해당 국가채권의 전부 또는 일부가 발생하지 않은 것으로 밝혀졌다면 국가는 공탁한 날의 다음 날부터 반환하는 날까지 고시이자를 붙여 반환하여야 한다(국유재산법 제75조).

Ⅴ. 경개

경개란 신채무를 성립시키고 구채무를 소멸시키는 유상계약을 말한다(민법 제500조 이하). 국유재산법은 국유재산 관련 국가채권의 경개계약을 규정하고 있지 않으므로 경개가 성립하기 곤란하다.

Ⅵ. 면제

채무의 면제란 채권을 무상으로 소멸시키는 채권자의 처분행위(민법 제506조), 즉 채권자의 일방적인 채권의 포기행위를 말한다.[46] 채권자의 의사로 채권을 소멸시킨다는 점에서 법률의 규정에 의한 면제[47]와 다르고, 금액이 정해진 구체적 채권을 소멸시킨다는 점에서 부과의 면제(국유재산법 제72조 제1항 단서 등)와 다르다.

---

46) 지원림, 앞의 책, 1043면.
47) 산업입지법 제21조 제1항 제17호, 제3항, 택지개발촉진법 제11조 제3항, 도시정비법 제57조 제7항 등.

국유재산 관련 채무의 면제에는 재산관리기관의 처분행위를 요하므로 국유재산법 등 관련 법률에 근거가 있어야 하는데, 현재 국유재산법은 행정재산을 기부한 자(제34조 제1항 제1호), 건물 등을 신축하여 기부하려는 자(같은 항 제1호의2), 지방자치단체(같은 항 제2호), 공공단체(같은 항 제3호) 및 천재지변 · 재산으로 사용허가 · 대부받은 재산을 사용하지 못한 자(제34조 제2항) 등에 대한 사용료면제를 규정하고 있다.

그 밖에 다른 법률에서 국유재산의 사용료 · 대부료 면제를 규정하는 경우가 있는데, 국유재산특례제한법은 국유재산법에 따르지 않는 국유재산 사용료를 국유재산특례로 규정하고(제2조 제1호), 동법 별표에 규정된 법률에 의하지 아니하고는 이를 규정할 수 없게 한다(제4조). 현재 국유재산특례제한법 별표에 규정된 200여 개 법률의 대부분이 국유재산법의 사용료를 면제하거나 감경하는 규정을 두고 있다.

Ⅶ. 혼동

혼동은 채권과 채무가 동일한 주체에게 귀속하는 것(민법 제507호), 다시 말하면 한 사람이 동일한 채권의 채권자이면서 채무자로 되는 것을 말한다. 원칙적으로 혼동에 의하여 채권은 소멸한다.[48] 혼동은 채권자의 의사와 무관하게 일어나고 국유재산 관련 국가채권에 혼동을 금지하는 법률의 규정도 없지만, 국유재산 관련 국가채권이 혼동으로 소멸하는 것은 상정하기 어렵다.

Ⅷ. 소멸시효

국유재산 관련 국가채권의 소멸원인은 대부분이 변제이고, 그 외의 소멸원인에서 가장 큰 비중을 차지하는 것은 소멸시효이다. 특히 소멸시효는 재산관리기관의 의사와 무관하게 소멸시효기간의 도과라는 사실에 의하여 이루어진다는 점에서 특별하다. 자세한 내용은 항을 바꾸어 설명하도록 한다.

48) 지원림, 앞의 책, 1044면.

제2절 소멸시효

Ⅰ. 적용법률

국유재산법 제73조의3(소멸시효) ① 이 법에 따라 금전의 급부를 목적으로 하는 국가의 권리는 5년간 행사하지 아니하면 시효의 완성으로 소멸한다.
② 제73조제2항의 권리의 소멸시효는 다음 각 호의 사유로 인하여 중단된다.
1. 납부고지
2. 독촉
3. 교부청구
4. 압류

③ 제2항에 따라 중단된 소멸시효는 다음 각 호의 어느 하나의 기간이 지난 때부터 새로 진행한다.
1. 납부고지나 독촉에 따른 납입기간
2. 교부청구 중의 기간
3. 압류해제까지의 기간

④ 제1항에 따른 소멸시효는 다음 각 호의 어느 하나에 해당하는 기간에는 진행되지 아니한다.
1. 이 법에 따른 분납기간, 징수유예기간
2. 「국세징수법」에 따른 압류·매각의 유예기간
3. 「국세징수법」 제25조에 따른 사해행위 취소소송이나 「민법」 제404조에 따른 채권자대위 소송을 제기하여 그 소송이 진행 중인 기간(소송이 각하 · 기각 또는 취소된 경우에는 시효정지의 효력이 없다)

⑤ 이 법에 따라 금전의 급부를 목적으로 하는 국가의 권리의 소멸시효에 관하여 이 법에 특별한 규정이 있는 것을 제외하고는 「민법」과 「국가재정법」에 따른다.

국유재산법은 제73조의 3에서 소멸시효기간과 소멸시효의 중단 · 정지에 관하여 특별한 공법적 규율을 하고 있다. 그 외의 소멸시효에 관하여는 민법과 국가재정법의 일반규정이 그대로 적용된다(법 제4조, 제73조의 3 제5항). 국유재산의 관리 · 처분과정에서 발생한 국가의 채무는 법 제73조의 3의 적용대상이 아니므로 국가재정법과 민법의 소멸시효 규정이 그대로 적용된다.

Ⅱ. 소멸시효기간

국유재산법에 따라 발생하는 국가의 금전채권의 소멸시효기간은 원칙적으로 5년이다(법 제73조의 3 제1항). 이는 국유재산법 제73조의3 제1항이 규정하는 특별규정으로서 주의할 것은 국가재정법이나 민법의 모든 소멸시효기간에 대하여 특별규정인 것은 아니다. 각 소멸시효기간을 비교해서 더 짧은 것이 특별규정이 된다. 국유재산법 제73조의3 제1항은 민법 제162조 제1항(10년)과의 관계에서 특별규정이지만, 민법 제163조(3년) 및 제164조(1년)와의 관계에서는 오히려 일반규정이 된다. 예컨대, 국유재산법상의 사용료·대부료 채권은 민법 제163조 제1호의 '사용료 기타 1년 이내의 기간으로 정한 금전의 지급을 목적으로 한 채권'에 해당하기 때문에 그 소멸시효기간을 3년으로 봐야 하고, 나아가 선박 · 항공기 등 국유동산의 사용료 · 대부료 채권은 민법 제164조 제2호에 따라 1년의 소멸시효기간이 적용된다.

Ⅲ. 소멸시효의 중단

시효제도의 존재이유는 영속된 사실 상태를 존중하고, 권리 위에 잠자는 자를 보호하지 않는다는 데 있다.[49] 따라서 소멸시효가 진행되다가도 채무자의 이행, 채권자의 추심행위 등 법정 사유가 있다면 소멸시효 진행의 효력이 상실되고, 그러한 사유가 없어지면 비로소 처음부터 소멸시효가 진행되는바, 이를 소멸시효의 중단이라고 한다. 소멸시효의 중단은 타이머를 re-set하는 것과 같다.[50]

1. 소멸시효의 중단사유

(1) 국유재산법 제73조의3 제2항

국유재산법은 국가의 국유재산법상 추심행위(제73조의 3 제2항 제1호[51]) 및 강제징수행위(같은 항 제2호 내지 제4호)를 특별한 소멸시효중단 사유로 삼고 있다. 적용 대상은 강제징수가 가능한 사용료, 대부료, 관리 소홀에 따른 가산금, 변상금 및 연체료이다.

(2) 민법 제168조

민법 제168조(소멸시효의 중단사유) 소멸시효는 다음 각호의 사유로 인하여 중단된다.
1. 청구
2. 압류 또는 가압류, 가처분
3. 승인

민법 제168조는 모든 채권에 적용되는 소멸시효 중단사유로서 ① 청구(민법 제168조 제1호), ② 압류 또는 가압류, 가처분(같은 조 제2호), ③ 승인(같은 조 제3호)을 규정하고 있다. 일반 규정

49) 지원림, 앞의 책, 382면.
50) 지원림, 앞의 책, 420면.
51) 구체적으로는 변상금 및 연체료의 부과고지이다.

이므로 국유재산의 관리·처분 과정에서 발생한 모든 국가채권에 적용된다. 위 강제징수채권의 경우 법 제73조의 3 제2항의 특별규정이 있어 적용실익이 없음이 원칙이고, 그 밖의 채권인 매각대금채권, 교환자금채권 및 부당이득반환청구채권 등에 적용실익이 있다.

1) 청구

청구란 시효의 대상인 권리를 행사하는 것을 말하는데, 재판 외의 것도 포함한다. 민법은 시효중단 사유가 되는 청구로서 재판상 청구(제170조), 파산절차 참가(제171조), 지급명령(제172조), 화해를 위한 소환(제173조) 및 최고(제174조)의 5가지를 규정하고 있다.

① 재판상 청구: 자기의 권리를 재판상 주장하는 것을 말하는데, 보통은 소를 제기하는 것이다. 최근 대법원은 조세체납자의 무자력·소재불명으로 강제징수에 연동된 소멸시효중단이 불가능하고, 그 밖에 조세채권의 징수를 위하여 가능한 모든 조치를 취하였음에도 소멸시효기간의 경과가 임박한 등의 특별한 사정이 있다면 재판상 청구를 할 소의 이익이 있으며, 이때의 재판상 청구는 공법상 당사자소송에 해당하는 조세채권확인의 소라고 한 바(대법원 2020. 3. 2. 선고 2017두41771 판결), 이 판례는 체납변상금의 소멸시효 중단사유로도 원용될 가능성이 있다.

재판상 청구가 있더라도 소송의 각하, 기각 또는 취하가 있으면 시효중단의 효력이 없다(민법 제170조 제1항). 이러한 경우 6개월 내에 재판상 청구, 파산절차 참가, 압류 또는 가압류, 가처분을 하면 최초의 재판상 청구로 인하여 시효가 중단된 것으로 본다(같은 조 제2항). 재판상 청구가 각하, 기각 또는 취하된 경우에도 단순 최고로서의 효력은 인정하는 것이다. 재판상 청구로 판결 확정된 채권은 단기의 소멸시효에 해당하더라도 그 소멸시효기간은 10년으로 연장된다(민법 제165조 제1항). 국유재산 관련 국가채권은 원칙적으로 5년의 단기소멸시효에 해당하지만(국유재산법 제73조의 3 제1항) 판결로 확정되면 소멸시효기간이 10년으로 늘어나는 것이다.

② 파산절차 참가: 채권자가 파산·회생재단의 배당에 참가하기 위하여 자기의 채권을 신고하는 것이 파산·회생절차 참가인데, 시효중단의 효력이 있다[「채무자 회생 및 파산에 관한 법률」(이하 채무자회생법) 제32조]. 채권자가 이를 취소하거나 그 청구가 각하되면 시효중단의 효력이 발생하지 않는다(민법 제171조). 파산선고의 신청도 파산절차 참가에 준하여 시효중단의 효력이 있다.[52]

채무자 회생 및 파산에 관한 법률 제32조(시효의 중단) 다음 각호의 경우에는 시효중단의 효력이 있다.

1. 제147조의 목록의 제출 그 밖의 회생절차참가. 다만, 그 목록에 기재되어 있지 아니한 회생채권자 또는 회생담보권자가 그 신고를 취하하거나 그 신고가 각하된 때에는 그러하지 아니하다.

---

52) 지원림, 앞의 책, 409면.

2. 파산절차참가. 다만, 파산채권자가 그 신고를 취하하거나 그 신고가 각하된 때에는 그러하지 아니하다.
3. 제589조제2항의 개인회생채권자목록의 제출 그 밖의 개인회생절차참가. 다만, 그 목록에 기재되어 있지 아니한 개인회생채권자가 그 조사확정재판신청을 취하하거나 그 신청이 각하된 때에는 그러하지 아니하다.

민법 제171**조(파산절차참가와 시효중단)** 파산절차참가는 채권자가 이를 취소하거나 그 청구가 각하된 때에는 시효중단의 효력이 없다.

③ 지급명령: 법원은 채권자의 신청에 의하여 금전 기타 대체물이나 유가증권의 일정한 수량의 지급을 명령할 수 있고(민사소송법 제462조), 동 신청서를 관할법원에 제출했을 때 시효중단의 효력이 생긴다. 지급명령에 대하여 채무자가 이의신청을 하면 지급명령을 신청한 때에 소를 제기한 것으로 보므로(민사소송법 제472조) 시효중단의 효력이 유지된다.

④ 화해를 위한 소환: 제소전화해(민사소송법 제385조)를 신청하면 시효가 중단되지만 이 신청을 받은 법원이 화해를 권고하기 위하여 상대방을 소환하였으나 상대방이 출석하지 않거나 출석하더라도 화해가 성립하지 않은 경우에, 화해신청인이 1월 내에 소를 제기하지 않으면 시효중단의 효력이 없다(민법 제173조). 소를 제기하면 화해를 신청한 때에 시효중단의 효력이 생긴다. 조정은 재판상 화해와 동일한 효력이 있으므로(민사조정법 제29조), 조정신청은 시효중단의 효력이 있다(동법 제35조 제1항). 조정신청이 취하된 경우 1월내에 소를 제기하지 않으면 시효중단의 효력이 없다(같은 조 제2항).

⑤ 최고: 최고란 채무자에 대하여 채무의 이행을 청구하는 것으로서 특별한 방식을 요구하지 않는다. 최고는 시효기간의 만료가 임박할 때 시효중단을 위한 예비적 조치로서 의미가 있다. 즉 최고 후 6월내에 앞의 4가지 청구 중 어느 하나 또는 압류 · 가압류 · 가처분의 방법을 취하지 않으면 시효중단의 효력이 없다(민법 제174조). 최고를 거듭하다가 재판상 청구 등을 한 경우에 시효중단의 효력은 재판상 청구 등을 한 시점을 기준으로 하여 이로부터 소급하여 6월 내에 한 최후의 최고시에 발생한다(대법원 2019. 3. 14. 선고 2018두56435 판결 등).

2) 압류, 가압류 · 가처분

민법은 압류, 가압류 · 가처분을 재판상 청구와는 별도의 시효중단사유로 규정하고 있다(제168조 제2호). 압류 등에 의하여 시효중단이 발생하는 시점에 관하여 다수설과 판례는 압류 등의 집행(예컨대 압류등기 등)이 있으면 신청시에 소급하여 시효중단의 효력이 생긴다고 한다(대법원 2017. 4. 7. 선고 2016다35451 판결 등). 대법원은 대부료, 변상금청구소송을 부정하는바,[53] 대부

53) 대부료에 대하여는 대법원 2014. 9. 4. 선고 2014다203588 판결, 변상금에 대하여는 대법원 2000. 11.

료·변상금채권을 피보전채권으로 하는 가압류 및 이로 인한 시효중단은 인정되기 곤란할 것으로 보인다.

3) 채무승인

채무승인은 채무자 등 시효이익을 받을 자가 시효의 완성으로 채권을 상실하게 될 채권자 등에게 그 채권이 존재함을 인식하고 있다는 뜻을 표시하는 행위로서, 특별한 방식을 요하지 않는다. 채무자가 국유재산 관련 채무를 일부변제, 분할납부 등을 하는 것은 동시에 채무승인이 되어 민법 제168조 제3호에 따라 소멸시효중단 사유가 된다.

채무승인은 채권의 소멸시효완성 전에는 소멸시효 중단사유가 되지만, 소멸시효 완성 후에는 시효이익 포기가 되기도 한다. 판례는 소멸시효 완성 후 채무승인이 있다고 하여 그것만으로 곧바로 소멸시효 이익의 포기라는 의사표시가 있었다고 단정할 수 없다고 한다.54)

[**판례**] [1] 시효이익을 받을 채무자는 소멸시효가 완성된 후 시효이익을 포기할 수 있고, 이것은 시효의 완성으로 인한 법적인 이익을 받지 않겠다고 하는 의사표시이다. 그리고 그러한 시효이익 포기의 의사표시가 존재하는지의 판단은 표시된 행위 내지 의사표시의 내용과 동기 및 경위, 당사자가 의사표시 등에 의하여 달성하려고 하는 목적과 진정한 의도 등을 종합적으로 고찰하여 사회정의와 형평의 이념에 맞도록 논리와 경험의 법칙, 그리고 사회일반의 상식에 따라 객관적이고 합리적으로 이루어져야 한다.

[2] 소멸시효 중단사유로서의 채무승인은 시효이익을 받는 당사자인 채무자가 소멸시효의 완성으로 채권을 상실하게 될 자에 대하여 상대방의 권리 또는 자신의 채무가 있음을 알고 있다는 뜻을 표시함으로써 성립하는 이른바 관념의 통지로 여기에 어떠한 효과의사가 필요하지 않다. 이에 반하여 시효완성 후 시효이익의 포기가 인정되려면 시효이익을 받는 채무자가 시효의 완성으로 인한 법적인 이익을 받지 않겠다는 효과의사가 필요하기 때문에 시효완성 후 소멸시효 중단사유에 해당하는 채무의 승인이 있었다 하더라도 그것만으로는 곧바로 소멸시효 이익의 포기라는 의사표시가 있었다고 단정할 수 없다.

[3] 소송에서의 상계항변은 일반적으로 소송상의 공격방어방법으로 피고의 금전지급의무가 인정되는 경우 자동채권으로 상계를 한다는 예비적 항변의 성격을 갖는다. 따라서 상계항변이 먼저 이루어지고 그 후 대여금채권의 소멸을 주장하는 소멸시효항변이 있었던 경우에, 상계항변 당시 채무자인 피고에게 수동채권인 대여금채권의 시효이익을 포기하려는 효과의사가 있었다고 단정할 수 없다. 그리고 항소심 재판이 속심적 구조인 점을 고려하면 제1심에서 공격방어방법으로 상계항변이 먼저 이루어지고 그 후 항소심에서 소멸시효항변이 이루어진 경우를 달리 볼 것은 아니다(대법원 2013. 2. 28. 선고 2011다21556 판결).

24. 선고 2000다28568 판결.

54) 대법원 2013. 2. 28. 선고 2011다21556 판결.

2. 소멸시효 중단의 효과

소멸시효가 중단되면 그때까지 경과한 시효기간은 그 효력을 잃고, 중단사유가 종료한 때에 시효가 새로 진행되어야 한다는 점에서(민법 제178조 제1항) 타이머를 re-set하는 것과 같다고 할 수 있다.[55] 소멸시효가 새로 진행되는 "중단사유가 종료한 때"는 개별적으로 판단해야 하지만,[56] 민법은 재판상 청구에 대하여 재판이 확정된 때부터 시효가 새로 진행된다고 규정하고 있으며(민법 제178조 제2항), 국유재산법은 변상금 · 연체료 부과고지 및 독촉의 경우 그로 인한 납입기간이 지난 때부터(제73조의3 제3항 제1호), 압류의 경우 압류해제 때부터(같은 항 제3호), 그리고 교부청구의 경우 그 기간이 지난 때부터(같은 항 제2호) 소멸시효가 새로이 진행한다고 규정한다.

Ⅳ. 소멸시효의 정지

천재 기타 사변으로 인하여 소멸시효를 중단할 수 없을 때에는 그 사유가 종료한 때로부터 1월내에는 시효가 완성하지 아니한다(민법 제182조). 그 밖에 국유재산법은 동법에 따라 발생하는 국가의 금전채권에 특유한 소멸시효정지를 규정하고 있는데, ① 동법에 따른 분납기간, 징수유예기간, ② 체납처분 압류 · 매각의 유예기간, ③ 사해행위취소소송(국세징수법 제25조) 또는 채권자대위소송(민법 제404조)이 진행 중인 기간에는 소멸시효가 정지된다(제73조의3 제4항). 소멸시효정지의 의미, 소멸시효중단과의 차이 등은 민법에서의 설명과 동일하다.[57]

Ⅴ. 시효완성의 효과

국유재산법은 동법에 따라 발생하는 국가의 금전채권은 소멸시효의 완성으로 소멸한다고 한다(제73조의3 제1항). 민법의 경우 소멸시효가 완성한다고만 규정하여(제162조 이하) 소멸시효의 완성만으로 채권이 소멸하는지(절대적 소멸설), 소멸시효의 완성만으로 채권이 소멸하지 않고 채무자 등 시효이익을 받을 자에게 소멸시효의 완성을 원용할 권리가 발생할 뿐인지(상대적 소멸설)에 대하여 견해의 대립이 있다. 국유재산법 제73조의3 제1항이 절대적 소멸설의 입장을 분명히 취함으로써 국가채권의 시효소멸 여부가 채무자 등의 원용에 좌우되지 않도록 한 것은 타당한 입법이라 할 수 있다.

---

55) 지원림, 앞의 책, 420면.

56) 예컨대 압류의 경우는 그 절차가 종료한 때부터 새로 소멸시효가 진행된다는 것이 다수설의 입장이고, 가압류의 경우에는 가압류의 집행보전의 효력이 존속하는 동안 중단상태가 계속된다는 것이 대법원의 입장이다(대법원 2006. 7. 4. 선고 2006다32781 판결).

57) 지원림, 앞의 책, 421면 이하 참조.

제3절 채권의 면책

채무자회생법상의 회생계획인가(회생절차), 면책허가(파산절차) 및 면책결정(개인회생절차)으로 국유재산법상의 국가채권은 면책이 되어 자연채무가 된다(동법 제251조, 566조, 625조). 회생절차 개시 또는 파산선고 전에 국유재산법에 따라 발생한 국가채권이 면책의 대상이 되는데, 변상금, 연체료의 경우 의무위반행위(무단점유, 채무연체) 자체가 회생절차개시 또는 파산선고 전에 성립하고 있다면 그 부과처분이 회생절차개시 또는 파산선고 후에 있더라도 그 변상금 등은 면책대상이 된다(대법원 2013. 6. 27. 선고 2013두5159 판결).

[**판례**] [1] 채무자 회생 및 파산에 관한 법률 제251조 본문은 회생계획인가의 결정이 있는 때에는 회생계획이나 이 법의 규정에 의하여 인정된 권리를 제외하고는 채무자는 모든 회생채권과 회생담보권에 관하여 그 책임을 면한다고 규정하고 있다. 그런데 채무자 회생 및 파산에 관한 법률 제140조 제1항, 제251조 단서는 회생절차개시 전의 벌금 · 과료 · 형사소송비용 · 추징금 및 과태료의 청구권은 회생계획인가의 결정이 있더라도 면책되지 않는다고 규정하고 있는바, 이는 회생계획인가의 결정에 따른 회생채권 등의 면책에 대한 예외를 정한 것으로서 그에 해당하는 청구권은 한정적으로 열거된 것으로 보아야 하고, 위 규정에 열거되지 않은 과징금의 청구권은 회생계획인가의 결정이 있더라도 면책되지 않는 청구권에 해당한다고 볼 수 없다.

[2] 채무자에 대한 회생절차개시 전에 과징금 부과의 대상인 행정상의 의무위반행위 자체가 성립하고 있으면, 그 부과처분이 회생절차개시 후에 있는 경우라도 그 과징금 청구권은 회생채권이 되고, 장차 부과처분에 의하여 구체적으로 정하여질 과징금 청구권이 회생채권으로 신고되지 않은 채 회생계획인가결정이 된 경우에는 채무자 회생 및 파산에 관한 법률 제251조 본문에 따라 그 과징금 청구권에 관하여 면책의 효력이 생겨 행정청이 더 이상 과징금 부과권을 행사할 수 없다. 따라서 그 과징금 청구권에 관하여 회생계획인가결정 후에 한 부과처분은 부과권이 소멸된 뒤에 한 부과처분이어서 위법하다(대법원 2013. 6. 27. 선고 2013두5159 판결).

제4절 결손처분

과거 국세징수법은 결손처분 규정을 두면서, 결손처분을 국세 등 납부의무 소멸사유로 규정하였으며,[58] 동 규정은 국유재산법상의 채권으로서 체납처분절차에 따라 강제징수할 수 있는

58) 구 국세징수법(법률 제10527호, 2011. 4. 4) 제86조, 구 국세기본법(법률 제4981호, 1995. 12. 6) 제26조 참조.

변상금, 사용료·대부료 등에도 준용이 되었다(국유재산법 제73조 제2항). 그러나 국세징수법의 결손처분은 1996. 12. 30. 국세기본법 개정 이후에는 더 이상 납세의무소멸사유가 아니게 되었으며, 나아가 결손처분의 근거였던 구 국세징수법 제86조는 2011. 12. 31. 삭제되었다. 결국 국유재산법상의 채권에 대하여 결손처분을 할 근거는 없다.

결손처분과 비슷한 제도로서 국가채권관리법 제24조의 관리정지를 들 수 있겠으나, 동 제도는 국가채권의 소멸사유는 아니다.

제6장 채무의 포괄승계

일신에 전속한 채무가 아니면 상속, 합병으로 포괄승계가 된다. 일신전속 여부는 채권의 성질과 관련 법률의 규정을 통해 결정되는바, 국유재산법에 따라 발생하는 금전채무는 변상금 및 연체료채무를 제외하고 모두 일신에 전속하는 채무가 아니어서 포괄승계의 대상이 된다고 해석함에 의문이 없어 보인다.

변상금 및 연체료채무의 경우 부당이득 및 지연이자로서의 성질을 가지고 있다는 점, 조세와 형벌의 경우에도 국세기본법, 형사소송법이 포괄승계를 인정하는 전제에서 다만 그 범위를 한정할 뿐이라는 점 등을 고려할 때 변상금 및 연체료가 일신에 전속하는 채무라고 보기는 곤란하다. 나아가 국유재산법은 변상금 및 연체료의 포괄승계 범위를 한정하는 규정을 두지도 아니하므로, 무단점유자 및 연체자의 지위는 제한 없이 상속인 등에게 포괄승계된다고 할 것이다.

상속인이 여러 명인 경우 그들은 불가분채무자의 지위에 있으므로,[59] 재산관리기관은 상속인의 전부 또는 일부에 대하여 채권의 전부 또는 일부를 부과하거나 징수할 수 있다. 한편 상속인이 무단점유의 수단이 되는 건물 등을 상속받은 후에는 독자적인 무단점유자로서 변상금부과의 대상이 된다.

59) 대법원 2021. 1. 28. 선고 2015다59801 판결 등.

| 제 9 편 |

국유재산소송

제 1 장 국유재산소송의 유형
제 2 장 국유재산소송의 당사자
제 3 장 국유재산소송의 수행
제 4 장 조상 땅 찾기 소송

제1장 국유재산소송의 유형

제1절 개요

국유재산과 관련하여 민사소송, 형사소송, 행정소송 및 헌법소송 등이 발생할 수 있으나, 형사소송은 기소독점주의에 따라 국가(검사)에 전속된 사항이고 국유재산 관련 사건이라고 해서 특별한 취급이 규정되어 있지도 않다. 한편 헌법소송은 발생사례가 많지 않을 뿐만 아니라 입법목적·정책 등과 연관이 있으므로, 형사소송과 헌법소송은 본서에서 특별히 설명하지 않고, 주로 발생하는 민사소송과 행정소송에 대하여만 설명하도록 한다.

제2절 민사소송

Ⅰ. 소유권소송

1. 개요

국가가 원고가 되어 또는 국가를 피고로 토지 등 부동산의 소유권을 다투는 소송이다. 매매 등 거래행위보다는 법률의 규정에 의하여 국가가 부동산소유권을 취득하는 경우가 많다보니 국가와 국가 외의 자 사이에 부동산의 소유권을 다투는 소송이 많이 자주 발생한다. 국유재산이 국가 외의 자 명의로 등기·등록된 경우도 있고, 반대로 국유재산이 아닌 것을 국가가 귀속재산이나 무주부동산 등으로 잘못 알고 국유재산으로 등기·등록하는 경우도 있다(국유재산법 제12조, 제14조).

2. 국가가 원고인 경우

법률상 국유재산이지만 국가 외의 자 명의로 등기·등록된 경우 국유재산법은 이러한 은닉재산이 국고로 환수되는 데 도움이 되는 규정을 몇 가지 두고 있는데, 은닉재산의 신고와 보상(법 제77조), 은닉재산을 자진반환한 자에 대한 특례매각(법 제78조) 등이 그것이다. 은닉된 국유재산을 그 소유명의자자 자진하여 반환하기를 거부하는 경우에는 국가가 원고가 되어 그 자를 피고로 소유권소송을 제기할 수밖에 없다.

국가가 원고가 되어 소유권소송을 제기하는 경우는 1961년부터 한시법으로 시행된 여러 '부동산소유권 이전등기 등에 관한 특별조치법'에 따라 행정절차로 간이하게 소유권등기를 하게 함으로써 주로 발생하였다. 대법원은 동 법률에 따라 이루어진 소유권등기에 대하여는 그 등기의 기초가 된 보증서가 위조·변조, 허위로 작성되었다든지 그 밖의 사유로 적법하게 등기된 것이 아니라는 입증이 없는 한 그 등기의 추정력은 번복되지 않는다고 한다(대법원 2008. 3. 13. 선고 2007다77460 판결 등).

그 밖에 국유재산의 매각 등 처분행위가 무효인 경우도 국가를 원고로 하는 소유권소송의 대상이 되는데, 국유재산 사무에 종사하는 직원이 국유재산법 제20조에 위반하여 그 처리하는 국유재산을 취득하거나, 불법적으로 국유재산을 국가 외의 자에게 매각한 경우가 대표적이다. 1971년경부터 1974년경 국유지매각 담당공무원이 특정 지역의 국유지를 친인척 또는 지인의 명의를 도용하거나 차용하여 대량으로 취득하였고, 이를 국가가 소유권 환수하면서 다수의 선의의 피해자가 발생해 사회적 문제가 되었다. 이에 정부는 전전매수자 중에서 선의취득자에 대하여는 법 제78조의 특례매각을 인정해 주었고, 그 나머지는 소유권소송 등을 통하여 대부분 환수하였다.

3. 국가가 피고인 경우

귀속재산이나 무주부동산은 법률의 규정에 의하여 국가가 부동산소유권을 취득하는 전형적인 예이나, 그 해당 여부가 불분명하여 국가가 잘못 등기·등록하는 경우가 있을 수 있다. 국가가 그 소유명의로 잘못 등기·등록했더라도 부동산등기의 권리추정력이 있어 진정한 소유자가 그 소유권을 회복하기 곤란하였으나, 판례는 일제강점기에 작성된 토지조사부에 권리추정력을 인정하였고(대법원 1986. 6. 10. 선고 84다카1773 전원합의체 판결), 나아가 토지조사부로 국가명의 소유권등기의 권리추정력을 깨트리는 효력까지 인정하였다(대법원 2003. 6. 24. 선고 2001다4705 판결 등). 이후 토지조사부를 증거자료로 하여 국가를 피고로 조상 땅 찾기 소송을 제기하는 사례가 많아지게 되었다.

그 밖에 농지개혁법에 따른 정부의 농지 유상몰수는 분배되지 않을 것을 해제조건으로 하는 농지 매수이므로, 후에 그 농지가 분배되지 않기로 확정되면 원소유자에게 환원된다.[1] 이에 자신에게 환원된 농지의 소유명의를 회복하려는 원소유자가 국가를 피고로 소유소송을 제기하기도 한다.

---

1) 대법원 2005. 4. 14. 선고 2004다1141 판결.

Ⅱ. 금전청구소송

1. 국가가 원고인 경우

국유재산의 관리 · 처분과정에서 국가 또는 재산관리기관이 국가 외의 자에게 금전청구소송을 제기하는 경우는 많지 않다. 변상금과, 사용료 · 대부료채권 등 체납처분으로 강제징수할 수 있는 채권을 민사소송으로 청구할 수는 없기 때문이다.[2] 이러한 금전채권을 민사소송으로 청구하면 각하판결을 받게 된다. 국유재산 매매대금채권의 경우 체납처분으로 강제징수할 대상은 아니지만 국유재산법에 따라 연체료부과 대상이 되고, 장기연체의 경우 매매계약을 해제할 수 있기 때문에 국가가 매매대금청구소송을 제기할 가능성은 낮다.

결국 국유재산법에 따라 직접 발생하는 채권은 동법이 그 징수와 계약해제 등에 관한 특별한 규정을 두고 있기 때문에 민사소송을 제기할 수 없거나 필요성이 낮다고 할 것이다. 국유재산법이 직접적으로 예정하고 있지는 않지만 민법상의 부당이득반환청구채권이 국유재산을 관리 · 처분하는 국가에 발생할 수 있으며, 이 경우에는 민사소송의 방법 외에는 달리 징수수단이 없다.

2. 국가가 피고인 경우

국유재산의 관리 · 처분과정에서 국가가 금전청구소송의 피고가 되는 경우가 있다. 청구원인은 다양한데, ① 변상금부과처분이 무효임을 전제로 이미 납부한 변상금의 반환을 청구하는 경우, ② 국유재산을 매수한 후 폐기물매립 등 목적물의 하자를 이유로 그 배상을 청구하는 경우, ③ 유상 매입한 종래 공공시설이 사업시행자에 대한 무상귀속의 대상임을 이유로 국가를 피고로 매매대금의 반환을 청구하는 경우 등이 그 예이다. 국가를 피고로 하는 금전청구소송이 확정되어 그 판결금액을 강제집행할 때는 국유재산에 하지 못하고 국고금을 압류하여야 한다(민사집행법 제192조).

Ⅲ. 인도소송

인도소송이란 물건 등의 점유를 이전해 줄 것을 청구하는 소송으로서 주로 부동산의 인도를 청구하는 경우가 많다. 과거에는 명도소송이라고 하였으나 민사집행법의 개정으로 인도소송이라고 하게 되었다. 국가를 피고로 하는 인도소송은 그 예를 찾아보기 어렵고, 주로 국가가 국유재산을 무단 점유하는 자를 피고로 인도소송을 제기한다.

주의할 것은 국유재산에 불법시설물을 설치한 경우는 행정대집행(국유재산법 제74조)의 대상이 되므로 이를 민사소송인 철거소송으로 관철시킬 수는 없다(대법원 2014. 8. 20. 선고 2014다

2) 대법원 2000. 11. 24. 선고 2000다28568 판결; 대법원 2014. 9. 4. 선고 2014다203588 판결.

206693 판결). 철거소송과 달리 인도소송은 소송물이 물건 등의 점유를 이전하는 것으로서 비대체적 작위의무이므로 행정대집행의 대상이 아니고 따라서 민사소송이 가능하다.

제3절 행정소송

국유재산법상의 많은 공법적 규율로 인하여 국유재산의 관리에는 필연적으로 행정소송이 수반된다. 국유재산의 관리에 관련되는 행정소송과 행정심판의 대략적인 설명은 "변상금부과에 대한 불복" 부분에서 하였으므로, 이하에서는 행정소송의 의의와 종류, 관할 및 행정심판의 관할에 대하여만 설명하기로 한다.[3)]

Ⅰ. 행정소송의 의의와 종류

행정소송이란 공법상 법률관계에 관한 분쟁(행정사건)을 대상으로 하는 소송절차이다.[4)] 행정소송법 제3조는 행정소송을 항고소송, 당사자소송, 민중소송 및 기관소송으로 구분하고 있는데, 국유재산과 관련하여서는 항고소송이 주로 발생하고, 민중소송이나 기관소송이 발생할 가능성은 낮다.

항고소송은 "행정청의 처분 등이나 부작위에 대하여 제기하는 소송"으로서(행정소송법 제3조 제1호), 취소소송과 무효 등 확인소송, 부작위위법확인소송이 있는데(같은 법 제4조). 국유재산과 관련해서는 취소소송과 무효 등 확인소송이 주로 발생한다. 취소소송은 "행정청의 위법한 처분 또는 재결을 취소 또는 변경하는 소송"을 말한다(행정소송법 제4조 제1호). 국유재산과 관련해서는 변상금 · 연체료부과처분취소소송, 사용허가거부처분취소소송 등이 전형적인 예이다. 무효 등 확인소송은 "행정청의 처분 또는 재결의 효력 유무 또는 존재 여부를 확인하는 소송"을 말하는데(같은 조 제2호), 처분에 대한 무효확인소송이 전형적인 형태이다.

당사자소송은 "행정청의 처분 등을 원인으로 하는 법률관계에 관한 소송 그 밖에 공법상의 법률관계에 관한 소송으로서 그 법률관계의 한쪽 당사자를 피고로 하는 소송"이다(행정소송법 제3조 제2호). 국유재산과 관련해서는 변상금채권존재확인소송, 연체료채권존재확인소송, 기타 행정재산의 처분 · 계약 등과 관련한 소송 등을 들 수 있을 것이다.[5)]

---

3) 기타 행정소송과 행정심판에 관한 일반적인 내용에 대하여는 하명호, 행정쟁송법, 제4판, 박영사, 2019, 참조.
4) 하명호, 앞의 책, 5면.
5) 당사자소송은 민사소송과 구별하여야 하며, 학설과 판례의 입장 차이가 있다. 자세한 내용은 하명호, 공법상 당사자소송과 민사소송의 구별과 소송상 취급, 인권과 정의 제380호, 대한변호사협회, 2008. 4, 53면 이하 참조.

Ⅱ. 행정소송의 관할

국유재산의 관리·처분과 관련된 항고소송과 당사자소송의 관할은 다음과 같다.

1. 행정법원의 설치

법원조직법과 행정소송법은 일반법원의 하나로서 행정법원을 설치하고 행정법원으로 하여금 항고소송과 당사자소송 및 다른 법률에 의하여 행정법원의 권한에 속하는 사건의 제1심을 담당하게 하였다.[6] 다만 법원조직법 부칙 제2조에서는 행정법원이 설치되지 않은 지역의 행정법원의 권한에 속하는 사건은 행정법원이 설치될 때까지 해당 지방법원 본원 및 춘천지방법원 강릉지원이 관할하도록 규정하고 있다. 아직 서울행정법원 외에는 행정법원이 설치된 바 없다.

2. 보통재판적

행정소송법은 항고소송과 당사자소송의 제1심 관할을 '피고의 소재지를 관할하는 행정법원'이라고 규정하면서(제9조 제1항, 제40조 본문), 다만 당사자소송의 피고가 국가 또는 공공단체인 경우에는 관계행정청의 소재지를 피고의 소재지로 본다고 한다(제40조 단서). 당사자소송은 국가나 지방자치단체 등 권리주체가 피고가 되지만 관계행정청의 소속직원이 소송수행자가 되는 경우가 많기 때문에(국가소송법 제3조 제2항) 이를 고려해 보통재판적을 정한 것이다.

예컨대, 한국자산관리공사가 한 변상금부과처분의 취소소송을 제기하려면 동 항고소송의 피고 한국자산관리공사의 소재지인 부산광역시를 관할하는 행정법원, 즉 부산지방법원 본원이 보통재판적이 된다. 한편 같은 변상금부과처분을 원인으로 하는 법률관계에 관한 소송(예컨대, 변상금채권존재확인소송)을 제기하려면 국가의 소재지인 수원시 또는 서울특별시(민사소송법 제6조)가 아니라 관계행정청인 한국자산관리공사의 소재지인 부산광역시를 관할하는 행정법원이 보통재판적이 되는 것이다.

3. 특별재판적

① 중앙행정기관(그 부속기관과 합의제행정기관을 포함한다) 또는 그 장, ② 국가사무를 위임·위탁받은 공공단체 또는 그 장을 피고로 하는 항고소송과 당사자소송은 대법원소재지를 관할하는 행정법원, 즉 서울행정법원에도 소를 제기할 수 있다(행정소송법 제9조 제2항). 위와 같이 한국자산관리공사가 변상금부과처분을 한 사례에서 항고소송과 당사자소송의 보통재판적은 부산지방법원 본원이고, 특별재판적은 서울행정법원이므로 소를 제기하려는 자는 이 두 곳 중 어느 하나에 선택적으로 소를 제기할 수 있다. 특별재판적은 보통재판적과 경합하는 임의관할이기 때문

6) 법원조직법 제40조의 4, 행정소송법 제9조, 제40조.

에 당사자는 경합하는 재판적 중 하나를 편의에 따라 선택할 수 있게 되는 것이다.7)

Ⅲ. 행정심판

행정심판은 행정심판위원회에서 심리 · 재결한다. 행정심판법 제6조는 다음 4가지 행정심판위원회를 규정하고 있는바, 행정심판을 청구하려는 자는 해당하는 행정심판위원회에 청구하여야 한다. 국유재산의 관리 · 처분과 관련된 행정심판은 주로 국민권익위원회 소속의 중앙행정심판위원회와 시 · 도지사 소속의 행정심판위원회가 소관하게 된다.

1. 처분행정청 소속의 행정심판위원회

① 감사원, 국가정보원장, 그 밖에 대통령령으로 정하는 대통령 소속기관의 장(행정심판법 시행령 제2조 제1항: 대통령비서실장, 국가안보실장, 대통령경호처장 및 방송통신위원회), ② 국회사무총장 · 법원행정처장 · 헌법재판소사무처장 및 중앙선거관리위원회사무총장, ③ 국가인권위원회, 그 밖에 지위 · 성격의 독립성과 특수성 등이 인정되어 대통령령으로 정하는 행정청(행정심판법 시행령 제2조 제2항: 고위공직자범죄수사처장) 또는 이들 행정청의 소속 행정청(행정기관의 계층구조와 관계없이 그 감독을 받거나 위탁을 받은 모든 행정청을 말하되, 위탁을 받은 행정청은 그 위탁받은 사무에 관하여는 위탁한 행정청의 소속 행정청으로 본다. 이하 아래 2. 3. 4.에서도 같다)의 처분 또는 부작위에 대한 행정심판의 청구에 대하여는 이들 행정청에 두는 행정심판위원회에서 심리 · 재결한다(행정심판법 제6조 제1항).

위 ①의 행정청 중에는 방송통신위원회가, 위 ③의 행정청 중에서는 국가인원위원회가 국유재산소관청(중앙관서의 장)이 될 수 있고, 따라서 이들 위원회 또는 이들 위원회로부터 국유재산 사무를 위탁받은 자의 국유재산 관련 행정처분에 대하여는 동 위원회에 소속된 행정심판위원에서 행정심판을 관할한다.

2. 국민권익위원회 소속의 중앙행정심판위원회

① 행정심판법 제6조 제1항의 행정청 외의 국가행정기관의 장 또는 그 소속 행정청, ② 특별시장 · 광역시장 · 특별자치시장 · 도지사 · 특별자치도지사(교육감을 포함한다. 이하 "시 · 도지사"라 한다) 또는 특별시 · 광역시 · 특별자치시 · 도 · 특별자치도(이하 "시 · 도"라 한다)의 의회(의장, 위원회의 위원장, 사무처장 등 의회 소속 모든 행정청을 포함한다)의 처분 또는 부작위에 대한 심판청구에 대하여는 국민권익위원회에 두는 중앙행정심판위원회에서 심리 · 재결한다(행정심판법 제6조 제2항).

---

7) 하명호, 앞의 책, 40면.

부 · 처 · 청의 장 등 대부분의 국유재산소관청(중앙관서의 장)과 이들로부터 국유재산의 관리 사무를 위임 · 위탁받는 자가 위 ①에 해당한다. 따라서 국유재산의 관리와 관련된 행정심판은 대부분 국민권익위원회 소속의 중앙행정심판위원회가 관할하게 된다. 시 · 도지사가 중앙관서의 장으로부터 위임받아 수행하는 국유재산관리사무의 경우 위 ①, ② 모두에 해당하게 된다.

3. 시 · 도지사 소속의 행정심판위원회

① 시 · 도 소속 행정청, ② 시 · 도의 관할구역에 있는 시 · 군 · 자치구의 장, 소속 행정청 또는 시 · 군 · 자치구의 의회(의장, 위원회의 위원장, 사무국장, 사무과장 등 의회 소속 모든 행정청을 포함한다)의 처분 또는 부작위에 대한 심판청구에 대하여는 시 · 도지사 소속으로 두는 행정심판위원회에서 심리 · 재결한다(행정심판법 제6조 제3항).

중앙관서의 장의 소관 국유재산 관리 사무는 시 · 도지사에게 위임되고, 다시 소속 시 · 군 · 구청장에게 재위임 되는 경우가 많다. 이때 시 · 군 · 구청장은 중앙관서의 장으로부터 직접적인 감독을 받지 않으므로 행정심판법 제6조 제3항에 따라 시 · 도지사 소속의 행정심판위원회가 관할하게 된다. 대부분의 국유재산 관련 행정심판은 국민권익위원회 소속 중앙행정심판위원회 또는 시 · 도지사 소속 행정심판위원회 중 어느 하나의 소관이 되는데, 동일한 사안에 대하여 행정심판위원회가 달라지는 것은 대국민차원에서 바람직하지 않을 수 있다.

4. 직근 상급행정기관 소속의 행정심판위원회

대통령령으로 정하는 국가행정기관[행정심판법 시행령 제3조: 법무부 및 대검찰청 소속 특별지방행정기관(직근 상급행정기관이나 소관 감독행정기관이 중앙행정기관인 경우는 제외한다)] 소속 특별지방행정기관의 장의 처분 또는 부작위에 대한 심판청구에 대하여는 해당 행정청의 직근 상급행정기관에 두는 행정심판위원회에서 심리 · 재결한다(행정심판법 제6조 제4항). 해당 국가행정기관의 대표적인 예는 전국에 있는 각 지방검찰청인데, 이들 기관은 국유재산관리사무와 무관하다.

제2장 국유재산소송의 당사자

제1절 개요

소송에서 당사자는 본안 전에는 당사자적격이 누구에게 있는지, 본안에서는 이행청구권 또는 이행의무가 누구에게 있는지의 문제가 된다. 당사적격이 없는 자를 원 · 피고로 지정하면 소송요건 흠결로 각하판결을 받게 되고, 이행청구권 또는 이행의무 없는 자를 원 · 피고로 하면 이유 없음으로 청구기각 판결을 받게 된다. 국가는 국유재산의 관리 · 처분과 관련한 모든 민사소송에서 당사자가 될 수 있지만, 그 외의 자 특히 민간수탁기관은 당사자가 될 수 있는 경우도 있고, 될 수 없는 경우도 있다.

제2절 당사자적격

민사소송에서 당사자적격이라 함은 특정의 사건에서 원고 또는 피고로서 소송을 수행하고 본안판결을 받기에 적합한 자격을 말하는데, 당사자적격이 없이 제기한 소송에 대하여는 각하판결을 한다. 어느 사건에서 자기의 이름으로 소송을 하고 판결을 받았으나 그것이 별 가치가 없다면 무의미하므로 이러한 소송을 배제하고, 나아가 남의 권리에 아무나 나서 소송하는 민중소송을 막는 장치이기도 하다.[8)]

일반적으로는 소송물인 권리관계의 존부확정, 즉 소송승패에 대하여 법률상 이해관계 있는 자가 당사자적격자이다. 재산상의 청구에서는 소송물인 권리관계에 관하여 관리처분권을 갖는 그 권리의 주체(권리자 · 의무자)가 당사자적격자이다. 권리의 주체는 아니지만 제3자가 관리처분권을 갖기 때문에 당사자적격을 가지는 경우가 있는데, 제3자의 소송담당이라고 한다.[9)] 한국자산관리공사 등 국유재산법 제42조 제1항에 따른 민간수탁자(이하 법정민간수탁자라고 하기도 한다)는 국유재산에 관하여 관리처분권을 가지는 제3자로서 당사자적격을 가질 수 있다.[10)]

국유재산 관련 민사소송에서 소유자인 국가와 관리처분 사무를 위탁받은 법정민간수탁자에게만 당사자적격이 있는 것은 아니다. 이행의 소에서는 자기에서 이행청구권이 있음을 주장하는

8) 이시윤, 신민사소송법, 제8판, 박영사, 2014. 8, 145면.
9) 제3자의 소송담당에 관한 자세한 내용은 이시윤, 앞의 책, 147면 이하 참조.
10) 국유재산법 제29조에 따른 관리위탁의 수탁자는 국유재산에 대한 사실상의 관리를 할 뿐, 관리처분권이 없으므로 제3자의 소송담당이 될 수 없다.

자가 원고적격을 가지고, 그로부터 이행의무자로 주장된 자가 피고적격을 가진다(형식적 당사자개념).[11] 즉 이행의 소에서는 사실상 누구나 당사자적격을 가지며, 본안소송의 단계에서 이행청구권 또는 이행의무가 있는지에 따라 청구기각 또는 인용의 판결이 나게 된다. 국가는 국유재산의 소유자로서 또는 관련 채권 · 채무의 귀속주체로서 항상 이행청구권자 또는 이행의무자가 되며, 법정민간수탁자는 사안별로 이행청구권자나 이행의무자가 맞는지 살펴야 한다.

국유재산 관련 행정소송의 경우 당사자소송의 당사자적격은 민사소송의 경우와 동일하지만 항고소송은 변상금부과처분 등 행정행위를 한 행정청에게 당사자적격(피고)이 있다.

제3절 이행청구권과 이행의무

Ⅰ. 소유권소송

국유재산 관련 소유권소송은 국가 외의 자가 국가소유로 등기 · 등록된 부동산에 대해 소유권을 주장하거나, 반대로 국가가 국가 이외의 자 소유로 등기 · 등록된 부동산에 대해 소유권을 주장하는 것이 대부분이다. 이러한 소유권소송은 소유이전등기청구소송 또는 소유권말소등기청구소송 등 이행의 소 형태로 제기되거나, 소유권확인청구소송 등 확인의 소 형태로 제기된다.

국가는 해당 재산의 소유자로서 소유권소송의 이행청구권자 또는 이행의무자가 될 수 있다. 그러나 한국자산관리공사 등 법정민간수탁자는 해당 재산의 소유자가 아니기 때문에 소유권소송의 이행청구권자도 이행의무자도 될 수 없다. 즉 관리처분권이 있어 당사자적격은 있으나(형식적 당사자개념) 이행을 청구할 권리나 의무가 없어 기각된다. 실무상 법정민간수탁자를 상대로 소유권소송을 제기하는 경우가 많은데, 청구취지를 그대로 인용하여 판결주문으로 했을 때 이것이 집행가능한지를 보면 기각되어야 하는 이유를 쉽게 알 수 있다. 예컨대, 국유재산으로 등기 · 등록된 부동산에 대하여 그 진정한 소유자임을 주장하는 자가 수탁자 한국자산관리공사를 피고로 소유권이전등기청구소송 또는 소유권말소등기청구소송을 제기했을 때, 법원이 이 청구를 인용하더라도 그 판결주문의 집행이 불가능하다. 왜냐하면 한국자산관리공사는 소유자가 아니기 때문에 원고에게 소유권이전등기 · 말소등기를 해 줄 수가 없기 때문이다.

---

11) 이시윤, 앞의 책, 146면.

Ⅱ. 금전청구소송

국유재산 관련 금전청구소송은 국가가 국가 외의 자에게 또는 국가 외의 자가 국가에게 국유재산의 관리 · 처분 과정에서 발생한 금전채권의 이행을 청구하는 것인데, 앞서 설명한 바와 같이 국가가 원고가 되어 금전청구소송을 제기하는 것은 불가하거나 그 필요성이 낮고, 주로 국가 외의 자가 국가를 피고로 금전청구소송을 제기하게 된다.

국가는 국유재산 관련 채권 · 채무의 귀속주체로서 금전청구소송의 이행청구권자 또는 이행의무자로 됨에 문제가 없다. 한국자산관리공사 등 법정민간수탁자도 금전청구소송의 이행청구권자가 됨에는 아무런 문제가 없다. 왜냐하면 채권의 귀속주체는 아니지만 재산의 관리 · 처분 사무를 위탁받은 자로서 관련 금전채권을 추심하여 국고로 귀속시키는 것도 위탁된 재산의 관리 · 처분 사무에 포함되기 때문이다.[12)]

다만 민간수탁자가 금전청구소송의 이행의무자가 되는지에 대하여는 논란이 있다. 민간수탁자는 재산의 관리 · 처분 사무를 위탁받은 자로서 관련 금전채무를 변제하는 것도 위탁사무에 포함된다고 할 수 있다. 즉 잘못 징수한 매매대금 등의 환급사무는 위탁사무에 포함되고, 실제 행하여지고 있다. 그러나 민간수탁자가 국유재산 관리 · 처분 관련 금전채무자의 지위에 있는지는 별개의 문제이다. 민간수탁자가 실질적인 계약당자사인지, 사용료 · 대부료, 변상금 등의 이익이 민간수탁자에게 귀속되는지 등과 관련하여 부정설과 긍정설로 나뉜다.

1. 부정설

민간수탁자가 체결한 매매계약, 대부계약 등의 실질적인 당사자는 국가라고 봐야 하며, 민간수탁자는 대부료 등 상당 이익의 귀속주체가 아니기 때문에 금전청구소송의 이행의무자가 될 수 없다는 입장이다.

2016년 5월 서울고등법원 제21민사부는 무효인 대부계약에 터 잡아 한국자산관리공사가 징수한 대부료를 부당이득으로 반환청구한 사례에서, 대부계약의 내용과 법적성격, 대부료의 귀속주체 등을 종합해 보면, 대부계약의 당사자는 대한민국으로서 한국자산관리공사는 해당 국유지의 관리업무를 위탁받아 대부계약의 체결업무를 수행한 것일 뿐이고, 한국자산관리공사가 원고로부터 수령한 대부료는 자신의 수입으로 취득할 수 없고, 위탁계정으로 별도 관리하다가 국고로 귀속시키기 때문에 대부료 상당 이익이 귀속된다고 볼 수도 없다고 하였다. 따라서 한국자산관리공사가 대부계약체결 업무를 수행하고 원고로부터 대부료를 지급받았다고 하더라도 부당이득반환청구의 이행의무자가 될 수는 없다고 하였다.[13)] 이러한 서울고등법원 제21민사부의 판

12) 민간수탁자가 금전청구소송의 피고가 될 수 없다는 견해에서도 금전청구소송의 원고가 될 수 있다는 점은 인정한다(서울고등법원 2016. 5. 12. 선고 2015나2061796 판결 등).

결은 종래 하급심법원의 주류적인 입장이었다.

2. 긍정설

한국자산관리공사 등 민간수탁자는 매매계약 및 대부계약 등의 실질적인 당사자이고, 대부료 등 상당 이익의 귀속주체로 봐야 하므로 금전청구소송의 이행의무자가 될 수 있다는 입장이다. 2016년 7월 서울고등법원 제17민사부는 한국자산관리공사가 잘못하여 더 많이 징수한 대부료를 부당이득으로 반환청구 한 소송에서, 한국자산관리공사 등 민간수탁자는 그의 명의로 그의 책임 아래 위탁사무를 수행하므로[14] 대부계약 등의 실질적인 당하자로 봐야 한다는 점, 대부료 등 수입금을 민간수탁자의 자체계정과 엄격히 구분되는 위탁계정의 수입으로 한다고 하지만[15] 위탁계정의 금원은 민간수탁자와 국가 사이에 정산을 예정하고 있으며, 위탁계정은 어디까지나 민간수탁자의 계정일 뿐 이를 국가계정으로 볼 수 없어 위탁계정의 수입을 국가수입이 아니라 민간수탁자의 수입으로 봐야한다는 점 등을 들어 법정민간수탁자가 부당이득반환청구의 이행의무자가 될 수 있다고 했다.[16]

3. 판례

민간수탁자가 국유재산을 관리 · 처분 과정에서 발생한 금전채권의 이행의무자가 될 수 있는지에 관하여 이제까지 대법원 판례는 없었고, 하급심 판례는 민간수탁자가 징수한 대부료 등이 국고에 귀속됨을 이유로 부정설을 취하는 경우가 보통이었다. 이후 동종의 사안에 대하여 앞서 본 바와 같이 2016년 5월(부정설)과 7월(긍정설)에 각기 다른 서울고등법원 판결이 잇달아 나오게 되었고, 대법원은 7월 고등법원 판결의 상고심에서 판결이유를 설시함이 없이 긍정설을 취한 원심의 결론이 정당하다고 하였다(대법원 2019. 2. 14. 선고 2016다241881 판결).

4. 검토

(1) 민간위탁의 법적 성질

국가사무의 대리나 대행이라면 변상금부과, 대부, 매매 등의 효과가 국가 또는 중앙관서의 장에게만 귀속될 것이지만,[17] 한국자산관리공사 등 국유재산법 제42조 제1항의 민간수탁자는

---

13) 서울고등법원 2016. 5. 12. 선고 2015나2061796 판결. 이 판결은 원고가 상고를 포기하여 그대로 확정되었다.

14) 국유재산법 시행령 제38조 제6항, 행정위임위탁규정 제2조 제2호 등.

15) 「국유재산의 위탁에 관한 규칙」 제11조.

16) 서울고등법원 2016. 7. 14. 선고 2016나2007201 판결. 이 판결은 한국자산관리공사(피고)가 상고하였지만, 대법원 2019. 2. 14. 선고 2016다241881 판결에서 그대로 유지확정되었다.

17) 하명호, 행정법, 제3판, 박영사, 2021, 707면; 류지태/박종수, 행정법 신론, 제16판, 박영사, 2016, 803면; 박균성, 행정법강의, 제11판, 박영사, 2014, 912면 등.

전형적인 국가사무의 민간위탁에 해당한다. 민간위탁의 경우 행정권한이 독립된 법주체인 민간수탁자에게 법적으로 이전되는 것이므로 민간수탁자는 자율적으로 의사를 결정하여 자신의 이름으로 행정권한을 행사할 수 있고, 그 행정권행사의 법적 효과는 민간수탁자에게 귀속된다고 설명되며,18) 국유재산법 시행령과 행정권한위임위탁규정도 이 점을 분명히 하고 있다.

이러한 민간위탁의 법적 성질에 비추어 볼 때, 민간수탁자가 위탁사무의 수행을 위해 변상금부과, 대부·매매계약체결 등을 하였을 때 그러한 법률행위 내지 행정행위에 따른 법률관계(금전채권관계)의 귀속주체가 될 수 있다고 할 것이다.

행정권한의 위임 및 위탁에 관한 규정 제2조(정의) 이 영에서 사용하는 용어의 뜻은 다음과 같다.

3. "민간위탁"이란 법률에 규정된 행정기관의 사무 중 일부를 지방자치단체가 아닌 법인·단체 또는 그 기관이나 개인에게 맡겨 그의 명의로 그의 책임 아래 행사하도록 하는 것을 말한다.

국유재산법 시행령 제38조(관리·처분기관) ⑤ 제1항, 제3항 및 제4항에 따라 위탁을 받은 경우에는 위탁의 근거 규정을 표시하고, 위탁받은 자의 명의로 관리·처분한다.

⑥ 제3항 및 제4항에 따라 일반재산의 관리·처분에 관한 사무를 위탁하는 경우에 위탁료 등 세부적인 내용과 절차는 기획재정부령으로 정한다.

(2) 관련 수익의 귀속

부정설에서 중요시하는 논거는 한국자산관리공사 등이 징수한 대부료 등이 자체계정과 준별되는 위탁계정으로 들어가고, 이후 비용·위탁수수료 등을 제한다음(예산총계주의의 예외) 국고(국유재산관리기금)로 귀속되기 때문에, 한국자산관리공사 등 민간수탁자는 대부료 등 상당 이익의 귀속주체가 될 수 없다는 것이다. 그러나 이러한 대부료 등 수입금관리시스템은 총괄청과 민간수탁자 사이의 내부적인 회계절차에 불과하고, 이로서 민간위탁의 법리가 달라지지 않는다.

(3) 행정적·경제적 효율

소송실무상으로도 민간수탁자를 금전청구소송의 이행의무자에서 배제하는 것은 옳지 못하다. 변상금, 대부료 및 매매대금 등의 환급을 요구하는 자는 자신과 대부계약 등 법률관계를 맺은(또는 자신에게 부과처분을 한) 민간수탁자를 소송상대방으로 지목하는 것이 자연스럽다. 그럼에도 불구하고 민간수탁자에게 이행의무가 없다고 청구기각을 하게 되면, 원고는 국가를 피고로 다시 소송을 제기하여야 하는데, 이 과정에서 소송비용을 다시 납부하여야 한다. 국민경제적 측면에서 바람직하지 못하다.

18) 박균성, 공무수탁자의 법적 지위와 손해배상책임, 행정판례연구 제15권 제1호, 한국행정판례연구회, 박영사, 2010. 6, 159면.

국가 또는 민간수탁기관으로서도 행정적 · 경제적 비효율이 발생한다. 민간수탁기관에 대한 금전청구소송을 기각하면 다시 국가를 피고로 소송을 제기하게 되는데, 1차 소송에 소요된 비용 일부가 재산관리비용으로서 국고에서 지출되어야 하고, 1차 소송을 수행한 민간수탁기관의 직원이 다시 국가소송의 소송수행자가 되어 행정력의 낭비를 초래하게 된다.

Ⅲ. 인도소송

국유재산에 국가 외의 자가 무단으로 점유하거나 시설물을 설치했을 때, 한국자산관리공사 등 민간수탁자는 위탁에 따른 관리 · 처분권자로서 당사자적격을 가질 뿐만 아니라(제3자의 소송담당) 인도청구를 할 권한이 있게 된다. 결국 국유재산에 대한 인도소송은 국가 또는 민간수탁자 중에서 선택할 수 있게 되는데, 양자의 가장 큰 차이는 국가소송법이 적용되는지 여부이다.

제3장 국유재산소송의 수행

제1절 국가소송법의 적용

국가를 당사자(참가인을 포함한다)로 하는 소송 및 행정소송(행정청을 참가인으로 하는 경우를 포함한다)에 대하여는 「국가를 당사자로 하는 소송에 관한 법률」(이하 국가소송법이라 한다)이 적용된다. 동 법률은 국가소송·행정소송에 대한 법무부장관의 대표, 지휘 및 소송수행자 제도 등을 규정한다,

제2절 적용대상 소송

Ⅰ. 국가소송

소송의 형태를 불문하고 국가를 당사자 또는 참가인으로 하는 민사소송을 국가소송이라고 한다(국가소송법 제2조). 당사자소송도 국가를 원고 또는 피고로 하지만 행정소송이므로 국가소송에 포함되지 않는다. 지방자치단체를 당사자 또는 참가인으로 하는 소송은 국가소송에 포함되지 않고, 따로 지방자치단체를 당사자로 하는 소송에 관한 법률이 마련되어 있지 않으므로 행정소송이 아닌 한 소송수행자 제도 등 국가소송법의 적용을 받을 수 없다.

[**판례**] 원심에서 변호사 아닌 피고 소속 공무원이 피고를 대리하여 소송을 수행하였음을 알 수 있는바, 지방자치단체는 국가를 당사자로 하는 소송에 관한 법률의 적용대상이 아니어서 같은 법률 제3조, 제7조에서 정한 바와 같은 소송수행자의 지정을 할 수 없고, 또한 민사소송법 제87조가 정하는 변호사대리의 원칙에 따라 변호사 아닌 사람의 소송대리는 허용되지 않는 것이므로, 원심이 변호사 아닌 피고 소속 공무원으로 하여금 소송수행자로서 피고의 소송대리를 하도록 한 것은 민사소송법 제424조 제1항 제4호가 정하는 '소송대리권의 수여에 흠이 있는 경우'에 해당하는 위법이 있는 것이다(대법원 2006. 6. 9. 선고 2006두4035 판결).

[**재판예규**]

문. 민사합의사건 또는 단독판사가 심리·재판하는 사건 가운데 그 소송목적의 값이 일정한 금액을 초과하는 사건에 있어서 지방자치단체(도)가 당사자인 경우에 그 대표자(도지사)가 변호사 아닌 자에게 소송행위를 위임하였다면 법원에서는 이를 허가할 수 있는지의 여부

답. 근거가 될 명문규정이 없으므로 허가할 수 없다(재판예규 제871-26호, 개정 2002. 6. 27).

Ⅱ. 행정소송

행정소송이란 행정소송법 제3조에 열거된 항고소송, 당사자소송 등 4가지를 말한다. 항고소송과 당사자소송은 행정청의 처분 등이 전제가 되는데, 국가소송법의 적용을 받는 행정청에는 법령에 따라 행정권한의 위임 또는 위탁을 받은 행정기관, 공공단체, 그 기관 또는 사인(私人)이 포함되므로(국가소송법 제2조의 2), 총괄청과 중앙관서의 장은 물론이고 수임·수탁기관과 관련된 행정소송에도 국가소송법이 적용된다.

지방자치단체를 피고로 하는 당사자소송은 행정소송이므로 국가소송법이 적용된다. 다만 「공익사업을 위한 토지 등의 취득 및 보상에 관한 법률」(이하 토지보상법) 제85조 제2항의 당사자소송은 행정청의 처분 등을 전제로 하지 않는 이른바 형식적 당사자소송으로서, 만약 지방자치단체가 사업시행자로서 위 당사자소송의 피고가 된 경우에는 국가소송법 제5조에 따라 소송수행자를 지정하거나 소송대리인을 선임할 행정청이 없어 사실상 국가소송법의 적용이 어렵게 된다.[19]

[**재판예규**]

대구직할시장으로부터 행정소송에 있어서 소송당사자인 사업시행자가 지방자치단체일 경우 그 직원을 지정하여 소송수행을 하게 할 수 있는지 여부에 관하여 질의가 있어 다음과 같이 회신하였으니 업무에 참고하시기 바랍니다.

문. 공익사업을위한토지 등취득및보상에관한법률 제85조의 규정에 의한 행정소송에 있어 소송당사자인 사업시행자가 지방자치단체장인 대구직할시장일때 대구직할시장의 소송수행을 국가를 당사자로 하는 소송에 관한 법률 제5조에 의거 소속 공무원이 할 수 있는지 여부.

답. 공익사업을위한토지등취득및보상에관한법률 제85조 제2항의 규정에 의한 소송의 당사자가 될 "사업시행자"라 함은 "권리의무의 주체가 되는 자"를 의미하는 것이므로 귀시의 경우 대구직할시장이 아니라 대구직할시가 당사자가 되어야 할 것이고, 이 경우 대구직할시는 지방자치단체일 뿐 국가를 당사자로 하는 소송에 관한 법률 제5조 1항의 "행정청의 장"에 해당되지 아니하므로 그 직원 또는 상급 행정청의 직원을 지정하여 소송을 수행하게 할 수는 없다고 해석됩니다(재판예규 제917-1호, 제정 2003. 9. 17).

19) 법원행정처, 법원실무제요(행정) 1997, 84면.

Ⅲ. 소송 이외의 사건

국가소송, 행정소송과 같은 소송 이외의 분쟁해결절차에서도 법무부장관이 국가를 대표하고 행정청을 지휘할 필요성은 존재한다. 이에 국가소송법은 조정사건, 중재사건, 그 밖의 비송사건에도 제2조부터 제8조까지의 규정을 준용한다고 함으로써 국가소송법의 적용대상을 확대하고 있다(국가소송법 제12조).

제3절 법무부장관의 권한

Ⅰ. 국가소송의 대표

법무부장관은 국가소송에서 국가를 대표한다(국가소송법 제2조). 국유재산의 관리 · 처분 사무에서는 소관청이 국가를 대표하지만, 관련 국가소송에서는 법무부장관이 대표하게 된다.

Ⅱ. 국가소송 및 행정소송의 지휘 · 감독

1. 소송수행자의 지정 등

(1) 국가소송

법무부장관은 법무부의 직원, 각급 검찰청의 검사(이하 검사), 공익법무관 또는 해당 행정청[20]의 직원을 지정하여 국가소송을 수행하게 할 수 있으며(국가소송법 제3조 제1항, 제2항), 이들 소송수행자는 해당 소송에 관하여 법무부장관의 지휘를 받아야 한다(같은 조 제3항). 그밖에 법무부장관은 변호사를 소송대리인으로 선임하여 국가소송을 수행하게 할 수 있다(같은 조 제4항).

(2) 행정소송

행정소송은 해당 행정청의 장이 그 행정청의 직원 또는 상급행정청의 직원(이 경우에는 미리 해당 상급 행정청의 장의 승인을 받아야 한다) 중에서 소송수행자를 지정하고, 변호사를 소송대리인으로 선임한다(국가소송법 제5조).

행정소송의 수행권한은 해당 행정청에 있지만, 행정소송을 수행할 때 행정청의 장은 법무

20) 국가소송법에서 행정청이라 함은 법령에 따라 행정권한의 위임 또는 위탁을 받은 행정기관, 공공단체 등을 포함한다(제2조의 2). 따라서 국유재산의 관리 · 처분사무를 위임 · 위탁받은 자도 국가소송법상의 행정청이다.

부장관의 지휘를 받아야 한다. 법무부장관은 행정소송에 관하여 필요하다고 인정되면 법무부의 직원, 검사 또는 공익법무관을 소송수행자로 지정할 수 있으며, 행정청의 장이 지정하거나 선임한 소송수행자나 변호사를 해임하게 할 수 있다(동법 제6조). 행정소송의 소송수행자는 행정청이 1차적으로 지정하고, 법무부장관은 필요하다고 인정되는 경우에 보충적으로 지정한다(국가소송법 제3조, 제5조).

2. 의견의 제출

법무부장관은 국가 이익 또는 공공복리와 중대한 관계가 있는 국가소송 및 행정소송에 관하여는 법원의 허가를 받아 법원에 법률적 의견을 제출하거나 법무부의 직원, 검사 또는 공익법무관을 지정하여 의견을 제출하게 할 수 있다(국가소송법 제4조).

3. 소송총괄관의 지휘

중앙행정기관의 장은 법무 및 송무 사무를 담당하는 4급 이상의 소속 직원 중에서 소관 소송사무를 총괄할 소송총괄관 1명을 임명하여야 하며(국가소송법 제8조 제1항), 임명한 때에는 지체 없이 법무부장관에게 통보하여야 한다(동법 시행령 제4조 제2항). 소송총괄관은 소관 소송사무에 관하여 법무부장관의 지휘를 받아야 하며, 해당 기관의 소송에 관하여 소송수행자로 지정된 그 기관의 직원을 지휘 · 감독한다(같은 법 제8조 제2항, 제3항).

Ⅲ. 법무부장관의 권한의 위임

법무부장관은 국가소송에 한하여 소송수행자의 지정 · 지휘 및 변호사선임에 관한 권한을 검찰총장 및 고등검찰청검사장 및 지방검찰청검사장에게 위임한다(동법 제13조, 동법 시행령 제2조).

국가소송법 시행령 제2조에 따른 검찰관할은 소송이 계속 중인 관할 지방법원(소속 지원이 관할인 경우에도 지방법원을 기준으로 한다)을 기준으로 그 소재지에 고등검찰청이 있으면 그 고등검찰청에, 고등검찰청이 없으면 그 지방법원에 대응하는 지방검찰청에 있다. 예컨대 수원지방법원 평택지원이 관할하는 사건은 수원고등검찰청에서, 대구지방법원 밀양지원이 관할하는 사건은 대구고등검찰청에서 관할하며, 인천지방법원에서 관할하는 사건은 인천지방검찰청에서 관할한다. 대법원에 계속 중인 사건은 대검찰청에서 관할한다.

제4절 소송수행자

법무부장관(또는 권한을 위임받은 검사장 등을 포함한다) 또는 당해 행정청의 장에 의하여 소송수행자로 지정된 사람은 그 소송에 관하여 대리인의 선임을 제외한 모든 재판상의 행위를 할 수 있는바(국가소송법 제7조), 소송수행자 제도는 국가소송법이 규정하는 특별한 법률상 소송대리인 제도이다.

민사소송법은 변호사만 소송대리인이 될 수 있도록 하면서(제87조, 이를 변호사대리의 원칙이라고 한다), 몇몇 제한된 사건에서 변호사대리의 예외를 허용하는데, ① 단독판사가 심판하는 민사소송사건에서 당사자와 친족관계나 고용관계에 있는 사람 중 일정한 사람이 법원의 허가를 받은 경우(민사소송법 제88조), ② 배상신청사건에서 배우자 등이 법원의 허가를 받은 경우(소송촉진 등에 관한 특례법 제27조), ③ 소가 2,000만원 이하의 소액단독사건의 제1심에서 배우자 등이 대리인이 되려는 경우(소액사건심판법 제8조), ④ 가사소송사건에서 비변호사가 재판장의 허가를 받아 본인을 대리하여 출석하는 경우(가사소송법 제7조), ⑤ 변리사가 특허심결취소소송에서 소송대리인이 되는 경우(변리사법 제8조)가 그것이다.

이러한 민사소송법 및 민사소송 관련 특별법이 규정하는 예외와 달리 개별 법률에서 사건, 심급 및 소가 등의 제한이 없이 변호사대리의 원칙에 대한 일반적인 예외를 규정하는 경우가 있는데, 이것을 법률상 소송대리라고 한다. 현행법상 인정되는 법률상 소송대리인은 ① 상법상의 지배인(제11조), 선장(제749조) 및 선박관리인(제765조), ② 국가소송법상의 국가소송수행자(제3조 이하) 등이 있다. 이러한 법률상 소송대리인은 심급 등의 제한 없이 당사자를 대리하여 소송을 수행할 수 있다.

제5절 송달

국가소송의 송달은 위 검찰관할의 검사장에게 하고(국가소송법 제9조 제1항), 행정소송은 해당 행정청에게 한다. 다만 소송수행자 또는 소송대리인이 있는 경우에는 그 소송수행자 또는 소송대리인에게 송달한다(같은 조 제2항).

제4장 조상 땅 찾기 소송

제1절 개요

앞서 설명한 바와 같이 광복, 한국전쟁, 물권변동 시스템의 변혁(의사주의에서 성립요건주의), 농지개혁 등 일련의 역사적 사건으로 사유재산이 국유재산으로 잘못 등록·등기되거나, 적법하게 등록·등기되었으나 국가가 원소유자에게 소유권을 반환해야 하는 경우가 적지 않게 발생하였다. ① 창씨개명한 조선인을 일본인으로 잘못 알고 귀속재산으로 국유화한 경우, ② 소유자가 있으나 무주부동산으로 오인하고 국유화한 경우, ③ 농지개혁을 위해 유상몰수한 후 분배되지 않기로 확정된 경우 등이 대표적인 예이다.[21] 이들 사례들은 오랜 혼란의 세월을 걸쳐 이루어진 바이므로 현재의 소유자가 자신의 소유임을 인지하기 어렵고, 자신의 직계존속(피상속인)의 소유임을 주장·입증해야 하므로 이와 관련된 소송을 '조상 땅 찾기 소송'이라고도 한다.

현재 국가소유로 등록·등기된 부동산은 국가의 소유로 추정이 되고, 이를 부정하려는 사람이 그 추정력을 깨뜨려야 하는바, 이에 대하여 대법원은 토지조사부 등으로 국가소유권의 추정력을 깨뜨릴 수 있다고 하며, 나아가 위 ① 내지 ③의 사례에 대하여 국가가 등기부시효취득을 하지 못한다는 일련의 판례법을 형성하였다.

결국 조상 땅 찾기 소송에서는 진정한 소유자가 자신의 소유임을 증명하고 국가소유권의 추정력을 깨뜨릴 수 있는 자료가 무엇인지, 국가소유권의 추정력이 번복됨에도 불구하고 국가가 소유권을 취득하였음을 인정할 수 있는 사실에는 어떠한 것이 있는지 등이 중요한 법률적 쟁점이라 할 수 있다.

제2절 진정한 소유자임을 증명하는 부동산공부

소유자불명의 부동산을 국유재산법 제12조에 따라 국유재산으로 등록·등기 한 다음 후일 진정한 소유자가 나타날 경우 국가는 그 소유권을 반환하여야 한다. 국가 아닌 진정한 소유자를 입증해 줄 부동산공부 등 자료에는 어떤 것이 있을까? 그것이 부동산등기부와 같은 보통의 부동산공부라면 처음부터 국가가 무주부동산으로 취급하지 않았을 것이다. 조상 땅 찾기 소송을

21) ①과 ② 관련 국유화조치 및 진정한 소유자와의 법률관계에 대한 자세한 내용은 이 책 제1편 제5장 제3절 부동산 유실물의 국유화 부분을, ③ 관련 법률관계에 대한 자세한 내용은 같은 장 제2절 귀속농지의 처리 부분을 참고하기 바란다.

유발시키는 국유화조치는 통상의 부동산공부가 존재하지 않는 부동산에 대하여 주로 발생하기 때문이다. 이런 부동산에 대하여 후일 진정한 소유자를 입증해 줄 부동산공부로는 일제강점기에 작성된 토지조사부, 보안림편입조서, 우리 정부가 작성한 전귀속임야대장 등을 들 수 있다. 그 밖에 구 토지대장, 지세명기장, 농지분배 관련 서류 등의 권리추정력 유무가 논란이 된다.

Ⅰ. 토지조사부

구 토지조사령(1912. 8. 13. 제령 제2호)에 의한 토지조사부에 토지소유자로 등재되어 있는 자는 재결에 의하여 사정내용이 변경되었다는 등의 반증이 없는 한 토지소유자로 사정받고 그 사정이 확정된 것으로 추정된다. 토지조사부에 소유자로 사정받았다는 것은 그 토지의 최초 소유자(근대적 의미의)로서 원시취득했다는 의미이고, 토지조사부에 권리추정력이 인정되는 결과 사정받은 자로부터 전전 상속받거나 기타 정당하게 소유권을 이전받은 자는 정당한 권리자로 추정을 받게 된다.

이러한 토지조사부의 권리추정력은 대법원에서 조차 긍정설(대법원 1984. 1. 24. 선고 83다카1152 판결 등)과 부정설(대법원 1981. 6. 23, 선고 81다92 판결, 대법원 1982. 5. 11. 선고 81다188 판결)로 나뉘어져 있다가 대법원 1986. 6. 10, 선고 84다카1773 전원합의체 판결에 의하여 긍정설로 통일이 되었다.

나아가 대법원은 토지조사부가 작성되어 누군가에게 사정되었다면 그 사정명의인 또는 그 상속인이 토지의 소유자가 되고, 설령 국가가 이를 무주부동산으로 취급하여 국유재산법에 따라 국유재산으로 소유권보존등기[22]를 마치더라도 국가에게 소유권이 귀속되지 않으며, 토지에 관한 소유권보존등기의 권리추정력은 그 토지를 사정받은 사람이 따로 있음이 밝혀진 경우에는 깨어지고 등기명의인이 구체적으로 그 승계취득사실을 주장·입증하지 못하는 한 그 등기는 원인무효가 된다고 하였다(대법원 2005. 5. 26. 선고 2002다43417 판결). 소유권보존등기의 권리추정력은 등기명의인이 원시취득자가 아님이 증명되면 깨어지기 때문이다(다만 아래에서 보는 바와 같이 각종의 특별조치법에 기하여 경료된 경우에는 예외이다).[23] 토지조사부에 권리추정력을 인정하더라도 현재의 국가명의 소유권보존등기에도 권리추정력을 인정하게 되면 결국 현재 추정되는 권리관계가 우선하므로, 앞서의 권리추정력은 무의미해지게 되겠지만, 대법원은 토지조사부에 국가명의 소유권보존등기의 권리추정력을 깨트리는 효력까지 인정함으로써, 결국 국가가 사정명의인으로부터의 소유권승계취득 사실을 주장·입증하지 못하면 그 소유권을 인정받을 수 없게 하는 것이다.

22) 무주부동산의 국가귀속은 소유권보존등기의 형식을 취하고, 귀속재산의 국고귀속은 소유권이전등기의 형식을 취한다.
23) 지원림, 민법강의, 제17판, 홍문사, 2020, 508면.

주의할 것은 각종의 특별조치법에 의한 등기의 권리추정력은 일반적인 등기의 그것보다 훨씬 강력하여 토지조사부로도 그 추정력을 깨뜨릴 수 없다는 것이다. 즉 특별조치법에 의한 소유권보존등기가 경료된 토지를 사정받은 사람이 따로 있는 것으로 밝혀지더라도 그 등기는 동법 소정의 적법한 절차에 따라 마쳐진 것으로서 실체적 권리관계에 부합하는 등기로 추정이 되고, 그 추정력을 깨뜨리기 위하여 등기절차상 소요되는 보증서 또는 확인서가 허위라든가 위조되었다든가 하는 등의 사실이 증명되어야 한다(대법원 1987. 10. 13. 선고 2004다카2928 전원합의체 판결 등).

Ⅱ. 보안림편입고시

국가소유로 사정된 임야라 하더라도 구 산림령(1911. 6. 20. 조선총독부 제령 제10호)에 따라 조선총독부가 한 '보안림편입고시'에 개인이 소유자로 기재되어 있다면, 그 기재에 권리추정력을 인정하여야 한다는 것이 판례의 입장이다(대법원 1996. 2. 27, 선고 95다53652 판결 등). 보안림편입조서를 작성할 때 그 소유자를 조사하여 기재하도록 되어 있고, 이는 당시의 부동산등기부 또는 대장의 기재에 따랐을 것이라고 여겨진다는 것이 판례의 이유이다.

Ⅲ. 국유전귀속(前歸屬)임야대장

6. 25 전쟁으로 멸실되기 전의 임야대장에 터 잡아 전국의 귀속임야를 기재한 귀속임야대장이 만들어졌고, 이를 근거로 1952. 7. 26. 국유화 결정이 이루어졌으며, 이어서 귀속임야대장의 임야들을 귀속임야국유화대장, 귀속재산국유화조치대장, 국유화결정귀속임야대장, 국유전귀속(前歸屬)임야대장에 기재하였다. 결국 국유전귀속(前歸屬)임야대장은 6·25 전쟁으로 멸실되기 전의 임야대장에 터 잡아 이루어졌다고 할 수 있고, 따라서 임야대장 중 소유자란 기재에 부여된 권리추정력은 국유전귀속(前歸屬)임야대장에도 그대로 이어진다고 할 수 있으므로, 국유전귀속(前歸屬)임야대장에 귀속재산으로 기재되어 있는 임야는 1945. 8. 9. 현재 일본인의 소유, 즉 귀속재산이라고 보는 것이 판례의 입장이다(대법원 1996. 11. 15, 선고 96다32812 판결 등).

국유전귀속임야대장은 진정한 소유자가 국가에게 자신이 해당 토지의 소유자임을 입증하는 부동산공부가 아니라, 국가가 자신의 소유명의가 옳다는 것을 증명하는 부동산공부이다.

Ⅳ. 구 토지대장

6. 25 전쟁으로 부동산공부가 대량으로 멸실되자 지적소관청이 과세의 편의를 위해 아무런

법적 근거 없이 임의로 지적공부를 복구한 경우가 많았고, 이러한 현상은 상당기간 지속되다가 1975. 12. 31. 법률 제2801호로 지적공부가 전면 개정되면서 제도개선이 되었다. 1975년 전면 개정된 지적법은 지적공부를 복구하고자 할 때에는 멸실 당시의 지적공부와 가장 부합된다고 인정되는 관계 자료에 의거하여 토지표시에 관한 사항을 복구·등록하게 하고, 소유자에 관한 사항은 부동산등기부나 법원의 확정판결에 의하지 아니하고서는 복구등록할 수 없게 하였다. 이러한 연유로 대법원은 1975년 지적법 전부개정 전에 복구된 구 토지대장의 소유자 기재에 권리추정력을 부정한다.[24)]

따라서 구 토지대장에 일본인이 소유자로 기재되어 있고, 토지조사부에는 이와 전혀 다른 사람이 사정명의인으로 기재되어 있다면, 국가가 이 토지를 귀속재산으로 보고 국가소유로 등기하였다 하더라도 구 토지대장의 권리추정력이 부정되는 결과 국가의 소유권은 인정받지 못하게 된다. 구 토지대장의 권리추정력은 부정되지만, 권리변동 내역에 관한 간접증거로서 다른 사정의 인정근거로 삼는 것은 가능하다.[25)]

주의할 것은 구 토지대장이란 6. 25 전쟁 등으로 멸실되었다가 1975년 지적법 전면 개정 전에 지적소관청이 임의로 복구한 것을 의미하므로, 멸실되었다가 복구된 것이 아니라면 1975년 지적법 전부개정 전에 만들어졌더라도 권리추정력이 인정된다.

[**판례**①] 6.25 사변 도중 멸실된 구토지대장이 신고에 의하여 복구된 경우, 위 신고를 할 당시 시행되던 구 지적법(1975.12.31. 법률 제 2801호로 개정되기 전의 것)에 위와 같이 멸실된 토지대장의 복구에 관한 근거도 없었을 뿐더러, 일반인의 신고에 의거하여 이를 복구하고 신고 내용에 따라 그 소유자를 기재할 근거는 더더욱 없었으므로, 위와 같은 경위로 복구된 구토지대장은 적법한 토지대장이라 할 수 없고, 따라서 이에 터잡아 이루어진 소유권보존등기는 원인무효이다(대법원 1992. 5. 22.선고 92다8699 판결).

[**판례**②] 1975.12.31. 법률 제2801호로 전문 개정된 지적법이 시행되기 이전에 소관청이 아무런 법적 근거 없이 과세의 편의상 임의로 복구한 구토지대장에 소유자 이름이 기재되어 있다 하더라도 그 소유자에 관한 사항은 권리추정력을 인정할 수 없다(대법원 1993. 4. 13.선고 92다44947 판결).

[**판례**③] 구 지적법(1975. 12. 31. 법률 제2801호로 개정되기 전의 것) 시행 당시에는 멸실된 임야대장의 복구에 관한 절차가 전혀 없었으므로 임야대장의 관할 행정관청이 행정의 편의를 위하여 복구한 임야대장은 적법하게 복구된 것이라고 할 수 없고, 따라서 그 소유자란의 기재는 소유권의 귀속을 증명하는 자료가 될 수 없다(대법원 1996. 6. 28.선고 96다7311 판결).

[**판례**④] 「6·25 동란으로 인하여 지적공부가 멸실된 뒤 1953년에 이르러 세무서가 과세의 편의

24) 대법원 1992. 5. 22. 선고 92다8699 판결, 대법원 1993. 4. 13. 선고 92다44947 판결, 대법원 1996. 6. 28. 선고 96다7311 판결, 대법원 2007. 11. 30. 선고 2005다17792 판결 등.

25) 대판 2009. 3. 12. 선고 2008가단231429 판결.

상 법령의 근거 없이 작성한 토지대장은 정당한 절차에 따른 소유권의 취득사실을 추정할 수 있는 토지대장으로 볼 수 없(다)(대법원 2007.11.30.선고 2005다17792 판결).

Ⅴ. 지세명기장(地稅名寄帳)

지세명기장은 1918년경부터 작성된 것으로 보이는데, 소유권변동을 기재하는 대장이 아니라 조세부과의 목적으로 작성된 문서에 불과하므로 여기에 납세의무자의 명의변경이 있더라도 그 자 앞으로 소유권이전등기까지 마쳐졌다고 단정할 수 없다.[26] 즉 권리추정력이 없다는 것이 판례의 입장이다. 그러나 지세명기장의 기재 내용을 다른 사정들과 종합하여 권리변동에 관한 사실인정의 자료로 삼는 것은 가능하다.[27]

Ⅵ. 농지분배 관련 서류

농지소표, 상환대장 등 농지분배 관련 서류에 사정명의인 또는 그 상속인이 아닌 자가 지주로 기재되어 있는 경우, 사정명의인으로부터 그자에게로 소유권이 이전되었다고 단정할 수 없다. 농지분배 관련 서류에는 권리추정력이 없기 때문이다.[28] 다만 농지분배 관련 서류의 기재 내용을 다른 사정들과 종합하여 권리변동에 관한 사실인정의 자료로 삼는 것은 가능하다.

제3절 국가가가 소유권을 취득하였다는 항변

국가가 사유재산을 무주부동산이나 귀속재산 등으로 오인하여 국가명의의 소유권보존등기 또는 소유권이전등기를 한 경우,[29] 진정한 소유자는 권리추정력 있는 부동산공부 등을 제시해 국가명의의 소유권등기의 추정력을 깨려고 할 것이다. 만약 국가명의 소유권등기의 추정력이 깨진 경우 국가는 해당 부동산에 대한 새로운 취득사유로서 점유시효취득 또는 등기부시효취득의 항변을 하거나, 아니면 원고가 해당 부동산의 소유자가 아니므로 현재 무주부동산이라는 항변을 할 여지가 있다.

---

26) 대법원 1989. 7. 25. 선고 88다카23278 판결.
27) 대법원 2008. 10. 9. 선고 2008다35128 판결.
28) 대법원 1999. 7. 23. 선고 98다18995 판결.
29) 무주부동산은 소유권보존등기, 귀속재산은 소유권이전등기이다.

Ⅰ. 점유시효취득의 항변

국가가 타인의 부동산을 점유하여 시효취득하기 위한 요건으로서 주로 문제되는 것은 '소유의 의사(자주점유)' 및 '점유'이다.

> **민법 제245조(점유로 인한 부동산소유권의 취득기간)** ① 20년간 소유의 의사로 평온, 공연하게 부동산을 점유하는 자는 등기함으로써 그 소유권을 취득한다.

1. 소유의 의사

(1) 자주점유의 의의 및 판단기준

타인의 부동산을 점유하여 시효취득하려면 20년간 소유의 의사로 평온, 공연하게 점유하여야 한다(민법 제245조 제1항). 소유의 의사란 소유자가 할 수 있는 것과 같은 배타적 지배를 사실상 행사하려고 하는 의사를 말하며, 법률상 그러한 지배를 할 수 있는 권한, 즉 소유권을 가지고 있거나 소유권이 있다고 믿고 있어야 하는 것은 아니다.[30] 소유의 의사로 점유하는 것을 강학상 자주점유라고 한다. 학설과 판례는 자주점유인지 여부를 점유취득의 원인이 되는 사실, 즉 권원의 성질에 의하여 객관적으로 정하여야 한다고 본다.[31]

자주점유는 민법 제197조 제1항에 의하여 추정되지만 ① 소유의 의사가 없는 것으로 보이는 권원에 바탕을 두고 점유를 취득하였음이 입증되거나, ② 점유자가 진정한 소유자라면 통상 취하지 아니할 태도를 나타내거나 소유자라면 당연히 취했을 것으로 보이는 행동을 취하지 아니한 경우[32] 등 외형적·객관적으로 보아 타인의 소유권을 배척하고 점유할 의사를 갖지 않았던 것으로 볼 만한 사정이 증명된 경우에는 자주점유의 추정이 깨어진다.[33] 대법원은 이러한 자주점유 추정의 번복에 관한 일반적인 판례가 국가에도 그대로 적용된다고 하면서 개별 사안마다 자주점유 추정의 번복여부를 판단하는 바(주로 국가가 타인의 토지를 도로로 점유하는 사안에서 일련의 판례가 형성되어 있다), 자세한 내용은 다음과 같다.

---

30) 윤진수, 민법주해(Ⅴ) 물권(2), 박영사, 2009, 375면.
31) 윤진수, 앞의 책, 376면.
32) 국가가 점유취득시효기간 만료 후에 그 소유명의를 갖추기 위해 무주부동산의 귀속에 관한 법적절차를 거쳤거나, 인근의 다른 토지는 오래전에 무주부동산을 원인으로 소유권보존등기절차를 취하면서도 당해 토지에 대하여는 수십 년간 이러한 절차를 취하지 않고 있었다 하더라도 그것만으로는 자주점유의 추정이 번복되지는 않는다(대법원 2008. 4. 10. 선고 2008다7314 판결).
33) 대법원 1997. 8. 21. 선고 95다28625 전원합의체 판결.

(2) 자주점유의 추정이 번복되는 사례들

지적공부나 부동산등기부의 기재에 의하여 다른 사람이 당해 토지의 소유자로 등재되어 있음을 알 수 있는 경우에는 국가가 사유지를 도로로 적법하게 취득하였음을 인정할 만한 자료를 제시하지 못한다면, 무단점유로 봐서 자주점유의 추정을 번복시키는 것이 대법원의 대체적인 경향이다.[34)]

(3) 자주점유의 추정이 유지되는 사례들

도로에 편입된 토지의 토지조사부는 존재하지만, 다른 지적공부 및 부동산등기부가 6 · 25. 전쟁 등을 거치면서 모두 분실 · 소실되고, 국가가 그 토지를 취득한 사실을 뒷받침할만한 내부자료도 보존되어 있지 않은 경우에는 자주점유의 추정이 유지된다는 판례들이 있는데,[35)] 이는 토지조사부에는 최초 사정명의인만 기재되어 있을 뿐이고, 그 이후 소유권변동이 있었는지에 대하여는 아무런 기재가 없다는 점을 이유로 한 것으로 보인다.

2. 점유

(1) 도로

대법원은 국가가 도로관리청으로서 또는 사실상의 지배주체로서 토지를 도로로 '점유'하는 것이 가능하다고 하면서, 전자는 기존 사실상의 도로에 도로법에 따라 노선인정의 공고 및 도로구역의 결정이 있거나 「국토의 계획 및 이용에 관한 법률」에 따른 도시계획시설사업의 시행으로 도로설정이 있으면 인정된다고 하였고, 후자는 법에 따른 도로설정행위가 없더라도 국가가 기존의 사실상 도로에 개축 또는 유지, 보수공사를 시행하여 일반 공중의 교통에 이용했다면 인정된다고 하였다.[36)]

(2) 변상금의 부과 · 징수

대법원은 국가가 무단점유자에게 변상금을 부과 · 징수해 오고 있다는 주장을 하면, 국가가 간접점유를 주장하는 것으로 해석한다. 대법원은 점유시효취득의 요건인 점유에는 직접점유뿐만 아니라 간접점유도 포함되지만, 간접점유를 인정하기 위해서는 간접점유자와 직접점유자 사이에 일정한 법률관계, 즉 점유매개관계가 필요한데, 국가가 무단점유자에게 변상금을 부과 · 징수하는 것만으로는 이들 사이에 점유매개관계가 존재한다고 볼 수 없다고 한다(대법원 2006. 6. 2. 선고 2006다4649 판결). 국가가 국가 이외의 자를 통해 간접점유를 하려면 변상금을 부과 · 징수하는 것으로는 부족하고 적어도 대부계약을 체결되고 대부료를 징수하는 관계가 있어야 한다.

---

34) 대법원 2001. 3. 27. 선고 2000다64472 판결 등.
35) 대법원 2007. 12. 27. 선고 2007다42112 판결; 대법원 2007. 2. 8. 선고 2006다28065 판결 등.
36) 대법원 1991. 3. 12. 선고 90다5795 판결; 대법원 2002. 3. 12. 선고 2001다70900 판결 등.

[판례] 시효취득의 요건인 점유에는 직접점유뿐만 아니라 간접점유도 포함되는 것이기는 하나, 간접점유를 인정하기 위해서는 간접점유자와 직접점유를 하는 자 사이에 일정한 법률관계, 즉 점유매개관계가 필요한데 피고가 소외인 에게 위와 같이 변상금을 부과·징수한 것만으로는 이들 사이에 점유매개관계가 존재한다고 할 수 없고, 달리 그와 같은 관계가 있다고 볼만한 자료가 없는 이 사건에서 피고에게 이 사건 임야에 대한 간접점유를 인정할 수도 없다.

그런데도 원심이, 피고가 1985. 7. 30. 이 사건 임야에 대한 소유권보존등기를 마친 이후로 이 사건 임야를 무단으로 점유하고 있는 소외인으로부터 변상금을 부과하여 징수하는 방법으로 이 사건 임야를 점유하였다고 판단한 것은 채증법칙을 위반하여 사실을 잘못 인정하거나 시효취득에 있어서 점유에 관한 법리를 오해하여 판결 결과에 영향을 미친 위법이 있다고 할 것이고, 이 점을 지적하는 상고이유의 주장은 이유 있다(대법원 2006. 6. 2. 선고 2006다4649 판결).

Ⅱ. 등기부시효취득의 항변

국가가 타인의 부동산을 국유재산으로 등기하여 점유함으로써 시효취득할 수도 있는데(민법 제245조 제2항), 그 요건으로서 소유의 의사 및 점유는 점유시효취득에서 설명한 바와 같다. 등기부시효취득에서 특히 문제되는 것은 '무과실'요건이다.

민법 제245조(점유로 인한 부동산소유권의 취득기간) ② 부동산의 소유자로 등기한 자가 10년간 소유의 의사로 평온, 공연하게 선의이며 과실없이 그 부동산을 점유한 때에는 소유권을 취득한다.

민법 제245조 제2항의 무과실은 민법 제197조에 의하여 추정되지 않으므로 이를 주장하는 자가 입증해야 한다. 무과실이라 함은 점유자가 자기의 소유라고 믿은 데에 과실이 없음을 말한다(대법원 2005. 6. 23. 선고 2005다12704 판결 등).

대법원은 토지조사부, 부동산등기부 등으로 소유자가 따로 있음을 알 수 있는 부동산을 국가가 단순히 국유재산법 제12조의 절차만을 거쳐 국유재산으로 등기를 마치고 점유를 개시하였다면 비록 소유자로 등재되어 있는 자가 창씨개명을 한 한국인이어서 귀속재산으로 오인하기 쉽거나, 소유자가 행방불명되어 생사 여부를 알 수 없었다 하더라도 국가의 점유개시에 과실이 있다고 하였다. 즉, 국가는 호적부를 통하여 소유자로 등재되어 있는 자가 창씨개명을 한 한국인인지 일본인인지를 쉽게 확인할 수 있는 것인데 호적부의 관장자로서 그러한 확인을 게을리한 과실이 있는 것이고(대법원 2005. 6. 2. 선고 2006다4649 판결 등), 소유자가 행방불명되어 생사 여부를 알 수 없다면 그가 사망하고 상속인도 없다는 점을 밝히거나 적어도 민법 제1053조 내지 제1058조에 의한 국가귀속절차를 밟지 아니한 과실이 있다고 한다(대법원 2008. 10. 23. 선고 2008다45057 판결).

Ⅲ. 원고의 소유가 아니므로 무주부동산이라는 항변

국가가 소유자로 기재된 등기의 말소를 구하려면 그 말소를 구할 권원을 주장 · 입증해야 한다. 만일 말소를 구할 수 있는 권원이 인정되지 않는다면 설사 국가를 소유자로 하는 등기가 무효라도 그 말소청구를 인용할 수 없다(대법원 1999. 2. 26. 선고 98다17831 판결).

예컨대, 국가명의의 소유권보존등기가 그 권리추정력이 번복되어 원인 무효라 하더라도 해당 토지가 농지분배, 매각 등으로 사정명의인 또는 그 상속인에게서 제3자에게로 소유권이 이전되었다면 적어도 원고의 국가에 대한 소유권등기말소청구의 권원은 인정될 수 없는 것이다(대법원 2009. 7. 2. 선고 2008가합98902 판결).

1. 농지분배

계쟁 토지가 농지이면 농지개혁법에 따라 분배되어 제3자 소유로 된 것은 아닌지 확인할 필요가 있다. 계쟁 토지가 분배대상 농지라 하더라도 상환대장에 '확인필' 문구가 기재되어 있지 않는 등 농지대가 상환이 완료되었음이 인정되지 않는다면 그 토지는 여전히 사정명의인이나 그 상속인의 소유로 남는다. 농지법 부칙〈법률 제4817호, 1994. 12. 22〉 제3조에 의하면 농지법 시행일(1996. 1. 1)로부터 3년 내에 농지대가 상환 및 등기를 완료하지 않게 되면 그 농지는 분배되지 않기로 확정되어 그 소유권이 원소유자에게 환원되기 때문이다.

2. 매각

계쟁 토지의 사정명의인이 존재하지만, 만약 일제강점기에 일본인에게 매각되고 그 상태가 유지되었다면 이는 귀속재산으로서 민간에 매각되었거나 잔여귀속재산으로 국유화되었다고 봐야한다. 계쟁 토지가 한국인에게 사정된 후 다른 한국인에게 매각되었음이 입증되는 경우에는 무주부동산으로 취급되어 국가 명의로 소유권보존등기된 것으로 볼 수 있다. 사정된 후 제3자에게 매각되었음을 입증할 자료는 부족할 수밖에 없다. 농지분배 관련 서류에 사정명의인(그 상속인을 포함한다)이 아닌 제3자가 지주로 기재되어 있음을 이유로 사정명의인이 농지분배사업 전에 계쟁 토지의 소유권을 처분했다고 판단되는 경우도 있다.[37] 기타 특별조치법에 따라 제3자에게 소유권이전등기 등이 된 경우 강력한 권리추정력을 받기 때문에 원고청구가 기각될 가능성이 높다.

37) 서울중앙지방법원 2008. 12. 16. 선고 2007가단308124 판결.

3. 등기유예기간의 도과

원고 또는 그 선대가 민법 부칙〈제471호, 1958. 2. 22〉 제10조 제1항에서 규정하는 기간(1960. 1. 11.부터 6년) 내에 계쟁 토지의 소유권에 관한 등기를 마치지 않아, 이미 그 소유권을 상실했다는 항변을 하는 경우가 있다. 그러나 그것은 법률행위로 인한 물권변동에 한정되는 것이다. 따라서 상속이나 토지사정, 귀속재산의 취득 등과 같은 법률의 규정에 의한 물권변동에는 적용이 없다(대법원 1991. 8. 27. 선고 91다19098 판결).

민법 부칙 〈**제**471**호**, 1958. 2. 22.〉 **제**10**조**(**소유권이전에 관한 경과규정**) ① 본법 시행일전의 법률행위로 인한 부동산에 관한 물권의 득실변경은 이 법 시행일로부터 6년내에 등기하지 아니하면 그 효력을 잃는다.〈개정 1962. 12. 31, 1964. 12. 31〉
② 본법 시행일전의 동산에 관한 물권의 양도는 본법 시행일로부터 1년내에 인도를 받지 못하면 그 효력을 잃는다.
③ 본법 시행일전의 시효완성으로 인하여 물권을 취득한 경우에도 제1항과 같다.

참고문헌

I. 국내문헌

[단행본]

곽윤직, 물권법, 박영사, 제7판, 2002.

권　철, 일본민법전, 법무부, 2011.

권오곤, 민법주해Ⅴ, 물권(2), 박영사, 2009.

김기원, 미군정기의 경제구조, 푸른산, 1990.

김남진/김연태, 행정법Ⅰ, 제23판, 법문사, 2019.

_____/______, 행정법Ⅱ, 제23판, 법문사. 2019.

김도창, 일반행정법론(하), 제4전정판, 청운사, 1993.

김동희, 행정법Ⅰ, 제25판, 박영사, 2019.

______, 행정법Ⅱ, 제24판, 박영사, 2018.

김병재, 민법주해Ⅱ, 총칙(2), 박영사, 2012.

김성욱, 한국의 토지소유제도의 변천과정과 통일문제, 한국학술정보(주), 2010.

김종기, 주석민법, 총칙Ⅱ, 제5판, 한국사법행정학회, 2019.

김진우, 주석민법, 물권(1), 제5판, 한국사법행정학회, 2019.

류지태/박종수, 행정법신론, 제16판, 박영사, 2016.

명순구, 프랑스민법전, 법문사, 2004.

박균성, 행정법강의, 제11판, 박영사, 2014.

박윤흔/정형근, 최신 행정법강의(하), 개정28판, 박영사, 2009.

법제처, 스위스민법, 법제자료 제64집, 1974.

서정범, 경찰행정법, 세창출판사, 2020.

서정범/박상희, 행정법총론, 제3전정판, 세창출판사, 2017.

석종현, 신토지공법론, 제11판, 삼영사, 2016.
석종현/송동수, 일반행정법(하), 제13판, 삼영사, 2013.
양창수, 독일민법전, 2018년판, 박영사, 2018.
유　훈, 공기업론, 제오정판, 법문사, 2000.
유　훈/조　택/김재훈, 재정행정론, 신판, 법문사, 2012.
의정부지방법원, 부동산소송, 실무자료 제4집, 2010.
____________, 부동산소송, 실무자료 제2집, 2001.
이광윤, 신행정법론, 법문사, 2007.
이대근, 귀속재산연구, 이숲, 2015.
이동식/전　훈/김성배, 행정법총론, 제8판, 준커뮤니케이션즈, 2019.
이동식/전　훈/김성배/손윤석, 행정구제법, 제2판, 준커뮤니케이션즈, 2019.
이상규, 신행정법론(하), 신판, 법문사, 1994.
이시윤, 신민사소송법, 제8판, 박영사, 2014.
정태학 외, 국가계약법, 박영사, 2020.
조석곤, 한국근대 토지제도의 형성, 해남, 2003.
지원림, 민법강의, 제17판, 홍문사, 2020.
하명호, 행정법, 제3판, 박영사, 2021.
______, 행정쟁송법, 제4판, 박영사, 2019.
한국학중앙연구원, 해방직후 한국 소재 일본인 자산 관련 자료, 선인, 2005.
홍정선, 최신행정법판례특강, 박영사, 2011.
______, 행정법원론(하), 제27판, 박영사, 2019.
______, 행정법특강, 제13판, 박영사, 2014.

[논문]

강태성, 물권의 포기에 관한 종합적 · 비판적 검토, 동아법학 제66호, 동아대학교법학연구소, 2015.
강호칠, 국가의 지방자치단체에 대한 변상금부과, 토지공법연구 제84집, 한국토지공법학회, 2018. 11,
______, 공공시설의 의의와 법적 기능에 관한 고찰, 공법학연구 제23권 제2호, 한국비교공법학회, 2022. 5.
______, 국유재산의 공법적 규율에 관한 연구, 고려대학교 박사학위논문, 2021. 2.
______, 소유자불명인 부동산의 국유화조치에 관한 고찰 - 무주부동산과 유실부동산의 준별, 토지공법연구 제80집, 한국토지공법학회, 2017.
곽종훈, 국유재산의 대부, 사법논집, 제26집, 1995.12.
권세훈, 하천법상 공물개념에 관한 비교법적 소고, 미국헌법연구 제22권 제1호, 미국헌법학회, 2011.
김기원, 미군정기 귀속재산에 관한 연구: 기업체의 처리를 중심으로, 서울대학교 박사학위논문, 1989.

김남진, 도시정비법상의 정비기반시설의 귀속 등, 자치발전 2008-1, 한국자치발전연구원, 2008
______, 행정계약 · 공법상계약 · 행정법상계약, 고시계 제52권 제7호, 고시계사, 2007. 7.
______, 행정재산사용허가의 성질, 고시연구 제25권 제7호, 고시연구사, 1998. 7.
김도승, 국유무체재산관리 및 진흥을 위한 공법적 과제, 법학연구 제41권, 한국법학회, 2011.
김용한, 물권변동에 관한 민법의 입장, 건국대학교 행정대학원 연구논총 제5권, 건국대학교 행정대학원, 1977.
김원주, 공물관리와 사용관계의 재검토, 고시연구 제19권 제11호, 고시연구사, 1992. 11.
김재호, 국유지에 대한 공법적 규율, 법학연구 제12집 제1호, 충남대학교 법학연구소, 2011.
김종보, 개발사업에서 국공유지의 법적 지위, 행정법연구 제57호, 행정법이론실무학회, 2019.
김중권, 공물의 성립 · 폐지 문제점에 관한 소고, 법률신문 제3677호, 2008. 8. 28.
김치환, 공물법의 재검토 - 일본에서의 논의를 중심으로 -, 공법연구 제30집 제2호, 한국공법학회, 2001.
김판기/서진형, 부동산등기관련특별법의 한계와 문제점에 관한 고찰, 집합건물법학 제1권, 한국집합건물법학회, 2008.
노종천, 부동산 공시제도 일원화 방안, 원광법학 제24권 제1호, 원광대학교법학연구소, 2008.
류지태, 공물법 체계의 재검토, 공법연구 제30집 제1호, 한국공법학회, 2001.
______, 현행 국유재산관리의 법적 문제, 고려법학 제36집, 고려대학교 법학연구원, 2001.
박균성, 공무수탁자의 법적 지위와 손해배상책임, 행정판례연구, 제15권 제1호, 한국행정판례연구회, 2010.
박수혁, 한국의 국유재산법제도, 제26회 학술대회, 한국토지공법학회, 2001. 4.
변해철, 프랑스 행정법상 「공법인의 재산에 대한 압류불가원칙」, 사법행정 제33집 제8호, 한국사법행정학회, 1992.
배병일, 登記에 관한 特別措置法의 立法上 및 判例上 問題點, 민사법학 제31권, 한국민사법학회, 2006.
신봉기, 국유지의 법리, 동아법학 제30권, 동아대학교 법학연구소, 2002.
신용옥, 미군정 · 이승만정권기 국가자본으로서 귀속재산의 역할, 한국민족운동사연구 제54집, 한국민족운동사학회, 2008.
안철상, 공법상 당사자소송에 관한 연구, 건국대학교 박사학위논문, 2004. 2.
양은상/김태호, 현행 이원적 부동산 공시제도의 발전 방안에 관한 연구, 사법정책연구원 연구총서 2014-04, 대법원 사법정책연구원, 2014.
양재모, 소유권이전등기 등에 관한 특별조치법의 제정필요성의 여부, 부동산법학 제10권, 한국부동산법학회, 2004.
오준근, 공용물에 관한 법제개선을 위한 비교법적 연구, 토지공법연구 제48집, 한국토지공법학회, 2010. 2.
이광윤, 행정사물이론에 비추어 본 국유재산법제의 문제점, 아태공법연구 제2권, 아세아태평양공법학회, 1993. 11.
이상훈, 스위스법상의 물권변동, 법학논집 제14권 제1호(1-24), 이화여자대학교 법학연구소, 2009.
이수혁, 한국의 국유재산법제도, 토지공법연구 제12집, 한국토지공법학회, 2001.
이승민, 공공시설의 무상귀속에 관한 소고, 행정법연구 제34호, 행정법이론실무학회, 2012.
이현수, 도시정비법상 정비기반시설의 법적 쟁점, 행정법연구 제30호, 행정법이론실무학회, 2011. 8.

______, 국유재산법상 행정재산의 성립요건, 행정법연구 제23호, 행정법이론실무학회, 2009.
이희정, 행정법학의 제도법학으로서의 정체성 -「행정법연구」 수록 논문의 분석을 중심으로 -, 행정법연구 제59호, 행정법이론실무학회, 2019.
임 현, 독일의 도시계획법제, 토지공법연구 제50집, 한국토지공법학회, 2010.
______, 행정주체의 개념과 유형에 대한 재검토, 토지공법연구 제24집, 한국토지공법학회, 2004.
장희순, 국가귀속 무주부동산 소송문제의 책임과 통제, 주거환경 제8권 제2호, 한국주거환경학회, 2010.
하명호, 공법상 당사자소송과 민사소송의 구별과 소송상 취급, 인권과 정의 제380호, 대한변호사협회, 2008. 4.
______, 공법상 부당이득의 법리, 인권과 정의 제490호, 대한변호사협회, 2020. 6.

[연구보고서]

국토연구원, 국유재산 무상귀속 제도개선방안 연구, 2020. 9.
석종현, 국유재산 기부채납제도 개선연구, 한국토지공법학회, 2015. 7.
이동식, 국유재산 변상금제도 개선연구, 한국재정법학회, 2015.
이원우, 주석 국유재산법, 법제처, 2006.
전훈/전학선/권세훈, 프랑스 국유재산 관련 법률 번역·분석, 유럽헌법학회, 2017.
최우용, 일본 국유재산 제도 법령 해석, 한국비교공법학회, 2018.
한국감정원, 국유재산 임대료개선방안 연구, 2015, 9.
한국감정원/한국토지공법학회, 국유재산의 효율적 관리를 위한 임대체계 개선방안 연구, 2006.
한국개발연구원, 국유재산 관리체계 효율화방안 연구, 2019. 6.
한국행정연구원, 국유재산의 효율성 제고를 위한 활용방안, 2013. 12.

[기관자료]

국회예산정책처, 국가재정법 이해와 실제, 2012. 6.
법무부, 일본민법전, 2011.
법원행정처, 국유재산관리 업무편람, 2016. 12.
법제처, 스위스민법, 법제자료 제64집, 1974.
행정자치부, 공유재산 업무편람, 2016. 2.
기획재정부, 2021 회계연도 국유재산관리운용총보고서
기획재정부, 국유재산 업무편람, 2017. 2.
대한민국, 2021 회계연도 국가결산 보고서

법원행정처, 사법연감 2007. 7.

법원행정처, 주요 구 법령집(하), 1988.

통계청 · 한국은행, 2021년 국민대차대조표, 2020. 7.

법무연수원, 국가소송실무, 2015. 8.

II. 외국 / 번역문헌

遠藤博也, 行政法 II, 青林書院新社, 1981.

中村稔, 国有財産法精解, 平成27年改訂, 大蔵財務協会, 2015.

Axer, Die Widmung als Schlüsselbegriff des Rechts der öffentlichen Sachen, Duncker & Humblot, 1994.

Fleiner, Institutionen des Deutschen Verwaltungsrechts, Wentworth press, 2019.

Forsthoff, Lehrbuch des Verwaltungsrechts, 10. Aufl., Beck, 1973.

Häde, Das Recht der Öffentlichen Sachen, Juristische Schulung v.33-2, 1993,

Hoffmann-Riem/Schmidt-Aβmann/Voβkuhlle(Hrsg.),Grundlagen des Verwaltungsrecht, Bd. I, 2. Aufl., 2012.

Hoffmann-Riem/Schmidt-Aβmann/Voβkuhlle(Hrsg.),Grundlagen des Verwaltungsrecht, Bd. II, 2. Aufl., 2012.

Hoffmann-Riem/Schmidt-Aβmann/Voβkuhlle(Hrsg.),Grundlagen des Verwaltungsrecht, Bd. III, 2. Aufl., 2013.

Michael Ronellenfitsch, Voraussetzungen und Grenzen neuer Liegenschaftmodelle bei der Verwaltung Staatlichen Vermögens in der Bundesrepublik Deutschland.

Otto Mayer, Deutsches Verwaltungsrecht II, 3. Aufl., Duncker und Humblot, 1924.

Papier, Recht der öffentlichen Sachen, 3. Aufl., Walter de Gruyter, 2013.

Peine, Recht der Öffentlichen Sachen, Juristen Zeitung v.1996-7, 1996.

Thorsten Koch, Der rechtliche Status kommunaler Unternehmen in Privatrechtsform, Nomos, 1994.

사항색인

ㄱ

가산금 135
감정평가액 15
강제수용 517
강제이행 562
개간비의 평가 510
개간비청구 510
개량비보상 514
개별공시지가 14, 337
개별주택가격 339
갱신 사용허가기간 382
갱신횟수 382, 384
건물의 재산가액 338
경계 · 현황의 착오 551
경작용 342
경쟁 입찰의 성립 286
계속사용료 357
계약보증금 554, 556
고시이자 204
공공기관 91
공공단체 91, 368
공공시설 188, 249
공공시설 공소유권제 573
공공시설 국 · 공유화의 원칙 573
공공시설의 무상귀속 140, 184
공공용재산 199
공공용재산의 성립 209
공동주택가격 339
공무원 주거용 재산관리 기준 199
공물 46
공물과 공공시설 249
공물관리청 266
공소유권제 257
공시가격 13, 331
공시가격의 기준일 332
공여(供與) 490
공용재산 199
공용재산의 성립 207
공용재산의 취득 142
공용지정 209, 212
공원지정행위 215
공유(公有)재산 3
공유수면 216, 319
공익사업 19, 534
공장설립사업 535

관광시설조성사업 534
관리기관 일원화 68
관리위탁 81
관리전환 56, 76
관습법상의 법정지상권 443
광의의 국유재산 3
교환 567
구황실재산 201
국세물납 증권 519
국유림 51, 317
국유문화재 51
국유재산 3
국유재산 사무의 대행 82
국유재산 사무의 위임 79
국유재산 사무의 위탁 79
국유재산과 공물 255
국유재산과 공물의 차이 270
국유재산관리기금 60
국유재산법상 사무의 주체 82
국유재산에 대한 공용지정 211
국유재산의 관리 50
국유재산의 대장가격 12
국유재산의 매각 520
국유재산의 양도 489
국유재산의 입체적 활용 118
국유재산의 처분 50, 490
국유재산의 회계별 이원화 71
국유재산정책심의위원회 53
국유재산종합계획 53
국유재산특례 47, 374
국유지개발목적회사 522
권리금 291
권리보전조치 57, 127
귀속(歸屬) 574
귀속금 90, 91
귀속기업체 148, 160
귀속농지 158
귀속재산 147
기관위임 체제 67
기반시설 188
기부채납 143, 365
기업용 재산 200
기준사용료 363, 451
기준요율 311

ㄴ

납부유예 329
네거티브 방식 491
노선의 지정·인정 213
농·어촌지원사업 536
농업의 위탁경영 121, 392
농업진흥지역 내의 농지 498
농지법상 농지 532

ㄷ

단기 사용허가 282
단기사용허가 385
담보책임의 면제 553
당사자소송 477
대부계약의 해제·해지 417
대부기간 415
대부료 417

대부보증금 418
도로 213
도로구역의 결정고시 213
도로의 사용개시 213
도시공원 214
도시공원일몰제 218
도시관리계획의 협의 61
동시이행 542

ㅁ

매각대금의 선납의무 557
매각대금의 연체 562
매각목적물의 면적 부족 546
매년부과의 원칙 326
매도인의 담보책임 544
매립폐기물 552
매매계약의 해제 563
목축용 344
무상 관리전환 76
무상귀속 574, 575
무상귀속의 협의 61
무상양여 574
무주부동산 57, 163
무효확인소송 474
문서주의 404
문서주의, 이유제시 및 고지제도 463

ㅂ

벌칙 적용에서의 공무원 의제 138
법정 공공시설 578
법정요율 341
변상금 93, 425
변상금부과권의 소멸 466
변상금부과의 면제 470
변상금사전통지 462
변상금의 감액경정처분 452
변상금의 경정처분 451
변상금의 부과 450
변상금의 분할납부 480
변상금의 산정 451
변상금의 성립 431
변상금의 증액경정처분 452
변상금의 징수 479
변상금의 징수유예 479
변상금징수권의 소멸 482
변상책임 136
보전국유림 208
보존용재산 201
보존용재산의 성립 208
보증금 328
부당이득반환청구소송 483
부동산 유실물 164
부속물 · 지상물매수청구권 408
분납기간 동안의 대부료 542
분묘기지권 443
분할납부 328, 558
불법개발행위 397
불하(拂下) 490
비법정 공공시설 579
비영리 공익사업 368
비축부동산 58
비축부동산의 매입 142

ㅅ

사권 115
사권설정의 금지 115
사도개설사업 536
사소유권제 258
사용·수익 445
사용료 309
사용료비준체계 310
사용료의 감액경정처분 375
사용료의 부과 324
사용료의 조정 359
사용료의 징수 327
사용료청구소송 483
사용료체계 309
사용목적의 유용 351
사용승인 55, 56
사용자의 원상회복 의무 406
사용허가기간 381
사용허가의 법적 성질 196, 276
사용허가의 의제 293
사용허가의 취소와 철회 387
사회복지사업 348
상속세 물납 146
상속인 없는 재산의 국고귀속 141
상속인불명의 부동산 유실물 174
상수원보호구역 497
상호 점유 568
소관청 82
소관청의 지정 57
소극적 관리의 시대 66
소상공인 349
소유권의 명의신탁 526
소유권의 자진반환 584
소유자불명의 부동산 174
수량을 지정한 매매 547
수변구역 213
수의 사용허가 277
시가표준액 331
신규취급액기준 COFIX 205
신탁 582
실경작자 503

ㅇ

양여 518, 580
양여(讓與) 489, 574
어업용 345
연합청산위원회 161
영구시설물 105
예산총계주의 90
예산총계주의의 예외 90
예정가격 15
예정가격의 체감 508
예정공물 214
예정행정재산 199, 207
옥상지수 354
용도를 지정한 매각 504
용도폐지 220
용도폐지신청 거부에 대한 항고소송 221
용도폐지와 공용폐지 232
용도폐지의 요건 225
용도폐지의 주체 224
용도폐지의 필요성 222
용도폐지의 한계 231

용도폐지의 효과 228
원상회복 564
위탁수수료 89
유상 관리전환 76
유휴 행정재산 55
은닉된 국유재산 129, 516, 523
은닉된 국유재산을
자진반환한 자에 대한 특례매각 133
은닉재산 57, 128
의견청취 403, 461
이자율 고시 205
이행보증금 111
이행보증조치 328
2회 이상 유찰 538
인계 56
인접 토지 소유자 503
인허가의제 293
일괄 입찰공고 288
일단의 토지 15
일반경쟁 입찰 286, 502
일반재산 234
일시납부 557
임대사례비교법 309
임차권의 양도 120, 390
입찰공고 287
입찰보증금 288, 554
입찰참가자격의 제한 289
입체이용저해율 353
입체적 도로구역지정 218

ㅈ

자연공물 215
자연공원 215
자유공물 256
재산가격 16
재산가액 16, 330
재산가액의 산출 330
적극적 관리의 시대 66
적산법 309, 311
전대(轉貸) 391
전대의 금지 119
전용(轉用) 394
점용 445
점유 446
점유권원 434
정부기업 8, 200
정부전액출연 법인 370
정부전액출자 법인 369
정비구역내의 건물소유자 530
정비기반시설 189
제1차 관리기관 83
제2차 관리기관 83
제소기간 476
제한 · 지명경쟁 입찰 284, 503
종래의 공공시설 578
주거용 345
주말농장 344
주민생활형 사회기반시설 107, 280
주위토지통행권 420
주택사업 536
중앙관서의 장 72
중앙행정기관 92

지상건물의 양성화 526
지상물의 매수 565
직권용도폐지 225

ㅊ

처분기준의 설정 459
처분기준의 설정 · 공표 400
처분의 사전통지 401, 460
처분재산의 가격결정 506
철거 584
철거소송 483
첫해 사용료 356
청산법인 64, 160
청산절차의 특례 160
초지 318
총괄사무 52
총괄청 50
총괄청중심주의 50
총괄청직할 부동산 66
총괄청직할체제 32, 66, 68
최초예정가격 15, 508
최초협정 147
취소소송 474
친일재산의 국가귀속 141

ㅌ

타유공물 256
토지사용승낙 420
토지의 재산가액 336
통합관리의 시대 66
통합부과의 예외 327
특례매각 516
특별 사용요율 283
특별사용료 351, 451
특수법인 위탁 80

ㅍ

포락 216
포지티브 방식 491
표준지공시지가 14, 337
프랑스 공공재산법 244, 257
피고적격 475
필요비 · 유익비상환청구권 407

ㅎ

하천 212
하천구역 212
학교용지 537
한국표준산업분류상 343
항고소송 474
항만 216
항만구역 216
해산법인 잔여재산의 국고귀속 141
행정기관 92
행정기관위탁 79
행정대집행 94
행정심판 472
행정재산 195

행정재산 성립의 효과 211
행정재산의 교환 572
행정재산의 법적 성질 196
행정재산의 성립 206
행정재산의 소멸 219
현물출자 582
협의매각 517
협의의 국유재산 3, 4
협의의 전대(轉貸) 120

기타

BOO 방식 366
BTL 방식 366
BTO 방식 366

판례색인

대법원 1959. 5. 15. 선고 4291행상117 판결 ······ 278, 384
대법원 1962. 6. 21. 선고 62다217 판결 ······ 154
대법원 1966. 3. 15. 선고 65다268 전원합의체 판결 ······ 592
대법원 1966. 3. 15. 선고 66누4 판결 ······ 225
대법원 1966. 5. 17. 선고 66다488 판결 ······ 225
대법원 1967. 12. 19. 선고 67다1694 판결 ······ 24, 241, 438
대법원 1968. 3. 26. 선고 67다2160 판결 ······ 551
대법원 1968. 10. 22. 선고 68다1317 판결 ······ 217
대법원 1969. 5. 13. 선고 69다196 판결 ······ 550
대법원 1970. 11. 24.선고 70다1894 판결 ······ 278
대법원 1971. 2. 9. 선고 70다2610 판결 ······ 132
대법원 1971. 3. 23. 선고 70다444, 445 판결 ······ 173
대법원 1971. 5. 24. 선고 71다489 판결 ······ 236
대법원 1973. 3. 13. 선고 72다2503 전원합의체 판결 ······ 131
대법원 1974. 4. 23. 선고 74다54 판결 ······ 551
대법원 1975. 11. 11. 선고 75다82 판결 ······ 589
대법원 1976. 1. 27. 선고 75다1828 판결 ······ 442
대법원 1977. 6. 7. 선고 77다308 판결 ······ 137
대법원 1977. 7. 12. 선고 77누16 판결 ······ 378
대법원 1979. 8. 28. 선고 79다784 판결 ······ 7
대법원 1979. 12. 11. 선고 79다1192 판결 ······ 157, 169
대법원 1980. 2. 26. 선고 79다2241 판결 ······ 138
대법원 1980. 8. 26. 선고 79다434 판결 ······ 173
대법원 1980. 10. 27. 선고 79다1857 판결 ······ 155

대법원 1980. 12. 9. 선고 79다634 전원합의체 판결 ······ 596
대법원 1981. 6. 23. 선고 81다92 판결 ······ 700
대법원 1981. 12. 22. 선고 80다3269 판결 ······ 218
대법원 1982. 5. 11. 선고 81다188 판결 ······ 700
대법원 1983. 3. 22. 선고 81다1319 판결 ······ 151
대법원 1983. 4. 12. 선고 82누35 판결 ······ 452
대법원 1983. 6. 14. 선고 83다카181 판결 ······ 223, 263
대법원 1983. 9. 27. 선고 83누292 판결 ······ 236
대법원 1984. 1. 24. 선고 83다카1152 판결 ······ 700
대법원 1984. 4. 10. 선고 83다카1328·1329 판결 ······ 550
대법원 1984. 5. 9. 선고 84누116 판결 ······ 405, 464
대법원 1984. 12. 11. 선고 84누214 판결 ······ 346
대법원 1984. 12. 11. 선고 84다카557 전원합의체 판결 ······ 153, 157, 169
대법원 1986. 6. 10. 선고 84다카1773 전원합의체 판결 ······ 174, 682, 700
대법원 1986. 6. 24. 선고 86누171 판결 ······ 236, 492
대법원 1986. 7. 8. 선고 85누686 판결 ······ 465
대법원 1986. 9. 6. 선고 86누76 판결 ······ 645
대법원 1986. 9. 9. 선고 85다카2275 판결 ······ 157
대법원 1986. 9. 27. 자 86마696 결정 ······ 146
대법원 1987. 4. 28. 선고 86다카2407 판결 ······ 346
대법원 1987. 7. 7. 선고 85다카1383 판결 ······ 219
대법원 1987. 9. 8. 선고 87누298 판결 ······ 465
대법원 1987. 9. 8. 선고 87다카809, 810, 811 판결 ······ 99, 435
대법원 1987. 10. 13. 선고 2004다카2928 전원합의체 판결 ······ 172, 701
대법원 1987. 10. 26. 선고 86다카1755 판결 ······ 146
대법원 1987. 11. 24. 선고 87누529 판결 ······ 405
대법원 1988. 2. 23. 선고 85누688 판결 ······ 468, 469
대법원 1988. 3. 22. 선고 86누269 판결 ······ 469
대법원 1988. 6. 14. 선고 87다카3222 판결 ······ 660, 662
대법원 1989. 7. 25. 선고 88다카23278 판결 ······ 703
대법원 1989. 8. 8. 선고 88다카24868 판결 ······ 118
대법원 1989. 8. 8. 선고 88다카25496 판결 ······ 151, 155, 159
대법원 1989. 11. 24. 선고 89누787 판결 ······ 457, 458
대법원 1990. 12. 11. 선고 88누5815 판결 ······ 377, 379
대법원 1991. 2. 22. 선고 90다16061 판결 ······ 134

대법원 1991. 3. 12. 선고 90다5795 판결 …… 705
대법원 1991. 5. 10. 선고 90다20033 판결 …… 597
대법원 1991. 7. 9. 선고 91누971 판결 …… 405, 464
대법원 1991. 8. 27. 선고 91다19098 판결 …… 708
대법원 1991. 9. 10. 선고 91다2984 판결 …… 589
대법원 1992. 10. 27. 선고 91누8821 판결 …… 105
대법원 1992. 11. 10. 선고 92누1162 판결 …… 305
대법원 1992. 11. 10. 선고 92누4833 판결 …… 518
대법원 1992. 2. 14. 선고 91다12868 판결 …… 278, 492, 504, 520
대법원 1992. 3. 10. 선고 91누5211 판결 …… 435, 443
대법원 1992. 3. 31. 선고 91다32053 전원합의체 판결 …… 468
대법원 1992. 4. 14. 선고 91다36130 판결 …… 409
대법원 1992. 4. 14. 선고 91다42197 판결 …… 426, 429
대법원 1992. 5. 22. 선고 92다8699 판결 …… 702
대법원 1992. 6. 13. 선고 92마290 판결 …… 593
대법원 1992. 6. 23. 선고 91다38266 판결 …… 446
대법원 1992. 7. 14. 선고 92다12971 판결 …… 202
대법원 1992. 9. 8. 선고 91누13090 판결 …… 94, 95, 96, 98
대법원 1992. 9. 22. 선고 91누13212 판결 …… 220
대법원 1992. 9. 22. 선고 92누2202 판결 …… 456
대법원 1992. 9. 22. 선고 92누7351 판결 …… 346
대법원 1992. 11. 1. 선고 92누1162 판결 …… 300
대법원 1993. 1. 19. 선고 92다30603 판결 …… 596
대법원 1993. 2. 23. 선고 92누18412 판결 …… 435, 436
대법원 1993. 4. 9. 선고 92다25946 판결 …… 159, 183, 545
대법원 1993. 4. 13. 선고 92다44947 판결 …… 702
대법원 1993. 4. 13. 선고 92다55756 판결 …… 592
대법원 1993. 5. 25. 선고 91누3758 판결 …… 421
대법원 1993. 6. 11. 선고 92누15246 판결 …… 446
대법원 1993. 8. 24. 선고 92다19804 판결 …… 115, 116, 260
대법원 1993. 9. 10. 선고 93누13865 판결 …… 99, 426, 435
대법원 1993. 10. 8. 선고 93다25738, 93다25745(반소) 판결 …… 346
대법원 1993. 11. 9. 선고 93다28928 판결 …… 542, 543
대법원 1993. 12. 7. 선고 93누16925 판결 …… 379
대법원 1993. 12. 7. 선고 93다27819 판결 …… 596

대법원 1993. 12. 21. 선고 92다47861 전원합의체 판결 ··· 467
대법원 1994. 1. 25. 선고 93누8542 판결 ··· 338
대법원 1994. 2. 8. 선고 93다54040 판결 ··· 151, 155
대법원 1994. 3. 22. 선고 93다9392, 9408 전원합의체 판결 ··· 593
대법원 1994. 5. 10. 선고 93다23442 판결 ··· 214
대법원 1994. 9. 9. 선고 94누5755 판결 ··· 457
대법원 1994. 9. 13. 선고 94다12579 판결 ··· 210, 223, 232
대법원 1994. 10. 25. 선고 94누4318 판결 ··· 448, 449
대법원 1994. 11. 11. 선고 94다35008 판결 ··· 588
대법원 1994. 12. 22. 93다60632, 93다60649 판결 ··· 528
대법원 1995. 1. 12. 선고 94다30348 판결 ··· 595
대법원 1995. 1. 24. 선고 94다21221 판결 ··· 202
대법원 1995. 3. 10. 선고 94다52522 판결 ··· 345, 346
대법원 1995. 4. 28. 선고 94다23524 판결 ··· 173
대법원 1995. 5. 12. 선고 94누5281 판결 ··· 196, 325
대법원 1995. 5. 12. 선고 94다25551 판결 ··· 123
대법원 1995. 6. 30. 선고 94다23920 판결 ··· 553
대법원 1995. 7. 11. 선고 94다4509 판결 ··· 433
대법원 1995. 8. 11. 선고 95누351 판결 ··· 452
대법원 1995. 9. 15. 선고 95누6311 판결 ··· 471
대법원 1995. 11. 14. 선고 94다50922 판결 ··· 24
대법원 1996. 1. 26. 선고 95다24654 판결 ··· 151
대법원 1996. 2. 9. 선고 94다61649 판결 ··· 587
대법원 1996. 2. 13. 선고 95누11023 판결 ··· 196, 314, 325, 443
대법원 1996. 2. 27. 선고 95다53652 판결 ··· 701
대법원 1996. 3. 8. 선고 95누12804 판결 ··· 465
대법원 1996. 3. 12. 선고 95다51953 판결 ··· 346
대법원 1996. 4. 26. 선고 95누13241 판결 ··· 264
대법원 1996. 4. 26. 선고 96누1627 판결 ··· 645
대법원 1996. 5. 28. 선고 95다52383 판결 ··· 24
대법원 1996. 5. 31. 선고 96다5971 판결 ··· 346
대법원 1996. 6. 11. 선고 95누12460 판결 ··· 221
대법원 1996. 6. 14. 선고 96다14036 판결 ··· 443
대법원 1996. 6. 25. 선고 95다12682, 12699 판결 ··· 543
대법원 1996. 6. 28. 선고 96누4374 판결 ··· 96, 97

대법원 1996. 6. 28. 선고 96다13903 판결 ··· 513, 514
대법원 1996. 6. 28. 선고 96다7311 판결 ··· 702
대법원 1996. 7. 26. 선고 95누8171 판결 ··· 377
대법원 1996. 7. 30. 선고 95다21280 판결 ··· 215
대법원 1996. 8. 23. 선고 96누4411 판결 ··· 332
대법원 1996. 9. 6. 선고 94다54641 판결 ··· 449
대법원 1996. 11. 8. 선고 96다20581 판결 ··· 143
대법원 1996. 11. 15. 선고 95누8904 판결 ··· 375
대법원 1996. 11. 15. 선고 96다32812 판결 ··· 701
대법원 1996. 12. 10. 선고 95다37681 판결 ··· 211
대법원 1997. 4. 11. 선고 96누17325 판결 ··· 196, 325
대법원 1997. 4. 25. 선고 96다46484 판결 ··· 465
대법원 1997. 8. 21. 선고 95다28625 전원합의체 판결 ··· 704
대법원 1997. 8. 22. 선고 96다10737 판결 ··· 152, 202, 210, 214, 215
대법원 1997. 10. 10. 선고 97다26432 판결 ··· 26
대법원 1997. 10. 24. 선고 96누10768 판결 ··· 452
대법원 1997. 11. 14. 선고 96다10782 판결 ··· 126, 433
대법원 1997. 11. 28. 선고 96다30199 판결 ··· 432
대법원 1997. 12. 26. 선고 97누2191 판결 ··· 518
대법원 1998. 2. 27. 선고 97누1105 판결 ··· 197
대법원 1998. 4. 24. 선고 96다48350 판결 ··· 157
대법원 1998. 5. 8. 선고 97누15432 판결 ··· 473
대법원 1998. 6. 26. 선고 96누12030 판결 ··· 657
대법원 1998. 11. 10. 선고 98다42974 판결 ··· 223, 232
대법원 1998. 11. 27. 선고 97누2337 판결 ··· 457
대법원 1999. 2. 12. 선고 98두17647, 17654 판결 ··· 334
대법원 1999. 2. 26. 선고 98다17831 판결 ··· 707
대법원 1999. 3. 9. 선고 98다41759 판결 ··· 173, 181, 432
대법원 1999. 4. 9. 선고 98두6982 판결 ··· 465
대법원 1999. 4. 15. 선고 96다24897 전원합의체 판결 ··· 191, 209
대법원 1999. 4. 27. 선고 98두19179 판결 ··· 375
대법원 1999. 6. 25. 선고 99다5866, 5873 판결 ··· 550
대법원 1999. 7. 9. 선고 97누20724 판결 ··· 368
대법원 1999. 7. 13. 선고 97누119 판결 ··· 654
대법원 1999. 7. 23. 선고 98다18995 판결 ··· 703

대법원 1999. 7. 23. 선고 99다15924 판결 ························ 223, 263
대법원 1999. 8. 20. 선고 97누6889 판결 ························ 475
대법원 1999. 8. 20. 선고 99다15146 판결 ························ 592
대법원 1999. 9. 3. 선고 99다20926 판결 ························ 433
대법원 1999. 10. 12. 선고 99다40265 판결 ························ 550
대법원 1999. 11. 26. 선고 99다40807 판결 ························ 217, 219
대법원 1999. 12. 28. 선고 99다39227 판결 ························ 219
대법원 2000. 1. 28. 선고 97누4098 판결 ························ 334
대법원 2000. 2. 11. 선고 99다61675 판결 ························ 236, 237, 376, 633
대법원 2000. 2. 12. 선고 99다61675 판결 ························ 203, 309
대법원 2000. 3. 10. 선고 97누17278 판결 ························ 438
대법원 2000. 3. 24. 선고 98두7732 판결 ························ 426, 439, 599
대법원 2000. 4. 11. 선고 99다4238 판결 ························ 645
대법원 2000. 4. 25. 선고 2000다348 판결 ························ 151, 210
대법원 2000. 5. 12. 선고 99다18909 판결 ························ 101, 102, 103
대법원 2000. 5. 12. 선고 99다70600 판결 ························ 77
대법원 2000. 6. 9. 선고 99다36778 판결 ························ 150, 155
대법원 2000. 6. 23. 선고 2000다12020 판결 ························ 312
대법원 2000. 8. 22. 선고 98다55161 판결 ························ 218
대법원 2000. 9. 8. 선고 98두19933 판결 ························ 465
대법원 2000. 9. 8. 선고 99두2765 판결 ························ 477
대법원 2000. 9. 8. 선고 2000두871 판결 ························ 446
대법원 2000. 10. 13. 선고 98다55659 판결 ························ 436, 448
대법원 2000. 11. 14. 선고 99두5870 판결 ························ 460, 462
대법원 2000. 11. 24. 선고 2000다28568 판결 ························ 101, 483, 673, 683
대법원 2001. 1. 16. 선고 98다20110 판결 ························ 446
대법원 2001. 1. 16. 선고 99두10988 판결 ························ 301
대법원 2001. 2. 23. 선고 99두5498 판결 ························ 137
대법원 2001. 3. 27. 선고 2000다64472 판결 ························ 705
대법원 2001. 6. 15. 선고 99두509 판결 ························ 144, 197
대법원 2001. 6. 26. 선고 99두11592 판결 ························ 380
대법원 2001. 7. 24. 선고 2001다23669 판결 ························ 442
대법원 2001. 10. 12. 선고 2001두4078 판결 ························ 99
대법원 2001. 11. 27. 선고 2000다33638, 33645 판결 ························ 590
대법원 2001. 12. 11. 선고 2000다13948 판결 ························ 456, 594

대법원 2001. 12. 11. 선고 2001다33604 판결 ········· 41, 241
대법원 2001. 12. 14. 선고 2000두86 판결 ········· 464
대법원 2001. 12. 27. 선고 2001다48187 판결 ········· 159
대법원 2002. 3. 12. 선고 2001다70900 판결 ········· 705
대법원 2002. 5. 28. 선고 2000다45778 판결 ········· 159
대법원 2002. 7. 12. 선고 2001다16913 판결 ········· 24, 57, 72, 73, 241, 438
대법원 2002. 7. 12. 선고 2001다59132 판결 ········· 172
대법원 2002. 7. 12. 선고 2001다7940 판결 ········· 25
대법원 2002. 9. 4. 선고 2000두8325 판결 ········· 437, 529
대법원 2002. 9. 24. 선고 2001다56386 판결 ········· 138
대법원 2002. 9. 27. 선고 2000두7933 판결 ········· 205, 638
대법원 2002. 10. 11. 선고 2001두151 판결 ········· 301
대법원 2002. 11. 8. 선고 99다58136 판결 ········· 548
대법원 2002. 11. 8. 선고 2002두5344 판결 ········· 337
대법원 2002. 12. 6. 선고 2005다57375 판결 ········· 313
대법원 2003. 1. 24. 선고 2002다61521 판결 ········· 436, 448
대법원 2003. 1. 24. 선고 2002다65189 판결 ········· 547, 548
대법원 2003. 4. 11. 선고 2001다9137 판결 ········· 375
대법원 2003. 5. 30. 선고 2002다21592, 21608 판결 ········· 528
대법원 2003. 6. 24. 선고 2001다4705 판결 ········· 174, 682
대법원 2003. 6. 27. 선고 2001두9660 판결 ········· 137
대법원 2003. 7. 25. 선고 2001다64752 판결 ········· 510, 513
대법원 2003. 11. 13. 선고 2002다57935 판결 ········· 448
대법원 2003. 11. 14. 선고 2001다61869 판결 ········· 510
대법원 2004. 1. 27. 선고 2003다14812 판결 ········· 44, 241
대법원 2004. 2. 27. 선고 2003다37891 판결 ········· 660
대법원 2004. 4. 27. 선고 2003다37891 판결 ········· 662, 663, 665
대법원 2004. 5. 28. 선고 2002다59863 판결 ········· 152, 188, 250, 271, 578, 579
대법원 2004. 7. 9. 선고 2002다14495 판결 ········· 457, 458
대법원 2004. 7. 22. 선고 2004다18323 판결 ········· 128, 130
대법원 2004. 7. 22. 선고 2004다19715 판결 ········· 298
대법원 2004. 10. 14. 선고 2004다30583 판결 ········· 596
대법원 2004. 10. 28. 선고 2002다20995 판결 ········· 334
대법원 2005. 4. 14. 선고 2004다1141 판결 ········· 159, 682
대법원 2005. 5. 12. 선고 2005다1827 판결 ········· 591

대법원 2005. 5. 26. 선고 2002다43417 판결 166, 173, 177, 179, 700
대법원 2005. 5. 27. 선고 2004다30811, 30828 판결 44
대법원 2005. 6. 2. 선고 2006다4649 판결 706
대법원 2005. 6. 10. 선고 2003두12721 판결 452
대법원 2005. 6. 23. 선고 2005다12704 판결 706
대법원 2005. 8. 19. 선고 2004다2809 판결 99
대법원 2005. 8. 25. 선고 2004다58277 판결 457
대법원 2005. 9. 29. 선고 2003다40651 판결 592
대법원 2006. 2. 10. 선고 2003두5686 판결 467, 469, 470
대법원 2006. 3. 9. 선고 2004다31074 판결 197, 221
대법원 2006. 4. 13. 선고 2005다14083 판결 354
대법원 2006. 6. 2. 선고 2006다4649 판결 466, 705, 706
대법원 2006. 6. 9. 선고 2006두4035 판결 694
대법원 2006. 7. 4. 선고 2006다32781 판결 674
대법원 2006. 9. 28. 선고 2004두13639 판결 115, 116, 260
대법원 2006. 10. 26. 선고 2005다30993 판결 421
대법원 2006. 11. 16. 선고 2002다74152 전원합의체 판결 138
대법원 2006. 12. 21. 선고 2004다17054 판결 664
대법원 2006. 12. 22. 선고 2004다68311·68328 판결 220
대법원 2007. 2. 8. 선고 2006다28065 판결 705
대법원 2007. 6. 1. 선고 2005도7523 판결 207, 215, 216, 219
대법원 2007. 7. 12. 선고 2006두11507 판결 511
대법원 2007. 7. 12. 선고 2007두6663 판결 577
대법원 2007. 8. 23. 선고 2006다15755 판결 24, 495
대법원 2007. 9. 6. 선고 2007두10907 판결 578
대법원 2007. 9. 21. 선고 2006두20631 판결 460, 462
대법원 2007. 10. 11. 선고 2007다43856 판결 169
대법원 2007. 11. 29. 선고 2005두8375 판결 69, 70, 436, 437
대법원 2007. 11. 30. 선고 2005다17792 판결 702, 703
대법원 2007. 12. 13. 선고 2007다51536 판결 294, 295, 306, 307, 362, 431, 435, 439, 440, 478
대법원 2007. 12. 27. 선고 2007다42112 판결 705
대법원 2008. 1. 18. 선고 2005다34711 판결 123
대법원 2008. 3. 13. 선고 2007다77460 판결 682
대법원 2008. 3. 27. 선고 2007다91336, 91343 판결 407, 408

대법원 2008. 4. 10. 선고 2008다7314 판결 ············ 182, 546, 704
대법원 2008. 5. 15. 선고 2005두11463 판결 ············ 430, 438, 439
대법원 2008. 7. 10. 선고 2006다39157 판결 ············ 391, 447
대법원 2008. 10. 9. 선고 2008다35128 판결 ············ 703
대법원 2008. 10. 23. 선고 2008다45057 판결 ············ 171, 178, 182, 498, 546, 706
대법원 2008. 11. 27. 선고 2007두24289 판결 ············ 190, 579
대법원 2008. 12. 24. 선고 2007다79718 판결 ············ 173
대법원 2009. 1. 15. 선고 2008도9427 판결 ············ 528
대법원 2009. 10. 15. 선고 2009다41533 판결 ············ 207, 219, 579
대법원 2009. 10. 15. 선고 2009두9383 판결 ············ 25
대법원 2009. 10. 15. 선고 2009두9895 판결 ············ 69
대법원 2009. 11. 12. 선고 2009다54034, 54041 ············ 591
대법원 2009. 12. 10. 선고 2006다87538 판결 ············ 152, 216, 223, 232
대법원 2009. 12. 10. 선고 2009다54294 판결 ············ 591
대법원 2009. 12. 24. 선고 2009다51288 판결 ············ 44, 241
대법원 2009. 12. 24. 선고 2009두16381 판결 ············ 69
대법원 2009. 3. 26. 선고 2008다31768 판결 ············ 477
대법원 2009. 6. 11. 선고 2009다1122 판결 ············ 98, 101, 103
대법원 2009. 6. 25. 선고 2006다18174 판결 ············ 577
대법원 2009. 7. 2. 선고 2008가합98902 판결 ············ 707
대법원 2009. 8. 20. 선고 2007다64303 판결 ············ 216
대법원 2009. 8. 20. 선고 2009다26879 판결 ············ 345
대법원 2009. 9. 10. 선고 2007두14695 판결 ············ 146
대법원 2009. 9. 10. 선고 2009다11808 판결 ············ 640
대법원 2009. 9. 10. 선고 2009다28462 판결 ············ 447
대법원 2010. 1. 28. 선고 2009다61193 판결 ············ 391, 447, 448
대법원 2010. 2. 11. 선고 2009두12730 판결 ············ 337
대법원 2010. 4. 8. 선고 2009다93329 판결 ············ 656
대법원 2010. 9. 9. 선고 2010다37905 판결 ············ 590
대법원 2010. 9. 9. 선고 2010다55422 판결 ············ 335
대법원 2010. 11. 25. 선고 2010다58957 판결 ············ 151, 152, 263, 579
대법원 2011. 5. 26. 선고 2011다1231 판결 ············ 113, 243, 409
대법원 2011. 7. 14. 선고 2009다97628 판결 ············ 190, 579
대법원 2011. 7. 28. 선고 2009다100418 판결 ············ 392
대법원 2012. 2. 9. 선고 2009두16305 판결 ············ 302, 303, 304

대법원 2012. 3. 15. 선고 2011두25630 판결 ·· 441
대법원 2012. 3. 29. 선고 2011다74932 판결 ·· 596
대법원 2012. 5. 14. 선고 2002다9738 판결 ·· 595
대법원 2012. 6. 28. 선고 2011두20505 판결 ·· 405, 464
대법원 2012. 7. 26. 선고 2010다60479 판결 ·· 131
대법원 2013. 1. 17. 선고 2011다83431 전원합의체 판결 ·· 336, 512
대법원 2013. 2. 28. 선고 2011다21556 판결 ·· 673
대법원 2013. 3. 14. 선고 2012다23818 판결 ·· 335
대법원 2013. 6. 27. 선고 2013두5159 판결 ·· 675
대법원 2013. 12. 12. 선고 2012두7943 판결 ·· 439, 462, 601, 602
대법원 2014. 1. 23. 선고 2011다18017 판결 ·· 412, 413
대법원 2014. 2. 27. 선고 2012추145 판결 ·· 531
대법원 2014. 4. 10. 선고 2012두16787 판결 ·· 466, 467, 468, 643, 644, 649
대법원 2014. 7. 10. 선고 2012두23358 판결 ·· 83, 453, 455
대법원 2014. 7. 16. 선고 2011다76402 전원합의체 판결 ··
·· 101, 103, 314, 362, 426, 427, 428, 429, 483
대법원 2014. 7. 24. 선고 2011두10348 판결 ·· 448
대법원 2014. 8. 20. 선고 2014다206693 판결 ·· 101, 484, 684
대법원 2014. 9. 4. 선고 2012두5688 판결 ·· 426, 429
대법원 2014. 9. 4. 선고 2013다3576 판결 ·· 426, 429, 483
대법원 2014. 9. 4. 선고 2014다203588 판결 ·· 101, 102, 483, 484, 672
대법원 2014. 11. 13. 선고 2011두30212 판결 ·· 83, 293, 306, 307, 308, 325, 326
대법원 2014. 11. 27. 선고 2014두10769 판결 ·· 24, 25, 214, 215
대법원 2014. 12. 24. 선고 2012다46569 판결 ·· 294, 426, 427, 428, 439
대법원 2015. 1. 15. 선고 2013다215133 판결 ·· 42, 43, 241
대법원 2015. 3. 26. 선고 2014두42742 판결 ·· 222
대법원 2015. 5. 14. 선고 2012다27438 판결 ·· 457, 458
대법원 2016. 4. 12. 선고 2015다228744 판결 ·· 152, 579
대법원 2016. 5. 12. 선고 2015다255524 판결 ·· 578, 579
대법원 2016. 6. 28. 선고 2014다229986 판결 ·· 431
대법원 2016. 11. 10. 선고 2014다229009 판결 ·· 159, 183, 546
대법원 2016. 12. 15. 선고 2016다245746 판결 ·· 510, 514
대법원 2017. 2. 15. 선고 2016다259301 판결 ·· 152, 579
대법원 2017. 2. 21. 선고 2015두677 판결 ·· 478
대법원 2017. 2. 23. 선고 2016두56967 판결 ·· 152, 579

대법원 2017. 3. 30. 선고 2014다214274 판결 ························ 69, 70, 431, 441
대법원 2017. 3. 30. 선고 2015누43971 판결 ························ 471
대법원 2017. 4. 7. 선고 2016다35451 판결 ························ 672
대법원 2017. 4. 13. 선고 2013다207941 판결 ························ 102
대법원 2017. 8. 29. 선고 2016두44186 판결 ························ 222
대법원 2017. 9. 12. 선고 2014다236304 판결 ························ 421
대법원 2017. 12. 5. 선고 2016추5162 판결 ························ 77
대법원 2018. 2. 8. 선고 2017다266146 판결 ························ 24, 26, 227, 241, 438
대법원 2018. 3. 29. 선고 2013다2559 판결 ························ 446, 447
대법원 2018. 6. 28. 선고 2014두14181 판결 ························ 70, 71, 442, 478
대법원 2019. 2. 14. 선고 2016다241881 판결 ························ 88, 691
대법원 2019. 2. 14. 선고 2018다262059 판결 ························ 188, 269, 271, 579
대법원 2019. 3. 14. 선고 2018두56435 판결 ························ 672
대법원 2019. 4. 11. 선고 2017다223156 판결 ························ 411, 640
대법원 2019. 8. 30. 선고 2016다252478 판결 ························ 576, 577
대법원 2019. 9. 9. 선고 2018두48298 판결 ························ 445, 446
대법원 2020. 3. 2. 선고 2017두41771 판결 ························ 485, 671
대법원 2020. 10. 29. 선고 2019두43719 판결 ························ 121
대법원 2021. 1. 28. 선고 2015다59801 판결 ························ 457, 677
대법원 2021. 4. 29. 선고 2017다228007 전원합의체 판결 ························ 444

부산고등법원 2013. 9. 11. 선고 2013누253 판결 ························ 227

서울고등법원 1995. 4. 20. 선고 94구19053 판결 ························ 433
서울고등법원 1997. 8. 29. 선고 96구21470 판결 ························ 222
서울고등법원 2003. 6. 27. 선고 2003나5599 판결 ························ 662
서울고등법원 2009. 9. 30. 선고 2009나17266 판결 ························ 446, 455
서울고등법원 2009. 12. 24. 선고 2009누15601 판결 ························ 645
서울고등법원 2011. 8. 17. 선고 2010나105121 판결 ························ 335
서울고등법원 2011. 9. 21. 선고 2011누17013 판결 ························ 439
서울고등법원 2012. 5. 11. 선고 2011나91274 판결 ························ 294, 439
서울고등법원 2014. 1. 17. 선고 2013나2005167 판결 ························ 22
서울고등법원 2015. 7. 1. 선고 2015나2210 판결 ························ 439
서울고등법원 2016. 5. 12. 선고 2015나2061796 판결 ························ 690, 691
서울고등법원 2016. 6. 15. 선고 2015누46644 판결 ························ 227

서울고등법원 2016. 7. 14. 선고 2016나2007201 판결 ························ 691
서울고등법원 2016. 8. 9. 선고 2015나2010408 판결 ························ 510, 514
서울고등법원 2016. 9. 22. 선고 2016나2025506 판결 ························ 546
서울고등법원 2021. 7. 8. 선고 2020나2037766 판결 ························ 392

서울중앙지방법원 2008가단98479 판결 ························ 446
서울중앙지방법원 2008. 12. 16. 선고 2007가단308124 판결 ························ 707
서울중앙지방법원 2010. 6. 17. 선고 2009가단327624 판결 ························ 548, 549
서울중앙지방법원 2010. 8. 17. 선고 2009가합 100710 판결 ························ 478, 529, 600
서울중앙지방법원 2012. 6. 13. 선고 2011가단268063 판결 ························ 552
서울중앙지방법원 2013. 10. 2. 선고 2012가합542314 판결 ························ 514
서울중앙지방법원 2013. 11. 13. 선고 2012가단5112322 판결 ························ 546
서울중앙지방법원 2014. 1. 14. 선고 2013가단5128720 판결 ························ 546
서울중앙지방법원 2014. 5. 15. 선고 2014가합503252 판결 ························ 183, 546
서울중앙지방법원 2015. 8. 19. 선고 2014나7574 판결 ························ 546
서울중앙지방법원 2016. 9. 30. 선고 2016가합522202 판결 ························ 546
서울중앙지방법원 2016. 11. 10. 선고 2014다229009 판결 ························ 546

서울행정법원 2008구합13002 판결 ························ 446
서울행정법원 2008구합3944 판결 ························ 304
서울행정법원 2015. 5. 29. 선고 2014구합70952 판결 ························ 220
서울행정법원 2018. 5. 17. 선고 2017구합78797 판결 ························ 26, 221
서울행정법원 2019. 8. 30. 선고 2018구합79391 판결 ························ 208

인천지방법원 2008. 5. 1. 선고 2007가단89868 판결 ························ 433

헌법재판소 1991. 5. 13. 선고 89헌가97 결정 ························ 31, 126, 236, 239, 242, 263
헌법재판소 1992. 12. 24. 선고 92헌가8 결정 ························ 459
헌법재판소 1999. 10. 21. 선고 97헌바26 결정 ························ 218
헌법재판소 2003. 8. 21. 선고 2000헌가11, 2001헌가29(병합) 결정 ························ 185
헌법재판소 2010. 3. 25. 선고 2008헌바148 결정 ························ 17, 206, 238, 242, 243, 430
헌법재판소 2011. 6. 30. 선고 2008헌바166, 2011헌바35 결정 ························ 20
헌법재판소 2017. 7. 27. 선고 2016헌바374 결정 ························ 426

참고색인

[참고 ①] 표준지공시지가와 개별공시지가 ········· 14
[참고 ②] 일단의 토지 ········· 15
[참고 ③] 공익사업 ········· 19
[참고 ④] 관리전환, 사용승인 및 인계 ········· 56
[참고 ⑤] 국유재산 전담기관으로서 한국자산관리공사 ········· 65
[참고 ⑥] 중앙관서의 장 ········· 72
[참고 ⑦] 공공기관, 공공단체 및 행정기관 등의 개념 정리 ········· 91
[참고 ⑧] 국유농지에 대한 농지임대차 규정의 적용 제외 ········· 122
[참고 ⑨] 부동산임대료 감정평가방식으로서 적산법 ········· 311
[참고 ⑩] 주말농장의 쟁점 ········· 344
[참고 ⑪] 국유지가 선하지로 사용될 경우의 적용 법률과 사용료 ········· 353
[참고 ⑫] 정부출자기업체의 국유재산법상 지위 ········· 369
[참고 ⑬] 국유재산 사용허가서, 국유재산 대부계약서의 법적 성질 ········· 398
[참고 ⑭] 장기 점유로 인한 국유부동산의 소유권 취득 ········· 434
[참고 ⑮] 위탁개발 vs 민간참여개발 ········· 621
[참고 ⑯] 공과금 ········· 652

저자 약력

강호칠(姜鎬七)

경북대학교 법과대학 졸업
고려대학교 대학원 졸업(법학박사)
제44회 사법시험 합격
사법연수원 제34기 수료

법무법인 문형 변호사(2005~2006)
고려대학교 법학전문대학원 강사(2021~2022)
동아대학교 법학전문대학원 겸임교수(2016~2022)
동아대학교 법무대학원 겸임교수(2022~현재)
한국자산관리공사 캠코연구소 부소장(현)

학회활동

한국공법학회 회원
한국문화예술법학회 이사
한국비교공법학회 부회장

주요 논문

'국유재산과 공물의 비교고찰', 고려법학
'공공시설의 의의와 법적기능에 관한 고찰', 공법학연구
'소유자불명인 부동산의 국유화조치에 관한 고찰', 토지공법연구
'국가의 지방자치단체에 대한 변상금부과', 토지공법연구
'국유재산 변상금 영역에서 발생하는 부당이득반환청구의 문제', 법조신문
'국유재산 관리위임사무 처리경비의 부담자와 비용상환을 위한 쟁송수단, 규제와 법정책등 다수

국유재산법
이론과 실무

초판발행 2023년 1월 30일
중판발행 2023년 10월 5일

지은이 강호칠
펴낸이 안종만·안상준

편 집 장유나
기획/마케팅 장규식
표지디자인 이소연
제 작 고철민·조영환

펴낸곳 (주) 박영사
서울특별시 금천구 가산디지털2로 53, 210호(가산동, 한라시그마밸리)
등록 1959. 3. 11. 제300-1959-1호(倫)
전 화 02)733-6771
f a x 02)736-4818
e-mail pys@pybook.co.kr
homepage www.pybook.co.kr
ISBN 979-11-303-4235-1 93360

정 가 48,000원